AF855921

SJA DRO 346.066 CHA

COLLECTION PRATIQUES D'EXPERTS

Groupe Revue Fiduciaire

pilon - bon pour don/revente solidaire

(F)

Les fusions de sociétés

régimes juridique et fiscal

7e ÉDITION 2012

2013-SJA-322

Martial Chadefaux

Professeur à l'Université de Bourgogne,
Centre de recherches fiscales
Responsable du Master 2 Fiscalité et du Master CCA
Président du jury du Diplôme d'expertise comptable

B.U. NICE ST JEAN

BIBLIOTHEQUE DE L'UNIVERSITE NICE DROIT

Groupe Revue Fiduciaire - 100 rue La Fayette - 75485 Paris Cedex 10
www.grouperf.com

Attention

la photocopie tue le livre

Nous alertons nos lecteurs sur la menace que représente pour l'avenir de l'écrit, tout particulièrement dans les domaines du droit et de la gestion, le développement massif du « photocopillage ».

Le code de la propriété intellectuelle interdit en effet, expressément, la photocopie à usage collectif sans autorisation des ayants droit. Or, cette pratique s'est développée dans de nombreux cabinets, entreprises, administrations, organisations professionnelles et établissements d'enseignement, provoquant une baisse notable des achats de livres et de revues au point que la possibilité même de créer des œuvres nouvelles et de les faire éditer est aujourd'hui menacée.

Le code de la propriété intellectuelle n'autorisant, aux termes de l'article L. 122-5, 2° et 3° al., d'une part, que les « copies ou reproductions strictement réservées à l'usage privé du copiste et non destinées à une utilisation collective » et, d'autre part, que les analyses et courtes citations dans un but d'exemple et d'illustration, « toute représentation ou reproduction intégrale ou partielle faite sans le consentement de l'auteur ou de ses ayants droit ou ayants cause est illicite » (art. L. 122-4).

Cette représentation ou reproduction, par quelque procédé que ce soit, constituerait donc une contrefaçon sanctionnée par les articles L. 335-2 et suivants du code de la propriété intellectuelle.

© Groupe Revue Fiduciaire - 2012

100, rue La Fayette - 75485 Paris Cedex 10

Dépôt légal mai 2012 - ISBN 978-2-7579-0311-7

Achevé d'imprimer sur les presses de l'imprimerie Vic Services, 34, quai de l'Aisne, 93500 Pantin - mai 2012

Table analytique

Les chiffres renvoient aux paragraphes

PARTIE 2 LE RÉGIME FISCAL DES OPÉRATIONS DE FUSION

PARTIE 3
LA DISSOLUTION-CONFUSION

Partie 4
Les scissions de sociétés

Sommaire

des études particulières et exemples

Les chiffres renvoient aux pages

Introduction

1 La croissance et la pérennité d'une entreprise reposent en grande partie sur l'aptitude des dirigeants à doter leur firme d'une politique générale efficace. Cette politique générale implique en particulier la définition d'objectifs à long, moyen et court terme, puis l'élaboration d'une stratégie dont la mise en œuvre doit permettre d'atteindre les objectifs ainsi définis.

Les fusions de sociétés sont précisément susceptibles d'intervenir à ce stade. Celles-ci se présentent comme un outil au service de la politique générale, comme un moyen de concourir à la réalisation des objectifs que l'entreprise s'est fixés. On reconnaîtra cependant que la pratique offre également l'exemple de fusions correspondant au « rattrapage » de mauvaises stratégies et donc, dans une certaine mesure, à une sanction. Mais cela n'a évidemment pas pour effet de remettre en cause le lien évident entre fusion et stratégie de l'entreprise.

Les fusions et la stratégie de l'entreprise

2 Le développement stratégique de l'entreprise impose fréquemment à celle-ci de remanier son organisation. De telles modifications peuvent emporter des conséquences purement internes : délégation de pouvoirs, création de départements, refonte de l'organigramme... Mais les modifications peuvent être plus profondes et affecter les structures mêmes de l'entreprise : séparation des activités, rachat de concurrents, regroupement de filiales dispersées... C'est dans ce cadre que se pratiquent les fusions de sociétés et l'on en donnera ici, sans toutefois prétendre à l'exhaustivité, quatre illustrations.

– Les fusions de sociétés constituent tout d'abord un outil permettant d'assurer la croissance de l'entreprise. Pour consolider sa position sur un marché, une société peut ainsi décider d'absorber un ou plusieurs concurrents, ou de s'unir avec l'un d'entre eux. Cette politique de « croissance externe » est souvent le moyen d'augmenter une part de marché ; elle est aussi le moyen d'accéder à de nouveaux réseaux de distribution, voire à de nouveaux marchés.

– Les fusions de sociétés constituent également un outil privilégié pour ce que les spécialistes de politique générale appellent l'intégration verticale. L'extrême dépendance au sein d'un circuit économique quelconque envers un client ou un fournisseur peut conduire une entreprise, dans une perspective de gestion du risque, à développer une stratégie d'intégration, par absorption du fournisseur (intégration amont) ou du client (intégration aval).

– La fusion de sociétés est également un outil au service de stratégies basées sur la restructuration et l'assainissement des groupes de sociétés. La prolifération de filiales, la coexistence au sein d'une même entité d'activités rentables et d'activités qui ne le sont pas ou encore la dispersion dans des structures juridiques éparses d'activités dont le regroupement serait l'occasion d'exploiter des synergies au plan de la recherche, de la production, voire de la commercialisation, sont autant de motifs qui plaident en faveur de la réorganisation d'un groupe de sociétés. En pratique, ces restructurations commandent d'en passer par des opérations au rang desquelles les fusions figurent en bonne place.

– Enfin, les fusions contribuent à la survie des entreprises. Deux illustrations permettent de s'en convaincre rapidement. Les rachats de droits sociaux s'effectuent souvent par la procédure du LBO avec, à la clef, fusion de la société holding et de la cible. La fusion est ainsi un outil pour la transmission des entreprises. De même, dans le cadre du devenir des entreprises en difficulté, le plan de redressement de l'entreprise peut reposer sur la cession de l'entreprise à un repreneur. En pratique, cette reprise va notamment pouvoir s'opérer par absorption de la société en difficulté par une société tierce. La fusion contribue ainsi à la pérennité de l'entreprise.

Les opérations sur les structures : distinctes mais combinables

Les fusions, scissions ou prises de participations sont utilisées pour répondre à des objectifs économiques bien différents. Il n'en reste pas moins qu'entre les sociétés en présence, ces opérations peuvent s'enchaîner dans le temps.

S'il est possible que deux sociétés fusionnent, il est tout aussi possible, et plus fréquent en pratique, qu'une société commence à s'intéresser à une autre société en prenant une participation dans le capital de celle-ci. Elle peut confirmer son intérêt pour cette même société en décidant quelque temps plus tard de l'absorber. La prise de participation est ainsi un prélude à l'opération de fusion (naturellement, il peut arriver lors de la fusion que la société qui détient la participation n'apparaisse pas comme société absorbante mais soit, en fait, l'absorbée).

Le cas le plus complexe réside dans l'existence de participations dites « croisées » ou « réciproques ». Une société S1 a une participation dans une société S2 et, inversement, S2 a une participation dans S1. Cette marque d'intérêt réciproque trouve son apogée dans le « mariage » des deux sociétés, S1 fusionnant avec S2. Le dénouement de l'opération donne lieu à des opérations juridiques et fiscales parfois complexes.

Les fusions et les autres opérations portant sur les structures

3 Les fusions de sociétés ne constituent pas l'unique moyen de modifier les structures d'une entreprise ou la configuration d'un groupe d'entreprises. Les dirigeants disposent d'autres outils qui répondent à des préoccupations spécifiques et dont les retombées aux plans économique, juridique ou fiscal diffèrent largement des effets produits par les fusions de sociétés.

Il importe ainsi de faire une nette distinction entre les fusions et d'autres opérations telles que les scissions de sociétés, les apports partiels d'actif ou encore les prises de participations.

4 Au plan économique, il est clair que les fusions d'entreprises traduisent une volonté de concentration et de regroupement ; la fusion est avant tout l'occasion d'une réunion de moyens et de compétences. À l'inverse, les scissions reflètent la division, l'éclatement de l'entreprise en plusieurs entités distinctes, en fonction par exemple des différentes branches d'activités. L'apport partiel d'actif, quant à lui, est utilisé essentiellement lorsqu'une entreprise souhaite isoler dans une entité distincte une partie de son activité ou tout simplement céder cette activité à une autre entreprise.

Quant à la prise de participation, elle se distingue encore plus nettement des fusions. De la prise de participation ne résulte nullement une volonté de regroupement, de concentration ou de confusion de patrimoine. Deux objectifs peuvent en effet guider une prise de participation. Celle-ci peut exprimer tout d'abord une volonté de contrôle de l'activité d'une autre entreprise. C'est cette volonté de contrôle qui va en particulier prévaloir lorsque la prise de participation se fera dans une société qui relève du même secteur d'activité. La prise de participation peut ensuite traduire une volonté de diversification de l'entreprise qui réalise alors une forme de placement, d'investissement dans un secteur d'activité différent, mais que l'entreprise juge néanmoins porteur.

5 Les distinctions qui viennent d'être évoquées entre fusions, scissions et prises de participations peuvent paraître bien schématiques et les spécialistes de politique générale pourraient indiscutablement introduire de bien plus subtiles nuances.

Sur le plan juridique et fiscal, cependant, le législateur s'est progressivement attaché à faire en sorte que les dispositions qui régissent ces opérations ne constituent pas un frein à leur réalisation.

L'effort mené s'est inscrit dans une double perspective. Au plan juridique, tout d'abord, les dispositions applicables aux opérations qui portent sur les structures sont pour l'essentiel calquées sur un schéma de base qui est celui applicable aux opérations de fusion. Au plan fiscal, ensuite, différentes mesures ont été adoptées afin d'alléger le coût fiscal des opérations de fusion. Par extension, certaines de ces mesures bénéficient également aux opérations de scission et d'apport partiel d'actif.

Par voie de conséquence, la fusion se présente, tant sur le plan juridique que sur le plan fiscal, comme l'opération de référence. Aussi, la première partie de cet ouvrage lui sera-t-elle consacrée ; les autres parties seront réservées aux opérations assimilées aux fusions, telles que les opérations de dissolution-confusion (les TUP), les scissions de sociétés et les apports partiels d'actif, opérations dont la mise en œuvre emprunte largement aux règles applicables aux fusions.

6 La fusion de sociétés n'est pas autre chose que le mariage d'entreprises. Certes l'image est simple, pour ne pas dire simpliste, mais elle permet d'expliquer cependant bon nombre de règles ou dispositions qui gouvernent les fusions.

Par la fusion, deux ou plusieurs sociétés décident de se réunir pour n'en former qu'une seule, soit que l'une absorbe les autres, soit que toutes se réunissent au sein d'une société nouvelle créée à l'occasion de l'opération.

Le vocabulaire des fusions

Société absorbante. La société absorbante est la société qui survit à l'opération de fusion. Elle recueille les éléments actifs et passifs de la ou des sociétés absorbées. Au cours de l'opération de fusion, la société absorbante « grossit » et son capital augmente, comme en principe son nombre d'associés, dans la mesure où les associés de la société absorbée deviennent associés de la société absorbante.

Société absorbée. La société absorbée est une société qui disparaît au cours de la fusion, son patrimoine étant transmis à la société absorbante. Par voie de conséquence, les associés de la société absorbée ont vocation à devenir associés de la société absorbante. Il peut naturellement y avoir plusieurs sociétés absorbées dans une même opération de fusion.

Société apporteuse. Le terme de société apporteuse est fréquemment utilisé dans le cadre des opérations de fusion. Il désigne soit la société absorbée, soit une société qui participe à la création d'une société nouvelle. L'expression est très souvent utilisée dans le cadre des opérations d'apport partiel d'actif.

Société bénéficiaire de l'apport. La société bénéficiaire de l'apport désigne le plus souvent la société qui dans les opérations d'apport partiel d'actif reçoit des apports en provenance d'autres sociétés. Le terme est parfois utilisé dans les opérations de fusion. Il désigne alors la société absorbante ou la société nouvelle créée à l'occasion de la fusion.

Société nouvelle. Comme son nom l'indique, il s'agit de la société qui est constituée par les différentes sociétés qui prennent part à l'opération de fusion, lorsque celles-ci ont renoncé à la formule de la fusion-absorption.

7 Ainsi décrit, le schéma de base de l'opération de fusion appelle plusieurs remarques. On est en effet amené à constater que :

– on ne peut parler de fusion qu'entre sociétés. Ainsi, la fusion d'entreprises individuelles n'existe pas. À dire vrai, une telle opération reviendrait à fusionner deux patrimoines de personnes physiques, ce qui est parfaitement inconcevable ;

– la fusion peut intervenir entre des sociétés de formes juridiques différentes. On verra que cette éventualité emporte de larges conséquences aux plans juridique et fiscal quant à la détermination des dispositions applicables ;

– pour être en présence d'une fusion, il faut être en présence d'au moins deux sociétés, mais il s'agit là d'un minimum ; le nombre de sociétés pouvant intervenir dans une opération de fusion n'est en effet pas limité ;

– l'opération de fusion entraîne une réduction du nombre des sociétés en présence. Il en est ainsi dans les deux modes de fusion évoqués, fusion par absorption ou fusion par création de société nouvelle ;

– l'opération de fusion entraîne transmission universelle du patrimoine de la société absorbée à la société absorbante ou à la société nouvelle issue de la fusion ;

– la fusion suppose la rémunération des apports. Celle-ci est réalisée au moyen d'une remise de droits sociaux. Ainsi, les associés de la société absorbée doivent recevoir des titres de la société absorbante ; de même, en cas de fusion par création de société nouvelle, les associés des sociétés apporteuses doivent recevoir en contrepartie de leurs apports des titres de la société nouvelle.

FUSION-ABSORPTION OU FUSION PAR CRÉATION DE SOCIÉTÉ NOUVELLE : QUEL CHOIX ?

Des deux modalités de fusion prévues par les textes, la pratique retient la plupart du temps la méthode de la fusion-absorption. Les raisons qui font de la fusion-absorption la forme la plus courante des fusions sont diverses. Elles ont longtemps été fiscales. En effet, la création d'une société nouvelle entraîne l'exigibilité des droits d'enregistrement sur les apports réalisés par toutes les sociétés qui interviennent dans l'opération de fusion. Dans le cas de la fusion par absorption, en revanche, les apports de l'absorbée ne supporteront aucun droit. Mais l'évolution des droits d'enregistrement sur les sociétés a toutefois contribué à amoindrir, voire à supprimer dans certains cas, la distinction.

Au plan juridique, l'absorption évite les inconvénients relatifs à la constitution d'une société, qu'il s'agisse des délais d'immatriculation ou de l'impossibilité pendant les premiers exercices de la vie sociale d'accomplir certaines opérations (sur cette question : J.-P. Lagarrigue, Droit comptable des fusions, Éd. Litec, p. 111).

A contrario, ne constitueront donc pas des fusions :

– la simple prise de participation ou l'acquisition par une société de toutes les actions d'une autre société ;

– l'absorption par une personne morale nouvellement créée à cet effet d'une seule personne morale préexistante ; il n'en résulte en effet aucune diminution du nombre de sociétés en présence, la même société poursuivant son activité dans un cadre juridique nouveau ;

– l'apport partiel d'actif, opération dans laquelle la société apporteuse survit et qui, à l'inverse des fusions, n'emporte pas transmission universelle de patrimoine ;

– la scission de société, qui se traduit par un éclatement du patrimoine de la société scindée ;

– l'apport d'une participation même si, pour cette opération, on utilise encore parfois l'appellation trompeuse de « fusion à l'anglaise ».

Ces quelques remarques illustrent le contraste qui existe entre la simplicité du but recherché (la réunion de deux ou plusieurs entreprises) et les conséquences juridiques et fiscales qui en découlent (dissolution de sociétés, transmission de patrimoine, apports...), conséquences auxquelles les entreprises sont peu familiarisées en pratique, compte tenu du caractère relativement exceptionnel de ces opérations.

Ces conséquences doivent être examinées en opérant une distinction entre les aspects juridiques des opérations de fusion *(voir §§ 9 à 644)* et les aspects fiscaux *(voir §§ 690 à 1771)*.

8 Même si, au plan économique, la finalité est radicalement différente, le législateur a souhaité, tant au plan juridique que fiscal, calquer le canevas général des opérations de fusion aux opérations de scission *(voir §§ 2200 à 2563)* et aux apports partiels d'actif *(voir §§ 2600 à 2872)*.

Dans tous les cas, l'objectif général reste le même. Faire en sorte que le droit des sociétés et le droit fiscal n'entravent pas la réalisation des opérations de restructuration, en préservant cependant la sécurité juridique de ces opérations, notamment pour les partenaires des entreprises concernées.

Réglementation applicable aux fusions de sociétés et opérations assimilées : évolution rime-t-elle avec harmonisation ?

Depuis quelques années, tous les pans de la réglementation applicable aux opérations de restructuration ont évolué de manière sensible et souvent pour des raisons différentes. Sur un plan strictement juridique, non seulement le droit des sociétés a évolué, notamment en 1988, mais également le droit de la concurrence ou encore le droit du travail applicable aux opérations de fusion. Et dans chaque domaine, l'évolution se poursuit. Pour sa part, le droit fiscal a connu des modifications régulières touchant tour à tour la situation des sociétés qui participent à l'opération ou encore la situation des associés. En l'espace de quelques années, la fiscalité des fusions s'est considérablement modifiée : régime des agréments, gestion des déficits, situation des associés, pour ne citer que quelques illustrations. En matière fiscale, par ailleurs, l'influence communautaire s'est sans doute fait sentir de façon plus sensible qu'en matière de droit des sociétés où les choses ont avancé avec plus de difficulté. Quant au droit comptable, longtemps stable, il a connu une évolution importante avec l'adoption de l'avis du CNC (devenu Autorité des normes comptables) du 25 mars 2004 sur la valorisation des apports. Cet avis est lourd de conséquences, en particulier sur les choix fiscaux à opérer dans le cadre d'une fusion.

Ces évolutions sont salutaires dans la mesure où elles tentent d'améliorer, voire parfois de simplifier, le cadre réglementaire. Mais l'observateur extérieur et sans doute l'utilisateur regretteront-ils que ces évolutions ne s'opèrent pas toujours avec une grande harmonie ? Ainsi, par exemple, est-il raisonnable que l'administration fiscale édicte dans ses instructions des prescriptions d'ordre comptable ? Est-il inversement opportun que le CNC (ANC aujourd'hui) donne une définition de l'apport partiel d'actif qui ne coïncide pas pleinement avec la définition fiscale de cette opération ou que le texte n'utilise pas davantage le terme de « projet de fusion », que le droit des sociétés utilise systématiquement, pour lui préférer la notion de traité ? Et, dans le même ordre d'idée, était-il raisonnable que le droit fiscal se dote en 2002 de sa propre définition de la fusion alors que « de leur côté » le droit des sociétés ou les directives communautaires comportent déjà leur propre définition ?

Il en va du droit applicable aux restructurations comme des pièces d'un puzzle. Chacun peaufine de son côté les contours des pièces mais sans véritablement se soucier de ce que fait l'autre. Et au bout du compte, il n'est pas sûr que les pièces s'emboîteront mieux…

PARTIE 1

LES ASPECTS JURIDIQUES DES OPÉRATIONS DE FUSION

9 L'opération de fusion est définie comme la transmission par une ou plusieurs sociétés de leur patrimoine à une société existante ou à une société nouvelle qu'elles constituent (c. com. art. L. 236-1).

10 Qu'il s'agisse d'une fusion-absorption ou d'une fusion par création de société nouvelle, la fusion entre deux ou plusieurs sociétés entraîne ainsi :
– la transmission universelle du patrimoine de la société absorbée au profit de la société absorbante ou de la société nouvelle créée à l'occasion de la fusion ;
– la dissolution systématique de la société absorbée, sans qu'il soit toutefois nécessaire de procéder à la liquidation de cette société (c. com. art. L. 236-3) ;
– l'échange de droits sociaux, les associés de la société absorbée devenant associés de la société absorbante ou de la société nouvelle (c. com. art. L. 236-1). Toutefois, la loi admet la possibilité de rémunérer éventuellement les apports réalisés par le versement d'une soulte en espèces dont le montant ne peut pas dépasser 10 % de la valeur nominale des parts ou actions attribuées.

FUSION OU PAS FUSION ?

Le rachat des parts sociales qui composent le capital social d'une société par une autre société ne constitue pas une fusion. L'absence de transmission universelle de patrimoine, la subsistance de la personnalité morale de la société dont les parts sont rachetées écartent à l'évidence la notion de fusion.

Et pourtant, lorsque dans les faits, les cocontractants de la société dont les parts ont été rachetées peuvent avoir le sentiment que cette société a été ni plus ni moins absorbée, la théorie de l'apparence peut jouer. Les tribunaux reconnaissent alors que les tiers cocontractants pouvaient commettre une erreur légitime leur faisant croire à l'existence d'une fusion. Mais la reconnaissance de la fusion ne peut alors jouer qu'à l'égard des cocontractants concernés ; elle ne s'applique pas aux sociétés qui ont participé à l'opération (pour une illustration jurisprudentielle, Lyon, 3e ch., 8 juin 1990, Bassard c/ Sapin et autres : JCP 1991, éd. E, II, 100, note Y. Reinhard).

11 La réglementation applicable aux fusions jalonne naturellement tout le processus de fusion, qu'il s'agisse :
– de la période préalable à la fusion *(voir §§ 12 et s.)* ;
– de la décision proprement dite de fusion *(voir §§ 150 et s.)* ;
– ou des effets de la fusion *(voir §§ 330 et s.)*.

Ces trois phases seront étudiées successivement, mais, dans un souci de clarté, l'accent sera mis essentiellement sur la réglementation applicable aux fusions entre sociétés commerciales. Dans certains cas, les dispositions du code de commerce peuvent néanmoins s'appliquer à la fusion de sociétés non commerciales. On est alors en présence d'un cas dit d'application conventionnelle ou volontaire (pour une illustration jurisprudentielle dans le secteur des caisses régionales de crédit agricole : cass. com., ch. com. et fin., 15 juillet 1992 ; Bull. Joly, octobre 1992, p. 1111, note B. Caillaud et P. Le Cannu).

LES DISPOSITIONS DU CODE DE COMMERCE RELATIVES AUX FUSIONS

La réglementation applicable aux fusions entre sociétés commerciales est intégrée dans le code de commerce. Elle est concentrée pour l'essentiel dans le Livre Deuxième, au Titre III consacré aux Dispositions communes aux diverses sociétés commerciales.

Au sein du Titre III, la réglementation relative aux fusions et scissions est comprise dans le Chapitre 6, lui-même scindé en quatre parties :
– les dispositions générales applicables à toutes les fusions ;
– les dispositions particulières aux sociétés anonymes ;
– les dispositions particulières aux sociétés à responsabilité limitée ;
– les dispositions particulières aux fusions transfrontalières.

Livre II du code de commerce : Sociétés commerciales et groupements d'intérêt économique

Titre III : Dispositions communes aux diverses sociétés commerciales

Chapitre 6 : De la fusion et de la scission

Section I : Dispositions générales (art. L. 236-1 à L. 236-7)

Section II : Dispositions particulières aux sociétés anonymes (art. L. 236-8 à L. 236-22)

Section III : Dispositions particulières aux sociétés à responsabilité limitée (art. L. 236-23 à L. 236-24)

Section IV : Dispositions particulières aux fusions transfrontalières (art. L. 236-25 à L. 236-32)

En outre, il convient de prendre également en considération les dispositions contenues dans le code civil, qui comportent des dispositions relatives aux fusions de sociétés, et en particulier les articles 1844-3 à 5.

Chapitre 1-1

LA PÉRIODE PRÉALABLE À LA FUSION

12 La période préalable à la fusion comporte deux phases distinctes. La première phase, de durée variable, librement organisée par les entreprises en présence, n'est autre qu'une étape de rapprochement *(voir §§ 13 et s.)* ; la seconde phase, réglementée, est un prélude à la fusion et un moyen pour les entreprises de concrétiser leur volonté de fusionner. Cette seconde phase est l'occasion de rédiger et de signer le projet de fusion *(voir §§ 60 et s.)*.

En d'autres termes, si l'on admet que la fusion est un mariage, la première phase correspond à la période de séduction et la seconde, à la rédaction du contrat de mariage (M. Cozian, A. Viandier, F. Deboissy, « Droit des sociétés », Éd. Litec, 2011, 21e éd., § 1406).

Le rapprochement des sociétés

13 La phase de rapprochement des sociétés candidates à la fusion est extrêmement variable d'une fusion à l'autre. Elle varie au demeurant tant sur le plan de sa durée que sur le plan de son contenu.

Quoi de commun, en effet, entre la fusion de deux sociétés qui agissent sur le même marché ou des marchés complémentaires mais ne se connaissent absolument pas, et la fusion de deux filiales dans le cadre de la restructuration d'un groupe imposée par la société mère. Dans le premier cas, il faut pratiquement « prendre contact et faire connaissance » ; dans le second cas, on pourra au contraire en venir très rapidement à la signature du projet de fusion.

Cette phase de rapprochement comporte deux aspects : d'une part, une phase de négociations intersociétés et, d'autre part, les retombées de ces négociations et la préparation de l'opération à l'intérieur de chacune des sociétés.

Ce rapprochement est soumis à la procédure des concentrations pouvant nécessiter un agrément *(voir § 614)*.

Les négociations intersociétés

14 Les fusions de sociétés sont des opérations à géométrie variable. Les sociétés qui participent à une fusion peuvent être extrêmement nombreuses comme elles peuvent n'être que deux. De la même façon, les fusions peuvent s'opérer entres sociétés de taille, de structure, de rentabilité ou d'activité fort différentes.

Au plan juridique, rien ne s'oppose à ce que la fusion s'opère entre sociétés de forme différente (c. com. art. L. 236-2). Il faudra prendre garde cependant à la présence de sociétés soumises à une réglementation particulière comme, par exemple, la société par actions simplifiée (B. Caillaud et A. Bonnaffé, « Les fusions faisant intervenir des sociétés de personnes » : JCP 1998, n° 15-16, p. 595).

De la même façon, une société en liquidation peut participer à une opération de fusion, à la condition toutefois que la répartition des actifs de cette société entre les associés n'ait pas fait l'objet d'un début d'exécution (c. com. art. L. 236-1). Cette restriction résulte de la rédaction de l'article 371 issue de la loi du 5 janvier 1988.

15 Plus délicat est le point de savoir si des sociétés de nationalités différentes peuvent fusionner. En théorie, rien ne s'oppose à ce que de telles fusions soient réalisées. En pratique, cependant, l'existence de décalages importants entre les législations nationales élève de sérieux obstacles à la réalisation de fusions internationales. Au plan communautaire, il faut noter que la directive sur les aspects juridiques des fusions intracommunautaires (directive 2005/56) a été adoptée et devait être transposée dans les législations nationales avant le 15 décembre 2007 (directive 2005/56/CE du 26 octobre 2005 : JO Union européenne L. 310, 25 novembre 2005). Finalement, la transposition en droit français s'est effectuée par la loi du 3 juillet 2008 complétée par le décret du 11 janvier 2009 (c. com. art. L. 236-25 et s. ; décret 2009-11 du 5 janvier 2009). La directive fiscale relative à ces mêmes opérations a, quant à elle, été adoptée en 1990 et transposée depuis en droit interne.

16 Certaines opérations de fusion internationale ont eu lieu en pratique. On citera à titre d'illustration, et parmi les opérations les plus anciennes, l'absorption par la société anglaise Barclays Bank PLC de sa filiale à 100 %, la Barclays Bank SA, cette dernière étant devenue après l'opération une simple succursale (avis SBF n° 93-2219 du 3 août 1993). Comme l'ont noté les commentateurs, cette opération a été rendue possible dans la mesure où le « droit applicable à la société étrangère partie à la fusion reconnaît la validité d'une telle opération et que sont respectées distributivement les exigences posées par les deux lois applicables... » (M. Cozian, A. Viandier, F. Deboissy, op. cit. § 1405).

> **NOTE** : On citera encore la fusion-absorption de la Financière Sema par la société anglaise Sema Groupe PPc. Voir également l'absorption d'une société de droit portugais (PSA Credito Sociedade Financeira Para Acquisicoes a credito SA par sa société mère de droit français, Banque PSA Finance Holding) : JCP 1997, éd. E, n° 48, p. 504. Sur cette question : J.-J. Caussain, « Fusions transfrontalières », JCP, éd. E, 1999, n° 21, p. 897. Voir également J.-J. Daigre, « Les fusions internationales : esquisse d'une analyse et de solutions » : Actes pratiques, juillet-août 1998, p. 3 ; M. Loy, « Les fusions transfrontalières : entre présent et avenir », JCP, éd. E, 2007, n° 31-34, p. 25 ; S. Gelin, A. Heermann et B. Provost. Les difficultés pratiques d'ordre juridique et fiscal des opérations de fusions transfrontalières : Cahier du droit de l'entreprise, 2011, n° 6, pp. 50-54.

Les contraintes juridiques devraient toutefois s'aplanir pour les opérations réalisées entre sociétés relevant d'États membres différents de l'Union européenne compte tenu de la transposition de la directive (D. Lencou et M. Menjucq, Les fusions transfrontalières de sociétés de capitaux : enfin une réalité mais des difficultés persistantes : Dalloz, 2009, p. 886). Pour les fusions intra-communautaires, le développement de la société européenne devrait également « débloquer » la situation.

FUSIONS INTERNATIONALES : QUELLES AUTRES SOLUTIONS ?

La réalisation de fusions entre sociétés de nationalités différentes soulève des difficultés importantes et les entreprises doivent rechercher des moyens juridiques autres permettant d'atteindre des effets comparables.

La pratique retient essentiellement deux solutions.

La prise de participation – La société qui avait vocation à en absorber une autre se contente de prendre une participation majoritaire dans le capital de cette dernière. La solution qui conduit souvent à détenir la quasi-totalité du capital de la société visée comporte cependant elle aussi des inconvénients.

Tout d'abord, et par définition, les prises de participations, même largement majoritaires, ne produisent pas des effets comparables aux fusions. Si elles permettent d'assurer le contrôle de la société cible, elles n'aboutissent pas à la confusion de patrimoines qui caractérise la fusion. Ensuite, certaines législations soumettent à des contrôles très stricts les prises de participations réalisées par des partenaires étrangers.

Le jumelage – Comme l'indiquent si justement certains auteurs, le jumelage est une technique « qui a les couleurs d'une fusion, qui en a le goût mais qui n'en est pas une ». Le jumelage ressemble à une espèce de « confédération ». Les sociétés conservent leur autonomie juridique et leur nationalité mais les décisions de groupe sont prises par une commission rassemblant les dirigeants des différentes sociétés. Il s'agit d'une sorte de comité de direction supranational qui fonctionne de manière conventionnelle (sur cette question, voir M. Cozian, A. Viandier, F. Deboissy, op. cit., § 1519).

17 Quelles que soient les différences entre les sociétés qui se rapprochent, la phase de négociation n'est soumise à aucun formalisme juridique précis ni à aucune condition particulière de délai. Les entreprises organisent ainsi librement les modalités de leur rapprochement, même si elles peuvent être aidées dans leur tâche par des cabinets ou sociétés spécialisés dans les rapprochements d'entreprises.

Cette phase est souvent secrète, du moins dans un premier temps. Le caractère secret se justifie pleinement dans le cas de sociétés cotées en Bourse afin de ne pas provoquer de perturbations sur les marchés financiers ; il se justifie en outre dans la plupart des entreprises par le souci de ne pas altérer le climat social, notamment en faisant naître des inquiétudes parmi le personnel.

Absorption d'une société cotée : l'alternative de l'offre publique de retrait

Dans l'hypothèse où une société cotée doit être absorbée par la société qui la contrôle, il est fait obligation aux actionnaires qui contrôlent la société absorbée d'avertir l'Autorité des marchés financiers (AMF) qui pourra, le cas échéant, décider de mettre en œuvre une offre publique de retrait (OPR). Cette réglementation (AMF, art. 236-6 du règlement général) est notamment destinée à permettre aux actionnaires minoritaires de se retirer du capital de la société absorbée dans des conditions financières convenables.

Règlement général AMF : article 236-6

La ou les personnes physiques ou morales qui contrôlent une société informent l'AMF :

1° Lorsqu'elles se proposent de soumettre à l'approbation d'une assemblée générale extraordinaire une ou plusieurs modifications significatives des dispositions statutaires, notamment celles relatives à la forme de la société, aux conditions de cession et de transmission des titres de capital ainsi qu'aux droits qui y sont attachés ;

2° Lorsqu'elles décident le principe de la fusion-absorption de cette société par la société qui en détient le contrôle, de la cession ou de l'apport à une autre société de la totalité ou du principal des actifs, de la réorientation de l'activité sociale ou de la suppression, pendant plusieurs exercices, de toute rémunération de titres de capital. L'AMF apprécie les conséquences de l'opération prévue au regard des droits et des intérêts des détenteurs de titres de capital ou des détenteurs de droits de vote de la société et décide s'il y a lieu à mise en oeuvre d'une offre publique de retrait.

Le projet d'offre, qui ne peut comporter de condition minimale, est libellé à des conditions telles qu'il puisse être déclaré conforme.

Exemple de la fusion par absorption de la société CGIP (Compagnie générale d'industrie et de participations) par la société Marine-Wendel.

Annexe commune aux rapports des conseils d'administration des sociétés CGIP et Marine-Wendel présentés aux assemblées générales extraordinaires du 13 juin 2002 (Extrait).

En application de l'article 5-6-6 du Règlement général, la société Marine-Wendel a informé le Conseil des marchés financiers du projet de restructuration interne comportant la fusion-absorption par celle-ci de la société CGIP dont Marine-Wendel détient directement 53,79 % du capital et 72,37 % des droits de vote, cette participation constituant l'essentiel de ses actifs.

Au vu des informations qui lui ont été transmises sur les conséquences de la fusion envisagée, qu'il a examinées dans sa séance du 27 mars 2002, le Conseil a estimé que ce projet ne justifiait pas la mise en œuvre préalable d'une offre publique de retrait visant les actions CGIP, considérant :
– qu'il ne modifierait pas dans un sens défavorable les conditions de cession et de transmission des titres CGIP, les actionnaires de cette société se voyant remettre un titre dont la liquidité est au moins équivalente ;
– que la fusion n'entraînera pas de réorientation de l'activité sociale ni de modifications significatives des dispositions statutaires ;
– que la capacité distributive du nouvel ensemble correspondrait à celle dont bénéficient aujourd'hui les actionnaires de la société CGIP.

18 Le contenu de cette phase de rapprochement est extrêmement variable d'une fusion à l'autre. Dans certains cas, cette étape donne lieu à la réalisation de diverses études destinées à mieux connaître les sociétés en présence : diagnostic commercial, évaluation de l'outil de production, audit social, analyse financière... Ce diagnostic, que les praticiens désignent volontiers sous l'appellation de « due diligence », doit permettre aux entreprises de déterminer si elles poursuivent ou non le rapprochement amorcé et, dans l'affirmative, de décider quel en sera le meilleur support juridique.

C'est donc généralement à ce stade qu'est prise la décision de s'orienter ou non vers une fusion. Si tel est le cas, les représentants de sociétés poursuivent la phase de négociation en s'attachant à arrêter les conditions essentielles de l'opération. Cela suppose en particulier, et sans que cette énumération soit exhaustive :
– l'évaluation des sociétés en présence et le choix des modalités techniques du rapprochement ;
– le choix du sens de la fusion (G. Valin, « Critères de choix permettant de fixer le sens des opérations en cas de fusion » : Économie et comptabilité, n° 136, pp. 3 et s.) ;
– la détermination de la parité ;
– le recours au protocole d'accord ;
– la prolongation éventuelle de la phase de rapprochement par une période de collaboration.

FOCUS

Fusions et société européenne

La réalisation de fusions entre sociétés de nationalités différentes se heurte à de nombreuses difficultés. Pour les opérations intracommunautaires, la proposition d'une dixième directive droit des sociétés sur les fusions entre sociétés anonymes relevant d'États membres différents a fait l'objet de longues discussions alors que la directive fiscale sur les opérations de fusion entre sociétés d'États membres a été adoptée en 1990 et a déjà été mise à jour. Compte tenu des difficultés à avancer au plan juridique, l'adoption du règlement 2157/2001 du 8 octobre 2001 (JOCE n° L 294 du 10 novembre 2001) sur la société européenne (SE) a pu donner une lueur d'espoir pour la réalisation d'opérations de fusions intracommunautaires. Ce texte a été transposé en droit interne par une loi de juillet 2005, dite « loi Breton ». Les dispositions relatives à la société européenne ont été intégrées au code de commerce aux articles L. 229-1 à L. 229-15.

Le règlement communautaire prévoit quatre modes de constitution de la SE, dont la constitution par voie de fusion. Dans cette hypothèse, il est prévu que des sociétés anonymes peuvent constituer une société européenne par voie de fusion dès lors que deux au moins de ces sociétés appartiennent à des États membres différents [pour une illustration, voir la fusion entre les sociétés Allianz (Allemagne) et RSA (Italie) évoquée dans Le Monde du 10 février 2006]. Si l'opération a la nature d'une fusion-absorption, la société absorbante prend la forme de société européenne (SE) à l'occasion de la fusion. S'il s'agit au contraire d'une fusion par création de société nouvelle, la société créée est une société européenne.

Les modalités de la fusion devant aboutir à la création d'une société européenne sont définies par le règlement communautaire. Néanmoins, pour les aspects qui ne sont pas traités dans le règlement, il est opéré un renvoi aux dispositions en vigueur dans l'État de chacune des sociétés qui participe à l'opération (règlement 2157/2001, art. 18).

Pour la réalisation de la fusion, les organes de direction des sociétés qui participent à l'opération doivent élaborer un projet de fusion dont le contenu doit faire apparaître (règlement 2157/2001, art. 2°) :
– la dénomination et le siège statutaire des sociétés qui participent à l'opération ;
– la parité (rapport d'échange) avec indication de la soulte ;
– la date à partir de laquelle les opérations des sociétés qui fusionnent seront considérées comme accomplies du point de vue comptable pour la société européenne ;
– les droits accordés par la société européenne issue de la fusion aux porteurs de titres conférant des droits particuliers ;
– les avantages particuliers accordés aux experts chargés d'examiner l'opération ainsi qu'aux membres des organes d'administration et de direction des sociétés qui fusionnent (par « experts chargés d'examiner l'opération », il faut songer aux commissaires à la fusion) ;
– les statuts de la société européenne ;
– les informations sur les procédures selon lesquelles seront fixées les modalités relatives à l'implication des salariés (les modalités relatives à l'implication des salariés sont définies en droit interne par les dispositions des articles L. 2351-1 à L. 2354-4 du code du travail).

Un avis de projet de fusion doit être publié dans chacun des États membres concerné par l'opération. L'avis sera publié dans un bulletin national qui doit être défini par cet État (en France, il s'agit du BODACC).

Comme dans le cadre des fusions franco-françaises, il est possible de demander la désignation d'un commissaire à la fusion par le biais d'une requête conjointe (le règlement communautaire parle d'expert indépendant). Cette requête devra être présentée devant le tribunal compétent de l'État dont relève l'une des sociétés qui participe à l'opération (voire la future société européenne). Pour l'accomplissement de leur mission, les commissaires à la fusion auront la possibilité d'obtenir auprès des différentes sociétés qui participent à l'opération les informations qu'ils jugent nécessaires (règlement 2157/2001, art. 22).

Le projet de fusion doit ensuite être soumis à l'approbation de chacune des assemblées générales des sociétés qui participent à l'opération. Les conditions d'approbation de l'opération correspondent aux conditions de quorum et de majorité en vigueur dans l'État dont relève chaque société. Le règlement communautaire prévoit que l'assemblée peut subordonner l'immatriculation de la société européenne à la condition qu'elle approuve expressément les modalités relatives à l'implication des salariés dans la société européenne (règlement 2157/2001, art. 23).

Le règlement communautaire prévoit également que, dans chaque État membre, une autorité délivre un certificat attestant de manière concluante l'accomplissement des actes et formalités préalables à l'opération de fusion (règlement 2157/2001, art. 25). En France, c'est le greffier du tribunal de commerce qui délivre le certificat attestant l'accomplissement des actes et formalités préalables (c. com. art. L. 229-3), ce que l'on dénomme l'« attestation de conformité ». Le cas échéant, avant la remise du certificat par le greffier, le procureur de la République peut s'opposer, pour des raisons d'ordre public, à la réalisation de la fusion (c. com. art. L. 229-4 ; voir également rép. Lellouche, 19 décembre 2006, JO AN n° 51, p. 13376).

Quant à la légalité de la réalisation de la fusion, elle sera contrôlée par une autorité compétente de l'État membre du futur siège statutaire de la société européenne. En France, ce contrôle est dévolu à un notaire ou au greffier du tribunal dans le ressort duquel la SE sera immatriculée – le choix étant fait par les sociétés qui participent à l'opération – qui devra, entre autres, vérifier que les sociétés en présence ont adopté le même projet de fusion et que les modalités relatives à l'implication des salariés ont été respectées (c. com. art. L. 229-3). Le notaire (ou le greffier) se voit remettre l'attestation de conformité ainsi qu'une copie du projet de fusion approuvé par la société. Le notaire (ou le greffier) contrôle en outre que la constitution de la société européenne formée par fusion correspond aux conditions fixées par les dispositions législatives françaises (sur le contrôle de légalité : décret n° 2009-1559 du 14 décembre 2009 ; c. com. art. D. 229-13-1 et 229-13-2).

C'est une fois que ces différentes formalités auront été accomplies que la SE pourra être immatriculée. Et dès lors que la SE aura été immatriculée, la nullité de l'opération de fusion ne pourra plus être invoquée. On précisera cependant que l'immatriculation de la SE ne pourra intervenir que si les modalités relatives à l'implication des salariés ont été fixées conformément aux dispositions des articles L. 2351-1 et s. du code du travail.

L'immatriculation de la SE emporte transmission universelle du patrimoine de la ou des sociétés absorbées à la société absorbante ou nouvelle, les actionnaires de la ou des sociétés absorbées devenant actionnaires de la société absorbante (règlement 2157/2001, art. 29). Le règlement communautaire précise encore que si, dans un des États concernés par l'opération, la législation nationale prévoit l'accomplissement de formalités spécifiques pour rendre l'opération de fusion opposable aux tiers, ces formalités doivent être accomplies de la même façon lors de la fusion avec création d'une SE, ces formalités étant à la charge soit des sociétés participantes, soit de la SE (voir rép. Branger, JO Sén., 28 décembre 2006, p. 3229 : Bull. Joly, 2007, n° 2, com. 61).

Sur cette question : C. Cathiard, « La société européenne en droit français » : Droit des sociétés, 2005, n° 12, p. 5 ; 2006, n° 1, p. 5 ; « Les nouveaux atouts de la société européenne » : Bull. Joly 2007, p. 539 ; B. Saintourens, « Société européenne : l'intervention obligatoire du notaire » : JCP éd. E, 2005, 1413 ; M. Menjucq, Premiers pas et premier bilan de la société européenne en France : Rev. soc. 2007, p. 253. Voir également : Rapport de M. N. Lenoir au ministre de la Justice, « La SE ou societas europaea : pour une citoyenneté européenne de l'entreprise » : La documentation française, mars 2007, 322 pages.

FOCUS

Les fusions transfrontalières…

La directive fusions 2005/56 du 26 octobre 2005

La directive « droit des sociétés » relative aux fusions de sociétés appartenant à des États membres différents a été finalement adoptée après plusieurs tentatives, plusieurs versions et de longues années de discussions entre les différents États. Adoptée en 2005, la directive « droit des sociétés » voit le jour plus de quinze ans après l'adoption de la directive fiscale.

Au plan du contenu, la directive comporte 20 articles et comporte des dispositions qui, selon les aspects de la fusion, prévoient l'application de dispositions communes, soit le renvoi aux dispositions nationales applicables dans les États des sociétés qui fusionnent.

Les articles 1 à 4 de la directive définissent le champ d'application de la directive tant en ce qui concerne les sociétés visées que s'agissant des opérations entrant dans le champ d'application de la directive. La directive s'applique notamment aux sociétés de capitaux en général, sans restriction aux seules sociétés anonymes. Par ailleurs, chaque société doit, pour la réalisation de la fusion, se conformer à la législation nationale dont elle relève.

Le projet de fusion doit être établi en commun et la directive définit les mentions minimales qui doivent y figurer (art. 5). Parmi ces mentions, on relève celles qui sont déjà prévues par la réglementation française, mais certaines mentions complémentaires apparaissent comme par exemple « les effets probables de la fusion sur l'emploi » (art. 5 c), les « avantages particuliers attribués aux experts qui examinent le projet de fusion transfrontalière, ainsi qu'aux membres des organes d'administration, de direction, de surveillance ou de contrôle des sociétés qui fusionnent » (art. 5 h) ainsi que « les statuts de la société issue de la fusion transfrontalière » (art. 5 i) ou encore « les informations sur les procédures selon lesquelles sont fixées, conformément à l'article 16, les modalités relatives à l'implication des travailleurs dans la définition de leurs droits de participation dans la société issue de la fusion transfrontalière » (art. 5 j).

Les modalités de la fusion sont soumises à l'examen d'un expert indépendant (le commissaire à la fusion en France) mais deux précisions peuvent être apportées dans le cadre des fusions transfrontalières : d'une part, les sociétés peuvent par requête conjointe demander la désignation d'un seul expert pour l'ensemble de l'opération ; d'autre part, il est possible de se dispenser de la présence d'un expert indépendant mais à la condition que cette décision soit prise à l'unanimité des associés des sociétés qui fusionnent (art. 8.4). Quant au contenu du rapport de l'expert indépendant, il est défini par renvoi au texte sur la directive de 1978 sur la fusion de sociétés anonymes.

L'article 10 de la directive prévoit la délivrance obligatoire d'un certificat préalable à la fusion, certificat attestant de façon incontestable l'accomplissement correct des actes et des formalités préalables à la fusion. Ce certificat doit être délivré par une autorité compétente (notaire, tribunal…).

De la même manière, l'article 11 prévoit la nécessité pour la même autorité de contrôler la légalité des opérations conduisant à la réalisation de l'opération de fusion.

La date d'effet de la fusion transfrontalière est déterminée en fonction des dispositions de la législation de l'État dont relève la société issue de la fusion transfrontalière (art. 12). Les effets de la fusion tels que définis par la directive de 2005 sont tout à fait comparables aux effets de la fusion tels que définis par la législation française (art. 14).

L'article 15 de la directive prévoit en outre des modalités de réalisation simplifiée de la fusion lorsque la société absorbante détient l'intégralité des droits de la société absorbée. De la même manière, des allégements sont possibles dans l'hypothèse ou, sans détenir l'intégralité du capital social, la société absorbante détient au moins 90 % des droits de la société absorbée. Ces allégements ne sont néanmoins envisageables que si les législations nationales ne s'y opposent pas. S'ils trouvent à s'appliquer, ils ne peuvent porter que sur les rapports des experts indépendants et les documents nécessaires au contrôle.

Enfin, l'article 16 de la directive s'attache à définir les obligations liées à la participation des travailleurs.

On constatera en revanche que la directive ne comporte aucune prescription relative aux méthodes d'évaluation des sociétés en présence, notamment pour déterminer la parité d'échange, ou du moins à l'obligation de recourir à des méthodes homogènes voire identiques. Il convient sans doute de considérer que cette préoccupation sera celle des experts indépendants.

Sur cette question : A. Guenguant, « Fusions transfrontalières : transposition de la directive 2005/56/CE du 26 octobre 2005 » : JCP, éd. E, 2008, n° 2000 ; C. Cathiard, « Le régime des fusions transfrontalières depuis la loi du 3 juillet 2008 » : Droit des sociétés, 2008, octobre, com. 8 ; M. Luby, « Impromptu sur la directive 2005/56 sur les fusions transfrontalières des sociétés de capitaux » : Droit des sociétés, juin 2006, p. 5 ; M. Loy, « Les fusions transfrontalières : entre présent et avenir », JCP éd. E, 2007 – 1987 ; P. de Moidrey et E. Boucaya, « Fusions transfrontalières : l'apport de la nouvelle directive » : Cahiers de droit de l'entreprise, 2006, n° 6, pp. 9 et s.

La transposition de la directive en droit interne : les articles L. 236-25 à L. 236-32 du code de commerce

La transposition de la directive en droit interne a fait l'objet d'une loi portant diverses dispositions d'adaptation du droit des sociétés au droit communautaire, **loi n° 2008-649 du 3 juillet 2008, complétée par le décret 2009-11 du 5 janvier 2009** (art. R. 236-13 à R. 236-20).

TEXTES APPLICABLES AUX FUSIONS TRANSFRONTALIÈRES
IMPLIQUANT UNE SOCIÉTÉ FRANÇAISE

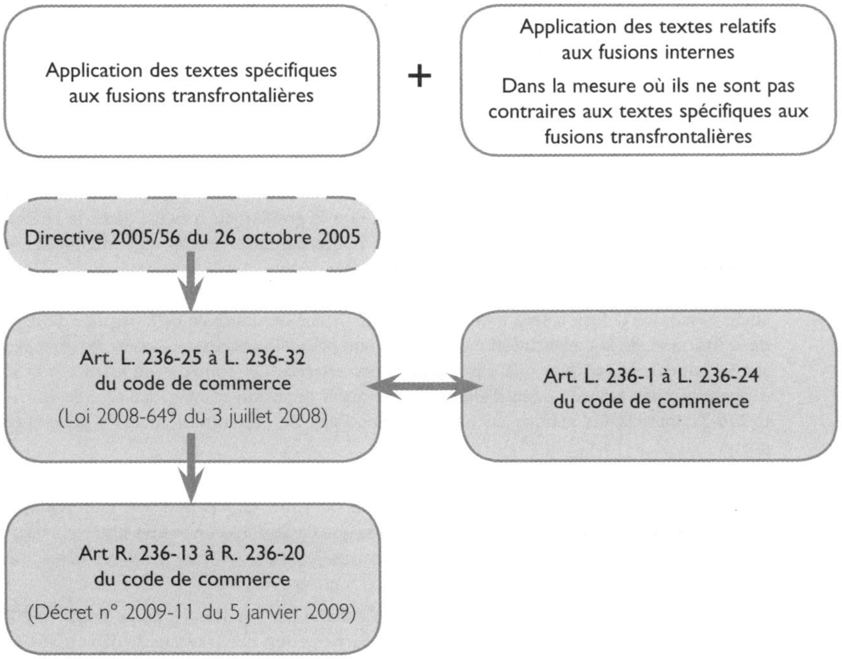

Les dispositions adoptées ont pour objet soit de définir des règles spécifiques pour la réalisation d'opérations transfrontalières, soit d'opérer un renvoi, lorsque cela est possible, aux dispositions prévues pour les opérations nationales afin que subsiste une cohérence entre les opérations transfrontalières et les opérations internes. Les dispositions nouvelles sont codifiées aux articles L. 236-25 à L. 236-32 du code de commerce.

L'article L. 236-25 instaure la possibilité pour des sociétés commerciales immatriculées en France de participer à des fusions transfrontalières. Cette possibilité est notamment ouverte aux SARL, SA, SCPA, SAS et sociétés européennes immatriculées en France qui participent à des opérations de fusion avec une société d'un autre État membre, soit dans le cadre d'une fusion-absorption, soit dans le cadre d'une fusion par création de société nouvelle.

L'article L. 236-26 prévoit la possibilité de réaliser une opération de fusion transfrontalière prévoyant une soulte d'un montant supérieur au plafond de 10 % applicable aux fusions franco-françaises. La directive prévoit en effet cette dérogation lorsque l'une des sociétés qui participe à la fusion est implantée dans un État autorisant une soulte supérieure à 10 %. La soulte peut par ailleurs être définie dans l'opération par référence au pair comptable, c'est-à-dire la quote-part du capital social représentée par une action, référence en vigueur dans différents États.

L'article L. 236-27 prévoit la mise à disposition des associés d'un rapport écrit sur l'opération élaboré par l'organe de gestion, d'administration ou de direction de chacune des sociétés qui participe à l'opération (c. com. art. R. 236-16). Par ailleurs, le texte est consacré aux modalités d'information des salariés au regard des conséquences économiques et juridiques de la fusion envisagée. Ce texte a pour objet de compléter les obligations mises à la charge de l'employeur en matière d'information du comité d'entreprise. Le texte prévoit en particulier la mise à la disposition des salariés ou de leurs représentants du rapport du conseil d'administration ou du directoire sur les modalités de la fusion. L'avis du comité d'entreprise sera par ailleurs annexé au rapport du conseil d'administration ou du directoire présenté aux associés lors de l'assemblée générale.

L'article L. 236-28 ouvre la possibilité aux associés des sociétés qui fusionnent de subordonner la réalisation définitive de l'opération de fusion à leur approbation des conditions relatives à l'implication des travailleurs. Ce texte introduit par ailleurs une nouveauté en prévoyant l'approbation des procédures de réexamen du rapport d'échange ou d'indemnisation des actionnaires minoritaires. Ces procédures, inexistantes en France, peuvent être mises en œuvre lors d'une opération de fusion transfrontalière, à la condition que les associés approuvent par une délibération spéciale leur mise en œuvre.

Les articles L. 236-29, 30 et 31 sont consacrés au contrôle de la légalité des opérations transfrontalières. Les textes prévoient notamment que le greffier du tribunal, dans le ressort duquel les sociétés participantes ont leur siège, est compétent pour procéder au contrôle des formalités préalables et pour délivrer l'« attestation de conformité » aux lois et règlements. Comme dans le cadre de la société européenne, le notaire, ou le greffier du tribunal dans le ressort duquel la société issue de la fusion sera immatriculée, est chargé du contrôle de la légalité de la réalisation de la fusion et de la constitution éventuelle d'une nouvelle société ; ce contrôle porte également sur les modalités relatives à la participation des salariés. Ce contrôle de légalité doit intervenir obligatoirement avant la prise d'effet de l'opération de fusion transfrontalière. En outre, l'article L. 236-31 interdit les actions en nullité à l'encontre de l'opération après la prise d'effet de la fusion.

En matière de fusions transfrontalières, la fusion prend effet à la date d'immatriculation de la société en cas de fusion par création de société nouvelle. En cas de fusion-absorption, la fusion prend effet à la date prévue par les sociétés sans que cette date puisse être antérieure au contrôle de légalité, ni postérieure à la date de clôture de l'exercice en cours de la société bénéficiaire pendant lequel a été réalisé ce contrôle (voir c. com. art. R. 236-17 à R. 236-20).

Enfin, l'article L. 236-32 transpose l'obligation édictée par l'article 16 de la directive 2005/56 de mettre en place, le cas échéant, un régime de participation des travailleurs dans la société absorbante ou créée à l'occasion de la fusion. La mise en place d'un régime de participation suppose que les organes sociaux de la société absorbante ou nouvelle permettent cette participation, ce qui n'est pas possible par exemple dans le cadre d'une SARL. Dès lors, la société absorbante (ou la société nouvelle) a l'obligation d'adopter un statut juridique compatible avec la participation des travailleurs.

Ces dispositions relatives aux fusions transfrontalières ne sont pas susceptibles de s'appliquer aux fusions d'OPCVM qui ne sont pas dans le champ d'application de la directive 2005/56. Cela ne signifie pas que des fusions d'OPCVM entre sociétés d'États membres différents sont impossibles mais simplement qu'elles ne sont pas régies par ces nouvelles dispositions du code de commerce. De la même manière, la directive fait l'objet de mesures de transposition dans le domaine de la participation des travailleurs.

Sur cette question : A.-S. Comette de Saint-Cyr et O. Rault : « Aspects juridiques et sociaux des opérations de fusions au sein de l'Union européenne » : JCP, éd. E., 2008, n° 15, com. 1477. C. Cathiard, « Le régime des fusions transfrontalières depuis la loi du 3 juillet 2008 » : Dr. sociétés, 2008, n° 10, p. 8 ; H. Le Nabarque, « Les fusions transfrontalières après la loi n° 2008-649 du 3 juillet 2008 » : Rev. sociétés 209, p. 483 ; D. Lencou, M. Menjucq, « Les fusions transfrontalières de sociétés de capitaux : enfin une réalité mais des difficultés persistantes » ; D. 2009, p. 886.

QUI ABSORBE QUI ? LE CHOIX DU SENS DE LA FUSION

La question du choix du sens de la fusion peut paraître insolite dans la mesure où, dans bien des cas, le sens de l'opération obéit à une certaine logique économique. Et pourtant, le plus souvent, la question n'est pas neutre.

Il faut en premier lieu observer que le droit des sociétés comme, par ailleurs, l'article 1844-5 du code civil ne prescrivent aucune règle particulière. La liberté reste donc la règle en la matière. Au plan fiscal, il en est de même, sauf si le choix du sens de la fusion est uniquement motivé par des considérations fiscales (imputation de déficits par exemple). Dans cette hypothèse, en effet, l'administration se réserve la possibilité d'invoquer l'abus de droit *(voir §§ 536 et s.)*.

Sous cette réserve, tout est possible et rien n'empêche une petite société d'en absorber une plus grande, comme rien n'empêche une société filiale d'absorber une société mère. La fusion UTA – Air France donne une illustration de ce dernier cas de figure, validé par la jurisprudence (Paris, 1re ch. A, 28 décembre 1992 : Bull. Joly, avril 1993, p. 434, note P. Le Cannu) ; voir également la fusion de SOTAIR (filiale Air France) et de la SFTA (Chorus) où la seconde (et la plus petite) a absorbé la première.

On peut également évoquer la fusion Spie-Batignoles-Schneider. L'inversion du sens de la fusion trouve de même sa raison d'être dans le caractère intransmissible de certains contrats (voir par exemple : cass. com. 13 décembre 2005, n° 1668) ou encore dans les risques de perdre certains agréments administratifs. On signalera enfin que, du point de vue comptable, le règlement CRC fait la distinction, pour la valorisation des apports, entre les fusions à l'endroit et les fusions à l'envers.

L'évaluation des sociétés en présence et le choix des modalités techniques de rapprochement

19 L'évaluation des sociétés en présence est certainement l'un des problèmes les plus délicats à résoudre en matière de fusion de sociétés. Il convient en effet de déterminer le poids respectif de chaque société. Il est ainsi nécessaire de procéder à l'évaluation des entreprises en présence en cherchant à se rapprocher au maximum de la valeur représentative de leur réalité économique. L'évaluation s'effectuera en tout état de cause sur la base d'états financiers arrêtés aux mêmes dates pour en assurer une bonne comparabilité.

Il existe de multiples méthodes d'évaluation des entreprises :
- évaluation à la valeur comptable ;
- évaluation à la valeur boursière ;
- évaluation à la valeur liquidative ;
- évaluation selon la méthode de capitalisation des résultats ;
- évaluation à partir des cash flows ;
- évaluation à partir des prévisions d'activité ou de résultats ;
- évaluation à partir de la valeur mathématique, ou valeur mathématique intrinsèque ;
- évaluation à la valeur d'utilité ;
- évaluation à la valeur d'assurance ;
- évaluation à partir de l'actif net corrigé…

20 En matière de fusions de sociétés, il n'existe pas de méthodes spécifiques à respecter pour procéder à l'évaluation des sociétés. Selon une réponse ministérielle, les opérations de fusion « sont complexes et il paraît difficile de fixer dans la loi des règles trop rigides et des méthodes uniformes d'évaluation qui seraient, dans certains cas, difficiles à appliquer ou qui pourraient aller à l'encontre du but de

protection recherché » (JO 5 avril 1975, AN p. 1080 ; Rev. soc. 1975. 333). Sur cette question d'après E. Delesalle, « Fusions de sociétés : analyse comparée des méthodes de valorisation », Rev. fr. comptabilité, juin 1991, pp. 29 et s. L'Autorité des marchés financiers (à l'époque, Commission des opérations de Bourse) dans une recommandation, certes un peu ancienne, mais qui continue à servir de référence en la matière, a fourni les indications suivantes :
– il convient de retenir plusieurs critères d'évaluation sans que pour autant leur nombre soit excessif ;
– les critères retenus doivent être sélectionnés de façon à ne pas faire double emploi, le choix des critères dépendant de la nature économique de l'opération et de l'usage que les parties entendent faire des biens apportés et des actions d'apport créées ;
– les méthodes d'évaluation doivent être appliquées de manière identique aux différentes sociétés en présence ;
– les critères retenus doivent être significatifs.

L'AMF ajoute que les résultats prévisionnels ne peuvent être retenus comme méthode d'évaluation que sous certaines conditions techniques garantissant le caractère raisonnable des évaluations. De la même façon, l'AMF rejette l'emploi de décotes, d'abattements forfaitaires ou de coefficients de pondération, sauf justification pertinente.

NOTE : Sur les problèmes d'évaluation en matière de fusions de sociétés : COB, Bull. n° 95, juillet-août 1977, pp. 3 et s. (voir annexe) ; CNCC, Études juridiques, Étude n° 20 : Fusions et opérations assimilées, 1988, pp. 23 et s. ; voir également : G. Charreaux, « Gestion financière », Éd. Litec, 5e éd., 1996 ; J.-P. Jobard - G. Depallens, « Gestion financière de l'entreprise », Éd. Dalloz-Sirey, 11e éd., 1996. Pour une illustration de l'utilisation de plusieurs techniques d'évaluation dans une fusion, voir le cas SPEP-Schneider : Option Finance, 1993, n° 276, pp. 15 et s.

21 L'évaluation des sociétés peut être une source de litige particulièrement entre actionnaires majoritaires et minoritaires (Paris, 5e ch., 13 novembre 1990 : Rev. soc. 1991, som. - jurispr. p. 137). Le juge des référés peut être alors amené à apprécier l'opportunité d'ajourner une assemblée générale extraordinaire à la demande des minoritaires. Pour cela, le juge apprécie le respect des critères d'information des actionnaires, la diversité et la correcte application des critères d'évaluation. À défaut d'ajournement de l'assemblée, le juge peut néanmoins ordonner une expertise.

NOTE : Trib. com. Paris, réf., 1er décembre 1992 : JCP 1993, éd. E, II, 384, note A. Viandier. Pour d'autres solutions jurisprudentielles en matière d'évaluation des sociétés dans le cadre d'une fusion : cour d'appel Paris, 1re ch. A, 14 juin 1988 : Dalloz 1988, Jurispr. p. 505 ; voir également cour d'appel Paris, 1re ch. B, 8 décembre 1988 : Bull. Joly, 1989, p. 337.

22 En dehors de l'évaluation des sociétés, les dirigeants qui mènent les négociations doivent arrêter les modalités techniques de l'opération. Cette étape revêt essentiellement deux aspects :
– au plan juridique, il s'agit de déterminer la configuration de l'opération. Cela suppose en particulier de choisir entre une fusion par création de société nouvelle et une fusion-absorption. Dans ce dernier cas, il convient alors de s'entendre sur le sens de la fusion *(sur l'aspect final de cette question, voir §§ 750 et s.)* ;
– au plan économique, la phase de négociation est l'occasion d'envisager les conditions générales de fonctionnement de la société issue de la fusion. Cette étape, parfois délicate, conduit à s'interroger par exemple sur le sort des dirigeants des différentes sociétés après l'opération, sur l'organisation interne de l'entreprise, etc.

La détermination des parités retenues pour la réalisation de la fusion

23 La détermination de la parité implique la concrétisation du rapport de force qui existe entre les sociétés. La parité n'est autre chose que le rapport d'échange des actions arrêté le plus souvent, mais pas exclusivement, à partir des évaluations des entreprises qui ont été réalisées.

EXEMPLE

Détermination de la parité

Une société Alpha fusionne avec une société Bêta. Les renseignements relatifs à la fusion sont les suivants :

	Nombre d'actions (a)	Nominal	Valeur de la société (b)	Valeur unitaire des actions (b)/(a)
Alpha	20 000	100	4 000 000	200
Bêta	30 000	150	7 500 000	250

Première hypothèse. La société Bêta absorbe Alpha.

Dans ces conditions, la parité s'établit à :

$\frac{\text{Action Bêta}}{\text{Action Alpha}} = \frac{250}{200} = \frac{5}{4}$ Soit 4 actions Bêta pour 5 actions Alpha.

La société Bêta devra ainsi procéder à une augmentation de capital de :

$$20\,000 \times 4/5 = 16\,000 \text{ actions nouvelles,}$$

soit une augmentation de capital de :

$$16\,000 \times 150 = 2\,400\,000.$$

Deuxième hypothèse. La fusion s'opère par création d'une société nouvelle Bêtalpha.

Dans ce cas, le rapport d'échange entre les deux sociétés doit être maintenu dans le capital de la société nouvelle.

Ainsi, si les actionnaires de la société Alpha reçoivent une action Bêtalpha pour 1 action Alpha, les actionnaires de Bêta devront recevoir 5 actions Bêtalpha contre remise de 4 actions Bêta.

24 La détermination de la parité appelle trois remarques.

En premier lieu, la référence faite à l'évaluation des sociétés, si elle est fréquente en pratique, n'a pas pour effet de figer la détermination du rapport d'échange. En effet, les parties en présence peuvent introduire d'autres paramètres destinés à aboutir au rapport de force qui soit le plus équitable.

25 En deuxième lieu, la parité va fixer les modalités selon lesquelles les associés de la société absorbée deviendront associés de la société absorbante ou nouvelle. Or il est possible que, compte tenu de la parité retenue, les actionnaires ou associés n'aient pas vocation à recevoir un nombre entier d'actions ou parts de la société absorbante ou nouvelle. Par voie de conséquence, en pratique, les sociétés devront recourir à la procédure dite « de négociation des rompus ». Cependant, et afin de ne pas alourdir à l'excès l'opération de fusion par de telles négociations qui peuvent s'avérer longues en cas de forte dilution du capital, les sociétés peuvent utiliser différents palliatifs parmi lesquels figure la possibilité de versement d'une soulte en espèces.

Cette technique, qui a reçu une consécration légale avec la loi du 5 janvier 1988, n'a pas pour effet de faire perdre à l'opération son caractère de fusion, à la condition toutefois que cette soulte ne représente pas plus de 10 % de la valeur nominale des actions ou parts sociales qui rémunèrent les apports (c. com. art. L. 236-1) *(sur les conséquences fiscales de cette technique, voir paragraphes 925 et suivants)*. D'autres techniques sont envisageables afin d'éviter les rompus : renonciation de certains associés de l'absorbée à exercer leurs droits, achat préalablement à l'opération de quelques actions ou parts par la société absorbée en vue de leur annulation (c. com. art. R. 225-153 à R. 225-156), modification du nominal des actions de la société absorbante ou absorbée... Pour les sociétés cotées, il convient également de prendre en compte les dispositions de l'article L. 228-6-1 du code de commerce qui autorise la société, au terme d'un certain délai, à vendre globalement les actions non attribuées correspondant aux droits formant rompus. La vente est réalisée sur le marché sur lequel les actions sont admises aux négociations ou, à défaut, aux enchères publiques.

26 Enfin, en dernier lieu, la parité qui est arrêtée ici n'est pas fixée définitivement. Elle est susceptible d'être ajustée, notamment, jusqu'à la signature du projet de fusion.

En présence de valeurs mobilières donnant vocation à des actions (obligations convertibles, par exemple), il est nécessaire, pour évaluer les actions, de considérer que tous les droits de souscription ou de conversion attachés à ces textes composites seront exercés.

Le recours éventuel au protocole d'accord

27 Lorsque la fusion est réalisée entre deux sociétés qui n'entretenaient jusqu'alors aucune relation ou lorsque l'opération est techniquement complexe, il est fréquent de matérialiser le résultat des négociations qui ont été menées et les points qui sont d'ores et déjà acquis.

Cette matérialisation s'effectue généralement par la rédaction de lettres d'intention ou de protocoles d'accord. Ces lettres d'intention ou protocoles d'accord :
– sont facultatifs et ne sont soumis à aucun formalisme particulier ;
– ont pour but de constater par écrit l'accord des entreprises sur le principe et les caractéristiques générales de l'opération de fusion ;
– ne sauraient se substituer au projet de fusion qui devra être rédigé ultérieurement et dont le contenu est soumis à un formalisme strict ;
– n'emportent pas de la part des sociétés l'engagement irrévocable de mener à son terme l'opération de fusion, la renonciation étant possible.

Cependant, selon certains auteurs, la société qui renoncerait soudainement à la fusion sans motif pourrait encourir le risque de voir sa responsabilité mise en cause (M. Cozian, A. Viandier, F. Deboissy, op. cit., § 1371. Les auteurs précisent que le protocole peut prévoir le versement d'indemnités par la société qui renoncerait à poursuivre le processus de fusion, indemnités qualifiées de « break-up fee » en langage anglo-saxon. Voir également : Paris, 13 janvier 1987 : JCP 1987, éd. E, 16959, n° 28, obs. A. Viandier et J.-J. Caussain) ; on appliquerait ici la jurisprudence qui s'est dégagée à propos de la rupture brutale ou abusive des négociations ;
– doivent être rédigés avec une certaine prudence de la part des sociétés qui négocient. En effet, le contenu du protocole peut se révéler être ultérieurement une source de litige. Il est possible d'évoquer à titre d'illustration le cas des protocoles de fusion qui règlent par avance le sort des dirigeants des sociétés en présence, stipulent, le cas échéant, des avantages particuliers à leur profit ou

comportent des engagements de vote afin d'assurer par avance la composition des futurs organes de direction. De telles clauses peuvent être le germe d'infractions telles que l'abus de pouvoir ou encore d'irrégularités à l'égard des dispositions qui régissent le vote dans les sociétés (sur un tel risque : CNCC, étude précitée, p. 83). Des actionnaires minoritaires, pénalisés par un rapport d'échange – parité – peu favorable pourraient de même se prévaloir du protocole pour invoquer un éventuel abus de majorité (Ph. Merle, op. cit., § 675, note 5) ;
– n'ont pas en principe à être soumis au contrôle des commissaires à la fusion ou des commissaires aux apports qui interviennent dans l'opération. La Compagnie nationale des commissaires aux comptes estime cependant qu'une telle communication serait opportune dans une optique de prévention. Selon la Compagnie, « cette communication apparaît d'autant plus utile aux commissaires qu'elle leur permettra de mieux appréhender les objectifs et motifs profonds de la fusion, en particulier si des conditions figurant dans un protocole n'étaient pas reprises dans le projet de fusion ou étaient en contradiction avec ce dernier ». S'ils ont connaissance de l'existence de tels protocoles, « les commissaires doivent vérifier qu'ils ne comportent pas de faits répréhensibles, qu'ils ne contreviennent pas aux dispositions de l'article L. 225-235 du code de commerce en matière de respect de l'égalité entre les actionnaires et qu'ils ne tombent pas sous le coup des dispositions pénales applicables aux sociétés commerciales qui répriment les abus de biens et les abus de pouvoir (c. com. art. L. 242-6) ainsi que les garanties ou promesses d'engagement de vote en contrepartie d'avantages particuliers (c. com. art. L. 242-9) » (CNCC, étude précitée, p. 84).

28 Parvenues à ce stade, les sociétés doivent concrétiser leur intention de fusionner, passer à la rédaction du projet de fusion et entamer les formalités proprement dites « de fusion ». Dans certains cas cependant, les entreprises candidates à la fusion préféreront en passer par de nouvelles étapes intermédiaires et prolonger ainsi cette phase de rapprochement.

La prolongation de la phase de rapprochement

29 Lorsque les sociétés qui fusionnent se connaissent bien, ou lorsque la fusion s'inscrit dans le cadre plus général de la restructuration d'un groupe, les différentes étapes du processus de fusion s'enchaînent de façon à boucler l'opération sans perte de temps.

30 À l'inverse, lorsque les entreprises ne se connaissent pas, elles peuvent souhaiter, préalablement à toute officialisation juridique de la fusion, expérimenter dans les faits leur collaboration. Cette espèce de « mariage à l'essai » revêt essentiellement trois formes (M. Cozian, A. Viandier, F. Deboissy, op. cit., § 1365) :
– une prise de participation de la future société absorbante dans le capital de la future société absorbée ;
– la conclusion d'accords de coopération ou contrats de collaboration dans des domaines aussi divers que la fabrication, la distribution ou la recherche... ;
– la location-gérance de la future absorbée par la future absorbante, cette dernière ayant alors la qualité de locataire-gérant. Il s'agit certainement là du moyen le plus direct pour les dirigeants d'apprendre à connaître la société dont l'absorption est envisagée (pour une illustration : « Location-gérance Air France - Air Inter préalable à la fusion », Les Échos, 28 janvier 1997).

31 Cette période de collaboration est de durée variable et est fixée conventionnellement par les sociétés. Parvenus au terme prévu, les dirigeants devront alors choisir entre la réalisation définitive de la fusion et, en cas de collaboration infructueuse, l'arrêt du processus de rapprochement ou, à tout le moins, le choix d'un autre support juridique pour ce rapprochement.

Les décisions propres à chaque société

32 La fusion, dans la phase préparatoire, est essentiellement une affaire de négociations entre les représentants des différentes sociétés en présence. Tant que le choix de la fusion n'est pas arrêté par les dirigeants, la phase de négociation n'emporte pas au plan interne de conséquence majeure.

En revanche, une fois la décision prise par la direction d'une société de recourir à la fusion, les dirigeants doivent adopter les mesures rendues nécessaires par l'élaboration du projet de fusion *(voir §§ 60 à 63)*.

33 Pour cela, les sociétés doivent essentiellement procéder à la convocation et à la réunion des organes chargés de rédiger le projet.

Dans les sociétés anonymes, la rédaction de ce projet incombe au conseil d'administration dans la société anonyme de type classique et au directoire dans la société anonyme dite « à forme nouvelle ». Dans la société à responsabilité limitée, c'est le gérant lui-même qui doit élaborer le projet de fusion.

On le constate, à ce stade de l'opération, la seule obligation qui incombe aux dirigeants consiste dans la société anonyme à convoquer le conseil d'administration ou le directoire, les modalités de fonctionnement de ces organes étant en principe fixées par les statuts. Dans une SAS, la décision est de la compétence du président, sauf clause particulière des statuts conférant cette mission à un autre organe de direction collégial ou non.

Régulièrement convoqués, les dirigeants pourront procéder à l'élaboration du projet de fusion.

FOCUS

Évaluation, valeur d'apport et parité

Il convient de bien différencier la notion de valeur d'apport de la notion de parité d'échange. La parité fixe le rapport d'échange des titres de la société absorbée contre des titres de la société absorbante. Le plus souvent, la parité est déterminée en fonction de la valeur d'ensemble des sociétés en présence. La détermination de la valeur des sociétés en présence commande de ne pas s'arrêter à la seule valeur des éléments composant le patrimoine des sociétés qui fusionnent mais implique de prendre en considération d'autres éléments. Les critères à retenir qui, selon la COB (aujourd'hui AMF), doivent être significatifs et ne pas faire double emploi sont, par exemple : la comparaison des chiffres d'affaires, des rentabilités, des actifs nets, des valeurs en Bourse, des marges brutes d'autofinancement, des valeurs ajoutées, des potentiels économiques (en particulier : J.-P. Lagarrigue, « Droit comptable des fusions de sociétés », éd. Litec, 1986 ; OECCA, « Recommandation sur les regroupements d'entreprises », Recommandation 1-14, novembre 1983 ; COB, Rapport annuel, 1976, pp. 51 et s).

La COB estime que les difficultés soulevées par les projets de fusion sont grandement réduites en distinguant les deux démarches : « d'une part, déterminer les valeurs à attribuer dans le traité aux biens transmis, conformément aux principes comptables ; d'autre part, rechercher la parité la plus équitable possible en retenant à cet effet non seulement les données comptables, mais tous les éléments extra-comptables tels que les valeurs actualisées de dettes futures, les contrats de crédit-bail, les données consolidées, etc., sans oublier la comparaison de dividendes ou de valeurs boursières ».

Si l'on veut schématiser, on peut considérer que la valeur d'apport représente la valeur pour laquelle les biens sont transmis de la société absorbée à la société absorbante. Cette valeur d'apport doit être nettement distinguée de l'évaluation des sociétés qui participent à l'opération dans la perspective de déterminer la parité d'échange. La question des valeurs d'apport a été, et demeure, au centre de nombreux débats. En effet, la détermination des valeurs d'apport dépasse largement le seul cadre de l'enregistrement comptable des biens apportés mais s'étend à la question de l'information comptable et de la présentation des états financiers sans oublier une dimension fiscale importante : la détermination de la valeur d'apport ayant une influence directe sur le calcul des plus-values de fusion. En outre, le traitement de la question des valeurs d'apport n'échappe pas à l'influence des pratiques internationales et tout particulièrement des règles communautaires.

La situation jusqu'en 2004...

En pratique, la détermination des valeurs d'apport peut s'effectuer selon deux méthodes : la fusion faite sur la base des valeurs comptables, d'une part, la fusion faite sur la base des valeurs réelles, d'autre part.

Pour l'administration fiscale, le choix de la méthode de valorisation des apports obéissait jusque-là à une logique assez simple. Par principe, les fusions doivent s'effectuer sur la base des valeurs réelles, la fusion à la valeur comptable étant une dérogation acceptable à la fusion sur la base des valeurs réelles dès lors que les valeurs comptables peuvent être considérées comme représentatives des valeurs réelles. Cette position qui avait déjà été exprimée en 1993 a été réaffirmée dans l'instruction du 3 août 2000. Dans cette instruction, l'administration ne se limite au demeurant pas au seul cas des opérations de fusions. En faisant référence à la notion de société apporteuse et de société bénéficiaire des apports, l'administration étend sa doctrine à d'autres opérations de restructuration telles que les scissions et les apports partiels d'actifs. À chaque fois cependant, elle utilise le terme de « tolérance » pour évoquer les fusions à la valeur comptable.

Le choix de l'administration fiscale est ainsi très clair. Mais les choses se compliquent rapidement lorsque les sociétés qui fusionnent veulent réaliser la fusion sur la base des valeurs comptables. Dans ce cas de figure, en effet, l'administration subordonne la mise en œuvre du régime fiscal de faveur des fusions à des traitements comptables très spécifiques. Le bénéfice du régime de faveur des fusions suppose que la société absorbante reprenne à son bilan les valeurs des biens tels qu'ils figurent au bilan de la société absorbée avant fusion en reconstituant les valeurs historiques des biens telles qu'elles apparaissent chez la société absorbée. Ainsi, dans une fusion faite à la valeur comptable, un bien qui a une valeur d'origine (valeur d'entrée) de 100 et qui est amorti à hauteur de 90 a une valeur nette comptable de 10 et est apporté pour 10 à la société absorbante. L'administration fiscale subordonne l'application du régime de faveur à ce que le bien soit inscrit chez la société absorbante non pas pour une valeur d'entrée de 10, mais pour une valeur d'entrée de 100 avec reconstitution immédiate des amortissements à hauteur de 90. Pour la suite, la société absorbante n'est autorisée qu'à « poursuivre le travail » commencé par la société absorbée. En d'autres termes, la société absorbante ne peut que terminer d'amortir le bien selon le même mode et selon la même durée que ceux qui avaient été arrêtés par la société absorbée. Cette situation se révèle, du point de vue fiscal, plus contraignante que pour la mise en œuvre du régime de faveur dans le cadre des fusions à la valeur réelle à propos desquelles l'administration autorise la société absorbante à redéfinir une durée d'amortissement et même à choisir un nouveau mode d'amortissement.

On ne peut que regretter cette intrusion de l'administration fiscale dans le traitement comptable des opérations de fusion, traitement comptable qui est un point de passage obligé si l'opération veut bénéficier du régime fiscal de faveur. On sait toutefois que la Compagnie des commissaires aux comptes a validé ce mode de comptabilisation sous réserve d'une mention dans l'annexe précisant que ce mode de comptabilisation est dû à des obligations fiscales. Cela étant, force est de constater que, pour repousser les griefs qui pourraient être formulés à son encontre, l'administration fiscale dispose d'un argument puissant en se retranchant derrière les dispositions de la directive communautaire sur les fusions de juillet 1990 qui prévoit un transfert des biens de la société absorbée à la société absorbante sur la base des valeurs historiques.

Ainsi, l'administration fiscale semble a priori s'être dotée de sa propre doctrine en matière de valorisation des apports dans les opérations de restructuration. Ce faisant, elle n'a toutefois pas instauré une cloison étanche avec la réglementation comptable dans la mesure où, à deux reprises dans son instruction du 3 août 2000, elle indique que « en tout état de cause, les règles de transcription comptable sont fixées par le Comité de réglementation comptable ». Au total, la position de l'administration fiscale apparaît quelque peu alambiquée et pourrait être résumée ainsi : il y a des règles comptables qu'il faut suivre, mais attention, si vous voulez bénéficier du régime de faveur des fusions, nous avons édicté nos propres règles. Les entreprises, et leurs conseils, apprécieront...

La situation depuis 2004...

C'est dans ce contexte, qui manque singulièrement de clarté, que le Conseil national de la comptabilité (devenu Autorité des normes comptables) a rendu le 25 mars 2004 un avis très attendu relatif au traitement comptable des fusions et opérations assimilées.

> NOTE : Conseil national de la comptabilité, avis n° 2004-01 du 25 mars 2004 relatif au traitement comptable des fusions et opérations assimilées. Règlement du Comité de la réglementation comptable du 4 mai 2004 et arrêté du 7 juin portant homologation de ce règlement. Disponible sur « www.finances.gouv.fr/reglementation/avis/avisCNCompta/2004/avis0401.htm ». Sur cette question, voir : D. Ledouble, « Le règlement du CRC sur les fusions : facteur de progrès ou de complexité ? », Bull. Joly 2005, n° 3, com. 67 ; le règlement 2004-01 a été modifié par le règlement CRC 2005-09.

Par opérations assimilées, l'avis renvoie aux opérations de scissions, de fusion simplifiée, d'apports partiels d'actifs et également aux opérations de dissolution-confusion – les TUP – celles-ci étant néanmoins soumises à quelques dispositions spécifiques. Les apports de participation représentatifs du contrôle de cette participation sont assimilés à des opérations d'apports partiels d'actifs ; ils entrent donc dans le champ d'application de l'avis. Cet avis, très complet, ne se borne pas à évoquer la question des valeurs d'apport mais aborde également d'autres questions délicates dans le traitement des opérations de fusions telles que le boni ou le mali de fusion, les pertes intercalaires… Cet avis a été reproduit en Annexe 2 à cet ouvrage *(voir p. 516)*. Cet avis était d'autant plus attendu que, jusque-là, la question des valeurs d'apport en comptabilité reposait sur une recommandation de l'Ordre des experts-comptables datant de 1983 [OEC, recommandation sur les regroupements d'entreprises : Recommandation 1-14, novembre 1983. Voir également COB (désormais AMF) Rapport annuel 1976, pp. 51 et s]. Cette recommandation conduisait en pratique à envisager les opérations de regroupement en fonction de leur finalité : restructuration interne, association d'intérêts ou acquisition et prise de contrôle.

Sur la question des valeurs d'apport, l'avis du CNC pose comme principe que les apports sont inscrits dans les comptes de la société bénéficiaire pour les valeurs figurant dans le traité d'apport. Ainsi, la règle de base constitue la référence au traité d'apport qui doit être transcrit. Comme le rappelle le CNC dans sa note de présentation de l'avis du 25 mars 2004, le traité d'apport est le seul document officiel matérialisant l'accord entre les parties ; il doit nécessairement servir de support à la comptabilisation des opérations de fusion. Peut-être au passage pourra-t-on regretter que le CNC continue d'alimenter l'ambiguïté terminologique entre « projet » de fusion (ou de scission), terme consacré par le droit des sociétés depuis la loi du 5 janvier 1988, et la notion de « traité d'apport », notion il est vrai présente dans le Plan comptable général (voir, en particulier, § 322-1 du règlement 99-03).

Selon le CNC, les apports sont évalués à la valeur comptable ou à la valeur réelle selon la situation de contrôle au moment de l'opération et selon le sens de l'opération. L'idée générale est la suivante. Pour les opérations sous contrôle commun, les fusions doivent être effectuées sur la base des valeurs comptables. Pour les fusions sous contrôle distinct, les fusions doivent être effectuées sur la base des valeurs réelles sauf dans l'hypothèse où la fusion serait faite à l'envers. Une conclusion s'impose immédiatement : la méthode de valorisation des apports se détermine en fonction de la situation de contrôle et du sens de l'opération. Les entreprises n'ont donc pas de choix en la matière. À une situation donnée correspond une méthode de valorisation des apports. Le CNC semble ainsi mettre un coup d'arrêt à l'option entre valeur réelle et valeur comptable pour des considérations de nature fiscale.

La mise en œuvre de ces dispositions commande tout d'abord d'expliciter les notions de contrôle commun et de contrôle distinct, notions largement empruntées à la réglementation des comptes consolidés (CRC, règlement 99-02).

Des sociétés sont considérées comme étant sous contrôle commun lorsqu'une des sociétés participant à l'opération contrôle préalablement l'autre ou lorsque les deux sociétés sont sous le contrôle d'une même société mère. À l'inverse, deux sociétés sont sous contrôle distinct lorsque aucune des sociétés ne contrôle l'autre préalablement à l'opération ou encore lorsque ces sociétés ne sont pas sous le contrôle d'une même société mère.

Pour apprécier la notion de contrôle, l'avis du CNC renvoie de manière explicite au § 1002 du règlement 99-02 du CRC relatif aux comptes consolidés des sociétés commerciales et entreprises publiques (CNC, avis 2004-01, § 4.1 – renvoi au § 1002 du règlement 99-02 du CRC actualisé de la loi sur la sécurité financière). Le CNC rappelle en la matière que le contrôle exclusif est le pouvoir de diriger les politiques financière et opérationnelle d'une entreprise afin de tirer avantage de ses activités. Ce contrôle résulte :

– soit de la détention directe ou indirecte de la majorité des droits de vote dans une autre entreprise ;

– soit de la désignation, pendant deux exercices successifs, de la majorité des membres des organes d'administration, de direction ou de surveillance d'une autre entreprise ; l'entreprise consolidante est présumée avoir effectué cette désignation lorsqu'elle a disposé, au cours de cette période, directement ou indirectement, d'une fraction supérieure à 40 % des droits de vote et qu'aucun autre associé ou actionnaire ne détenait, directement ou indirectement, une fraction supérieure à la sienne ;

– soit du droit d'exercer une influence dominante sur une entreprise en vertu d'un contrat ou de clauses statutaires, lorsque le droit applicable le permet. L'influence dominante existe dès lors que, dans les conditions décrites, l'entreprise consolidante a la possibilité d'utiliser ou d'orienter l'utilisation des actifs de la même façon qu'elle contrôle ses propres actifs.

Quant au sens de l'opération, l'avis du CNC distingue les opérations de fusion et d'apport à l'endroit de celles à l'envers (CNC, avis 2004-01, §§ 4.2.1. et 4.2.2). Une fusion est à l'endroit si, après la fusion, l'actionnaire principal de la société absorbante, bien que dilué (sauf naturellement dans l'hypothèse de la fusion simplifiée qui s'effectue sans augmentation de capital), conserve son pouvoir de contrôle sur celle-ci : la cible est la société absorbée et l'initiatrice est la société absorbante ou l'une de ses filiales. Au regard des opérations d'apport, également visées par l'avis, il est précisé qu'un apport à l'endroit est un apport dans lequel, après l'apport, l'actionnaire principal de la société bénéficiaire des apports, bien que dilué, conserve son pouvoir de contrôle sur celle-ci : la cible est la société dont une branche d'activité est apportée et l'initiatrice est la société bénéficiaire des apports ou l'une de ses filiales.

A contrario, une fusion à l'envers est une fusion dans laquelle, après l'opération, l'actionnaire principal de la société absorbée prend le contrôle de la société absorbante. La cible est la société absorbante et l'initiatrice est la société absorbée ou sa société mère. Un apport à l'envers se définit comme une opération dans laquelle, après l'apport, la société apporteuse prend le contrôle de la société bénéficiaire des apports ou renforce son contrôle sur celle-ci, la cible étant la société bénéficiaire des apports et la société initiatrice, la société apporteuse ou sa société mère (CNC, avis 2004-01, § 4.2.2).

Si les opérations sont réalisées entre des sociétés placées sous contrôle commun, les apports doivent être évalués sur la base des valeurs comptables. En effet, dans la mesure où la situation de contrôle existe déjà avant l'opération, cette dernière ne fait que renforcer ou maintenir une situation de contrôle. Dans cette logique, qui est celle des comptes consolidés, il n'y a pas lieu de réévaluer l'ensemble des actifs et des passifs. Selon le CNC, cette situation doit s'appliquer, que l'opération soit faite à l'endroit ou à l'envers.

Si les opérations sont réalisées entre des sociétés sous contrôle distinct, il y a lieu d'envisager de manière différente la situation selon que l'opération est effectuée à l'endroit ou à l'envers. Si l'opération est effectuée à l'endroit, la situation de contrôle n'est pas établie avant l'opération et l'opération de regroupement correspond donc à une prise de contrôle. Dans la logique des comptes consolidés, cette opération doit être traitée comme une acquisition faite sur la base des valeurs réelles. Selon l'avis du CNC, cette analyse s'applique également aux opérations de filialisation suivies d'une cession à une société sous contrôle distinct. Mais si la cession ne se réalise pas selon les modalités initialement prévues, la condition résolutoire mentionnée dans le traité d'apport s'applique et il convient alors d'analyser à nouveau l'opération et de modifier les valeurs d'apport. Pour ces opérations, il est nécessaire de mentionner dans le traité d'apport à la fois les valeurs comptables et les valeurs réelles des actifs et des passifs.

Si l'opération est effectuée à l'envers, le CNC indique que, compte tenu des contraintes légales, les actifs et les passifs de la cible (correspondant à l'absorbante ou à la société bénéficiaire des apports) ne peuvent pas être comptabilisés à leur valeur réelle parce qu'ils ne figurent pas dans le traité d'apport. Le CNC considère en effet que les actifs et les passifs figurant dans le traité d'apport sont ceux de la société initiatrice et qu'ils n'ont pas à être réévalués (CNC, avis 2004-01, § 4.3).

Le CNC précise encore que, pour la mise en œuvre de ces règles, lorsque les apports doivent être évalués à la valeur nette comptable mais que l'actif net est insuffisant pour permettre la libération du capital, les valeurs réelles des éléments apportés doivent être retenues (CNC, avis 2004-01, § 4.3 dernier alinéa). Cette dérogation n'a pas d'objet pour les opérations qui ne donnent pas lieu à augmentation du capital : fusion simplifiée ou dissolution-confusion. Le règlement **2005-09** a précisé que cette dérogation ne s'applique qu'au seul cas d'apport à une société ayant une activité préexistante et ne peut s'appliquer en cas de création de société ou en cas d'aménagement d'une société préexistante.

Le CNC résume sa position dans le tableau suivant :

Notion de Contrôle \ Valorisation des apports	Valeur comptable	Valeur réelle
Opérations impliquant des entités sous contrôle commun		
– Opérations à l'endroit	X	
– Opérations à l'envers	X	
Opérations impliquant des entités sous contrôle distinct		
– Opérations à l'endroit		X
– Opérations à l'envers	X	

Pour la mise en œuvre de ces dispositions, le CNC précise que :
– les valeurs réelles des apports correspondent aux valeurs réelles attribuées à chacun des éléments dans le traité d'apport, figurant ou non à l'actif (par exemple, les marques ou les impôts différés actifs), ou au passif, (par exemple, les provisions pour retraite et les impôts différés passifs), dans les comptes de l'absorbée ou de la société apporteuse à la date de l'opération. Ces valeurs s'apprécient en fonction du marché et de l'utilité du bien pour la société. Pour l'établissement de ces valeurs, la société utilise les références ou les techniques les mieux adaptées à la nature du bien, telles que les prix du marché, les indices spécifiques ou les expertises indépendantes (CNC, avis 2004-01, § 4.4). Le CNC précise que la différence éventuelle entre la valeur globale des apports et la somme algébrique des valeurs réelles des actifs et passifs identifiés est inscrite dans le traité d'apport sur une ligne « Fonds commercial », reprise comme telle au bilan de la société bénéficiaire des apports ;
– les valeurs comptables individuelles des actifs et des passifs apportés correspondent aux valeurs de chaque actif et de passif figurant dans les comptes de l'absorbée ou de la société apporteuse à la date d'effet de l'opération.
Par ailleurs, un règlement CRC de 2005 (Règlement CRC 2005-09) est venu préciser la situation des opérations réalisées par des sociétés sous contrôle conjoint. Selon le CRC, en cas d'opération de fusion ou assimilée entre deux sociétés sous contrôle conjoint, il convient de faire une distinction entre la situation de contrôle avant et après la fusion :
– s'il y a modification du contrôle, c'est-à-dire passage d'une situation de contrôle conjoint à une situation de contrôle exclusif, avec prise de contrôle exclusif par l'une des sociétés, les apports doivent être évalués à la valeur réelle en raison de la prise de contrôle ;
– si le contrôle reste conjoint, c'est-à-dire qu'après l'opération, la société issue de la fusion ou les sociétés en cas d'apports partiels d'actifs sont dans la même situation de contrôle conjoint qu'avant l'opération, les apports doivent être évalués à la valeur comptable car cette opération correspond à une simple restructuration interne.

Le projet de fusion

60 Le projet de fusion est le point de départ « officiel » des opérations qui doivent aboutir à la fusion de deux ou plusieurs sociétés.

Le projet de fusion, ancien traité d'apport, est un document dont l'existence a été rendue obligatoire par la loi du 5 janvier 1988 et dont le contenu a été explicité par le décret du 22 avril 1988 (c. com. art. L. 236-6, al. 1, R. 236-1). Pièce maîtresse dans la fusion, il convient de l'examiner sous quatre aspects distincts :
– le contenu du projet de fusion ;
– l'adoption du projet de fusion ;
– la publicité du projet de fusion ;
– les suites du projet de fusion.

Le contenu du projet de fusion

61 Le contenu du projet de fusion, dont la rédaction est laissée aux soins du conseil d'administration, du directoire ou des gérants est déterminé par l'article R. 236-1 du code de commerce.

62 Le projet de fusion doit comporter :

a) *La forme, la dénomination et le siège social de toutes les sociétés participantes.*

b) *Les motifs, buts et conditions de la fusion.*

Sur ce point, les rédacteurs du projet doivent tout d'abord se livrer à un exposé de politique générale afin d'expliquer aux associés et aux actionnaires la raison d'être économique de la fusion et sa justification par rapport aux objectifs et à la stratégie des entreprises en présence. La description des conditions de l'opération renvoie aux aspects techniques de la fusion : type de fusion retenu, sens de la fusion...

Le projet de fusion : projet ou traité ?

L'importance conférée désormais au projet de fusion, le caractère très précis de son contenu et la publicité qui l'entoure peuvent conduire à s'interroger sur le véritable caractère de « projet » de ce document.

En réalité, il s'agit bien, encore à ce stade, d'un projet qui est susceptible de modifications :
– soit à la demande des commissaires à la fusion ;
– soit par les assemblées d'associés ou d'actionnaires qui sont appelées à statuer sur l'opération.

Enfin, à ce stade, les sociétés candidates à la fusion peuvent encore renoncer à mener l'opération de fusion à son terme.

c) *La désignation et l'évaluation de l'actif et du passif* dont la transmission à la société absorbante ou nouvelle est prévue.

Il s'agit pour l'essentiel de recenser et d'évaluer les éléments actifs et passifs qui doivent en principe faire l'objet de l'apport dans le cadre de la fusion. Il convient de noter sur ce point que le texte est relativement souple dans sa formulation en ne mentionnant que l'actif et le passif dont la transmission est « prévue », ce qui autorise les modifications de l'actif et du passif jusqu'à la date de réalisation définitive de l'opération. En outre, dans le projet de fusion, la présentation des éléments actifs et passifs se fait uniquement par grandes masses (immobilisations, stocks, réalisable et disponible...), la ventilation détaillée faisant l'objet d'annexes.

Si des biens sont omis, le principe même de la fusion qui entraîne transmission universelle du patrimoine commande de considérer que ces biens sont néanmoins transmis à la société absorbante. En pratique, de tels biens devraient être comptabilisés pour une valeur nulle chez la société absorbante.

d) *Les modalités de remise des parts ou actions* et la date à partir de laquelle ces parts ou actions donnent droit aux bénéfices, ainsi que toute modalité particulière relative à ce droit et la date à partir de laquelle les opérations de la société absorbée seront, du point de vue comptable, considérées comme accomplies par la société bénéficiaire des apports.

e) *Les dates auxquelles ont été arrêtés les comptes* des sociétés intéressées utilisés pour établir les conditions de l'opération.

Les deux rubriques sont liées quant à l'obligation qui est faite aux rédacteurs du projet de fusion d'indiquer, d'une part, les dates auxquelles les comptes ont été arrêtés pour déterminer les modalités de la fusion et, d'autre part, compte tenu des modifications possibles du patrimoine, la date à laquelle comptablement les opérations seront réputées effectuées par la société absorbante. Par parenthèse, on relèvera là encore une particularité inhérente à la rédaction du texte. Le code de commerce (art. R. 236-1) évoque en effet « les dates auxquelles ont été arrêtés les comptes ». Il faudrait ainsi en déduire que les sociétés en présence peuvent arrêter à des dates différentes les comptes qui serviront de base à la détermination des conditions de l'opération. La latitude ainsi laissée aux entreprises ne se justifie guère car il paraît logique de travailler sur des bases comparables d'une entreprise à l'autre, et en particulier sur des donnés comptables établies à la même date.

f) *Le rapport d'échange des droits sociaux* et, le cas échéant, le montant de la soulte.

Le projet de fusion doit mentionner la parité d'échange retenue pour l'opération, parité qui, dans la plupart des cas, aura été au centre des négociations entre les entreprises.

g) *La prime de fusion*. La prime de fusion représente, pour chaque action (ou part) émise à l'occasion de la fusion, la différence entre la valeur réelle de l'action (ou de la part) et sa valeur nominale.

En effet, l'actif net apporté par la société absorbée est en principe rémunéré par la remise d'actions (ou parts) de la société absorbante aux associés de la société absorbée. Mais la valeur nominale des actions (ou parts) de la société absorbante ne correspond que rarement à la valeur réelle de ces titres. Ce sera notamment le cas si la société absorbante a constitué des réserves dont l'existence aura contribué à majorer la valeur réelle du titre.

Dès lors, si l'apport est intégralement rémunéré par des titres remis aux associés de la société absorbée sur la base de leur valeur nominale, les anciens associés de la société absorbante seront nécessairement lésés.

Les associés de la société absorbée doivent ainsi payer un droit d'entrée dans la société absorbante, qui n'est autre qu'un droit aux réserves. Ce droit correspond à la prime de fusion. Il connaît son équivalent dans les augmentations de capital classiques sous l'appellation de prime d'émission.

Ainsi, la contrepartie de l'actif net apporté par la société absorbée réside :
– dans l'augmentation du capital de la société absorbante ;
– dans la constatation d'une prime de fusion.

Il est clair qu'au stade du projet de fusion, le montant de la prime de fusion ne peut être qu'indicatif et susceptible de modifications ultérieures notamment pour des raisons d'ordre fiscal (reconstitution de provisions réglementées, reconstitution de réserves...) (sur la prime de fusion : CA Versailles, 27 janvier 2005, Rev. trim. droit com., 2005, p. 368).

EXEMPLE

Détermination d'une prime de fusion

La société A dont le capital est divisé en 10 000 actions absorbe la société B dont le capital comporte 4 000 actions. La valeur nominale des actions de A et de B est de 100, mais la valeur réelle des titres A est de 600 et celle de B est de 300.

Le montant de l'actif net apporté par B est de 1 200 000. La parité d'échange est fixée à une action A pour 2 actions B.

La société A devra créer 1 200 000/600 = 2 000 actions nouvelles.

Ces actions seront émises avec une valeur nominale de 100, soit une augmentation de capital de : 2 000 × 100 = 200 000.

La différence : 1 200 000 - 200 000 = 1 000 000 constitue la prime de fusion.

Comptablement, cette prime de fusion est portée au crédit du compte 1042.

Sur cette question : « Dictionnaire fiduciaire comptable » (11e édition), Groupe Revue Fiduciaire, p. 784.

h) Les droits accordés aux associés ayant des droits spéciaux et aux porteurs de titres autres que des actions ainsi que, le cas échéant, tous avantages particuliers.

Le projet de fusion doit régler le sort des associés qui détiennent des titres autres que des actions ou parts sociales. Ce sera, par exemple, le cas des détenteurs de certificats d'investissement ou de valeurs mobilières composées, pour ne citer que cet exemple (voir toutefois les dispositions issues de l'ordonnance du 24 juin 2004, en particulier sur les actions de préférence).

Une difficulté est susceptible d'apparaître lorsque la valeur nominale des titres de l'absorbante est supérieure à la valeur réelle des titres.

Dans un tel cas de figure, les associés de la société absorbée ont vocation à recevoir, lors de la fusion, des titres dont la valeur est inférieure à celle qui a été retenue pour l'échange.

Afin de régler les difficultés soulevées par cette situation, il convient :
– soit d'instaurer un mécanisme de compensation au bénéfice des associés de la société absorbée au titre du préjudice subi par cet échange peu favorable ;
– soit d'éliminer préalablement à la fusion la difficulté technique soulevée par l'écart entre valeur réelle et valeur nominale.

En pratique, la compensation au profit des associés de la société absorbée prend la forme d'une attribution d'actions de priorité. Quant aux moyens permettant d'éviter les inconvénients qui résultent de la supériorité de la valeur nominale des titres à leur valeur réelle, ils sont essentiellement au nombre de deux : tout d'abord, la société absorbante peut, avant l'opération de fusion, procéder à une réduction de capital afin de ramener la valeur réelle à un montant correspondant au moins à la valeur nominale du titre. Ensuite, et de manière plus radicale, les sociétés en présence peuvent décider de tourner la difficulté en inversant purement et simplement le sens de la fusion.

63 En dehors de ces prescriptions légales, le projet de fusion peut également contenir diverses dispositions ou clauses destinées à régler le sort de personnes (associés…), biens ou contrats de nature particulière ; toutefois, les mentions imposées, en cas de cession de fonds de commerce (CA et bénéfices des trois dernières années, notamment), sont facultatives en matière de fusion ou de scission. Le projet de fusion peut également comporter des conditions suspensives auxquelles l'opération de fusion est subordonnée.

Le contenu du projet de fusion : attention aux répercussions comptables et fiscales !

Si le contenu du projet de fusion est déterminé par la loi sur les sociétés commerciales, il convient de ne pas perdre de vue les répercussions comptables et fiscales de ce document.

Au plan comptable tout d'abord, le projet de fusion comporte de nombreux éléments qui serviront de base à l'enregistrement des opérations chez l'absorbante. C'est ainsi notamment que le projet de fusion doit contenir la désignation et l'évaluation de l'actif et du passif dont la transmission aux sociétés absorbante ou nouvelle est prévue, ainsi que la date à partir de laquelle les opérations de la société absorbée seront, du point de vue comptable, considérées comme accomplies par la société bénéficiaire des apports.

Au plan fiscal, il faut prendre garde au fait que le bénéfice de certaines dispositions est subordonné à un engagement ou à une mention dans le projet de fusion. Il en va notamment ainsi en matière de subvention d'équipement, pour l'application du régime fiscal de faveur… Il convient ainsi, lors de la rédaction du projet, de ne pas se limiter aux seules prescriptions contenues dans le code de commerce mais de compléter celles-ci par les mentions imposées par le droit fiscal.

L'adoption du projet de fusion

64 Lorsque les dirigeants des sociétés en présence ont arrêté les termes définitifs du projet de fusion, ils doivent le cas échéant accorder une délégation au représentant légal de la société, ou à toute personne habilitée à cet effet, pour procéder à la signature du projet. En pratique, le conseil d'administration, au cours de la même séance, procède à l'adoption du projet de fusion et convoque simultanément l'assemblée générale extraordinaire devant adopter l'opération (*voir § 154*). La convocation ainsi effectuée doit tenir compte des délais requis pour le dépôt du projet et l'exercice du droit de communication par les associés préalablement à l'assemblée. Cette séance du conseil d'administration est consacrée également à la confection du rapport sur l'opération qui sera présenté aux associés lors de l'assemblée générale extraordinaire. Ce rapport doit expliquer et justifier de manière détaillée le projet de fusion tant sur le plan juridique qu'économique, notamment en ce qui concerne le rapport d'échange des actions, les méthodes d'évaluation utilisées ainsi que les difficultés particulières rencontrées (c. com. art. R. 236-5 ; *voir § 156*). Si une des sociétés qui participe à l'opération est en liquidation, c'est le liquidateur qui représentera la société.

On notera toutefois, que dans les SA et SAS, les actionnaires peuvent décider d'écarter l'obligation pour le conseil d'administration d'établir le rapport sur la fusion. Cette possibilité, prévue par l'article L. 236-9 du code de commerce, résulte de la loi de simplification et d'amélioration du droit (loi n° 2011-525 du 17 mai 2011). Cette faculté, si elle est utilisée, peut avoir pour effet d'allonger le calendrier de fusion. En effet, il faut intégrer dans le processus la nécessité de convoquer les ationnaires pour les faire voter sur la renonciation au rapport du conseil d'administration ou de directoire.

Préalablement à la réunion des organes de direction arrêtant le projet de fusion, les dirigeants des sociétés intéressées doivent consulter leur comité d'entreprise *(voir § 71)*.

65 Le projet de fusion sera rédigé sous seing privé mais c'est la forme authentique qui sera utilisée si la fusion prévoit l'apport d'immeubles.

Le projet est établi en un nombre d'exemplaires qui varie d'une fusion à l'autre. Sont en principe destinataires du projet :
– chacune des sociétés qui participent à l'opération ;
– les commissaires à la fusion ;
– le greffe du tribunal de commerce, certains greffes réclamant les documents en double exemplaire ;
– l'Autorité des marchés financiers si l'une des sociétés fait publiquement appel à l'épargne. Il s'agit là d'une recommandation de la Commission des opérations de Bourse (devenue AMF) rappelée par la Compagnie nationale des commissaires aux comptes (CNCC, étude précitée, p. 89) ;
– le cas échéant, le registre national des marques et des brevets.

Le projet de fusion dans les opérations de fusions transfrontalières

Lorsque l'opération s'effectue dans un cadre communautaire, le contenu du projet de fusion est défini de manière spécifique par le code de commerce. Aux termes de l'article R 236-14 du code de commerce (décret 2009-11 du 5 janvier 2009), le projet de fusion, commun aux sociétés qui fusionnent, doit contenir les indications suivantes :
– la forme, la dénomination et le siège social des sociétés participantes, ainsi que ceux de la société issue de la fusion transfrontalière ;
– le rapport d'échange des titres, parts ou actions représentatifs du capital social et, le cas échéant, le montant de la soulte ;
– les modalités de remise des titres, parts ou actions de la société issue de la fusion transfrontalière, la date à partir de laquelle ces titres, parts ou actions donnent droit aux bénéfices ainsi que toute modalité particulière relative à ce droit ;
– la date à partir de laquelle les opérations des sociétés qui fusionnent seront, du point de vue comptable, considérées comme accomplies pour le compte de la société issue de la fusion transfrontalière ;
– les droits accordés par la société issue de la fusion transfrontalière aux associés ayant des droits spéciaux et aux porteurs de titres autres que des actions ou des parts représentatives du capital social ou les mesures proposées à leur égard ;
– tous avantages particuliers attribués aux experts qui examinent le projet de fusion transfrontalière ainsi qu'aux membres des organes d'administration, de direction, de surveillance ou de contrôle des sociétés qui fusionnent ;
– des informations concernant l'évaluation du patrimoine actif et passif transféré à la société issue de la fusion transfrontalière ;
– les dates des comptes des sociétés qui fusionnent utilisés pour définir les conditions de la fusion transfrontalière ;
– les statuts de la société issue de la fusion transfrontalière ;
– le cas échéant, des informations sur les procédures selon lesquelles sont fixées les modalités relatives à l'implication des travailleurs dans la définition de leurs droits de participation dans la société issue de la fusion transfrontalière ;
– les effets probables de la fusion transfrontalière sur l'emploi.

Les sociétés qui participent à l'opération et qui sont immatriculées en France doivent publier dans un journal d'annonces légales ainsi qu'au BODACC un avis sur le projet de fusion transfrontalière. L'avis qui est publié doit comporter les mentions suivantes :

– la raison sociale ou la dénomination sociale de chaque société participante suivie, le cas échéant, de son sigle, sa forme, l'adresse de son siège où peut être consulté le projet de fusion, du montant de son capital ainsi que, pour les sociétés participantes immatriculées en France, des mentions prévues aux 1° et 2° de l'article R. 123-237 ;
– le registre auprès duquel chaque société participante a procédé à la publicité requise par l'article L. 236-6 (dépôt au greffe du projet de fusion) ou les dispositions équivalentes de sa loi nationale, ainsi que le numéro d'inscription de la société dans ce registre ;
– la raison sociale ou la dénomination sociale de la société nouvelle qui résulte de l'opération de fusion transfrontalière suivie, le cas échéant, de son sigle, de sa forme, de l'adresse de son siège, du montant de son capital ou du montant de l'augmentation du capital des sociétés existantes ;
– l'évaluation de l'actif et du passif de chaque société participante dont la transmission à la société nouvelle ou absorbante est prévue ;
– le rapport d'échange des droits sociaux dans chaque société participante ;
– le montant prévu de la prime de fusion pour chaque société participante ;
– la date du projet commun de fusion transfrontalière ainsi que, pour les sociétés participantes immatriculées en France, la date et le lieu du dépôt au registre du commerce et des sociétés prévu au deuxième alinéa de l'article L. 236-6 ;
– l'indication, pour chaque société participante, des modalités d'exercice des droits des créanciers et, le cas échéant, des associés minoritaires ainsi que l'adresse à laquelle peut être obtenue sans frais une information exhaustive sur ces modalités.

Le dépôt au greffe du projet commun de fusion transfrontalière prévu à l'article L. 236-6 et la publicité prévue au présent article sont réalisés au moins un mois avant la date de l'assemblée générale appelée à statuer sur l'opération.

La publicité du projet de fusion

66 Le projet de fusion doit faire l'objet de larges mesures de publicité et il convient sur ce point de distinguer les mesures de publicité destinées à assurer une information externe sur l'opération de fusion et les mesures destinées à assurer une information interne.

Les mesures de publicité destinées à assurer une information externe

67 Outre le fait que le projet doit être communiqué aux commissaires à la fusion, aux commissaires aux apports et, le cas échéant, à l'AMF, le projet de fusion doit faire l'objet de trois mesures de publicité destinées à assurer une information plus générale sur l'opération projetée.

Le dépôt du projet au greffe du tribunal de commerce

68 Le projet de fusion doit être déposé au greffe du tribunal de commerce du lieu du siège des sociétés qui participent à l'opération de fusion (c. com. art. L. 236-6, al. 2 ; attention, certains greffes exigent le dépôt en double exemplaire du projet).

Le dépôt doit être effectué au moins un mois avant la date de la première assemblée destinée à statuer sur l'opération de fusion.

L'insertion au Bulletin officiel des annonces civiles et commerciales

69 Le projet de fusion fait l'objet d'une insertion. Cette insertion au BODACC, qui remplace l'ancienne insertion dans un journal d'annonces légales (décret n° 2011-1473 du 9 novembre 2011 - art. 10) doit (c. com. art. L. 236-6, R. 236-2) :

– être faite sans tarder après la signature du projet de fusion par chacune des sociétés participant à l'opération et en toute hypothèse au moins trente jours avant la date de réunion de la première des assemblées devant statuer sur l'opération de fusion ;
– être programmée en tenant compte du fait que l'insertion ne peut pas être demandée pour un délai déterminé, et il faut tenir compte du délai « d'attente » prévisible dans la détermination du calendrier de la fusion (www.bodacc.fr). En principe, le greffe dispose d'un délai de huit jours pour procéder à l'insertion. Aussi, afin de tenir compte du délai de trente jours à respecter entre l'insertion et l'assemblée, il peut être prudent de déposer au greffe le projet, quarante jours avant l'assemblée.
– comporter un certain nombre de mentions obligatoires et en particulier (c. com. art. R. 236-2) :
- la raison sociale ou la dénomination sociale suivie, le cas échéant, de son sigle, de l'adresse du siège, du montant du capital et des numéros d'immatriculation au registre du commerce et à l'INSEE de chacune des sociétés participant à l'opération,
- la raison sociale ou la dénomination sociale suivie, le cas échéant, de son sigle, de la forme, de l'adresse du siège et du montant du capital de la société nouvelle qui résultera de l'opération ou du montant de l'augmentation du capital de la société absorbante,
- l'évaluation de l'actif et du passif dont la transmission à la société absorbante ou nouvelle est prévue (évaluation globale sans entrer dans le détail de la décomposition),
- le rapport d'échange des droits sociaux,
- le montant prévu de la prime de fusion,
- la date du projet de fusion ainsi que la date et le lieu des dépôts aux greffes de ce projet (sur les conséquences d'une irrégularité dans l'avis de projet de fusion : cass. com. 4 juin 1996, RJDA 1996, n° 10, n° 1201).

Le site Internet des sociétés : un substitut possible à l'insertion au BODACC

Les sociétés qui participent à l'opération ont la faculté si elles le souhaitent de remplacer l'insertion au BODACC par une mesure de publicité effectuée sous conditions sur le site Internet de la société. Cette possibilité, en soi assez novatrice, est prévue par l'article R 236-2-1 inséré dans le code de commerce par le décret du 2011-1473 du 9 novembre 2011, décret pris en application de la loi de simplification du droit du 17 mai 2011. Le texte énonce : « L'insertion prévue à l'article R. 236-2 n'est pas requise lorsque, pendant une période ininterrompue commençant au plus tard trente jours avant la date fixée pour l'assemblée générale appelée à se prononcer sur le projet de fusion ou de scission, la société publie sur son site Internet le projet de fusion ou de scission, dans des conditions de nature à garantir la sécurité et l'authenticité des documents.

Cet avis contient les mêmes mentions que pour celui prévu à l'article R. 236-2 et peut être consulté sans frais.

Lorsque le site Internet n'est plus accessible pendant une période ininterrompue d'au moins vingt-quatre heures, le projet de fusion ou de scission fait l'objet d'un avis publié, sans délai, selon les modalités de l'article R. 236-2. Dans ce cas, le délai mentionné au neuvième alinéa de l'article L. 236-2 est suspendu jusqu'à cette publication. »

Cette possibilité donnée aux sociétés appelle nécessairement des précisions complémentaires en termes de mise en œuvre. En effet, plusieurs points d'interrogation subsistent. On peut s'interroger par exemple sur l'existence de sites Internet communs à plusieurs sociétés d'un même groupe. Si deux sociétés de ce groupe fusionnent, peut-on admettre deux publications sur un même site ? Quelles sont les conditions de « visibilité » de l'insertion sur le site du projet de fusion (page dédiée, rubrique créée,...) ? Comment parvenir à prouver que le projet a bien été visible de manière ininterrompue ? Par ailleurs, en cas d'incident, le texte préconise d'utiliser la voie de la publication classique au BODACC. On mesure alors sans peine l'effet en termes de délai supplémentaire et de calendrier pour réaliser l'opération de fusion.

L'insertion au Bulletin des annonces légales obligatoires

70 Lorsque les actions de l'une au moins des sociétés participant à l'opération sont admises aux négociations sur un marché réglementé, il convient de compléter les mesures de publicité par une insertion au BALO. L'avis ainsi publié doit comporter les mêmes mentions que l'avis inséré au BODACC *(voir § 69)* ; l'insertion doit en outre être effectuée en respectant les mêmes conditions de délai (c. com. art. L. 236-6, al. 2, R. 236-2).

Lorsque la société absorbante fait publiquement appel à l'épargne et que ses actions sont admises aux négociations sur un marché réglementé, cette société doit établir un document spécifique (document E). Ce document est annexé au rapport du conseil d'administration et doit être transmis à l'AMF deux mois au moins avant la date prévue de l'assemblée (voir également Bull. COB, janvier 2002, p. 9) avec des documents complémentaires (sur cette question : voir instruction AMF 2005-11 du 13 décembre 2005 et modifié en 2009 en dernier lieu, consultable sur www.amf-france.org/documents, en particulier l'Annexe 2). Après enregistrement, le document E est publié dans les mêmes conditions qu'un prospectus.

Les mesures de publicité destinées à assurer une information interne

71 Le projet de fusion doit faire l'objet d'une diffusion à l'intérieur de l'entreprise. Le projet doit, en particulier :
– être mis à la disposition des actionnaires en vue de la tenue des assemblées extraordinaires devant statuer sur l'opération de fusion. La mise à disposition du projet s'inscrit dans le cadre d'un ensemble plus important de documents qui peuvent être consultés par les actionnaires ou associés des différentes sociétés *(sur cette question, voir §§ 151 et s.)* ;
– être mis à la disposition du comité d'entreprise. Selon l'article L. 2323-19 du code du travail (ancien article L. 432-1 du code du travail), « le comité d'entreprise est informé et consulté sur les modifications de l'organisation économique ou juridique de l'entreprise, notamment en cas de fusion, de cession ou de modification importante des structures de production de l'entreprise ainsi que lors de l'acquisition ou de la cession de filiales au sens de l'article L. 233-1 du code de commerce. L'employeur indique les motifs des modifications projetées et consulte le comité d'entreprise sur les mesures envisagées à l'égard des salariés lorsque ces modifications comportent des conséquences pour ceux-ci » (pour des illustrations pratiques : Option Finance, 1993, n° 277, pp. 18 et s. voir également : TGI Paris, 22 janvier 2008, n° 07-16562 ; Gaz de France/Suez, CA Paris, 14e ch. A, 21 novembre 2006, JCP éd. E, 2006 ; inf. 2840, note Th. Bonneau ; voir également La Tribune, 22 janvier 2008).

72 Le respect de cette prescription fait observer que :
– la consultation du comité d'entreprise doit s'effectuer non seulement préalablement à l'adoption de la fusion par les assemblées des associés des différentes

sociétés, mais plus sûrement avant même l'adoption définitive de ce projet par le conseil d'administration (ou le directoire) ;
– la consultation du comité d'entreprise s'effectue non seulement chez l'absorbée, mais également chez la société absorbante ;
– la non-consultation du comité d'entreprise en cas de fusion est constitutive du délit d'entrave au fonctionnement de ce comité. Le comité d'entreprise peut obtenir du juge le gel de l'opération ou le report de toute décision jusqu'à ce que le comité d'entreprise ait statué sur l'opération.
– la consultation du comité d'entreprise ne saurait se restreindre à la simple communication du projet de fusion mais doit s'accompagner d'un dialogue avec les représentants du comité. Les employeurs doivent notamment apporter des réponses motivées aux questions posées par les membres du comité d'entreprise ;
– le comité d'entreprise ne peut bénéficier de l'assistance d'un expert-comptable dont les honoraires seraient supportés par l'entreprise (cass. soc. 30 juin 1993 : Dr. soc. 1993-777) ;
– les textes applicables ne prévoient pas de délai précis pour effectuer cette consultation. Cependant, selon l'article L. 2323-4 du code du travail, le comité d'entreprise doit disposer d'un « délai suffisant » pour examiner les documents qui lui ont été transmis par les dirigeants préalablement à la réunion de ce comité. Ce délai est fonction de la complexité et des enjeux de l'opération envisagée. Le texte précise que le comité d'entreprise doit disposer d'informations précises et écrites. Le comité doit également bénéficier de réponses motivées à ses propres observations (sur cette question voir A. Lyon-Caen, « Le comité d'entreprise et les restructurations », Droit social 2004, p. 285 et M.-A. Moreau, « Restructurations et comité d'entreprise européen », Droit social 2006, p. 308) ;
– cette réglementation s'applique aux opérations de fusion mais également aux opérations de scission et d'apports partiels d'actifs ;
– l'obligation de consultation s'étend au comité d'entreprise européen ;
– l'avis du comité d'entreprise doit être communiqué à l'assemblée des actionnaires des sociétés qui participent à l'opération. L'article L. 122-105 du code de commerce prévoit en effet que lorsque l'assemblée est appelée à délibérer sur des modifications de l'organisation juridique ou économique de l'entreprise sur lesquelles le comité d'entreprise a été consulté en application de l'article L. 432-1 du code du travail (actuel art. L. 2323-19), l'avis de celui-ci est communiqué.

Les suites du projet de fusion

73 Une fois le projet de fusion signé par les représentants des différentes sociétés, l'opération de fusion doit être approuvée par les assemblées des associés de chacune des sociétés *(voir §§ 150 à 177)*.

Cependant, pour que les associés, ou actionnaires, puissent se prononcer en parfaite connaissance de cause, il est nécessaire de soumettre préalablement les conditions de l'opération au contrôle d'experts extérieurs et indépendants. Cette nécessité commande, sauf en cas d'absorption d'une filiale à 100 % ou lorsque les actionnaires l'ont expressément décidé, l'intervention des commissaires à la fusion et, de manière désormais résiduelle, des commissaires aux apports.

FOCUS

Avis de projet de fusion

Entre les sociétés :

Éditions Medias Salons (EMS)

société à responsabilité limitée au capital de 50 000, dont le siège social est 31/35, rue Gambetta, 92150 Suresnes, immatriculée au Registre du Commerce et des Sociétés de Nanterre sous le numéro B 350 411 641, et à l'INSEE sous le numéro SIRET 350 411 641 00011.

et :

MM Éditions

société anonyme au capital de 624 000, dont le siège social est 31/35, rue Gambetta, 92150 Suresnes, immatriculée au Registre du Commerce et des Sociétés de Nanterre sous le numéro B 328 649 991 et à l'INSEE sous le numéro SIRET 328 649 991 00028.

1. Il a été établi par acte sous seing privé en date du 25 mars N, un projet de fusion par voie d'absorption de EMS par MM Éditions.

au moyen de l'apport par EMS à MM Éditions de l'intégralité de son actif, s'élevant, au 31 décembre N – 1, à 2 306 563

à charge pour MM Éditions d'acquitter l'intégralité du passif de EMS, s'élevant, au 31 décembre N – 1, à 584 292

soit un actif net de EMS, s'élevant, au 31 décembre N – 1, à 1 722 271

2. L'apport-fusion de EMS serait rémunéré par la création par MM Éditions de 218 actions nouvelles de 1 500 de nominal chacune, à titre d'augmentation de son capital, d'un montant de 327 000, lesdites actions étant attribuées aux associés de EMS autres que MM Éditions, selon le rapport d'échange de 1 action MM Éditions pour 2 parts sociales de EMS.

3. Le montant de la quote-part d'actif apporté par EMS, correspondant aux droits des associés de EMS autres que MM Éditions devant s'élever à 1 505 264,85, et le montant de l'augmentation de capital de MM Éditions devant s'élever à 327 000, la différence représenterait le montant prévu de la prime de fusion, qui s'élèverait à 1 178 264,85.

Le montant de la quote-part d'actif net apporté par EMS, correspondant aux parts sociales détenues par MM Éditions dans EMS, devant s'élever à 217 006,15 et le prix de revient de ces parts dans les comptes de MM Éditions s'élevant à 303 660, la différence représenterait le montant prévu du mali de fusion, qui s'élèverait à 86 653,85, et qui serait, conformément aux principes comptables en vigueur, imputé sur le résultat de MM Éditions au titre de l'exercice clos le 31 décembre N – 1.

Par suite de l'absorption de EMS, MM Éditions se trouverait recevoir 253 de ses propres actions, correspondant à la participation détenue par EMS dans MM Éditions. En conséquence, MM Éditions procéderait à une réduction de capital d'un montant de 379 500, par annulation de ces 253 actions.

La valeur d'apport des actions MM Éditions comprises dans l'apport-fusion de EMS devant s'élever à 1 865 700 et le montant de la réduction de capital de MM Éditions devant s'élever à 379 500, la différence, soit 1 486 200, s'imputerait, à hauteur de 1 178 264,85, sur la prime de fusion, dont le montant serait ainsi ramené à zéro et pour le solde, sur le poste de primes d'émission de MM Éditions au 31 décembre N – 1.

4. Un original du projet de fusion a été déposé par MM Éditions et EMS au greffe du tribunal de commerce de Nanterre le 26 mars N.

Conformément à la loi, les créanciers des sociétés susvisées dont la créance est antérieure à la publication du présent avis, disposent d'un délai de trente jours pour former opposition.

Pour avis,

Le conseil d'administration de MM Éditions

et le gérant de EMS.

Quotidien juridique

26 mars N, n° 25

Dénomination, forme, adresse du siège, numéros d'immatriculation au RCS et INSEE de chacune des sociétés qui participent (c. com. art. R. 236-2-1°)

Date du projet (c. com. art. R. 236-2-6°)

Évaluation de l'actif et du passif (c. com. art. R. 236-2-3°)

Montant de l'augmentation de capital

Mention du rapport d'échange (c. com. art. R. 236-2-4°)

Mention de la prime de fusion (c. com. art. R. 236-2-5°)

Date et lieu de dépôt (c. com. art. R. 236-2-6°)

L'intervention des commissaires à la fusion

74 L'examen des modalités d'intervention du commissaire à la fusion commande d'envisager successivement :
– les conditions de sa nomination,
– l'étendue de sa mission,
– sa responsabilité.

Les conditions de nomination du commissaire à la fusion

75 Le commissaire à la fusion, apparu avec la loi du 5 janvier 1988, est désigné par ordonnance du président du tribunal de commerce du lieu du siège de chaque société qui participe à l'opération de fusion ; les commissaires aux comptes des sociétés concernées ne peuvent être commissaires à la fusion. La désignation s'effectue dans les conditions prévues aux articles R. 236-6 et R. 225-7 du code du commerce (A. Viandier, « Le commissaire à la fusion », Économie et comptabilité, juin 1988, p. 3. Voir également H.M. Tubiana, « Fusion et scission des sociétés commerciales, les commissaires à la fusion, les commissaires aux apports et les commissaires aux comptes », Gaz. Pal. 1989, doctr. 575).

Cette ordonnance est prise sur requête des dirigeants des différentes sociétés qui fusionnent. Rien ne s'oppose, semble-t-il, à la désignation de plusieurs commissaires si le président du tribunal le juge utile. Il pourra en être notamment ainsi dans le cas de fusions entre sociétés de taille importante.

76 Il convient de noter que l'intervention du commissaire à la fusion n'est requise que dans les sociétés par actions et dans les sociétés à responsabilité limitée. L'application stricte des textes, et particulièrement des articles L. 236-10 et L. 236-23 du code de commerce, aboutit à la conclusion que seules les opérations entre sociétés par actions et à responsabilité limitée sont concernées par la désignation d'un commissaire à la fusion. Cette désignation ne paraît pas requise dans le cadre d'une opération où interviendrait une société d'une autre forme juridique (au sujet de l'absorption d'une SNC par une SA : Paris, 21 septembre 2001 : Bull. CNCC 2002, n° 125, p. 73, note Ph. Merle). Bien que non explicitement prévue par les textes, la désignation peut paraître souhaitable. En outre, même dans le cadre des SA et SARL, il n'y a pas lieu de procéder à la désignation d'un commissaire à la fusion lorsque l'opération prévoit l'absorption d'une filiale détenue à 100 % (c. com. art. L. 236-11 et L. 236-23).

77 Afin de ne pas multiplier les interventions externes, les procédures de contrôle et les rapports, les sociétés ont la possibilité de demander par requête conjointe la désignation d'un même commissaire à la fusion, commissaire qui n'établira qu'un seul rapport pour l'ensemble de l'opération (c. com. art. R. 236-6). Une incertitude demeure sur le point de savoir si cette solution peut trouver à s'appliquer lorsque les sociétés relèvent de la compétence de tribunaux de commerce différents. Selon certains auteurs, si les sociétés ne relèvent pas de la compétence du même tribunal, il ne paraît pas possible d'envisager la désignation du même commissaire sur requête conjointe (en ce sens : E. Buttet, Bull. Joly, 1988, p. 733). Selon d'autres auteurs, en revanche, les plus nombreux, le recours à la requête conjointe reste possible ; il suffit alors, dans ce cas, de déposer cette requête devant le président de l'un des tribunaux compétents, au choix des sociétés (en ce sens : A. Charveriat, A. Couret et B. Zabala « Mémento des sociétés commerciales » 2010, § 26571).

FOCUS

Commissariat à la fusion : textes et normes applicables

• Désignation du commissaire à la fusion :
– sociétés par actions : art. L. 236-10 ;
– SARL sur renvoi : art. L. 236-23 ;
– art. R 225-7.

• Incompatibilités du commissaire à la fusion :
– art. L. 236-10 ;
– art. L. 822-11.

Dispense de désignation d'un commissaire à la fusion : art. L. 236-10.

• Mission du commissaire à la fusion

– Avis sur les modalités de la fusion :
- art. L. 236-10, al.2 ;
- art. R. 225-7 sur renvoi de l'article R. 236-6.

– Valorisation des apports en nature :
- art. L. 236-10 III et L. 225-147 (SA) ;
- art. L. 236-33, art. L. 223-33 et L. 223-9 (SARL).

• Normes professionnelles applicables à la mission de commissaire à la fusion :
– norme 7 – 101 sur le commissariat aux apports ;
– norme 7 – 102 sur le commissariat à la fusion ;
– Bull. CNCC n° 135, septembre 2004 ;
– Bull. CNCC n° 139, septembre 2005 ;
– position AMF du 28 janvier 2009 sur l'application des normes 7-101 et 7-102 ;
– code de déontologie de la profession.

• Rapport du commissaire à la fusion sur les modalités de la fusion :
– art. L. 236-10 ;
– art. L. 225-147 ;
– art. L. 236-3.

• Rapport du commissaire à la fusion sur la valorisation des apports en nature et les avantages particuliers :
– art. L. 236-10 ;
– art. L. 225-147 ;
– art. R. 236-3.

COMMISSAIRE À LA FUSION : LA POSSIBILITÉ D'ÉCARTER SON INTERVENTION

L'article 236-16 du code de commerce accorde la possibilité aux sociétés qui le souhaitent de réaliser l'opération de fusion sans avoir recours à un commissaire à la fusion. La décision de ne pas recourir au commissaire à la fusion doit être prise à l'unanimité des actionnaires de toutes les sociétés qui participent à l'opération.

Le texte précise que dans un tel cas de figure, les actionnaires doivent être consultés avant que ne commence à courir le délai exigé pour la remise de ce rapport préalablement à l'assemblée générale appelée à se prononcer sur le projet de fusion. Au plan pratique, la consultation des actionnaires doit être anticipée dans la mesure où, à défaut d'unanimité et en cas d'obligation de désignation d'un commissaire à la fusion, celui-ci doit disposer d'un laps de temps suffisant pour procéder aux investigations nécessaires à la réalisation de sa mission.

Même si le texte évoque la situation des actionnaires, ce dispositif est applicable également aux fusions réalisées entre SARL ou entre sociétés par actions et SARL en vertu de l'article L. 226-23 du code de commerce qui le rend applicable aux fusions dans lesquelles interviennent des SARL.

La possibilité d'écarter l'obligation de désigner un commissaire à la fusion provient de dispositions contenues dans différentes directives communautaires. En effet, l'article 8 de la directive 2005/56 sur les fusions transfrontalières prévoit la possibilité de ne pas établir le rapport de l'expert indépendant si les associés le décident à l'unanimité. La directive du 13 novembre 2007 (2007/63) a modifié la directive de 1978 sur les fusions de sociétés anonymes et celle de 1982 sur les scissions pour intégrer dans les deux textes la suppression de l'exigence d'un rapport d'un expert indépendant à l'occasion des fusions et scissions de sociétés anonymes. L'article L. 236-10 opère ainsi transposition.

Il n'est pas certain en pratique que la portée de l'assouplissement soit très grande. En effet, la décision d'écarter le rapport sur les conditions de la fusion doit être prise à l'unanimité. Or, plus les associés des sociétés qui participent à l'opération seront nombreux, plus l'unanimité sera difficile à obtenir. En outre, dans un souci de sécurité juridique, il est probable que les associés, voire même les dirigeants, pourront préférer pouvoir bénéficier d'un avis indépendant sur les conditions de l'opération. Seules les fusions entre petites structures ou entre sociétés comportant un nombre limité d'associés devraient utiliser cette faculté.

Attention cependant, dans l'hypothèse où les associés ont décidé de ne pas de désigner de commissaire à la fusion mais que l'opération comporte des apports en nature (ou des avantages particuliers), il y a lieu de désigner quand même un commissaire aux apports. Cette désignation doit se faire dans les conditions prévues à l'article L. 225-8 du code de commerce. Le commissaire aux apports est chargé d'établir le rapport prévu à l'article L. 225-147.

78 La requête et la désignation du commissaire à la fusion ne sont soumises à aucune règle particulière de délai. Toutefois, les sociétés ont intérêt à déposer leur requête sans tarder dans le processus de fusion dans la mesure où les commissaires doivent disposer du temps nécessaire pour effectuer leurs investigations et ont l'obligation de déposer leur rapport un mois au moins avant les assemblées générales devant statuer sur l'opération de fusion. Selon la Compagnie nationale des commissaires aux comptes, il est souhaitable que le commissaire à la fusion puisse communiquer avec les organes d'administration, de surveillance et de direction des sociétés, notamment sur la méthodologie retenue pour déterminer le rapport d'échange. En conséquence, la désignation du commissaire à la fusion doit intervenir le plus tôt possible.

Enfin, les commissaires à la fusion sont choisis parmi les commissaires aux comptes inscrits sur la liste prévue à l'article L. 822-1 du code de commerce ou parmi les experts inscrits sur une des listes établies par les cours et tribunaux (code de commerce : art. R. 225-7 et R. 236-6). En application des dispositions de L. 236-10, le ou les commissaires à la fusion sont soumis aux incompatibilités prévues à l'article L. 822-11 du code de commerce. De la même manière, les commissaires aux comptes des sociétés en présence ne peuvent être désignés en qualité de commissaire à la fusion (code de déontologie : art. 10). Le commissaire aux comptes ne saurait davantage accepter une mission de commissariat à la fusion dans une filiale de la société dont il est l'auditeur légal ou au sein d'une société qui contrôle celle dont il est le commissaire aux comptes. La même restriction ne s'appliquerait pas, selon la CNCC, pour une mission de commissariat à la fusion à réaliser dans une société « sœur » de la société dont le professionnel pressenti est commissaire aux comptes. Par parenthèse, on signalera que les personnes en charge du contrôle des fusions transfrontalières n'échappent pas non plus aux incompatibilités. L'article R. 236-18 fixe ainsi les conditions d'intervention du notaire chargé du contrôle de légalité. Aux termes de l'article R. 236-18, le notaire ne doit « avoir ni instrumenté, ni rédigé d'actes sous seing privé, ni donné des consultations juridiques à l'occasion de l'opération pour laquelle le contrôle est effectué. Il ne doit pas exercer dans une société ou dans un office qui aurait instrumenté, rédigé des actes sous seing privé ou donné des consultations juridiques à l'occasion de cette opération ».

Requête en vue de la désignation d'un commissaire à la fusion : quelles formalités ?

La requête déposée en vue de la nomination d'un commissaire à la fusion doit comporter un certain nombre d'éléments d'information sur l'opération envisagée parmi lesquels, pour chacune des sociétés :
– la dénomination sociale ;
– le siège social ;
– le numéro d'immatriculation au RCS ;
– les éléments qui doivent permettre d'apprécier l'importance des sociétés en présence et notamment :
  • l'activité,
  • le chiffre d'affaires,
  • le total du bilan,
  • l'effectif ;

– le nom et l'adresse des commissaires aux comptes titulaires et suppléants de chacune des sociétés concernées et des sociétés appartenant au même groupe ou ayant des actionnaires communs importants ;
– le nom et l'adresse des commissaires aux comptes qui pourraient se trouver en situation d'incompatibilité au sens du code de commerce ;
– nature et montant des apports prévus ;
– méthode d'évaluation des apports prévus ;
– valeur des actifs apportés et des passifs pris en charge ;
– type d'opération envisagée (restructuration interne, association d'intérêts, ...) ;
– date de l'assemblée générale devant statuer sur l'opération.

Si les sociétés proposent le nom d'un commissaire à la fusion, ce qui est possible, il convient de vérifier que ce commissaire n'est pas soumis aux incompatibilités prévues par le code de commerce. De la même façon, si le commissaire a été précédemment désigné pour une opération de restructuration à l'intérieur du groupe, la société doit produire une copie de l'ordonnance de désignation. La requête est, en principe, déposée en deux exemplaires originaux datés et signés. Le coût de la formalité est évalué à 37,09 € en septembre 2010. Pour davantage de renseignements sur cette procédure, il est possible de consulter les sites Internet des greffes des tribunaux de commerce et, plus particulièrement, le site du greffe du tribunal de commerce de Paris : « www.greffe-tc-paris.fr ».

79 D'une manière générale, avant d'accepter sa mission, le commissaire à la fusion apprécie la possibilité de l'effectuer. En particulier, le commissaire à la fusion doit apprécier sa situation par rapport aux principes généraux du code de déontolongie de la profession, notamment en matière d'indépendance, de compétence et de secret professionnel. Selon la CNCC, avant d'accepter sa mission, le commissaire à la fusion a la possibilité de rencontrer les dirigeants des sociétés concernées ou leurs représentants afin de recueillir des informations générales sur ces sociétés et de prendre connaissance du contexte, des objectifs et des modalités de l'opération envisagée ou prévue. Les commissaires aux comptes peuvent être invités, par les représentants de ces sociétés, à participer à cette réunion, dans le respect de leur secret professionnel (CNCC, avis technique sur la mission de commissaire à la fusion, décembre 2010). Le commissaire à la fusion doit vérifier qu'il possède une compétence appropriée à la nature et à la complexité de la mission. Il peut se faire assister par un ou plusieurs experts de son choix. Enfin, le secret professionnel est partagé entre le commissaire à la fusion et les commissaires aux comptes des sociétés concernées. Selon la CNCC, et conformément aux dispositions de l'article L. 226-13 du code pénal, le secret professionnel du commissaire à la fusion est absolu. Le professionnel doit également vérifier que les délais qui lui sont impartis pour l'exécution de sa mission, compte tenu du calendrier des opérations, sont compatibles avec une correcte réalisation de celle-ci (CNCC, avis technique sur la mission du commissariat à la fusion, décembre 2010). Lorsqu'il accepte sa mission, le commissaire à la fusion doit adresser un courrier aux dirigeants de la société absorbante précisant la nature, les objectifs et les conditions de réalisation de la mission. Le professionnel qui renonce doit en aviser par écrit le président du tribunal de commerce qui l'a désigné et doit en informer les dirigeants ayant signé la requête.

L'étendue de la mission des commissaires à la fusion

80 La mission du commissaire à la fusion est définie par l'article L. 236-10 du code de commerce. Le commissaire à la fusion est en réalité investi d'une double mission qui donne lieu, en toute logique, à la rédaction de deux rapports.

Le commissaire à la fusion doit vérifier que les valeurs relatives attribuées aux actions des sociétés participant à l'opération sont pertinentes et que le rapport d'échange est équitable. Le commissaire à la fusion doit également, lorsque la fusion comporte des apports en nature ou des avantages particuliers, émettre un avis sur la valeur des apports en nature et les avantages particuliers dans les conditions fixées à l'article L. 225-147 du code de commerce. Lorsque l'opération est réalisée sans commissaire à la fusion (intervention écartée à l'unanimité des actionnaires, par exemple), il y a lieu de procéder néanmoins à la désignation du commissaire aux apports. Cette désignation s'effectue dans les conditions prévues à l'article L. 225-8.

Finalement, ce sont donc deux missions distinctes que réalise potentiellement le commissaire à la fusion. La CNCC a, au demeurant, publié des avis techniques distincts sur ces deux missions, le volet avis sur la valorisation des apports dans le cadre d'une fusion étant englobé dans un avis technique plus large sur la mission de commissariat aux apports.

NORMES PROFESSIONNELLES POUR LA MISSION DE COMMISSARIAT À LA FUSION

Pour la mise en œuvre de la mission, et dans l'attente d'une nouvelle norme, les professionnels doivent faire application des normes 7-101 et 7-102 de juillet 2002. Sur le point, l'AMF a précisé que même si les normes de l'ancien référentiel de la CNCC concernant la mission du commissaire aux comptes ont perdu leur valeur d'usage en mai 2007, l'AMF souhaite préciser qu'elle reconnaît les deux normes relatives aux missions de commissariat aux apports et à la fusion comme constitutives de la doctrine professionnelle applicable à ces interventions. L'Autorité estime ainsi qu'il est nécessaire de s'y référer strictement, en particulier s'agissant des modèles de conclusions des rapports des commissaires aux apports et à la fusion, dans l'attente d'une nouvelle norme en la matière (position AMF du 28 janvier 2009).

De son côté, la CNCC a publié, en décembre 2010, deux avis techniques sur le commissariat à la fusion et sur le commissariat aux apports (www.cncc.fr).

L'avis sur la détermination des valeurs relatives attribuées aux actions ou parts des sociétés qui participent à l'opération ainsi que l'équité du rapport d'échange

81 Aux termes de l'article L. 236-10 du code de commerce, le commissaire à la fusion doit vérifier « que les valeurs relatives attribuées aux actions des sociétés participant à l'opération sont pertinentes et que le rapport d'échange est équitable ». On retrouve dans ces objectifs la distinction déjà évoquée entre l'évaluation des actions et la détermination de la parité. Le commissaire à la fusion a pour mission de vérifier que le rapport d'échange est équitable. Son rôle n'est pas de déterminer la parité (CA Paris 12 mai 1998 : Dr. sociétés 1999, n° 24 note Vidal ; CA Paris 19 février 1999 : Bull. Joly 1999, 674, note Groslande). Son rôle n'est pas davantage de donner un avis sur le bien-fondé de l'opération au niveau économique ou stratégique. Le commissaire à la fusion n'a pas non plus à examiner la régularité des écritures comptables liées à l'opération.

82 Pour exercer leur mission, les commissaires « peuvent obtenir auprès de chaque société communication de tous documents utiles et procéder à toutes vérifications nécessaires » (c. com. art. L. 236-10 ; L. 236-23 pour les SARL). Ils peuvent de même se faire assister dans l'accomplissement de leur mission par un ou plusieurs experts de leur choix, les honoraires de ces experts étant à la charge de la société (c. com. art. R. 225-7 et R. 236-6).

83 La démarche générale du commissaire à la fusion peut ainsi se résumer en quatre étapes :

Prise de connaissance générale de l'entité

↓

Vérification de la pertinence des valeurs attribuées aux actions

↓

Appréciation du caractère équitable du rapport d'échange

↓

Obtention d'une lettre d'affirmation

↓

Rapport

Au niveau de la *prise de connaissance générale de l'entreprise*, il s'agit pour le commissaire à la fusion de se familiariser avec le contexte économique et juridique dans lequel il va intervenir. Au cours de cette phase, le commissaire à la fusion va notamment prendre contact avec les dirigeants des entités, leurs conseils, obtenir communication du projet de fusion, du calendrier arrêté pour l'opération. Dans ce cadre, le commissaire à la fusion pourra notamment demander communication des rapports des commissaires aux comptes. Cette prise de connaissance générale doit également lui permettre de déterminer éventuellement les diligences spécifiques qu'il devra mettre en œuvre. D'une manière plus générale, le commissaire à la fusion pourra demander communication des informations et outils qu'il estime nécessaires pour la réalisation de sa mission (rapports d'analystes financiers, système d'information budgétaire et prévisionnelle, données financières sectorielles...) (CNCC, avis technique sur la mission de commissariat à la fusion, décembre 2010).

84 S'agissant de *la vérification de la pertinence des valeurs attribuées aux actions*, le commissaire à la fusion va essentiellement avoir pour mission de recenser les méthodes d'évaluation retenues par les sociétés en présence et apprécier la pertinence de ces méthodes dans le contexte précis de l'opération, mais également de s'assurer que ces méthodes d'évaluation ont été convenablement mises en œuvre par les sociétés. En clair, le commissaire à la fusion va devoir en premier lieu recenser les méthodes d'évaluation retenues et analyser les raisons qui ont pu conduire les sociétés en présence à rejeter telle ou telle méthode d'évaluation et introduisant, si le commissaire à la fusion le juge opportun, des critères ou méthodes complémentaires (CNCC, avis technique sur la mission de commissariat à la fusion, décembre 2010). Selon la Compagnie, les critères de valorisation les plus souvent utilisés sont des critères de performance (chiffre d'affaires, EBE, résultat courant, marge brute d'autofinancement), critères patrimoniaux (actif net corrigé ou réévalué), critères de marché (cours de bourse, dividendes). Confirmant une doctrine ancienne, la Compagnie estime que plusieurs méthodes doivent avoir été utilisées par les sociétés en présence. Sur ce point, le commissaire à la fusion doit vérifier que les méthodes utilisées ne font pas double emploi et que leur nombre excessif ne complique pas l'appréciation de la parité d'échange.

Le commissaire à la fusion doit également vérifier que les méthodes retenues ont été correctement mises en œuvre et l'ont été de manière homogène entre les différentes sociétés en présence. Lorsque l'une au moins des sociétés est une société émettant des titres admis aux négociations sur un marché réglementé, la Compagnie nationale des commissaires aux comptes préconise que le commissaire à la fusion ait connaissance des dispositions de l'article 261-3 du règlement AMF et de la recommandation de l'AMF sur l'expertise financière indépendante et tienne compte de cette situation dans son appréciation des valeurs relatives en prenant en considération les meilleures pratiques d'évaluation exposées dans ces textes tout en les adaptant aux spécificités de l'opération de fusion. La Compagnie nationale des commissaires aux comptes a largement commenté cet aspect dans l'avis technique sur la mission de commissariat à la fusion de décembre 2010 en mettant en avant les points sur lesquels des vérifications pouvaient être faites selon les méthodes et critères de valorisation utilisés. À ce stade, la Compagnie précise également que le commissaire à la fusion doit prendre en considération l'impact éventuel sur le calcul des valeurs relatives, des événements survenus entre la date de détermination des valeurs par les entités et la date de rédaction de son rapport.

Parvenu au terme de cette étape, le commissaire à la fusion peut d'ores et déjà être en mesure de formuler des observations sur les méthodes retenues et les calculs effectués, être conduit à effectuer des simulations sur des critères ou des méthodes qu'il juge plus pertinentes, ou même, opérer une hiérarchisation différente des valorisations effectuées et méthodes utilisées (CNCC, avis technique sur le commissariat à la fusion, décembre 2010).

85 Le deuxième volet de sa mission va consister à *exprimer un avis sur le rapport d'échange qui a été retenu par les sociétés en présence* à partir des valeurs relatives jugées pertinentes. Il s'agit en pratique des valeurs qui tiennent compte, pour le présent et pour l'avenir, de la rentabilité d'exploitation, de la politique d'investissement, de la structure financière et du niveau de risque des sociétés qui fusionnent. La Compagnie estime que le commissaire à la fusion doit apprécier la valeur relative accordée aux valeurs ainsi identifiées. Il ne s'agit en aucun cas, on l'aura compris, de la simple moyenne arithmétique des valeurs relatives mais doit résulter d'une analyse du positionnement du rapport d'échange proposé par rapport à ces valeurs. Pour cela, le commissaire à la fusion doit apprécier les explications données par les entités pour justifier les écarts entre les valeurs relatives et la parité proposée. Le commissaire à la fusion doit notamment déterminer si le rapport proposé n'est pas de nature à créer un appauvrissement durable pour chaque catégorie d'actionnaires en comparant leur situation avant fusion, hors synergies, et leur situation après fusion, y compris synergies, après l'opération. Cette comparaison peut être faite à partir d'une évaluation de la société absorbante avant et après fusion, ou à l'aide d'un critère adéquat en l'espèce, appliqué aux années suivant la fusion [CNCC, avis technique sur le commissariat à la fusion, décembre 2010 (l'avis reprend, sur ce point, la position exprimée par la Compagnie en 2002)].

Tout au long de sa mission, le commissaire à la fusion va documenter dans son dossier de travail les travaux accomplis et les conclusions auxquelles il aboutit sur la base de ces travaux. La *lettre d'affirmation* est un document dans lequel le commissaire à la fusion récapitule certaines déclarations importantes au commissaire à la fusion par les dirigeants de l'entreprise ; cela constitue un procédé complémentaire de confirmation et constitue un document justificatif dans les dossiers de travail. Sa non-utilisation doit être justifiée.

86 À l'issue de cette mission, le commissaire à la fusion a l'obligation de rédiger un rapport qui doit notamment indiquer (c. com. art. L. 236-10) :
– la ou les méthodes suivies pour la détermination du rapport d'échange proposé ;
– si cette ou ces méthodes sont adéquates en l'espèce, et mentionner les valeurs auxquelles chacune des méthodes conduit, un avis étant donné sur l'importance relative accordée à ces méthodes dans la détermination de la valeur retenue ;
– les difficultés particulières d'évaluation, s'il en existe (L. Mullenbach, « Comment le commissaire à la fusion doit-il formuler la conclusion de son rapport ? », Revue de droit comptable, 1990-1, pp. 89 et s.).

87 En conclusion de son rapport, le commissaire à la fusion sera donc conduit à émettre un avis sur la pertinence des valeurs relatives et le caractère équitable du rapport d'échange proposé par les parties. L'objectif du rapport étant d'éclairer les actionnaires et les associés sur le caractère équitable du rapport d'échange proposé et à ce titre, le commissaire à la fusion doit mettre en évidence les points qu'il estime utiles à une bonne information des actionnaires ou des associés.

En pratique, la Compagnie précise que les observations que formule le commissaire à la fusion sur les valeurs relatives, comme celles qu'il formule sur le rapport d'échange, traduisent son désaccord sur le caractère équitable du rapport d'échange. Sur ce point, toutefois, il est clair que des commentaires sur les valeurs relatives, même s'ils conduisent le commissaire à la fusion à retenir un intervalle modifié de valeurs relatives, n'impliquent pas un désaccord sur le caractère équitable du rapport d'échange présenté dans le projet de fusion, dont l'appréciation constitue l'objectif ultime de sa mission et sur lequel porte en conséquence sa conclusion.

STRUCTURE DU RAPPORT DU COMMISSAIRE À LA FUSION

Titre

Destinataire

Introduction

Présentation de l'opération et description des méthodes d'évaluation retenues

Vérification de la pertinence des valeurs relatives attribuées aux actions des sociétés participant à l'opération

Appréciation du caractère équitable du rapport d'échange proposé

Synthèse

Conclusion

Date du rapport / adresse et indication du ou des signataire(s)

(CNCC, avis technique sur la mission de commissariat à la fusion)

88 Le rapport ainsi rédigé doit être déposé au siège des sociétés qui fusionnent un mois au moins avant la date des assemblées générales appelées à se prononcer sur la fusion (c. com. art. R. 236-3 ; dans les SARL, si la consultation a lieu par écrit, le rapport est joint au projet de résolution soumis aux associés ; *voir § 162*). Le rapport ainsi déposé est distinct du rapport déposé au titre de la valorisation des apports. La mission du commissaire à la fusion est une mission ponctuelle qui prend fin avec le dépôt de son rapport. Le commissaire à la fusion n'a pas à assurer le suivi des événements postérieurs survenus entre la date de dépôt de son rapport et la date des assemblées devant statuer sur l'opération.

89 Dans l'exercice de sa mission, le commissaire à la fusion engage le cas échéant sa responsabilité civile. À la différence cependant de ce qui se passe pour le commissaire aux comptes, la responsabilité encourue par le commissaire à la fusion est celle de l'article 1382 du code civil. Par voie de conséquence, pour que la responsabilité du commissaire à la fusion soit mise en cause, il faut qu'il y ait une faute de sa part dans l'exercice de sa mission, un dommage, et que soit établi le lien de causalité entre les deux. L'action en responsabilité se prescrit par cinq ans. Au plan pénal, il n'existe pas de dispositions spécifiques relatives à la responsabilité pénale du commissaire à la fusion. Néanmoins, et conformément au droit commun, le commissaire à la fusion pouvait, le cas échéant, être poursuivi comme complice de délits commis par les dirigeants sociaux. En tout état de cause, il reste soumis aux dispositions de l'article R. 822-32 en matière de responsabilité disciplinaire.

Rapport des commissaires aux apports et à la fusion : le rappel à l'ordre de l'AMF en 2009

Dans une position exprimée en janvier 2009, l'AMF a été amenée à constater que la forme des rapports des commissaires aux apports et à la fusion variait, créant ainsi des distorsions en matière de comparabilité. Cette situation peut nuire à la qualité de l'information des investisseurs. Il en est ainsi notamment des conclusions concernant l'équité de la parité et la non-surévaluation des apports. Même si les normes relatives aux missions de commissariat aux apports et à la fusion de l'ancien référentiel de la CNCC ont perdu leur valeur d'usage, l'AMF estime qu'il est nécessaire de s'y référer strictement, en particulier s'agissant de modèles de conclusions des rapports des commissaires aux apports et à la fusion. Il s'agit des normes 7-101 « Commissariat aux apports » et 7-102 « Commissariat à la fusion ». Dans l'attente d'une nouvelle norme en la matière, l'AMF considère que les deux sont constitutives de la doctrine professionnelle applicable à ces interventions (www.amf-france.org) (J.-L. Navarro, chr. Droit comptable, JCP E, 2009, n° 43, com. 2004).

Rappelons que depuis, la Compagnie nationale des commissaires aux comptes a publié deux avis techniques sur la mission de commissariat aux apports et sur la mission de commissariat à la fusion. Ces avis techniques, publiés en décembre 2010, comportent notamment des développements précis sur la présentation et le contenu des rapports sur ces deux missions (www.cncc.fr).

Plusieurs commissaires : plusieurs rapports ?

La question du nombre de rapports à établir par les commissaires à la fusion n'avait pas été tranchée de manière explicite par la loi du 5 janvier 1988. La rédaction du texte autorisait en effet une double interprétation. Aux termes de l'article L. 236-10 du code de commerce, il est précisé qu'« un ou plusieurs commissaires, désignés par décision de justice, établissent sous leur responsabilité un rapport écrit sur les modalités de la fusion ».

On pouvait ainsi se demander s'il appartenait à chaque commissaire désigné de confectionner un rapport ou si les commissaires pouvaient ne rédiger qu'un rapport commun.

Le décret du 22 avril 1988 a répondu partiellement à la question en indiquant (c. com. art. R. 236-6) que « s'il n'est établi qu'un seul rapport pour l'ensemble de l'opération, la désignation a lieu sur requête conjointe de toutes les sociétés participantes ».

Deux situations peuvent ainsi se présenter en pratique :
– si les sociétés ont demandé séparément la désignation du commissaire à la fusion, il y a lieu d'établir un rapport par commissaire. Ces rapports devront ensuite être communiqués à toutes les sociétés en présence ;
– si les sociétés ont formulé une requête conjointe pour la désignation des commissaires, il y a lieu d'établir un rapport unique.

Pour sa part, la Compagnie nationale des commissaires aux comptes semble pencher pour l'établissement d'un seul rapport. En effet, dans ses commentaires sur le commissariat à la fusion, elle indique que « lorsque plusieurs commissaires à la fusion ont été désignés, ils établissent et signent un rapport commun ». Elle ajoute que, en cas de désaccord entre les commissaires, il est établi un seul rapport qui indique les différents avis exprimés, en les attribuant à chacun d'eux.

L'avis sur la valeur des apports en nature et les avantages particuliers

90 Jusqu'à l'entrée en vigueur de la loi relative à l'initiative et à l'entreprise individuelle, les opérations de fusion voyaient l'intervention conjointe de deux organes de contrôle : le commissaire à la fusion d'une part, le commissaire aux apports d'autre part. La solution était logique dans la mesure où, par nature, il s'agit de deux missions distinctes. Au plan pratique cependant, les présidents des tribunaux de commerce confiaient souvent les deux missions à la même personne qui

revêtait ainsi, pour une même opération, une « double casquette » : commissaire à la fusion et commissaire aux apports. L'article 15 de la loi du 11 février 1994 a décidé de légaliser la pratique en abrogeant l'article 378 de l'ancienne loi sur les sociétés commerciales qui prévoyait l'obligation pour l'assemblée générale extraordinaire de la société absorbante de statuer sur l'approbation des apports.

91 L'article L. 236-10 relatif à la mission du commissaire à la fusion prévoit que « III - Lorsque l'opération de fusion comporte des apports en nature ou des avantages particuliers, le commissaire à la fusion ou, s'il n'en a pas été désigné en application du II, un commissaire aux apports désigné dans les conditions prévues à l'article L. 225-8 établit le rapport prévu à l'article L. 225-147 ». Le commissaire aux apports est soumis aux mêmes incompatibilités que le commissaire aux comptes. Sur ce point, il y a lieu de faire application des dispositions de l'article L. 225-8, L. 236-10 et du code de déontolongie de la profession. Le commissaire aux apports est, de même, tenu au secret professionnel en vertu de l'article 236-13 du code pénal.

NOTE : Sur la notion d'avantage particulier : Douai, 2e ch., 7 juillet 1994 : Adam et autres c/ SA La Redoute : Bull. Joly, 1994, n° 7-8, p. 994, note P. Le Cannu ; pour les SARL, c'est l'article L. 233-9 qui prévoit ce rapport sur la valeur des apports en nature ; sur la responsabilité du commissaire aux apports et à la fusion : cass. com. 28 juin 2005, n° 983. La rédaction de l'article L. 236-10 résulte, dans sa dernière version, de la loi de modernisation de l'économie de juillet 2008). Sur les aspects pratiques de la mission, on se rapportera à l'avis technique de la mission de commissariat aux apports, publié par la Compagnie nationale des commissaires aux comptes, en décembre 2010.

92 Dans le cadre de la mission de contrôle des apports, le commissaire à la fusion (ou aux apports) devra notamment, dans le cadre des fusions et opérations assimilées, porter attention à la question des engagements transférés. Dans les fusions, par exemple, certains engagements peuvent ne pas être comptabilisés mais contribuent néanmoins à la valeur globale des apports. Il faut donc vérifier que ces éléments sont effectivement pris en compte ; à défaut, les apports pourraient se trouver surévalués. Sont par exemple concernés : les engagements en matière de pensions et de retraites, les impôts différés passifs transférés à la société bénéficiaire des apports (et pouvant résulter notamment mais pas exclusivement du régime fiscal applicable à l'opération de fusion). La Compagnie nationale des commissaires aux comptes précise sur ce point que la prise en compte de la fiscalité latente de la société absorbée, fiscalité antérieure à l'opération de fusion ou résultant de celle-ci, doit intégrer le caractère aléatoire de la survenance, postérieurement à l'opération, du fait générateur de l'opération (CNCC, avis technique sur la mission de commissariat aux apports, décembre 2010).

93 La mission de commissariat aux apports, quelle soit dévolue au commissaire à la fusion ou, en l'absence de ce dernier, à un commissaire aux apports, doit également intégrer la question de la rétroactivité ou de l'effet différé de l'opération et son impact sur la valeur des éléments apportés. En particulier, le commissaire aux apports doit s'intéresser à l'impact éventuel des pertes réalisées pendant la période intercalaire sur la valorisation des apports ou encore aux faits intervenus pendant la période intercalaire qui sont de nature à affecter la valeur de tel ou tel bien compris dans les apports ou de nature à remettre en cause la valeur des apports pris dans leur ensemble.

94 Pour sa mission relative à la valorisation des apports, le commissaire à la fusion (ou le commissaire aux apports s'il n'y a pas de commissaire à la fusion) doit

apprécier la valeur des apports en nature. En particulier, le commissaire doit s'assurer que les sociétés ont fait une correcte application des règles comptables de valorisation des apports (règlement 2004-01) ; il doit également s'assurer que le montant de l'actif net apporté est au moins égal au montant de l'augmentation du capital de la société absorbante. À l'issue de sa mission, il doit déposer un rapport distinct de celui relatif à l'équité du rapport d'échange. En outre, ce rapport devra être déposé dans le délai d'un mois avant l'assemblée générale extraordinaire. Le délai est donc différent du délai applicable pour le dépôt au greffe du tribunal de commerce qui est de huit jours. En principe, le rapport du commissaire à la fusion sur la valeur des apports en nature doit être déposé au greffe du tribunal de commerce en application des articles R. 123-106 et R. 123.107 du code de commerce. Toutefois, le comité de coordination du registre de commerce et des sociétés considère que ce rapport n'a lieu d'être déposé au greffe que dans l'hypothèse d'une fusion-absorption (avis du CCRS n°s 98-02 et 98-02 bis). L'obligation de dépôt au greffe ne s'applique donc pas dans le cas de la fusion par création de société nouvelle. Le commissaire aux apports engage le cas échéant sa responsabilité civile dans l'accomplissement de sa mission, l'action en responsabilité civile se prescrivant au terme d'un délai de cinq ans. La responsabilité pénale pourrait être également engagée en cas de majoration frauduleuse de la valeur d'un apport en nature.

L'absence de commissaire à la fusion lors de l'absorption de filiales à 100 %

95 L'absorption d'une filiale à 100 % ne donne logiquement pas lieu à échange de titres. L'unique associé de la société absorbée étant l'absorbante, l'opération ne donne pas lieu à l'émission de titres. Dès lors, dans la mesure où il n'y a pas d'échange de titres, il n'y a pas lieu de déterminer de parité d'échange ni *a fortiori* de la contrôler. Par voie de conséquence, la loi sur les sociétés commerciales écarte l'intervention d'un commissaire à la fusion dans l'hypothèse de l'absorption d'une filiale détenue à 100 %.

96 Jusqu'en 2008, le droit des sociétés prévoyait en revanche l'intervention d'un commissaire aux apports. Or, la désignation d'un commissaire aux apports dans les opérations d'absorption de filiale détenue à 100 % s'est révélée comme étant une disposition franco-française, disposition qui n'apparaît pas dans les directives communautaires, qu'il s'agisse de la troisième directive de 1978 sur les fusions de sociétés anonymes ou de la directive de 2005 sur les fusions transfrontalières. Au plan communautaire, l'intervention du commissaire aux apports n'est prévue que dans le cadre des opérations se traduisant par une augmentation de capital, ce qui n'est bien évidemment pas le cas des fusions simplifiées.

97 La loi du 3 juillet 2008 a ainsi décidé de simplifier la situation. L'article L. 236-11 prévoit en effet que « Lorsque, depuis le dépôt au greffe du tribunal de commerce du projet de fusion et jusqu'à la réalisation de l'opération, la société absorbante détient en totalité des actions représentant la totalité du capital des sociétés absorbées, il n'y a lieu ni à approbation de la fusion par l'assemblée générale extraordinaire des sociétés absorbées, ni à l'établissement des rapports mentionnés au dernier alinéa de l'article L. 236-9 et à l'article L. 236-10. »

98 En clair, dans le cas des fusions par absorption de filiales à 100 %, il n'y a en principe ni commissaire à la fusion ni commissaire aux apports. Seule l'assemblée générale de la société absorbante se prononcera sur l'opération.

99 Seule restriction existante à cette simplification radicale : l'hypothèse dans laquelle la société filiale a émis des valeurs mobilières donnant accès au capital. Dans ce cas de figure, en effet, il semble nécessaire, pour la réalisation de l'opération de fusion, de procéder quand même à la désignation d'un commissaire aux apports en application de l'article L. 228-101 du code de commerce. En la matière, le texte prévoit que le commissaire aux apports doit émettre un avis sur le nombre de titres à créer dans la société absorbante ou bénéficiaire des apports.

FOCUS

Six questions sur les organes de contrôle en matière de fusion

❶ ***Le commissaire aux comptes de l'une des sociétés peut-il devenir commissaire à la fusion ?***

Le commissaire aux comptes, en raison des incompatibilités prévues par le code de déontologie de la profession, ne peut pas percevoir de rémunérations pour des fonctions autres. Par voie de conséquence, il ne saurait être désigné comme commissaire à la fusion.

❷ ***Le commissaire aux comptes peut-il être désigné comme commissaire aux apports ?***

Pour les mêmes raisons (mise en jeu des incompatibilités), les commissaires aux comptes ne peuvent pas être désignés comme commissaires aux apports dans le cadre d'une opération de fusion. L'incompatibilité s'étend également aux filiales de la société dont le professionnel est commissaire aux comptes ainsi qu'aux sociétés qui contrôlent l'entité dont le professionnel est commissaire aux comptes. En revanche, l'incompatibilité ne s'étend pas aux sociétés dites « sociétés sœurs ».

❸ ***Quel est le rôle des commissaires aux comptes en matière de fusion ?***

Depuis la loi du 5 janvier 1988, les commissaires aux comptes n'interviennent pratiquement plus dans les opérations de fusion. Cette loi n'a toutefois pas supprimé l'obligation qui est faite aux sociétés de convoquer les commissaires aux comptes à toutes les assemblées d'actionnaires (c. com. art. L. 823-17 et R. 823-9). Dans les SARL, la réglementation est sensiblement identique, les commissaires devant être avisés, au plus tard en même temps que les associés, des assemblées et des consultations, assemblées auxquelles ils ont accès (c. com. art. L. 223-39 et R. 223-28). Ajoutons enfin que les commissaires aux comptes pourront devoir intervenir dans l'hypothèse où la société absorbée aurait émis, préalablement à l'opération de fusion, des titres de nature particulière (obligations convertibles, OBSA...) ou aurait offert à ses salariés des options de souscription reprises par la société absorbante. Enfin, pour une fusion réalisée lors du second semestre de l'exercice, le commissaire aux comptes devra contrôler la sincérité de l'état comptable intermédiaire. En outre, le commissaire aux comptes de la société absorbée qui décèlerait, sans investigation particulière, des anomalies graves dans le traité de fusion aurait à établir un rapport au conseil d'administration et à mentionner l'irrégularité relevée dans un rapport remis à l'assemblée générale extraordinaire de fusion, voire à procéder à une révélation de faits délictueux. Le mandat du commissaire aux comptes de la société absorbée s'achève lors de la réalisation définitive de l'opération de fusion. Chez l'absorbante, dans le cadre de sa mission générale de certification, le commissaire aux comptes devra apprécier la régularité de la traduction comptable de l'opération, informer les dirigeants et les actionnaires des risques de surévaluation d'apport et de la libération fictive de l'augmentation de capital social liée à la fusion (sur cette question, Bull. CNCC 1996, n° 104, pp. 738 et s. ; Bulletin comptable et financier, 1997, n° 4, p. 12). Vis-à-vis des commissaires à la fusion et des commissaires aux apports, le commissaire aux comptes demeure tenu au secret professionnel.

❹ ***Les sociétés qui participent à l'opération peuvent-elles désigner les mêmes commissaires à la fusion ?***

Afin de ne pas alourdir à l'excès la procédure de fusion, il est admis qu'un seul commissaire à la fusion soit désigné pour l'ensemble de l'opération. Cette possibilité est néanmoins subordonnée au dépôt par les sociétés d'une requête conjointe auprès du président du tribunal de commerce chargé de la désignation.

❺ ***Est-on tenu de désigner un commissaire à la fusion ?***

Oui, sauf si la fusion prévoit l'absorption d'une société filiale détenue à 100 % ou si les associés en ont décidé autrement à l'unanimité.

❻ ***Le commissaire à la fusion peut-il devenir commissaire aux comptes de l'absorbante ?***

Il semble possible d'envisager la désignation du commissaire à la fusion comme commissaire aux comptes de la société absorbante ou bénéficiaire des apports. Toutefois, dans ses commentaires, la Compagnie nationale des commissaires aux comptes a rappelé que « dans le cas où le commissaire à la fusion est pressenti pour être désigné en qualité de commissaire aux comptes de la société absorbante ou bénéficiaire des apports, postérieurement à l'exercice de la mission de commissaire à la fusion, il apprécie dans quelle mesure la réalisation successive des deux missions pourrait affecter son objectivité » (CNCC, commissariat à la fusion, commentaire des normes).

Chapitre 1-2
LA DÉCISION DE FUSION

150 Pour mener à bien l'opération de fusion, les entreprises en présence doivent passer du stade du projet de fusion à celui de la réalisation définitive de l'opération. Cette dernière étape débute par l'approbation de l'opération par les assemblées *(voir §§ 151 à 177)*, la décision prise par les associés des différentes sociétés devant faire l'objet de larges mesures de publicité *(voir §§ 220 à 229)*. Mais dans cette phase du processus de fusion, les entreprises doivent être vigilantes car le non-respect de certaines dispositions légales est susceptible d'affecter la validité même de l'opération *(voir §§ 280 à 288)*.

L'approbation de la fusion par les assemblées

151 L'approbation de la fusion par les assemblées d'associés ou d'actionnaires obéit à des règles différentes selon que l'on se situe dans le cadre d'une opération de fusion-absorption (voir §§ 152 à 170) ou dans celui d'une fusion par création de société nouvelle (voir §§ 174 à 177).

L'approbation de la fusion dans le cadre d'une fusion-absorption

152 Il convient d'envisager distinctement la situation chez l'absorbée et chez l'absorbante.

La situation chez l'absorbée

153 L'approbation de la fusion par les associés ou actionnaires de la société absorbée suppose :
– la convocation de l'assemblée ;
– la mise à la disposition des associés ou des actionnaires de différents éléments d'information sur l'opération ;
– la réunion proprement dite de l'assemblée.

La convocation de l'assemblée

154 La décision approuvant la fusion doit être prise dans les conditions prévues pour la modification des statuts. Il en résulte les conséquences suivantes.

Dans les sociétés anonymes

La décision est de la compétence de l'assemblée générale extraordinaire. Les règles de convocation de cette assemblée doivent être respectées. Sans entrer dans le détail de ces règles, il faut rappeler que la convocation est effectuée par le conseil d'administration ou le directoire (c. com. art. L. 225-103). Elle émane du liquidateur si la société absorbée est en liquidation. Elle peut être précédée d'un avis de réunion, publié au Bulletin des annonces légales obligatoires si la société fait publiquement appel à l'épargne, ou adressé par lettre recommandée ou courrier électronique aux actionnaires qui en font la demande.

La convocation proprement dite est effectuée en appliquant les dispositions contenues dans les statuts. Nonobstant ces dispositions, la société doit respecter l'obligation d'insérer l'avis de convocation avec mention de l'ordre du jour dans un journal d'annonces légales (avec reproduction au BALO si ses actions) sont admises aux négociations sur un marché réglementé. et d'adresser aux titulaires de titres nominatifs une lettre ordinaire de convocation. L'AMF recommande même une publication sur le site Internet des sociétés cotées ainsi que la publication d'un communiqué de presse à diffusion nationale précisant les date, heure et lieu de l'assemblée. S'il n'existe que des actions nominatives, les insertions peuvent être remplacées par une lettre ordinaire ou un courrier électronique adressé à chaque associé.

En outre, la convocation doit être adressée aux commissaires aux comptes de la société (c. com. art. L. 223-238 et R. 823-9, al. 4). Le délai de convocation est fixé par les statuts mais ne saurait être inférieur à 15 jours sur première convocation et six jours sur deuxième convocation (c. com. art. R. 225-69). Pour une étude détaillée des modalités de convocation des assemblées générales extraordinaires (voir « Le mémento de la SA » 9e édition, guide de gestion Revue Fiduciaire pp. 360 et s.).

Dans les sociétés à responsabilité limitée

Il convient de respecter les règles de convocation des assemblées appelées à modifier les statuts. En principe, la convocation est établie par le gérant de la société et les convocations sont adressées aux différents associés par lettre recommandée (c. com. art. L. 223-27, al. 4 et R. 223-20, al. 1). Le délai de convocation est prévu par les statuts ; en toute hypothèse, ce délai ne saurait être inférieur à quinze jours (c. com. art. R. 223-20, al. 1). Enfin, il faut préciser que les statuts de la société peuvent prévoir, non la réunion d'une assemblée, mais la consultation écrite des associés (c. com. art. L. 223-27).

La mise à la disposition des associés ou actionnaires de différents éléments d'information

155 Afin de pouvoir statuer en connaissance de cause, les associés et actionnaires doivent disposer d'un certain nombre d'informations spécifiques. Il n'est pas fait mention ici des documents que les actionnaires peuvent consulter préalablement à la réunion d'une assemblée générale extraordinaire appelée à modifier les statuts. Sur cette question (voir « Le mémento de la SA » précité pp. 360 et s.).

Dans les sociétés anonymes

156 Durant les trente jours qui précèdent la date de l'assemblée générale appelée à statuer sur l'opération de fusion, les actionnaires doivent pouvoir consulter au siège social (ou obtenir l'envoi sur simple demande) (c. com. art. R. 236-3) :
– le projet de fusion ;
– le ou les rapports du ou des commissaires à la fusion ainsi que le rapport du conseil d'administration ou du directoire (c. com. art. L. 236-9), sauf lorsque ces rapports peuvent ne pas être établis. Les dirigeants sociaux doivent expliquer et justifier

le projet de fusion de manière détaillée du point de vue juridique et économique, notamment en ce qui concerne le rapport d'échange des actions et les méthodes d'évaluation utilisées ainsi que les difficultés particulières qu'ils ont rencontrées (c. com. art. R. 236-5, al. 1). En pratique, ces informations sont généralement regroupées en un document unique établi par les dirigeants des sociétés participant à l'opération ;

– les comptes annuels approuvés par les assemblées générales ainsi que les rapports des conseils d'administration (rapports de gestion) des trois derniers exercices des sociétés qui participent à l'opération. L'application de cette disposition a parfois soulevé quelques difficultés lorsque les comptes du dernier exercice n'étaient pas encore approuvés à la date de l'opération. L'article R. 236-3 du code de commerce règle en réalité cette difficulté. Le texte prévoit que si l'opération doit être décidée avant que les comptes annuels du dernier exercice clos aient été approuvés, ou moins d'un mois après leur approbation, doivent être mis à la disposition des actionnaires les comptes arrêtés et certifiés relatifs à cet exercice et les comptes annuels approuvés des deux exercices précédents ainsi que les rapports de gestion. Dans le cas où le conseil d'administration ne les a pas encore arrêtés, l'état comptable *(voir ci-dessous)* et les comptes annuels approuvés des deux exercices précédents ainsi que les rapports de gestion doivent être mis à la disposition des actionnaires. Il s'agit des comptes annuels de l'ensemble des sociétés qui participent à l'opération de fusion et non pas seulement des comptes annuels de la société dont les actionnaires sont membres ;

– « un état comptable établi selon les mêmes méthodes et suivant la même présentation que le dernier bilan annuel, arrêté à une date qui, si les derniers comptes annuels se rapportent à un exercice dont la fin est antérieure de plus de six mois à la date du projet de fusion, doit être antérieure de moins de trois mois à la date de ce projet ou le cas échéant, le rapport financier semestriel prévu à l'article L. 451-1-2 du code monétaire et financier, lorsque celui-ci est publié ». La formulation retenue par le code de commerce, même si elle manque quelque peu de simplicité, semble en pratique n'imposer la confection d'un tel état comptable que si le projet de fusion est arrêté plus de six mois après le début de l'exercice.

En outre, dans les SA et SAS, l'article L. 236-9 fait obligation aux conseils d'administration et aux directoires des sociétés qui participent à l'opération d'informer, avant la date de l'assemblée générale devant approuver l'opération, leurs actionnaires de toute modification importante de leur actif et de leur passif intervenue entre la date de l'établissement du projet de fusion et la date de la réunion des assemblées générales. Ils doivent en aviser également les conseils d'administration ou les directoires des autres sociétés qui participent à l'opération afin que ceux-ci en informent leurs actionnaires (art. L. 236-9, al. 5 et 6). Les modifications sont communiquées aux actionnaires soit par le biais d'une mise à disposition au siège social de la société concernée, soit par une publication sur le site Internet de la société, avec dans ce dernier cas, des garanties en termes de sécurisation du site.

MISE À DISPOSITION AU SIÈGE SOCIAL : L'ALTERNATIVE AVEC LA MISE EN LIGNE

Dans le cadre de la loi sur la simplification et l'amélioration de la qualité du droit adoptée en mai 2011, les conditions de mise à disposition des documents aux actionnaires ont été modifiées. En particulier, ces documents peuvent être mis en ligne. L'article R 236-3-1 du code de commerce prévoit en effet que : « La mise à disposition au siège social des documents prévue à l'article R. 236-3 n'est pas requise lorsque, pendant une période ininterrompue commençant au plus tard trente jours avant la date fixée pour l'assemblée générale appelée à se prononcer sur le projet de fusion ou de scission et ne s'achevant pas avant la fin de cette assemblée, la société les publie sur son site Internet, dans des conditions de nature à garantir la sécurité et l'authenticité des documents. Lorsque le site Internet n'est plus accessible pendant une durée ininterrompue d'au moins vingt-quatre heures, les dispositions de l'article R. 236-3 sont applicables. Dans ce cas, le délai mentionné au premier alinéa de l'article L. 236-3 est suspendu jusqu'à cette mise à disposition. Aucune copie des documents mentionnés à l'article R. 236-3 ne peut être obtenue lorsque le site Internet des sociétés participant à l'opération de fusion ou de scission permet sans frais aux actionnaires de les télécharger et de les imprimer. »

Cette solution alternative suscite, en l'état actuel des choses, les mêmes interrogations que celles évoquées à propos de l'insertion du projet de fusion au BODACC, qui peut être remplacée par une mise en ligne.

Dans les SARL

157 Dans les SARL, les associés de la société absorbée doivent pouvoir consulter le rapport du commissaire à la fusion. Toutefois, si la décision de fusion fait l'objet d'une consultation écrite, le rapport des commissaires à la fusion est adressé aux associés avec le projet de résolution.

La décision des associés

158 Les associés de la société absorbée statuent sur le projet de fusion aux conditions prévues pour la modification des statuts (c. com. art. L. 236-2), soit à la majorité des 2/3 dans la SA et dans la SARL. La majorité des 2/3 dans les SARL est requise pour les sociétés constituées depuis le 4 août 2005. Pour les sociétés constituées avant cette date, la majorité était des 3/4 et n'était assortie d'aucun quorum. Pour les sociétés constituées depuis août 2005, les statuts peuvent prévoir une majorité et un quorum plus élevés que les minimums fixés par les textes, sans toutefois exiger l'unanimité. Toutefois, si l'opération de fusion a pour effet d'augmenter les engagements des associés ou des actionnaires, la décision approuvant la fusion ne peut être prise qu'à l'unanimité (c. com. art. L. 236-5). L'unanimité serait ainsi requise dans le cas de l'absorption d'une SA ou SARL par une société en nom collectif, compte tenu de la responsabilité indéfinie et solidaire qui caractérise les associés de la société absorbante ; il en est de même en cas d'absorption d'une SA par une société à capital variable compte tenu de l'obligation qui pèse sur les associés en cas d'exclusion ou de départ volontaire (c. com. art. L. 231-6 ; sur la question de l'augmentation des engagements : Versailles, 27 janvier 2005, n° 03-4697, Bull. Joly 2005, n° 5, com. 137 ; JCP éd. E, 2005, n° 1416, note N. Mathey).

Dans leur délibération, les associés doivent approuver le projet de fusion, constater la dissolution anticipée, sans liquidation, de la société absorbée, ainsi que la transmission universelle du patrimoine à la société absorbante. Cette décision sera prise sous réserve, naturellement, de l'approbation de la fusion par l'assemblée des actionnaires ou des associés de la société absorbante (c. com. art. L. 236-3). Le cas échéant, la condition suspensive peut s'étendre à l'approbation de la décision de fusion par les autres sociétés absorbées et par les différentes assemblées spéciales.

159 Au-delà de ces règles générales de fonctionnement de l'assemblée en cas de fusion, la décision de l'assemblée appelle différentes remarques :

– les associés ne sont pas tenus de procéder à l'approbation ou au rejet pur et simple du projet de fusion qui leur est soumis. Ils ont la possibilité de modifier les termes de ce projet. Cependant, si tel est le cas, la modification doit être étendue à la société absorbante dans la mesure où les assemblées qui statuent sur l'opération doivent adopter le même texte ;
– la décision des associés n'est pas suffisante lorsque le capital de la société absorbée comporte des actions de diverses catégories (notamment des actions à dividende prioritaire). Dans ce cas, la fusion doit être soumise à la ratification des assemblées spéciales qui réunissent les titulaires de chaque catégorie d'actions ou de certificats (c. com. art. L. 236-9 ; *voir §§ 462 à 474*). Dans le même ordre d'idées, la fusion doit en principe être soumise à l'approbation des obligataires de la société absorbée (*voir §§ 595 à 607*). En revanche, si les sociétés qui participent à l'opération de fusion ont des dirigeants communs, la procédure d'autorisation des conventions n'a pas à être suivie (cass. 7 juin 1963, Gaz. Pal. 1963-2-369 et CA Paris, 19 mai 1972, Rev. trim. dr. com. 1973-591).

FUSIONS DE SAS : QUELLES PARTICULARITÉS ?

La société par actions simplifiée est, on le sait, connue pour sa grande souplesse de fonctionnement et la grande liberté qui est laissée aux associés de la société d'organiser dans les statuts le mode de direction et de prise de décision au sein de la SAS.

Il paraît donc légitime de s'interroger sur la portée de cette liberté lorsqu'une société par actions simplifiée participe à une opération de fusion. Sur ce point, les dispositions légales, la doctrine et la jurisprudence sont peu nombreuses. Tout au plus peut-on souligner les éléments suivants :

La décision de fusion dans la SAS : Dans les SAS, certaines décisions doivent, à peine de nullité, être prises collectivement par les associés (c. com. art. L. 227-9). Il en est ainsi notamment des décisions de fusion, scission ou d'apport partiel d'actif soumis au régime juridique des scissions. On rappelle toutefois que les modalités de consultation et de délibération des associés peuvent être organisées assez librement.

L'absorption d'une société par une SAS : L'opération par laquelle une SAS absorbe une autre société mérite également de retenir l'attention. En effet, il semble, dans ce cas de figure, que la décision de fusion doit être approuvée dans la société absorbée à l'unanimité des associés. Cette solution se dégage par comparaison avec la procédure de transformation d'une société en société par actions simplifiée. Dans cette hypothèse, l'article L. 227-3 prévoit que la décision de transformation en SAS doit être approuvée à l'unanimité des associés (en ce sens : cass. com. 19 décembre 2006, n° 1497, Droit des sociétés 2007, n° 3, com. 51, note H. Hovasse ; JCP éd. E, 2007, n°s 6-7, com. 1192, note A. Viandier ; voir également CA Rennes, 2e ch. com., 19 juin 2007 : Droit sociétés 2008, com. 80, note J. Monnet).

L'absorption d'un associé de la SAS : Aux termes de l'article L. 227-17 du code de commerce, il est possible de prévoir dans les statuts que la société associée dont le contrôle est modifié au sens de l'article L. 223-3 doit, dès cette modification, en informer la SAS. Cette dernière peut décider, dans les conditions fixées par les statuts, de suspendre l'exercice des droits non pécuniaires, de cet associé et de l'exclure. Cette procédure s'applique en particulier à l'associé qui a acquis cette qualité à la suite d'une opération de fusion ou de scission.

La situation chez l'absorbante

160 La procédure à suivre chez l'absorbante est identique à celle mise en œuvre chez la ou les sociétés absorbées :

– convocation de l'assemblée ;
– mise à disposition des associés ou des actionnaires de différents éléments d'information et, en particulier, les rapports établis par le commissaire à la fusion ;
– réunion de l'assemblée.

La convocation de l'assemblée

161 Les règles de convocation des assemblées applicables dans la société absorbante sont identiques à celles en vigueur chez l'absorbée. Dans un cas comme dans l'autre, il s'agit en effet de procéder à la convocation des assemblées chargées de modifier les statuts *(sur les conditions de convocation, voir § 154)*.

Mise à la disposition des associés ou des actionnaires de différents éléments d'information

162 Les associés ou actionnaires de la société absorbante doivent disposer des mêmes éléments d'information que ceux mis à la disposition des membres de la société absorbée, le délai de mise à disposition de ces documents étant identique *(voir §§ 155 à 157)*. On rappellera également l'obligation d'informer les actionnaires sur toute modification importante de l'actif ou du passif des sociétés qui participent à l'opération. Cette obligation résulte de l'article L. 236-9 du code de commerce, modifié par la loi du 17 mai 2011.

La décision des associés

163 Les associés ou actionnaires de la société absorbante doivent se prononcer sur l'opération de fusion.

Par leur décision, les associés constatent la réalisation de l'augmentation de capital par voie d'émission d'actions ou parts destinées à rémunérer l'apport de l'actif net de la ou des sociétés absorbées ainsi que la modification des statuts.

164 Les conditions de majorité sont celles requises pour la modification des statuts. Là encore, comme pour la société absorbée, les associés ou actionnaires de la société absorbante ne sont pas tenus d'entériner purement et simplement les termes du projet de fusion. L'assemblée peut en effet modifier les conditions de l'opération. La seule contrainte réside dans le fait que les changements opérés par la société absorbante doivent l'être également par la ou les sociétés absorbées. Comme l'a rappelé la Compagnie nationale des commissaires aux comptes : « La décision finale appartient à l'assemblée. Celle-ci est souveraine. Bien souvent, au vu des informations et rapports présentés, elle entérine l'opération préparée. Cependant, elle peut en décider autrement, et elle peut très bien ne pas suivre les rapports des commissaires aux apports et des commissaires aux comptes. Elle peut même voter contre. » (CNCC, étude précitée, p. 92).

165 En outre, dans les sociétés dont le capital comporte des titres autres que des actions, ou s'il existe des actions de diverses catégories, la décision de fusion doit être soumise à la ratification des assemblées spéciales (c. com. art. L. 236-9 notamment renvoyant aux articles L. 225-99 et L. 228-15).

166 Une dernière particularité mérite d'être signalée à propos du processus d'approbation de l'opération de fusion par l'assemblée générale de la société absorbante.

Les associés approuvent en effet l'opération de fusion et n'ont pas en revanche à se prononcer sur l'approbation des apports en nature. Par voie de conséquence, aucune restriction de vote n'est à opérer, notamment dans l'hypothèse où la société absorbée est associée de la société absorbante (rép. min., JO 30 janvier 1995, AN quest. p. 595 : Bull. Joly 1995, p. 251).

Faut-il agréer les associés de la société absorbée ?

Les sociétés anonymes comportent fréquemment dans leurs statuts des clauses d'agrément destinées à assurer un contrôle des mouvements qui affectent le capital social. Dès lors, les associés de la société absorbée ayant vocation à devenir, du fait de la fusion, associés de la société absorbante, on peut se demander si cette dernière doit mettre en œuvre la procédure d'agrément afin de contrôler l'entrée de nouveaux associés dans la société.

La doctrine dominante en la matière tend à répondre par la négative à la question posée. Dans la mesure où la fusion emporte transmission universelle du patrimoine de la ou des sociétés absorbées, la société absorbante doit prendre en charge l'ensemble des obligations qui incombaient à la ou aux sociétés absorbées, et en particulier à l'égard des associés de celles-ci. Or le recours à l'agrément pourrait être un moyen pour la société absorbante, en refusant certains associés, de ne pas remplir ses obligations (en ce sens : M. Cozian, A. Viandier, F. Deboissy, op. cit., § 1333 ; voir également : COB, Bull. mensuel, décembre 1980, p. 6. La jurisprudence a paru confirmer cette solution : cass. com. 19 avril 1972, Rev. soc., 1973, 105).

Faut-il agréer la société absorbante dans les sociétés où la société absorbée était associée ?

Le schéma est ici légèrement différent. Il s'agit en effet du cas où des titres de participation sont compris dans l'apport réalisé au profit de la société absorbante ou nouvelle. Dans cette hypothèse, du fait de la fusion, la société absorbante acquiert la propriété de ces titres et, par là même, la qualité d'associé dans une ou plusieurs sociétés tierces, au lieu et place de la société absorbée.

La question se pose de savoir si une telle substitution s'opère de manière aussi automatique que dans le cas précédent ou si elle peut, en fait, être contrariée par l'existence d'une clause d'agrément dans les statuts des sociétés tierces.

Pendant longtemps, en se fondant sur la jurisprudence (transposition de la solution précitée du **19 avril 1972**), on a pu soutenir qu'il n'y avait pas lieu d'appliquer le mécanisme de l'agrément à la société absorbante.

La jurisprudence est revenue sur cette question en nuançant sensiblement sa position. Dans un arrêt du **3 juin 1986**, la Cour de cassation a estimé qu'il est possible d'étendre l'application de la clause d'agrément aux opérations de fusion si cela est expressément prévu par les statuts (cass. com. 3 juin 1986 : JCP 1986, n° 15846, note A. Viandier et J.-J. Caussain).

En d'autres termes, si la clause d'agrément contenue dans les statuts ne vise que les « cessions » d'actions, la clause ne saurait s'appliquer aux transferts d'actions résultant d'une fusion. En revanche, si la clause vise, non seulement les cessions d'actions, mais aussi d'autres opérations et notamment les fusions, la clause d'agrément trouve à s'appliquer (sur cette question, voir notamment : Paris, 3e ch. B, 9 février 2006, n° 05/03072, Bull. Joly 2006, n° 6, com. 160 ; cass. com. 15 mai 2007, n° 06-13-484 : Bull. Joly 2007, com. 294, note M. Menjucq).

La Cour de cassation tolère donc une extension du domaine d'application des clauses d'agrément contenues dans les statuts. Elle semble y mettre toutefois trois conditions :
– l'extension doit apparaître de manière expresse dans les statuts ;
– l'extension ne saurait naturellement s'appliquer à des opérations pour lesquelles la loi sur les sociétés commerciales interdit l'agrément (loi du 24 juillet 1966, art. 274). Par parenthèse, la mise en œuvre de la clause d'agrément est susceptible de soulever quelques difficultés si la société tierce refuse l'agrément. En effet, dans cette situation, la société « cédante » (ici, l'ab-

sorbée) peut finalement renoncer à l'opération et conserver ses titres. Or, en pratique, cette solution ne pourra être envisagée car la société absorbée, du fait de la fusion, aura disparu.

NOTE : Sur cette question : J.-P. Bertrel, - M. Jeantin, op. cit., §§ 922 et s. ; voir également : M. Jeantin, « Clauses d'agrément et fusions de sociétés commerciales », Dr. soc. 1988, 2 ; J.-P. Bertrel, « Une clause d'agrément est-elle applicable en cas de fusion-acquisition ? », Droit et patrimoine, avril 2003, pp. 33 et s ; B. Espesson-Vergeat, « Le clair-obscur de la clause d'agrément dans les opérations de fusion », Les Petites Affiches, 8 janvier 2004, p. 15. À défaut d'agrément de la société absorbante, la procédure de rachat des actions semble devoir s'appliquer (Paris, 9 février 2006, Bull. Joly 2006, com. 160 ; voir également JCP, éd. E, 2006, 1498).

– la clause doit être explicite et, si elle ne vise pas directement l'opération de fusion, les termes utilisés doivent couvrir sans ambiguïté les opérations de fusion

NOTE : Pour une illustration, cass. com. 12 février 2008 : RJDA 2008, n° 12, com. 1275. Voir également CA Rouen, ch. civ. et com., 9 juin 2011, n° 10-05530 : JCP éd. E, 2011, n° 35, com. 1597, note Y. Paclot. Sur cette question : cass. com., 3 juin 1986, JCP 1986, éd. E, 15846, n° 6, obs. A. Viandier et J.-J. Caussain ; JCP 1987, éd. E, II, 15083, note Y. Paclot ; Rev. soc. 1987, 52, note Y. Reinhard ; cass. com. 6 mai 2003, n° 750 : Le Mémento de la SA 9e édition, guide de gestion - Revue Fiduciaire ; JCP, éd. E, 2003, 1327, note D. Cohen. Voir également Bull. Joly, 2003, p. 812, n° 172 et p. 813 ; A. Constantin, « L'application des clauses d'agrément en cas de fusion ou de scission : le poids des mots, le choc des principes », Bull. Joly, 2003, p. 742, n° 160 ; I. Urbain-Parléani, « La fusion-absorption à l'épreuve des clauses d'agrément : le cas particulier de la transmission des droits sociaux détenus dans le capital d'une société tierce », Mélanges Guyon, Dalloz 2003, p. 1061.

Le cas particulier : l'absorbante détient l'intégralité des titres de l'absorbée

167 Lorsque la société absorbante détient l'intégralité des titres de la société absorbée, deux voies s'offrent aux entreprises en présence. La première possibilité réside dans la fusion-absorption classique, mais néanmoins simplifiée. C'est l'article L. 236-11 du code de commerce qui prévoit une telle simplification. La seconde possibilité, née de la pratique, utilise la voie de la transmission universelle du patrimoine (TUP) (c. civ. art. 1844-5).

La fusion simplifiée (c. com. art. L. 236-11)

168 Dans l'hypothèse où la société absorbante détient la totalité du capital de la société absorbée, la procédure de fusion-absorption a été simplifiée. Deux raisons essentielles justifient une telle simplification :
– d'une part, la fusion-absorption, dans un tel cas de figure, apparaît le plus souvent comme une régularisation, l'opération étant déjà réalisée dans les faits au plan économique ;
– d'autre part, il ne paraît pas utile, dans cette circonstance, d'imposer à la société absorbée des formalités ou dispositions qui sont destinées à protéger les droits des actionnaires, l'actionnaire unique de la société absorbée se trouvant être l'absorbante. Il est peu probable que des conflits apparaissent entre les sociétés qui fusionnent et *a fortiori* entre associés !

169 Outre les allégements applicables au contenu du projet de fusion et déjà évoqués *(voir encadré après § 63)*, les simplifications se traduisent de la manière suivante (c. com. art. L. 236-11) :

– il n'y a pas lieu de faire intervenir le commissaire à la fusion ni le commissaire aux apports ;
– il n'y a pas lieu de réunir l'assemblée générale extraordinaire de la société absorbée voire celle de l'absorbante ;
– il n'y a pas lieu, par voie de conséquence, de faire établir par le conseil d'administration, ou le directoire de la société absorbée, un rapport sur l'opération de fusion.

170 Pour que ce régime s'applique, il est nécessaire que la société absorbante détienne en permanence, depuis le dépôt au greffe du projet de fusion et jusqu'à la réalisation définitive de l'opération, la totalité des actions représentant la totalité du capital des sociétés absorbées (c. com. art. L. 236-11). Ce régime s'applique également aux SARL (c. com. art. L. 236-3 ; rép. Lauriol, JO 29 mars 1990, Sén. quest. p. 669 : Bull. Joly 1990, n° 4, p. 373).

Pendant longtemps, dans le cadre des fusions simplifiées, la dispense de réunion de l'assemblée générale extraordinaire ne s'appliquait que chez la société absorbée, l'absorbante restant tenue de réunir l'assemblée générale. La modification de l'article L. 236-11 du code de commerce par la loi du 17 mai 2011 a étendu cette dispense à l'assemblée générale de la société absorbante. Cette mesure, on le constate, est de nature à rapprocher la procédure de la fusion simplifiée de celle de la dissolution-confusion.

Néanmoins, chez la société absorbante, les droits des actionnaires minoritaires sont préservés et un ou plusieurs actionnaires de la société absorbante réunissant au moins 5 % du capital social peuvent demander en justice la désignation d'un mandataire aux fins de convoquer l'assemblée générale extraordinaire de la société absorbante pour qu'elle se prononce sur l'approbation de la fusion.

ABSORPTION DE FILIALES À 100 % : PROJET DE FUSION ALLÉGÉ !

L'article R. 236-1 qui a été en partie réécrit avec l'adoption du décret 2011-1473 du 9 novembre 2011 supprime certaines mentions dans le projet de fusion dans le cadre des opérations qui conduisent à l'absorption d'une filiale détenue à 100 %. N'ont ainsi pas à être mentionnées dans le projet de fusion :
– les modalités de remise des actions ou parts de la société absorbante ;
– la date à partir de laquelle ces actions ou parts donnent le droit de participer aux bénéfices ;
– les modalités particulières relatives à ces droits ;
– le rapport d'échange des actions ou des parts ;
– le montant de la prime de fusion.

Ces simplifications sont logiques dans la mesure où elles n'ont pour la plupart pas lieu d'être dans le cadre des opérations de fusions par absorption d'une société détenue à 100 %.

La dissolution-confusion

171 Aux termes de l'article 1844-5 du code civil, lorsque toutes les parts d'une société sont réunies en une seule main, la dissolution de cette société entraîne la transmission universelle du patrimoine de la société à l'associé unique personne morale sans qu'il y ait lieu à liquidation (pour une étude juridique de la transmission universelle du patrimoine d'une société : M. Jeantin, « La transmission universelle du patrimoine d'une société », Mélanges Derruppé, pp. 287 et s.). L'énoncé du texte se suffit à lui-même pour comprendre son intérêt pratique. Contrairement aux solutions usuelles, la disso-

lution d'une société à associé unique ne s'accompagne pas de sa liquidation. Dès lors, l'article 1844-5 devient un outil de premier plan dans la gestion juridique des restructurations. Une littérature consistante a montré les avantages de cette technique tout en s'interrogeant simultanément sur les incertitudes qui entourent encore ce genre d'opération.

NOTE : Sur cette question, on consultera avec intérêt : J.-J. Daigre, H. Le Blanc, D. Gaveau et Y. Pilpre, « Une alternative à la fusion simplifiée : la dissolution d'une filiale à 100 % par confusion des patrimoines », Droit des sociétés, Actes pratiques, mai 1992 ; voir également : J.-J. Daigre, « La dissolution d'une filiale à 100 % est une fusion (à propos de l'article 1844-5, al. 3 du code civil) », JCP 1992, éd. E, I, 152 ; J. Vaudoyer et Ph. Royou, « La dissolution des sociétés unipersonnelles : une solution fiscale d'avenir pour la réorganisation française et intracommunautaire des groupes », Dr. fiscal 1992, n° 18, p. 801 ; « Restructuration : une fusion confondante ! », Option Finance 1993, n° 280 ; S. Plantin, « La dissolution par confusion de patrimoines : une nouvelle étape », JCP, éd. E, 2002, n° 11, inf. 457.

Cette transmission universelle n'est pas applicable aux sociétés dont l'associé unique est une personne physique.

172 La seconde partie de l'ouvrage est consacrée aux aspects juridiques et fiscaux de la dissolution-confusion *(voir §§ 1820 et s.)*.

Une variante : l'absorbante détient au moins 90 % du capital de l'absorbée

173 La directive communautaire de 2005 laissait la possibilité aux États membres d'étendre le dispositif de la fusion simplifiée aux participations atteignant 90 %. Cette possibilité n'avait pas été utilisée par la France lors de la transposition en droit interne de la directive. Néanmoins, quelques années plus tard, et par le biais de la loi sur la simplification et la qualité du droit, le législateur est revenu sur sa position et a décidé d'étendre en grande partie les allégements applicables dans le cadre de la fusion simplifiée à l'absorption de filiales détenues à 90 %.

L'article L. 236-11-1 du code de commerce prévoit en effet que lorsque, depuis le dépôt au greffe du tribunal de commerce du projet de fusion et jusqu'à la réalisation de l'opération, la société absorbante détient en permanence au moins 90 % des droits de vote des sociétés absorbées, sans en détenir la totalité :
– il n'y a pas lieu à approbation de la fusion par l'assemblée générale extraordinaire de la société absorbante. Toutefois, un ou plusieurs actionnaires de la société absorbante réunissant au moins 5 % du capital social peut demander en justice la désignation d'un mandataire aux fins de convoquer l'assemblée générale extraordinaire de la société absorbante pour qu'elle se prononce sur l'approbation de la fusion. On constate, en revanche, qu'aucune dispense n'existe chez la société absorbée et que, dans ce cas de figure, l'assemblée générale de la société absorbée devra se tenir ;
– il n'y a pas lieu à l'établissement des rapports mentionnés des conseils d'administration et du commissaire à la fusion lorsque les actionnaires minoritaires de la société absorbée se sont vu proposer, préalablement à la fusion, le rachat de leurs actions par la société absorbante à un prix correspondant à la valeur de celles-ci, déterminé, selon le cas :

a) dans les conditions prévues à l'article 1843-4 du code civil, si les actions de la société absorbée ne sont pas admises aux négociations sur un marché réglementé ;

b) dans le cadre d'une offre publique initiée dans les conditions et selon les modalités fixées par le règlement général de l'Autorité des marchés financiers, si les actions de la société absorbée sont admises aux négociations sur un marché réglementé ;

c) dans le cadre d'une offre répondant aux conditions des a ou b, si les actions de la société absorbée sont admises aux négociations sur un système multilatéral de négociation qui se soumet aux dispositions législatives ou réglementaires visant à protéger les investisseurs contre les opérations d'initiés, les manipulations de cours et la diffusion de fausses informations.

À défaut de proposition de rachat dans les conditions précitées, la fusion doit donc se dérouler dans les conditions habituelles, les rapports du conseil d'administration et du commissaire à la fusion devant être établis. Toutefois, et comme dans le cadre des fusions classiques, les actionnaires conservent la possibilité d'écarter à l'unanimité l'intervention du commissaire à la fusion.

L'approbation dans le cas d'une fusion avec création de société nouvelle

174 En théorie, la fusion emportant création de société nouvelle, il conviendrait de respecter l'ensemble des règles et formalités liées à la constitution de société, quelle que soit la forme de la société nouvelle ainsi créée.

Cependant, afin de faciliter la réalisation des opérations de fusion, le législateur a instauré diverses mesures de simplification, mesures applicables pour l'essentiel lorsque la société nouvelle est constituée sans autres apports que ceux des sociétés qui fusionnent. *A contrario*, si la société nouvelle bénéficie d'autres apports, c'est l'ensemble du processus de constitution de société qui doit être suivi.

175 Le contenu des mesures de simplification susceptibles de s'appliquer diffère selon que la société nouvelle est une société anonyme ou une société à responsabilité limitée.

La société nouvelle est une SA

176 Si la société nouvelle est une société anonyme, l'article L. 236-12 du code de commerce prévoit que cette société peut être constituée sans autres apports que ceux effectués par les sociétés qui fusionnent. Dans ce cas, les statuts de la future société sont approuvés par chacune des assemblées générales des sociétés qui disparaissent à l'occasion de la fusion.

De même, il n'est pas nécessaire de procéder à la réunion de l'assemblée constitutive de la société nouvelle (art. L. 236-12, al. 2). La suppression de cette assemblée aboutit essentiellement à concentrer la réalisation des opérations de fusion dans le cadre des assemblées générales extraordinaires des sociétés qui fusionnent. La plupart des autres formalités de constitution sont cependant maintenues, mais leur accomplissement est transféré en grande partie au niveau des sociétés qui disparaissent. C'est ainsi que ces assemblées doivent, outre l'approbation de la fusion et l'approbation des statuts de la société nouvelle, statuer sur l'évaluation des apports en nature d'après le rapport des commissaires aux apports (c. com. art. L. 225-14). Le rapport devra être annexé aux statuts. De la même façon, l'absence d'assemblée constitutive a pour effet de reporter sur les assemblées générales des sociétés qui fusionnent l'obligation de nommer les premiers administrateurs ou membres du conseil de surveillance et les premiers commissaires aux comptes.

Cette désignation ne pourra être effectuée que dans le cadre des statuts de la société nouvelle, statuts qui doivent être approuvés par les assemblées générales extraordinaires des sociétés qui participent à l'opération. S'agissant d'une nomination dans les statuts, la durée des fonctions des nouveaux administrateurs ou membres du conseil de surveillance est limitée à trois ans (c. com. art. L. 225-18). Ces simplifications prévues à l'article L. 236-12 s'appliquent essentiellement dans le cadre de fusions réalisées entre sociétés par actions. Si la création de société nouvelle résultait de la fusion entre sociétés de forme différente (une SA et une SARL, par exemple), il conviendrait d'appliquer les règles relatives à la constitution de société anonyme avec apport en nature.

La société nouvelle est une SARL

177 Si la société nouvelle est une société à responsabilité limitée, l'article L. 236-23 du code de commerce prévoit que cette dernière peut être constituée sans autres apports que ceux des sociétés qui fusionnent. Dans cette hypothèse, les associés des sociétés qui disparaissent peuvent agir en qualité de fondateurs de la société nouvelle. Les fondateurs devront toutefois respecter l'ensemble des dispositions relatives à la constitution des sociétés à responsabilité limitée (c. com. art. L. 236-23). Cela signifie notamment que les statuts devront être signés par l'ensemble des associés. Cette mesure de simplification n'est applicable qu'aux opérations réalisées entre SARL et suppose que l'ensemble des associés soit d'accord.

La publicité entourant la décision de fusion

220 La décision de fusion doit faire l'objet de diverses mesures de publicité. Il s'agit de mesures d'ordre général liées aux modifications intervenues dans la situation des sociétés qui participent à l'opération, mais aussi de mesures spécifiques à l'opération de fusion.

Les mesures de publicité d'ordre général

221 Sur ce point, il convient de distinguer selon que l'opération prend la forme d'une fusion-absorption ou d'une fusion par création de société nouvelle.

La fusion n'est opposable aux tiers qu'à compter de sa publication au registre du commerce et des sociétés.

Les mesures de publicité dans le cadre d'une fusion-absorption

222 Dans le cadre d'une fusion-absorption, les formalités de publicité pèsent à la fois sur la société absorbée et sur la société absorbante.

223 Pour la société absorbée, les règles de publicité applicables sont celles en vigueur pour la dissolution de société. La fusion emportant dissolution sans liquidation de la société, il convient, dans l'accomplissement des formalités de publicité, de faire abstraction des mentions spécifiques à la liquidation.

Il s'agit notamment :
– de l'insertion de l'avis de dissolution dans un journal d'annonces légales du département du siège social (c. com. art. R. 210-9) ;
– du dépôt au greffe du tribunal de commerce du lieu du siège social des documents et procès-verbaux relatifs à la décision de fusion constatant la dissolution sans liquidation de la société ainsi que d'une copie de la déclaration de conformité *(voir § 226)*. Il semble que le dépôt des procès-verbaux porte, non seulement sur le procès-verbal de l'assemblée générale extraordinaire de la société absorbée, mais aussi sur celui de la société absorbante ;
– de la demande d'inscription modificative au registre du commerce et des sociétés du lieu du siège social en vue de la radiation. Sur ce point, l'article R. 123-69 du code de commerce précise que, en cas de fusion ou de scission de société, l'inscription modificative doit mentionner le fait que la fusion est la cause de la dissolution et préciser la raison sociale ou la dénomination, la forme juridique et le siège des personnes morales ayant participé à l'opération. Cette inscription modificative doit être réalisée dans le délai de un mois suivant la décision de fusion (c. com. art. R. 123-66). On notera que l'article L. 123-9 du code de commerce prévoit que « la personne assujettie à immatriculation ne peut, dans l'exercice de son activité, opposer ni aux tiers ni aux administrations publiques, qui peuvent s'en prévaloir, les faits et actes sujets à mention que si ces derniers ont été publiés au registre ». La jurisprudence en a fait application aux opérations de fusion en jugeant qu'une opération de fusion n'ayant pas fait l'objet d'une inscription modificative au registre du commerce et des sociétés était inopposable aux tiers (cass. com. 29 juin 1993, D. Féru : JCP 1993, éd. E, Pan. 1151 ; JCP 1993, éd. E, I, 288, obs. J.-J. Caussain-A. Viandier ; voir également : cass. com., 24 mai 2011, n° 10-19.222 : Droit des sociétés, 2011, n° 11, com. 189, note R. Mortier). Inversement, dès que la fusion a été publiée, la demande de mise en redressement judiciaire de la société absorbée est irrecevable (Paris, 7 décembre 1993 : Rev. soc. 1994, p. 106, note Y. Chaput ; voir également M. Cozian, A. Viandier, F. Deboissy, op. cit., § 1329) ;
– de l'insertion au BODACC (c. com. art. R. 123-159).

Enfin, si les actions de la société sont admises aux négociations sur un marché réglementé, l'insertion prévue dans un journal d'annonces légales doit être répétée au BALO.

224 Pour la société absorbante, les formalités à accomplir sont celles imposées lors des augmentations de capital. Dans le cas d'une société anonyme, il s'agit notamment :
– de l'insertion dans un journal d'annonces légales du département du siège social (insertion éventuellement reprise au BALO si la société fait publiquement appel à l'épargne) ;
– du dépôt au greffe du tribunal de commerce du procès-verbal de la décision de fusion emportant augmentation du capital et approuvant les apports, des statuts mis à jour et de la déclaration de conformité *(sur cette question, voir §§ 157 à 160)* ;
– de la demande d'inscription modificative au registre du commerce et des sociétés, en mentionnant que la fusion est la cause de l'augmentation de capital et en précisant la raison sociale ou la dénomination, la forme juridique et le siège des personnes morales qui ont participé à l'opération ;
– d'une demande d'insertion au BODACC.

La fusion comportant apport de fonds de commerce : quelles formalités ?

Lorsqu'une opération de fusion comporte l'apport de fonds de commerce, il convient de s'interroger sur le point de savoir si les formalités prévues en matière de vente de fonds de commerce doivent être respectées ou non.

La réponse est négative et les formalités prévues à l'article 7 de la loi du 17 mars 1909 (c. com. art. L. 141-21) ne s'appliquent pas aux opérations de fusion et opérations assimilées. Cette solution est relativement logique dans la mesure où les formalités de publicité ont essentiellement pour objectif de protéger les créanciers du fonds de commerce. Or, la réglementation applicable aux fusions et opérations assimilées prévoit un droit d'opposition pour les créanciers *(voir §§ 591 à 594)*. Exiger des formalités de publicité supplémentaires aurait sans nul doute fait double emploi. Cette solution, qui avait été confirmée par la jurisprudence (Paris, 25e ch. B, 10 avril 1986 : Rev. soc. 1986, 428, note J.-J. Daigre ; Bull. Joly, 1986, 691), a été légalisée par la loi du 11 février 1994 qui est venue, dans son article 19, compléter l'article 7 de la loi du 17 mars 1909. Si cette solution semble acquise dans l'hypothèse d'une fusion entre SA, SCPA, SAS ou SARL, elle paraît moins évidente dans le cadre d'une fusion faisant intervenir une société en nom collectif ou une société en commandite simple.

Les mesures de publicité dans le cadre d'une fusion par création d'une société nouvelle

225 Si la fusion emporte création d'une société nouvelle, les mesures de publicité applicables sont celles en vigueur en cas de constitution de société, à savoir, pour l'essentiel :
– insertion dans un journal d'annonces légales, répétée, le cas échéant au BALO ;
– dépôt au greffe du tribunal de commerce des procès-verbaux des assemblées générales extraordinaires, des statuts de la société créée et des déclarations de conformité requises ;
– demande d'immatriculation au registre du commerce et des sociétés. Pour les sociétés résultant d'une fusion ou d'une scission, la demande doit comporter l'indication des raisons sociales ou dénominations, forme juridique, siège social et numéro d'immatriculation de toutes les sociétés ayant participé à l'opération (c. com. art. R. 123-54) ;
– une insertion au BODACC.

Autorité des marchés financiers (AMF) : quelles informations transmettre ?

Lorsque les actions de l'une des sociétés qui participent à l'opération de fusion sont admises aux négociations sur un marché réglementé, l'AMF est destinataire de diverses informations sur les conditions de la fusion envisagée. Parmi celles-ci, il convient de retenir :
– le rapport du conseil d'administration sur l'opération ;
– le texte du projet de fusion ;
– les éventuels rapports d'expertise ainsi que les études et calculs ayant servi de base aux parités arrêtées.

Dès qu'ils sont établis, les sociétés doivent également transmettre le ou les rapports du ou des commissaires à la fusion ainsi que le rapport du commissaire aux apports.

De même et au plus tard à la date de l'assemblée générale extraordinaire, l'AMF doit avoir reçu tous les documents qui ont été mis à la disposition des actionnaires.

Enfin, lors de la demande d'admission à la cote officielle des actions émises en rémunération de l'apport, la société absorbante doit déposer un projet de note d'information. Toutefois, la société en est dispensée si une telle note a déjà été mise à la disposition des actionnaires lors de l'assemblée générale extraordinaire et qu'elle a été établie conformément aux recommandations de l'AMF.

Les mesures de publicité spécifiques

226 L'article L. 236-6 du code de commerce impose aux sociétés qui participent à une opération de fusion l'élaboration, la signature et le dépôt au greffe du tribunal de commerce d'une déclaration de conformité.

227 L'exécution de cette formalité ne doit pas être négligée car l'absence de déclaration de conformité est susceptible d'entraîner la nullité de l'opération de fusion (c. com. art. L. 236-6, al. 3).

Dans cette déclaration, les sociétés qui ont participé à l'opération de fusion doivent :
– relater tous les actes effectués en vue de procéder à la fusion ;
– affirmer que l'opération a été réalisée en conformité avec la loi et les règlements.

Il incombe au greffier de s'assurer, sous sa propre responsabilité, du contenu de la déclaration de conformité (c. com. art. L. 236-6, dernier al.). La déclaration doit être souscrite par toutes les sociétés qui ont participé à l'opération.

228 Cette déclaration doit être déposée, avec la demande d'inscription modificative au greffe du tribunal de commerce du siège de la société absorbante ou nouvelle. Toutefois, une copie doit être déposée au greffe du tribunal de commerce de chaque société qui participe à l'opération (c. com. art. R. 236-4).

Enfin, la déclaration de conformité doit être signée par au moins un membre du directoire, administrateur ou gérant de chacune des sociétés participantes ayant reçu mandat à cet effet (c. com. art. R. 236-4, al. 2). On pourrait s'interroger sur la validité de la signature des dirigeants de la société absorbée. En effet, la déclaration de conformité étant établie à l'issue des opérations de fusion, il en résulte que, par définition, les mandats des dirigeants ou des administrateurs ont pris fin compte tenu de la dissolution de la société absorbée. En réalité, il paraît possible, d'admettre la validité de la signature des dirigeants si ceux-ci ont reçu mandat antérieurement à la réalisation définitive de l'opération. En pratique, il est possible pour les sociétés en présence, de déposer une déclaration commune de conformité (cass. com. 27 mai 2008, n° 07-11.428 ; voir également CA Paris, 5e pôle, 8e ch., 16 novembre 2010, n° 08/16014 : Droit des sociétés 2011, n° 6, com. 104, note M.-L. Coquelet).

229 On observera que si la loi du 11 février 1994 a supprimé la déclaration de conformité qui était prévue lors de l'immatriculation de la société par l'article 6 de la loi du 24 juillet 1966 devenu l'article L. 210-7 du code de commerce, en revanche, la déclaration de conformité à souscrire en cas de fusion de sociétés a été maintenue (rép. Rocca Serra, JO 1er septembre 1994, Sén. quest. p. 2165, La Revue fiduciaire, FH 2467, p. 3).

Le calendrier d'une opération de fusion

Le tableau ci-dessous donne le calendrier indicatif d'une opération de fusion-absorption entre deux sociétés anonymes (1). Chaque étape du processus de fusion est accompagnée de la mention du délai requis, « A » représentant la date de la première assemblée devant statuer sur l'opération. La colonne suivante indique, à chaque fois que cela est possible, la référence au texte qui énonce les formalités à accomplir. Enfin, la dernière colonne renvoie aux paragraphes correspondants de cet ouvrage.

Société absorbée	Société absorbante	Délai avant la 1re assemblée	Textes de référence	§§ de l'ouvrage
Phase de rapprochement-Protocoles Lettres d'intention				12 et s.
Convocation du conseil d'administration	Convocation du conseil d'administration	Statuts		33 et s.
Consultation des actionnaires sur l'éventuelle dispense de désignation d'un commissaire à la fusion				
Demande de désignation d'un commissaire à la fusion	Demande de désignation d'un commissaire à la fusion (et, dans le cas de la fusion simplifiée, d'un commissaire aux apports)		c. com. art. L. 236-10, al. 1 et R. 236-6, al. 1 et 2, c. com. art. L. 225-147 sur renvoi de c. com. art. L. 236-11 et 236-23	74 et s.
Information et consultation du comité d'entreprise	Information et consultation du comité d'entreprise	Pas de délai spécifié à respecter. Prévoir un délai suffisant	c. trav. art. L. 432-1	72 et s.
Élaboration et délibération du conseil d'administration sur le projet de fusion	Élaboration et délibération du conseil d'administration sur le projet de fusion			61 et s.
Signature du projet de fusion			c. com. art. L. 236-6, et R. 236-1	64 et s.
Communication du projet au commissaire à la fusion	Communication du projet au commissaire à la fusion (et au commissaire aux apports)			67
Dépôt au greffe du tribunal de commerce du siège du projet de fusion	Dépôt au greffe du tribunal de commerce du siège du projet de fusion	A – 30	c. com. art. L. 236-6, al. 2 et R. 236-1	66 et s.

(1) Pour l'absorption d'une SNC par une SA ou l'inverse, voir H. Huguet, « Sociétés en nom collectif, fusions par absorption » : JCP, éd. E, 2001, nos 48 et 49. Voir également : « SARL, calendrier des opérations d'une fusion par création de société nouvelle », JCP, éd. E, 2002, n°1.

Le calendrier d'une opération de fusion (suite)

Société absorbée	Société absorbante	Délai avant la 1re assemblée	Textes de référence	§§ de l'ouvrage
Insertion du projet de fusion au BODACC	Insertion du projet de fusion au BODACC	A – 30	c. com. art. L. 236-6, al. 2 et R. 236-2	69
Publication au BALO, si une des sociétés fait APE (1) Envoi de documents à l'AMF (1)		A – 30	c. com. art. L. 236-6, al. 2 et R. 236-2 COB septembre 1986	70
Ouverture du délai d'opposition des créanciers		30 jours à compter de la dernière des insertions	c. com. art. L. 236-6, al. 1	
Dépôt des rapports du commissaire à la fusion au siège social	Dépôt des rapports du commissaire à la fusion au siège social	A – 30	c. com. art. L. 236-3	86
Élaboration du rapport définitif du conseil d'administration	Élaboration du rapport définitif du conseil d'administration		c. com. art. L. 236-9, al. 4	
Mise à disposition au siège social des documents pour les actionnaires	Mise à disposition au siège social des documents pour les actionnaires	A – 30	c. com. art. R. 236-3	155 et s.
Convocation de l'AGE	Convocation de l'AGE	Statuts ou A – 15	c. com. art. R. 225-61 et s.	154 et s. 161 et s.
Convocation des commissaires aux comptes à l'AGE	Convocation des commissaires aux comptes à l'AGE	Statuts ou A – 15	c. com. art. R. 225-238 et R. 823-9	74 et s.
Mise à disposition au siège social de documents pour les actionnaires	Mise à disposition au siège social de documents pour les actionnaires	A – 15	L. 225-115, L. 225-116, R. 225-83, R. 225-90	
	Dépôt du rapport du commissaire à la fusion sur les apports au greffe	A – 8	c. com. art. L. 236-10	94 et s.
AGE de fusion	AGE de fusion	A		152
Ratification de la fusion par assemblée spéciales	Ratification de la fusion par assemblée spéciales	A	c. com. art. L. 225-99, et L. 236-9, al. 2	160 et s. 595 et s.
Approbation de l'opération par l'assemblée spéciale des porteurs de certificats d'investissement			c. com. art. L. 236-9, al. 2	465 et s.
Enregistrement P-V AGE	Enregistrement P-V AGE			223 et s.

(1) Voir note 1 p. suivante.

Le calendrier d'une opération de fusion (suite)				
Société absorbée	**Société absorbante**	**Délai avant la 1re assemblée**	**Textes de référence**	**§§ de l'ouvrage**
Avis de dissolution publié dans JAL	Avis d'augmentation de capital publié dans JAL	A + 30	c. com. art. R. 210-9	223 et s.
Publication au BALO, si APE	Publication au BALO, si APE	A + 30	c. com. art. R. 237-2	223 et s.
Déclaration de conformité		A + 30	c. com. art. L. 236-6, al. 3 c. com. art. R. 236-4	226 et s.
Dépôt de documents au greffe + insertion BODACC	Dépôt de documents au greffe + insertion BODACC	A + 30	c. com. art. R. 123-159 c. com. art. R. 123-102	224 et s.
Démarches en vue de la radiation au RCS	Démarches en vue d'une inscription modificative au RCS	A + 30		224 et s.
Avis à l'administration fiscale	Avis à l'administration fiscale			
Prescription du délai d'action en nullité		6 mois à compter de la dernière inscription au RCS	c. com. art. L. 235-9, al. 2	

(1) Formalités réservées aux sociétés cotées.
APE : appel public à l'épargne
JAL : journal d'annonces légales
AMF : autorité des marchés financiers

La remise en cause de la décision de fusion

280 La remise en cause de la décision de fusion résulte essentiellement de l'exercice d'une action en nullité. La loi de 1988 a enfermé dans un cadre très strict le domaine des nullités des opérations de fusion.

Les causes de nullité des fusions

281 Les causes de nullité des fusions sont au nombre de deux : défaut de déclaration de conformité, nullité de la délibération de l'une des assemblées ayant décidé l'opération (c. com. art. L. 235-8).

Le défaut de déclaration de conformité

282 Le défaut de déclaration de conformité est susceptible d'entraîner la nullité de l'opération de fusion. Cette sanction, évoquée à deux reprises par le code de commerce (art. L. 235-8 et L. 236-6), ne s'applique qu'à la déclaration de conformité spécifique aux opérations de fusion (et de scission). En outre, elle ne vise que le défaut de dépôt de la déclaration de conformité et ne s'étend pas aux irrégularités éventuelles contenues dans cette déclaration.

La nullité de la délibération de l'une des assemblées

283 Il existe trois causes essentielles de nullité des assemblées ayant statué sur l'opération de fusion.

Il s'agit tout d'abord des cas de nullité expressément prévus par le code de commerce (art. L. 235-1). Sans prétendre à l'exhaustivité, on peut citer, à titre d'illustration, le non-respect des règles de quorum et de majorité, le non-respect des règles relatives à l'ordre du jour ou encore la non-consultation préalable des porteurs d'obligations convertibles ou échangeables.

La nullité peut ensuite résulter des dispositions générales qui régissent la nullité des contrats, comme, par exemple, les vices du consentement.

NOTE : C. com. art. L. 235-1 ; pour une illustration jurisprudentielle sur le terrain du dol (en l'espèce non établi) : CA Paris, 1re ch. A, 16 janvier 1996, Berthier c/ Matra-Hachette : Bull. Joly 1996, p. 500 ; JCP 1996, éd. E, pan. 215. Voir également cass. com. 3 juin 1998, Bull. civ. IV, n° 178 ; JCP, éd. E, 1998, n° 32135, p. 1304, obs. A. Viandier et J.-J. Caussain.

Enfin, la nullité peut résulter de la violation d'un des principes généraux du droit. En matière de fusions ou opérations assimilées, ce dernier point trouve un terrain d'application dans le domaine de l'abus de majorité (sur cette question : J.-P. Bertrel, M. Jeantin, op. cit., §§ 936 et 937 ; Trib. com. Paris, 24e ch., 5 septembre 1995, Segrain c/ Sté Média System : Droit des sociétés 1996, n° 43).

L'action en nullité

284 On retrouve, pour l'exercice de l'action en nullité, le même souci du législateur d'enfermer dans des limites strictes le domaine des nullités en matière de fusions.

L'action en nullité se prescrit en effet par six mois à compter de la date de la dernière inscription au registre du commerce et des sociétés rendue nécessaire par l'opération.

NOTE : C. com. art. L. 235-9 ; solution applicable aux scissions ; sur l'application aux apports partiels d'actifs soumis au régime des scissions, voir cass. com. 3 juin 2003, D. 2003, p. 1695, note Lienhard ; sur l'entrée en vigueur de ce dispositif par rapport à la législation antérieurement applicable : Trib. com. Paris, 2e ch., 9 avril 1991, Charon c/ Sté Thomson CSF : Droit des sociétés, août-septembre 1991, inf. 340.

Mais, en cas de fraude, la prescription est de trente ans. Cette prescription peut être interrompue ou suspendue en application de l'article 2242 du code civil.

285 Par parenthèse, au plan communautaire, dans le cadre des fusions transfrontalières, l'article L. 236-31 prévoit que la nullité d'une telle fusion ne peut être prononcée après la date de prise d'effet de l'opération (*sur cette question, voir focus p. 34*).

286 En outre, la loi de 1988 a introduit la possibilité de réparer l'irrégularité susceptible d'entraîner la nullité de l'opération de fusion. L'article L. 235-8 du code de commerce énonce que « lorsqu'il est possible de porter remède à l'irrégularité susceptible d'entraîner la nullité, le tribunal saisi de l'action en nullité d'une fusion (ou d'une scission) accorde aux sociétés intéressées un délai pour régulariser la situation ».

On notera au passage la rédaction quasi impérative du texte qui semble imposer au tribunal, à chaque fois que cela est possible, l'obligation d'accorder un délai pour réparer l'irrégularité qui affecte l'opération.

Les effets de la nullité

287 Les effets de la décision judiciaire prononçant la nullité d'une opération de fusion (ou de scission) doivent être envisagés sous deux aspects différents (c. com. art. L. 235-11).

Au plan de la forme tout d'abord, il convient de noter que la décision judiciaire annulant l'opération de fusion doit être publiée. Les modalités selon lesquelles doit s'effectuer cette publication sont précisées par décret.

Sur le fond, ensuite, la loi sur les sociétés commerciales précise que la décision judiciaire prononçant la nullité de la fusion demeure sans effet sur les obligations nées à la charge ou au profit des sociétés auxquelles le ou les patrimoines sont transmis entre la date à laquelle prend effet la fusion ou la scission et la date de la publication de la décision annulant l'opération. En d'autres termes, cela signifie que la décision judiciaire n'a pas pour effet d'anéantir rétroactivement l'opération de fusion ; elle ne produit ses effets que pour le futur. La société absorbante ne peut ainsi se prévaloir de la nullité de l'opération pour refuser d'exécuter les engagements nés de la fusion et provenant du ou des patrimoines qui lui ont transmis.

288 Il s'agit là d'une mesure destinée à assurer la sécurité des tiers mais, pour mieux en asseoir l'efficacité, la loi sur les sociétés commerciales ajoute que les sociétés ayant participé à la fusion sont solidairement responsables de l'exécution des obligations à la charge de la société absorbante (c. com. art. L. 235-11). Il en va de même en cas de scission.

Chapitre 1-3

LES EFFETS DE LA FUSION

330 Les effets d'une opération de fusion sont décrits en termes très généraux par l'article L. 236-3 du code de commerce selon lequel la fusion entraîne la dissolution sans liquidation des sociétés qui disparaissent et la transmission universelle de leur patrimoine à la société bénéficiaire dans l'état où il se trouve à la date de réalisation définitive de l'opération. Simultanément, les associés des sociétés qui disparaissent acquièrent la qualité d'associés de la société absorbante ou nouvelle dans les conditions fixées par le contrat de fusion. La dissolution sans liquidation de la société absorbée entraîne pour celle-ci un certain nombre de conséquences, dont, par exemple, l'impossibilité, en raison de la disparition de la personnalité morale, d'interjeter appel d'une condamnation intervenue postérieurement à l'absorption, ce rôle étant dévolu à la société absorbante (CA Besançon, 2e ch. com., 11 février 1993, Bull. Joly, mai 1993, p. 574, note J.-P. Bouère ; dans le même sens : CA Versailles, 14 janvier 1999 ; O. Barret, « À propos de la transmission universelle du patrimoine d'une société » : Mélanges M. Jeantin, Dalloz, 1999, p. 109). La transmission universelle du patrimoine de la société absorbée au profit de la société absorbante est indissociable de la dissolution de la personne morale absorbée. Cette transmission ne peut donc avoir lieu tant que la personne morale n'est pas dissoute (sur cette question : cass. com. 12 juillet 2004, JCP éd. E, 2005, 131, n° 8, obs. J.-J. Caussain, FL. Deboissy et G. Wicker. Voir également : cass. com. 31 janvier 2006, n° 04-14576, Bull. Joly 2006, n° 169, p. 814, note J.-J. Daigre).

Au-delà du principe énoncé, la fusion va emporter des conséquences diverses sur la situation des partenaires des différentes sociétés qui participent à l'opération. Ce sera notamment le cas pour les dirigeants *(voir §§ 390 à 399)*, les associés *(voir §§ 450 à 473)*, les salariés *(voir §§ 520 à 539)* et, de façon plus générale, les tiers, et notamment les créanciers des sociétés qui fusionnent *(voir §§ 590 et s.)*.

Cependant, l'examen des conséquences de la fusion sur la situation des différents partenaires ne peut être réellement envisagé sans avoir réglé, au préalable, la délicate question de la date d'effet de la fusion *(voir §§ 333 et s.)*.

La date d'effet de la fusion

331 Les développements précédents ont montré que la fusion représentait un processus relativement long, jalonné d'une série d'étapes importantes. Jamais, cependant, il n'a été précisé que telle décision ou telle formalité marquait le point de réalisation définitive de l'opération de fusion. Il convient donc de s'interroger sur la date à laquelle la fusion entre deux sociétés ou plusieurs sociétés doit être considérée comme réalisée.

Afin de régler la question, le code de commerce énonce un principe *(voir § 332)*, mais accorde simultanément aux sociétés qui participent à l'opération la possibilité de déroger, dans une certaine mesure, au principe énoncé *(voir §§ 333 à 339)*.

Le principe

332 La date de prise d'effet de la fusion est déterminée par l'article L. 236-4 du code de commerce. Le texte distingue entre la fusion par création de société nouvelle et la fusion-absorption.

Dans le cas de la fusion par création de société nouvelle, la fusion prend effet à la date d'immatriculation au registre du commerce et des sociétés de la société nouvelle. La solution est impérative et ne souffre aucun tempérament *(pour les solutions fiscales, voir § 818)*.

Dans le cas d'une fusion-absorption, la fusion prend effet à la date de la dernière assemblée générale ayant approuvé l'opération. Mais, dans ce dernier cas, les sociétés en présence ont la possibilité de déroger au principe posé et de retenir conventionnellement une autre date d'effet.

Le tempérament : le choix conventionnel de la date d'effet de la fusion

333 Si les sociétés qui fusionnent bénéficient d'une marge de manœuvre pour déterminer la date de fusion, cette marge de manœuvre est doublement limitée.

D'une part, la possibilité de déterminer librement, dans la convention de fusion, la date d'effet de l'opération n'est envisageable que pour les fusions-absorptions et ne s'étend pas aux fusions par création de société nouvelle. D'autre part, même dans le cadre des fusions-absorptions, la liberté de choix laissée aux sociétés n'est pas totale et la date retenue doit être comprise dans un intervalle de temps qui va de la date de clôture du dernier exercice clos de la ou des sociétés qui transmettent leur patrimoine à la date de clôture de l'exercice en cours de la société bénéficiaire. Les solutions sont transposables aux scissions.

Ainsi, par rapport à la date posée comme principe (date de la dernière des assemblées générales), les sociétés peuvent, dans le traité de fusion :
– soit faire rétroagir l'opération jusqu'à la date de clôture du dernier exercice clos par la ou les sociétés absorbées ;
– soit différer l'effet de l'opération jusqu'à la date de clôture de l'exercice en cours chez la société absorbante. La clause de rétroactivité ne concerne pas les tiers, qui ne peuvent s'en prévaloir (sur cette question : cass. com. 23 mars 1999 ; voir également Orléans 18 novembre 2004, n° 03-3103, RJDA 2005, n° 2, com. 145).

334 Les opérations de fusion avec effet différé sont assez peu répandues en raison de l'insécurité qu'une telle décision risque de faire peser sur l'issue de l'opération. En outre, la COB (aujourd'hui AMF) a déjà eu l'occasion d'exprimer des réserves sur les opérations de fusion qui comportent des dates d'effet futures. Selon la COB, une date d'effet future fait peser sur les apports un caractère d'incertitude incompatible avec le constat que le capital est libéré (bull. COB, mars 1985). On observera toutefois que ces réserves sont antérieures à la loi du 5 janvier 1988.

En particulier, une opération de cette nature fait peser sur les apports un caractère d'incertitude qui est difficilement conciliable avec la nécessité de libérer le capital (CNCC, note d'information n° 16 : « Commissariat aux apports et commissariat à la fusion », décembre 1989, p. 37). La compagnie nationale des commissaires aux comptes a estimé que ces opérations doivent être limitées à celles dans lesquelles la société absorbée apparaît comme structurellement bénéficiaire ou du moins les sociétés pour lesquelles les prévisions d'exploitation pour la période intercalaire apportent l'assurance de résultats bénéficiaires garantissant la libération du capital (comité des diligences, RF Comptable 1992, n° 178, p. 12).

Les clauses d'effet différé peuvent se rencontrer en revanche plus fréquemment dans les opérations d'apport partiel d'actif. Afin de réduire l'aléa relatif à la consistance des apports à la date d'effet de l'opération, il est introduit, dans le traité d'apport, une convention de garantie par laquelle la société apporteuse s'engage, le cas échéant, à verser une somme correspondant à la différence constatée entre la date d'arrêté des comptes et cette prise d'effet de l'opération.

Dans ce cas de figure, le commissaire aux apports a, non seulement les mêmes obligations qu'en cas de fusion avec effet rétroactif, mais il doit en outre effectuer des diligences complémentaires portant sur l'examen des informations prévisionnelles disponibles pour s'assurer qu'il n'existe pas un risque de minoration des apports. En outre, la mission du commissaire aux apports prenant fin au dépôt de son rapport, le commissaire aux apports devra mentionner dans son rapport que sa conclusion sur la libération du capital ne vaut qu'à la date de son rapport (bull. CNCC n° 85, mars 1992, pp. 174 et s.). Ces conclusions nous paraissent transposables à la définition de la mission du commissaire à la fusion après la suppression du commissaire aux apports par la loi du 11 février 1994.

335 En revanche, il est fréquent que les sociétés choisissent de faire rétroagir l'opération. L'insertion d'*une clause de rétroactivité* dans une convention de fusion présente en effet d'incontestables vertus. Ainsi, lors de la fusion, les associés de la ou des sociétés absorbées ont vocation à devenir associés de la société absorbante. Ces associés vont recevoir, en échange des titres qu'ils possédaient, des actions ou parts de la société absorbante. Or, la base de l'échange, la parité, est naturellement fonction de la valeur respective des sociétés en présence. Ces valeurs, et cette parité, ne sont généralement déterminables qu'après de longues négociations et tractations entre sociétés. Pendant cette période de négociations, les entreprises ne cessent pas pour autant leur activité ; il en résulte que les valeurs respectives des entreprises évoluent. Par voie de conséquence, les évaluations retenues à l'origine ont perdu leur raison d'être car elles ne correspondent plus à la situation réelle des entreprises.

Pour qu'il en soit autrement, il faudrait pratiquer une révision constante de l'évaluation des sociétés qui fusionnent. On le conçoit sans peine, une telle solution ne peut résister à l'épreuve des faits.

336 Aussi, les sociétés conviennent-elles le plus souvent d'une date qui servira de référence commune pour l'évaluation des entreprises et la détermination de la parité. Quand bien même la fusion ne serait terminée que plusieurs mois après, elle produira ses effets à partir de la date initialement convenue. La fusion est ainsi assortie d'une clause de rétroactivité.

Par ce biais, les travaux qui doivent conduire à définir les conditions de la fusion sont menés sur des bases fixes. De même, dans la mesure où la fusion produira ses effets à la date ainsi arrêtée, les opérations qui seront effectuées pendant la période allant de cette date à la date de réalisation définitive (la période « intercalaire ») seront réputées effectuées par la société absorbante. Cela étant, il convient de rappeler que l'opération entraîne transmission du patrimoine dans l'état où il se trouve à la date de réalisation définitive de l'opération de fusion. À cet égard, peu importe, donc, la date qui a été retenue par les sociétés pour arrêter les évaluations et déterminer la parité (voir également J.-L. Trousset : « La location-gérance : une solution pour anticiper les effets d'une fusion en cours de réalisation », JCP, éd. E, 1999, n° 44-45, p. 1730).

337 La mise en œuvre du mécanisme des clauses de rétroactivité soulève cependant diverses difficultés d'application (J.-P. Storck, « La rétroactivité des décisions sociales », Rev. sociétés, 1985, p. 55, n° 13).

Ainsi, *au plan juridique*, la question se pose notamment de savoir s'il est nécessaire, chez la ou les sociétés absorbées, de procéder à l'approbation des comptes se rapportant à la période intercalaire. Une réponse ministérielle est venue indiquer qu'il n'y avait pas lieu de réunir les associés ou actionnaires à cet effet (rép. Cornet, JO 26 novembre 1975, AN p. 8951).

338 L'analyse juridique de la clause de rétroactivité a donné lieu à une littérature et des débats consistants. Ces débats sont nés en règle générale à l'occasion de difficultés survenues dans la détermination des effets qu'il convenait de donner à la clause de rétroactivité, effets qui peuvent être à l'avantage mais également au détriment des parties. Sur ce point, on ne peut manquer de mentionner l'analyse très fine faite de la rétroactivité des fusions par A. Viandier. Selon cet auteur, « il n'y a pas un report en arrière de la réalisation définitive de la fusion qui reste, en principe, fixée à la date de la dernière des assemblées générales. Il ne saurait d'ailleurs y avoir un tel report en arrière sauf à mettre en péril les actes accomplis et les décisions prises pendant la période dite intercalaire ». L'auteur poursuit en indiquant que « loin d'être une rétroactivité qui affecterait les droits acquis et serait opposable aux tiers, le report de la date d'effet de la fusion autorisé par l'article 372-2 précité n'a qu'une incidence comptable. Elle ne touche pas à la substance des droits : c'est une simple convention comptable. » En conclusion, l'auteur estime que la rétroactivité de la date d'effet d'une fusion est un abus de langage et non « la tentative, vaine, de refaire l'histoire des deux sociétés impliquées ; nul ne peut faire que ce qui a été accompli par la société absorbée ne l'a été que par elle et qu'elle ait pleinement vécu jusqu'au jour de la réalisation définitive ; la dissolution rétrospective n'existe pas dans le champ du droit, même si le comptable, plus habile à jouer avec le temps, accepte d'en faire une base de raisonnement ».

NOTE : A. Viandier, « La portée de l'effet rétroactif de la fusion, (à propos de cass. com. 23 mars 1999, n° 702 P) », RJDA 1999, n°s 8-9, pp. 699 et s. Voir également : cass. com. 29 janvier 2002, n° 219 : RJDA 2002, n° 5, com. 505 ; voir également : J. Paillusseau, « La rétroactivité des opérations de fusion : d'une conception juridique light à une conception fiscale lourde », JCP, éd. E, 2000, n° 40, p. 1557 ; M. Cozian, A. Viandier, F. Deboissy, op. cit., § 1415.

La date d'effet des fusions transfrontalières

La détermination de la date d'effet des fusions transfrontalières commande de distinguer, comme pour les fusions internes, entre les fusions-absorptions et les fusions par création de société nouvelle (c. com. art. L 236-31).

En cas de fusion-absorption, la fusion prend effet à la date prévue par les sociétés (selon les prévisions du contrat dit le texte), sans que cette date puisse être antérieure au contrôle de la légalité de l'opération ni postérieure à la date de clôture de l'exercice en cours de la société bénéficiaire pendant lequel a été réalisé ce contrôle.

En cas de fusion par création de société nouvelle, la fusion prend effet à la date d'immatriculation de la société nouvelle. Le texte renvoie au demeurant dans ce cas purement et simplement à l'article L. 236-4 du code de commerce relatif à la date d'effet des fusions internes.

Le texte précise que la nullité d'une fusion transfrontalière ne peut pas être prononcée après la prise d'effet de la fusion.

On ajoutera enfin que l'article R. 236-14, évoque, lui, une prise d'effet comptable de la fusion transfrontalière en énonçant que le projet commun de fusion doit prévoir la date à partir de laquelle les opérations des sociétés qui fusionnent seront, du point de vue comptable, considérées comme accomplies pour le compte de la société issue de la fusion transfrontalière (c. com. art. 236-14, 4°).

339 De même, *au plan fiscal*, l'administration admet également la validité des clauses de rétroactivité. Deux remarques doivent néanmoins être apportées sur la rétroactivité fiscale des fusions. D'une part, la clause de rétroactivité ne doit pas être inspirée que par de pures considérations fiscales et en particulier par la volonté de faire échec à l'interdiction de transférer les déficits de la société absorbée à la société absorbante. D'autre part, l'administration fiscale a introduit un butoir dans le temps pour la détermination de la date de rétroactivité, butoir qui ne coïncide pas avec celui retenu dans le cadre du code de commerce *(pour une étude détaillée de la rétroactivité fiscale des fusions, voir §§ 812 et s.)*.

340 *Au plan comptable*, il convient de rappeler que le projet de fusion doit « indiquer la date à partir de laquelle les opérations de la société absorbée seront, du point de vue comptable, considérées comme accomplies par la société bénéficiaire des apports » (c. com. art. R. 236-1). Par ailleurs, la société absorbante a l'obligation de reprendre dans ses écritures les opérations réalisées par la société absorbée tout au long de la période intercalaire.

Les effets de la fusion à l'égard des dirigeants

390 La situation des dirigeants dans une opération de fusion ne soulève guère de difficultés. La répartition des pouvoirs et des fonctions au sein de la société absorbante ou nouvelle a généralement été l'un des thèmes majeurs de la phase de négociation et de rapprochement des sociétés.

Le code de commerce n'accorde que très peu d'intérêt à cette question. Cette situation se comprend au demeurant assez bien. Dans le cadre d'une fusion-absorption en effet, il y a disparition de la ou des sociétés absorbées ; par voie de conséquence, la question du sort des dirigeants se règle d'elle-même. La situation est identique dans le cadre d'une fusion par création de société nouvelle pour les dirigeants des sociétés qui disparaissent. Les dirigeants de la société absorbée peuvent néanmoins, le cas échéant, être poursuivis pour des actes commis avant la fusion au préjudice de la société absorbée. La poursuite peut être exercée par les associés de l'absorbante (cass. crim. 19 mai 1998, n° 1105 P).

391 Les seules difficultés susceptibles d'apparaître se situent donc chez la société absorbante ou dans la société nouvelle issue de la fusion. Ce sont précisément les seuls cas qui ont retenu l'attention du législateur. La loi sur les sociétés commerciales s'est en réalité attachée à régler le sort des organes de direction, et plus

particulièrement des organes collégiaux. Cela explique que les dispositions en vigueur ne concernent que la société anonyme.

392 Au sein de la société absorbante ou nouvelle, il convient ainsi de trancher la question du nombre d'administrateurs pouvant siéger.

393 Cette question est réglée par l'article L. 225-95 du code de commerce qui prévoit que, en cas de fusion de sociétés anonymes, le nombre de membres du conseil d'administration ou du conseil de surveillance, selon le cas, peut dépasser le nombre de dix-huit prévu aux articles L. 225-17 et L. 225-69 pendant un délai de trois ans à compter de la date de la fusion fixée à l'article L. 236-4, sans pouvoir être supérieur à vingt-quatre.

394 La loi instaure ainsi une dérogation au nombre maximal d'administrateurs pouvant siéger au sein du conseil d'administration ou du conseil de surveillance d'une société anonyme, dérogation qui est toutefois temporaire, la situation devant être régularisée au terme d'un délai de trois ans à compter de la date de réalisation de l'opération de fusion.

395 On observera que, le texte ne vise que les fusions réalisées entre sociétés anonymes. Le texte s'applique notamment dans l'hypothèse d'une fusion entre une société dotée d'un conseil d'administration et une société dotée d'un conseil de surveillance. Il en résulte que, dans l'hypothèse, par exemple, de l'absorption d'une SARL par une SA, le régime dérogatoire ne peut s'appliquer. En revanche, le code de commerce n'instaure aucune contrainte quant à la composition du conseil d'administration ou du conseil de surveillance « en dépassement ». La désignation d'administrateurs en dehors des anciens administrateurs de la société absorbée est donc envisageable (en ce sens : Mémento sociétés commerciales, éd. 2010, n° 7627).

396 La dérogation accordée revêt cependant un caractère temporaire et la société absorbante doit avoir ramené le nombre de ses administrateurs ou des membres de son conseil de surveillance dans la limite du plafond de dix-huit membres dans un délai de trois ans. Ce délai se décompte à partir de la date de prise d'effet de l'opération de fusion et non de la date de réalisation définitive. Aussi conviendra-t-il, en pratique, de tenir compte des clauses conférant un effet rétroactif ou différé à l'opération de fusion. Ainsi, une opération de fusion réalisée de manière définitive en octobre de l'année N avec effet rétroactif au 1er janvier N ouvre un délai de régularisation expirant au 1er janvier N 1 + 3 et non en octobre N 1 + 3. De la même manière, la gestion du nombre des membres du conseil d'administration ou du conseil de surveillance à l'intérieur de ce délai de trois ans est libre. La société absorbante peut ainsi, semble-t-il, choisir une réduction en douceur du nombre de ses membres ou, au contraire, ne prévoir cet ajustement qu'à l'expiration de la période de trois ans. Le texte ne contient aucune prescription en la matière. On prendra garde, toutefois, à l'incidence indirecte sur le cumul des mandats. Dans l'hypothèse où, au terme des trois ans, la composition du conseil d'administration n'aurait pu être ramenée dans les limites du plafond légal faute d'accord entre administrateurs, c'est l'assemblée générale qui devrait procéder à une telle régularisation.

397 Si, au terme du délai de trois ans, le nombre d'administrateurs demeure supérieur à vingt-quatre, la société doit régulariser dans les plus brefs délais. En l'absence de régularisation, absence qui peut, par exemple, trouver son origine dans l'impossibilité de trouver des « démissionnaires volontaires », l'assemblée générale

ordinaire de la société doit être convoquée pour procéder à la régularisation du nombre d'administrateurs. Naturellement, cependant, la configuration du conseil d'administration n'étant pas conforme à la loi, cette assemblée doit préférentiellement être convoquée par un mandataire désigné en justice (en ce sens : Mémento sociétés commerciales 2010, § 7627).

398 Aucune disposition particulière n'est prévue quant au nombre des membres du directoire. Il faut en conclure que le directoire de la société issue de la fusion (ou de la société absorbante) ne pourra comporter que cinq ou sept membres.

399 La fusion n'emporte aucune conséquence majeure sur le statut des administrateurs salariés. En particulier, aucune disposition légale n'autorise, en cas de fusion, un dépassement du nombre d'administrateurs élus par les salariés.

En cas de fusion (ou de scission), le contrat de travail peut avoir été conclu avec l'une des sociétés fusionnées (ou avec la société scindée).

Les effets de la fusion à l'égard des associés

450 Les effets de la fusion à l'égard des associés sont logiques. Dans le cas d'une fusion-absorption, les associés de la ou des sociétés absorbées ont vocation à devenir associés de la société absorbante. Dans le cas d'une fusion avec création de société nouvelle, les associés des sociétés qui disparaissent deviennent associés de la société nouvelle (c. com. art. L. 236-3).

La simplicité du principe ainsi énoncé *(voir § 451)* doit cependant composer avec un certain nombre de situations particulières qui tiennent, pour l'essentiel, soit à la nature de la participation détenue par les associés, soit à la nature des titres détenus par ceux-ci *(voir §§ 452 à 474)*.

LORSQU'UN ASSOCIÉ D'UNE SOCIÉTÉ ABSORBÉE VIENT À VENDRE SES TITRES

Un associé d'une société qui vient à être absorbée peut-il vendre les titres qu'il détenait dans la société absorbée ? La réponse est naturellement négative car la fusion emporte dissolution de plein droit de la société absorbée par application du projet de fusion. Un associé soutenait en réalité que la décision faisait simplement naître à son profit un droit d'échange des titres et que les titres demeuraient cessibles tant que le droit d'échange existait. La Cour de cassation a répondu avec netteté que la cession de parts, d'actions ou de droits conférés par les titres d'une société qui a disparu par l'effet d'une fusion-absorption est dépourvue d'objet. La cession est donc nulle (cass. com. 26 mai 2009, n° 08-12.961 : JCP éd. E, 2009, n° 30, com. 1908, note C. Youego).

Le principe général

451 À l'occasion d'une opération de fusion, les associés des sociétés qui disparaissent acquièrent la qualité d'associés de la société absorbante ou de la société nouvelle qui est créée (c. com. art. L. 236-3). Il en résulte que les associés de la ou des sociétés qui transmettent leur patrimoine reçoivent des parts ou actions de la société bénéficiaire.

Cependant, et afin de faciliter la réalisation des opérations de fusion, les apports réalisés au profit de la société absorbante ou nouvelle peuvent être rémunérés par une soulte en espèces. Si cette possibilité est utilisée, la soulte doit être limitée à

10 % de la valeur nominale des parts ou actions attribuées (c. com. art. L. 236-1). Si le plafond ainsi instauré venait à être dépassé, l'opération perdrait alors le caractère de fusion. La soulte est notamment un moyen de régler le délicat problème des rompus lorsque la parité ne permet pas d'attribuer un nombre entier de parts ou d'actions à un associé. La possibilité de prévoir le versement d'une soulte en espèces est devenue compatible, depuis août 1993, avec le bénéfice du régime fiscal dit « de faveur des fusions » *(voir § 928)*.

Une difficulté particulière est susceptible d'intervenir lorsque le capital de la société absorbée n'est pas intégralement libéré. En principe, dans ce cas de figure, la société absorbante devient créancière des sommes non encore versées. La difficulté peut également être réglée au moyen d'une réduction de capital, mais cette technique peut s'avérer délicate à mettre en œuvre si coexistent dans le capital de la société absorbée des actions partiellement libérées et des actions intégralement libérées. Par ailleurs, le coût fiscal d'une réduction de capital doit également être pris en considération (sur cette question, J. Mestre, op. cit. n° 1590 ; voir également : cass. com. 8 décembre 1992, Bull. Joly, mars 1993, p. 320, note P. Le Cannu). Pour les titres démembrés, le démembrement usufruit/nue-propriété se poursuit sur les titres reçus à l'occasion de la fusion.

ÉCHANGE DES PARTS : ATTENTION AUX EFFETS DE SEUIL

Le principe selon lequel les associés de la ou des sociétés absorbées deviennent associés de la société absorbante doit composer avec les règles générales qui gouvernent le fonctionnement des sociétés commerciales.

C'est ainsi que, dans les sociétés à responsabilité limitée, le nombre des associés ne doit pas excéder 100. Si, du fait de la fusion, le nombre des associés de la société absorbante vient à dépasser ce plafond, l'absorbante doit s'engager dans un processus de régularisation, faute de quoi elle s'expose au risque de la dissolution automatique (c. com. art. L. 223-3).

Les problèmes particuliers

452 Dans la réalisation des opérations de fusion, des particularités sont susceptibles d'apparaître dans le règlement de la situation de certains des associés des sociétés qui fusionnent. Ces particularités trouvent leur origine soit dans l'existence, préalablement à la fusion, de participations entre les sociétés en présence, soit dans la détention de titres qui confèrent à leurs titulaires des droits spécifiques.

ÉCHANGE DES TITRES : TITRES CHERCHENT ASSOCIÉS...

Le principe de l'opération de fusion, voire de scission, consiste à remettre aux associés de la société absorbée ou scindée des titres de la société absorbante ou des sociétés issues de la scission. Il peut néanmoins arriver que de petits porteurs, mal informés voire même négligents, ne présentent jamais leurs titres à l'échange. Dans ce cas de figure, on peut s'interroger sur le sort que la société absorbante doit réserver à ces titres émis mais non réclamés.

En pareil cas, les dirigeants de la société absorbante (ou issue de la scission) ont la possibilité sur la base de l'article L. 228-6 du code de commerce de mettre en vente les droits sociaux non réclamés selon une procédure définie par décret à la condition d'avoir procédé, deux ans au moins à l'avance, à des mesures de publicité. Cette décision relève de la compétence du conseil d'administration, du directoire ou des gérants (cette procédure, même si elle lui ressemble et s'en inspire, ne doit pas être confondue avec celle prévue par l'article L. 228-6-3 pour les associés ne pouvant pas être joints et instaurée par l'ordonnance du 24 juin 2004).

La société doit notamment insérer un avis dans un journal financier à grand tirage mettant en demeure les personnes concernées de faire valoir leurs droits dans un délai de deux ans et les informant que la société procédera à la vente des titres à l'expiration de ce délai. Ce même avis informe les ayants droit que la société tiendra le produit net de la vente des titres à leur disposition pendant dix ans sur un compte bloqué dans un établissement de crédit. La vente des titres a lieu à la bourse où ils sont cotés ; à défaut, la vente est faite aux enchères publiques par un agent de change ou un notaire (c. com. art. R. 228-11 et R. 228-12). Pour la petite histoire, on précisera que si, au terme du délai de dix ans, les fonds n'ont pas été réclamés, ils sont versés à la Caisse des dépôts et consignations où ils demeurent vingt ans. Passé ce délai, soit trente ans après la vente des titres, les fonds reviennent à l'État...

Les problèmes posés par l'existence de liens entre les sociétés qui fusionnent

453 La fusion est souvent la phase finale d'un rapprochement déjà entamé entre des entreprises, rapprochement qui a pu se traduire par une prise de participation d'une société dans le capital de l'autre. Ainsi, la société absorbante peut détenir une participation dans le capital de la société absorbée, ou inversement, la société absorbée détenir une participation dans le capital de l'absorbante. Dans un cas de figure plus complexe, on peut même rencontrer, préalablement à la fusion entre deux sociétés, l'existence de participations réciproques.

La société absorbante détient une participation dans le capital de la société absorbée

454 Dans le cadre d'une opération de fusion, les associés de la société absorbée deviennent, par principe, associés de la société absorbante. Par voie de conséquence, si la société absorbante figure au nombre des associés de la société absorbée, elle a vocation, en théorie, à l'issue de la fusion, à recevoir ses propres titres en échange.

Or, depuis l'adoption de la loi de 1988 sur les fusions, il n'est plus possible de parvenir à un tel résultat. En effet, la loi sur les sociétés commerciales précise qu'il n'est pas procédé à l'échange des titres de la société absorbante contre des parts ou actions des sociétés qui disparaissent, lorsque ces parts ou actions sont détenues par la société absorbante (c. com. art. L. 236-3). Le texte vise, non seulement les participations directes, mais également les participations que la société absorbante détient dans le capital de l'absorbée par l'intermédiaire d'une personne agissant en son propre nom mais pour le compte de la société absorbante. En d'autres termes, l'interdiction faite à la société absorbante s'étend aux participations détenues chez l'absorbée par le biais d'un prête-nom. (Sur les aspects fiscaux de cette question, voir les paragraphes 1404 et suivants). La loi consacre ainsi la technique de la fusion-renonciation.

Mais les sociétés peuvent procéder autrement et faire disparaître la participation de l'absorbante dans l'absorbée, juste avant de réaliser la fusion. Elles recourent à la procédure de la fusion-allotissement, moins prisée en pratique, pour des raisons fiscales essentiellement.

B.U. NICE ST JEAN

La fusion-renonciation

455 La fusion-renonciation est l'opération par laquelle la société absorbante limite l'augmentation de son capital et se contente d'émettre le nombre de titres strictement nécessaire à la rémunération des associés de la société absorbée, autres qu'elle-même. L'appellation de l'opération se justifie pleinement dans la mesure où la société absorbante renonce à émettre les droits sociaux qui, en principe, devaient lui revenir en sa qualité d'associée de la société absorbée.

En pratique, et d'un point de vue comptable, la société absorbante devra procéder à l'annulation de la participation qu'elle détenait dans le capital de la société absorbée. Pour cela, elle va rapprocher la valeur en comptabilité de celle de la fraction de l'actif net qu'elle reçoit à l'occasion de la fusion et qui correspond aux droits de la société absorbante. Ce rapprochement va faire apparaître un résultat d'annulation. Ce résultat pourra être soit un boni de fusion (la quote-part de l'actif net reçu est supérieure à la valeur comptable de la participation), soit un mali de fusion (la quote-part de l'actif net reçu à une valeur inférieure à la valeur comptable de la participation). Le traitement comptable et le régime fiscal du boni et du mali de fusion appellent des développements spécifiques *(voir §§ 1665 et s. et §§ 1672 et s.)*, compte tenu, d'une part, de l'impact des règles comptables liées à la méthode de valorisation des apports et aux prescriptions du règlement comptable sur le traitement du boni et du mali et, d'autre part, de l'incidence de l'application, ou non, du régime fiscal de valeur.

Fusion-renonciation

La société A absorbe la société B. Le capital de A est divisé en 10 000 actions de 100. Le capital de B est divisé en 6 000 actions de 100. La valeur des actions A est estimée à 280 ; la valeur des actions B est estimée à 140.

La société A détient 40 % du capital de la société B. Cette participation a été acquise pour un prix de 2 400 × 120 = 288 000.

Du fait de la fusion, la parité (fixée en fonction de la valeur respective des actions) est de :

$$\frac{\text{Action A}}{\text{Action B}} = \frac{280}{140} = 2,$$

soit une action A pour 2 actions B.

Il en résulte que, lors de la fusion, la société A devrait augmenter son capital de 3 000 actions. Sur ces 3 000 actions, 1 200 devraient revenir, lors de l'échange des titres, à la société A elle-même. Pour cette raison, la société A n'augmentera pas son capital de 3 000 actions, mais limitera l'augmentation à 1 800 actions. C'est la technique de la fusion-renonciation.

La société A augmentera son capital de :
1 800 × 100 = 180 000,

assorti d'une prime de fusion de :
1 800 × (280 – 100) = 324 000,

soit au total :
180 000 + 324 000 = 504 000.

Le montant de l'apport correspondant aux droits de l'absorbante dans le capital de la société absorbée, soit :
280 × 1 200 = 336 000,
aura pour contrepartie :
– l'annulation des titres en portefeuille, inscrits en comptabilité pour une valeur de 288 000 ;
– la constatation, au cas d'espèce, d'une prime de fusion complémentaire (le boni de fusion) de 48 000 *(sur la comptabilisation du boni de fusion, voir § 1670)*.

La fusion-allotissement

456 Le mécanisme de la fusion-allotissement est sensiblement différent. Il suppose un partage partiel du patrimoine de la société absorbée au profit et à hauteur des droits de la société absorbante. Par ce mécanisme, la société absorbante est donc réputée quitter le capital de la société absorbée avant l'opération de fusion. Le problème de la participation est donc réglé par son élimination préalablement à la fusion.

La pratique privilégie la technique de la fusion-renonciation, même si les divergences de traitement, notamment au plan fiscal, entre les deux techniques se sont partiellement amoindries avec le temps.

La société absorbée détient une participation dans le capital de la société absorbante

457 Dans l'hypothèse où la société absorbée détient des parts de la société absorbante, il résulte de la transmission universelle du patrimoine opérée par la fusion que l'absorbante a vocation à recevoir en apport ses propres titres, compris dans le portefeuille-titres de l'absorbée.

Les sociétés en présence ont deux possibilités pour régler les difficultés liées à cette situation.

458 La société absorbée peut, préalablement à la fusion, procéder à la répartition des titres qu'elle a en portefeuille et qui correspondent à sa participation dans le capital de la société absorbante. Il s'agit là, à nouveau, d'une opération de partage partiel d'actif. Lors de la réalisation proprement dite de l'opération de fusion, la société absorbée n'aura plus, alors, la qualité d'associée de la société absorbante.

Mais la société absorbée peut ne pas recourir à cette technique et procéder à l'apport, dans des conditions normales, de la totalité de son actif, y compris, donc, le portefeuille-titres comprenant sa participation dans le capital de l'absorbante. Cette dernière, recevant ses propres titres, procédera ensuite à leur annulation ou à leur cession ; si la société absorbante revêt la forme de société par actions, elle peut, sous certaines conditions, envisager de conserver ces actions. En effet, en vertu de l'article L. 225-213 du code de commerce, une société par actions peut conserver ses propres actions, acquises à la suite d'une transmission universelle de patrimoine, à condition qu'elle ne détienne pas plus de 10 % de son capital. Au-delà de 10 %, l'article L. 225-213 prévoit que les actions excédentaires devront être cédées dans un délai de deux ans. À défaut, ces actions seront annulées.

Pour des raisons fiscales, c'est ce second procédé qui sera préféré *(voir §§ 1764 et s.)*.

Les sociétés, absorbée et absorbante, détiennent des participations réciproques

459 Ce cas de figure n'est en fait que la combinaison des deux précédents. Il se réglera ainsi par la superposition des solutions qui ont été envisagées précédemment. En pratique, la société absorbante procédera, dans un premier temps, à une fusion-renonciation pour neutraliser les effets de sa participation dans le capital de la société absorbée. Puis, elle procédera à une réduction de capital pour neutraliser les effets de la participation détenue par la société absorbée dans son capital.

La société détient ses propres actions

460 Une société peut, dans certaines conditions, détenir ses propres actions. Tel sera notamment, le cas si la société est cotée et veut procéder à la régularisation des cours, si elle veut attribuer des actions à ses salariés ou si elle envisage une réduction de son capital (voir notamment art. L. 225-209 et L. 225-209-1 du code de commerce).

Si une telle société vient à être absorbée, il convient de se demander si les actions ainsi détenues doivent être comprises dans le cadre de l'échange avec des titres de la société absorbante ou nouvelle. Le code de commerce apporte une réponse négative à la question, en précisant qu'il n'est pas procédé à l'échange d'actions ou parts des sociétés qui disparaissent contre des parts ou actions des sociétés bénéficiaires lorsque ces parts ou actions sont détenues par la société qui disparaît ou par une personne agissant en son propre nom, mais pour le compte de cette société (c. com. art. L. 236-3). Cette solution peut toutefois être nuancée dans l'hypothèse où la société absorbante reprend, dans le cadre d'une fusion, un plan d'options d'achat.

Dans ces conditions, la société absorbante peut décider de procéder à une réduction de capital avant la fusion et faire disparaître la situation d'auto-détention. Elle peut envisager également de procéder à l'annulation des titres qu'elle détient lors de la réalisation de la fusion.

461 La question doit également être envisagée dans l'hypothèse où c'est la société absorbante qui détient ses propres titres avant l'opération de fusion. Dans ce cas de figure, en effet, il est admis que la société absorbante puisse attribuer aux associés de la société absorbée les titres auto-détenus avant l'opération de fusion. Cette solution, au demeurant validée par l'administration fiscale, repose sur le fait que l'élément caractéristique de l'opération de fusion est l'échange de titres.

Les problèmes posés par l'existence de titres conférant des droits spécifiques

462 Dans les sociétés par actions, certains titres confèrent à leurs détenteurs des droits spécifiques. Ces droits peuvent se traduire soit par des avantages financiers, soit par des avantages « politiques » par rapport aux actions ordinaires. Il importe de déterminer le sort qui est réservé à ces titres et à leurs détenteurs dans le cadre des opérations de fusion. Le régime applicable à ces titres a été profondément remanié par l'ordonnance **2004-604** du **24** juin **2004** portant réforme des valeurs mobilières (ord. 2004-604 du 24 juin 2004, JO du 26 juin 2004, p. 11612, voir également décret 2005-112 du 10 février 2005). L'ordonnance a pour effet de substituer aux actions de priorité, aux actions à dividende prioritaire sans droit de vote, à droit de vote double, ou encore aux certificats d'investissement et certificats de droit de vote, une seule catégorie de titres : les actions de préférence (c. com. art. L. 228-11). Les titres anciens sont, quant à eux, placés en voie d'extinction et les dispositions légales qui les régissent ont été isolées dans une section spéciale du code de commerce. Leurs détenteurs bénéficient cependant d'un droit préférentiel de souscription lors de l'émission d'actions de préférence conférant des droits équivalant aux titres qu'ils possèdent. À terme, ces titres « anciens » sont donc appelés à disparaître. D'ici là, il sera encore possible de les rencontrer dans le patrimoine de sociétés qui fusionnent.

Le sort des actions de préférence

463 Les actions de préférence peuvent être créées avec ou sans droit de vote, assorties de droits particuliers de toute nature, à titre temporaire ou permanent. Les droits attachés à ces actions doivent respecter la procédure des avantages particuliers selon laquelle les actions du bénéficiaire sont privées du droit de vote, les règles relatives à la proportionnalité du droit de vote attaché aux actions à la quotité de capital détenue et les règles relatives à la limitation du nombre de voix.

En cas de fusion ou de scission, l'article L. 228-17 du code de commerce, dans sa rédaction issue de l'ordonnance du 24 juin 2004, prévoit que les actions de préférence peuvent être échangées contre des actions des sociétés bénéficiaires du transfert de patrimoine comportant des droits particuliers équivalents, ou selon une parité d'échange spécifique tenant compte des droits particuliers abandonnés. En l'absence d'échange contre des actions conférant des droits particuliers équivalents, la fusion est soumise à l'approbation de l'assemblée spéciale prévue par l'article L. 225-99.

Naturellement, en l'absence d'actions conférant des droits particuliers équivalents, la parité d'échange doit prendre en considération l'abandon ou la réduction de ces droits (rép. Adnot, JO Sén., 30 septembre 2004, p. 2236).

Le sort des actions à droit de vote double

464 Lorsque des actionnaires de la société absorbée détiennent des actions à droit de vote double, ce droit est en principe maintenu. Le droit de vote double est, en effet, transféré, sauf si les statuts de la société absorbée en disposent autrement. De la même manière, le droit de vote double peut ainsi être exercé au sein de la société aborbante au bénéficiaire des apports, sauf si les statuts de cette dernière ne l'ont pas institué (c. com. art. L. 225-124).

Cette solution permet notamment aux actionnaires de la société absorbée qui deviennent actionnaires de la société absorbante de ne pas attendre le délai de deux ans normalement requis pour exercer leur droit (c. com. art. L. 225-123). La loi de modernisation de l'économie, dite loi LME adoptée en juillet 2008, a modifié la rédaction de l'article L. 225-124 du code de commerce et prévoit que : « le transfert par suite de succession, de liquidation de communauté de biens entre époux, ou de donation entre vifs au profit d'un conjoint ou d'un parent au degré successible, ne fait pas perdre le droit acquis et n'interrompt pas le délai mentionné au premier alinéa de l'article L. 225-123 de ce code. Il en est de même, sauf stipulation contraire des statuts de la société ayant attribué le droit de vote double, en cas de transfert par suite d'une fusion ou d'une scission d'une société actionnaire. » Cette même solution s'applique dans l'hypothèse où la société absorbante prévoit un délai plus long que chez la société absorbée. Les associés de l'absorbée deviennent immédiatement titulaires du droit de vote double. Naturellement, si, au moment de la fusion, le droit de vote double n'a été instauré que dans la société absorbante, les associés de la société absorbée ne peuvent, après la fusion, revendiquer l'application immédiate des dispositions de l'article L. 225-124 du code précité. Ils doivent, dans ce cas, respecter le délai de détention prévu par les statuts de la société absorbante. Ces solutions sont applicables également en cas de scission.

Le sort des actions à dividende prioritaire sans droit de vote

465 Les actions à dividende prioritaire sans droit de vote constituent une catégorie de titres en voie d'extinction. Depuis l'ordonnance 2004-604 du 24 juin 2004, de tels titres ne peuvent plus en effet être émis en tant que tels (c. com., art. L 225-29-8) : cette suppression est le corollaire de la création des actions de préférence. Les actions à dividende prioritaire sans droit de vote créées antérieurement subsistent jusqu'à la dissolution de la société, ou encore jusqu'à la conversion de ces actions en actions de préférence ou ordinaires.

La « fin de vie » de ces titres est désormais régie par les dispositions des articles L 228-29-8 à L 228-35-11 du code de commerce. L'article L 228-35-6 (ancien article L. 228-15) prévoit en particulier la consultation des porteurs d'actions à dividende prioritaire sans droit de vote réunis en assemblée spéciale. Cette consultation est en réalité obligatoire pour toute décision modifiant les droits des titulaires d'actions à dividende prioritaire. Selon certains auteurs, toutefois, la ratification par l'assemblée spéciale ne s'impose que si l'opération de fusion a pour effet de modifier les droits particuliers des actionnaires de chaque catégorie. Cette argumentation s'appuie sur l'application combinée des articles L. 236-9 et L. 225-99, auxquels renvoie l'article L. 236-9.

Le sort des certificats d'investissement

466 Le sort qui est réservé aux certificats d'investissement dans une opération de fusion diffère selon que la société absorbante propose ou non le rachat des certificats d'investissement qui existent chez l'absorbée. Les solutions présentées ici revêtent un caractère résiduel dans la mesure où il n'est plus possible d'émettre des certificats d'investissement.

La société absorbante ne propose pas le rachat

467 Si la société absorbante ne propose pas le rachat des certificats d'investissement, elle doit soumettre le projet de fusion aux assemblées spéciales des porteurs de certificats d'investissement statuant selon les règles de l'assemblée générale des actionnaires (c. com. art. L. 236-9).

Assez curieusement, le texte ne précise pas s'il s'agit de l'assemblée générale ordinaire ou de l'assemblée générale extraordinaire des actionnaires. Il semble en fait qu'il s'agisse de l'assemblée générale extraordinaire si l'on considère que le texte sous-entend que le projet est soumis à l'assemblée spéciale statuant selon les règles de l'assemblée générale des actionnaires « approuvant la fusion ». Par ailleurs, compte tenu des modifications substantielles apportées aux certificats d'investissement, du fait de la fusion, il paraît logique d'exiger une délibération aux conditions prévues pour les assemblées extraordinaires.

468 Si l'assemblée spéciale des porteurs de certificats d'investissement donne son accord, deux solutions sont envisageables :
– les porteurs de certificats peuvent recevoir des certificats d'investissement de la société absorbante ;
– les porteurs de certificats d'investissement peuvent recevoir des actions de la société absorbante (c. com. art. L. 228-30).

Les modalités d'échange devront être fixées par le traité de fusion, ce qui, en pratique, suppose la détermination d'une « parité » d'échange des certificats d'investissement.

Si l'assemblée spéciale ne donne pas son accord, et à défaut de disposition légale contraire, il semble que le refus s'impose à la société absorbée.

Aux termes de l'article L. 228-30, ces dispositions s'appliquent de la même façon aux certificats de droit de vote. Ainsi, les porteurs de certificats de droit de vote peuvent-ils recevoir des droits de vote de la société absorbante, voire également des actions de la société absorbante. Si le principe de l'échange contre des actions est simple dans sa formulation, il se révèle plus délicat au plan de la de mise en œuvre. En effet, l'opération nécessite la détermination des valeurs respectives des certificats d'investissement et des certificats de droit de vote de la société absorbée par rapport à la valeur des actions de la société absorbante, avec le risque complémentaire de rompus sur certificats de droits de vote.

La société absorbante propose le rachat

469 Afin de faciliter la réalisation des opérations de fusion et éviter de créer de nouveaux certificats d'investissement chez l'absorbante, cette dernière a la possibilité de proposer le rachat des certificats d'investissement qui existent chez l'absorbée.

Pour que ce rachat puisse s'effectuer, il doit avoir été préalablement accepté par l'assemblée spéciale.

470 Si la société absorbante a obtenu l'accord de l'assemblée spéciale, elle doit publier son offre de rachat dans un journal d'annonces légales, cette insertion devant être répétée au BALO en cas d'appel public à l'épargne. Cependant, si tous les certificats d'investissement sont nominatifs, ces insertions peuvent être remplacées par une lettre recommandée adressée à tous les porteurs de certificats (c. com. art. R. 225-153 sur renvoi de l'art. R. 236-5).

Ceux-ci disposent d'un délai de trente jours pour répondre à l'offre et céder leurs titres, ce délai se décomptant à partir de la dernière mesure de publicité prévue (insertion dans un journal d'annonces légales ou envoi des lettres).

471 À l'expiration de ce délai, les porteurs de certificats qui n'auraient pas cédé leurs titres deviennent titulaires de certificats d'investissement de la société absorbante, à moins que le projet de fusion ne prévoit l'échange des certificats d'investissement de l'absorbée contre des actions de l'absorbante (c. com. art. L. 228-30).

472 On ajoutera enfin que, si la loi sur les sociétés commerciales s'est attachée à régler le sort des certificats d'investissement, aucune disposition ne vise le rachat des certificats de droit de vote.

Le sort des parts de fondateur

473 Avec le temps, le régime des parts de fondateur est devenu très marginal, l'émission de parts de fondateur étant interdite sous peine de nullité.

En cas de fusion, les titulaires de parts de fondateur de la société absorbée ne peuvent donc recevoir des parts de fondateur qui seraient émises par la société absorbante. Cette dernière doit ainsi offrir une compensation qui prend de façon générale la forme d'une attribution d'actions de la société absorbante.

474 En pratique, le projet de fusion doit être soumis à l'approbation de l'assemblée générale des porteurs de parts, mais le refus de l'assemblée n'est pas de nature à hypothéquer la réalisation de l'opération, les porteurs de parts pouvant simplement prétendre, le cas échéant, à des dommages-intérêts.

Les effets de la fusion à l'égard des salariés

520 Les effets d'une fusion sur la situation des salariés doivent être envisagés sous trois aspects :
- les effets de la fusion sur le contrat de travail *(voir §§ 521 à 523)* ;
- les effets de la fusion sur les conventions collectives *(voir §§ 524 à 526)* ;
- les effets de la fusion sur les organes de représentation du personnel *(voir §§ 527 à 535)*.

Effets sur les contrats de travail

521 Au regard des contrats de travail, l'opération de fusion revêt un caractère intercalaire. En d'autres termes, les contrats de travail sont maintenus, les salariés de la société absorbée devenant salariés de la société absorbante ou de la société nouvelle créée à l'occasion de la fusion (au plan communautaire sur l'incidence sociale des transferts d'entreprise, voir directive 2001/23/CE du 12 mars 2001, JOCE L 82 du 22 mars 2001 qui reprend et codifie les dispositions des directives du 14 février 1977 et du 29 juin 1998. Sur cette question, voir le Code annoté européen du travail, groupe Revue fiduciaire, éd. 2010).

L'article L. 1224-1 du code du travail prévoit en effet que, s'il survient une modification dans la situation juridique de l'employeur, notamment par succession, vente, fusion, transformation de fonds, mise en société, tous les contrats de travail en cours au jour de la modification subsistent entre le nouvel employeur et le personnel de l'entreprise. Le maintien des contrats de travail s'opère de plein droit. Il en résulte que l'employeur n'a pas spécialement à aviser les salariés concernés.

522 Cette solution a notamment pour conséquence le maintien au sein de la société absorbante du bénéfice de l'ancienneté acquise dans la société absorbée et, par ricochet, de tous les droits basés sur l'ancienneté (congés payés, indemnités, droit à une prime d'ancienneté...) (cass. soc. 10 juillet 1991, n° 2869). Elle entraîne également l'application, dès la prise d'effet de la fusion, du règlement intérieur de la société absorbante à l'ensemble du personnel. La mise en œuvre des dispositions de l'article L. 1224-1 du code du travail n'est pas subordonnée à une obligation d'information personnelle de chaque salarié concerné (cass. soc. 15 décembre 2010, n° 08-43082). Le caractère intercalaire de l'opération de fusion emporte également l'obligation, pour la société absorbante, de reprendre les engagements qui résultent d'un accident du travail survenu à l'un des salariés de la société absorbée et mis à la charge de celle-ci (cass. soc. 29 avril 1980, JCP 1980, IV, 263).

523 En principe, le maintien des contrats de travail porte, non seulement sur les contrats de travail à durée indéterminée, mais également sur ceux à durée déterminée, les contrats des apprentis (c. trav. art. L. 6225-2 et L. 6225-3), les contrats de qualification, etc. D'une manière générale, ce sont tous les contrats de travail qui sont visés. L'article L. 1224-1 vise les contrats en cours d'exécution à la date de la

fusion. Le fait que le contrat de travail soit suspendu n'est pas de nature à empêcher l'application du dispositif.

Il convient toutefois de signaler que le principe du maintien des contrats de travail n'est nullement incompatible avec la possibilité de procéder à des licenciements à l'occasion de la fusion. Mais attention, ces licenciements doivent avoir une cause légitime. Il n'en serait pas ainsi, par exemple, si le licenciement d'un ou plusieurs salariés était une condition exigée par le repreneur (sur ce point, cass. soc. 27 juin 1995, n° 2934 ; voir également cass. soc. 5 avril 1995, RJS 1995, n° 5, com. 497 ; cass. soc. 11 janvier 2006, n° 26, RJS 2006, n° 3, inf. 322). Le cas échéant, cependant, la société absorbée sera tenue de respecter les obligations légales relatives à l'élaboration des plans sociaux à soumettre à la direction départementale du travail et de l'emploi. Si la compression d'effectif est réalisée par la société absorbante, elle devra s'accompagner du paiement des indemnités dues aux salariés compte tenu, le cas échéant, des droits acquis au sein de la société absorbée. Mais, dans l'hypothèse où un salarié ayant été licencié par la société absorbée est réembauché par la société absorbante puis licencié de nouveau, l'ancienneté n'est considérée comme acquise qu'à compter de la date d'embauche par la société absorbante.

Effets sur les conventions collectives

524 Les effets de la fusion sur les conventions collectives en vigueur au sein de la société absorbée diffèrent selon que la société absorbante est soumise à une convention ou à un accord collectif plus ou moins favorable que celui antérieurement en vigueur au sein de la société absorbée.

Si l'accord ou la convention applicable chez l'absorbante est plus favorable, cet accord se substitue purement et simplement à celui qui était en vigueur chez l'absorbée.

525 Réciproquement, si l'accord en vigueur chez l'absorbante est moins favorable, les salariés de la société absorbée bénéficient du maintien des avantages dont ils jouissaient antérieurement à l'opération de fusion et cela pendant un délai d'un an (quinze mois maximum). Passé ce délai, les salariés de la société absorbée sont soumis aux dispositions de la convention ou de l'accord collectif applicable au sein de la société absorbante. Les salariés bénéficient cependant du maintien des avantages individuels acquis qui s'incorporent au contrat de travail (c. trav. art. L. 2261-14). Le maintien temporaire de l'ancienne convention collective ne peut être considéré comme une pratique discriminatoire à l'encontre des autres salariés (cass. soc. 11 février 2005, n° 02-45-608. Sur la non-violation du principe « à travail égal, salaire égal », cass. soc. 4 décembre 2007, n° 06-44-041).

526 En pratique toutefois, les représentants de la société absorbante engagent postérieurement à l'opération de fusion des négociations avec les représentants des salariés pour conclure un nouvel accord d'entreprise (accords collectifs et restructurations : Droit social 2008, 66). Si un accord est effectivement conclu, il a vocation à s'appliquer, même s'il comporte des dispositions moins favorables que par le passé. L'absence d'accord conduit à la solution précédente : application de l'accord en vigueur chez l'absorbante et incorporation au contrat de travail des avantages individuels acquis.

Effets sur les organes de représentation du personnel

527 Les effets de la fusion sur les organes de représentation du personnel doivent être envisagés distinctement selon que l'on se situe chez l'absorbée ou chez l'absorbante.

528 Dans la mesure où la société absorbée disparaît, les organes de représentation du personnel n'ont plus lieu d'être et le mandat des représentants prend fin à la date de réalisation de la fusion (c. trav. art. L. 2324-26). Ce principe connaît cependant des tempéraments relatifs au fonctionnement du comité d'entreprise et au mandat des délégués du personnel. Il s'agit du cas où la société absorbée devient un établissement de la société absorbante ; dans cette situation, le mandat des représentants du comité d'entreprise de l'absorbée et des délégués du personnel peut être maintenu jusqu'à son terme. Il s'agit encore du cas où existaient, chez la société absorbée, des établissements ayant désigné des représentants au comité central de l'absorbée. Si ces établissements conservent leur existence au sein de la société absorbante, les représentants de ces établissements peuvent temporairement siéger au comité central de la société absorbante.

NOTE : C. trav. art. L. 2327-11 ; sur cette question : J.-P. Bertrel, M. Jeantin, op. cit., voir §§ 985 et 986 ; Code du travail annoté, groupe Revue fiduciaire, éd. 2012 ; voir également cass. soc. 15 mai 2002, n° 1647 FD, JSL n° 108, 13 septembre 2002, p. 23 ; cass. soc. 3 février 1998, BC V n° 601, RJS 1998, n° 3, com. 327 ; CE 8 janvier 1997, n° 154728, RJS 1997, n° 2, com. 171.

529 Ce principe du maintien des mandats jusqu'à leur terme n'est pas, en revanche, incompatible avec un ajustement de la date du terme du mandat dès lors que cet ajustement est de nature à faire coïncider le terme du mandat avec l'échéance normale des élections au sein de la société absorbante.

530 Chez la société absorbante, l'opération de fusion entraîne, dans la plupart des cas, une augmentation de l'effectif. Cette augmentation peut déboucher sur une modification des modalités de représentation du personnel.

531 La fusion-absorption s'accompagne ainsi d'un « effet de seuil » qui peut conduire la société absorbante à franchir, du fait de l'opération, un certain nombre de seuils significatifs au regard du droit du travail, et plus particulièrement de la représentation du personnel (M. Cozian, A. Viandier, F. Deboissy, op. cit., § 1406, pour une étude détaillée, voir Code du travail annoté, groupe Revue fiduciaire, éd. 2012. Voir également Les représentants du personnel Guide RF 3e édition. Sans prétendre à l'exhaustivité, on citera :
– à partir de 11 salariés : désignation de délégués du personnel ;
– à partir de 50 salariés : mise en place d'un comité d'entreprise. Désignation de délégués syndicaux. Création d'un comité d'hygiène, de sécurité et des conditions de travail. Instauration de la participation des salariés aux résultats de l'entreprise ;
– à partir de 200 salariés : constitution d'une commission de la formation professionnelle au sein du comité d'entreprise et de la commission de l'égalité professionnelle. Délégation obligatoirement distincte entre les délégués du personnel et le comité d'entreprise (c. trav. art. L. 2326-1) ;
– à partir de 1 000 salariés : création d'une commission économique au sein du comité d'entreprise. Mise à disposition d'un local pour chaque section syndicale. Le cas échéant, comité d'entreprise européen ;
– au-delà de 2 000 salariés : instauration d'un délégué syndical central.

532 Il faut en outre rappeler qu'indépendamment de ces seuils, l'augmentation des effectifs d'une entreprise peut avoir une répercussion sur le nombre de représen-

tants au sein de ces différentes instances. C'est ainsi par exemple que le nombre des délégués du personnel ou des représentants au comité d'entreprise est directement fonction de l'effectif. La société absorbante devra ainsi, le cas échéant, faire procéder à des désignations complémentaires.

Délégués du personnel					
Nombre de salariés	**Délégués titulaires**	**Délégués suppléants**	**Nombre de salariés**	**Délégués titulaires**	**Délégués suppléantss**
de 11 à 25	1	1	de 175 à 249	6	6
de 26 à 74	2	2	de 250 à 499	7	7
de 75 à 99	3	3	de 500 à 749	8	8
de 100 à 124	4	4	de 750 à 999	9	9
de 125 à 174	5	5	au-delà	1 délégué supplémentaire par tranche de 250 salariés	

Comité d'entreprise					
Nombre de salariés	**Membres titulaires**	**Membres suppléants**	**Nombre de salariés**	**Membres titulaires**	**Membres suppléants**
de 50 à 74	3	3	de 2 000 à 2 999	9	9
de 75 à 99	4	4	de 3 000 à 3 999	10	10
de 100 à 399	5	5	de 4 000 à 4 999	11	11
de 400 à 749	6	6	de 5 000 à 7 499	12	12
de 750 à 999	7	7	de 7 500 à 9 999	13	13
de 1 000 à 1 999	8	8	à partir de 10 000	15	15

533 Il faut cependant rappeler que les entreprises qui emploient moins de deux cents salariés peuvent opter pour le système de la délégation unique. Dans cette hypothèse, le décret 94-493 du 20 juin 1994 définit le nombre de représentants titulaires de la manière suivante (sur cette question, voir Code du travail annoté, Groupe Revue fiduciaire, éd. 2012) :

Effectif	**Délégation unique**	**Délégations séparées**		
	CE + DP	**CE**	**DP**	**Total**
de 50 à 74	3	3	2	5
de 75 à 99	4	4	3	7
de 100 à 124	5	5	4	9
de 125 à 149	6	5	5	10
de 150 à 174	7	5	5	10
de 175 à 199	8	5	6	11
Crédit d'heures par titulaire	20 heures par mois	20 heures par mois	15 heures par mois	

534 L'opération de fusion peut, en outre, entraîner une modification de la structure générale de l'entreprise, modification qui fera peser, le cas échéant, des obligations nouvelles sur la société absorbante au regard de la législation du travail. La réorganisation de l'entreprise peut ainsi être l'occasion de la faire entrer dans le champ d'application de la législation sur les comités de groupe (G. Auzero, « Les

restructurations vues sous l'angle des prérogatives du comité d'entreprise : du légal au conventionnel », Bull. Joly 2006, n° 7, com. 180).

Enfin, lorsque la fusion s'opère par création de société nouvelle, les instances de représentation du personnel doivent être installées directement, en fonction de l'effectif atteint par la société nouvelle issue de la fusion.

535 On notera enfin que, dans l'hypothèse où une opération de restructuration se traduit par un transfert partiel d'entreprise ou d'établissement, le transfert d'un représentant du personnel est soumis à l'autorisation préalable de l'inspecteur du travail. La demande doit être formulée auprès de l'inspecteur au moins 15 jours avant la date du transfert (c. trav. art. L. 2414-1 et 2421-9).

Autres effets

536 Les effets d'une fusion entre deux ou plusieurs sociétés au plan social sont très nombreux. On mentionnera par exemple qu'au regard de la législation sur les accidents du travail et la tarification des risques correspondants, la fusion entre deux sociétés ne confère pas nécessairement à l'entreprise issue de la fusion le caractère d'établissement nouveau entraînant, de fait, redéfinition de la tarification applicable. Tel est le cas, par exemple, si après la fusion, l'activité exercée reste la même, avec le même personnel et les mêmes locaux (cass. soc. 16 mai 1991, Sté Sogintercri c/ CRAM Rhône-Alpes : JCP 1991, éd. E, pan. 829).

537 De même, au regard de l'obligation d'emploi de personnes handicapées, les entreprises issues d'une opération de fusion ne peuvent se prévaloir des dispositions applicables aux entreprises nouvelles qui emploient au moins vingt salariés, dispositions qui portent à trois ans le délai imparti à l'entreprise pour se mettre en conformité avec l'obligation d'emploi (c. trav. art. L. 5212-4).

538 De même, la fusion entre deux sociétés est susceptible de soulever de délicats problèmes en termes de cotisations sociales, notamment sur les régimes complémentaires des salariés cadres et non cadres. Les distorsions susceptibles d'exister entre les sociétés fusionnantes imposent parfois la mise en œuvre de régimes complexes de revalorisation ou d'unification des taux. Les conséquences pratiques seront souvent examinées, là encore, lors de la phase de rapprochement des sociétés en présence (pour une illustration : avenant A 138 du 18 décembre 1989 à la convention collective nationale du 14 mars 1947 : BOCC, 90-2, p. 49 ; complément n° 1, 15 février 1990 à la circulaire ARRCO 15 C : JCP 1991, éd. E, I, 79).

539 À propos des salariés victimes d'accident du travail ou atteints de maladies professionnelles, les dispositifs de protection prévus par le code du travail ne s'appliquent pas lorsque l'accident du travail est survenu ou que la maladie professionnelle a été contractée au service d'un autre employeur. Mais il en va autrement si le transfert vers un nouvel employeur s'effectue dans le cadre des dispositions de l'article L. 1224-1 code du travail, c'est-à-dire, notamment, en cas de fusion de sociétés. Dans ce cas de figure, le nouvel employeur doit respecter les garanties offertes aux victimes (cass. soc. 9 juillet 1992, RJS 1992, n° 974 ; CA Paris, 7 septembre 1993 : RJS 11/93, n° 1091. Code du travail annoté 2012, groupe Revue fiduciaire, commentaires sous art. L. 1224-1).

Les effets de la fusion à l'égard des tiers

590 Les conséquences d'une fusion entre deux ou plusieurs sociétés ne se limitent pas aux associés, aux dirigeants, ou encore aux salariés des entreprises qui participent à l'opération. La fusion est susceptible de produire ses effets à l'égard d'autres partenaires en modifiant, le cas échéant, les droits, prérogatives ou obligations de ceux-ci. Dans la plupart des cas, la loi sur les sociétés commerciales leur a ménagé un droit d'information sur l'opération de fusion. Elle a même parfois instauré à leur profit un dispositif destiné à les protéger des effets négatifs que pourrait produire la fusion à leur égard.

Ces dispositions s'adressent aux créanciers, ordinaires ou obligataires, aux bailleurs et également aux concurrents des entreprises qui fusionnent.

Effets à l'égard des créanciers

591 Afin qu'une opération de fusion ne puisse porter atteinte aux droits des créanciers des sociétés qui fusionnent, la loi sur les sociétés commerciales prévoit diverses mesures de protection, mesures différentes selon qu'il s'agit de créanciers obligataires ou non.

Le sort des débiteurs en cas de fusion

La loi sur les sociétés commerciales s'est attachée à préserver les droits des créanciers des sociétés qui fusionnent ; mais, inversement, l'opération ne doit pas avoir pour effet d'altérer ou de compromettre le recouvrement des créances que détient la société absorbée à la date de la fusion.

En principe, et dans la mesure où la fusion opère transmission universelle du patrimoine de l'entreprise au profit de l'absorbante, c'est cette dernière société qui assurera le recouvrement des créances ; les débiteurs de l'absorbée devront s'acquitter de leurs dettes entre les mains de l'absorbante.

On pourrait objecter que la fusion ayant entraîné transmission de la créance, celle-ci n'est opposable aux tiers qu'après observation des formalités de l'article 1690 du code civil. En réalité, en matière de fusion, il résulte du fait même de la transmission à titre universel du patrimoine que ces formalités n'ont pas à être respectées.

La société absorbante peut ainsi, sans formalité particulière, assurer le recouvrement des créances ; elle peut de la même façon engager, ou mener à terme, les poursuites à l'encontre des débiteurs défaillants de la société absorbée (sur cette question : cass. civ. 1re ch., 7 mars 1972, JCP 1972, éd. G., II, n° 17270, note Guyon ; cass. civ. 1re ch., 25 avril 1974, JCP 1974, éd. CI, n° 3829 ; cass. civ. 2e ch., 1er mai 1977, JCP 1977, éd. G., IV, p. 167 ; cass. civ. 2e ch., 12 juillet 2001, Bull. civ. IV, n° 237). De la même manière, la clause de garantie de passif souscrite au profit de la société absorbée est transférée automatiquement au profit de la société absorbante (sur cette question : cass. com. 10 juillet 2007, Bull. Joly sociétés 2007, p. 1225, note A. Couret ; JCP E 2007, 1280, n° 4 ; obs. J.-J. Caussain, F.-P. Deboissy et G. Vicker).

Les effets à l'égard des créanciers non obligataires

592 Les droits des créanciers non obligataires sont fixés par l'article L. 236-14 du code de commerce. Ce texte rappelle le principe selon lequel, du fait de la fusion, la société absorbante est débitrice des créanciers non obligataires de la société absorbée, au lieu et place de celle-ci. La créance est ainsi reprise sans aucune

modification notamment au plan des garanties, conditions de remboursement, taux d'intérêt.

Cette substitution, qui n'emporte pas novation de la créance, s'opère de la même façon lorsque la fusion a lieu, non par voie d'absorption, mais par création de société nouvelle. Cependant, pour que le mécanisme de la substitution s'opère, il importe dans les deux cas que la fusion ait été régulièrement publiée. Si tel n'est pas le cas, la fusion serait inopposable aux créanciers.

La décision de fusion ne fait ainsi naître par elle-même aucun droit à remboursement immédiat au profit des créanciers. Il ne pourrait en être autrement que si une convention passée entre la société concernée et le créancier prévoyait le droit à remboursement immédiat de la créance en cas de fusion (c. com. art. L. 236-14, al. 5).

593 Le dispositif le plus efficace pour protéger les créanciers non obligataires demeure cependant le *droit d'opposition* dont ils bénéficient.

Ce droit d'opposition est attribué aux créanciers non obligataires de toutes les sociétés qui participent à l'opération de fusion et dont la créance est antérieure à la publicité donnée au projet de fusion (c. com. art. L. 236-14, al. 2 et R. 236-2). L'opposition n'est cependant recevable que s'il s'agit d'une créance de somme d'argent et que cette créance est certaine, liquide et exigible avant la publicité donnée au projet de fusion (cass. com. 15 juillet 1992, CRCA Puy-de-Dôme et a. c/ Maeder : Droit des sociétés, novembre 1992, inf. 220, Bull. Joly, octobre 1992, p. 1111, note B. Caillaud et P. Le Cannu. Voir également cass. com. 16 juillet 1985, Faugier c/ Sofida : Bull. com. IV, n° 181 ; cass. com. 21 février 2004, n° 145). Le droit d'opposition, qui n'est pas exclusivement réservé aux créanciers des sociétés absorbées, doit être exercé dans le délai de trente jours (délai impératif) à compter de la dernière des insertions relatives au projet de fusion (insertion au BODACC ou au BALO si les actions de l'une au moins de ces sociétés sont admises aux négociations sur un marché réglementé (c. com. art. R. 236-8). Une irrégularité dans l'avis de projet de fusion empêche de faire courir le délai d'opposition des créanciers (cass. com. 4 juin 1996 : RJDA, 1996, n° 10, inf.1201). On notera par parenthèse, que dans la procédure de dissolution-confusion (art. 1844-5, al. 3 du code civil), le droit d'opposition n'est accordé qu'aux créanciers de la société confondue dont le patrimoine fait l'objet d'une transmission universelle au profit de la société confondante qui détient l'intégralité du capital. Les créanciers de cette dernière ne bénéficient, en revanche d'aucun droit d'opposition contrairement à ce qui se passe dans la fusion classique.

LE SORT DES CAUTIONS EN CAS DE FUSION

Dans la mesure où les créances sont transmises et que l'absorbante devient débitrice au lieu et place de l'absorbée, la question se pose de savoir si l'opération de fusion emporte également transmission des garanties (M. Romnicianu, « Perspective d'ensemble sur le sort des garanties dans le cadre d'une fusion », JCP 1991, éd. E, I, 34 ; G. Damy, « Le cautionnement et la transmission universelle du patrimoine », Droit et patrimoine, septembre 2004, p. 46 ; N. Morelli, « Le sort du cautionnement dans les opérations de fusion », Bull. Joly 2004, p. 933).

En principe, les garanties doivent suivre le sort de la dette garantie. Il faut rappeler, en effet, que la fusion entraîne simplement substitution de débiteur et non pas novation de la créance.

Par voie de conséquence, l'engagement de caution qui avait été contracté au titre de dettes de la société absorbée ne disparaît pas avec l'opération de fusion et la caution est tenue dans la société absorbante. On notera que si les dirigeants de la société absorbée se sont portés caution, la cessation des fonctions ne constitue pas une clause de résiliation automatique de

l'engagement donné aux créanciers. La jurisprudence a déjà consacré cette solution (sur cette question : cass. com. 17 octobre 1978, Rev. soc. 1978, 846 ; cass. com. 22 janvier 1985 : JCP 1986, II, 20591, note Simler. Voir également J.-F. Bulle, op. cit., §§ 811 et s.). **Cette règle s'applique même si la dette n'était pas encore exigible au moment de la fusion, dès lors qu'elle était née antérieurement à la fusion** (sur ce point : cass. com. 16 octobre 2001, n° 1745 et cass. com. 21 janvier 2003, n° 145).

Mais, en revanche, la caution ne garantit pas les dettes postérieures à la fusion. Il n'en irait autrement que par une manifestation expresse de volonté des cautions de la société absorbée envers la société absorbante (cass. civ. 3e, 16 février 2000 : Droit des sociétés 2000, n° 78, note D. Vidal ; JCP éd. E, 2000, p. 1386). **De même, en cas de fraude commise par la caution, la fusion est inopposable au bénéficiaire du cautionnement** (cass. com. 10 octobre 1995, n° 93-15.1619, Bull. Joly 1995, p. 1058, note Coquelet ; Rev. soc. 1995, p. 708, note Routier).

Dès lors, en règle générale, il convient de délimiter l'engagement de la caution de la société absorbée en distinguant les dettes nées antérieurement à la fusion et de celles nées postérieurement, l'extinction de la caution ne s'appliquant qu'à la seconde catégorie. Sur ce point, on distingue usuellement, dans l'engagement, ce qui relève de l'obligation de règlement (les dettes du débiteur déjà nées) de ce qui relève de l'obligation de couverture (qui s'applique à des dettes qui nesont pas encore nées). Cette obligation de couverture disparaît avec la fusion. L'obligation de règlement, elle, survit à la fusion (M. Cozian, A. Viandier, F. Deboissy, op. cit., § 1401). **La caution s'applique donc aux dettes nées antérieurement à la fusion même si la défaillance justifiant le recours à la caution intervient après, le critère déterminant étant celui de la date de naissance de la dette. Ainsi, est recevable l'action d'une banque en remboursement d'un prêt consenti par une société qui a fusionné avec une autre. Ce prêt constitue une obligation à terme, souscrit avant la fusion des sociétés, peu importe qu'il n'ait été exigible que postérieurement** (cass. com. 17 juillet 2001, BC IV n° 131).

De la même façon, il ne saurait être question de faire jouer le cautionnement attaché à des dettes de la société absorbée au profit de créanciers de la société absorbante.

Enfin, on précisera que, dans l'hypothèse de l'absorption de la société bénéficiaire de la caution, la sécurité ne continue à jouer que pour les dettes antérieures à la fusion. Cette position exprimée par la Cour de cassation (cass. com. 17 juillet 1990, n° 89-11059 : Rev. soc. 1991, p. 67) **a été contredite par l'arrêt du 8 novembre 2005** (cass. com. 8 novembre 2005, n° 1402 ; Bull. Joly sociétés 2006, § 71, p. 344, note Le Cannu), **mais dans un arrêt plus récent, la Cour a semblé revenir à la situation initiale, en distinguant selon que les dettes étaient antérieures ou non à la fusion.**

> **NOTE :** Cass. com. 30 juin 2009 ; RJDA 2009, n° 11, com. 967 ; voir également cass. com. 14 mai 2008, n° 04-14-305, Droit des sociétés 2008, juillet, com. 155 ; sur la question de la caution et de la rétroactivité, voir cass. com. 29 janvier 2004, Bull. Joly 2002, p. 683, n° 153 , voir également cass. civ. 3e, 16 février 2000, Dr. sociétés 2000, n° 78, obs. D. Vidal ; cass. civ. 1re, 28 septembre 2004, Bull. Joly 2005, § 132, note M.-L. Coquelet.
> Sur le sort des cautions en cas de fusion : M. Cozian, A. Viandier, F. Deboissy, op. cit., § 1401 ; voir également : Paris, 15e ch., 5 janvier 1987, JCP 1987, éd. E., 16 342, n° 20, obs. A. Viandier et J.-J. Caussain ; cass. com. 25 octobre 1983, Rev. soc., 1984, n° 297, note Mabilat ; cass. com. 17 juillet 1990, JCP 1991, éd. E, II, 143, note Grellière ; voir toutefois cass. com. 4 février 1992, Droit des sociétés, mai 1992, inf. 103 ; JCP 1992, éd. E, pan. 465 ; voir également, Paris 1re ch., 4 juin 1993, Bull. Joly, août-septembre 1993, p. 895, note M. Jeantin ; Pau, 3e ch., 13 septembre 1994 : JCP 1995, éd. E, Pan. 286 ; cass. com. 3 octobre 2000, Bull. Joly 2001, § 39, p. 152 ; cass. com. 17 juillet 2001 : Droit des sociétés 2001, n° 11, com. 157, note T. Bonneau ; cass. com. 8 novembre 2005, Bull. Joly 2006, § 72, p. 345, note Le Cannu ; Droit des sociétés 2006, n° 2, com. 16, note H. Lecuyer.

594 **L'exercice du droit d'opposition n'a toutefois pas pour effet de mettre un coup d'arrêt au processus de fusion, qui continue à se dérouler normalement.**

Le président du tribunal de commerce statue sur cette opposition et peut (c. com. art. L. 236-14) :
– rejeter l'opposition ;
– ordonner le remboursement immédiat de la créance ;
– ordonner la constitution de garanties au profit des créanciers, si la société absorbante peut offrir de telles garanties et si celles-ci sont jugées suffisantes.

Dans l'hypothèse où, contrairement à la décision du président du tribunal de commerce, la créance ne serait pas remboursée ou que les garanties ne seraient pas constituées, la fusion serait inopposable aux créanciers concernés (c. com. art. L. 236-14). Le texte ne précise pas quel est le tribunal de commerce compétent pour statuer sur la demande d'opposition. Il semble logique de considérer qu'il s'agit de celui du lieu du siège social de la société débitrice.

LA FUSION ET LE CRÉANCIER NANTI

D'une manière générale, l'opération de fusion entraîne la dissolution sans liquidation de la société absorbée avec transmission universelle du patrimoine dans l'état où il se trouve au jour de la réalisation définitive de l'opération. Lorsque l'un des éléments du matériel transmis est grevé d'un nantissement, l'opération de fusion n'exige pas du créancier qu'il soit dans l'obligation de procéder à une inscription modificative postérieure à la fusion après transfert du matériel chez la société absorbante (cass. com. 2 décembre 2008, n° 07-19.325 : Droit des sociétés 2009, mars, com. 47, note M.-L. Coquelet).

Les effets à l'égard des créanciers obligataires

595 Le régime applicable aux obligations a été remanié en profondeur par l'ordonnance du 24 juin 2004. Cette refonte affecte en priorité les valeurs mobilières composées mais aussi, dans une moindre mesure, les porteurs d'obligations ordinaires.

Les règles applicables en présence d'obligations ordinaires

596 Les règles destinées à assurer la protection des obligataires ne sont pas les mêmes selon que l'on se situe chez l'absorbée ou chez l'absorbante.

La protection des obligataires chez l'absorbée

597 La société absorbée dispose, à l'égard des obligataires, d'une option en cas de fusion. La société absorbée peut en effet soit consulter les obligataires sur le projet, soit s'en abstenir mais à la condition de leur proposer le remboursement de leurs obligations (c. com. art. L. 236-13).

598 *a) La consultation des obligataires.* La consultation des obligataires s'effectue selon les règles qui s'appliquent aux assemblées ordinaires d'actionnaires pour les dispositions relatives au quorum et à la majorité (c. com. art. L. 228-65).

Cette consultation ne soulève, en pratique, de réelles difficultés que si elle débouche sur un refus de la part des obligataires d'approuver le projet de fusion.

En effet, si les créanciers obligataires approuvent l'opération de fusion, ils deviennent alors créanciers obligataires de la société absorbante, y compris ceux qui auraient émis un vote défavorable au projet de fusion.

599 Si, à l'inverse, les obligataires n'approuvent pas le projet de fusion, les représentants de la société absorbée disposent de deux solutions :

– ils peuvent naturellement, mais cela est extrêmement rare en pratique, se conformer à la décision des obligataires et renoncer à mener à son terme l'opération de fusion ;
– ils peuvent aussi passer outre et poursuivre la réalisation des opérations de fusion (c. com. art. L. 228-73). Aux termes de cet article, les dirigeants peuvent également passer outre si l'assemblée des obligataires n'a pu statuer, faute du quorum requis. La décision du conseil d'administration, du directoire ou des gérants de passer outre doit faire l'objet d'une insertion dans le journal d'annonces légales dans lequel a été inséré préalablement l'avis de convocation de l'assemblée générale des obligataires (BALO). Si les obligations de la société sont admises aux négociations sur un marché réglementé, l'insertion doit être répétée au Bulletin des annonces légales obligatoires. Ces insertions doivent en outre mentionner le titre, le lieu et la date de publication du journal d'annonces légales dans lequel a été effectuée la première insertion (c. com. art. R. 228-79 et R. 228-80).

600 Les dirigeants ayant décidé de passer outre, les obligataires conservent, en principe, leur qualité dans la société absorbante. Cependant, l'assemblée générale des obligataires n'est pas pour autant dépourvue de tout recours. Elle peut donner mandat aux représentants de la masse de former opposition à l'opération de fusion (c. com. art. L. 228-73).

601 Le droit d'opposition s'exerce dans les mêmes conditions que celles prévues à l'égard des créanciers ordinaires *(voir § 593)*. Cela signifie, en particulier, que les représentants de la masse ont un délai de 30 jours pour former opposition devant le président du tribunal de commerce, ce délai étant décompté à partir de la date des insertions ayant rendu publique la décision des dirigeants de passer outre le refus de l'assemblée des obligataires.

Le tribunal de commerce peut alors :
– rejeter l'opposition ;
– décider le remboursement des obligations ;
– décider la constitution de garanties si la société débitrice en offre et si celles-ci sont jugées suffisantes par le tribunal.

602 *b) La non-consultation des obligataires.* La société absorbée n'est pas tenue de consulter l'assemblée des obligataires préalablement à la réalisation de l'opération. La dispense d'une telle consultation suppose cependant que la société offre aux obligataires le remboursement de leurs titres sur simple demande de leur part (c. com. art. L. 236-13).

603 L'offre de remboursement doit être publiée, d'une part au Bulletin des annonces légales obligatoires, et, à deux reprises dans deux journaux d'annonces légales du département du siège social, d'autre part, avec, entre chacune des deux insertions, un délai minimal de dix jours (c. com. art. R. 236-11). L'insertion au BALO est requise, que les actions soient ou non admises aux négociations sur un marché réglementé. En outre, les titulaires d'obligations nominatives doivent être informés de l'offre de remboursement par lettre simple ou recommandée. Si toutes les obligations sont nominatives, les mesures d'insertion au BALO et dans un journal d'annonces légales sont facultatives.

604 Pour l'exécution de l'offre de remboursement, la société absorbante devient débitrice des obligataires de la société absorbée. Les obligataires disposent d'un délai de trois mois pour présenter leur demande de remboursement ; ce délai

est décompté à partir de la dernière formalité de publicité relative à l'offre ou de l'envoi des lettres aux titulaires d'obligations nominatives.

Passé ce délai, les obligataires qui n'ont pas demandé le remboursement de leurs titres conservent leur qualité d'obligataires au sein de la société absorbante (c. com. art. L. 236-13).

La protection des obligataires chez l'absorbante

605 Les mesures de protection des obligataires de la société absorbante sont plus simples que celles en vigueur chez l'absorbée.

Tout d'abord, le projet de fusion n'a pas à être soumis à l'assemblée des obligataires de la société absorbante (c. com. art. L. 236-15).

606 Cependant, malgré cette absence de consultation des obligataires, ces derniers peuvent donner mandat aux représentants de la masse de former opposition à la fusion dans les mêmes conditions que celles prévues pour les créanciers non obligataires.

Cela signifie, par voie de conséquence, que le tribunal de commerce pourra ordonner le remboursement de l'emprunt obligataire. Devant la charge financière qu'une telle décision ferait peser sur la société absorbante, certains auteurs préconisent avec justesse de consulter les obligataires, malgré la dispense légale, s'il existe un risque réel d'opposition (J.-P. Bertrel, M. Jeantin, op. cit., § 1012). Les garanties accordées aux obligataires s'étendent également aux obligations nominatives qui peuvent être émises par des SARL depuis l'ordonnance de 2004.

Les règles applicables aux valeurs mobilières donnant accès au capital ou droit à l'attribution de titres de créance

607 L'ordonnance du 24 juin 2004 sur les valeurs mobilières a eu notamment pour effet de modifier en profondeur le régime applicable aux valeurs mobilières composées ou complexes telles que les obligations convertibles échangeables contre des actions, les obligations à bons de souscription d'actions, etc. La simplification a pris la forme d'une unification en rassemblant tous ces titres sous l'appellation unique « valeurs mobilières donnant accès au capital ou donnant droit à l'attribution de titres de créances » (c. com. art. L. 298-91). En conséquence, les dispositions qui concernaient les anciennes valeurs mobilières composées sont abrogées. Le nouveau régime s'applique aux différentes valeurs mobilières composées émises antérieurement, sous réserve du respect des droits des porteurs définis lors de l'émission de ces valeurs.

En cas de fusion, l'article L. 228-101 du code de commerce prévoit que si la société appelée à émettre les titres de capital est absorbée par une autre société ou fusionne avec une ou plusieurs autres sociétés pour former une société nouvelle, ou encore procède à une scission, les titulaires de valeurs mobilières donnant accès au capital exercent leurs droits dans la ou les sociétés bénéficiaires des apports. L'article L. 228-65 relatif à la consultation des obligataires n'est pas applicable, sauf stipulations contraires du contrat d'émission. Le nombre de titres de capital de la ou des sociétés absorbantes ou nouvelles auquel il peut prétendre est déterminé en corrigeant le nombre de titres qu'il est prévu d'émettre ou d'attribuer au contrat d'émission en fonction du nombre d'actions à créer par la ou les sociétés bénéficiaires des apports. Le commissaire aux comptes émet un avis sur le nombre de titres ainsi déterminé.

L'approbation du projet de fusion ou de scission par les actionnaires de la ou des sociétés bénéficiaires des apports ou de la ou des sociétés nouvelles emporte renonciation par les actionnaires et, le cas échéant, par les titulaires de certificats d'investissement de ces sociétés au droit préférentiel de souscription mentionné à l'article L. 228-35 ou au deuxième alinéa de l'article L. 228-91, au profit des titulaires de valeurs mobilières donnant accès de manière différée au capital. La ou les sociétés bénéficiaires des apports ou la ou les nouvelles sociétés sont substituées de plein droit à la société émettrice dans ses obligations envers les titulaires desdites valeurs mobilières.

Les effets de la fusion à l'égard des bailleurs

608 **Les effets d'une opération de fusion sur la situation des bailleurs de locaux n'appellent de remarques particulières que pour les baux qui sont consentis à la société absorbée (ou aux sociétés qui disparaissent lorsque la fusion s'opère par création de société nouvelle).**

Dans la société absorbante, en effet, la situation n'évolue pas ; la société ne disparaissant pas avec l'opération de fusion, le locataire reste le même.

609 **Dans la société absorbée, la situation est en revanche différente. En principe, du fait de la fusion, la société absorbante devient locataire au lieu et place de l'absorbée. C'est ce que rappelle l'article L. 145-16 du code de commerce qui précise qu'« en cas de fusion de sociétés ou d'apport d'une partie de l'actif d'une société réalisé dans les conditions prévues à l'article L. 236-22 du code de commerce, la société issue de la fusion ou la société bénéficiaire de l'apport est, nonobstant toute stipulation contraire, substituée à celle au profit de laquelle le bail était consenti dans tous les droits et obligations découlant de ce bail ».**

NOTE : Voir, en particulier : CA Versailles, 4 juin 1992, Bull. Joly, 1992-1073, note J.-J. Daigre et également sur l'absence de signification au bailleur de la transmission du bail de l'absorbée à l'absorbante : CA Paris, 16e ch. B, 14 mars 1991, Bull. Joly, 1991, p. 500, note M. Jeantin ; cass. com. 1er juin 1993, Bull. Joly, août-septembre 1993, p. 892, note J.-J. Daigre ; Droit des sociétés, août-septembre 1993, inf. 171.

610 **Le texte ajoute qu'en cas de cession, de fusion ou d'apport, si l'obligation de garantie ne peut plus être assurée dans les termes de la convention, le tribunal peut y substituer toutes garanties qu'il jugera suffisantes.**

Ainsi, la fusion s'impose au bailleur même si le bail contient une clause prévoyant la résiliation en cas de fusion (mais attention, la société absorbante doit justifier d'une immatriculation au RCS pour prétendre au bénéfice de l'indemnité d'éviction due à la société absorbée : cass. civ., 3e ch., 27 mars 2002 : Sté Bricorama France c/ SC Centre commercial de La Défense, JCP, éd. E, 2002, n° 15, inf. 77). **Il convient de souligner que cette solution ne vaut que dans le cadre des baux commerciaux. Elle n'est pas transposable, par exemple à un bail rural** (cass. civ., 3e ch., 23 avril 1976 : Rev. soc. 1977, 69, note Guyon ; voir toutefois cass. civ., 3e ch., 7 novembre 2001 : JCP éd. E, 2001, n° 47, p. 1837 à propos de la société bénéficiaire d'un apport partiel d'actif non immatriculé au RCS et ne pouvant dès lors prétendre bénéficier du bail de l'apporteuse).

Cependant, le bailleur demeure un créancier ordinaire et il dispose, par voie de conséquence, des mesures de protection ouvertes aux créanciers, avec notamment l'exercice du droit d'opposition *(voir § 593)*.

Le bailleur de la société absorbée dispose ainsi des mêmes droits que les autres créanciers, mais pas davantage.

611 On notera toutefois que l'article L. 145-16 renvoie expressément à l'article L. 236-22 du code de commerce, c'est-à-dire à un texte qui ne s'applique exclusivement qu'aux sociétés anonymes. Toutefois, la Cour de cassation considère que les dispositions de l'article L. 145-16 ont également vocation à s'appliquer aux opérations d'apports réalisées entre SARL (cass. civ, 3e ch., 30 avril 2003, n° 526). Dans le même ordre d'idée, on relèvera que les fusions et les apports partiels d'actif sont visés par le texte, mais non les scissions.

NOTE : Pour une application aux apports partiels d'actif : CA Paris, 16e ch. B, 27 février 1992, Droit des sociétés, juin 1992 ; voir également CA Paris, 24 mai 1971 : JCP 1972.IV.147. Selon certains auteurs, cette restriction relève d'une inadvertance et non d'une décision délibérée : En ce sens, A. Charveriat, A. Couret et B. Zabala : Mémento sociétés commerciales, § 26990.

Les effets de la fusion à l'égard des concurrents

612 Les opérations de fusion emportent nécessairement réduction du nombre d'entreprises en présence et réalisent, au plan économique, une concentration d'activité. Or, si une telle concentration s'effectue entre des entreprises qui opèrent sur un même marché, le principe de libre concurrence peut s'en trouver affecté.

613 Aussi convient-il, lors de la réalisation d'une opération de fusion, de s'assurer que l'opération n'est pas contraire aux dispositions qui réglementent le droit de la concurrence. Ces dispositions sont de deux ordres :
– dispositions qui régissent le contrôle des concentrations en France. Ces dispositions sont contenues dans le code de commerce et prévoient l'intervention de l'Autorité de la concurrence ;
– dispositions qui s'appliquent au contrôle des concentrations dans la Communauté européenne.

Les dispositions qui s'appliquent au contrôle des concentrations en France

614 L'article L. 430-1 du code de commerce définit l'opération de concentration comme étant réalisée (c. com. art. L. 430-1 et s. et art. R. 430-2 et s.) :
– lorsque deux ou plusieurs entreprises antérieurement indépendantes fusionnent ;
– lorsqu'une ou plusieurs personnes, détenant déjà le contrôle d'une entreprise au moins ou lorsqu'une ou plusieurs entreprises acquièrent, directement ou indirectement, que ce soit par prise de participation au capital ou par achat d'éléments d'actif, contrat ou tout autre moyen, le contrôle de l'ensemble ou de parties d'une ou plusieurs autres entreprises. Sur ce point, lorsqu'une société, placée sous le contrôle exclusif d'une société holding, absorbe une filiale détenue à 100 %, l'opération ne relève pas du régime des concentrations. Même si l'opération est réalisée entre deux sociétés distinctes, elle aboutit en réalité à la réorganisation interne d'un groupe sans modification du contrôle (lettre ministère de l'Économie du 9 août 2002 : BOCC, 21 octobre 2002. Voir également Lettre ministère de l'Économie du 21 novembre 2003, BOCC, 30 septembre 2004).

De même, la création d'une entreprise commune accomplissant de manière durable toutes les fonctions d'une entité économique autonome constitue une concentration.

On consultera avec intérêt le site de l'Autorité de la concurrence : www.autoritedelaconcurrence.fr.

Les opérations soumises au contrôle des concentrations

615 Les dispositions relatives au contrôle des concentrations ont vocation à s'appliquer dès lors que les trois conditions suivantes sont réunies (c. com. art. L. 430-2) :
– le chiffre d'affaires total mondial hors taxes de l'ensemble des entreprises ou groupes de personnes physiques ou morales parties à la concentration est supérieur à 150 millions d'euros. Le chiffre d'affaires à prendre en compte a fait l'objet de précisions dans le cadre du décret du 30 avril 2002 précité ;
– le chiffre d'affaires total hors taxes réalisé en France par deux au moins des entreprises ou groupes de personnes physiques ou morales concernés est supérieur à 50 millions d'euros (pour l'application dans le domaine des fusions de mutuelles de santé : F.-X. Testu et V. Thiré, « Concentration et entreprises d'assurances : l'exemple des fusions et partenariats impliquant des mutuelles de santé », JCP éd. E, 2007, com. 1490). Les seuils précités sont respectivement abaissés à 75 millions et 15 millions d'euros lorsque deux au moins des parties exploitent un ou plusieurs magasins de détail, ou encore lorsque l'une au moins des sociétés exerce ses activités dans un département d'outre-mer ou dans certaines collectivités territoriales d'outre-mer ;
– l'opération n'entre pas dans le champ d'application du règlement CEE du 20 janvier 2004 relatif au contrôle de concentration des entreprises. Toutefois, l'article L. 430-2 prévoit qu'une opération de concentration qui entre dans le champ du règlement CEE, mais qui a fait l'objet d'un renvoi total ou partiel à l'autorité nationale, est soumise, dans la limite de ce renvoi, aux dispositions des articles L. 430-1 et s.

616 Si une opération de concentration n'a pas été notifiée à l'Autorité de la concurrence, cette dernière enjoint sous astreinte aux parties de notifier l'opération, à moins de revenir à l'état antérieur à la concentration. L'Autorité peut en outre infliger une amende aux personnes auxquelles incombait la charge de la notification, amende égale au maximum à 5 % de leur chiffre d'affaires hors taxes réalisé en France. Cette même sanction peut éventuellement s'appliquer en cas de réalisation de l'opération avant réception de la décision de l'Autorité de la concurrence ou en cas de déclaration inexacte ou d'omission dans une notification. Dans cette dernière hypothèse, la sanction financière peut être accompagnée d'une décision de retrait de la décision ayant autorisé l'opération.

Les modalités du contrôle des concentrations

617 Lorsque les seuils sont dépassés, l'opération de concentration doit être notifiée à l'Autorité de la concurrence avant sa réalisation (c. com. art. L. 430-3). Cette notification peut intervenir dès que les sociétés concernées sont en mesure de présenter un projet suffisamment abouti pour permettre l'instruction du dossier, notamment lorsqu'elles ont conclu un accord de principe. L'opération de concentration doit être notifiée de manière conjointe à l'Autorité de la concurrence. Celle-ci peut également être saisie par renvoi du dossier qui avait été notifié à la Commission européenne au titre de la concentration. La réception de la notification ou le

transfert du dossier en provenance de la Commission européenne fait l'objet d'un communiqué de la part de l'Autorité de la concurrence qui doit transmettre un exemplaire du dossier au ministre de l'Économie.

618 L'Autorité de la concurrence se prononce dans un délai de vingt-cinq jours ouvrés à compter de la date de réception de la notification complète. Pendant cette période, les sociétés peuvent décider de mesures de nature à remédier aux situations anticoncurrentielles. La réception de tels engagements par l'Autorité de la concurrence a pour effet de prolonger le délai d'instruction du dossier de quinze jours.

619 Après instruction du dossier, l'Autorité de la concurrence peut (c. com. art. L. 430-5) :
– soit constater par décision motivée que l'opération qui lui a été notifiée n'entre pas dans le champ d'application du contrôle des concentrations des articles L. 430-1 et L. 430-2 du code de commerce ;
– soit autoriser l'opération, en subordonnant éventuellement cette autorisation à la réalisation effective des engagements pris par les parties ;
– soit, si elle estime qu'il existe un doute sérieux d'atteinte à la concurrence, engager un examen approfondi de l'opération.

620 Si l'Autorité de la concurrence ne prend aucune des trois décisions ci-dessus dans le délai qui lui est imparti, elle doit en informer le ministre de l'Économie. L'opération est alors réputée avoir fait l'objet d'une autorisation au terme du délai de cinq jours ouvert au ministre de l'Économie sauf si ce dernier, à l'intérieur du même délai, demande que l'opération fasse l'objet d'un examen approfondi. Le ministre peut demander ce même examen approfondi si l'Autorité de la concurrence a explicitement décidé d'autoriser l'opération ou a subordonné son autorisation à la réalisation des engagements pris.

621 Si l'Autorité de la concurrence a décidé de soumettre l'opération à un examen approfondi, elle doit rechercher si cette opération est de nature à porter atteinte à la concurrence, notamment par création ou renforcement d'une position dominante ou par création ou renforcement d'une puissance d'achat qui place les fournisseurs en situation de dépendance économique. L'Autorité doit apprécier si l'opération apporte au progrès économique une contribution suffisante pour compenser les atteintes à la concurrence.

La procédure d'examen approfondi de l'opération est celle définie par les articles L. 463-2, L. 463-4, L. 463-6 et L. 463-7 du code de commerce qui définissent la procédure devant l'autorité de la concurrence. Toutefois, par rapport à ces dispositions, il convient de noter que le délai dans lequel les parties à la notification et le commissaire du gouvernement doivent produire leurs observations après communication du rapport établi par le rapporteur général est de quinze jours. Avant de statuer sur l'opération, l'Autorité peut décider d'entendre des tiers ; de la même manière, les comités d'entreprise des sociétés qui ont procédé à la notification peuvent être entendus à leur demande par l'Autorité de la concurrence.

622 La décision de l'Autorité de la concurrence doit intervenir dans un délai de soixante-cinq jours à compter de l'ouverture de la procédure d'examen approfondi. Pendant ce délai d'examen approfondi, les parties peuvent proposer des engagements de nature à remédier aux effets anticoncurrentiels de l'opération, le dépôt de ces engagements pouvant avoir pour effet de prolonger le délai d'instruction par l'Autorité. En cas de nécessité particulière, et notamment la finalisation des engagements proposés, les parties peuvent demander à l'Autorité de la concur-

rence de suspendre le délai d'instruction dans la limite de vingt jours. Le délai peut également être suspendu à la demande de l'Autorité de la concurrence elle-même, par exemple dans le cas où les parties ont omis de communiquer à l'Autorité un fait nouveau.

623 Au terme du délai d'examen approfondi, l'Autorité de la concurrence peut, par décision motivée :
– soit interdire l'opération de concentration et enjoindre, le cas échéant aux parties de prendre toute mesure de nature à rétablir une concurrence suffisante ;
– soit autoriser l'opération en enjoignant aux parties de prendre toute mesure propre à assurer une concurrence suffisante ou en les obligeant à observer des prescriptions de nature à apporter au progrès économique une contribution suffisante pour compenser les atteintes à la concurrence.

Le projet de décision est transmis aux parties qui disposent d'un délai raisonnable pour produire leurs observations.

Naturellement, l'Autorité peut également décider de ne prendre aucune des deux mesures précédentes et autoriser l'opération par décision motivée. Cette autorisation peut toutefois être subordonnée à la réalisation des engagements qui ont été pris par les sociétés qui ont procédé à la notification.

624 Si aucune décision n'est intervenue dans le délai imparti, l'Autorité doit en informer le ministre de l'Économie et dans ce cas, l'opération est réputée avoir fait l'objet d'une décision d'autorisation au terme d'un délai de cinq jours.

625 Toutefois, dans ce dernier cas, mais aussi après réception de la décision de l'Autorité de la concurrence à l'issue de l'examen approfondi, le ministre chargé de l'économie peut décider d'évoquer l'affaire et statuer sur l'opération en cause pour des motifs d'intérêt général autres que le maintien de la concurrence et, le cas échéant, compensant l'atteinte portée à cette dernière par l'opération. Les motifs d'intérêt général en cause sont, par exemple, le développement industriel, la compétitivité des entreprises en cause au regard de la concurrence internationale ou encore la création ou le maintien de l'emploi. Lorsque le ministre évoque une décision de l'Autorité de la concurrence, il doit prendre une décision motivée statuant sur l'opération en cause, décision qui est transmise à l'Autorité de la concurrence (c. com. art. L. 430-7-1).

626 Lorsque la décision de l'Autorité de la concurrence est subordonnée à la réalisation d'engagements par les parties et que ceux-ci ne sont pas respectés, l'Autorité peut décider du retrait de la décision ou enjoindre les parties de réaliser ces engagements dans un certain délai. Le non-respect de ces engagements expose en outre les parties à une sanction pécuniaire de même nature que celle prévue en cas de défaut de notification de l'opération (c. com. art. L. 430-8).

En tout état de cause, une opération ne peut être effectivement réalisée qu'après accord de l'Autorité de la concurrence ou du ministre de l'Économie (c. com. art. L. 430-4).

Le sort des infractions de la société absorbée

Les développements qui précèdent concernent la portée de l'opération de fusion au regard des dispositions relatives à la concurrence. Néanmoins, il convient d'envisager le cas où la société qui a eu un comportement reconnu comme illicite est absorbée par une autre société. Dans cette hypothèse, les sanctions peuvent-elles être mises à la charge de la société absorbante ?

Si le Conseil de la concurrence (aujourd'hui l'Autorité de la concurrence) a longtemps hésité sur cette question, il semble en revanche que la Cour de cassation soit beaucoup plus catégorique, en considérant qu'une société absorbante puisse être sanctionnée au titre des pratiques anticoncurrentielles commises par la société absorbée (cass. com. 20 novembre 2001, n° 1915 FS-P, Bec Frères : BRDA 23/01, inf. 14. Voir également : L. Ancelin, note sous arrêt précité, JCP, éd. E, 2002, n° 27, 1044).

EXTRAIT D'UNE DÉCISION DE L'AUTORITÉ DE LA CONCURRENCE

(Consultable en version intégrale sur le site Internet de l'Aurorité de la concurrence www.autoritedelaconcurrence.fr rubrique contrôle des concentrations)

Décision n° 10-DCC-148 du 15 novembre 2010 relative à la fusion par absorption des Mutuelles Santé Plus par la Mutuelle de France-Sud

L'Autorité de la concurrence,

Vu le dossier de notification adressé complet au service des concentrations le 11 octobre 2010, relatif au projet de fusion-absorption des Mutuelles Santé Plus par la Mutuelle de France-Sud, formalisée par un traité de fusion en date du 27 septembre 2010 ;

Vu le livre IV du code de commerce relatif à la liberté des prix et de la concurrence, et notamment ses articles L. 430-1 à L. 430-7 ;

Adopte la décision suivante :

I. Les entreprises concernées et l'opération

1. La Mutuelle de France-Sud et les Mutuelles Santé Plus sont des mutuelles régies par le code de la mutualité et soumises en particulier aux dispositions de son livre II. Elles sont essentiellement actives dans le secteur de la couverture des dommages corporels relevant des branches d'assurance 1 (accidents, y compris les accidents du travail et les maladies professionnelles) et 2 (maladie). De manière marginale, elles distribuent également des produits d'assurance pour le compte de tiers et exercent des activités d'action sociale. La Mutuelle France Sud exerce également des activités de réassurance et participe à la gestion du régime obligatoire d'assurance maladie des commerçants et artisans en application de l'article L. 111-14° du code de la mutualité.

2. L'opération notifiée consiste en la fusion-absorption des Mutuelles Santé Plus par la Mutuelle de France Sud entraînant le transfert de l'intégralité du portefeuille de bulletins d'adhésion et de contrats des Mutuelles Santé Plus au profit de la Mutuelle France Sud, avec effet rétroactif au 1er janvier 2010.

3. En ce qu'elle se traduit par la fusion-absorption des Mutuelles Santé Plus par la Mutuelle France Sud, l'opération notifiée constitue une concentration au sens de l'article L. 430-1 du code de commerce. Les entreprises concernées réalisent ensemble en 2009 un chiffre d'affaires mondial hors taxes supérieur à 150 millions d'euros (Mutuelle de France-Sud : 103,2 millions d'euros ; Mutuelle Santé Plus : 85,3 millions d'euros). Ces chiffres d'affaires ayant été intégralement réalisés en France, le chiffre d'affaires réalisé par chacune de ces deux entreprises en France est par conséquent supérieur à 50 millions d'euros. Compte tenu des chiffres d'affaires des entreprises concernées, l'opération ne revêt pas une dimension communautaire. En revanche, les seuils de contrôle mentionnés par l'article L. 430-2 du code de commerce sont franchis. La présente opération est donc soumise aux dispositions des articles L. 430-3 et suivants du code de commerce relatifs à la concentration économique.

(...)

DÉCIDE

Article unique : L'opération notifiée sous le numéro 10-0153 est autorisée.

Le président,

Bruno Lasserre

627 Pour en terminer avec le contrôle des concentrations en France, il faut rappeler également que l'Autorité de la concurrence peut, en cas d'exploitation abusive d'une position dominante ou d'un état de dépendance économique, enjoindre, par décision motivée, à l'entreprise ou au groupe d'entreprises en cause de modifier, de compléter ou de résilier, dans un délai déterminé, tous accords ou tous actes par lesquels s'est réalisée la concentration de la puissance économique qui a permis les abus, même si ces actes ont fait l'objet de la procédure de contrôle des concentrations (c. com. art. L. 430-9).

Le contrôle des concentrations au niveau communautaire

628 Le contrôle des concentrations au niveau communautaire est régi par l'Ordonnance du Conseil n° 193/2004 du 20 janvier 2004. Le site Internet de l'Autorité de la concurrence comporte la liste des sources législatives et réglementaires de nature communautaire.

Les opérations soumises au contrôle

629 Une concentration est considérée comme étant de dimension communautaire dès lors que :
– le chiffre d'affaires réalisé sur le plan mondial par l'ensemble des entreprises concernées représente un montant supérieur à 5 milliards d'euros (règlement du Conseil n° 139/2004 du 20 janvier 2004, art. 1er et art. 5) et que ;
– le chiffre d'affaires total réalisé individuellement dans la Communauté par au moins deux des entreprises concernées représente un montant supérieur à 250 millions d'euros, à moins que chacune des entreprises concernées réalise plus des deux tiers de son chiffre d'affaires total dans la Communauté à l'intérieur d'un seul et même État membre.

Une concentration qui n'atteint pas les seuils définis précédemment est quand même de dimension communautaire lorsque :
– le chiffre d'affaires total réalisé au plan mondial par l'ensemble des entreprises concernées représente un montant supérieur à 2,5 milliards d'euros ;
– dans chacun d'au moins trois États membres, le chiffre d'affaires total réalisé par toutes les entreprises concernées et supérieur à 100 millions d'euros ;
– dans chacun d'au moins trois États membres, le chiffre d'affaires réalisé individuellement par au moins deux des entreprises concernées est supérieur à 25 millions d'euros et ;
– le chiffre d'affaires réalisé individuellement dans la Communauté par au moins deux des entreprises concernées représente un montant supérieur à 100 millions d'euros, à moins que chacune des entreprises concernées réalise plus des deux tiers de son chiffre d'affaires total dans la Communauté à l'intérieur d'un seul et même État membre.

Selon le règlement, une concentration est notamment réputée réalisée lorsqu'un changement durable du contrôle résulte de la fusion de deux ou de plusieurs entreprises.

630 On notera que un ou plusieurs États membres peuvent demander à la Commission d'examiner toute concentration qui n'est pas de dimension communautaire mais qui affecte le commerce entre États membres et menace d'affecter de manière

significative la concurrence sur le territoire du ou des États membres qui formulent cette demande (règlement du Conseil n° 139/2004 du 20 janvier 2004, art. 22).

La procédure de contrôle

631 Les concentrations de dimension communautaire doivent être notifiées à la Commission avant leur réalisation. Les opérations qui consistent en une fusion doivent être notifiées conjointement par les parties à la fusion. La notification à la Commission fait par ailleurs l'objet d'une publication. Avant cette notification, les sociétés en présence peuvent informer la Commission que la concentration risque d'affecter de manière significative la concurrence sur un marché à l'intérieur d'un État membre et que cette concentration doit être examinée par cet État membre. La Commission en informe l'État membre concerné et peut, le cas échéant, décider de renvoyer tout ou partie de l'affaire aux autorités compétentes de cet État membre en vue de l'application du droit interne de la concurrence (règlement du Conseil n° 139/2004 du 20 janvier 2004, art. 4).

632 La Commission va procéder à l'examen de la notification dès sa réception. Elle peut aboutir à la conclusion que l'opération ne relève pas du règlement et le constater alors par voie de décision, ou encore que, bien que relevant du règlement, l'opération ne soulève pas de doutes sérieux quant à sa compatibilité avec le marché commun. Elle décide donc de ne pas s'y opposer et de le déclarer compatible avec le Marché commun. Inversement, la Commission peut estimer que l'opération soulève des doutes sérieux quant à sa compatibilité avec le règlement et décide alors d'ouvrir la procédure (règlement du Conseil n° 139/2004 du 20 janvier 2004, art. 6).

Dans l'attente de la réponse de la Commission, l'opération de concentration doit être suspendue (règlement du Conseil n° 139/2004 du 20 janvier 2004, art. 7). Pendant la procédure, la Commission peut demander aux entreprises concernées tous les renseignements nécessaires. Elle peut, de la même manière, faire procéder à des inspections par les États membres concernés ou procéder à des inspections par elle-même (règlement du Conseil n° 139/2004 du 20 janvier 2004, art. 13). Le règlement 139/2004 définit, sur ce point, les pouvoirs des agents mandatés par la Commission (règlement du Conseil n° 139/2004 du 20 janvier 2004, art. 11 et 12). La non-réponse aux demandes, ou la fourniture d'informations ou de renseignements inexacts, expose à une amende pouvant atteindre 1 % du chiffre d'affaires des entreprises concernées avec des possibilités d'astreinte par jour de retard à compter de la date fixée pour remettre les renseignements demandés (règlement du Conseil n° 139/2004 du 20 janvier 2004, art. 14 et 15).

633 Avant de rendre une décision, la Commission peut naturellement procéder à l'audition des représentants des sociétés qui participent à l'opération (règlement du conseil n° 139/2004 du 20 janvier 2004, art. 18). La procédure est par ailleurs menée en étroite collaboration avec les États membres concernés. De la même manière, un comité consultatif en matière de concentrations est consulté préalablement à toute décision (règlement du Conseil n° 139/2004 du 20 janvier 2004, art. 19).

À l'issue de la procédure, la décision prise par la Commission est publiée au *Journal officiel de l'Union européenne.*

Les autres effets de la fusion

634 Les développements précédents ont montré que la fusion emportait transmission universelle du patrimoine de la société absorbée, ou des sociétés qui disparaissent, au profit de la société absorbante ou de la société nouvelle constituée à l'occasion de la fusion.

Or, le transfert ou l'apport de certains biens ne sont en principe opposables aux tiers qu'après l'accomplissement de formalités particulières. De telles formalités ne devraient pas subsister en matière de fusion dans la mesure où la transmission universelle du patrimoine s'opère de plein droit.

Ces formalités n'ont effectivement pas à être suivies lorsque l'apport-fusion comporte un fonds de commerce, des créances *(voir § 591)* ou un bail commercial *(voir § 608)*.

Concernant le fonds de commerce, l'article 7 de la loi du 17 mars 1909 (c. com. art. L. 141-21) relative à la vente et au nantissement du fonds de commerce soumet l'apport de fonds de commerce à des formalités particulières de publicité, notamment par voie d'insertion dans des journaux d'annonces légales et au BODACC. Ces formalités sont cependant écartées en cas de fusion, ou opérations assimilées, car la société absorbante se substitue à l'absorbée et devient débitrice des dettes de l'absorbée et les créanciers ordinaires bénéficient du droit d'opposition. La jurisprudence est bien établie sur cette question (CA Paris, 17 juin 1930, DP 1 932.2.104 ; CA Paris, 25e ch., 10 avril 1986, Rev. soc. 1986.428, note Daigre). L'article 7 de la loi du 17 mars 1909 a été depuis modifié par l'article 19 de la loi du 11 février 1994. Cette simplification ne saurait cependant s'appliquer dans l'hypothèse de fusions réalisées en présence de sociétés en nom collectif ou de sociétés en commandite simple.

635 En revanche, malgré le principe de transmission universelle du patrimoine, certaines formalités particulières doivent être respectées lorsque, parmi les biens compris dans l'apport réalisé à l'occasion de la fusion, figurent des marques, brevets ou certains immeubles.

L'apport de marques

636 Si une marque est comprise dans le patrimoine transmis à l'occasion de la fusion, il y a lieu de procéder à une inscription au registre national des marques, tenu par l'institut national de la propriété industrielle, et cela indépendamment des formalités spécifiques à l'opération de fusion.

La procédure à suivre est définie par les articles R. 714-1 et s. du code de la propriété intellectuelle. L'article R. 714-5 précise qu'en cas de fusion, scission ou absorption, il y a lieu de fournir, à l'appui de la demande, la copie d'un extrait du registre du commerce et des sociétés à jour de la modification.

637 À défaut d'inscription au registre national des marques, la société absorbante sera dépourvue du droit d'agir en contrefaçon. À l'inverse, la société absorbante qui a procédé aux formalités requises peut se prévaloir des droits attachés à la marque et, en particulier, opposer à une société tierce l'antériorité acquise par la société absorbée (cass. com. 24 mars 1980 : JCP 1980, éd. G, IV, p. 224 ; voir également CA Paris, 12 décembre 1997).

L'apport de brevets

638 Le régime applicable aux brevets est identique à celui en vigueur pour les marques. Il en résulte que, si un brevet est compris dans un apport-fusion, la transmission de ce brevet au profit de la société absorbante doit faire l'objet d'une inscription au registre national des brevets au titre des actes affectant la propriété ou la jouissance d'un dépôt. L'imprimé de demande de notification est téléchargeable sur le site www.inpi.fr. L'ensemble de la procédure à suivre est définie par les articles **R. 316-53** et s. du code la propriété intellectuelle et plus particulièrement l'article **R. 613-56** qui prescrit de fournir un extrait du registre du commerce et des sociétés à jour, en cas de changement résultant d'une opération de fusion ou assimilée (cass. com. 14 mars 2006, Droit des sociétés 2006, n° 5, com. 76).

L'apport de certains immeubles

639 Des précautions doivent être prises en matière de fusions de sociétés lorsque les opérations prévoient l'apport d'immeubles situés en région parisienne. De façon plus générale, toutefois, l'apport d'immeubles, fût-il réalisé dans le cadre d'une opération de fusion, doit être publié à la Conservation des hypothèques. Dans cette hypothèse, en effet, certaines dispositions contenues dans le code de l'urbanisme peuvent trouver à s'appliquer.

Ces dispositions prévoient en particulier la nécessité d'un agrément délivré par le préfet du département ou de la région Île-de-France selon les cas (c. urb. art. R. 510-1 et s.).

640 La société absorbante, ou la société nouvelle, doit ainsi, le cas échéant, solliciter avant la réalisation de l'opération l'agrément nécessaire, le silence de l'administration pendant trois mois équivalant à un agrément tacite. Certaines opérations sont dispensées d'agrément. Elles sont visées à l'article **R. 510-6**.

641 De même, la question se pose de savoir si la société qui apporte des actifs immobiliers doit souscrire ou non la déclaration d'intention d'aliéner (DIA) prévue à l'article **L. 213-2** du code de l'urbanisme pour l'exercice du droit de préemption urbain. Pendant longtemps, la doctrine administrative a considéré que les fusions et opérations assimilées devaient être comprises dans le champ d'application du droit de préemption. Cette position a toutefois été abandonnée. Une réponse ministérielle est en effet venue préciser que les sociétés qui participent à une fusion n'étaient pas tenues d'établir la déclaration d'intention d'aliéner dans la mesure où une fusion ne constitue pas une aliénation mais une transmission universelle de patrimoine (rép. Loridant, n° 2766, JO 3 août 1989, Sén. p. 1186 ; dans le même sens, rép. Türk, JO 1er juillet 1993, Sén. quest. p. 1055).

Le sort de certaines conventions

642 En principe, l'opération de fusion emporte transmission universelle du patrimoine. Il semble cependant que celle-ci ne trouve pas à s'appliquer à un certain nombre de conventions et notamment les conventions conclues *intuitu personae*. La reprise de ces conventions par la société absorbante n'est possible qu'avec l'accord du cocontractant (pour une illustration jurisprudentielle : CA Aix-en-Provence, 4e ch., 12 juin 1997 : JCP 1997, éd. E, pan. 1095 ; cass. civ., 3e, 10 novembre 1998, JCP 1999, éd. E, p. 328). La

jurisprudence considère parfois que la qualité du cocontractant étant un élément essentiel, l'absorption est une clause de caducité.

NOTE : M. Duberret, L'intuitu personae dans les fusions : Res. soc. 2006, p. 721 ; sur cette question : M. Cozian, A. Viandier et F. Deboissy, op. cit., § 1405, qui donnent des illustrations en matière de baux ruraux, de droits dans une société en participation, à propos d'un contrat de distribution sélective, de fonctions de syndic de copropriété, un contrat d'agent commercial, un contrat de concession automobile ou encore un contrat de franchise. En matière de jurisprudence : cass. com. 30 mai 2000 : JCP éd. G 2000, II, 10401, note A. Viandier ; D. affaires 2000, p. 320, note Boizard. Voir également cass. com. 29 octobre 2002, n° 1720 : RJDA 3/03, n° 263 ; Bull. Joly 2003, p. 192, n° 43, note D. Krajeski. cass. com., 13 décembre 2005, n° 03-16878 : JCP éd. E, 2006, n° 1669, note H. Hovasse ; cass. com. 3 juin 2008, n° 06-18007, Bull. Joly Sociétés 2008, § 194, p. 904, note B. Saintourems ; Droit des sociétés, 2008, août-sept., com. 184.

Le sort des contentieux en cours

643 **Si la société absorbée était engagée dans un certain nombre de litiges avec des tiers, il est important de déterminer le sort de ces contentieux dans le cadre des opérations de fusion. Assez logiquement, les solutions en vigueur conduisent à tirer toutes les conséquences de la transmission universelle du patrimoine. Il en résulte que la société absorbante devient partie en lieu et place de la société absorbée. Il en résulte notamment que la société absorbante va pouvoir se prévaloir des condamnations qui ont été prononcées au profit de la société absorbée.**

NOTE : Cass. com. 21 octobre 2008, n° 07-19.102 : RJDA 2009, n° 2, inf. 104 ; Droit des sociétés, 2008, décembre, com. 253 ; dans le même ordre d'idée à propos d'un apport partiel d'actif soumis au régime des scissions : même si elle n'a pas personnellement comparu, la société bénéficiaire d'un apport partiel d'actif soumis au régime des scissions acquiert de plein droit la qualité de partie aux instances engagées par la société apporteuse, à laquelle elle se trouve ainsi substituée : cass. civ. 2e, 7 janvier 2010, n° 08-18.619 : JCP E 2010, 1145, obs. Fl. Deboissy et G. Wicker ; Droit des sociétés, 2010, avril 2010, com. 65, note M.-L. Coquelet ; voir également, cass. com., 18 février 2004, n° 02-11.453 : Droit des sociétés 2004, com. 84, note H. Hovasse ; M-.L. Coquelet, « Le sort des actions en justice en cas de transmission universelle du patrimoine » : Bull. Joly Sociétés, 2007, pp. 783 et s.

Le devenir de la responsabilité pénale

644 **On peut légitimement se demander ce que devient la responsabilité pénale des personnes morales dans le cadre d'une opération de fusion dans l'hypothèse où la société qui a commis l'infraction a été absorbée. En réalité, en l'état actuel de la jurisprudence, la Cour de cassation s'en tient au principe du caractère personnel de la responsabilité pénale et refuse de condamner une société absorbante au titre d'une infraction commise par la société absorbée. Du fait de l'opération de fusion, la société absorbée perd son existence juridique et cette disparition empêche sa condamnation. Quant à la théorie de la transmission universelle du patrimoine attachée à l'opération de fusion, elle ne saurait s'appliquer à la responsabilité pénale.**

NOTE : D. Vichy-Llado, « La responsabilité pénale des personnes morales en cas de fusion », JCP éd. E, 2001, n° 20-21, p. 838. Voir également A. Gallon, « La Responsabilité pénale de la société absorbante en cas de fusion-absorption frauduleuse », Droit des sociétés, avril 2010, n° 7 ; pour une illustration jurisprudentielle : cass. crim. 20 juin 2000 : Dalloz 2000, inf. rap., p. 226.

En matière de scissions, la solution est identique (cass. com. 15 juin 1999 : Dalloz 1999, inf. rap., p.197 ; voir toutefois CE 22 novembre 2000 : RJDA 3/01, n° 331).

Les conséquences de la fusion en matière de procédure

645 Dans la mesure où la société absorbée perd la personnalité morale à l'issue de l'opération de fusion, elle perd simultanément la possibilité d'agir en justice. La société absorbée ne peut pas assigner mais, réciproquement, elle ne peut plus elle-même être assignée (sur ces questions : cass. com. 11 février 1986 : Bull. civ., IV, n° 15 ; cass. com. 6 mai 2003, n° 750 : RJDA 2003, n°s 8-9). La Cour de cassation a jugé que, compte tenu d'une clause de rétroactivité, la société avait perdu sa personnalité morale, même si la radiation du registre du commerce et des sociétés était intervenue ultérieurement. En conséquence, le pourvoi en cassation formé par la société absorbée après cette date est irrecevable (cass. civ. 3e, 17 mai 2006, n° 609, Bull. Joly 2006, com. 295, note X. Vamparys). L'acte d'appel ayant été établi au nom d'une société absorbée à une date où celle-ci, radiée du RCS, n'avait plus d'existence, le vice affectant cet acte ne peut pas être couvert par l'intervention de la société absorbante (cass. com. 22 février 2005, n° 01-11667 ; Bull. Joly 2005, n° 7, com. 195, note P. Scholer).

646 De la même manière, la transmission universelle du patrimoine entraîne également transmission de la qualité de partie à l'instance. Cette solution s'applique en matière de fusions mais s'applique également en matière d'apport partiel d'actif (cass. com. 21 octobre 2008 : JCP éd. E 2008, com. 2545, obs. F Deboissy et G. Wicker ; cass. civ., 2e ch., 7 janvier 2010, n° 08-18.619, JCP éd E, 2010, com. 1145, obs. F Deboissy et G. Wicker).

PARTIE 2

LE RÉGIME FISCAL DES OPÉRATIONS DE FUSIONS

Qu'il s'agisse de fusion par voie d'absorption ou de fusion par création de société nouvelle, la fusion se traduit par la disparition d'une ou de plusieurs sociétés et, symétriquement, par la création d'une autre société ou l'augmentation du capital d'une société existante.

690 Si l'on discerne bien les conséquences juridiques de cette opération, on doit immédiatement remarquer qu'en termes fiscaux, cela signifie qu'il convient de tirer les conséquences d'une dissolution de société, puis de la constitution d'une société nouvelle ou de l'augmentation du capital d'une société préexistante. Le régime fiscal de telles opérations, particulièrement la dissolution de la (ou des) société(s) appelée(s) à disparaître au cours de la fusion, est en soi très lourd, au point d'apparaître dissuasif.

Aussi, afin que le droit fiscal ne constitue pas un frein aux concentrations d'entreprises et aux restructurations des groupes, le législateur a adopté depuis 1965 différentes mesures destinées à alléger le coût fiscal des fusions de sociétés, voire même à inciter les entreprises au regroupement.

691 Avec le temps, le régime fiscal des opérations de fusion a considérablement évolué. Certaines dispositions, à l'origine temporaires, se sont pérennisées ; d'autres ont été modifiées et des nouvelles ont été adoptées, tour à tour facultatives ou obligatoires. En outre, la portée des différentes mesures adoptées a évolué dans le temps et certaines dispositions ont été assorties de conditions ou affectées par un terme ou une durée de validité. De même, le régime fiscal des fusions a évolué de façon distincte au regard des impôts directs, des droits d'enregistrement, de la taxe sur la valeur ajoutée ou des impôts de distribution.

Enfin, progressivement, le droit fiscal est venu gommer les différences de traitement fiscal entre les opérations de fusion et les autres opérations portant sur les structures, même si juridiquement, et *a fortiori* économiquement, ces opérations conservent leurs spécificités.

692 Le régime fiscal des fusions se présente comme un ensemble complexe de mesures offrant des choix multiples aux sociétés en présence. Cette donnée explique pourquoi les entreprises doivent préparer très soigneusement une opération de fusion si elles veulent la réussir au plan fiscal.

Une bonne gestion fiscale des fusions suppose ainsi que les entreprises veillent à optimiser leurs décisions fiscales. Cette optimisation doit éviter que de mauvais choix fiscaux ne viennent majorer de façon inconsidérée le coût fiscal d'une fusion. Mais une bonne gestion fiscale s'entend de même d'une saine gestion fiscale, ce qui exige des entreprises en présence qu'elles se préservent de décisions fiscales risquées qui exposeraient l'opération de fusion à une possible remise en cause par l'administration et, par voie de conséquence, exposeraient les entreprises à des redressements et à des sanctions.

693 La gestion fiscale des fusions repose ainsi en grande partie sur la sécurité et l'efficacité fiscale des opérations. Mais cette exigence de sécurité et surtout la possibilité d'optimisation fiscale ne doivent pas peser de manière excessive sur les opérations de fusion. Deux sociétés ne fusionnent pas parce que des économies fiscales potentielles existent ; la décision de fusion est avant tout le fruit d'une analyse économique qui intègre à des degrés divers le paramètre fiscal, mais qui ne saurait s'y limiter.

Le régime fiscal des opérations de fusion sera abordé, d'une part, sous l'angle des choix fiscaux liés aux fusions et, d'autre part, sous l'angle des effets de ces choix fiscaux sur la situation des sociétés qui fusionnent.

Chapitre 2-1

LES CHOIX FISCAUX LIÉS AUX FUSIONS DE SOCIÉTÉS

700 Les choix fiscaux sont des éléments clefs dans la mise en œuvre de la stratégie des entreprises. Touchant aux structures et à la substance même des sociétés, les fusions sont souvent perçues comme des opérations difficiles et pour le moins délicates à mettre en œuvre.

A fortiori, la fiscalité des fusions n'échappe pas à cette tendance. Le droit fiscal des affaires souffre encore d'une présomption de complexité ; que dire alors du droit fiscal appliqué à une opération aussi importante qu'une fusion de sociétés ?

Pourtant, il n'est nullement besoin d'explorer en profondeur le régime fiscal des fusions pour se convaincre que ce qui le caractérise en réalité, c'est moins sa difficulté que son ampleur et sa variété.

En effet, les fusions ayant des retombées sur les structures mêmes des entreprises qui y ont recours, les incidences fiscales se feront ressentir non seulement au niveau des sociétés qui participent à la fusion, mais aussi au niveau des associés qui en détiennent le capital.

701 Par ailleurs, dans la mesure où la fusion touche la substance même de l'entreprise, elle produit ses effets dans la plupart des domaines de la fiscalité et notamment :
– l'imposition des résultats ;
– l'imposition des distributions de bénéfices ou de réserves ;
– les taxes sur le chiffre d'affaires ;
– les droits d'enregistrement ;
– les impôts et taxes locales.

Si l'on combine ces différents aspects, on est amené à constater que le traitement fiscal d'une fusion conduit à compléter un tableau à double entrée qui pourrait se construire selon le schéma suivant :

	Entreprises en présence avant la fusion	Entreprises en présence après la fusion	Associés des entreprises en présence
Imposition des résultats Imposition des distributions Taxes sur le chiffre d'affaires Droits d'enregistrement Impôts locaux			

702 Quant à la variété du régime fiscal des fusions, elle tient au fait que, pour pratiquement chacune des cases de ce tableau, il existe rarement une solution fiscale unique, mais le plus souvent une palette d'options et de choix fiscaux que les entreprises en présence doivent exercer au mieux de leurs intérêts. Les choix fiscaux liés aux fusions sont hétéroclites. Ils varient dans leur objet, leur domaine d'application, leur portée, leurs conditions d'exercice ou leur durée de validité.

Cette variété est synonyme de richesse ; elle est source d'opportunités pour les entreprises. C'est en cela qu'il est légitime de parler de gestion fiscale des fusions.

703 *A priori*, on peut toutefois estimer que pour passer en revue et traiter de façon optimale l'ensemble des aspects fiscaux d'une fusion, et compléter le tableau précédent, les entreprises doivent se livrer à de longs travaux et encourent ainsi le risque d'omettre des prescriptions fiscales obligatoires ou de se perdre dans un dédale d'options fiscales avec, comme conséquence finale, une majoration du coût fiscal de la fusion.

704 Mais la réalité est plus simple. Dans la panoplie des choix fiscaux que les entreprises sont amenées à exercer au cours d'une fusion, il existe une hiérarchie qui permet d'isoler les choix les plus importants. Ces derniers sont au nombre de trois et leur exercice, qui emporte des conséquences fiscales majeures, contribue à simplifier le paysage fiscal de la fusion.

Par la suite, d'autres choix devront être exercés, mais il s'agira cependant de choix plus ponctuels et de moindre portée fiscale.

Les trois décisions clefs portent sur le choix du sens de la fusion, le choix de la date de la fusion et le choix du régime sous lequel est placée la fusion.

Le choix du sens de la fusion

750 Les dispositions légales relatives aux fusions se contentent de prévoir deux modes possibles de réalisation de l'opération : fusion-absorption ou fusion par création de société nouvelle. Si l'on s'en tient à la fusion-absorption, on doit constater que le code de commerce comme le droit fiscal ne précisent nullement quelle société a vocation à être la société absorbante et quelle société est appelée à disparaître dans l'opération.

751 Les entreprises en présence doivent ainsi déterminer dans quel sens va s'opérer la fusion. Il faut savoir « qui absorbe qui ? ». La question est essentielle ; elle n'est pas neutre au plan fiscal. La réponse emporte de larges conséquences au plan du régime fiscal et du coût fiscal de l'opération.

L'intérêt de la question

752 Le principe en la matière, compte tenu du silence de la loi, est celui du libre choix du sens de la fusion. C'est aux sociétés en présence de se répartir les rôles : absorbante et absorbée. Les critères à prendre en considération sont très variables ; ils sont à la fois économiques, juridiques et fiscaux. En se limitant au cas d'une fusion entre deux sociétés, on peut décider que la société la plus importante absorbera la plus petite, que la plus ancienne absorbera la plus jeune ou encore que la fusion sera faite dans le sens qui permettra de dégager la prime de fusion la plus importante.

753 Mais les sociétés peuvent convenir de la même façon que le sens de la fusion sera déterminé en fonction du coût de l'opération, en privilégiant à l'évidence le sens de la fusion qui engendre le coût le moins élevé. Ce sera notamment le cas lors-

que l'opération répond avant tout à des préoccupations techniques, dans le cadre d'une restructuration à l'intérieur d'un groupe et ne soulève aucune difficulté particulière en termes d'enjeux stratégiques ou de répartition des pouvoirs.

754 La volonté de minimiser le coût d'une fusion amène nécessairement à prendre en considération le paramètre fiscal. Le sort fiscal de l'absorbée se dissociant largement du régime fiscal de l'absorbante, la « répartition des rôles » a une incidence directe sur le coût fiscal de la fusion. L'exemple des fusions auxquelles participent des sociétés déficitaires est à cet égard significatif.

755 La question des déficits dans les fusions est importante et sera l'occasion de développements plus substantiels *(voir §§ 931 et s.)*. Si l'on s'en tient ici aux grandes lignes du régime fiscal des déficits, il suffit de retenir que, pour les sociétés de capitaux, les déficits enregistrés chez la société absorbée avant l'opération de fusion ne peuvent être transmis à la société absorbante, sauf agrément ministériel (CGI art. 209-I). En revanche, les déficits enregistrés chez la société absorbante continuent d'être reportables normalement sous réserve des incidences éventuelles d'un changement d'activité lié à la fusion.

Dès lors, en présence de deux sociétés qui fusionnent, si l'une d'elles est déficitaire, il paraît préférable de lui conférer la qualité de société absorbante afin d'éviter que les déficits ne cessent d'être reportables et ne tombent en non-valeur.

756 On perçoit aisément que la répartition des rôles, absorbante et absorbée, n'est pas neutre au plan fiscal et doit ainsi faire l'objet d'un choix réfléchi de la part des sociétés en présence.

Historiquement, le calcul des droits d'enregistrement a également donné un certain relief à la question du choix du sens de la fusion. En effet, il existait jusqu'au 1er janvier 1994 un régime de faveur en matière de droits d'enregistrement sur les fusions, régime selon lequel il était perçu un droit unique calculé sur le boni de fusion de la société absorbée qui n'avait, au demeurant, que peu de choses à voir avec le boni de fusion au sens comptable. Il en résultait qu'en matière de droits d'enregistrement, les sociétés qui fusionnaient avaient intérêt à retenir comme société absorbée celle dont le « boni de fusion » était le plus faible possible. Depuis le 1er janvier 1994, les fusions étant soumises à un droit fixe de 375 ou 500 €, les droits d'enregistrement ne sont plus un véritable enjeu pour le choix du sens de la fusion.

Mais la possibilité de réaliser une économie fiscale ne doit pas faire tomber dans un travers simpliste qui consisterait à déterminer le sens d'une fusion en fonction des seuls résultats de quelques calculs arithmétiques. Les choses sont plus complexes et, s'il existe un principe de libre choix du sens de la fusion, en pratique, ce principe connaît des limites.

Les limites au libre choix du sens de la fusion

757 Les limites auxquelles les entreprises peuvent être confrontées en pratique sont de trois ordres ; il existe des limites économiques, juridiques mais aussi des limites fiscales.

Les limites économiques et juridiques

758 Si les fusions sont souvent l'occasion de restructurations à l'intérieur de groupes et ne modifient en rien la répartition des pouvoirs, elles peuvent être aussi la consécration juridique d'une longue période de rapprochements, de négociations et de concessions ayant permis de se mettre d'accord sur les modalités précises de la fusion. La répartition des pouvoirs, l'extrême importance prise par le poids des sociétés en présence, la détermination d'un rapport de forces sont incompatibles avec une répartition hâtive des rôles inspirée par de pures considérations fiscales.

IMPORTANCE DES SOCIÉTÉS ET SENS DE LA FUSION

Le lien entre le rapport de forces, l'importance relative des sociétés en présence et le sens de la fusion n'est que relatif. Il ne faut pas oublier, en effet, que le rapport de forces entre les sociétés qui fusionnent se traduira par la détermination d'une parité d'échange entre les actions des différentes sociétés.

Or, cette parité d'échange n'a aucune incidence sur le sens de la fusion et il n'est pas rare, en pratique, de voir de petites sociétés en absorber de plus importantes ou encore des filiales absorber des sociétés mères (G. Valin, « Fusions de sociétés : critères de choix permettant de fixer le sens des opérations », article précité).

759 Une approche trop fiscale de l'opération peut parfois conduire à retenir un mode de fusion contraire au bon sens économique. La nécessité de pérenniser une raison sociale pour répondre à des impératifs de marketing, les retombées sur le climat social de l'absorption d'une entreprise sont autant d'éléments qui peuvent infléchir le choix du sens de la fusion.

De la même façon, le choix du sens de la fusion ne doit pas conduire à léser les intérêts des partenaires en présence. Il suffit d'évoquer, à titre d'illustration, le cas des actionnaires minoritaires dont les intérêts sont juridiquement protégés (sur cette question, voir encadré page 38 « Qui absorbe qui ? »).

Les limites fiscales

760 Dans la mesure où les sociétés peuvent librement déterminer le sens d'une fusion et que le choix ainsi opéré emporte des conséquences fiscales, celles-ci ont à l'évidence intérêt à retenir la solution fiscale la plus opportune. C'est un signe d'efficacité fiscale, un signe de bonne gestion fiscale. Mais, si les entreprises ont la possibilité d'être efficaces dans l'exercice de leurs choix fiscaux, cela ne doit pas pour autant devenir une préoccupation excessive car alors, pour l'administration, l'habileté fiscale se transforme en « fraude », fraude sanctionnée au moyen de la procédure de répression des abus de droit.

761 Précisément, l'administration fiscale a trouvé, dans le choix du sens de la fusion, un terrain d'application de l'article L. 64 du Livre des procédures fiscales qui réprime les abus de droit. Ainsi, lorsque deux sociétés fusionnent et que l'une d'elles est déficitaire, l'administration peut remettre en cause l'opération s'il apparaît que le choix du sens de la fusion a été effectué dans le seul but de permettre un report des déficits avec dispense de demande d'agrément (P. Collin, « Déficits et fusions de sociétés : vers la neutralité fiscale », rev. fr. comptabilité, mars 1993, pp. 25 et s.).

En d'autres termes, si le choix du sens de la fusion ne se justifie que par des considérations purement fiscales, l'administration pourra mettre en œuvre la procédure de répression des abus de droit afin de sanctionner ce qu'elle considère comme un excès d'ingéniosité fiscale. Les incidences financières d'une telle procédure sont lourdes car l'abus de droit est sanctionné par une majoration des droits de 80 %, à laquelle s'ajoute l'intérêt de retard (l'administration a confirmé cette position lors de la réunion du comité fiscal de la mission d'organisation administrative du 31 janvier 1994 : Droit fiscal 1995 n° 7, pp. 332 et s ; lettre de l'IACF, n° 69, mai 2000, pp. 41 et s. : dans cet article, l'IACF indique que l'administration soulève encore l'abus de droit à l'encontre de fusions à l'envers).

762 Néanmoins, on le sait, la mise en œuvre de la procédure de l'abus de droit se révèle en pratique assez difficile pour l'administration fiscale dans le cadre des opérations de restructuration. En effet, la nécessité de justifier d'une motivation exclusivement fiscale se révèle une tâche extrêmement ardue, les contribuables ne manquant pas, en général, d'arguments de nature économique ou financière susceptibles d'expliquer le choix du sens de la fusion. Dans le débat sur le choix du sens de la fusion, l'existence de contrats conclus *intuitu personae* est une aubaine pour justifier le choix du sens de la fusion. En effet, ces contrats étant réputés intransmissibles, leur maintien peut infléchir le choix du sens de la fusion et permettre de justifier d'une motivation extrafiscale de la fusion à l'envers.

L'administration n'en condamne pas moins pour autant les fusions à l'envers comme des opérations contre nature. Elle l'a notamment rappelé dans son instruction d'août 2002 sur la procédure d'agrément en matière de transfert des déficits, en rappelant que seules étaient susceptibles de bénéficier de l'agrément les opérations qui étaient justifiées d'un point de vue économique. Or, précisément, l'administration évoque, parmi les opérations qui ne revêtent pas un caractère économique, les opérations par lesquelles une société déficitaire, qui s'est endettée de manière significative pour acquérir une société cible bénéficiaire, est absorbée par celle-ci peu de temps après l'acquisition (instr. du 21 août 2002 : BOI 13 D-2-02). Chacun aura reconnu la fusion rapide entre la holding et la société cible dans une opération de LBO, mais avec la particularité visée par l'administration de l'absorption de la holding par la cible, c'est-à-dire une fusion à l'envers... Dans un tel schéma, l'administration refusera l'agrément destiné à permettre le transfert des déficits.

LE SENS DES FUSIONS ET L'ABUS DE DROIT : LES ILLUSTRATIONS JURISPRUDENTIELLES

L'arrêt du 3 février 1971 concluant à l'abus de droit

On citera ces deux extraits de conclusions du commissaire du gouvernement dans cette affaire relativement complexe où se mêlaient des problèmes de cession déguisée d'entreprise et de reports déficitaires.

« La société peut-elle, en second lieu, se prévaloir contre ce raisonnement de son droit à choisir dans tous les cas la " solution fiscale " la plus favorable ?

« Nous hésiterons bien évidemment à donner à cette formule valeur d'un principe absolu. Le droit fiscal obéit sur ce point aux normes juridiques élémentaires, et le contribuable, comme tout particulier, voit son propre « droit » circonscrit par le respect du droit d'autrui, y compris celui de la collectivité. La notion même d'abus de droit contient cette référence aux limites de l'utilisation licite des situations juridiques. »

[...]

« Tout s'est passé en effet, comme si, pour des motifs variés y compris la perspective de bénéficier du report déficitaire, les sociétés du groupe B avaient absorbé l'actif et le passif de la société

Textiles A en difficulté, et non pas la société Textiles A qui avait absorbé les éléments apportés par les deux autres. C'est ainsi que le comité consultatif des abus de droit a vu l'opération, et nous pensons que son appréciation n'est pas démentie par le dossier, ni par l'argumentation de la société plaignante. » (CE 3 février 1971, 7e, 8e et 9e s.-sect. réunies, n° 74352 ; Droit fiscal 1971, n° 23, com. 933 ; Dupont 1971, n° 5, p. 190).

L'arrêt du 21 mars 1986 ne retenant pas l'abus de droit

Les faits étaient les suivants ; ils sont extraits des conclusions du commissaire du gouvernement :

La société Dexi international a constitué en 1972 deux filiales :
– la société anonyme Promobel, contrôlée à 44 % ;
– la société Vermance et Beverly France (VBF), contrôlée à 99 %.

Ces deux sociétés avaient pour objet la vente directe, au cours de réunions de produits de beauté. La société Promobel était propriétaire de sa propre marque de produits et la société VBF Diffusion était concessionnaire des marques appartenant aux deux sociétés Dexi international (Produits Vermance) et ISRP (Produits Beverly) qui appartenaient toutes deux au même groupe.

La société Promobel, dont le chiffre d'affaires était inférieur d'environ cinq fois à celui de la société VBF Diffusion, a accumulé au cours des années 1972, 1973 et 1974 des résultats déficitaires d'un montant total de 1 304 536,96 F. La société VBF a réussi en revanche à équilibrer à peu près ses comptes (déficit comptable, mais pas de déficit fiscal).

Devant cette évolution, la fusion des deux sociétés Promobel et VBF a été décidée. L'assemblée générale des actionnaires de Promobel du 30 novembre 1975 a approuvé le traité de fusion du 20 novembre aux termes duquel la société Promobel absorbait les sociétés VBF Diffusion avec effet rétroactif au 1er janvier 1975.

« Compte tenu de l'ensemble de ces circonstances, l'administration a refusé à la société Promobel devenue Auriège d'imputer sur l'exercice 1975 un report déficitaire de 1 304 536,96 F provenant des exercices antérieurs. L'administration a invoqué au cours de la procédure d'imposition et de la procédure contentieuse un premier motif et invoque en outre, en appel, un deuxième motif :
– eu égard aux transformations subies par la société Promobel, la condition d'identité d'entreprise n'est pas remplie ;
– le choix de la société Promobel comme société absorbante au lieu de la société VBF Diffusion a eu pour but d'échapper à l'obligation d'obtenir l'agrément ministériel qui aurait été nécessaire au cas inverse pour reporter les déficits de la société absorbée sur les résultats de la société absorbante, et est, par suite, constitutif d'un abus de droit. »

Sur cette question, le Conseil d'État a répondu comme suit :

« Considérant que pour dénier à la société Auriège le droit au report déficitaire prévu par le 1 de l'article 209 du CGI, le ministre soutient que la fusion intervenue en 1975 entre la société Promobel et la société VBF Diffusion, toutes deux spécialisées dans la vente de produits de beauté, et réalisée par l'absorption de la seconde par la première, qui a alors pris la dénomination d'Auriège, a donné naissance à un être moral nouveau et a constitué un abus de droit. »

« Considérant, en premier lieu, que si, ainsi qu'il vient d'être dit, la dénomination de la société Promobel a été modifiée lors de la fusion et si, à l'occasion de celle-ci, par effet d'une augmentation de capital et de la vente de leurs parts par deux actionnaires, la participation de l'actionnaire principal a été portée de 44 % à 99 %, ces circonstances ne suffisent pas, alors que l'objet social et la nature de l'activité exercée n'ont pas été modifiés, à entraîner la création d'un être moral nouveau et à faire regarder la société Auriège comme n'étant plus la même que la société Promobel. »

« Considérant, en second lieu, que si le ministre critique les conditions dans lesquelles a été réalisée la fusion susmentionnée, il résulte de l'instruction que celle-ci n'a pas eu un caractère fictif et répondait à un intérêt économique, ainsi que d'ailleurs le reconnaît le ministre, que dès lors ce dernier n'établit pas l'abus de droit allégué. » (CE 21 mars 1986, 7e et 9e s.-sect., n° 53002 ; RJF 1986, n° 5, p. 298). »

L'arrêt du 18 juin 2007 de la cour administrative d'appel de Paris du 18 juin 2007 : confirmation ambiguë de la jurisprudence de 1986

La cour administrative d'appel de Paris a rendu un arrêt sur le sens des fusions qui a pu semer un temps le doute dans l'esprit des praticiens et des commentateurs même si, sur le fond, il ne remet pas finalement en cause la jurisprudence de 1986. Le schéma était classique et n'était pas sans rappeler celui de l'affaire Auriège de 1986. Il s'agissait en effet de procéder à la fusion de deux sociétés filiales d'un même groupe, exerçant sur deux départements voisins des activités connexes. La particularité de l'opération résidait dans le fait que la société absorbante disposait d'importants reports déficitaires et réalisait un chiffre d'affaires correspondant environ à la moitié du chiffre d'affaires de la société absorbée. L'administration décida alors d'invoquer l'abus de droit en remettant en cause le sens de l'opération justifié, selon elle par de pures considérations fiscales. Le tribunal administratif de Paris, dans un jugement du 28 mars 2006, donna raison à l'administration, ignorant manifestement la jurisprudence du Conseil d'État de 1986. La cour administrative d'appel de Paris saisie du litige inversa donc la décision en estimant que l'opération n'était pas constitutive d'un abus de droit. La cour estime en effet que l'opération « avait pour objet une restructuration interne destinée à rationaliser et à simplifier les structures de la société Azko présentes dans les deux départements limitrophes afin d'améliorer son réseau de vente et par conséquent, sa rentabilité, à partir du pole rennais ». En arguant de cette manière, la cour écartait ainsi l'abus de droit. Mais au cas précis, la cour a cru bon d'introduire un élément complémentaire tenant au chiffre d'affaires respectif des sociétés absorbées et absorbantes. En effet, le tribunal administratif avait évoqué le fait que la chiffre d'affaires de la société absorbante était de moitié inférieur à celui de l'absorbée ce qui confortait l'hypothèse du caractère fictif de l'opération. La cour, pour sa part, constate que le chiffre d'affaires de la société absorbante équivaut après l'opération à celui de l'absorbée compte tenu de l'apport concomitant à la fusion d'autres enseignes au profit de la société absorbante. En justifiant ce point, la cour laisse supposer que la décision n'aurait peut-être pas été la même si le chiffre d'affaires de la société absorbante n'avait pas évolué. Cette précision est regrettable car en réalité, dans sa jurisprudence de 1986, le Conseil d'État n'avait nullement introduit cette distinction ; par parenthèse, la différence de taille entre les deux sociétés était bien plus importante. En revanche, sur les opérations de fusions à l'envers, le véritable point d'attention demeure l'évolution de l'activité de la société absorbante. On rappelle en effet que l'une des conditions de fond pour l'imputation des déficits réside dans l'absence de changement d'activité de la société qui souhaite imputer des déficits. Si, du fait de la fusion, l'activité de la société absorbante vient à être supprimée ou devient marginale, alors le changement d'activité pourra être caractérisé. Comme l'ont souligné plusieurs commentateurs, tel est le seul vrai risque des fusions à l'envers… (CAA Paris, 5e ch. B, 18 juin 2007, n° 06PA01941 : Droit fiscal, 2007, n° 52, com. 1085, note O. Fouquet ; Droit des sociétés 2007, com. 190).

763 Par parenthèse, on peut noter qu'à l'intérieur des groupes de sociétés, le risque de remise en cause des opérations de fusion par l'administration au motif que celles-ci ne répondent qu'à de simples préoccupations fiscales s'est amoindri depuis l'entrée en vigueur du régime d'intégration fiscale des groupes. Un tel dispositif a pu contribuer à éviter les fusions artificielles motivées par le seul souci de gérer au mieux les déficits du groupe. L'intégration fiscale ne permet pas, toutefois, l'imputation des déficits existant avant l'entrée dans le groupe. (Sur cette question, *voir §§ 1530 et s.*)

Les limites comptables

764 Si les parties ont une grande liberté pour déterminer le sens de la fusion, cette liberté n'est pas dépourvue de répercussions comptables. En effet, dans son avis

relatif à la valorisation des apports, le CNC (devenu Autorité des normes comptables) distingue avec netteté les opérations faites à l'endroit et les opérations faites à l'envers. Les fusions à l'endroit sont les fusions dans lesquelles, après la fusion, l'actionnaire principal de l'absorbante conserve son pouvoir de contrôle au sein de cette société, même si cet actionnaire subit une certaine dilution au sein de la société absorbante. En dehors, bien entendu, du cas de la fusion simplifiée qui ne donne pas lieu à augmentation du capital. *A contrario*, la fusion à l'envers est une fusion dans laquelle, après la fusion, l'actionnaire principal de la société absorbée prend le contrôle de la société absorbante. En clair, la société cible est la société absorbante et la société initiatrice de l'opération est la société absorbée (Règlement CRC 2004-01).

765 La distinction est importante car, dans l'hypothèse d'une fusion entre deux sociétés sous contrôle distinct (au sens du règlement CRC 2004-01), la valorisation des apports doit s'effectuer obligatoirement à la valeur réelle dans le cadre d'une opération faite à l'endroit. En revanche, la valorisation des apports doit s'effectuer à la valeur comptable lorsque l'opération est faite à l'envers. La liberté fiscale connaît ainsi des limites comptables. Dans certains cas, l'administration, qui cherchait des armes pour combattre les fusions à l'envers, aura trouvé un allié sérieux dans la nouvelle réglementation comptable. Par parenthèse, on précisera que, selon un avis du comité d'urgence du CNC, les fusions de sociétés contrôlées par une même personne physique sont considérées comme des opérations à l'endroit entre sociétés sous contrôle distinct : avis 05c du comité d'urgence du 4 mai 2005.

La fusion à l'envers selon la réglementation comptable

Considérons une société A détenue à 100 % par la société MA et la société B détenue par la société MB à hauteur de 100 % également. La valeur de A est estimée à 2 M€ et celle de B à 8 M€.

Dans le cadre d'une fusion-absorption, la société A absorbe la société B. Au regard de la réglementation comptable, cette opération de fusion-absorption est considérée comme étant une opération à l'envers. En effet, compte tenu des évaluations respectives de A et de B, la situation après fusion est la suivante :

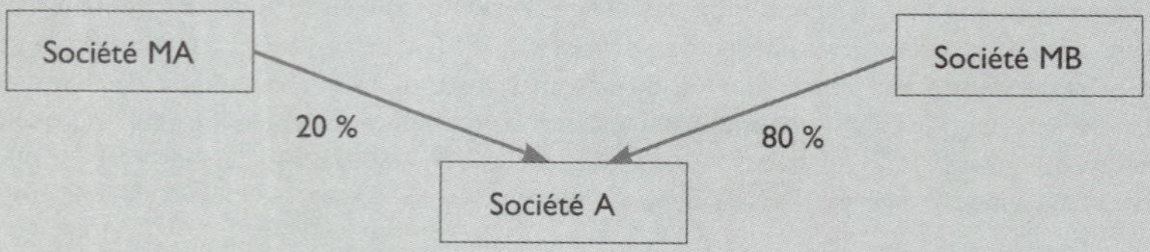

On constate qu'après la fusion, l'associé dominant au sein de la société absorbée est devenu associé dominant au sein de la société absorbante. La fusion est donc considérée comme étant à l'envers.

Le choix de la date de la fusion

810 La détermination de la date de réalisation définitive ou de prise d'effet d'une opération de fusion s'opère selon des règles définies par le droit des sociétés, règles qui ont déjà été examinées *(voir §§ 331 et s.)*.

En pratique, et afin de faciliter la conduite des opérations de fusion, il est fréquent d'introduire dans le projet de fusion une clause de rétroactivité. L'intérêt pratique de la clause est aisément perceptible. Une telle disposition permet aux entreprises d'élaborer le projet de fusion à partir de bases stables. La simplicité du principe ne se retrouve toutefois que partiellement dans le fonctionnement proprement dit de la clause.

811 L'utilisation de cette clause n'est pas neutre au plan fiscal. La date retenue pour la fusion doit être la plus judicieuse possible mais avec, là encore, le souci des limites à ne pas dépasser. L'administration n'admet pas, en effet, que l'utilisation de la clause soit faite à des seules fins fiscales. En d'autres termes, elle interdit les clauses abusives de rétroactivité.

L'utilisation pratique de la clause de rétroactivité

812 En principe, sans clause de rétroactivité, le régime fiscal des fusions commande d'envisager distinctement la situation de la société absorbée jusqu'à la date de réalisation définitive de la fusion et la situation de la société absorbante.

Avec le développement pratique des clauses de rétroactivité, la question s'est naturellement posée de savoir si le droit fiscal tirerait toutes les conséquences de l'existence d'une telle clause.

L'administration admet la rétroactivité fiscale des fusions et consacre ainsi le principe d'une « reprise » fiscale au nom de l'absorbante des opérations accomplies par la société absorbée pendant la période intercalaire. Ainsi, au regard du droit fiscal, la date de la fusion devient en principe celle prévue par la clause de rétroactivité.

813 Cinq remarques s'imposent toutefois. Tout d'abord, cette solution est en vigueur depuis 1973. Antérieurement, les clauses de rétroactivité n'étaient pas opposables à l'administration fiscale. Ensuite, il faut noter que le droit des sociétés n'a admis que plus tardivement la clause de rétroactivité dans les projets de fusion. La loi de 1988 modifiant le code de commerce a instauré au demeurant, sur cette question, un corps de règles légèrement différent de celui applicable au plan fiscal (c. com. art. L. 236-4). Par ailleurs, l'insertion d'une clause de rétroactivité est possible quel que soit le régime fiscal applicable à l'opération de fusion : régime de droit commun ou régime de faveur (instr. 3 août 2000 : BOI 4 I-2-00). De même, la rétroactivité fiscale des fusions n'est pas admise uniformément pour tous les impôts et taxes supportés par l'entreprise. Au contraire, la tendance actuelle semble être de restreindre la portée des clauses de rétroactivité à l'incidence sur la détermination du résultat. Cette limitation est liée à l'analyse de la rétroactivité comme étant avant tout une convention comptable (voir également : J. Paillusseau, « La rétroactivité des opérations de fusion : d'une conception juridique " light " à une conception fiscale " lourde " » ; JCP, éd. E, 2000, n° 40, p. 1557). Enfin, si l'administration admet par principe la rétroactivité fiscale des fusions, elle a néanmoins posé certaines conditions.

LA RÉTROACTIVITÉ FISCALE DES FUSIONS AVANT 1974 : NON, MAIS...

Avant l'arrêt du Conseil d'État du 12 juillet 1974 (CE 12 juillet 1974, n° 81753 : Dupont 1974, n° 11, p. 385), qui a admis la rétroactivité fiscale des fusions, les solutions en vigueur manquaient de netteté.

Plusieurs arrêts du Conseil d'État avaient jugé que l'existence de clauses faisant remonter les fusions à des dates antérieures à celles de la réalisation définitive de l'opération ne pouvait être opposée à l'administration. Ainsi, les bénéfices réalisés pendant la période intercalaire étaient imposés entre les mains de l'absorbée et les déficits n'étaient pas imputables chez l'absorbante (en particulier : CE 31 juillet 1953, 7e s.-sect., n° 73789 ; CE 20 novembre 1964, 9e s.-sect., n° 55007). Mais l'administration avait admis un tempérament dans l'application de cette règle et il était admis que les bénéfices réalisés pendant le temps nécessaire à l'accomplissement des formalités de fusion et qui provenaient de l'exploitation des biens apportés, pouvaient être imposés entre les mains de l'absorbante, à condition, toutefois, que l'absorbée ait cessé d'exploiter elle-même ces biens. La mise en œuvre de la rétroactivité était alors assortie de conditions (doc. adm. 4 I 1223).

Les conditions de la rétroactivité fiscale des fusions

814 L'arrêt du 12 juillet 1974 a infirmé la doctrine administrative antérieure en admettant la rétroactivité fiscale des fusions. Mais la rétroactivité n'est admise que si deux conditions sont réunies.

Une condition tenant au délai de rétroactivité

815 La rétroactivité des fusions n'est admise que si elle n'a pas pour effet de faire remonter l'acte d'apport à une date antérieure à celle de l'ouverture de l'exercice au cours duquel la convention de fusion a été conclue (pour une comparaison avec le régime juridique, *voir §§ 331 et s*).

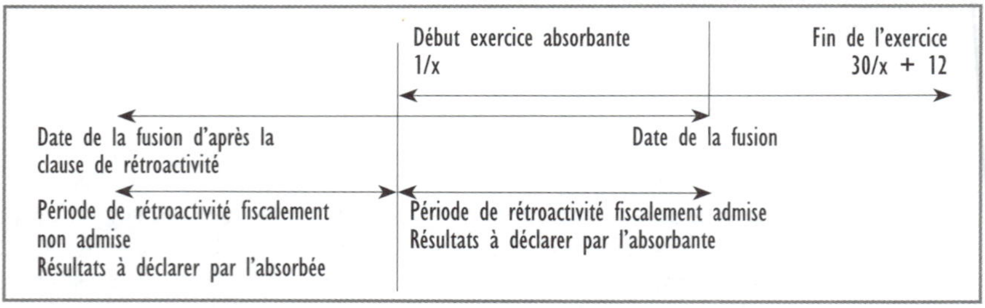

Ainsi, soit une fusion conclue le 1/10/n, avec effet rétroactif au 1/1/n : la société absorbante pourra imputer sur ses propres résultats les déficits (ou bénéfices) enregistrés par l'absorbée depuis le 1/1/n à la condition que l'exercice de la société absorbante ait commencé au plus tard le 1/1/n. À défaut, seuls les résultats enregistrés entre la date de début de l'exercice de l'absorbante et la date effective de la fusion pourront être pris en compte dans les écritures de l'absorbante. (pour le cas particulier où la société absorbée n'a pas arrêté d'exercice au cours de l'année civile précédant la fusion, *voir §§ 818 et s.*). La fixation de la date butoir en fonction de la date de clôture des exercices de la société absorbante résulte d'une interprétation administrative de la jurisprudence précitée de 1974. Cette position administrative a été réaffirmée par l'instruction du 11 août 1993 puis par l'instruction du 3 août 2000 (BOI 4-2-00, § 100).

La clause de rétroactivité par l'exemple

Premier exemple. La société A et la société B fusionnent, la société A absorbant la société B. Les exercices des deux sociétés coïncident avec l'année civile. La fusion est conclue le 12 juillet 2012, avec effet rétroactif au 1er janvier 2012.

Dans ces conditions, les résultats de la société B entre le 1er janvier 2012 et le 12 juillet 2012 seront compris dans les résultats de la société A, société absorbante.

Deuxième exemple. La société C et la société D fusionnent, la société C absorbant la société D. La fusion est conclue le 30 janvier 2012, avec effet rétroactif au 1er juin 2011. La société absorbante arrête ses exercices au 30 juin.

En conséquence, au titre de l'exercice clos le 30 juin 2012, la société absorbante pourra, au plan fiscal, reprendre dans ses comptes les résultats enregistrés du 30 juin 2011 au 30 janvier 2012 par l'absorbée. Les résultats de la période allant du 1er juin 2011 au 30 juin 2011 devront être déclarés séparément par l'absorbée.

Une condition tenant à la nature de l'opération

816 L'administration fiscale a en outre précisé que la fusion et la clause de rétroactivité devaient relever d'une gestion commerciale normale et ne pas répondre à de pures préoccupations d'ordre fiscal. Cela revient à interdire les clauses abusives de rétroactivité *(voir §§ 834 et s.)*.

Les effets fiscaux de la clause de rétroactivité

817 Les effets de la clause de rétroactivité sont différents selon que l'on se situe en matière d'imposition des résultats ou non.

Incidences en matière d'imposition des résultats

818 En matière d'imposition des résultats, la clause de rétroactivité joue pleinement. Ainsi, les résultats enregistrés pendant la période intercalaire par la société absorbée doivent être repris et déclarés par la société absorbante et cela, qu'ils soient bénéficiaires ou déficitaires.

Selon l'administration, si les traités de fusion (mais aussi de scission ou d'apport) comportent expressément une clause de rétroactivité, cette obligation contractuelle s'impose aux parties comme à l'administration en matière d'impôt sur les sociétés dès lors que le fait générateur de l'imposition des résultats en cours n'est pas intervenu. Les sociétés apporteuses et bénéficiaires des apports sont donc tenues de prendre en compte toutes les conséquences de la date d'effet pour la détermination de leurs résultats imposables. Par parenthèse, on observera que le résultat d'une vente initiée par l'absorbée pendant la période intercalaire mais constatée définitivement après la date d'effet de la fusion doit être rattaché aux résultats de la société absorbante (CE, 8e et 3e s. sect., 26 janvier 2011 : Droit fiscal 2011, n° 17, comm. 325). L'administration précise que les sociétés ne peuvent renoncer, même partiellement, aux conséquences de la date d'effet stipulée dans le traité d'apport (instr. 3 août 2000 : BOI 4 I-2-00, § 8 ; D. Villemot, « La rétroactivité des fusions, scissions et apports partiels d'actifs », Droit fiscal 1999, n° 19, pp. 702 et s).

819 Pour la mise en œuvre des règles de rétroactivité, l'administration donne diverses précisions :
– tout d'abord, la réalité économique et juridique des opérations réalisées par les sociétés apporteuses et bénéficiaires des apports pendant la période intercalaire n'est pas remise en cause du fait de la prise en compte de la date d'effet rétroactif de l'opération d'apport pour la détermination des résultats imposables de ces

sociétés. En conséquence, les opérations effectuées pendant la période intercalaire ne sauraient être réputées inexistantes ou effectuées à un autre moment (instr. 3 août 2000 : BOI 4 I-2-00, § 89) ;

– dans l'hypothèse où la fusion s'opère par création d'une ou de plusieurs sociétés nouvelles, la fusion prend effet à la date d'immatriculation de la nouvelle société ou de la dernière d'entre elles au registre du commerce et des sociétés. Il en résulte que la date d'effet de la fusion au plan fiscal ne saurait être antérieure à la date d'effet au plan juridique (c. com. art. L. 236-4). Cette solution est toutefois largement remise en cause par une décision du Conseil d'État qui considère pour sa part qu'une clause de rétroactivité peut produire des effets antérieurement à la date d'immatriculation et même antérieurement à la date de constitution de la société nouvelle bénéficiaire dans la mesure où le principe d'annualité de l'impôt et celui d'indépendance des exercices sont respectés. L'opération d'apport doit ainsi être définitive avant la clôture du premier exercice de la société nouvelle (CE 29 juin 2011, 3e et 8e s.-sect., req. 317212 : Droit fiscal 2011, n° 36 com. 493, note P. Fumenier) ;

– dans l'hypothèse où aucun exercice n'est clôturé par la société absorbée au cours de l'année civile précédant la fusion, l'effet rétroactif donné à l'opération ne dispense pas la société absorbée de déposer, au titre de l'année civile en question, une déclaration provisoire de résultat, conformément aux dispositions de l'article 37, 2e al. et 209-I du CGI. En d'autres termes, l'administration indique que l'effet rétroactif ne peut dispenser du respect des obligations déclaratives qui incombent à l'absorbée au titre de l'année qui précède l'opération de fusion.

Néanmoins, dans l'hypothèse où la société apporteuse a été créée au cours de l'année précédente et qu'elle est dispensée du dépôt d'une déclaration provisoire au titre de la première année d'activité, en application des dispositions de l'article 209-1-2° al., la date d'effet rétroactif prise en compte peut remonter jusqu'à la date de création de cette société (instr. 3 août 2000 ; BOI 4 I-2-00, § 99).

EXEMPLE

Une société Alpha absorbe une société Béta. L'opération est approuvée en août de l'année 2012. À la date de réalisation de l'opération de fusion, la société Béta n'a arrêté aucun exercice, ni en 2011, ni en 2012. La société Alpha a clos son dernier exercice le 30 septembre 2011.

Dans ces conditions, la date d'effet rétroactif opposable à l'administration ne peut être antérieure au 1er janvier de l'année 2012 même si l'exercice de la société absorbante Alpha a été ouvert au 1er octobre 2011.

820 L'administration conclut en indiquant finalement que la rétroactivité lui est opposable dans la limite :

– d'une part, de la date de clôture du bilan de la société absorbante ;

– d'autre part, du 1er janvier de l'année au cours de laquelle l'opération de fusion a été approuvée lorsque la société absorbée n'a clôturé aucun exercice au cours de l'année précédant l'opération (instr. 11 août 1993, BOI 4 I-1-93, n° 30).

QUAND L'ADMINISTRATION CHERCHE À REVENIR EN ARRIÈRE SUR LES QUESTIONS DE RÉTROACTIVITÉ…

Ce qui devait être une mécanique simple fut, l'espace de quelques mois, remis en cause à l'occasion d'une réponse ministérielle qui vint jeter le trouble sur la question de la rétroactivité fiscale des opérations de fusion.

En effet, dans une réponse à M. Dugoin, l'administration déclara qu'il y avait lieu de considérer que « les parties ont entendu renoncer aux effets de la rétroactivité lorsque l'évaluation de l'apport, appréciée à la date contractuelle d'effet, est minorée de la perte probable de la société absorbée afférente à la période intercalaire. Par suite, cette perte n'est pas admise en déduction pour la détermination des résultats imposables de la société absorbante » (rép. Dugoin, JO 3 juin 1991, Déb. AN quest. p. 2152).

Cette position administrative trouvait son fondement dans la possibilité de traduire les pertes probables de la période intercalaire par le biais d'une « provision » mais qui n'avait de provision que l'appellation et n'en avait en tout cas ni les caractéristiques ni le mode de fonctionnement. Cette traduction, validée en partie par la COB, devait tenter de concilier l'exigence d'une bonne information des actionnaires et l'obligation pour le commissaire aux apports (en fonction à l'époque) de pallier le risque de surévaluation des apports et de non-libération des actions émises par l'absorbante dans l'hypothèse de pertes réalisées par la société absorbée pendant la période intercalaire. C'est dans cette imparfaite traduction comptable d'une exigence juridique que l'administration trouva motif pour anéantir les effets fiscaux de certaines clauses de rétroactivité.

Cette position administrative donna lieu à une littérature consistante, généralement très critique à l'égard de la réponse ministérielle précitée.

NOTE : G. Goulard, « Rétroactivité fiscale des fusions », RJF 1993, n° 7, pp. 546 et s. ; J. Gilardi, « Rétroactivité des fusions », RJF 1993, n° 1, pp. 13 et s. ; B. Solle, « Traitement juridique de la perte subie par la société absorbée durant la période intercalaire : histoire d'un malentendu », RJDA 1992, n° 5, p. 335 ; J. Turot, « Rétroactivité fiscale des fusions », RJF 1991, n° 12, p. 847 ; J.-P. Bouère, « Fusions et scissions : le problème des résultats intercalaires », JCP 1992, éd. E, I, 163 ; « Fusions et scissions : encore les pertes intercalaires », JCP 1993, éd. E, I, 258 ; A. Morterol, « Fusions de sociétés, rétroactivité et théorie du coût d'acquisition : à propos de l'arrêt Wellcome », Droit fiscal 1993, n° 42, pp. 1664 et s. Voir également : Revue de droit comptable, 90-1, pp. 7 et s. ; D. Ledouble, « Chronique de droit comptable », JCP 1993, éd. E, I, 224. D. Villemot et C. Barthès-Bonaly, « La rétroactivité : comment l'aborder en pratique d'un point de vue juridique et fiscal », Droit fiscal 1995, n° 27, p. 1100.

La réaction intervint en deux temps. Un arrêt du Conseil d'État en date du 18 mars 1992 vint affaiblir la portée de la réponse ministérielle Dugoin en affirmant le principe selon lequel, lorsque des sociétés ont conclu avec effet rétroactif une opération de fusion ou un apport partiel d'actif, celles-ci doivent obligatoirement tirer les conséquences fiscales de cette clause, ne pouvant ni renoncer à ses effets ni être présumées y avoir renoncé. Cette solution de portée générale venait balayer la présomption instaurée par la réponse Dugoin sur la renonciation aux effets de la rétroactivité (CE 18 mars 1992, n° 62403 : RJF 1992, n° 5, p. 382, concl. O. Fouquet.).

L'arrêt du 18 mars 1992 n'apaisait cependant pas pleinement les esprits car, s'il fixait les effets d'une clause de rétroactivité, il n'évoquait pas de manière explicite le sort de la perte subie au cours de la période intercalaire. Deux autres arrêts devaient venir régler définitivement la question. Un arrêt du 16 juin 1993 réaffirma le principe énoncé en 1974 selon lequel la perte de la période intercalaire était déductible des résultats de la société absorbante (CE 16 juin 1993, n° 70446 : Droit fiscal, 1993, n° 32-37, com. 1641). Un autre arrêt réaffirma, quant à lui, que la date butoir de la période intercalaire devait être effectivement fixée au premier jour de l'exercice de la société absorbante (CE 26 mai 1993, n° 78156 : Droit fiscal, 1993, n° 32-37, com. 1642). Le Conseil d'État indique notamment : « Considérant qu'en application de ces règles, dans le cas d'une fusion de deux sociétés anonymes, qui ont convenu de donner effet à la fusion à une date antérieure à celle à laquelle la convention de fusion a été définitivement conclue, rien ne s'oppose à ce que soient prises en compte toutes les conséquences, pour la détermination des bénéfices imposables de la société absorbante, dans le bilan de clôture de l'exercice au cours duquel la convention a été définitivement conclue, mais que les effets de la fusion, qui ne sauraient remonter à une date antérieure à l'ouverture de cet exercice, restent sans influence sur le bilan de clôture du ou des exercices précédents, et donc sur les bénéfices imposables dégagés par chacune des deux sociétés concernées au cours de ces exercices. »

L'administration a tiré toutes les conséquences de cette solution en précisant dans l'instruction du 11 août 1993 que la jurisprudence et la doctrine s'accordent à reconnaître que lorsqu'un effet rétroactif est attaché à un contrat de fusion et procède d'une gestion commerciale normale, les conséquences de cette rétroactivité affectent les résultats de la période au cours de laquelle le contrat a été conclu.

En particulier, pour la détermination de ses résultats imposables, la société absorbante prend en compte, dans le premier bilan établi après fusion, les déficits provenant de la reprise des opérations de la société absorbée depuis la date d'effet de la rétroactivité fixée dans le contrat. Mais cette faculté ne peut en aucun cas conduire à modifier les résultats de la période précédente.

Tenant compte de la jurisprudence du 18 mars 1992 à laquelle elle se réfère, l'administration ajoute que « la doctrine administrative (réponse Dugoin précitée) qui considérait que les parties à l'acte de fusion avaient entendu renoncer aux effets de la rétroactivité lorsque l'évaluation de l'apport appréciée à la date contractuelle d'effet était minorée de la perte probable de la société absorbée afférente à la période intercalaire et que, dès lors, cette perte n'était pas admise en déduction pour la détermination des résultats imposables de la société absorbante, est rapportée. Cette solution sera appliquée pour le règlement des litiges en cours. En conséquence, dès lors que les traités de fusion ou d'apport comporteront expressément une clause de rétroactivité, cette obligation contractuelle s'imposera aux parties comme à l'administration » (BOI 4 I-I-93, n° 25).

821 Les charges et produits enregistrés par la société absorbée deviennent du fait de la clause de rétroactivité des éléments du résultat de la société absorbante. Par exemple, la reprise d'une provision par la société absorbée au cours de la période intercalaire est un élément du résultat de la société absorbante (sur ce point : CAA Paris, 22 décembre 2006, n° 04-1945 ; RJS 2007 n° 4, com. 404). Ainsi, en matière d'amortissements, la société absorbante peut déduire du résultat de l'exercice de fusion les amortissements effectués pendant la période intercalaire et calculés en fonction des valeurs d'apport et de la date d'effet de l'opération d'apport (TA Paris 9 novembre 1995, n° 92-1777, 2e sect., 1re ch. Cette solution a été reprise par l'administration dans son instruction du 3 août 2000). S'agissant des valeurs d'apport, il s'agira soit de la valeur réelle, soit de la valeur comptable selon la configuration de l'opération.

L'INCIDENCE DE LA CLAUSE DE RÉTROACTIVITÉ SUR LE RÉSULTAT FISCAL DES SOCIÉTÉS QUI FUSIONNENT : QUELQUES SITUATIONS...

❶ *Les sociétés absorbée et absorbante clôturent leurs exercices à la même date.* La fusion est réalisée avec effet rétroactif au premier jour de l'exercice de la société absorbante.

C'est le cas le plus simple : la société absorbante reprend dans son résultat fiscal l'ensemble du résultat de la société absorbée depuis le début de l'exercice. À titre personnel, la société absorbée ne dégage donc pas de résultat ; celui-ci est repris par la société absorbante.

❷ *La société absorbante a un exercice qui débute postérieurement à celui de la société absorbée ;* Dans ce cas de figure, la rétroactivité fiscale ne peut remonter au-delà de la date d'ouverture de l'exercice de la société absorbante. La société absorbée va donc déclarer en son nom le résultat allant de la date d'ouverture de son exercice jusqu'à la date d'ouverture de l'exercice de la société absorbante (qui correspond à la date limite de rétroactivité). Le résultat correspondant à la période suivante sera déclaré avec le résultat fiscal de la société absorbante.

❸ *La société absorbante a un exercice qui débute avant celui de la société absorbée.* La définition de la clause de rétroactivité ne permet pas juridiquement de remonter au delà de la date de clôture du dernier exercice clos par la société absorbée. Le résultat dégagé par la société absorbée depuis l'ouverture du dernier exercice est intégré au résultat fiscal de la société absorbante. Le résultat de l'exercice précédent de la société absorbée est déclaré en son nom propre.

822 Il n'en reste pas moins que la clause de rétroactivité est susceptible de soulever quelques difficultés, difficultés dont le traitement a nécessité quelques précisions de la part de l'administration :

– s'agissant tout d'abord des opérations réciproques réalisées entre la société absorbée et la société absorbante, le principe est celui de la neutralisation de leur incidence (BOI 4 I-2-00). Ce principe ne joue cependant pleinement qu'en matière de fusions. En effet, pour les autres opérations de restructurations (scissions et apports partiels d'actifs), la neutralisation des opérations réalisées entre société apporteuse et société bénéficiaire des apports n'est possible qu'au titre des opérations qui relèvent de l'activité apportée. La neutralisation des opérations réciproques va ainsi conduire à devoir neutraliser l'incidence des cessions d'immobilisations éventuellement intervenues entre la société absorbante et la société absorbée durant la période intercalaire. Au plan pratique, ces cessions seront présumées n'avoir jamais existé (sur la cession d'immobilisations au profit d'une entreprise tierce pendant la période de rétroactivité, *voir infra §§ 1124 et s.*). Les opérations étrangères aux activités apportées doivent être prises en considération pour la détermination du résultat de chaque société en présence dans le cas de l'apport partiel d'actif et pour la détermination du résultat des sociétés bénéficiaires des apports dans le cas des scissions ;

– par ailleurs, dans l'hypothèse où la société absorbante a une participation dans le capital de la société absorbée (ou, inversement, une participation de l'absorbée dans le capital de la société absorbante) préalablement à l'opération de fusion, il est possible que des distributions interviennent pendant la période de rétroactivité. En principe, cette distribution n'a pas à être prise en considération au niveau de la société absorbante ; dans le cas où la société absorbante a la qualité de société mère, il n'y a donc pas lieu de tenir compte de la quote-part de frais et charges visée à l'article 216 du CGI dans le résultat de la société absorbante.

823 Le principe de la neutralisation des opérations réciproques s'applique également en comptabilité, le règlement CRC faisant sur ce point la distinction entre les opérations réciproques susceptibles d'affecter le résultat et les opérations réciproques dépourvues d'incidences sur le résultat (voir infra, §§ 827 et s.).

Incidences en matière de droits d'enregistrement

824 La rétroactivité des fusions, si l'on s'en tient aux termes de l'arrêt du Conseil d'État de 1974, n'a de portée qu'en matière d'impôts directs. Cependant, l'administration a eu l'occasion de préciser que dès l'instant où la rétroactivité des fusions est admise au regard de l'impôt sur les sociétés, la même rétroactivité doit être admise en matière de droits d'enregistrement. Il s'agit de la solution la plus communément répandue. On observera cependant que ce commentaire administratif est antérieur à l'arrêt de 1974 qui admet la rétroactivité en matière d'impôts directs (doc. adm. 7 H 3821-11). Les conséquences pratiques demeurent toutefois limitées dans la mesure où, la plupart du temps, la fusion sera soumise à un droit fixe.

Incidences au regard des autres impôts

825 En principe, à l'égard des autres impôts, la clause de rétroactivité est dépourvue d'incidences. En conséquence, la fusion ne peut produire ses effets qu'à la date à laquelle l'opération est devenue définitive. Tel est particulièrement le cas au regard de la contribution économique territoriale et de la TVA. Historiquement, en matière de taxe professionnelle, la cour administrative d'appel de Paris s'était

prononcée en sens contraire, infirmant sur ce point la jurisprudence du Conseil d'État. (CAA Paris, 5e ch., 8 octobre 1998 : Droit fiscal 1998, n° 52, inf. 1170). Mais, dans un arrêt du 16 mars 2001, le Conseil d'État a infirmé la décision rendue par la cour administrative d'appel de Paris. La clause de rétroactivité est donc dépourvue d'incidence en matière de taxe professionnelle (actuelle contribution économique territoriale). Sur cette question, voir également §§ 1461 et s.

Les conséquences comptables de la rétroactivité

826 La question de la rétroactivité est l'objet de difficultés de traitement au plan comptable. Le réglement CRC 2004-01 revient donc sur la question du traitement comptable des opérations réalisées pendant la période de rétroactivité dans le cadre de la fusion. Deux aspects sont abordés : la neutralisation des opérations réciproques et les incidences de l'existence de pertes pendant la période intercalaire.

Les opérations réciproques

827 S'agissant des opérations réciproques, réalisées entre la société absorbante et la société absorbée, le principe est celui de la neutralisation, le réglement CRC préférant parler d'élimination. Pour les opérations n'affectant pas le résultat, comme les créances et les dettes réciproques ou les produits et charges réciproques, la règle est celle de l'élimination complète. Le règlement précise néanmoins que les incidences fiscales de ces opérations continuent d'être comptabilisées ; l'avis fait en particulier référence à la TVA. Il indique également que les effets à recevoir et les effets à payer s'éliminent réciproquement mais, lorsque l'effet à recevoir est remis à l'escompte, le concours bancaire consenti au groupe est substitué à l'effet à payer (CNC, avis n° 2004-01 du 25 mars 2004, § 5.2.1.).

828 Pour les opérations affectant le résultat, les profits et pertes internes ainsi que les plus-values et moins-values réciproques sont éliminés en totalité. S'agissant des dividendes versés par la société absorbée, le règlement CRC considère que si la réalisation de l'opération de fusion intervient après l'assemblée générale ayant approuvé les comptes clos à la date d'effet, afin de répondre à l'obligation juridique de libération du capital, il convient d'inclure les dividendes dans le passif pris en charge. Dans l'hypothèse où la société absorbante détenait une participation dans le capital de l'absorbée, le montant du passif pris en charge doit englober les dividendes devant revenir à la société absorbante. Mais, pour éviter que, en pratique, la société absorbante appréhende à la fois le bénéfice de la société absorbée au titre de la période de rétroactivité et les dividendes auxquels elle a droit au titre de l'exercice précédant la fusion, il est nécessaire d'annuler le produit correspondant à ces dividendes par le crédit du compte de prime de fusion ou report à nouveau si la société souhaite, dans l'exercice de l'opération, distribuer un acompte sur dividendes comprenant ces dividendes reçus pendant la période intercalaire (CNC, avis n° 2004-01 du 25 mars 2004, § 5.2.2.). *A priori*, cette solution comptable coïncide avec la solution fiscale.

La provision pour perte de rétroactivité

829 Au départ, il convient de valider l'obligation de libération des apports qui doit être appréciée à la date de réalisation définitive de l'opération, c'est-à-dire à la date des

assemblées générales extraordinaires des sociétés qui participent à l'opération. Lorsque l'opération est conclue avec une clause de rétroactivité, il est possible que la valeur des apports à la date d'effet devienne, du fait des pertes enregistrées pendant la période intercalaire, supérieure à la valeur réelle globale de la société à la date de réalisation de l'opération. Dans ce cas, une provision pour perte de rétroactivité doit être constatée au passif pris en charge dans le traité d'apport, réduisant d'autant le montant des apports pour répondre à l'obligation de libération du capital. La société absorbante inscrit cette provision dans un sous-compte de la prime de fusion. Il n'est pas possible de porter cette provision à un compte de provision pour risques et charges afin d'éviter que la société absorbante ne reprenne en résultat une provision qui n'a jamais été dotée comptablement. En outre, lors de l'affectation du résultat de la société absorbante, la perte enregistrée par la société absorbée durant la période intercalaire est imputée sur le sous-compte de la prime de fusion. Une fois que cette imputation est réalisée, le solde du sous-compte de la prime de fusion est intégré à la prime de fusion. Par parenthèse, ce mode de traitement de la provision pour perte de rétroactivité est dépourvu de retombées fiscales dans la mesure où sa constitution s'opère par prélèvement sur la prime de fusion.

830 Cependant, le règlement CRC précise que l'existence d'une perte intercalaire n'entraîne pas nécessairement la constitution d'une provision. Au contraire, à la lecture du règlement, il semble que cette constitution se révèle assez peu fréquente.

831 En effet, selon le règlement, lorsque les apports sont évalués à leur valeur réelle, la valeur d'utilité de chacun des apports est estimée en tenant compte des flux de trésorerie futurs. Aussi, ces prévisions de trésorerie prennent en compte les résultats prévisionnels de la période séparant la date d'effet de la fusion de sa date de réalisation. Le réglement CRC en tire la conclusion que la perte de rétroactivité est déjà intégrée dans l'évaluation des apports. Ainsi, sauf événements significatifs non prévus durant la période intercalaire, qui remettraient en cause les évaluations faites, la provision pour perte ne se justifie pas dans un traité d'apport aux valeurs réelles. (Sur cette question, voir également la note d'information sur le commissariat aux apports et à la fusion émise par la CNCC en décembre 2010, § 1142.).

832 La notion d'événement significatif non prévu, susceptible de donner lieu à constitution d'une provision pour perte de rétroactivité est, par exemple, la constatation d'une perte intercalaire supérieure à la perte estimée, la perte exceptionnelle d'un actif, la remise en cause des hypothèses ayant servi à l'évaluation des flux de trésorerie (changement de taux d'actualisation...).

833 De même, lorsque les apports sont évalués à la valeur comptable, la valeur totale des apports inscrite dans le traité est en général inférieure à la valeur globale de la société absorbée. Dès lors, la constitution d'une provision ne semble pas justifiée.

COMMISSARIAT AUX APPORTS ET PÉRIODE DE RÉTROACTIVITÉ

Selon la CNCC, le commissaire aux apports vérifie que des événements postérieurs à la date d'évaluation des apports n'ont pas généré de pertes susceptibles de remettre en cause les valeurs attribuées. Ces contrôles vont essentiellement porter sur les conséquences d'événements survenant pendant la période comprise entre la date de prise d'effet de l'opération et la date à laquelle le commissaire aux apports va émettre son rapport. Selon la Compagnie, ces événements peuvent avoir exceptionnellement un effet sur la valeur globale des apports (perte d'un marché important, sinistre,...) mais plus fréquemment sur la valeur individuelle des apports (pertes survenues pendant la période de rétroactivité, cession d'un élément de patrimoine apporté, ...). La Compagnie préconise que le commissaire aux apports puisse repérer ces événements soit par le biais de procédures analytiques, soit par le biais d'entretiens avec les dirigeants afin de recueillir des informations. Au final, le commissaire aux apports doit vérifier que l'incidence négative de ces éléments a été prise en compte dans le traité d'apport. Dans l'avis technique sur la mission de commissariat aux apports, la CNCC préconise au commissaire aux apports de définir les diligences appropriées en s'inspirant par exemple de celles prévues par la NEP 560 relative aux événements postérieurs à la clôture de l'exercice. Le même avis préconise de mentionner dans le rapport la prise en compte de l'existence d'une période de rétroactivité dans l'appréciation de la valeur des apports (CNCC, note d'information sur le commissariat aux apports et à la fusion, avis technique sur la mission de commissariat aux apports, décembre 2010).

Les limites à la rétroactivité fiscale des fusions

834 La clause de rétroactivité dans les fusions s'accompagne nécessairement de retombées fiscales. Le choix de la date de la fusion peut ainsi avoir des conséquences plus ou moins bénéfiques sur le coût fiscal global de l'opération ; il revient aux sociétés en présence d'opérer les arbitrages nécessaires.

Pour l'administration cependant, le recours à la clause de rétroactivité doit répondre à des nécessités économiques, ainsi qu'au souci de faciliter le déroulement pratique des opérations, et il ne saurait être question d'utiliser une clause de rétroactivité pour des considérations purement fiscales.

835 Selon l'administration, « le contrat de fusion et la clause de rétroactivité qu'il comporte s'inscrivent dans le cadre d'une gestion commerciale normale. Le service doit donc, dans chaque cas, s'assurer que la fusion ne recouvre pas, en réalité, une opération inspirée par des préoccupations de pur intérêt fiscal. Il en serait ainsi s'il apparaissait que la fusion a essentiellement pour cause l'économie d'impôt résultant de la compensation entre les bénéfices de la société absorbante et les pertes de la société absorbée » (BOI 4 I-1-75 ; doc. adm. 4 I-1223).

On remarquera que, jusqu'à présent, la jurisprudence n'a guère fourni d'illustrations de ce possible abus de droit par le biais d'une clause de rétroactivité.

Le choix du régime fiscal de la fusion

880 Le régime fiscal des fusions se caractérise par sa dualité. On oppose traditionnellement l'existence d'un régime dit « de faveur » au régime de droit commun. Et très naturellement, lorsqu'un régime réputé de faveur se juxtapose à un régime normal, le bon sens le plus élémentaire conduit à s'orienter par priorité vers le régime dit de faveur.

En matière de fusion cependant, un tel raisonnement est tout simplement inopérant. Deux raisons principales justifient cette situation. En premier lieu, le régime de faveur n'est pas d'application générale et certaines opérations de fusion en sont tout simplement exclues. En second lieu, la mise en œuvre du régime de faveur est assortie de limites dont la nature et les répercussions peuvent justifier une désaffection pour ce régime et un retour au régime de droit commun.

On le constate, l'apparence ne doit pas être trompeuse ; les dispositions généralement présentées comme des mesures de faveur peuvent en pratique se traduire par une sous-optimisation fiscale de l'opération de fusion. Ainsi, une véritable réflexion doit-elle systématiquement précéder le choix du régime sous lequel sera placée l'opération.

La définition fiscale des fusions de sociétés

881 Jusqu'en 2002, le droit fiscal français ne comportait pas de définition générale des opérations de fusion de sociétés. La seule définition existante au plan fiscal était soit celle donnée en matière de droits d'enregistrement, soit celle donnée dans le cadre de la directive communautaire du 23 juillet 1990 recodifiée en 2009. La loi de finances pour 2002 a modifié considérablement cette situation en introduisant une définition fiscale des fusions, définition qui s'accompagne d'autres mesures importantes relatives aux opérations de restructuration. Ces dispositions ont été adoptées afin « de moderniser le dispositif fiscal applicable aux opérations de développement des entreprises et de rendre plus transparent le régime actuel des décisions administratives » (M. Charzat, Rapport au Premier ministre, « L'attractivité fiscale du territoire français », juillet 2001).

882 Les fusions de sociétés sont définies par la loi fiscale comme étant les opérations par lesquelles :

« a – une ou plusieurs sociétés absorbées transmettent, par suite et au moment de leur dissolution sans liquidation, l'ensemble de leur patrimoine à une autre société préexistante absorbante, moyennant l'attribution à leurs associés de titres de la société absorbante et, éventuellement, d'une soulte ne dépassant pas 10 % de la valeur nominale de ces titres ;

b – deux ou plusieurs sociétés absorbées transmettent, par suite et au moment de leur dissolution sans liquidation, l'ensemble de leur patrimoine à une société absorbante qu'elles constituent moyennant l'attribution à leurs associés de titres de la société absorbante et, éventuellement, d'une soulte ne dépassant pas 10 % de la valeur nominale de ces titres. »

883 L'article 210-0 A du code général des impôts est complété par un 3° consacré aux fusions dans lesquelles la société absorbante détient l'intégralité du capital de la société absorbée. Cette disposition étend la définition des fusions (et scissions) aux opérations pour lesquelles il n'est pas procédé à l'échange de titres de la société absorbante ou bénéficiaire des apports contre des titres de la société absorbée (ou scindée) lorsque ces titres sont détenus soit par la société absorbante ou bénéficiaire de l'apport, soit par la société absorbée (ou scindée).

Les conséquences de la définition fiscale des fusions

884 Par rapport à la situation antérieure, la définition introduite dans le code général des impôts, et qui reprend la distinction usuelle entre la fusion absorption et la fusion par création de société nouvelle, vise à définir l'opération de fusion par rapport à quatre critères, qui sont :
– la dissolution sans liquidation d'une société ;
– la transmission de l'ensemble du patrimoine ;

– l'attribution aux associés de la société absorbée de titres de la société absorbante ou nouvelle ;
– l'éventualité d'une soulte attribuée aux associés dans la limite de 10 % de la valeur nominale des titres.

885 On constate ainsi que, du point de vue fiscal, l'opération de fusion est essentiellement définie par rapport aux effets que produit l'opération. Cette approche n'est pas neutre dans la mesure où elle va conduire à une extension du domaine d'application de la notion de fusion au-delà de la seule définition juridique de la fusion.

886 Il faut en effet se souvenir que, jusqu'à l'adoption de la loi de finances pour 2002, l'administration s'en tenait, notamment pour l'application du régime de faveur des fusions, à une référence aux opérations susceptibles d'être qualifiées juridiquement de fusions (instr. 25 octobre 2002, BOI 4J-2-02, § 2). Se trouvaient ainsi exclues du dispositif :
– *la dissolution-confusion*, visée par l'article 1844-5 du code civil, et qui, selon l'administration, ne pouvait bénéficier du régime de faveur des fusions, parce que ne correspondant pas à la définition des fusions au sens du code de commerce. Ainsi, dans son instruction du 11 août 1993, l'administration avait-elle rappelé que « le régime de faveur prévu à l'article 210 A du CGI peut donc s'appliquer à une opération de fusion qui ne donne pas lieu à l'émission de titres par la société absorbante, dès lors que cette opération est réalisée dans les conditions prévues aux articles 371 et suivants de la loi du 24 juillet 1966 susvisée (dispositions aujourd'hui intégrées dans le code de commerce). En revanche, ce dispositif ne peut s'appliquer aux opérations de dissolution sans liquidation qui sont réalisées dans le seul cadre des dispositions de l'article 1844-5 du code civil (instr. 11 août 1993, § 23) ». Cette position était toutefois déjà largement affaiblie depuis l'adoption de la directive du 23 juillet 1990 dans la mesure où la dissolution-confusion figure au nombre des opérations visées par la directive communautaire. Le rapport Charzat, dans son volet consacré aux opérations de restructuration, préconisait au demeurant l'extension du régime de faveur des fusions aux opérations de dissolution-confusion. Depuis l'introduction de l'article 210-0-A, les opérations de dissolution-confusion ou de fusion par confusion de patrimoine peuvent bénéficier du régime de faveur des fusions. L'administration indique en particulier que sont admises au régime de faveur : « les opérations pour lesquelles il n'est pas procédé à l'échange de titres de la société absorbante contre des titres de la société absorbée lorsque ces titres sont détenus soit par la société absorbante, soit par la société absorbée. En effet, dans ces situations, la société absorbante n'est pas tenue de remettre des titres en contrepartie de l'apport » (instr. 25 octobre 2002 : BOI 4 I-2-02, § 4). Ainsi, dans le cadre d'une opération de fusion entre une société mère et une filiale détenue à 100 %, le régime de faveur des fusions peut s'appliquer, que la fusion soit faite selon le régime juridique de la fusion simplifiée ou selon le régime de la fusion par confusion de patrimoine prévue par le code civil (voir infra, 2e partie : La dissolution-confusion) ;
– *certaines opérations de restructuration mettant en présence des sociétés étrangères* parce que non représentatives d'une opération de fusion au sens juridique du terme. Dans son instruction du 3 août 2000, l'administration avait en effet rappelé que les opérations transfrontalières ne pouvaient accéder au régime de faveur que si ces opérations étaient régulières d'un point de vue juridique, validité appréciée au regard des règles du droit international privé. Par ailleurs, le régime

de faveur ne pouvait s'appliquer qu'aux opérations juridiques considérées comme des fusions, des scissions et des apports partiels d'actifs au sens de la législation des États concernés (instr. 3 août 2000 : BOI 4 I-2-00, § 8). Cette doctrine est rapportée dans la mesure où il n'est plus nécessaire et suffisant que l'opération soit considérée comme une fusion au sens de la législation des États concernés, si elle présente les caractéristiques décrites à l'article 210-0 A du CGI (instr. 25 octobre 2002 : BOI 4 I-2-02, § 6).

887 La définition introduite par le nouvel article 210-0 A élargit de cette manière le champ d'application du régime de faveur des fusions. Mais cette définition a vocation à s'appliquer au-delà du seul régime de faveur des fusions et à servir de référence pour d'autres régimes ou dispositifs qui renvoient à la notion de fusion.

La portée de la définition fiscale des fusions

888 Dans la mesure où de nombreuses dispositions fiscales font référence à la notion de fusion, l'introduction d'une définition fiscale des fusions dans la loi fiscale conduit immédiatement à se demander si cette définition est d'application générale ou est limitée à la notion de fusion telle que retenue par certains textes fiscaux. En réalité, c'est cette deuxième voie qui a été choisie et l'article 210-0 A énumère les textes ou dispositifs qui sont visés par la définition fiscale des fusions. Ces textes concernent soit la situation des sociétés qui participent à des opérations de fusions, soit les associés de ces mêmes sociétés. Le tableau suivant en donne un aperçu (instr. 25 octobre 2002 : BOI 4 I-2-02, § 15).

Sociétés	Art. 210 A à 210 C Art. 209-II Art. 220 quinquies Art. 223 A à 223 U Art. 151 octies A	Application du régime de faveur des fusions Transfert de déficit sur agrément Régime du report en arrière des déficits Fusions et régime fiscal de groupe (intégration fiscale) Fusions de SCP - Plus-values en report
Associés	Art. 38-7 bis Art. 93 quater V Art. 112, 115, 120 et 121	Plus-value d'échange placée en sursis d'imposition Plus-value d'échange à caractère professionnel - catégorie BNC Non-application du régime des distributions dans le cadre des restructurations

889 Naturellement, on peut comprendre aisément l'intérêt que présente l'introduction par voie législative d'une définition fiscale des fusions qui met fin à un certain nombre d'interdictions ou de restrictions posées par l'administration sur le champ d'application du régime de faveur des fusions. Deux points paraissent toutefois de nature à tempérer cet optimisme. D'une part, on peut s'interroger sur la réelle nécessité d'introduire une définition fiscale des opérations de fusions, définition qui se veut précisément différente de la définition juridique, mais qui ne reprend pas parfaitement non plus les définitions qui existent, en particulier, au plan communautaire. N'aurait-il pas été préférable d'introduire une disposition précisant que l'application des dispositifs précités de faveur concernait non seulement la fusion au sens juridique du terme mais également des opérations telles que la dissolution-confusion ou encore certains apports à des sociétés étrangères. Il n'est pas certain que cette nouvelle marque d'autonomie du droit fiscal, conduisant à dissocier fusion fiscale et fusion juridique, soit, à terme, une source de simplification.

Par ailleurs, le fait de limiter le champ d'application de cette définition à certains textes fiscaux risque de compliquer davantage encore les choses. Ainsi, par exemple, l'article 1518 B, relatif à la contribution économique territoriale, n'est pas visé par la définition de l'article 210-0 A. Ainsi, faut-il en conclure que la notion de fusion, au sens de l'article 1518 B, renvoie exclusivement à la fusion au sens juridique du terme.

D'autre part, on peut sans doute regretter que la question de l'alignement du droit fiscal français sur la directive communautaire ne soit pas non plus complètement réglée, même si des progrès certains semblent réalisés. La définition fiscale des fusions qui a été retenue se rapproche certes de la définition communautaire, sans toutefois la reprendre ; ensuite, sur certains domaines, en particulier les modalités de calcul des plus-values dans le cadre des opérations d'apport partiel d'actif, le droit fiscal français n'est pas calé sur les dispositions applicables aux restructurations intracommunautaires. Ces divergences transparaissent peu actuellement compte tenu de la fiscalité applicable aux cessions de titres de participation dans les sociétés soumises à l'IS.

Les définitions des fusions de sociétés	
Code de commerce Art. 236-3	La fusion ou la scission entraîne la dissolution sans liquidation des sociétés qui disparaissent et la transmission universelle de leur patrimoine aux sociétés bénéficiaires, dans l'état où il se trouve à la date de réalisation définitive de l'opération. Elle entraîne simultanément l'acquisition, par les associés des sociétés qui disparaissent, de la qualité d'associés des sociétés bénéficiaires, dans les conditions déterminées par le contrat de fusion ou de scission.
CRC Règlement 2004-01	Fusion de sociétés : opération ainsi définie à l'article L. 236-1 du code de commerce « une ou plusieurs sociétés peuvent, par voie de fusion, transmettre leur patrimoine à une société existante ou à une nouvelle société qu'elles constituent ». La fusion est une opération par laquelle une société disparaît, soit lors de son absorption par une autre société (fusion-absorption), soit parce qu'elle participe avec d'autres personnes morales à la constitution d'une nouvelle société (fusion par création d'une nouvelle société).
Directive du 23 juillet 1990 (devenue directive du 19 octobre 2009)	Art. 2 : Aux fins de l'application de la présente directive, on entend par : a) fusion : l'opération par laquelle : – une ou plusieurs sociétés transfèrent, par suite et au moment de leur dissolution sans liquidation, l'ensemble de leur patrimoine, activement et passivement, à une autre société préexistante, moyennant l'attribution à leurs associés de titres représentatifs du capital social de l'autre société et, éventuellement, d'une soulte en espèces ne dépassant pas 10 % de la valeur nominale ou, à défaut de valeur nominale, du pair comptable de ces titres ; – deux ou plusieurs sociétés transfèrent par suite et au moment de leur dissolution sans liquidation, l'ensemble de leur patrimoine activement et passivement, à une autre société qu'elles constituent, moyennant l'attribution à leurs associés de titres représentatifs du capital de la société nouvelle et, éventuellement, d'une soulte en espèces ne dépassant pas 10 % de la valeur nominale ou, à défaut de valeur nominale, du pair comptable de ces titres ; – une société transfère, par suite et au moment de sa dissolution sans liquidation, l'ensemble de son patrimoine, activement et passivement, à la société qui détient la totalité des titres représentatifs de son capital social.

Les définitions des fusions de sociétés	
CGI art. 210-0 A	1° S'agissant des fusions aux opérations par lesquelles : a. Une ou plusieurs sociétés absorbées transmettent, par suite et au moment de leur dissolution sans liquidation, l'ensemble de leur patrimoine à une autre société préexistante absorbante, moyennant l'attribution à leurs associés de titres de la société absorbante et, éventuellement, d'une soulte ne dépassant pas 10 % de la valeur nominale de ces titres ; b. Deux ou plusieurs sociétés absorbées transmettent, par suite et au moment de leur dissolution sans liquidation, l'ensemble de leur patrimoine à une société absorbante qu'elles constituent, moyennant l'attribution à leurs associés de titres de la société absorbante et, éventuellement, d'une soulte ne dépassant pas 10 % de la valeur nominale de ces titres ; 2° (...)
CGI art. 210-0 A	3° Aux opérations décrites au 1° et au 2° pour lesquelles il n'est pas procédé à l'échange de titres de la société absorbante ou bénéficiaire de l'apport contre des titres de la société absorbée ou scindée lorsque ces titres sont détenus soit par la société absorbante ou bénéficiaire de l'apport, soit par la société absorbée ou scindée.
CGI art. 301 B et 301 C, ann. II	Art. 301 B - Constitue une fusion : – soit la formation d'une société relevant du statut fiscal des sociétés de capitaux par plusieurs sociétés qui transfèrent l'ensemble de leur actif et de leur passif à la nouvelle société, – soit le transfert à une société, relevant du statut fiscal des sociétés de capitaux par une ou plusieurs sociétés de l'ensemble de leur actif et de leur passif, lorsque, dans les deux cas, la ou les sociétés apporteuses sont dissoutes et les apports rémunérés dans les conditions prévues à l'article 301 F. Art. 301 C - Est assimilée à une fusion l'opération qui aboutit au transfert à une société relevant du statut fiscal des sociétés de capitaux, en voie de formation ou préexistante, de droits représentant 75 % au moins du capital d'une société relevant du même statut, lorsque ces deux sociétés ont leur siège de direction effective ou leur siège statutaire soit en France, soit dans un autre État membre de la Communauté européenne, et que les apports sont rémunérés dans les conditions prévues à l'article 301 F.

FOCUS

La directive fusions

En matière de fiscalité directe, les directives communautaires sont relativement peu nombreuses. La directive sur la fiscalité de l'épargne, la directive mère-filles et la directive fusions constituent l'essentiel. Pour le reste, face aux très grandes disparités des législations nationales, une réflexion a été entamée sur la nécessité de travailler à une harmonisation des bases d'imposition à l'impôt sur les sociétés.

En matière de fusions et opérations assimilées, la directive fusions dans sa version d'origine a été adoptée le 23 juillet 1990 (une première proposition de directive avait vu le jour en 1969 mais n'avait pas été adoptée : 16 janvier 1969, COM (69) final du 15 janvier 1969 : JO n° C 39 du 22 mars 1969 ; directive du Conseil 90/434/CEE concernant le régime fiscal commun applicable aux fusions, scissions, apports d'actifs et échanges d'actions intéressant les sociétés d'États membres différents. La directive fusions est prise en application de l'article 94 du traité. Entrée en vigueur le 30 juillet 1990, la directive instaurait le 1er janvier 1992 comme date limite de transposition dans les États membres.). Au terme d'une période de quinze ans, la Commission a déjà pu faire un premier bilan de l'application de la directive et s'orienter vers des propositions de modifications. Ces propositions ont finalement débouché sur l'adoption d'une nouvelle directive en date du 17 février 2005. Cela étant, même dans sa rédaction d'origine, il faut constater que la directive fusions n'a pas été véritablement utilisée « à plein régime » dans la mesure où, au regard du droit des sociétés, les choses ont avancé beaucoup moins vite en raison des difficultés rencontrées par les pays membres pour se mettre d'accord sur une directive droit des sociétés. Toutes les propositions ont été tour à tour repoussées et la directive fiscale est longtemps restée une référence pour les opérations d'apport partiel d'actif, les opérations d'échanges de titres plus que pour les véritables opérations de fusions ou de scissions. Des progrès ont néanmoins été enregistrés dans le domaine du droit des sociétés avec l'adoption du règlement relatif à la société européenne. L'adoption de ce règlement a, de fait, renvoyé la balle dans le camp des fiscalistes, la directive fusions dans sa rédaction de 1990 n'envisageant pas le cas de la société européenne. De la même manière, l'adoption de la directive droit des sociétés en octobre 2005 devrait enfin contribuer à modifier le paysage juridique et fiscal des restructurations communautaires.

1 – La directive fusions du 23 juillet 1990 et ses limites

Ces limites ont été mises en lumière dans une étude de synthèse présentée par les services de la Commission en 2001 (la fiscalité des entreprises dans le marché intérieur SEC (2001) 1681 ; Communication de la Commission au Conseil, au Parlement européen et au Comité économique et social : « Vers un marché intérieur sans entraves fiscales - Une stratégie pour permettre aux entreprises d'être imposées sur la base d'une assiette consolidée de l'impôt sur les sociétés couvrant l'ensemble de leurs activités dans l'Union européenne » : COM (2001), 582 final ; Voir également : Communication de la Commission au Conseil, au Parlement européen et au Comité économique et social : « Politique fiscale de l'Union européenne », COM (2001), 260 final, JO C 284 du 10 octobre 2001).

Les limites juridiques

Ces limites tiennent, en premier lieu, à l'absence de réglementation communautaire qui a longtemps été la règle en matière de droit des sociétés. Dans les faits, cette difficulté de nature juridique a confirmé pendant quinze ans la directive fiscale aux opérations d'apports partiels d'actifs ou d'échange d'actions. Les véritables opérations de fusions entre sociétés relevant d'États membres différents ne sont devenues possibles dans un premier temps qu'avec l'apparition de la société européenne. Enfin, l'adoption de la directive 2005/56 du 25 octobre 2005 sur les fusions transfrontalières a réellement permis d'envisager la réalisation d'opérations intracommunautaires (directive 2005/56 du 26 octobre 2005 transposée aux articles L. 236-25 à L. 236-22 du code de commerce).

Les limites liées au champ d'application de la directive

La directive fusions a vocation à s'appliquer aux sociétés soumises à l'impôt sur les sociétés mais qui revêtent, au plan juridique, certaines formes bien précises énoncées dans l'annexe à la directive. Or, près de quinze ans après l'adoption de la directive, force est de constater que certaines formes sociales, bien que soumises à l'impôt sur les sociétés, ne sont pas visées par la directive. On peut citer, par exemple, le cas des sociétés par actions simplifiées en France, mais la situation est la même pour les autres pays (sociétés coopératives belges...). Dans le même ordre d'idées, dans certains pays, certaines sociétés de personnes peuvent, sur option, être assujetties à l'impôt sur les sociétés. Or, l'assujettissement à l'IS sur option n'est pas visé par la directive. Une première tentative de mise à jour de la directive a eu lieu en 1993 pour pallier cette carence, mais les États membres ne sont pas parvenus à adopter une position commune sur le statut des sociétés de personnes.

Les limites liées au champ d'application de la directive touchent également les opérations de restructuration visées par la directive. À titre d'illustration, la directive de 1990 ne couvre pas les opérations de filialisation des succursales. Même si l'opération entre a priori dans l'esprit du texte, la rédaction du texte de la directive de 1990 s'y oppose.

Les limites liées à la transposition de la directive par les États membres

Dans son analyse, la Commission parvient au constat que la transposition de la directive dans les législations internes peut poser problème. Ces problèmes ont une double origine.

Ils peuvent provenir de mesures adoptées dans le cadre de la transposition des directives qui apparaissent peu conformes à l'esprit de cette directive. Il s'agit, pour l'essentiel, de ce que l'on appelle les clauses anti-abus dont certaines se traduisent, par exemple, par l'obligation de conserver les titres reçus en contrepartie des apports pendant un certain délai. On comprend bien le souci des législations qui ont adopté ces mesures : éviter que, sous couvert d'apport, d'échange ou de restructurations, ne se cachent de véritables opérations de cession. Mais, le fait d'imposer de manière systématique un délai de conservation, quelle que soit la configuration de l'opération, paraît peu conforme à la directive (c'est notamment le sens de la jurisprudence Leur-Bloem de 1997), d'autant que ce délai apparaît très long dans certains États (on relève parfois des engagements de conservation de sept ans comme en Allemagne, par exemple. La France a ramené son délai de conservation à trois ans).

Les difficultés sont liées également à l'existence, dans les législations nationales, de dispositions qui prévoient des taxations dans des domaines pour lesquels la directive ne prévoit rien. En d'autres termes, certains États semblent s'être engouffrés dans des zones de silence de la directive. Il suffit d'évoquer la situation bien connue des apports partiels d'actifs pour lesquels la société apporteuse, lorsqu'elle revend les titres reçus en contrepartie de l'apport, a l'obligation de calculer les plus-values en fonction de la valeur comptable, dans ses écritures, des biens qui ont fait l'objet de l'apport partiel d'actif. La même situation peut se rencontrer dans des opérations d'échanges d'actions. Quelle que soit l'opération, cette modalité de calcul de la plus-value conduit à une double imposition économique qui paraît difficilement compatible avec l'esprit de la directive, même si la lettre du texte de la directive n'interdit pas de procéder ainsi.

De la même manière, les interférences avec la directive mère-filles peuvent nuire à la mise en œuvre de la directive fusions. En effet, la directive mère-filles prévoit l'application du régime des sociétés mères aux participations qui représentent au moins 25 % du capital de la filiale. Or, les opérations de restructuration telles que les fusions provoquent des effets de dilution du capital et risquent d'abaisser les taux de participation à des niveaux inférieurs aux 25 %. Par voie de conséquence, la directive mère-filles est un frein à la pleine réalisation des opérations de restructuration.

Toujours dans le cadre des limites à la mise en œuvre de la directive, il convient d'évoquer la situation des déficits de la société absorbée. Un certain nombre d'États ont en effet dans leur législation interne des dispositifs qui interdisent ou restreignent fortement la transmission des déficits de la société absorbée à la société absorbante. Ces limites ou restrictions constituent un frein très net à la mise en œuvre des opérations de restructurations. Selon la Commission, ces restrictions sont telles que « certaines entreprises de l'Union européenne sont susceptibles de renoncer aux opérations de restructuration qu'elles envisageaient ou de les reporter, ce qui ne peut qu'influencer négativement leur situation concurrentielle (« La fiscalité des entreprises dans le marché intérieur », [SEC (2001) 1681], p. 246) ». La France a largement revu sa position en ce domaine dans le cadre de la loi de finances pour 2002 ; certes, la transmission des déficits de l'absorbée à l'absorbante reste subordonnée à l'obtention d'un agrément, mais l'agrément, jusque-là discrétionnaire, s'est transformé en agrément de plein droit.

Enfin, la Commission souligne l'existence, dans certains États, de droits de mutation dont, notamment, des taxes de publicité foncière sur l'apport de biens immeubles ou d'activités de sociétés, droits qui peuvent parfois représenter 10 % de la valeur des immeubles apportés dans le cadre de fusions de sociétés.

Ainsi, la révision de la directive fusions est progressivement apparue comme inéluctable. Cette révision devait déboucher sur une nouvelle proposition de directive.

2 – La proposition d'une nouvelle directive en 2005

Il a fallu moins de trois ans pour constater les premières difficultés d'application de la directive fusions. Ce constat devait déboucher sur une première proposition de nouvelle directive en 1993, proposition qui ne devait toutefois pas aboutir pour des problèmes de divergences de vue sur la question du champ d'application de la directive liées à des disparités entre les droits commerciaux des différents États (proposition du 26 juillet 1993 : COM (93), 293 final, CNS 0915 - JO C 225, du 20 août 1993).

Une nouvelle proposition de directive émanant du Conseil, en date du 17 octobre 2003 (proposition de directive du Conseil du 17 octobre 2003 : COM, 2003, 613), fut élaborée et remplace désormais la proposition de 1993. Cette proposition avait pour objet de supprimer les difficultés apparues avec le texte de 1990 et prenait également en compte la nécessité affirmée par les instances européennes d'améliorer la compétitivité de l'économie européenne avec, en particulier, la mise en place d'un cadre général favorisant l'activité économique dans l'Union européenne (Conseil européen de Lisbonne, mars 2000 ; Conseil européen de Stockholm, mars 2001). Finalement, cette proposition devait déboucher sur l'adoption d'une nouvelle directive en date du 17 février 2005 (directive 2005/19/CE). Les États ont eu l'obligation de la transposer avant le 1er janvier 2007.

Si l'on veut résumer les aménagements contenus dans cette directive, on peut les regrouper en quatre points :

– la proposition de directive reprend, pour la mettre à jour, *la liste des sociétés auxquelles la directive a vocation à s'appliquer*. La liste intègre désormais de nouvelles formes de sociétés ou entités juridiques particulières. La Commission indique que la liste englobe notamment certaines coopératives et sociétés sans capital actions, sociétés mutuelles, caisses d'épargne, fonds et associations exerçant des activités commerciales. La liste inclut également la société européenne et la société coopérative européenne (société européenne susceptible d'être créée à partir de 2004 et société coopérative européenne à partir de 2006). Pour la France, la directive vise les sociétés dénommées : société anonyme, société en commandite par actions, société à responsabilité limitée, société par actions simplifiées, société d'assurances mutuelles, sociétés civiles qui sont automatiquement assujetties à l'impôt sur les sociétés, coopératives, unions de coopératives ainsi qu'établissements et entreprises publics. Par rapport à la liste précédente, font leur apparition les SAS et les sociétés civiles qui sont automatiquement soumises à l'IS. On observera au passage que la directive évoque toujours la notion de sociétés assujetties de plein droit à l'IS. Il en résulte que la directive ne vise pas les sociétés relevant de l'impôt sur les sociétés sur option. À cet égard, la situation française va au-delà de la directive pour l'application du régime de faveur ;

– la proposition de directive s'attache précisément à *la situation de la société européenne*, en spécifiant que le transfert du siège d'une société européenne d'un État membre à un autre n'aboutit pas directement à l'imposition des plus-values (Art. 8 du statut de la société européenne et 7 du statut de la société coopérative européenne. Règlements CE 2157/2001 et CE 1435/2003. Le transfert du siège social s'inspire de la liberté fondamentale que constitue le droit d'établissement, liberté qui ne doit pas être entamée par des règles fiscales discriminatoires). La Commission précise, sur ce point, que la réalisation du transfert du siège, qui est spécifiquement prévue par les statuts

de la société européenne, ne doit pas être entravée par des règles fiscales discriminatoires ou par des restrictions ou des distorsions qui violeraient le traité de la Communauté ;
– la proposition de directive énonce également que *le régime de report d'imposition* des plus-values a vocation à s'appliquer dans l'hypothèse de la filialisation d'une succursale implantée dans un autre État membre. À cet égard, la proposition de directive tente de clarifier le régime applicable à la filialisation, opération qui était source de difficultés dans le cadre de la rédaction antérieure de la directive ;
– la proposition de directive fait apparaître une nouvelle forme d'opération de restructuration, *la scission avec échange d'actions* que l'on appellera sans doute plus communément la scission partielle. Dans la scission partielle, la société procède à l'apport d'une partie de son patrimoine au profit d'une autre société, partie constituée d'une ou plusieurs branches complètes et autonomes d'activité, et reçoit en contrepartie des titres. Ces titres sont ensuite répartis entre les associés de la société scindée. A priori, il semble que cette opération corresponde à ce que nous connaissons en France sous la forme de l'apport partiel d'actif portant sur une branche complète et autonome d'activité, avec répartition, dans le délai d'un an, des titres reçus en contrepartie de l'apport entre les associés au titre de l'article 115-2 du CGI. En France, cependant, la répartition dans le délai d'un an n'est possible que sur la base d'un agrément ;
– la directive se propose également d'harmoniser la notion de participation détenue dans le capital de la société apporteuse avec la participation au sens ou l'entend la directive sociétés-mères et filiales, soit 10 %. De manière plus précise, il faut rappeler que si la société absorbante détient une participation dans le capital de la société absorbée, l'annulation de la participation peut faire apparaître une plus-value. Cette plus-value (que nous connaissons sous l'appellation de boni de fusion) ne doit pas être imposée aux termes de l'article 7 de la directive. Toutefois, les États membres ont la faculté de déroger à cette non-imposition lorsque la participation dans le capital de la société apporteuse est inférieure à 10 %. Ce seuil de 10 % a vocation à se substituer au seuil de 25 % jusque-là en vigueur. La proposition de directive revient également sur les modalités de calcul des plus-values sur titres lorsque les apports sont rémunérés non pas par augmentation de capital mais par la remise de titres auto-détenus. Sur cette question, la position retenue par le projet de directive semble s'éloigner de la position française actuellement en vigueur.

Enfin, on notera que la proposition de directive envisageait de revenir sur la question de l'éventuelle double imposition de certaines plus-values, tout particulièrement dans le cas des apports partiels d'actifs. En effet, lorsqu'une société réalise une opération d'apport partiel d'actif portant, par exemple, sur une branche complète d'activité, elle reçoit des titres en contrepartie de l'apport. Lorsque la société apporteuse décide ensuite de céder les titres reçus en contrepartie de l'apport, la législation commande parfois de calculer les plus-values de cession en prenant comme référence non pas la valeur des titres lors de l'apport partiel mais la valeur d'origine (la valeur comptable) des biens compris dans l'opération d'apport. Il en résulte une situation de double imposition. Cette double imposition n'est certes pas directement contraire à la lettre de la directive, qui ne donne aucune prescription quant à la valorisation des titres reçus par voie d'échange, mais cette double imposition est contraire aux objectifs poursuivis par la directive. La proposition de directive suggérait donc que les titres reçus par la société apporteuse se voient attribuer leur valeur réelle au moment de l'apport des actifs. Mais cette modification est restée au stade de la proposition et la directive du 17 février 2005 n'évoque pas la question…

3 – L'épilogue : la directive du 19 octobre 2009

Après l'adoption de la directive de 2005, la réglementation européenne en la matière de fiscalité des fusions s'est stabilisée si on veut bien excepter la modification intervenue en 2006 pour tenir compte de l'adhésion de la Roumanie et de la Bulgarie, modification introduite par la directive 2006/98 du 20 novembre 2006. L'étape suivante fut plus radicale et a consisté à proposer une version consolidée de la directive de 1990. Elle n'apporte rien de nouveau sur le fond, mais propose une version consolidée et par voie de conséquence recodifiée de la directive du 23 juillet 1990 qui se trouve abrogée par la même occasion. Le texte de la directive 2009/133 du 19 octobre 2009 est présenté en annexe.

Régime fiscal des fusions : à propos des divergences entre législation interne et directive communautaire

(Arrêt CJCE 17 juillet 1997 - Leur-Bloem)

Il subsiste encore des points de divergence entre les dispositions du CGI qui s'appliquent aux opérations franco-françaises de fusions, scissions et apports partiels d'actif et le contenu de la directive du 23 juillet 1990 applicable aux opérations entre sociétés d'États membres différents. Ces divergences confèrent, en pratique, un caractère plus restrictif ou plus contraignant aux fusions internes par rapport aux fusions dites transnationales. Il suffit, à titre d'illustration, d'évoquer le régime fiscal applicable aux apports partiels d'actif et en particulier l'engagement de conservation des titres reçus en rémunération de l'apport. Un tel engagement est inexistant dans le cadre de la directive européenne. Il en est de même, toujours dans le cadre des apports partiels d'actif, des modalités de calcul des plus-values fixées par l'article 210 B. Ainsi, et sans doute de manière regrettable, faut-il constater la juxtaposition de deux dispositifs fiscaux : le premier applicable aux opérations purement internes et le second applicable aux opérations internationales.

Ce constat fut, semble-t-il, ébranlé par un arrêt de la Cour de justice des Communautés européennes du 17 juillet 1997 (arrêt Leur-Bloem) dans lequel la Cour a établi sa compétence dans le cadre d'une opération de restructuration purement interne, en l'espèce un apport partiel d'actif en territoire néerlandais. En d'autres termes, cela semblait signifier que la directive avait vocation à s'appliquer aux opérations non seulement transnationales mais également purement internes aux États membres. Transposée au cas de la France, cette décision laissait alors potentiellement entrevoir la possibilité de soulever l'incompatibilité de certaines dispositions internes jugées non conformes à la directive.

En réalité, la lecture attentive de l'arrêt Leur-Bloem incite à la prudence. En effet, la Cour de justice reconnaît sa compétence pour interpréter le droit communautaire lorsque celui-ci ne régit pas directement la situation en cause (opération purement interne) mais uniquement quand le « législateur national a décidé, lors de la transposition en droit national des dispositions d'une directive, d'appliquer le même traitement aux situations purement internes et à celles régies par la directive, en sorte qu'il a aligné sa législation interne sur le droit communautaire ». Or, dans le cas de la France, la question est précisément de savoir s'il est possible de considérer que le législateur a aligné le régime fiscal interne des fusions sur le droit communautaire. En la matière, les analyses semblent diverger et la portée de l'arrêt Leur-Bloem discutée.

La richesse de cette jurisprudence ne doit cependant pas être mésestimée car l'arrêt présente des éléments intéressants quant aux modalités d'application par les États membres de la clause anti-abus contenue dans la directive. À cet égard, l'arrêt confirme que les autorités nationales doivent procéder à un examen global de chaque opération sous le contrôle d'un juge et en respectant le principe de proportionnalité. La décision exclut ainsi le recours à des dispositifs d'application systématique permettant à l'administration de refuser l'application du régime de faveur des fusions. Les procédures d'agrément en matière de fusion contenues dans le droit interne français sont ainsi directement concernées, non dans leur légitimité, mais du moins dans leurs conditions d'application. (CJCE 17 juillet 1997, aff. C 28/95 : Droit fiscal 1997, n° 38, com. 979 ; RJF 1997, n° 10, com. 1002 ; voir également : A. de Waal, « Réflexions contrastées sur l'arrêt Leur-Bloem » : Droit fiscal 1998, n° 9, pp. 286 et s. ; « Droit fiscal international : développements récents » : RDAI, 1998, n° 1, p. 108 ; Ph. Derouin, « Fiscalité des fusions de sociétés et échanges d'actions : droit communautaire et droit national » : Droit fiscal 1997, n° 38, p. 1100. Sur l'application de la directive fusions, voir également : CJUE, 20 mai 2010, aff. 352/208, 1re ch. : RJF 210, n° 8-9, com. 869.)

On notera que le Conseil d'État a fait une application de la jurisprudence Leur-Bloem dans une décision relative à une opération de restructuration purement interne (Com. d'État, 17 juin 2011, req. 32392 : RJF 2011, n° 10, com. 1035).

La coexistence d'un régime de droit commun et d'un régime spécial dit « de faveur »

890 On oppose volontiers le régime de droit commun des fusions au régime de faveur. Si l'on veut bien y regarder de plus près, la comparaison est étonnante car s'il existe effectivement un régime dit « de faveur » – mais les développements ultérieurs montreront que le régime n'est pas toujours favorable –, en revanche, la notion de régime de droit commun est une fiction.

En effet, il n'existe pas de régime fiscal des fusions à proprement parler. Le droit fiscal ne fait que tirer les conséquences des opérations juridiques qui jalonnent la fusion.

891 On l'a vu, la fusion ne constitue qu'un regroupement d'entreprises ; il y a disparition d'une ou plusieurs entreprises, suivie de la création d'une entreprise nouvelle ou de l'augmentation du capital d'une société préexistante.

Fiscalement, il convient ainsi d'appliquer le régime fiscal de la dissolution de société, puis celui de la création de société nouvelle ou de l'augmentation de capital par apports nouveaux. Il n'existe pas de régime autonome, de régime spécifique ou particulier de la fusion. C'est en cela que la notion de régime de droit commun des fusions est une fiction.

Il n'en reste pas moins que le coût fiscal de la fusion, qui n'est que l'addition du coût fiscal de différentes opérations juridiques, peut s'avérer rapidement très lourd.

Aussi, afin de ne pas dissuader les entreprises de procéder à des rapprochements ou à des restructurations pour des raisons fiscales, le législateur a adopté, depuis 1965, un régime fiscal spécial des fusions, traditionnellement appelé régime de faveur.

LE VOCABULAIRE DES FUSIONS

Les termes employés pour désigner l'ensemble des mesures fiscales destinées à faciliter le rapprochement d'entreprises par voie de fusion ne manquent pas. On ne citera que quelques exemples.

Ainsi parle-t-on, de la façon la plus répandue, de **« régime de faveur »** des fusions, même si, comme cela a déjà été souligné, ces mesures fiscales ne sont pas nécessairement favorables, les entreprises ayant parfois intérêt à ne pas s'en prévaloir.

Le régime est aussi qualifié, à l'occasion, de **« régime temporaire »** des fusions. Cette appellation était liée au fait qu'une grande partie des mesures spécifiques avait été adoptée à l'origine pour une durée de temps limitée. Ces dispositions faisaient d'ailleurs régulièrement l'objet de reconductions pour une nouvelle période limitée dans le temps. Cette appellation n'a toutefois plus guère de raison d'être aujourd'hui dans la mesure où les lois de finances pour 1987 et 1988 ont contribué à pérenniser la plupart de ces dispositions.

On parle parfois de **« régime intercalaire »** des fusions. La qualification est très imagée et reprend en quelque sorte l'esprit de la loi de 1965 qui tendait à conférer à l'opération de fusion un simple caractère intercalaire.

En d'autres termes, les différentes mesures adoptées devaient conduire à neutraliser pratiquement l'incidence fiscale de l'opération proprement dite de fusion. On considérait qu'il n'y avait pas rupture sous forme de dissolution puis d'apport, mais simplement continuité et poursuite des activités par la société absorbante ou la société nouvelle issue de la fusion. En théorie, il fallait « faire comme si » rien ne s'était passé. Fiscalement, cependant, la crainte d'une évasion n'a permis dans les faits qu'une consécration très partielle du caractère intercalaire des fusions de sociétés.

Enfin, on parle parfois de **« régime spécial »** des fusions. Il s'agit sans doute de la terminologie la plus appropriée même si elle laisse supposer l'existence d'un régime général des fusions, lequel, on le sait, n'est qu'un artifice. Par parenthèse, on notera que l'administration elle-même, qui a longtemps privilégié l'expression « régime de faveur », utilise volontiers aujourd'hui dans ses commentaires la notion de « régime spécial ». L'instruction du 27 juin 2000 sur les scissions et apports partiels d'actifs, comme celle du 3 août 2000, en donne une bonne illustration.

Depuis 1965, les interventions législatives relatives aux fusions n'ont pas manqué, de même que les instructions administratives destinées à préciser les modalités d'application des diverses mesures fiscales relatives aux fusions.

Mais cette évolution du régime fiscal des fusions ne s'est pas faite, loin de là, de façon uniforme et la notion de mesures fiscales de faveur prend aujourd'hui des contours différents selon, par exemple, que l'on se situe dans le domaine des impôts directs, des droits d'enregistrement ou des impôts de distribution.

892 Globalement, les grandes lignes du régime de faveur, ou régime spécial, s'articulent autour des trois points suivants :
– les plus-values constatées à la date de la fusion chez la société absorbée sont exonérées. La plus-value sur éléments amortissables fera l'objet d'une imposition échelonnée chez l'absorbante ; quant aux plus-values sur éléments non amortissables, elles ne seront imposées que lors de la cession par la société absorbante des éléments auxquels elles se rapportent ;
– l'opération de fusion bénéficie de droits d'enregistrement considérablement allégés dans la mesure où, dans la plupart des cas, seul un droit fixe sera dû ;
– les titres de la société absorbante seront remis aux associés de la société absorbée. Cette remise ne sera pas considérée comme une distribution et les plus-values réalisées lors de l'échange des titres ne seront pas, en principe, imposées.

Mais la mise en œuvre de ces trois mesures reste soumise à de nombreuses conditions, restrictions ou limitations dont la nature et la portée sont extrêmement variables.

DROITS D'ENREGISTREMENT
ATTENTION : RÉGIME SPÉCIAL OBLIGATOIRE !

Pendant de nombreuses années, le régime spécial des fusions de sociétés ne suscitait guère de débats en matière de droits d'enregistrement, compte tenu de son caractère généralement très favorable par rapport au régime de droit commun. En effet, au lieu d'acquitter les droits sur la dissolution de la société absorbée, puis les droits sur les apports réalisés au profit de la société absorbante, l'opération était soumise, dans le cadre du régime spécial des fusions, à un droit de 1,2 % calculé sur la valeur de l'actif net de la société absorbée, sous déduction du montant libéré et non amorti du capital de cette même société. Quant à la prise en charge par la société absorbante du passif de la société absorbée, elle était exonérée de tous droits et taxes de mutation ou de publicité foncière. Il était également perçu un droit fixe de 1220 F mais qui n'était, en pratique, pas mis en recouvrement si le droit proportionnel de 1,2 % était supérieur, conformément aux principes généraux qui gouvernent l'enregistrement (CGI art. 816 I et 816 A).

Puis, en 1991 et 1992, le législateur décida d'alléger les droits d'enregistrement dus sur la constitution de sociétés et instaura sur ce type d'opération, sous réserve, par ailleurs, du respect d'un certain nombre de conditions, un droit fixe de 430 F, porté ensuite à 500 F (CGI art. 809 et 810). Dès lors, comparé au régime spécial des fusions, le régime de droit commun, dissolution puis apport, devenait financièrement plus avantageux.

Assez logiquement, cette situation pour le moins paradoxale fut dénoncée et le régime du droit proportionnel de 1,2 % dut alors affronter deux séries de critiques :
– la première, qui s'avéra la plus efficace, invoqua l'incompatibilité du droit de 1,2 % avec les directives communautaires (voir encadré p. 293) ;
– la deuxième vague de critiques considéra que le régime de droit commun devenant plus intéressant que le régime spécial – dit de faveur –, les entreprises avaient la faculté de délaisser le régime spécial et de placer l'opération sous le régime de droit commun. Mais sur ce dernier point, l'administration ne l'entendit pas ainsi et fit savoir que le régime du droit proportionnel instauré par les articles 816-I et 816-A du CGI n'avait rien d'optionnel et était au contraire d'application obligatoire dès lors que les conditions posées pour son application étaient réunies. En d'autres termes, l'option qui existe en matière d'impôts directs n'existe pas en matière de droits d'enregistrement (rép. Patriat, JO 28 septembre 1992, AN quest. p. 4483). Le régime de faveur, fût-il dans les faits défavorable, était obligatoire. Certes, la lettre du texte plaidait en faveur de la thèse défendue par l'administration ; son esprit certainement pas… La réponse de l'administration était au demeurant significative. Alors que dans le passé il n'était question que de régime de faveur, l'administration introduisait maintenant une distinction subtile entre régime de faveur (plus-values de fusion et échange de titres) et régime spécial en matière de droits d'enregistrement.

Fort heureusement, les évolutions législatives intervenues depuis redonnèrent au régime de faveur en matière de droits d'enregistrement sa véritable signification *(voir §§ 1360 et s)*.

L'existence de limites à l'application du régime spécial

893 Les modalités d'application du régime spécial des fusions – le régime de faveur – sont telles que :
– les sociétés en présence ne peuvent pas nécessairement se prévaloir de ce régime et, par voie de conséquence, ne peuvent bénéficier des allégements fiscaux qui sont prévus. Cette impossibilité tient pour l'essentiel à la forme et au statut fiscal des sociétés qui fusionnent ;

– les sociétés en présence ne peuvent parfois se prévaloir que partiellement du régime spécial des fusions. Ainsi, par exemple, le bénéfice des allégements fiscaux sera accordé en matière de droits d'enregistrement mais pas en matière d'impôts directs. Cette exclusion partielle tient soit aux caractéristiques des sociétés en présence, soit aux modalités de la fusion ;
– les sociétés en présence, même si elles ont accès au régime spécial des fusions en matière de plus-values, n'ont pas nécessairement intérêt à s'en prévaloir pour des raisons généralement liées au coût de l'opération et aux contraintes posées par le régime spécial.

Les caractéristiques du régime spécial

1. Il n'existe pas un régime spécial unique mais des régimes différenciés selon que l'on se situe en matière d'impôt sur les sociétés, de droits d'enregistrement ou d'impôt de distribution.

2. Les conditions requises pour bénéficier du régime spécial diffèrent selon que l'on se situe en matière d'impôt sur les sociétés, de droits d'enregistrement ou d'impôt de distribution.

3. Même si les conditions sont satisfaites, les sociétés ne sont pas tenues de se prévaloir du régime spécial des fusions, à l'exception du domaine des droits d'enregistrement.

4. Les sociétés peuvent ne bénéficier que partiellement du régime spécial des fusions soit parce qu'elles ne remplissent les conditions qu'au regard de tel impôt et pas de tel autre, soit parce qu'elles estiment avoir intérêt à ne pas appliquer le régime spécial au regard de tel impôt.

Le régime spécial exclut certains types de sociétés

894 Le bénéfice des allégements fiscaux prévus en matière de fusion suppose que les sociétés en présence remplissent un certain nombre de conditions.

À défaut, ces sociétés rentrent dans la catégorie des entreprises condamnées au droit commun des fusions.

La catégorie des sociétés condamnées au droit commun des fusions

895 Il existe une graduation dans l'exclusion du régime spécial des fusions de sociétés. Certaines entreprises en sont totalement exclues, d'autres ne le sont que partiellement. À côté de ces deux catégories de sociétés, il en existe une troisième, plus originale. L'originalité tient au fait que l'admission ou non au bénéfice du régime spécial échappe à la seule volonté des sociétés ou n'est pas tributaire de leur situation ; elles doivent être autorisées à bénéficier du régime spécial.

Les sociétés nécessairement condamnées au droit commun

896 Le régime de faveur des fusions ne s'applique en principe qu'aux groupements sociaux qui relèvent de l'impôt sur les sociétés (de plein droit ou sur option), cette qualité devant s'apprécier en principe à la date de réalisation définitive de l'opération de fusion (doc. adm. 4 I-122-3). Ces règles résultent des dispositions des articles 210 C et 816 I du code général des impôts. On ajoutera que l'option pour l'impôt sur les sociétés n'est pas susceptible d'être remise en cause sur le fondement de l'abus de droit sur le seul motif qu'elle a pour effet de permettre l'application du régime de faveur des fusions (décision de rescrit, RES 2011/29 du 1er novembre 2011).

Art. 210 C (impôts directs) : Les dispositions des articles 210 A et 210 B s'appliquent aux opérations auxquelles participent exclusivement des personnes morales ou organismes passibles de l'impôt sur les sociétés.

Art. 816 I (droits d'enregistrement) : «..., les actes qui constatent des opérations de fusion auxquelles participent exclusivement des personnes morales ou organismes passibles de l'impôt sur les sociétés, bénéficient du régime suivant :... ».

897 Les textes précités renvoient à la notion relativement large de personne morale ou organisme passible de l'impôt sur les sociétés (voir également instr. 3 août 2000 : BOI 4 I-2-00, § 6). Il en résulte que l'ensemble des groupements admis au bénéfice du régime dit de faveur des fusions est large. On peut citer les sociétés de capitaux, les SARL, les sociétés de personnes et sociétés civiles qui ont opté pour l'impôt sur les sociétés (CGI art. 239), les sociétés civiles à objet commercial (CGI art. 206-2), les sociétés soumises en principe au régime des sociétés de capitaux mais exonérées en vertu d'une disposition particulière (CGI art. 207 à 208 sexies, exception faite des sociétés visées à l'article 208 quinquies, régime aujourd'hui teinté). L'article 210 C-3 écarte explicitement du régime de faveur les opérations par lesquelles une société non exonérée de l'impôt sur les sociétés fait apport de tout ou partie de ses biens à une société d'investissement à capital variable. En revanche, le régime de faveur est applicable aux fusions de SICAV entre elles. De la même manière, le régime de faveur est applicable aux sociétés d'investissements immobiliers cotées ou à leurs filiales, ainsi qu'aux sociétés visées à l'article L. 241-92-1-c du code monétaire et financier. Cette admission au régime spécial est explicitement prévue par l'article 208 C bis du CGI. L'admission au régime spécial est assortie d'engagements spécifiques à la charge de la société absorbante.

898 En revanche, la fusion de sociétés de personnes n'ayant formulé aucune option pour l'impôt sur les sociétés, la fusion de SARL de famille ayant opté pour le régime des sociétés de personnes (CGI art. 239 bis AA) ou encore la fusion de sociétés civiles ou sociétés en nom collectif relèvent nécessairement du régime de droit commun. Certains groupements sont également exclus du régime spécial. On peut citer les sociétés immobilières de copropriété de l'article 1655 ter du CGI, en raison de leur transparence fiscale, et les sociétés civiles de construction et de vente d'immeubles (CGI art. 239 ter).

899 Mais la simplicité de la règle ne doit pas faire méconnaître certaines situations particulières. En effet, certaines sociétés ne sont soumises que partiellement à l'impôt sur les sociétés ; il suffit d'évoquer le cas des sociétés en commandite simple. D'autres groupements ne sont passibles de l'impôt sur les sociétés qu'à un taux réduit. Dans de telles situations, des dispositions particulières trouvent à s'appliquer en matière de fusions *(voir page suivante)*.

Par parenthèse, on notera que les textes n'exigent nullement que la fusion s'opère entre sociétés de même forme juridique. Seul le statut fiscal (soumission à l'impôt sur les sociétés) importe. Ainsi, une société civile soumise à l'IS qui donne à bail à construction un terrain à une société anonyme sur lequel cette dernière a construit un immeuble peut fusionner avec la société anonyme, et l'opération peut, en conséquence, être placée sous le régime de l'article 210 A (rép. Doligé, JO 20 décembre 1993, AN quest. p. 4605).

900 L'application du critère du statut fiscal (relever ou non de l'impôt sur les sociétés) conduit ainsi à un partage simple des opérations admises ou exclues du régime spécial en fonction de la situation des sociétés participantes.

Mais cette première approche n'est pas suffisante pour avoir une vision d'ensemble du champ d'application du régime spécial des fusions, car le principe énoncé comporte certaines exceptions.

L'APPRÉCIATION DE LA QUALITÉ DE SOCIÉTÉ SOUMISE À L'IMPÔT SUR LES SOCIÉTÉS

Le fait qu'une société soit soumise ou non à l'impôt sur les sociétés ne paraît pas devoir soulever a priori de difficultés particulières. Pourtant, en pratique, certaines situations peuvent conduire à s'interroger sur la portée qu'il convient de donner à l'article 210-C du CGI.

❶ Ainsi, une société civile immobilière comporte deux associés, en l'espèce deux sociétés anonymes. Cette société gère des terrains aménagés mais ne relève pas de plein droit de l'impôt sur les sociétés. Les résultats sont imposés au nom de chacun des deux associés et la quote-part qui revient à chacune des deux sociétés est déterminée en fonction des règles applicables en matière d'impôt sur les sociétés.

Cette société civile immobilière fusionne avec l'une des deux sociétés anonymes. La question qui se pose dès lors est de savoir si la fusion peut bénéficier ou non du régime spécial prévu à l'article 210 du CGI. En d'autres termes, il convient de savoir si la société civile immobilière peut être considérée comme relevant du régime de l'impôt sur les sociétés.

Une réponse négative s'impose. En effet, la société civile n'est pas elle-même passible de l'impôt sur les sociétés, seuls ses associés le sont. La circonstance que tous les associés relèvent de l'impôt sur les sociétés ne peut permettre de conclure que la société civile relève « de fait » de l'impôt sur les sociétés (rép. Pons, JO 17 mars 1986, AN quest. p. 1062).

❷ De la même façon, la fusion de deux SARL, dont l'une provient de la transformation d'une SCP sans création d'un être moral nouveau et l'autre résulte de l'arrivée d'un deuxième associé dans une EURL, peut bénéficier du régime spécial des fusions de l'article 210 A. Ces dispositions s'appliquent alors même que l'une des SARL est en réalité une société d'exercice libéral à responsabilité limitée (rép. Cazalet, JO 17 juillet 1995, AN quest. p. 3095).

RESTRUCTURATIONS DE SOCIÉTÉS CIVILES PROFESSIONNELLES (SCP) : RÉGIME DE FAVEUR AUSSI !

Les sociétés civiles professionnelles (SCP), instaurées en 1966, sont des sociétés qui sont susceptibles de participer à des opérations de restructuration. Par nature, ces sociétés relèvent du régime de la transparence fiscale sauf si, naturellement, elles ont opté pour l'impôt sur les sociétés. La fusion de deux SCP entraîne ainsi les conséquences d'une cessation d'activité et le coût fiscal résultant d'une telle opération peut s'avérer extrêmement lourd. Aussi, le législateur a-t-il décidé de favoriser les opérations de restructurations de SCP en adoptant, comme pour les sociétés commerciales, un régime de faveur. L'originalité réside dans le fait que ce régime de faveur est un peu hybride dans la mesure où il emprunte à la fois au régime de faveur des sociétés commerciales mais également au régime de la mise en société de l'entreprise individuelle.

1 – Les opérations admises au régime de faveur

Le régime de faveur en matière de fusions mettant en présence des SCP est codifié à l'article 151 octies A du CGI. Le texte a vocation à s'appliquer aussi bien aux opérations de fusions qu'aux opérations de scissions ou d'apports partiels d'actifs portant sur une branche complète et autonome d'activité. Ces opérations sont définies par renvoi à la définition des opérations telle que donnée par l'article 210-0 A du CGI. Ces opérations peuvent être réalisées au profit de sociétés nouvelles ou de sociétés préexistantes. À propos des scissions, l'administration rappelle que ces opérations, mêmes réalisées entre SCP, doivent présenter les mêmes caractéristiques qu'en matière de sociétés commerciales. Ainsi, chaque société issue de la scission doit recevoir au moins une branche complète d'activité, et chacun des associés de la société scindée doit recevoir des titres de chacune des sociétés issues de la scission. Dans le même esprit, lorsque l'opération d'apport partiel d'actif porte sur une branche complète et autonome d'activité, la notion de branche s'entend de la même manière que dans le cadre des opérations d'apport partiel entre sociétés commerciales.

Le régime de faveur de l'article 151 octies A ne peut s'appliquer que si la société apporteuse est une SCP constituée et fonctionnant conformément aux dispositions de la loi du 29 novembre 1966. En revanche, aucune condition de forme ne porte sur la société bénéficiaire des apports. Ainsi, l'apport peut être consenti au profit d'une autre SCP mais aussi d'une société de personnes ou d'une société de capitaux, voire même d'une société d'exercice libéral.

2 – Le contenu du régime de faveur

L'application du régime de faveur est subordonnée à l'exercice d'une option exercée conjointement par la société apporteuse et la société bénéficiaire des apports. L'option n'est donc pas exercée au niveau de chacun des associés.

Le régime de faveur a vocation à s'appliquer aux plus-values constatées lors de l'apport. Néanmoins, toutes les plus-values ne sont pas visées. Seules les plus-values constatées sur des immobilisations affectées à l'exercice de l'activité libérale professionnelle sont concernées. Les plus-values affectées par nature à l'exercice de l'activité mais non inscrites sur le registre des immobilisations sont visées par le dispositif, tout comme les immobilisations utilisées pour l'exercice de l'activité professionnelle sans y être affectées par nature mais qui sont inscrites sur le registre des immobilisations. En revanche, les plus-values constatées sur des biens non utilisés pour l'exercice de l'activité professionnelle, les plus-values constatées sur des biens non utilisés pour l'exercice de la profession sans y être affectés par nature et non inscrits sur le registre des immobilisations ne sont pas couvertes par le régime de faveur.

Lorsqu'il trouve à s'appliquer, le régime de faveur instaure un report d'imposition dont les modalités d'application diffèrent selon que la plus-value d'apport est constatée sur éléments amortissables ou sur éléments non amortissables.

La plus-value sur éléments amortissables est imposée entre les mains de la société bénéficiaire des apports dans les mêmes conditions que la plus-value constatée chez la société absorbante. La plus-value nette sur éléments amortissables doit ainsi être imposée de manière échelonnée sur cinq ans ou sur quinze ans s'il s'agit de constructions avec, dans ce dernier cas, la même solution lorsque la quote-part de plus-value sur constructions représente plus de 90 % de la plus-value globale. De même, en cas de cession du bien, la quote-part de plus-value qui n'a pas encore été rapportée au résultat le devient immédiatement.

La seule différence qui existe par rapport aux fusions de sociétés commerciales réside dans le fait que la société apporteuse a la faculté d'opter pour l'imposition immédiate à taux réduit de la fraction à long terme de la plus-value nette sur éléments amortissables. Par parenthèse, on rappellera que cette option exerçait autrefois dans le cadre des fusions de sociétés commerciales mais que, depuis l'abaissement du taux de l'IS, cette option a été supprimée. En revanche, elle existe encore dans le cadre du régime de la mise en société de l'entreprise individuelle mais aussi dans le cadre des fusions de SCP !

Pour les plus-values sur éléments non amortissables, le régime s'éloigne plus sensiblement de celui qui existe pour les sociétés soumises à l'IS. En effet, la plus-value reste imposable entre les mains des associés de la société apporteuse mais cette imposition est reportée au titre de l'exercice au cours duquel se produiront certains événements mettant fin au report d'imposition. Entrent notamment dans ce cadre, la cession des biens par la société bénéficiaire des apports, la cession par la SCP des titres reçus en contrepartie d'un apport partiel d'actif, la cession de tout ou partie des titres de la SCP qui a réalisé l'apport partiel d'actif ou encore la cession par les associés de la SCP de tout ou partie des titres de la société absorbante ou issue de la scission reçue en rémunération.

Ainsi, pour les immobilisations non amortissables, c'est bel et bien un régime de report d'imposition qui est instauré et non un régime de sursis. On notera également au passage que, comme dans le cadre des fusions ou opérations assimilées de sociétés commerciales, le maintien peut continuer de s'appliquer dans le cadre d'opérations de restructurations successives, en application des dispositons de l'article 151-0 octies du CGI. Les opérations de réapport ou les opérations de restructurations successives n'entraînent pas déchéance du report d'imposition. Il en est de même en cas de transmission à titre gratuit, par voie de succession ou de donation. Le report d'imposition est en effet dans ce cas de figure maintenu si le bénéficiaire de la transmission à titre gratuit prend l'engagement d'acquitter ultérieurement l'impôt sur la plus-value en report.

3 – La situation des associés

Dans l'hypothèse d'une fusion ou d'une scission de SCP, l'opération va se traduire pour les associés par un échange de titres, ces associés devenant associés de la société bénéficiaire des apports ou des sociétés issues de la scission. Cette plus-value relève, en principe, soit du régime des plus-values professionnelles si les associés exerçaient leur activité dans la SCP, soit du régime des plus-values de particuliers. Il peut en être ainsi, notamment, dans le cas d'un associé qui a reçu des titres dans le cadre d'une succession mais qui ne dispose pas des titres requis pour exercer l'activité professionnelle. Dans le cadre du régime de faveur, il est prévu que la plus-value d'échange n'est pas imposée lors de l'échange mais bénéficie également d'un report d'imposition jusqu'à la perte de propriété des titres reçus en rémunération de la fusion ou de la scission. Toutefois, si, lors de l'échange, les associés constatent une moins-value, ils ont la possibilité de la déduire dans les conditions de droit commun au titre de l'année de réalisation de l'opération d'échange. Ce régime de report d'imposition est incompatible avec le régime du sursis d'imposition de l'article 93 quater V du CGI. Si l'opération d'échange s'accompagne du versement d'une soulte, la plus-value d'échange est imposable à hauteur de la soulte. On retrouve ici une solution analogue à celle qui s'appliquait aux associés qui participaient à une opération de fusion de sociétés commerciales avant le 1er janvier 2000. À l'époque, l'associé pouvait demander à bénéficier d'un report d'imposition. Si l'échange prévoyait une soulte, la plus-value était imposable à hauteur de la soulte.

Lorsque se produit l'événement mettant fin au report d'imposition, la plus-value en report d'imposition devient imposable. Dans l'hypothèse d'une cession partielle des titres, il y a lieu de constater une déchéance partielle du report d'imposition. Pour une application jurisprudentielle en matière de restructurations de SCP, voir : CE 16 mai 2007, 10e s.-sect., req. 287599, Droit fiscal 2007, n° 49, com. 1027, note A.-F. Gagneur.

(Sur cette question : instr. du 8 avril 2004 : BOI 4 B-1-04 : voir RF 925, p. 283).

Fusions de chambres de commerce : régime de faveur possible

Pendant très longtemps, les fusions de chambres de commerce étaient situées hors du champ d'application du régime de faveur des fusions. La raison de départ était simple. Au plan juridique, les chambres de commerce ont le statut d'établissements publics industriels et commerciaux (EPIC). Les chambres de commerce exercent généralement deux types d'activités, l'une étant lucrative, l'autre pas. En outre, les chambres de commerce n'ont pas de capital. Il en résulte qu'en cas de fusion entre deux chambres, les apports réalisés par l'une ne peuvent être rémunérés par des titres de l'autre. Il n'en fallait pas plus à l'administration pour en conclure qu'en l'absence de rémunération des apports par des titres, le régime de faveur ne pouvait s'appliquer.

Cette situation a été revue dans le cadre de la loi du 26 juillet 2005 (art. 68), qui admet au bénéfice du régime spécial des fusions les opérations réalisées entre organismes consulaires. Pour cela, la chambre qui est bénéficiaire des apports doit reprendre l'ensemble des engagements qui incombent normalement à la société absorbante. La chambre de commerce absorbée n'est donc, au titre de l'exercice de fusion, redevable que de l'impôt sur le résultat d'exploitation et éventuellement sur les provisions qui deviendraient sans objet du fait de la fusion et devraient alors être reprises. L'application du régime de faveur est néanmoins susceptible de soulever quelques difficultés en pratique, dans le cas notamment des chambres qui ont des activités fiscalisées et d'autres qui ne le sont pas, dans l'hypothèse où parmi les éléments apportés, certains changeraient de secteur à l'occasion de la fusion.

Les obligations déclaratives sont identiques à celles prévues pour les fusions classiques entre deux sociétés. Enfin, se pose la question de l'application éventuelle de la réglementation comptable sur la valorisation des apports. A priori, les opérations réalisées entre organismes consulaires n'entrent pas dans le champ d'application du règlement comptable.

FUSIONS D'ASSOCIATIONS : RÉGIME DE FAVEUR IMPOSSIBLE

Deux associations loi 1901 qui sont passibles toutes deux de l'impôt sur les sociétés et qui fusionnent peuvent-elles bénéficier du régime de faveur des fusions ? En matière d'IS, la réponse est non. En effet, l'administration estime que, conformément à la définition des fusions de l'article 210-0-A du CGI, une opération de fusion est caractérisée par l'attribution de titres de la société absorbante. Or, en l'absence de capital, les associations ne peuvent émettre des titres en contrepartie des apports qu'elles peuvent recevoir. Ne répondant pas à la définition des fusions de l'article 210-0-A, l'opération ne peut bénéficier du régime de faveur. En revanche, au regard des droits d'enregistrement, la seule condition pour bénéficier du régime de faveur est l'assujettissement des organismes qui participent à l'opération à l'impôt sur les sociétés. Cette condition étant en l'espèce satisfaite, l'opération peut bénéficier du droit fixe de 375 €. (Décision de rescrit : RES n° 2011/8 (FE et ENR) du 26 avril 2011 ; voir également sur l'impossibilité d'appliquer le régime de faveur dans des associations : CAA Douai, 3e ch., 21 octobre 2010, n° 08DA01310 : Droit fiscal 2011, n° 3, comm. 114).

Les sociétés partiellement condamnées au droit commun

901 Certaines fusions ne sont ni complètement admises ni complètement exclues du régime spécial des fusions. Elles en bénéficient en partie, et plus précisément en matière de droits d'enregistrement. En revanche, au regard des impôts directs, ces opérations de fusion sont soumises au régime de droit commun.

Cette condamnation partielle au régime de droit commun découle du statut fiscal des sociétés en présence.

902 Les développements qui précèdent ont montré que seules les fusions entre sociétés relevant de l'impôt sur les sociétés sont admises au bénéfice du régime spécial. Cette règle ne s'applique dans toute sa rigueur qu'au regard des impôts directs. En matière de droits d'enregistrement, les règles sont plus souples et l'article 816 A-II du CGI énonce que le régime spécial est « applicable même lorsque la société apporteuse n'est pas passible de l'impôt sur les sociétés, mais à concurrence seulement des apports autres que ceux assimilés à des mutations à titre onéreux en vertu du 3° du I de l'article 809 ». L'article 809-I-3° du CGI assimile à des mutations à titre onéreux les apports d'immeubles, de droits mobiliers, de fonds de commerce, de clientèle, de droit au bail ou de promesse de bail.

En conséquence, lorsque la (ou les) société(s) apporteuse(s) relève(nt) du régime des sociétés de personnes, l'opération peut être placée sous le régime de faveur au regard des droits d'enregistrement.

903 On peut dès lors s'interroger sur le point de savoir quel est le régime de la fusion lorsqu'il n'y a pas une seule société absorbée ou apporteuse mais plusieurs et que certaines relèvent de l'impôt sur les sociétés et d'autres non. Dans cette situation, le régime fiscal de la fusion peut être mixte. Les sociétés absorbées (ou apporteuses) soumises au statut fiscal des sociétés de capitaux vont pouvoir bénéficier pleinement du régime spécial au cours de l'opération de fusion. En revanche, les sociétés absorbées (ou apporteuses) qui relèvent du régime fiscal des sociétés

de personnes ne pourront bénéficier des dispositions de faveur qu'en matière de droits d'enregistrement.

LES FUSIONS DANS LESQUELLES INTERVIENT UNE SOCIÉTÉ EN COMMANDITE SIMPLE

Rappel du régime fiscal des sociétés en commandite simple – Le régime fiscal des sociétés en commandite simple est régi par les dispositions des articles 206-4 et 218 bis du CGI. En principe, il convient de distinguer la situation des associés commandités de la situation des associés commanditaires. La quote-part de résultat qui revient aux associés commanditaires est déterminée selon les règles applicables en matière d'impôt sur les sociétés. En revanche, la quote-part de résultat qui revient aux commandités est déterminée et imposée selon les règles applicables en matière d'impôt sur le revenu. Cependant, si les associés commandités sont des personnes morales qui relèvent de l'impôt sur les sociétés, la quote-part de résultat qui leur revient est déterminée selon les règles applicables en matière d'impôt sur les sociétés.

Bien entendu, si la société en commandite simple a opté pour l'impôt sur les sociétés, c'est le régime des sociétés soumises à l'impôt sur les sociétés qui trouve uniquement à s'appliquer, sans distinction au niveau de la qualité des associés.

La présence d'une société en commandite simple dans une opération de fusion – La présence d'une société en commandite simple dans une opération de fusion n'est susceptible de soulever des difficultés que lorsque des associés commandités ne relèvent pas de l'impôt sur les sociétés. Seul ce cas sera examiné dans le cadre de cette étude particulière.

Il faut envisager distinctement le cas où la société en commandite simple est la société absorbante (ou bénéficiaire de l'apport) et le cas où la société en commandite simple est la société absorbée (ou apporteuse).

La société en commandite simple, société absorbante. La circonstance que la société absorbante soit une société en commandite simple ne fait pas obstacle à l'application du régime spécial des fusions. La seule condition posée par l'administration fiscale est que les éléments auxquels se rapportent les plus-values et les provisions qui bénéficient de l'exonération soient affectés à une exploitation dont les résultats sont soumis à l'impôt sur le revenu dans la catégorie des bénéfices industriels et commerciaux ou des bénéfices non commerciaux. Si tel n'est pas le cas, les plus-values et provisions doivent être imposées chez l'absorbée ou dans la société en commandite simple au titre de l'exercice au cours duquel les éléments ont cessé d'être affectés à une exploitation dont les résultats sont imposés comme bénéfices industriels et commerciaux ou bénéfices non commerciaux.

La société en commandite simple, société absorbée. La société en commandite simple n'étant pas soumise intégralement à l'impôt sur les sociétés, le régime spécial des fusions ne devrait pas, en théorie, trouver à s'appliquer ou du moins ne devrait s'appliquer que pour la fraction qui correspond aux droits des associés commanditaires.

Cependant, afin de ne pas pénaliser les commanditaires ou de ne pas compliquer à l'excès l'opération, l'administration fiscale a accepté d'étendre les exonérations prévues en matière d'impôt sur les sociétés aux droits des commandités (doc. adm. 4 I 1242, § 76).

904 Pendant de nombreuses années, l'administration posait comme condition supplémentaire que l'absorbée dégage une plus-value nette globale sur l'ensemble des éléments apportés de l'actif immobilisé. Si cette condition n'était pas remplie, l'opération ne pouvait bénéficier du régime spécial des fusions en matière d'impôts directs. Pour apprécier si l'opération dégageait ou non une plus-value nette globale, il convenait de prendre en considération l'ensemble des éléments de l'actif immobilisé, amortissables ou non, sans condition de durée minimum ou maximum de détention.

905 L'exigence d'une plus-value nette globale d'apport ne ressortait pas explicitement des textes et la doctrine comme la jurisprudence s'interrogeaient sur la validité de la condition ainsi posée pour accéder au régime spécial (P. Gastineau, « Régime fiscal des fusions de sociétés et opérations assimilées », Litec, 1980, p. 379. Voir également CNCC, étude précitée, p. 112 ; CE 25 mai 1983, 7e et 9e s.-sect., n° 32372 : Droit fiscal 1983, n° 44, com. 2050, concl. Rivière). Finalement, l'administration décida de modifier sa position en reconnaissant que le bénéfice des dispositions de l'article 210 A du CGI n'était pas subordonné à l'existence d'une plus-value nette globale sur les éléments d'actif apportés par la société absorbée.

906 L'administration, dans son instruction du 11 août 1993, précisa en outre que la société absorbante pouvait revendiquer le bénéfice de l'exonération de la plus-value dégagée lors de l'annulation des actions ou parts de son propre capital qu'elle reçoit ou correspondant à ses droits dans la société absorbée, alors même que la valeur d'apport de l'ensemble des éléments d'actif de la société absorbée aurait révélé une moins-value. Naturellement, le bénéfice du régime de l'article 210 A suppose néanmoins que la société absorbante prenne les engagements correspondants (instr. 11 août 1993 : BO 4 I-1-93, n° 24 ; doc. adm. 41122, § 13).

LA SANTÉ DES SOCIÉTÉS QUI FUSIONNENT

La fusion avec des moins-values partielles sur apports – La condition administrative de l'exigence d'une plus-value nette globale d'apport avait conduit à l'adoption de solutions de tempérament pour les apports dégageant des moins-values partielles. L'instruction administrative du 11 août 1993 ne remet pas en cause ces solutions, le régime spécial s'appliquant en présence de moins-values partielles sur éléments amortissables ou non amortissables *(voir § 1110)*.

La fusion de sociétés déficitaires – Aucun texte n'interdit la fusion de sociétés déficitaires. L'existence de situations déficitaires est au contraire souvent à l'origine de mouvements de restructuration dans les groupes. De même, l'existence de déficits n'est pas incompatible avec l'accès au régime spécial des fusions. Toutefois, le sort des déficits est strictement réglementé. Cette réglementation s'avère parfois une cause de renonciation au régime spécial, les sociétés en présence préférant placer l'opération sous le régime de droit commun.

La fusion de sociétés en liquidation – Même dans les derniers instants de sa vie, une société en liquidation peut participer à une opération de fusion (sur les aspects juridiques d'une fusion en présence d'une société en liquidation, voir § 14). Aucune disposition n'écarte par ailleurs l'opération du régime spécial (rép. Courroy, JO 14 juin 1972, AN p. 950).

Le régime particulier des sociétés étrangères

907 L'admission, totale ou partielle, d'une opération de fusion au bénéfice du régime fiscal spécial des fusions n'est pas exclusivement fonction du régime juridique ou du statut fiscal des sociétés qui fusionnent. On doit également prendre en compte la nationalité des sociétés qui participent à la fusion.

908 Pendant longtemps, les fusions en présence de sociétés étrangères n'étaient possibles que dans des circonstances exceptionnelles. En effet, l'administration avait rappelé dans son instruction du 3 août 2000, que le régime de faveur ne pouvait s'appliquer aux opérations d'apport faites à des personnes morales étrangères par des personnes morales françaises que si ces apports avaient été préalablement agréés. L'administration rappelait en outre que l'opération devait être régulière d'un point de vue juridique, la validité des opérations d'apports transfrontalières devant être appréciée au regard des règles de droit international privé. Par

ailleurs, toujours selon l'administration, le régime de faveur ne pouvait s'appliquer qu'aux opérations juridiques considérées comme des fusions, des scissions et des apports partiels d'actif au sens de la législation des États concernés (instr. 3 août 2000 : BOI 4 I-2-00, §§ 6 et s).

909 Sur ce plan, l'introduction d'une définition fiscale des fusions abandonnant toute référence à la notion juridique a sans conteste remis en cause cette doctrine administrative. La définition de l'article 210-0 A ouvre donc l'accès au régime de faveur à certaines opérations transfrontalières.

910 Toutefois, le droit fiscal français n'ouvre pas complètement les frontières du régime de faveur des fusions. L'article 210-0 A-II exclut de ce régime les opérations de fusion n'entrant pas dans le champ d'application de la directive du 23 juillet 1990, lorsqu'une société apporteuse ou bénéficiaire d'un apport a son siège dans un État ou territoire n'ayant pas conclu avec la France une convention fiscale contenant une clause d'assistance administrative en vue de lutter contre la fraude et l'évasion fiscales. Le texte s'applique également aux opérations de scissions et d'apports partiels d'actifs. On observera que le domaine d'application de cette restriction ne recoupe pas pleinement le champ d'application de la définition fiscale des fusions de l'article 210-0 A-I. En effet, cette restriction trouve à s'appliquer non seulement pour la mise en œuvre des articles 210 A à 210 C mais aussi, les dispositions des articles 220 quinquies, 38-7 bis, 93 quater V, 115 et 151 octies A du CGI.

911 La restriction ainsi adoptée est loin d'être privée de portée pratique même si, ces dernières années, des conventions ou avenants aux conventions, ont été signés avec certains États. Tel est le cas par exemple de la Suisse (accord du 27 août 2009) ou encore du Bahreïn (accord du 5 mai 2009), du Liechtenstein (accord du 22 septembre 2009) ou de Gibraltar (accord du 24 septembre 2009). D'autres États ou paradis fiscaux sont également concernés : l'Arabie saoudite, les Antilles néerlandaises, la Bolivie, le Qatar, Oman. (Des négociations sont en cours actuellement avec certains de ces pays.) Selon le rapporteur de la commission des Finances au Sénat, il s'agit, pour le gouvernement, de « moraliser » le régime de faveur des fusions mais également d'inciter certains États à conclure avec la France une convention fiscale d'assistance administrative ou à renégocier des conventions qui existent mais qui ne comportent pas une telle clause d'assistance administrative. Sur cette question, ont peut consulter l'annexe 2 au projet de loi de finances pour 2011 : Rapport annuel du gouvernement portant sur le réseau conventionnel de la France en matière d'échanges des renseignements. On notera la situation originale du Danemark, pour lequel il n'y a pas de convention en vigueur, mais qui appartient à l'Union européenne donc nécessairement visé par la directive.

912 Ainsi, finalement, le régime de faveur, d'un point de vue géographique, semble réservé aux sociétés ayant leur siège social :
– en France ;
– dans deux ou plusieurs États de l'Union européenne, au sens de la directive du 23 juillet 1990 ;
– dans les États ou territoires ayant conclu avec la France une convention fiscale contenant une clause d'assistance administrative en vue de lutter contre la fraude et l'évasion fiscales.

La société absorbée est une société étrangère

913 Par rapport aux principes qui ont été énoncés, le régime fiscal spécial des fusions est réservé aux sociétés qui relèvent de l'impôt sur les sociétés. Il en résulte que si une société étrangère intervient en tant que société absorbée dans une opération de fusion, il ne devrait être possible d'appliquer le régime de faveur que si cette société absorbée exerce en France une activité qui la rend passible de l'impôt sur les sociétés, c'est-à-dire si elle possède en France un établissement stable. Dans ce cas de figure, le régime de faveur sera applicable si la société absorbante prend dans l'acte de fusion tous les engagements requis pour l'application du régime de faveur des fusions.

914 Toutefois, à titre de tempérament, il est admis que le régime spécial des fusions puisse s'appliquer aux apports réalisés par des sociétés étrangères à des sociétés françaises sans qu'il soit exigé que la société étrangère exerce une activité. On peut comprendre la position française au regard de l'économie générale du régime de faveur qui repose sur l'exonération des plus-values de la société absorbée et sur l'imposition de ces plus-values chez la société absorbante. La société absorbée étant étrangère, il n'y a pas de risque de déperdition fiscale pour la France.

La société absorbante est une société étrangère

915 Naturellement, avec un régime de faveur qui repose sur l'exonération de la société absorbée et un transfert d'imposition au niveau de la société absorbante, il est clair que les opérations de restructuration au profit de sociétés étrangères présentent, a priori, un risque de déperdition de matière imposable pour l'État français. Pour cette raison, l'article 210 C-2 du CGI prévoit que le régime de faveur des fusions ne peut s'appliquer aux apports faits à des personnes morales étrangères par des personnes morales françaises que si ces apports ont été préalablement agréés dans les conditions prévues à l'article 210 B-3.

916 L'agrément est ainsi délivré comme en matière de scissions et d'apports partiels d'actifs non susceptibles de bénéficier de plein droit du régime de faveur des fusions. L'agrément délivré est ainsi un agrément de droit, il en résulte que le refus d'agrément doit être motivé et l'agrément est soumis au contrôle du juge. Jusqu'en 2002, l'agrément était un agrément discrétionnaire.

917 Pour que l'agrément soit délivré, il convient de vérifier que l'opération est justifiée par un motif économique, qu'elle n'a pas comme objectif principal la fraude ou l'évasion fiscale et que les conditions de réalisation permettent l'imposition future des plus-values en sursis d'imposition (ces dispositions ont été adoptées par la loi de finances pour 2002. Elles légalisent une doctrine administrative antérieure qui acceptait que l'agrément soit rendu dans les conditions de l'article 210 B-3, dans la mesure où l'article 210 C renvoyait expressément aux dispositions de l'article 210 B (instr. du 27 juin 2000 : BOI 13 D-1-00). La rédaction modifiée de l'article 210 C-2 supprime non seulement le caractère discrétionnaire de l'agrément mais aussi la procédure de consultation préalable du commissariat général du plan et de la productivité).

918 En ce qui concerne la faculté d'imposer ultérieurement les plus-values placées en sursis d'imposition, celle-ci devrait, en principe, être satisfaite dès lors que l'opération de fusion aura pour effet, en règle générale, de transformer la société absorbée en établissement stable français de la société absorbante.

919 La modification de la nature de l'agrément intervenue en 2002 permet également de mieux caler la réglementation fiscale française par rapport à la directive communautaire de juillet 1990 dans la mesure où, pour ces opérations, l'agrément ne pouvait être, en principe, que de droit.

920 Naturellement, cette procédure doit être combinée avec les dispositions examinées précédemment et relatives au champ d'application géographique du régime de faveur qui exclut les opérations auxquelles participent des sociétés ayant leur siège dans des pays n'ayant pas conclu de convention fiscale comportant une clause d'assistance administrative.

La société absorbée et la société absorbante sont étrangères

921 Dans l'hypothèse où la société absorbée et la société absorbante sont toutes deux étrangères, on pourrait considérer, a priori, qu'il n'existe aucune incidence fiscale en France. Ce serait oublier l'hypothèse dans laquelle la société absorbée exerce une activité imposable à l'impôt sur les sociétés en France par le biais d'un établissement stable. Du fait de l'opération de fusion, l'établissement stable français va devenir établissement stable d'une autre société étrangère. Dans ce cas de figure, cependant, l'opération peut bénéficier du régime de faveur des fusions au titre des plus-values constatées sur l'établissement stable. Ce sera à la société absorbante, dans le cadre de l'établissement stable qu'elle détient en France, de reprendre tous les engagements et les obligations qui résultent de la mise en œuvre du régime spécial des fusions. Lorsque l'opération est réalisée entre sociétés relevant de l'Union européenne, cette solution trouve, a fortiori, à s'appliquer, conformément aux dispositions de la directive communautaire du 23 juillet 1990.

Les opérations de restructurations en présence de sociétés étrangères posent, au plan de la mise en œuvre, la question de l'application éventuelle ou non des dispositions du règlement comptable sur la valorisation des apports.

En la matière, les précisions suivantes ont été apportées par le CNC (avis 2005-C, question 9) : le règlement comptable a vocation à s'appliquer lorsque la société bénéficiaire des apports ou absorbante est domiciliée en France, établit et publie ses comptes selon les règles comptables françaises. *A contrario*, le règlement ne s'applique pas dans l'hypothèse où une société française fait un apport à une société étrangère ou est absorbée par une société étrangère non soumise aux règles comptables françaises.

Quant aux établissements stables des entreprises étrangères, ils sont considérés juridiquement comme étant des entreprises étrangères. Par voie de conséquence, le règlement comptable sur les apports n'a pas vocation à s'appliquer dans les opérations d'apport réalisées par une société française au profit d'un établissement stable d'une entreprise étrangère ou encore aux opérations par lesquelles une société française serait absorbée par l'établissement stable d'une société étrangère.

(Sur cette question : voir instruction du 30.12.2005 ; BOI 4 I-1-05)

La tentation d'échapper au droit commun

922 Parmi les conditions requises pour bénéficier du régime fiscal des fusions, on perçoit l'importance que revêt, pour les sociétés qui fusionnent, le fait de relever du régime de l'impôt sur les sociétés.

<table>
<tr><th colspan="7">Tableau résumé des conditions d'admission au régime spécial des fusions</th></tr>
<tr><th colspan="5"></th><th>Régime spécial au regard de l'impôt sur les sociétés</th><th>Régime au regard des droits d'enregistrement</th></tr>
<tr><td rowspan="8">Caractéristiques des sociétés</td><td rowspan="3">Société absorbée ou apporteuse</td><td rowspan="2">Française</td><td colspan="2">soumise à l'IS</td><td>oui</td><td>oui</td></tr>
<tr><td colspan="2">non soumise à l'IS</td><td>non</td><td>oui pour les apports autres que ceux assimilés à des mutations à titre onéreux</td></tr>
<tr><td>Étrangère</td><td colspan="2"></td><td>oui</td><td>oui</td></tr>
<tr><td rowspan="5">Société absorbante ou bénéficiaire des apports</td><td rowspan="2">Française</td><td colspan="2">soumise à l'IS</td><td>oui</td><td>oui</td></tr>
<tr><td colspan="2">non soumise à l'IS</td><td>non</td><td>non</td></tr>
<tr><td rowspan="3">Étrangère</td><td rowspan="2">ayant son siège dans l'UE</td><td>considérée comme une société de capitaux</td><td>oui avec agrément</td><td>oui</td></tr>
<tr><td>non considérée comme une société de capitaux</td><td>oui avec agrément</td><td>oui avec agrément</td></tr>
<tr><td colspan="2">ayant son siège hors UE</td><td>oui avec agrément</td><td>oui</td></tr>
<tr><td rowspan="3">Caractéristiques de l'opération</td><td colspan="4">Rémunération des apports par des éléments autres que des droits sociaux</td><td>oui</td><td>oui</td></tr>
<tr><td colspan="2" rowspan="2">Rémunération des apports exclusivement par des droits sociaux</td><td colspan="2">Dans la limite de 10 % de la valeur nominale des droits attribués</td><td>oui</td><td>oui</td></tr>
<tr><td colspan="2">Au-delà de 10 % de la valeur nominale des droits attribués</td><td>non</td><td>non</td></tr>
</table>

Ainsi, des sociétés qui ne satisfont pas d'emblée à cette condition peuvent être tentées, afin d'échapper au régime de droit commun, de s'assujettir volontairement à l'impôt sur les sociétés, préalablement à l'opération de fusion.

923 La pratique est en soi parfaitement légale ; elle n'en est pas moins potentiellement risquée. L'administration fiscale peut en effet soutenir que l'option pour l'impôt sur les sociétés est formulée sans autre dessein que d'éluder tout ou partie des impôts dus au titre de l'opération de fusion. C'est à nouveau l'abus de droit qui peut être opposé à la société en cause. Et si, dans le temps, l'option pour l'impôt sur les sociétés précède effectivement de peu l'opération de fusion, l'entreprise risque d'éprouver certaines difficultés pour se dégager de l'abus de droit. On peut même concevoir une option pour l'IS exercée à une date qui se trouve englobée ensuite dans la période de rétroactivité. Sans doute pourra-t-on objecter néanmoins qu'il s'agit là du simple exercice d'une option prévue par le code général des impôts lui-même. Or, peut-on véritablement reprocher à un contribuable qui a le choix entre deux solutions fiscales de retenir celle qui lui est la plus favorable ?

FOCUS

Une opération tombe dans l'oubli : la « fusion à l'anglaise »

Avant d'examiner le régime fiscal propre à ce type particulier de fusion, il convient d'expliciter la notion de « fusion à l'anglaise ». L'opération est dite « à l'anglaise » car ce sont les Anglais qui ont été les premiers à faire application de ce régime. Juridiquement, ces opérations ne constituent pas une fusion.

Qu'appelait-on « fusion à l'anglaise » ?

Le schéma général des fusions de sociétés repose sur l'apport des éléments actifs et passifs de la (ou des) société(s) absorbée(s) à la société absorbante (ou à la société nouvelle bénéficiaire des apports), les associés de la (ou des) société(s) absorbée(s) recevant, par voie d'échange, des titres de la société absorbante (ou société nouvelle). La fusion à l'anglaise repose sur la même technique d'apport mais avec une variante essentielle ; ce ne sont pas des éléments actifs et passifs d'une entreprise qui sont apportés mais des titres, l'apport étant réalisé par des personnes physiques ou des personnes morales. En échange des titres ainsi apportés, le ou les auteurs de l'apport reçoivent des titres de la société bénéficiaire des apports, opération à rapprocher de la définition de l'« échange d'actions » donnée par la directive européenne du 23 juillet 1990. Lorsque l'opération porte sur des titres cotés en Bourse, il s'agit ni plus ni moins d'une offre publique d'échange.

Quel régime fiscal pour les « fusions à l'anglaise » ?

Le régime fiscal des « fusions à l'anglaise », qui sont, on le constate, de fausses fusions au sens juridique du terme, diffère selon que l'on envisage l'opération au regard des impôts directs ou au regard des droits d'enregistrement.

• *En matière d'impôts directs,* le régime ne soulève aucune difficulté : les fusions à l'anglaise ne sont admises au régime spécial des fusions que dans l'hypothèse où l'opération revêt la nature d'un apport partiel d'actif portant sur un élément assimilé à une branche complète et autonome d'activité (sur cette question, voir §§ 2712 et s.).

• *En matière de droits d'enregistrement,* le régime fiscal de ces opérations est fixé par l'article 301 C de l'annexe II du code général des impôts qui pose le principe de l'assimilation des fusions à l'anglaise aux fusions classiques. Par voie de conséquence, il est possible de leur appliquer le régime spécial des fusions au regard des droits d'enregistrement. Plusieurs conditions doivent cependant être réunies.

L'assimilation aux fusions et l'admission au bénéfice du régime spécial ne sont possibles que si l'opération confère à la société bénéficiaire des apports une participation d'au moins 75 % dans le capital de la société dont les titres sont apportés. L'article 301 C précité précise que si ce pourcentage n'est atteint qu'après plusieurs opérations successives d'échange, seule la dernière opération, qui a permis d'atteindre ou de dépasser le seuil de 75 %, peut être admise au régime spécial des fusions. De même, les sociétés en présence lors de l'opération de fusion à l'anglaise (société dont les titres sont apportés et société bénéficiaire des apports) doivent nécessairement relever du régime des sociétés de capitaux ; à défaut, le régime spécial des fusions ne saurait s'appliquer. Enfin, ces sociétés doivent avoir leur siège statutaire ou leur siège de direction effective en France ou dans un autre État membre de l'UE.

Si ces trois conditions sont réunies, l'opération peut bénéficier du régime spécial des fusions en matière de droits d'enregistrement. L'application de ce régime peut néanmoins faire l'objet d'une remise en cause ultérieure. En effet, l'article 301-C-II impose à la société bénéficiaire des apports de conserver les titres pendant une durée de cinq ans à compter de la date de l'opération. L'entreprise qui ne respecte pas cet engagement encourt alors la déchéance rétroactive du régime spécial des fusions. La loi prévoit toutefois des circonstances propres à écarter une telle remise en cause du régime spécial ; il s'agit en particulier du cas où, à l'intérieur du délai de cinq ans, les titres sont compris dans une opération de fusion, scission ou apport partiel d'actif, ou encore lorsque les titres sont cédés dans le cadre des opérations de liquidation de la société bénéficiaire des apports.

Reste que, depuis 1992, le régime des fusions à l'anglaise a perdu largement de son intérêt si on le compare au droit d'apport actuellement applicable aux apports ordinaires de participations. Le législateur a pour autant laissé en l'état les textes dans le code général des impôts.

Au final, le régime des fusion à l'anglaise a perdu son identité en se fondant d'une part dans le régime commun des droits d'apport et en étant d'autre part englobé, en matière de plus-values, dans le régime des apports partiels d'actifs.

Centres techniques industriels : l'application du régime de faveur

La loi de finances rectificative pour 1999 a ajusté le champ d'application du régime de faveur des fusions en l'étendant aux opérations de transmission universelle de patrimoine réalisées entre des centres techniques industriels.

Les centres techniques industriels sont des établissements d'utilité publique créés en application de la loi du 22 juillet 1948, loi insérée dans le code de la recherche, et dont l'objet est de promouvoir le progrès des techniques, de participer à l'amélioration du rendement et à la garantie de la qualité dans l'industrie. Ces centres réalisent notamment des travaux de laboratoire, participent aux enquêtes sur la normalisation et à l'établissement des règles permettant le contrôle de la qualité. Leur financement est assuré par le biais de cotisations versées par les entreprises du même secteur, des honoraires au titre des services rendus, des subventions, des revenus du patrimoine, etc. Il existe environ 16 centres techniques industriels qui emploient globalement 2500 personnes. Ces groupements relèvent, au plan fiscal, de l'article 206-1 du CGI.

Afin de favoriser le regroupement de ces centres, l'article 33 de la loi de finances rectificative pour 2000 étend le bénéfice du régime de faveur des fusions aux transmissions universelles de patrimoine réalisées entre centres. Dans le même temps, le texte exonère les mêmes opérations de droit de timbre, de droits d'enregistrement ou de taxe de publicité foncière.

(Droit fiscal 2000, n° 4, pp. 198 et s ; www.reseau-cti.com.)

Le régime spécial s'accommode mal de certaines formes de fusion

924 Les conditions examinées dans le paragraphe précédent ont en commun de porter sur les caractéristiques des sociétés qui fusionnent, sans s'attacher aux conditions proprement dites de l'opération de fusion. Mais, par ailleurs, le régime spécial des fusions n'est pas susceptible de s'appliquer à n'importe quelle fusion. En effet, certaines opérations se font selon des modalités qui les rendent peu compatibles avec le bénéfice du régime fiscal spécial. On illustrera cet aspect en évoquant la situation dans laquelle les apports ne sont pas systématiquement rémunérés par l'attribution de droits sociaux.

925 Si on en revient au schéma de base d'une opération de fusion, il convient de se rappeler que les apports réalisés par la société absorbée sont rémunérés par la remise de parts ou d'actions de la société absorbante, les associés de la société absorbée devenant ainsi associés de la société absorbante.

Or, dans certaines opérations de fusion, le contrat de fusion prévoit que les apports ne seront pas intégralement rémunérés par l'attribution d'actions ou de parts sociales, mais par d'autres éléments. Dès lors, il importe de savoir si cette particularité du contrat de fusion est de nature à avoir une incidence sur le régime fiscal de l'opération.

926 Il faut noter au départ que la non-rémunération par des actions ou droits sociaux résulte parfois d'une impossibilité juridique pour la société bénéficiaire des apports d'émettre des actions ou parts de capital. Il suffit de songer aux fusions réalisées par le biais d'apports à certaines entreprises nationales ou encore à des personnes morales autres que des sociétés. Dans une telle hypothèse, ces fusions sont néanmoins admises au bénéfice du régime spécial, à la condition que les apports soient rémunérés par l'émission de titres d'emprunts comportant une échéance d'au moins quinze ans (instr. 4 juillet 1966, § 13 et doc. adm. 4 I 122, § 11, au regard des impôts directs. Loi 65-566 du 12 juillet 1965, art. 17 et doc. adm. 7 H 3831, § 9, en matière de droits d'enregistrement). On notera, par

ailleurs, que si la fusion ne prévoit pas de rémunération des apports, elle est néanmoins admise au régime spécial des fusions. Il pourra en être ainsi dans le cas d'apports réalisés par voie de fusion au profit d'organismes à but non lucratif.

FUSIONS DE MUTUELLES : RÉGIME DE FAVEUR OU PAS ?

La fusion de groupements soumis à des dispositions particulières commande parfois de s'interroger sur le point de savoir si ces groupements peuvent, du point de vue fiscal, placer l'opération sous le régime de l'article 210-0 A du CGI. Tel est notamment le cas des mutuelles pour lesquelles l'administration distingue la situation des mutuelles régies par le code de la mutualité et les sociétés d'assurance mutuelles régies par le code des assurances.

Mutuelles régies par le code de la mutualité

Selon l'administration, malgré l'absence de rémunération sous forme de titres, il existe une réelle contrepartie des apports constituée par le transfert des engagements pris envers les membres participants de l'organisme résultant de la fusion ou bénéficiaire de l'apport qui garantit la protection de leurs droits. L'administration précise encore que le groupement qui reçoit l'actif est tenu d'acquitter le passif du groupement absorbé. Aussi, dans la mesure où il y a reprise des engagements et que les organismes qui participent à l'opération sont soumis à l'IS, les opérations de fusion (et de scission) de mutuelles entrent dans le cadre de l'article 210-0-A et peuvent ainsi bénéficier du régime de faveur. Toutefois, l'application du régime spécial est subordonnée à la transcription comptable de l'ensemble des apports à la valeur nette comptable. L'administration estime, de même, que lorsqu'une opération d'apport ou de scission ne porte pas sur une branche complète et autonome d'activité, il y a lieu de recourir à la procédure d'agrément.

Sociétés d'assurance mutuelles régies par le code des assurances

Les opérations de fusion, scission et apport partiel d'actif de sociétés d'assurance mutuelles sont prévues par les articles L 324-1 à L 324-3 du code des assurances. Ces opérations ne peuvent être réalisées qu'en l'absence d'opposition du ministre de l'Économie et des Finances. Là encore, l'administration considère que, même s'il n'y a pas rémunération des apports par remise de titres, il y a une réelle contrepartie des apports constituée par la garantie du respect de l'intérêt des assurés de l'organisme scindé, absorbé ou apporteur. Dès lors, dans la mesure où les organismes qui participent à l'opération sont soumis à l'impôt sur les sociétés, les opérations peuvent être admises au bénéfice du régime de faveur des fusions de l'article 210-0-A. L'application du dispositif est subordonnée, néanmoins, à la transcription comptable de l'ensemble des apports à la valeur nette comptable. De même, si l'apport ne porte pas sur une branche complète et autonome d'activité, l'agrément de l'article 210 B est nécessaire.

(Sur cette question : instruction 25 octobre 2002 : BOI 4 I-2-02, §§ 26 et s.)

927 Lorsque la rémunération des apports résulte non d'une impossibilité juridique d'émettre des titres mais d'un libre choix des parties en présence, l'incidence sur le régime fiscal de la fusion diffère selon que l'on se place au regard des impôts directs ou en matière de droits d'enregistrement.

928 Au regard des impôts directs, le régime spécial peut s'appliquer lorsque la soulte ne dépasse pas 10 % de la valeur nominale des parts ou actions attribuées.

Alors que la possibilité d'une soulte en espèces a été introduite en droit des sociétés par la loi du 5 janvier 1988, le droit fiscal a pendant quelques temps observé le plus grand silence sur la question de savoir si une fusion avec soulte pouvait, ou non, bénéficier du régime spécial des fusions.

C'est l'administration qui, dans un premier temps, a admis dans son instruction de 1993, que les fusions avec soulte pouvaient ouvrir droit au régime fiscal de faveur des fusions. Cette solution a reçu une consécration légale avec l'adoption de l'article 210-0 A du CGI qui, dans la définition des fusions d'inspiration communautaire, cite explicitement la notion de fusion avec soulte (instr. 11 août 1993 : BO 4 I-1-93, n° 25).

Le plafond de 10 % qui est instauré n'est autre que le plafond prévu par le droit des sociétés. Son dépassement fait perdre la nature de fusion à l'opération au plan juridique ; elle empêche l'application du régime spécial en droit fiscal. Dans ce dernier cas, les dispositions des articles 38-7 bis et 150-A bis relatives aux associés de la société absorbée sont, de même, inapplicables.

929 Au regard des droits d'enregistrement, le régime se caractérise par la même souplesse. En effet, l'article 301-F de l'annexe II du CGI prévoit que les apports doivent être rémunérés par l'attribution de titres représentatifs du capital de la société bénéficiaire, mais précise toutefois que ces apports « peuvent faire l'objet de règlements sous une autre forme dans la limite de 10 % de la valeur nominale des droits attribués ».

La rémunération des apports peut donc être mixte : attribution de droits sociaux et, dans la limite précitée des 10 %, remise de biens, d'espèces, de titres de créances ou d'obligations. Dans un tel cas de figure, la fusion est admise, au regard des droits d'enregistrement, au bénéfice du régime spécial.

930 En dehors de la question de la soulte, l'administration fiscale a eu par ailleurs l'occasion de rappeler le principe général selon lequel la rémunération d'une fusion (mais aussi d'une scission ou d'un apport partiel d'actif) est déterminée par la parité d'échange calculée sur la base de la valeur réelle des apports et de la société qui les reçoit. La valeur réelle de la société bénéficiaire des apports s'apprécie au moment de l'opération et non ultérieurement, compte tenu des éléments apportés. Il en résulte que le régime de faveur ne saurait s'appliquer à des opérations à l'occasion desquelles des transferts de valeurs non représentatives des apports sont organisés entre associés et sociétés. Toujours selon l'administration, lorsque la valeur réelle des titres remis en rémunération est inférieure à la valeur réelle de l'apport, la société apporteuse doit constater, à concurrence de la différence, un produit taxable dans les conditions de droit commun qui correspond à la libéralité consentie (instr. 3 août 2000 : BOI 4 I-2-00, §§ 76 et 77).

RÉGIME DE FAVEUR ET RÉGULARITÉ JURIDIQUE DE LA FUSION

Le régime de faveur (ou régime spécial) s'applique aux opérations de fusion qui ont été réalisées régulièrement. Ainsi, dans le cadre d'une opération de fusion par création de société nouvelle, la création au passif du bilan de la société nouvelle d'une prime de fusion inspirée par des considérations d'ordre comptable et financier ne fait pas obstacle à l'application du régime de faveur, sous réserve, toutefois, de la régularité de la création d'une telle prime.

La situation est la même, toujours dans le cadre de la fusion par création de société nouvelle, lorsque la société nouvelle est créée avant les opérations de fusion mais en vue de celles-ci et dans une autre activité que la gestion de ses propres actifs.

(Rép. Haenel, JO 23 mai 1996, Sén. quest. p. 1261.)

Le régime spécial n'est pas nécessairement adapté aux sociétés déficitaires

931 Le régime spécial des fusions confère pour l'essentiel un caractère intercalaire à l'opération de fusion, principe en vertu duquel l'ensemble des éléments de la société absorbée est transmis à la société absorbante ou bénéficiaire des apports sans les conséquences fiscales d'une dissolution puis d'un apport.

Dans les sociétés de capitaux qui relèvent de l'impôt sur les sociétés, parmi les éléments qui devraient se trouver automatiquement transmis à la société absorbante figurent naturellement des déficits enregistrés chez l'absorbée. Mais on conçoit que le législateur et l'administration fiscale aient manifesté, en ce domaine, quelques réticences à la pleine application du régime intercalaire des fusions. En effet, le libre transfert des déficits n'est autre que le libre transfert de crédits potentiels d'impôt et le risque était grand de voir se multiplier des fusions réduites à l'état de négoce de déficits.

932 Pour cette raison, le sort des déficits n'est pas déterminé librement dans le cadre du régime fiscal des fusions. Les limites prévues par les textes confèrent parfois, compte tenu de l'importance des déficits en cause, une importance de premier plan à la question du traitement des déficits dans le cadre de la fusion. Il convient, sur ce point encore, de rechercher les solutions les plus appropriées aux sociétés en présence ; en d'autres termes, il est nécessaire d'optimiser la gestion fiscale des déficits dans le cadre de l'opération de fusion.

Les limites imposées aux sociétés déficitaires

933 Les restrictions apportées au traitement des déficits dans le cadre d'une opération de fusion touchent à la fois la société absorbée et la société absorbante.

Les limites imposées à la société absorbée

934 Il s'agit d'évoquer ici le sort des seuls déficits enregistrés par la société absorbée avant la période de rétroactivité. On sait, en effet, que les déficits nés au cours de la période de rétroactivité sont transmis en principe à la société absorbante *(voir §§ 818 et s.)*. Il n'est donc nullement besoin de s'appesantir sur leur traitement. Dans l'instruction du 3 août 2000, l'administration a explicitement rappelé que « la société bénéficiaire des apports prend en compte, dans le premier bilan établi après l'apport, les pertes provenant des opérations de la société apporteuse depuis la date d'effet de la rétroactivité fixée dans le contrat » (BOI 4 A-2-00, § 108).

935 En revanche, pour les déficits nés antérieurement à la période de rétroactivité, le régime est beaucoup plus sévère. En effet, ces déficits ne peuvent, en principe, être transmis à la société absorbante. En d'autres termes, l'aspect intercalaire du régime spécial de la fusion ne joue pas pour le report déficitaire.

L'interdiction résulte des dispositions de l'article 209-II du CGI ; cet article introduit cependant un tempérament en autorisant une transmission « contrôlée » des déficits. En effet, les déficits peuvent être transmis à la société absorbante si l'opération a préalablement bénéficié d'un agrément ministériel.

Par ailleurs, la doctrine administrative s'opposait à la transmission à la société absorbante de la moins-value nette à long terme en instance d'imputation chez la société absorbée à la date de la fusion. Le Conseil d'État, dans un arrêt du 30 décembre 2011, a estimé cette position contraire à l'esprit du régime fiscal de faveur des fuions (CE 30 décembre 2011, req. 316194, 10e et 9e s.-sect.).

Les limites imposées à la société absorbante

936 Chez l'absorbante, les déficits ordinaires continuent d'être normalement reportables dans les conditions fixées à l'article 209-I du CGI.

Tout en rappelant ce principe, l'administration a néanmoins précisé qu'elle se réservait la possibilité de contester ce report dans le cadre de la procédure de répression des abus de droit.

Il pourrait en être ainsi si la fusion ne répondait, par exemple, qu'au seul souci d'opérer une compensation fiscale entre les déficits de la société absorbante et les résultats bénéficiaires de l'absorbée (CE 21 mars 1986 précité ; *voir § 761*).

937 Mais, chez l'absorbante, une autre difficulté est susceptible de surgir et d'empêcher le report des déficits de la société absorbante enregistrés avant l'opération de fusion. Il s'agit du cas où la fusion s'accompagne d'un changement d'activité. En effet, le changement d'activité ou d'objet peut être considéré sous certaines conditions comme emportant cessation d'entreprise. Or, pour que le report des déficits puisse jouer, il est nécessaire que celui-ci s'effectue au sein de l'entreprise même qui a enregistré ces déficits (principe de l'identité d'entreprise). Par voie de conséquence, le changement d'activité peut entraîner la perte des déficits subis. Cette situation peut notamment se rencontrer dans le cadre d'opérations de restructuration à l'intérieur des groupes.

938 Ainsi, par exemple, l'opération par laquelle une société holding, qui a une activité de gestion de portefeuille, absorbe une société qui a une activité de nature industrielle ou commerciale, peut être considérée comme emportant changement d'activité de la société holding (pour une illustration dans l'hypothèse d'un apport partiel d'actif : TA Dijon, 2e ch., 16 décembre 1997, n° 95-2226 ; RJF 1998, n° 4, comm. 388).

Déficits et fusions de sociétés		
	Société absorbée	**Société absorbante**
Déficits ordinaires	Pas d'imputation chez l'absorbante, sauf octroi d'un agrément	Report normal sauf changement d'activité

Enfin, il convient de rappeler également ici les dispositions de l'article 209-II bis du CGI qui prévoient, pour les opérations de fusion sans échange de titres visées par l'article 210-0-A du CGI, que dans l'hypothèse de reprise d'un passif excédant la valeur réelle de l'actif qui est transféré, la charge correspondant à cet excédent ne peut être déduite.

939 La rigidité de ces dispositions est de nature à inciter les sociétés en présence, lorsque les déficits sont importants, à rechercher des solutions qui permettent d'assurer un traitement fiscal optimal des déficits dans le cadre de la fusion.

La gestion fiscale des déficits dans le cadre des opérations de fusion

940 L'application stricte des règles relatives au régime des déficits dans les opérations de fusion peut avoir pour conséquence de faire tomber en non-valeur une masse

importante de ces déficits. Afin d'éviter une telle déperdition fiscale, les sociétés en présence peuvent rechercher des solutions destinées à améliorer le sort des déficits dans la fusion. De telles solutions peuvent être :
– communes aux deux sociétés qui fusionnent ;
– propres à la société absorbante ;
– propres à la société absorbée.

Les solutions communes à l'absorbée et à l'absorbante

941 Le sort fiscal des déficits peut entraîner une remise en cause globale du régime fiscal de la fusion tel qu'il a été initialement prévu par les parties. Celles-ci peuvent alors :
– renoncer à placer l'opération sous le bénéfice du régime spécial des fusions ;
– remettre en cause le sens initialement convenu pour la fusion.

Les sociétés peuvent aussi tenter d'améliorer le sort des déficits en se fondant dans le moule des contraintes imposées par les textes ; elles formulent alors une demande d'agrément ministériel.

La renonciation au régime spécial des fusions

942 Les sociétés peuvent décider que l'opération sera placée sous le régime de droit commun des fusions. En d'autres termes, cela signifie que l'on interprétera la fusion comme une dissolution de la société absorbée, suivie d'un apport à une autre société (l'absorbante).

943 L'intérêt au regard des déficits n'est pas négligeable. Pour la société absorbée, les plus-values constatées lors de la dissolution, ainsi que les bénéfices en sursis d'imposition, deviennent imposables. Or, si la société absorbée dispose d'importants reports déficitaires, ceux-ci peuvent se compenser avec les plus-values et bénéfices en sursis d'imposition, ce qui aura pour effet de réduire considérablement la charge fiscale liée à la dissolution de la société absorbée. Cela permet, en outre, d'éviter que les reports déficitaires ne tombent en non-valeur.

Chez la société absorbante, les déficits qui existent à la date de la fusion ne subissent aucune limitation particulière. En outre, l'opération étant placée sous le régime de droit commun, la société absorbante est dispensée de reprendre les plus-values en sursis d'imposition ou de réintégrer de façon échelonnée les plus-values de fusion *(voir § 1215)*.

944 Mais attention, cette manière de procéder doit être conciliée avec la réglementation comptable. Si les apports sont effectués sur la base des valeurs réelles, les plus-values d'apport qui sont dégagées le sont tant au plan comptable que fiscal. Dans ces conditions effectivement, le report déficitaire va s'imputer sur le montant des plus-values d'apport constatées chez l'absorbée. La société absorbante, pour sa part, enregistrera l'entrée des éléments d'actif pour leur valeur réelle d'apport et les amortira sur cette base. En contrepartie, la société absorbante n'aura aucune charge fiscale à assumer du fait de la fusion et en provenance de la société absorbée.

945 Si, inversement, l'opération de fusion est effectuée en valeurs comptables, la situation demeure inchangée au niveau de la société absorbée. En effet, même si du point de vue comptable, aucune plus-value d'apport n'est dégagée, du point de vue fiscal en revanche, en régime de droit commun, les plus-values sont constatées sur

la base des valeurs réelles. Cette situation va donc conduire la société absorbée à pouvoir imputer également le report déficitaire. Chez la société absorbante cependant, les immobilisations seront enregistrées sur la base des valeurs d'apport comptables et la société absorbante ne pourra, en termes d'amortissement, que poursuivre et terminer les plans d'amortissement entamés par la société absorbée (sur ces questions, voir infra, chapitre 2-2).

La remise en cause du sens de la fusion

946 L'essentiel des restrictions en matière de déficits porte sur l'impossibilité pour la société absorbée de transmettre ses déficits à la société absorbante. La société absorbante, quant à elle, ne subit pas de restrictions particulières.

947 Aussi, les entreprises peuvent-elles avoir intérêt à inverser le sens de la fusion et à considérer que la société déficitaire doit intervenir dans l'opération de fusion en qualité de société absorbante.

Concevable au plan théorique, la solution n'en comporte pas moins des inconvénients d'ordre pratique. En premier lieu, l'inversion du sens de la fusion peut conduire à une opération contraire au plus élémentaire bon sens économique. En second lieu, les développements précédents l'ont montré, le choix du sens de la fusion pour de simples préoccupations fiscales expose, dans certaines circonstances, l'opération à la procédure de répression des abus de droit (*voir § 760*). Les entreprises ont toujours la possibilité d'utiliser à titre préventif la procédure de rescrit fiscal, procédure reposant sur la consultation préalable de l'administration fiscale. Dans ce cas, si l'administration ne soulève pas d'objection, ou si elle s'abstient de répondre dans un délai de six mois, elle ne pourra pas ultérieurement invoquer l'abus de droit. Enfin, rappelons que la réalisation d'une fusion à l'envers induira nécessairement un certain nombre de repercussions d'ordre comptable, notamment au plan de la valorisation des apports, une opération à l'envers devant nécessairement être réalisée sur la base d'apports à la valeur comptable.

La demande d'un agrément ministériel

948 Les sociétés qui participent à l'opération de fusion ont la possibilité, conformément aux dispositions de l'article 209-II du CGI, de demander un agrément ministériel afin de permettre la transmission des déficits de la société absorbée à la société absorbante (J. Maïa, « L'agrément fiscal : instrument d'intervention économique ou de sécurité juridique ? » RJF 2001, n° 2, pp. 99 et s). Naturellement, seules les opérations qui répondent à la définition des fusions donnée par l'article 210-0-A du CGI peuvent avoir accès à la procédure d'agrément.

949 L'agrément est une procédure relativement longue et complexe qui doit être menée par l'entreprise concernée avec attention. Les modifications intervenues depuis le 1er janvier 2002 ont toutefois amélioré le système en transformant cet agrément, jusque-là discrétionnaire, en un agrément de droit.

950 *a) L'objet de la demande d'agrément.* La demande d'un agrément ministériel vise essentiellement l'autorisation, pour la société absorbée, de transmettre à la société absorbante les déficits qui existent à la date de la fusion. Avant 2002, dans le cadre d'une procédure d'agrément discrétionnaire, la décision d'agrément n'autorisait généralement pas un transfert complet du report déficitaire au profit de la société absorbante.

951 En principe, l'opération de fusion n'affecte pas le report déficitaire de la société absorbante existant à la date de réalisation de l'opération de fusion, sauf dans l'hypothèse d'une éventuelle remise en cause par l'administration, dans le cadre de la procédure de répression des abus de droit. Jusqu'en 2002, la société absorbante pouvait, elle aussi, déposer une demande d'agrément destinée à se prémunir contre le risque de remise en cause par l'administration. La rédaction actuelle de l'article 209-II ne permet plus à la société absorbante de déposer une demande en ce sens. En effet, l'article 209-II ne vise désormais que les déficits antérieurs non encore déduits par la société absorbée.

952 *b) La procédure d'agrément.* La procédure d'agrément en matière de fusions de sociétés pour la transmission de déficits a été modifiée afin de prendre en considération la réorganisation des services de la direction générale des impôts (décret 2000-439 du 23 mai 2000). L'attribution des compétences a été redéfinie par un arrêté du 31 août 2000 (Journal officiel du 3 septembre 2000 ; CGI, ann. IV, art. 170 sexies). Par principe, seul le ministre chargé du budget a qualité pour délivrer des agréments en matière fiscale (CGI art. 1649 nonies), sauf mesure de délégation ou procédure simplifiée. Précisément, en matière de fusions de sociétés, la décision d'agrément est prise par le directeur des services fiscaux du département où se trouve la direction du contrôle fiscal dans le ressort duquel l'entreprise a son siège. Toutefois, en Île-de-France, les compétences en matière d'agrément sont exercées par le directeur chargé de la direction spécialisée pour la région Île-de-France et pour Paris. Dans les départements d'outre-mer, ces compétences sont attribuées au directeur des services fiscaux du département (CGI, ann. IV, art. 170 octies).

953 Toutefois, l'agrément reste de la compétence du ministre chargé du budget dans les quatre cas suivants :
– la demande d'agrément est présentée par la société mère d'un groupe fiscalement intégré au sens de l'article 223 A du CGI à raison d'un déficit d'ensemble. Ainsi, les déficits propres à une société intégrée, et donc constatés avant l'entrée dans le groupe, ne sont pas concernés par cette disposition ;
– l'entreprise qui dépose la demande réalise un chiffre d'affaires supérieur à 150 millions d'euros, ou est détenue à plus de 50 % par une entreprise réalisant un chiffre d'affaires supérieur à 150 millions d'euros. Le chiffre d'affaires à prendre en considération est le chiffre d'affaires hors taxe réalisé par la société requérante au cours du dernier exercice clos à la date de l'opération (instr. 2 octobre 2000 : BOI 13 D-2-00 et instr. 21 août 2002 : BOI 13 D-2-02, chap. 5). Selon l'administration, il s'agit du montant figurant sur la ligne FL, colonne 3 du tableau 2052 joint à la déclaration 2065 ; si la durée de l'exercice de référence est inférieure à un an, le chiffre d'affaires réalisé doit être rapporté à 12 mois. La détention à plus de 50 % s'entend de la détention en pleine propriété en droits de vote et droits financiers ;
– la demande porte, pour une même opération, sur un montant global de déficits supérieur à 1,5 million d'euros. Pour l'appréciation de ce seuil, l'administration prescrit de prendre en considération la totalité des déficits qui font l'objet de la demande d'agrément ;
– lorsque, enfin, la demande présente des difficultés particulières ou est évoquée par le ministre. Sont non seulement visées les opérations qui font l'objet d'une intervention auprès du ministre du Budget, mais également les opérations pour lesquelles une demande d'agrément est, par ailleurs, formulée au titre de l'article 210 B 3 du CGI. De la même manière, l'administration estime que le ministre

est compétent pour les demandes présentées pour une même opération par des sociétés situées dans des zones de compétence de direction de contrôle fiscal différentes, mais seulement dans le cas où chacune des sociétés parties à l'opération sollicite le bénéfice d'un agrément. La transmission s'opère à l'administration centrale : Direction générale des finances publiques, service juridique, bureau AGR, télédoc 957 - 86-92, allée de Bercy - 75754 Paris Cedex 12.

Ces règles de compétence sont en vigueur depuis le 1er septembre 2000. Elles s'appliquent aux demandes déposées depuis cette date, mais également aux demandes sur lesquelles il n'avait pas été statué avant cette date.

954 La demande d'agrément doit être rédigée sur papier libre et selon un modèle établi par l'administration dans son instruction du 21 août 2002. Ce modèle est reproduit en annexe. La demande est signée par les représentants des sociétés qui participent à l'opération. La demande doit être établie par la société bénéficiaire des apports et contresignée par le représentant légal de la société apporteuse, sous peine de rejet de la demande. Les représentants des sociétés doivent prendre l'engagement formel, en cas d'agrément, de réaliser l'opération dans les conditions et délais prévus par la demande. Dans le cas de l'apport partiel d'actif, les représentants de la société apporteuse doivent, en outre, renoncer expressément à la déduction des déficits, dans la mesure où la décision d'agrément en autorise le transfert à la société bénéficiaire des apports. La demande doit être accompagnée des trois dernières liasses fiscales complètes de chaque société en cause, des états 2058 A et 2058 B des cinq derniers exercices, des déclarations 2039 et 2039 bis en un seul exemplaire. La demande doit être transmise en trois exemplaires, dont un original signé. La demande doit être préalable à l'opération (CGI : 1649 nonies). À défaut, la forclusion peut être opposée à la demande. Cependant, si tous les renseignements demandés ne peuvent pas être fournis lors du dépôt de la demande, les documents manquants devront être adressés, en cours d'instruction, à l'autorité compétente, sans que la demande initiale soit frappée de forclusion.

Nombre de sociétés et nombre de dossiers

Une opération de restructuration peut éventuellement donner lieu à la constitution de plusieurs dossiers d'agrément. Le principe est qu'il convient d'établir autant de dossiers qu'il y a de sociétés bénéficiaires d'apports dans l'opération.

Ainsi, dans l'hypothèse d'une scission d'une société au profit de deux sociétés, il faut établir deux demandes d'agrément. Inversement, dans l'hypothèse d'une opération par laquelle une seule et même société absorbe deux sociétés, un seul dossier de demande d'agrément est nécessaire.

955 *c) L'accord ou le rejet de l'agrément.* L'agrément en matière de transmission des déficits est un agrément de plein droit. Il en résulte qu'il doit être accordé si un certain nombre de conditions posées par le texte sont satisfaites. Tel est le cas lorsque :
– l'opération est placée sous le régime de l'article 210 A du CGI ;
– l'opération est justifiée du point de vue économique et obéit à des motivations principales autres que fiscales ;
– l'activité à l'origine des déficits dont le transfert est demandé doit être poursuivie pendant un délai minimal de trois ans.

La rédaction de l'article 209-II du CGI (extrait)

En cas de fusion ou opération assimilée placée sous le régime de l'article 210 A, les déficits antérieurs et la fraction d'intérêts mentionnée au sixième alinéa du 1 du II de l'article 212 non encore déduits par la société absorbée ou apporteuse sont transférés, sous réserve d'un agrément délivré dans les conditions prévues à l'article 1649 nonies, à la ou aux sociétés bénéficiaires des apports, et imputables sur ses ou leurs bénéfices ultérieurs dans les conditions prévues respectivement au troisième alinéa du I et au sixième alinéa du 1 du II de l'article 212.

En cas de scission ou d'apport partiel d'actif, les déficits transférés sont ceux afférents à la branche d'activité apportée.

L'agrément est délivré lorsque :
a. L'opération est justifiée du point de vue économique et obéit à des motivations principales autres que fiscales.
b. L'activité à l'origine des déficits ou des intérêts dont le transfert est demandé est poursuivie par la ou les sociétés bénéficiaires des apports pendant un délai minimum de trois ans.

956 Les conditions posées par le texte appellent quelques remarques. Tout d'abord, on observe que l'agrément n'est délivré que si l'opération est placée sous le régime spécial (ou de faveur) des fusions. La condition n'est guère surprenante dans la mesure où antérieurement, lorsque l'agrément était discrétionnaire, l'octroi de l'agrément était souvent indissociable de l'application du régime de l'article 210 A du CGI. La seule nouveauté réside dans le fait que les opérations admises au bénéfice du régime de faveur sont définies par l'article 210-0 A du CGI. Il en résulte que les opérations de dissolution-confusion entrent dans le champ d'application de la procédure d'agrément, de même que les opérations transfrontalières ou étrangères qui correspondent à la définition de l'article 210-0 A du CGI (voir instr. 13 D-2-02 du 21 août 2002). En matière d'opérations internationales, l'administration estime que l'agrément peut être demandé, notamment dans l'hypothèse :
– de la fusion entre deux sociétés étrangères, le patrimoine de la société absorbée comprenant un établissement stable en France ;
– de l'absorption par une société étrangère de sa filiale française et qui la transforme en succursale dans la mesure où la succursale revêt, du point de vue conventionnel, le caractère d'établissement stable ;
– de la filialisation par une société étrangère de son établissement stable en France.

957 Dans ces différentes situations, l'administration considère que l'opération doit répondre aux critères de l'article 210-0 A sur la définition des fusions. De même, s'agissant d'opérations réalisées dans un cadre international, l'opération doit être réalisée avec un pays ayant conclu avec la France une convention comportant une clause d'assistance administrative destinée à lutter contre la fraude et l'évasion fiscales.

958 La condition tenant à la poursuite de l'activité n'est pas non plus une réelle surprise. En effet, le souci du législateur en matière de déficits touchant des opérations de restructuration a toujours été d'éviter que ne se crée un marché des sociétés déficitaires. Il n'est dès lors pas surprenant que le transfert du déficit soit directement lié à la poursuite de l'activité pendant un certain délai. Le délai fixé est de trois ans, délai qui est désormais le délai souvent retenu en matière fiscale, notamment en matière d'engagements de conservation. Le seul risque en la matière réside dans le fait qu'au cours de la période de trois ans postérieure

à l'opération de fusion, l'administration estime que l'activité n'est pas réellement poursuivie (on notera au demeurant une position restrictive dans l'hyothèse de l'absorption d'une société ayant une activité de holding pure. L'administration a considéré que cette société n'avait pas véritablement d'activité ne pouvait être considérée comme satisfaite (rép. de Richemont, JO Sén. 30 mars 2006, p. 923 ; pour des applications jurisprudentielles, voir CAA douai 8 mars 2011, n° 09-967 : RJF 2011, n° 7, com. 792 ; JCP éd. E, 2011, n° 38, com. 1678, note R. Poirier ; voir également TA Paris, 14 décembre 2010, n° 07-13039, RJF 2011, n° 4, com. 378).

Le risque n'est pas totalement inexistant dans la mesure où toute opération de restructuration s'accompagne nécessairement de modifications dans le mode de fonctionnement des sociétés qui participent à l'opération. C'est au demeurant souvent la nécessité de modifier les conditions d'exercice de l'activité qui justifie l'opération de restructuration. Il faut donc espérer une certaine souplesse d'appréciation de la part de l'administration pour valider cette condition. *A priori*, compte tenu des précisions apportées par l'administration, il semble que la société absorbante doive s'abstenir de procéder à des changements profonds de nature à caractériser une perte d'identité de l'activité reprise. La poursuite de l'activité s'apprécie, selon l'administration, en fonction de critères objectifs fondés sur la nature et l'importance des éléments repris, dans le contexte économique propre de l'opération : lieux d'exploitation, actifs mis en œuvre, produits fabriqués ou services rendus, effectifs maintenus, zones géographiques desservies, clientèle, etc. (voir, en annexe, la section 4 du BOI 13 D-2-02 du 21 août 2002).

959 Enfin, et cela peut être en pratique la source de bien des interrogations, l'opération doit être justifiée par un motif économique et ne doit pas avoir une motivation principale de nature fiscale. Sur l'aspect économique, « l'opération doit s'inscrire dans un projet de restructuration devant avoir des effets économiques positifs en termes de synergie, de rationalisation, de concentration, de maintien de l'emploi… Les fusions et opérations assimilées dont l'intérêt financier est prédominant pourraient être écartées » (Droit fiscal 2002, n° 1-2, p. 16). On constate sur ce point que l'administration, qui ne parvenait que très difficilement à faire reconnaître l'abus de droit en matière de restructuration, compte tenu de l'exigence d'une motivation exclusivement fiscale, retrouve ici une marge de manœuvre plus importante avec la notion d'opération dont la motivation est principalement fiscale. Il restera à examiner la manière dont la jurisprudence appréciera la notion de motivation principalement fiscale ; il est clair, cependant, que certains montages sur lesquels l'abus de droit n'avait pas ou peu de prise se trouvent certainement à nouveau exposés. En particulier, les opérations de fusion à l'envers et les fusions rapides (sur cette question, *voir* § 997). L'administration vise en particulier, parmi les opérations non justifiées d'un point de vue économique, le cas où (liste non limitative contenue dans le BOI 13 D-2-02) :

– une société déficitaire, qui s'est endettée de manière significative pour acquérir une société cible, est absorbée par celle-ci peu de temps après l'acquisition (sur cette question, voir nos développements sur la fusion rapide dans le cadre des LBO) ;

– une opération, dont la réalité juridique n'est pas en cause, mais qui apparaît principalement motivée par le souci de la société absorbante de pouvoir disposer des déficits de la société absorbée et de les imputer sur les bénéfices disponibles ;

– la demande d'agrément porterait sur les déficits issus d'une activité qui n'est plus exercée au jour de la fusion soit en raison d'une cession préalable, soit par arrêt, demande qui ne serait pas suffisamment motivée sur le plan économique et qui ne satisferait pas à la condition de maintien de l'activité.

960 On notera, au passage, par rapport à l'ancienne procédure d'agrément (opérations antérieures à 2002), que le nouveau dispositif ne comporte aucune restriction en termes d'activité des sociétés qui participent à l'opération. Ainsi, on ne retrouve pas les restrictions qui ont été longtemps en vigueur au profit des seules activités de nature industrielle.

961 Si les conditions sont vérifiées, l'agrément doit être accordé. La décision d'agrément est notifiée au(x) demandeur(s) par lettre recommandée avec accusé de réception. Il en est de même du refus. Si la décision est prise par le ministre du Budget, des copies sont adressées aux directeurs des services fiscaux.

ACCORD OU REFUS DE L'AGRÉMENT : COMMENT APPREND-ON LA NOUVELLE ?

Que l'agrément soit accordé ou qu'il soit refusé, les sociétés en seront informées par lettre recommandée avec accusé de réception.

Agrément accordé : Si les conditions posées pour bénéficier de l'agrément sont satisfaites, l'agrément doit être délivré. L'accord est alors notifié directement à la société bénéficiaire par l'autorité compétente qui sera soit le ministre chargé du budget, soit l'autorité qui a reçu délégation pour instruire la demande d'agrément. Des copies de la décision sont adressées au directeur des services fiscaux compétent ou au délégué chargé de la direction des grandes entreprises.

Agrément refusé : À la différence de la procédure applicable aux agréments discrétionnaires, le refus d'un agrément de droit doit être motivé. Si les sociétés entendent contester la décision de refus, elles peuvent le faire dans un délai de deux mois à compter de la réception de la décision. Pour cela, il est nécessaire d'adresser une requête motivée établie sur papier libre et accompagnée de trois copies de la décision contestée. Cette formalité ne pourra pas être accomplie sans acquitter un timbre fiscal de 15 € (CGI art. 1089 B).

962 Le déficit transféré est le déficit global de la société absorbée. Mais attention, c'est le déficit global ordinaire qui est transmissible. En revanche, l'éventuelle moins-value nette à long terme de la société absorbée n'est pas transmissible à la société absorbante. Chez la société absorbante, le montant du déficit transféré est à prendre en considération pour la mise en œuvre des dispositions sur le plafonnement du déficit imputable dans les sociétés soumises à l'IS.

963 Si les conditions posées par le texte ne sont pas satisfaites, l'administration pourra rejeter l'agrément. Mais attention, s'agissant d'un agrément de plein droit, la décision de refus de l'administration doit être motivée (loi 79-587 du 11 juillet 1979, art. 1). En cas de contestation, la décision de refus sera soumise au contrôle du juge. Les sociétés qui envisagent de contester la validité de la décision rendue doivent le faire dans un délai de deux mois auprès du greffe du tribunal administratif compétent, en déposant une requête motivée établie sur papier libre et accompagnée de trois copies de la décision contestée.

LES DÉFICITS DANS LES FUSIONS ANTÉRIEURES À 2002 : L'ADMINISTRATION MAÎTRE DU JEU...

Pour les opérations de restructuration réalisées avant le 1er janvier 2002, l'agrément en matière de transmission des déficits était un agrément discrétionnaire. La contestation des décisions de rejet d'agrément ne pouvait ainsi s'effectuer que par le biais de la procédure de recours pour excès de pouvoir. Ce recours devait être exercé dans les deux mois de la notification de la décision auprès du tribunal administratif du siège de la société concernée. S'agissant d'un agrément discrétionnaire, le juge de l'impôt ne peut se livrer qu'à un contrôle minimal des décisions

de refus (pour une illustration, CAA Lyon, 4e ch., 17 janvier 1996, n° 94-600 : RJF 1996, n° 5, inf. 641 ; voir également CE 7 février 1990, n° 94743 : RJF 1990, n° 4, com. 469 ; CE 1er juin 1998, n° 79550 : RJF 1998, n° 8-9, com. 1029 ; CE 1er décembre 1993, n° 141124, RJF 1994, n° 1, com. 82. Sur l'erreur manifeste d'appréciation en dépit du caractère discrétionnaire de l'agrément : CE 29 novembre 2000, n° 197319, 8e et 3e s.-sect. : RJF 2001, n° 2, comm. 162).

Dans l'hypothèse où un jugement annule la décision de refus d'agrément, cette décision a pour effet de saisir à nouveau le ministre de la demande de l'entreprise ; cela n'implique pas pour autant que le ministre soit dans l'obligation d'accorder l'agrément qui avait fait l'objet de la décision de refus annulée. *A fortiori*, le jugement qui annule la décision de refus d'agrément n'emporte pas octroi de l'agrément. À la lumière d'une jurisprudence récente, il semble, en outre, que le jugement concluant à l'annulation peut définir le délai accordé à l'administration pour se prononcer à nouveau sur la demande d'agrément (sur cette question : CE 29 novembre 2000, n° 197319, 8e et 3e s.-sect. : RJF 2001, n° 2, comm. 162).

Dans l'hypothèse où il était accordé, l'agrément n'aboutissait pas, en règle générale, à une transmission de l'intégralité du report déficitaire. Le montant du déficit dont la transmission était autorisée était plafonné à 40 % de la valeur des immobilisations industrielles apportées à leur valeur d'apport. Depuis 1984, cette règle avait, en outre, été assouplie lorsque l'opération d'apport s'apparente à la reprise d'une entreprise en difficulté (comité fiscal de la mission d'organisation administrative, réunion du 31 janvier 1994 : Droit fiscal 1995, n° 7, pp. 332 et s). **Dans le même ordre d'idée, depuis 1999, le ministère du Budget préconisait de faire évoluer cette doctrine afin de prendre en considération les changements intervenus dans l'économie où l'industrie occupe une place désormais moins importante. Dans cet esprit, il a été demandé aux services en charge de la délivrance des agréments de « substituer à l'approche sectorielle une approche analytique qui privilégierait la nature des déficits constatés. Ainsi, les entreprises qui ont subi des déficits substantiels à raison d'investissements amortissables réalisés pour leur exploitation pourront utilement solliciter un agrément pour en obtenir le transfert dans le cadre d'opérations de restructuration économiquement justifiées. Le transfert sera accordé pour tout ou partie des déficits en fonction des investissements apportés lors de l'opération ». Le ministre ajoutait que, de la même façon, des instructions avaient été données pour que les demandes déposées dans le cadre de la restructuration de petites et moyennes entreprises en difficulté soient regardées favorablement, lorsque l'agrément constituera une aide efficace au maintien de l'activité et de l'emploi** (lettre du secrétariat d'État au Budget au président de l'AFEP du 21 mai 1999). **Le secteur du transport et des bâtiments et travaux publics (BTP) a bénéficié de ces assouplissements.**

L'administration n'a que rarement développé les critères retenus pour accorder ou refuser un agrément. Quelques éléments d'appréciation ont néanmoins été donnés à l'occasion d'une conférence organisée par l'Institut des avocats conseils fiscaux le 18 mai 2000, conférence dont le texte a été reproduit dans la lettre n° 70 de l'IACF. Pour le maintien du report déficitaire, deux éléments semblent ressortir : d'une part, la demande d'agrément est souvent un rempart contre la procédure de répression des abus de droit dans le cadre des fusions à l'envers ; d'autre part, il ne saurait être question d'accorder le maintien d'un report déficitaire dans l'hypothèse où la restructuration s'accompagne d'un changement d'activité de la société concernée. En ce domaine, la procédure d'agrément ne saurait être un moyen d'échapper aux dispositions de l'article 221-5 du CGI relatives au changement d'activité. Pour les amortissements réputés différés, et dans l'hypothèse où la tolérance légale sur les petits transferts d'activité ne peut s'appliquer, l'analyse de l'administration, plus volontiers adaptable au cas de la cession ou de l'apport partiel d'actif, est liée aux conditions de l'opération. Si l'activité transmise est celle qui a généré les amortissements réputés différés, la banalisation de ces ARD à l'occasion de la fusion est encourue. Si, inversement, l'activité transmise n'est pas à l'origine de ces ARD, la société apporteuse pourra continuer à bénéficier du report indéfini des ARD. Et dans le cas où les ARD proviennent à la fois des activités transférées et des activités conservées, la banalisation est encourue à hauteur du poids de l'activité transférée dans l'activité totale de la société. Mais la règle ne s'applique pas mécaniquement si ce poids est très faible ou, au contraire, largement prédominant, étant entendu que le « poids » va se mesurer en fonction du chiffre d'affaires, de l'effectif et des immobilisations.

964 *d) Le retrait de l'agrément.* Comme la plupart des agréments, l'agrément accordé en matière de fusion est susceptible d'être remis en cause. La perte du bénéfice d'un agrément est prévue par l'article 1756-I du CGI qui prévoit qu'en cas de non-respect ou d'inexécution des engagements souscrits en vue d'obtenir un agrément, ou lorsque les conditions auxquelles l'octroi de l'agrément a été subordonné ne sont pas remplies, une procédure de retrait d'agrément est engagée. Le retrait de l'agrément suit la même procédure que celle qui avait été mise en œuvre pour sa délivrance. En particulier, seule l'autorité qui a accordé l'agrément est habilitée à le retirer.

965 Le retrait de l'agrément entraîne l'exigibilité des impôts dont les bénéficiaires de l'agrément ont été dispensés. Ces impôts sont en outre majorés d'un intérêt de retard décompté à partir de la date à laquelle les impôts en question auraient dû être acquittés. Les impôts deviennent exigibles nonobstant l'intervention des délais de prescription. Seuls les intérêts de retard sont dus, à l'exclusion des pénalités pour mauvaise foi ou manœuvre frauduleuse (lettre de l'Institut des avocats et conseils fiscaux, n° 70, octobre 2000, p. 9). Il est toutefois prévu que le ministre de l'Économie et des Finances soit autorisé à limiter les effets de la déchéance à une fraction des avantages obtenus du fait de l'agrément. De même, le ministre peut également moduler les intérêts de retard. La décision de retrait d'agrément peut donner lieu à un contentieux. Par parenthèse, si le retrait de l'agrément entraîne un redressement pour la société concernée, le contentieux pourra relever à la fois du contentieux fiscal classique, voire éventuellement du recours pour excès de pouvoir. En termes de compétence, et afin de tenir compte des restructurations intervenues dans les services de la direction générale des impôts, il faut préciser que les directeurs des services fiscaux du département au chef-lieu duquel est localisée la direction du contrôle fiscal sont compétents pour prononcer les retraits des agréments délivrés jusqu'au 31 août 2000 par les directeurs régionaux des impôts (ou le directeur des services fiscaux de la Corse-du-Sud pour le département de la Corse et par le délégué régional pour la région Île-de-France ; arrêté du 31 août 2000, art. 8).

TRANSFERT SUR AGRÉMENT : L'APPLICATION AUX INTÉRÊTS LIÉS À LA SOUS-CAPITALISATION

Les règles de déductibilité des intérêts de compte-courant ont été modifiées et commandent désormais dans les groupes d'identifier éventuellement une fraction d'intérêts exclus des charges déductibles car correspondant à des intérêts versés par une société en situation de sous-capitalisation (CGI art. 212).

L'article 212 prévoit que les intérêts réintégrés peuvent être déduits des exercices suivants dans la limite de 25 % du résultat courant avant impôt, diminué du montant des intérêts admis en déduction au titre de l'exercice. À partir de la deuxième année de report, il convient en outre d'appliquer une décote de 5 % sur le montant des intérêts reportables.

La question qui se pose est ainsi de savoir ce que deviennent ces intérêts reportables dans l'hypothèse où la société qui doit les imputer est absorbée. Dans ce cas de figure, il est possible d'obtenir le transfert de ce report au profit de la société absorbante. Cette possibilité est ouverte par l'article 209 II du CGI qui prévoit le report sur la base d'un agrément. La procédure d'agrément applicable est la même que pour le transfert des déficits de la société absorbée à l'absorbante, l'agrément étant accordé si les mêmes conditions que celles posées en matière de déficit sont vérifiées : opération placée sous le régime spécial des fusions, poursuite de l'activité pendant au moins trois ans par la société bénéficiaire des apports, opération justifiée d'un point de vue économique et obéissant à des motivations principales autres que fiscales.

Les solutions propres à l'absorbée

966 Les solutions évoquées ci-dessus procèdent d'une répartition de la gestion fiscale des déficits entre société absorbée et société absorbante.

Parfois, cependant, une telle prise en charge commune des déficits est impossible et le sort des déficits doit alors être déterminé en recherchant des solutions spécifiques à l'absorbée ou à l'absorbante. L'absorbée, pour sa part, dispose d'une marge de manœuvre relativement limitée qui repose essentiellement sur le recours, avec toute la prudence qui s'impose, à une réévaluation libre de ses actifs.

967 Pour permettre une imputation fiscale de ses déficits, la société absorbée peut envisager de procéder à une réévaluation libre de ses actifs. Par principe, une réévaluation entraîne une augmentation de l'actif net et dégage une plus-value de réévaluation imposable. En réalité, cette plus-value peut ne pas supporter l'impôt si elle est compensée, par exemple, avec des déficits reportables.

Aussi, afin d'éviter de perdre purement et simplement des déficits, la société absorbée peut-elle procéder à une réévaluation, préalablement à l'opération de fusion. Cette réévaluation présente, en outre, l'avantage de réduire la plus-value de fusion et, par voie de conséquence, de réduire la charge fiscale supportée par la société absorbante ou bénéficiaire des apports. On peut toutefois s'interroger sur le point de savoir si la nouvelle réglementation comptable ne va pas provoquer un regain d'intérêt pour la réévaluation libre avant fusion, en particulier lorsque les fusions devront être obligatoirement réalisées à la valeur comptable.

968 Si une telle solution est licite, elle n'en est pas moins risquée. En effet, en procédant de la sorte, les entreprises échappent aux dispositions restrictives sur la transmission des déficits dans le cadre des opérations de fusion et évitent nécessairement l'écueil de la procédure d'agrément. À l'évidence, les sociétés s'exposent à la remise en cause éventuelle de l'opération par l'administration fiscale sous l'angle de l'abus de droit (LPF art. L. 64) tout particulièrement si le laps de temps qui sépare la réévaluation de la fusion est faible. Une réponse ministérielle a confirmé la réalité d'un tel risque en indiquant que « l'administration serait autorisée, sur le fondement de l'article L. 64 relatif à la répression des abus de droit, à réintégrer les déficits aux bases de l'impôt. Il n'en serait autrement que s'il était établi que la réévaluation effectuée avant la fusion est régulière sur le plan juridique et répond non à des considérations fiscales prédominantes, mais à un intérêt économique réel » (rép. min. Poncelet, JO 11 mai 1982, Sén. quest. p. 189 : BO 4 I-I-82 : Droit fiscal 1982, n° 29, inf. 396).

969 La société absorbée dispose éventuellement d'autres mesures techniques mais dont la portée fiscale semble être plus limitée. On pourra évoquer le recours à des outils classiques tels que la renonciation à l'étalement de l'imposition de certaines plus-values sur sinistres, expropriations ou restructurations antérieures. Il en va de même par exemple de l'étalement des subventions d'équipement. On peut de même songer à la reprise par anticipation de provisions réglementées, comme par exemple la provision pour hausse de prix. Sur ces différents aspects on prendra garde toutefois à la nécessité de devoir justifier auprès du commissaire aux comptes de la société ce qui pourrait bien être considéré comme un changement d'opportunité avec les obligations d'information des associés qui en résultent.

UNE SOLUTION PÉRIMÉE : L'IMPUTATION DES DÉFICITS SUR LA FRACTION À LONG TERME DE LA PLUS-VALUE SUR ÉLÉMENTS AMORTISSABLES

Dans le cadre du régime de faveur des fusions, les plus-values constatées sur éléments amortissables font l'objet d'une réintégration échelonnée par voie extra-comptable sur cinq ans ou sur quinze ans dans les résultats imposables au taux de droit commun de la société absorbante. Or, jusqu'à la modification du champ d'application du régime des plus-values à long terme en matière d'IS, ce régime s'avérait défavorable car il aboutissait à imposer à l'IS au taux plein chez la société absorbante des plus-values qui, pour la fraction à long terme, avaient vocation à être imposées au taux réduit de l'IS. Mais le texte était ainsi fait : on réintégrait la totalité de la plus-value sur éléments amortissables, sans distinguer ce qui relevait du court terme et ce qui relevait du long terme. Aussi, afin de faire en sorte que ce qui devait être un régime de faveur le reste, le législateur avait-il autorisé les sociétés absorbées à opter pour l'imposition immédiate et à son nom de la fraction à long terme de la plus-value sur éléments amortissables. Cette solution était intéressante car elle permettait en réalité à la société absorbée d'imputer son report déficitaire sur la fraction à long terme de la plus-value sur éléments amortissables. Avec la suppression du régime des plus-values à long terme sur éléments amortissables dans les sociétés soumises à l'IS, ce régime a disparu depuis le 1er janvier 1997. On signalera toutefois qu'un dispositif analogue subsiste encore en droit fiscal dans le cadre du régime fiscal de faveur applicable à la mise en société de l'entreprise individuelle (CGI, art. 151 octies). Mais il n'y a là rien d'étonnant dans la mesure où ce dispositif est lui-même directement inspiré du régime des fusions…

Les solutions propres à l'absorbante

970 Les développements qui précèdent ont montré que l'essentiel des restrictions en matière de report déficitaire portaient sur la société absorbée. La société absorbante, pour sa part, ne connaît plus véritablement de restrictions si ce n'est celle, déjà évoquée, et non négligeable, du changement d'activité résultant de la fusion et qui est susceptible de remettre en cause l'intégralité du report déficitaire dont disposait la société absorbante avant la fusion.

971 L'évolution de la réglementation propre au report déficitaire et l'instauration d'un report illimité des déficits ont en effet réduit à néant les outils classiques de gestion des déficits propres à la société absorbante. Il faut rappeler que, jusqu'en 2004, la principale restriction affectant la société absorbante résultait de la banalisation des amortissements réputés différés qui devenaient, du fait de l'opération de fusion, des déficits ordinaires. Mais cette banalisation n'aboutissait pas à faire naître au profit de la société absorbante un report déficitaire sur cinq ans ; la transformation était rétrospective et les ARD devenaient des déficits ordinaires à compter de la date à laquelle ils avaient été constitués. Ainsi, une société qui disposait d'amortissements réputés différés, créés il y a plus de cinq ans, les perdait dans le cadre d'une opération de fusion. Pour éviter de telles déconvenues, les entreprises disposaient de deux moyens : le rajeunissement des amortissements réputés différés et le dépôt d'une demande d'agrément visant à conserver le bénéfice du report illimité des amortissements réputés différés.

972 Le rajeunissement des amortissements réputés différés se présentait comme une sorte de « lifting » reposant sur une substitution d'amortissements. Il convenait, en pratique, de remplacer les amortissements réputés différés des exercices antérieurs par les amortissements de l'exercice en cours, qui étaient réputés différés à leur tour. Cette technique, d'application courante, et au demeurant souvent pratiquée de manière assez systématique par les entreprises, à titre préventif pourrait-on dire, afin d'anticiper les conséquences d'opérations de restructuration.

973 La demande d'agrément, quant à elle, était prévue par l'article 209-III du CGI. Il s'agissait d'une procédure totalement indépendante de celle prévue à l'article 209-II relative à la transmission du report déficitaire de l'absorbée à l'absorbante. Le dispositif de l'article 209-III visait à faire échec à la banalisation des amortissements réputés différés dans une opération de fusion et à conserver la possibilité d'un report illimité.

974 Avec l'instauration d'un report illimité des déficits, les amortissements réputés différés ont perdu leur raison d'être, ce qui n'a pas échappé au législateur qui les a purement et simplement supprimés. En conséquence, les dispositifs qui instauraient la banalisation des amortissements réputés différés ou qui, à l'inverse, permettaient de faire échec à cette banalisation ont été également abrogés. À cet égard, le régime gagne en simplification.

975 Demeure en l'état actuel des choses, à la disposition de la société absorbante, la possibilité d'anticiper la réintégration de la plus-value de fusion. On rappelle, en effet, que la société absorbante doit, dans le cadre d'une opération de fusion faite en régime de faveur, procéder à la réintégration, de manière échelonnée, sur cinq ou quinze ans, de la plus-value nette constatée sur éléments amortissables. Cette réintégration s'opère, en principe, par 1/5 ou par 1/15, mais l'administration accepte que les sociétés anticipent cette réintégration (solution rappelée dans l'instruction administrative du 11 août 1993).

Jusqu'en 2004, cette anticipation pouvait être intéressante si la société absorbante disposait de déficits qu'elle ne parvenait pas imputer sur son résultat ordinaire et qu'elle risquait de voir tomber en non-valeur en raison du délai d'imputation de cinq ans en vigueur à l'époque. En anticipant la réintégration de la plus-value de fusion, l'absorbante dégageait ainsi une masse de résultat imposable sur laquelle le report déficitaire pouvait s'imputer.

976 Avec un report déficitaire imputable sans limitation de durée, il est clair que la société absorbante a moins d'« urgence » à imputer son déficit. En conséquence, la technique de l'anticipation de la réintégration de la plus-value de fusion présente sans doute moins d'intérêt que par le passé. En l'état actuel des choses, la possibilité offerte subsiste ; il reste à espérer que l'administration ne supprime pas cette faculté…, la tolérance administrative ayant en partie perdu sa raison d'être.

Le sort de la créance de carry-back

977 Le mécanisme du report en arrière des déficits a pour effet de faire naître une créance sur le Trésor remboursable dans un délai de cinq ans si elle n'est pas utilisée, dans l'intervalle de temps, au paiement de l'impôt.

En matière de fusions de sociétés, il faut tout d'abord préciser que l'option pour le report en arrière des déficits ne peut être exercée au titre d'un exercice au cours duquel intervient une opération de fusion, de cession ou de cessation de l'activité ou encore un jugement de liquidation judiciaire de la société. Une telle interdiction, qui frappe la société absorbée, est conforme à la finalité du carry-back. En effet, à l'origine, l'objectif de ce dispositif était de consentir un allégement fiscal aux entreprises qui faisaient un effort d'investissement afin de les aider à mieux supporter cet effort, le tout dans une perspective de continuité de l'exploitation. Aussi était-il prévisible que le législateur n'étende pas la procédure du carry-back aux entreprises qui réalisent des opérations de nature à compromettre la continuité de l'exploitation. En revanche, aucune restriction n'existe du côté de la société absorbante qui peut, quant à elle, effectuer un report en arrière du déficit qui apparaît au cours de l'exercice durant lequel intervient l'opération de fusion.

978 Au titre de l'exercice qui suit l'opération de fusion, la société absorbante peut également opter pour le régime du report en arrière des déficits. La mise en œuvre de cette option va toutefois soulever le problème de la détermination du bénéfice d'imputation. En effet, le calcul du bénéfice d'imputation ne peut s'effectuer qu'à partir des seuls bénéfices antérieurs de la société absorbante, à l'exclusion des bénéfices antérieurs de la (ou des) société(s) absorbée(s) (rép. Audinot, JO AN, 17 janvier 1994, p. 226 ; voir également : CAA Douai, 2e ch., 17 mai 2000, n° 97-1730 ; RJF 2000, n° 11, com. 1247).

979 Mais, naturellement, en matière de créance de carry-back, la question principale reste celle du sort qui doit être réservé à cette créance sur le Trésor et, en particulier, si la créance qui figure chez la société absorbée à la date de la fusion doit être transmise à la société absorbante.

980 Jusqu'en 2002, la position de principe de l'administration s'est limitée à l'interdiction, pour la société absorbée, de transmettre à la société absorbante la créance de carry-back. Cette interdiction pouvait s'expliquer schématiquement par le fait que l'on ne voyait pas pourquoi les entreprises seraient autorisées à transmettre un déficit lorsqu'il a été reporté en arrière alors que la transmission est, par principe, impossible lorsqu'il est reporté en avant. Toutefois, l'article 220 quinquies II du CGI précisait que la transmission de la créance de carry-back est possible, en tout ou partie, lorsque l'opération a bénéficié d'un agrément ministériel délivré dans les conditions prévues à l'article 1649 nonies (pour une illustration : CAA Marseille, 3e ch., 14 avril 2011, n° 08 MA 00 793 : Droit fiscal 2011, n° 37, com. 504, note J. Dubois).

981 La non-transmission de la créance de carry-back soulevait néanmoins des difficultés en raison même de l'opération de fusion. En effet, l'opération de fusion emporte par elle-même transmission universelle du patrimoine de la société absorbée au profit de la société absorbante. En conséquence, ne pourrait-on pas soutenir que la société absorbante devient « mécaniquement » titulaire de la créance de carry-back ? Compte tenu de ces difficultés et de contentieux de plus en plus nombreux, le régime de la créance de carry-back fut revu par le législateur (TA Grenoble, 4e ch., 6 mars 1996, n° 91-2071 : RJF 1996, n° 5, inf. 563 : JCP 1996, éd. E, n° 25, II-834 ; CAA Lyon, 2e ch., 8 mars 2000, n° 96-940 : RJF 2000, n° 11, com. 2148 ; CE 6 novembre 2002, 8e et 3e s.-s, req. 221032 : RJF 2003, n° 1, inf. 18 ; Droit fiscal 2003, n° 10, 180, concl. G. Bachelier).

982 Pour les opérations réalisées depuis le 1er janvier 2002, la règle est inversée et la créance de carry-back qui existe chez la société absorbée à la date de réalisation de l'opération de fusion est, en principe, transmise de plein droit à la société absorbante. Il en résulte que la procédure d'agrément antérieurement en vigueur est supprimée. Par voie de conséquence, déficits reportés en arrière et déficits reportés en avant ne connaissent plus nécessairement le même mode de traitement dans le cadre d'une opération de fusion. Cette solution n'est pas sans logique. Les déficits reportés en arrière ont donné naissance à une créance et ont ainsi, en quelque sorte, perdu leur nature dans l'opération, à la différence du déficit reportable en avant (M.-C. Bergeres, « Les ambiguïtés du régime juridique de la créance de carry-back » : Droit fiscal 2004, n° 15, pp. 711 et s).

LA RÉDACTION DE L'ARTICLE 220 QUINQUIES II DU CGI

En cas de fusion, de scission ou d'opération assimilée intervenant au cours des cinq années suivant celle de la clôture de l'exercice au titre duquel l'option visée au I a été exercée, la créance de la société absorbée, scindée ou apporteuse peut être transférée à la ou aux sociétés bénéficiaires des apports. Le transfert de la créance est effectué pour sa valeur nominale. En cas de scission ou d'apport partiel d'actif, la créance est transmise au prorata du montant de l'actif net réel apporté à la ou aux sociétés bénéficiaires des apports apprécié à la date de l'opération.

983 L'application de cette règle appelle quelques précisions :

– le texte prévoit la possibilité de transférer la créance sans qu'il s'agisse d'une obligation. Dans le cadre d'une opération de fusion classique, on peut penser que la créance doit être transmise à la société absorbante. Elle est, au demeurant, traitée comme une créance classique de la société absorbée. Il semble que la faculté de ne pas transmettre la créance de carry-back soit davantage applicable dans le cas des opérations d'apport partiel d'actif, en particulier dans l'hypothèse où la créance de carry-back ne serait pas rattachable à l'activité transférée. En matière d'apport partiel d'actif, la créance de carry-back est transmise au prorata du montant de l'actif net apporté à la société bénéficiaire des apports, montant apprécié à la date d'effet de l'opération. Une solution identique s'applique en matière de scission de société ;

– la transmission de la créance de carry-back est possible quel que soit le régime fiscal sous lequel est placée l'opération de fusion, régime de faveur ou régime de droit commun ;

– la créance de carry-back doit en outre être transmise sur la base de sa valeur nominale, ce qui exclut toute possibilité de revalorisation ou d'actualisation dans le cadre de l'opération d'apport ;

– la créance peut être utilisée par la société absorbante ou bénéficiaire des apports, dès la réalisation définitive de l'opération de fusion.

984 Enfin, la portée de cette mesure ne doit pas être négligée. En effet, l'article 220 quinquies figure au nombre des textes couverts par la définition fiscale des fusions, telle qu'elle résulte du nouvel article 210-0 A du CGI. Par voie de conséquence, la définition des fusions englobant désormais les opérations de dissolution par confusion de patrimoine, il semble que les opérations de l'article 1844-5 du code civil entrent dans le champ d'application du dispositif de la transmission de plein droit de la créance de carry-back. Ainsi, la créance résultant du report en arrière des déficits de la société confondue est-elle transmissible à la société confondante. Dans le même ordre d'idée, et pour les mêmes raisons, le transfert de la créance devrait être possible dans le cadre de certaines opérations transfrontalières.

La nécessité d'effectuer des choix

985 Les développements qui précèdent ont montré qu'une opération de fusion de sociétés n'obéissait pas, au plan fiscal, à un schéma normalisé transposable de façon systématique et automatique à chaque opération.

En réalité, les sociétés en présence sont, dans la plupart des cas, amenées à effectuer une série de choix extrêmement variés qui contribuent à une personnalisation fiscale de l'opération de fusion. L'importance de ces choix, et de leurs retombées sur la physionomie d'ensemble de l'opération, explique que l'on entoure leur exercice de certaines précautions, destinées en particulier à concrétiser les engagements qui en résultent pour les sociétés.

La diversité des choix à effectuer

986 Il ne s'agit pas de reprendre ici l'ensemble des choix fiscaux qui s'offrent à des sociétés qui fusionnent et qui portent, il convient de le rappeler, sur :
– la date de la fusion ;
– le sens de la fusion ;
– le régime fiscal de la fusion.

Il est précisé qu'à l'intérieur de ces grandes rubriques, les sociétés ont le plus souvent d'autres choix à effectuer.

987 Par ailleurs, les choix fiscaux ne peuvent être envisagés isolément dans la mise en œuvre de l'opération de restructuration. Il est impératif de concilier les obligations de nature comptable qui peuvent venir, le cas échéant, restreindre l'étendue des choix fiscaux. En particulier, les dispositions qui résultent de l'avis du CNC du 25 mars 2004 limitent, ou du moins conditionnent, les possibilités offertes aux entreprises (D. Villemot - W. Bordet, « La valorisation des apports » : Droit fiscal 2004, n° 25, pp. 1016 et s).

988 Il est cependant nécessaire d'apporter quelques précisions complémentaires quant à l'étendue de ces choix, en particulier sur le choix du régime fiscal de la fusion.

En premier lieu, si une opération de fusion est admise au bénéfice du régime spécial des fusions, il faut se rappeler :
– que le régime est facultatif et que les sociétés en présence peuvent y renoncer, à l'exception des droits d'enregistrement, selon l'administration ;
– que le régime spécial est en fait divisible et que les sociétés en présence peuvent en obtenir le bénéfice partiel. Ainsi, des sociétés peuvent bénéficier du régime spécial en matière de droits d'enregistrement mais renoncer à ce régime en matière d'impôt sur les sociétés. On notera toutefois que, en matière d'impôt sur les sociétés, l'option pour le régime spécial forme un tout. En d'autres termes, cela signifie qu'à l'intérieur du régime spécial, il n'est pas possible, en matière d'impôt sur les sociétés, de se prévaloir de certaines dispositions de ce régime et de renoncer simultanément à d'autres dispositions dont l'application pourrait s'avérer moins avantageuse.

En second lieu, il ne faut pas perdre de vue qu'une opération de fusion peut mettre en présence bien plus de deux sociétés, même si, dans un souci de clarté, les développements précédents ont reposé sur le schéma classique du rapprochement de deux sociétés.

989 Par voie de conséquence, si plusieurs sociétés fusionnent, les choix évoqués doivent s'opérer à une échelle beaucoup plus importante. En particulier, pour le choix du régime fiscal de la fusion, il pourra arriver, compte tenu, par exemple, de la forme juridique des sociétés en présence, que certaines sociétés :
– soient admises au bénéfice du régime spécial ;
– ne soient que partiellement admises au bénéfice du régime spécial (par exemple, seulement au regard des droits d'enregistrement) ;
– soient exclues du régime spécial ;
– aient intérêt à renoncer totalement ou partiellement au régime spécial.

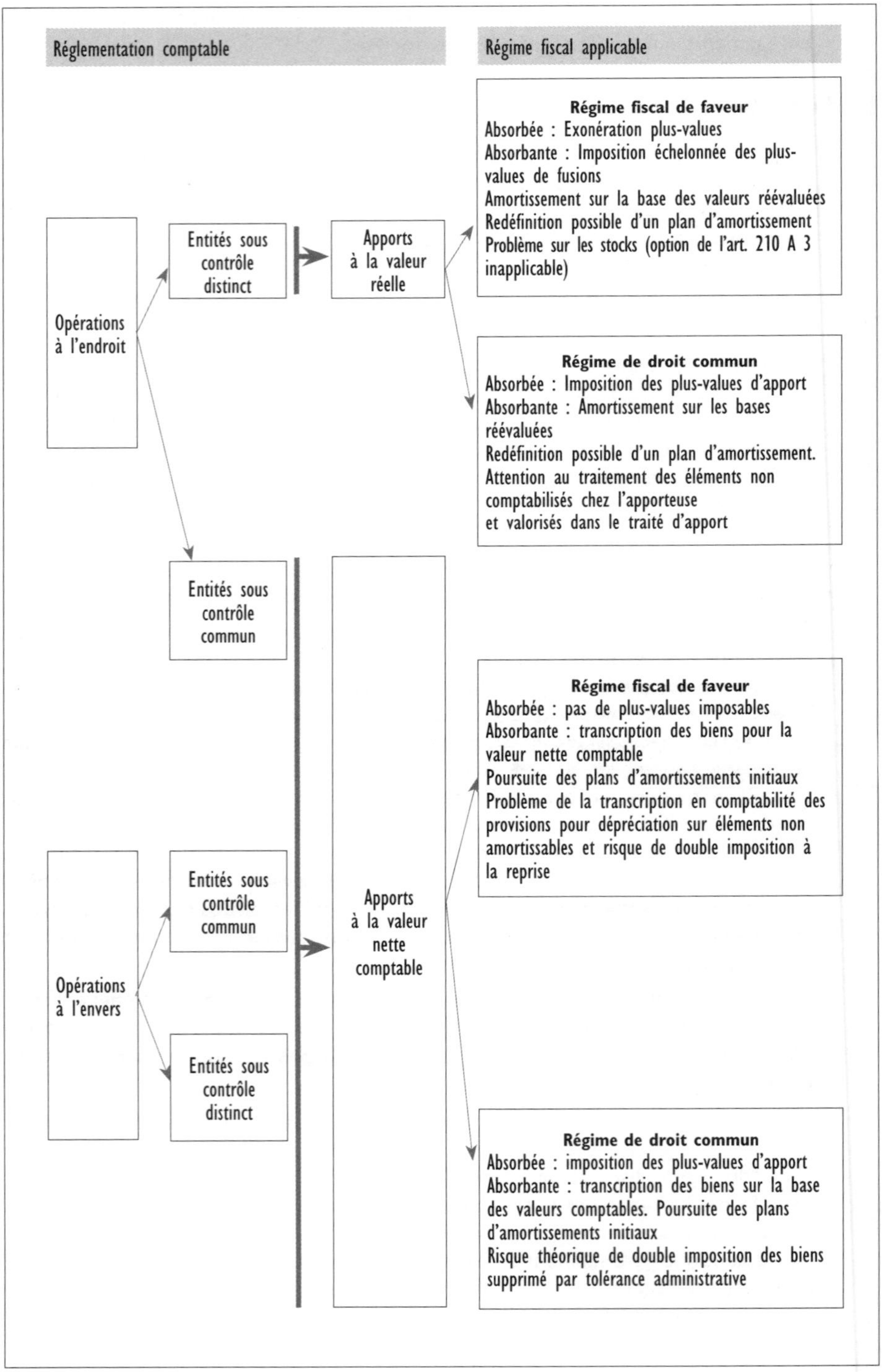
Réglementation comptable
Régime fiscal applicable
Opérations à l'endroit
Entités sous contrôle distinct
Apports à la valeur réelle
Régime fiscal de faveur
Absorbée : Exonération plus-values
Absorbante : Imposition échelonnée des plus-values de fusions
Amortissement sur la base des valeurs réévaluées
Redéfinition possible d'un plan d'amortissement
Problème sur les stocks (option de l'art. 210 A 3 inapplicable)
Régime de droit commun
Absorbée : Imposition des plus-values d'apport
Absorbante : Amortissement sur les bases réévaluées
Redéfinition possible d'un plan d'amortissement.
Attention au traitement des éléments non comptabilisés chez l'apporteuse et valorisés dans le traité d'apport
Entités sous contrôle commun
Opérations à l'envers
Entités sous contrôle commun
Entités sous contrôle distinct
Apports à la valeur nette comptable
Régime fiscal de faveur
Absorbée : pas de plus-values imposables
Absorbante : transcription des biens pour la valeur nette comptable
Poursuite des plans d'amortissements initiaux
Problème de la transcription en comptabilité des provisions pour dépréciation sur éléments non amortissables et risque de double imposition à la reprise
Régime de droit commun
Absorbée : imposition des plus-values d'apport
Absorbante : transcription des biens sur la base des valeurs comptables. Poursuite des plans d'amortissements initiaux
Risque théorique de double imposition des biens supprimé par tolérance administrative

990 Dans une telle hypothèse, les sociétés ne sont pas tenues de rechercher une sorte de dénominateur commun qui conduirait à placer l'opération de fusion sous un régime unique ; elles peuvent parfaitement différencier le régime fiscal de la fusion en fonction de la situation et des intérêts propres à chacune des sociétés qui participent à l'opération.

Ainsi, si, par exemple, A et B sont absorbées par C, A pourra convenir avec C de placer la fusion sous le bénéfice du régime spécial ; B et C pourront, quant à elles, estimer préférable de placer l'opération sous le régime de droit commun. Les deux régimes s'appliqueront simultanément.

UN ÉVENTUEL CHOIX FISCAL SUPPLÉMENTAIRE : LE RATTACHEMENT À LA DIRECTION DES GRANDES ENTREPRISES (DGE)

Les entreprises dont le chiffre d'affaires (HT) ou le total du bilan atteint au moins 400 millions d'euros sont rattachées à la direction des grandes entreprises (DGE). Sont également concernées les personnes qui détiennent au moins 50 % du capital de ces sociétés ainsi que, symétriquement, les sociétés qui sont détenues à 50 % au moins par ces sociétés. C'est auprès de ce service que les entreprises concernées doivent accomplir l'ensemble de leurs formalités fiscales, déclarations et paiements des impôts (CGI, ann. III, art. 344-0 A).

Naturellement, des opérations de restructuration telles que fusions, scissions ou dissolutions-confusions sont susceptibles de modifier la situation de ces entreprises envers la direction des grandes entreprises.

Ainsi, l'article 344-0 C de l'annexe III du CGI prévoit que les sociétés qui, dans le cadre d'une opération de fusion, scission ou dissolution-confusion, bénéficient de la transmission du patrimoine d'une société relevant de la DGE, peuvent elles-mêmes demander le rattachement immédiat à la DGE. Cette faculté d'option est totalement indépendante du régime sous lequel a été placée l'opération de fusion, régime de droit commun ou régime de faveur. L'option pour le rattachement est valable jusqu'au 31 janvier de la quatrième année suivant celle au cours de laquelle l'opération a eu lieu. Cette option ne concerne que la société bénéficiaire de la transmission ; elle ne s'applique pas aux entreprises liées. Au plan pratique, les entreprises disposent d'un délai de trente jours pour formuler, sur papier libre, leur demande de rattachement.

(Sur cette question : instr. 10 septembre 2004 : BOI 13 K-6-04.)

La fermeté des choix fiscaux

991 L'importance de certaines décisions fiscales en matière de fusion est telle que l'engagement des parties en la matière doit être sans équivoque. Sur des questions telles que la date de la fusion ou le choix du sens de la fusion, l'engagement des sociétés est évident puisqu'il ressort des termes mêmes du traité de fusion.

En revanche, la décision de placer l'opération de fusion sous l'empire du régime spécial ne peut a priori se déduire de la simple lecture du traité de fusion. Or, le régime spécial emporte des conséquences tant au niveau de la société absorbée qu'à celui de la société absorbante, cette dernière bénéficiant d'un certain nombre de droits mais ayant à sa charge nombre d'obligations fiscales s'étalant sur une période postérieure à la fusion.

992 Aussi, afin que l'opération soit sans équivoque, il convient que le choix du régime fiscal sous lequel les parties souhaitent placer la fusion soit clairement exprimé. Ainsi, si les sociétés désirent bénéficier du régime spécial, elles devront clairement le préciser dans le traité de fusion en indiquant les engagements qui en découlent pour la société absorbante.

993 À défaut d'une telle mention, prévue expressément par l'article 210-A-3 du CGI, les parties seront considérées comme ayant placé l'opération sous le régime de droit commun des fusions. « La société absorbante doit être considérée comme la continuatrice de la société absorbée. En cette qualité, elle est tenue de s'engager dans l'acte de fusion, à respecter diverses prescriptions qui ont pour objet de lui faire assumer les obligations fiscales contractées par la société absorbée. » (Instr. 4 juillet 1966, § 30 ; doc. adm. 4 I 1242, § 3) En l'espèce, le choix du régime fiscal de la fusion constitue un point de rencontre entre le droit des sociétés et le droit fiscal, dans la mesure où ce dernier a une influence directe sur le contenu de l'acte de fusion.

994 On notera que la mention des engagements dans l'acte de fusion est interprétée strictement par l'administration comme par la jurisprudence, lesquelles, par exemple, n'admettent pas la validité d'un engagement partiel.

L'ENGAGEMENT DE LA SOCIÉTÉ ABSORBANTE DANS L'ACTE DE FUSION : L'APPLICATION JURISPRUDENTIELLE

En 1974, une SARL avait absorbé une société immobilière. Celle-ci avait notamment apporté un immeuble (construction + terrain) à la SARL en réalisant une substantielle plus-value d'apport. L'acte de fusion énonçait diverses obligations mises à la charge de la société absorbante, mais restait muet sur le sort des éléments non amortissables.

Pour cette raison, l'administration estima que les obligations prévues à l'article 210-A-3 n'étaient pas respectées et imposa la plus-value réalisée à raison de l'apport.

Saisi du litige, le Conseil d'État trancha en termes particulièrement nets :

« Considérant […] que l'actif immobilisé apporté par la société immobilière Y comprenait un immeuble bâti et comprenait ainsi la construction et le terrain lui servant d'assiette, soit un élément amortissable et un élément qui ne l'était pas, que, dans l'acte de fusion, la société absorbante s'est seulement engagée à comprendre la plus-value réalisée sur le premier élément par la société absorbée dans son bénéfice imposable et s'est abstenue de préciser qu'elle calculerait, le cas échéant, celle qu'elle réaliserait sur le second élément d'après la valeur de celui-ci dans les écritures de la société absorbée ; qu'ainsi, elle n'a pas pris l'un au moins des engagements exigés au 3 de l'article 210-A ; que dans ces conditions, elle n'est pas fondée à soutenir, sur le fondement de cet article, que la plus-value imposée était exonérée. » (CE 6 mars 1981, 8e et 9e s.-sect., n° 15085 ; Droit fiscal 1981, n° 45, com. 1998).

L'article 210-A-3 est en effet particulièrement clair. Il énonce que l'application des dispositions spéciales permettant l'exonération des plus-values prévues à l'article 210-A-3 est « subordonnée à la condition que la société absorbante s'engage, dans l'acte de fusion, à respecter les conditions suivantes : … ». L'article énumère ensuite la liste des obligations mises à la charge de la société absorbante.

On le constate : pas de mention, pas d'exonération !

995 De même, il est important de noter que l'exercice d'une option fiscale en matière de fusions constitue, comme dans les autres domaines, une décision de gestion opposable aux sociétés qui fusionnent. Celles-ci ne sauraient ultérieurement revenir sur leur première option sous prétexte que l'option initialement exercée ne s'avère guère judicieuse. La jurisprudence l'a toutefois admis, mais dans une espèce très particulière où l'administration consultée par une entreprise avait adopté une position que l'entreprise s'était crue obligée de suivre et qui, en réalité, manquait de base légale (CE 4 juin 1982, 7e et 9e s.-sect., nos 12553 et 15142 ; Droit fiscal 1983, n° 6, inf. 192).

996 Il convient enfin de rappeler que les articles 210-A et 210-B prévoient un certain nombre d'engagements, dont le non-respect entraînera la déchéance du régime dit de faveur. Cette déchéance se traduira notamment par la mise à la charge de la société apporteuse de toutes les impositions dont elle a été dispensée du fait de l'application du régime de faveur. Il en résulte que la société apporteuse est replacée rétroactivement dans la situation qui aurait été la sienne si l'apport n'avait pas bénéficié des dispositions des articles 210-A et suivants. Les impositions sont émises au titre de l'exercice au cours duquel l'apport initial est intervenu en fonction du taux d'IS applicable au titre de cet exercice. Pour la mise en œuvre pratique de ces dispositions, le délai de prescription ne court qu'à compter de la date de la rupture de l'engagement.

997 L'administration a toutefois précisé que les erreurs commises de bonne foi par la société absorbante n'entraîneraient pas, à elles seules, la déchéance du régime de faveur. Tel est le cas, par exemple, de l'omission accidentelle de la réintégration de la plus-value sur éléments amortissables qui entraînera un simple rehaussement de résultat (instr. BO 4 I-1-93, précitée).

ACTE ANORMAL DE GESTION, ABUS DE DROIT ET FUSIONS : LE PROBLÈME DU FINANCEMENT DE L'OPÉRATION

Le financement des opérations de restructuration conduit parfois à la mise en place de montages que l'administration est tentée de combattre de moins en moins sur le terrain de l'abus de droit mais de plus en plus sur celui de l'acte anormal de gestion. Le succès n'est pas pour autant toujours garanti.

L'absorption de la filiale subordonnée au désintéressement de la mère

Une société mère située en Suisse ne consentait à la fusion entre ses deux filiales que si l'une de ses filiales lui rachetait sa participation dans le capital de l'autre. Pour atteindre cet objectif, l'une des filiales dut emprunter. Mais l'administration refusa la déduction des intérêts d'emprunts et la déductibilité de la perte de change correspondante. La cour administrative d'appel estima qu'il n'y avait pas là acte anormal de gestion dans la mesure où la fusion était la condition de la poursuite de son activité en France. L'opération de désintéressement de la mère était donc conforme à son intérêt (CAA Paris, 3e ch., n° 91, PA 01078, 24 septembre 1992, SA Labo Merck Clevenot : RJF 1993, n° 1, com. 21 ; Bull. Joly 1993, n° 2, p. 267).

B.U. NICE ST JEAN

L'absorption rapide de la cible par la société holding dans les opérations de LBO

Le schéma de rachat des droits sociaux par une holding est bien connu. Au lieu d'emprunter directement, l'acquéreur potentiel constitue une holding de rachat qui contracte un emprunt, la holding rachetant ensuite les droits sociaux de la société cible convoitée. Ainsi, les dividendes de la cible, en remontant à la société holding, permettent de faire face au remboursement de la dette. En outre, le mécanisme permet l'imputation des charges d'intérêts, ce qui n'autorise pas un investissement direct. Plutôt que de laisser coexister deux structures, il peut être prévu que la société holding absorbe la société cible. Cette dernière assume ainsi directement le service de la dette et les banquiers voient leurs garanties assurées. Juridiquement et fiscalement, cependant, la régularité du montage a donné lieu à de nombreuses interrogations. Au plan fiscal, une seule solution a été rendue en la matière et a conclu à l'absence d'abus de droit devant un tel montage (CAA Lyon, 3e ch., 26 mai 1992, Sté Régie Immobilière de Villeurbanne : Bull. Joly 1992, n° 11, p. 1242).

La solution s'inscrit, au demeurant, dans une ligne plus générale de jurisprudence qui tend à encadrer strictement les conditions d'application de l'abus de droit dans les opérations de restructurations. Dans les commentaires que nous avions fait à l'époque de l'arrêt de la cour administrative de Lyon, nous avions indiqué que si un tel montage était effectivement difficilement attaquable sous l'angle de l'abus de droit, en revanche, les choses seraient sans doute plus délicates sur le terrain de l'acte anormal de gestion. Tel semble également être l'avis de l'administration qui est revenue sur ces opérations de fusion rapide dans le cadre de l'instruction du 3 août 2000.

Dans cette instruction, l'administration indique, en effet, que « l'attention des services est appelée sur la nécessité d'examiner les conditions dans lesquelles l'acquisition d'une société est suivie de sa fusion avec la société qui l'acquiert. Cette opération peut avoir pour but exclusif d'imputer fiscalement les frais d'acquisition sur les bénéfices de la société acquise ou de constituer pour la société acquise puis fusionnée une opération déséquilibrée, sans contrepartie suffisante pour elle. Ces opérations peuvent être remises en cause, selon le cas, conformément à la procédure de répression des abus de droit ou sur le fondement de l'acte anormal de gestion. La qualification fiscale de l'opération doit résulter de la prise en considération d'un faisceau d'indices cumulatifs ou alternatifs, parmi lesquels le délai séparant l'acquisition de la fusion, le niveau de capitalisation de la société holding de reprise, l'importance des dettes d'acquisition subsistant au moment de la fusion par rapport au financement initial, l'exercice ou non par la société acquérante avant la fusion d'une activité autre que la détention des titres de la société acquise. La circonstance que les deux entités aient formé ou auraient pu former un groupe fiscal au sens de l'article 223 A est à cet égard sans incidence. Ce régime permet, dans le cadre d'une option de plein droit, l'imputation fiscale des frais d'acquisition sur les bénéfices de la société acquise. Il n'est pas susceptible de modifier les intérêts patrimoniaux respectifs des associés et sociétés concernées dès lors qu'il est fondé sur le principe d'une somme algébrique de résultats fiscaux déterminés dans les conditions de droit commun. La fusion des deux entités permet l'intégration fiscale des résultats en s'affranchissant des conditions fixées par la loi. Les parties, par la fusion, s'étant délibérément situées hors du régime légal, leur intérêt fiscal doit s'apprécier non par rapport aux effets du régime de groupe auquel elles ont renoncé, mais par rapport aux conséquences qui auraient résulté de l'autonomie fiscale des sociétés concernées » (instr. 3 août 2000, BOI 4 I-2-00, § 17).

Ces précisions sont intéressantes dans la mesure où, depuis 1993, ce type de montage n'avait pratiquement donné lieu à aucun commentaire de la part de l'administration. Celle-ci entend toujours se prévaloir soit de l'abus de droit, soit de l'acte anormal de gestion pour combattre certaines acquisitions de sociétés par le biais de holdings interposées. Il est peu probable que, sur le terrain de l'abus de droit, l'administration rencontre plus de succès que par le passé, notamment au regard de la jurisprudence sur les restructurations, en dehors peut-être de situations extrêmes. D'une manière générale, il y a fort à parier que les sociétés trouveront sans grande difficulté, en dehors du domaine fiscal, des motifs de nature à justifier le recours à une société holding, motifs suffisants pour écarter le but exclusivement fiscal de l'opération indissociable de l'abus de droit. Les choses sont certainement plus délicates en matière d'acte anormal de gestion, en particulier dans le cas où la fusion est faite à l'envers, la société cible absorbant la société holding. Enfin, on observera avec intérêt le parallèle qui est fait avec le régime de l'intégration fiscale. L'administration indique notamment sur ce point qu'elle écartera le moyen qui consisterait pour les entreprises à soutenir que la fusion rapide a pour effet de placer les entreprises dans la même situation que si elles avaient opté pour le régime fiscal de groupe. L'administration souligne que les entreprises visées ayant délibérément fait le choix de ne pas se placer sous ce régime, elles ne sauraient se prévaloir de ses effets… Ces précisions montrent que l'administration n'entend pas avaliser des montages destinés à contourner l'interdiction de déduire les charges d'intérêts liées à l'acquisition d'une société.

Reste à savoir si une telle interdiction a encore véritablement sa raison d'être aujourd'hui.

Sur ce thème : M. Chadefaux, « La régularité fiscale d'une opération de LBO suivie de l'absorption rapide de la cible par la holding » : Droit fiscal 1993, n° 8, p. 377. Voir également : A. Delfosse « Une modalité de transmission de l'entreprise : l'acquisition-fusion rapide » : JCP 1993, éd. nat., n° 17 ; M. Cozian, « Une interrogation embarrassante : en cas de rachat d'une société cible par une société holding, peut-on fusionner aussitôt la cible et la holding ? » Les Petites Affiches, 23 avril 1993, n° 49 ; H. Le Nabasque, « À propos de l'article 217-9 de la loi du 24 juillet 1966 » : Lamy

- droit du Financement 1994, nos 1084 et s. ; C. Gerschel, « Le risque fiscal de la fusion rapide entre la société holding et la société cible après une opération de LBO » : Droit fiscal 1996, n° 39, p. 1172 ; A. de Waal, « Brèves réflexions sur la fusion dite rapide » : Droit fiscal 1996, n° 4, p. 129 ; S. Nonorgue, « La fusion rapide à l'épreuve de la jurisprudence » : Droit et patrimoine, 1999, n° 69, pp. 42 et s. ; « De l'intérêt des fusions rapides » : Les nouvelles fiscales, avril 2000, n° 823 ; O. Renault, « Les fusions rapides sont-elles condamnables au regard de la doctrine administrative la plus récente ? » : JCP, éd. E, 2001, n° 37, p. 1420. L. de Maintenant, « Faut-il s'inquiéter des menaces qui pèsent sur les fusions rapides ? » : Bull. fiscal 2002, n° 12, pp. 825 et s. ; M. Chadefaux - P. Desbrières, « La problématique de la fusion rapide post-LBO » : La Revue du Financier, 2004.

Mentions fiscales à insérer dans le projet de fusion : options et engagements

	Mentions à faire apparaître	§§ de l'ouvrage
Impôt sur les sociétés	*Option* pour l'application du régime spécial de l'article 210-A du CGI.	991
	Engagements qui en résultent pour l'absorbante à mentionner : – reprise au passif des provisions dont l'imposition a été différée chez l'absorbée ;	1178 et s.
	– poursuite de la réintégration des plus-values dont l'imposition a été différée, avec précision du nombre et du montant des annuités ;	1210 et s.
	– calcul des plus-values ultérieures sur éléments non amortissables par rapport à la valeur que ces éléments avaient du point de vue fiscal dans les écritures de la société absorbée ;	1237 et s.
	– réintégration dans les bénéfices imposables des cinq ou quinze années suivantes de la plus-value sur éléments amortissables ;	1215 et s.
	– inscription au bilan des éléments autres que les immobilisations pour la valeur qu'ils avaient, du point de vue fiscal, dans les écritures de la société absorbée, sauf option pour l'imposition immédiate des profits constatés chez l'absorbante.	1085 et s.
	Option pour l'échelonnement chez la société bénéficiaire des apports du reliquat de subvention d'équipement.	
	Ventilation, en annexe au projet de fusion, des valeurs nettes comptables entre valeur d'origine, amortissements et provisions pour dépréciation lorsque l'opération de fusion s'effectue sur la base des valeurs comptables (CNCC, bull. 94, 1994, p. 311).	
Participation des salariés	*Engagement* de la société absorbante de se substituer aux obligations de la société absorbée afin que la fusion n'entraîne pas le déblocage des droits des salariés.	1204
Provision pour investissement	*Engagement* de la société absorbante de se substituer aux obligations de la société absorbée afin que la provision pour investissement non encore utilisée conformément à son objet soit maintenue en sursis d'imposition.	1209
Investissement dans la construction	*Engagement* de la société absorbante de se soumettre aux obligations qui auraient pu incomber à la société absorbée du chef des investissements réalisés.	1482
Régime des sociétés mères	*Engagement* de la société absorbante de conserver les titres de participation reçus en apport jusqu'au terme de la période de deux ans à compter de l'acquisition par la société absorbée.	1692 et s.

Chapitre 2-2

LES EFFETS DES CHOIX FISCAUX SUR LA SITUATION DES SOCIÉTÉS

1060 Il convient d'envisager, de manière séparée, les effets des choix fiscaux sur la situation fiscale des sociétés qui participent à l'opération de fusion et les effets des choix fiscaux sur la situation fiscale des associés (voir chapitre suivant, §§ 1610 et s.).

1061 Les incidences de la fusion sur la situation des sociétés sont perceptibles dans quatre grands domaines de la fiscalité :
– les impôts directs *(voir §§ 1062 et s.)* ;
– la taxe sur la valeur ajoutée *(voir §§ 1300 et s.)* ;
– les droits d'enregistrement *(voir §§ 1360 et s.)* ;
– les autres impôts et taxes *(voir §§ 1461 et s.)*.

1062 Au regard des impôts directs, les conséquences fiscales de la fusion sont fondamentalement différentes selon que les sociétés ont choisi de placer la fusion sous le régime spécial de l'article 210 A du CGI (régime dit « de faveur ») ou ont, au contraire, choisi (ou ont été dans l'obligation) de laisser la fusion sous le régime de droit commun.

La situation au regard des impôts directs : Les effets produits par le régime spécial des fusions

1063 La notion de fusion peut recouvrir bien des réalités différentes. Aussi, et dans un souci de clarté, l'exposé qui suit reposera sur le schéma de base d'une opération de fusion, à savoir l'absorption d'une société (l'absorbée) par une autre (l'absorbante). Ces développements pourront, dans la plupart des cas, s'appliquer à la fusion par création de sociétés nouvelles. Toutefois, si dans cette hypothèse des règles fiscales particulières doivent s'appliquer, celles-ci feront l'objet de mentions particulières.

1064 Enfin, et toujours dans le même souci de clarté, l'exposé sera limité à la fusion de deux sociétés. Il faut cependant noter que l'intervention d'un nombre plus important d'entreprises ne constitue pas un obstacle majeur. En effet, au niveau de chacune des sociétés absorbées, les conséquences seront parfaitement identiques à celles qui vont être exposées par la suite dans le cadre d'une fusion faisant intervenir une seule société absorbée ; quant à la société absorbante, les obligations mises à sa charge ne seront en réalité que l'addition des obligations qui résultent de l'absorption de chacune des sociétés.

Les conséquences fiscales de la fusion doivent être envisagées distinctement selon que l'on se situe dans le cadre de la société absorbée ou chez l'absorbante.

La situation de la société absorbée

1065 Chez la société absorbée (ou société apporteuse dans le cadre d'une fusion par création d'une société nouvelle), la fusion placée sous le régime spécial emporte trois séries d'obligations :
– des obligations liées au retraitement des états financiers en vue de l'absorption ;
– des obligations déclaratives ;
– des obligations comptables.

1066 La finalité essentielle de ces trois séries d'obligations est claire ; il s'agit en réalité d'effectuer une « toilette générale » de la société absorbée en vue de la mettre en position de fusionner. Il convient d'opérer ni plus ni moins une remise en ordre de la société absorbée préalablement à la transmission de son patrimoine à la société absorbante. C'est au demeurant cette dernière qui supportera en fait l'essentiel des obligations fiscales qui résultent d'une fusion placée sous le régime spécial.

Le retraitement fiscal des états financiers en vue de la fusion

1067 Les caractéristiques générales d'une fusion placée sous le régime spécial ont déjà été exposées *(voir §§ 890 et s.)*. L'objectif de ce régime étant de conférer un caractère intercalaire à l'opération de fusion, en principe, aucune imposition n'est due au niveau de la société absorbée. En effet, les obligations ainsi que les éventuelles impositions sont transférées chez la société absorbante. Les éléments qui composent le patrimoine de la société absorbée sont ainsi transmis à la société absorbante sans imposition.

1068 Ce principe doit toutefois être nuancé. En pratique, en effet, certains éléments propres à la société absorbée ne bénéficient pas de l'exonération en cas de fusion et supportent l'impôt au niveau de la société absorbée. Enfin, d'autres éléments de la société absorbée, plus spécifiques, font l'objet d'un traitement particulier dans le cadre d'une opération de fusion.

La détermination des éléments exonérés

1069 Le principe de l'exonération est posé par l'article 210 A du CGI qui énonce :

« 1 – Les plus-values nettes et les profits dégagés sur l'ensemble des éléments apportés du fait d'une fusion ne sont pas soumises à l'impôt sur les sociétés [...].
2 – L'impôt sur les sociétés n'est applicable aux provisions figurant au bilan de la société absorbée que si elles deviennent sans objet. »

L'exonération a ainsi vocation à s'appliquer dans le cadre du régime spécial des fusions :
– aux plus-values sur éléments de l'actif ;
– aux provisions qui conservent leur objet.

L'exonération des plus-values sur éléments de l'actif immobilisé

1070 La transmission des éléments de l'actif immobilisé de la société absorbée s'opère pour chaque élément à une certaine valeur, dite valeur d'apport. Cette valeur, comparée à la valeur comptable des biens apportés dans les écritures de la société absorbée, permet de dégager une plus-value ou moins-value sauf, bien entendu, dans l'hypothèse où l'apport est réalisé à la « valeur comptable ».

1071 On rappelle en effet que :
– si la fusion est faite en valeurs réelles (fusion à l'endroit entre entités sous contrôle distinct), les plus-values de fusion correspondront à la différence entre cette valeur réelle d'apport et la valeur nette comptable. Ces plus-values seront donc exonérées dans le cadre du régime spécial et imposées dans le cadre du régime de droit commun ;
– si la fusion est faite en valeurs comptables (fusions à l'envers ou fusion à l'endroit entre sociétés sous contrôle commun), il n'y a pas en principe de plus-value d'apport, sauf dans le cas où la fusion est faite en régime de droit commun, dans la mesure où, dans cette situation, le code général des impôts prévoit (du strict point de vue fiscal) la taxation des plus-values calculées sur la base des valeurs réelles. C'est au demeurant la raison pour laquelle les fusions en valeurs comptables vont être quasi automatiquement placées sous le régime spécial des fusions, de façon à pouvoir échapper à l'imposition des plus-values. Naturellement, cette option quasi systématique pour le régime spécial des fusions suppose que les sociétés en présence remplissent les autres conditions pour en bénéficier. De même, si la société absorbée dispose d'un report déficitaire conséquent à la date de la fusion, il est possible que la fusion en valeurs comptables reste soumise au régime de droit commun, l'obligation fiscale de calculer les plus-values de fusions par rapport aux valeurs réelles étant alors compensée par la possibilité d'imputer le report déficitaire, ce qui peut permettre de faire l'économie d'une demande d'agrément pour le transfert du report déficitaire à la société absorbante.

1072 En conséquence, les exonérations dont il est question dans cette section vont trouver essentiellement à s'appliquer dans le contexte de fusions faites en valeurs réelles.

1073 Le principe d'exonération posé par l'article 210 A n'appelle par lui-même que peu de commentaires, exception faite de situations dans lesquelles des difficultés sont susceptibles d'apparaître. On évoquera sur ce point le cas des immobilisations ayant bénéficié de subventions d'équipement et du portefeuille-titres.

1074 a) *Les subventions d'équipement.* En principe, les subventions d'équipement ayant contribué au financement de certaines immobilisations, amortissables ou non, sont rapportées aux résultats de l'entreprise qui en a bénéficié de façon échelonnée et selon des modalités variables suivant que la subvention a financé :
– des éléments amortissables ou non amortissables,
– ou tout ou partie de l'investissement.

1075 Ces règles d'imposition échelonnée sont fixées par l'article 42 septies du CGI. Cet article prévoit cependant qu'en cas de cession du bien subventionné, la fraction de la subvention qui n'a pas encore été rapportée aux résultats « est comprise dans le bénéfice imposable de l'exercice au cours duquel cette cession est intervenue » (CGI art. 42 septies).

1076 Dès lors, il convient de s'interroger sur le sort de ces subventions dans les opérations de fusion. Deux solutions sont *a priori* envisageables. On peut, d'une part, considérer que la fusion emporte cession de l'immobilisation et qu'il est ainsi nécessaire de prendre en compte les subventions d'équipement dans le calcul des plus-values de fusion. Mais on peut, d'autre part, estimer que la fusion présente un caractère intercalaire et que, de ce fait, l'échelonnement de l'imposition de la subvention est purement et simplement transmis à la société absorbante.

La logique, dans le cadre du régime spécial des fusions, plaide en faveur de cette seconde solution. C'est effectivement ce dernier régime qui s'applique, la société absorbante poursuivant l'échelonnement de la subvention entamé par l'absorbée. Ce régime s'applique cependant sur option dans le traité de fusion, option qui peut ne pas être exercée si, par exemple, la société absorbée a des reports déficitaires importants *(voir § 1153)*. (Sur le régime des subventions d'équipement, voir également : CE 26 mai 1993, req. 78156 et 78157 : Droit fiscal 1993, n° 32-37, inf. 1642 ; régime applicable depuis le 1er janvier 1995.)

1077 Le fait de transférer à la société absorbante la charge de « finir le travail » en matière de subvention d'équipement pose néanmoins le problème de savoir selon quelles modalités va s'effectuer cet échelonnement chez la société absorbante, et en particulier sur quelle durée. On va retrouver sur ce point une interférence avec les modalités comptables de l'opération. Si la fusion est effectuée sur la base de valeurs d'apport correspondant aux valeurs comptables, la situation est simple. En effet, dans ce cas de figure, la société absorbante ne peut être que la continuatrice de la société absorbée du point de vue comptable, en reprenant les valeurs des immobilisations à son bilan et en poursuivant jusqu'à son terme l'amortissement des immobilisations sans pouvoir en modifier les méthodes et les durées. De fait, le reliquat de subvention d'investissement ne pourra être rapporté aux résultats de la société absorbante que dans les mêmes conditions et proportions que si la fusion n'avait pas eu lieu. En revanche, si la fusion est effectuée en valeurs réelles, les développements ultérieurs montreront que la société absorbante va être en mesure de redéfinir une durée et une méthode d'amortissement pour les biens reçus dans le cadre de la fusion. Or, la modification du mode et de la durée d'investissement va conduire à modifier, par voie de conséquence, les modalités d'imposition du reliquat de subvention d'équipement chez la société absorbante.

1078 b) *Le portefeuille-titres*. De la même manière, il convient d'évoquer la question du portefeuille-titres. En effet, la classification fiscale du portefeuille-titres ne coïncide pas nécessairement avec la classification comptable, et si certains titres relèvent du régime des plus-values de l'actif immobilisé, d'autres en revanche, en cas de cession, sont exclus du régime des plus-values. Le sort de ces titres dans les opérations de fusions mérite donc d'être clarifié.

1079 L'administration a longtemps eu tendance, dans ses commentaires, à considérer que les titres exclus du régime des plus-values et moins-values devaient être assimilés à des éléments de l'actif circulant. Compte tenu des règles en vigueur en matière de fusions, les titres du portefeuille pouvaient ainsi, en fonction de leur nature, être traités soit comme des éléments non amortissables de l'actif immobilisé, soit comme des éléments de l'actif circulant. Si les conséquences fiscales au niveau de la société absorbée ne sont pas sensiblement différentes, en revanche, tel n'est pas le cas au niveau de la société absorbante ou bénéficiaire des apports : les titres assimilés à des éléments de l'actif immobilisé sont enregistrés pour leur valeur d'apport et la plus-value enregistrée lors de la fusion bénéficie d'un sursis d'imposition. En revanche, si les titres sont considérés comme des éléments de l'actif circulant, la non-imposition de la plus-value constatée lors de la fusion est indissociable de la reprise dans les écritures de la société absorbante des éléments de l'actif circulant pour leur valeur fiscale chez l'absorbée.

1080 La loi de finances rectificative pour 1994 (art. 41) a éliminé ce risque de dualité de traitement en complétant l'article 210 A du CGI par une disposition aux termes de laquelle, pour l'application du régime spécial, les titres du portefeuille dont le résultat de cession est exclu du régime des plus-values ou moins-values à long terme conformément à l'article 219 sont assimilés à des éléments de l'actif immobilisé (CGI art. 210 A-6). Les titres, immobilisés ou non, bénéficient ainsi d'un régime de sursis d'imposition. Il en résulte que lors de la cession ultérieure de ces titres par la société bénéficiaire des apports, le résultat de cession sera déterminé par référence à la valeur fiscale que ces titres avaient dans les écritures de la société absorbée (mais il peut s'agir éventuellement d'une valeur plus ancienne si les titres avaient déjà été reçus en apport). On prendra garde, en outre, au fait que l'assimilation à des éléments de l'actif immobilisé et le bénéfice d'un sursis d'imposition s'accompagnent des obligations de forme correspondantes et tout particulièrement les obligations déclaratives de l'article 54 septies du CGI.

1081 Cependant, l'assimilation des titres à des éléments de l'actif immobilisé opérée à l'occasion de l'apport, qui n'est par parenthèse possible que dans le cadre du régime spécial, n'emporte pas pour autant de conséquences, en principe, sur la qualification du résultat de cession. Si, par nature, les titres en cause ont la nature de titres exclus du régime des plus-values à long terme, leur cession ultérieure par l'absorbante emportera les mêmes conséquences fiscales, quand bien même la volonté de les faire bénéficier d'un sursis d'imposition a pu conduire à les qualifier, par assimilation, à des éléments de l'actif immobilisé. L'ensemble de ce dispositif a été commenté dans une instruction du 29 juin 1995 (BO I 4 I-1-95).

1082 La mise en œuvre de ce régime permet d'apporter des titres en les enregistrant à leur valeur réelle (si l'opération est faite en valeurs réelles, naturellement) tout en les faisant bénéficier d'un sursis d'imposition. Elle se complique, le cas échéant, pour les titres compris dans l'apport qui ont, antérieurement, fait l'objet d'un transfert (titres de placement devenus titres de participation ou titres de participation devenus titres de placement).

Dans ce cas de figure, il convient de procéder à une application combinée des dispositions de l'article 219 I-a ter et 210 A-3b du CGI. En théorie, lorsque des titres qui ont fait l'objet d'un transfert sont ensuite compris dans une opération d'apport, il conviendrait de considérer que l'apport équivaut à une cession et, de fait, entraîne l'imposition du résultat de transfert au titre de l'exercice au cours duquel intervient la fusion. Cette solution irait cependant dans un sens contraire à la logique qui consiste à conférer un caractère intercalaire à l'opération de fusion et à en neutraliser les incidences fiscales chez la société absorbée. Pour cette raison, il est prévu, que l'application du régime spécial soit étendue aux résultats du transfert de titres. Pour les opérations réalisées à compter du 1er janvier 1997. Ainsi, le report d'imposition du résultat de transfert prend-il fin au titre de l'exercice au cours duquel la société absorbante cède les titres reçus en apport et non plus lors de l'exercice de fusion. La société absorbante doit toutefois, pour cela, s'engager dans l'acte d'apport à se substituer à la société apporteuse pour la réintégration du résultat de transfert. L'opération revêtant un caractère intercalaire, c'est donc la société absorbante qui, après fusion, devra joindre à ses déclarations de résultat l'état de suivi des titres transférés prévu par l'article 219 I-a ter du CGI (attention, le défaut de production de cet état entraîne l'imposition immédiate du résultat de transfert et, le cas échéant, la pénalité prévue à l'article 1734 quater du CGI). Finalement, lors de la cession des titres qui avaient fait l'objet d'un transfert, la société absorbante constatera :

– le résultat de cession des titres en tenant compte, pour la détermination de ce résultat, du sursis d'imposition dont ont bénéficié les titres lors de l'apport ;
– le résultat de transfert des titres chez l'absorbée qui avait bénéficié d'un report d'imposition maintenu à l'occasion de la fusion.

1083 Ces dispositions s'appliquent naturellement non seulement aux opérations de fusions, mais également aux scissions et aux apports partiels d'actif (instr. 1er décembre 1997, BOI 4 I-3-97). La portée de cette disposition reste en l'état actuel des choses atténué compte tenu de la fiscalité applicable à la cession des titres de participation qui instaure l'exonération des plus-values constatées sur les titres de participation, exception faite de la quote-part de frais et charges de 10 %. L'imposition de cette quote-part devrait, en toute logique, être « transférée » à la société absorbante ou bénéficiaire des apports.

1084 En dehors de ce régime particulier, les règles de détermination des plus-values sont calquées sur celles applicables en cas de cession des biens. Il en va notamment ainsi en ce qui concerne la prise en compte des amortissements irrégulièrement différés.

L'exonération des plus-values sur éléments de l'actif circulant

1085 Pendant longtemps, l'exonération des plus-values dans le cadre du régime spécial des fusions fut limitée aux plus-values constatées sur éléments de l'actif immobilisé. La loi de finances rectificative pour 1991 a modifié ce régime en étendant l'exonération aux gains constatés sur les éléments de l'actif circulant. Les profits constatés sur les stocks, titres de créances négociables et autres éléments de l'actif circulant qui n'ouvrent pas droit au régime des plus-values, sont neutralisés au niveau de la société absorbée à la condition, cependant, que la société absorbante reprenne à son bilan ces éléments pour la valeur qu'ils avaient du point de vue fiscal dans les écritures de la société absorbée. Par valeur fiscale, il convient d'entendre la valeur d'origine des éléments d'actif circulant, diminuée, le cas échéant, des provisions qui avaient été constituées par la société absorbée et qui conservent leur objet. Mais, en tout état de cause, le non-respect de cette prescription n'entraîne pas de conséquences chez la société absorbée, mais uniquement chez la société absorbante.

1086 En effet, si la société absorbante ne respecte pas cette prescription d'ordre comptable, elle doit intégrer, dans le résultat de l'exercice au cours duquel intervient la fusion, le profit constaté sur ces éléments d'actif circulant (CGI art. 210A-3-e). En pratique, ces dispositions peuvent entraîner deux situations :
– la société absorbante inscrit à son bilan les éléments d'actif circulant pour la valeur qu'ils avaient du point de vue fiscal dans les écritures de la société absorbée : dans cette hypothèse, la fusion n'entraîne aucune imposition au niveau de la société absorbée. Le gain constaté sera pris en compte chez la société absorbante lors de la cession par cette dernière des éléments correspondants ;
– la société absorbante modifie la valeur d'inscription au bilan des éléments d'actif circulant : dans ce cas, le profit enregistré sur les éléments de l'actif circulant doit être compris dans le résultat imposable de l'exercice de fusion de la société absorbante. Là encore, aucune répercussion chez la société absorbée.

1087 Trois remarques peuvent être formulées pour la mise en œuvre de ce dispositif. Tout d'abord, lorsque la fusion est effectuée sur la base des valeurs réelles, le code général des impôts laisse un véritable choix à la société absorbante : soit

FOCUS

La valeur d'apport, la réglementation comptable et l'administration fiscale

L'importance de la plus-value de fusion sur les éléments de l'actif immobilisé est, à l'évidence, fonction de la valeur d'apport de ces éléments de l'absorbée à l'absorbante. Or, en matière de fusions, la notion de valeur d'apport est une question dont l'enjeu a déjà été souligné. Cet enjeu s'est accru avec le règlement comptable de 2004 qui n'accorde aux entreprises qu'une marge de manœuvre très limitée pour le choix des valeurs d'apport. Par parenthèse, l'apport sur la base des valeurs comptables devient la règle pour bon nombre d'opérations de restructurations, et tout particulièrement pour les opérations entre entités placées sous contrôle commun.

L'entrée en vigueur des nouvelles dispositions comptables au 1er janvier 2005 a ainsi conduit l'administration à revoir sa position sur la question de la valorisation des apports dans les opérations de fusion.

La situation jusqu'en 2005. Jusqu'à l'entrée en vigueur du règlement comptable, l'administration fiscale tendait, dans les opérations de fusions, à faire prévaloir la valorisation des apports sur la base des valeurs réelles, admettant par tempérament, ou par dérogation, les apports à la valeur comptable si cette valeur pouvait être considérée comme représentative de la valeur réelle. La jurisprudence avait même indiqué que les sociétés qui avaient recours aux valeurs comptables n'étaient pas à l'abri d'une remise en cause des valeurs d'apport par l'administration, même si cela impliquait pour cette dernière l'obligation de prouver l'insuffisance des évaluations retenues par les commissaires aux apports (CE 19 novembre 1984, 7e et 9e s. sect., n° 31942, com. 71, concl. O. Fouquet).

Dans une importante instruction administrative de 1993 consacrée aux fusions de sociétés, l'administration avait rappelé que, par principe, les biens devaient être apportés pour leur valeur réelle, ce qui ne s'oppose pas à la prise en compte de la valeur comptable, lorsque celle-ci correspond à la valeur réelle. Toujours selon l'administration, les apports pouvaient être transmis sur la base des valeurs comptables à la double condition :
– que les apports soient et demeurent soumis, au regard de l'impôt sur les sociétés, au régime de faveur des articles 210 A et 210 B du CGI ;
– que la société absorbante reprenne à son bilan les écritures comptables de la société absorbée et qu'elle continue de calculer les dotations aux amortissements à partir de la valeur d'origine qu'avaient les biens dans les écritures de la société absorbée.

Sous ces réserves, l'administration validait ainsi le possible recours aux fusions à la valeur comptable, le principe demeurant la fusion aux valeurs réelles.

Sans doute un peu débordée par la pratique qui multipliait les opérations de restructurations aux valeurs comptables, l'administration revint à la charge dans une instruction du 3 août 2000. Par rapport à celle de 1993, l'instruction de 2000 apportait deux modifications. En premier lieu, l'administration substituait aux termes de société absorbée et de société absorbante, les termes de société apporteuse et de société bénéficiaire des apports, étendant ainsi explicitement sa doctrine aux opérations de scissions et d'apports partiels d'actifs. En second lieu, l'administration revenait sur les fusions à la valeur nette comptable en expliquant que cette configuration n'avait valeur que de tolérance et ne pouvait être qu'une commodité d'application d'un principe plus général de valorisation des apports en valeurs réelles.

Dans cette même instruction de 2000, l'administration rappelle à deux reprises que, en tout état de cause, les règles de transcription comptable sont fixées par le Comité de réglementation comptable. En écrivant cela, l'administration n'envisageait peut être pas le caractère au demeurant radical des modifications intervenues en 2004, modifications dont elle ne pouvait que tirer les conséquences.

La situation depuis 2005. Les règles comptables adoptées en 2004 fixent désormais les principes de valorisation des apports auxquels les entreprises doivent se conformer. Dans son instruction du 30 décembre 2005, l'administration précise notamment que les règles de transcription comptable des apports sont fixées par le Comité de la réglementation comptable et aucune disposition fiscale ne permet d'y déroger. Il convient donc de se conformer à ces règles qui doivent être appliquées par les entreprises qui y sont soumises.

L'administration rappelle néanmoins que, sur un plan fiscal, une fusion (une scission ou un apport partiel d'actif) est assimilée à une cessation d'entreprise et qu'en conséquence, les éléments de l'actif et de passif devraient être évalués à leur valeur réelle à la date de l'opération. Cependant, si l'ensemble des apports doit être transcrit en comptabilité sur la base de la valeur comptable, ces mêmes valeurs sont admises du point de vue fiscal à la double condition :

– que les apports soient et demeurent soumis au regard de l'impôt sur les sociétés au régime de faveur prévu aux articles 210 A et 210 B du CGI ;

– que la société bénéficiaire des apports reprenne à son bilan les écritures comptables de la société apporteuse (valeur d'origine, amortissements, dépréciations) et qu'elle continue de calculer les dotations aux amortissements à partir de la valeur d'origine qu'avaient les biens dans les écritures de la société apporteuse.

reprendre à la valeur comptable, soit reprendre à la valeur réelle et imposer le profit immédiatement. Or, à la lumière des nouvelles dispositions comptables (avis CNC 25 mars 2004, règlement 7 mai 2004 et arrêté du 7 juin 2004 portant homologation du règlement 2004-01 du CRC), en pratique, les sociétés n'ont pas véritablement le choix. Si la fusion est effectuée sur la base des valeurs réelles, en effet, l'apport doit être transcrit chez l'absorbante pour sa valeur réelle et cette transcription revêt un caractère obligatoire, l'actif circulant n'ayant pas vocation à y échapper. Dans ces conditions, l'option fiscale permettant de bénéficier d'un sursis d'imposition est dépourvue de portée pratique (instr. du 30 décembre 2005 : BO I-4I-1-05, § 17).

1088 Ensuite, l'administration considère que l'option porte sur l'actif circulant dans son ensemble, et il n'est pas possible d'envisager un morcellement ou des options différentes selon les éléments qui composent l'actif circulant. Enfin, la lecture du texte sous-entend que le régime du sursis d'imposition n'est susceptible d'être appliqué que si, globalement, l'opération permet de constater un profit net sur l'apport des éléments de l'actif circulant (CGI art. 210 A-3-e ; instr. 11 août 1993, n°s 4 à 7).

1089 D'un point de vue comptable cependant, la charge d'impôt liée au gain sur éléments de l'actif circulant est certaine. Il paraît donc légitime de traduire cette dette fiscale potentielle par le biais d'une provision pour impôt.

EXEMPLE

La société Alpha est absorbée par la société Bêta.

La situation de l'actif circulant de Alpha au 31 décembre N est la suivante, sachant que la fusion a été conclue au 1er mars N+1 avec effet rétroactif au 1er janvier N + 1, les exercices des deux sociétés coïncidant avec l'année civile :

	Valeur d'origine	Provision	Valeur réelle	Écart
Stocks	1 200 000		1 500 000	+ 300 000
Créances	600 000	150 000	200 000	– 250 000
	1 800 000	150 000	1 700 000	+ 50 000

L'apport dégage un profit net de 50 000. Si l'apport est effectué aux valeurs comptables, les éléments doivent être repris chez l'absorbante pour la valeur qu'ils avaient du point de vue fiscal chez l'absorbée. Si l'apport est effectué sur la base des valeurs réelles, le gain de 50 000 doit obligatoirement être compris dans les résultats de la société absorbante.

L'exonération des provisions qui conservent leur objet

1090 L'article 210 A-2 du CGI indique que l'impôt sur les sociétés n'est applicable aux provisions figurant au bilan de la société absorbée que si elles deviennent sans objet. L'administration précise que cette exonération est étendue à l'impôt sur le revenu lorsque la société absorbée est une société en commandite simple (doc. adm. 4 I 1241, § 25).

A contrario, il faut en déduire que les provisions qui conservent leur objet après l'opération de fusion sont exonérées de tout impôt entre les mains de la société absorbée. Ce principe général appelle toutefois des commentaires particuliers pour certaines catégories de provisions.

• *Le principe : exonération des provisions et dépréciations qui conservent leur objet*

1091 Afin de mesurer la portée de l'exonération, il faut envisager distinctement le cas des dépréciations et le cas des provisions pour risques et charges.

1092 a) *Les dépréciations.* Le fonctionnement de l'exonération ne peut se comprendre qu'en raisonnant à partir de trois éléments que sont :
– la valeur d'origine en comptabilité dans les écritures de la société absorbée des éléments provisionnés ;
– le montant des dépréciations ;
– la valeur d'apport chez l'absorbante des éléments dépréciés.

1093 Si la fusion est faite en valeurs réelles, la valeur d'origine diminuée de la dépréciation représente le montant net. Si ce montant net est supérieur à la valeur d'apport, il faut en conclure que la provision inscrite en comptabilité conserve sa raison d'être. En conséquence, elle échappe à l'impôt lors de la fusion.

Inversement, si le montant net est inférieur à la valeur d'apport, cela signifie que la dépréciation a eu pour effet de porter la valeur de l'élément en deçà de sa valeur « réelle » à la date de l'apport. La dépréciation est ainsi excessive. Elle doit être ramenée à son juste niveau, c'est-à-dire jusqu'à ce que le montant net corresponde à la valeur de l'apport. La fraction de la dépréciation qui fait ainsi l'objet d'une reprise ne bénéficie pas de l'exonération et doit être imposée :
– selon le régime des plus-values à long terme si la dépréciation se rapporte au portefeuille-titres de la société absorbée. Sauf si, naturellement, les titres relèvent du régime de droit commun ;
– selon le régime de droit commun (imposition avec les autres éléments imposables au taux de droit commun) si la dépréciation se rapporte à un autre élément.

EXEMPLE

Dépréciation : conditions d'exonération.

• Hypothèse 1. L'exonération totale de la dépréciation :

Valeur d'origine de l'élément	4 000
Montant de la dépréciation	1 500
Valeur d'apport	2 000

La valeur nette de l'élément dans les écritures de la société absorbée s'élève à : 4 000 - 1 500 = 2 500.

La valeur d'apport étant inférieure (2 000), la dépréciation est totalement exonérée.

• Hypothèse 2. L'exonération partielle de la dépréciation :

Valeur d'origine de l'élément	4 000
Montant de la dépréciation	1 500
Valeur d'apport	3 000

La valeur nette de l'élément dans les écritures de la société absorbée s'élève à : 4 000 - 1 500 = 2 500.

La valeur d'apport est supérieure (3 000). Il en résulte que la dépréciation est excessive à hauteur de 500. Elle doit être rapportée aux résultats de la société absorbée à hauteur de 500. Le reliquat, en revanche, bénéficiera de l'exonération. Naturellement, l'apport de l'élément est considéré comme ne dégageant aucune moins-value.

1094 Si la fusion est faite en valeurs comptables, dans ce cas de figure, la société absorbante doit reprendre dans ses écritures les biens en faisant apparaître, d'une part, la valeur d'origine des biens et, d'autre part, les dépréciations qui avaient été constatées par la société absorbée. Ainsi, les dépréciations existantes chez la société absorbée n'ont aucune incidence sur le résultat fiscal de l'absorbée dans le cadre des fusions faites à la valeur comptable.

1095 b) *Les provisions pour risques et charges.* Dans la mesure où l'objet de ces provisions ne disparaît pas avec la fusion, celles-ci bénéficient de l'exonération lors de la fusion. En effet, dans la plupart des cas, c'est la société absorbante qui sera amenée à supporter les risques et les charges qui ont été provisionnés par la société absorbée.

• *Le tempérament : l'existence de régimes particuliers*

1096 L'exonération édictée par l'article 210 A du CGI porte sur les « provisions », sans expliciter de manière détaillée la portée qu'il convient de donner à ce terme.

Si, incontestablement, le texte vise les provisions et notamment et les provisions pour risques et charges, il subsiste un doute sur deux points : en premier lieu, on peut s'interroger sur le sort qu'il convient de réserver aux provisions dites « spéciales » ou encore « provisions fiscales » comptablement regroupées sous l'appellation de provisions réglementées. En second lieu, certaines provisions sont soumises à des dispositions particulières, telle la provision pour congés payés : il est nécessaire d'examiner le traitement de telles provisions dans les opérations de fusion.

1097 a) *Les provisions réglementées.* L'administration a étendu le bénéfice de l'exonération prévue à l'article 210 A du CGI à la plupart des provisions réglementées contenues dans notre législation fiscale et, en particulier (doc. adm. 4 I 1241, *§ 28*) :
– la provision pour hausse des prix (CGI art. 39-1-5°, 5e al.) ;
– la provision pour reconstitution de gisements (CGI art. 39 ter et 39 ter B) ;
– la provision sur opérations de crédit à moyen ou court terme (CGI art. 39-1-5°, 7e al.) ;
– la provision pour acquisition du matériel nécessaire à l'exploitation d'un journal (CGI art. 39 bis) ;
– la provision pour investissement (CGI art. 237 bis A-II) ;
– la provision pour installation à l'étranger (CGI art. 39 octies A et B) régime résiduel, cette provision ayant été supprimé ;
– la provision pour charges exceptionnelles des entreprises d'assurance et de réassurance (CGI art. 39 quinquies G).

1098 Il faut noter cependant que la société absorbante est dans l'obligation de reprendre les provisions réglementées dont l'imposition a été différée chez la société absorbée. Tel est le cas, par exemple, de la provision pour hausse des prix *(voir § 1190)*.

1099 b) *Les provisions pour congés payés.* Si pendant longtemps, l'administration a refusé de reconnaître à l'opération de fusion un caractère intercalaire en matière de provisions pour congés payés, cette situation, au demeurant anormale, a cessé (CE plén. 26 juillet 1985, n° 45149 ; RJF 1985, n° 10, concl. contr. Crouzet). Le caractère intercalaire de la fusion s'applique ainsi aux provisions pour congés payés.

Dès lors, le sort de la provision pour congés payés de la société absorbée dans le cadre de l'opération de fusion est fonction des options de la société sur cette question.

1100 Si la société déduit de ses résultats la provision pour congés payés l'année même de sa constitution, la fusion n'entraîne aucune conséquence particulière. En effet, l'indemnité constatée à la date de la fusion et correspondant aux droits acquis par les salariés est déductible chez la société absorbée. Il convient simplement de veiller à ce que cette indemnité ne soit pas une nouvelle fois déduite des résultats de la société absorbante, ce qui pourrait être éventuellement le cas si la société absorbante est restée sous le régime antérieur à 1987 (déductibilité l'année suivant celle de sa constitution). Pour éviter ce cumul de déductions, l'article 3 du décret du 22 décembre 1987 prévoit expressément l'interdiction de déduction chez l'absorbante.

En revanche, si la société absorbée a conservé, en matière de provisions pour congés payés, le régime antérieur à 1987, c'est-à-dire déduction fiscale de la provision l'année suivant celle de sa constitution en comptabilité (régime dit de la déductibilité décalée), les solutions sont plus complexes et dépendent en fait de la propre situation de la société absorbante au regard de la provision pour congés payés.

1101 *Premier cas :* la société absorbante est restée sous le régime antérieur à 1987 (déduction fiscale l'année suivant celle de sa constitution).

Dans cette situation :
– au titre du dernier exercice clos avant l'opération, la société absorbée constate la provision en comptabilité mais la réintègre extracomptablement sur l'état 2058 A ;
– au titre de l'exercice ouvert après l'opération, la société absorbante déduit extracomptablement sur l'état 2058 A la provision qui a été réintégrée chez l'absorbée.

1102 *Deuxième cas :* la société absorbante suit le nouveau régime, devenu régime de droit commun (déduction fiscale l'année même de la constatation en comptabilité).

C'est le cas le plus difficile. En principe, la société absorbante a l'interdiction de déduire la provision correspondant aux droits acquis et non encore utilisés par les salariés de la société absorbée à la date de la fusion. Cette interdiction conduit à mettre en œuvre un mécanisme complexe – et pénalisant – de neutralisation (sur cette question, voir loi de finances 86-1317 du 30 décembre 1986, art. 7 et 8 et décret 87-1029 du 22 décembre 1987 ; CGI, ann. III, art. 49 octies B et 49 octies C).

La détermination des éléments imposables

1103 Les éléments autres que les plus-values sur éléments de l'actif immobilisé et provisions doivent ainsi faire l'objet d'une imposition entre les mains de la société absorbée. On peut regrouper ces éléments en deux catégories.

L'imposition des bénéfices de l'exercice en cours à la date de la fusion

1104 Lorsqu'une opération de fusion est réalisée en cours d'exercice, les résultats de la société absorbée enregistrés entre le premier jour de l'exercice et la date de la fusion sont imposables au nom de la société absorbée. Cette situation, on le rappelle n'est envisageable que si la fusion est effectuée sur la base des valeurs réelles.

La portée pratique de cette règle est toutefois largement affaiblie par le recours fréquent en pratique à la clause de rétroactivité des fusions, clause qui a pour effet de déplacer la date de la fusion et de la faire coïncider avec la date habituelle d'arrêté des comptes de la société absorbée. Les résultats imposables au nom de la société absorbée sont ainsi ceux de l'exercice qui précède celui au cours duquel la fusion prend effet *(voir § 818)*.

L'imposition des provisions devenues sans objet

1105 **Les provisions qui, compte tenu des conditions de la fusion, sont devenues totalement ou partiellement sans objet doivent être rapportées à due concurrence aux résultats de la société absorbée.**

Cette situation, on le rappelle, n'est envisageable que si la fusion est effectuée sur la base des valeurs réelles.

La mise en œuvre de cette règle ne paraît pas présenter de difficultés majeures : néanmoins, la jurisprudence fournit quelques illustrations des différends qui peuvent apparaître à cette occasion avec l'administration.

1106 **En effet, l'administration est parfois amenée à contester la reprise des provisions devenues sans objet dans les résultats de la société absorbée ; il en est ainsi lorsqu'elle estime notamment que la reprise des provisions est en réalité un moyen de permettre l'imputation de déficits de la société absorbée. Il faut toutefois que l'administration soit en mesure d'établir que la ou les provisions en cause avaient en fait conservé leur objet et auraient dû, par voie de conséquence, bénéficier du régime d'exonération** (CE 6 février 1985, n°s 40309 et 50442 ; Droit fiscal 1985, n°s 22-23, com. 1079).

Les éléments soulevant des difficultés

1107 **Les éléments qui précèdent ont permis de donner les grandes lignes du retraitement des états financiers de la société absorbée. Ce retraitement permet de déterminer les éléments qui vont être transmis ou repris par l'absorbante et qui seront exonérés chez l'absorbée et, inversement, les éléments qui feront l'objet d'une imposition immédiate entre les mains de l'absorbée.**

L'essentiel du bilan de la société absorbée peut ainsi être traité mais certains postes ou encore certaines opérations spécifiques ayant pu être accomplies par la société absorbée appellent des commentaires particuliers quant au traitement qui doit leur être réservé dans le cadre d'une opération de fusion.

Les déficits

1108 **La question des déficits a déjà fait l'objet d'une étude particulière dans le cadre des choix fiscaux liés aux opérations de fusion** *(voir §§ 931 et s.)*.

Le sort des moins-values nettes partielles

1109 **L'instauration d'un mécanisme d'exonération des plus-values constituées sur éléments de l'actif immobilisé laisse intacte la question du sort qu'il faut réserver aux éventuelles moins-values nettes partielles. Ce sort, dans le cadre du régime spécial des fusions, diffère selon que la moins-value nette partielle est constatée sur éléments amortissables ou sur éléments non amortissables.**

EXEMPLE

Existence d'une moins-value nette partielle.

La société A est absorbée par la société B et les plus-values ou moins-values d'apport se présentent ainsi :
- plus-values à court terme sur matériel : 110 000
- moins-values à court terme sur matériel : 20 000
- plus-values à long terme sur terrains : 15 000
- moins-values à long terme sur terrains : 45 000

L'opération peut bénéficier du régime spécial des fusions. On constate l'existence d'une plus-value nette globale d'apport qui se scinde en :
- une plus-value nette partielle de 90 000 sur éléments amortissables ;
- une moins-value nette partielle de 30 000 sur éléments non amortissables.

1110 a) Le sort des moins-values nettes partielles sur éléments non amortissables : lorsque la société absorbée dégage une moins-value nette partielle sur éléments non amortissables, celle-ci ne peut faire l'objet d'une déduction au niveau de la société absorbée. La moins-value est en quelque sorte transmise à la société absorbante. La solution est logique ; en effet, lorsque la société absorbante cédera le bien, la plus-value de cession sera calculée en prenant comme valeur d'origine, non la valeur d'apport, mais la valeur du bien dans les écritures de la société absorbée. En conséquence, admettre la déductibilité de la moins-value nette partielle sur éléments non amortissables aboutirait à prendre fiscalement en considération deux fois la même fraction de plus ou moins-value : une première fois à la date de la fusion, une seconde fois lors de la cession des biens.

1111 b) Le sort des moins-values nettes partielles sur éléments amortissables : si le régime des moins-values nettes partielles sur éléments non amortissables peut se déduire logiquement des dispositions du régime spécial des fusions, en revanche, il est beaucoup plus délicat de déterminer le régime des moins-values nettes partielles sur éléments amortissables.

En effet, le régime spécial prévoit une exonération des plus-values chez l'absorbée avec, en contrepartie, une imposition échelonnée dans les résultats de la société absorbante. Le régime reste ainsi muet sur les moins-values nettes constatées sur éléments amortissables.

1112 L'administration, amenée à trancher la question, l'a fait avec logique et souplesse.

Logique, car elle considère que, dans la mesure où la plus-value nette est imposée de façon échelonnée chez l'absorbante, la moins-value nette doit pouvoir à l'inverse être déduite chez l'absorbante. Elle autorise ainsi la déduction de la moins-value nette sur éléments amortissables des résultats de la société absorbante, et cela dans les conditions de délai et les limites propres au report déficitaire. Cette transmission et cette déduction se font de surcroît sans agrément préalable (doc. adm. 4 I 121, §§ 7 et 8 et 4 I 1241, § 29).

Souplesse, car la société absorbante peut retenir une autre solution. L'administration admet que la moins-value nette partielle sur éléments amortissables vienne s'imputer sur les résultats imposables de la société absorbée. Cette solution peut se combiner avec la précédente ; ainsi, une fraction de la moins-value nette partielle sur éléments amortissables peut être compensée avec les résultats de la société absorbée, le reliquat étant transmis à la société absorbante pour y être déduit.

EXEMPLE

La société A est absorbée par la société B.

Des éléments apportés par la société A, on note les éléments suivants :
- plus-values sur éléments amortissables : 30 000 ;
- moins-values sur éléments amortissables : 60 000 ;
- plus-values sur éléments non amortissables : 230 000 ;
- moins-values sur éléments non amortissables : néant ;
- éléments imposables chez l'absorbée : 12 000 (plus-values sur créances, provisions sans objet...).

L'apport comporte une moins-value nette partielle sur éléments amortissables de 30 000. La société absorbée a, dans ces conditions, deux possibilités :
- transmettre les 30 000 à la société absorbante qui pourra les déduire dans la limite de délai propre au report déficitaire ;
- imputer 12 000 sur les résultats imposables de l'absorbée et transmettre le reliquat, soit 18 000, à la société absorbante qui pourra les déduire dans les conditions propres au report déficitaire.

Le cas des sociétés transférant des contrats de crédit-bail

1113 **L'article 210 A-5 du CGI pose le principe selon lequel, pour l'application du régime spécial des fusions, les droits afférents à un contrat de crédit-bail** (conclu dans les conditions prévues aux 1 et 2 de l'article premier de la loi du 2 juillet 1966) **sont assimilés à des éléments de l'actif immobilisé, amortissables ou non amortissables dans les conditions prévues à l'article 39 duodecies A** (loi 89-935 du 29 décembre 1989, art. 22 ; loi de finances rectificative pour 1990, art. 17)**.**

1114 Cette assimilation signifie que le transfert des droits entraîne exonération chez la société absorbée de la plus-value constatée sur le contrat. Pour un contrat de crédit-bail mobilier, la plus-value sur les droits transférés devra faire l'objet d'une réintégration échelonnée chez la société bénéficiaire de l'apport sur cinq ans. S'agissant d'un contrat de crédit-bail immobilier, il conviendra en revanche de distinguer la fraction des droits représentative du terrain et la fraction des droits représentative des constructions. Dans le premier cas (fraction des droits représentative du terrain), la société absorbante ou bénéficiaire de l'apport devra, lors de la cession ultérieure du contrat, ou lors de la cession du terrain, calculer la plus-value par référence à la valeur qu'avaient les droits dans les écritures de la société absorbée (c'est-à-dire une valeur nulle si la société absorbée avait souscrit le contrat de crédit-bail dès l'origine ou la valeur d'acquisition des droits dans le cas contraire). Dans le second cas (fraction des droits représentative des constructions), la plus-value devra faire l'objet d'une réintégration échelonnée sur quinze ans. C'est l'article 39 duodecies A 6 qui détermine les conditions dans lesquelles doit s'effectuer la ventilation entre la partie représentative du terrain (immobilisation non amortissable) et la partie représentative des constructions (immobilisation amortissable). Selon le texte, les droits afférents à un contrat de crédit-bail immobilier sont assimilés à des éléments non amortissables de l'actif immobilisé pour la fraction du prix auquel ils ont été acquis et égale à la somme de la valeur réelle du terrain et des quote-parts de loyers non déduites, en application des dispositions du 10 de l'article 39 au titre des éléments non amortissables, à la date du transfert du contrat, diminuée de la valeur du terrain à la signature du contrat avec le crédit-bailleur. On précisera que ces dispositions sont applicables aux contrats conclus depuis le 1er janvier 1996. Pour les contrats qui ont été conclus jusqu'au 31 décembre 1995, les modalités de calcul étaient différentes : les droits afférents à un contrat de crédit-bail immobilier sont assimilés à des éléments non amortissables de l'actif immobilisé pour une fraction du prix auquel le contrat de crédit-bail a été acquis par le nouveau titulaire et égale au rapport qui existe, à la date du transfert du contrat, entre la valeur réelle du terrain et celle de l'ensemble immobilier.

1115 Il faut préciser, enfin, que ces dispositions sont susceptibles de s'appliquer non seulement aux opérations de fusions mais également aux opérations de scissions et d'apports partiels d'actif.

EXEMPLE

Une société A est absorbée par une société B. La société A apporte un contrat de crédit-bail dont le prix de cession (valeur d'apport) est estimé à 90 000. Le contrat de crédit-bail se rapporte à un bien dont la valeur d'origine est de 350 000. La durée du contrat de crédit-bail est de 8 ans et le prix retenu en cas d'acceptation de la promesse de vente en fin de contrat est de 30 000. Enfin, on précise que l'apport à la société absorbante est réalisé 3 ans après la conclusion du contrat. Dans ces conditions, la plus-value réalisée lors de l'apport du contrat est de 90 000 ; cette plus-value sera réintégrée de manière échelonnée chez la société absorbante.

Le cas des sociétés absorbées ayant bénéficié de l'aide aux entreprises nouvelles

1116 La création d'entreprises fait régulièrement l'objet de mesures d'aides fiscales qui reposent pour l'essentiel sur l'exonération temporaire, totale ou partielle, des bénéfices réalisés par les entreprises nouvelles pendant leurs premières années d'activité.

Le dernier dispositif en vigueur résulte de la loi sur l'aménagement et le développement du territoire et prévoit un mécanisme d'exonération des bénéfices réalisés à compter de la date de création de l'entreprise jusqu'au vingt-troisième mois d'activité suivant celui de sa création, puis une exonération dégressive de 75 %, 50 % et enfin 25 % des bénéfices réalisés au cours de chacune des périodes de douze mois qui suivent. Le régime est légèrement différent pour les entreprises créées en zone de revitalisation rurale.

1117 Ce régime, contenu dans l'article 44 sexies du CGI, s'applique aux entreprises créées dans les zones AFR, et dans les zones de redynamisation urbaine. (jusqu'au 31 décembre 2010 pour les ZRU).

Or, pendant la période d'exonération totale ou partielle des bénéfices réalisés, il se peut que la société nouvelle soit partie prenante à une opération de fusion.

1118 Il convient alors de distinguer selon que la société nouvelle est en position d'absorbée ou d'absorbante dans l'opération de fusion.

Si la société nouvelle est en position d'absorbée, les allégements cessent de s'appliquer dès la date d'effet de l'opération de fusion. L'opération n'entraîne pas pour autant remise en cause des allégements acquis antérieurement. Une réponse ministérielle est venue en effet préciser que l'absorption n'avait pas pour effet de remettre en cause les avantages dont a bénéficié la société nouvelle. Il ne pourrait en être autrement que si « la création de la société absorbée a eu comme motivation principale la recherche d'avantages fiscaux » (rép. Francou, JO 11 octobre 1984, AN p. 1637 ; Droit fiscal 1984, n° 51; inf. 2311).

Si la société nouvelle est en position de société absorbante, le bénéfice de l'exonération prévue à l'article 44 sexies continue de s'appliquer si et seulement si l'entreprise absorbée est elle-même exonérée au titre des entreprises nouvelles. L'administration ajoute une condition supplémentaire tenant à la qualité des associés. Les associés de la société absorbante ou bénéficiaire des apports doivent être exclusivement les anciens associés des sociétés apporteuse et bénéficiaire (instr. du 25 avril 1989, BO 4 A-5-89, § 55). On notera que le régime de l'article 44 sexies n'est susceptible de s'appliquer qu'aux entreprises réellement nouvelles. Par voie de conséquence, les sociétés constituées à l'occasion d'opérations de fusion, scission ou apport partiel d'actif et qui ne font qu'exercer une partie des activités d'une entreprise préexistante ne peuvent bénéficier du régime des entreprises nouvelles. Ces solutions rendues au sujet de l'ancienne rédaction de l'article 44 sexies du CGI nous paraissent transposables à la rédaction nouvelle issue de la loi de finances pour 2011 ainsi qu'aux nouvelles dispositions applicables aux zones de revitalisation rurale.

Le cas des entreprises implantées en zone franche urbaine (ZFU)

1119 Pour les entreprises qui sont implantées en ZFU, le régime est légèrement différent, par rapport aux entreprises nouvelles, dans la mesure où seule la quote-part de résultat représentative de l'activité exercée en ZFU est susceptible de bénéficier d'une exonération. Aussi, en cas de fusion de sociétés, si l'activité continue, après fusion, d'être exercée en ZFU, le régime d'exonération pourra continuer de s'appliquer jusqu'à son terme initial.

Le cas des sociétés absorbées ayant engagé des actions de mécénat

1120 Le législateur est revenu, à plusieurs reprises, sur le régime fiscal applicable aux différentes actions de mécénat. Le changement le plus notable a consisté à substituer au régime de la déductibilité fiscale un régime de réduction d'impôt. On notera, sur ce point, que la fraction de la réduction d'impôt non utilisée par la société apporteuse ou absorbée est transférée à la société absorbante (sur cette question : BOI 4 C-5-04, n° 99).

Par parenthèse, on notera que le transfert s'effectue que l'opération de fusion ait été placée ou non sous le régime de faveur.

Toutefois, le régime de la déductibilité fiscale a été maintenu dans le cadre de l'acquisition d'œuvres d'art destinées à être exposées au public.

1121 Le principe est celui de la déductibilité du coût d'acquisition sur la période d'exposition au public, c'est-à-dire, en principe, l'année d'acquisition et les quatre années suivantes pour les œuvres d'art acquises depuis 2002. Les sommes déduites sont portées à un compte de réserve spéciale. Or, l'administration précise que ce régime peut être remis en cause en cas de changement d'affectation, de cession de l'œuvre ou de prélèvement sur la réserve spéciale. Aucune précision n'est toutefois donnée sur le régime applicable en cas de fusion et l'administration ne s'est pas, à notre connaissance, encore prononcée.

Le cas particulier des sociétés absorbées qui revêtent la forme de sociétés en commandite simple

1122 La situation particulière des sociétés en commandite simple a déjà été évoquée *(voir encadré au § 903)*. Lorsque la société absorbée revêt une telle forme juridique, le régime spécial des fusions peut trouver à s'appliquer, si on suppose toutes les autres conditions satisfaites. Il reste à déterminer la portée qu'il convient de donner aux dispositions contenues dans ce régime et en particulier l'exonération des plus-values de fusion.

1123 En effet, une fraction des plus-values de fusion correspond aux droits des associés commandités et devrait en théorie supporter l'impôt sur le revenu. En réalité, l'administration admet d'étendre les exonérations prévues en matière d'impôt sur les sociétés à la totalité de la plus-value de fusion y compris pour la quote-part représentative des droits des commandités.

Le cas des cessions d'éléments de l'actif préalablement à l'opération de fusion

1124 Il se peut que, préalablement à l'opération de fusion, la société absorbée mette en ordre son patrimoine, en l'apurant notamment des éléments d'actif qu'elle a conservés mais dont elle n'a plus l'utilité ou dont l'état ou l'objet ne justifient pas sa transmission à la société absorbante. La société absorbée procède alors à la cession isolée de ces éléments d'actif. Naturellement, les plus-values ainsi réalisées restent totalement étrangères à l'opération de fusion et doivent être comprises dans les résultats de la société absorbée. Une incertitude demeure cependant au titre des cessions réalisées pendant la période de rétroactivité. Deux analyses ont pu s'opposer : la première considère que la cession a été décidée par l'absorbée et doit être imposée comme la cession d'un bien qui n'a pas été compris dans l'apport. La deuxième, plus logique, tire le plein effet de la clause de rétroactivité et considère qu'il s'agit de la cession par la société absorbante d'un bien reçu à l'occasion de l'apport fusion.

L'administration fait prévaloir cette seconde analyse, comme l'illustre l'exemple suivant donné dans l'instruction administrative.

EXEMPLE

Deux sociétés A et B dont les exercices coïncident avec l'année civile fusionnent par absorption de la société B par la société A. La dernière assemblée ayant approuvé l'opération s'est tenue le 10 novembre N et la fusion est conclue avec un effet rétroactif au 1er juillet.

Les éléments apportés se décomposent comme suit :

	valeur comptable 1/7/N	**valeur apport** 1/7/N	
Éléments incorporels			
Élément F1 (non amortissable)	0	2 000 000	2 000 000
Élément F2	100 000	500 000	400 000
Éléments amortissables			
Installations techniques	440 000	490 000	50 000

Les éléments incorporels sont inscrits au bilan de la société absorbante pour 2 500 000 et les installations techniques pour 490 000. L'amortissement sera calculé à compter du 1er juillet N.

1re hypothèse : cession de l'élément F1 à une société tierce en septembre N pour 2 100 000.

Dans ce cas de figure, la cession intervient pendant la période intercalaire. Du fait de la clause de rétroactivité, il y a lieu de considérer qu'il s'agit d'une plus-value réalisée par la société absorbante.

Si la fusion est placée sous le régime de faveur, la société absorbante réalise une plus-value sur un élément non amortissable reçu par voie d'apport fusion. Il y a donc lieu de tenir compte du sursis d'imposition dont a bénéficié le bien lors de la fusion et de calculer la plus-value de cession par référence à la valeur fiscale du bien chez l'absorbée. La plus-value sera donc de : 2 100 000. Si, en revanche, la fusion est placée sous le régime de droit commun, la plus-value d'apport a été imposée et la société absorbante est imposable sur la seule différence entre le prix de cession (2 100 000) et la valeur d'apport (2 000 000) soit 100 000.

2e hypothèse : cession des installations techniques par la société absorbée à la société absorbante pour 500 000 en octobre N.

Il s'agit de l'apport d'immobilisations amortissables. La plus-value constatée lors de la fusion (490 000 - 440 000 = 50 000) n'est pas imposable chez la société absorbée mais est imposable de manière échelonnée sur 5 ans chez la société absorbante. Cette dernière amortira le bien, en fonction de la valeur d'apport retenue dans l'opération, soit 490 000. Quant à l'opération de cession, il s'agit d'une opération réciproque réalisée au cours de la période intercalaire, elle n'a pas à être prise en considération pour la détermination du résultat imposable de la société absorbante.

F O C U S

Cession d'immobilisations en période intercalaire

Ce focus résume le traitement fiscal réservé aux cessions d'immobilisations intervenues pendant la période intercalaire.

Fusion en régime spécial

Immobilisations amortissables

- La société absorbante est présumée vendre un bien amortissable reçu par voie d'apport
- La plus-value d'apport est imposable de manière échelonnée sur 5 ou 15 ans
- Conséquences :

Fusions à la valeur réelle

• La plus-value de cession est égale à la différence entre valeur de cession et valeur d'apport du bien

• La plus-value d'apport est rapportée au résultat immédiatement chez la société absorbante

Fusions à la valeur comptable

• La plus-value de cession est égale à la différence entre valeur de cession et valeur comptable du bien

• Pas de plus-value d'apport à rapporter au résultat dans la mesure où la fusion a été faite à la valeur comptable, aucune plus-value n'a été dégagée

Immobilisations non amortissables

- La société absorbante est présumée vendre un bien non amortissable reçu par voie d'apport
- La plus-value d'apport a bénéficié d'un sursis d'imposition

Fusions à la valeur réelle

• La plus-value de cession correspond à la différence entre le prix de cession et la valeur comptable du bien chez l'absorbée

Fusions à la valeur comptable

• La plus-value de cession correspond à la différence entre le prix de cession et la valeur comptable du bien chez l'absorbée (solution identique)

Fusion en régime de droit commun

Immobilisations amortissables et non amortissables

- La plus-value d'apport est constatée et imposée chez l'absorbée

Fusions à la valeur réelle

• La plus-value de cession est déterminée par différence entre la valeur de cession et la valeur d'apport

Fusions à la valeur comptable

• La plus-value d'apport est taxée chez l'absorbée par différence entre la valeur réelle et la valeur nette comptable du bien

• La plus-value de cession est déterminée par différence entre la valeur de cession et la valeur réelle du bien

Le cas des sociétés ayant bénéficié du crédit d'impôt recherche

1125 L'incidence des opérations de fusions de sociétés en matière de crédit d'impôt recherche se limite à deux points : le calcul du crédit d'impôt recherche et l'utilisation de la créance résultant du crédit d'impôt recherche.

1126 a) *Le calcul du crédit d'impôt recherche.* Le crédit d'impôt recherche est égal à 30 % des dépenses de recherche de l'exercice dans la limite de 100 millions de dépenses éligibles et de 5 % pour la fraction supérieure. Ce taux de 30 % peut être temporairement majoré pour les entreprises qui n'ont pas bénéficié du crédit d'impôt recherche dans les 5 années qui précèdent ou qui n'en n'ont jamais bénéficié.

1127 Il convient d'observer que le texte de l'article 244 quater B, largement réécrit par la loi de finances 2008, ne contient aucune mesure particulière relative à l'incidence des opérations de restructuration. Il faut en conclure que les conséquences de ces opérations doivent être tirées logiquement et mécaniquement.

1128 Au titre de l'année de la fusion, chaque société doit calculer son crédit d'impôt recherche en fonction du volume des dépenses respectivement engagées. Pour l'année suivante, la seule société absorbante calcule son crédit d'impôt recherche en fonction de ses propres dépenses de recherche. En cas d'apport partiel d'actif, la société absorbée prendra en compte pour les éléments apportés, les dépenses de recherche exposées jusqu'à la date de réalisation définitive du transfert. De son côté, la société bénéficiaire de l'apport prendra en considération les dépenses engagées depuis la date de réalisation définitive de l'apport et qui se rapportent aux éléments transférés.

1129 Le calcul du crédit d'impôt recherche en cas de fusion appelle deux remarques spécifiques tenant soit à l'existence d'une clause de rétroactivité, soit à la possibilité de bénéficier d'un taux majoré.

1130 S'il existe une clause de rétroactivité, il convient de tirer les conséquences de celle-ci. Dès lors, les dépenses de recherche engagées par la société apporteuse et qui se rapportent à la période de rétroactivité doivent être comprises dans les bases de calcul du crédit d'impôt recherche de la société bénéficiaire de l'apport. On observera que, si la clause de rétroactivité fait remonter les effets de la fusion au 1er janvier de l'année d'imposition, la société absorbée n'aura pas à souscrire de déclaration au titre du crédit d'impôt recherche pour l'exercice au cours duquel intervient la fusion. Simultanément, sur une opération d'apport partiel d'actif, la société apporteuse doit soustraire ces dépenses de sa propre base de calcul du crédit d'impôt recherche.

1131 L'autre remarque tient à la possibilité pour calculer le crédit d'impôt recherche de bénéficier d'un taux majoré pour les entreprises qui n'ont jamais bénéficié de ce crédit. Le taux de 30 % est en effet porté à 40 % la première année et 35 % la deuxième année pour les entreprises qui n'ont pas bénéficié du crédit d'impôt au titre des cinq années précédentes et qui n'ont pas de lien de dépendance au titre de l'article 39, 12 du CGI avec une entreprise ayant bénéficié du crédit d'impôt au cours de la même période.

1132 Dans l'hypothèse d'une opération de fusion entre une société absorbante qui n'a jamais bénéficié du crédit d'impôt et une société absorbée qui a déjà bénéficié de ce crédit, la question se pose de savoir si, au titre de l'exercice qui suit la réalisation de la fusion, la société absorbante peut réclamer le bénéfice du taux majoré pour le calcul du crédit d'impôt recherche. Conformément à ce qui vient d'être dit, la question est en réalité de savoir si l'on doit partir du principe que la société absorbante et la société absorbée peuvent être considérées comme étant en situation de dépendance.

1133 En réalité, la notion de lien de dépendance s'appréciant au 31 décembre de l'année, il apparaît que de tels liens ne peuvent exister dans le cadre d'une opération de fusion dans la mesure où, au 31 décembre de l'année, la fusion ayant été réalisée, la société absorbée a été dissoute et n'a plus d'existence juridique. Par voie de conséquence, la question de l'existence de liens de dépendance a perdu sa raison d'être. Sur l'appréciation de la situation de dépendance au 31 décembre de l'année : BOI 4 A-10-08, n° 26.

1134 b) *L'utilisation du crédit d'impôt :* en principe, le crédit d'impôt recherche fait l'objet d'une imputation sur l'impôt dû par la société qui en bénéficie. Lorsque le crédit d'impôt excède le montant de l'impôt, l'excédent constitue une créance sur l'État utilisable pour le paiement de l'impôt des trois années suivantes et, au terme de ce délai, le reliquat non imputé est restitué à l'entreprise. On rappelle toutefois que, depuis le 1er janvier 2010, les entreprises qui répondent à la définition communautaire des PME peuvent demander le remboursement immédiat de la créance non imputée. Au même titre également que les entreprises nouvelles, les jeunes entreprises innovantes et les entreprises en difficulté.

1135 Si la société absorbée n'a pu à la date de la fusion ni procéder à l'imputation ni obtenir le remboursement de sa créance de crédit d'impôt recherche, cette créance sera transférée à la société absorbante. L'article 199 ter B1 précise en effet que, en cas de fusion ou opération assimilée intervenant au cours de la période de trois ans, la fraction de la créance qui n'a pas encore été imputée par la société apporteuse est transférée à la société bénéficiaire des apports. Cette solution est totalement indépendante du régime sous lequel est réalisée la fusion (régime de faveur ou régime de droit commun).

1136 Le transfert de la créance ne sera possible au plan de la forme que par la souscription de l'imprimé 2073 SD et tout particulièrement du cadre VII de l'imprimé consacré au transfert de la créance en cas de fusion.

> **Imprimé 2073 – SD (extrait) : version imprimable à télécharger sur www.impots.gouv**
>
> VII - TRANSFERT DE CRÉANCE À LA SOCIÉTÉ ABSORBANTE OU BÉNÉFICIAIRE D'UN APPORT (à remplir par la société absorbante ou bénéficiaire d'un apport et par la société absorbée ou apporteuse et à déposer auprès du service des impôts dont elles dépendent) (pour les entreprises passibles de l'IS)
>
> Nature du crédit, de la créance ou de la réduction d'impôt :
>
> ....
>
> Date de clôture de l'exercice de détermination du crédit, de la créance ou de la réduction de crédit d'impôt :
>
> Date du transfert : Montant de la créance transférée :
>
> Identification de la société absorbée/absorbante ou apporteuse/bénéficiaire d'un apport :
>
> N° SIRET :

Le cas des sociétés ayant bénéficié du crédit d'impôt famille

1137 Les entreprises qui engagent des dépenses en vue de financer la création de crèches ou de structures accueillant les enfants de leurs salariés, de moins de trois ans, des dépenses de formation en faveur des salariés bénéficiant d'un congé parental d'éducation ou des dépenses liées à l'indemnisation des salariés qui ont dû engager des frais exceptionnels de garde d'enfants à la suite d'obligations professionnelles imprévisibles, peuvent bénéficier d'un crédit d'impôt égal à 25 % des sommes engagées, dans la limite de 500 000 € (CGI art. 244 quater F et 199 ter D et E). Si le montant du crédit d'impôt excède le montant de l'impôt qui est dû, l'excédent est restitué à l'entreprise. Précisément, dans la mesure où le crédit d'impôt famille est immédiatement restituable, il ne constitue pas une créance sur l'État susceptible d'être transférée, contrairement à la situation observée en matière de crédit d'impôt recherche. Les modalités de la restitution vont varier selon que la fusion est conclue ou non avec un effet rétroactif. Si la fusion est réalisée en cours d'année, sans effet rétroactif, la société absorbante devra, au titre de l'année de fusion, déposer la déclaration relative au crédit d'impôt famille de la société absorbée et, le cas échéant, sa propre déclaration de crédit d'impôt famille. Cette situation résulte du fait que la société vient aux droits et obligations de la société absorbée. Chaque société bénéficie ainsi du plafond de 500 000 €.

1138 Si la fusion est conclue avec effet rétroactif, les dépenses éligibles au crédit d'impôt famille comptabilisées chez la société absorbée sont reprises dans les écritures de la société absorbante et prises en compte pour la détermination du crédit d'impôt famille de celle-ci. Dans ce cas de figure, l'administration considère que seule la société absorbante doit déposer la déclaration au titre du crédit d'impôt famille, et seule bénéficier du plafond de 500 000 €. On constate que l'existence d'une clause de rétroactivité a une influence directe sur la détermination du crédit d'impôt au titre de l'exercice de fusion. Ces solutions s'appliquent, que la fusion ait, par ailleurs, été placée sous le régime fiscal de faveur ou non (CGI art. 244 quater F ; BOI 3 décembre 2004, 4 A-11-04). Dans le domaine voisin des opérations de scissions ou d'apports partiels d'actifs, l'administration rappelle que, comme en matière de fusions, le crédit d'impôt famille ne constitue pas une créance sur l'État susceptible d'être transférée. En outre, le crédit d'impôt est totalement indépendant de l'activité de l'entreprise et, *a fortiori*, des branches d'activité transférées auxquelles il ne saurait donc être rattaché.

Le cas des entreprises ayant bénéficié du crédit d'impôt apprentissage

1139 Les entreprises qui exercent une activité de nature industrielle, commerciale, agricole ou libérale soumises à un régime réel d'imposition et qui emploient des apprentis bénéficient d'un crédit d'impôt. Ce crédit d'impôt est calculé par année civile et est déterminé en multipliant le nombre moyen d'apprentis par un montant de 1 600 €, le crédit d'impôt étant susceptible d'être plafonné au montant des dépenses de personnel qui se rapportent aux apprentis diminué des subventions publiques reçues (CGI art. 244 quater G).

1140 Dans la mesure où le crédit d'impôt qui n'a pu être imputé est immédiatement restituable, il ne constitue pas une créance sur l'État susceptible d'être transférée à l'occasion par exemple d'une opération de fusion. Le traitement du crédit d'impôt est, comme dans le cas précédent, différent selon que la fusion a été conclue avec un effet rétroactif ou non. En revanche, le régime fiscal sous lequel a été placé l'opération est totalement indifférent. Si la fusion a été conclue sans effet rétroactif, la société absorbante venant aux droits et obligations de la société absorbée, dépose la déclaration relative au crédit d'impôt de la société absorbée, le crédit d'impôt étant calculé pour la période antérieure à l'opération de fusion. Indépendamment, la société absorbante souscrit sa propre déclaration. Dans l'hypothèse où la fusion est conclue avec un effet rétroactif, c'est la société absorbante qui va bénéficier du crédit d'impôt apprentissage dans la mesure où elle devient l'employeur des apprentis. Selon l'administration, le nombre moyen d'apprentis est déterminé en prenant en compte les apprentis dont le contrat date de plus de six mois depuis le 1er janvier de l'année au cours de laquelle a lieu l'opération. Pour l'appréciation du plafond, la société absorbante doit prendre en compte les dépenses afférentes aux apprentis employés par l'entreprise absorbée ou apporteuse engagées à compter du premier jour de l'année au cours de laquelle a eu lieu l'opération (instr. 10 mai 2005 : BOI 4 A-10-05).

Le cas des entreprises ayant bénéficié du crédit d'impôt pour dépenses de prospection commerciale

1141 Les PME soumises à un régime réel d'imposition qui recrutent une personne ou emploient un volontaire international en entreprise affecté au développement des exportations, ont droit à un crédit d'impôt au titre des dépenses engagées au cours des 24 mois qui suivent l'embauche. Calculé au taux de 50 %, il est déterminé sur chaque période d'imposition et plafonné à 40 000 €, sauf cas particuliers (CGI art. 244 quater H). Pour l'application de ce dispositif en cas de fusion, le raisonnement est identique à celui rencontré dans les deux cas précédents. En effet, le montant du crédit d'impôt qui ne peut être imputé, étant immédiatement restituable, il ne saurait constituer une créance sur l'État transférable.

1142 En pratique, il convient là encore de distinguer selon que l'opération de fusion est réalisée avec effet rétroactif ou non, l'application ou non du régime de faveur des fusions étant totalement inopérante. Si la fusion est conclue sans effet rétroactif, dans la mesure où la société absorbante vient aux droits et obligations de la société absorbée, elle va déposer la déclaration spéciale pour l'obtention du crédit d'impôt pour le compte de la société absorbée ainsi que, le cas échéant, sa propre déclaration. Il en résulte que, potentiellement, chaque société bénéficiera du plafond. Si la fusion est réalisée avec effet rétroactif, les dépenses relatives au crédit d'impôt sont enregistrées dans la comptabilité de la société absorbante et prises en compte dans le calcul du crédit d'impôt de cette dernière. Dans ce cas de figure, la société absorbante déposera une seule déclaration spéciale avec application d'un seul plafond.

1143 Si le fonctionnement du crédit d'impôt pour dépenses de prospection commerciale en cas de fusion est comparable aux crédits d'impôt préalablement examinés, la situation est en revanche différente en cas de scission ou d'apport partiel d'actif. En effet, les dépenses de prospection commerciale peuvent tout à fait être engagées dans le cadre d'une activité déterminée de l'entreprise. Dès lors, ces dépenses peuvent par exemple être rattachées à une branche complète d'activité. Le bénéfice du crédit d'impôt peut en conséquence être transféré dans le cadre d'une opération d'apport partiel d'actif ou de scission dès lors que les dépenses éligibles engagées se rapportent de manière précise et complète à l'acticité apportée (instr. 18 avril 2005 : BOI 4 A-9-05).

Le cas des entreprises ayant bénéficié du crédit d'impôt pour prêt à taux zéro

1144 Le droit fiscal instaure au profit de certains établissements de crédit un crédit d'impôt au titre des avances, remboursables et ne portant pas intérêt, consenties à des personnes physiques soumises à certaines conditions de ressources, avances destinées à faciliter l'acquisition d'une résidence principale ou l'accès à la propriété. Ce crédit d'impôt fait naître au profit de l'établissement de crédit une créance, inaliénable et incessible, d'égal montant. Cette créance constitue un produit imposable rattaché à hauteur d'un cinquième au titre de l'exercice au cours duquel l'établissement de crédit a versé des avances remboursables sans intérêt et par fractions égales sur les exercices suivants (CGI, art. 244 quater J).

1145 En cas de fusion, la loi de finances pour 2006 a autorisé le transfert de la créance au profit de la société absorbante. Les prêts à 0 % versés au cours de l'année considérée et les années précédentes par la société absorbée sont transmis à la société absorbante. De la même manière, les fractions de crédits d'impôt prêt à 0 % restant à imputer et dont bénéficie la société absorbée sont prises en compte pour la détermination du crédit d'impôt de la société absorbante selon des modalités et un rythme d'imputation inchangés. L'établissement de crédit dépose alors une seule déclaration spéciale de crédit (instr. 6 février 2006 : BOI 4 A-2-06).

Le cas des entreprises ayant bénéficié du crédit d'impôt en faveur de la première accession à la propriété

1146 Certains établissements de crédit peuvent bénéficier de crédit d'impôt au titre des prêts sans intérêts consentis à des personnes physiques pour l'acquisition ou la construction d'une résidence principale en pleine propriété (CGI, art. 244 quater V). Le crédit d'impôt donne naissance à une créance au profit de l'établissement de crédit, imputable par fractions égales sur cinq ans sur l'impôt sur les sociétés dû par l'établissement de crédit. En principe, en cas de restructuration intervenant à l'intérieur de cette période, le crédit d'impôt est transféré à la société bénéficiaire des apports. La seule réserve en la matière concerne les opérations d'apports partiels d'actifs et de scissions ; dans ce cas en effet, le transfert de la créance est subordonné au fait que l'ensemble des prêts à taux zéro conclus par la société apporteuse ou scindée soient transférés à la société bénéficiaire des apports.

Le cas des entreprises ayant bénéficié du crédit d'impôt pour l'amélioration de la performance énergétique

1147 Comme dans le cas précédent, certains établissements de crédit vont pouvoir bénéficier d'un crédit d'impôt au titre des avances sans intérêt émises en faveur de personnes qui réalisent des travaux d'amélioration de la performance énergétique globale des logements utilisés comme résidence principale (CGI, art. 244 quater U). Ce crédit d'impôt fonctionne comme le précédent et ses modalités de transfert éventuel en cas de restructurations s'appliquent de la même manière.

Le cas des entreprises ayant bénéficié du régime des PME de croissance

1148 L'article 220 decies du CGI instaure au profit des PME soumises à l'IS et employant au moins 20 salariés une réduction d'impôt lorsque leurs dépenses de personnel ont augmenté de plus de 15 % au titre des deux exercices précédents. Le montant de la réduction d'impôt correspond à une fraction de l'augmentation de la charge fiscale (IS et IFA) supportée au titre de l'exercice par rapport à la charge des deux exercices précédents.

1149 En cas de fusions de sociétés, pour la détermination du taux d'augmentation des dépenses de personnel, l'opération est réputée être intervenue l'exercice précédant celui au cours duquel elle a été réalisée. Dans la même logique, pour la détermination de la variation des montants d'impôt sur les sociétés et d'imposition forfaitaire annuelle, les fusions, apports et opérations assimilées sont réputés être intervenus l'avant-dernier exercice précédant celui au titre duquel la réduction d'impôt est calculée (CGI art. 220 decies IV).

Le cas des sociétés ayant bénéficié du crédit d'impôt cinéma et audiovisuel ou productions de films et œuvres audiovisuelles étrangères

1150 Le code général des impôts instaure au profit des entreprises de production cinématographique ou audiovisuelle qui relèvent de l'impôt sur les sociétés un crédit d'impôt si un certain nombre de conditions tenant notamment à l'œuvre produite, à la langue, à l'obtention ou non d'un agrément sont satisfaites. En réalité, deux régimes se superposent : le régime du crédit d'impôt de l'article 220 sexies du CGI au titre de la production d'œuvres dont la localisation est principalement sur le territoire français et le régime de l'article 220 quaterdecies qui s'applique à des productions réalisées par des entreprises établies hors de France et qui conduisent à réaliser des opérations en France. La particularité de ces crédits d'impôt, dont le montant est plafonné, est qu'il est déterminé en fonction de l'œuvre produite et calculé par œuvre. En cas de restructurations, et notamment de fusions, il est admis que le crédit d'impôt soit transféré de la société absorbée à la société absorbante, dès lors que la société absorbante reprend à son compte les engagements indissociables du bénéfice du crédit d'impôt.

1151 Dans une instruction de 2004 (BOI 4 A-7-04 du 24 septembre 2004, n°s 92 à 97), l'administration précise que, en cas d'opération de fusion, scission ou d'apport partiel d'actif en cours de réalisation d'une œuvre cinématographique, le bénéfice du dispositif du crédit d'impôt afférent à l'œuvre concernée est transféré à la société absorbante ou bénéficiaire des apports dès lors que cette dernière assume, à la suite de cette opération, les fonctions d'entreprise de production déléguée et engage les dépenses éligibles au crédit d'impôt cinéma afférentes à la production de l'œuvre en cours de réalisation. Cette solution rendue à propos de l'article 220 sexies est transposable aux dispositions de l'article 220 quaterdecies.

Le transfert du bénéfice du dispositif du crédit d'impôt n'est pas subordonné à la condition que l'opération de fusion ou assimilée ait bénéficié du régime spécial des fusions prévu aux articles 210 A et 210 B du code général des impôts.

L'entreprise absorbante ou bénéficiaire de l'apport devra, pour déterminer le crédit d'impôt attaché à l'œuvre concernée au titre de l'exercice de l'opération de fusion, scission ou d'apport partiel d'actif, prendre en compte les dépenses éligibles au crédit d'impôt cinéma engagées par l'entreprise absorbée ou apporteuse, à compter du premier jour de l'exercice au cours duquel a eu lieu l'opération, que celle-ci soit réalisée avec ou sans effet rétroactif.

1152 L'administration précise encore qu'en cas de fusion, scission ou d'apport partiel d'actif, le plafond est calculé en prenant en compte le crédit d'impôt au titre de l'œuvre cinématographique dont a bénéficié l'entreprise de production absorbée ou apporteuse au titre d'exercices antérieurs à celui au cours duquel a eu lieu l'opération de restructuration.

Le cas des sociétés ayant bénéficié de subventions d'équipement

1153 Le régime d'imposition des subventions d'équipement, ou d'investissement, est fixé par l'article 42 septies du CGI qui instaure sur option un mécanisme d'échelonnement de l'imposition de la subvention à la condition cependant que l'affectation de la subvention soit déterminée.

Si la subvention sert à financer des immobilisations amortissables, l'échelonnement se prolonge sur la période d'amortissement ; les subventions sont rapportées aux bénéfices imposables en même temps et au même rythme que celui auquel l'immobilisation en cause est amortie.

Si les biens financés ne sont pas amortissables, l'article 42 septies prévoit que la subvention est rapportée, par fractions égales, aux résultats des années pendant lesquelles les biens ne peuvent être aliénés. Si aucune clause d'inaliénabilité n'est stipulée, la subvention est rapportée par fractions égales sur dix ans.

1154 Il convient donc de s'interroger sur le devenir de ce mécanisme d'échelonnement en cas de fusion de sociétés.

En réalité, l'opération de fusion placée sous le régime de l'article 210 A revêt un caractère intercalaire au regard de l'échelonnement de l'imposition des subventions d'équipement. Pour les immobilisations non amortissables, la société bénéficiaire des apports doit ainsi poursuivre l'échelonnement sur la fin de la période de dix ans (ou de la durée de la clause d'inaliénabilité) restant à courir. Pour les immobilisations amortissables, la subvention est étalée sur la période d'amortissement définie par la société bénéficiaire des apports, sous réserve, toutefois, que la réglementation comptable autorise la société bénéficiaire des apports à définir une nouvelle durée d'amortissement.

1155 Ce régime, qui s'applique également en cas de scission ou d'apport partiel d'actif, est subordonné à l'exercice d'une option dans le traité de fusion (régime en vigueur pour les exercices ouverts à compter du 1er janvier 1995). Il semble même nécessaire de mentionner le montant de la subvention restant à réintégrer et la durée résiduelle de réintégration. L'option pourrait n'être pas exercée si la société absorbée souhaite par exemple procéder à l'imputation d'un report déficitaire. En principe, la société absorbée doit mentionner la durée résiduelle de réintégration de la subvention à la date d'apport. Naturellement, en cas de cession ultérieure du bien subventionné, la société bénéficiaire des apports rapportera au résultat de l'exercice de cession la fraction non encore imposée de la subvention.

Le cas des sociétés créées pour la reprise d'entreprises en difficultés

1156 Le dispositif adopté instaure une exonération temporaire d'impôt sur les sociétés en faveur des sociétés créées en vue de reprendre une entreprise industrielle en difficulté (CGI art. 44 septies).

En fonction de la situation de l'entreprise reprise, l'exonération prévue à l'article 44 septies s'applique de plein droit ou sur agrément ministériel. Cette exonération porte sur les bénéfices déclarés et réalisés jusqu'au terme du vingt-troisième mois suivant celui du rachat de l'entreprise en difficulté.

1157 Cette exonération n'est cependant pas définitivement acquise et est susceptible d'être remise en cause. Cette remise en cause se produira si, au cours des trois premières années d'exploitation, la société nouvelle :

– interrompt l'activité reprise ;

– est affectée par l'un des événements mentionnés au premier alinéa du 2 de l'article 221 du CGI parmi lesquels figurent les opérations de fusions ou d'apports en société.

Dans ce cas, l'impôt sur les sociétés dont la société a été dispensée devient immédiatement exigible ainsi que l'intérêt de retard prévu à l'article 1727 du CGI et décompté à partir de la date à laquelle l'impôt aurait du être acquitté (instr. 1er avril 2005 : BOI 4 H-1-05 et instr. 27 juillet 2005 : BOI 4 H-3-05).

On précisera toutefois que cette remise en cause ne s'applique pas aux opérations de dissolution-confusion (les « TUP ») selon la jurisprudence (CAA Lyon, 27 décembre 2007, n° 04-597 ; RJF 2008, n° 6, com. 648).

Les obligations de déclaration et de liquidation de l'impôt sur les sociétés à la charge de la société absorbée

1160 La détermination du résultat imposable au nom de la société absorbée au titre de la période qui précède la fusion s'accompagne d'obligations déclaratives et, le cas échéant, du paiement du solde de l'impôt. Ces obligations sont, en pratique, souvent restreintes compte tenu de la mise en jeu des clauses de rétroactivité.

Les obligations déclaratives

1161 Ces obligations sont strictement réglementées. Les déclarations déposées doivent permettre à l'administration d'opérer un contrôle global de l'opération de fusion ; en outre, la société absorbée disparaissant, il s'agit des dernières déclarations de résultat déposées par l'entreprise.

Les obligations en matière d'impôt sur les sociétés sont fixées par les articles 201 et 221 du CGI. Ces textes prévoient le dépôt de la déclaration de résultat et la déclaration de cessation d'activité dans un délai de soixante jours.

1162 Le délai de soixante jours commence à courir à compter de la première publication de l'opération de fusion dans un journal d'annonces légales. À défaut de dépôt de la déclaration dans les délais prescrits, la société absorbée encourt la taxation d'office. Celle-ci ne trouvera néanmoins à s'appliquer qu'à défaut de régularisation dans un délai de trente jours après réception d'une mise en demeure.

1163 Pour en terminer avec les obligations déclaratives à la charge de la société absorbée, il convient d'évoquer l'obligation de souscrire l'état des plus-values en sursis d'imposition. Pour la société absorbée naturellement, cet état ne sera produit qu'au titre de l'exercice de fusion et accompagnera la déclaration de cessation d'activité. Le contenu de cet état sera examiné à l'occasion des obligations déclaratives de la société absorbante (voir infra, n°s 1254 et s.). On précisera par ailleurs que le fait que la fusion soit réalisée en valeurs comptables n'est pas de nature à dispenser la société absorbée de souscrire cet état.

1164 La souscription de cet état par la société absorbée revêt au demeurant un intérêt non négligeable lorsque la société absorbée va transférer, à l'occasion de la fusion, des éléments qui avaient été apportés à la société absorbée à l'occasion d'une précédente opération de restructuration (une fusion par exemple). Ces apports ayant potentiellement, à la date à laquelle ils ont été réalisés, fait naître des plus-values en sursis d'imposition, il est nécessaire de connaître la valeur d'origine des biens, la valeur « historique » de ces biens pourrait-on dire, pour permettre à la société absorbante de calculer la plus-value ou moins-value ultérieure de cession.

Le paiement du solde de l'impôt sur les sociétés

1165 Si la société absorbée doit acquitter un solde d'impôt sur les sociétés, ce solde devra être versé à l'expiration du délai de déclaration de soixante jours. La majoration pour paiement tardif ne trouvera toutefois à s'appliquer qu'à défaut de paiement avant le 15 du mois qui suit la date d'expiration du délai de déclaration.

1166 Pour acquitter le solde de l'impôt sur les sociétés, la société absorbée prendra naturellement en considération les acomptes qui ont été versés préalablement. Il convient en effet de rappeler que la société absorbée doit acquitter les acomptes d'impôt sur les sociétés dans les conditions habituelles et aux échéances normales jusqu'à la date de réalisation définitive de l'opération même si, conventionnellement, les parties ont conféré à l'opération un effet rétroactif. La société absorbée peut néanmoins, mais sous sa responsabilité, limiter le montant des acomptes en application des dispositions de l'article 1668-4 bis du CGI. Si toutefois le montant des acomptes versés excède le montant de l'impôt sur les sociétés dont la société absorbée est redevable au titre de la période allant de la date d'ouverture de l'exercice à la date d'effet convenue entre les parties, l'excédent est transmis à la société absorbante. Selon l'administration, l'excédent transmis doit être « diminué du montant des moyens de paiement qui, bien que régulièrement utilisés par la société absorbée ne peuvent être transmis par la société absorbée ou qui ont été remboursés immédiatement. Cet excédent peut être pris en compte par la société absorbante pour la détermination du solde de liquidation de l'impôt sur les sociétés dû au titre de l'exercice de fusion » (instr. 3 août 2000 : BOI 4 I-2-00 § 125).

En principe, si la fusion a été conclue avec effet rétroactif, cela signifie que les résultats de la société absorbée, au titre de l'exercice de fusion, seront imposés entre les mains de la société absorbante. Il est donc peu probable, en pratique, que la société absorbée soit redevable d'un complément d'IS à l'occasion du dépôt de la déclaration de cessation d'activité.

Pour la société absorbante, l'opération de fusion n'a aucune incidence sur les modalités de calcul des acomptes d'impôt sur les sociétés. Ceux-ci continuent d'être calculés d'après les résultats du dernier exercice clos. La société absorbante peut également prendre en compte l'excédent transmis par la socété absorbée pour réduire le montant des acomptes dus au titre de l'exercice de fusion, conformément aux dispositions de l'article 1668-4 bis du CGI. Dans l'hypothèse où la fusion est réalisée par création de société nouvelle, la société issue de la fusion bénéficie de la dispense de versement des acomptes accordée aux entreprises nouvelles (CGI art. 1668-1).

Le sort de l'IFA

1167 L'IFA est due par les sociétés passibles de l'impôt sur les sociétés qui existent au 1er janvier l'année d'imposition (CGI art. 223 septies). L'IFA est déterminée en fonction du chiffre d'affaires du dernier exercice clos avant le 1er janvier de l'année d'exigibilité de l'imposition. En principe, l'IFA doit être acquittée spontanément avant le 15 mars de l'année d'imposition.

En matière de fusion de sociétés, les règles d'exigibilité de l'IFA peuvent être influencées par l'existence d'une clause de rétroactivité dans le projet. Si la clause de rétroactivité aboutit à fixer la date d'effet de la fusion au 1er janvier de l'année d'imposition voire à une date antérieure, l'administration admet dans ce cas de figure que l'IFA n'est pas due par la société absorbée (instr. 3 août 2000 : BOI 4 I-2-00). Si l'IFA a néanmoins déjà été acquittée, elle peut être restituée à la société bénéficiaire des apports. La restitution ne pourra s'effectuer que sur la base d'une réclamation. À l'inverse, si la date de rétroactivité est postérieure au 1er janvier, l'IFA est due par la société absorbée et constitue une charge déductible pour la détermination du dernier résultat imposable ou non de la société absorbée.

La société absorbante doit, de son côté, tirer les conséquences de l'existence d'une clause de rétroactivité pour la détermination du chiffre d'affaires à retenir pour l'application du barème de l'IFA. Elle doit notamment prendre en considération le chiffre d'affaires réalisé au titre des activités reçues à compter de la date d'effet de l'opération d'apport.

L'ensemble de ce dispositif s'applique également aux opérations de scission de société mais en aucun cas aux opérations d'apport partiel d'actif. En matière de scission de société, il en résulte que le transfert ou la restitution de l'IFA acquittée par la société scindée s'effectue au profit de l'une des sociétés bénéficiaires des apports, selon la volonté des parties.

Les répercussions comptables de la fusion chez l'absorbée

1168 La société absorbée étant appelée à disparaître, il faut comptablement tirer les conséquences de la transmission du patrimoine à la société absorbante. Ces opérations obéissent à un schéma général de comptabilisation en quatre grandes étapes. Néanmoins, la définition de la méthode de valorisation des apports et le choix du régime fiscal sous lequel est placée l'opération influencent le traitement comptable de la fusion chez la société absorbée.

1169 Le schéma général de comptabilisation s'opère en quatre temps :

1re étape	Il convient de constater la sortie des différents éléments de l'actif et du passif de la société absorbée ainsi que leur transmission à la société absorbante pour leur valeur d'apport.
	La transmission à la société absorbante permet de constater une créance sur la société absorbante, généralement enregistrée au compte 46.
	Selon la méthode de valorisation des apports, la transmission des éléments d'actif et de passif pourra faire apparaître des plus-values ou moins-values. Celles-ci pourront être portées dans des comptes de charges et de produits exceptionnels, voire dans un compte enregistrant le résultat de fusion. On pourra également utiliser des comptes de charges et de produits exceptionnels dont le solde, au terme des opérations de fusion chez l'absorbée, fera ressortir le résultat de fusion (sur cette question, voir notamment : Mémento comptable F. Lefebvre, §§ 4501 et s.).
2e étape	La société absorbée reçoit en échange des titres de la société absorbante. Le compte 46 est soldé, la contrepartie étant l'inscription au débit du compte 26 – Titres de participation.
3e étape	La société absorbée disparaît. Il convient de constater les droits des associés et le transfert en leur faveur des capitaux propres de la société appelée à disparaître.
4e étape	La société absorbée s'acquitte de sa dette envers ses actionnaires en leur attribuant les titres de la société absorbante qui avaient été reçus en contrepartie des apports. Les comptes de la société absorbée sont alors définitivement soldés.

1170 Ce schéma de comptabilisation entraîne néanmoins quelques différences de traitement selon que la fusion est réalisée en valeurs comptables ou en valeurs réelles.

Si la fusion est réalisée en valeurs comptables (et en l'absence de liens de participations entre société absorbée et société absorbante préalables à la fusion) :

1re étape	46. Société absorbante	x	
	280. Amortissement des immobilisations incorporelles	x	
	28. Amortissement des immobilisations corporelles	x	
	15. Provisions	x	
	16. Emprunts	x	
	4. Dettes	x	
	201 Frais d'établissement		x
	21. Immobilisations corporelles		x
	3. Stocks		x
	4. Créances		x
	5. Disponibilités		x

2e étape	26. Titres société absorbante	x	
	46. Société absorbante		x

3e étape	101. Capital	x	
	106. Réserves	x	
	45. Actionnaires, capital à rembourser		x

4e étape	45. Actionnaires, capital à rembourser	x	
	26. Titres société absorbante		x

Si la fusion est réalisée en valeurs réelles (et toujours en l'absence de liens de participations entre société absorbée et société absorbante préalables à la fusion) :

1re étape	46. Société absorbante	x	
	280. Amortissement des immobilisations incorporelles	x	
	28. Amortissement des immobilisations corporelles	x	
	15. Provisions	x	
	16. Emprunts	x	
	4. Dettes	x	
	675. Valeur comptable des éléments d'actif cédés		
	678. Autres charges exceptionnelles	x	
	201. Frais d'établissement		x
	21. Immobilisations corporelles		x
	3. Stocks		x
	4. Créances		x
	5. Disponibilités		x
	775. Produits de cession des éléments d'actif		x
	778. Autres produits exceptionnels		x
	Remarque : Le recours aux comptes d'autres charges/Produits exceptionnels s'explique par la nécessité de prendre en compte les plus-values ou moins-values constatées sur la sortie des éléments d'e l'actif immobilisé. Par ailleurs, dans le cadre des fusions faites en valeur réelle, il y aura lieu de constater le cas échéant les provisions pour retraites, les provisions pour impôt (impôt différé actif) et éventuellement la différence entre la valeur globale de la société absorbée et la somme individuelle des éléments apportés à enregistrer chez la société absorbante comme un élément du fonds commercial.		

2e étape	26. Titres société absorbante	x	
	46. Société absorbante		x

3e étape	101. Capital	x	
	106. Réserves	x	
	12. Résultat de fusion	x	
	45. Actionnaires, capital à rembourser		x

4e étape	45. Actionnaires, capital à rembourser	x	
	26. Titres société absorbante		x

1171 Dans le cadre des fusions réalisées en valeurs réelles, l'opération va faire apparaître des plus-values d'apport sur les éléments de l'actif immobilisé, voire éventuellement des gains sur des éléments de l'actif circulant. Dans ce cas de figure, se pose la question de la constatation chez la société absorbée d'une provision pour impôt. La constatation de cette provision est obligatoire dans la mesure où la réglementation comptable impose de constater les impôts différés dans le traité de fusion. En pratique, il semble préférable d'avoir constaté au préalable cette provision dans les écritures de la société absorbée.

1172 Dans l'hypothèse où la fusion est conclue avec un effet rétroactif, il convient de s'interroger sur les répercussions comptables pour la société absorbée de cette clause de rétroactivité. En réalité, le traitement préconisé est assez logique. En premier lieu, la société absorbée enregistre les opérations de manière habituelle jusqu'à la réalisation de la fusion. Ensuite, elle procède à l'enregistrement des opérations de fusion selon les schémas généraux évoqués ci-dessus. Enfin, pour tenir compte de la rétroactivité, la société absorbée doit établir une balance des mouvements de la période intercalaire, balance qui sera reprise par la société absorbante. Les comptes qui ont été mouvementés par ces opérations de la période intercalaire doivent ensuite être soldés. On rappelle également que les opérations réciproques doivent être neutralisées.

La situation de la société absorbante (ou bénéficiaire de l'apport)

1173 Il convient d'avoir présent à l'esprit les incidences essentielles de l'opération de fusion sur la situation de la société absorbante.

Globalement, la société absorbante va recevoir les éléments actifs et passifs de la société absorbée, l'actif net apporté étant rémunéré par des actions de la société absorbante. Ces actions sont émises à l'occasion de l'augmentation de capital provoquée par la fusion. Il s'agit-là d'un schéma général. Certaines absorptions ne donnent pas lieu en effet à augmentation de capital.

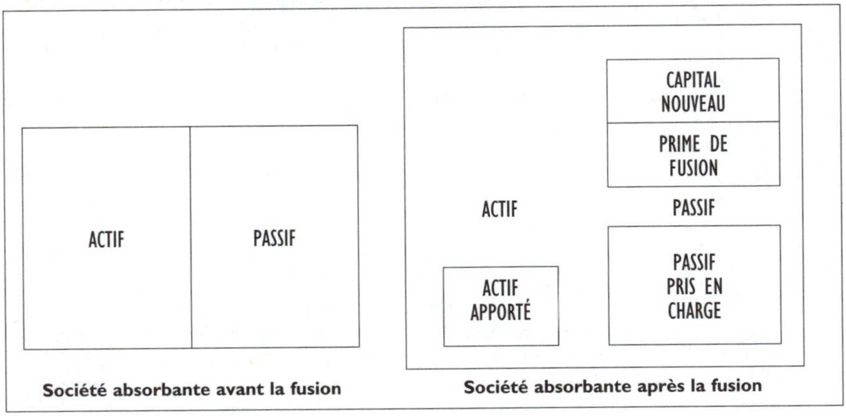

1174 Au plan fiscal, le fait de placer l'opération sous le régime spécial des fusions emporte de larges conséquences au niveau de la société absorbante ou bénéficiaire des apports. On peut même avancer que l'essentiel des effets fiscaux de la fusion se produisent chez la société absorbante.

1175 Les conséquences fiscales au niveau de la société absorbante sont décrites par l'article 210 A du CGI qui énumère avec précision les engagements ou les obligations mises à la charge de la société absorbante. Mais, en contrepartie, la société absorbante bénéficie également de certains droits dans le cadre de l'opération de fusion.

Les engagements ou obligations de la société absorbante

1176 La société absorbante a essentiellement six séries d'obligations dont cinq sont énumérées par l'article 210 A-3 du CGI.

Ces différentes obligations seront examinées successivement.

L'article 210 A-3 du CGI

3. L'application de ces dispositions est subordonnée à la condition que la société absorbante s'engage, dans l'acte de fusion, à respecter les prescriptions suivantes.

a. Elle doit reprendre à son passif :
– d'une part, les provisions dont l'imposition est différée ;
– d'autre part, la réserve spéciale où la société absorbée a porté les plus-values à long terme soumises antérieurement au taux réduit de 10 %, de 15 %, de 18 %, de 19 % ou de 25 % ainsi que la réserve où ont été portées les provisions pour fluctuation des cours en application du sixième alinéa du 5° du I de l'article 39.

b. Elle doit se substituer à la société absorbée pour la réintégration des résultats dont la prise en compte avait été différée pour l'imposition de cette dernière.

c. Elle doit calculer les plus-values réalisées ultérieurement à l'occasion de la cession des immobilisations non amortissables qui lui sont apportées d'après la valeur qu'elles avaient, du point de vue fiscal, dans les écritures de la société absorbée.

d. Elle doit réintégrer dans ses bénéfices imposables les plus-values dégagées lors de l'apport des biens amortissables. La réintégration des plus-values est effectuée par parts égales sur une période de quinze ans pour les constructions et les droits qui se rapportent à des constructions ainsi que pour les plantations et les agencements et aménagements des terrains amortissables sur une période au moins égale à cette durée ; dans les autres cas, la réintégration s'effectue par parts égales sur une période de cinq ans. Lorsque le total des plus-values nettes sur les constructions, les plantations et les agencements et aménagements des terrains excède 90 % de la plus-value nette globale sur éléments amortissables, la réintégration des plus-values afférentes aux constructions, aux plantations et aux agencements et aménagements des terrains est effectuée par parts égales sur une période égale à la durée moyenne pondérée d'amortissement de ces biens. Toutefois, la cession d'un bien amortissable entraîne l'imposition immédiate de la fraction de la plus-value afférente à ce bien qui n'a pas encore été réintégrée. En contrepartie, les amortissements et les plus-values ultérieurs afférents aux éléments amortissables sont calculés d'après la valeur qui leur a été attribuée lors de l'apport (l'extension de ces dispositions aux plantations et aux agencements et aménagements de terrains s'applique pour l'imposition des résultats des exercices ouverts à compter du 1er janvier 1995).

e. Elle doit inscrire à son bilan les éléments autres que les immobilisations pour la valeur qu'ils avaient, du point de vue fiscal, dans les écritures de la société absorbée. À défaut, elle doit comprendre dans ses résultats de l'exercice au cours duquel intervient l'opération le profit correspondant à la différence entre la nouvelle valeur de ces éléments et la valeur qu'ils avaient, du point de vue fiscal, dans les écritures de la société absorbée.

L'obligation de reprendre certains éléments au passif du bilan

1177 L'obligation de reprendre certains éléments au passif du bilan porte essentiellement sur certaines catégories de provisions, la réserve spéciale de plus-values à long terme, mais aussi quelques éléments plus spécifiques.

L'obligation de reprendre certaines provisions

1178 Il convient d'envisager distinctement le régime applicable aux dépréciations, aux provisions pour risques et charges et aux provisions réglementées.

• *Régime applicable aux dépréciations*

1179 Le régime applicable aux provisions pour dépréciation qui ont été constituées par la société absorbée mérite d'être envisagé avec prudence compte tenu des dispositions comptables en vigueur. Lorsque la fusion est opérée sur la base des valeurs réelles, c'est-à-dire entre entités sous contrôle distinct, le principe est que la société absorbante ne devrait pas avoir à reconstituer de provisions pour dépréciation, à son bilan. En effet, si des éléments transférés de la société absorbée à la société absorbante ont une valeur, à la date de la fusion, inférieure à la valeur pour laquelle ces biens avaient été acquis par la société absorbée, les valeurs d'apport doivent normalement prendre en compte cette dépréciation. Aussi, les biens seront enregistrés chez la société absorbante, pour une valeur d'entrée qui tiendra compte de la dépréciation enregistrée chez l'absorbée. Avec des apports à la valeur réelle, la question de la reconstitution des dépréciations perd, en principe, sa raison d'être.

1180 En revanche, si la fusion est opérée à la valeur comptable, l'administration exige, dans le cadre du régime de faveur des fusions, la reprise des écritures de la société absorbée, c'est-à-dire la valeur d'origine, d'une part (valeur d'entrée ou valeur brute si l'on préfère), et les dépréciations déjà constituées, d'autre part. La société absorbante devra donc faire apparaître distinctement en comptabilité la valeur d'origine de l'élément apporté ainsi que le montant de la dépréciation qui avait été constatée par la société absorbée. En pratique, cela signifie que le traité d'apport doit faire apparaître de manière séparée les valeurs d'origine ainsi que les amortissements et dépréciations se rapportant aux bien compris dans l'apport.

1181 Par ailleurs, il convient de s'interroger sur le régime fiscal applicable aux dépréciations qui seraient constatées, postérieurement à la fusion, par la société absorbante. En effet, l'article 39-1-5° du CGI dispose que les provisions constituées en vue de faire face à la dépréciation d'éléments d'actif non amortissables, reçus lors des opérations placées sous un régime de sursis d'imposition, sont déterminées par rapport à la valeur fiscale des actifs reçus.

1182 Le raisonnement consiste en réalité à tirer toutes les conséquences du caractère intercalaire de l'opération de fusion au plan fiscal à l'égard des éléments d'actif non amortissables y compris au regard de la déductibilité de la dépréciation constatée postérieurement à l'opération de fusion. Dans la mesure où le caractère intercalaire commande de faire abstraction de la valeur des biens à la date de la fusion et de ne se référer qu'à la valeur fiscale (valeur « historique » pourrait-on dire) du bien, la déductibilité fiscale d'une éventuelle dépréciation doit également s'apprécier par rapport à cette valeur fiscale.

1183 En pratique, cependant, c'est en fonction de la valeur comptable du bien chez la société absorbante ou bénéficiaire que va s'apprécier à la date d'inventaire la nécessité de pratiquer ou non une dépréciation. La valeur comptable du bien ne coïncidant pas nécessairement avec la valeur fiscale du bien, il pourra en résulter un retraitement extracomptable de la dépréciation.

1184 Si la fusion est faite en valeurs réelles, la dépréciation comptable va s'apprécier en fonction de la référence à la valeur d'apport du bien à la société absorbante. Or, au plan fiscal, il y aura lieu d'opérer un retraitement extra-comptable dans la mesure où la valeur de référence, pour les éléments non amortissables, n'est pas la valeur d'apport mais la valeur fiscale du bien chez la société absorbée.

EXEMPLES

La dépréciation des éléments non amortissables chez l'absorbante

❶ Un terrain est inscrit pour une valeur de 500 000 au bilan d'une société B. Cette société est absorbée et la valeur d'apport est estimée à 400 000. L'exercice suivant, la valeur du terrain est estimée à 350 000. La dépréciation de 50 000, constituée en comptabilité, est déductible intégralement au plan fiscal.

❷ Un terrain a une valeur comptable de 100 000 dans les écritures de la société A. Cette société est absorbée et la valeur d'apport est estimée à 120 000. À la clôture de l'exercice suivant, la valeur du terrain est estimée à 95 000. Comptablement, la société va constater une dépréciation de 120 000 - 95 000 = 25 000. Fiscalement, la déductibilité devra s'apprécier par rapport à la valeur fiscale du bien, soit 100 000. La dépréciation ne sera déductible qu'à hauteur de 5 000. L'excédent devra être réintégré extracomptablement sur l'état 2058. Naturellement, lorsque la dépréciation deviendra sans objet, la fraction de la dépréciation qui n'avait pas été admise en déduction lors de la dépréciation n'est pas comprise dans le résultat fiscal de l'exercice de reprise.

1185 Si la fusion est faite en valeurs comptables, la dépréciation ultérieure du bien chez la société absorbante, qui devra être constatée en comptabilité, sera déterminée en fonction de la valeur d'apport qui sera au cas d'espèce la valeur comptable qu'avait le bien chez la société. En revanche, la dépréciation fiscale ne coïncide pas nécessairement. La dépréciation fiscale sera en effet déterminée par référence à la valeur fiscale qu'avait le bien dans les écritures de la société absorbée, compte tenu de l'incidence du sursis d'imposition. Or, dans le cas le plus simple, cette valeur fiscale va coïncider avec la valeur comptable, mais, si le bien concerné avait été lui-même reçu par voie d'apport dans le cadre d'une opération de restructuration antérieure, la valeur fiscale du bien ne coïncidera pas avec sa valeur comptable.

Si, au cours d'une vérification de comptabilité, l'administration constate que ces règles n'ont pas été respectées, la fraction non déductible de la dépréciation est rapportée aux résultats de l'exercice de constatation de la dépréciation ou, le cas échéant, aux résultats du plus ancien des exercices soumis à vérification. L'article 39-1-5° devrait *a priori* trouver à s'appliquer essentiellement dans le cadre de fusion sur la base des valeurs réelles.

• *Régime applicable aux provisions pour risques et charges*

1186 Dans la mesure où la société absorbante est la société continuatrice de l'absorbée, c'est elle qui devra assurer la charge ou les risques nés préalablement à l'opération de fusion chez l'absorbée.

Si de telles provisions ne sont pas devenues sans objet après l'opération de fusion, il est légitime que la société absorbante les reprenne à son bilan. Pratiquement, cette reprise va s'opérer comme la reprise des autres éléments de passif qui sont transmis à la société absorbante.

On précisera que l'obligation qui pèse sur la société absorbante de reprendre à son bilan les provisions constituées par l'absorbée et dont l'imposition a été différée ne fait pas obstacle à la reprise de provisions non déductibles par nature et qui ont été régulièrement réintégrées dans les revenus de la société absorbée (instr. 11 août 1993 : BOI, 4 I-1-93, § 53 ; doc. adm. 4 I 1242, § 22).

Ces provisions, ainsi reconstituées comptablement chez l'absorbante, devront être neutralisées fiscalement lorsque, devenues sans objet, elles seront reprises.

• *Régime applicable aux provisions réglementées*

1187 La société absorbante doit reprendre au passif de son bilan les provisions réglementées qui avaient été constituées par la société absorbée. Cette reprise se fera par prélèvement sur la prime de fusion.

Écriture de reconstitution des provisions réglementées				
1042		Prime de fusion	xx	
	1431	Provision pour hausse des prix		xx

1188 Cette obligation de reprise des provisions réglementées porte sur la plupart des provisions réglementées et en particulier sur la provision pour hausse des prix. Une telle reprise ne doit pas être négligée dans la mesure où ces provisions ont été constituées en franchise d'impôt et non rapportées au résultat chez l'absorbée lors de la fusion. Ne pas les reprendre aboutirait à les faire échapper à l'impôt alors que pour certaines d'entre elles, et notamment la provision pour hausse des prix, la dette fiscale qui leur est attachée est certaine.

1189 Précisément, la certitude de la charge fiscale attachée à certaines provisions réglementées a pu justifier la constitution d'une provision pour impôt chez l'absorbée dans les écritures d'apport, provision qui sera inscrite au bilan de l'absorbante. Cette provision pour impôt est parfois utilisée pour reconstituer la provision réglementée (en particulier la provision pour hausse de prix) en même temps que le prélèvement sur la prime de fusion.

LA DIFFICULTÉ : L'IMPOSSIBILITÉ DE REPRENDRE LES PROVISIONS EN CAS D'INSUFFISANCE DE LA PRIME DE FUSION

Le principe est clairement exprimé. La reconstitution des provisions réglementées doit s'opérer par prélèvement sur la prime de fusion. Le passage de la théorie à la pratique peut, toutefois, s'avérer difficile, voire impossible, en cas d'insuffisance, voire même d'absence de prime de fusion.

Pour la reconstitution d'autres éléments du passif, l'administration a eu l'occasion de préciser les méthodes qu'il convenait d'appliquer pour pallier l'insuffisance ou l'absence de la prime de fusion. En revanche, elle est restée muette en matière de provisions réglementées.

La doctrine comptable s'est peu exprimée sur ce sujet, il est vrai très particulier. Les auteurs renvoient la plupart du temps au régime en vigueur pour la reconstitution de la réserve spéciale de plus-values à long terme *(voir § 1189)*.

La solution n'est que peu satisfaisante en vérité. Elle est acceptable tant qu'il s'agit d'imputer sur les réserves capitalisées de l'absorbée ou sur les réserves de l'absorbante. Mais, en l'absence de réserves, il est impossible de transposer aux provisions réglementées la solution qui existe en matière de réserve spéciale des plus-values à long terme et qui laisse la possibilité aux entreprises de reconstituer la réserve spéciale dans un délai de deux ans.

Dans une telle situation, il semble qu'il faille s'orienter vers la constatation d'un report à nouveau débiteur, seul moyen permettant de reconstituer les provisions réglementées.

Sur cette question : J.-P. Lagarrigue, « Droit comptable des fusions », éd. Litec, 1986.

1190 Lorsqu'une provision pour hausse des prix est constituée, elle l'est en principe pour une période de six ans, ou plus, si la durée de rotation des stocks est supérieure à trois ans.

À l'issue de cette période, la provision est rapportée aux résultats. Ainsi, une provision constituée à la clôture de l'exercice N doit être rapportée aux résultats de l'exercice N + 6.

1191 Dans l'hypothèse où la société est absorbée au cours de cette période, l'absorption et la reprise de la provision par la société absorbante n'ont pas pour effet de faire courir un nouveau délai de six ans. La société absorbante se substitue simplement à la société absorbée.

Par voie de conséquence, la société absorbante doit rapporter « la provision constituée par la société absorbée aux résultats de son propre exercice en cours à la fin de la sixième année suivant la date de clôture de l'exercice de constitution de la provision par la société absorbée » (rép. Noir, JO 17 octobre 1983, AN p. 4541, Droit fiscal 1983, n° 52, com. 2412).

1192 Peu importe à cet égard l'existence de différences dans les dates de clôture des exercices. Ainsi, une société constitue une provision pour hausse des prix à la clôture de son exercice le 30 septembre N. La société est absorbée en N + 3 par une société qui arrête ses comptes au 31 décembre. La provision constituée le 30 septembre N sera ainsi rapportée aux résultats de l'exercice clos le 31 décembre N + 6.

Le cas particulier des amortissements dérogatoires

Parmi les provisions réglementées qui sont à reprendre par la société absorbante, le traitement des amortissements dérogatoires (compte 145) mérite une attention particulière.

En effet, les amortissements dérogatoires sont ni plus ni moins des amortissements fiscaux en excédent par rapport aux amortissements économiques retenus par l'entreprise en comptabilité.

Mais ces amortissements fiscaux ont été fiscalement déduits par la société absorbée, l'année de leur constatation en comptabilité. En conséquence, pour une fusion faite sur la base des valeurs réelles, ces amortissements sont rentrés en ligne de compte dans le calcul des plus-values d'apport. Comptablement, la société absorbée a dû en principe effectuer lors de la fusion une reprise sur amortissements dérogatoires dans des conditions tout à fait identiques à celles qui s'appliquent en cas de cession d'un bien.

Pour cette raison, la société absorbante n'a pas à effectuer de reprise des amortissements dérogatoires de l'absorbée par prélèvement sur la prime de fusion.

Toutefois, dans le cadre des fusions opérées sur la base des valeurs comptables, la logique du raisonnement de l'administration fiscale veut que la société absorbante puisse, là aussi, être la continuatrice de la société absorbée. La société absorbante reconstitue la provision pour amortissements dérogatoires et la rapporte au résultat, comme la société absorbée aurait eu à le faire en l'absence de fusion. Cette solution avait été admise par le comité de la mission d'organisation administrative du 31 janvier 1994. Elle a été confirmée par l'administration dans son instruction du 30 décembre 2005. Selon l'administration, « le produit lié à la reprise chez l'absorbée d'une provision pour amortissements dérogatoires peut être déduit extra-comptablement, en cas de fusion aux valeurs comptables placée sous le régime de l'article 210 A, lorsque, reconstitués chez l'absorbante, ces amortissements sont réintégrés dans l'assiette imposable dans les mêmes conditions que l'aurait fait la société absorbée » (instr. 30 décembre 2005, BOI 4 I-1-05, n° 14).

L'obligation de reprendre la réserve spéciale de plus-values à long terme

1193 L'obligation pour la société absorbante de reprendre au passif de son bilan la réserve spéciale de plus-values à long terme est expressément contenue dans

l'article 210 A 3 du CGI. Selon l'administration, l'obligation mise ainsi à la charge de la société absorbante permet de s'assurer que les plus-values imposées à taux réduit demeurent investies dans l'entreprise absorbante qui est la continuatrice de la société absorbée (doc. adm. 4 I 1242). **L'obligation de reprise a été commentée par l'administration fiscale du 3 août 2000** (BOI 4-2-00, *§§ 116 et s.*). **Cette obligation porte sur la réserve spéciale des plus-values à long terme qui figure au passif du bilan de la société absorbée avant la fusion.**

NOTE : La société absorbante a par ailleurs été, jusqu'en 2004, tenue d'inscrire à un compte de réserve spéciale les plus-values nettes à long terme réalisées par la société absorbée, qui étaient en instance d'affectation à la réserve à la date d'effet de la fusion (instr. 25 octobre 2002, BOI, 4 I-2-02 n°s 128 et 129. Voir également CAA Lyon 2e ch, n° 98-79, 23 décembre 1998 : RJF 1999, n° 5, com. 530 ; CE 23 novembre 2001, n° 205001, 9e et 10e s. sect. ; RJF 2002, n° 2, com. 138).

cerfa N° 10182 * 17 (15)
formulaire obligatoire (article 53A du Code général des impôts)

RÉSERVE SPÉCIALE DES PLUS-VALUES À LONG TERME
RÉSERVE SPÉCIALE DES PROVISIONS POUR FLUCTUATION DES COURS
(personnes morales soumises à l'impôt sur les sociétés seulement)*

DGFiP N° 2059-D 2012
@internet-DGFiP

Désignation de l'entreprise : .... Néant ☐ *

I SITUATION DU COMPTE AFFECTÉ A L'ENREGISTREMENT DE LA RÉSERVE SPÉCIALE POUR L'EXERCICE N

		Sous-comptes de la réserve spéciale des plus-values à long terme				
		taxées à 10 %	taxées à 15 %	taxées à 18 %	taxées à 19 %	taxées à 25 %
Montant de la réserve spéciale à la clôture de l'exercice précédent (N – 1)	1					
Réserves figurant au bilan des sociétés absorbées au cours de l'exercice	2					
TOTAL (lignes 1 et 2)	3					
Prélèvements opérés - donnant lieu à complément d'impôt sur les sociétés	4					
Prélèvements opérés - ne donnant pas lieu à complément d'impôt sur les sociétés	5					
TOTAL (lignes 4 et 5)	6					
Montant de la réserve spéciale à la clôture de l'exercice (ligne 3 – ligne 6)	7					

II RÉSERVE SPÉCIALE DES PROVISIONS POUR FLUCTUATION DES COURS* (5°, 6°, 7° alinéas de l'art. 39-1-5° du CGI)

montant de la réserve à l'ouverture de l'exercice ①	réserve figurant au bilan des sociétés absorbées au cours de l'année ②	montants prélevés sur la réserve		montant de la réserve à la clôture de l'exercice ⑤
		donnant lieu à complément d'impôt ③	ne donnant pas lieu à complément d'impôt ④	

* Des explications concernant cette rubrique sont données dans la notice n° 2032.

1194 **Dans les faits, cette obligation a aujourd'hui une portée résiduelle. En effet, les sociétés ont été, en principe, dans l'obligation de transférer les sommes figurant à un compte de réserve spéciale à un compte de réserve ordinaire avant le 31 décembre 2006, ce transfert s'effectuant moyennant un prélèvement libératoire de 2,5 %. Seules les entreprises dont la réserve atteignait ou dépassait 200 millions d'euros ont été autorisées à maintenir dans un compte de réserve spéciale les sommes (ou une partie des sommes) dépassant ce seuil de 200 millions d'euros.**

1195 **Lorsque la réserve doit être reconstituée chez la société absorbante, elle ne peut être reconstituée que par prélèvement sur la prime de fusion.**

Il n'en reste pas moins que le prélèvement sur la prime de fusion peut se heurter à l'insuffisance de cette prime. En effet, si le montant de la prime de fusion est insuffisant, la société absorbante ne pourra pas reconstituer le montant de la réserve spéciale au passif de son bilan.

1196 Dans une telle hypothèse, l'administration fiscale a préconisé un mode d'imputation. Selon elle (doc. adm. 4 I 1242, § 34) :

– il convient d'imputer en priorité sur la prime de fusion ;

– et en cas d'insuffisance, l'excédent est imputé sur les réserves de la société absorbée incorporées au capital de la société absorbante. L'imputation en question peut ne s'accompagner d'aucune écriture comptable. En effet, s'agissant de réserves qui ont été incorporées au capital, elles sont libérées de l'impôt (CGI art. 209 quater-3b). Une simple mention au bilan relative à la prime de fusion peut le cas échéant suffire ;

– en cas d'insuffisance, sur les bénéfices et réserves ordinaires de la société absorbante, y compris sur la réserve légale.

1197 Dans l'hypothèse où toutes ces possibilités d'imputation n'ont pas permis la reconstitution de la réserve spéciale, l'entreprise peut avoir recours à la création d'un report à nouveau débiteur. Cette dotation doit intervenir dès la clôture de l'exercice de réalisation de la fusion. Cette solution est issue d'une jurisprudence du Conseil d'État du 5 février 2001 à laquelle l'administration s'est ralliée en rapportant sa doctrine antérieure (CE 5 février 2001, req. 211266 : RJF 2001, n° 4, com. 447. Sur cette question, voir : instr. BOI 4 I-2-02 du 25 octobre 2002, §§ 172 et s.)

1198 Pour la mise en œuvre de ces dispositions, il convient toutefois de tenir compte du cas dans lequel la société absorbante détient une participation dans le capital de la société absorbée préalablement à l'opération de fusion. Dans cette hypothèse en effet, il y a lieu d'appliquer les règles de la fusion-renonciation selon lesquelles l'augmentation de capital est limitée à la rémunération des associés autres que ceux de l'absorbante. La réserve spéciale des plus-values à long terme ne peut dans ce cas de figure être considérée comme reprise qu'à concurrence de la différence positive entre, d'une part, le total du capital nouveau créé par la société absorbante plus la prime de fusion comptabilisée et, d'autre part, le capital de la société absorbée. Le montant de la réserve spéciale qui excède cette différence doit être reconstitué par prélèvement sur les bénéfices et réserves propres de la société absorbante.

Ces dispositions s'appliquent dans le cadre du régime spécial des fusions. Dans l'hypothèse où l'opération de fusion relève du régime de droit commun, la société absorbée est, du point de vue fiscal, dans la même situation qu'une société dissoute. Par voie de conséquence, la réserve spéciale des plus-values à long terme n'a pas à être reconstituée chez la société absorbante.

Le traitement de la réserve spéciale pour fluctuation des cours

1199 Certaines entreprises ont eu la possibilité jusqu'au 31 décembre 1997 de constituer à la clôture de leur exercice des provisions pour fluctuation des cours. Ces provisions, régies par les dispositions de l'article 39-1-5°, 2e alinéa, du CGI, sont pour l'essentiel réservées aux entreprises dont l'activité consiste à transformer directement des matières acquises sur les marchés internationaux ou des matières premières acquises sur le territoire national et dont les prix sont étroitement liés aux variations des cours internationaux (CGI art. 39-1-5°, 2e al.).

1200 L'article 6 de la loi de finances pour 1998 a supprimé le régime de la provision pour fluctuation des cours pour la détermination des résultats des exercices clos à compter du 31 décembre 1997. En principe, les provisions pour fluctuation des cours inscrites au bilan à l'ouverture du premier exercice clos à compter de cette même date sont rapportées par fractions égales aux résultats imposables de ce même exercice et des deux exercices suivants. Il n'en va autrement que pour le montant des provisions pour fluctuation des cours que la société a décidé de porter à un compte de réserve spéciale, dans la limite de 60 millions de francs. Les sommes portées à cette réserve sont rapportées aux résultats de l'exercice en cours lors du prélèvement sur la réserve.

L'instauration de cette réserve conduit à s'interroger sur son sort dans le cadre d'une opération de fusion. En réalité, la nouvelle rédaction de l'article 210 A 3 a du CGI prévoit explicitement que la société absorbante est tenue de reprendre à son bilan la réserve spéciale pour fluctuation des cours que la société absorbée a constituée. Au plan pratique, et par analogie avec les règles applicables pour la reconstitution de la réserve spéciale des plus-values à long terme, la reconstitution de la réserve spéciale pour fluctuation des cours devrait s'opérer par prélèvement sur la prime de fusion. On notera par parenthèse que compte tenu du montant de la prime de fusion, il pourra y avoir, le cas échéant, « concurrence » entre les réserves spéciales à reconstituer. Même si le texte ne le dit pas explicitement, il semble que la reconstitution de la réserve spéciale pour fluctuation des cours s'opère après reconstitution de la réserve spéciale des plus-values à long terme (en se sens : P. Oudenot, « Fiscalité approfondie des sociétés », Litec, § 1621 ; voir également, instr. 2 avril 1998, BOI 4 E-2-98).

1201 Si la prime de fusion est insuffisante, le reliquat de réserve à reconstituer peut être imputé sur les réserves qui ont été incorporées au capital de la société absorbante à l'occasion de l'opération de fusion, et, en cas d'insuffisance, sur le montant des réserves ordinaires, voire de la réserve légale de la société absorbante. Dans l'hypothèse où une fraction de la réserve spéciale n'a pu être reconstituée au passif de la société absorbante, cette fraction doit être rapportée aux résultats du premier exercice clos après la fusion.

1202 Naturellement, la société absorbée peut également choisir d'incorporer la réserve spéciale de fluctuation des cours au capital de la société absorbée, ou encore utiliser cette réserve pour l'imputation de pertes.

La reprise d'autres éléments au passif de la société absorbante

1203 Parmi les autres éléments susceptibles d'être repris au bilan de la société absorbante, deux d'entre eux appellent des remarques particulières. Il s'agit de la participation des salariés et du plan épargne entreprise.

• *La participation des salariés*

1204 Aux termes de l'article L. 3323-8 du code du travail, lorsque survient une modification dans la situation juridique de l'entreprise, par fusion, cession ou scission, rendant impossible l'application d'un accord de participation, cet accord cesse de produire effet entre le nouvel employeur et le personnel de l'entreprise. En l'absence d'accord de participation applicable à la nouvelle entreprise, celle-ci engage, dans un délai de six mois à compter de la clôture de l'exercice au cours duquel est intervenue la modification, une négociation en vue de la conclusion d'un nouvel accord, selon l'un des modes prévus à l'article L. 3322-6.

1205 En principe, la société absorbante doit reprendre au passif de son bilan la réserve de participation des salariés si elle a pris l'engagement dans l'acte d'apport de se substituer à la société absorbée pour les salariés dont elle devient l'employeur.

1206 Au regard du délai d'indisponibilité, les droits à participation sont indisponibles pendant un délai de cinq ans (huit ans dans certains cas) et, à cet égard, la fusion est considérée comme revêtant un caractère intercalaire. Ainsi, le délai continue à courir au sein de la société absorbante. En revanche, et conformément aux dispositions de l'article L. 3223-5 modifié du code du travail, les salariés peuvent demander le versement immédiat de tout ou partie des droits dans un délai de quinze jours, à compter de la notification du montant qui leur est attribué. À défaut de demande de versement, les droits deviennent *frappés* d'indisponibilité. Or, si une fusion intervient dans le délai qui sépare la clôture de l'exercice de la notification des droits de la demande éventuelle de versement immédiat, la société absorbante devra se substituer à la société absorbée pour s'acquitter de ses obligations envers les salariés de la société absorbée.

1207 Enfin, pour le calcul de la participation selon la formule légale, deux remarques peuvent être formulées. Tout d'abord, au regard de la prise en compte du bénéfice fiscal, si l'opération de fusion a été conclue avec effet rétroactif, la société absorbante doit tenir compte, pour le calcul de la réserve, des résultats de l'activité apportée constatés à compter de la date d'effet de la fusion (inst. 3 août 2000 : BOI 4-2-00, §§ 137 à 139).

1208 Ensuite, s'agissant du montant des capitaux propres à prendre en considération, il y a lieu de tenir compte de l'incidence de l'augmentation du capital et de la prime de fusion qui résultent de l'opération. En principe, et selon le droit du travail, l'incidence de l'augmentation des capitaux propres ne doit pas être retenue qu'au prorata du temps écoulé (code du travail : art. D. 3324-4 ; logiquement, la réduction *prorata temporis* doit tenir compte de la période de rétroactivité). On observera au passage que le mode de valorisation des apports, en impactant le montant de l'augmentation du capital et de la prime de fusion, aura ainsi potentiellement une incidence sur le montant de la participation calculée selon la formule légale (sur cette question, voir notamment cass. soc., 8 décembre 2010, n° 09-65-810 : JCP ed. E, com. 1141, note R. Vatinet).

LE CAS DE LA PROVISION POUR INVESTISSEMENT

Le sort de la provision pour investissement est étroitement lié à celui de la réserve spéciale de participation. On rappelle que la provision pour investissement doit être utilisée pour des opérations d'investissement dans le délai de deux ans. Si cette utilisation est normalement réalisée, la provision reste inscrite au bilan pendant une période de cinq ans (sous réserve de cas particuliers). Si, en revanche, l'entreprise ne respecte pas ses engagements en matière d'investissement dans les délais prescrits, la provision doit être rapportée aux résultats imposables.

Ainsi, dans le cadre d'une fusion, plusieurs solutions sont à envisager.
– La provision pour investissement a été constituée chez l'absorbée et utilisée conformément à son objet.

En principe, la provision peut être maintenue au bilan et peut être virée à un compte de réserves au terme d'une période de cinq ans, dite période d'indisponibilité. Si la fusion intervient à l'intérieur de cette période de cinq ans, la doctrine est partagée quant à l'obligation de reprendre au bilan de la société absorbante la provision pour investissement en provenance de l'absorbée. Certains auteurs estiment qu'il suffit de « suivre » la provision pendant la période d'indisponibilité sur le seul tableau des provisions et de la mentionner dans l'annexe. En revan-

che, si la fusion intervient après le délai de cinq ans, la provision peut être traitée comme une simple réserve transmise par la société absorbée à la société absorbante.
– La provision pour investissement a été constituée chez l'absorbée mais n'a pas encore été utilisée conformément à son objet.

Deux cas peuvent se présenter. Si le délai octroyé pour utiliser la provision est expiré, la provision non encore utilisée conformément à son objet doit être rapportée aux résultats imposables de la société absorbée avant la fusion. Si le délai octroyé n'est pas expiré, l'obligation d'investissement est transférée à la société absorbante. Cette obligation mise à la charge de la société absorbante, et qui doit figurer dans l'acte d'apport, constitue un élément du passif pris en charge par cette société (doc. adm. 4 N 1232-15 à 19 et 4 I 1241-28).

Si la provision n'est pas utilisée dans les délais prescrits, celle-ci sera rapportée aux résultats de la société absorbante.

• *Le plan épargne entreprise*

1209 Dans l'hypothèse où la société absorbée a un plan épargne entreprise, les fonds drainés sont transférés sur le plan épargne entreprise de la société absorbante. Dans le cas où cette dernière ne disposerait pas de plan, les droits correspondant au plan initial doivent néanmoins être maintenus dans leur affectation d'origine et ce, jusqu'à l'expiration du délai d'indisponibilité.

L'obligation de réintégrer les plus-values dont l'imposition a été différée chez l'absorbée

1210 Parmi les obligations mises à la charge de la société absorbante figure l'obligation de réintégrer les résultats dont la prise en compte a été différée pour l'imposition de la société absorbée (CGI art. 201 A-3-b). L'obligation est pleinement justifiée dans son principe. En effet, l'opération de fusion ayant, dans le cadre du régime spécial, un caractère purement intercalaire, la société absorbante se présente comme la continuatrice de la société absorbée. Par voie de conséquence, si, au titre de certains revenus ou produits, la société absorbée avait bénéficié, de plein droit ou sur option, de la possibilité d'étaler leur imposition, la société absorbante doit poursuivre l'étalement « commencé » par la société absorbée.

1211 Cette obligation trouve essentiellement, en matière de plus-values, deux cas d'application pratique :
– l'étalement des plus-values nettes ;
– l'étalement des plus-values de fusion antérieures.

Dans les deux cas précités, le montant et le nombre des annuités qui seront réintégrées par la société absorbante devront figurer dans l'acte de fusion.

L'étalement des plus-values nettes

1212 En vertu de l'article 39 quaterdecies 1 ter du CGI, les entreprises peuvent étaler l'imposition des plus-values nettes réalisées à la suite de la perception d'indemnités d'assurances ou de l'expropriation d'immeubles figurant à l'actif.

On rappelle que cet étalement s'opère à partir de l'exercice suivant celui de la réalisation de la plus-value sur une durée correspondant à la durée pondérée moyenne d'amortissement déjà pratiquée, cette durée étant en toute hypothèse plafonnée à quinze ans.

1213 Il en résulte que si, à l'intérieur de ce délai d'étalement, la société absorbée fait l'objet d'une absorption, les réintégrations devront être poursuivies par la société absorbante.

L'étalement des plus-values de fusion antérieures

1214 Dans le cadre d'une opération de fusion, la société absorbante doit réintégrer de façon échelonnée la plus-value réalisée lors de la fusion au titre des éléments amortissables. Cette réintégration s'opère en principe sur cinq ou quinze ans *(voir § 1220)*. Or il se peut que la société absorbante, sur laquelle pèse cette obligation, soit à son tour l'objet d'une absorption.

Dans cette hypothèse, si la société n'a pas encore procédé complètement à la réintégration échelonnée de la plus-value de fusion sur éléments amortissables, c'est la société qui l'absorbe qui devra se substituer à elle pour achever cette réintégration.

EXEMPLE

Réintégration échelonnée des plus-values de fusion antérieures

La société A absorbe la société B. La plus-value sur éléments amortissables s'élève à 200000 et doit être réintégrée par cinquièmes sur les exercices N, N + 1, N + 2, N + 3, N + 4.

La société A est à son tour absorbée par la société C, avec effet au 1er janvier N + 2. Il en résulte que c'est la société C qui devra se substituer à la société A dans la réintégration échelonnée de la plus-value de fusion réalisée lors de l'absorption de la société B.

La société C devra ainsi réintégrer chaque année, de N + 2 à N + 4, 40000.

L'obligation de réintégrer les plus-values afférentes aux éléments amortissables compris dans l'apport

1215 Les plus-values réalisées sur éléments amortissables bénéficient d'une exonération au niveau de la société absorbée. Cette exonération trouve néanmoins sa contrepartie dans l'obligation faite à la société absorbante de réintégrer de façon échelonnée la plus-value globale sur éléments amortissables. Par parenthèse, il s'agit là d'une opération qui peut s'avérer financièrement onéreuse notamment dans les hypothèses où les sociétés n'ont pas retenu (ou n'ont pu retenir) la valeur comptable comme valeur d'apport, mais la valeur réelle des biens.

Les modalités pratiques d'un tel échelonnement, que l'on ne rencontrera donc que dans les fusions en valeurs réelles, appellent différentes remarques qui peuvent être regroupées sous les quatre rubriques suivantes :
– que doit-on réintégrer ?
– quand doit-on réintégrer ?
– combien doit-on réintégrer ?
– comment doit-on réintégrer ?

LA RÉINTÉGRATION DE LA PLUS-VALUE ET LA VALORISATION DES APPORTS

L'obligation mise à la charge de la société n'a de portée pratique que si l'opération de fusion fait apparaître une plus-value nette d'apport sur éléments amortissables. Or, naturellement, tel ne peut être le cas que si l'opération est effectuée en utilisant comme valeur d'apport les valeurs réelles. Si la fusion est effectuée en valeurs comptables, l'apport ne fera par définition pas apparaître de plus-value imposable. De fait, l'obligation de la société absorbante est dépourvue de conséquence pratique.

Que doit-on réintégrer ?

1216 **La réintégration porte sur le montant de la plus-value nette réalisée lors de l'apport des éléments amortissables de l'actif immobilisé de la société absorbée. Il n'est naturellement pas fait de distinction selon que cette plus-value comporte une fraction à long terme et une fraction à court terme. C'est la plus-value globale qui doit être rapportée aux résultats imposables de la société absorbante de façon échelonnée.**

EXEMPLE

Détermination des éléments devant faire l'objet d'une réintégration échelonnée.

La société F absorbe la société G. La société G apporte les éléments suivants :

Éléments	Date d'acquisition	Valeur d'origine	Amortissements + de 2 ans	VNC	Valeur d'apport
Terrain	+ de 2 ans	300 000		300 000	400 000
Immeuble (hors terrain)	+ de 2 ans	600 000	100 000	500 000	620 000
Matériel 1	+ de 2 ans	100 000	90 000	10 000	60 000
Matériel 2	+ de 2 ans	80 000	10 000	70 000	130 000
Matériel 3	– de 2 ans	50 000	10 000	40 000	50 000

L'apport dégage :

- sur éléments non amortissables, une plus-value de 100 000. Cette plus-value bénéficie d'un sursis. Son imposition interviendra à la date à laquelle la société absorbante cédera le terrain en question ;
- sur éléments amortissables :

	Plus-value globale
Constructions	120 000
Matériel 1	50 000
Matériel 2	60 000
Matériel 3	10 000
Plus-value totale	240 000

La société absorbante doit réintégrer de façon échelonnée 240 000.

1217 On notera, par parenthèse, que la détermination de la plus-value à réintégrer peut soulever des difficultés lorsque les biens apportés ont fait l'objet d'une réévaluation légale, dans le cadre de la procédure de réévaluation légale des bilans de la période 1976-1979. Dans cette hypothèse, la plus-value est déterminée dans les mêmes conditions qu'en cas de cession d'une immobilisation réévaluée, c'est-à-dire compte tenu de la provision spéciale de réévaluation non encore rapportée aux résultats.

1218 Par ailleurs, si, à l'occasion de l'opération de fusion, la société absorbée a été autorisée, sur agrément, à transmettre une fraction de ses déficits à la société absorbante, cette dernière peut, dans un souci de simplification, compenser la plus-value nette sur éléments amortissables avec ces déficits. Dans ces conditions, la somme à réintégrer de manière échelonnée chez la société absorbante se trouve réduite d'autant.

1219 Enfin, il faut noter que la fusion, tout en faisant apparaître une plus-value nette globale, peut se décomposer en une plus-value sur éléments non amortissables et une moins-value sur éléments amortissables.

Dans une telle situation, l'obligation de réintégrer la plus-value sur éléments amortissables ne trouve pas à s'appliquer. La fusion fait apparaître une moins-value nette partielle dont le sort fiscal a déjà été examiné *(voir § 641)*.

Quand doit-on réintégrer ?

1220 L'article 210 A-3-d qui prévoit l'échelonnement de la réintégration de la plus-value sur éléments amortissables énonce que cette réintégration doit s'opérer sur une période de quinze ans pour les constructions et les droits qui se rapportent à des constructions et de cinq ans dans les autres cas.

Selon l'administration, les constructions concernées sont les bâtiments, y compris ceux édifiés sur le sol d'autrui, ainsi que l'ensemble des installations, agencements, aménagements et ouvrages d'infrastructures qui s'amortissent dans les mêmes conditions que les bâtiments. Quant aux droits qui se rapportent à des constructions, il s'agit notamment de la fraction des droits du preneur d'un contrat de crédit-bail immobilier représentative des constructions.

Pour mémoire, le délai de réintégration était de dix ans pour les fusions devenues définitives avant le 1er décembre 1973.

La loi 95-95 du 1er février 1995 sur la modernisation de l'agriculture prévoit que les plantations, agencements et aménagements de terrains amortissables sur une durée au moins égale à quinze ans suivent, en cas de fusion, le même régime d'étalement de la plus-value que les constructions. Le régime applicable aux plantations et aménagements de terrains a été précisé dans une instruction du 20 novembre 1997 (BOI 4 I-2-97). L'administration a notamment indiqué que les biens concernés doivent avoir la nature d'éléments de l'actif immobilisé à l'exclusion des biens qui sont considérés comme des stocks. Quant aux agencements et aménagements de terrains, ils doivent s'entendre des travaux destinés à rendre un terrain en état d'utilisation. Le dispositif ne concerne que les agencements et aménagements qui aboutissent à une amélioration temporaire. En ce qui concerne les droits sur les constructions et en particulier le bail emphytéotique : CE 24 novembre 1997, n° 169310, 8e et 9e s.-sect. ; RJF 1998, n° 1, com. 26.

1221 Cette règle générale supporte néanmoins trois tempéraments dont deux ont pour effet de raccourcir la période d'échelonnement et un, soit de la raccourcir, soit de l'étendre.

- *L'obligation d'anticiper la réintégration de la plus-value de fusion*

1222 a) Le principe. Pendant longtemps, la réintégration de la plus-value de fusion sur une période de cinq ans ou plus a été totalement indépendante du sort réservé aux biens sur lesquels la plus-value avait été enregistrée. Ainsi, par exemple, la cession d'un bien deux ans après une opération de fusion ne s'accompagnait pas d'une interruption du délai de réintégration sur cinq ans de la plus-value de fusion constatée sur ce bien. La quote-part de plus-value de fusion réintégrée chaque année par voie extracomptable au résultat pouvait ainsi se rapporter partiellement à des biens qui avaient été cédés entre-temps. (Pour une illustration : CE 20 mars 1996, nos 153319 et 152322 : Droit fiscal 1996, n° 24, com. 746).

Depuis le 1er janvier 1992, ce cas de figure est devenu désormais impossible, la cession d'un bien amortissable reçu par voie d'apport-fusion entraînant l'imposition immédiate de la fraction de la plus-value de fusion afférente à ce bien et qui n'a pas encore été rapportée au résultat (CGI art. 210 A-3-d). La solution en vigueur avant 1992 présentait des avantages incontestables. En maintenant la réintégration de la plus-value d'apport jusqu'à l'expiration du délai de cinq ans quand bien même l'élément correspondant avait été cédé entre-temps, l'entreprise bénéficiait d'un avantage de trésorerie doublé d'un avantage fiscal dans la mesure où la réintégration échelonnée s'effectuait sur une période de réduction progressive du taux de l'impôt sur les sociétés. À cet égard, peu importent les événements qui ont pour effet de faire sortir le bien de l'actif du bilan de la société absorbante : vente, don, apport en société, mise au rebut, destruction... (instr. 11 août 1993 : BOI 4 I-1-93, n° 14). Si la société absorbante a constitué une provision pour impôt au titre de la plus-value à réintégrer de manière échelonnée, la cession du bien entraînant la reprise anticipée de la plus-value, il est nécessaire de procéder à l'ajustement du montant de la provision pour impôt.

1223 La mise en œuvre de cette disposition peut se révéler plus complexe qu'il n'y paraît. En effet, c'est la plus-value nette sur éléments amortissables qui fait l'objet globalement d'une réintégration échelonnée sur cinq ou quinze ans. Or, la plus-value nette globale peut être le fruit d'une compensation entre des plus-values réalisées sur certains éléments et des moins-values constatées sur d'autres. En cas de cession ultérieure par la société absorbante de l'un de ces éléments, il conviendra de déterminer la quote-part de la plus-value de fusion qui se rapporte à ce bien et qui doit faire l'objet d'une reprise anticipée.

1224 Pour régler la difficulté, l'administration préconise deux solutions applicables aux seuls biens autres que des constructions :
– le système de la plus-value affectée : dans cette hypothèse, la société absorbante doit affecter la moins-value sur certains biens et effectuer ensuite un suivi individualisé de ces biens. Afin d'atteindre cet objectif, la société absorbante a l'obligation d'adjoindre un document annexe à l'état des plus-values en sursis d'imposition prévu à l'article 54 septies I du CGI *(voir § 1257)*. Sur ce document, la société doit faire apparaître la ventilation entre les différents biens compris dans l'apport de la plus-value nette constatée sur éléments amortissables ;
– le système de la répartition proportionnelle : la plus-value nette est répartie entre les différents éléments proportionnellement à l'importance des plus-values respectivement enregistrées sur les biens compris dans l'apport.

EXEMPLE

Système de la plus-value affectée/Système de la répartition proportionnelle

Une société est absorbée en N, l'apport comportant les éléments amortissables suivants :

	E1	E2	E3
Plus-value	1 200	500	
Moins-value			300
Total	1 200	500	– 300

Il en résulte que la plus-value nette globale à rapporter de manière échelonnée aux résultats de la société absorbante s'élève à 1 400. La société absorbante doit ainsi rapporter au résultat chaque année : 1 400/5 = 280.

L'élément E1 est vendu en N + 2.

• *Méthode de la plus-value affectée.* Il convient de procéder à l'affectation de la plus-value globale de 1 400 entre les éléments 1 et 2, remarque étant faite qu'en pratique, c'est surtout les moins-values enregistrées sur certains éléments (en l'espèce l'élément E3) que l'on va faire supporter à tel ou tel autre élément. On a ici deux possibilités :

- possibilité 1.	E1 : 1200 - 300	900	(Réintégration de 180 par an)
	E2	500	(Réintégration de 100 par an)
- possibilité 2.	E1	1 200	(Réintégration de 240 par an)
	E2 : 500 - 300	200	(Réintégration de 40 par an)

Quel que soit le choix effectué, il doit être mentionné sur une annexe à l'état prévu par l'article 54 septies du CGI. À la date de cession de l'élément E1, en N + 2, la société absorbante aura réintégré :

- possibilité 1. N : 180 .... N + 1 : 180

Il faudra ainsi rapporter au résultat de l'exercice N 1 2 le reliquat de la plus-value de fusion affectée à E1, soit 900 - (180 + 180) = 540.

- possibilité 2. N : 240 .... N + 1 : 240

Il faudra rapporter au résultat de l'exercice N + 2, selon le même procédé : 1 200 - (240 + 240) = 720.

• *Méthode de la plus-value proportionnelle.* La plus-value globale de 1 400 doit être répartie proportionnellement entre les éléments E1 et E2 en fonction de l'importance relative des plus-values enregistrées sur ces éléments.

E1 : 1 400 × 1 200/1 700 = 988 (soit 197,6 à réintégrer chaque année)

E2 : 1 400 × 500/1 700 = 412 (soit 82,4 à réintégrer chaque année)

En cas de cession de E1 en 2000, la société absorbante aura déjà réintégré deux fois (N et N + 1) 197,6. Il faudra donc rapporter au résultat : 988 - (197,6 + 197,6) = 592,8.

1225 Pour l'entreprise, le choix de la méthode (plus-value affectée/répartition proportionnelle) constitue une décision de gestion qui lui est opposable. En l'absence d'un choix exprès, l'administration considère qu'il y a lieu de faire application de la méthode de la répartition proportionnelle.

1226 Enfin, sur cette obligation de réintégration anticipée, on précisera que, dans l'hypothèse d'une immobilisation décomposée, le remplacement d'un composant n'équivaut pas à une cession d'immobilisation (instr. BOI 4 A-13-05, n° 132 du 30 décembre 2005).

1227 **b) Le tempérament.** L'obligation d'anticiper la plus-value de fusion lors de la cession d'un élément reçu en apport ne s'applique pas dans l'hypothèse d'apports successifs. Dans ce cas de figure, en effet, la société absorbante ou bénéficiaire du nouvel apport se substitue à la société apporteuse pour la réintégration des plus-values dont l'imposition avait été différée chez cette dernière *(voir § 1210)*. Il s'agit de l'application directe de l'article 210 A-3-b du CGI.

EXEMPLE

Sort des plus-values de fusions successives

Une société A est absorbée par une société B en N. La plus-value de fusion constatée sur un immeuble s'élève à 3 000 000. La société B doit ainsi réintégrer 3 000 000/15 = 200 000 pendant quinze ans, de N à N + 14.

En N + 2, la société B est l'objet à son tour d'une absorption par une société C.

Hypothèse 1. On constate lors de l'apport une nouvelle plus-value de 150 000. L'absorption de la société B n'entraîne pas réintégration anticipée de la première plus-value de fusion sur la construction. La société C doit continuer de réintégrer la plus-value par 1/15 sur la période restant à courir (N + 2 - N + 14). En outre, la société C devra réintégrer par 1/15 également sur la période (N + 2 - N + 16) la plus-value de fusion constatée lors de l'absorption de la société B (soit 10 000/an).

Si la société C cède ensuite le bien en N + 4, il y aura lieu de procéder à une reprise anticipée de la totalité de la plus-value de fusion restant à rapporter au résultat au titre de cette construction :
- plus-value sur première fusion :
3 000 000 - (fraction déjà rapportée : 6 × 200000) = 1800000
- plus-value sur deuxième fusion :
150 000 - (fraction déjà rapportée : 2 × 10000) = 130000

1930000

Hypothèse 2. On constate lors de l'apport une moins-value de 520 000. Dans cette hypothèse la société C doit poursuivre la réintégration de la plus-value constatée lors de la première fusion jusqu'au terme de la période normale de quinze ans. Elle est cependant autorisée à imputer la moins-value constatée lors de la deuxième opération d'apport sur le montant restant à réintégrer.

Finalement, la société C rapportera annuellement à ses résultats sur la période

N + 2 - N + 14 : $\left(\frac{3000000}{15}\right) - \left(\frac{520000}{13}\right) = 160000$

- *La possibilité d'anticiper la réintégration de tout ou partie de la plus-value de fusion*

1228 La société absorbante peut raccourcir la période d'échelonnement de la plus-value de fusion. Cette réintégration anticipée n'est pas évidente, *a priori*, à la simple lecture des textes qui prévoient, au contraire, une réintégration par fractions égales sur une durée de cinq ans ou de quinze ans. Cependant, l'administration, dans son instruction d'août 1993, a maintenu cette possibilité qui existait avant 1992. Le texte en vigueur à l'époque prévoyait en effet une réintégration sur une période n'excédant pas cinq ans, ce qui, *a contrario*, laissait la possibilité de réintégrer plus rapidement la plus-value.

1229 Pour l'administration, l'obligation édictée par l'article 210 A-3-d sera considérée comme satisfaite si le montant cumulé des réintégrations est au moins égal à autant de fractions des plus-values (autant de 1/5 ou de 1/15) que cette société a effectivement clos d'exercices depuis la fusion (instr. précitée du 11 août 1993, § 12 ; doc. adm. 4-4-1242 ; *voir § 1234*). On pourrait douter *a priori* de l'intérêt fiscal pour une entreprise d'accélérer cette réintégration, en d'autres termes, d'anticiper l'exigibilité de la dette d'impôt correspondante. En réalité, l'intérêt résidait, jusqu'en 2004, dans la p ossibilité de compenser cette plus-value de fusion avec des déficits reportables qui, faute d'imputation dans les délais prescrits, auraient été perdus.

L'instauration d'un report illimité des déficits a considérablement réduit la portée de cette option qui peut toutefois conserver une utilité lorsque la société souhaite diminuer son report déficitaire.

RÉINTÉGRATION ANTICIPÉE DE LA PLUS-VALUE DE FUSION : DRÔLE D'OPTION !

La possibilité d'anticiper la réintégration de la plus-value de fusion n'est pas surprenante et ce, à double titre :
– d'une part, l'administration ne s'oppose pas à ce que des contribuables renoncent au délai d'étalement qui leur est offert même si elle a sans doute bien conscience que ce qui, en apparence, se présente comme un sacrifice fiscal n'est que de façade et que, derrière, c'est le souci de ne pas laisser tomber en non-valeur un déficit reportable qui est en jeu ;
– d'autre part, la tolérance administrative permet dans les faits de maintenir une disposition qui existait antérieurement dans le texte même de la loi. Chacun y trouve donc son intérêt...

Seulement voilà, les choses peuvent se compliquer le jour où l'une des parties estime précisément qu'elle n'a plus d'intérêt dans l'opération ! Supposons en effet que, à l'issue d'une procédure de vérification fiscale, l'administration remette en cause le report déficitaire de la société absorbante. Dès lors, la question de l'imputation du déficit ne se pose plus et, par ricochet, la réintégration anticipée de la plus-value de fusion n'a plus de raison d'être… Le contribuable peut-il alors rétrospectivement renoncer à la tolérance et demander l'application du régime de droit commun de l'étalement de la plus-value de fusion sur cinq ans ?

La tentation est grande de répondre par la négative en invoquant la théorie des décisions de gestion et en indiquant que le choix formulé par le contribuable lui est opposable. À y regarder de plus près, les choses ne sont pas aussi automatiques. En effet, au cas d'espèce, l'option entre l'étalement et la réintégration anticipée ne résulte pas du texte mais d'une tolérance de l'administration dans l'instruction qui commente le texte de loi. Le texte, lui, est sans ambiguïté et n'offre aucune option : « la réintégration des plus-values est effectuée par parts égales… ». On pourrait voir alors certains contribuables soutenir l'irrégularité de la mesure administrative pour étayer leur demande. Mais, sur le terrain des options, une jurisprudence ancienne avait quand même appliqué la théorie des décisions de gestion. Le Conseil d'État avait indiqué dans une affaire analogue qu'« en agissant de la sorte, alors qu'elle n'y était pas tenue, la société requérante a pris une décision de gestion qui, même irrégulière, lui est opposable ». Comme l'avait souligné le commissaire du gouvernement, il s'agissait d'enfermer le contribuable dans le piège de la doctrine administrative (CE 4 décembre 1974, req. 91384, concl. Schmeltz : Droit fiscal, n° 31, com. 1079). Plus récemment, le Conseil d'État a indiqué que, si un contribuable exerce une option dans le cadre d'une instruction administrative, elle-même en contradiction avec la loi, il n'y a pas de décision de gestion irrégulière opposable par l'administration (CE 7e et 8e s.-sect., 7 octobre 1987, req. nos 66210 et 66211 : Droit fiscal 1998, n° 9, com. 439, note Tixier-Rhomer).

On peut par ailleurs s'interroger sur le point de savoir s'il ne serait pas possible d'en passer par la voie de la réclamation. Si le délai est encore ouvert, le contribuable avisé du rejet des déficits peut, par voie de réclamation, demander à ce que l'imposition soit établie conformément au texte dans la mesure où seul le déficit, objet du redressement, justifiait l'utilisation de la tolérance administrative.

Sur cette question : A. Agostini, Les options fiscales, Bibliothèque de Science Financière, LGDJ, 1983 ; CE 4 décembre 1974, req. 91384, concl. Schmeltz : Droit fiscal, n° 31, com. 1079.

• *L'obligation de personnaliser la période d'échelonnement*

1230 La plus-value qui est à réintégrer de façon échelonnée porte sur les éléments amortissables. Or, parmi les éléments amortissables, peuvent figurer notamment les constructions. Dans ces conditions, une réintégration sur quinze ans peut paraître rapide compte tenu de la nature des biens en cause.

1231 Pour cette raison, le droit fiscal prévoit, lorsque la part représentative des constructions dans la plus-value globale de fusion est importante, qu'il soit dérogé à la règle de la réintégration sur quinze ans et que la plus-value sur constructions bénéficie d'un délai d'échelonnement différent.

1232 La règle posée est la suivante : lorsque la part représentative des constructions est égale ou supérieure à 90 %, la fraction de la plus-value doit être rapportée aux résultats par parts égales sur la durée pondérée moyenne d'amortissement de ces biens.

1233 Pour l'application de ce dispositif, on formulera trois remarques. Tout d'abord, le droit fiscal consacre par cette mesure une pratique qui était déjà autorisée par l'administration avant 1992. À la différence du régime antérieur, cependant, le régime actuel confère un caractère obligatoire à l'échelonnement sur la durée pondérée moyenne d'amortissement des constructions lorsque la plus-value de fusion sur ces éléments représente plus de 90 % de la plus-value globale de fusion.

Ensuite on prendra garde, sur ce point, aux interférences éventuelles avec les règles relatives à la décomposition. En effet, si des immobilisations comprises dans l'apport ont fait l'objet de décomposition, la durée pondérée moyenne d'amortissement de l'immobilisation sera déterminée en tenant compte de la valeur respective des composants et de la structure ainsi que de leur durée respective d'amortissement (instr. 30 décembre 2005 ; BO I 4 A-13-05, n° 134). Enfin, pour l'appréciation du seuil de 90 %, la loi de modernisation de l'agriculture du 1er février 1995 prévoit que les plus-values nettes sur les plantations, agencements et aménagements de terrains sont ajoutées aux plus-values sur constructions. Le régime applicable à ces biens a été précisé dans une instruction du 20 novembre 1997. En substance, il faut relever que seuls sont éligibles les plantations et les agencements et aménagements de terrains amortissables sur une durée d'au moins quinze ans, cette durée devant s'entendre de la durée normale d'amortissement des biens à la date de leur création, indépendamment de la durée retenue par la société absorbante (instr. 20 novembre 1997 ; BOI 4 I-2-97).

EXEMPLE

L'échelonnement sur la durée pondérée moyenne d'amortissement

La société I est absorbée par la société J. Les éléments amortissables compris dans le traité d'apport sont les suivants :

Hypothèse 1

	PV	Durée d'amortissement
Matériel	140 000	–
Immeuble A	200 000	8 ans
Immeuble B	600 000	20 ans

Le montant de la plus-value à réintégrer de façon échelonnée s'élève ainsi à :

140 000 + 200 000 + 600 000 = 940 000

La part des constructions dans la plus-value globale est de :

800 000/940 000 = 85,1 %

Cette fraction étant inférieure à 90 %, la plus-value afférente aux constructions sera échelonnée sur quinze ans par fractions égales, soit :

800 000/15 = 53 333,33

La réintégration du reliquat (940 000 - 800 000 = 140 000) sera quant à elle échelonnée sur une période de cinq ans.

Hypothèse 2

	Valeur apport	PV	Durée d'amortissement chez la société bénéficiaire de l'apport
Matériel	600 000	70 000	–
Immeuble A	1 000 000	200 000	8 ans
Immeuble B	2 000 000	600 000	20 ans

La plus-value à réintégrer de façon échelonnée chez l'absorbante s'élève ainsi à :

70 000 + 200 000 + 600 000 = 870 000

La part des constructions dans la plus-value s'élève à :

800 000/870 000 = 91,95 %

soit plus de 90 %. Il en résulte que la plus-value sur constructions doit être étalée par fractions égales sur la durée pondérée moyenne d'amortissement.

La durée pondérée moyenne d'amortissement est égale à :

$$\left(8 \text{ ans} \times \frac{1\,000\,000}{3\,000\,000}\right) + \left(20 \text{ ans} \times \frac{2\,000\,000}{3\,000\,000}\right) = 16 \text{ ans}$$

L'entreprise réintégrera chaque année au titre des constructions :

800000/16 = 50000

Le reliquat de la plus-value globale : 870000 - 800000 = 70000 sera échelonné sur une période de cinq ans.

Combien doit-on réintégrer ?

1234 **Selon l'article 210 A-3-d du CGI, la réintégration de la plus-value sur éléments amortissables doit s'effectuer par fractions égales sur cinq ans ou quinze ans pour les constructions (voir dans ce dernier cas sur la durée moyenne pondérée d'amortissement). Toutefois, en pratique, l'administration interprète avec souplesse cette règle estimant que l'obligation est considérée comme satisfaite si le montant cumulé des réintégrations est au moins égal à autant de fractions (cinquièmes ou quinzièmes) des plus-values que cette société a effectivement clos depuis l'exercice de fusion. En clair, à la clôture de chaque exercice, le montant cumulé des réintégrations doit être au moins égal au montant qui aurait résulté d'une réintégration linéaire par cinquième ou quinzième.**

EXEMPLES

Sans réintégration anticipée

La société X est absorbée par la société Y avec effet le 1er janvier N. Les plus-values afférentes aux éléments non amortissables apportés par X sont les suivantes :
- plus-values sur constructions 6000000
- plus-values sur éléments amortissables hors construction 1200000

La société absorbante devra réintégrer annuellement :
- pendant quinze ans .... 6000000/15 = 400000
- pendant cinq ans .... 1200000/5 = 240000

Au total, la société absorbante devra réintégrer 640000 sur la période N 2 N 1 4, puis 400000 sur la période N + 5 - N + 14.

Avec réintégration anticipée

La société K absorbe la société L le 1er janvier N. La plus-value de fusion sur éléments amortissables s'élève à 300000. Elle doit être réintégrée sur une période maximale de cinq ans (absence de constructions).

La société K envisage de procéder de l'une des deux façons suivantes :

	Hypothèse 1	Hypothèse 2
N	100000	100000
N + 1	40000	40000
N + 2	50000	–
N + 3	50000	80000
N + 4	60000	80000

Hypothèse 1. Il faut comparer le montant cumulé de la plus-value effectivement réintégrée au cumul des cinquièmes de la plus-value globale.

	Plus-value	Cumul	Minimum cumulé
N	100000	100000	60000
N + 1	40000	140000	120000
N + 2	50000	190000	180000
N + 3	50000	240000	240000
N + 4	60000	300000	300000

On constate qu'à la fin de chaque année, le minimum requis est respecté. La société absorbante peut donc utiliser un tel plan de réintégration.

Hypothèse 2

	Plus-value réintégrée	Cumul	Minimum cumulé
N	100 000	100 000	60 000
N + 1	40 000	140 000	120 000
N + 2	–	140 000	180 000
N + 3	80 000	220 000	240 000
N + 4	80 000	300 000	300 000

L'entreprise ne respecte plus dès N + 2 le plan minimum de réintégration.

Comment doit-on réintégrer ?

1235 La plus-value de fusion sur éléments amortissables doit faire l'objet d'une réintégration extracomptable sur l'état 2058-A. L'état 2058-A comporte au demeurant une ligne spéciale destinée à recevoir les plus-values d'apport (ligne WO). Le détail de la somme qui est inscrite dans ce cadre doit être mentionné sur le tableau des plus-values, tableau 2059-B, cadre B, colonne 3 (voir les imprimés reproduits aux pages 257 et 258). En outre, les plus-values en sursis d'imposition doivent faire l'objet d'une mention sur les états spéciaux requis par l'article 54 septies du CGI *(voir § 1257)*.

1236 Il ne s'agit donc pas d'une réintégration comptable de la plus-value de fusion ; néanmoins, la réintégration extracomptable n'est pas totalement dépourvue d'incidences comptables. En effet, dans la mesure où la société absorbante sait, dès l'exercice de fusion, qu'elle devra acquitter l'impôt sur la plus-value réalisée au titre des éléments amortissables, il est de bonne gestion comptable que cette dette d'impôt soit provisionnée. En principe, la provision pour impôt doit faire partie du passif transmis par la société absorbée et pris en charge par l'absorbante. Si une telle provision pour impôt au titre des plus-values de fusion n'avait pas été constituée, il revient à la société absorbante d'en constituer une, par prélèvement sur la prime de fusion.

Dès lors, chaque année, au fur et à mesure des réintégrations, la société se doit d'ajuster, par le biais d'une reprise, le montant de la provision pour impôt figurant au bilan.

L'obligation de calculer les plus-values afférentes aux éléments non amortissables d'après la valeur des biens dans le patrimoine de l'absorbée

1237 Les obligations mises à la charge de la société absorbante, ou bénéficiaire des apports, ne sont que la contrepartie des exonérations dont bénéficie la société absorbée. Or les développements précédents ont montré que les plus-values de fusion réalisées sur les éléments non amortissables n'étaient pas imposées lors de la fusion, mais bénéficiaient d'un sursis d'imposition jusqu'à la date de cession de ces biens par la société absorbante.

Ainsi, lors de la cession des biens par la société absorbante, l'imposition de la plus-value se fera en prenant comme valeur d'origine la valeur du bien dans les écritures de la société absorbée. Un tel mécanisme est simple dans son principe ; divers éléments peuvent toutefois en compliquer la mise en œuvre. Ce mécanisme est susceptible de se combiner avec le précédent (réintégration échelonnée des plus-values sur éléments amortissables). Il suffit de songer au cas où l'apport comporte des ensembles immobiliers. Dans ce cas, la société absorbante doit prendre le double engagement d'une part de calculer ultérieurement en cas de cession la plus-value sur le terrain en fonction de la valeur de ce dernier dans les écritures de la société absorbée et, d'autre part, de réintégrer de façon échelonnée dans ses résultats la plus-value constatée sur la construction.

Le cas simple

1238 La plus-value de fusion réalisée sur éléments non amortissables bénéficie d'un sursis d'imposition. Ce sursis est ainsi susceptible de s'appliquer à des éléments tels que terrains, fonds de commerce, titres en portefeuille, droit au bail. On rappelle qu'en matière de titres du portefeuille, le régime peut s'avérer d'application délicate pour des raisons tenant soit à la qualification des titres, soit à l'existence d'éventuelles plus-values de transfert (sur l'ensemble de cette question, *voir § 1070*).

Le report d'imposition en matière de droit au bail

En principe, le droit au bail constitue un élément non amortissable dont l'apport dans une opération de fusion bénéficie du report d'imposition.

Toutefois, il peut arriver, lorsque plusieurs sociétés participent à la fusion, que la société absorbante bénéficie de l'apport d'un droit au bail, d'une part, et de l'immeuble auquel est attaché ce droit au bail, d'autre part.

Dans ce cas, la société absorbante se trouve détenir après l'opération de fusion les éléments du droit de propriété. Il en résulte que :
– le droit au bail ne bénéficie pas du report d'imposition ;
– la plus-value globale réalisée sur l'apport de l'immeuble et du droit au bail suit le régime des plus-values sur éléments amortissables ;
– la société amortira l'immeuble sur la base de la valeur totale d'apport de l'immeuble et du droit au bail.

Rép. Giaccobi, JO 15 mai 1979, AN p. 1213 ; Droit fiscal 1979, n° 26, com. 1365.

1239 Ce sursis d'imposition cesse lorsque la société absorbante cède le bien en question. Dans ces conditions, la société absorbante doit calculer la plus-value en tenant compte non de la valeur du bien dans ses propres écritures comptables (qui n'est autre que la valeur d'apport) mais en tenant compte de la valeur d'origine du bien dans les écritures de la société absorbée. De la même façon, la durée de détention s'apprécie en fonction de la date d'entrée du bien chez l'absorbée. Le taux d'imposition applicable est naturellement le taux en vigueur lors de la cession du bien. Il s'agira donc, en règle générale, du taux normal de l'IS, exception faite de la cession des titres qui peuvent être qualifiés de titres de participation et qui bénéficient donc d'une exonération, déduction faite d'une quote-part de frais et charges.

Les mauvaises surprises du sursis d'imposition

La cession des éléments non amortissables entraîne l'imposition des plus-values qui avaient été placées en sursis d'imposition lors de la fusion. Les plus-values ainsi calculées sont imposées en fonction notamment du taux d'imposition applicable à la plus-value au titre de l'exercice

cerfa N° 10951 * 14
Formulaire obligatoire (article 53 A du Code général des impôts)

⑨ **DÉTERMINATION DU RÉSULTAT FISCAL**

DGFiP N° 2058-A 2012
@internet-DGFiP

Désignation de l'entreprise : ____ Néant ☐ * | Exercice N, clos le :

Rubrique	Code	Exercice N
I. RÉINTÉGRATIONS — BÉNÉFICE COMPTABLE DE L'EXERCICE	WA	
Charges non admises en déduction du résultat fiscal — Rémunération du travail (entreprises à l'IR) : de l'exploitant ou des associés	WB	
Rémunération du travail (entreprises à l'IR) : de son conjoint ____ moins part déductible* ____ à réintégrer :	WC	
Avantages personnels non déductibles* (sauf amortissements à porter ligne ci-dessous) WD ____ ; Amortissements excédentaires (art. 39-4 du CGI) et autres amortissements non déductibles WE ____	XE	
Autres charges et dépenses somptuaires (art. 39-4 du C.G.I.) WF ____ ; Taxe sur les voitures particulières des sociétés (entreprises à l'IS) WG ____		
Provisions et charges à payer non déductibles (cf. tableau 2058-B, cadre III)	WI	
Charges à payer liées à des états et territoires non coopératifs non déductibles (cf. tableau 2067-*BIS*-SD)	XX	
Amendes et pénalités (nature : ....)	WJ	
Impôt sur les sociétés (cf. page 9 de la notice 2032)	I7	
Quote-part — Bénéfices réalisés par une société de personnes ou un GIE WL ____ ; Résultats bénéficiaires visés à l'article 209 B du CGI L7 ____	K7	
Régimes d'imposition particuliers et impositions différées — Moins-values nettes à long terme : – imposées aux taux de 15 % ou de 19 % (16 % pour les entreprises soumises à l'impôt sur le revenu)	I8	
Moins-values nettes à long terme : – imposées aux taux de 0 %	ZN	
Fraction imposable des plus-values réalisées au cours d'exercices antérieurs* : – Plus-values nettes à court terme	WN	
Fraction imposable des plus-values réalisées au cours d'exercices antérieurs* : – Plus-values soumises au régime des fusions	WO	
Écarts de valeurs liquidatives sur OPCVM* (entreprises à l'IS)	XR	
Réintégrations diverses à détailler sur feuillet séparé DONT : Intérêts excédentaires (art. 39-1-3° et 212 du C.G.I.) SU ____ ; Zones d'entreprises* (activité exonérée) SW ____ ; Déficits étrangers antérieurement déduits par les PME (art. 209C) SX ____ ; Quote-part de 5 % des plus-values à taux zéro M8 ____	WQ	
TOTAL I	WR	
II. DÉDUCTIONS — PERTE COMPTABLE DE L'EXERCICE	WS	
Quote-part dans les pertes subies par une société de personnes ou un G.I.E.*	WT	
Provisions et charges à payer non déductibles, antérieurement taxées, et réintégrées dans les résultats comptables de l'exercice (cf. tableau 2058-B, cadre III)	WU	
Régimes d'imposition particuliers et impositions différées — Plus-values nettes à long terme : – imposées au taux de 15 % (16 % pour les entreprises soumises à l'impôt sur le revenu)	WV	
Plus-values nettes à long terme : – imposées au taux de 0 %	WH	
Plus-values nettes à long terme : – imposées au taux de 19 %	WP	
Plus-values nettes à long terme : – imputées sur les moins-values nettes à long terme antérieures	WW	
Plus-values nettes à long terme : – imputées sur les déficits antérieurs	XB	
Autres plus-values imposées au taux de 19 %	I6	
Fraction des plus-values nettes à court terme de l'exercice dont l'imposition est différée*	WZ	
Régime des sociétés mères et des filiales * Produit net des actions et parts d'intérêts : (Quote-part de frais et charges restant imposable à déduire des produits nets de participation 2A ____)	XA	
Mesures d'incitation — Déduction autorisée au titre des investissements réalisés dans les collectivités d'Outre-mer*.	ZY	
Majoration d'amortissement*	XD	
Abattement sur le bénéfice et exonérations* : Entreprises nouvelles - Reprise d'entreprises en difficulté (44 septies) K9 ____ ; Entreprises nouvelles (44 sexies) L2 ____ ; Jeunes entreprises innovantes (art. 44 sexies A) L5 ____ ; Pôle de compétitivité (art. 44 undecies) L6 ____ ; Société investissements immobiliers cotées (art. 208C) K3 ____ ; Zone franche Corse (art. 44 decies) ØT ____ ; Zone franche urbaine (art. 44 octies et octies A) ØV ____ ; Bassin d'emploi à redynamiser (art. 44 duodecies) 1F ____ ; Zone franche d'activité (art. 44 quaterdecies) XC ____	XF	
Écarts de valeurs liquidatives sur OPCVM* (entreprises à l'IS)	XS	
Déductions diverses à détailler sur feuillet séparé : Déficits filiales et succursales étrangères article 209C ØT ____ ; Créance dégagée par le report en arrière de déficit ZI ____	XG	
III. RÉSULTAT FISCAL — TOTAL II	XH	
Résultat fiscal avant imputation des déficits reportables : bénéfice (**I moins II**) XI ____		
Résultat fiscal avant imputation des déficits reportables : déficit (**II moins I**)	XJ	
Déficit de l'exercice reporté en arrière (entreprises à l'IS) ZL ____		
Déficits antérieurs imputés sur les résultats de l'exercice (entreprises à l'IS)	XL	
RÉSULTAT FISCAL — BÉNÉFICE (ligne XN) ou DÉFICIT reportable en avant (ligne XO) XN ____	XO	

* Des explications concernant cette rubrique sont données dans la notice n° 2032

1er EXEMPLAIRE DESTINÉ À L'ADMINISTRATION

N° 2058-A – IMPRIMERIE NATIONALE – Février 2012 – 116 571

cerfa N° 10952 * 14 (10)

Formulaire obligatoire (article 53 A du Code général des impôts)

DÉFICITS, INDEMNITÉS POUR CONGÉS À PAYER ET PROVISIONS NON DÉDUCTIBLES

DGFiP N° 2058-B 2012

@internet-DGFiP

1er EXEMPLAIRE DESTINÉ À L'ADMINISTRATION

Désignation de l'entreprise ____________________ Néant ☐ *

I. SUIVI DES DÉFICITS		
Déficits restant à reporter au titre de l'exercice précédent (1)	K4	
Déficits imputés (total lignes XB et XL du tableau 2058-A)	K5	
Déficits reportables (différence K4-K5)	K6	
Déficit de l'exercice (tableau 2058A, ligne XO)	YJ	
Total des déficits restant à reporter (somme K6+YJ)	YK	
II. INDEMNITÉS POUR CONGÉS À PAYER, CHARGES SOCIALES ET FISCALES CORRESPONDANTES		
Montant déductible correspondant aux droits acquis par les salariés pour les entreprises placées sous le régime de l'article 39-1. 1e *bis* Al. 1er du CGI, dotations de l'exercice	ZT	

III. PROVISIONS ET CHARGES À PAYER, NON DÉDUCTIBLES POUR L'ASSIETTE DE L'IMPÔT (à détailler sur feuillet séparé)		Dotations de l'exercice		Reprises sur l'exercice
Indemnités pour congés à payer, charges sociales et fiscales correspondantes non déductibles pour les entreprises placées sous le régime de l'article 39-1. 1e *bis* Al. 2 du CGI *	ZV		ZW	
Provisions pour risques et charges *				
	8X		8Y	
	8Z		9A	
	9B		9C	
Provisions pour dépréciation *				
	9D		9E	
	9F		9G	
	9H		9J	
Charges à payer				
	9K		9L	
	9M		9N	
	9P		9R	
	9S		9T	
TOTAUX (YN = ZV à 9S) et (YO = ZW à 9T) à reporter au tableau 2058-A :	YN	ligne WI	YO	ligne WU

CONSÉQUENCES DE LA MÉTHODE PAR COMPOSANTS (art.237 *septies* du CGI)

		Montant au début de l'exercice	Imputations	Montant net à la fin de l'exercice
Montant de la réintégration ou de la déduction	L1			

CRÉDITS D'IMPÔTS

Crédit d'impôt en faveur de la recherche	JQ		Crédit d'impôt en faveur de la formation des dirigeants	JR		Crédit d'impôt famille	JS	
Réduction d'impôt en faveur du mécénat	JT		Crédit d'impôt investissement en Corse	JU		Crédit d'impôt en faveur de l'apprentissage	JV	
Crédit d'impôt afférent aux valeurs mobilières (BIC)	JW		Autres imputations	JX				

ENTREPRISES DE TRANSPORT INSCRITES AU REGISTRE DES TRANSPORTS art. L3113-3 du Code des Transports (case à cocher)	XU	☐

* Des explications concernant cette rubrique sont données dans la notice n° 2032.

(1) Cette case correspond au montant porté sur la ligne YK du tableau 2058B déposé au titre de l'exercice précédent.

N° 2058-B – IMPRIMERIE NATIONALE
Février 2012 – 10 575

de cession. Il en résulte que si le taux d'imposition a augmenté ou si la réglementation fiscale a évolué, ce sont les dispositions en vigueur au jour de la cession qui s'appliquent. Ainsi, par exemple, si une société absorbante cède des titres de société à prépondérance immobilière non cotée qu'elle a reçus en apport dans le cadre d'une fusion placée sous le régime spécial, la plus-value de cession – qui englobe le sursis d'imposition – sera soumise à l'impôt sur les sociétés au taux de droit commun alors que lors de l'apport, si celui-ci a été réalisé avant la fin 2007 (très exactement avant le 26 septembre 2007), les titres étaient encore dans le champ d'application du régime des plus-values à long terme des sociétés soumises à l'IS.

1240 Avec le sursis d'imposition, on retrouve ainsi le caractère intercalaire que confère le régime spécial à l'opération de fusion dans la mesure où, pour le calcul de la plus-value, il est fait purement et simplement abstraction de l'opération de fusion. L'application de cette règle peut fréquemment conduire à des différences sensibles entre la plus-value fiscale et la plus-value comptable, tout particulièrement lorsque la fusion est faite en valeurs réelles.

EXEMPLE

La société L est absorbée par la société M. Lors de cette fusion-absorption, effectuée en valeurs réelles, la société M a fait apport pour une valeur de 400 000 d'un terrain qui était inscrit en comptabilité pour 150 000. Neuf ans après la fusion, la société absorbante cède le terrain pour une valeur de 750 000.

Dans ces conditions, la plus-value de fusion est de :

Prix de cession	750 000
Valeur d'origine	150 000
Plus-value	600 000

Cette plus-value diffère sensiblement de la plus-value comptable qui ne s'élève qu'à :

Prix de cession	750 000
Valeur comptable	400 000
Plus-value comptable	350 000

1241 Ce sursis d'imposition appelle certaines remarques :
– dans la mesure où la société absorbante doit se référer à la valeur du bien dans les écritures de la société absorbée et non à la valeur dans ses propres livres comptables, il y a nécessairement différence entre la plus-value fiscale et la plus-value comptable (sauf naturellement dans les cas de fusions avec apports à la valeur comptable). On ne saurait donc trop insister sur l'importance que revêt le suivi extra-comptable de la fusion, suivi qui devrait être facilité par les obligations de forme relatives aux plus-values en sursis d'imposition ;
– la méthode de calcul trouve à s'appliquer quand bien même la valeur d'apport du bien non amortissable serait inférieure à la valeur d'origine de ce bien. En d'autres termes, si dans l'exemple précédent la valeur d'apport était non de 400 000 mais seulement de 100 000, la plus-value lors de la cession aurait toujours été de 600 000 ;
– si les biens non amortissables ont fait l'objet chez la société absorbée d'une réévaluation dans le cadre de la réévaluation légale des bilans 1976-1979, le calcul de la plus-value réalisée lors de la cession du bien doit être effectué en tenant compte de la valeur d'origine du bien avant la réévaluation légale.

Les cas complexes

1242 L'obligation mise à la charge de la société absorbante peut s'avérer plus délicate à mettre en œuvre dans trois cas :

– lorsque le bien cédé avait fait l'objet dans les écritures de la société absorbée de dépréciations ;
– lorsque le bien cédé a fait l'objet d'apports dans le cadre d'opérations successives de fusions ;
– lorsque les éléments cédés sont des titres de participation pour lesquels les frais d'acquisition ont été incorporés au prix de revient.

• *Le calcul des plus-values sur des biens ayant fait l'objet de dépréciation chez l'absorbée*

1243 La référence à la valeur d'origine des biens non amortissables est susceptible de soulever des difficultés lorsque le bien a fait l'objet de dépréciations.

La solution préconisée par l'administration dans une telle situation est relativement complexe, au moins en apparence. L'administration tient le raisonnement suivant : les dépréciations qui conservent leur objet lors de l'opération de fusion sont ni plus ni moins exonérées ; aussi convient-il de retenir comme valeur d'origine du bien non amortissable chez l'absorbée le prix de revient diminué des dépréciations ainsi constatées et qui conservent leur objet, ce que l'administration appelle la valeur d'origine du bien « du point de vue fiscal » (doc. adm. 4 I 1242-62 et s.).

1244 Mais en procédant ainsi, et dans la mesure où les dépréciations influent sur la valeur d'origine du bien, les dépréciations vont avoir une répercussion directe sur le montant de la plus-value de cession. Pour cette raison, l'administration prescrit de réintégrer dans les résultats de la société absorbante au titre de l'exercice de cession, « la fraction des plus-values afférentes aux éléments non amortissables compris dans l'apport et qui correspond aux dépréciations de la société absorbée » (doc. adm. 4 I 1242-63).

1245 L'administration donne l'exemple suivant. Un terrain acquis 1 000 000 a donné lieu à la constatation d'une dépréciation de 200 000. La société propriétaire de ce terrain est absorbée et le terrain est apporté pour 750 000. Ultérieurement la société absorbante vend le terrain pour un prix de 1 200 000.

La plus-value dégagée lors de la cession est égale à :

Prix de vente	1 200 000	
Valeur fiscale chez l'absorbée	800 000	(1)
Plus-value	400 000	

(1) Valeur d'origine (1 000 000) – Dépréciation (200 000).

1246 Mais l'administration indique qu'« à concurrence de 200 000, la plus-value sur le terrain correspond à la dépréciation constituée par la société absorbée et doit donc être rattachée aux bénéfices d'exploitation de la société absorbante » (doc. adm. 4 I 1242, § 65).

Le chemin est un peu tortueux ; il consiste dans un premier temps à matérialiser l'incidence de la dépréciation sur la valeur d'origine, puis à neutraliser cette incidence au niveau de la plus-value.

Il est peut-être plus simple de considérer en poussant la logique du caractère intercalaire jusqu'au bout que, du fait de la cession, la dépréciation constatée chez la société absorbée devient sans objet et doit être rapportée aux résultats, et de calculer ensuite la plus-value en rapprochant la valeur d'origine de la valeur de cession. Cette simplification n'est toutefois pas susceptible d'être pratiquée dans certains cas particuliers. Il s'agit notamment du cas des titres des sociétés de recherche agréées et des sociétés financières d'innovation. Ces titres peuvent

en effet faire l'objet d'un amortissement exceptionnel (CGI art. 39 quinquies A-2). **Cet amortissement est pris en compte pour déterminer la valeur d'origine des titres, mais n'a pas à être rapporté aux résultats pour le calcul de la plus-value.**

EXEMPLE

La société U est absorbée par la société V. La société U a apporté pour 20 000 des titres de participation dont la valeur d'origine était de 30 000 et qui avaient fait l'objet d'une dépréciation pour 10 000.

Les titres sont cédés pour 30 000.

La valeur fiscale des titres de participation chez l'absorbée était de :

30 000 - 10 000 = 20 000.

Les titres étant cédés au prix de 30 000, la plus-value s'élève à 10 000. Mais cette plus-value trouve en réalité entièrement son origine dans la dépréciation des titres. Celle-ci doit être rapportée aux résultats toutefois, s'agissant d'une dépréciation des titres de participation, la reprise ne sera pas imposée.

• *Le calcul des plus-values sur des biens non amortissables ayant fait l'objet d'apports successifs*

1247 **Le principe de calcul des plus-values sur les éléments non amortissables compris dans des opérations de fusion consiste à prendre comme référence la valeur d'origine de l'élément chez la société absorbée en faisant abstraction de la plus-value d'apport.**

Or il se peut que la valeur chez la société absorbée soit elle-même une valeur d'apport, la société absorbée ayant pu recevoir ce bien lors d'une opération antérieure de fusion dans laquelle elle avait la qualité de société absorbante.

1248 **Dans une telle hypothèse, le précédent apport a pu également être placé sous le régime spécial des fusions et bénéficier d'une exonération. Dès lors, il convient lors de la cession du bien de retenir, comme valeur d'origine, la valeur qu'avait ce bien dans les écritures de la première société apporteuse. En d'autres termes, on fait abstraction des fusions successives.**

EXEMPLE

La société U cède un terrain pour un prix de 800 000. Ce terrain avait été reçu, lors d'un apport-fusion, d'une société V qui avait été absorbée. La valeur d'apport était de 700 000. La valeur d'origine de ce terrain dans la société V était de 600 000. Cette société V avait elle-même reçu ce terrain d'une société W qu'elle avait absorbée trois ans plus tôt. Le terrain avait dans les écritures de la société W une valeur de 450 000.

Dans ces conditions, lors de la cession de ce terrain par la société U, la plus-value réalisée est de :

Prix de cession	800 000
Valeur d'origine	450 000
Plus-value	350 000

1249 **On prendra garde toutefois, en pratique, au fait que les fusions successives réalisées en régime de faveur peuvent avoir été faites soit à la valeur comptable, soit à la valeur réelle en fonction de la réglementation comptable applicable.**

1250 **L'obligation d'inscrire les éléments autres que les immobilisations pour la valeur qu'ils avaient, du point de vue fiscal, dans les écritures de la société absorbée a déjà été examinée ; elle est le corollaire de l'exonération des gains constatés lors de l'apport sur les éléments de l'actif circulant** *(voir § 1085)*.

• La cession de titres de participation pour lesquels les frais d'acquisition ont été incorporés au prix de revient

1251 L'article **209 VII** du **CGI** prévoit que les frais d'acquisition des titres de participation doivent être obligatoirement incorporés au prix de revient et faire l'objet d'un amortissement sur cinq ans. Si les titres sont compris dans une opération de fusion à l'intérieur de ce délai de cinq ans, il convient de d'interroger sur les conditions dans lesquelles le régime spécial des fusions va s'appliquer.

En premier lieu, il convient de rappeler que la société absorbante sera fondée à continuer de pratiquer un amortissement des frais d'acquisition incorporés au prix de revient des titres de participation sur la durée d'amortissement restant à courir.

1252 En second lieu, en cas de cession des titres de participation, la société absorbante devra calculer la plus-value de cession par référence à la valeur fiscale qu'avaient les titres du point de vue fiscal à la date de la fusion diminuée du montant des amortissements qui ont été pratiqués par la société apporteuse ou absorbée puis par la société absorbante au titre de l'article **209 VII** du **CGI** (instr. 4 janvier 2008 : BOI 4 H-1-08).

L'obligation de recenser les plus-values en sursis d'imposition

1253 Avec le temps, le droit fiscal a multiplié les régimes d'exonération provisoire, de report ou de sursis d'imposition. Il en résulte qu'une même entreprise, à raison d'opérations diverses et étalées dans le temps, peut avoir sur des éléments d'actif une fiscalité latente importante et dont la réalisation fera le cas échéant référence à des valeurs historiques différentes des valeurs d'inscription en comptabilité.

Aussi, afin de faciliter le suivi de cette fiscalité latente, le droit fiscal a introduit deux conditions de forme supplémentaires qui trouvent dans les opérations de fusions un terrain direct d'application. Il s'agit :
– de l'état de suivi des plus-values en sursis d'imposition (CGI art. 54 septies I) que l'on dénomme parfois l'état de suivi des valeurs fiscales ;
– du registre des plus-values en sursis d'imposition (CGI art. 54 septies II ; instr. 17 janvier 2002 : BOI 4 I-1-02).

L'État de suivi

1254 L'état des plus-values en sursis d'imposition doit être joint à la déclaration de résultat. Un décret fixe le contenu de cet état (CGI, ann. 3, art. 38 quindecies). On rappelle que cet état doit également être souscrit par la société absorbée au titre de l'exercice de fusion.

Il doit faire apparaître, pour chaque nature d'élément, les renseignements nécessaires au calcul du résultat imposable lors de la cession ultérieure des éléments considérés. Cette condition de forme ne doit pas être négligée car le défaut de production de cet état, au titre de l'exercice au cours duquel est réalisée l'opération de fusion ou au cours d'un exercice ultérieur, est assorti de sanctions.

1255 En cas de défaut de production de l'état au titre de l'exercice au cours duquel est réalisée l'opération ou au titre des exercices ultérieurs, ou si les renseignements qui y sont portés sont incomplets ou inexacts, il est prononcé une amende égale à 5 % des résultats omis (CGI art. 1763, dispositions applicables aux opérations réalisées depuis le 1er janvier 2010). L'amende s'applique sur le montant des résultats non déclarés

Annexe I : Modèle de l'état de suivi prévu au I de l'article 54 septies du code général des impôts

ETAT DE SUIVI DES SURSIS ET DES REPORTS D'IMPOSITION

Nature de l'opération

- Fusions, apports partiels d'actif et scissions de sociétés (art. 210 A et 210 B du CGI) ☐
- Echanges d'actions dans le cadre d'O.P.E., conversions de titres et remboursements d'obligations en actions (art. 38-7 du CGI) ☐
- Echanges de titres résultant d'une fusion ou d'une scission (art. 38-7 bis et 93 quater V du CGI) ☐
- Apport d'une entreprise individuelle à une société (art. 151 octies du CGI) ☐
- Echanges de titres d'O.P.C.V.M. (art. 38-5 bis du CGI) ☐
- Transformation en S.C.O.P. (art. 210 D du CGI) ☐
- Apports réalisés par les S.C.P. (art. 151 octies A du CGI) ☐

Date de réalisation de l'opération :

Désignation (nom ou dénomination, adresse et n° siret,...) des personnes physiques et morales concernées (apporteuses, bénéficiaires des apports, associées,...)

-
-
-

SUIVI DES VALEURS FISCALES DES BIENS NON AMORTISSABLES					
BIENS NON AMORTISSABLES	Valeur fiscale ①	Valeur comptable ②	Montant de la soulte éventuellement reçue (1) ③	Montant de la soulte imposée (1) ④	Valeur d'échange ou d'apport des biens ⑤
Fonds commercial					
Autres immobilisations incorporelles					
Terrains					
Participations					
Autres immobilisations financières					

(1) Ces colonnes ne sont à remplir que pour les opérations visées aux articles 38-5 bis, 38-7, 38-7 bis, 93 quater V et 151 octies A du CGI et les opérations visées à l'article 210 B du CGI lorsque la société apporteuse a reçu une soulte à l'occasion d'un apport de titres assimilé à un apport de branche complète d'activité.

SUIVI DES PLUS-VALUES SUR BIENS AMORTISSABLES					
BIENS AMORTISSABLES	Montant net des plus-values réalisées ①	Durée de la période prévue pour la réintégration ②	Montant antérieurement réintégré ③	Montant réintégré dans le résultat de l'exercice ④	Montant restant à réintégrer ⑤
Brevets					
Autres droits incorporels					
Terrains servant à une exploitation (carrières, sablières, ardoisières...)					
Constructions					
Installations techniques, matériel et outillage industriels					
Autres immobilisations corporelles					
TOTAL					

(plus-values ou moins-values). Lorsque l'administration a l'intention d'appliquer cette amende, elle en avise le contribuable qui dispose d'un délai de trente jours pour produire ses observations. Par mesure de tempérament, l'administration admet que l'entreprise puisse régulariser sa situation sans encourir l'application de cette sanction lorsque sa démarche est spontanée et n'est pas motivée par une quelconque demande de l'administration fiscale (aucun contrôle en cours de la société n'a reçu ni avis de vérification, ni demande d'information à ce sujet). Par ailleurs, l'administration ajoute que la situation déclarative de la société devra faire apparaître une moralité fiscale irréprochable (rescrit 2012/8 du 21 février 2012).

1256 À propos de l'état des plus-values en sursis d'imposition, on précisera encore qu'il y a lieu de souscrire un état par opération. Ainsi, si une entreprise réalise plusieurs opérations de fusions ou de restructurations au cours du même exercice, elle doit souscrire autant d'états qu'il y a eu d'opérations réalisées. L'état est souscrit sur papier libre et selon le modèle défini par l'administration dans une instruction du 17 janvier 2002 (instr. 17 janvier 2002 : BOI 4 I-1-02). L'état doit également, le cas échéant, comporter des éléments relatifs au mali technique de fusion en cas de fusion à la valeur comptable.

1257 Par ailleurs, la question s'était posée, dans l'hypothèse des fusions opérées sur la base des valeurs comptables de l'opportunité, de déposer tous les ans un état de suivi des plus-values dans la mesure où les plus-values étaient nulles. L'administration avait admis pendant un temps que cet état ne soit en réalité produit qu'au titre du seul exercice de réalisation de l'opération et que l'entreprise soit dispensée de produire cet état pour les exercices ultérieurs. Mais, dans son instruction du 17 janvier 2002, l'administration est revenue sur cette tolérance. En effet, l'administration considère que l'opération faite sur la base des valeurs comptables peut porter sur des biens qui avaient été compris dans des opérations de restructuration antérieures et auxquelles étaient attachées des plus-values en report ou en sursis. Or, le fait que ces biens soient ensuite compris dans des opérations faites sur la base des valeurs comptables n'a pas pour effet de faire disparaître les reports ou sursis initiaux. Il en résulte que la nécessité d'assurer un suivi de ces plus-values est inconciliable avec la tolérance admise par l'administration, ce qui explique ce revirement. Cette tolérance était exprimée dans une instruction du 26 juillet 1994 (BOI 4 I-2-94) ; elle est rapportée, pour les sociétés concernées, par l'instruction du 17 janvier 2002 (BOI 4 I-1-02). Les entreprises qui s'étaient prévalu de cette tolérance doivent à nouveau souscrire cet état. Toutefois, si la fusion ne comporte aucun élément affecté de plus-values en report ou en sursis d'imposition, elles peuvent se contenter de souscrire l'état de suivi au titre de l'année de fusion en consignant dans l'état la mention : « Renseignements relatifs aux biens : néant. La valeur comptable de tous les biens correspond a leur valeur fiscale » (instr. 17 janvier 2002, BOI 4 I-1-02, §§ 35 à 38).

1258 L'état de suivi concerne, le cas échéant, les titres qui, pour les besoins de l'opération et en application des dispositions de l'article 210 A-6 du CGI, ont été assimilés à des immobilisations non amortissables, même si, par nature, avant comme après l'opération, ces titres n'ont pas la nature d'immobilisation.

L'ÉTAT DES PLUS-VALUES EN SURSIS D'IMPOSITION : QUEL CONTENU ?

L'état des plus-values en sursis d'imposition doit mentionner :
– la date et la nature de l'opération ;
– le nom, la dénomination et l'adresse des personnes concernées par l'opération ;

– pour les éléments non amortissables :
  • la valeur comptable ;
  • la valeur fiscale servant pour le calcul du résultat imposable des cessions ultérieures ;
  • le montant de la soulte éventuellement perçue lors de l'opération ;
  • le montant de la soulte imposée lors de l'opération d'échange ou d'apport ;
  • la valeur d'échange ou d'apport des biens ;
– pour les éléments amortissables :
  • le montant des plus-values et moins-values réalisées lors de l'opération ;
  • la durée de réintégration des plus-values ;
  • le montant des plus-values déjà réintégrées dans les résultats des exercices précédents ;
  • le montant des plus-values réintégrées dans le résultat de l'exercice ;
  • le montant des plus-values restant à réintégrer.

Selon l'article 38 quindecies de l'annexe III, il doit être souscrit un état par opération et par exercice tant qu'il existe, pour une opération donnée, des éléments auxquels est rattaché un sursis d'imposition. Cet état doit, par ailleurs, faire également apparaître la valeur comptable et la valeur fiscale du mali technique (v. infra).

Le registre

1259 Le registre des plus-values en sursis d'imposition concerne quant à lui les plus-values dégagées sur des éléments d'actif non amortissables lors de la fusion et dont l'imposition a été reportée. Ces plus-values doivent être portées sur un registre tenu par la société absorbante ou bénéficiaire des apports. Sur ce registre, doivent notamment apparaître la date de l'opération, la nature des biens transférés (détaillés bien par bien), leur valeur comptable d'origine, leur valeur fiscale ainsi que leur valeur d'apport. Ce registre doit être conservé jusqu'à la fin de la troisième année qui suit celle au titre de laquelle le dernier bien porté sur le registre est sorti de l'actif de l'entreprise. Le registre doit être conservé dans les conditions prévues à l'article L. 102 B du Livre des procédures fiscales. Lorsque ce registre ne peut être présenté à l'administration, ou lorsqu'il est incomplet ou inexact, l'entreprise encourt une amende égale à 5 % du montant des résultats omis sur le registre (CGI art. 1734 ter). Jusqu'au 1er janvier 2000, la sanction n'était que de 1 %. Le registre s'applique également aux opérations d'apports, scissions, apports partiels d'actifs.

SUIVI DES PLUS-VALUES EN SURSIS D'IMPOSITION : ATTENTION DANGER !

Il est courant en pratique de parler de l'état de suivi des plus-values en sursis d'imposition. Cette appellation, qui est au demeurant reprise dans le modèle d'imprimé élaboré par l'administration, pourrait laisser penser qu'en l'absence de plus-values à l'occasion de l'opération de fusion, il n'y a pas lieu de souscrire l'état prévu par l'article 54 septies I.

La lecture attentive de l'article 54 septies I montre qu'il n'en est rien. La souscription de l'état de suivi des plus-values est liée au choix du régime fiscal sous lequel est placée la fusion et non à l'existence ou à l'absence de plus-value dans la mise en œuvre du régime choisi. Ainsi, les sociétés qui placent la fusion sous le régime de l'article 210 A du CGI ont l'obligation de souscrire l'état de suivi des plus-values en sursis, même si la fusion ne dégage par elle-même aucune plus-value. Tel peut être le cas par exemple dans le cadre d'une opération de fusion placée sous le régime spécial des fusions mais effectuée sur la base des valeurs comptables. Dans ce dernier cas toutefois, en l'absence de plus-value, l'administration a admis que l'état ne soit pas produit au titre des exercices ultérieurs.

Les droits de la société absorbante

1260 La société absorbante, ou bénéficiaire des apports, doit prendre en charge diverses obligations fiscales qui ne sont que la contrepartie des exonérations ou sursis d'imposition accordés à la société absorbée. Toutefois, en matière fiscale, la fusion ne confère pas que des obligations à la société absorbante ; celle-ci possède également des droits.

Le droit de distribuer les bénéfices de la société absorbée

1261 Dans la mesure où la fusion emporte transmission du patrimoine à la société absorbante, celle-ci est appelée notamment à recevoir les bénéfices de la société absorbée. La société absorbante a ainsi la possibilité de distribuer à ses associés les bénéfices qui lui ont été transmis par la société absorbée.

Le droit au report déficitaire de la société absorbée

1262 Sous certaines conditions, la société absorbante peut bénéficier d'un droit au report des déficits de la société absorbée. Ce point a déjà fait l'objet de développements spécifiques *(voir §§ 941 et s.)*. Il s'agit en particulier du cas où la fusion a bénéficié d'un agrément ministériel ayant autorisé l'imputation chez l'absorbante de tout ou partie des déficits de la société absorbée.

Le droit au transfert sur agrément des intérêts de sous-capitalisation

1263 Les développements précédents ont montré que les intérêts liés à la sous-capitalisation et qui n'ont pas été admis en déduction peuvent être déduits des exercices suivants dans la limite de 25 % du résultat courant avant impôt, diminué du montant des intérêts admis en déduction au titre de l'exercice. En cas de fusion, il est possible d'obtenir le transfert de ce report au profit de la société absorbante.

L'article 209-II du CGI prévoit en effet que : « En cas de fusion ou opération assimilée placée sous le régime de l'article 210 A, les déficits antérieurs et la fraction d'intérêts, mentionnée au sixième alinéa du 1 du II de l'article 212, non encore déduits par la société absorbée ou apporteuse sont transférés, sous réserve d'un agrément délivré dans les conditions prévues à l'article 1649 nonies, à la ou aux sociétés bénéficiaires des apports, et imputables sur ses ou leurs bénéfices ultérieurs dans les conditions prévues respectivement au troisième alinéa du I et au sixième alinéa du 1 du II de l'article 212. »

La procédure d'agrément applicable est la même que pour le transfert des déficits de la société *(voir encadré après le § 965)*.

La maîtrise fiscale des éléments de l'actif immobilisé reçus dans l'apport

1264 Les droits que confère la fusion au regard de l'actif immobilisé portent sur les éléments amortissables et constituent la contrepartie de l'obligation pour la société absorbante ou bénéficiaire des apports de réintégrer de façon échelonnée la plus-value de fusion. Ces droits se traduisent par un amortissement des biens après la fusion ou encore, lors de la cession des biens, par le bénéfice des modalités particulières de calcul des plus-values.

L'amortissement des biens par la société absorbante après la fusion

1265 Le principe en la matière est que la société absorbante enregistre les biens qui lui sont transmis pour leur valeur d'apport et amortit ces biens sur cette même base pour la période postérieure à la fusion.

1266 Pour les fusions faites en valeur réelle, la société absorbante est autorisée à pratiquer l'amortissement dégressif sur les biens qui lui sont apportés et qui y ouvrent droit, même si en fait ces biens sont par définition des biens usagés. Quant à la durée d'amortissement des biens, elle fait l'objet d'une nouvelle détermination. Il convient d'estimer la durée probable d'utilisation restant à courir à la date de la fusion (durée probable d'utilisation des biens apportés appréciée à la date effective de la fusion). Cette durée d'utilisation résiduelle peut être différente de la durée d'amortissement qui restait effectivement à courir chez la société absorbée à la date de la fusion (doc. adm. 4 I 1242, § 96). La durée d'amortissement ainsi retenue permet de déterminer le taux d'amortissement qui sera utilisé par la société absorbante.

1267 Il s'agit là d'un régime globalement avantageux dans lequel l'administration renonce à tirer toutes les conséquences du caractère intercalaire de la fusion. L'avantage ainsi octroyé est destiné à contrebalancer l'obligation pour la société absorbante de réintégrer la plus-value de fusion sur éléments amortissables.

1268 Lorsque l'opération est effectuée à la valeur comptable, ces règles ne s'appliquent pas. L'apport à la valeur comptable est présumé conférer un caractère totalement intercalaire à l'opération. Par voie de conséquence, il ne saurait être question de redéfinir un nouveau plan d'amortissement. En réalité, la société absorbante ne peut être que la continuatrice de la société absorbée. Elle doit donc simplement reprendre et poursuivre l'amortissement des biens reçus par voie d'apport tel que pratiqué par la société absorbée. Par parenthèse, même avant l'adoption de la réglementation comptable de 2004, l'administration, dans son instruction du 11 août 1993, avait rappelé que la transcription de l'ensemble des apports à la valeur comptable supposait que l'absorbante reprenne à son bilan les écritures comptables de la société absorbée et qu'elle continue de calculer les dotations aux amortissements à partir de la valeur d'origine qu'avaient les biens dans les écritures de la société absorbée.

EXEMPLE

La société A, dont l'exercice coïncide avec l'année civile, fait l'acquisition le 1er janvier N - 3 d'un bien d'une valeur d'origine de 100 000, bien dont la durée de vie est estimée à cinq ans et qui est amorti selon le mode dégressif. La société A est absorbée le 1er janvier N, la valeur d'apport étant de 50 000. À cette date, la société absorbante estime que la durée de vie du bien est de quatre ans.

Dans ces conditions, le matériel sera amorti de la façon suivante :

• *chez la société absorbée :*

N - 3 : 100 000 × (20 % × 2) = 40 000	VNC au 31 décembre : 60 000
N - 2 : 60 000 × 40 % = 24 000	VNC au 31 décembre : 36 000
N - 1 : 36 000 × 40 % = 14 400	VNC au 31 décembre : 21 600

• *chez la société absorbante :*

La plus-value de fusion est égale à :

50 000 - 21 600 = 28 400

Cette plus-value est à court terme pour la totalité et doit être comprise dans la plus-value globale sur éléments amortissables qui sera échelonnée en principe sur une période de cinq ans.

En contrepartie, la société absorbante va amortir ce bien sur la base de la valeur d'apport, soit 50 000. La durée d'amortissement est estimée à quatre ans ; il en résulte que le taux d'amortissement dégressif correspondant sera de 25 % × 1,5 = 37,5 %.

Le bien sera amorti selon le plan suivant :

N : 50 000 × 37,5 % = 18 750	VNC au 31 décembre :	31 250
N + 1 : 31 250 × 37,5 % = 11 718,75	VNC au 31 décembre :	19 531,25
N + 2 : 19 531,25 × 50 % = 9 765,63	VNC au 31 décembre :	9 765,62
N + 3 : 19 531,25 × 50 % = 9 765,62	VNC au 31 décembre :	0

Fusions et composants

La maîtrise par la société absorbante des éléments reçus par voie d'apport commande de s'interroger sur le sort qu'il convient de réserver aux éléments amortissables de l'actif immobilisé qui avaient été décomposés chez la société absorbée. En réalité, le traitement de ces éléments va être naturellement lié de près à la méthode de valorisation des apports qui sera retenue compte tenu de la configuration de l'opération.

Pour les fusions faites à la valeur comptable : En réalité, en ce domaine, la société absorbante n'a guère le choix. Elle est la continuatrice « comptable » de ce qui avait été initié par la société absorbée. Dès lors, la société absorbante devra poursuivre les plans d'amortissement qui avaient été définis initialement par la société absorbée en tenant compte des décompositions effectuées par la société absorbée.

Pour les fusions faites à la valeur réelle : La société absorbante dispose d'une marge de manœuvre plus importante et a pour ainsi dire la maîtrise totale des éléments reçus. Pour les éléments qui ont été décomposés chez la société absorbée, la société absorbante a la possibilité de se référer à la ventilation chez la société apporteuse. Mais si la société absorbante justifie d'une utilisation différente de l'immobilisation transmise, elle peut également justifier d'une décomposition différente (BOI 4 A-13-05, n° 73). On observera sur ce point que, dans le traité d'apport, la valorisation des immobilisations sera sans doute globale. Une fois la décomposition effectuée par la société absorbante, les composants seront amortis selon les règles classiques, c'est-à-dire par référence à la durée réelle d'utilisation du composant. Pour les autres éléments, en particulier les immobilisations non décomposées, la société absorbante déterminera une durée d'amortissement définie au plan fiscal par référence aux usages.

La cession des biens de l'actif immobilisé reçus en apport

1269 Lorsque l'entreprise absorbante cède des biens qui ont été reçus dans le cadre d'une opération de fusion, on considère que la société absorbante est réputée avoir acquis les biens à la date de leur entrée dans le patrimoine de la société absorbée.

Ainsi, une entreprise acquiert un bien en N. L'entreprise est absorbée en N + 3 et la société absorbante cède le bien en N + 5. Pour la détermination de la plus-value, mais surtout pour sa qualification, on considérera que le bien a été acquis en N. La portée pratique de cette disposition est toutefois aujourd'hui très limitée compte tenu du choix d'application des plus-values a long terme dans les sociétés soumises à l'IS.

1270 Il en résulte que la cession d'un élément moins de deux ans après une opération de fusion placée sous le régime spécial des fusions peut engendrer une plus-value à long terme. *A contrario,* si la fusion était placée sous le régime de droit commun, le bien serait réputé acquis à la date de fusion.

Le droit aux agréments fiscaux

1271 De façon peut-être plus ponctuelle, il convient de remarquer que la société absorbée, ou apporteuse, a pu bénéficier préalablement à la fusion d'agréments fiscaux.

Il convient dès lors de s'interroger sur le devenir des agréments fiscaux dans le cadre de l'opération de fusion et de leur éventuelle transmission à la société absorbante.

1272 En matière d'agréments fiscaux, deux situations sont susceptibles de se présenter.

Certains agréments peuvent être transmis automatiquement en cas de fusion ; cette possibilité est en général prévue par les textes qui instaurent les mesures ou opérations soumises à agrément. Tel est le cas par exemple des aides fiscales à l'implantation régionale (CGI art. 1465, 217 undecies). Ce transfert des agréments fiscaux a pour effet de transmettre à la société absorbante les obligations ou les engagements auxquels l'agrément est subordonné. Par voie de conséquence, si la société absorbante est dans l'impossibilité de satisfaire aux engagements et obligations pris par la société absorbée, une décision spéciale autorisant le maintien de l'agrément doit être demandée.

1273 À l'inverse, certaines dispositions qui prévoient la nécessité d'un agrément restent silencieuses sur le devenir de tels agréments en cas de fusion. Dès lors, leur maintien est subordonné à une décision spéciale autorisant le maintien de l'agrément, ce qui suppose naturellement que la société absorbante respecte les engagements qui avaient été mis à la charge de la société absorbée en contrepartie de l'agrément.

Les problèmes particuliers pouvant apparaître chez l'absorbante postérieurement à la fusion

1274 Les développements qui précèdent ont été axés sur ce qui constitue en quelque sorte le dénominateur commun des fusions placées sous le régime fiscal spécial de l'article 210 A du CGI.

Il n'en reste pas moins que, au-delà de ces traits communs, les opérations de fusion peuvent présenter quelques particularités dont le traitement au plan fiscal appelle des remarques spécifiques.

Le traitement chez l'absorbante des dettes nées chez l'absorbée

1275 Les charges qui se rapportent à la gestion de la société absorbée constituent des charges normalement déductibles au niveau de cette société dès lors qu'elles sont nées avant la fusion. La circonstance que ces charges soient réglées par la société absorbée ou par la société absorbante reste à cet égard sans influence sur la détermination des résultats sur lesquels ces charges doivent venir s'imputer.

Réciproquement, et dans la mesure où la société absorbante reprend l'exploitation de la société absorbée, les charges qui se rapportent à la gestion de la société absorbée constituent des charges déductibles pour la société absorbante lorsque celles-ci sont nées postérieurement à la date de la fusion et ont été payées par la société absorbante.

1276 Ce principe d'imputation des charges a donné lieu à diverses applications jurisprudentielles. Les arrêts rendus sur cette question ont soit appliqué le principe dans toute sa rigueur, soit précisé la portée de ce principe pour certaines catégories particulières de charges.

Ainsi, par exemple :

– le paiement par la société absorbante d'une dette de la société absorbée née antérieurement à la date de la fusion et acquittée au titre des obligations découlant des termes mêmes de l'acte de fusion ne constitue pas une charge se rattachant à la gestion de la société absorbante. Les sommes en cause ne doivent donc pas être regardées comme des charges d'exploitation de la société absorbante mais comme un élément du coût d'acquisition des éléments d'actif qu'elle a recueillis, même si l'état du passif produit par la société absorbée n'en faisait pas mention (CE 7e et 9e s.-sect., 9 janvier 1974, n° 89157 ; doc. adm. 4 I 1224-124 ; RJF 1974, n° 3, p. 93). Il s'agit d'appliquer ici ce que la jurisprudence dénomme la « théorie du prix d'acquisition » (CE 27 juin 2008, req. n° 282910, 8e et 3e s.-sect., RJF 2008, n° 11, com. 1166 ; voir également CAA Lyon, 6 avril 2010, n° 08-638, 2e al. : RJF 210, n° 11, com. 1002) ;

– la charge que la société absorbante, subrogée dans les droits et les obligations de la société absorbée, a été amenée à payer postérieurement au traité de fusion se rattache à sa propre gestion et constitue pour elle une charge d'exploitation déductible de son bénéfice dès lors qu'elle n'était pas prévisible à la date de la fusion (CE 7e et 9e s.-sect., 6 novembre 1974, nos 89562 et 89564 ; RJF 1975, n° 1, p. 23. Pour d'autres illustrations, il convient de se reporter à : CE 7 juillet 1972, 7e et 9e s.-sect., n° 81749 ; Droit fiscal 1972, com. 1363 et 1541, concl. Delmas-Marsalet ; CE 26 novembre 1971, 7e et 9e s.-sect., n° 81743 ; Droit fiscal 1972, nos 1-2, com. 55 ; RJF 2008, n° 10, com. 1058 ; CE 6 juin 2008, req. n° 285629, 8e et 3e s.-sect. ; RJF 2008, n° 10, com. 1058 ; l'arrêt est rendu à propos de détournement de fonds découverts après la date d'effet de la fusion. La théorie du prix d'acquisition ne s'applique pas dans la mesure où ces détournement n'étaient pas prévisibles à la date de la fusion. La solution est différente par les détournements commis pendant la période intercalaire).

Le passif fiscal et les fusions de sociétés

Le sort des dettes fiscales dans les opérations de fusion doit faire l'objet d'une attention particulière. Il convient de distinguer sur cette question :

– le passif fiscal existant à la date de la fusion ;

– les vérifications et les redressements opérés après la fusion ;

– les rappels d'impôts relatifs à la société absorbée et apparaissant postérieurement à la fusion.

Le passif fiscal existant à la date de la fusion. Les dettes fiscales qui sont nées à la date de la fusion ne peuvent être déduites qu'au niveau des résultats de la société absorbée, et cela, même si elles font l'objet d'un règlement financier par la société absorbante. C'est la conséquence du principe même du rattachement des charges. La société absorbante ne peut en la matière exercer aucun droit à déduction.

(CE 7e et 9e s.-sect., 26 novembre 1971, n° 81743 ; Droit fiscal 1972, nos 1-2, com. 55 en matière de taxe professionnelle ; CAA Lyon, 6 avril 2010, n° 08-638 : RJF 2010, n° 11, com. 1002).

Les vérifications et redressements opérés après la fusion. La fusion de deux sociétés par absorption de l'une d'elles entraîne la disparition de l'absorbée. Il n'en reste pas moins que l'administration peut procéder à une vérification de comptabilité de la société absorbée nonobstant le fait que cette société ait cessé d'exister du fait de la fusion. Si dans une telle situation l'administration conclut à des redressements, ceux-ci peuvent être notifiés à la société absorbante. Ainsi a-t-il été jugé qu'une notification de redressements concernant une société B, absorbée par A, pouvait être adressée à « la société B par la société A ».

(CE 7e et 9e s.-sect., 23 juillet 1974, nos 87393 et 87879 ; Dupont 1974, p. 386.)

Les rappels d'impôts se rapportant à la société absorbée. Il se peut que, postérieurement à la fusion, des rappels d'impôts se rapportant à la société absorbée soient réclamés et fassent l'objet d'un règlement par la société absorbante. Le régime fiscal des versements ainsi opérés par la société absorbante varie. Si dans l'acte de fusion la société absorbante s'est engagée à prendre en charge le passif de la société absorbée, les charges fiscales qui apparaîtraient ultérieurement et qui n'étaient ni connues ni prévisibles lors de la fusion peuvent être déduites. Si, en revanche, l'acte de fusion prévoit que la société absorbante ne prend en charge « que le passif existant au jour de la fusion tel qu'il figure au bilan de la société absorbée », les rappels d'impôts se rapportant à l'absorbée ne peuvent être admis en déduction chez la société absorbante. Toutefois, et quel que soit le régime fiscal, la société absorbante est tenue au paiement des rappels d'impôts.

(Rép. Ziller, JO 13 novembre 1960, AN p. 3699 ; BOCD 1960-II-1374.)

Les pénalités fiscales infligées à la société absorbée. Le principe de la personnalité des peines ne s'oppose pas à ce que les pénalités infligées à la société absorbée soient mises à la charge de la société absorbante en conséquence de la transmission universelle du patrimoine. La société absorbante est ainsi redevable des pénalités infligées à la société absorbée mais mises en recouvrement après la fusion.

(Avis CE 4 décembre 2009, n° 329173, 3e et 8e s.-sect. RJF 2010, n° 2, com. 145.)

Le sort des frais de fusion

1277 La réalisation d'une opération de fusion entraîne par elle-même un certain nombre de frais, qu'il s'agisse d'honoraires de conseils, d'intermédiaires ou encore de frais d'actes de dépenses liées aux publications légales, de droits d'enregistrement et autres frais de gestion.

1278 Au plan comptable, le traitement des frais de fusion a été revu dans le cadre de l'avis du CNC du 25 mars 2004. Sur cette question, le Conseil national de la comptabilité, aujourd'hui Autorité des normes comptables, estime que seuls les coûts externes directement liés à l'opération, c'est-à-dire les dépenses qui n'auraient pas été engagées en l'absence de cette opération constituent, sur le plan comptable, des frais d'émission de titres. Les coûts externes, considérés comme des frais d'émission, peuvent être imputés sur la prime de fusion, comptabilisés en charge de l'exercice ou inscrits à l'actif en frais d'établissement. L'imputation sur la prime de fusion constitue la méthode préférentielle. Si les frais engagés ne remplissent pas les conditions pour être assimilées à des frais d'émission de titres, ils doivent être considérés comme de simples charges d'exploitation de la société absorbante.

1279 Au plan fiscal, la solution est identique, le traitement comptable étant lié au traitement fiscal. Tel n'est toutefois pas l'avis de la jurisprudence (CAA Bordeaux 3 décembre 2002, RJF 2004, n° 2, com. 20). L'administration a admis la déduction extra-comptable (État 2058 A - ligne X G) des frais de fusion lorsque ces dépenses ont été imputées sur la prime de fusion (rép. Dugoin, JO 3 mars 1991, AN p. 2152 ; voir également BOI 4 A-13-05, n° 46).

Le régime des biens oubliés dans l'acte de fusion

1280 En principe, la fusion entraîne transmission universelle du patrimoine de la société absorbée à la société absorbante. Les biens transmis doivent faire l'objet d'un inventaire et d'une estimation détaillés à la date de la fusion.

Or, il est possible que par simple mégarde des biens aient été effectivement transmis à la société absorbante sans que ceux-ci aient été pris en compte lors de l'inventaire de fusion.

1281 Il en résulte en fait que les biens sont transférés de la société absorbée à la société absorbante sans contrepartie. Fiscalement, il serait légitime de considérer que la société absorbante a réalisé un profit correspondant à la valeur du bien à la date de l'apport. Cependant, lorsqu'il résulte des circonstances de fait ayant entouré l'opération de fusion que l'absence d'inventaire ou d'évaluation de ces biens dans l'acte d'apport est dépourvue d'intention frauduleuse, la société absorbante est admise à comptabiliser ces biens pour une valeur nulle.

Dans une telle situation, la cession ultérieure de ces biens fait apparaître une plus-value égale au prix de cession des biens imposables dans les conditions normales.

Le sort des provisions constituées par l'absorbante et devenues sans objet du fait de la fusion

1282 Préalablement à l'opération de fusion, la société absorbante pouvait n'entretenir avec la société absorbée que de simples relations commerciales. Ces relations avaient pu justifier la constitution chez la société absorbante de provisions destinées à se prémunir contre des risques ou des charges pouvant survenir chez l'absorbée.

Or, du fait de la fusion, compte tenu de la réunion des deux patrimoines, le maintien au bilan de la société absorbante de provisions relatives à la société absorbée devient inutile. Ces provisions doivent être rapportées aux résultats de la société absorbante au cours de l'exercice de fusion.

En pratique, il peut s'agir par exemple d'une provision pour dépréciation des créances que la société absorbante détenait sur la société absorbée.

Le sort des abandons de créances consentis à l'absorbée avant la fusion

1283 Il est possible qu'une société ayant consenti des avances en compte courant à une filiale décide d'abandonner sa créance, en tout ou partie, puis d'absorber la filiale. Si la situation nette de la filiale est négative, l'abandon constitue en principe une charge déductible pour la société absorbante. Il n'en irait autrement que s'il était possible d'établir que l'abandon de créance n'était qu'une modalité d'acquisition des éléments d'actif de la filiale. Pour l'administration, cela revient à établir que le prix d'acquisition de la filiale et la parité ont été sous-évalués (CAA Nantes 7 juillet 1993, n° 92-151, 1re ch., SA Languille : RJF 1993, n° 11, com. 1425).

Le régime particulier des jetons de présence

1284 Le montant des jetons de présence admis parmi les charges déductibles de la société qui les verse fait l'objet d'un plafonnement conformément aux dispositions de l'article 210 sexies du CGI. En vertu de ce texte, le montant des jetons de présence déductible est égal à 5 % de la moyenne annuelle des rémunérations versées aux cinq ou dix personnes les mieux rétribuées de l'entreprise, cette somme étant multipliée par le nombre d'administrateurs en fonction (CGI art. 210 sexies).

1285 À l'issue de l'opération de fusion, il est probable que la composition du conseil d'administration de la société issue de la fusion ait été modifiée et que le nombre d'administrateurs en fonction excède le plafond en nombre d'administrateurs *(voir §§ 394 et s.)*.

Fiscalement, le plafond de déductibilité des jetons de présence se trouve ainsi augmenté du fait de l'opération de fusion.

La comptabilisation de l'opération chez la société absorbante

1286 La comptabilisation des opérations de fusion chez la société absorbante comportera quelques points essentiels tels que : l'augmentation du capital de la société absorbante avec soit émission d'actions nouvelles, soit remise aux associés de la société absorbée de titres auto-détenus, l'enregistrement des apports en fonction de la valeur d'apport retenue et enfin, l'ajustement du compte prime de fusion afin de permettre la reconstitution de certaines réserves ou des provisions réglementées qui existaient chez la société absorbée.

1287 Le schéma général des écritures qui est présenté ici est un schéma en dehors de toute participation détenue par la société absorbante dans le capital de la société absorbée préalablement à la fusion. Dans l'hypothèse inverse, les écritures chez la société absorbante doivent constater la limitation de l'augmentation du capital au nombre des actions nécessaires pour rémunérer les actionnaires ou associés de la société absorbée, autres que la société absorbante elle-même et procéder à l'annulation des titres détenus dans le capital de la société absorbée. Cette annulation fera le cas échéant apparaître un boni ou un mali de fusion, boni ou mali dont le régime comptable et fiscal fait l'objet de développements spécifiques.

1288 Schéma général des écritures

1re étape : le constat de l'augmentation du capital

456	Actionnaires de la société absorbée	×	
101	Capital		×
1042	Prime de fusion		×

La première étape consiste à constater l'augmentation du capital de la société absorbante par émission d'actions nouvelles. Trois remarques peuvent être formulées sur cette étape. Dans le cas d'une fusion par constitution de société nouvelle, il ne s'agit pas de constater l'augmentation du capital mais sa création. En outre, il est possible que la rémunération des actionnaires de la société absorbée s'effectue par remise d'actions auto-détenues. Dans cette situation, il faudra mouvementer un compte Titres de participations. Enfin, il est possible que l'opération de fusion soit réalisée avec une soulte ; dans ce cas, le versement de la soulte fera intervenir un compte de trésorerie.

2e étape : l'enregistrement des apports

205	Marques	×	
207	Fonds commercial	×	
21	Immobilisations	×	
3	Stocks	×	
4	Créances	×	
5	Disponibilités	×	
456	Actionnaires, société absorbée		×

456	Actionnaires, société absorbée	×	
16	Dettes à long et moyen terme		×
4	Dettes diverses		×
15	Provisions pour impôts		×
15	Provisions pour retraite		×

La deuxième étape consiste dans l'enregistrement des apports reçus par la société absorbante ou nouvelle. Sur ce schéma d'écritures, on se limitera à formuler deux remarques. D'une part, dans une fusion réalisée sur la base des valeurs réelles, le compte Fonds commercial permettra d'enregistrer l'écart existant entre la valeur globale de la société absorbée et le total des valeurs individuelles des biens compris dans l'apport. De la même manière, l'enregistrement doit faire apparaître les éléments éventuellement non comptabilisés chez la société absorbée mais obligatoirement pris en compte dans le projet : engagements de retraite ou provisions pour impôts. D'autre part, dans l'hypothèse d'une fusion faite sur la base des valeurs comptables, il faudrait nécessairement faire apparaître le montant des amortissements et dépréciations se rapportant aux éléments compris dans l'apport et qui doivent être repris par la société absorbante ou nouvelle, qui ne sera, de ce point de vue là, que la continuatrice de la société absorbée.

3ᵉ étape : l'ajustement de la prime de fusion

1042	Prime de fusion	×	
1413	Provision pour hausse des prix		×
14	Provisions pour...		×

Certains éléments qui existaient chez la société absorbée doivent être obligatoirement reconstitués chez la société absorbante. Leur reconstitution s'opère par imputation sur le montant de la prime de fusion avec, éventuellement, en cas d'insuffisance de la prime de fusion, la création d'un compte Report à nouveau débiteur. Enfin, pour être complet, le schéma d'écriture chez la société absorbante commande d'enregistrer les frais de fusion. Ces frais, les développements précédents l'ont montré, peuvent faire l'objet de plusieurs modes d'enregistrement comptable, notamment l'imputation sur la prime de fusion.

La situation au regard des impôts directs dans le cadre du régime de droit commun

1289 Les sociétés qui fusionnent ne sont pas nécessairement admises, ou n'ont pas systématiquement intérêt, à se prévaloir du régime spécial des fusions.

Au regard des impôts directs, la fusion peut ainsi être placée sous le régime de droit commun.

La mise en œuvre de ce régime n'appelle que quelques brefs commentaires dans la mesure où le schéma général repose sur :
– la constatation de la dissolution de la société absorbée (ou apporteuse) ;
– l'augmentation du capital de la société absorbante.

1290 En d'autres termes, et à l'inverse de ce qui se produit dans le régime spécial, la fusion ne revêt aucun caractère intercalaire. La notion de fusion prend en quelque sorte un aspect fictif, ne revêtant aucune réalité spécifique mais se présentant uniquement comme l'enchaînement de deux opérations dont le régime juridique et fiscal est connu : la dissolution puis l'apport en société.

La dissolution de la société absorbée

1291 Au regard des impôts directs, le fait de placer la fusion sous le régime de droit commun entraîne toutes les conséquences d'une cessation d'entreprise. On ne peut toutefois pas véritablement parler de liquidation d'entreprise ; l'ensemble des éléments qui composent le patrimoine de la société absorbée va être repris par une même et unique personne morale, l'absorbante. Il s'agit davantage d'une dissolution de société suivie d'un transfert du patrimoine. Quant aux règles applicables, ce sont celles des articles 201-1, 201-3 et 221-2 du CGI.

Les impositions mises à la charge de la société absorbée

1292 Pour la société absorbée, les conséquences fiscales sont les suivantes :
– *imposition des résultats de l'exercice en cours jusqu'à la date de la fusion* ;
– *imposition des provisions qui deviennent sans objet*. Tel est le cas notamment des provisions pour risques et charges. Les provisions réglementées sont également rapportées aux résultats de l'exercice au cours duquel intervient la dissolution de la société. Cette réintégration est au demeurant le plus souvent prévue par les textes. Ainsi, en matière de provisions pour hausse des prix, l'article 10 duodecies de l'annexe III prévoit la réintégration de la provision en cas de cession ou cessation d'activité ;
– *imposition des plus-values constatées lors de la fusion* et cela aussi bien sur les éléments amortissables que sur les éléments non amortissables ;
– *imposition immédiate des plus-values et des produits dont l'imposition a été différée* (plus-values nettes à court terme étalées, plus-values provenant de fusions antérieures et qui avaient bénéficié du régime spécial…).

1293 La circonstance que, compte tenu des dispositions comptables applicables, la fusion soit réalisée sur la base des valeurs comptables ne fait pas obstacle à l'imposition des plus-values constatées chez la société absorbée et calculées en fonction des valeurs vénales (voir en particulier : CE 21 novembre 1980, req. n° 17055 : Droit fiscal 1981, n° 7, com. 279).

1294 L'imposition des plus-values appelle quelques remarques complémentaires. En effet, il y a lieu en pratique d'opérer une compensation entre les plus-values et les moins-values de même nature. Dès lors :
– *si cette compensation fait apparaître une plus-value nette à court terme*, cette plus-value peut, le cas échéant, être compensée avec des déficits imputables de la société ;
– *si la compensation fait apparaître une moins-value nette à court terme*, celle-ci va s'imputer sur les autres éléments imposables de l'exercice ;
– *si la compensation dégage une plus-value nette à long terme*, celle-ci est le cas échéant imposable à 15 % ou à 19 %, remarque étant faite que le champ d'application des plus-values à 15 % est aujourd'hui très restreint. Toutefois, l'impôt au taux de 15 ou 19 % peut n'être pas dû, ou dû simplement en partie. En effet, la société absorbée, ou apporteuse, a la possibilité d'imputer, sur le montant des plus-values à long terme imposables au taux réduit proportionnel, ses éventuels déficits provenant soit de l'exercice de fusion, soit d'exercices antérieurs ;
– *si la compensation dégage une moins-value nette à long terme*, celle-ci est imputable partiellement sur le résultat fiscal imposable au taux de droit commun. Partiellement, car il ne saurait être question d'éteindre une matière imposable à 33,33 % par imputation d'un crédit potentiel d'impôt à 15 %. Aussi, l'imputation de la moins-value nette à long terme est-elle admise dans la limite de 15/33,33, soit 45 %.

En outre, et précisément dans le cas où la société absorbée relève du régime fiscal des sociétés de personnes, les plus-values réalisées à l'occasion de la fusion placée sous le régime de droit commun pourront bénéficier de l'exonération des plus-values prévues en faveur des petites entreprises.

1295 Autres conséquences fiscales :
– *imputation des déficits reportables et des déficits de l'exploitation* sur les autres éléments dégagés au titre du dernier exercice, ou éventuellement sur le montant des plus-values nettes à long terme. Le reliquat non imputé finalement sera considéré comme perdu ;
– *autres éléments : a) réserve spéciale des plus-values à long terme*. En principe, du fait de la disparition de la société apporteuse, la réserve spéciale devrait être rapportée aux résultats. Toutefois, l'article 209 quater 3 du CGI prévoit que le complément d'imposition n'est pas dû au titre des sommes prélevées sur la réserve spéciale lorsque la société est dissoute ;

b) participation des salariés. En principe, lorsque la fusion est placée sous le régime de droit commun, il convient de considérer qu'il y a déblocage des droits des salariés dans la mesure où s'opère un changement d'employeur. De même, si la provision pour investissement n'a pas encore été utilisée conformément à son objet, elle doit être rapportée aux résultats de la société absorbée. Les provisions pour investissement antérieures, qui ont été utilisées conformément à leur objet, sont considérées comme des réserves.

Les obligations déclaratives mises à la charge de la société absorbée

1296 La société absorbée étant appelée à disparaître, les obligations déclaratives mises à sa charge correspondent aux obligations inhérentes à une cessation d'activité.

Sur ce point, les obligations ne diffèrent pas de celles qui ont été étudiées dans le cadre du régime spécial.

L'augmentation du capital de la société absorbante

1297 Dans le cadre du régime de droit commun des fusions, la société bénéficiaire des apports se doit simplement de constater l'augmentation du capital correspondant au montant net des éléments apportés. Comme dans le cadre du régime spécial, cette augmentation de capital peut s'accompagner d'une prime de fusion.

1298 Les apports vont être enregistrés chez la société absorbante en fonction de leur valeur d'apport, laquelle sera déterminée compte tenu des règles comptables désormais en vigueur. Il en résulte que si la fusion est effectuée entre deux entités distinctes, la fusion est réalisée en tenant compte des valeurs réelles. Cette situation permet à la société absorbante d'amortir les biens sur la base de ces valeurs et, le cas échéant, de définir un nouveau plan d'amortissement, sans toutefois pouvoir pratiquer l'amortissement dégressif, s'agissant de biens d'occasion.

1299 En revanche, si la fusion est réalisée entre deux entités sous contrôle commun, les apports sont nécessairement valorisés à la valeur comptable. Il en résulte que la société absorbante ne peut, en termes de plan d'amortissement, que poursuivre ce qui avait été initié par la société absorbée. On constate ainsi un déséquilibre important au plan fiscal dans la mesure où la société absorbée doit être imposée sur les plus-values constatées lors de l'apport, même si celui-ci est transcrit en comptabilité sur la base des valeurs comptables, et la société absorbante, elle, ne peut dégager de marge complémentaire d'amortissement.

1300 Ce déséquilibre aurait pu être plus important encore au moment de la cession des biens reçus par voie d'apport si la société absorbante avait été contrainte de calculer les plus-values de cession par référence à la valeur comptable des biens reçus, ce qui aurait inévitablement conduit à un mécanisme de double imposition et enlever tout intérêt au régime fiscal de droit commun.

1301 L'administration, consciente de cette situation, admet néanmoins qu'en cas de cession ultérieure des biens, le résultat de cession soit calculé en tenant compte de la valeur réelle retenue pour la détermination de la plus-value d'apport fiscalement imposable. Cette valeur doit être diminuée des amortissements pratiqués en comptabilité entre l'apport et la cession. Cette valeur doit également être diminuée du montant de la plus-value latente prise en compte pour la détermination du mali technique *(voir infra)*. Dans cette situation, l'administration précise que les dispositions de l'article **39 B** ne sont pas applicables à l'excédent de la valeur fiscale par rapport à la valeur comptable.

EXEMPLE

La société DUC est absorbée par la société DOC. Les deux sociétés étant placées sous contrôle commun, la fusion est réalisée en retenant comme valeurs d'apport la valeur comptable et, au plan fiscal, en plaçant la fusion sous le régime de droit commun. Parmi les biens apportés figure un élément amortissable d'une valeur d'origine de 300 000, amortie à hauteur de 130 000 à la date de la fusion. La valeur réelle du bien à la date est estimée à 200 000.

Lors de la fusion

Le bien a une valeur nette comptable de 300 000 - 130 000 = 170 000.

Il est transféré à la société absorbante pour cette valeur. Au plan fiscal, la société absorbée a l'obligation de constater une plus-value de 200 000 - 170 000 = 30 000, plus-value qui sera imposée au nom de l'absorbée.

Détention ultérieure du bien par la société absorbante

La société absorbante amortit le bien linéairement (bien d'occasion) et sur 5 ans (hypothèse), soit 34 000 € par an.

Cession ultérieure du bien

Si, au bout de deux ans, la société absorbante décide de revendre le bien pour 120 000 € ; la plus-value comptable sera de : 140 000 - [170 000 - (2 x 34 000 = 68 000) = 102 000] = 38 000. La plus-value fiscale, elle, sera de : 140 000 - 200 000 - 68 000 = 132 000 = 12 000.

1302 Afin de bénéficier de ces modalités particulières de calcul du résultat de cession des biens reçus par voie d'apport, la société absorbante doit être en mesure d'établir que la valeur fiscale du bien a effectivement été imposée chez la société absorbée au titre de l'exercice de cessation d'activité. En réalité, il s'agit d'établir que la valeur fiscale a été comprise dans la base d'imposition car elle a pu être ensuite l'objet d'une compensation avec des déficits de l'absorbée et ne donner lieu à aucune imposition effective (instr. 30 décembre 2005 : BOI 4 I-1-05, nos 31 et s.).

1303 On notera, au passage, que la possibilité de tenir compte de la valeur fiscale chez la société absorbante pour le calcul de la cession ne s'accompagne d'aucune possibilité de déduction d'amortissements complémentaires correspondant à l'écart entre la valeur fiscale et la valeur comptable. L'administration rappelle en effet que la déduction fiscale de l'amortissement est subordonnée à sa comptabilisation, ce qui, en l'espèce, n'est pas le cas (instr. précitée du 30 décembre 2005, n° 33).

1304 Enfin, dans l'hypothèse où la fusion est réalisée sur la base des valeurs réelles et que l'opération est faite en régime de droit commun, une attention particulière doit être portée au traitement des éléments qui doivent être évalués lors de l'apport mais qui ne faisaient pas nécessairement l'objet d'une comptabilisation chez la société absorbée (provisions pour retraites, impôts différés actifs...).

1305 L'administration considère que la réglementation comptable ne doit pas entraîner une différence de traitement fiscal. Ainsi, la société apporteuse qui a enregistré en comptabilité ces éléments (engagements de retraites, impôts différés...) doit connaître le même traitement que la société apporteuse qui participe à une opération où ces mêmes éléments ne sont pas comptabilisés antérieurement à l'opération mais sont valorisés uniquement lors de l'apport et repris dans la comptabilité de la société bénéficiaire des apports.

EXEMPLE

Lorsqu'un impôt différé actif non comptabilisé chez la société absorbée mais pris en compte lors de l'apport, a augmenté le montant de la plus-value d'apport, le produit correspondant n'est pas pris en compte pour calculer le résultat fiscal de cessation.

Par voie de conséquence, la charge correspondant à la sortie d'actif chez la société absorbante de cet impôt différé n'est pas déductible du résultat imposable.

(instr. 30 décembre 2005 : BOI 4 I-1-05)

La situation au regard de la taxe sur la valeur ajoutée

1306 Le régime des opérations de fusion au regard de la TVA s'est très largement simplifié avec le temps. Longtemps régi par un mécanisme de tolérances administratives, le régime des fusions au regard de la TVA est désormais fixé par l'article 257 bis du CGI (régime en vigueur depuis le 1er janvier 2006).

1307 Aux termes de l'article 257 bis du CGI : « Les livraisons de biens, les prestations de services et les opérations mentionnées aux 6° et 7° de l'article 257, réalisées entre redevables de la TVA, sont dispensées de celle-ci lors de la transmission à titre onéreux ou à titre gratuit, ou sous forme d'apport à une société, d'une universalité totale ou partielle de biens. Ces opérations ne sont pas prises en compte pour l'application du 2 du 7° de l'article 257. Le bénéficiaire est réputé continuer la personne du cédant, notamment à raison des régularisations de la taxe déduite par ce dernier, ainsi que, s'il y a lieu, pour l'application des dispositions du e du 1 de l'article 266, de l'article 268 ou de l'article 297 A. »

1308 Les choses sont donc claires. C'est un régime général de neutralisation que met en place l'article 257 bis du CGI dans les opérations qui emportent transmission d'une universalité de patrimoine. La disposition adoptée est au demeurant conforme à la sixième directive TVA (instr. 20 mars 2006 : BOI 3 A-6-06).

1309 La transmission d'une universalité totale ou partielle de biens s'entend, selon la CJCE, du transfert d'un fonds de commerce ou d'une partie autonome d'une entreprise comprenant des éléments corporels et le cas échéant incorporels qui, ensemble, constituent une entreprise ou une partie d'entreprise susceptible de poursuivre une activité économique autonome. En application de cette définition, l'administration en conclut qu'entrent dans le champ d'application de l'article 257 bis, les opérations de fusions, par créations de société nouvelle ou fusion-absorption, les opérations de scissions, les opérations d'apport partiel d'actif portant sur des branches complètes et autonomes d'activité mais également les opérations de dissolution-confusion visées à l'article 1844-5 du code civil.

1310 Pour que le mécanisme de dispense de TVA trouve à s'appliquer, il est cependant nécessaire que l'opération se déroule entre deux redevables de TVA. C'est la condition même de la neutralisation. Si l'opération fait intervenir une entreprise redevable et une entreprise qui ne l'est pas, l'article 257 bis ne peut s'appliquer. La notion de redevable s'étend toutefois aux entreprises qui seraient redevables partielles de TVA et qui pourraient néanmoins bénéficier de la dispense, même dans l'hypothèse où l'opération se déroulerait entre deux redevables partiels.

1311 La dispense de TVA instaurée par l'article 257 bis est une dispense de plein droit. Elle ne constitue pas une option offerte aux entreprises qui participent à l'opération. Elle est applicable à titre obligatoire et porte sur l'ensemble des biens transmis : immobilisations corporelles et incorporelles, stocks, mais également les transferts d'immeubles ou de terrains à bâtir. De ce point de vue là, l'opération de fusion est réputée inexistante au regard de la TVA et la fusion ne peut être regardée comme une mutation ayant par exemple pour effet de faire sortir un immeuble du champ d'application de la TVA immobilière.

1312 Naturellement, la dispense de TVA s'applique à la seule opération de transmission. Elle n'a aucune incidence sur les opérations dont le fait générateur est intervenu avant ou après l'opération de transmission.

1313 Lorsqu'elle est mise en œuvre, la dispense de TVA a pour effet de dispenser la société absorbée ou apporteuse des régularisations éventuelles du droit à déduction qui auraient été nécessaires du fait de la fusion, notamment les reversements de la TVA initialement déduite par la société absorbée prévus par l'article 207, annexe II du CGI.

1314 Dans la même logique, la dispense de TVA a pour effet de transférer sur la société bénéficiaire des apports les obligations en matière de régularisation du droit à déduction. En d'autres termes, la société bénéficiaire des apports va intervenir comme continuatrice de la société apporteuse ou absorbée. Elle devra procéder aux régularisations ultérieures du droit à déduction (en particulier les reversements ou compléments de droit à déduction) qui s'avéreront nécessaires, dans les mêmes conditions que si la société absorbée ou apporteuse avait continué d'être propriétaire du bien. Pour la mise en œuvre de ce dispositif, l'opération de fusion n'a pas pour effet de ramener à zéro le décompte du délai de détention pour déterminer le montant des régularisations à opérer. Ainsi, par exemple, les délais de régularisation vont s'apprécier en tenant compte de la naissance du droit à déduction chez la société absorbée. Par parenthèse, le transfert à la société absorbante de l'obligation de régulariser suppose que cette dernière puisse connaître les coefficients d'assujettissement et de taxation qui ont été appliqués chez la société absorbée.

1315 Au plan de la forme, la seule exigence qui pèse sur les sociétés qui participent à l'opération consiste à mentionner le montant total hors taxe de la transmission sur la déclaration de TVA souscrite au cours de la période au cours de laquelle elle est réalisée. Cette mention sera portée sur la ligne « Autres opérations non imposables ».

1316 Toujours au plan formel, l'administration a été interrogée sur la nécessité pour les sociétés qui participent à l'opération de mentionner de manière explicite dans le projet ou traité de fusion l'application du régime de dispense (rescrit 2006/34 publié le 12 septembre 2006 et 2006/58 publié le 26 décembre 2006). L'administration considère que la dispense de taxation présente un caractère obligatoire et n'est pas subordonnée à la prise d'un engagement formel par le bénéficiaire de la transmission de procéder aux régularisations ultérieures. Cet engagement résulte de la loi. La précision est intéressante car il est permis de constater, en lisant les projets de fusion, que les sociétés et leurs conseils restent prudents en la matière et continuent de mentionner explicitement qu'au regard de la TVA, l'opération a été placée sous le régime de l'article 257 bis. Précision superfétatoire, donc !

1317 À cette occasion, l'administration a précisé qu'en matière de fusion ou de dissolution sans liquidation, le bénéficiaire de l'opération est pleinement subrogé aux droits et obligations de la société absorbée. La société absorbante (ou bénéficiaire des apports) peut donc opérer la déduction de la TVA qui lui a été facturée au titre de dépenses engagées par la société absorbée avant la fusion et non encore déduite, bénéficier du transfert du crédit de TVA attaché à la société absorbée et dont le remboursement n'a pas été demandé par la société absorbée ou apporteuse avant sa disparition, et bénéficier du transfert de l'option formulée par la société absorbée au titre de la location d'immeubles sur le fondement de l'article 260-2° du CGI. Dans une opération de scission, le Conseil d'État a jugé que si la société scindée reste seule redevable de la TVA sur les opérations qu'elle a réalisées, la scission opère transmission universelle du patrimoine et la société bénéficiaire des apports devient donc débitrice des dettes qui se rattachent à l'activité apportée et qui ont été contractées par la société apporteuse à laquelle elle est substituée à l'égard des créanciers et notamment le Trésor public (CE 4 août 2006, 9° et 10° s.-sect., req. 260436 : Droit fiscal 2007, n° 11, com. 285, note E. Meier).

En matière de TVA, on précisera encore que l'existence d'une clause de rétroactivité dans le projet de fusion est sans incidence sur le régime applicable en matière de TVA. La société absorbée va ainsi remplir ses obligations au regard de la TVA jusqu'au terme de la réalisation définitive de l'opération. Elle transferera à la société absorbante le crédit de taxe subsistant à cette date.

La situation au regard des droits d'enregistrement

1360 Historiquement, le régime des fusions de sociétés au regard des droits d'enregistrement s'est considérablement simplifié avec le temps et en particulier depuis l'adoption de la loi de finances pour 1994. Avant cette date, en effet, la situation était quelque peu troublante dans la mesure où, compte tenu des différentes évolutions législatives, le régime spécial des droits d'enregistrement sur les opérations de fusion était dans bien des cas plus pénalisant que le régime de droit commun. En outre, la conformité des dispositions qui constituaient ce régime spécial au regard des directives communautaires était plus que douteuse même si l'administration avait réaffirmé leur caractère obligatoire pour les entreprises qui remplissaient les conditions requises, celles-ci se voyant refuser ainsi la possibilité d'appliquer le régime de droit commun. Cette situation a pris fin avec la loi de finances pour 1994 qui a harmonisé les dispositions internes avec le contenu des directives.

1361 Il subsiste actuellement deux régimes au regard des droits d'enregistrement en matière de fusions :
– un régime spécial qui s'applique obligatoirement dès lors que les sociétés en présence et les opérations qu'elles réalisent remplissent les conditions posées par les textes ;
– un régime de droit commun qui s'applique dans les autres cas.

1362 Contrairement à ce qui se passe en matière d'impôt sur les sociétés, les entreprises en présence n'ont donc pas véritablement de choix à opérer entre régime de droit commun et régime spécial. L'arbitrage est fonction du champ d'application du régime spécial.

On formulera néanmoins deux remarques concernant le régime spécial. En premier lieu, les régimes fiscaux en matière d'impôt sur les sociétés et en matière de droits d'enregistrement sont indépendants.

Ainsi, deux sociétés qui fusionnent peuvent décider au regard des impôts directs de placer la fusion sous le régime de droit commun mais bénéficier du régime spécial en matière de droits d'enregistrement. Au seul regard des textes, le choix exercé en matière d'impôts directs ne lie pas l'entreprise en matière de droits d'enregistrement, et réciproquement.

En second lieu, le régime spécial en matière de droits d'enregistrement est généralement présenté comme un régime de faveur, tout comme l'est le régime spécial en matière d'impôts directs. Cependant, et à la différence de ce qui se passe en matière d'impôts directs, le régime spécial est effectivement généralement plus simple et plus favorable que le régime de droit commun.

1363 En toute hypothèse, et quel que soit à la finale le régime sous lequel est placée l'opération, régime de droit commun ou régime spécial, le versement des droits d'enregistrement dus au titre d'une fusion doit s'accompagner de diverses formalités.

DROITS D'ENREGISTREMENT : INCIDENCE DE LA FUSION SUR LE RÉGIME FISCAL D'OPÉRATIONS ANTÉRIEURES

En matière de droits d'enregistrement, le bénéfice du droit fixe est dans divers cas assorti de l'engagement de conservation des titres par les associés pendant trois ans (apport d'une entreprise individuelle en société, par exemple). Or, à l'intérieur de ce délai de trois ans, il se peut que la société concernée fasse l'objet d'une opération de fusion-absorption. En conséquence, les associés de la société absorbée perdent leur qualité et reçoivent par voie d'échange des titres de la société absorbante.

Une application rigoureuse des textes conduirait alors à considérer que les associés n'ont pas respecté l'engagement initial de conservation des titres. Dès lors, les droits proportionnels d'enregistrement deviendraient exigibles au titre de l'opération initiale dès la réalisation de la fusion. En réalité, il est admis que le bénéfice du droit fixe initial ne soit pas remis en cause si l'associé concerné prend l'engagement de conserver les titres de la société absorbante (reçus en échange lors de la fusion) jusqu'à l'expiration du délai de trois ans décompté à partir de l'opération initiale ayant nécessité l'engagement. Cette solution a été rendue à l'occasion de la transformation d'une SCP en SELARL.

Rép. Cazalet, JO 17 juillet 1995, AN quest. p. 3095, n° 15597 : Droit fiscal 1996, n° 5, com. 99.

La formalité de l'enregistrement

1364 En matière de formalités relatives aux droits d'enregistrement, trois points doivent être examinés :
– la nature des actes à enregistrer ;
– le lieu de l'enregistrement ;
– le délai de l'enregistrement.

La nature des actes à enregistrer

1365 Dans le cadre d'une opération de fusion, les parties peuvent être amenées à soumettre à l'enregistrement deux séries d'actes bien distincts : les projets et travaux préparatoires, d'une part, les actes constatant la réalisation définitive de l'opération, d'autre part.

L'enregistrement des actes et travaux préparatoires

1366 L'enregistrement des projets et travaux préparatoires n'est pas obligatoire. Les parties peuvent néanmoins décider de soumettre volontairement le projet à la formalité de l'enregistrement.

Dans cette hypothèse, l'enregistrement du projet suit le régime prévu pour l'enregistrement des actes imparfaits. Ce régime est contenu dans les dispositions de l'article 680 du CGI qui prévoit que : « tous les actes qui ne se trouvent ni exonérés, ni tarifés par aucun autre article du présent code et qui ne peuvent donner lieu à une imposition proportionnelle ou progressive sont soumis à une imposition fixe de 125 € » (tarif en vigueur depuis le 1er janvier 2006).

1367 Le projet de fusion relève de la seule formalité de l'enregistrement et ne relève pas du champ d'application de la formalité de la publicité foncière. Sur ce point, l'administration a rappelé que le projet de fusion n'est pas un acte de transfert de droits réels immobiliers. En effet, le projet de fusion n'est pas par lui-même translatif ou constitutif de droits réels immobiliers au profit de la société absorbante ou de la société nouvelle. Pour justifier cette position, l'administration rappelle que la société absorbante ne devient propriétaire des biens qu'à compter de la réalisation définitive de l'opération de fusion, c'est-à-dire après l'approbation de la fusion par les assemblées générales de chacune des sociétés qui participent à la fusion. De même, lorsque la fusion s'effectue par constitution d'une société nouvelle, l'opération ne prend effet qu'à la date d'immatriculation de la société nouvelle au registre du commerce et des sociétés (instr. 3 novembre 2003 : BOI 10 D-1-03, 7 H-2-03 et 7 A-2-03).

1368 De la même manière, le projet de fusion ne peut s'analyser comme un acte sous condition suspensive. L'approbation du projet de fusion par les assemblées générales des sociétés ne peut donc se définir comme la réalisation d'une condition suspensive. En conséquence, le projet de fusion, même rédigé en la forme notariée ne peut relever de la formalité fusionnée.

1369 Le projet de fusion rédigé par acte notarié doit être présenté à la formalité de l'enregistrement à la recette des impôts dans le ressort de laquelle réside le notaire, dans le délai d'un mois à compter de l'acte. Si le projet de fusion est rédigé sous seing privé et s'il est présenté volontairement à l'enregistrement, c'est la recette des impôts où est situé le siège de l'une des sociétés qui est compétente.

L'enregistrement de l'acte de fusion

1370 Les actes qui constatent la réalisation définitive de l'opération doivent être enregistrés. Ils seront soit soumis à la formalité de l'enregistrement s'ils ne portent que sur des biens mobiliers, soit à la formalité fusionnée lorsqu'ils concernent des apports mixtes ou des apports exclusivement immobiliers. Le salaire du conservateur est perçu lors de l'accomplissement de la formalité fusionnée, au taux de 0,1 %. En la matière, les règles applicables sont celles de l'article 296 de l'annexe III du CGI. Ce texte précise notamment qu'en ce qui concerne les actes non assujettis à une imposition proportionnelle, le salaire doit être liquidé sur la valeur réelle actuelle des immeubles ou droits faisant l'objet de la publication (instr. 3 novembre 2003 précitée). Le salaire du conservateur sera remplacé au 1er janvier 2013 par une contribution de sécurité immobilière.

Le lieu de l'enregistrement

1371 Pour déterminer le lieu de l'enregistrement, il convient de distinguer entre les opérations de fusion comportant des apports exclusivement immobiliers ou mixtes et les autres opérations.

Les opérations comportant des apports mixtes ou exclusivement immobiliers

1372 Lorsque l'acte de fusion constate des apports mixtes ou exclusivement immobiliers, l'acte est soumis à la formalité fusionnée. Par voie de conséquence, le bureau compétent en matière d'enregistrement est la conservation des hypothèques du lieu de situation des biens.

1373 Toutefois, lorsque l'opération de fusion porte sur des apports exclusivement immobiliers mais qui donnent ouverture au droit d'apport prévu à l'article 816-I-2° du CGI (droit correspondant au régime spécial des fusions), c'est la formalité de l'enregistrement qui s'applique et non plus la formalité fusionnée. Il en résulte que, dans cette hypothèse, la publication au fichier immobilier se fait en franchise de taxe, seuls les salaires du conservateur étant dus.

Les opérations ne comportant pas de biens immobiliers

1374 Lorsque la fusion ne porte que sur des biens mobiliers, c'est la formalité de l'enregistrement qui s'applique.

1375 Deux tempéraments à cette règle méritent d'être relevés. D'une part, si l'opération a fait l'objet d'un acte notarié, c'est la recette des impôts correspondant à la résidence du notaire qui est compétente (CGI art. 650) ; d'autre part, la recette des impôts compétente peut être celle dans laquelle se trouve le principal établissement de l'entreprise apporteuse. Il en sera ainsi à défaut d'acte constatant l'opération de fusion. Les sociétés doivent alors déposer à la recette des impôts une déclaration remplaçant l'acte, selon les règles fixées aux articles 638 A et 250 A de l'annexe III du CGI ; c'est notamment ce qui se produira si l'acte de fusion est passé hors de France.

Le délai d'enregistrement

1376 Le délai d'enregistrement des actes qui constatent la réalisation définitive d'une opération de fusion diffère selon que c'est la formalité de l'enregistrement ou la formalité fusionnée qui trouve à s'appliquer.

Si les actes sont présentés à la formalité de l'enregistrement, ils doivent l'être dans un délai d'un mois (CGI art. 635-5°). En revanche, si l'acte est présenté à la formalité fusionnée, le délai est de deux mois (CGI art. 647).

1377 Ce délai est décompté à partir de la date de l'acte de fusion.

Le régime de droit commun des fusions

1378 Le régime de droit commun en matière de droits d'enregistrement est susceptible de s'appliquer lorsque l'opération, ou les sociétés qui participent à l'opération, ne peuvent bénéficier du régime spécial des fusions au regard des droits d'enregistrement.

On rappelle que, contrairement à ce qui se passe en matière de plus-values, le régime spécial en matière de droits d'enregistrement n'ouvre droit à aucune option. Ce régime a vocation à s'appliquer de plein droit dès lors que les sociétés en présence remplissent les conditions.

1379 En pratique, la mise en œuvre du régime de droit commun ne soulève pas de difficultés particulières. Comme en matière d'impôts directs, l'application du régime de droit commun conduit à tirer les conséquences au plan fiscal de la nature juridique des opérations accomplies. En d'autres termes, dans le cas d'une fusion, il conviendra de tirer les conséquences au regard des droits d'enregistrement de la dissolution d'une ou plusieurs sociétés puis de l'augmentation du capital d'une autre société, ou de la constitution d'une société nouvelle dans le cas d'une fusion par création d'une société nouvelle.

Le champ d'application

1380 Le régime spécial des fusions en matière de droits d'enregistrement ayant vocation à s'appliquer à la majeure partie des opérations de fusion, le champ d'application du régime de droit commun s'avère finalement quelque peu résiduel.

Il convient néanmoins de distinguer deux cas d'application du régime de droit commun :
- les opérations placées d'office sous le régime de droit commun ;
- les opérations éventuellement placées sous le régime de droit commun.

1381 Parmi les opérations placées d'office sous le régime de droit commun des fusions, on retrouve les opérations de fusion dans lesquelles :
– la société absorbante est une société non soumise à l'IS ;
– les apports sont rémunérés par des biens autres que des droits sociaux dans une limite qui excède 10 %.

1382 Les opérations qui sont éventuellement placées sous le régime de droit commun sont les opérations pour lesquelles l'accès au régime spécial des fusions en matière d'enregistrement est subordonné à l'obtention d'un agrément ministériel. Il s'agit notamment des fusions dans lesquelles la société apporteuse est française mais la société bénéficiaire des apports est située dans la CEE sans y être considérée comme une société de capitaux.

1383 Si, dans ces deux hypothèses, l'agrément est refusé ou s'il n'a pas été demandé, les opérations relèvent du régime de droit commun.

Les modalités d'application

1384 Le régime de droit commun ne fait que traduire au niveau des droits d'enregistrement la dissolution de la société absorbée, ou apporteuse, puis l'augmentation du capital, ou la constitution de la société absorbante.

La dissolution de la société absorbée ou apporteuse

1385 L'opération de fusion entraîne du point de vue juridique la dissolution sans liquidation de la société absorbée avec transmission universelle du patrimoine au profit de la société absorbante ou nouvelle.

1386 En pratique, l'adoption du régime de droit commun va ainsi entraîner l'exigibilité des droits sur la dissolution de la société absorbée. En règle générale, c'est le droit fixe qui va trouver à s'appliquer. Ce droit fixe sera de 375 € si le montant du capital de la société est inférieur à 225 000 €, il sera de 500 € dans le cas contraire.

L'augmentation du capital de la société absorbante ou bénéficiaire des apports

1387 Les apports réalisés par la (ou les) société(s) absorbée(s) vont concourir soit à la formation du capital de la société nouvelle créée à l'occasion de la fusion, soit à l'augmentation du capital de la société absorbante. Il en résulte que les droits dus correspondent en fait aux droits applicables en matière d'apports en société.

On ne reprendra ici que les grandes lignes de ce régime à partir de la distinction traditionnelle en matière d'apports en société : apports à titre pur et simple, apports à titre onéreux.

1388 Le plus souvent en réalité, la fusion prévoit la prise en charge par la société absorbante ou nouvelle du passif de la société absorbée. Dans une telle situation, l'apport comportera à la fois des éléments apportés à titre pur et simple et des éléments apportés à titre onéreux, soustraits aux aléas sociaux. Ce sont donc, comme en matière de constitution de sociétés, les règles relatives aux apports mixtes qui devront être mises en œuvre.

Le régime des apports à titre pur et simple

1389 Il importe de déterminer, d'une part, le tarif des droits applicables et, d'autre part, l'assiette des droits à retenir.

1390 • *Le tarif des droits.* En matière d'apports en société, les apports à titre pur et simple peuvent être passibles :
– du droit fixe de 375 € ou 500 € sur l'enregistrement des apports (CGI art. 810-I). Il en sera ainsi, par exemple, dans le cadre d'une fusion entre deux sociétés de capitaux ou dans le cas d'apports effectués au profit de sociétés qui ne relèvent pas de l'impôt sur les sociétés ;
– du droit de mutation ou de la taxe de publicité foncière au taux global de 5 % compte tenu des éventuelles taxes locales additionnelles (CGI art. 810-III). C'est, à titre d'illustration, ce taux qui s'appliquera aux apports réalisés par une société de personnes à une société de capitaux. On sait cependant que ce taux peut en réalité être remplacé par un droit fixe lorsque l'engagement de conservation des titres reçus en contrepartie de l'apport pendant trois ans est pris. L'article 810-III précise les conditions dans lesquelles la déchéance de ce régime est encourue ;
– de la taxe de publicité foncière, notamment pour les apports d'immeubles qui entrent dans le champ d'application de la TVA immobilière. La TVA immobilière est également susceptible de s'appliquer à des apports immobiliers consentis au profit de certains groupements (GFA…) (CGI art. 822-I-1° et 2°, 824 et 824 A, 1030 et 1031).

1391 • *La base de calcul des droits.* Lors d'un apport réalisé dans le cadre d'une opération de fusion, la société absorbée ou apporteuse transmet généralement à la société absorbante l'ensemble de son patrimoine tant dans ses éléments actifs que passifs. Or, la prise en charge du passif par la société absorbante constitue un apport à titre onéreux soustrait aux aléas sociaux et passible des droits de mutation *(voir § 1169)*. Il en résulte que le droit d'apport ordinaire se calcule sur la valeur de l'actif net apporté, c'est-à-dire l'actif brut diminué du passif.

L'actif net équivaut ainsi à la valeur réelle des droits sociaux créés en rémunération des apports et l'administration a rappelé que la valeur imposable ne peut être inférieure au montant nominal des droits sociaux attribués en représentation des apports.

1392 Pour la détermination proprement dite de l'actif net, différence entre l'actif brut et le passif pris en charge, plusieurs observations doivent être formulées.

1393 a) Sur l'actif brut. L'actif brut doit comprendre l'ensemble des biens corporels ou incorporels dont l'apport est stipulé au profit de la société absorbante ou de la société nouvelle constituée à l'occasion de la fusion. Selon l'administration, il importe peu à cet égard que l'apport soit prévu expressément dans l'acte de fusion ou qu'il résulte implicitement de celui-ci.

Pour déterminer l'ensemble des éléments à comprendre dans l'actif brut, le critère déterminant est celui de l'apport à la société absorbante ; il importe peu que les biens en question soient inscrits ou non à l'actif du bilan (doc. adm. 7 H 3821-5) ou que la société absorbée soit propriétaire ou non des biens. De même, la circonstance que certains des biens apportés soient situés à l'étranger n'a aucune incidence sur la détermination de l'actif brut.

1394 L'actif brut doit faire l'objet d'une déclaration estimative détaillée, la valeur des biens apportés devant correspondre à la valeur vénale réelle des éléments à la date de réalisation définitive de l'opération de fusion (doc. adm. 7 H 3821-11). En matière de créances c'est, selon l'administration, la valeur nominale de la créance qui doit être retenue et cela, quand bien même le recouvrement de la créance serait incertain ou litigieux. La seule exception concerne les créances dont le débiteur est en règlement judiciaire et pour lesquelles il est admis de retenir la valeur vénale. Il s'agit là d'un principe général en matière d'enregistrement et l'administration a naturellement la possibilité de contester ultérieurement les évaluations retenues en invoquant, et en mettant en évidence, leur insuffisance.

Il n'y a pas lieu enfin de pratiquer une réfaction quelconque sur le montant de l'actif brut ainsi évalué au motif que la société absorbée détiendrait des actions ou parts sociales de la société absorbante.

1395 b) Sur le passif déductible. Le passif qui peut venir en déduction de l'actif brut pour la détermination de l'actif net est celui qui existe au jour de la fusion. Le passif déductible comprend aussi bien les dettes envers les tiers que les dettes envers les associés ou actionnaires. Les dettes envers les associés ne comprennent naturellement pas le capital social, les réserves et les provisions réglementées assimilées à des réserves, exception faite toutefois de la participation des salariés. Les dividendes constituent une dette envers les associés qui est déductible si la répartition en a été décidée avant la date de la fusion. Le passif comprend également les provisions pour dépréciation ainsi que les provisions pour pertes et charges.

Comme pour les éléments de l'actif brut, l'administration peut le cas échéant contester l'évaluation des éléments qui composent le passif, voire arguer de sa fictivité.

DÉTERMINATION DE L'ACTIF NET ET RÉTROACTIVITÉ DES FUSIONS

En principe, l'évaluation des différents éléments qui entrent dans la composition de l'actif net se fait au jour de la réalisation définitive de l'opération de fusion. En conséquence, la date à retenir pour une telle évaluation est indépendante de la date d'effet donnée par les parties à la fusion. Les clauses de rétroactivité sont inopposables à l'administration mais celle-ci peut le cas échéant s'en prévaloir si au cours des opérations de fusion il y a eu diminution de la valeur de certains éléments d'actif.

Cependant, l'administration a précisé que si la rétroactivité avait été admise en matière d'impôt sur les sociétés, il y avait lieu de l'admettre également en matière de droits d'enregistrement.

Le régime des apports à titre onéreux

1396 Le régime des apports à titre onéreux est susceptible de s'appliquer dès lors que l'apport réalisé par la société absorbée à la société absorbante comporte des éléments qui seront soustraits aux aléas sociaux ou, ce qui est pratique courante en matière de fusions, lorsque la société absorbante prend en charge tout ou partie du passif de la société absorbée.

Si un apport réalisé par une société absorbée comporte à la fois des apports à titre pur et simple et des apports à titre onéreux, l'apport est dit mixte et les droits sont perçus à la fois sur les apports à titre pur et simple et sur les apports à titre onéreux.

1397 Le calcul des droits dus sur les apports à titre onéreux ne soulève guère de difficultés. En effet, les taux applicables sont ceux qui correspondent aux droits de mutation sur la vente des éléments qui sont l'objet de l'apport à titre onéreux. Les mêmes allégements qu'en nature de constitution de sociétés peuvent s'appliquer dans l'hypothèse où des engagements de conservation sont pris lors de l'apport.

1398 Le seul aspect délicat réside dans la détermination des éléments qui doivent être réputés apportés à titre onéreux. Sur ce point, l'administration reconnaît aux sociétés qui participent à l'opération de fusion la même faculté qu'en matière de constitution de sociétés, à savoir la possibilité de pratiquer l'imputation des apports à titre onéreux de la manière qui soit le plus favorable possible et ce, de façon à minimiser le montant des droits dus. Il est probable qu'en l'absence de précisions sur l'imputation des apports à titre onéreux, l'administration retiendrait la même solution qu'en matière de constitution de sociétés à savoir l'imputation proportionnellement à la valeur des biens apportés (doc. adm. 7 H 3821-23).

Ainsi, les sociétés ont-elles intérêt à considérer comme apportés à titre onéreux les éléments dont la mutation se fait en exonération de tout droit (numéraire,...) ou les apports qui donnent ouverture à la TVA (marchandises,...) ou enfin, si ces premières imputations ne sont pas suffisantes, les apports qui sont soumis aux droits les moins élevés.

Les aspects particuliers du régime de droit commun

1399 L'objectif est ici d'évoquer deux aspects particuliers liés à l'application des droits d'enregistrement en matière de fusions. Il s'agit d'une part du cas des fusions dans lesquelles interviennent des sociétés ou des biens situés à l'étranger et, d'autre part, des fusions qui interviennent entre des sociétés affiliées.

La situation des sociétés ou biens situés à l'étranger

1400 Trois remarques peuvent être formulées sur cette question. Tout d'abord, il convient de rappeler que la circonstance que l'acte de fusion soit passé à l'étranger n'est pas de nature à le dispenser de la formalité de l'enregistrement ou, le cas échéant, de la formalité fusionnée. Dans cette hypothèse, en effet, il convient d'appliquer les dispositions de l'article 638 A du CGI.

Ces dispositions prévoient notamment le dépôt d'une déclaration destinée à remplacer l'acte passé à l'étranger. En principe, en vertu de l'article 654, pour l'accomplissement de la formalité, tous les bureaux sont compétents.

1401 Ensuite, si la société absorbée est étrangère, mais la société absorbante française, l'acte doit être soumis obligatoirement à la formalité en France. Il en sera de même si l'absorbée et l'absorbante sont étrangères, mais si la société absorbante reçoit des biens qui dépendent d'une exploitation antérieure en France, ou si la société absorbante reçoit des biens qui ont leur assise matérielle en France (doc. adm. 7 H 3833-24). Dans ces différentes situations, il est en outre nécessaire de se reporter systématiquement aux conventions internationales destinées à éviter les doubles impositions afin de rechercher l'existence de dispositions spécifiques en matière de droits d'enregistrement qui attribueraient l'imposition à un État déterminé ou qui, le cas échéant, en cas de perception des droits dans deux États, permettraient l'imputation des droits acquittés dans un État sur ceux exigibles dans l'autre État.

1402 Enfin, dans le cadre de fusions entre sociétés françaises, si l'acte prévoit l'apport de biens situés à l'étranger, ces biens doivent être pris en compte pour le calcul des droits. Si ces biens ont la nature d'apports à titre pur et simple, c'est le droit fixe qui sera perçu ; si ces biens ont la nature d'apports à titre onéreux, les taux applicables varieront selon qu'il s'agit de biens meubles ou immeubles. Pour les biens meubles, il convient d'appliquer le même taux que celui qui s'appliquerait si les biens étaient situés en France ; pour les immeubles, c'est le taux spécial de 5 % qui s'applique (CGI art. 714 et 737).

Le régime des sociétés affiliées

1403 Il peut arriver que, antérieurement à l'opération de fusion, une des sociétés détienne une participation dans l'autre société. Si l'on suppose, à titre d'illustration, que la société absorbée détient des titres de la société absorbante, il en résulte que lors de l'opération de fusion, la société absorbée va apporter à l'absorbante une partie de ses propres actions.

Mais réciproquement, et c'est souvent le cas en pratique, il se peut que ce soit la société absorbante qui détienne déjà une participation dans le capital de la société absorbée. Dès lors, au regard des droits d'enregistrement, les droits étant assis sur la valeur des éléments apportés, il convient de savoir si ces titres doivent être intégrés ou non dans la base de calcul des droits.

1404 • *La société absorbante détient des titres de la société absorbée.* Dans cette hypothèse, la société absorbée va apporter l'intégralité de ses biens à la société absorbante, laquelle va procéder à l'augmentation de capital correspondant à l'apport réalisé. Comme la société absorbante détient une participation dans le capital de la société absorbée, la société absorbante devrait recevoir à l'occasion de l'augmentation de capital une partie de ses propres titres, titres qu'il conviendrait d'annuler ensuite. Juridiquement, une telle opération n'est pas possible et les sociétés en présence doivent en passer par la technique de la fusion-renonciation *(voir § 455)*.

1405 Mais ces sociétés peuvent procéder de manière différente. La société absorbée peut décider d'effectuer un partage partiel de son actif. La société absorbante recevra ainsi l'équivalent de ses droits dans la société absorbée. Par la suite, la société absorbée apporte par voie de fusion l'actif restant, non partagé, et qui correspond aux droits des autres associés. La société absorbante procède alors à l'augmentation de son capital dans les conditions normales. C'est la technique de la fusion-allotissement, dont on a déjà souligné la rareté de sa mise en œuvre *(voir § 456)*.

1406 a) La fusion-renonciation. Dans le régime de la fusion-renonciation, il y a, en théorie, apport de la totalité de l'actif de la société absorbée, augmentation du capital de la société absorbante puis annulation immédiate de la fraction du capital qui doit revenir à la société absorbante elle-même. En pratique, ces deux opérations sont contractées et l'augmentation du capital de la société absorbante est limitée aux droits attribués aux autres associés de la société absorbée. C'est cette forme contractée de l'opération qui est retenue par le droit des sociétés *(voir § 455)*.

Au regard des droits d'enregistrement, dans la mesure où il y a apport de la totalité de l'actif de la société absorbée, les droits sont dus sur l'intégralité de cet actif, en distinguant, dans les conditions habituelles, apports à titre pur et simple et apports à titre onéreux.

EXEMPLE

Droits d'enregistrement en matière de fusion-renonciation

La société G détient une participation de 40 % dans le capital de la société P. L'actif net de la société G est estimé à 900 000 et son capital est de 300 000. Le capital de la société P est de 200 000 et l'actif net est évalué à 1 200 000 F (actif brut : 1 500 000 ; passif pris en charge : 300 000).

En théorie, la société G va augmenter son capital du fait de l'opération de fusion de :

1 200 000 × 300 000/900 000 = 400 000

Mais, sur ces 400 000, 40 % doivent revenir à la société G. Il conviendrait dès lors, par le mécanisme de la renonciation, de réduire le capital de :

400 000 × 40 % = 160 000

En pratique, l'augmentation de capital effective sera de :

400 000 - 160 000 = 240 000

Les droits d'enregistrement quant à eux se calculeront sur :
- actif brut : 1 500 000
- passif pris en charge : - 300 000
- actif net : 1 200 000

1407 b) La fusion-allotissement. Dans la mesure où il y a partage partiel d'actif avant l'opération de fusion, la société absorbante ne recevra à titre d'apport que l'actif de la société absorbée qui correspond aux droits des autres associés.

C'est sur cette fraction de l'actif net apporté que seront calculés les droits d'enregistrement.

EXEMPLE

Calcul des droits en cas de fusion-allotissement

On reprendra les mêmes données que dans l'exemple précédent. Lors du partage partiel, la société recevra 40 % de l'actif net de la société P, soit :

1 200 000 × 40 % = 480 000

Lors de la fusion, l'apport ne portera plus que sur le reliquat, soit :
- actif net apporté : 1 200 000 × 60 % = 720 000
- passif pris en charge : 300 000 × 60 % = 180 000

Les droits seront calculés sur ces sommes aux taux correspondant aux apports à titre ordinaire et apports à titre onéreux.

1408 • *La société absorbée détient des titres de la société absorbante.* Il s'agit d'envisager ici le cas dans lequel la société participante est absorbée. Il en résulte que, lors de l'apport, la société absorbante va recevoir une partie de ses propres titres. Là encore, deux techniques peuvent être utilisées pour régler la difficulté, ces deux techniques emportant cependant des conséquences distinctes en matière de droits d'enregistrement.

La première solution consiste pour la société absorbée à apporter l'ensemble de ses éléments d'actif (y compris les titres qu'elle détient dans le capital de la société absorbante) à charge pour l'absorbante d'annuler ses propres titres reçus par voie d'apport. La seconde solution suppose que la société absorbée répartisse entre ses membres préalablement à l'opération de fusion les titres de participation qu'elle détient dans le capital de la société absorbante. Ensuite, elle ne fait apport que du surplus à la société absorbante qui procède, dans les conditions normales, à l'augmentation de son capital.

1409 a) Apport global à la société absorbante : dans cette hypothèse, les droits d'enregistrement dus sont très logiquement calculés sur la valeur de l'ensemble des éléments apportés à la société absorbante y compris, par voie de conséquence, sur le montant de la participation qui fera ultérieurement l'objet d'une annulation par la société absorbante. En d'autres termes, l'existence de la participation reste sans incidence sur le calcul des droits dus dans le cadre du régime de droit commun.

b) Répartition préalable de la participation : dans la mesure où la société absorbée procède préalablement à une répartition des titres détenus dans le capital de la société absorbante, l'actif apporté au jour de la fusion ne comprend plus ces titres. Par voie de conséquence, le calcul des droits s'opère sur une base excluant la participation.

On notera que la répartition préalable par la société absorbée des titres détenus dans le capital de la société absorbante constitue un partage partiel de l'actif, passible en lui-même du droit de partage.

Le régime spécial en matière de droits d'enregistrement

1410 Afin de ne pas dissuader les entreprises de procéder à des opérations de regroupement par voie de fusions, l'adoption de mesures fiscales dites de faveur a été étendue au domaine des droits d'enregistrement. Essentiellement constitué à l'origine de mesures temporaires, le dispositif fiscal de faveur a été pérennisé. Contesté à partir de 1992 (date de modification du régime des droits d'apport) jusque dans sa légitimité, il a donné lieu à un contentieux nourri, contentieux auquel la loi de finances pour 1994 a mis un terme définitif.

Le champ d'application

1411 Le champ d'application du régime spécial en matière de droits d'enregistrement s'applique à la plupart des opérations de fusion avec néanmoins quelques restrictions qui ont pour effet soit :
– de subordonner l'accès au régime spécial à l'obtention d'un agrément ;
– d'exclure d'office certaines opérations de fusion qui se trouvent ainsi placées sous le régime de droit commun. Le tableau ci-dessous donne un aperçu du domaine d'application du régime spécial des fusions en matière de droits d'enregistrement.

Régime spécial		Nature des opérations
Exclusion		Fusions dans lesquelles la société absorbante est personne morale non passible de l'impôt sur les sociétés. Fusions dans lesquelles les apports sont rémunérés par des biens autres que des droits sociaux dans une proportion supérieure à 10 %.
Admission	Sous réserve d'agrément	Fusions dans lesquelles la société apporteuse est française mais la société bénéficiaire est dans l'Union européenne sans y être considérée comme une société de capitaux.
	Sans agrément	Autres opérations de fusion et en particulier : – fusions à l'anglaise (CGI, ann. II, art. 301 C) ; – fusions dans lesquelles les sociétés apporteuses ne sont pas soumises à l'impôt sur les sociétés mais à concurrence seulement des apports autres que ceux assimilés à des mutations à titre onéreux en vertu du 3° de l'article 809-I (CGI art. 816 A-II) ; – fusions dans lesquelles les apports sont rémunérés sous une autre forme que des droits sociaux dans la limite de 10 % (CGI, ann. II, art. 301 F) ; – fusions dans lesquelles la société bénéficiaire des apports appartient à l'Union européenne et est considérée comme une société de capitaux ; – apports-fusions consentis à une personne morale française par une personne morale étrangère ; – fusions dans lesquelles la société bénéficiaire des apports n'a pas son siège dans l'Union européenne. Ces opérations ne pouvaient, jusqu'en 1992, bénéficier du régime spécial que sur agrément. Cette procédure a été supprimée par la loi de finances pour 1992 (art. 12).

Le contenu

La perception du droit fixe

1412 Les articles 816 et 816 A du CGI disposent que les actes constatant des opérations de fusions sont soumis au droit fixe de 375 € ou 500 € selon que le capital social est inférieur ou non à 225 000 €. Le capital à prendre en considération est le capital de la société absorbante après l'opération de fusion.

L'absence de droit sur les apports à titre onéreux

1413 Dans le cadre du régime spécial des fusions, la prise en charge par la société absorbante du passif dont sont grevés les apports est exonérée de tous droits et taxes de publicité foncière (CGI art. 816-I-3°). Dans l'hypothèse où l'opération de fusion comporte des apports à titre onéreux autres que ceux résultant de la prise en charge du passif par la société absorbante, les droits et taxes demeurent exigibles dans les conditions de droit commun.

1414 En outre, l'article 301 F de l'annexe II du CGI admet que la rémunération des apports dans le cadre d'une fusion fasse l'objet de règlement sous une autre forme que l'attribution de droits représentatifs du capital de la société absorbante dans la limite toutefois de 10 % de la valeur nominale des droits attribués. Au plan fiscal, cette modalité de paiement présente le caractère d'apport à titre onéreux. Selon l'administration, s'agissant d'une opération indépendante de la prise en charge du passif, les droits de mutation doivent être perçus en fonction de la nature des biens sur lesquels la soulte est imputée. Cette position de l'administration est toutefois discutée.

1415 Pour en terminer avec les droits d'enregistrement, on mentionnera un impact indirect en matière de fusions. Il concerne plus spécifiquement les marchands de biens et l'application de l'article 1115 du CGI. En effet, l'article 1115 du CGI prévoit que les acquisitions effectuées par les marchands de biens sont exonérées de droits et taxes de mutation à condition que ces marchands de biens prennent l'engagement de revente des biens dans un délai de cinq ans. À défaut de revente, l'acquéreur est tenu d'acquitter les droits de mutation. Sur ce point, la jurisprudence puis l'administration fiscale sont venues préciser que l'opération de fusion-absorption ne constituait pas une revente du bien mais simplement une substitution de l'absorbante à l'absorbée du fait de la transmission universelle du patrimoine (instruction 16 février 2011 : BOI 7 C-1-11 ; cass. com., 7 avril 2010, n° 09-65 899 : Droit fiscal 2011, n° 21, com. 331).

FUSION ET DROITS D'ENREGISTREMENT : JUSQU'EN 1994, UN RÉGIME CONTESTABLE ET CONTESTÉ !

Avant l'adoption de la loi de finances pour 1994, les opérations de fusion étaient soumises non seulement à un droit fixe de 1 220 F (tarif en vigueur à l'époque) mais également à un droit d'apport majoré au taux réduit de 1,2 %. Ce droit de 1,2 % était calculé sur la valeur de l'actif net de la société absorbée diminué du capital social, ce que l'on dénommait parfois et de manière impropre le boni de fusion. Lorsque ce régime s'appliquait, le droit fixe était considéré comme un minimum de perception.

Ce droit d'apport majoré au taux réduit n'a pas soulevé de difficultés particulières jusqu'à la réforme du droit d'apport et l'entrée en vigueur du droit fixe sur les apports en société. Dès lors, le régime normal des apports devenait plus favorable que le régime spécial des fusions qui se voulait pourtant un régime de faveur. Malgré cette situation étonnante, l'administration réaffirma le caractère obligatoire du régime spécial dès lors que les conditions tenant au régime fiscal des sociétés et à leur nationalité étaient réunies (rép. Patriat, JO 28 septembre 1992, Déb. AN p. 4483, Bull. Joly 1992, n° 10, inf. 369).

Cette situation particulièrement dommageable pour certaines sociétés, compte tenu du coût que représentait le droit proportionnel de 1,2 %, donna un nouveau relief à la question de la compatibilité de ce droit avec la directive communautaire sur les droits d'enregistrement applicables aux apports en société.

L'article 7-1 de la directive n° 69/335 du 17 juillet 1969 modifiée à plusieurs reprises prévoit en principe que les opérations de fusions et opérations assimilées ne peuvent ouvrir droit à la perception d'un quelconque droit d'apport majoré et qu'en principe, ces mêmes opérations doivent se faire en exonération de droit d'apport, du moins depuis le 1er janvier 1986, compte tenu des différentes réécritures de la directive (Ph. Derouin, « Droit d'apport majoré et droit communautaire », Droit fiscal 1991, n° 15, pp. 646 et s.). De nombreux contentieux furent engagés sur cette question, contentieux qui dans l'ensemble reconnurent la non-conformité de l'article 816-I-2° du CGI relatif au droit d'apport majoré avec l'article 7-1 de la directive de juillet 1969. Parmi les décisions rendues en la matière, la décision du tribunal de grande instance de Poitiers est significative et on reproduira ici les principaux motifs du jugement (TGI Poitiers, 5 avril 1993, req. 203/93, SA Béton de France c/ DSF de la Vienne, Droit fiscal 1993, n° 31, p. 1338 ; Bull. Joly 1993, n° 6, inf. 196) :

« Les Directives du Conseil des Communautés européennes nos **69/335 du 17 juillet 1969, 73/80 du 9 avril 1973 et 85/303 du 10 juin 1985 ont progressivement conduit à exonérer de tout droit** d'apport les opérations définies à l'article 7 de la première de ces directives comme celles dans lesquelles une ou plusieurs sociétés de capitaux apportent la totalité de son patrimoine à une ou plusieurs sociétés de capitaux en voie de création ou préexistante, à la condition toutefois que les apports soient effectivement rémunérés par l'attribution de parts sociales.

La Directive du 10 juin 1985 précitée qui a parachevé l'évolution en substituant au taux réduit dont bénéficiaient ces opérations à la suite des deux précédentes directives un régime d'exonération pure et simple, précise en son article 3 que les États membres devront prendre les mesures nécessaires pour se conformer aux nouvelles dispositions communautaires avant le 1er juin 1988.

Les opérations décrites à l'article 7 susmentionné correspondent, l'administration ne le conteste d'ailleurs pas, à la définition des opérations de fusion ; la condition à laquelle est soumise l'exonération ne peut être opposée en l'espèce puisque la société absorbante était déjà propriétaire de la totalité des actions absorbées et qu'il n'y avait dès lors pas lieu à rémunération, le surplus de la valeur nette des biens apportés par rapport à la valeur comptable des actions de la société absorbée dans les livres de la société absorbante devant bénéficier à l'ensemble des actionnaires de cette dernière société sous la forme d'un compte " Primes de fusion " inscrit au passif.

Il convient, en conséquence, d'ordonner la restitution des droits litigieux, recouvrés par l'administration sur les bases de l'article 816-I-2° du CGI dont les dispositions qui soumettent à un droit d'apport de 1,20 % les actes constatant les opérations de fusion apparaissent non conformes à des dispositions de droit communautaire directement applicables.

L'administration fiscale sera, par ailleurs, tenue, conformément aux dispositions de l'article L. 208 du livre des procédures fiscales, au paiement des intérêts légaux sur les sommes à restituer, ce à compter du paiement des impositions litigieuses, soit le 3 janvier 1991. »

Cette décision confirma ainsi la position déjà adoptée par différents auteurs (M. Cozian, « Précis de fiscalité des entreprises », 18e éd., Éd. Litec ; Ph. Derouin, article précité) et fut suivie d'autres décisions allant dans le même sens (TGI Évry, 1re ch., 6 septembre 1993, n° 5206-92. Voir également TGI Le Mans, 2e ch., 8 septembre 1993, n° 92030-12 ; TGI La Rochelle, 6 juillet 1993, n° 93-91 : Droit fiscal 1994, n° 8, com. 367 et 368 ; TGI Paris, 2e ch., 2e s., 11 mai 1994, n° 93/14083 ; TGI Paris, 2e ch., 2e s., 6 octobre 1994, n° 93-1403 : Bull. Joly 1994, n° 12, p. 1358).

La question subsidiaire reste celle de la restitution du droit de 1,2 % accompagnée le cas échéant d'intérêts calculés au taux légal (M. Deslandes, « Droit des sociétés », août-septembre 1993, inf. 174). L'objection de l'administration résidait dans le fait de déclarer irrecevable la demande en restitution dès lors que le délai prévu par l'article R. 196-1 du livre des procédures fiscales était expiré (31 décembre de la deuxième année suivant le versement du droit d'apport). L'argument est en réalité inopérant dans la mesure où l'arrêt de la CJCE du 25 juillet 1991 s'oppose à toute forclusion de la demande tant que les dispositions du droit interne n'ont pas été mises en conformité avec la directive. La mise en conformité ayant été effectuée par la loi de finances pour 1994, le délai de réclamation ne commence à courir qu'à compter de la publication de la loi de finances (V. Libaud et O. Renault, « La restitution du droit de 1,2 % indûment perçu à l'occasion de fusions de sociétés » : Droit fiscal 1994, n° 39, pp. 1425 et s.).

De la même façon, la jurisprudence récente semble écarter l'application de l'article L. 190 du livre des procédures fiscales qui prévoit que la demande en remboursement ne peut porter que sur un impôt acquitté moins de quatre ans avant la décision juridictionnelle ayant révélé que l'impôt a été versé en vertu d'un texte contraire à un texte de droit supérieur, en l'espèce la directive (CJCE, 13 février 1996, aff. C-197/94 et C-252/94 : Droit fiscal 1996, n° 10, com. 299 ; CJCE, plén., 2 décembre 1997, aff. C-188/95, Fantask A/Se-a : Droit fiscal 1998, n° 11, com. 198. Voir également : TGI Paris, 2e ch., 11 décembre 1997, n° 97-9111, Sté France Printemps : Droit fiscal 1998, n° 11, com. 196 ; 8 janvier 1998, n° 97-6798, Sté Conforama : Droit fiscal 1998, n° 11, com. 213 ; cass. com. 1er avril 1997, n° 95-10235 : Droit fiscal 1997, n° 27, com. 770 ; cass. com. 9 juillet 1996, n° 94-11428 : Droit fiscal 1996, n° 41, com. 1222. E. Desmorieux « Droit communautaire et délais de prescription fiscale », Option Finance, 1998, n° 485, p. 19. P. Dibout, « Vers l'épilogue du feuilleton contentieux des droits de 1,2 % et 3 % », JCP 1996, éd. E, n° 49, I-610 ; B. Nguyen, « L'affaire du droit de 1,2 % : vers l'épilogue ? », JCP 1996, éd. E, n° 19-20, I-555. Voir également cass. com. 19 octobre 1999, n° 97-20-470 : SA Piot Pneu/Services fiscaux de l'Isère : JCP 1999, éd. E, nos 51-52, p. 2046).

Enfin, en ce qui concerne le montant des droits à restituer, la Cour de cassation a indiqué que la répétition des droits indûment versés ne pouvait porter que sur la part de ces droits dont l'incompatibilité avec la directive était établie. Ainsi, pour les fusions antérieures à 1986, la directive 73/80 alors en vigueur autorisait un taux maximal de 0,5 %. Par voie de conséquence, pour les fusions réalisées à cette période, la restitution est logiquement plafonnée à 1,2 % – 0,5 % = 0,7 % (cass. com. 21 janvier 1997, n° 270 P, Sté Lilly France : RJF 1997, n° 3, com. 294 ; Droit fiscal 1997, n° 24, com. 673, obs. P. Dibout). La Cour de cassation ne fait en l'espèce que reprendre une position déjà exprimée à propos de l'incompatibilité du droit proportionnel d'enregistrement sur les capitalisations de bénéfices (cass. com. 15 octobre 1996, n° 1556 D ; sur ces questions, voir l'instruction administrative du 22 avril 1996 : BOI 7 H-2-96 qui laisse cependant quelques points en suspens).

La situation au regard des autres impôts et taxes

1460 En dehors de l'imposition des bénéfices et des droits d'enregistrement, il n'existe pas, en matière de fusions, de régime spécifique, autonome, applicable à tel ou tel autre impôt ou taxe dont les entreprises sont redevables.

Dans chaque cas, le sort des entreprises au regard de tel impôt ou de telle autre taxe sera fonction de la situation créée par l'opération de fusion (disparition de la société absorbée, création d'une société nouvelle, augmentation du capital d'une société préexistante...).

Néanmoins, pour certains impôts et taxes, le régime des fusions appelle quelques commentaires particuliers.

Les fusions et la contribution économique territoriale

1461 Au regard de la contribution économique territoriale, les opérations de fusion sont susceptibles de soulever des questions distinctes relatives à :
– la détermination du redevable de la contribution l'année de la fusion ;
– la détermination de la base d'imposition après l'opération de fusion.

Les réponses à ces questions doivent être envisagées distinctement selon qu'il s'agit de la contribution foncière des entreprises (CFE) ou de la cotisation sur la valeur ajoutée (CVAE).

La détermination du redevable

En matière de CFE

1462 En principe, le CFE est due par l'exploitant au 1er janvier de l'année d'imposition. La cotisation est due pour l'année entière sauf cessation d'activité en cours d'année. Il en résulte que si un changement d'exploitant intervient en cours d'année, aucune imposition n'est établie au nom du successeur au titre de cette même année. Sur ce point, l'article 1478 du CGI ne fait que reprendre, dans le cadre de la CFE, les dispositions qui existaient antérieurement en matière de taxe professionnelle.

Note : Pour une application jurisprudentielle en matière de scissions : TA Amiens, 22 janvier 2009, n° 07-1151, 2e ch. : RJF 2009, n° 10, com. 843. Solution rendue en matière de taxe professionnelle : lorsqu'une scission donne lieu à la création d'une ou plusieurs sociétés nouvelles, le changement d'exploitant s'opère à la date d'immatriculation au RCS de la nouvelle société ou de la dernière d'entre elles.

1463 **Des difficultés ont pu apparaître en pratique pour déterminer la date à laquelle le changement d'exploitant doit être considéré comme étant réalisé. Ainsi, par exemple, pour une opération de fusion pour laquelle les assemblées générales se réunissent le 31 décembre, la question se pose de savoir si le changement d'exploitant doit être considéré comme étant intervenu le 31 décembre ou seulement le 1er janvier. La distinction est importante dans la mesure où elle influera sur les bases d'imposition qui seront à prendre en référence. En réalité, il convient de considérer que le changement d'exploitant intervient dès son approbation par les assemblées générales** (TA Dijon, 6 mai 2004, 2e ch., n° 0201261 : JCP éd. E, 2004, n° 27, Pan. 1014, note Masquart. Voir également pour des décisions rendues en matière d'apports partiels d'actifs : CE 17 mai 1995, n° 138 648 : Droit fiscal 1995, n° 44, com. 2066 ; CAA Bordeaux, 7 juillet 1998, n° 96-2033 : Droit fiscal 1999, n° 16, com. 103. Pour une fusion-absorption : CAA Bordeaux, 24 juin 1997, n° 96-1499 : Droit fiscal 1998, n° 14, com. 278 ; CAA Paris, 4 février 1999, n° 96-2778).

1464 **Ces principes doivent être appliqués en matière de fusions avec toutefois une difficulté supplémentaire, liée à l'existence possible d'une clause de rétroactivité dans l'acte de fusion.** L'opération de fusion entraîne bien un changement d'exploitant. La circonstance qu'il y ait identité d'activité après l'opération est à cet égard sans incidence. En ce sens, voir CE 7e et 9e s.-sect., 19 avril 1989, n° 66499 ; RJF 1989, n° 6, com. 699, concl. Liebert-Champagne).

L'administration a précisé que l'existence d'une telle clause demeurait sans incidence sur l'établissement des impositions en matière de taxe professionnelle (instr. 14 mars 1985 : BO 6 E-3-85. Pour une application jurisprudentielle, voir CE 24 mai 1989, 8e et 9e s.-sect., nos 66816 et 66484 ; RJF 1989, n° 7, com. 845 ; Droit fiscal 1989, n° 48, com. 2257. CAA Nancy 27 juin 1989, req. 89-105, Sté Air industrie. Pour savoir à quelle date l'acte d'apport ou de fusion devient opposable à l'administration : CAA Bordeaux, 2e ch., 21 novembre 1991, n° 90-533, SA CF Roudière ; Droit fiscal 1992, n° 42, com. 1917). **Cette solution paraît transposable en matière de CFE.**

1465 **La cour administrative d'appel de Paris avait toutefois estimé, dans un arrêt remarqué du 8 octobre 1998, que la clause de rétroactivité était opposable à l'administration fiscale pour l'établissement de la taxe professionnelle** (CAA Paris 8 octobre 1998, n° 96-2119). **La cour s'appuyait notamment sur le fait que la position de l'administration, prise en fonction d'un arrêt de principe de 1989, se référait à une période antérieure à la modification du droit des sociétés par la loi du 5 janvier 1988. Or, l'introduction dans le droit des sociétés de la rétroactivité des opérations de fusion conduit, selon la cour, à une interprétation différente de l'article 1478-IV du CGI. Mais l'administration a rappelé, dans son instruction du 4 août 2000, que l'effet rétroactif des actes de fusion, de scission ou d'apport ne lui est pas opposable en matière de taxe professionnelle pour l'application de l'article 1478. Selon l'administration, la date de réalisation du changement d'exploitant est celle à laquelle l'accord a été approuvé par les assemblées générales extraordinaires des actionnaires des deux sociétés, sous réserve que ces assemblées n'aient pas prévu une date d'effet postérieure. Et l'administration de préciser également que les clauses de rétroactivité ne sont pas non plus opposables à l'administration** pour le calcul de la valeur ajoutée, que ce soit pour le plafonnement de la taxe professionnelle (BOI 6 E-2-94 ; 18 février 1994 : Droit fiscal 1994, n° 11 ; doc. adm. 6 E-4333, nos 24 et s.) ou pour déterminer l'assiette du supplément d'imposition dû au titre de la cotisation minimale assise sur la valeur ajoutée (CGI art. 1647 E).

Finalement, le 16 mars 2001, le Conseil d'État a infirmé la décision de la cour administrative d'appel de Paris. Le Conseil d'État a entendu rappeler, semble-t-il, que la rétroactivité était une convention de nature essentiellement comptable qui emportait des effets en matière de base d'imposition à l'IS, compte tenu des règles applicables en matière de fait générateur de l'imposition. En revanche, en matière de taxe professionnelle, le fait générateur de l'imposition réside dans l'exercice de l'activité au 1er janvier de l'année ; or, ce fait générateur existe avant la fusion. (Conseil d'État, 9e et 10e s.-sect., 16 mars 2001, req. n° 202-548 : Droit fiscal 2001, n° 28, com. 659, concl. Goulard ; RJF 2001, com. 804).

En matière de CVAE

1466 En matière de CVAE, le principe posé par l'article 1586 octies du CGI est celui de l'assujettissement à la CVAE du redevable qui exerce son activité professionnelle au 1er janvier de l'année d'imposition. En matière de restructurations, et tout particulièrement pour les opérations qui emportent transmission universelle du patrimoine, la loi prévoit une dérogation à la règle posée par l'article 1586 octies précité. Dans ce cas de figure en effet, la CVAE est également due par le redevable qui n'exerce aucune activité au 1er janvier de l'année d'imposition et auquel l'activité est transmise lorsque l'opération intervient au cours de l'année d'imposition.

On notera également que la société absorbée dispose d'un délai de soixante jours pour déposer la déclaration de valeur ajoutée.

La détermination des bases d'imposition après l'opération de fusion

1467 La contribution économique territoriale (CET) est en réalité constituée d'une part de la cotisation foncière des entreprises (CFE) et, d'autre part, de la contribution sur la valeur ajoutée des entreprises (CVAE). La question de la base d'imposition doit ainsi être envisagée de manière distincte selon la nature de la cotisation en jeu.

Base d'imposition et CFE

1468 La base d'imposition à la CFE est en principe constituée de la valeur locative des biens passibles d'une taxe foncière, qu'il s'agisse de la taxe foncière sur les propriétés bâties ou sur les propriétés non bâties. En principe, la période de référence est celle de l'avant-dernière année précédant celle de l'imposition, ou par le dernier exercice de douze mois clos au cours de cette même année s'il ne coïncide pas avec l'année civile.

La valeur locative à retenir pour le calcul de la CFE est déterminée selon des règles identiques à celles retenues en matière de taxe foncière avec toutefois quelques différences. Ainsi, par exemple, il n'est pas fait application des abattements pour charges qui s'appliquent en matière de taxe foncière, la valeur locative à retenir s'entendant du revenu cadastral brut. De même, et sur un plan plus technique, il n'est pas tenu compte de l'actualisation des bases opérée au 1er janvier 1980.

1469 En matière de fusions de sociétés, l'incidence éventuelle en matière de CFE concerne essentiellement les établissements industriels pour lesquels la détermination de la valeur locative peut s'effectuer sur la base de la méthode comptable qui repose sur les valeurs comptables (CGI art. 1499 et 1500). Selon la jurisprudence, revêtent un caractère industriel les établissements dont l'activité nécessite d'importants moyens techniques, non seulement lorsque cette activité consiste dans la fabrication ou la transformation de biens corporels mobiliers, mais aussi lorsque le rôle des installations techniques, matériels et outillages mis en œuvre, fût-ce pour les besoins d'une autre activité, est prépondérante (CE 27 juillet 2005, req. 261899 et 273663 : RJF 2005, com. 1201 ; Droit fiscal, 2005, com. 754, note O. Fouquet).

1470 Lorsque la méthode comptable s'applique, la valeur locative des établissements industriels relevant de cette catégorie s'obtient en appliquant au prix de revient des immobilisations, éventuellement revalorisé au moyen de taux d'intérêt déterminés en fonction de la date d'acquisition des biens et fixés par décret en Conseil d'État (CGI art. 1499). Le prix de revient s'entend de la valeur d'origine pour lequel le bien a été inscrit au bilan de la société (CGI art. 324 AE de l'annexe III).

La prise en compte du prix de revient appelle deux précisions en matière de fusions de sociétés, l'une tenant à la notion de prix de revient, l'autre tenant au recours à une valeur locative plancher.

La notion de prix de revient

1471 La question du prix de revient se pose exclusivement dans le cadre des fusions effectuées sur la base des valeurs comptables. En effet, on sait que dans le cadre d'une fusion effectuée en valeurs comptables, la société absorbante a l'obligation de reconstituer les valeurs des immobilisations chez la société absorbante telles qu'elles figuraient chez la société absorbée, en distinguant d'une part la valeur d'origine et d'autre part, les amortissements qui avaient été pratiqués par la société absorbée. Dans ces conditions, la question se pose de savoir quel est le prix de revient de l'immobilisation ainsi apportée à la société absorbante. Par exemple, une construction d'une valeur d'origine de 1 000 et amortie à hauteur de 600 à la date de la fusion, est apportée dans le cadre d'une fusion à la valeur comptable pour 400. Mais la société absorbante a l'obligation de reconstituer à son bilan, d'une part, la valeur d'origine de 1 000 et, d'autre part, les amortissements de 600. Dès lors, quel est le prix de revient à prendre en compte chez la société absorbante pour la base d'imposition à la CFE ? Si l'on s'en tient à la valeur d'apport, au prix de revient retenu dans le cadre de la fusion, il est clair que le prix de revient à retenir est 400. En revanche, si on applique la référence à la valeur d'origine au bilan, il faut retenir une valeur de 1000. La différence d'interprétation a donné lieu à des différends avec l'administration fiscale qui ont été réglés par le juge de l'impôt. Après différentes décisions contradictoires rendues par des tribunaux administratifs (en particulier : TA Cergy Pontoise, 2e ch., 27 mars 2003, req. 99-21903 : Droit fiscal 2004, n°17, note E. Desmorieux ; TA Besançon, 31 janvier 2002, nos 99-1501, 99-1502, 00-1002 et 00-1003 : RJF 2002, n° 10, inf. 1119 ; TA Orléans, 24 septembre 2002, nos 99-2952 et 00-1427 : RJF 2003, n° 2, inf. 189 ; TA Rennes, 8 octobre 2002, nos 99-1428 et 99-3660 : RJF 2003, n°4, inf. 442) ou par des cours administratives d'appel (CAA Nantes, 27 septembre 2004, req. 01-437, 02-1841, 03-1119 et 03-161 : RJF 2005, n°1, com. 37 ; en sens inverse : CAA Versailles, 7 juin 2005, n° 03-2176), **le Conseil d'État a finalement tranché la question en considérant que, dans le cadre des fusions réalisées à la valeur nette comptable, les immobilisations devaient être prises en compte dans la base d'imposition de la société absorbante en retenant la valeur nette comptable du bien et non leur valeur d'origine au bilan. Le prix de revient de ces immobilisations pour la société absorbante est constitué par leur valeur d'apport, c'est-à-dire leur valeur nette comptable et non leur valeur d'origine** (avis Conseil d'État, 28 octobre 2005, n° 279 961, 9° et 10° s.-sect., SA Camif Catalogues : Droit des sociétés, 2006, n°1, com. 14, note J.L. Pierre. Voir également : Y. de Givré, « Fusions en valeur nette comptable : la hiérarchie des textes doit être respectée » : RJF 2005, n°4, p. 217).

Cette solution, dégagée en matière de taxe professionnelle, nous paraît conserver toute sa raison d'être en matière de CFE.

La déperdition de base d'imposition

1472 **Lorsque la CFE est déterminée en retenant la méthode comptable pour les établissements industriels, la fusion risque d'entraîner, par ailleurs, une déperdition de base d'imposition chez la société absorbante, par rapport à ce qu'elle était chez la société absorbée. Si on reprend l'exemple ci-dessus, il convient de constater que la construction est prise en compte chez la société absorbée pour une valeur de 1 000 et chez la société absorbante, pour une valeur de 400. Il en résulte une baisse de valeur locative importante, d'où un risque de diminution important de la CFE. Pour pallier ce risque, le droit fiscal prévoit, par le biais de l'article 1518 B, que la déperdition de matière imposable doit être limitée à 20 %. En clair, cela signifie que la valeur locative des immobilisations ne peut être inférieure aux 4/5 de ce qu'elle était avant l'opération. Pour poursuivre avec notre exemple, cela signifie que la base d'imposition à retenir chez la société absorbante ne peut être inférieure à 800 pour cette construction. (L'administration fiscale a précisé les modalités d'application de la règle des 4/5 dans une instruction rendue en matière de taxe professionnelle :** instr. du 26 avril 1993, BOI 6 E-12-93. **L'administration, pour l'appréciation de la valeur locative de référence, prend la valeur locative retenue l'année précédant l'apport ce qui, *a contrario*, semble avoir pour effet d'exclure du calcul les immobilisations qui ont été exonérées de taxe foncière l'année en question** (CE, 8e et 9e s.-sect., 24 mai 1989, n° 63846 : RJF 1989, n°7, com. 846 ; sur l'application de la règle des 4/5 en matière de dissolution-confusion : voir infra). **En pratique, la règle de la valeur locative minimum s'apprécie de manière distincte pour chaque catégorie d'immobilisation visée par la règle : d'un côté les constructions, de l'autre les terrains.**

1473 **On précisera que pour les opérations de fusions réalisées dans le cadre d'une procédure de redressement judiciaire, la valeur plancher chez la société absorbante est ramenée de 80 % (4/5) à 50 %. En revanche, le seuil est de 90 % dans les opérations réalisées entre sociétés d'un groupe fiscalement intégré. Il est même porté à 100 % pour les opérations de fusions lorsque ces opérations interviennent entre entreprises liées, c'est-à-dire lorsque la société absorbante contrôle la société absorbée ou, inversement, que la société absorbée contrôle la société absorbante, voire même que l'une ou l'autre de ces sociétés soient placées sous le contrôle commun d'une troisième société. Ces modifications de taux s'appliquent de la même manière aux opérations de scissions mais également aux opérations de dissolution-confusion réalisées depuis le 1er janvier 2010.**

Base d'imposition et CVAE

1474 En la matière, la principale particularité dans le cadre des fusions réside dans la mise en œuvre des dispositions de l'article 1586 quater III du CGI qui énonce que : « En cas d'apport, de cession d'activité ou de scission d'entreprise réalisés à compter du 22 octobre 2009 ou de transmission universelle du patrimoine (TUP) mentionnée à l'article 1844-5 du code civil réalisée à compter du 1er janvier 2010, le chiffre d'affaires à retenir pour l'application du I du présent article est égal à la somme des chiffres d'affaires des entreprises parties à l'opération lorsque l'entité à laquelle l'activité est transmise est détenue, directement ou indirectement, à plus de 50 % soit par l'entreprise cédante ou apporteuse ou les associés de l'entreprise scindée réunis, soit par une entreprise qui détient, directement ou indirectement, à plus de 50 % l'entreprise cédante ou apporteuse ou les entreprises issues de la scission réunies, soit par une entreprise détenue, directement ou indirectement, à plus de 50 % par l'entreprise cédante ou apporteuse ou par les associés de l'entreprise scindée réunis, tant que les conditions suivantes sont simultanément remplies :

– la somme des cotisations dues minorées des dégrèvements prévus au présent article, d'une part, par l'entreprise cédante, apporteuse ou scindée et, d'autre part, par le nouvel exploitant est inférieure, sans application du premier alinéa, d'au moins 10 % aux impositions au titre de la cotisation sur la valeur ajoutée des entreprises qui auraient été dues par ces mêmes entreprises en l'absence de réalisation de l'opération, minorées des dégrèvements prévus au présent article ;

– l'activité continue d'être exercée par ces dernières ou par une ou plusieurs de leurs filiales ;

– les entreprises en cause ont des activités similaires ou complémentaires.

Les conditions d'exercice de la détention de capital prévues au premier alinéa doivent être remplies à un moment quelconque au cours des six mois qui précèdent la date de réalisation de l'opération mentionnée au premier alinéa.

Le présent III ne s'applique plus à compter de la huitième année suivant l'opération d'apport, de cession d'activité, de scission d'entreprise ou de transmission universelle du patrimoine mentionnée à l'article 1844-5 du code civil en cause ».

Le plafonnement en fonction de la valeur ajoutée

1475 Conformément aux dispositions de l'article 1647 B sexies du CGI, le montant de la contribution économique territoriale (CET) est plafonné à 3 % de la valeur ajoutée produite de l'entreprise. Pour la mise en œuvre éventuelle de ce dispositif de plafonnement, et sachant que la CET est la somme de la CFE et de la CVAE, le code général des impôts précise que, en cas de transmission universelle du patrimoine, de cession ou de cessation d'entreprise au cours de l'année d'imposition, le montant de la CFE à plafonner est ajusté pour correspondre au rapport entre la durée de la période de référence de la CVAE et l'année civile.

Les fusions et la taxe foncière

1476 En matière de taxe foncière, la seule particularité réside dans la détermination de la base d'imposition, dans la mesure où, pour les établissements industriels, l'évaluation des différents éléments se fait à partir du prix de revient comptable.

On retrouve ici le même risque de déperdition de matière imposable que pour la cotisation foncière des entreprise (CFE) dans l'hypothèse où les apports de la société absorbée à la société absorbante sont évalués à la valeur nette comptable.

Le palliatif adopté est exactement le même qu'en matière de contribution économique territoriale (CET). Selon les dispositions de l'article **1518 B** du CGI, la valeur locative ne peut être inférieure aux deux tiers de celle retenue l'année qui précède l'opération de fusion avec les mêmes situations particulières.

Les fusions, la taxe sur les salaires et la taxe d'apprentissage

1477 En l'espèce, la seule incidence d'une opération de fusion pèse sur la société absorbée qui a l'obligation de déposer, dans un délai de soixante jours, la déclaration des salaires payés pendant l'année (CGI art. 89) et d'acquitter le cas échéant le montant de la taxe sur les salaires qui reste dû. Sur ce dernier point, on notera cependant que l'article **369-1**, alinéa 3 de l'annexe III du CGI prévoit qu'en cas de cession ou de cessation d'entreprise, le versement du reliquat de taxe sur les salaires doit être effectué immédiatement. L'existence d'une clause de rétroactivité demeure à cet égard sans incidence (CAA Paris, 5e ch., 12 mars 2009, n° 07 PA 01795 : Droit fiscal 2009, n° 28, cass. 409).

1478 En matière de taxe d'apprentissage, le même délai est octroyé pour déposer une demande d'exonération au titre des dépenses déjà effectuées en faveur de formations depuis le début de l'année. La circonstance que la fusion soit placée ou non sous le régime spécial est, à cet égard, sans incidence. On rappelle que l'article **229 A** du CGI, qui prévoyait l'obligation de déposer la déclaration de taxe d'apprentissage relative aux salaires qui n'ont pas encore donné lieu à l'application de la taxe dans les soixante jours de la cession ou de la cessation d'entreprise et de procéder au versement correspondant, a été abrogé.

B.U. NICE ST JEAN

Les fusions et la participation à la formation professionnelle continue

1479 Au regard de la participation à la formation professionnelle continue, trois précisions méritent d'être apportées. Tout d'abord, la société absorbée doit en principe déposer une déclaration **2483** couvrant la période allant du 1er janvier à la date de réalisation définitive de l'opération et détaillant les dépenses de formation effectivement consenties (code du travail, art. L. 6331-7). Ensuite, la société absorbée n'est pas autorisée à transférer l'excédent de ses dépenses de formation à la société absorbante, ce qui pourrait avoir pour effet de léser les salariés de la société absorbante (rép. Chauvet, JO 25 mars 1978, AN p. 974). Les mêmes dispositions s'appliquent en matière de scission.

1480 Enfin, il faut rappeler que la participation professionnelle continue n'est due que pour les entreprises qui emploient au moins dix salariés. Or, ce seuil peut être franchi à l'occasion de la fusion. Dans ce cas, la société absorbante bénéficiera des dispositions de l'article du code du travail qui prévoit un mécanisme d'allègement sur cinq ans des cotisations. L'article **L. 6331-17** prévoit néanmoins que ces dispositions ne sont pas applicables lorsque l'accroissement de l'effectif résulte de l'absorption d'une entreprise ayant employé dix salariés ou plus au cours de l'une

des trois années précédentes. (Sur cette question : code du travail annoté, 2010, Groupe Revue fiduciaire.)

Les fusions et l'investissement dans la construction

1481 En principe, le montant de la contribution due au titre des salaires versés au cours de l'année de fusion et des douze mois qui précèdent doit être immédiatement déterminé et perçu au taux de 0,45 %, (c. constr. et hab. art. L. 313-1) compte tenu, le cas échéant, des investissements qui auraient été réalisés au titre de l'année de fusion, et compte tenu du report des excédents d'investissements des années antérieures. Ce versement s'accompagne de la souscription d'une déclaration 2080. En l'espèce, l'administration applique les mêmes règles qu'en matière de cessation d'activité.

1482 Cependant, le régime peut être assoupli, car, en matière de fusions, le nouvel exploitant a la faculté de prendre à sa charge l'obligation d'investissement qui pèse sur la société absorbée (CGI, ann. II, art. 163 ; doc. adm. 5 L 2721-2). Au plan pratique, l'engagement doit être annexé à la déclaration 2080. En théorie, cette faculté ne lui permet pas de se prévaloir du report des investissements excédentaires des années antérieures dont disposait l'absorbée. Néanmoins, l'administration a admis que la société absorbante puisse se prévaloir de ce report mais à la condition que les investissements réalisés antérieurement par l'absorbée soient repris au bilan de l'absorbante, et que cette dernière s'engage à se soumettre aux obligations qui auraient pu incomber à l'absorbée au titre de ces investissements (rép. Mariotte, JO 8 juillet 1959, AN p. 1342 ; BOCD 1962-II-1934). L'engagement doit être joint à la déclaration 2080 souscrite par la société absorbée. Il peut de même être mentionné dans le traité d'apport. Ces dispositions s'appliquent également en matière de scissions de sociétés.

1483 Enfin, et comme pour la formation professionnelle continue, l'investissement dans la construction ne s'applique qu'aux entreprises qui emploient au minimum 20 salariés. Si l'opération de fusion a pour effet de faire franchir ce seuil de 20 salariés, un mécanisme d'exonération totale puis dégressive s'applique. Ces employeurs sont dispensés pendant trois ans du paiement de la cotisation puis le montant de la participation est réduit de 75 %, 50 % et 25 % pour chacune des trois années suivantes. Néanmoins, ce dispositif n'est pas applicable lorsque l'accroissement de l'effectif résulte de la reprise ou de l'absorption d'une entreprise ayant employé vingt salariés ou plus au cours de l'une des trois années précédentes.

FUSIONS ET CONTRIBUTION SOCIALE DE SOLIDARITÉ

L'incidence d'une opération de fusion sur la contribution sociale de solidarité diffère selon que la fusion s'opère par création de société nouvelle ou par fusion-absorption. En cas de fusion par création de société nouvelle, la société issue de la fusion sera redevable de la contribution sur la base du chiffre d'affaires total de sociétés ayant participé à l'opération réalisée au titre de l'année civile au cours de laquelle s'est déroulée l'opération de fusion. Dans le cas d'une fusion-absorption, les solutions varient en fonction de la date de réalisation de l'opération. Si l'opération de fusion a lieu entre le 1er janvier et la date d'exigibilité de la contribution, la contribution devient immédiatement exigible chez la société absorbée. Si l'opération de fusion intervient avant le 1er janvier, la société absorbante devra additionner son chiffre d'affaires à celui de la société absorbée pour déterminer le montant de la contribution, sous réserve naturellement que chacun des deux chiffres d'affaires dépasse 760 000 €.

Les fusions et la carte grise des véhicules

1484 Les opérations de fusions de sociétés comportent parfois des coûts que l'on pourrait qualifier de « coûts cachés » mais qu'il convient de ne pas négliger pour autant car ces coûts peuvent parfois se révéler importants.

Tel est le cas par exemple de la carte grise des véhicules de la société absorbée. Ainsi, lors d'une opération de fusion, les véhicules dont la société absorbée est propriétaire sont transférés à la société absorbante qui en devient la nouvelle propriétaire. Ce changement de propriétaire rend ainsi nécessaire la modification de la carte grise du véhicule et rend exigible le droit de timbre correspondant, calculé en fonction de la puissance fiscale du véhicule.

1485 En la matière, pas de régime de faveur. La nouvelle carte grise donnera lieu au paiement d'un droit identique à celui acquitté lors de la mise en circulation du véhicule et proportionnel au nombre de chevaux fiscaux du véhicule. Le code de la route punit d'une amende les nouveaux propriétaires qui auraient omis de faire établir une nouvelle carte grise à leur nom.

Cette solution semble de portée générale et n'est donc pas spécifique aux seules opérations de fusions. Les autres opérations de restructurations (scissions, apports partiels d'actif, dissolution-confusion…) obéissent au même régime (E. Desmorieux, « Les cartes grises des véhicules apportés dans les fusions » : Droit fiscal 2007, n° 20, com. 514).

Les fusions de sociétés et le régime d'intégration fiscale dit « régime de groupe »

1530 L'article 68 de la loi de finances pour 1988 a institué un régime de taxation des groupes de sociétés, régime dont le champ d'application est beaucoup plus large que les régimes du bénéfice mondial et du bénéfice consolidé réservés en pratique à quelques groupes.

Le dispositif (CGI art. 223 A à 223 U) prévoit un mécanisme d'intégration fiscale qui permet schématiquement de « faire remonter » les bénéfices ou les pertes des filiales au niveau de la société mère. Ce mécanisme, d'application facultative, s'applique aux groupes de sociétés formés autour d'une société, dite société mère, ou société tête de groupe, qui détient directement ou indirectement 95 % au moins du capital de ses filiales.

1531 Il faut préciser que :
- seules sont concernées les sociétés qui relèvent de l'impôt sur les sociétés ;
- ce régime ne nécessite pas d'agrément préalable ;
- la société mère peut librement déterminer le périmètre de son groupe, en éliminant notamment les sociétés filiales qui satisfont pourtant aux conditions requises pour être intégrées dans le groupe.

La mise en œuvre de ce régime se révèle fort délicate en pratique, même si les principes qui gouvernent le mécanisme de l'intégration sont simples et si ce dispositif peut s'avérer finalement très avantageux au plan de la charge fiscale globale supportée par le groupe. (Sur cette question, voir le remarquable ouvrage de P. Morgenstern, « L'intégration fiscale », Groupe Revue fiduciaire, 9e éd., 2012.)

1532 L'intégration repose sur la détermination du résultat fiscal du groupe, pris dans son ensemble. Le calcul du résultat est réalisé au niveau de la société mère, cette dernière étant considérée comme seule redevable de l'impôt. Symétriquement, les filiales perdent la qualité de redevable de l'impôt.

Pour déterminer le résultat fiscal global, il convient de raisonner en considérant que le groupe constitue une seule et même entité. Il en résulte que les incidences fiscales de la plupart des opérations réalisées à l'intérieur du groupe par les sociétés qui le composent doivent être neutralisées (cessions d'immobilisations entre sociétés du groupe, abandons de créances, provisions constituées sur d'autres sociétés du groupe, jetons de présence…). Il convient enfin de préciser que certaines sociétés peuvent être conduites à sortir du groupe objet de l'intégration fiscale soit parce qu'elles cessent de satisfaire aux conditions requises pour bénéficier de ce régime, soit parce qu'elles décident volontairement de quitter le périmètre d'intégration.

1533 La sortie du groupe est plus ou moins indolore au plan fiscal. Globalement, cette sortie comporte un coût (le ticket de sortie) sous forme de réintégration fiscale pratiquée sur le résultat d'ensemble du groupe.

1534 Il est clair que le mécanisme d'intégration est susceptible d'interférer avec le régime des fusions de sociétés. Par parenthèse, on peut s'interroger sur le point de savoir si le mécanisme d'intégration n'a pas conduit, d'une certaine façon, à restreindre le nombre des fusions de sociétés. En effet, avant l'adoption de ce régime, lorsqu'une société détenait une filiale à 95 % qui revêtait la forme de société de capitaux, les déficits constatés dans la filiale ne pouvaient remonter au niveau de la société mère. Si la situation déficitaire était durable, une solution consistait à absorber la filiale afin de bénéficier de l'imputation des déficits postérieurs à l'absorption.

1535 Actuellement, il n'est nul besoin d'opérer une fusion de sociétés, car l'option de la société mère pour le mécanisme de l'intégration fiscale permet de parvenir au même résultat sans les contraintes juridiques, voire certaines des contraintes fiscales des fusions. Il convient toutefois de ne pas perdre de vue que le mécanisme d'intégration fiscale n'est susceptible de s'appliquer que pour les filiales détenues, directement ou indirectement, à 95 % ou plus. Si cette condition n'est pas satisfaite, l'intégration fiscale ne pourra se substituer aux fusions.

1536 D'une façon plus générale, force est de constater que les opérations de fusion et le régime d'intégration peuvent coexister et il importe de déterminer les incidences des opérations de fusion sur le fonctionnement du régime d'intégration.

Il convient, à cet effet, de distinguer selon que l'opération de fusion intervient avant l'entrée d'une société dans le périmètre d'intégration ou selon que l'opération de fusion intervient alors que l'une, voire l'ensemble des sociétés qui fusionnent appartiennent déjà à un groupe fiscalement intégré.

La fusion de sociétés avant l'entrée dans le périmètre d'intégration

1537 Si une opération de fusion a lieu préalablement à l'entrée de la société absorbante ou nouvelle dans un groupe, l'opération n'a en principe aucune incidence particulière sur les modalités d'application ultérieure du régime d'intégration.

Il existe toutefois une particularité qui tient au fait que la société issue de la fusion (société absorbante ou nouvelle) peut avoir été autorisée, par voie d'agrément, à reporter sur ses propres résultats tout ou partie des déficits en provenance de l'absorbée.

1538 Si la société absorbante ou nouvelle entre, par la suite, dans un groupe intégré, elle devra solliciter un nouvel agrément pour pouvoir imputer sur ses bénéfices ultérieurs le reliquat de déficits qui a été transféré dans le cadre de l'opération de fusion et qui n'a pas encore été imputé.

Il faut rappeler que les déficits qui proviennent de fusions, comme les autres déficits, seront imputés sur les résultats ultérieurs de la société absorbante mais ne « remontent » pas directement au niveau de la société mère du groupe auquel appartient la société absorbante (CGI art. 233 I-1-a).

Fusions dans lesquelles interviennent des sociétés qui font partie d'un groupe intégré

1539 Il convient d'envisager distinctement les effets de l'opération de fusion sur le périmètre d'intégration du groupe et les incidences de l'opération sur la détermination du résultat fiscal d'ensemble.

L'incidence de l'opération de fusion sur le périmètre d'intégration

1540 Il convient, dans ce cas, de distinguer selon les conditions de l'opération :

Société absorbée	Société absorbante	
Filiale intégrée	Filiale intégrée	L'absorbée sort automatiquement du groupe. L'absorbante reste dans le groupe si les conditions d'application du régime demeurent satisfaites.
Filiale intégrée	Extérieure au groupe	L'absorbée sort automatiquement du groupe. Les filiales de l'absorbée sortent du groupe. Sauf si la société absorbée procède au reclassement des titres avant l'opération de fusion. (Sur cette question, P. Morgenstern, op. cité, p. 441.)
Extérieure au groupe	Filiale intégrée	L'absorbante ne peut rester dans le groupe que si les conditions d'application du régime restent satisfaites. En réalité, ce sera difficile sauf si les associés de la société absorbée sont eux-mêmes membres du groupe intégré.
Société mère du groupe	Extérieure au groupe	Le groupe de la société mère sort du périmètre d'intégration. La société extérieure peut éventuellement reconstituer immédiatement un nouveau groupe.

L'incidence des opérations de fusion sur le résultat d'ensemble

1541 En matière d'intégration fiscale, il convient d'envisager trois situations distinctes : en premier lieu, l'hypothèse de la fusion entre deux sociétés membres d'un groupe fiscalement intégré, en second lieu, l'absorption d'une société membre d'un groupe fiscalement intégré par une société extérieure au groupe et enfin, l'absorption d'une société qui a la qualité de société mère, tête de groupe. Sur cette question, voir pour une étude approfondie : P. Morgenstern, L'intégration fiscale, 9e éd., 2012, Groupe Revue fiduciaire.

1542 **Quelle que soit la configuration de la fusion à l'intérieur du groupe fiscalement intégré, elle peut s'effectuer, au choix des sociétés, soit en régime de droit commun, soit en régime de faveur. L'existence d'un groupe intégré ne change rien à la possibilité de choix. Reste que, en pratique, les liens de dépendance entre sociétés, directs ou indirects, induiront nécessairement le recours aux valeurs comptables et de fait tendront à faire privilégier l'option pour le régime fiscal de faveur.**

La fusion de deux sociétés membres d'un même groupe fiscalement intégré

1543 La fusion de deux sociétés membres d'un même groupe fiscalement intégré entraîne, par principe, la sortie du groupe de la société absorbée mais pas la sortie de l'absorbante, sous réserve naturellement, pour cette dernière, de continuer à satisfaire, après la fusion, les conditions lui permettant de faire partie du groupe fiscalement intégré. En clair, tout va dépendre du nombre d'actions qu'elle devra émettre pour augmenter son capital à l'occasion de la fusion pour rémunérer les associés non intégrés. Sur ce point, si la société absorbée sort du groupe à l'occasion de la fusion, les filiales intégrées de la société absorbée ne sont, en revanche, pas considérées comme sortant du groupe et sont donc toujours membres du groupe intégré, sous réserve, là encore, de satisfaire les conditions d'éligibilité, notamment en termes de conditions de détention. Lorsqu'une société sort du groupe parce qu'elle est absorbée par une autre société du groupe (ou fait l'objet d'une confusion de patrimoine), la sous-filiale (détenue par l'absorbée) peut, sous certaines conditions, être considérée comme ne sortant pas du groupe. Il est en effet admis de maintenir une sous-filiale dans le groupe, si les conditions de l'article 223 A du CGI demeurent remplies, lorsque la filiale qui la détient est absorbée par une société du groupe, dès lors que ce dernier conserve le contrôle à 95 % de la sous-filiale pendant tout l'exercice. Il est également admis d'appliquer cette solution lorsqu'il s'agit du premier exercice d'intégration de la société absorbée ou confondue et de sa sous-filiale, sous réserve que les délais d'option pour leur entrée dans le périmètre du groupe fiscal soient respectés. [décision de rescrit : RES n° 2011/15 (FE) du 7 juin 2011 : JCP éd. E, 2011, com. 316]. Naturellement, on peut songer au cas particulier où la fusion s'opère par l'absorption par la société tête de groupe de son unique filiale intégrée. De toute évidence, cette opération entraînait la fin du régime d'intégration fiscale.

FUSION DE SOCIÉTÉS INTÉGRÉES : SUR LA FUSION ELLE-MÊME...

Les opérations de fusions réalisées entre sociétés membres d'un groupe fiscalement intégré sont nécessairement réalisées en valeurs comptables, s'agissant d'opérations placées sous contrôle commun. Cette situation appelle deux remarques :
– d'une part, le recours aux valeurs nettes comptables, résultant de la stricte application du droit comptable, ne peut être qualifié de subvention indirecte au sens ou l'entend le régime d'intégration pour la détermination du résultat d'ensemble du groupe (instr. 30 décembre 2005 : BOI 4 I-1-05, n° 34),
– d'autre part, l'opération étant faite aux valeurs comptables, aucune plus-value ne sera constatée à l'occasion de la fusion en régime de faveur. Ces plus-values seront éventuellement taxables au jour de la cession des biens par la société absorbante.

1544 La sortie de la société absorbée prend effet à compter du premier jour de l'exercice au cours duquel est intervenue la fusion. Par parenthèse, si la société absorbante était étrangère au groupe intégré, la solution serait identique.

1545 Pendant longtemps, la sortie de la société absorbée s'accompagnait de toutes les « déneutralisations » liées aux neutralisations antérieures : abandons de créances, subventions intra-groupes, cessions d'immobilisations intra-groupes antérieurement neutralisées, quote-part de frais et charges sur les dividendes provenant de résultats antérieurs à l'entrée dans le groupe de la société distributrice.

1546 Depuis le 1er janvier 2006, cette approche a été modifiée. Désormais, il convient de considérer que, la société absorbante venant aux droits et obligations de la société absorbée, certains effets de la sortie du groupe sont reportés jusqu'à la date où la société absorbante sortira à son tour du groupe, sauf si entre temps, elle fait elle-même l'objet d'une fusion intra-groupe. On privilégie ainsi le maintien des neutralisations. Néanmoins, l'opération de fusion entraîne bel et bien la sortie du groupe de la société absorbée ; c'est l'incidence fiscale de cette sortie qui est allégée.

1547 En conséquence, et comme le confirme l'administration dans une instruction, la fusion intra-groupe n'entraîne plus la déduction ou l'imposition du résultat d'ensemble des plus-values ou moins-values, des abandons de créances et des subventions intra-groupes neutralisées pendant la période de fonctionnement du régime d'intégration.

1548 Pour que ce dispositif s'applique, deux conditions doivent être satisfaites, l'une portant sur les caractéristiques de l'opération et l'autre portant sur le régime fiscal sous lequel est placée l'opération. S'agissant des caractéristiques de l'opération, le maintien des neutralisations peut s'appliquer sur les fusions internes au groupe à la condition que la société absorbée ne soit pas la seule filiale intégrée du groupe. De la même manière, l'opération de fusion ne doit pas prévoir l'absorption simultanée par la société mère de toutes les filiales intégrées. À l'inverse, ce mécanisme peut jouer quelle que soit la position de la société absorbante dans le groupe, simple filiale ou société mère.

1549 S'agissant du régime fiscal sous lequel est placée l'opération, le maintien des neutralisations n'est envisageable que si la fusion est placée sous le régime de l'article 210 A du CGI, régime qui vise à conférer à l'opération de fusion un caractère intercalaire qui, en quelque sorte, s'étend au régime d'intégration fiscale. Il faut également en conclure que si la société absorbante cessait de remplir les engagements liés à l'application du régime des fusions entraînant ainsi une déchéance rétroactive du régime spécial des fusions, il deviendrait alors nécessaire de procéder aux déneutralisations qui n'avaient pas été effectuées lors de la fusion. Ces déneutralisations seraient assorties de l'intérêt de retard. *A contrario*, si la fusion est placée sous le régime de droit commun, il y a lieu de procéder, du fait de la fusion, aux déneutralisations qui s'imposent.

1550 Lorsque les conditions qui permettent le maintien des neutralisations sont réunies, quelques précisions doivent être apportées sur la portée de ce maintien. En ce qui concerne les plus-values et moins-values, le dispositif de neutralisation est maintenu lorsque l'une des sociétés parties à l'opération de cession de l'élément d'actif immobilisé sort du groupe du fait de son absorption par une autre société. La société absorbée peut-être la société qui a cédé l'immobilisation ou, au contraire, celle qui en a fait l'acquisition. La neutralisation sera maintenue lors de la fusion dès lors que la cession de l'immobilisation s'est faite à l'intérieur du groupe. Peu importe à cet égard, que la société absorbante ait été partie ou non à l'opération de cession. Mais attention, ce régime de maintien des neutralisations ne s'applique pas si les biens objet de la cession sont des titres d'une société du groupe et que celle-ci est absorbée ultérieurement pas une autre société du même groupe (instr. du 21 mars 2007 : BOI 4 H-4-07, § 19).

1551 Pour les abandons de créances et les subventions, le régime de maintien des neutralisations s'applique dans le cas de l'absorption de la société qui a consenti ou qui a bénéficié de l'abandon, ou de la société qui a versé la subvention ou de celle qui en a bénéficié.

1552 Ces neutralisations maintenues à l'occasion de la fusion, le sont jusqu'à la sortie du groupe de la société absorbante. À ce moment, il y a lieu de rapporter au résultat d'ensemble des sommes qui avaient été neutralisées au titre des plus-values et moins-values, abandons de créances et subventions qui avaient été maintenues à l'occasion de la fusion. Et encore faut-il que la sortie de la société absorbante du groupe fiscalement intégré ne trouve pas son origine dans une fusion intra-groupe placée sous le régime spécial des fusions.

1553 On observera encore que s'agissant des provisions, celles constituées par la société sur d'autres sociétés du groupe ne peuvent faire l'objet de neutralisations lors de la reprise qui accompagne la fusion. Il en est de même des provisions qui ont pu être constituées par la société absorbante (ou toute autre société du groupe) sur la société absorbée.

Rétroactivité, fusion et intégration

Dans l'hypothèse où la fusion est conclue avec une clause de rétroactivité, il conviendra d'en tirer les conséquences au plan fiscal. Ainsi, le résultat de la période de rétroactivité est en principe imposable entre les mains de la société absorbante. Cette règle s'applique de la même manière lorsque la société absorbante est membre d'un groupe fiscalement intégré. Il conviendra également sur cette question de la rétroactivité de prendre garde au sort des opérations réciproques qui auront pu être réalisées pendant la période de rétroactivité.

La fusion d'une société membre d'un groupe fiscalement intégré avec une société étrangère au groupe

1554 Dans l'hypothèse où la société absorbante est la société qui appartient au groupe fiscalement intégré, l'opération de fusion-absorption va aboutir à faire entrer dans le capital de nouveaux associés, en l'occurrence ceux de la société absorbée. Cette entrée des nouveaux associés va se traduire par un phénomène de dilution du capital susceptible de faire échec aux conditions de détention posées pour l'application du régime d'intégration fiscale. Ainsi, la société absorbante encourt-elle le risque de sortir mécaniquement du régime d'intégration fiscale. Il peut en aller différemment si les associés de la société absorbée sont intégrés.

1555 Si la société absorbée est la société membre du groupe fiscalement intégré, l'opération de fusion va entraîner la sortie du groupe avec toutes les conséquences qui en découlent. Ainsi, les dispositifs de maintien des neutralisations précédemment examinés dans le cas des fusions internes au groupe ne sont pas susceptibles de s'appliquer. Pour ces opérations, la sortie du groupe de la société absorbée va s'accompagner de la sortie des filiales intégrées de la société absorbée.

Déficits, intégration et fusion

Le sort des déficits dans les opérations de fusions a déjà été étudié. Il reste à combiner ces règles générales avec les principes qui régissent l'intégration fiscale.

– Le déficit de la société absorbée intégrée

Les déficits d'une société absorbée ne sont pas transmissibles à la société absorbante sauf à bénéficier d'un agrément ministériel. C'est ce principe qui va s'appliquer dans le cadre d'un groupe fiscalement intégré à cette nuance près que les déficits de la société absorbée constatés pendant la période d'intégration ont été appréhendés par la société mère du groupe. La question de leur transmission à la société absorbante ne se pose pas. En revanche, la transmission des déficits de l'absorbée à l'absorbante sur agrément serait envisageable pour la quote-part des déficits encore non imputée et provenant de résultats dégagés avant l'entrée de l'absorbée dans le périmètre d'intégration.

– La créance de carry-back de la société absorbée intégrée

Si à la date de la fusion, la société absorbée est encore titulaire de la créance (elle ne l'a pas cédée à la mère), la créance de carry-back est soumise au régime de droit commun à savoir la transmission à la société absorbante.

– Le déficit de la société absorbante intégrée

En principe, les déficits de la société absorbante ne sont pas affectés par une opération de fusion, sauf à établir que la fusion a été l'occasion d'un changement d'activité pour la société absorbante, changement d'activité qui serait susceptible d'affecter l'imputation ultérieure de ce déficit. Mais naturellement, les déficits en cause sont les déficits antérieurs à l'entrée de la société dans le périmètre d'intégration.

L'absorption de la société mère, tête du groupe fiscalement intégré

1556 L'absorption de la société mère d'un groupe (P. Morgenstern, op. cit., chap. 10-2, §§ 1541 et s). a pour effet de provoquer la sortie du groupe dont la société mère est absorbée. Cette sortie prend effet au premier jour de l'exercice de fusion. Au plan pratique, cette sortie entraînera des déneutralisations au niveau de la société tête de groupe qui se retrouveront dans les faits, compte tenu de la fusion et de son effet rétroactif, entre les mains de la société absorbante. Si elle en a la possibilité, la société absorbante pourra alors former immédiatement un nouveau groupe, ou un groupe élargi, avec les sociétés issues du groupe d'origine (CGI art. L. 223-L-6 c.). Dans le cadre des déneutralisations liées à la sortie du groupe, il convient de prendre en considération les conséquences spécifiques applicables aux provisions en cas d'absorption de la mère. Dans ce cas de figure, et sous certaines conditions, il est possible de ne pas procéder aux déneutralisations (sur cette question : BOI 4 H-3-95.)

1557 Au titre de l'exercice de sortie du groupe, la question se pose de ce qu'il peut advenir du déficit global du groupe. Ce déficit est localisé chez la société mère qui est absorbée. En conséquence, et par application des principes gouvernant les fusions, le déficit est en principe perdu. Néanmoins, dans le cadre du régime d'intégration fiscale, il est possible d'imputer ce reliquat de déficit sur le montant des déneutralisations qui devront être effectuées du fait de la sortie du groupe. Cela revient dans les faits à un transfert de déficit de la société absorbée à la société absorbante sans toutefois, contrairement à ce qui se passe dans les opérations de fusion, qu'un agrément soit nécessaire. S'il subsiste après cette imputation un reliquat de déficit, celui-ci sera traité dans les conditions communes aux fusions. Sa transmission suppose alors le bénéfice d'un agrément qui sera accordé dans les les conditions de l'article 209-III du CGI.

1558 Cette solution s'applique, que la fusion se traduise par la création d'un nouveau groupe autour de la société absorbante ou non. Si un nouveau groupe est créé, la procédure de transmission des déficits sur agrément est prévue par l'article 223-I-6 alors que dans le cas contraire, l'agrément est celui de l'article 209 II. À chaque fois, l'obtention de l'agrément suppose que les mêmes conditions soient satisfaites : opération justifiée du point de vue économique, application du régime de faveur de l'article 210 A et maintien de l'activité pendant un délai de trois ans. Le déficit ainsi transféré à la société absorbante est considéré chez celle-ci comme un déficit subi avant l'entrée dans le groupe.

1559 La société absorbante, de son côté, a la possibilité de former, dès l'exercice de fusion, un nouveau groupe intégré. Naturellement, la société doit remplir les conditions requises pour bénéficier du statut de société tête de groupe (CGI art. 223 A). Cela suppose en particulier que son capital ne soit pas détenu directement, ou indirectement, à 95 % au moins par une autre société soumise à l'IS. Par parenthèse, c'est l'opération de fusion qui peut permettre à la société absorbante de devenir société mère du groupe. En effet, elle pouvait être détenue à 95 % au moins avant la fusion par une autre société ; compte tenu de la fusion, et de l'arrivée de nouveaux associés, la dilution constatée du capital de la société absorbante va lui permettre de devenir société tête de groupe. On précisera néanmoins que la possibilité de former un nouveau groupe immédiatement après fusion ne peut s'appliquer dans l'hypothèse où une société mère est absorbée au cours du premier exercice au titre duquel elle a opté pour le régime de société tête d'un groupe intégré (rép. de Courson, JO AN 14 septembre 1998, p. 5068).

1560 Pour que le groupe puisse être formé immédiatement, il est nécessaire que l'opération de fusion soit réalisée avec un effet rétroactif si possible au premier jour de l'exercice de la société absorbée. L'option pour le régime d'intégration fiscale devra être formulée en règle générale dans un délai de trois mois à compter de la réalisation de la fusion.

1561 La société absorbante peut non seulement créer un groupe fiscalement intégré avec le groupe absorbé mais elle peut également simplement élargir le périmètre d'intégration d'un groupe préexistant. Le délai d'option demeure le même. En pratique cependant, une difficulté pourra survenir si les dates de clôture des exercices des différentes sociétés du nouveau groupe ne coïncident pas.

La société absorbante n'est pas tenue de reprendre dans le nouveau groupe l'ensemble des sociétés qui appartenaient au groupe d'origine. Les sociétés qui font partie du nouveau groupe doivent naturellement signifier leur accord.

Dans l'hypothèse où la société forme un nouveau groupe, elle peut, pour l'imputation du déficit en provenance de l'ancien groupe, demander l'imputation du déficit sur une base élargie conformément aux dispositions de l'article 223-I-5 du CGI. Ce mécanisme permet d'imputer le déficit sur les résultats de l'absorbante, mais également sur ceux des filiales de l'ancien groupe et qui deviennent membres du nouveau groupe. Cette base élargie doit tenir compte des règles de plafonnement du déficit imputable.

Chapitre 2-3

LES EFFETS DES FUSIONS SUR LA SITUATION FISCALE DES ASSOCIÉS

1610 La fusion entraîne la disparition d'une ou de plusieurs sociétés au profit d'une société préexistante, l'absorbante, ou au profit d'une société nouvelle créée à l'occasion de la fusion. Par voie de conséquence, ces restructurations affectent largement la situation des associés des sociétés en présence.

Les associés de la ou des sociétés apporteuses cessent, par définition, d'être associés de ces sociétés qui disparaissent pour devenir associés de la société absorbante ou de la société nouvelle créée lors de la fusion. La fusion entraîne pour eux un échange de titres dans des proportions conformes à la parité retenue pour l'opération. Les associés de la société absorbante, dans l'hypothèse d'une fusion-absorption, voient quant à eux se réaliser une augmentation de capital susceptible de modifier notamment la répartition des pouvoirs à l'intérieur de la société.

1611 Ces opérations, et en particulier l'échange des titres, pourraient n'appeler au plan fiscal que des commentaires elliptiques destinés à rappeler les grandes lignes du régime fiscal des opérations d'échange. Mais les choses s'avèrent en réalité plus complexes et justifient un examen en profondeur, essentiellement pour deux raisons :

– d'une part, le législateur a modifié le régime fiscal classique de ces opérations en adoptant un ensemble de mesures destinées à le rendre plus attractif, l'objectif étant de favoriser par ce biais le regroupement d'entreprises en évitant aux associés des retombées fiscales dissuasives ;

– d'autre part, la réunion d'entreprises par voie de fusion est souvent l'occasion d'officialiser des rapprochements déjà largement opérés, par exemple par voie de prise de participation. La fusion oblige alors à procéder au niveau des associés à des régularisations dont le traitement au plan fiscal peut s'avérer délicat.

1612 Les problèmes à résoudre étant différents, il importe d'envisager distinctement la situation des associés de la société absorbée et celle des associés de la société absorbante.

La situation des associés de la société absorbée : le cas général

1613 Associés d'une société appelée à disparaître, les associés de la société absorbée vont recevoir, en contrepartie de leurs droits, des titres de la société absorbante ou de la société nouvelle créée à l'occasion de l'opération de fusion.

En principe, cet échange se caractérise par sa neutralité fiscale. Tel est le cas général. Néanmoins, cet échange peut se heurter à diverses difficultés liées notamment à la personnalité même de l'associé de la société absorbée. Ces difficultés justifient un examen particulier.

1614 Le régime de l'échange des titres détenus par les associés de la société absorbée doit être envisagé distinctement selon que les titres en question sont détenus par une personne physique ou sont inscrits à l'actif du bilan d'une entreprise.

Le sort des titres détenus par une personne physique

L'attribution des titres n'est pas considérée comme une distribution imposable

1615 Aux termes de l'article 115-1 du CGI, « en cas de fusion ou de scission de sociétés, l'attribution de titres, sommes ou valeurs aux membres de la société apporteuse en contrepartie de l'annulation des titres de cette société, n'est pas considérée comme une distribution de revenus mobiliers ». Ces dispositions sont en vigueur depuis le 1er janvier 2002 ; elles se sont substituées à des règles plus anciennes qui réservaient cette exonération au cas dans lequel la fusion (ou la scission) était placée sous le régime de faveur des articles 210 A et suivants du CGI. Il faut noter toutefois que l'administration admettait que l'ancienne rédaction de l'article 115-1 du CGI puisse également s'appliquer aux opérations de fusions placées sous le régime de droit commun. La doctrine administrative est ainsi désormais légalisée et le texte ne comporte plus de référence au régime de faveur des fusions.

1616 La mise en œuvre de ce dispositif appelle néanmoins quelques observations. Tout d'abord, la notion de fusion ou de scission telles quelles sont visées par ce texte correspond à la définition fiscale de la fusion de l'article 210-0 A du CGI. En toute logique, et conformément à ce qui a été exposé précédemment, cette définition de la fusion recouvre notamment les opérations de fusion renonciation, de dissolution confusion au sens de l'article 1844-5 du code civil mais également les opérations qui font intervenir des sociétés étrangères.

1617 Pour les dissolutions-confusion, on notera par parenthèse la rédaction du texte de l'article 115-1 du CGI qui évoque l'attribution de « sommes, titres ou valeurs » ce qui vise en particulier les opérations de confusion de patrimoine qui n'entraînent pas remise de titres. Dans l'ancienne rédaction du texte, il n'était question que de l'attribution de titres.

1618 Pour les opérations de fusion avec des sociétés étrangères, on rappellera toutefois que la définition fiscale de la fusion ne s'applique pas aux opérations qui sont réalisées avec des pays qui n'ont pas conclu de clause d'assistance administrative avec la France.

1619 Les dispositions de l'article 115-1 s'appliquent également aux opérations de fusion ou de scission de sociétés de placement à prépondérance immobilière à capital variable mentionnées à l'article 208-3° nonies sous réserve que la société bénéficiaire des apports s'engage, dans l'acte de fusion, à se substituer à la société absorbée pour les obligations de distribution prévues au II de l'article L. 214-128 du code monétaire et financier. En cas de scission, ces obligations doivent être reprises par les sociétés bénéficiaires des apports au prorata du montant de l'actif réel apporté, apprécié à la date d'effet de l'opération. (Loi 2005-1720 du 30 décembre

2005 – Dispositions applicables à compter de l'entrée en vigueur de l'article 7 de l'ordonnance 2005-1278 du 13 octobre 2005 définissant le régime juridique des organismes de placement collectif immobilier.)

Les limites de l'exonération

1620 L'exonération n'est pas susceptible de s'appliquer :
– aux opérations portant sur la répartition, préalablement à la fusion, de tout ou partie du portefeuille-titres de la société absorbée ;
– à l'attribution aux associés de la société absorbée des titres détenus dans le capital de la société absorbante ;
– à l'émission d'emprunts par la société absorbante ;
– lorsque la répartition au profit des associés de la société absorbée porte sur des espèces provenant de la réalisation d'éléments d'actif exclus de la fusion ou de plus-values ayant pris naissance pendant la période de liquidation consécutive à la fusion.

Les régimes particuliers d'exonération

1621 On citera deux cas particuliers dont les conditions d'application ne semblent pas remises en cause par la rédaction de l'article 115-1 du CGI.

Le régime particulier lié au statut juridique du bénéficiaire de l'apport

1622 Certains apports peuvent être consentis au profit d'entreprises ou de personnes morales qui sont dans l'impossibilité, en raison de leur statut juridique particulier, d'émettre des actions ou des parts sociales destinées à rémunérer les apports qui leur sont consentis.

Tel sera le cas, par exemple, des apports-fusions effectués au profit d'entreprises nationales. Dans cette situation, il est admis d'étendre l'exonération à l'attribution de titres d'emprunts, à la condition qu'il s'agisse de titres d'emprunts d'une durée supérieure ou égale à quinze ans et émis en rémunération des apports consentis à ces entreprises nationales. Ce régime est également susceptible de s'appliquer à des apports consentis au profit de personnes morales autres que des sociétés commerciales et passibles de l'impôt sur les sociétés. *A contrario*, si l'emprunt est émis sur une durée inférieure à quinze ans, l'échange des titres ne saurait être exonéré.

Le régime particulier lié au statut de l'associé de la société absorbée

1623 Du fait de la fusion, des titres de la société absorbante seront le cas échéant attribués à des porteurs de parts bénéficiaires de la société absorbée.

L'administration a indiqué que l'exonération attachée à la répartition des titres leur était applicable et n'était donc pas, par voie de conséquence, limitée aux seuls associés ou actionnaires au sens strict du terme (doc. adm. 4 J 1225, § 11).

Le régime applicable à la plus-value d'échange

1624 Le régime applicable à la plus-value d'échange constatée lors de la fusion diffère selon que l'opération est réalisée avant ou après le 1er janvier 2000. En effet, la loi de finances pour 2000 a unifié le régime d'imposition des cessions sur valeurs mobilières. À cette occasion, le régime fiscal applicable aux plus-values d'échange constatées à l'occasion d'opérations de restructuration a été modifié, la législation française abandonnant un système de report d'imposition au profit d'un régime de sursis d'imposition.

REPORT ET SURSIS D'IMPOSITION

Le sursis d'imposition. L'opération bénéficiant d'un sursis est considérée comme présentant un caractère intercalaire. Pour le calcul d'une plus-value, par exemple, on fait abstraction de la valeur du bien à la date de l'opération donnant lieu à sursis. Ainsi, en cas de cession ultérieure, on prendra en référence la valeur historique, la valeur d'origine du bien. En cas de fusion, les plus-values sur éléments non amortissables bénéficient d'un sursis d'imposition.

Le report d'imposition. Là, les choses sont différentes. Au moment de l'opération donnant lieu à report, la plus-value est calculée mais son imposition est reportée à une date ultérieure, date à laquelle se produira un événement considéré comme emportant déchéance du report.

Le régime applicable depuis le 1er janvier 2000

1625 Pour les opérations de restructurations réalisées depuis le 1er janvier 2000, l'article 150-0 B du CGI énonce que les dispositions relatives aux plus-values sur cessions de valeurs mobilières ne sont pas applicables, au titre de l'année d'échange des titres, aux plus-values réalisées dans le cadre d'une offre publique, de fusion, de scission, d'absorption d'un fonds commun de placement par une SICAV, de conversion, de division, ou de regroupement, réalisée conformément à la réglementation en vigueur ou d'un apport de titres à une société soumise à l'IS. Ainsi, le principe est que la plus-value constatée par l'associé à l'occasion de la fusion au moment de l'échange des titres n'est pas imposée et l'opération bénéficie d'un sursis d'imposition. L'opération revêt pour l'associé un caractère purement intercalaire. Il n'y a pas lieu, sur ce point, de distinguer selon que les titres objet de l'échange sont détenus en pleine propriété, en usufruit ou en nue-propriété (instr. 13 juin 2001 : BOI 5 C-1-01). Quant à la non-imposition de la plus-value, elle se justifie également par le fait que la plus-value n'étant pas encaissée au moment de l'échange, il paraît illégitime d'imposer l'associé sur une plus-value qu'il n'a pas encaissée.

1626 Néanmoins, les échanges avec soulte demeurent soumis aux dispositions de l'article 150-0 A lorsque le montant de la soulte reçue par le contribuable excède 10 % de la valeur nominale des titres. Dans l'ancien régime du report d'imposition, les échanges avec soulte donnaient lieu à imposition de la plus-value à hauteur de la soulte. L'idée était en effet de considérer que la plus-value est encaissée à hauteur de la soulte. En matière de sursis, la soulte, si elle reste comprise dans la limite de 10 % n'est pas imposée. Elle sera néanmoins prise en compte pour le calcul de la plus-value ultérieure de cession à l'expiration du sursis.

Le plafond de 10 % de la valeur nominale des titres s'apprécie au niveau de chaque contribuable concerné. Il convient ainsi de comparer globalement pour l'ensemble des titres échangés, la soulte reçue avec la somme de la valeur nominale des titres reçus. En cas d'absence de valeur nominale des titres reçus, la soulte s'apprécie par rapport au pair comptable de ces mêmes titres. L'administration précise que la notion de pair comptable se substitue dans certains États à la notion de valeur nominale et s'entend de la valeur qui résulte de la division du montant du capital libéré d'une société par le nombre de titres émis (instr. 13 juin 2001 : BOI 5 C-1-01).

En matière d'OPCVM, à défaut de valeur nominale des parts ou actions d'OPCVM, l'importance de la soulte reçue à l'occasion d'une opération de fusion, de scission ou d'absorption d'un FCP par une SICAV s'apprécie par rapport à la valeur d'échange des titres reçus, déterminée en tenant compte de leur valeur liquidative telle qu'elle a été fixée pour la réalisation de l'opération.

SURSIS, SOULTE ET INDEMNISATION DES ROMPUS

Pour l'application du régime du sursis d'imposition, il faut envisager distinctement la soulte et la procédure spécifique de l'indemnisation des rompus. La procédure d'indemnisation des rompus vise le cas où un associé possède un nombre de titres supérieur à celui lui permettant avec la parité d'échange d'obtenir un nombre entier de titres nouveaux. Dans ce cas de figure en effet, l'opération peut entraîner au profit de l'associé un versement en numéraire qui s'analyse en indemnisation de rompus et qui est bien distinct de la soulte.

Fiscalement, au titre de l'opération, il faut alors distinguer :
– l'opération d'échange dans les limites de la parité : la plus-value constatée peut bénéficier du sursis d'imposition de l'article 150-0 B ;
– une opération de vente à hauteur de l'indemnisation des rompus : la plus-value réalisée est alors immédiatement imposable comme une plus-value sur cession de titres.

La somme perçue au titre de l'indemnisation des rompus n'a pas la nature de soulte. Elle n'a donc pas à être prise en considération pour l'appréciation de la condition relative à l'importance de la soulte.

Exemple : Dans le cadre d'une opération de restructuration, il est prévu l'échange de 3 titres A contre 1 titre B de valeur nominale 1000 avec une soulte de 50.
Un associé détient 7 titres A. Il décide d'échanger 6 titres A contre 2 titres B. Il reçoit une soulte de 100. Il lui reste un titre A qu'il cède.
Dans ce cas de figure, on constate :
– une opération d'échange sur 6 titres qui peut bénéficier du sursis ; la plus-value sera imposée lors de la cession ultérieure en tenant compte de la soulte ;
– une opération de vente sur 1 titre, qui est imposable immédiatement.

(instr. 13 juin 2001 : BOI 5 C-1-01).

La plus-value est placée en sursis d'imposition

1627 Le régime de sursis se caractérise par sa mise en œuvre automatique et son application est systématique dès lors que l'opération est réalisée conformément à la réglementation en vigueur.

1628 Le caractère intercalaire conféré ainsi à l'opération d'échange de titres emporte diverses conséquences :
– tout d'abord, l'opération n'interfère pas avec la détermination de l'impôt sur le revenu dû par l'associé au titre de l'année d'échange. Ainsi, jusqu'au 31 décembre 2010, la valeur des titres reçus en échange n'avait pas à être prise en considération pour la détermination du dépassement ou du non-dépassement du seuil de cession de valeurs mobilières au titre de l'année de réalisation de la fusion ;
– ensuite, et contrairement au régime en vigueur préalablement, l'opération revêt un caractère pleinement intercalaire et notamment au plan déclaratif. Il en ressort que la plus-value d'échange n'a pas à être déclarée par l'associé concerné. On soulignera au passage l'intérêt de cette disposition car, dans le mécanisme du report anciennement en vigueur, la plus-value placée en report devait être déclarée non

seulement au titre de l'année d'échange mais également au titre de chacune des années suivantes. Pour l'associé personne physique qui ne détenait qu'une quotité infime de titres, les obligations déclaratives pouvaient facilement apparaître comme disproportionnées par rapport aux enjeux fiscaux ;
– dans le même ordre d'idée, la rédaction de l'article 150-0 B laisse supposer que l'application du sursis d'imposition s'opère à l'occasion de chaque opération visée par le texte et notamment à l'occasion d'opérations successives ;
– précisément, s'agissant des opérations de fusions ou de scissions auxquelles l'article 150-0 B est susceptible de s'appliquer, l'administration a indiqué que le sursis pouvait s'appliquer également aux opérations de fusion et de scission effectuées hors de France et réalisées conformément à la réglementation en vigueur dans l'État où l'opération se déroule. L'opération doit être considérée comme une fusion ou une scission par la législation en vigueur du ou des États concernés ;
– enfin, dans la mesure où le sursis d'imposition est d'application automatique, celui-ci trouvera à s'appliquer même si l'opération fait apparaître une moins-value d'échange.

L'expiration du sursis d'imposition

1629 Le régime du sursis d'imposition s'applique jusqu'à ce qu'intervienne un événement susceptible d'y mettre fin. À l'expiration du sursis, les plus-values d'échange deviennent imposables dans des conditions qui appellent également des précisions particulières.

1630 *a) Les événements susceptibles de mettre fin au sursis d'imposition.* Parmi les événements susceptibles de mettre fin au sursis d'imposition figure naturellement la cession des titres. Si tel n'est pas le cas, la plus-value échappe à l'impôt. En dehors de la cession, les opérations de rachat par la société de ses propres titres, de remboursement ou d'annulation des titres reçus en échange peuvent entraîner la déchéance du sursis d'imposition (sur le régime fiscal du rachat par une société de ses propres titres : CGI, art. 161. Voir également : instr. 16 octobre 2006 : BOI 5 C-3-06.)

1631 De même, la transmission à titre gratuit des titres reçus en échange ont pour effet de transformer la plus-value en sursis d'imposition en exonération définitive (instr. 13 juin 2001 : BOI 5 C-1-01).

1632 *b) Le calcul des plus-values à l'expiration du sursis.* À l'expiration du sursis d'imposition, la plus-value sera déterminée par différence entre le prix de cession (ou élément assimilé) et le prix ou la valeur d'acquisition des titres qui ont fait l'objet de l'opération d'échange placée en sursis d'imposition.

Naturellement, lorsque les titres cédés y ouvrent droit, le calcul de la plus-value de cession doit s'effectuer en tenant compte de l'abattement du tiers par année de détention au-delà de la cinquième, prévu par l'article 150-0 D bis du CGI. On rappelle néanmoins que ce dispositif a été en grande partie abrogé avant même d'avoir pour procédure ses effets en dehors du cas des dirigeants qui prennent leur retraite et ce, jusqu'au 31 décembre 2013.

Pour la détermination de l'abattement, la durée de détention des titres s'apprécie à partir de la date d'acquisition ou de souscription des titres, et non à la date de la fusion, et ce, en application des dispositions de l'article 150-0 bis du CGI. Cette solution est conforme au caractère intercalaire qui est ainsi conféré à l'opération.

Cette règle générale appelle deux commentaires particuliers :
– d'une part, si l'opération d'échange a donné lieu au versement d'une soulte, la soulte reçue vient diminuer le prix ou la valeur d'acquisition et la soulte versée vient augmenter cette valeur ou ce prix d'acquisition (CGI art. 150-0 D-9).

Dans le cas particulier des scissions *(voir §§ 2552 et s.)*, pour la détermination du prix d'acquisition des titres reçus en échange à l'occasion d'une opération de scission, il convient de retenir le prix ou la valeur d'acquisition des titres de la société scindée pris dans le rapport existant entre la valeur réelle de chacune des sociétés issues de la scission et la somme arithmétique des valeurs réelles des titres de ces mêmes sociétés. Lorsque les titres de sociétés issues de la scission sont admis aux négociations sur un marché réglementé, la valeur réelle s'entend de leur cours de bourse d'ouverture au premier jour de cotation ;
– d'autre part, les pertes constatées lors de l'annulation de titres qui avaient été échangés antérieurement, sont déterminées en retenant comme valeur d'acquisition le prix ou la valeur des titres remis à l'échange diminué de la soulte reçue ou majoré de la soulte versée lors de l'échange (CGI art. 150-0 D 12 : instr. 13 juin 2001 : BOI 5 C-1-01).

EXEMPLE

Un associé détient dix titres de A acquis pour 120.

A est absorbée par B.

L'associé reçoit en échange dix titres B. Valeur 130 et soulte 50.

L'associé revend ultérieurement les titres pour 1 900.

Lors de l'échange : application du sursis d'imposition.

Lors de la cession : imposition de la plus-value.

1 900 - [(10 × 120) - 50] = 750.

SURSIS D'IMPOSITION ET FUSIONS DE SICAV ET DE FCP

• *L'absorption d'un FCP par une SICAV*

L'hypothèse de l'absorption d'un fonds commun de placement par une société d'investissement à capital variable est expressément prévue par l'article 150-0 B du CGI qui inscrit cette opération parmi celles qui donnent lieu à application pour l'échange de titres au sursis d'imposition.

• *L'absorption d'une SICAV par un FCP*

Au cas particulier, l'opération s'analyse comme une dissolution suivie de l'apport des actifs au FCP. Il n'en résulte, en principe, aucune imposition. Toutefois, l'article 150-0 D 10 du CGI indique que, en cas d'absorption d'une société d'investissement à capital variable par un fonds commun de placement réalisée conformément à la réglementation en vigueur, les gains nets résultant de la cession ou du rachat des parts reçues en échange ou de la dissolution du fonds absorbant sont réputés être constitués par la différence entre le prix effectif de cession ou de rachat des parts reçues en échange, net des frais et taxes acquittés par le client, et le prix de souscription ou d'achat des actions de la société d'investissement à capital variable absorbées remises à l'échange.

Le régime antérieur au 1er janvier 2000

1633 **Pour les opérations réalisées avant le 1er janvier 2000, le régime fiscal applicable à la plus-value d'échange était radicalement différent. En effet, la législation applicable** à l'époque prévoyait la possibilité, pour les associés, de placer en report d'imposition la plus-value constatée en cas d'échange de titres résultant d'une fusion, d'une scission ou d'un apport de titres à une société soumise à l'impôt sur les sociétés. Le report s'appliquait jusqu'au moment de la cession des titres, du rachat, du remboursement ou de l'annulation des titres reçus lors de l'échange. Le bénéfice du report d'imposition était subordonné à la condition que le contribuable en fasse la demande tout en déclarant simultanément le montant de la plus-value. Ces dispositions s'appliquaient également à la plus-value réalisée à l'occasion de l'absorption d'un FCP par une SICAV. Selon l'administration, le report peut être demandé en cas d'apport à une société de capitaux ayant son siège dans l'Union européenne et soumise à l'IS ou à un impôt équivalent. Ce régime ne saurait s'appliquer à la fusion de deux sociétés ayant leur siège hors de la Communauté européenne (rép. Hellier, JO 13 juillet 1998, AN p. 3893).

1634 Les principales caractéristiques du régime de report d'imposition étaient les suivantes :

– l'instauration d'un report d'imposition se justifiait par le fait que l'échange de titres à l'occasion d'une opération de fusion ne génère aucune liquidité. L'imposition des plus-values d'échange se serait avérée ainsi pénalisante et aurait constitué un frein aux opérations de restructurations ;

– le régime du report d'imposition était optionnel et n'était accordé que sur demande du contribuable. *A contrario*, cela signifie que s'il estimait y avoir intérêt, le contribuable pouvait renoncer au report. *A priori* surprenante, cette renonciation pouvait néanmoins s'avérer intéressante s'il existait par ailleurs des moins-values à imputer ;

– dans l'hypothèse où l'échange se faisait avec soulte, deux cas devaient être envisagés. Si la soulte n'excédait pas 10 % de la valeur nominale des titres reçus, l'opération d'échange dans son ensemble pouvait bénéficier du report d'imposition mais la quote-part de la plus-value correspondant à la soulte était imposable immédiatement. Si la soulte excédait 10 % de la valeur nominale des titres reçus, le mécanisme du report d'imposition de l'ancien article 92 B-II du CGI ne trouvait pas à s'appliquer ;

Le report d'imposition et l'imposition immédiate de la plus-value sur la soulte

Le régime du report d'imposition pouvait s'appliquer même en présence d'une soulte dans l'opération d'échange dès lors que cette soulte n'excédait pas 10 % de la valeur nominale des titres. Cependant, dans cette situation, la plus-value correspondant à la soulte reçue était imposée immédiatement. Cela étant, comment calculer la plus-value correspondante ?

Il y avait lieu en réalité de comparer le montant de la plus-value sur échange et le montant de la soulte :

– *si la plus-value était supérieure à la soulte reçue,* on considérait que la base de l'impôt était égale à la soulte. Seule la fraction de la plus-value excédant le montant de la soulte pouvait bénéficier alors du report d'imposition ;

– *si la plus-value était inférieure au montant de la soulte reçue*, la totalité de la plus-value était immédiatement imposée et le report d'imposition ne s'appliquait pas.

– le bénéfice du report d'imposition supposait par définition que la plus-value réalisée soit par nature imposable en vertu des anciens articles 92 B et 92 J du CGI. Tel était le cas, il faut le rappeler, si le montant total des cessions de valeurs mobilières et de droits sociaux effectuées au cours de l'année excédait le seuil d'imposition prévu à l'article 92 B du CGI. Si ce seuil, apprécié en tenant compte de l'opération d'échange, n'était pas dépassé, il fallait en conclure que les plus-values réalisées n'étaient pas imposables et, par voie de conséquence, que la demande de report d'imposition ne présentait rigoureusement aucun intérêt. Ce seuil a finalement été supprimé au 1er janvier 2011. Il était fixé, en dernier lieu, à 25830 € au 31 décembre 2010 ;

– au plan de la forme, l'option était formulée sur l'annexe à la déclaration 2074 des gains de cessions de valeurs mobilières à souscrire au titre de l'année au cours de laquelle a eu lieu l'opération d'échange. Ces sommes devaient en principe être reportées sur la déclaration générale des revenus 2042. Pour les années ultérieures, les contribuables ne devaient pas omettre de remplir l'annexe à la déclaration 2074 recensant les plus-values en report d'imposition et de retranscrire sur la déclaration générale 2042 le montant des plus-values en report ;

– au plan pratique, la plus-value qui bénéficiait du report d'imposition était calculée par différence entre le prix de cession et le prix d'acquisition. Le prix de cession équivaut à la valeur réelle des titres reçus en échange appréciée à la date de l'échange, majorée de la soulte reçue ou minorée de la soulte versée. En matière de fusions de sociétés, la date de l'échange correspond à la date de la dernière assemblée générale ayant approuvé le traité de fusion en cas de fusion-absorption ou à la date d'immatriculation au registre du commerce et des sociétés de la société issue de la fusion en cas de fusion par création de société nouvelle ;

– à l'expiration du report d'imposition, la plus-value qui avait bénéficié du report d'imposition devenait en principe imposable. Cependant, par dérogation à ce principe, l'ancien article 92 B-IV du CGI prévoyait que les plus-values dont l'imposition avait été reportée en application de l'ancien article 92 B-II étaient exonérées lorsque la plus-value réalisée lors de la cession ou du rachat des titres entrait elle-même dans le champ d'application de l'ancien article 92 B du CGI et que le seuil d'imposition n'était pas dépassé (instr. 7 mars 1994 : BOI 5 G-7-94).

L'exonération ne trouvait pas à s'appliquer si la plus-value réalisée lors de la cession des titres reçus en échange entrait dans le cadre des anciens articles 160, 150 A bis, 92 K, 39 duodecies et quater du CGI. À défaut, la plus-value était imposée au taux en vigueur au titre de l'année d'expiration du report. Il faut rappeler que pour l'application de ces dispositions, ce sont les opérations de transmission à titre onéreux qui entraînaient l'expiration du report d'imposition. *A contrario*, la transmission à titre gratuit entraînait l'exonération définitive de la plus-value réalisée.

1635 En outre, la circonstance que la plus-value réalisée lors de la transmission à titre onéreux des titres ayant bénéficié du report à l'occasion de l'échange bénéficiait à son tour d'un report d'imposition ne faisait pas obstacle en principe à l'imposition de la plus-value d'échange reportée. Toutefois, pour les échanges réalisés à compter du 1er janvier 1993, l'article 92 B-III du CGI introduisait une dérogation à ce principe. En effet, l'imposition de la plus-value antérieurement reportée pouvait, sur demande du contribuable, être de nouveau reportée à la condition cependant que la plus-value réalisée sur le second échange soit elle-même reportée. Tel pouvait être le cas par exemple en cas de fusions successives. Initialement, la possibilité de bénéficier de reports successifs n'était admise que si les plus-values successives relevaient de l'ancien article 92 B du CGI. La loi de finances rectificative pour 1997 (art. 24) avait étendu ce régime. Ainsi, lorsque les titres reçus en échange lors de la fusion étaient à leur tour échangés, le contribuable pouvait demander à ce que la plus-value constatée lors de l'échange initial soit à nouveau reportée dès lors que la plus-value enregistrée sur le nouvel échange était elle-même reportée soit au titre de l'article 92 B-V, soit au titre de l'article 150 A bis ou 160 I ter 4. La demande de prorogation du report devait être formulée sur une annexe de la déclaration 2074. Cet aménagement était en réalité de portée générale. Il visait à ne plus limiter les reports au titre d'échanges successifs à l'hypothèse dans laquelle le contribuable restait dans le même régime d'imposition (dispositif dit de tunnelisation). Il s'agissait d'établir des passerelles entre les différents régimes de report. Ainsi, des plus-values qui avaient bénéficié d'un report au titre de l'article 150-A bis ou 160-I ter 4 du CGI peuvent ensuite bénéficier d'un report au titre de l'article 92-B. Réciproquement, des plus-values reportées au titre de l'article 92-B ou 150-A bis pouvaient ensuite bénéficier d'un nouveau report au titre de l'article 160-I ter 4 du CGI (instr. BOI 5 G-7-98).

À l'inverse, la plus-value réalisée sur le premier échange devenait imposable si lors de la seconde opération le report d'imposition n'était pas demandé :
– dans l'hypothèse où la cession des titres reçus en échange ne portait que sur une fraction des titres compris dans l'échange, la déchéance du report d'imposition ne s'appliquait qu'à la fraction des titres cédée ;
– enfin, au plan de la forme, les plus-values qui cessaient de bénéficier du report d'imposition devaient être mentionnées sur les déclarations 2074 et annexes au titre de l'année d'expiration du report.

EXEMPLE

Le régime du report d'imposition : plus-value d'échange avec soulte. D'après exemple de l'instruction du 4 mai 1992.

Un contribuable détient 100 titres d'une société A, titres acquis en 1988 au prix unitaire de 400 F. La société A est absorbée en 1995 par la société B. La valeur réelle des titres A est de 1 100 F et celle des titres B de 910 F.

Compte tenu des modalités d'échange, l'associé reçoit 120 titres B au nominal de 900-F et une soulte de 800 F.

En 1996, l'associé cède 30 titres B pour un prix unitaire de 1 200 F.

En 1997, l'associé cède 27 titres B pour un prix unitaire de 1 300 F.

En 1998, l'associé fait donation des 63 titres restants.

L'associé détient moins de 25 % du capital de la société et dépasse le seuil d'imposition de l'article 92 B sauf en 1997.

Situation à la date de la fusion

Plus-value d'échange : Prix de cession - Prix d'acquisition

Valeur réelle des titres reçus - Prix d'acquisition

[(120 titres 910) + 800] - (100 - 400) = 70 000

La soulte représentant 80 (120 × 900) = 0,74 % du nominal des titres reçus, la plus-value peut bénéficier du régime du report d'imposition. En revanche, la quote-part de la plus-value représentative de la soulte est immédiatement imposée, soit en l'espèce 800 F. Le montant de la plus-value bénéficiant du report d'imposition s'élève ainsi à : 70 000 - 800 = 69 200 F.

Situation en 1996

La cession des titres B entraîne la constatation d'une plus-value imposable de :

Prix de cession - Prix d'acquisition

(30 × 1 200) - (30 × 910) = 8 700 F.

Elle entraîne également la perte du report d'imposition de la plus-value d'échange qui est imposée à hauteur de : 30/120 × 69 200 = 17 300 F.

Le reliquat de la plus-value (69 200 - 17 300 = 51 900 F) continue de bénéficier du report d'imposition.

cerfa
N°11705*11

Liberté • Égalité • Fraternité
RÉPUBLIQUE FRANÇAISE

Réinitialiser le formulaire

Valider et imprimer

N°2074-I
2011
DGFIP

Déclaration des plus-values en report d'imposition en 2010

- Gains de cession ou d'apport de créances représentatives d'un complément de prix à recevoir en exécution d'une clause d'indexation;
- Expiration des reports d'imposition;
- Opérations bénéficiant de la prorogation du report d'imposition: réinvestissement de titres dans une société nouvelle non cotée;
- États de suivi des plus-values en report d'imposition et en sursis d'imposition (enchainement du report avec le sursis d'imposition).

1 VOTRE NOM ET VOTRE ADRESSE

Nom, prénoms ou dénomination

Numéro SIRET | Code NACE

Adresse

2 VOS GAINS DE CESSION OU D'APPORT DE CRÉANCES REPRÉSENTATIVES D'UN COMPLÉMENT DE PRIX À RECEVOIR EN EXÉCUTION D'UNE CLAUSE D'INDEXATION

201 Dénomination et adresse de la société dont l'activité est le support de la clause de complément de prix

TITRE 1

TITRE 2

TITRE 3

		Titre 1	Titre 2	Titre 3
202	Nature de l'opération (cession ou apport)			
203	Date de la cession ou de l'apport	| |	| |	| |
204	Fonctions exercées dans la société			
205	**Calcul du montant du gain de cession ou d'apport**			
206	Prix de cession			
207	Prix ou valeur d'acquisition			
208	Montant du gain de cession ou d'apport (ligne 206 – ligne 207)			
209	Titres pour lesquels vous demandez le report de vos seuls gains d'apport	☐	☐	☐
210	Total des gains d'apport reportés (Montants cochés de la ligne 208)	+	+	
211	**Total de la ligne 210 : à reporter cadre 13 de la 2074**			=
212	Total des gains taxables de l'année (Montants non cochés ligne 208)	+	+	
213	**Total de la ligne 212**			=

214 Montant des gains d'apport devenus taxables par expiration totale ou partielle du report antérieurement demandé

N'oubliez pas de diminuer corrélativement le montant figurant dans la zone 8 UT de votre déclaration n° 2042

215 **Montant des gains taxables (ligne 213 + ligne 214) : à reporter ligne 1004 de la 2074**

3 EXPIRATION DE VOS REPORTS D'IMPOSITION : IMPOSITION DES PLUS-VALUES

(Échange avant le 1.1.2000 et réinvestissement). Si cet état n'est pas de dimension suffisante, joignez un état établi sur le même modèle

300 **EXPIRATION DE VOS REPORTS D'IMPOSITION SUITE À ÉCHANGE DE VALEURS MOBILIÈRES ET DE DROITS SOCIAUX RÉALISÉ AVANT LE 1.1.2000**

301 Désignation de la société ou du FCP dont les titres ont été échangés

TITRE 1

TITRE 2

TITRE 3

302 Désignation de la société ou de la SICAV dont les titres ont été reçus

TITRE 1

TITRE 2

TITRE 3

		TITRE 1	TITRE 2	TITRE 3
303	Date de l'échange			
304	Nature de l'opération			
305	Montant de la plus-value reportée			
306	Nombre de titres reçus en échange			
307	Nombre de titres reçus en échange cédés			
308	**Plus-value imposable : (ligne 305) ou lignes[305 × (307 /306)]**		+	+
309	**Total de la ligne 308 : à reporter ligne 401**			=
310	**Reliquat de plus-value à reporter : (ligne 305 - 308)**		+	+
311	**Total de la ligne 310 : à reporter ligne 403**			=

320 **EXPIRATION DE VOS REPORTS D'IMPOSITION CONSÉCUTIFS À UN RÉINVESTISSEMENT DU PRODUIT DE CESSION DE TITRES DANS UNE SOCIÉTÉ NOUVELLE NON COTÉE ET/OU DEMANDE DE PROROGATION DE CES REPORTS**

321 Désignation de la société bénéficiaire du réinvestissement

TITRE 1

TITRE 2

TITRE 3

322 Désignation de la société bénéficiaire du réinvestissement lorsque la prorogation du report d'imposition est demandée

TITRE 1

TITRE 2

TITRE 3

		TITRE 1	TITRE 2	TITRE 3
323	Date de l'opération de cession ayant donné lieu au report d'imposition			
324	Date de l'opération entrainant l'expiration du report d'imposition ou sa prorogation			
325	Montant de la plus-value reportable au 31.12.2009			
326	Montant de la plus-value antérieure dont la prorogation du report d'imposition est demandée		+	+
327	**Total de la ligne 326 : à reporter ligne 403**			=
328	Montant de la plus-value en report immédiatement imposable		+	+
329	**Total de la ligne 328 : à reporter ligne 401**			=

4 RÉCAPITULATION

400	**PLUS-VALUES IMPOSABLES IMMÉDIATEMENT**	LIGNE 309	LIGNE 329	
401	**Total : à reporter sur la déclaration n° 2074 ligne 1010**		+	=
402	**PLUS-VALUES REPORTÉES**	LIGNE 311	LIGNE 327	
403	Remplir l'état de suivi cadre 5			

2

5 VOS ÉTATS DE SUIVI

Si cet état n'est pas de dimension suffisante, joignez un état établi sur le même modèle

500 **VOTRE ÉTAT DE SUIVI DES PLUS-VALUES EN REPORT D'IMPOSITION EN CAS D'ÉCHANGE RÉALISÉ AVANT LE 1.1.2000 OU DE RÉINVESTISSEMENT DANS UNE SOCIÉTÉ NOUVELLE NON COTÉE**

510 **En cas de valeurs mobilières et droits sociaux reçus en échange avant le 1.1.2000**

511	Désignation de la société dont les titres ont été remis à l'échange	Désignation de la société dont les titres ont été reçus
TITRE 1		
TITRE 2		
TITRE 3		

	TITRE 1	TITRE 2	TITRE 3
512 Date de l'échange	| |	| |	| |
513 Nature de l'échange			
514 Montant des plus-values en report au 31.12.2009			
515 Montant des plus-values en report au 31.12.2010 (autres que ligne 546)			
516 Évènement en cas de différence entre les lignes 514 et 515			

520 **En cas de réinvestissement du produit de cession de titres dans une société nouvelle non cotée**

521	Désignation de la société bénéficiaire de l'apport	Désignation de l'apporteur
TITRE 1		
TITRE 2		
TITRE 3		

	TITRE 1	TITRE 2	TITRE 3
522 Date de l'opération	| |	| |	| |
523 Nature de l'opération			
524 Montant des plus-values en report au 31.12.2009			
525 Montant des plus-values en report au 31.12.2010 (autres que ligne 556)			
526 Évènement en cas de différence entre les lignes 524 et 525			

530 **VOTRE ÉTAT DE SUIVI DES PLUS-VALUES DONT LE REPORT D'IMPOSITION A ÉTÉ PROROGÉ À COMPTER DE L'ANNÉE 2000 À LA SUITE D'UNE OPÉRATION D'ÉCHANGE AYANT OUVERT DROIT AU SURSIS D'IMPOSITION**

540 **En cas de nouvel échange de valeurs mobilières et de droits sociaux**

	TITRE 1	TITRE 2	TITRE 3
541 Date de l'opération	| |	| |	| |
542 Nature de l'opération			
543 Nombre de titres remis			
544 Nombre de titres reçus			
545 Montant des plus-values en report au 31.12.2009			
546 Montant des plus-values restant en report au 31.12.2010			
547 Évènement en cas de différence entre les lignes 545 et 546			

550 **En cas d'échange pour les titres reçus en contrepartie d'un apport suite à réinvestissement**

	TITRE 1	TITRE 2	TITRE 3
551 Date de l'opération	| |	| |	| |
552 Nature de l'opération			
553 Nombre de titres remis			
554 Nombre de titres reçus			
555 Montant des plus-values en report au 31.12.2009			
556 Montant des plus-values restant en report au 31.12.2010			
557 Évènement en cas de différence entre les lignes 555 et 556			

3

Situation en 1997

En 1997, l'associé cède 27 titres B. La plus-value réalisée n'est pas imposable, le seuil d'imposition n'étant pas atteint (hypothèse posée). En revanche, bien que non imposée, cette cession a pour effet de faire perdre partiellement le bénéfice du report d'imposition sur la plus-value d'échange de 1995, soit à hauteur de :

$$27/120 \times 69\,200 = 15\,570 \text{ F}$$

Cette plus-value est imposable au titre de 1997. Le reliquat 51 900 - 15 570 = 36 330 continue de bénéficier du report d'imposition.

Situation en 1998

La transmission à titre gratuit a pour effet d'exonérer définitivement la plus-value qui bénéficiait encore du report d'imposition.

La combinaison de l'ancien et du nouveau régime

1636 **Le passage d'un régime de report d'imposition optionnel à un régime de sursis applicable de plein droit appelle nécessairement quelques précisions relatives à l'articulation des deux régimes.**

Le maintien des reports en vigueur au 1er janvier 2000

1637 Les opérations de restructuration antérieures au 1er janvier 2000 ont donné lieu, pour les associés de la société absorbée, à la constatation de plus-values qui ont pu être placées en report d'imposition. Dans ce cas de figure, le changement de législation intervenu au 1er janvier 2000 n'a pas eu pour effet de transformer rétrospectivement les plus-values en report en plus-values en sursis. Les plus-values demeurent en report d'imposition jusqu'à ce qu'intervienne l'événement susceptible de mettre fin au report. Il en résulte que, postérieurement au 1er janvier 2000, les associés qui avaient bénéficié de reports d'imposition pour les plus-values d'échange restent tenus aux obligations propres aux plus-values en report. Ainsi, par exemple, les contribuables concernés restent tenus de souscrire l'état des plus-values en report. Cet état est prévu par l'article 74-0 N de l'annexe II au CGI (imprimé 2074-1). Cependant, et à la différence du régime antérieur, cet état doit être souscrit au titre de l'année au cours de laquelle intervient un événement entraînant l'expiration totale ou partielle du report d'imposition. Auparavant, l'état devait être souscrit annuellement et le défaut de souscription entraînait la déchéance du report.

Les opérations de restructurations successives

1638 Il convient d'envisager ici la situation de l'associé qui a reçu par voie d'échange des titres qui ont donné lieu au constat d'une plus-value d'échange placée en report et qui participent à une nouvelle opération de restructuration qui donne lieu pour eux à un deuxième échange de titres. Dans cette situation, la nouvelle opération d'échange est automatiquement placée en régime de sursis d'imposition. Le report dont avait bénéficié l'associé au titre de l'opération initiale n'est donc pas remis en cause. Toutefois, au plan de la forme, les contribuables doivent mentionner le nouvel échange dans l'état de suivi des plus-values en report d'imposition et également le montant des plus-values restant en report suite au nouvel échange dans l'état de suivi relatif à l'enchaînement d'un report d'imposition avec un sursis (art. 74-0 N et 74-0 O de l'annexe II du CGI : imprimé 2074-I).

La cession des titres

1639 Il y a lieu de distinguer selon que les titres cédés provenaient d'un échange de titres antérieur ou postérieur au 1er janvier 2000. Si l'échange de titres était antérieur au 1er janvier 2000, la cession des titres entraîne la déchéance du report d'imposition qui avait été accordé au titre de la plus-value constatée sur l'échange initial. *A contrario*, si la cession des titres (qui entraîne la déchéance du report d'imposition) dégage une moins-value, cette moins-value ne se verra pas amputée de l'abattement du tiers. Si l'échange de titres était postérieur au 1er janvier 2000, la cession des titres donne lieu au calcul d'une plus-value qui doit tenir compte du sursis qui a été accordé au moment de l'échange. On calculera donc la plus-value en fonction de la valeur d'acquisition ou de souscription initiale des titres. Mais si ces titres avaient déjà été acquis par voie d'échange à l'occasion d'une opération de restructuration antérieure au 1er janvier 2000, cet échange avait pu donner lieu à un report d'imposition. La dernière cession des titres donne finalement lieu au calcul d'une plus-value avec application du sursis mais également à la déchéance de la plus-value qui avait été placée en report d'imposition lors de la restructuration antérieure au 1er janvier 2000.

Le sort des titres inscrits à l'actif du bilan d'une entreprise

1640 Lorsque les titres de la société absorbée sont inscrits à l'actif du bilan d'une entreprise, cette dernière va recevoir en échange les actions ou parts sociales émises par la société absorbante. Or, la valeur des titres reçus de l'absorbante ne correspond que rarement à la valeur qu'avaient les titres de la société absorbée dans les écritures de l'entreprise associée.

C'est pourquoi si, à la suite de l'opération d'échange, l'entreprise associée modifie la valeur des titres en portefeuille, elle peut être amenée à constater une plus-value ou une moins-value.

LA COMPTABILISATION DES TITRES REÇUS EN ÉCHANGE

Au plan comptable, l'entreprise associée va devoir enregistrer les titres reçus par voie d'échange en lieu et place la valeur d'inscription au bilan des titres précédemment détenus dans le capital de la société absorbée. Les règles d'enregistrement comptable des titres reçus par voie d'échange n'ont pas été définies explicitement à l'occasion de l'adoption du règlement comptable sur la valorisation des apports dans les opérations de restructuration. Les règles applicables résultent en réalité d'une part des règles générales sur la comptabilisation des actifs posées par le règlement CRC sur les actifs et d'autre part, des travaux du Conseil national de la comptabilité, qui ont donné lieu à un avis du comité d'urgence en date du 5 juillet 2006.

De ces différents textes, il ressort un principe général de comptabilisation et la nécessité de prendre en considération quelques situations particulières.

1 – Le cas général : les titres reçus en échange doivent être comptabilisés pour leur valeur vénale

Le recours à la valeur vénale résulte en réalité de l'application des principes relatifs à la comptabilisation des opérations d'échanges de titres. En règle générale, l'enregistrement des titres à la valeur vénale à la date de la fusion va conduire à constater un écart par rapport à la valeur pour laquelle la participation de l'entreprise dans le capital de la société absorbée était portée en comptabilité. Cet écart sera traité en comptabilité, selon le cas, comme une charge ou un produit exceptionnel. Cet écart est représentatif d'une plus-value ou d'une moins-value d'échange qui sera soit prise en compte immédiatement, soit placée en sursis d'imposition sur option de l'entreprise. Si l'entreprise associée avait par ailleurs constaté une dépréciation sur les titres de la société absorbée, cette dépréciation doit faire l'objet d'une reprise dans les résultats de l'entreprise associée.

Même si cela peut paraître relever d'une évidence, il est permis de rappeler que la valorisation des titres reçus en échange est totalement indépendante de la méthode de valorisation des apports lors de la réalisation de l'opération de fusion.

2 – *Le cas particulier : les titres reçus en échange doivent être enregistrés à la valeur comptable*

Dans certains cas spécifiques, la réglementation comptable préconise l'enregistrement des titres reçus en échange sur la base des valeurs comptables.

Il en est ainsi dans l'hypothèse d'une fusion réalisée entre deux sociétés détenues directement ou indirectement à 100 % par un même actionnaire. Dans ce cas de figure, le Conseil national de la comptabilité a estimé, dans une décision du comité d'urgence du 5 juillet 2006, que les titres reçus en échange doivent être pris en compte pour leur valeur comptable. En pratique, il s'agit de la détention à 100 % ou presque 100 %. Le CNC considère qu'entrent également dans ce cas de figure les opérations de fusion dans lesquelles les actionnaires minoritaires des sociétés absorbées et absorbantes ne sont pas significatifs (titres détenus uniquement en raison de contraintes légales imposées par le droit des sociétés).

De la même manière, le CNC considère que les titres reçus par voie d'échange doivent être enregistrés à la valeur comptable lorsque la transaction est dépourvue de substance commerciale, situation qui devrait être rarissime dans le cadre des opérations de fusions entre deux sociétés. Aux termes de l'avis du CNC 2004-15, une transaction est dépourvue de substance commerciale lorsqu'elle ne modifie pas de manière significative les flux de trésorerie futurs. Le CNC considère qu'il n'y a pas modification des flux de trésorerie futurs si la configuration de l'opération (risque, calendrier, montants) ou la valeur des flux de trésorerie de l'actif reçu ne diffère pas significativement de la configuration ou de la valeur des flux de trésorerie de l'actif transféré (avis CNC 2004-15, § 4.1.4). Or, dans une opération de fusion entre deux sociétés même placées sous contrôle commun mais qui ne sont pas détenues à 100 % par un même associé, il y a nécessairement lieu à transaction avec évaluation des participations des associés ou actionnaires minoritaires.

1641 L'article 38-7 bis du CGI prévoit que le profit ou la perte réalisé lors de l'échange de droits sociaux résultant d'une fusion de sociétés peut être compris dans le résultat de l'exercice au cours duquel les droits sociaux reçus en échange sont cédés. Dans cette hypothèse, le profit ou la perte résultant de cette cession ultérieure des droits sociaux est déterminé par référence à la valeur que les droits sociaux remis à l'échange avaient du point de vue fiscal (c'est-à-dire leur valeur avant l'opération ayant motivé l'échange). Jusqu'en 1992, les entreprises avaient la possibilité de neutraliser l'incidence fiscale de l'opération d'échange à la condition que l'entreprise associée maintienne inchangée à son bilan la valeur des titres qu'elle détenait dans le capital de la société absorbée. La solution, certes indolore au plan fiscal, présentait en revanche l'inconvénient de ne pas respecter les règles comptables d'enregistrement des éléments acquis par voie d'échange. La loi de finances rectificative pour 1991 tirant notamment les conséquences de la directive du 23 juillet 1990 modifia le régime applicable aux plus-values et moins-values enregistrées lors de l'échange des titres par des entreprises associées.

1642 De la même manière, la dépréciation ultérieure des titres n'emporte pas les mêmes conséquences au plan comptable et fiscal en cas d'option pour le régime du sursis d'imposition lors de l'échange des titres. En effet, la dépréciation comptable sera estimée par rapport à la valeur d'inscription en comptabilité des titres remis en échange, alors que la dépréciation fiscale s'appréciera en fonction de la valeur fiscale des titres, c'est-à-dire la valeur des titres d'origine détenus dans le capital de l'absorbée. Cette différence devra faire l'objet d'un retraitement extra-comptable.

1643 L'application de ce dispositif appelle, pour la mise en œuvre, quelques précisions :
– la règle posée par l'article 38-7 bis instaure un sursis d'imposition mais permet également d'enregistrer en comptabilité les titres pour leur valeur d'échange. La neutralité fiscale et les principes comptables sont ainsi respectés. Du point de vue comptable, le résultat d'échange sera ainsi constaté par le biais d'une charge ou d'un produit exceptionnel ;
– l'opération de fusion qui est susceptible de donner lieu à application des dispositions de l'article 38-7 bis doit correspondre à la définition fiscale des fusions de l'article 210-0 A ;
– la mise en œuvre d'un régime de sursis d'imposition est indissociable du respect des conditions de forme liées à l'existence de plus-values en sursis d'imposition. En particulier les entreprises doivent se conformer aux obligations édictées par les articles 54 septies I et 54 septies II du CGI. Ainsi, les entreprises doivent mentionner les plus-values en sursis au titre de l'article 38-7 bis sur l'état des plus-values en sursis d'imposition mais également sur le registre des plus-values en sursis d'imposition. Ces obligations déclaratives ont fait l'objet de commentaires détaillés dans une instruction du 17 janvier 2002 dans laquelle l'administration a donné un modèle d'état de suivi des sursis d'imposition (voir annexe). Le non-respect de ces obligations de forme expose l'entreprise à l'amende de 5 % prévue à l'article 1763 du CGI (instr. du 17 janvier 2002 : BOI 4 I-1-02. Pour plus de commentaires, voir §§ 1253 et s.) ;
– en matière de fusions, le sursis s'applique que la fusion ait été placée ou non sous le régime spécial de l'article 210 A du CGI. Le régime de l'article 38-7 bis est ainsi ouvert aux échanges de droits sociaux qui résultent de fusions correspondant à la définition fiscale des fusions de l'article 210-0 A du CGI. Cette définition englobe désormais non seulement les fusions « classiques » au sens juridique du terme mais également les opérations de confusion de patrimoines et les opérations réalisées en présence de sociétés étrangères. Sur ce dernier point toutefois, on gardera à l'esprit que les pays concernés doivent avoir conclu une clause d'assistance administrative avec la France. À défaut, l'opération ne rentre pas dans le cadre de la définition fiscale de la fusion retenue par l'article 210-0 A ;
– ce régime est naturellement d'application facultative et l'entreprise associée a la faculté de comprendre dans les résultats de l'exercice au cours duquel intervient l'échange le profit ou la perte constaté. À cet égard, il faut observer que lorsque l'échange porte sur des titres qui ont la nature de titres de participation au sens de l'article 219-I-a-ter du CGI, l'option pour le sursis d'imposition présente peu d'intérêt. En effet, depuis le 1er janvier 2007, la cession de titres de participation par une société soumise à l'impôt sur les sociétés est purement et simplement exonérée, exception faite d'une quote-part de frais et charges. Mais attention, l'exonération ne s'applique qu'aux plus-values constatées sur des titres qui ont la nature de titres de participation et qui sont détenus depuis au moins deux ans ;
Inversement, et toujours pour un associé soumis à l'IS, si les titres ne peuvent être qualifiés de titres de participation, la renonciation au sursis peut entraîner le constat d'un résultat imposable au taux de droit commun. Tel sera le cas si les

titres ont, par exemple, la nature de titres de placement ou la nature de titres de participation mais n'atteignent pas une durée de détention de deux ans. Enfin, le cas échéant, les titres échangés peuvent être des titres détenus dans une société à prépondérance immobilière et dans ce cas de figure, il convient de distinguer si la société immobilière est cotée ou non. Si les titres sont détenus dans une société à prépondérance immobilière cotée, la renonciation au sursis entraînera une taxation à l'IS au taux réduit proportionnel de 19 %. Pour des titres détenus dans une société à prépondérance immobilière non cotée, la renonciation entraînera une taxation à l'IS au taux de droit commun.

– le régime du sursis d'imposition commande également de prendre en considération l'incidence éventuelle des conditions d'appréciation des délais de détention. En effet, si l'entreprise associée renonce au régime du sursis d'imposition, le délai de détention des titres, dans la perspective d'une cession ultérieure, sera décompté à partir de la date de la fusion. En revanche, si l'entreprise opte pour le sursis d'imposition, le délai de détention s'appréciera par rapport à la date de souscription ou d'acquisition des titres de la société absorbée par l'associé ;

– le régime de l'échange des titres et de l'application d'un sursis d'imposition pose également la question du traitement des frais d'acquisition des titres. En effet, la fusion peut intervenir à l'intérieur du délai d'amortissement des frais d'acquisition des titres. Dans cette hypothèse, il apparaît que l'application du sursis d'imposition lors de l'échange ne fait pas obstacle à ce que la société associée de l'absorbée puisse poursuivre jusqu'à son terme l'amortissement des frais d'acquisition par voie extra-comptable ;

– il faut observer que le régime du sursis d'imposition n'est susceptible de s'appliquer cependant que si l'entreprise associée est une société soumise à l'IS ou une entreprise soumise à l'IR selon un régime réel d'imposition dans la catégorie BIC ou bénéfices agricoles (instr. 3 août 2000 : BOI 4 I-2-00, § 147). Toutefois, il faut prendre en considération les dispositions de l'article 93 quater V du CGI qui étendent l'application des dispositions de l'article 38-7 bis au profit ou à la perte réalisés par les membres des professions non commerciales lors de l'échange des droits sociaux résultant d'une fusion de sociétés, lorsque ces droits sont affectés à l'exercice de la profession (CGI art. 93 quater V. Voir également instr. du 4 décembre 2002 : BOI 5 G-13-02) ;

– le sursis lors de l'échange peut n'être que partiel si l'échange prévoit le versement d'une soulte. En cas d'échange avec soulte, en effet, la plus-value réalisée est, à concurrence du montant de la soulte reçue, comprise dans le résultat de l'exercice au cours duquel intervient l'échange. Pour l'application de cette mesure, l'article 38-7 bis précise que le montant imposable peut bénéficier du régime des plus-values à long terme dans la limite de la plus-value réalisée sur les titres détenus depuis deux ans au moins *(voir encadré page suivante)*. Toutefois, si la soulte dépasse 10 % de la valeur nominale des parts ou actions attribuées, ou si la soulte excède la plus-value réalisée, les dispositions de l'article 38-7 bis ne s'appliquent pas et la plus-value est immédiatement imposable. La plus-value réalisée est la plus-value fiscale calculée par référence à la valeur fiscale des titres remis à l'échange, valeur qui peut être différente de la valeur comptable lorsque ces titres ont été acquis précédemment par l'associé sous un régime de sursis d'imposition (art. 210 A par exemple) (BOI 4 I-2-00, § 152) ;

– le texte évoque l'application du sursis tant pour le profit que pour la perte éventuellement constatée lors de l'échange. Il en résulte que si l'entreprise associée reçoit lors de l'échange des titres dont la valeur est inférieure à la valeur d'inscription en comptabilité des titres détenus dans le capital de la société absorbée, la perte constatée peut être soit immédiatement déduite selon le régime propre aux titres échangés, soit prise en compte lors de la cession ultérieure des titres, si l'entreprise estime y avoir intérêt. D'un point de vue comptable, cette option n'empêche pas la société de modifier la valeur d'inscription en comptabilité des titres avec obligation, le cas échéant, de reprendre la provision qui avait pu être constituée. On observera que ce régime est d'application obligatoire dans l'hypothèse de l'échange de titres consécutif à une fusion ou à une scission de SICAV ou de FCP. Ce dispositif est prévu par l'article 38-5 bis du CGI. Force est de constater néanmoins que l'intérêt de ce régime est limité dans les sociétés qui relèvent de l'impôt sur les sociétés dans la mesure où les écarts sur valeurs liquidatives sont intégrés au résultat de chaque exercice.

Imposition de la soulte : quel régime fiscal ?

L'article 38-7 bis prévoit qu'en cas d'échange avec soulte, la plus-value réalisée est, à concurrence du montant de la soulte reçue, comprise dans le bénéfice de l'exercice au cours duquel intervient l'échange. Les conséquences fiscales seront différentes selon le statut fiscal de l'associé. Par exemple, pour un associé soumis à l'IS, la société résultant de l'échange des titres, qui ont la nature de titres de participation, sera imposée au taux 0, applicable aux titres de participation. En revanche, dans une entreprise qui relève des BIC, la société relèvera du régime des plus ou moins-values professionnelles. Ainsi, le montant imposable peut bénéficier du régime des plus-values à long terme prévu à l'article 39 duodecies, dans la limite de la plus-value réalisée sur les titres détenus depuis deux ans au moins.

Ainsi, dans l'hypothèse où une partie seulement des titres échangés a été detenue depuis deux ans, la soulte peut bénéficier du régime des plus-values à long terme dans la limite du montant de la plus-value à long terme réalisée et à concurrence de la part qu'elle représente par rapport à la plus-value globale dégagée.

Si, à l'occasion d'une opération de fusion, la soulte est de 25 000 et que la plus-value constatée lors de l'échange est de 50 000 dont 10 000 à long terme et 40 000 à court terme, le régime fiscal de la soulte sera le suivant :

– régime des plus-values à long terme : $\frac{25\,000 \times 10\,000}{50\,000} = 5\,000$

– régime des plus-values à court terme : $\frac{25\,000 \times 40\,000}{50\,000} = 20\,000$

L'administration a précisé que la soulte relevait du régime fiscal des plus-values. La fraction qui ne peut bénéficier du régime des plus-values à long terme a donc la nature de plus-value à court terme, distinction qui présente un intérêt lorsque l'entreprise associée relève de l'impôt sur le revenu.

(Instr. 3 août 2000 : BOI 4 I-2-00, § 154 ; instr. 25 octobre 2002 : BOI 4 I-2-02, § 119)

1644 Pour en terminer avec le régime fiscal applicable à l'échange de titres, il convient d'évoquer l'incidence éventuelle des reclassements de titres. Il s'agit tout d'abord du cas où les titres qui font l'objet de l'échange sont des titres auxquels est attaché un résultat de transfert à la suite d'un reclassement des titres, de titres de placement en titres de participation par exemple. En matière de transferts de titres, le principe est que le résultat de transfert n'est pas imposé immédiatement ; l'imposition est reportée jusqu'à la cession des titres. Or, si ces titres font l'objet d'un échange, comme dans le cadre d'une opération de fusion (ou de scission), cet échange est assimilé à une cession en droit fiscal. Il faut en déduire que le résultat de transfert devient imposable au titre de l'exercice au cours duquel se produit l'échange des titres. Cette imposition doit intervenir que l'échange des titres soit placé sous le régime de l'article 38-7 bis ou non. Dans l'hypothèse cependant, où l'échange s'effectue avec bénéfice du régime de sursis d'imposition, la valeur fiscale des titres à retenir pour la détermination du résultat de cession ultérieure des titres reçus en échange s'entend de la valeur réelle, à la date du transfert, des titres remis à l'échange (instr. 3 août 2000 : BOI 4 I-2-00, § 164).

1645 Il s'agit encore de l'hypothèse dans laquelle l'opération de fusion entraîne par elle-même un reclassement des titres. Si les titres avaient dans l'entreprise associée la nature de titres de participation, il se peut que ces titres aient, après fusion, la nature de titres de placement. Dans ce cas de figure, compte tenu du régime fiscal applicable aux titres de participation, l'entreprise associée n'aura pas intérêt à se prévaloir du sursis d'imposition de l'article 38-7 bis mais aura davantage intérêt à constater la plus-value d'échange sur titres de participation à l'occasion de la fusion, plus-value qui sera exonérée sous déduction d'une quote-part de frais et charges.

La situation des associés de la société absorbée : les cas particuliers

1646 Dans un certain nombre de cas, le mécanisme général d'échange des titres en franchise de toute imposition ne trouve pas à s'appliquer ou, à tout le moins, appelle des remarques particulières quant à sa mise en œuvre. On évoquera notamment :
– le cas des associés qui détiennent plus de 25 % des droits sociaux ;
– le cas des associés dont les titres font l'objet d'un engagement de conservation ;
– le cas des associés dont les titres sont affectés d'un report d'imposition ;
– le cas des associés dont les titres ouvraient droit à une réduction d'impôt ;
– le cas où la société absorbante est elle-même associée de la société absorbée avec, sur ce point, le cas particulier de l'absorption de sociétés détenues à 100 % ;
– le cas des sociétés mères de l'absorbée ;
– le cas des sociétés en commandite simple et des sociétés à prépondérance immobilière.

Le cas des associés de l'absorbée qui détiennent plus de 25 % du capital

1647 Les associés personnes physiques, qui détiennent directement ou indirectement plus de 25 % des droits à bénéfices d'une société soumise à l'impôt sur les sociétés, peuvent bénéficier d'une exonération provisoire de la plus-value de cession de titres réalisée à *l'intérieur du groupe familial*. L'exonération est définitivement acquise pour le cédant si les titres restent cinq ans au moins après la cession à l'intérieur du groupe familial. Par détention de plus de 25 % des droits à bénéfices, il convient d'entendre les droits détenus directement mais aussi indirectement par le biais du groupe familial ou de sociétés interposées. On rappelle sur ce point que le seuil de 25 % ne doit pas nécessairement être atteint ou dépassé à la date de cession. Il suffit que le seuil ait été atteint à un moment quelconque au cours des cinq années qui précèdent la cession. Ce dispositif est prévu à l'article 150-0 A 3 du CGI.

1648 S'agissant des opérations d'échange de titres réalisées à l'occasion d'une opération de fusion (ou de scission), la situation des associés qui détiennent directement ou indirectement plus de 25 % des droits sociaux est en tous points identiques à celle des autres associés. Il en résulte que la plus-value d'échange bénéficie de plein droit d'un régime de sursis d'imposition.

1649 On observera néanmoins que les associés concernés vont devenir associés de la société absorbante. Il se produira alors pour eux un effet mécanique de dilution du capital qui pourra alors abaisser leur niveau de participation au sein de la société absorbante en deçà du seuil de 25 %. Par voie de conséquence, la participation risque de perdre sa nature de participation substantielle.

Mais que sont devenues les « Fusions à l'anglaise » ?

Il a été longtemps usuel de dénommer « fusions à l'anglaise » les opérations qui se traduisaient par un apport de titres au profit d'une société, l'apporteur recevant en contrepartie des titres apportés, des titres de la société bénéficiaire de l'apport.

L'opération n'a naturellement rien d'une fusion au sens strict du terme. Il s'agit d'une opération d'apport de titres. Néanmoins, on observera que cet échange de titres est visé au plan communautaire par la directive fusions comme étant une opération assimilée aux fusions. Historiquement, cette opération était souvent signalée au plan fiscal en matière de droits d'enregistrement, car elle bénéficiait à l'époque d'un régime de faveur. En la matière, l'apport de titres devait porter sur une quotité de titres représentant au moins 75 % du capital d'une société. L'opération est toujours visée au demeurant par l'article 301 C de l'annexe II du CGI, mais le régime ne procure plus en matière de droits d'enregistrement d'avantage spécifique par rapport au droit commun.

En matière de plus-values, il est évident que l'échange des titres auquel il est procédé dans le cadre d'une fusion à l'anglaise est susceptible de dégager une plus-value. Le problème est ainsi de savoir si une personne physique qui réalise une telle plus-value bénéficie d'un régime fiscal permettant d'atténuer l'imposition potentielle.

En réalité, le régime des apports de titres est soumis au même régime que les échanges de titres dans le cadre d'une fusion classique. Il en résulte que, d'après l'article 150-0 B, les plus-values constatées sur les apports de titres réalisés par une personne physique au profit d'une société soumise à l'IS bénéficient automatiquement d'un sursis d'imposition. Pour les opérations réalisées avant le 1er janvier 2000, les apports de titres bénéficiaient déjà d'un report d'imposition. Les sociétés soumises à l'impôt sur les sociétés s'entendent, pour l'application de l'article 150-0 B, des sociétés soumises de plein droit ou sur option à l'IS et qui n'en sont pas exonérées totalement ou partiellement de façon permanente par une disposition particulière. Les sociétés exonérées d'IS au titre de l'article 44 sexies, 44 octies ou 44 decies sont exonérées temporairement d'IS et donc éligibles au régime du sursis d'imposition. En revanche, les sociétés de capital-risque sont considérées comme non soumises à l'IS. L'apport de valeurs mobilières ou de droits sociaux à une SCR ne peut donc pas bénéficier du sursis. Il faut prendre garde au fait que le changement ultérieur de régime fiscal de la société bénéficiaire de l'apport, et donc son passage au régime fiscal des sociétés de personnes, constitue le fait générateur de l'imposition. L'apporteur doit alors constater une plus-value imposable égale à la différence entre la valeur des titres reçus en contrepartie de l'apport, appréciée à la date de changement de régime fiscal de la société bénéficiaire de l'apport et le prix d'acquisition des titres apportés. Cette précision donnée dans l'instruction du 13 juin 2001 est importante ; elle modifie la doctrine administrative antérieure. Pour que le régime du sursis s'applique, les titres remis en contrepartie de l'apport doivent être des valeurs mobilières ou des droits sociaux représentatifs d'une quotité du capital de la société bénéficiaire de l'apport ou des valeurs mobilières donnant droit à l'attribution de titres représentant une quotité du capital de cette même société (obligations convertibles, échangeables ou remboursables en actions, par exemple). Les titres doivent avoir été émis à l'occasion de l'opération d'apport. Dans l'hypothèse d'une soulte, celle-ci ne doit pas, comme pour les autres opérations d'échange, dépasser 10 %. Le sursis d'imposition peut également s'appliquer en cas d'apport de valeurs mobilières ou de droits sociaux à une société de capitaux ou assimilée établie hors de France et soumise à un impôt équivalent à l'impôt sur les sociétés. L'opération doit être réalisée dans un État de l'Union européenne ou dans un État ayant conclu avec la France une convention fiscale d'assistance administrative en vue de lutter contre la fraude ou l'évasion fiscale.

Le cas des associés dont les titres sont grevés d'un engagement de conservation

1650 L'article 787 B du CGI instaure un dispositif d'exonération de droits de mutation à titre gratuit (successions et donations) à concurrence des trois quarts de leur valeur en faveur des transmissions qui portent sur des titres de sociétés qui exercent une activité professionnelle (industrielle, commerciale, artisanale, agricole, libérale...) faisant l'objet d'un engagement de conservation.

Cet engagement de conservation est double dans la mesure où il comporte d'une part un engagement collectif de conservation, généralement souscrit par le transmettant, et qui doit être poursuivi jusqu'à son terme par le bénéficiaire de la transmission, et d'autre part un engagement individuel de conservation, postérieur à l'engagement collectif. S'agissant de l'engagement collectif, il doit porter sur au moins 20 % des droits financiers et des droits de vote, ce taux étant porté à 34 % s'il s'agit d'une société non cotée.

1651 Si pendant la période de conservation, la société est absorbée (voire même scindée), il serait concevable de considérer que l'échange des titres de l'absorbée contre des titres de la société absorbante soit analysé comme une rupture de l'engagement de conservation et fasse perdre le bénéfice de l'exonération des droits de mutation à titre gratuit à concurrence des trois quarts.

En réalité, l'article 787 B assouplit cette condition lorsque la société dont les titres font l'objet d'un engagement de conservation est absorbée.

1652 S'agissant de l'engagement collectif, l'article 787 B g) précise que « en cas de non-respect des conditions prévues aux a) et b) par suite d'une fusion ou d'une scission au sens de l'article 817 A du CGI…, l'exonération partielle accordée lors d'une mutation à titre gratuit avant l'une de ces opérations n'est pas remise en cause si les signataires respectent l'engagement prévu jusqu'à son terme ». Les titres reçus en contrepartie doivent être conservés jusqu'au même terme.

S'agissant de l'engagement individuel de conservation, l'article 787 B h) instaure la même mesure de tolérance si les titres reçus en contrepartie de la fusion ou de la scission sont conservés jusqu'au terme de l'engagement.

Le cas des associés dont les titres sont affectés d'une plus-value en report d'imposition

1653 L'échange des titres dans le cadre d'une opération de fusion conduit à prendre en considération la situation des associés qui sont détenteurs de titres auxquels est attachée une plus-value en report d'imposition. Trois situations peuvent être évoquées : les plus-values en report des inventeurs, les plus-values en report des associés de sociétés de personnes et les plus-values en report des entrepreneurs individuels.

Les plus-values en report des inventeurs

1654 L'article 93 quater I ter du CGI prévoit en faveur des inventeurs personnes physiques qui réalisent un apport de brevet d'une invention brevetable ou d'un procédé de fabrication, la possibilité de placer la plus-value d'apport en report d'imposition.

1655 Si la société bénéficiaire de l'apport est absorbée ultérieurement, la question se pose de savoir si la fusion entraîne la déchéance du report d'imposition dont avait bénéficié l'apporteur. Conformément à l'esprit général des fusions, celle-ci n'est pas de nature à entraîner la déchéance du report d'imposition. Cette déchéance interviendra seulement en cas de cession des droits sociaux, d'annulation, voire dans certains cas de transmission à titre gratuit. La seule condition posée au maintien du report d'imposition reste que la fusion soit placée sous le régime spécial de l'article 210 A du CGI.

Les plus-values en report des associés de sociétés de personnes

1656 L'article 151 nonies IV bis instaure un régime de report d'imposition pour les associés des sociétés de personnes qui exercent leur activité professionnelle dans la société et qui ont participé à une opération d'apport de leurs titres, dans le cadre d'un apport de l'intégralité de leur participation au profit d'une société de personnes ou d'une société soumise à l'impôt sur les sociétés. La plus-value d'apport peut sous certaines conditions bénéficier d'un report d'imposition. L'article 151 nonies IV bis prévoit que ce report d'imposition est maintenu en cas d'échange de droits ou de parts résultant d'une fusion ou d'une scission de la société bénéficiaire des apports ou de la société dont les titres sont apportés. Le report est maintenu jusqu'à la date de cession, de rachat ou d'annulation des titres reçus lors de l'échange. Par parenthèse, on notera qu'en l'espèce il n'est pas exigé que l'opération de fusion ou de scission ayant donné lieu à l'échange de titres soit réalisée sous le régime spécial.

Les plus-values en report des titres détenus par l'entrepreneur individuel

1657 L'article 151 octies B prévoit un régime optionnel de report d'imposition pour la plus-value constatée à l'occasion d'une opération d'apport en société de titres inscrits à l'actif du bilan d'une entreprise individuelle et nécessaires à l'activité de l'entreprise. Ce report d'imposition prend fin si les titres reçus en rémunération de l'apport sont cédés ou font l'objet d'un rachat ou d'une annulation ou encore lorsque l'exploitant cesse d'exercer son activité à titre professionnel.

1658 En revanche, si la société bénéficiaire de l'apport est absorbée ou scindée, l'échange des titres n'a pas pour effet de mettre fin au report d'imposition. Le report est maintenu jusqu'à la cession, le rachat ou l'annulation des titres reçus en contrepartie de l'apport. En la matière, il n'est pas exigé que la fusion ou la scission soient placées sous le régime de faveur de l'article 210 A et suivants du CGI (CGI art. 151 octies B-IV-1°).

Le cas des associés dont les titres ouvraient droit à une réduction d'impôt

1659 Les associés personnes physiques qui investissent au capital de PME peuvent bénéficier, à titre de mesure d'incitation, de réductions d'impôt. Souvent, ces réductions d'impôt sont subordonnées au fait que l'associé s'engage à conserver les titres reçus pendant un certain temps. Ainsi par exemple, la réduction d'impôt pour souscription au capital des PME est indissociable de l'engagement de l'investisseur de conserver les titres jusqu'au 31 décembre de la cinquième année qui suit celle au cours de la souscription.

1660 Or, si pendant cette période, la société au capital de laquelle le contribuable a souscrit fait l'objet d'une fusion, la question se pose de savoir si l'échange de titres équivaut pour cet associé à une rupture de l'engagement de conservation. Dans le cadre d'une réponse ministérielle, l'administration a répondu que la fusion, comme la scission ou toute opération d'offre publique devait être considérée comme revêtant un caractère intercalaire et demeurait donc sans incidence sur la réduction d'impôt. L'obligation de conservation porte, après l'opération, sur les titres reçus en échange et s'étend jusqu'au terme initialement prévu (rép. Cornut-Gentille, JO déb. AN, 16 octobre 2007, p. 6355, n° 967). On observera cependant que l'apport en société des titres ayant ouvert droit à réduction d'impôt pendant le délai de conservation équivaut à une rupture de l'engagement de conservation.

Le cas où la société absorbante est associée de la société absorbée

1661 Il arrive fréquemment que l'opération d'absorption ne soit que la phase finale d'un processus de rapprochement entre deux entreprises, processus amorcé par une prise de participation de l'absorbante dans le capital de la société absorbée.

Deux cas de figure peuvent alors se présenter. L'absorption peut être une fusion en bonne et due forme, l'absorbante n'ayant qu'une simple participation dans le capital de la société absorbée.

Mais l'absorption peut parfois ne se présenter que comme une simple régularisation, l'absorbante ayant déjà largement pris le contrôle de l'absorbée au point d'en détenir parfois la totalité du capital social. (Sur l'absorption de filiales détenues à 100 %, voir paragraphes 1693 et suivants sur la fusion simplifiée et voir deuxième partie sur la dissolution-confusion.)

Ces deux formes de fusion appellent des remarques spécifiques.

La fusion dans l'hypothèse d'une simple participation

1662 Si la société absorbante détient une participation dans le capital de la société absorbée, la remise aux associés de la société absorbée par voie d'échange de titres de la société absorbante va conduire nécessairement à remettre à la société absorbante ses propres titres.

Cette difficulté a déjà été rencontrée tant au plan juridique *(voir §§ 453 et s.)* que fiscal. On sait qu'elle peut être réglée en ayant recours soit au mécanisme de la fusion-allotissement, soit au mécanisme de la fusion-renonciation.

1663 Le mécanisme de la fusion-allotissement consiste en quelque sorte à faire précéder l'opération de fusion d'un partage partiel (on parle parfois de liquidation partielle) de l'actif de l'absorbée au profit de l'absorbante à concurrence des droits de celle-ci dans le capital de la société absorbée. L'opération est peu utilisée en pratique car fiscalement coûteuse.

1664 Dans le cadre de la fusion-renonciation, la société absorbante limite l'augmentation de son capital aux titres destinés à rémunérer les associés de l'absorbée autres qu'elle-même. Ce traitement est au demeurant celui applicable en droit des sociétés.

Le fonctionnement du régime de la fusion-renonciation ne soulève pas de difficultés particulières. Il importe toutefois de distinguer selon que l'annulation chez l'absorbante des titres détenus dans le capital de la société absorbée dégage une plus-value ou une moins-value.

L'annulation des titres entraîne une plus-value : le « boni de fusion »

1665 Le traitement fiscal des plus-values réalisées dans le cadre de la fusion-renonciation est globalement plus favorable que dans la fusion-allotissement.

Pour la société absorbée, l'ensemble des éléments d'actif étant transmis à la société absorbante, l'apport bénéficie du régime fiscal des plus-values de fusion avec le mécanisme d'exonération déjà étudié *(voir §§ 1070 et s.)*.

Les associés de la société absorbée, autres que l'absorbante, reçoivent par voie d'échange des titres de la société absorbante. Cet échange s'opère généralement sans imposition à la date de la fusion.

1666 Pour la société absorbante, il convient de procéder à l'annulation des titres de l'absorbée inscrits à l'actif du bilan parmi les titres en portefeuille. Cette annulation est ainsi susceptible de dégager une plus-value égale à la différence entre la valeur réelle de la fraction de l'apport qui correspond aux droits de la société absorbante et la valeur comptable des titres.

Cette plus-value est en principe imposable. Toutefois, l'article 210 A-1, 2e alinéa précise qu'est exonérée d'impôt sur les sociétés « la plus-value éventuellement dégagée par la société absorbante lors de l'annulation des actions ou parts de son propre capital qu'elle reçoit ou qui correspondent à ses droits dans la société absorbée ».

1667 On formulera plusieurs remarques à propos de cette exonération. L'exonération n'est applicable que si la fusion est placée sous le régime dit de faveur des fusions de l'artice 210 en matière d'impôt sur les sociétés. À défaut, la plus-value est imposable (rép. Bourgeois, JO 27 juin 1975, AN p. 4830).

EXONÉRATION DE L'ARTICLE 210 A-1, 2e ALINÉA ET RÉGIME DE FAVEUR

Pour que l'exonération provenant de l'annulation des titres trouve à s'appliquer, l'opération de fusion doit avoir été placée sous le régime de faveur (régime spécial) des fusions. Tel était en substance le sens de la réponse ministérielle Bourgeois précitée.

En réalité, il conviendrait d'effectuer une lecture plus précise du texte qui subordonne l'exonération au respect des conditions fixées à l'article 210 A-3 du CGI. Ce texte prévoit l'obligation de reprendre au passif du bilan de la société absorbante différents éléments et de calculer les plus-values réalisées ultérieurement selon des modalités précises de calcul, autant d'obligations qui doivent figurer dans l'acte de fusion. Si ces différentes obligations sont respectées, l'article 210 A-1 peut s'appliquer sans autre condition.

L'administration n'a pas toujours été de cet avis et dans une espèce avait refusé le bénéfice de l'exonération à la société absorbante au motif que l'opération de fusion dégageait au niveau de la société absorbée une moins-value nette globale.

Cette moins-value étant déductible au niveau de la société absorbée, elle ne pouvait s'accompagner d'une exonération des plus-values au niveau de l'absorbante ; admettre le contraire aurait conduit selon l'administration à introduire un biais dans le dispositif de neutralisation fiscale des fusions. Autrement dit, l'interprétation de l'administration amenait à conclure que l'exonération des plus-values nettes au niveau de la société absorbée et l'exonération de la plus-value provenant de l'annulation des titres détenus par la société absorbante formaient un tout indissociable.

Le Conseil d'État exprima un avis contraire. Le commissaire du gouvernement eut une formule lapidaire reconnaissant que « l'argumentation de principe développée par l'administration ne manque pas de force logique. Mais il lui manque le support d'un texte ».

En d'autres termes, si les engagements sont repris dans l'acte de fusion par l'absorbante, l'exonération de la plus-value au titre de l'annulation des titres de l'absorbée détenus par l'absorbante est susceptible de s'appliquer.

CE, 7e et 9e s.-sect., 25 mai 1983, n° 32372 ; Droit fiscal 1983, n° 44, com. 2050, concl. M. le commissaire du gouvernement Rivière.

1668 L'exonération du boni de fusion est parfois déterminante dans l'option pour le régime de faveur des fusions. Elle explique en partie pourquoi certaines opérations de fusion faites à la valeur comptable, donc sans plus-values d'apport, sont néanmoins faites en régime de faveur. Cette option permet d'obtenir l'exonération du boni de fusion.

A contrario, si la fusion est faite en régime de droit commun, la plus-value constatée lors de l'annulation des titres est imposable au niveau de la société absorbante.

Il faut néanmoins observer que cette imposition n'entraîne pas nécessairement un coût exorbitant pour la société absorbante. En effet, si les titres que possède la société absorbante avant la fusion ont la nature de titres de participation et ont été acquis depuis plus de deux ans, la plus-value bénéficiera d'un taux « zéro » avec seulement une quote-part de frais et charges à rapporter au résultat.

1669 L'exonération dont bénéficie la société absorbante s'applique quelle que soit l'ancienneté des titres acquis par la société absorbante. La circonstance que la prise de participation dans le capital de la société absorbée remonte à plus ou moins de deux ans est à cet égard sans incidence (rép. Chauvet, JO 26 juillet 1969, AN p. 1934 ; BOCD 1969-II-4567).

L'exonération s'applique de la même façon sans condition d'importance de la participation détenue dans le capital de la société absorbée. Enfin, la circonstance que le prix de revient des titres annulés incorpore des frais d'acquisition en cours d'amortissement n'affecte en rien le principe de l'exonération. Naturellement, l'amortissement des frais n'est plus possible après l'annulation (instr. 4 janvier 2008 : BOI 4 H-1-08, n° 35).

1670 Du point de vue comptable, le boni de fusion a été longtemps comptabilisé comme une prime de fusion complémentaire. Le Conseil national de la comptabilité (actuellement, Autorité des normes comptables), dans son avis du 25 mars 2004, est revenu sur ce mode de comptabilisation. Désormais, le boni de fusion est comptabilisé dans le résultat financier de la société absorbante à hauteur de la quote-part des résultats accumulés par la société absorbée depuis l'acquisition et non distribués et en capitaux propres pour le montant résiduel ou si les résultats accumulés ne peuvent être déterminés de manière fiable. Ce mode de comptabilisation est susceptible d'entraîner des retraitements extra-comptables pour la détermination du résultat imposable de l'exercice. En effet, compte tenu de l'exonération applicable au boni de fusion en régime fiscal de faveur, la quote-part du boni de fusion enregistrée en produits financiers doit être neutralisée extra-comptablement (état 2058 A - ligne X G). Les retraitements sont différents dans l'hypothèse où le boni de fusion ne peut bénéficier de l'exonération. Selon le règlement comptable CNC 2004-01, la société absorbante doit mentionner dans l'annexe, le boni de fusion et son mode de comptabilisation (quote-part en résultat financier, quote-part en capitaux propres).

EXEMPLE

Traitement comptable du boni de fusion

La société A absorbe la société B.

Le capital de la société B comporte 15 000 actions.

La valeur nette comptable au jour de la fusion est de : 1 600 000.

La valeur de l'actif net reçu est de : 1 800 000.

À détient avant la fusion 100 % du capital de la société B. Les titres B ont été acquis de la manière suivante : 15 000 × 80 = 1 200 000.

• *Fusion sur la base d'un actif net reçu de 1 800 000*

Lors de la fusion, il convient de constater un boni de fusion de :

1 800 000 - 1 200 000 = 600 000.

Ce boni de fusion est exonéré au plan fiscal si l'opération a été placée sous le régime de faveur.

Au plan comptable, le traitement du boni de fusion serait le suivant :

Valeur d'acquisition des titres :	1 200 000	400 000	▶ Résultat financier
Valeur comptable lors de la fusion :	1 600 000		
Actif net reçu :	1 800 000	200 000	▶ Prime de fusion
Boni de fusion total		600 000	

		Débit	Crédit
455	Actionnaires, société absorbée	1 800 000	
261	Titres de participation		1 200 000
76	Boni de fusion		400 000
104	Prime de fusion		200 000

• *Fusion sur la base d'un actif net reçu de 1 600 000*

Le boni de fusion est de 400 000. Il doit être comptablement porté en résultat financier.

		Débit	Crédit
455	Actionnaires, société absorbée	1 600 000	
261	Titres de participation		1 200 000
76	Boni de fusion		400 000

1671 En pratique, le traitement comptable et fiscal du boni de fusion est susceptible de se heurter à une difficulté complémentaire liée au traitement qu'a réservé la société absorbante aux frais d'acquisition des titres de participation. En effet, lors de l'acquisition des titres de la société absorbée, les frais d'acquisition (droits de mutation, commissions et honoraires) ont dû être obligatoirement intégrés au coût fiscal d'acquisition des titres, ces frais ayant pu être ensuite amortis sur cinq ans (CGI, art. 209 VII). Au plan comptable, les entreprises peuvent soit suivre le traitement fiscal, l'amortissement étant constaté sous la forme de dotation aux amortissements dérogatoires, soit ne pas incorporer les frais d'acquisition et les enregistrer en charges. Dans ce dernier cas de figure, la charge doit être réintégrée fiscalement et faire l'objet d'une déduction extra-comptable sur les cinq ans (BOI 4 H-1-08, n°s 22 et s.).

Dans l'hypothèse de l'annulation des titres consécutive à la fusion, la plus-value d'annulation doit être déterminée selon les règles classiques. Il en résulte que la valeur nette à prendre en considération pour les titres est toujours, du point de vue fiscal, la valeur d'origine (frais d'acquisition inclus) diminuée du montant des amortissements déduits au titre de ces frais d'acquisition.

Comptablement, le prix de revient des titres sera différent selon que les frais auront été immobilisés ou non. Si les frais d'acquisition ont été immobilisés, le prix de revient comptable des titres sera supérieur ou égal au prix de revient fiscal. En conséquence, il y aura une différence entre le boni comptable et le boni fiscal de fusion et, au cas d'espèce, le boni comptable de fusion sera plus faible que le boni fiscal. L'incidence sur le mali de fusion sera naturellement inverse (v. infra, n° 1672). Inversement, si les frais d'acquisition des titres ont été enregistrés en charges, le prix de revient comptable des titres sera plus faible que le prix de revient fiscal. Le boni comptable sera donc plus élevé que le boni fiscal, sauf si les frais ont été complètement amortis (fusion plus de cinq ans près l'acquisition des titres). Et le raisonnement se tient à l'inverse pour le mali de fusion.

Cas particulier : le boni de fusion dans les sociétés d'investissement immobiliers cotées

L'article 208 C du CGI instaure un régime particulier pour les sociétés d'investissement immobiliers cotées. L'article 208 C bis fixe les conditions dans lesquelles le régime fiscal de faveur des fusions est susceptible de s'appliquer aux fusions entre sociétés d'investissement immobiliers. Le texte précise, notamment, qu'en cas d'absorption d'une société ayant opté pour le régime prévu au II de l'article 208 C (c'est-à-dire le régime qui donne la possibilité d'opter pour une exonération d'impôt sur les sociétés au titre de l'activité de location d'immeubles) par une société qui a également opté pour ce régime, la plus-value mentionnée au deuxième alinéa du 1 de l'article 210 A – le boni de fusion – est exonérée sous condition de distribution de 50 % de son montant avant la fin du deuxième exercice qui suit celle de sa réalisation.

L'annulation des titres entraîne une moins-value : le « mali de fusion »

1672 Lorsque la société absorbante procède à l'annulation des titres de la société absorbée qu'elle détenait en portefeuille, elle peut être amenée à constater une moins-value. Tel sera le cas lorsque le coût d'acquisition des titres annulés est supérieur à la valeur réelle des actifs qu'ils représentent au jour de la fusion. En comptabilité, le mali de fusion est défini comme étant l'écart entre l'actif net reçu par la société absorbante à hauteur de sa participation dans le capital de la société absorbée et la valeur comptable de cette participation (règlement CRC 2004-01).

Pour la détermination du mali de fusion se pose également la question de l'impact des frais d'acquisition des titres de participation qui sont annulés et qui a déjà été évoqué à propos du boni de fusion. Du point de vue fiscal, les frais d'acquisition qui ont été incorporés au coût d'acquisition des titres vont venir augmenter le mali de fusion s'ils ne sont naturellement pas complètement amortis. Si au plan comptable, les frais d'acquisition ont été passés en charges, le prix de revient des titres sera plus faible et, en conséquence, le mali comptable sera plus faible également que le mali fiscal (BOI 4 H-1-08, n°s 34 et s.).

Boni et mali sont dans une fusion…

Certaines opérations prévoient l'absorption simultanée de plusieurs filiales par la société mère. Dans une telle situation, l'opération peut permettre de constater simultanément au niveau de la société mère absorbante des bonis de fusion sur l'annulation des titres détenus dans certaines filiales et des malis de fusion sur d'autres.

La question se pose alors de savoir si, au niveau de la société absorbante, il ne serait pas possible de raisonner de manière globale sur l'ensemble de l'opération, en comparant d'une part la valeur totale des titres à annuler et d'autre part la valeur globale des actifs et passifs des filiales pour ne retenir qu'un mali « net » ou un boni « net ».

Le comité d'urgence du CNC a indiqué que cette compensation n'était pas envisageable et que les différents bonis et malis constatés à l'occasion de cette opération devaient être enregistrés et comptabilisés distinctement.

Comité d'urgence – Avis 2005-C – question 18.

La distinction entre le vrai mali et le faux mali

1673 La doctrine a pris l'habitude de distinguer le vrai mali de fusion du faux mali de fusion. Le vrai mali de fusion correspond, pour simplifier, au scénario suivant. La société absorbante a acquis les titres de participation dans le capital de la société absorbée pour un prix correspondant à la valeur réelle de l'absorbée au jour de l'acquisition. Puis, au jour de la fusion, réalisée sur la base des valeurs réelles, l'absorbée ayant en quelque sorte perdu de la valeur, l'absorbante constate une moins-value lors de l'annulation des titres. On est en présence d'un vrai mali de fusion.

Le faux mali de fusion, ou « mali technique », est de nature différente. La société absorbante a fait l'acquisition des titres de l'absorbée pour une valeur correspondant à la valeur réelle des titres à la date de l'acquisition. Puis, lorsque intervient la fusion entre les deux sociétés, la fusion est réalisée sur la base des valeurs comptables. Lors de l'annulation des titres de l'absorbée, la société absorbante constate alors un mali qui n'a pas nécessairement une existence réelle. Ce mali peut être simplement imputable au fait que lors de l'annulation des titres, on est tenu de rapprocher deux grandeurs différentes : un prix d'acquisition de titres mesuré en fonction d'une valeur vénale, d'une valeur de marché, et une contrepartie mesurée sur la base des valeurs comptables. La perte constatée est ainsi susceptible d'être en partie artificielle, d'où l'appellation « mali technique ». Le comité de la réglementation comptable précise encore que le mali technique correspond, à hauteur de la participation antérieurement détenue, aux plus-values latentes sur éléments d'actifs comptabilisés ou non dans les comptes de l'absorbée déduction faite des passifs non comptabilisés en l'absence d'obligation comptable dans les comptes de la société absorbée (par exemple provisions pour retraites, impôts différés passifs) (règlt CRC 2004-01, § 4.5.2). Le Comité de la réglementation comptable considère par ailleurs que la définition comptable du mali technique s'applique quelque soit l'actif net comptable de la société absorbée, positif ou négatif (comité d'urgence : avis 2007-D du 15 juin 2007).

Mais les deux approches du mali de fusion ne sont pas incompatibles. Il est en fait possible de constater sur une même opération un mali qui soit pour partie un vrai mali et pour partie un mali technique. Selon le comité d'urgence du CRC, le mali doit être calculé à la date d'effet rétroactif de la fusion en fonction des éléments comptables sans tenir compte des éléments liés à la libération juridique du capital. En conséquence, il n'y a pas lieu de tenir compte de la perte de rétroactivité, ni des dividendes à verser, pour le calcul du mali de fusion.

EXEMPLE

La société A a acquis l'intégralité du capital de la société B pour 20 000 actions à 80 €, soit 1 600 000 €.

La société A absorbe la société B, la fusion étant faite sur la base des valeurs comptables, la valeur nette comptable de l'apport étant estimée à 1 200 000. À la date de la fusion, la valeur réelle de la participation est estimée à 1 500 000.

Le mali de fusion constaté est ainsi de : 1 600 000 - 1 200 000 = 400 000.

Il convient de qualifier ce mali. Si la fusion avait été faite en valeurs réelles, la société absorbante aurait constaté au moment de la fusion une perte de valeur de 1 600 000 - 1 500 000 = 100 000. Le mali de fusion est donc un vrai mali à hauteur de 100 000. En revanche, pour le surplus, le mali provient du fait que la fusion est réalisée sur la base des valeurs nettes comptables ; il s'agit donc d'un faux mali, ou mali technique de 400 000 - 100 000 = 300 000.

POUR COMPLÉTER LA GALERIE DE PORTRAITS : LE FAUX VRAI MALI !

En matière de faux mali de fusion, il faut prendre également en compte un troisième cas de figure. Il s'agit de l'hypothèse dans laquelle le prix d'acquisition des titres de la société absorbée se révèle excessif au regard de la valeur réelle des titres de la société qui sera ensuite absorbée. Ce prix étant excessif, il s'agit en réalité d'une « prime de contrôle », lors de l'annulation des titres consécutive à la fusion, la société absorbante fait apparaître un mali de fusion. L'administration, comme la jurisprudence, considèrent en ce cas que le mali de fusion n'est pas un vrai mali de fusion mais trouve son origine dans le prix anormalement élevé d'acquisition des titres.

Le Conseil d'État s'est prononcé sur cette question. Dans l'affaire visée, une société avait acquis la quasi-totalité des parts d'une autre société pour un prix très supérieur à l'actif net ressortant du bilan de cette dernière. La différence s'expliquait par l'intérêt commercial qu'avait la société acquéreuse à transformer en filiale une entreprise dont l'activité et l'implantation étaient complémentaires à la sienne. Selon l'administration, suivie en cela par le Conseil d'État, le prix payé inscrit à l'actif du bilan devait s'analyser comme correspondant pour partie à la valeur intrinsèque de la participation acquise et pour partie au surplus à l'augmentation de la valeur que la société mère procurait à son propre fonds de commerce par cette prise de participation. Par voie de conséquence, la moins-value résultant pour l'absorbante de l'annulation des actions de la société absorbée devait être limitée à la valeur intrinsèque des dites actions.

Dans une récente instruction sur les fusions, l'administration a eu l'occasion de revenir sur ce mali de fusion. Elle a notamment précisé qu' « il appartient à l'entreprise absorbante de démontrer la réalité de la perte liée au vrai mali et qu'elle ne peut être admise que si les titres ont été acquis dans des conditions normales et que l'actif net réel est inférieur au prix d'acquisition desdits titres ». Et l'administration d'ajouter : « À cet égard, dans l'hypothèse où la constatation d'un vrai mali devait intervenir alors même que l'administration est en mesure de démontrer que tout ou partie dudit mali résulte du prix d'acquisition des titres par l'absorbante qui intègre les avantages économiques que lui procure la prise de contrôle de l'absorbée, cette fraction de charge doit demeurer non déductible » (instr. 30 décembre 2005, 4 I-1-05, n° 47).

Au plan comptable, ce faux vrai mali doit être traité comme un mali technique, soumis aux règles de dépréciation du mali technique (voir infra). **En ce sens : voir avis du comité d'urgence du CNC,** avis 2007-D du 15 juin 2007.

Sur cette question : CE, 7e et 9e s.-sect., 16 mai 1975, n° 92372 ; RJF 1975, n° 7, inf. 344 : Droit fiscal, 1976, n° 16, com. 584, concl. Schmelz : doc. adm. 4 I 1224-154 ; voir également : CAA Nancy, 9 juillet 1991, n° 89-1093 : RJF 1001, n° 11, inf. 1345 ; CE 25 avril 2003, n° 236923 : RJF 2003, n° 7, com. 822, concl. G. Bachelier. À rapprocher également: CAA Paris, 5e ch. B, 17 janvier 2005, n° 00-2732 : Droit des sociétés 2005, n° 7, com. 149.

Le traitement comptable du mali de fusion

1674 **Le traitement comptable du mali de fusion a été défini par le règlement CRC 2004-01 et a fait ensuite l'objet de précisions diverses entre autres par le biais de réponses apportées par le comité d'urgence, notamment l'avis 2005-C du 4 mai 2005 ainsi que l'avis 2007-D du 15 juin 2007.**

1675 ***a) Le vrai mali de fusion.* Le vrai mali de fusion est constaté parmi les charges de l'entreprise. Selon le CRC, ce mali peut être représentatif d'un complément de dépréciation de la participation détenue dans le capital de la société absorbée et doit être comptabilisé dans le résultat financier de la société absorbante de l'exercice au cours duquel l'opération est réalisée.**

1676 ***b) Le mali technique.* L'avis du comité de la réglementation comptable prescrit d'enregistrer le mali technique dans un compte d'immobilisations incorporelles et plus particulièrement le compte 207** (sur la question du mali technique dans le cas de fusion à l'envers d'entreprises sous contrôle commun : voir avis du comité d'urgence de la réglementation comptable de mai 2005 : Avis 2005-C – question 11. Sur la détermination du mali technique en cas d'actif net comptable négatif : voir avis 2007-D du comité d'urgence du 15 juin 2007).

EXEMPLE

Pour reprendre les données de l'exemple précédent, l'enregistrement comptable du mali de fusion s'effectuerait de la manière suivante :

455		Actionnaires, société absorbée	1 200 000	
678		Mali de fusion	100 000	
207		Fonds commercial	300 000	
	261	Titres de participation		1 600 000

ACQUISITION DES TITRES, FUSION ET CLAUSE D'EARN-OUT

Le Conseil national de la comptabilité a eu à se prononcer sur le schéma dans lequel une société fait l'acquisition des titres d'une autre société, le contrat prévoyant une clause d'earn-out, c'est-à-dire un complément de prix payable ultérieurement en fonction par exemple des performances futures ou de l'évolution du chiffre d'affaires de la société acquise. Si entretemps intervient une opération de transmission universelle de patrimoine entre les deux sociétés, la société acquise faisant l'objet d'une transmission universelle de patrimoine, soit dans le cadre d'une opération de dissolution-confusion (art. 1844-5 du code civil), soit dans le cadre d'une fusion classique, il convient de déterminer le traitement qui doit être réservé au complément de prix initialement prévu. Saisi de cette question, le Conseil national de la comptabilité a estimé que le complément de prix devait être traité comme un mali technique ; il correspond en effet à un complément du prix d'acquisition des éléments d'actifs et passifs transférés. Dans ces conditions, ce mali technique doit être traité de manière extra-comptable comme le mali technique classique, c'est-à-dire qu'il doit être ventilé de manière extra-comptable entre les différents éléments transférés (voir infra).

Sur cette question : CNC, avis 2008-14 du 2 octobre 2008.

1677 *c) Le suivi du mali technique.* Le règlement comptable prescrit aux entreprises de procéder de manière extra-comptable à la date de l'opération, à l'affectation de ce mali aux différents actifs apportés par la société absorbée dans la mesure où la plus-value latente constatée par actif est significative, et cela afin de suivre dans le temps la valeur du mali.

Le mali technique n'a pas la nature d'immobilisation amortissable car il est traité comme un élément d'actif incorporel à durée de vie indéterminée ; il doit donc faire l'objet de tests de dépréciation selon les dispositions de l'article **322-5** du règlement **99-03** du CRC modifié. L'administration fiscale reprend la réglementation comptable en indiquant que le mali de fusion n'est pas amortissable dans la mesure où il n'est pas possible de déterminer de manière fiable la durée de consommation des avantages économiques futurs.

1678 Selon le CNC, le mali subit une dépréciation lorsque la valeur actuelle d'un ou de plusieurs actifs sous-jacents auxquels une quote-part de mali a été affectée devient inférieure à la valeur du ou des actifs précités, majorée de la quote-part de mali affectée. Le mali est affecté par actif mais pour déterminer la valeur actuelle de ces actifs, l'entreprise peut regrouper des actifs. Une dépréciation du mali sera constatée si les plus-values latentes constatées lors de l'opération ne sont plus justifiées et sont inférieures à la valeur du mali de fusion. La dépréciation sera égale à la différence entre le montant des plus-values latentes constatées à la date de clôture et le mali net (vote de présentation de l'avis du CNC n° 2004-01 du 25 mars 2004).

1679 Au plan pratique, pour suivre dans le temps la valeur du mali, l'avis du CNC préconise une présentation sous forme d'un tableau rapprochant :
– la valeur réelle à la date de l'opération des actifs de la société absorbée y compris ceux ne figurant pas dans ses comptes ;
– les plus-values latentes par différence entre la valeur réelle et la valeur comptable sociale de chaque actif ;
– l'affectation extra-comptable du mali technique aux différents actifs au prorata des plus-values latentes et dans la limite de celles-ci. Sur la question des impôts différés, le comité d'urgence de la réglementation comptable considère que l'affectation doit se faire au prorata des plus-values latentes nettes d'impôt (avis du comité d'urgence CNC-2005-C).

Le modèle de tableau est présenté dans l'annexe comptable comportant l'avis du CNC.

EXEMPLE

Traitement du mali technique - Suivi extra-comptable

Soit une opération de fusion qui amène à dégager un mali technique de fusion de 3 900. La décomposition des apports se présente de la manière suivante :

	VNC	Valeur réelle	Plus-value	Affectation mali
Actifs valorisés				
Terrains	1 300	3 400	2 100	1 365
Immeuble	4 200	6 000	1 800	1 170
Titres	2 000	2 600	600	390
Actifs non valorisés				
Fdc	0	1 500	1 500	975
Total	7 500	13 500	6 000	3 900

L'affectation du mali s'opère de manière proportionnelle en fonction de la plus-value constatée sur chacun des éléments.

Si au 31.12.N + 1, la situation est la suivante :

	VNC	Mali affecté	Total	Valeur réelle 31.12
Actifs valorisés				
Terrains	1 300	1 365	2 665	3 000
Immeuble	4 200	1 170	5 370	5 400
Titres	2 000	390	2 390	2 450
Actifs non valorisés				
Fdc	0	975	975	1 400
Total	7 500	3 900	11 400	12 250

On constate que la plus-value latente sur chaque élément d'actif est supérieure au mali affecté. Il en résulte qu'il n'y a pas lieu de constater la dépréciation du mali technique.

Si au 31.12.N + 2, la situation est la suivante :

	VNC	Mali affecté	Total	Valeur réelle 31.12	
Actifs valorisés					
Terrains	1 300	1 365	2 665	1 300	PV < mali
Immeuble	4 200	1 170	5 370	4 400	PV < mali
Titres	2 000	390	2 390	2 600	
Actifs non valorisés					
Fdc	0	975	975	1 450	
Total	7 500	3 900	11 400	9 750	

Il y a lieu de procéder à une dépréciation du mali technique dans la mesure où la plus-value constatée sur le terrain et sur l'immeuble est inférieure à la valeur du mali affecté.

Dans l'hypothèse où, par exemple, l'immeuble viendrait à être cédé, il conviendrait de constater la sortie de la quote-part de mali affecté.

1680 **Le mali est en principe affecté actif par actif. Néanmoins, le CNC accorde aux entreprises la faculté de constater la dépréciation par groupes d'actifs. L'éventuelle dépréciation sera ainsi constatée lorsque la plus-value latente sur un groupe deviendra inférieure à la valeur du mali affecté** (sur le sort du mali technique en cas de réévaluation : CNCC, EC 2010-42, décembre 2010 : Rev. fich. comptable n° 379, pp. 10-11).

1681 Il faut préciser enfin que selon le CNC, lorsqu'une opération conduit à la constatation d'un mali, la société absorbante doit mentionner dans l'annexe de ses comptes annuels les éléments significatifs sur lesquels le mali a été affecté. L'entreprise doit, de la même façon, mentionner les modalités de dépréciation et sortie définitive du mali.

LA PRISE DE PARTICIPATION DE L'ABSORBANTE PENDANT LA PÉRIODE DE RÉTROACTIVITÉ

Très souvent, afin de marquer son intérêt pour la société qu'elle envisage d'absorber, la société absorbante prendra, quelque temps avant la réalisation de la fusion, une participation dans le capital de la société absorbée. Lorsque cette prise de participation est la première étape d'un rapprochement qui s'étale sur plusieurs années, l'opération ne soulève guère de difficultés et lors de la fusion, la société absorbante devra procéder à l'annulation des titres dans les conditions qui viennent d'être rappelées. Parfois cependant, les choses s'effectuent de manière plus précipitée et le laps de temps qui sépare la prise de participation de la fusion-absorption est très bref. Parfois même, l'acquisition de la participation se fera pendant la période à laquelle les parties donneront ensuite un effet rétroactif à l'opération de fusion. Dans ce cas de figure en effet, il convient d'être prudent sur les modalités d'annulation des titres. Celle-ci sera en effet réputée intervenir à la date d'acquisition des titres et non à la date d'effet rétroactif.

Ainsi, par exemple, une société X prend une participation dans une société Y le 1er juillet. Ces deux sociétés décident de fusionner par voie de fusion absorption de Y par X et la dernière assemblée générale approuvant l'opération se réunit le 15 septembre. La fusion est conclue avec effet rétroactif au 1er janvier. Dans cette hypothèse, l'annulation de la participation est réputée intervenir le 1er juillet. La plus-value d'annulation sera donc déterminée au 1er juillet par différence entre le prix d'acquisition et la valeur de l'actif net réel reçu en apport à concurrence des droits représentés par les titres annulés le 1er juillet (instr. 3 août 2000 : BOI 4 J-2-00, § 92).

Le régime fiscal du mali de fusion

1682 Le régime fiscal du mali de fusion implique d'envisager distinctement la situation en présence d'un vrai mali de fusion et celle face à un faux mali de fusion, ou mali technique.

1683 *a) Le régime fiscal du vrai mali de fusion.* Le vrai mali de fusion est représentatif d'une perte constatée lors de l'annulation des titres. Le régime fiscal applicable au vrai mali de fusion commande d'envisager distinctement la situation de la société absorbée, selon que cette dernière présente un actif net réel positif ou négatif.

Dans l'hypothèse où la fusion aboutit à l'absorption d'une société présentant un actif net réel positif, le vrai mali de fusion aboutit au constat d'une perte déductible des résultats de la société absorbante. Néanmoins, le régime fiscal de cette perte va dépendre de la nature des titres annulés. Ainsi, en présence de titres de participation acquis il y a au moins de deux ans, aucune imputation du mali de fusion n'est possible si les titres annulés sont des tires qui entrent dans le champ d'application de l'exonération des plus-values à long terme.

Si les titres sont détenus depuis moins de deux ans, le mali de fusion est alors une charge déductible du résultat imposable au taux de droit commun. Il conviendra d'être vigilant, dans ce cas de figure, quant au sort fiscal de l'éventuelle dépréciation des titres qui avait pu être constatée par la société absorbante pour les titres détenus dans le capital de la société absorbée. Naturellement, si les frais d'acquisition des titres avaient été incorporés au prix de revient et font l'objet d'un amortissement, du fait de l'annulation des titres, il n'est plus possible de poursuivre l'amortissement des frais d'acquisition. Sur cette question : instr. 4 janvier 2008 : BOI 4 H-1-08, § 35 ; voir également CNC, avis 208-80 : bull. CNCC, n° 153, pp. 277 et s..

Dans l'hypothèse où la fusion aboutit à l'absorption d'une société présentant un actif net réel négatif, la déduction du mali de fusion est possible dans les conditions évoquées précédemment avec cependant une restriction pour les opérations de dissolution-confusion de l'article 1844-5 ou d'absorption de filiales détenues à 100 %. Dans ce cas de figure en effet, l'article 209 II bis du CGI n'admet pas la déductibilité du mali de fusion et ce, quel que soit le régime sous lequel est placée l'opération de fusion : régime spécial ou régime de droit commun.

1684 *b) Le régime fiscal du mali technique.* Le régime fiscal applicable au mali technique doit être envisagé distinctement selon que l'opération de fusion est placée sous le régime spécial des fusions ou non.

1685 *Fusion placée sous le régime spécial.* L'inscription du mali technique à un compte d'immobilisations incorporelles n'est donc pas constitutif d'une augmentation d'actif net au sens de l'article 38-2 du CGI et ne donne pas lieu au constat d'un produit imposable. Cette inscription n'entraîne donc en elle-même aucun retraitement extra-comptable. En outre, il convient de noter que, selon l'administration, l'enregistrement du mali technique dans un compte d'immobilisations incorporelles n'est pas constitutif d'une valeur intermédiaire qui serait susceptible de faire échec à l'application du régime spécial des fusions.

Dans l'application du régime spécial des fusions, le mali technique ne peut donner lieu à aucune déduction postérieurement à la réalisation de la fusion. Cette solution est au demeurant contenue dans l'article 210 A 1, 3e alinéa qui énonce que « l'inscription à l'actif de la société absorbante du mali technique de fusion consécutif à l'annulation des titres de la société absorbée ne peut donner lieu à aucune déduction ultérieure ».

Selon l'administration, cette non déductibilité se justifie par le fait que le mali technique représente en réalité tout ou partie des plus-values et profits latents existant chez la société absorbée, lesquels ne sont pas imposés compte tenu de l'application du régime spécial des fusions (instr. 30 décembre 2005 : BOI 4 I-1-05, § 54).

Il en résulte que si en comptabilité le mali technique fait l'objet d'une dépréciation, l'incidence fiscale de cette dépréciation doit être neutralisée tant au titre de l'exercice de sa dotation que de l'exercice de sa reprise.

Par ailleurs, dans le cadre du régime spécial, la cession des actifs sous-jacents ne doit emporter de la même manière aucune conséquence fiscale au regard du traitement du mali technique affecté à l'actif cédé. En pratique, la quote-part de mali technique affectée à l'actif cédé devra le plus souvent faire l'objet d'une réintégration extra-comptable ; si une dépréciation du mali avait été constatée, elle doit être reprise et cette reprise doit demeurer sans incidence fiscale.

Au plan de la forme, il convient de préciser que la société absorbante qui aura constaté et inscrit à l'actif du bilan un mali technique a l'obligation de mentionner sur l'état prévu à l'article 54 septies du CGI, la valeur comptable et la valeur fiscale du mali technique (art. 54 septies qui renvoie pour le contenu à l'article 38 quindecies de l'annexe III). Cet état, et la valorisation du mali technique, seront ajustés au fur et à mesure de le cession des actifs sous-jacents. On rappelle que l'état prévu à l'article 54 septies est l'état récapitulatif des plus-values en sursis d'imposition. Or, si la fusion est réalisée en valeurs comptables, les plus-values en sursis peuvent se révéler inexistantes sauf s'il y avait des plus-values antérieures en sursis d'imposition chez la société absorbée. Mais si tel n'est pas le cas, le mali technique sera la seule mention figurant sur l'état de l'article 54 septies.

1686 *Fusion placée sous le régime de droit commun.* Dans ce cas de figure, la société absorbée a été imposée sur l'ensemble des plus-values constatées lors de la fusion. Aussi, et dans la mesure où le mali technique est représentatif de tout ou partie de ces plus-values ou profits latents, il convient d'admettre les charges constatées soit dans le cadre de la dépréciation du mali, soit dans le cas de sa sortie, en déduction du résultat imposable (instr. 30 décembre 2005 : BOI 4 I-1-05, § 59).

Mais attention, le traitement fiscal du mali suit le régime des actifs sous-jacents entre lesquels il a été réparti. En conséquence, selon les cas, la déduction ne se fera pas systématiquement sur l'assiette du résultat imposable au taux de droit commun. Le mali pourra être frappé dans certains cas de non déductibilité lorsque par exemple, l'actif sous-jacent est un bien dont les charges font l'objet d'exclusions expresses de déductibilité fiscale (biens somptuaires, par exemple). Le traitement du mali pourra parfois ne produire aucun effet fiscal. Il suffit de songer au cas de l'imputation du mali sur des titres de participation admis au régime d'exonération applicable au 1er janvier 2007. Dans ce cas de figure, la dépréciation du mali technique liée à une dépréciation des titres ne produira pas d'effets fiscaux.

EXEMPLE

Exemple inspiré de l'instruction fiscale du 20 décembre 2005.

La société A absorbe la société B dont le bilan se présente comme suit :

Actif		Passif	
Terrain	20 000	Capitaux propres	55 000
Immeuble (dont résidence d'agrément 25 000)	60 000	Emprunts	30 000
Titres de participation	10 000	Autres dettes	15 000
Stocks	5 000		
Clients	3 000		
Disponibilités	2 000		
	100 000		100 000

La société B a créé un fonds commercial qui est valorisé 100 000 dans le traité d'apport. La valeur réelle des éléments d'actif comportant des plus-values a été chiffrée à :

Terrain	60 000	
Constructions	100 000	(dont résidence d'agrément : 40 000)
Titres de participation	30 000	

Pour les autres éléments, la valeur réelle correspond à la valeur nette comptable. Aucun autre passif n'a été constaté dans l'apport.

La totalité des titres B avaient été acquis par A pour 85 000 €.

Le mali de fusion est égal à : 85 000 - 55 000 = 30 000 ⟶ mali technique

L'affectation du mali s'effectue de la manière suivante :

	Plus-value latente	Affectation du mali	
Fonds de commerce	100 000	30 000 × 100 000/200 000	15 000
Terrain	40 000	30 000 × 40 000/200 000	6 000

	Plus-value latente	Affectation du mali	
Immeuble	40 000 (dont résidence d'agrément 15 000)	30 000 × 40 000/200 000 (dont 30 000 × 15 000/200 000)	6 000 (dont 2250 sur résidence d'agrément)
Titres participation	20 000	30 000 × 20 000/200 000	3 000
Total des PV latentes	200 000		30 000

Au 31 décembre suivant, on constate les éléments suivants :

Biens	VNC au 31.12	Quote part de mali	Total	Valeur réelle au 31.12	Dépréciation mali
Fonds de commerce	Valeur réelle > VNC augmentée de la quote-part de mali				non
Terrain	20 000	6 000	26 000	20 000	6 000
Immeuble	58 500	6 000	64 500	62 000	2 500
(résidence agrément)	24 400	2 250	26 650	26 000	650
Titres de participation	10 000	3 000	13 000	10 500	2 500

Régime fiscal de la dépréciation du mali :
- la dépréciation constatée sur le terrain est intégralement déductible ;
- la dépréciation constatée sur l'immeuble est déductible mais uniquement dans la limite de la dépréciation qui ne se rapporte pas à la résidence d'agrément, soit : 2 500 - 650 = 1 850 ;
- la dépréciation du mali technique qui se rapporte aux titres de participation ne produit pas d'effets fiscaux car elle se rapporte à des éléments dont la cession est exonérée ;
- au total, le mali technique sera déductible à hauteur de 6 000 + 1 850 = 7 850 ;
- pour mémoire, on rappelle que si la fusion avait été réalisée en régime spécial, aucune déduction de la dépréciation du mali n'aurait été possible.

Dans l'hypothèse de la cession d'un actif sous-jacent, si la fusion est placée sous le régime de droit commun, la quote-part de mali affectée est en principe déductible du résultat. Mais là encore, il faudra être vigilant sur les modalités de déduction et tenir compte du régime fiscal propre aux éléments d'actifs sous-jacents cédés. Ainsi, aucune déduction ne sera possible si l'actif sous-jacent est par exemple constitué de titres de participation ou de biens somptuaires, exclus du droit à déduction.

Le sort du mali technique en cas de nouvelle fusion...

Si la société absorbante vient à son tour à être absorbée, la question du sort réservé au mali technique constaté à l'occasion d'une fusion antérieure va se poser. Dans ce cas de figure, le sort du mali technique de fusion dépendra du mode de valorisation des apports à l'occasion de la nouvelle fusion :

– si les apports sont évalués à la valeur réelle, le mali sera de fait intégré aux différentes valeurs des éléments compris dans l'apport. En tant que tel, le mali technique n'apparaîtra pas dans le nouvel apport ;

– si les apports sont évalués à la valeur comptable, le mali technique doit être transféré en l'état chez la nouvelle société absorbante. Potentiellement, il pourra apparaître chez la nouvelle société absorbante un mali de fusion qui tiendra compte de deux mali techniques : celui qui a été transféré et celui qui a été constaté à l'occasion de la nouvelle fusion. À titre de simplification, le comité d'urgence prévoit que le nouveau mali technique global – on parle de mali cumulé – soit réaffecté entre l'ensemble des éléments d'actifs sous-jacents compris dans la nouvelle fusion en faisant abstraction de l'affectation précédente résultant de la première fusion.

Cette nécessité de suivre le sort du boni ou du mali, fusion après fusion, s'applique également dans le cadre de fusions dites en « cascade », fusions dans lesquelles une filiale absorberait une de ses propres filiales (la petite fille) puis serait, à son tour, absorbée par la mère.

Sur cette question : avis du comité d'urgence CNC - Avis 2005-C de mai 2005.

La fusion dans l'hypothèse d'une participation à 100 %

1687 Il convient de réserver une place particulière au régime des fusions dans lesquelles la société absorbante détient la totalité des parts ou la quasi-totalité des parts de la société qu'elle projette d'absorber.

La fusion par voie d'absorption se présente alors soit comme l'aboutissement de prises de participations successives débouchant sur le contrôle complet d'une société qui est finalement absorbée, soit comme un moyen d'assainir ou de restructurer un groupe d'entreprises en ramenant dans le giron d'une seule personne morale des entités jusque-là juridiquement distinctes bien qu'économiquement déjà sous contrôle.

1688 Au cas des sociétés détenues à 100 %, il convient d'ajouter le cas des sociétés dont la quasi-totalité du capital est détenue par une même société. En effet, l'absorption de ces sociétés présente la même caractéristique que l'absorption de filiales à 100 % : elle s'effectue sans augmentation de capital pour l'absorbante.

Dans le cas des sociétés détenues à 100 %, l'absence d'augmentation de capital est logique. L'absorbante étant l'unique associée de la société absorbée, toute part émise par l'absorbante au titre de la fusion devrait lui revenir. Il conviendrait, en d'autres termes, d'opérer une fusion-renonciation « pour le tout ».

1689 Dans le cas des sociétés détenues en quasi-totalité par une même société, il se posera généralement un problème de parité et de rompus. Les valeurs respectives des sociétés en présence et le faible nombre d'actions ou de parts sociales détenues par les autres associés de la société absorbée font que ceux-ci ne pourront, dans l'opération de fusion, prétendre à la moindre action ou part de la société absorbante. On en revient alors au cas précédent de la fusion par absorption sans augmentation de capital.

1690 Si les fusions sans augmentation de capital sont admises au plan juridique, le traitement fiscal de ces opérations soulève diverses questions, en particulier sur le point de savoir si la fusion peut être admise ou non au bénéfice du régime spécial.

1691 Après une longue période d'incertitude, l'administration a finalement indiqué, dans l'instruction du 11 août 1993, que les fusions réalisées sans augmentation de capital peuvent bénéficier du régime spécial de l'article 210 A du CGI. La seule condition posée par l'administration est que la fusion soit réalisée dans les conditions prévues par le code de commerce. (Sur les particularités du mali de fusion dans le cadre de l'absorption d'une filiale détenue à 100 %, voir paragraphes précédents.)

La situation des sociétés mères de la société absorbée après la fusion

1692 Le régime général des associés de la société absorbée ne soulève pas de difficultés particulières. La fusion se traduit par un échange de titres, les associés de la société absorbée devenant associés de la société absorbante.

Mais il se peut que parmi les associés de la société absorbée se trouvent d'autres sociétés qui, compte tenu du pourcentage détenu dans le capital, bénéficiaient vis-à-vis de la société absorbée de la qualité et, par voie de conséquence, du régime fiscal des sociétés mères et filiales.

1693 Du fait de la fusion, ces sociétés vont devenir associées de la société absorbante. Elles encourent toutefois le risque, compte tenu des modalités de l'opération, de se trouver à la tête d'un portefeuille qui ne leur permette plus a priori de continuer à bénéficier du régime des sociétés mères.

EXEMPLE

La société Lahune absorbe la société Ladeux. L'actif net de la société Lahune est estimé à 40 000 000 (capital de 10 000 000 divisé en 100 000 actions de 100) et l'actif net de la société Ladeux est estimé à 10 000 000 (capital de 2 000 000 divisé en 20 000 actions de 100).

La fusion est réalisée par émission de 25 000 actions de 100 par la société Lahune contre les 20 000 actions de la société Ladeux, soit une parité de cinq actions Lahune contre quatre actions Ladeux.

La société Deubis avait 2 000 actions de la société Ladeux. Il en résulte que cette société bénéficiait du régime des sociétés mères et filiales dans ses rapports avec la société Ladeux.

Du fait de la fusion, la société Deubis va recevoir 2 500 actions Lahune. Mais le capital de la société Lahune étant composé après la fusion de 125 000 actions, la société Deubis ne possédera plus que 2,1 % du capital de la société absorbante, ce qui ne lui permet plus de bénéficier du régime des sociétés mères et filiales.

1694 Pendant longtemps, le droit fiscal comporta diverses dispositions qui assuraient le maintien du régime des sociétés mères et filiales en cas de fusion même si le taux de détention s'abaissait en deçà du seuil de 5 %. L'administration posait pour cela deux conditions : une condition de sincérité de l'opération de fusion (le support juridique de la fusion ne devait pas être utilisé pour faire échec aux conditions posées pour l'application du régime des sociétés mères et filiales) et une condition de maintien par la société mère du niveau de sa participation.

1695 L'abaissement progressif du taux de l'IS à 33,33 % et, à l'époque, le maintien de l'avoir fiscal ont fait perdre progressivement de son intérêt au régime des sociétés mères et filiales et ont conduit, depuis 1993, à un aménagement de ce régime dont les retombées atteignent le domaine des fusions (loi de finances pour 1993, art. 104).

1696 À l'heure actuelle, en cas d'absorption d'une société filiale, la société mère ne peut plus continuer à se prévaloir du régime des sociétés mères et filiales si le niveau de sa participation vient à s'abaisser en deçà du seuil des 5 %. Le maintien du régime des sociétés mères suppose, le cas échéant, que la société mère augmente le niveau de sa participation dans la société absorbante pour atteindre à nouveau le seuil de 5 %. Les entreprises concernées, qui participent à des opérations de restructurations, doivent être vigilantes sur l'application de ce dispositif.

1697 De la même façon, le bénéfice du régime des sociétés mères et filiales suppose que les titres admis au bénéfice de ce régime aient été souscrits dès l'émission ou, à défaut, fassent l'objet d'un engagement de conservation pendant deux ans. Pendant un temps, cet engagement de conservation s'est apprécié strictement et a été considéré comme non respecté si, à l'intérieur de ce délai :
– la société mère était absorbée ;
– la filiale était absorbée par une société tierce ou par sa société mère ;
– la société mère était scindée ;
– la société mère réalisait un apport partiel d'actif au profit d'une société tierce, l'apport comprenant les titres de la filiale.

L'article 37 de la loi de finances rectificative pour 1994 a assoupli ce régime en prévoyant que lorsque des titres de participation sont apportés sous le bénéfice du régime de l'article 210 A du CGI, la société cessionnaire peut, par déclaration expresse, se substituer à la société apporteuse pour reprendre et assurer jusqu'à son terme l'engagement de conservation des titres. On notera cependant que, pour ne pas entraîner de rupture de l'engagement de conservation, l'opération doit, selon le texte, être placée sous le régime de l'article 210 A du CGI. Elle vise ainsi non seulement les fusions mais également les scissions et les apports partiels d'actif (ce dispositif a été commenté dans une instruction administrative du 13 juillet 1995 : BOI 4 H-10-95).

1698 L'application combinée du régime des sociétés mères et filiales et du régime de faveur des fusions a pu toutefois laisser place à certains montages qui ont nécessité l'intervention du législateur pour prévenir des abus. Il en est ainsi par exemple de la situation dans laquelle une société procède à l'acquisition d'une filiale lui ouvrant droit au régime des sociétés mères et filiales. Après l'acquisition, la filiale procède à une distribution au profit de sa mère en exonération de dividendes (sauf quote-part de frais et charges) puis la filiale est absorbée par une société tierce. Dans ce cas de figure, à l'occasion de l'absorption de la filiale, la mère reçoit par voie d'échange des titres de la société tierce absorbante et constate, de fait, une moins-value d'échange, l'article 38-7 bis du CGI accordant à la mère soit la possibilité de constater le résultat d'échange (ici déduire la moins-value), soit placer l'échange en sursis d'imposition.

L'article 145, 1-c du CGI a en effet été modifié de manière à éviter cette possibilité de cumuler d'une part l'exonération des dividendes puis, d'autre part, la déduction de la moins-value d'échange lors de l'absorption de la filiale. Le texte prévoit en effet que les titres échangés dans le cadre d'opérations dont le résultat n'est pas compris dans le résultat de l'exercice, en application de l'article 38-7 bis du CGI, sont réputés détenus jusqu'à la cession des titres reçus en échange. En clair, le résultat de l'échange des titres doit obligatoirement être placé en sursis d'imposition pour pouvoir conserver le bénéfice du régime des sociétés mères et donc l'exonération des dividendes. Si le résultat d'échange est fiscalisé, alors la perte du régime d'exonération des dividendes est encourue si la fusion (donc l'échange des titres) intervient moins de deux ans après l'acquisition des titres de la filiale (sur cette question : instr. 27 décembre 2011 ; BOI 4 H-2-11).

La situation des filiales de la société absorbée

Le cas de figure est ici inverse. Il s'agit d'envisager la situation des sociétés filiales de la société absorbée. Le régime qui leur est applicable respecte pleinement la logique de la fusion. Les titres détenus par la société absorbée, représentatifs des participations dans le capital des filiales, sont transmis lors de la fusion à la société absorbante ou à la société nouvelle issue de la fusion. C'est donc cette dernière qui prend la qualité de société mère.

Il est à noter que, dans cette hypothèse, l'opération de fusion n'emporte aucune modification quant à l'importance de la participation détenue dans le capital des sociétés filiales.

Cependant, si la société absorbante souhaite continuer à bénéficier du régime des sociétés mères et filiales, elle doit s'engager également à respecter la condition de durée de détention des titres. La société absorbante doit ainsi prendre l'engagement de conserver les titres pendant deux ans à compter de l'opération de fusion.

Les autres cas particuliers

1699 La situation des associés de la société absorbée dans le cadre de la fusion appelle quelques précisions complémentaires ayant trait à des situations très spécifiques. On évoquera ici notamment le cas :

– des associés des sociétés dont les titres font l'objet d'un paiement différé non fractionné ;

– des associés de sociétés étrangères ou de sociétés françaises absorbées par des sociétés étrangères.

La situation des associés dont les titres font l'objet d'un paiement différé et fractionné

1700 Les personnes physiques qui bénéficient de la transmission à titre gratuit de titres peuvent bénéficier d'un régime de paiement échelonné qui prend la forme d'un différé de paiement pendant cinq ans puis un paiement fractionné sur dix ans à raison du paiement d'un vingtième des droits de mutation tous les semestres. Ce paiement différé puis fractionné donne ouverture à un intérêt.

Pendant longtemps, il était d'usage de considérer que dans la mesure où les opérations de restructurations emportaient échange de titres, l'opération équivalait du point de vue fiscal à une cession et entraînait la déchéance du régime de paiement échelonné.

Cette solution a été rapportée et les opérations de fusion ou de scission qui affectent des titres bénéficiant du paiement échelonné n'entraînent plus déchéance du régime prévu à l'article 397 A de l'annexe III. Le maintien du régime n'est toutefois possible que si le montant de la soulte, lorsqu'elle existe, ne représente pas au jour de l'échange plus du tiers de la valeur des biens professionnels reçus à titre gratuit et pour lesquels l'héritier, le légataire ou le donataire a sollicité le bénéfice du paiement différé ou fractionné. De la même façon, le maintien du paiement différé et fractionné est subordonné, dans ces cas, à l'engagement du bénéficiaire de conserver les titres reçus jusqu'à l'échéance du dernier terme du paiement fractionné (instr. 8 novembre 1999 : BOI 7 A-4-99).

La situation des associés de l'absorbée lorsque la société absorbante est étrangère

1701 L'opération de fusion peut être l'occasion d'un apport réalisé par une société absorbée au profit d'une société absorbante étrangère. Les développements précédents ont permis de voir quel était le régime applicable à de telles opérations tant au niveau de l'impôt sur les sociétés qu'au regard des droits d'enregistrement.

Dans la mesure où il s'agit d'apports-fusions qui ont bénéficié d'un agrément délivré par le ministre de l'Économie et des Finances, les associés de la société absorbée ont la possibilité de bénéficier de l'exonération lors de l'échange des titres de la société absorbée contre des titres de l'absorbante.

La situation des associés français de sociétés étrangères qui fusionnent

1702 Le problème se pose de la même façon pour un associé français ayant une participation dans une société étrangère qui est absorbée par une autre société étrangère. Aucune des sociétés qui participe à l'opération de fusion n'est française, néanmoins l'associé français a vocation à recevoir des titres de la société absorbante étrangère. Dans cette situation, il a été confirmé que l'attribution de titres de la société absorbante étrangère à des associés français en remplacement des titres de sociétés absorbées est exonérée d'impôt sur le revenu (rép. Hermann, JO 4 octobre 1966, AN p. 3087). L'exonération n'est acquise que si l'opération correspond à la définition fiscale des fusions édictée par l'article 210-0-A du CGI. On sera donc particulièrement vigilant à l'hypothèse dans laquelle la société étrangère est implantée dans un État n'ayant pas conclu avec la France une convention comportant une clause d'assistance administrative.

1703 Mais le fait de considérer que l'attribution gratuite des titres ne constitue pas un revenu distribué ne résout pas pour autant le problème de la plus-value d'échange éventuellement constatée. Cette plus-value d'échange peut être imposable en France. Ce sera particulièrement le cas en l'absence de convention internationale mais également en présence d'une telle convention car fréquemment, il est fait recours dans ces conventions au critère du domicile du cédant (ici l'associé français de la société absorbée) pour déterminer le lieu d'imposition de la plus-value. Mais attention, ce n'est pas systématiquement le cas, tout particulièrement lorsqu'il s'agit de participations dites substantielles. Lorsqu'elle est imposable en France, cette plus-value peut bénéficier des dispositions de l'article 38-7 bis si l'associé est une entreprise. L'opération de fusion doit toutefois correspondre à la définition fiscale des fusions de l'article 210-0-A. Là encore, il faudra vérifier que la société étrangère est localisée dans un État ayant conclu une convention comportant une clause d'assistance administrative, exception faite des restructurations intracommunautaires. En revanche, s'agissant d'associés personnes physiques, le bénéfice du sursis d'imposition au titre de la plus-value d'échange est plus automatique. Il s'applique si l'opération est réalisée conformément à la réglementation en vigueur dans l'État où l'opération se déroule. En d'autres termes, l'opération doit être considérée comme une fusion ou une scission par la législation en vigueur du ou des États concernés. Toutefois, l'État dans lequel se déroule l'opération doit être un État de l'Union européenne ou un État ayant conclu avec la France une convention comportant une clause d'assistance administrative en vue de lutter contre la fraude et l'évasion fiscales. Si tel n'est pas le cas, le dépositaire des titres doit être établi en France, ou dans un autre État de l'Union européenne, ou dans un État ayant conclu une convention avec la France comportant une clause d'assistance administrative (régime applicable aux scissions. Sur cette question, BOI 5 C-1-01 : Instr. 13 juin 2001 ; fiche 2, §§ 14 et 15).

La situation des associés étrangers de sociétés françaises qui fusionnent

1704 Pour les associés ordinaires, le principe est que la plus-value d'échange constatée lors de la fusion n'est pas soumise à l'impôt en France. La seule restriction concerne éventuellement les associés des sociétés à prépondérance immobilière (CGI art. 150 A bis) ou les détenteurs de participations substantielles (CGI art. 150-0 A) pour lesquels *a priori* l'opération d'échange pourrait être taxable en France (CGI art. 244 bis C). En réalité, il n'en est rien dans la mesure où le code général des impôts renvoie, pour les règles de détermination de l'imposition, aux règles des articles 150-0 A et suivants du CGI qui instaurent un sursis d'imposition dans le cadre des opérations de fusions et assimilées.

La situation des associés de la société absorbée dans le cadre du régime d'intégration fiscale

1705 On se placera ici dans l'hypothèse d'une opération de fusion interne au groupe intégré. Il faut envisager distinctement la situation des associés autres que la société absorbante et la situation de la société absorbante, déjà associée de la société absorbée avant fusion. Pour les associés de la société absorbée autres que la société absorbante, la fusion produit les mêmes effets que pour une fusion réalisée en dehors du contexte de l'intégration fiscale. L'entreprise associée reçoit des titres de l'absorbante en échange de sa participation dans le capital de l'absorbée. Au plan fiscal, l'entreprise associée peut ainsi bénéficier des dispositions de l'article 38-7 bis du CGI, la valeur des titres au bilan de l'entreprise associée étant modifiée sans que la plus-value d'échange ne soit taxée. Cette plus-value sera imposée lors de la cession ultérieure des titres par l'entreprise associée. Or précisément, si les titres sont ultérieurement cédés à une autre société membre du groupe intégré, se posera alors la question de la neutralisation de la plus-value de cession. En pratique, la neutralisation ne pourra porter que sur la plus-value acquise entre la date de l'échange et la date de cession. La plus-value qui avait bénéficié des dispositions de l'article 38-7 bis ne peut bénéficier de la neutralisation (pour une étude approfondie : P. Morgenstern, op. cit., p. 313). Dans le cas où la société absorbante était associée de la société absorbée avant la fusion, il y a lieu de procéder à l'annulation des titres détenus dans le capital de la société absorbée et de constater le cas échéant une plus-value ou une moins-value. Les règles applicables au boni de fusion s'appliquent de la même façon et sous les mêmes conditions dans le cadre d'un groupe intégré. Quant au mali de fusion, la déduction éventuelle d'une moins-value sur titres au niveau de la société absorbante ne pourra donner lieu à neutralisation au titre de l'article 223 F du CGI (P. Morgenstern, op. cit., p. 316).

La situation des associés de la société absorbante

1760 La situation des associés de la société absorbante dans le cadre d'une fusion-absorption se caractérise par l'absence d'incidence fiscale à deux nuances près. En premier lieu, la fusion emportant augmentation du capital de la société absorbante, il en résulte que les autres associés vont voir, le cas échéant, leur participation dans le capital de l'absorbante diminuer en valeur relative, au point d'abaisser le taux de la participation de certains d'entre eux en deçà du seuil de 5 % qui leur permettait de bénéficier chez l'absorbante du régime des sociétés mères et filiales. Il se peut en second lieu que la société absorbée soit au nombre des associés de la société absorbante. Par voie de conséquence, la société absorbante a vocation à recevoir ses propres titres en apport lors de la fusion.

Le cas général : l'absence d'incidence fiscale

1761 **Pour les associés de la société absorbante, la fusion n'entraîne en principe aucune conséquence particulière. Les associés de la société absorbante se trouvent dans la même situation que les associés d'une société qui procède à une augmentation de son capital.**

Le sort des sociétés mères de la société absorbante

1762 **Dans la mesure où la société absorbante augmente son capital social en raison de l'absorption d'une ou de plusieurs autres sociétés, le taux de participation, apprécié en valeur relative des anciens associés de la société absorbante, est à même de s'abaisser en deçà de la barre des 5 % requis pour bénéficier du régime des sociétés mères et filiales.**

EXEMPLE

Une société A absorbe une société B. Le capital de la société A avant la fusion est divisé en 100 000 actions de 100 et la fusion entraîne une augmentation de capital de A par émission de 25 000 actions nouvelles. Une société X détient 6 000 actions de la société A.

On constate qu'avant l'opération de fusion, la société X bénéficiait du régime des sociétés mères et filiales car elle détenait plus de 5 % des actions de la société A. En revanche, après la fusion, la société ne détient plus que :

6 000/(100 000 + 25 000) = 4,8 % du capital.

1763 **En conséquence, si, du fait de l'absorption d'une société tierce par une filiale, le taux de participation de la société mère s'abaisse en deçà du seuil, la société mère devra, si elle souhaite continuer à bénéficier du régime des sociétés mères et filiales, augmenter le cas échéant son niveau de participation dans le capital de la société absorbante. Dans le cas contraire, elle cessera de bénéficier du régime mère-fille.**

La société absorbée associée de la société absorbante

1764 **Les développements précédents ont montré que, si la société absorbée détenait une participation dans le capital de la société absorbante, la société absorbée pouvait procéder :**
– soit par voie de répartition préalable de sa participation entre ses associés ;
– soit par apport de la totalité de son actif, y compris sa participation dans le capital de la société absorbante, à charge pour cette dernière qui reçoit ses propres titres en apport de procéder ensuite à leur annulation. Sauf si la société bénéficiaire de l'apport peut les conserer dans le respect des limites légales sur les titres auto-détenus (c. com. art. L. 225-213).

1765 **La première possibilité est onéreuse au plan fiscal et n'est jamais retenue en pratique. Le second procédé est en revanche plus répandu. Reposant sur l'annulation de titres par la société absorbante, cette technique est susceptible de dégager une** plus-value qui appelle des précisions aussi bien sur sa détermination que sur son régime fiscal.

La détermination de la plus-value résultant de l'annulation des titres

1766 Pour déterminer l'importance de la plus-value réalisée par la société absorbante lors de l'annulation de ses propres titres reçus en apport de l'absorbée, il convient d'analyser plus en détail l'opération.

L'annulation aboutit à la disparition de l'actif de la société absorbante d'un élément non amortissable qui avait été reçu en apport de la société absorbée.

1767 Si la fusion a été placée sous le régime spécial de l'article 210 A du CGI, cela signifie que, chez l'absorbée, la plus-value réalisée lors de l'apport a été exonérée. Mais, en contrepartie, lors de la cession ultérieure, ou d'événement assimilé à une cession, il convient de calculer les plus-values réalisées sur les éléments non amortissables en fonction, non de la valeur d'apport, mais en fonction de la valeur que ces éléments avaient dans les écritures de la société absorbée *(voir §§ 1067 et s.)*. En l'espèce, cela signifie que la plus-value résultant de l'annulation des titres doit être calculée par différence entre la valeur réelle des titres au jour de l'annulation et la valeur qu'avaient les titres de la société absorbante dans les écritures de la société absorbée.

1768 Si, à l'inverse, la fusion a été placée sous le régime de droit commun, les plus-values d'apport ont été taxées. Il en résulte que l'éventuelle plus-value lors de l'annulation des titres de l'absorbante correspond à la différence entre la valeur réelle à la date de l'annulation et la valeur d'apport. Il ne devrait pas normalement en résulter de produit imposable.

Le régime fiscal de la plus-value résultant de l'annulation des titres

1769 En principe, la plus-value ainsi déterminée est imposable selon les règles de droit commun relatives aux plus-valus des titres.

Toutefois, dans le cadre du régime spécial des fusions, l'article 210 A-I du CGI prévoit qu'est exonérée de l'impôt sur les sociétés « la plus-value éventuellement dégagée par la société absorbante lors de l'annulation des actions ou parts de son propre capital qu'elle reçoit et qui correspondent à ses droits dans la société absorbée ». Du point de vue comptable, l'opération doit être traitée comme une annulation d'actions (avis du Comité d'urgence du CNC n° 2005-C).

1770 On retrouve ainsi la même exonération que celle applicable en cas de fusion-renonciation, avec les mêmes conditions d'application *(voir §§ 1663 et s.)*.

Une réponse ministérielle est venue préciser que ce régime d'exonération était également susceptible de s'appliquer lors de l'absorption de deux sociétés par une même société, au titre de l'annulation des titres détenus par une société absorbée dans le capital de l'autre société absorbée. Le cas de figure auquel il est fait référence est le suivant : une société a une participation dans une autre société. Les deux sociétés font l'objet d'une absorption par une troisième société. La participation de la première société absorbée dans le capital de la seconde doit faire l'objet d'une annulation ; la plus-value constatée à cette occasion bénéficie de l'exonération prévue à l'article 210 A-I du CGI.

1771 Les développements qui précèdent reposent sur le schéma simple selon lequel la participation est détenue soit par la société absorbante, soit par la société absorbée.

En réalité, il peut arriver que les deux sociétés soient liées par des participations réciproques.

Juridiquement, et fiscalement, cette participation réciproque sera considérée comme la superposition de deux participations simples.

On appliquera ainsi successivement les régimes étudiés précédemment à savoir la fusion-renonciation pour tenir compte de la participation de la société absorbante dans le capital de la société absorbée, puis une réduction de capital pour tenir compte de la participation de l'absorbée dans le capital de la société absorbante.

L'ASSOCIÉ, L'ISF ET LA FUSION

Dans le déroulement d'une opération de fusion, il convient de mesurer l'impact de l'opération sur les sociétés qui fusionnent mais également sur la situation des associés de ces sociétés. Les développements précédents ont montré que pour la plupart des associés, l'opération de fusion, comme par parenthèse celle de scission, demeurait relativement indolore du point de vue fiscal. Si cela est particulièrement vrai pour les associés de la société absorbante, cela l'est également pour les associés de la société absorbée qui bénéficient d'un dispositif général de sursis d'imposition.

Mais, en regardant les choses de plus près, on constate que l'opération de fusion est de nature à affecter la situation patrimoniale de certains associés des sociétés qui fusionnent. En effet, les conditions d'application du régime d'exonération des biens professionnels au regard de l'ISF sont telles que certains associés qui remplissaient parfaitement les conditions avant l'opération, chez la société absorbée comme chez l'absorbante, vont se retrouver hors du champ d'application de l'exonération une fois l'opération réalisée (CGI art. 885-O bis). La raison est simple. L'exonération des droits sociaux au titre des biens professionnels est subordonnée à la détention d'un certain quantum de titres, mesuré en pourcentage du capital détenu. Compte tenu de l'opération de fusion, la société absorbée disparaît et les associés de la société absorbée deviennent associés de l'absorbante. Il se produit ainsi un effet de dilution au niveau du capital de la société bénéficiaire des apports qui aboutit à faire baisser le taux de détention du capital de chaque associé en valeur relative au point que certains risquent de passer en deçà de la barre fatidique des 25 % exigés pour bénéficier du régime des biens professionnels.

Pour atténuer les conséquences « mécaniques » de l'opération au regard de l'ISF, l'administration admet que pour la détermination de l'ISF de l'année suivant celle de la réalisation de l'opération, les associés ou actionnaires de la société bénéficiaire des apports puissent bénéficier d'un régime particulier.

Ce régime particulier est fondé sur la recherche d'une équivalence entre les parts ou actions détenues au 1er janvier suivant l'opération dans la société bénéficiaire des apports et les parts ou actions qui étaient ou auraient été détenues si l'opération n'avait pas eu lieu dans chacune des sociétés concernées.

Au plan pratique, il est nécessaire de distinguer dans le capital de la société bénéficiaire des apports au 1er janvier de l'année suivant l'opération, les parts ou actions nouvelles des parts ou actions anciennes. Les parts ou actions nouvelles s'entendent des titres qui ont été remis aux associés en contrepartie de l'opération réalisée.

Ainsi, la proportion des droits sociaux qui étaient ou auraient été détenus dans le capital de la société absorbée par chacun des actionnaires ou des associés de la société bénéficiaire des apports au 1er janvier suivant l'opération est égale au rapport existant entre les droits sociaux nouveaux détenus par chacun d'eux et le nombre de titres nouveaux émis. Le même raisonnement doit être tenu pour les associés de la société bénéficiaire des apports.

L'administration explicite cette règle par l'exemple suivant, ici adapté.

Le capital d'une société A est composé de 1 000 actions. Une personne physique détient 600 actions de cette société. La société A est absorbée le 1er octobre par une société B dont le capital est divisé en 3 000 actions. La société B émet à l'occasion de la fusion pour rémunérer les associés de la société A, 2 000 actions nouvelles, le rapport d'échange s'établissant donc à deux actions de la société absorbante pour une action de l'absorbée.

Sur la base de cette parité d'échange, notre associé personne physique va recevoir 1 200 actions de la société B. Alors qu'il détenait 60 % du capital de la société A absorbée, on constate qu'après fusion, il ne détiendra plus que 1 200 actions sur un total de 5 000 actions, soit 24 % du capital de la société bénéficiaire des apports.

Aussi, l'administration, pour l'ISF de l'année qui suit l'opération, accepte de faire jouer la règle de l'équivalence, ce qui va aboutir à apprécier la participation détenue par l'associé par rapport aux actions nouvellement émises. Ainsi, après l'opération il détient 1 200 actions sur un total de 2 000 actions nouvelles, soit 60 %.

Cette manière de procéder paraît très simple mais en réalité, sa mise en œuvre peut rapidement se compliquer en pratique si des cessions de titres sont intervenues chez la société bénéficiaire des apports entre la date de la réalisation de l'opération de fusion et le 1er janvier de l'année suivante (pour un exemple, voir doc. adm. 7 S 3322-46).

On précisera que la mise en œuvre de cette règle n'est envisageable que pour la seule année qui suit la réalisation de l'opération. Pour les années ultérieures, les conditions d'application du régime des biens professionnels doivent être satisfaites.

Cette tolérance n'est naturellement pas d'application obligatoire. En outre, et comme le constat en a déjà été fait dans d'autres domaines, l'existence d'une clause de rétroactivité dans l'opération de fusion demeure sans incidence en matière d'ISF.

PARTIE 3

LA DISSOLUTION-CONFUSION (ART. 1844-5 DU CODE CIVIL) OU FUSION PAR CONFUSION DE PATRIMOINE

1819 Lorsqu'une société détient l'intégralité du capital d'une autre société, il peut être envisagé de mettre fin à cette dualité de structure. La société qui détient ainsi 100 % du capital de l'autre société peut, en effet, décider soit de recourir à une opération de fusion simplifiée, une fusion-renonciation pour le tout, soit de recourir à la technique de la dissolution-confusion, parfois appelée également « confusion de patrimoine », ou « Transmission Universelle de Patrimoine », en abrégé la TUP. Cette seconde technique de la dissolution-confusion a été introduite dans notre droit par la loi du 5 janvier 1988 (A. Pietrancosta et C. Gerschel, La dissolution-confusion en passe de supplanter la fusion, Droit et patrimoine, 2002, n° 105, pp. 32 et s).

Néanmoins, son utilité pratique est restée, dans un premier temps, assez faible compte tenu notamment d'obstacles fiscaux importants. En effet, l'administration fiscale excluait jusqu'en 2002 ce type d'opérations du régime de faveur des fusions ; en conséquence, les opérations de dissolution-confusion entraînaient, du point de vue fiscal, les conséquences d'une cessation d'activité. À ces obstacles de nature fiscale, venaient en outre s'ajouter quelques inconvénients d'ordre juridique dont certains, par parenthèse, subsistent encore. La fusion simplifiée était ainsi fréquemment préférée à la dissolution-confusion.

NOTE : P. Morgenstern et P. Collin, Détention d'une filiale à 100 % ; fusion par confusion ou fusion simplifiée : RFC, 1994, n° 5, p. 255 ; voir également : JJ. Daigre, Y. Pilpré, H. Le Blanc et D. Gaveau : Restructuration des groupes, une alternative à la fusion simplifiée : la dissolution d'une filiale à 100 % par confusion des patrimoines : Droit des sociétés, Actes pratiques, 1992, n° 1 ; B. Rolland, Dissolution des sociétés unipersonnelles et transmission universelle du patrimoine, JCP éd. E, 2000, p. 406.

Depuis la modification du dispositif fiscal, qui a permis une mise en conformité avec la directive fiscale des fusions du 23 juillet 1990, l'opération de dissolution-confusion connaît un grand succès chez les praticiens, notamment dans le cadre de restructurations intragroupes.

Chapitre 3-1

LE RÉGIME JURIDIQUE

1820 Les règles juridiques sont assez simples et se démarquent nettement de l'opération de fusion. Quant aux règles fiscales, elles reposent désormais sur la transposition du régime de faveur des fusions, même si quelques difficultés pratiques existent compte tenu de la spécificité de l'opération. Ces règles méritent d'être rapprochées des règles applicables aux opérations de fusion simplifiée pour déterminer, en pratique et en fonction de considérations propres à chaque opération, quel est le support juridique adéquat : dissolution-confusion ou fusion simplifiée (Foissac, Dissolution sans liquidation et fusion-absorption d'une filiale à 100 % : fusion par confusion ou fusion simplifiée : Bulletin fiscal Lefebvre, 1994, n° 5, p. 255).

UN PEU DE VOCABULAIRE

Les opérations de dissolution-confusion visées à l'article 1844-5 du code civil donnent lieu à l'utilisation de différents termes pour désigner soit l'opération, soit les sociétés qui participent à l'opération.

Pour désigner l'opération, on évoque le plus fréquemment la « dissolution-confusion », mais on parle parfois aussi de « confusion de patrimoine » ou encore de « TUP » pour évoquer la transmission universelle de patrimoine. Le recours au terme de « TUP » est au demeurant un abus de langage et juridiquement problématique dans la mesure où il revient à identifier l'opération à ses effets. Or, si l'opération de dissolution-confusion de l'article 1844-5 du code civil emporte bien « transmission universelle du patrimoine », tel est également le cas dans une opération de fusion classique. En ce sens, l'appellation de TUP est impropre. Il n'empêche : la pratique a consacré, sans doute par commodité, l'appellation de « TUP » pour évoquer l'opération de dissolution par confusion de patrimoine. Pire, certains vont même jusqu'à « Tuper » des filiales !

Pour les sociétés qui participent à l'opération, on parle de « société confondue » pour désigner la société qui n'a plus qu'un seul associé et qui est dissoute. Pour la personne morale associée unique, on préfère retenir l'appellation de « société confondante ».

1821 Avant d'examiner les conditions juridiques de mise en œuvre de la dissolution-confusion, il convient de revenir sur le champ d'application de celle-ci.

Le champ d'application de la dissolution-confusion

1822 Aux termes de l'article 1844-5 du code civil, « La réunion de toutes les parts en une seule main n'entraîne pas la dissolution de plein droit de la société. Tout intéressé peut demander cette dissolution si la situation n'a pas été régularisée dans le délai d'un an. Le tribunal peut accorder à la société un délai maximal de six mois pour régulariser cette situation. Il ne peut prononcer la dissolution si, au jour où il statue sur le fond, cette régularisation a eu lieu (...). En cas de dissolution, celle-ci entraîne la transmission universelle du patrimoine de la société à l'associé unique, sans qu'il y ait lieu à liquidation. »

La raison d'être de ce dispositif est compréhensible. Il s'agit d'éviter les formalités et charges inhérentes à la liquidation d'une société dont le patrimoine, en tout état de cause, va revenir à l'associé unique. Mais naturellement, ce « raccourci », n'est concevable que si un mécanisme de protection des créanciers est organisé, ce qui est le cas ici.

1823 Ainsi, dans l'hypothèse où toutes les parts sont réunies entre les mains d'un même associé, quatre situations peuvent se présenter :
– l'associé unique décide par lui-même de remédier à cette situation d'associé unique et de faire entrer de nouveaux associés dans le capital de la société. Il dispose pour cela de différents moyens : cession de droits sociaux ou augmentation du capital, par exemple ;
– l'associé unique décide de procéder à une transformation de la société en une société dont la forme est précisément adaptée à l'existence d'un associé unique (EURL, SASU) ;
– l'associé unique s'expose à ce qu'un tiers, plus précisément tout intéressé, demande la dissolution judiciaire de la société. L'article 1844-5 n'est pas très explicite sur la notion d'« intéressé ». On peut considérer que toute personne intéressée peut demander la dissolution, qu'il s'agisse d'une personne physique ou d'une personne morale. Par parenthèse, même si la demande est déposée, il n'est pas certain que le tribunal y réserve une suite favorable, dans la mesure où le texte prévoit la possibilité d'accorder un délai supplémentaire – ne pouvant excéder six mois – à la société ;
– l'associé unique décide de mettre fin à la société et procède lui-même à la dissolution de la société.

1824 Dans ces deux derniers cas de figure, c'est le principe de la dissolution-confusion qui va s'appliquer, avec transmission universelle du patrimoine au profit de l'associé unique. C'est plus particulièrement la quatrième hypothèse qui correspond à notre objectif de restructuration et dans lequel nous allons nous situer pour la suite des développements.

Comment vit une société qui n'a plus qu'un seul associé ?

La société qui n'a plus qu'un seul associé n'est pas dissoute. Elle continue de fonctionner au jour le jour, même s'il ne subsiste qu'un seul associé. Ainsi, c'est cet unique associé qui aura pouvoir pour prendre les décisions qui relèvent de la compétence des associés. Une telle situation n'a pas pour conséquence de mettre un terme aux attributions des organes sociaux. Pour l'approbation des comptes, la tenue des assemblées générales, c'est l'associé unique qui agit. Sur la question de la tenue des assemblées générales, par exemple, la doctrine est partagée ; il semble, en tout état de cause, que l'associé unique a l'obligation de tenir le registre des délibérations. Pendant cette période, le commissaire aux comptes reste en fonctions et doit accomplir sa mission.

1825 Avant d'aller plus loin dans le déroulement juridique de l'opération, trois précisions doivent être apportées :
– les dispositions relatives à la dissolution-confusion sont des dispositions qui proviennent du code civil ; elles ont donc vocation à s'appliquer à toutes les formes de sociétés. En ce sens, leur domaine d'application est beaucoup plus important que les opérations de fusion simplifiée qui sont prévues par le code de commerce dans le cadre des dispositions relatives aux sociétés anonymes. La dissolution-confusion est ainsi ouverte à des opérations entre sociétés de forme différente ;

– les dispositions de l'article 1844-5 sont d'application obligatoire et il n'est pas possible d'y déroger ou d'y renoncer (CA Douai, 2e ch. 14 novembre 1996 : RJDA 1997, n° 3, com. 372). Lorsque l'associé unique décide de procéder à la dissolution de la société dont il est l'unique associé, cette décision emporte dissolution sans liquidation et transmission de l'intégralité du patrimoine à l'associé unique. En outre, la décision prise par l'associé unique est irrévocable. Il atteint ici un point de non-retour ;

– enfin, compte tenu des conséquences de l'opération de dissolution-confusion, et du transfert de l'intégralité du patrimoine entre les mains de l'associé unique, dans ses composantes actives mais aussi ses composantes passives, le code civil exclut la mise en œuvre de ce dispositif lorsque l'associé unique est une personne physique. La réunion de l'usufruit de toutes les parts en une seule main n'ouvre pas droit à l'application des dispositions de l'article 1844-5 du code civil, l'alinéa 2 de ce même texte l'excluant expressément. En revanche, selon certains auteurs, la réunion de la nue-propriété de toutes les parts rend possible la mise en œuvre de l'article 1844-5 du code civil (en ce sens, B. Mercadal et Ph. Janin, Mémento sociétés commerciales, Lefebvre, 2011, n° 1260).

C'est la loi NRE du 15 mai 2001 qui a complété l'article 1844-5 en ce sens, en précisant que ces dispositions n'étaient « pas applicables aux sociétés dont l'associé unique est une personne physique ». Si l'associé unique est une personne physique, la seule voie possible reste celle de la liquidation.

NOTE : F.-X. Lucas, La transmission universelle du patrimoine, à l'occasion de la dissolution d'une société unipersonnelle, après la loi NRE : Droit des sociétés, Actes pratiques, 2002, n° 61, p. 33 ; voir également : B. Rolland, Dissolution des sociétés unipersonnelles : une intervention législative opportune ? : JCP, éd. E, 2001, p. 1761 ; sur les effets de la modification de l'article 1844-5 par la loi du 15 mai 2001, voir CA Poitiers, 2e ch. civ., 13 avril 2004, Droit des sociétés 2005, n° 3, com. 48.

DISSOLUTION-CONFUSION : APPLICABLE À TOUTES LES FORMES DE SOCIÉTÉS ?

SNC : La mise en œuvre de l'article 1844-5 s'opère normalement dans l'hypothèse où l'associé est devenu associé unique par acquisition des parts sociales des autres associés. En revanche, dans l'hypothèse où l'unicité de l'associé résulte du décès des autres associés, la SNC est dissoute, sauf clause statutaire prévoyant la continuation avec les conjoints et héritiers des associés décédés. À défaut de clause statutaire, l'article 1844-5 ne serait pas applicable, hormis le cas où l'associé serait devenu associé unique en ayant hérité des parts sociales (sur cette interprétation : Lamy Sociétés Commerciales, éd. 2004, § 1470. De la même manière, les auteurs soulignent que des difficultés d'application sont susceptibles d'apparaître dans le cas des sociétés en commandite dans la mesure où, normalement, deux catégories d'associés caractérisent ces groupements : commandités et commanditaires).

Société de fait : L'article 1844-5 du code civil ne s'applique qu'aux sociétés dotées de la personnalité morale.

Société en liquidation judiciaire : la jurisprudence, amenée à se prononcer dans ce cas de figure, considère que la procédure de l'article 1844-5 est inapplicable lorsque la dissolution de la société trouve son origine dans un jugement de liquidation judiciaire. La procédure de dissolution sans liquidation n'est pas davantage applicable lorsque la dissolution intervient après le jugement ayant ouvert une procédure collective à l'encontre de la société (en ce sens : cass. com., 12 juillet 2005, nos 1236 et 1237 ; Bull. Joly 2006, n° 1, com. 6, note P. Le Cannu).

SARL : L'article L 223-4 du code de commerce écarte explicitement la mise en œuvre des dispositions de l'article 1844-5, alinéa 3 du code civil relatif à la dissolution judiciaire en cas de réunion de toutes les parts d'une société à responsabilité limitée en une seule main. Mais seule l'hypothèse de la dissolution judiciaire est visée.

SASU : En cas de réunion en une seule main de toutes les actions d'une société par actions simplifiée, les dispositions de l'article 1844-5, relatives à la dissolution judiciaire, sont inapplicables.

SELARL : De la même manière, le dispositif n'est pas applicable à une société d'exercice libéral à responsabilité devenue unipersonnelle.

Le déroulement de l'opération de dissolution-confusion

La déclaration de dissolution

1870 La décision de dissolution-confusion résulte du simple dépôt d'une déclaration de dissolution au greffe du tribunal de commerce. La déclaration déposée n'est soumise à aucune prescription particulière en termes de contenu mais l'écrit est nécessaire, notamment pour des raisons fiscales, certaines mentions devant nécessairement apparaître dans la déclaration de dissolution. L'écrit est également requis lorsque la société dissoute est une société commerciale ; il conviendra, en effet, de tenir compte du registre des décisions de l'assemblée.

1871 Les seules prescriptions légales en la matière sont celles énoncées à l'article 8 du décret du 3 juillet 1978 selon lesquelles « l'associé entre les mains duquel sont réunies toutes les parts sociales peut à tout moment dissoudre la société par déclaration au greffe du tribunal de commerce en vue de la mention de dissolution au registre du commerce et des sociétés. » Ces dispositions apparaissent également à l'article R. 210-14 du code de commerce.

La déclaration de dissolution sans liquidation est soumise à des mesures de publicité importantes qui ne doivent pas être négligées :
– insertion dans un journal d'annonces légales ;
– dépôt au greffe de la déclaration en deux exemplaires ;
– inscription modificative au registre du commerce et des sociétés ;
– insertion au Bulletin officiel des annonces civiles et commerciales (BODACC).

1872 La dissolution-confusion ne portera toutefois vraiment effet qu'à l'issue du délai d'opposition des créanciers sociaux. Ce n'est qu'à cette date que disparaîtra la personnalité morale de la société.

On le constate, par rapport à une opération de fusion simplifiée, le déroulement est beaucoup plus simple. Il n'est pas demandé la rédaction d'un quelconque traité d'apport, comme il n'est pas davantage exigé de procédure d'approbation de ces apports. Il n'y a ainsi pas lieu de procéder à la désignation d'un commissaire aux apports. La Chancellerie l'a rappelé dans un courrier adressé le 10 avril 2003 à la Compagnie des commissaires aux comptes. La dissolution-confusion « ne nécessite pas de rédaction d'un traité d'apports, ni de vérification de son contenu par l'intermédiaire d'un commissaire aux apports ».

Le droit d'opposition des créanciers

1873 Comme en matière de fusion de sociétés, la dissolution-confusion organise un mécanisme de protection des créanciers sociaux. Ceux-ci disposent d'un délai de 30 jours, à compter de la publication dans un journal d'annonces légales de la décision de dissolution, pour former opposition. Très précisément, l'article 8 du décret du 3 juillet 1978 (décret 78-704) énonce que « le délai d'opposition prévu au troisième alinéa de l'article 1844-5 du code civil court à compter de la publication de la dissolution faite, en application de l'article R. 210-9 du code de commerce, dans un journal habilité à recevoir les annonces légales ». Comme en matière de fusion, et afin d'assurer la sécurité juridique des opérations, ce délai constitue une date butoir pour les créanciers. Passé ce délai, ils ne peuvent plus former opposition. L'opposition est formée auprès du tribunal de commerce dont dépend la société dissoute. Seuls les créanciers sociaux titulaires d'une créance antérieure à la décision de dissolution peuvent former opposition.

1874 Sur le point de savoir si le droit d'opposition est ouvert aux seuls créanciers de la société dissoute, ou également aux créanciers sociaux de la société associé unique, la doctrine est partagée. La question est loin d'être dénuée de portée pratique car la dissolution-confusion emportant transmission universelle du patrimoine au profit de l'associé unique, il se peut que l'opération de dissolution-confusion se traduise par la transmission d'un patrimoine dans lequel les éléments de passif soient très importants. Aussi, il ne serait pas inconcevable que, pour permettre éventuellement la constitution de garanties complémentaires, les créanciers de la société bénéficiaire de la transmission se voient reconnaître la possibilité de former opposition. Cette possibilité n'est pas, au demeurant, formellement écartée par le texte qui énonce que « les créanciers peuvent faire opposition », sans donner davantage de précisions quant à la nature des créanciers concernés. En matière de fusion de sociétés, par ailleurs, le droit d'opposition est ouvert aux créanciers de la société absorbée comme à ceux de la société absorbante.

1875 Si, à l'intérieur du délai de 30 jours, des créanciers ont fait opposition, le tribunal de commerce devra statuer sur les oppositions dans les mêmes conditions que pour la fusion de sociétés *(voir supra, § 593)*. Il peut ainsi rejeter l'opposition, ordonner la constitution de garanties complémentaires, ou encore le remboursement des créances.

Le dénouement de l'opération

1876 Si aucune opposition n'a été formulée à l'intérieur de ce délai, la personne morale de la société disparaît au terme du délai de 30 jours et la transmission universelle du patrimoine entre les mains de l'associé unique s'opère. L'opération se traduit par une dissolution sans liquidation de la société. Il en résulte que les règles relatives à la liquidation des sociétés n'ont pas à être suivies. En particulier, les règles relatives à la prescription des actions contre le liquidateur ou les associés non liquidateurs ne trouvent pas à s'appliquer (en ce sens : Pau, 17 décembre 2005, n° 02-1203). La transmission s'opère même si le capital de la société dissoute n'est pas intégralement libéré (sur cette question, voir Bulletin CNCC, 2005, n° 136, p. 708). La disparition de la personnalité morale de la société confondue est opposable aux tiers à l'issue du délai d'opposition (cass. civ. 3e ch., 20 juin 2007, n° 06-13514 ; Bull. Joly

2007, p. 1360, note F.-X. Lucas ; Droits des sociétés 2007, com. 159, note Hovasse ; voir également cass. com. 24 sept. 2002, n° 00-11363 ; Bull. Joly 2003, p. 174, note M.-L. Coquelet). **Il résulte de cette situation l'irrecevabilité des recours ou pouvoirs formés postérieurement au délai de 30 jours** (cass. civ., 3e ch., 12 mars 2008, n° 07-15278 : Droits des sociétés 2008, com. 91, note M.L. Coquelet).

Si une opposition a été formée, la disparition de la personnalité morale intervient après la décision du tribunal de commerce rejetant l'opposition. En cas d'appel, celui-ci n'est pas suspensif et la transmission universelle du patrimoine se déroule comme prévu. Si, à l'inverse, le président du tribunal de commerce a ordonné la constitution de garanties ou le remboursement des créances, la disparition de la personnalité morale intervient à la date de la décision de justice ordonnant la constitution de garanties, ou à la date du remboursement des créances.

1877 L'unique associé dispose ensuite d'un délai d'un mois à compter de la réalisation du transfert de patrimoine pour procéder à la radiation au registre du commerce et des sociétés (c. com. art. R. 23-75). L'associé unique peut obtenir, à sa demande, la délivrance d'un certificat de non-opposition du greffier du tribunal de commerce.

La date d'effet de la dissolution-confusion

1878 La dissolution-confusion entraîne disparition de la personnalité morale au terme du délai de 30 jours accordé aux créanciers sociaux pour former opposition sauf si, naturellement, un ou plusieurs créanciers ont exercé leur droit d'opposition *(voir § 1876)*. Le raisonnement par analogie avec les opérations de fusion conduit à s'interroger sur la question de la date d'effet de l'opération, et notamment la possibilité de conférer à l'opération un effet rétroactif ou différé comme le prévoit l'article L. 236-4 du code de commerce pour les fusions.

La date d'effet rétroactif

1879 Cette question est importante dans la mesure où la reconnaissance d'un effet rétroactif à l'opération peut être de nature à en faciliter la mise en œuvre pratique. Néanmoins, dans une réponse donnée le 10 avril 2003 à une question du président de la Compagnie des commissaires aux comptes, la Chancellerie indiquait que « la dissolution par confusion de patrimoine ne saurait entrer dans le champ d'application de l'article L. 236-4 du code de commerce qui dispose qu'en matière de fusion ou de scission, la date d'effet peut être librement fixée par les sociétés dans certaines limites de leurs exercice sociaux. » Et la Chancellerie d'ajouter : « il convient de rappeler que la rétroactivité n'a qu'un caractère exceptionnel dans notre droit et qu'elle ne se préjuge pas. Il n'y a pas de rétroactivité en l'absence de texte ». Ainsi, les opérations de dissolution-confusion ne peuvent avoir d'effet rétroactif. On signalera toutefois, sur ce point, que cette position ne satisfait pas pleinement la doctrine, une partie de celle-ci estimant que la date d'effet entre les parties pourrait être déterminée dans un cadre conventionnel (J.-P. Storck, La rétroactivité des décisions sociales, Rev. Sociétés : 1985, 55 ; Comité juridique ANSA, 3 avril 2002 et 7 juillet 2004 ; sur la date d'effet fiscal ; *voir infra, 1992 et s.*).

Cette solution juridique est source de complications dans la mesure où le droit fiscal, pour sa part, retient une approche différente en admettant, dans une certaine mesure, une rétroactivité fiscale. Il y aura donc, en pratique, une période pour laquelle, juridiquement et comptablement, la société dissoute subsiste mais, fiscalement, son résultat est appréhendé par la société associé unique.

La date d'effet différé

1880 L'effet différé revient à donner un effet futur à l'opération. Cette possibilité existe en matière de fusion de sociétés, même si elle semble, d'une part, très peu utilisée et si, d'autre part, elle soulève un certain nombre de réserves quant à la sécurité juridique de l'opération pour les associés et les tiers. L'effet différé en matière de fusion ou de scission est rendu possible en raison de l'existence d'un texte. En matière de dissolution-confusion, l'article 1844-5 du code civil ne prévoit rien de tel. Le recours à la notion d'effet différé semble ainsi exclu.

Les autres effets juridiques de la dissolution-confusion

Dissolution-confusion et droit social

1920 L'opération de dissolution-confusion va emporter transfert de l'intégralité des contrats de travail de la société confondue à la société confondante.

En outre, en matière de fusion de sociétés, les développements qui précèdent ont insisté sur la nécessité de consulter les instances de représentation du personnel, et tout particulièrement le comité d'entreprise. Cette consultation est obligatoire dans le cadre des opérations qui affectent les structures d'une entreprise, conformément aux dispositions de l'article L. 2323-19.

1921 Dans le cadre de la dissolution-confusion, compte tenu des modifications substantielles qui vont en résulter sur l'organisation de l'entreprise, il paraît nécessaire d'observer la même procédure de consultation préalable qu'en matière de fusion de sociétés (sur le sort des contentieux engagés avec la société dissoute : cass. soc. 25 octobre 2007, n° 06-42-238 ; Droits des sociétés 2008, n° 5, com. 102, note J. Monnet : L'action engagée sur le fondement d'un contrat de travail et ayant déjà donné lieu à une décision déboutant le salarié ne peut pas être à nouveau ouverte contre l'associé unique après dissolution de la société).

Dissolution-confusion et droit de la concurrence

1922 L'opération de dissolution-confusion va avoir pour effet de transmettre l'intégralité du patrimoine de la société dissoute à la société qui en est l'associé unique. Aussi, cette opération, qui va se traduire par un regroupement, entre, à n'en point douter, dans le cadre de la procédure de contrôle des concentrations.

Dissolution-confusion et sort des participations

1923 Dans le cadre de l'opération de dissolution-confusion, les titres de participations que détenait en portefeuille la société dissoute vont se trouver transférés dans le patrimoine de la société associé unique. Il y aura ainsi transfert de propriété des titres et télescopage éventuel avec le mécanisme des clauses d'agrément sur le transfert des titres. Cette question a déjà été abordée dans le cadre des opérations de fusion, et il semble que les solutions soient transposables aux opérations de dissolution-confusion.

Les autres difficultés juridiques liées à la dissolution-confusion

1924 Il n'est pas possible d'envisager de manière exhaustive toutes les retombées liées à une opération de dissolution-confusion. Par principe, la société confondante devient titulaire de tous les droits et obligations de la société dissoute. Néanmoins, les incidences juridiques seront évoquées dans cinq domaines distincts.

Le transfert du droit au bail

1925 Pour les baux dont est titulaire la société qui est dissoute, la question qui se pose est de savoir si le bail peut être transféré automatiquement et sans formalité particulière au bénéfice de la société confondante. Sur cette question, la doctrine et la jurisprudence sont partagées. Par analogie avec le régime des fusions de sociétés, on pourrait, en effet, estimer que le transfert du bail est un élément de la transmission universelle du patrimoine, qui n'a donc pas le caractère d'une cession (voir, par exemple : Paris, 13 octobre 2004, n° 03-11378, RJDA 2005, n° 10, com. 1112). Dès lors, aucun formalisme spécifique ne serait requis. D'autres estiment, au contraire, que la transmission du bail à l'associé unique équivaut à une cession qui rend nécessaire la notification au bailleur. La jurisprudence considère, néanmoins, que le défaut de notification au bailleur n'entraînerait pas résiliation du bail dans la mesure où le bailleur a été informé, comme tout tiers, de la dissolution de la société en raison des formalité de publicité légale.

Le transfert du fonds de commerce

1926 Sur ce point, les solutions applicables en matière de fusion de sociétés se retrouvent à l'identique en matière de dissolution-confusion. Les formalités inhérentes à la cession du fonds de commerce ne s'appliquent pas en matière de dissolution-confusion.

Le transfert des créances

1927 Comme en matière de fusion de sociétés, la réalisation d'une opération de dissolution-confusion ne nécessite pas la mise en œuvre des formalités de l'article 1690 du code civil sur la transmission des créances (pour une illustration jurisprudentielle : cour d'appel de Versailles, 12 février 1998, 12e ch., 2e sect. Voir également Paris, 13 octobre 2004, n° 03-11378, RJDA 2005, n° 10, com. 11112 ; sur le sort des engagements de caution : cass. com. 5 mai 2004, n° 720, RJDA 2004, n° 8-9, com. 984).

Le transfert des brevets et des marques

1928 Si la société dissoute détient à son actif des brevets et des marques, l'opération de dissolution-confusion a pour effet de modifier le titulaire de ces brevets ou de ces marques. En conséquence, il y a lieu d'accomplir les formalités de mise à jour du registre national des brevets et du registre national des marques à l'Institut de la propriété industrielle.

Le sort des contrats conclus *intuitu personae*

1929 En principe, les contrats conclus *intuitu personae* ne se transmettent pas à l'associé unique. Ces contrats vont prendre fin au plus tard lors de la dissolution de la société confondue. Il ne pourrait en être autrement qu'à la suite d'un accord intervenu entre les parties au contrat (cass. com. 7 juin 2006, n° 753, JCP, éd. E, 2006, n° 37, com. 2294).

LA DISSOLUTION-CONFUSION EST-ELLE UNE FORME DE FUSION ?

La ressemblance entre une opération de fusion simplifiée d'une filiale détenue à 100 % et d'une opération de dissolution-confusion peut conduire à se demander si la dissolution-confusion n'est pas une forme de fusion (J.-J. Daigre, La dissolution d'une filiale à 100 % est une fusion : À propos de l'article 1844-5, alinéa 3 du code civil : JCP, éd. G, 1993, I, 3638).

Juristes et fiscalistes n'apportent pas nécessairement la même réponse à cette question. Au plan juridique, les deux opérations sont bien distinctes, même si le résultat est assez proche, au plan économique, et le corps du dispositif (la dissolution sans liquidation avec transmission universelle du patrimoine) présent dans les deux opérations. Les bases légales sont différentes et la procédure de mise en œuvre de la dissolution-confusion, tout en présentant quelques points communs avec les fusions de sociétés, est également très différente (M.-L. Coquelet, La transmission universelle du patrimoine, Dict. Joly Sociétés, 2001, spécial) : en particulier, pas de projet de fusion, pas d'évaluation des apports, pas de commissaire aux apports ou à la fusion. Le projet de directive sur les fusions de sociétés distingue nettement, au demeurant, les deux opérations.

Par ailleurs, certains auteurs voient, dans la procédure de fusion simplifiée, une opération qui repose sur un principe volontariste alors que si ce principe peut se retrouver en partie dans la dissolution-confusion, cette opération peut parfois être entièrement subie par l'associé unique, comme, par exemple, dans l'hypothèse de la dissolution judiciaire pour juste motif, la non-régularisation du caractère unipersonnel de la société, l'extinction de l'objet...(sur cette question : A. Pietrancosta et C. Gerschel, article précité).

Du côté des fiscalistes, en revanche, la conception des choses a évolué depuis l'adoption de la loi de finances pour 2002. L'introduction d'une définition fiscale des opérations de fusion de sociétés, à l'article 210-0 A du CGI, englobe l'opération de dissolution-confusion. Au passage, la directive fiscale des fusions de juillet 1990 englobe dans son champ d'application les fusions classiques comme les opérations de dissolution-confusion. Mais si les fiscalistes font l'assimilation en matière d'impôt sur les sociétés, pour les autres impôts et taxes, la situation est moins claire, notamment en matière de droits d'enregistrement.

Comme l'a rappelé la Chancellerie, la confusion de patrimoine présente les mêmes caractéristiques que l'opération de fusion-absorption, sans pour autant bénéficier du même régime juridique.

Le devenir des délais

1930 Compte tenu des effets de l'opération, il faut noter que les délais de recours qui ont commencé à courir avant l'opération à l'encontre des décisions rendues à l'égard de la société confondue, et notamment des décisions rendues dans le cadre de contentieux, bénéficient naturellement à la société confondante (cass. civ., 3e ch., 12 mars 2008, n° 07-15.278) .

Chapitre 3-2

LE RÉGIME FISCAL

1980 Le régime fiscal de la dissolution-confusion commande d'envisager de manière distincte le régime de l'opération au regard de l'impôt sur les sociétés et des plus-values, puis d'examiner les incidences fiscales de l'opération au regard des autres impôts et taxes et, plus spécifiquement, de la TVA, des droits d'enregistrement et de la fiscalité locale.

Le régime de la dissolution-confusion au regard de l'impôt sur les résultats et les plus-values

1981 Pendant très longtemps, les opérations de dissolution-confusion ont été exclues du régime fiscal de faveur des opérations de fusion. Ce faisant, l'obligation de tirer toutes les conséquences fiscales d'une cessation d'activité a fait de la dissolution-confusion une technique de restructuration peu attractive en pratique. Pour justifier cette situation, l'administration a rappelé avec constance dans différentes instructions administratives que le régime de faveur des fusions était réservé aux opérations qui avaient cette nature au plan juridique.

Cette conception était fragilisée, au fil du temps, par la situation de la France au regard de la directive sur le régime fiscal des fusions. En effet, la directive de juillet 1990 intègre explicitement dans le champ d'application du régime de la directive l'opération par laquelle une société transfère « par suite et au moment de sa dissolution sans liquidation, l'ensemble de son patrimoine activement et passivement, à la société qui détient la totalité des titres représentatifs de son capital social » (directive 90/434 du 23 juillet 1990 sur le régime fiscal des fusions, scissions, apports partiels d'actifs et échanges d'actions : art. 2 a ; pour une application jurisprudentielle : CE, 9e et 10e s.-sect. ; 17 juin 2011, req. 324 392 : JCP éd. E, 2011, com. 371 et CE, 9e et 10e s.-sect. : 17 juin 2011, req. 314667 : RJF 2011, n° 10, com. 1035).

1982 C'est la loi de finances pour 2002 qui a marqué un tournant décisif en introduisant dans le code général des impôts une définition fiscale des opérations de fusion, sous l'article 210-0 A. Cette définition a eu pour effet de conférer à l'opération de dissolution-confusion la nature de fusion au sens fiscal du terme et, ainsi de permettre l'accès au régime de faveur de la confusion de patrimoine. En procédant de cette manière, l'un des principaux obstacles à la mise en œuvre des dissolutions-confusions était levé.

1983 Il faut rappeler, en effet, que, selon l'article 210-0A du CGI, une opération peut être considérée comme une fusion, au sens fiscal du terme, si quatre critères sont satisfaits :
– dissolution sans liquidation de la société ;
– transmission universelle du patrimoine de la société absorbée ;

– attribution de titres aux associés de la société absorbée (sauf pour les titres que la société bénéficiaire de l'opération détient déjà) ;
– absence de soulte ou soulte limitée à 10 % de la valeur nominale des titres émis.

Ces quatre critères pouvant être validés dans le cadre d'une opération de dissolution-confusion, celle-ci revêt le caractère de fusion au sens de l'article 210-0A. Par voie de conséquence, l'opération peut bénéficier du régime fiscal de faveur des fusions, sous réserve, néanmoins, de satisfaire aux conditions de territorialité définies à l'article 210-0A-II du CGI (instruction du 7 juillet 2003 : BOI 4 I-1-03, n° 5).

Les modalités d'application du régime spécial des fusions

1984 Il ne saurait être question de reprendre ici l'ensemble des conséquences du régime de faveur des fusions. Les règles applicables dans le cadre d'une fusion classique sont largement transposables dans le cas présent, la situation de la société confondue pouvant être calquée sur celle de la société absorbée, et la situation de la société confondante sur celle de la société absorbante. On se reportera ainsi aux développements antérieurs sur cette question. Seules seront abordées dans ce développement les spécificités fiscales applicables à la dissolution-confusion.

Deux éléments de distinction peuvent être immédiatement soulignés : ils concernent les engagements résultant de l'option pour le régime de faveur des fusions et les modalités de déclaration des plus-values.

Les engagements résultant de l'option pour le régime de faveur des fusions

1985 Tout d'abord, les développements antérieurs ont montré que la société absorbante, dans le cadre d'une fusion classique, doit reprendre dans le projet de fusion les engagements figurant à l'article 210 A 3. Dans le cadre d'une opération de dissolution-confusion, l'obligation de forme est néanmoins maintenue, mais elle est naturellement reportée sur la société confondante. L'engagement doit être repris dans la déclaration de dissolution souscrite par l'associé unique.

L'état des plus-values

1986 Pour la mise en œuvre du régime de faveur des fusions dans les opérations de dissolution-confusion, l'administration souligne que les obligations de déclaration des plus-values de fusion doivent être satisfaites. Ainsi, il est nécessaire de produire l'état des plus-values prévu à l'article 54 septies I du CGI, état qui doit être produit dès lors que des plus-values sont placées en sursis d'imposition (instruction du 17 janvier 2002 : BOI 4 I-1-02 donnant le modèle de déclaration).

Dans le cadre d'une opération de dissolution-confusion, cette obligation va porter sur la société confondante qui devra souscrire l'état de l'article 54 septies I au titre de l'exercice au cours duquel intervient la dissolution-confusion mais également au titre des exercices ultérieurs.

1987 Au plan pratique, la réglementation comptable préconisant la réalisation des opérations de dissolution-confusion sur la base des valeurs comptables (*voir §§ 2200 et s.*), il en résulte que l'opération de dissolution-confusion peut ne pas faire apparaître de plus-value. On rappelle que, dans ce cas de figure, les modalités d'application des dispositions de l'article 54 septies I ont été fixées par l'instruction du 17 janvier 2002. L'entreprise doit souscrire l'état des plus-values en sursis au titre de l'exercice de dissolution-confusion, mais peut se dispenser de le faire au titre des exercices ultérieurs (instruction du 7 juillet 2003 : BOI 4 I-1-03, n° 12). Pour l'exercice de dissolution-confusion, l'instruction prévoit notamment l'identification des biens sur l'état, suivie de la mention « néant ». On observera néanmoins, sur cette question, que l'administration renvoie assez largement, pour l'application de ce dispositif, à l'instruction du 17 janvier 2002. Or, celle-ci entoure de précautions la dispense de souscription de l'état pour les exercices ultérieurs. En effet, si la société confondue a déjà enregistré des plus-values en sursis d'imposition au titre d'opérations antérieures à la dissolution-confusion, ces plus-values en sursis d'imposition subsistent et doivent être reprises par la société confondante. Aussi faut-il en déduire que la dispense de souscription de l'article 54 septies I, pour les exercices qui suivent la dissolution-confusion, ne s'applique qu'en l'absence de plus-values antérieures en sursis ou en report (voir, en particulier, les précisions de l'instruction du 17 janvier 2002 précitée : § 39). Par ailleurs, il ne faut pas oublier que l'opération de dissolution-confusion va fréquemment faire apparaître un mali technique qui devra, au plan de la forme, faire l'objet d'un suivi, sur l'état prévu à l'article 54 septies-I. En clair, le suivi de ce mali technique réduit la portée de la dispense de souscription de l'état de suivi des plus-values en sursis d'imposition.

Mali de confusion : le cas particulier de l'actif net négatif

Le mali de confusion dans une opération de dissolution-confusion suit en principe le même régime que le mali de fusion dans une opération classique, dégageant un vrai mali ou un mali technique. Sur ce point, les précisions données dans le cadre d'une opération de fusion classique sont transposables aux opérations de dissolution-confusion.

Toutefois, on accordera une place particulière au cas dans lequel le passif transmis excède la valeur de l'actif qui est transféré, en clair, un actif net négatif. Dans ce cas de figure, en effet, l'article 209 II bis du CGI interdit toute déduction par la société confondante de cet excédent du passif sur la valeur réelle de l'actif.

Pour une application jurisprudentielle, dans un contexte antérieur à l'adoption de l'article 209 II bis : CE, 10e et 9e s.-sect., 9 décembre 2009, req. n° 301410 : Droit fiscal 2010, n° 4, com. 96.

1988 Du côté de la société confondue, l'état des plus-values de l'article 54 septies-I doit être souscrit dans un délai de 60 jours après la cessation d'entreprise. Ce délai va courir à compter de la date de la publication de la décision de dissolution dans un journal d'annonces légales.

Le non-respect des dispositions relatives à l'état de suivi entraîne l'application d'une amende égale à 5 % des résultats omis, sanction prévue par l'article 1734 ter du CGI sous réserve de la tolérance indiqué au paragraphe 1255.

1989 Enfin, et comme en matière de fusions de sociétés, la société confondante devra produire le registre des plus-values en sursis d'imposition sur éléments non amortissables. Ce registre doit être conservé jusqu'à l'expiration d'un délai de trois ans qui commence à courir à partir de la date à laquelle le dernier bien inscrit sur ce registre a quitté l'actif de l'entreprise. La non-tenue de ce registre expose l'entreprise à une amende de 5 % du montant des sommes omises. L'entreprise peut toutefois être dispensée de la tenue de ce registre lorsque les opérations ont été réalisées sur la base des valeurs nettes comptables.

Les déficits

1990 La gestion des déficits dans le cadre d'une opération de dissolution-confusion suit le même régime qu'en matière de fusion de sociétés. Ainsi, en principe le report déficitaire de la société confondue ne peut être transmis à la société confondante que sur la base d'un agrément (pour une illustration : CRA Douai, 2e ch., 8 mars 2011, n° 09 DA 00967 ; Droit fiscal 2011, n° 37, com. 503, note R. Poirier). Quant à la créance de report en arrière de la société confondue, elle se transmet de plein droit à la société confondante. Pour cette dernière, aucune restriction particulière n'est à signaler si l'on veut bien excepter la question du changement d'activité susceptible de résulter de la confusion de patrimoine. En effet, si l'opération de dissolution-confusion provoque des changements profonds dans l'activité de la société confondante, cette dernière est susceptible de perdre le bénéfice de son report déficitaire. On rappelle en effet qu'un déficit ne peut s'imputer que sur les résultats bénéficiaires ultérieurs retirés de la même activité.

La déclaration de résultat

1991 La dernière déclaration de résultat de la société confondue devra être déposée dans un délai de 60 jours, conformément au principe applicable en cas de cessation d'activité. Elle sera le plus souvent souscrite, en pratique, par la société confondante. Son contenu sera naturellement différent selon que l'opération de dissolution-confusion aura été conclue avec effet rétroactif ou pas.

La date de réalisation et la date d'effet de la dissolution-confusion

1992 L'accès des opérations de dissolution-confusion au régime de faveur des fusions de sociétés conduit à poser la question de la date d'effet fiscal de l'opération, avec la possibilité de conférer ou non à l'opération un effet rétroactif, ou un effet différé. Cette possibilité commande ainsi de déterminer une date butoir, compte tenu des spécificités de l'opération de dissolution-confusion par rapport à une fusion classique.

Le principe

1993 Par principe, au plan juridique, l'opération de dissolution-confusion est définitivement réalisée à l'expiration du délai d'opposition des créanciers, c'est-à-dire à la date à laquelle s'opère la transmission du patrimoine. C'est à cette date qu'il y a disparition de la personne morale. Ce délai est repoussé, le cas échéant, à la date du rejet de l'opposition ou à la date à laquelle la créance a été remboursée, ou encore à la date à laquelle les garanties ont été constituées.

1994 Au plan fiscal, il en va de même à une nuance près. Par principe, l'opération prend effet, en principe, trente jours à compter de la publication de la dissolution dans un journal d'annonces légales ou, dans le cas où une opposition a été valablement formée, à la date où cette proposition a été rejetée en première instance ou à la date à laquelle le remboursement des créances a été effectué ou les garanties constituées (instruction du 30 décembre 2005 : BOI 4I-1-05, § 65). Par opposition valablement formée, l'administration indique qu'il doit s'agir d'une opposition effectuée dans les délais et dans les formes requises par une personne ayant qualité pour agir, nonobstant les prétentions de son auteur.

1995 Néanmoins, l'opération de dissolution-confusion peut être réalisée avec une clause d'effet rétroactif. Cette rétroactivité, exclusivement fiscale, est ainsi potentiellement source de retraitement. En revanche, il ne saurait être question d'un effet différé. Il n'est pas possible de conférer à l'opération de dissolution-confusion un effet allant au-delà de la date à laquelle la personne morale disparaît...

EFFET FISCAL ET EFFET JURIDIQUE : L'UNITÉ RETROUVÉE...

Énoncer que la date d'effet juridique d'une opération de dissolution-confusion coïncide avec l'effet fiscal apparaît aujourd'hui logique et de nature à simplifier la réalisation des opérations. Mais tel n'a pas toujours été le cas. En effet, l'administration avait été amenée à préciser les conditions d'application du régime spécial des fusions aux TUP dans le cadre de l'instruction précisant les modalités d'application du régime spécial des fusions aux opérations de dissolution-confusion (instruction du 7 juillet 2003 : BOI 4I-1-03). Dans cette instruction, l'administration considérait que la TUP prenait nécessairement effet à la date de la déclaration de dissolution par l'associé unique. L'administration justifiait sa solution dans le caractère irréversible de la décision de l'associé.

Cette date pouvait néanmoins être assortie soit d'une clause d'effet rétroactif, soit d'une clause d'effet différé. L'effet rétroactif était possible jusqu'au premier jour de l'exercice en cours à la date de réalisation de la confusion. Quant à l'effet différé, il était fixé au plus tard à la date de la disparition juridique de la société confondue, c'est-à-dire à l'issue d'un délai de 30 jours après la publication de la décision de dissolution, voire davantage en cas d'opposition des créanciers.

La situation se révélait complexe dans la mesure où la date d'effet juridique ne coïncidait pas avec la date d'effet fiscal, le seul moyen d'éviter ce décalage étant d'assortir au plan fiscal l'opération d'un effet différé jusqu'au terme du délai d'opposition des créanciers. En l'absence d'effet différé, les retraitements du résultat étaient inévitables.

La solution manquait de simplicité ; l'administration profita de ses commentaires sur le règlement comptable 2004-01 pour revoir sa copie...

L'effet rétroactif

1996 **Du point de vue fiscal, l'opération de dissolution-confusion peut être affectée d'un effet rétroactif, ce qui n'est pas possible du point de vue juridique et comptable** (sur les conséquences de cette divergence entre comptabilité et fiscalité, notamment sur la comptabilisation de la charge d'IS : CNCC, EC 2010-41, novembre 2010 : Rev. fid. compt. 2011, n° 379, p. 10). **La rétroactivité ne peut cependant aller au-delà de la date d'ouverture de l'exercice de la société bénéficiaire de l'apport au cours duquel l'opération est réalisée (ou à l'exercice de la société confondue si la date d'ouverture est postérieure).**

EXEMPLE

Deux sociétés, DUE et DANTE, dont les exercices coïncident avec l'année civile, participent à une opération de dissolution-confusion, la décision de dissolution de la société DUE ayant été prise par l'associé unique DANTE le 13.07.N.

Dans ce cas de figure, en l'absence d'opposition des créanciers, l'opération est considérée comme réalisée le 13.08.N. Il est possible de prévoir une rétroactivité fiscale jusqu'au 1.01.N.

1997 **La mise en œuvre des règles de rétroactivité peut néanmoins être source de difficulté lorsque la décision de dissolution est prise par la société confondante dans le dernier mois de l'exercice.**

EXEMPLE

Reprenons l'exemple précédent avec cette fois une décision de dissolution prise au 20.12.N. Dans ce cas de figure, et en l'absence d'opposition des créanciers, l'opération est considérée comme réalisée le 20.01.N + 1. Il est alors uniquement possible, a priori, de prévoir une rétroactivité fiscale jusqu'au 1.1.N + 1. On constate que l'intérêt est dès lors quasiment inexistant, les résultats de l'exercice N ne pouvant être pris en compte par la société DANTE.

1998 **L'administration a pris en considération cette situation et a assoupli, dans certaines situations, la mise en œuvre de la clause de rétroactivité. L'administration considère en effet que si la décision de dissolution est publiée dans le courant du dernier mois de l'exercice de la société confondante, il est admis que l'effet rétroactif puisse être donné à l'opération à compter de l'ouverture de l'exercice en cours chez la société confondante à la date de la décision de dissolution. Si l'entreprise entend se prévaloir de cette tolérance, elle devra en faire mention dans la décision de dissolution, en précisant le point de départ de la rétroactivité.**

1999 **Selon l'administration, cette tolérance ne peut être accordée que si l'entreprise tire toutes les conséquences fiscales de cette rétroactivité et en particulier que si les résultats de la société dissoute sont pris en compte par l'associé unique, exercice par exercice. De la même façon, si la société dissoute est membre d'un groupe fiscalement intégré, il doit être fait application des dispositions applicables en cas de sortie d'un groupe au titre de l'exercice de décision de la dissolution** (instruction du 30 décembre 2005 : BOI 4I-1-05 , § 66). **On rappelle que, en l'absence de rétroactivité juridique et comptable des opérations de dissolution-confusion, les conséquences fiscales de la rétroactivité ne font l'objet que de traitements extra-comptables.**

EXEMPLE

Une société Dupont décide de procéder à la dissolution-confusion d'une société Durand dont elle détient 100 % depuis quatre ans. La décision de dissolution a été adoptée par le conseil d'administration de la société Dupont le 23 décembre et a été publiée dans un journal d'annonces légales le 27 décembre. Les exercices coïncident avec l'année civile.

Trois solutions sont envisageables :

❶ Aucune rétroactivité fiscale n'est stipulée. Dans ce cas de figure, l'opération produira ses effets au 27 janvier N + 1, c'est-à-dire au terme du délai d'opposition des créanciers.

❷ La décision de dissolution comporte une clause prévoyant une rétroactivité classique. Dès lors, l'opération prend normalement effet au 27 janvier N + 1. La rétroactivité peut faire remonter les effets de l'opération jusqu'au premier jour de l'exercice en cours de la société confondante à la date de réalisation de l'opération. Ici, la rétroactivité porte donc sur la période 01.01.N + 1 - 27.01.N + 1.

❸ La décision de dissolution prévoit une option fiscale pour la rétroactivité au 1er janvier N. L'opération bénéficie ici de la tolérance fiscale évoquée ci-dessus. La rétroactivité est possible jusqu'au premier jour de l'exercice au cours duquel est intervenue la décision de dissolution-confusion. Au cas précis, la rétroactivité fiscale porte sur la période 01.01.N au 27.01.N + 1. Le résultat de la société confondue pour la période 01.01.N au 31.12.N sera rattaché au résultat de la société confondante de l'exercice N. De la même manière, le résultat de la période 01.01.N + 1 au 27.01.N + 1 sera rattaché aux résultats de la société confondante de l'exercice N + 1.

Le régime de la dissolution-confusion au regard de la TVA

2050 En matière de TVA, les conséquences d'une opération de dissolution-confusion sont comparables à celles observées en matière de fusion absorption. En effet, les règles de l'article 257 bis du CGI vont s'appliquer dans les mêmes conditions.

Les conséquences générales en matière de TVA

2051 Les opérations de dissolution-confusion sont des opérations qui entraînent la transmission d'une universalité de biens. Par voie de conséquence, les dispositions de l'article 257 bis du CGI s'appliquent. Il en résulte un mécanisme général de « dispense » de TVA ou, si l'on préfère, de neutralisation de l'opération au regard de la TVA.

2052 Il convient de rappeler que la mise en œuvre de ce principe de dispense de TVA est d'application obligatoire et porte sur l'ensemble des éléments faisant l'objet de la transmission universelle de patrimoine.

2053 En pratique, la société confondante sera considérée comme poursuivant la personne de la société confondue au regard des obligations relatives à la TVA. Ainsi, la société confondante sera dans l'obligation de procéder aux régularisations qui deviendraient nécessaires après l'opération de transmission universelle du patrimoine et qui auraient dû être pratiquées si la société confondue avait continué à exploiter les éléments transmis.

2054 En revanche, l'opération de transmission elle-même ne déclenche aucune taxation ou régularisation au regard de la TVA.

2055 Comme cela avait été précisé dans le cadre des opérations de fusion, la dispense n'est susceptible de s'appliquer que si l'opération de transmission est réalisée entre redevables.

Les conséquences sur le crédit de TVA de la société confondue

2056 En matière de crédit de TVA, le principe général demeure celui de la non-transmission du crédit de TVA détenu par une société au profit d'un autre redevable. La seule dérogation qui est admise en la matière concerne les opérations de fusion-absorption pour lesquelles la société absorbée a la possibilité de transmettre à la société absorbante le crédit de TVA dont elle dispose à la date de réalisation définitive de l'opération. Cette mesure de tolérance a été étendue aux opérations de dissolution-confusion par une instruction administrative du 30 janvier 2004 (BOI 3 D-2-04). L'administration considère en effet que l'opération de dissolution-confusion entraîne la transmission universelle du patrimoine de la société confondue à la société confondante avec subrogation de la seconde dans tous les droits et obligations de la première. L'administration en conclut que la transmission d'un crédit de TVA peut donc être opérée lorsque la dissolution a effectivement eu lieu et que la société détentrice du crédit de TVA a cessé juridiquement d'exister (instr. 30 janvier 2004 : BOI 3 D-2-04, § 2 ; voir également CAA Paris, 9e ch., 10 février 2011, n° 09 PA00660 : Droit fiscal 2011, n° 21, com. 360).

2057 Pour que la société confondante puisse bénéficier du crédit de TVA, elle devra, le cas échéant, être en mesure d'établir la réalité de l'opération de dissolution-confusion. Cette preuve pourra notamment être apportée grâce à la copie de la déclaration de dissolution de l'associé unique remise au greffe du tribunal ou les documents constatant la radiation de la société confondue. Quant aux conséquences qui pourraient résulter de la remise en cause par l'administration fiscale du crédit de TVA, elle seront supportées par la société confondante.

Le régime de la dissolution-confusion au regard des droits d'enregistrement

2100 Au regard des droits d'enregistrement, il convient d'envisager de manière distincte le régime applicable à la décision de dissolution et celui intervenant lors de la transmission universelle du patrimoine. Même si l'opération de dissolution-confusion présente de nombreux points communs avec le régime des fusions, en revanche, l'opération ne peut bénéficier du régime spécial prévu pour les fusions en matière de droits d'enregistrement (cass. com. 26 mai 2004, n° 836, RJF 2004, n° 10, com. 1049).

Régime applicable à la décision de dissolution

2101 Conformément aux dispositions de l'article **635-1-5°** du CGI, la décision de dissolution doit être soumise à l'enregistrement dans le délai d'un mois. La formalité de l'enregistrement donne lieu à la perception du droit fixe de **375** ou **500 €** (CGI art. 811 ; instr. 7 juillet 2003 : BOI 4 I-1-03, § 45).

Régime applicable lors de la transmission universelle du patrimoine

2102 En principe, la transmission universelle du patrimoine n'est soumise à aucune formalité particulière en matière d'enregistrement. Si l'acte est présenté de manière volontaire à la formalité, le droit fixe de **125 €** sera perçu (CGI art. 680).

Deux dérogations à cette règle doivent être prises en considération : l'existence d'immeubles dans le patrimoine transmis et l'application éventuelle de la théorie de la mutation conditionnelle des apports.

2103 Si des immeubles sont compris dans le patrimoine qui est transmis, la transmission doit être obligatoirement soumise à la formalité fusionnée (CGI art. 647). La taxe de publicité foncière sera donc perçue (CGI art. 678). L'opération donne ainsi lieu à la perception d'un droit de **0,60 %** calculé sur la valeur vénale des immeubles majoré des droits additionnels. L'incidence financière éventuelle sur certaines opérations de restructuration de la TPF pourra conférer un avantage définitif à l'opération de fusion simplifiée qui lui sera alors préférée. Mais naturellement, cela dépend de la configuration de l'opération envisagée (cass. com. 16 décembre 2008, n° 08-11974 : Droit fiscal 2009, n° 20, com. 316).

Il est par ailleurs possible que l'opération de transmission universelle du patrimoine donne lieu à l'application de la théorie de la mutation conditionnelle des apports. On rappelle en effet que certains apports en société peuvent être réalisés en exonération de droits d'enregistrement ou moyennant le paiement de droits d'enregistrement réduits. Il s'agit, par exemple, d'apports de fonds de commerce ou de clientèle au profit de sociétés soumises à l'IS et réalisés par des associés apporteurs non soumis à l'IS. En contrepartie, toutefois, deux conditions sont généralement posées par le droit fiscal : une condition de conservation des titres reçus en contrepartie de l'apport, d'une part (condition notamment en vigueur pour les apports réalisés au profit de sociétés soumises à l'IS), et la nécessité d'appliquer le moment venu la théorie de la mutation conditionnelle des apports, d'autre part. En d'autres termes, si les biens objet de l'apport, soumis à des taux allégés au moment de l'apport, sont, en fin de société, transmis à des associés autres que l'apporteur, on considère que l'attribution de ces biens à un associé autre que l'apporteur emporte mutation et, par voie de conséquence, exigibilité des droits de mutation (instr. du 7 juillet 2003 : BOI 4 I-1-03, § 48 ; voir également : doc. adm. 7 H 4122 du 1er septembre 1999, §§ 7 et 22).

2104 Dans ces conditions, la mise en œuvre de la théorie de la mutation conditionnelle des apports entraîne les conséquences suivantes :
– la transmission universelle du patrimoine qui emporte transmission d'immeubles est soumise à la formalité fusionnée à la conservation des hypothèques dans le délai de deux mois de sa réalisation (CGI art. 647). À défaut de transmission d'immeubles, la mutation de biens meubles dont l'enregistrement est obligatoire, doit être enregistrée ou déclarée dans le délai d'un mois ;
– au regard des droits exigibles, la transmission des immeubles qui n'entrent pas dans le champ d'application de la théorie de la mutation conditionnelle des apports donne lieu à la perception de la taxe de publicité foncière assise sur la valeur vénale du bien au moment de la transmission. Pour les biens dont la mutation était suspendue en application de la théorie de la mutation conditionnelle des apports, il y a lieu d'appliquer la taxe de publicité foncière ou les droits d'enregistrement dus à raison de la vente des biens selon leur nature. Selon le principe général applicable en matière de droits d'enregistrement, le droit, ou la taxe, est assis sur la valeur vénale de chaque bien au moment du transfert. Cette précision donnée dans le cadre de l'instruction du 7 juillet 2003 par l'administration fiscale, est à replacer dans le contexte général des opérations de dissolution-confusion et, en particulier, des règles applicables en matière de valorisation des apports. Si la doctrine comptable prescrit de valoriser les apports sur la base des valeurs comptables, la règle en matière de base de calcul des droits d'enregistrement demeure la valeur vénale.

Le régime de la dissolution-confusion au regard de la contribution économique territoriale

2150 Les conséquences d'une opération de dissolution-confusion en matière de taxe professionnelle sont naturellement assez proches de celles provoquées par une opération de fusion.

La détermination du redevable

2151 Il en résulte que le redevable de la contribution économique territoriale demeure la société qui exerce l'activité au 1er janvier de l'année de l'opération. Ainsi, pour une opération qui a lieu au cours de l'année, les deux sociétés, confondante et confondue, sont redevables de cette contribution. En revanche, au titre de l'année qui suit, seule la société confondante est redevable de la contribution, la société confondue ayant disparu. Comme en matière de fusion de sociétés, l'existence d'une clause de rétroactivité fiscale demeure ainsi sans incidence sur les conséquences de l'opération au regard de la contribution économique territoriale. L'année de la dissolution-confusion, la société confondue devra néanmoins informer l'administration du changement d'exploitant.

Si le principe est simple dans son énoncé, sa mise en œuvre pratique peut se révéler plus complexe qu'il y paraît lorsque par exemple un créancier décide de faire opposition à l'opération et que la décision du tribunal de commerce intervient au cours de l'exercice suivant. Juridiquement en effet, la transmission du patrimoine n'interviendra qu'au titre de ce même exercice. Dès lors, au 1er janvier, il n'y aura pas nécessairement changement d'exploitant. Ainsi, si la déclaration de dissolution est déposée en novembre et qu'il n'y a pas d'opposition, la transmission du patrimoine interviendra en N. Au 1er janvier N + 1, il ne subsiste qu'un seul redevable de contribution économique territoriale. En revanche, si un créancier a fait opposition et que le tribunal rejette l'opposition en mars N + 1, au 1er janvier N + 1, la société confondue subsiste et demeure, en principe, redevable de la contribution au titre de N + 1.

Au plan de la forme, la société confondante, comme la société confondue, devra se conformer aux obligations déclaratives de l'article 1477-II a) et b) liées au changement d'exploitant.

La détermination des bases d'imposition

2152 La contribution économique territoriale est en réalité constituée, d'une part, de la cotisation foncière des entreprises (CFE) et, d'autre part, de la contribution sur la valeur ajoutée des entreprises (CVAE). La question de la base d'imposition doit ainsi être envisagée de manière distincte, selon la nature de la cotisation en jeu.

Base d'imposition et CFE

2153 La base d'imposition à la CFE est en principe constituée de la valeur locative des biens passibles d'une taxe foncière, qu'il s'agisse de la taxe foncière sur les propriétés bâties ou non bâties. En principe, la période de référence est celle de l'avant-dernière année précédant celle de l'imposition, ou par le dernier exercice de douze mois clos au cours de cette même année s'il ne coïncide pas avec l'année civile.

La valeur locative à retenir pour le calcul de la CFE est déterminée selon des règles identiques à celles retenues en matière de taxe foncière, avec toutefois quelques différences. Ces règles ont été rappelées dans le cadre des fusions de sociétés (v. supra, § 1468).

2154 En matière de dissolution-confusion, l'incidence éventuelle en matière de CFE concerne essentiellement les établissements industriels pour lesquels la détermination de la valeur locative peut s'effectuer sur la base de la méthode comptable qui repose précisément sur les valeurs comptables (CGI art. 1499 et 1500).

2155 Lorsque la méthode comptable s'applique, la valeur locative des établissements industriels relevant de cette catégorie s'obtient à partir du prix de revient des immobilisations, éventuellement revalorisé au moyen de taux d'intérêt déterminés en fonction de la date d'acquisition des biens et fixés par décret en Conseil d'État (CGI art. 1499). Le prix de revient s'entend de la valeur d'origine pour lequel le bien a été inscrit au bilan de la société (CGI art. 324 AE, ann. III).

La prise en compte du prix de revient appelle deux précisions en matière de dissolution-confusion, l'une tenant à la notion de prix de revient, l'autre au recours à une valeur locative plancher.

La notion de prix de revient

2156 La question du prix de revient se pose dans la mesure où l'opération est nécessairement réalisée sur la base des valeurs comptables. En effet, on sait que dans le cadre d'une fusion (ou d'une dissolution-confusion) effectuée en valeurs comptables, la société absorbante a l'obligation de reconstituer les valeurs des immobilisations chez la société absorbante ou confondante telles qu'elles figuraient chez la société absorbée ou confondue, en distinguant d'une part, la valeur d'origine et, d'autre part, les amortissements qui avaient été pratiqués par la société confondue. Dans ces conditions, la question se pose de savoir, tout comme dans une fusion classique, quel est le prix de revient de l'immobilisation ainsi apportée à la société absorbante. Après différentes décisions contradictoires rendues par des tribunaux administratifs (en particulier : TA Cergy-Pontoise, 2e ch., 27 mars 2003, req. 99-21 903 : Droit fiscal 2004, n°17, note E. Desmorieux ; TA Besançon, 31 janvier 2002, nos 99-1501, 99-1502, 00-1002 et 00-1003 : RJF 2002, n° 10, inf 1119 ; TA Orléans, 24 septembre 2002, nos 99-2952, 00-1427 : RJF 2003, n° 2, inf. 189 ; TA Rennes, 8 octobre 2002, nos 99-1428, n° 99-3660 : RJF 2003, n°4, inf. 442) ou par des cours administratives d'appel (CAA Nantes, 27 septembre 2004, req. 01-437, 02-1841, 03-1119 et 03-161 : RJF 2005, n°1, com. 37 ; en sens inverse : CAA Versailles, 7 juin 2005, n° 03-2176), essentiellement dans le cadre d'opérations de fusions classiques, le Conseil d'État a finalement tranché la question en considérant que dans le cadre des fusions réalisées à la valeur nette comptable, les immobilisations devaient être prises en compte dans la base d'imposition de la société absorbante en retenant la valeur nette comptable du bien et non la valeur d'origine au bilan. Le prix de revient de ces immobilisations pour la société absorbante est constitué par leur valeur d'apport, c'est-à-dire leur valeur nette comptable et non leur valeur d'origine (avis Conseil d'État, 28 octobre 2005, n° 279 961, 9° et 10° s.-sect., SA Camif Catalogues : Droit des sociétés, 2006, n°1, com. 14, note J.-L. Pierre. Voir également : Y de Givré, Fusions en valeur nette comptable : la hiérarchie des textes doit être respectée : RJF 2005, n° 4, p. 217). Comme nous l'avons déjà indiqué, cette solution, dégagée en matière de taxe professionnelle, nous paraît conserver toute sa raison d'être en matière de CFE.

2157 Le Conseil d'État a été plus loin en poussant jusqu'à son terme le raisonnement et en indiquant qu'il s'appliquait de la même manière dans le cadre d'une opération de dissolution-confusion (CE 1er juillet 2009, req. 285718 : RJF 2009, n° 10, com. 846 ; Droit des sociétés, 2009, n° 10, com. 195).

La déperdition de base d'imposition

2158 Les développements qui précèdent en matière de fusions classiques ont établi la possible application des dispositions de l'article 1518 B qui visent à limiter la déperdition de base imposable avec la règle dite des 4/5.

La question est donc de savoir si l'article 1518 B s'applique également aux opérations de dissolution-confusion. Après une longue période d'incertitude et des contentieux nourris sur cette question *(voir encadré ci-dessous)*, c'est par une modification du texte de l'article 1518 B effectuée à l'occasion de la réforme de la taxe professionnelle que la discussion a pris fin. Le texte précise que la règle des 4/5 s'applique, de la même façon, aux « transmissions universelles du patrimoine mentionnées à l'article 1844-5 du code civil et réalisées à compter du 1er janvier 2010, pour la valeur locative des seules immobilisations corporelles directement concernées par ces opérations » (CGI art. 1518 B).

La dissolution-confusion et la règle des 4/5 : la confusion antérieure à 2010...

Jusqu'en 2010, l'application de la règle des 4/5 aux opérations de dissolution-confusion a été une source de désaccords entre l'administration et les entreprises dans les opérations de restructuration. En effet, l'article 1518 B ne vise pas explicitement les opérations de dissolution-confusion. Cette absence de référence explicite a effectivement été gênante et a donné lieu à des interprétations divergentes ; la jurisprudence rendue sur cette question reflète la diversité des points de vue.

Deux analyses se sont opposées. La première consistait à dire que l'opération de dissolution-confusion devait être traitée comme une opération de fusion, l'article 1518 B et la règle des 4/5 lui étant applicables. Après tout, la dissolution-confusion se ramène, économiquement, à une opération de fusion simplifiée. Il est donc inéquitable de traiter les effets de l'opération de manière distincte en matière de taxe professionnelle, d'autant que le législateur s'est surtout efforcé, au plan fiscal, de les traiter de manière quasiment identique, à l'instar du traitement que lui réserve la directive communautaire en matière d'impôts directs. Cet effort fiscal en vue d'aligner la situation fiscale de la fusion simplifiée sur celle de la dissolution-confusion doit être mené jusqu'à son terme et poursuivi en matière de taxe professionnelle. L'« esprit fiscal » de l'opération commande sans doute ce sacrifice.

Mais la seconde interprétation était tout aussi sérieuse. Si l'on veut que les opérations de dissolution-confusion soient soumises aux dispositions de l'article 1518 B du CGI, encore faut-il que ce texte puisse être effectivement appliqué. Or, l'article 1518 B ne visait que les opérations d'apports, de fusions de sociétés, de scissions ou de cessions d'établissements. Admettre que les opérations de dissolution-confusion entraient dans le champ d'application du texte revenait à dire que la dissolution-confusion peut être « rangée » dans l'une des quatre catégories d'opérations visées par l'article 1518 B. S'il ne s'agit ni d'apport ni de scission, la question est de savoir si la dissolution-confusion peut être considérée comme une fusion ou comme une cession d'établissement. La première analyse – la dissolution-confusion est une fusion – est celle qui a été notamment retenue par le tribunal administratif de Dijon (TA Dijon, 28 juin 2001, n° 00-769, SNC Rocamat : RJF 2002, n° 1, com. 49) ; la seconde analyse – la dissolution-confusion est une cession d'établissement – est celle qui a été retenue par le tribunal administratif de Pau (TA Pau, 27 juin 2002, n° 00-886 : RJF 2002, n° 12, com. 1390 ; CAA Douai, 29 nov. 2005, nos 03-1242 et 04-68 : Droit fiscal 2006, com. 708. Inversement, le TA de Dijon (décision précitée du 28 juin 2001) et le TA Poitiers contestent la qualification de cession d'établissement (voir, en particulier : TA Poitiers, 7 mai 2002, nos 00-702, et nos 00-2239, et 24 avril 2003, n° 02-389 : RJF 2003, n° 8-9, n° 985). Pour d'autres juridictions enfin, la dissolution-confusion n'entrait dans aucun des cas prévus par l'article 1518 B, qui ne lui était donc pas applicable (TA Poitiers, 7 mai 2002, nos 00-702, 00-2239 et 02-389 : RJF 2003, n° 8-9, n° 985). On rappellera toutefois que le droit fiscal donne, par le biais de l'article 210 0 A du CGI, une définition fiscale des opérations de fusion. Cette définition englobe la dissolution-confusion.

Toutefois, pour la délimitation du champ d'application de cette disposition, le texte donne la liste des domaines de la fiscalité auxquels cette définition a vocation à s'appliquer. Or, l'article 1518 B ne fait pas partie de ces domaines. Pour la taxe professionnelle, il convient donc de s'en tenir à la définition juridique de la fusion. Sur ce point, la Chancellerie a déjà rappelé que la « fusion par confusion de patrimoine présente les mêmes caractères que l'opération de fusion-absorption qui relève de l'article L. 236-1 du code de commerce, sans pouvoir, pour autant, bénéficier du même régime juridique (CE 13 décembre 2006, 9e et 10e s.-sect., req. n° 275239 : Droit des sociétés, 2007, n° 3, com. 61, note J.-L. Pierre ; Droit fiscal 2007, n° 9, com. 234). **Ainsi, l'opération ne saurait être assimilée à une fusion** (sur cette question, pour trois solutions rendues en sens contraire, voir Nancy, 7 octobre 2004, nos 98-1212 et 80-621, RJF 2005, n° 5, com. 464 ; Bordeaux, 9 juin 2005, n° 02-1876 ; Nantes, 29 septembre 2006, n° 05-551).

Finalement, le Conseil d'État a tranché sur cette question, à l'occasion de différents contentieux concernant tous la même société, en indiquant que les dispositions de l'article 1518 B du CGI ne sont pas applicables aux opérations de dissolution-confusion réalisées conformément aux dispositions de l'article 1844-5 du code civil. La Haute Assemblée a indiqué que la dissolution-confusion ne pouvait être qualifiée de cession d'établissement. Le Conseil d'État précise en effet que les transmissions universelles de patrimoine visées à l'article 1844-5 du code civil ne procèdent pas de « cessions » consenties par la société dissoute à l'associé unique qui subsiste, au sens que revêt ce terme en droit civil comme en droit des sociétés. Le Conseil d'État ajoute que les « cessions d'établissements » visées par l'article 1518 B du CGI, dont les termes renvoient à des catégories d'opérations définies et régies par le droit des sociétés, ne sauraient s'entendre comme incluant toutes autres opérations, non mentionnées par ce texte, qui, sans constituer des « cessions » proprement dites, ont pour conséquence la mutation patrimoniale d'un établissement industriel ou commercial (CE 13 décembre 2006, req. 275239, 9e et 10e s.-sect. : Droit des sociétés 2007, n° 3, com. 61, note J.-L. Pierre ; voir également, pour la même société, req. 283912, 283914, 283915, 289569, 289806 et 289894).

De la même manière, le Conseil d'État a jugé qu'une dissolution-confusion ne peut être assimilée à une opération de fusion au regard des dispositions relatives à la taxe professionnelle et plus particulièrement de l'article 1518 B du CGI (CE 1er juillet 2009, req. 285718 : Droit des sociétés 2009, n° 10, com. 195 ; voir également : CAA Nantes, 1re ch., 28 juin 2010, n° 09 NTO 1387 : Droit fiscal 2010, com. 443).

Base d'imposition et CVAE

2159 En la matière, la principale particularité, dans le cadre des dissolutions-confusions, réside dans la mise en œuvre des dispositions de l'article 1586 quater III du CGI déjà rencontrées en matière de fusions et selon lesquelles : « En cas d'apport, de cession d'activité ou de scission d'entreprise réalisés à compter du 22 octobre 2009 ou de transmission universelle du patrimoine (TUP) mentionnée à l'article 1844-5 du code civil réalisée à compter du 1er janvier 2010, le chiffre d'affaires à retenir pour l'application du I du présent article est égal à la somme des chiffres d'affaires des entreprises parties à l'opération lorsque l'entité à laquelle l'activité est transmise est détenue, directement ou indirectement, à plus de 50 % soit par l'entreprise cédante ou apporteuse ou les associés de l'entreprise scindée réunis, soit par une entreprise qui détient, directement ou indirectement, à plus de 50 % l'entreprise cédante ou apporteuse ou les entreprises issues de la scission réunies, soit par une entreprise détenue, directement ou indirectement, à plus de 50 % par l'entreprise cédante ou apporteuse ou par les associés de l'entreprise scindée réunis, tant que les conditions suivantes sont simultanément remplies :
– la somme des cotisations dues minorées des dégrèvements prévus au présent article, d'une part, par l'entreprise cédante, apporteuse ou scindée et, d'autre

part, par le nouvel exploitant est inférieure, sans application du premier alinéa, d'au moins 10 % aux impositions au titre de la cotisation sur la valeur ajoutée des entreprises qui auraient été dues par ces mêmes entreprises en l'absence de réalisation de l'opération, minorées des dégrèvements prévus au présent article ;
– l'activité continue d'être exercée par ces dernières ou par une ou plusieurs de leurs filiales ;
– les entreprises en cause ont des activités similaires ou complémentaires.

Les conditions d'exercice de la détention de capital prévues au premier alinéa doivent être remplies à un moment quelconque au cours des six mois qui précèdent la date de réalisation de l'opération mentionnée au premier alinéa.

Le présent III ne s'applique plus à compter de la huitième année suivant l'opération d'apport, de cession d'activité, de scission d'entreprise ou de transmission universelle du patrimoine mentionnée à l'article 1844-5 du code civil en cause ».

Le plafonnement en fonction de la valeur ajoutée

2160 Conformément aux dispositions de l'article 1647 B sexies du CGI, le montant de la contribution économique territoriale (CET) est plafonné à 3 % de la valeur ajoutée produite de l'entreprise. Pour la mise en œuvre éventuelle de ce dispositif de plafonnement, et sachant que la CET est la somme de la CFE et de la CVAE, le code général des impôts précise que, en cas de transmission universelle du patrimoine, de cession ou de cessation d'entreprise au cours de l'année d'imposition, le montant de la CFE à plafonner est ajusté pour correspondre au rapport entre la durée de la période de référence de la CVAE et l'année civile. Ces dispositions s'appliquent également en cas de dissolution-confusion.

La situation fiscale de l'associé unique

2161 L'associé unique devra procéder à l'annulation de la participation (100 %) qu'il détient dans le capital de la société confondue. On se retrouve dans la même problématique que dans le cadre de la société absorbante qui a une participation dans le capital de l'absorbée dans le cadre d'une fusion classique.

2162 Si l'annulation des titres fait apparaître un boni de confusion, ce boni sera traité tant au plan comptable qu'au plan fiscal comme le boni de fusion constaté dans une fusion classique.

2163 Néanmoins, et dans la mesure où l'opération est effectuée nécessairement sur la base des valeurs, l'annulation des titres débouchera sur un mali technique, parfois dénommé mali de confusion. Ce mali recevra, en principe, le même traitement que le mali de fusion et sera soumis au même régime fiscal.

2164 Dans le traitement du mali de confusion, on prendra garde à la mise en œuvre des dispositions de l'article 209 II bis qui prévoient, dans les opérations de dissolution confusion, que, si le passif repris excède la valeur de l'actif qui est transféré, la charge correspondant à cet excédent ne peut être déduite (sur le mali de confusion et l'acte anormal de gestion : CE, 9° et 10° s.-sect., 9 décembre 2009, req. 301410 : JCP éd. E, 2010, n° 5).

Chapitre 3-3
LE TRAITEMENT COMPTABLE

2200 Le traitement comptable des opérations de dissolution-confusion a été redéfini par l'Avis du CNC du 25 mars 2004 relatif au traitement comptable des fusions et opérations assimilées. Sur ce point, en effet, et conformément à la logique exprimée dans l'avis, les opérations de dissolution-confusion doivent être enregistrées sur la base des valeurs comptables. Par définition, il s'agit d'opérations qui sont placées sous situation de contrôle commun ; il en résulte, selon le CNC, que les actifs et passifs ne peuvent être transmis que sur la base de leur valeur comptable.

2201 D'une manière générale, le règlement comptable a vocation à s'appliquer à toutes les opérations de dissolution-confusion dans lesquelles la société confondante est une société commerciale ou une entité appliquant le Plan comptable général. On le constate, il est fait abstraction de la personnalité juridique de l'entité confondue qui pouvait, par exemple, être une société civile (avis du Comité d'Urgence 2006-B du 5 juillet 2006).

2202 Les écritures comptables doivent être reprises par la société confondue à l'issue du délai d'opposition des créanciers. La solution est logique dans la mesure où elle se cale sur les conséquences juridiques de l'opération. La transmission du patrimoine n'aura lieu qu'à la date d'expiration du délai d'opposition des créanciers (avis CNC n° 2004-01 du 25 mars 2004, § 7).

Chapitre 3-4

TABLEAU DE SYNTHÈSE

2203

<table>
<tr><th colspan="5">TABLEAU DE COMPARAISON – FUSION SIMPLIFIÉE / DISSOLUTION CONFUSION</th></tr>
<tr><th></th><th colspan="2"></th><th>Fusion simplifiée</th><th>Dissolution confusion</th></tr>
<tr><td rowspan="5">Aspects juridiques</td><td colspan="2">Projet de fusion</td><td>oui</td><td>Non – déclaration de l'associé unique</td></tr>
<tr><td colspan="2">Commissaire à la fusion</td><td colspan="2">non</td></tr>
<tr><td colspan="2">Commissaire aux apports</td><td colspan="2">non</td></tr>
<tr><td colspan="2">Tenue d'une AGE</td><td>non, sauf demande des actionnaires de l'absorbante</td><td>non</td></tr>
<tr><td colspan="2">Rétroactivité juridique</td><td>oui</td><td>non</td></tr>
<tr><td rowspan="3">Aspects comptables</td><td colspan="2">Règlement comptable applicable</td><td colspan="2">CRC 2004-01</td></tr>
<tr><td colspan="2">Valorisation des apports</td><td colspan="2">Valeur comptable</td></tr>
<tr><td colspan="2">Rétroactivité comptable</td><td>oui</td><td>non</td></tr>
<tr><td rowspan="7">Aspects fiscaux</td><td colspan="2">Accès régime fiscal spécial</td><td colspan="2">oui</td></tr>
<tr><td colspan="2">Rétroactivité fiscale</td><td colspan="2">oui</td></tr>
<tr><td colspan="2">Effet différé</td><td>oui</td><td>non</td></tr>
<tr><td colspan="2">Contribution économique territoriale : application 1518 B</td><td colspan="2">oui</td></tr>
<tr><td colspan="2">TVA – Art. 257 bis</td><td colspan="2">oui</td></tr>
<tr><td rowspan="2">Droits d'enregistrement</td><td>Taxe de Publicité foncière</td><td>non</td><td>oui</td></tr>
<tr><td>Théorie de la mutation conditionnelle des apports</td><td>non</td><td>oui</td></tr>
</table>

PARTIE 4

LES SCISSIONS DE SOCIÉTÉ

La scission de société se traduit par l'éclatement d'une société au profit d'au moins deux sociétés, la société scindée disparaissant.

2205 La scission doit être réalisée au profit d'au moins deux sociétés ; si tel n'est pas le cas, l'opération revêt juridiquement le caractère de fusion. En outre, la société scindée doit disparaître après l'opération ; à défaut, l'opération revêt non le caractère de scission mais celui d'un apport partiel d'actif.

2206 Il faut noter que la loi n'exige nullement que la scission s'opère au profit exclusif soit de sociétés nouvelles, soit de sociétés préexistantes. Une scission s'opère ainsi au profit de sociétés nouvelles et/ou préexistantes.

2207 Les opérations de scission seront abordées successivement sous l'angle juridique *(voir §§ 2210 et s.)*, puis sous l'angle fiscal *(voir §§ 2350 et s.)*. Compte tenu, cependant, des nombreuses similitudes avec le régime des fusions, l'accent sera mis essentiellement sur les spécificités qui s'attachent aux scissions de sociétés.

Chapitre 4-1

LE RÉGIME JURIDIQUE DES SCISSIONS

2210 La scission est définie par l'article L. 236-1 du code de commerce aux termes duquel : « Une société peut... par voie de scission, transmettre son patrimoine à plusieurs sociétés existantes ou à plusieurs sociétés nouvelles ».

2211 Cette définition est très proche de celle donnée par l'article 1844-4 du code civil selon lequel une société peut « transmettre son patrimoine par voie de scission à des sociétés existantes ou à des sociétés nouvelles ».

2212 On observera que les définitions légales ont abandonné la distinction antérieure entre les scissions proprement dites et les fusions-scissions. Avant l'adoption de la loi de 1988, on parlait de scission proprement dite lorsque le patrimoine était transmis exclusivement à des sociétés nouvelles ; on parlait de fusion-scission lorsque le patrimoine était transmis soit uniquement à des sociétés préexistantes, soit simultanément à des sociétés préexistantes et à des sociétés nouvelles.

Ces distinctions sont aujourd'hui abandonnées, la notion de scission ayant vocation à s'appliquer de manière plus générale.

2213 La scission se caractérise par trois éléments essentiels qui sont :
– la dissolution sans liquidation de la société scindée ;
– la transmission universelle du patrimoine de la société scindée ;
– l'échange de droits sociaux, les associés de la société scindée recevant des titres des sociétés bénéficiaires des apports.

Comme en matière de fusion de sociétés, une société en liquidation peut faire l'objet d'une scission à la condition, là encore, qu'aucune opération de répartition des actifs entre les associés n'ait été entamée (sur la question des scissions transfrontalières : L. Athlan, S. Torck, Les scissions transfrontalières, Cahier de droit de l'entreprise, 2011, n° 6, p. 38-44).

2214 De la même façon, une scission peut s'effectuer au profit de sociétés de formes différentes. Ainsi, une société à responsabilité limitée peut-elle se scinder au profit d'une société anonyme préexistante et d'une SARL nouvelle créée à l'occasion de la scission. Enfin, rien ne s'oppose à ce qu'une EURL fasse l'objet d'une scission.

L'examen des principales caractéristiques des opérations de scission commande d'envisager distinctement le déroulement des opérations et les effets des opérations de scission.

Le déroulement des opérations de scission

2220 Le déroulement des opérations de scission présente de nombreux points communs avec le processus applicable en matière de fusion. Une phase préparatoire précède la décision des associés.

La phase préparatoire à la scission

2221 La phase préparatoire à la scission comporte, comme en matière de fusion, une phase de rapprochement entre les sociétés qui participent à l'opération. Naturellement, cette étape n'a de raison d'être que lorsque la scission est réalisée au profit d'une ou de plusieurs sociétés préexistantes.

2222 Cette phase, d'une durée variable, comportera l'évaluation des différentes sociétés en présence, les négociations en vue de déterminer les parités d'échange à retenir et, enfin, les études en vue de la répartition du patrimoine entre les sociétés bénéficiaires des apports.

Les conclusions de ces négociations pourront être reprises dans le document qui constitue la véritable première étape de l'opération, c'est-à-dire la rédaction du projet de scission.

Le projet de scission

2223 L'élaboration du projet de scission est prévue par l'article L. **236-6** du code de commerce qui impose la rédaction d'un tel document. Ce projet doit être arrêté par le conseil d'administration, le directoire, le ou les gérants de chacune des sociétés qui participe à l'opération de scission envisagée (c. com. art. L. 236-6).

Le contenu du projet de scission est identique à celui du projet de fusion (c. com. art. R. 236-1). De même, les formalités de publicité en vigueur en matière de fusion sont transposables aux scissions. Il s'agit notamment de l'insertion au BODACC (ou sur le site Internet des sociétés), insertion éventuellement reproduite au BALO si l'une des sociétés fait publiquement appel à l'épargne.

2224 En outre, le projet de scission doit être déposé au greffe du tribunal de commerce du siège des sociétés concernées un mois au moins avant la date de la première assemblée générale appelée à statuer sur l'opération.

Le projet ainsi déposé doit avoir été signé par les représentants des sociétés qui participent à l'opération, à savoir les dirigeants de la société scindée et, le cas échéant, les représentants des sociétés bénéficiaires. Comme le projet de fusion, ce projet doit être transmis aux représentants du comité d'entreprise.

La désignation du commissaire à la scission

2225 En matière de scission de sociétés, comme en matière de fusion, il y a lieu de faire procéder à la désignation d'un commissaire à la scission. Les modalités de désignation des commissaires, le contenu de leur mission ainsi que le rapport qu'ils doivent établir obéissent aux mêmes prescriptions qu'en matière de fusion de sociétés. La loi sur les sociétés commerciales se contente, au demeurant, sur la question du commissaire à la scission, de renvoyer purement et simplement aux dispositions de la loi relatives au commissaire à la fusion.

2226 On se bornera à rappeler que la désignation du commissaire à la scission n'a lieu d'être que dans les sociétés anonymes et les SARL (c. com. art. L. 236-9, L. 236-16 et L. 236-23). Mais, même dans ce cas, la société scindée peut se dispenser de désigner un commissaire à la scission si cette opération est réalisée par apport à des sociétés anonymes ou à des SARL nouvelles, sans autre apport que ceux de la société scindée et si les actions ou parts de chacune des sociétés nouvelles sont attribuées aux actionnaires ou associés de la société scindée proportionnellement à leurs droits dans le capital de cette société (art. L. 236-17 et L. 236-23).

2227 Il faut cependant insister sur le fait que la dispense de désignation du commissaire à la scission suppose, dans ce cas de figure, une répartition proportionnelle des parts ou actions des sociétés nouvelles au profit des associés de la société scindée. Si le projet de scission prévoit une répartition différente des parts ou actions des sociétés nouvelles, la société scindée ne saurait se dispenser de la désignation d'un (ou de plusieurs) commissaire(s) à la scission.

2228 De la même manière, et comme en matière de fusion de sociétés, les associés des sociétés qui participent à l'opération peuvent décider à l'unanimité de ne pas procéder à la désignation d'un commissaire à la scission. En contrepartie, les associés ont l'obligation de désigner un commissaire aux apports dès lors que l'opération comporte des apports en nature ou des avantages particuliers (c. com., art. L 236-10).

La consultation des assemblées spéciales

2229 Comme en matière de fusion de sociétés, le projet de scission doit être soumis à l'approbation de différentes assemblées. Il s'agit, en particulier, des obligataires et des titulaires de certificats d'investissement.

La consultation des obligataires

2230 On envisagera distinctement la situation chez la société scindée et au sein des sociétés bénéficiaires des apports.

La situation chez la société scindée

2231 Le projet de scission doit être soumis aux assemblées d'obligataires de la société scindée dans les mêmes conditions qu'en matière de fusion, sauf si la société scindée décide de proposer aux obligataires le remboursement de leurs titres sur simple demande de leur part (c. com. art. L. 236-18). Cette offre de remboursement doit faire l'objet de mesures de publicité identiques à celles prévues dans le cadre des fusions (c. com. art. R. 236-11).

2232 À partir de là, deux situations sont envisageables :
– *les obligataires sont consultés :* dans ce cas, s'ils approuvent la scission, ils conservent leur qualité d'obligataires mais à l'intérieur des sociétés nouvelles ou bénéficiaires des apports. Les sociétés bénéficiaires des apports sont alors débitrices solidaires des obligataires de la société scindée, au lieu et place de celle-ci (c. com. art. L. 236-18). L'article L. 236-21 précise toutefois qu'il peut être stipulé que les sociétés bénéficiaires de la scission ne seront tenues que de la partie du passif de la société scindée mise à la charge respective et sans solidarité entre elles.

Si les obligataires n'approuvent pas la scission, ou si les assemblées générales d'obligataires n'ont pu valablement délibérer faute du quorum requis, les dirigeants de la société scindée peuvent passer outre et poursuivre l'opération de scission. Dans cette situation, ils s'exposent cependant au risque d'opposition formée par les représentants de la masse des obligataires dans un délai de 30 jours à compter de la publication de la décision des dirigeants de passer outre (c. com. art. L. 228-73).

La procédure à suivre et les conséquences d'une telle procédure d'opposition sont identiques à celles examinées en matière de fusion *(voir §§ 595 et s.)* ;
– *les obligataires ne sont pas consultés :* dans ce cas, la société scindée doit offrir le remboursement des titres sur simple demande de la part des obligataires. La procédure de remboursement a déjà été examinée en matière de fusion *(voir § 603)*. Sa mise en œuvre dans le cadre des scissions appelle deux remarques particulières. D'une part, pour l'exécution du remboursement, les sociétés bénéficiaires des apports sont débitrices solidaires des obligataires qui demandent ce remboursement (c. com. art. L. 236-18). D'autre part, et à l'inverse de ce qui se passe en matière de fusion, la loi n'impose pas aux obligataires de formuler leur demande de remboursement à l'intérieur d'un délai quelconque. L'article L. 236-18 reste silencieux sur la question du délai alors que l'article L. 236-13, renvoyant à l'article R. 236-12, instaure un délai de 3 mois. Aussi, faut-il en déduire que les obligataires sont recevables à présenter leur demande de remboursement à n'importe quel moment. On ne peut que regretter cette lacune propre à gêner la bonne exécution de certaines scissions.

LES SCISSIONS DE SOCIÉTÉS EN PRÉSENCE D'OBLIGATIONS CONVERTIBLES, ÉCHANGEABLES OU D'OBLIGATIONS À BONS DE SOUSCRIPTION D'ACTIONS.

Le sort des obligations convertibles et des obligations échangeables en cas de fusion de sociétés est réglé par le code de commerce *(voir § 607)*. Assez curieusement, cependant, le sort des titres n'est pas réglé en matière de scission et aucune disposition de la loi sur les sociétés commerciales n'évoque le sujet.

La doctrine n'a, dans son ensemble, que peu relevé ce silence des textes. Selon certains auteurs, « force est de constater que les dispositions des articles 197 et 207 de la loi de 1966 n'envisagent pas la scission. L'existence de telles obligations paraît donc un obstacle à cette opération sauf si le contrat d'émission l'a prévue » (Lamy sociétés 2004, § 1822). On peut toutefois se demander si l'esprit de la réglementation applicable aux scissions ne commande pas, là encore, de raisonner par analogie avec le régime des fusions et d'appliquer les règles en vigueur pour les sociétés absorbées ayant émis des obligations.

Le sort des obligations à bons de souscription d'actions (OBSA) est, en revanche, prévu par la loi de 1983 qui instaure ces titres. Deux mesures distinctes ont été adoptées :
– l'article 194-3 prévoit, d'une part, qu'en cas de scission de la société appelée à émettre des actions, le conseil d'administration ou le directoire peut suspendre l'exercice du droit de souscription pendant un délai qui ne peut excéder 3 mois ;
– l'article 194-7 prévoit, d'autre part, que si la société appelée à émettre des actions procède à une scission par apport à des sociétés nouvelles ou existantes, les titulaires des bons de souscription peuvent souscrire des actions de « la société absorbante, de la ou des sociétés nouvelles ». La rédaction du texte est quelque peu restrictive ; elle n'évoque pas, sans doute par omission, la notion de société bénéficiaire des apports dans le cas, par exemple, d'une scission au profit de sociétés existantes.

Comme en matière de fusion, le nombre des actions à émettre doit être corrigé afin de tenir compte de la parité.

La situation chez les sociétés bénéficiaires des apports

2233 Chez les sociétés bénéficiaires des apports, le projet de scission n'a pas à être soumis aux assemblées d'obligataires. La même solution prévaut en matière de fusion mais, comme pour ce type d'opération, l'assemblée des obligataires peut donner mandat aux représentants de la masse de former opposition à la scission (c. com. art. L. 236-19 ; *voir § 605*).

La consultation des autres assemblées spéciales

2234 En matière de scission, il y a lieu de soumettre le projet aux assemblées des porteurs de certificats d'investissement. De la même façon, il y a lieu de faire ratifier l'opération par les assemblées spéciales et notamment l'assemblée des titulaires d'actions de préférence (c. com. art. L. 228-17).

La consultation et la ratification s'opèrent dans les mêmes conditions et avec les mêmes effets qu'en matière de fusion. L'article L. 236-16 se contente en effet de renvoyer purement et simplement aux dispositions applicables aux fusions (art. L. 236-9).

La décision des associés

2235 En matière de scission, les modalités d'adoption de l'opération doivent être envisagées distinctement selon qu'elles se situent au niveau de la société scindée ou à celui des sociétés bénéficiaires.

La situation de la société scindée

2236 Pour la société scindée, la décision doit être prise dans les conditions requises pour la modification des statuts. Toutefois, si l'opération a pour effet d'augmenter les engagements des associés ou des actionnaires, l'unanimité est requise.

2237 Dans les sociétés anonymes, cette décision est prise en fonction d'un rapport écrit établi, dans les mêmes conditions que pour les fusions, par le conseil d'administration ou le directoire de chacune des sociétés qui participent à l'opération. Les cas de dispense de ce rapport sont les mêmes qu'en matière de fusion.

L'assemblée doit approuver la scission et constater sa dissolution sans liquidation.

2238 De ce point de vue, la décision des associés de la société scindée est prise dans les mêmes conditions et selon les mêmes règles que pour les associés de la société absorbée (c. com. art. L. 236-16).

La situation chez les sociétés bénéficiaires des apports

2239 Les solutions diffèrent selon que la société bénéficiaire des apports est une société nouvelle ou une société préexistante.

La scission au profit d'entreprises préexistantes

2240 Dans cette hypothèse, l'assemblée des associés ou des actionnaires doit approuver l'augmentation du capital.

Il convient ainsi de respecter le formalisme propre aux assemblées habilitées à prendre ce type de décision avec, notamment, prise de connaissance des rapports du commissaire à la scission et du commissaire aux apports.

La scission au profit d'entreprises nouvelles

2241 Il convient d'appliquer, dans ce cas, les règles propres aux constitutions de sociétés. Toutefois, la législation sur les scissions a introduit un certain nombre d'allégements dans les formalités à accomplir.

Ces allégements diffèrent selon que l'on se situe dans le cadre d'une société anonyme ou dans celui d'une SARL.

La scission au profit de sociétés anonymes nouvelles

2242 Normalement, il y a lieu de suivre les formalités applicables en cas de constitution de société anonyme. Toutefois, l'article L. 236-17 de la loi sur les sociétés commerciales prévoit que chacune des sociétés nouvelles peut être constituée sans autre apport que celui de la société scindée. En outre, les projets de statuts des sociétés nouvelles sont approuvés par l'assemblée générale extraordinaire de la société scindée. Il n'y a dès lors pas lieu à approbation de l'opération par l'assemblée générale de chacune des sociétés nouvelles.

La scission est faite au profit de SARL nouvelles

2243 Le principe est celui de l'application des règles propres à la constitution d'une SARL. Mais l'article L. 236-23, alinéa 3, instaure quelques aménagements.

Ainsi, lorsque la scission est réalisée au profit de SARL nouvelles, celles-ci peuvent être constituées sans autre apport que celui de la société scindée. Dans ce cas, les associés de la société scindée peuvent agir de plein droit comme fondateurs des sociétés nouvelles et il est alors procédé conformément aux dispositions qui régissent les SARL.

Dans les autres cas, la procédure normale de constitution d'une SARL doit être suivie.

La publicité de la décision de scission

2244 La décision de scission doit faire l'objet de diverses mesures de publicité comparables à celles examinées en cas de fusion :
– pour la société scindée, il y a lieu de procéder aux formalités prévues en cas de dissolution de société ;
– pour les sociétés bénéficiaires des apports, il convient de procéder aux formalités de publicité prévues pour les augmentations de capital si la scission est faite au profit de sociétés préexistantes ou aux formalités prévues pour la constitution de sociétés si la scission est réalisée au profit de sociétés nouvelles.

En outre, les dispositions relatives à la déclaration de conformité en matière de fusion sont transposables aux opérations de scission.

Là encore, cette formalité est requise à peine de nullité de la scission.

Les effets de la scission

2290 Les effets de la scission au regard des associés ou des partenaires des sociétés qui participent à l'opération s'apparentent largement à ceux observés en matière de fusion *(voir §§ 450 et s.)*. Seules quelques particularités méritent d'être signalées. Elles concernent les créanciers et les salariés.

Les effets de la scission à l'égard des créanciers

2291 Le cas des créanciers obligataires de la société scindée a déjà été examiné et seul le cas des créanciers ordinaires sera évoqué ici.

Pour ces derniers, les sociétés bénéficiaires des apports résultant de la scission sont débitrices solidaires des créanciers non obligataires de la société scindée, au lieu et place de celle-ci sans que cette substitution emporte novation à leur égard (c. com. art. L. 236-2 et L. 236-20).

2292 On retrouve un mécanisme analogue à celui observé en matière de fusion, exception faite de la solidarité instaurée entre les différentes sociétés qui ont bénéficié des apports à l'occasion de la scission.

Le législateur a ainsi voulu éviter que l'éclatement qui résulte de la scission ne porte préjudice aux droits et garanties des créanciers de la société scindée.

2293 La solidarité ainsi instaurée n'est cependant pas obligatoire et les parties peuvent y renoncer. En effet, aux termes de l'article L. 236-21 du code de commerce, il peut être stipulé que les sociétés bénéficiaires de la scission ne sont tenues que pour la partie du passif de la société scindée qui est mise à leur charge et sans solidarité.

Cependant, si les sociétés bénéficiaires de la scission renoncent à la solidarité, les créanciers de la société scindée trouvent une compensation dans la possibilité qui leur est alors offerte d'exercer leur droit d'opposition. L'opposition est formée et produit ses effets dans des conditions identiques à celles observées en matière de fusion (c. com. art. L. 236-2 et L. 236-21 ; pour une illustration : Paris, 24 mars 2006, n° 04-23205).

Les effets de la scission à l'égard des salariés

2294 Le mécanisme de la scission entraînant, par définition, disparition de la société scindée, le mécanisme observé dans les fusions à propos du transfert des salariés va se retrouver à l'identique dans les opérations de scission. À cet égard, les effets produits ne diffèrent pas.

En revanche, et à l'inverse de ce qui se passe en matière de fusion, la scission produit un éclatement de la société scindée. Cette division de société peut ainsi produire des effets de seuil inverses de ceux observés en matière de fusion.

2295 Alors que, pour les fusions, le regroupement des entreprises pouvait avoir pour effet de soumettre la société absorbante ou nouvelle à de nouvelles obligations au regard du droit du travail, à l'inverse, la scission peut faire passer les entreprises en deçà des seuils d'effectifs qui imposent la création de certains organes de représentation.

Ainsi, la scission d'une entreprise de 80 salariés peut se faire au profit de deux entreprises nouvelles qui emploieront chacune moins de 50 salariés. Par voie de conséquence, et contrairement à ce qui se passait dans la société scindée, aucune des entreprises nouvelles ne sera, a priori, tenue de se doter d'un comité d'entreprise.

2296 Ces conclusions doivent toutefois être largement tempérées par deux éléments :
– d'une part, il faut prendre garde au fait que la constitution d'un comité d'entreprise est en partie indépendante de la question de l'autonomie juridique des entreprises. Le code du travail prévoit en effet que si une unité économique et sociale qui regroupe au moins 50 salariés est reconnue par convention ou par décision de justice entre plusieurs entreprises juridiquement distinctes, la mise en place d'un comité d'entreprise est obligatoire ;
– d'autre part, il est clair que si, dans un cas extrême, une société se scindait dans l'unique but d'éviter la constitution d'un comité d'entreprise, les tribunaux, s'appuyant sur la fictivité de l'opération et sur l'unité économique et sociale réelle de l'entreprise, rétabliraient l'obligation de doter l'ensemble des entreprises ainsi scindées d'un comité d'entreprise.

Chapitre 4-2

LE RÉGIME FISCAL DES SCISSIONS

2350 Comme en matière de fusion de sociétés, le droit fiscal comporte désormais sa propre définition des opérations de scission. L'article 210-0 A I-2° du CGI dispose que les scissions s'entendent des opérations par lesquelles « la société scindée transmet, par suite et au moment de sa dissolution sans liquidation, l'ensemble de son patrimoine à deux ou plusieurs sociétés préexistantes ou nouvelles, moyennant l'attribution aux associés de la société scindée, proportionnellement à leurs droits dans le capital, de titres des sociétés bénéficiaires des apports et, éventuellement, d'une soulte ne dépassant pas 10 % de la valeur nominale de ces titres ».

2351 Ces dispositions ont vocation à s'appliquer aux opérations de scission au sens de l'article 210 A et suivants du CGI (application du régime de faveur des fusions aux sociétés qui participent à l'opération), 220 quinquies II (transmission de la créance de report en arrière des déficits), 223 A à 223 U (régime fiscal de groupe), 38-7 bis (échange de titres par les associés de la société scindée), 93 quater V (échange de titres par des professionnels relevant des bénéfices non commerciaux), 151 octies A (régime des sociétés civiles professionnelles), 112 et 115 (régime des distributions).

2352 Au plan pratique, la définition retenue au plan fiscal pour les opérations de scission a pour effet de supprimer, pour les régimes auxquels elle a vocation à s'appliquer, tout renvoi à la notion juridique de scission. Par ailleurs, on observera que la définition fiscale prévoit une répartition des titres des sociétés bénéficiaires des apports proportionnellement aux parts détenues dans le capital de la société scindée. Chaque associé de la société scindée a ainsi vocation à devenir associé de chacune des sociétés issues de la scission proportionnellement aux droits qu'il détenait dans le capital de la société scindée. Les « scissions-partages » qui pourraient comporter une répartition conventionnelle des titres sont ainsi exclues du champ d'application de la définition fiscale des fusions.

2353 Si l'introduction d'une définition fiscale des scissions comporte certains avantages, elle n'est pas nécessairement synonyme de simplification. Il ne faut pas oublier en effet que, indépendamment de la définition juridique contenue dans le code de commerce, le droit fiscal comporte déjà une définition de la scission en matière de droits d'enregistrement. L'article 301 D de l'annexe II du CGI indique, pour sa part, que « constitue une scission l'opération par laquelle une société transfère à compter de la même date l'ensemble de son actif et de son passif à plusieurs sociétés relevant du statut fiscal des sociétés de capitaux, en voie de formation ou préexistantes, lorsque la société apporteuse est dissoute et les apports rémunérés dans les conditions prévues à l'article 301 F ».

2354 De son côté, la directive communautaire du 23 juillet 1990 donne sa propre définition des scissions qui est très proche, sans être toutefois identique, de la définition retenue par le droit interne. La directive définit ainsi la scission comme étant « l'opération par laquelle une société transfère, par suite et au moment de sa dissolution sans liquidation, l'ensemble de son patrimoine, activement et passivement, à deux ou plusieurs sociétés, préexistantes ou nouvelles, moyennant l'attribution à ses associés, selon une règle proportionnelle, de titres représentatifs du capital social des sociétés bénéficiaires de l'apport et, éventuellement, d'une soulte en espèces ne dépassant pas 10 % de la valeur nominale ou, à défaut de valeur nominale, du pair comptable des titres qui sont remis en échange ».

2355 Au plan pratique, et même si la définition des scissions, telle qu'elle figure dans le code général des impôts, est assez distincte de la définition juridique, le régime fiscal « normal » de l'opération devrait tirer toutes les conséquences d'une dissolution sans liquidation de la société scindée suivie d'un apport au profit de plusieurs sociétés nouvelles ou préexistantes. Naturellement, ces conséquences fiscales se révéleraient vite dissuasives et le législateur a doté les scissions d'un régime spécial dont le contenu et la mise en œuvre sont très proches du régime applicable aux opérations de fusion de sociétés. Ayant, dans un premier temps, réservé l'accès de ce régime de faveur aux opérations qui ont bénéficié d'un agrément ministériel, le législateur a assoupli progressivement les conditions d'accès à ce régime en instaurant des cas de dispense d'agrément. Dans la même période, les textes fiscaux relatifs aux scissions ont modifié, dans le sens de la simplification, la procédure d'agrément applicable aux sociétés ; le statut fiscal des associés des sociétés scindées s'est trouvé, quant à lui, également amélioré. Au final, les opérations de scission ont été, du point de vue fiscal, modernisées et les groupes peuvent désormais plus volontiers recourir à cet outil juridique pour mener à bien des opérations de restructuration.

Comptabilisation des scissions : quelles règles doit-on appliquer ?

Qu'elle soit juridique, fiscale ou comptable, la réglementation applicable aux opérations de scission apparaît souvent comme le parent pauvre des opérations de restructuration. L'essentiel des dispositions porte en effet sur les fusions, les opérations d'apport partiel d'actifs ou encore les opérations de dissolution-confusion. En revanche, le dispositif relatif aux opérations de scission est souvent défini par renvoi, des pans entiers de la réglementation applicable aux fusions étant, par exemple, définis comme s'appliquant également aux opérations de scission.

La situation relative au traitement comptable des opérations de scission n'échappe pas à cette règle. Ainsi, l'avis du CNC du 25 mars 2004 a-t-il vocation à s'appliquer aux opérations de fusion et opérations assimilées. Sous cette appellation d'« opérations assimilées », la note de présentation de l'avis nous précise que le champ d'application de l'avis couvre les opérations de scission visées à l'article 236, alinéa 2 du code de commerce. Quant à l'avis lui même, il se contente de reprendre la définition suivante de la scission : « opération définie à l'article L. 236-1 alinéa 2 du code de commerce comme une transmission du patrimoine d'une société à plusieurs sociétés ». Il sera difficile de trouver ensuite dans l'avis d'autres renvois à la notion de scission… À chacun de faire sa propre adaptation…

Au final, il convient de reprendre la même approche qu'en matière de fusion de sociétés, en distinguant les opérations réalisées entre sociétés sous contrôle distinct de celles réalisées entre sociétés sous contrôle commun. De la même manière, il conviendra d'indentifier les opérations réalisées à l'endroit et celles à l'envers.

Le régime des scissions de sociétés au regard de l'imposition des résultats et des plus-values

2400 Le régime des scissions de sociétés commande en l'espèce de distinguer selon que l'opération remplit ou non les conditions pour bénéficier du régime fiscal spécial, lequel est calqué, pour l'essentiel, sur le régime des fusions de sociétés. À défaut de pouvoir être admise au régime spécial, la scission sera soumise au régime fiscal de droit commun.

2401 Deux précisions s'imposent néanmoins :
– l'exclusion du bénéfice du régime spécial en matière d'imposition des résultats et d'imposition des plus-values n'est pas un obstacle à l'accès au régime spécial au regard des droits d'enregistrement ;
– le régime spécial des scissions est, comme en matière de fusion de sociétés, d'application facultative. Les sociétés qui peuvent en bénéficier ont ainsi la possibilité d'y renoncer et de placer volontairement l'opération sous le régime de droit commun.

Néanmoins, cette renonciation est susceptible de présenter quelques difficultés d'application.

2402 En effet, dans une opération de fusion, la renonciation concerne la société absorbante et la société absorbée. Dans la procédure de scission, en revanche, on constate un éclatement de la société scindée en plusieurs sociétés. On peut ainsi s'interroger sur l'étendue qu'il convient de donner à la renonciation au régime spécial.

En réalité, l'option pour le régime spécial en matière de scission de sociétés n'est pas fractionnable et s'applique, lorsqu'elle est exercée, à l'ensemble des apports constitutifs de la scission. C'est l'opération, prise dans sa globalité, qui bénéficie, ou non, du régime spécial.

Scission et réglementation comptable

Les opérations de scission sont directement visées par le règlement comptable 2004-01. Il en résulte que les distinctions usuelles entre les opérations réalisées sous contrôle commun et celles réalisées sous contrôle distinct ont toute leur raison d'être dans le domaine des scissions.

La notion de contrôle commun et de contrôle distinct s'apprécie très exactement comme en matière de fusion de sociétés. Ainsi, dans le cadre d'une opération de scission, il sera aisé de repérer une opération faite sous contrôle commun lorsque :
– la scission d'une société s'effectue au profit, par exemple, de sociétés nouvelles créées par la société scindée. Par définition, celle-ci contrôle les sociétés bénéficiaires des apports ;
– la scission d'une société s'effectue au profit de sociétés bénéficiaires qui contrôlent la société scindée ;
– la scission d'une société s'effectue au profit de deux sociétés préexistantes mais ces différentes sociétés sont placées sous le contrôle d'une autre société. Dans ce cas de figure, au regard du règlement comptable, les sociétés en présence étant placées sous le contrôle d'une même société tierce, l'opération est présumée réalisée entre sociétés sous contrôle commun.

Dans ces différents cas de figure, les apports devront être réalisés sur la base des valeurs comptables.

Inversement, lorsque la scission est réalisée au profit de sociétés qui n'entretiennent entre elles aucune relation de participation préalablement à la réalisation de l'opération, il faut en déduire que l'opération est réalisée entre sociétés indépendantes et que, par voie de conséquence, les apports doivent être transcrits sur la base des valeurs réelles, sous réserve naturellement que l'opération soit faite à l'endroit.

RÉGLEMENTATION COMPTABLE, RÉGIME FISCAL SPÉCIAL ET RÉGIME FISCAL DE DROIT COMMUN

En matière de scission comme en matière de fusion, il existe un lien direct entre le mode de valorisation des apports et le choix du régime fiscal applicable à la scission. En effet, en cas de *scission effectuée sur la base des valeurs comptables*, le régime spécial conduit à ne pas constater de plus-values au titre de l'opération chez la société scindée. En revanche, dans le cadre du régime fiscal de droit commun, et malgré le recours aux valeurs comptables, les plus-values de scission seront constatées et imposées chez la société scindée de la même manière que si les apports étaient effectués en valeurs réelles. De fait, et sauf à vouloir imputer un report déficitaire important, en présence d'une scission effectuée en valeurs comptables, l'option pour le régime spécial sera assez systématique, sous réserve, naturellement, que les conditions pour bénéficier du régime soient satisfaites. Et si tel est le cas, le report déficitaire pourra être transmis aux sociétés issues de la scission et bénéficiaires des apports, sous réserve de demander le transfert sur agrément de ce déficit.

En revanche, dans le cas de *scission effectuée sur la base des valeurs réelles* (opérations à l'endroit entre sociétés sous contrôle distinct), les plus-values de scission seront imposées en régime de droit commun et exonérées chez la société scindée dans le cadre du régime spécial des scissions. Le choix du régime fiscal sera également lié à l'existence ou à l'absence de report déficitaire chez la société scindée, remarque étant faite, là encore, que, en tout état de cause, le report déficitaire est, le cas échéant, transmissible par la voie de l'agrément dans le cadre du régime spécial.

L'application du régime spécial aux scissions

2403 Pour pouvoir bénéficier du régime spécial, les scissions de sociétés doivent remplir un certain nombre de conditions.

Quant au contenu, ce régime emprunte largement aux exonérations et reports ou sursis d'imposition prévus en matière de fusion.

Les conditions d'accès au régime spécial

2404 L'application du régime spécial est liée à la réalisation de trois conditions :
– les personnes morales ou organismes qui participent à l'opération de scission doivent être passibles de l'impôt sur les sociétés (CGI art. 210 C-1). On retrouve là une condition identique à celle qui existe dans le cadre du régime des fusions, le régime spécial ne s'appliquant que si la société absorbée et la société absorbante relèvent de l'impôt sur les sociétés ;
– les conventions à l'origine des apports prennent effet à la même date pour les différentes sociétés qui en sont bénéficiaires et entraînent, dès leur réalisation, la dissolution immédiate de la société apporteuse (doc. adm. 4 I 211). L'administration exige la même condition en matière de droits d'enregistrement et a précisé, dans ce domaine, que le défaut de dissolution immédiate de la société scindée équivalait à faire perdre à l'opération son caractère de scission. Selon l'administration, l'opération revêt alors, en raison de la survie de la société apporteuse, la forme d'un apport partiel d'actif (doc. adm. 7 H 3841-4) ;

– la scission porte sur une société comportant au moins deux branches complètes et autonomes d'activité, chaque société issue de la cession recevant une ou plusieurs de ces branches, et certains associés de la société scindée s'engagent à conserver pendant trois ans les titres représentatifs de leur apport.

2405 Si ces trois conditions sont satisfaites, l'opération de scission peut bénéficier de plein droit du régime spécial des fusions. Dans l'hypothèse inverse, le régime spécial ne sera applicable qu'aux opérations de scission ayant bénéficié d'un agrément.

SCISSIONS ET RÉGIME DE FAVEUR DES FUSIONS : UN PEU D'HISTOIRE

L'agrément a longtemps été la seule voie d'accès des opérations de scission au bénéfice du régime spécial des fusions, ce qui réduisait très sensiblement le nombre d'opérations de scission placées sous le régime fiscal de faveur.

La loi de finances pour 1995 (art. 26) a mis un terme à cette situation en permettant l'accès de plein droit des scissions au bénéfice du régime spécial lorsque l'opération de scission porte sur au moins deux branches complètes et autonomes d'activité et que chaque société issue de la scission reçoit au moins une branche complète et autonome d'activité. On pouvait escompter un nouvel élan pour les opérations de restructuration sous forme de scission mais malheureusement, l'opération restait contraignante dans la mesure où les associés de la société scindée devaient, à l'issue de l'opération, devenir associés de chacune des sociétés issues de la scission. En d'autres termes, l'application de plein droit du régime fiscal des fusions était incompatible avec la technique de la scission-partage. La procédure d'agrément avait donc encore de beaux jours devant elle...

Enfin, en 2000, tenant compte des dispositions de la directive communautaire, le législateur modifia la procédure d'agrément en matière de scission et d'apports partiels d'actif pour en faire un agrément de plein droit et non plus un agrément discrétionnaire.

L'application de plein droit du régime spécial des fusions

2406 L'article 210 B du CGI prévoit l'application de plein droit du régime spécial des fusions si l'opération de scission remplit des conditions qui portent à la fois sur les branches complètes et autonomes d'activité qui sont transmises et sur le délai de conservation des titres reçus en contrepartie de l'apport par les associés de la société scindée.

B.U. NICE ST JEAN

Les conditions relatives aux branches complètes et autonomes d'activité

2407 Pour que le régime s'applique, la société scindée comporte au moins deux branches complètes d'activité ; le texte n'impose pas l'éclatement de toutes les branches d'activité entre autant de sociétés différentes. La répartition des branches doit cependant s'effectuer entre deux sociétés au moins.

2408 La notion de branche complète d'activité est identique à celle que l'on retrouve en matière d'apport partiel d'actif *(pour un examen détaillé, voir § 2692)*. L'administration précise cependant qu'en matière de scission les branches complètes et autonomes d'activité doivent être clairement identifiables et distinctes. En outre, l'administration précise que certaines tolérances qui existent en matière d'apports partiels d'actifs pour l'appréciation de la notion de branche complète et autonome d'activité ne sont pas transposables aux scissions. Sont, en particulier, visés les assouplissements relatifs aux immeubles et aux marques d'exploitation, au passif global de la société apporteuse et aux services administratifs communs. Ces tolérances qui se justifient, dans le cas des apports partiels d'actifs, par la survie de la société apporteuse à l'opération d'apport partiel d'actif, ne peuvent être transposées dans le cadre de la scission, qui se traduit par la disparition de la société scindée (instr. 4 août 2000, § 29 : BOI 4-I-00).

2409 De même, l'administration indique que la loi ne prévoit pas l'application de plein droit du régime de faveur aux scissions portant sur des éléments assimilés à une branche complète d'activité. Par élément assimilé, il faut entendre participation. Il en résulte que les scissions qui emportent apport de titres, constitutifs ou non d'éléments assimilés à une branche complète et autonome d'activité, sont imposées dans les conditions de droit commun, sauf bénéfice d'un agrément. Autant dire que les sociétés holdings ne peuvent bénéficier de plein droit du régime de faveur des scissions (instr. 4 août 2000, § 28 : BOI 4-I-00).

2410 En outre, chacune des sociétés bénéficiaires des apports reçoit une ou plusieurs de ces branches d'activité. Sur ce point, l'administration a introduit quelques précisions en rappelant que la notion de branche complète et autonome d'activité fait obstacle à l'apport d'éléments d'actif ou de passif isolés. Il est toutefois admis, selon l'administration, que l'existence d'un patrimoine étranger à l'exploitation ne s'oppose pas, sous certaines conditions, à l'application de plein droit du régime de faveur. Le patrimoine étranger à l'exploitation est défini comme étant l'ensemble du patrimoine actif et passif qui n'est pas affecté aux branches d'activité de la société scindée. Il s'agit essentiellement d'actifs immobiliers ou financiers qui relèvent de la gestion patrimoniale. En revanche, la notion de patrimoine étranger à l'exploitation ne couvre pas les actifs et passifs qui se rapportent aux services administratifs communs de la société dès lors qu'ils sont affectés aux branches d'activité apportées (instr. 4 août 2000, § 31 : BOI 4-I-00). Cependant, la tolérance administrative est assortie de conditions qui doivent être vérifiées à la date d'effet de l'opération :
– la valeur réelle du patrimoine étranger à l'exploitation est positive ;
– la valeur réelle du patrimoine étranger à l'exploitation n'excède pas 10 % de la valeur réelle de la société scindée ;
– le patrimoine étranger à l'exploitation de la société scindée doit pouvoir être réparti proportionnellement à la valeur réelle des branches complètes d'activité apportées. Sur ce point précis, l'administration précise que les éléments d'actif et de passif du patrimoine étranger sont répartis en fonction de leur valeur réelle sans qu'il soit nécessaire de tenir compte de leur nature. En particulier, il n'est pas nécessaire de répartir chaque élément.

EXEMPLE

Répartition du patrimoine étranger à l'exploitation dans le cadre d'une scission

Une société a un patrimoine qui se compose de 3 branches complètes et autonomes d'activité (BC1, BC2, BC3) et d'un patrimoine étranger à l'exploitation comprenant 2 immeubles et des placements financiers. La société est scindée au profit de deux sociétés S1 et S2, S1 recevant BC1 et BC2, S2 recevant BC3.

La valeur de la société S se décompose de la manière suivante :

Actif net réel BC 1	5 000 000
Actif net réel BC 2	40 000 000
Actif net réel BC 3	15 000 000

Patrimoine étranger exploitation	4 000 000	dont Immeuble 1	2 100 000
		Immeuble 2	850 000
		Placements fin.	1 050 000
Actif net réel société scindée (apprécié à la date d'effet de l'opération)	64 000 000		

On vérifie tout d'abord que le patrimoine étranger à l'exploitation ne représente pas plus de 10 % de la valeur réelle de la société scindée, ce qui est le cas (4 000 000 < 10 % × 64 000 000).

Le patrimoine étranger à l'exploitation peut être réparti proportionnellement à la valeur réelle des branches complètes et autonomes d'activité apportées.

	Actif net réel	**Société bénéficiaire**	**Quote-part de patrimoine étranger à l'exploitation**
BC1	5 000 000	S1	$4\,000\,000 \times \dfrac{45\,000\,000}{60\,000\,000} = 3\,000\,000$
BC2	40 000 000		
BC3	15 000 000	S2	$4\,000\,000 \times \dfrac{15\,000\,000}{60\,000\,000} = 1\,000\,000$

Ainsi,	S1 reçoit :	BC 1	5 000 000
		BC 2	40 000 000
		Patrimoine étranger à l'exploitation	3 000 000
	S2 reçoit	BC 3	15 000 000
		Patrimoine étranger à l'exploitation	1 000 000

La valeur du patrimoine étranger à l'exploitation étant ainsi déterminée, il reste à fixer la répartition des différents éléments qui le composent entre les sociétés bénéficiaires des apports. Cette répartition est, on le sait, libre et indépendante de la nature des biens qui composent le patrimoine étranger à l'exploitation. Les deux répartitions suivantes peuvent être réalisées :

		Hypothèse 1	*Hypothèse 2*
S1	Immeuble 1	2 100 000	2 100 000
	Immeuble 2	850 000	
	Placements financiers	50 000	900 000
S2	Placements financiers	1 000 000	150 000
	Immeuble 2		850 000

Les conditions relatives à l'engagement de conservation des titres

2411 **Les associés de la société scindée s'engagent, dans l'acte de scission, à conserver pendant trois ans les titres représentatifs de l'apport qui leur ont été répartis proportionnellement à leurs droits dans le capital** (loi de finances pour 2000 : art. 22-I). **L'engagement de conservation s'applique en réalité aux opérations réalisées depuis cette date ainsi qu'aux opérations déjà réalisées à cette date et pour lesquelles des engagements de conservation sont en cours.**

2412 **Le régime s'applique de plein droit lorsque les apports sont réalisés entre sociétés françaises soumises à l'impôt sur les sociétés. Il n'est donc pas exigé que les associés de la société scindée soient eux-mêmes français pour que la dispense d'agrément s'applique. Ainsi, par exemple, la scission de la filiale française d'une société étrangère peut-elle bénéficier de plein droit du régime spécial de l'article 210 B, en supposant naturellement toutes les conditions liées à la dispense d'agrément remplies par ailleurs** (comité fiscal de la mission d'organisation administrative : 3 avril 1997). **En revanche, dans l'hypothèse où l'opération est effectuée au profit d'une société étrangère, l'agrément de l'opération est nécessaire en application des dispositions de l'article 210 C-II du CGI** (sur cette question, voir §§ 27 et s.).

2413 Les associés de la société scindée deviennent associés de chacune des sociétés issues de la scission proportionnellement aux parts qu'ils détenaient dans le capital de la société scindée et sans possibilité de répartition conventionnelle des titres des sociétés bénéficiaires des apports entre eux (régime de la scission pure et simple). On peut, par parenthèse, regretter la rigidité de ce dispositif qui n'est pas de nature à faciliter les opérations de restructuration. L'administration justifie cette situation en expliquant que « l'extension du régime de faveur des fusions prévu à l'article 210 A du CGI aux scissions n'a pas pour objet d'organiser au niveau des associés le partage des actifs de la société scindée même si la recomposition de l'actionnariat peut s'inscrire à terme dans le prolongement de la réorganisation des activités » (instr. 4 août 2000, §§ 34 et 35 : BOI 4-I-00).

2414 Les associés de la société scindée doivent en principe s'engager à conserver pendant trois ans les titres qu'ils ont reçus, ce délai étant décompté à partir de la date de réalisation définitive de l'opération. Toutefois, la portée de l'engagement de conservation diffère selon que l'opération de scission est antérieure ou postérieure au 1er janvier 2002.

Pour les opérations antérieures au 1er janvier 2002

2415 Jusqu'au 1er janvier 2002, l'engagement de conservation s'appliquait, en principe, à tous les associés de la société scindée. Néanmoins, à titre de tolérance, cette règle n'était pas applicable aux détenteurs de titres de placement représentant au total moins de 5 % du capital de la société scindée. L'appréciation de ce seuil de 5 % appelle plusieurs précisions :

– il y a lieu de prendre en considération le capital de la société scindée à la date d'approbation de la scission. La quote-part détenue par les associés dans le capital des sociétés bénéficiaires des apports n'est pas prise en considération. *A contrario*, cette tolérance ne s'applique pas aux associés dont les titres détenus ont la nature de titres de participation. Les deux conditions précédentes s'appliquent cumulativement. Les associés deviennent associés de chaque société issue de la scission et doivent conserver leurs titres pendant trois ans. L'administration, qui veut éviter les scissions-partages, en fait une condition substantielle d'application du régime de faveur (comité fiscal de la mission d'organisation administrative : réunion du 26 mars 1998). Cette tolérance a été rappelée dans l'instruction du 4 août 2000 : « Afin de donner une certaine souplesse à ce dispositif, l'obligation de conservation n'est pas exigée des associés détenteurs de titres de placement représentant au total moins de 5 % du capital » (BOI 4 I-2-00) ;

– la tolérance n'est susceptible de s'appliquer qu'à des titres de placement. Selon l'administration, les titres de placement sont des titres acquis en vue de retirer un revenu direct ou une plus-value et non comme ceux détenus afin de gérer la société scindée ou exercer un contrôle ;

– le seuil de 5 % s'apprécie globalement. Il concerne les associés qui détiennent ensemble moins de 5 % du capital de la société scindée ;

– le seuil s'apprécie en termes de droits de vote et de droits financiers. Les associés qui, bien que détenant moins de 5 % des titres, peuvent contrôler ou exercer des droits supérieurs à 5 % au sein de la société scindée en raison de clauses statutaires, ne peuvent bénéficier de cette tolérance. Par parenthèse, on observera que la rédaction de l'instruction administrative laisse en suspens le cas de la détention de droits représentant 5 %.

Pour les opérations postérieures au 1er janvier 2002

2416 Conscient que le fait d'astreindre l'ensemble des associés de la société scindée à un délai de pénitence de trois ans n'était pas de nature à favoriser les opérations de restructuration sous forme de scissions, même avec la tolérance des 5 %, le législateur a décidé d'assouplir les dispositions régissant la conservation des titres pour les opérations réalisées à compter du 1er janvier 2002.

2417 Dès lors, l'article 210 B du CGI dispose que l'engagement de conservation des titres n'est exigé que des associés qui détiennent dans la société scindée, à la date d'approbation de la scission, 5 % au moins des droits de vote, ou qui y exercent ou y ont exercé dans les six mois précédant cette date, directement ou par l'intermédiaire de leurs mandataires sociaux ou préposés, des fonctions de direction, d'administration ou de surveillance et détiennent au moins 0,1 % des droits de vote dans la société. Le texte ajoute encore que les droits de vote soumis à l'obligation de conservation doivent représenter ensemble, à la date de l'approbation de la scission, 20 % au moins du capital de la société scindée.

Ainsi, deux conditions doivent être prises en compte simultanément :
– *une condition de nature individuelle :* l'associé doit détenir au moins 5 % des droits de vote ou, à défaut, au moins 0,1 % et exercer, ou avoir exercé, dans les six mois qui précèdent la scission, des fonctions de direction, d'administration ou de surveillance dans la société scindée. Très précisément, les six mois qui précèdent la date de l'assemblée générale ayant définitivement approuvé l'opération de scission ;
– *une condition collégiale :* l'ensemble des associés soumis à l'engagement de conservation doit représenter au moins 20 % du capital de la société scindée.

2418 Ces conditions appellent plusieurs remarques. Tout d'abord, l'esprit général du texte vise à ne faire porter l'engagement de conservation que sur les associés qui, soit en raison de leur poids dans le capital, soit en raison de leurs fonctions dans la société, ont pu exercer une influence déterminante sur la décision de scission. En particulier, sont visés les associés qui détiennent moins de 5 % des droits de vote de la société mais qui exercent, ou ont exercé dans un passé récent, des fonctions de direction, d'administration ou de surveillance au sein de la société scindée. La lecture du texte laisse à penser que sont ainsi visés les membres du conseil d'administration, les membres du directoire et les membres du conseil de surveillance, auxquels il convient d'ajouter, au titre des fonctions de direction, les personnes telles que le directeur général ou le directeur général délégué. Ces fonctions peuvent, au demeurant, avoir été exercées directement ou par l'intermédiaire de mandataires sociaux ou préposés. Pour ces associés, une participation minimale de 0,1 % des droits de vote est néanmoins requise.

2419 En dehors de cette condition de nature individuelle, le dispositif prévoit en outre que l'ensemble des associés soumis à l'engagement de conservation doit représenter au moins 20 % du capital de la société scindée. Une remarque et une conclusion s'imposent. La remarque tient au fait que cette fois le seuil de 20 % s'apprécie en fraction du capital détenue et non plus en droits de vote. Toutefois, dans son instruction, l'administration fait référence, pour le seuil de 20 %, aux droits de vote. La conclusion conduit à considérer que si ce seuil de 20 % n'est pas atteint, l'accès au régime spécial des scissions n'est pas possible de plein droit et seule la voie de l'agrément permettra de placer l'opération sous le régime spécial.

L'agrément pourra également être sollicité si un associé, bien que détenant une fraction des droits de vote supérieure à 5 %, ne souhaite pas prendre l'engagement de conservation des titres.

EXEMPLES

L'engagement de conservation par l'exemple

Exemple 1 : scission de la société S au profit de S1 et S2

La répartition du capital de la société S est la suivante :

Associés	% des droits de vote	Fonctions de direction, d'administration ou de surveillance
Société X	25	
Société Y	25	
Mme G	20	
M. B	10	Président du Conseil d'administration
M. C	7	Directeur général
Société Z	5	
Mme A	4	Administrateur
Melle H	3	
M. F	0,9	
Mme D	0,08	Administrateur
M. E	0,02	Administrateur
Total	**100**	

Sont visés par l'engagement de conservation :
- les associés qui détiennent au moins 5 % des droits de vote, soit la société X, la société Y, Mme G, M. B, M. C et la société Z ;
- les associés qui détiennent au moins 0,1 % des droits de vote et qui exercent, ou ont exercé, directement ou indirectement, des fonctions de direction, soit Mme A.

Au total, les associés visés par l'engagement de conservation représentent 91 % des droits de vote, soit plus de 20 %.

Quatre associés sont libres de tout engagement : Melle H, M. F, Mme D et M. E.

Exemple 2 : scission de S au profit de S1 et S2

Le capital se répartit de la manière suivante, le reste du capital étant disséminé dans le public, aucun actionnaire n'ayant plus de 0,1 % du capital :

Associés	% des droits de vote	Fonctions de direction, d'administration ou de surveillance
Société A	6	Administrateur
Société B	6	P-DG et administrateur
M. C	5	Directeur général
Société D	4,9	
M. E	3	
M. F	3	
M. G	1,01	Administrateur
Mme H	0,2	Administrateur
M. I	0,2	Administrateur
Mme J	0,09	Administrateur

Sont normalement concernés par l'engagement de conservation :
- les associés qui détiennent au moins 5 % des droits de vote, soit la société A, la société B et M. C ;
- les associés qui détiennent au moins 0,1 % des droits de vote et qui exercent, ou ont exercé, directement ou indirectement, des fonctions de direction : M. G, Mme H et M.I.

Mais, au total, les droits de vote de l'ensemble des associés concernés ne représentent que 18,41 %, soit moins de 20 %. Ainsi, le régime de faveur des scissions ne pourra pas s'appliquer de plein droit et l'opération devra bénéficier d'un agrément ministériel pour pouvoir être admise au régime de faveur (BOI 4 I-2-02 du 25 octobre 2002, § 73).

2420 **Les dispositions en vigueur depuis 2002 améliorent ainsi la situation en ne faisant porter l'engagement de conservation que sur des actionnaires dits de référence, ce qui devrait faciliter l'accès au régime spécial de scissions réalisées dans le cadre de sociétés où le capital est relativement dispersé. Cet assouplissement n'est cependant pas totalement satisfaisant au regard de la directive communautaire du 23 juillet 1990 qui, pour les opérations de scission, ne prévoit pas la faculté, pour les États membres, de poser des conditions d'engagement de conservation des titres pour l'accès au régime spécial. Seul l'article 11 de cette directive permet à l'administration fiscale de justifier sa position** (sur cette question : rapport de la Commission des finances du Sénat sur le projet de loi de finances pour 2002 – Rapporteur : Ph. Marini, Tome III, p. 109).

2421 **Qu'il s'agisse d'opérations antérieures ou postérieures au 1er janvier 2002, au plan de la forme, l'administration doit être en mesure de vérifier le respect de la condition de conservation des titres pendant trois ans. À cet effet, l'article 54 septies-III du CGI prévoit que les sociétés bénéficiaires des apports doivent produire un état indiquant la situation de propriété, au cours de l'exercice, des titres représentatifs des apports que les associés se sont engagés à conserver pendant trois ans. Cet état peut être établi sur papier libre et doit comporter les éléments suivants : identification de l'entreprise, date de la scission, identification des associés et nombre de titres détenus par chacun** (instr. 27 octobre 1997 : BOI 4 I-7-97 ; Dr. fiscal 1997, n° 48, Instr. 11887 ; voir également instr. 17 janvier 2002 : BOI 4 I-1-02 et 25 octobre 2002, BOI 4 I-2-02, §§ 77 et s.). **Toutefois, l'administration indique que seuls les associés tenus de souscrire l'engagement de conservation des titres devront figurer sur l'état de situation. Il s'agira donc des associés qui, au moment de la scission, détiennent 5 % au moins des droits de vote et de ceux qui ont au moins 0,1 % et qui exercent, à la date de la scission, ou ont exercé, directement ou indirectement, des fonctions de direction. Cet état doit être joint aux déclarations de résultats souscrites au titre de la période couverte par l'engagement de conservation des titres. Le défaut de production de l'état de situation de propriété des titres, ou un état incomplet ou comportant des inexactitudes, entraîne l'application d'une amende égale à 5 % des résultats de la société scindée qui n'ont pas été imposés en application des dispositions des articles 210 A et 210 B.**

Par mesure de tempérament, l'administration admet que l'entreprise puisse régulariser sa situation sans encourir l'application de cette sanction lorsque sa démarche est spontanée et n'est pas motivée par une quelconque demande de l'administration fiscale (aucun contrôle en cours et la société n'a reçu ni avis de vérification, ni demande d'information à ce sujet). Par ailleurs, l'administration ajoute que la situation déclarative de la société devra faire apparaître une moralité fiscale irréprochable (rescrit 2012/8 du 21 février 2012).

2422 **L'engagement sera considéré comme respecté si l'associé détient, à tout moment de la période de trois ans, un nombre de titres au moins égal à celui qu'il a reçu en échange des titres de la société scindée. Cette vérification doit s'opérer au niveau de chacune des sociétés bénéficiaires des apports.**

2423 Mais naturellement, le respect de l'engagement de conservation doit pouvoir continuer à s'apprécier même si les sociétés bénéficiaires des apports font l'objet ou participent à des opérations de restructuration. Dans ce cas de figure, l'administration pose comme règle de principe que le nombre de titres sur lesquels porte l'engagement de conservation doit être ajusté (instr. 3 août 2000, § 38 : BOI 4 I-2-00). Toujours selon l'administration, les titres conservés doivent présenter les mêmes caractéristiques économiques que ceux reçus en échange. Dans ses commentaires, l'administration précise que les titres représentatifs d'un apport correspondent à une rémunération fondée directement et exclusivement sur l'appréciation du poids réel économique de l'apport au regard de celui de la société bénéficiaire de l'apport. Il en résulte que la nature et la portée des droits attachés aux titres reçus en rémunération ne peuvent être altérées ni au moment de l'apport ni ultérieurement par un aménagement particulier des statuts de la société bénéficiaire de l'apport. L'administration évoque, dans l'instruction, la prise en compte d'éléments extérieurs à l'opération d'apport comme, par exemple, les parités déterminées au niveau mondial dans le cadre d'un rapprochement international.

2424 Pour apprécier la portée de l'engagement de conservation, l'administration précise sa position dans le cadre de deux opérations classiques susceptibles d'affecter les sociétés bénéficiaires des apports : la réduction et l'augmentation de capital.

La réduction du capital de la société bénéficiaire des apports est considérée comme entraînant rupture de l'engagement de conservation, sauf dans l'hypothèse où la réduction du capital est consécutive à l'imputation de pertes.

2425 *L'augmentation du capital* de la société bénéficiaire des apports n'est pas, en principe, constitutive de la rupture de l'engagement de conservation des titres, même si l'importance relative de la participation détenue par l'associé dans le capital de la société vient à diminuer, dès lors que les caractéristiques économiques des titres restent inchangées. Toutefois, au regard des droits préférentiels de souscription, la cession dans les trois ans de droits attachés aux titres affectés par l'engagement de conservation constitue un cas de rupture de l'engagement de conservation. Ces droits préférentiels de souscription constituent un démembrement des actions. Il n'en va autrement que si un montant équivalant au prix de cession des droits de souscription est immédiatement utilisé pour souscrire à l'augmentation de capital ou acquérir des actions de la société qui procède à l'augmentation de capital. Les titres ainsi acquis ou souscrits sont également soumis à l'engagement de conservation pendant trois ans, délai calculé à compter de l'opération d'apport (instr. 3 août 2000, § 40 : BOI 4 I-2-00). On retrouve une solution déjà en vigueur dans le cadre des opérations d'apports partiels d'actifs et que l'administration transpose cette fois de manière explicite aux opérations de scission. L'associé ne doit pas retirer de l'utilisation des titres affectés par l'engagement de conservation des disponibilités financières.

2426 *Le non-respect, par un seul des associés, de l'engagement de conservation* des titres entraîne une amende pour l'intéressé, à l'exclusion de toute autre sanction, en particulier au niveau de la société scindée et des sociétés bénéficiaires des apports. Pour les scissions réalisées avant le 1er janvier 2002, le non-respect de l'engagement de conservation entraînait purement et simplement la déchéance du régime fiscal de faveur.

2427 L'amende qui est infligée est celle qui est prévue à l'article 1768 du CGI. Elle est prononcée, recouvrée, garantie et contestée selon les règles applicables en matière de taxes sur le chiffre d'affaires et s'élève à 25 % de la valeur réelle des titres qui ne sont pas conservés. Le montant de cette amende est limité au produit d'une somme égale à 30 % du montant des résultats de la société scindée non imposés en application du régime de faveur (art. 210 A et 210 B), résultats retenus dans la proportion de titres détenus qui ont été cédés par l'intéressé et par le pourcentage de sa participation au capital de la société scindée au moment de la scission. Cette amende peut, compte tenu de ses modalités de calcul, se révéler très importante. Le rapporteur général du Budget devant la Commission des finances du Sénat a déjà souligné les risques inhérents à de telles sanctions qui sont sans lien direct avec le préjudice effectivement subi par l'administration. Le redevable de l'amende doit attester du montant des résultats non imposés en raison de l'application du régime de faveur. Par résultats de la scission non imposés, l'administration vise essentiellement les plus-values et les provisions. Le texte instaure, pour le paiement de l'amende, une responsabilité solidaire de la société bénéficiaire des apports dont les titres ne sont pas conservés. On peut imaginer que cette solidarité a pour effet de ménager les intérêts du Trésor, particulièrement dans le cas où l'associé qui n'a pas respecté l'engagement de conservation se révèle défaillant, notamment en raison de sa résidence à l'étranger.

2428 Il est à noter que l'article 1768 sanctionne également l'associé d'une société scindée qui ne souscrit pas l'engagement de conservation des titres. Dans ce cas de figure, l'amende est égale à 1 % de la valeur réelle des titres attribués, estimée au moment de la scission, et pour lesquels l'engagement de conservation n'a pas été souscrit. Le régime est strict dans la mesure où c'est le défaut de souscription de l'engagement de conservation qui est sanctionné, même si, dans les faits, les titres ont été conservés. Pour l'application de cette amende, aucun dispositif de plafonnement n'existe. On notera, par ailleurs, que cette amende de 1 % n'est pas nécessairement incompatible avec l'application de celle de 25 %. Tel pourrait être le cas d'un associé qui ne souscrit pas l'engagement de conservation mais qui cède les titres dans les trois ans de l'opération.

EXEMPLE

L'amende de l'article 1768 du CGI

Une société S est scindée au profit de deux sociétés S1 et S2. L'opération est placée sous le régime de faveur des scissions. La valeur de la société scindée est estimée à 5 M€, l'apport au profit de S1 est estimé à 3 M€ et celui réalisé au profit de S2 à 2 M€. Le capital de la société S est réparti par moitié entre deux associés A1 et A2 qui reçoivent chacun des parts des sociétés S1 et S2.

Chacun des associés est tenu par l'engagement de conservation des titres pendant trois ans. Le montant des résultats placés sous le régime de faveur est de 1,5 M€ (plus-values d'apport : 1 M€ ; provisions : 0,5 M€).

Au cours de la deuxième année qui suit l'opération, l'associé A1 cède les trois quarts de sa participation dans le capital de S1.

• Si l'engagement de conservation n'a pas été souscrit, l'associé encourt une amende égale à 1 % de la valeur réelle des titres attribués, soit :

$$1\,\% \times 50\,\% \times (3\text{ M€} + 2\text{ M€}) = 25\,000\text{ €}$$

• Dans la mesure où l'associé A1 n'a pas respecté l'engagement de conservation des titres pendant trois ans, il encourt par ailleurs une amende de 25 % calculée en fonction de la valeur réelle des titres cédés au moment de la scission.

Valeur de S1 : 3 M€

Valeur des titres attribués à A1 : 50 % × 3 M€ = 1,5 M€

Valeur des titres cédés : 3/4 × 1,5 M€ = 1,125 M€

Montant de l'amende : 25 % × 1,125 M€ = 281 250 €

Le montant de l'amende de 25 % peut être plafonné en fonction des résultats qui ont bénéficié du régime de faveur. Le plafond est égal à 30 % des résultats non imposés en application du régime de faveur retenus par la proportion de titres détenus qui ont été cédés par l'intéressé et par le pourcentage de sa participation au capital de la société scindée.

En l'espèce, le plafond ressort à 30 % × 1,5 M€ × 75 % × 50 % = 168 750 €.

L'amende de 25 % est ainsi plafonnée à 168 750 €. En revanche, ce plafond ne concerne pas l'amende de 1 %.

2429 Pour l'application de l'amende, l'administration a l'obligation d'informer le (ou les) associé(s) concerné(s) de son intention d'appliquer les amendes de 1 % et de 25 %, des motifs de celle-ci, de la possibilité pour ces associés de présenter leurs observations dans un délai de 30 jours et de demander l'application du plafonnement de l'amende. Le contentieux et la mise en recouvrement sont assurés selon les règles applicables en matière de taxes sur le chiffre d'affaires. Chaque société bénéficiaire des apports est solidairement responsable du paiement de l'amende dans la proportion des titres qu'elle a émis. En cas d'apports successifs, la ou les société(s) apporteuse(s) sont solidairement responsables du paiement de l'amende (instr. 25 octobre 2002, BOI 4 I-2-02, §§ 91 et s).

Restructurations postérieures à la scission : le sort de l'engagement de conservation des titres

Lorsque des opérations de restructuration sont réalisées avec application d'un engagement de conservation pendant trois ans des titres reçus en contrepartie de l'apport, l'article 210 B bis admet de considérer qu'il n'y a pas, au titre des opérations de restructuration ultérieures, rupture de l'engagement initial de conservation si la société bénéficiaire du nouvel apport accepte de poursuivre jusqu'à son terme l'engagement de conservation initial. À défaut, la nouvelle opération de restructuration équivaut à une rupture de l'engagement de conservation, ce qui entraîne la déchéance du régime de faveur appliqué à l'opération initiale. Les conditions de mise en œuvre des dispositions de l'article 210 B bis sont détaillées à l'occasion des opérations d'apport partiel d'actif (voir §§ 2733 et s.).

L'article 210 B bis envisage toutefois de manière spécifique la situation des restructurations susceptibles d'intervenir après une opération de scission. En effet, le non-respect de l'engagement de conservation des titres des sociétés issues de la scission par les associés de la société scindée n'entraîne pas la déchéance rétroactive du régime spécial applicable à la scission mais se traduit par le paiement d'une amende prévue à l'article 1768 du CGI.

En conséquence, si une opération de restructuration porte sur des titres affectés par un engagement de conservation consécutif à une scission, il importe de déterminer le sort de cet engagement de conservation et les conséquences de son non-respect.

En la matière, le principe est que l'engagement de conservation est transmissible à la société bénéficiaire de l'apport sous réserve du respect des conditions posées par l'article 210 B bis. Si ces conditions ne sont pas respectées, ou si l'engagement de conservation n'est pas transmis, la nouvelle opération de restructuration va emporter rupture de l'engagement de conservation initial. Dès lors, et contrairement à ce qui se passe dans les autres cas visés par l'article 210 B bis, c'est l'amende de l'article 1768 qui va trouver à s'appliquer. Il en résulte que la rupture ou le non-respect de l'engagement de conservation du fait de la nouvelle opération de restructuration n'entraînera pas déchéance du régime de faveur appliqué à l'opération de restructuration initiale. L'amende est à la charge de la société bénéficiaire de l'apport des titres grevés de l'engagement de conservation à la suite de la scission de départ. Le texte instaure toutefois une solidarité avec la société apporteuse.

En pratique, sont par exemple visées les opérations de scission suivies d'une opération d'apport partiel d'actif portant sur des les titres reçus par les associés de la société scindée.

Exemple d'application de l'article 210 B bis du CGI

Une société S est scindée au profit de 2 sociétés S1 et S2. La valeur réelle des titres à la date de la scission est égale à 25 M€ (valeur S1 : 15 M€ ; valeur S2 : 10 M€). La société A détenait 20 % de la société S. Dans le cadre de l'opération de scission, elle a vocation à recevoir 20 % de S1 (3 M€) et 20 % de S2 (2 M€). La société A doit prendre l'engagement de conservation des titres pendant une durée de trois ans. Les résultats qui n'ont pas été imposés dans le cadre de l'opération de scission en raison de l'application du régime de faveur sont évalués à 16 M€.

Hypothèse 1 : A réalise dans les trois ans un apport partiel d'actif des titres S1

Si, dans l'intervalle de trois ans, la société A réalise un apport partiel d'actif portant uniquement sur les titres de la société S1, les dispositions de l'article 210 B bis seront inapplicables. En effet, la mise en œuvre des dispositions de l'article 210 B bis sur les restructurations successives suppose que l'opération de restructuration postérieure à la scission porte sur l'intégralité des titres qui faisaient l'objet d'un engagement de conservation.

Hypothèse 2 : A réalise dans les trois ans un apport partiel d'actif des titres S1 et S2 au profit d'une société B

Dans ce cas, les conditions de mise en œuvre de l'article 210 B bis sont satisfaites. Dans cette situation, la société A et la société B doivent prendre, dans l'acte d'apport, l'engagement de conservation pendant trois ans.

Si B ne prend pas cet engagement, le régime de faveur appliqué à l'opération de scission n'est pas remis en cause mais la société B encourt l'amende de 1 % au titre du défaut d'engagement. Cette amende est égale à 1 % de la valeur réelle des titres S1 et S2 attribués à A au moment de la scission, soit 1 % (3 M€ + 2 M€ = 5 M€) = 50 000 €.

Si on suppose que l'année après l'apport partiel d'actif, la société B décide de céder les titres S2, la société B encourt une amende égale à 25 % de la valeur réelle des titres cédés. Cette amende est égale à :

$$25\ \% \times 2\ M€ = 500\,000\ €$$

Cette amende peut toutefois être plafonnée en fonction du résultat qui n'a pas été soumis à l'impôt en application du régime de faveur, soit :

$$30\ \% \times 16\ M€ \times 100\ \% \times 20\ \% \times 2/5 = 384\,000.$$

L'application du régime spécial sur agrément

Les cas de recours à l'agrément

2430 Par symétrie par rapport aux cas précédents, l'agrément sera nécessaire dans les cas suivants :

– l'engagement de conservation des titres pendant une période de trois ans ne peut être souscrit. Il en sera notamment ainsi dans l'hypothèse d'une opération de scission dans laquelle les associés, qui représentent plus de 5 % du capital de la société scindée, ne sont pas en mesure de prendre cet engagement de conservation ;

– la scission ne s'opère pas par ventilation de branches complètes et autonomes d'activité entre les sociétés bénéficiaires des apports ;

– la scission porte sur des éléments assimilés à une branche complète et autonome d'activité au regard de la réglementation applicable aux apports partiels d'actifs et, en particulier, des titres. En effet, si, en matière d'apports partiels d'actifs, les apports de participation peuvent être considérés, sous certaines conditions comme des éléments assimilables à une branche complète et autonome d'activité, cette assimilation ne s'étend pas aux opérations de scission. Il en résulte que, sauf

agrément, ces opérations d'apport sont imposées dans les conditions de droit commun (instr. 3 août 2000, § 29 : BOI 4 I-2-00) ;
– le patrimoine étranger à l'exploitation a soit une valeur négative, soit une valeur qui représente plus de 10 % de la valeur réelle de la société scindée, ou encore une composition qui ne permet pas une répartition proportionnelle à la valeur réelle des branches complètes d'activité apportées.

Les conditions de délivrance de l'agrément

2431 L'agrément en matière de scission est un agrément de droit et est accordé dès lors que l'opération remplit cumulativement les trois conditions suivantes (CGI art. 210 B3 ; instr. 27 juin 2000 : BOI 13-I-00). Ces conditions étant communes aux opération de scission et d'apport partiel d'actif, elles seront développées dans le cadre des apports partiels d'actifs *(voir § 1821)* :
– l'opération est justifiée par un *motif économique* qui se traduit notamment par l'exercice, par la société bénéficiaire de l'apport, d'une activité autonome ou par l'amélioration des structures, ainsi que par une association entre les parties ;
– l'opération *n'a pas comme objectif principal* ou comme l'un de ses objectifs principaux *la fraude ou l'évasion fiscale* ;
– les modalités de l'opération permettent d'assurer *l'imposition future des plus-values mises* en sursis d'imposition.

2432 En outre, les conditions de l'agrément ministériel avaient fait l'objet de précisions par un arrêté ministériel du 8 décembre 1980 (arrêté ministériel du 8 décembre 1980, JO du 9), dans le cas particulier où la scission est destinée à permettre la transmission à titre gratuit d'une entreprise. L'arrêté ministériel énonçait en substance que l'agrément pouvait être octroyé lorsque la scission concernait une société qui comporte au moins deux branches complètes d'activité, qu'elle s'effectuait par apport à des sociétés nouvelles et enfin, que les titres reçus en contrepartie de l'apport faisaient l'objet d'une transmission à titre gratuit dans les deux ans de la scission. Le régime spécial ne pouvait cependant s'appliquer si, par exemple, la transmission à titre gratuit ne portait que sur les titres d'une seule des sociétés issues de la scission. Ces dispositions sont désormais rapportées dans la mesure où l'agrément est réservé aux opérations qui sont justifiées par un motif économique réel. Or, les opérations de scission préalables à la transmission à titre gratuit sont considérées comme des opérations à caractère patrimonial et sont, par voie de conséquence, dorénavant exclues de ce dispositif.

Jusqu'à l'adoption de la loi de finances pour 2000, l'agrément pour l'accès des scissions au régime fiscal des fusions était un agrément discrétionnaire dont la procédure était calquée sur l'agrément en matière de fusion. En particulier, un arrêté du 24 mai 1971 (doc. adm. 13 D 2214-7 et 8) indiquait que les scissions susceptibles d'être agréées devaient s'inscrire dans le cadre d'opérations de regroupement d'entreprises ou, à titre exceptionnel, de restructuration interne d'entreprises ou de groupes d'entreprises (doc. adm. 13 D 2214-10 ; arrêté ministériel du 24 mai 1971, JO du 29). Les dispositions de l'arrêté du 24 mai 1971 sont aujourd'hui caduques.

La procédure d'agrément

2433 La procédure d'agrément est définie à l'article 1649 nonies du CGI qui attribue compétence au ministre de l'Économie et des Finances. Ces dispositions sont applicables depuis le 1er janvier 2000. Celles qui figuraient dans l'arrêté du 24 mai 1971 et qui prévoyaient des possibilités de déconcentration du pouvoir de décision sont sans objet (instr. 27 juin 2000, § 23 : BOI 13 D-1-00).

2434 La demande d'agrément doit être signée par les représentants des sociétés qui participent à l'opération et être transmise au Bureau des agréments. La demande est établie en fonction d'un modèle général de demande qui est reproduit en annexe (Direction générale des finances publiques – Service Juridique – Bureau des Agréments (AGR) – Télédoc 957 – 139 rue de Bercy – 75574 Paris Cedex 12). Un exemplaire de la dernière liasse fiscale de chaque société participant à l'opération doit être annexé à la demande. Les anciennes dispositions qui prévoyaient que les demandes d'agrément étaient adressées au Commissariat général au Plan sont rapportées (anciennes dispositions 13 D-2214, n° 13 et 13 D-2224, n° 8 ; instr. 27 juin 2000, § 26 : BOI 13 D-1-00). En pratique, les décisions d'agrément, ou le cas échéant de rejet, sont notifiées par lettre recommandée avec accusé de réception.

2435 Comme cela a déjà été mentionné, l'agrément est de droit dès lors que les conditions posées sont satisfaites. Il en résulte que les décisions de refus doivent être motivées. Les sociétés qui entendent contester la décision qui a été rendue doivent le faire devant le tribunal administratif. Il convient alors d'adresser au greffe du tribunal administratif compétent, dans un délai de deux mois à compter de la date de réception de la décision, une requête motivée établie sur papier libre en quatre exemplaires, accompagnée de la décision qui est contestée (décret 83-1025 du 28 novembre 1983, art. 9). La requête doit être revêtue d'un timbre fiscal (CGI art. 1089 B).

Les conséquences de l'agrément

2436 L'obtention de l'agrément permet de placer l'opération de scission sous le régime spécial des fusions prévu à l'article 210 A du CGI. Son effet ne saurait aller au-delà et, en particulier, l'administration considère que l'agrément n'emporte pas approbation des modalités juridiques, financières et comptables de l'opération. Il en va de même des autres conséquences fiscales de l'opération ou encore des évaluations retenues (instr. 27 juin 2000, § 20 : BOI 13 D-1-00). La portée de l'agrément est donc limitée à l'impôt sur les sociétés ; il autorise l'accès au régime spécial des fusions, les sociétés restant intégralement tenues au respect des obligations inhérentes à ce régime. L'administration précise même que cet agrément n'emporte aucune conséquence sur la qualification de branche complète et autonome d'activité en matière de droits d'enregistrement (instr. 27 juin 2000, § 21 : BOI 13 D-1-00). Si on peut comprendre une telle précaution de la part de l'administration, on peut tout autant la regretter ; la notion de branche complète et autonome d'activité aurait sans doute mérité une définition fiscale unique qui aurait incontestablement contribué à la sécurité fiscale des opérations de restructuration.

Le retrait de l'agrément

2437 Dans l'hypothèse où les conditions posées pour le bénéfice de l'agrément ne sont plus respectées, l'administration est à même d'engager une procédure de retrait qui entraîne la déchéance rétroactive du régime spécial. La société scindée est ainsi replacée dans la situation qui aurait été la sienne si l'opération n'avait pas bénéficié d'un agrément. Il en résulte que les impôts dont les bénéficiaires de l'agrément ont été dispensés deviennent exigibles. La solution serait identique s'il s'avérait que les renseignements fournis dans le cadre de la demande d'agrément étaient inexacts. Les impôts dus sont naturellement majorés de l'intérêt de retard prévu à l'article 1727 du CGI.

2438 Si l'administration constate des éléments de nature à entraîner le retrait d'un agrément, elle doit, préalablement à toute remise en cause des exonérations ou dispenses d'imposition liées à l'application du régime de faveur, soumettre obligatoirement le dossier au Bureau des Agréments du service juridique de la Direction générale des finances publiques avec les propositions destinées à engager une procédure de retrait d'agrément. Seule l'autorité qui a accordé l'agrément est compétente pour le retirer (instr. 27 juin 2000, § 32 : BOI 13 D-1-00).

Le contenu du régime spécial

2439 Si les conditions tenant au régime fiscal des sociétés, à l'obtention ou à la dispense de l'agrément et à la dissolution de la société scindée sont remplies, la scission pourra bénéficier des dispositions de l'article 210 B du CGI aux termes duquel : « Les dispositions de l'article 210 A s'appliquent aux scissions et apports partiels d'actif dans la mesure où ces opérations ont été agréées par le ministre de l'Économie et des Finances. »

Par voie de conséquence, et compte tenu du renvoi à l'article 210 A, il faut en conclure que c'est le régime spécial des fusions qui trouve à s'appliquer. Il produira ses effets tant au niveau de la société scindée qu'au niveau de la société bénéficiaire des apports.

L'application du régime spécial à la société scindée

2440 L'application du régime spécial à la société scindée conduit à appliquer à cette société les exonérations et reports d'imposition prévus pour la société absorbée dans le cadre du régime des fusions avec les obligations de forme qui s'y rattachent et qui ont été examinées dans le cadre des fusions de sociétés.

2441 Ainsi, les plus-values de scission et les provisions de la société scindée sont exonérées. Les plus-values constatées sur éléments amortissables sont imposées dans le cadre des sociétés bénéficiaires des apports de façon échelonnée dans le temps ; la société scindée bénéficiera des mêmes possibilités de déduction immédiate des moins-values partielles constatées sur éléments amortissables. Quant à l'imposition des plus-values sur éléments non amortissables, elle est reportée jusqu'à la date de cession de ces éléments par les sociétés bénéficiaires des apports *(voir §§ 1237 et s.)*.

2442 Seuls sont imposables, au niveau de la société scindée, les bénéfices réalisés du début de l'exercice jusqu'à la date de la scission. Il convient cependant de prendre garde, sur ce point, à l'interférence éventuelle des clauses de rétroactivité qui fonctionnent de façon identique à celles insérées dans les traités de fusion *(voir §§ 812 et s.)*. Sont de même imposables les provisions devenues sans objet ou tout autre produit réalisé antérieurement à l'opération de scission et volontairement écarté de cette opération ; il en sera ainsi, par exemple, des éléments d'actif dont la société scindée souhaite se débarrasser préalablement à l'opération de scission.

L'application du régime spécial aux sociétés bénéficiaires des apports

2443 **Au regard des sociétés bénéficiaires des apports, l'application du régime spécial se traduit par un certain nombre d'obligations mais aussi par l'attribution d'un certain nombre de droits.**

Les obligations à la charge des sociétés bénéficiaires des apports

2444 **Les sociétés bénéficiaires des apports de la société scindée sont soumises, dans le cadre du régime spécial, à des obligations identiques à celles qui incombent aux sociétés absorbantes dans le cadre d'une opération de fusion** (instr. 3 août 2000 : BOI 4 I-2-00, § 22).

2445 **Ces obligations prennent la forme, comme en matière de fusion de sociétés, d'un engagement pris dans l'acte de scission, avec toutefois une particularité liée à la nature même de l'opération de scission. L'engagement qui figure dans l'acte de scission doit donner le détail des obligations assumées par chaque personne morale bénéficiaire des apports** (doc. adm. 4 J 212-2).

2446 **Par voie de conséquence, chaque société bénéficiaire d'apports dans le cadre d'une opération de scission doit :**
– réintégrer dans ses bénéfices imposables la plus-value nette dégagée par la scission sur les biens amortissables reçus en apport. Cette réintégration doit s'opérer en principe sur une période maximale de cinq ou quinze ans. Les modalités de réintégration et les assouplissements dans l'application de la règle sont exactement identiques à ceux examinés dans le cadre des fusions de sociétés *(voir §§ 1215 et s.)* **;**
– calculer les plus-values sur éléments non amortissables en fonction de la valeur qu'avaient ces éléments dans les écritures de la société scindée ;
– reprendre à son passif les provisions constituées chez la société scindée et dont l'imposition a été différée ;
– se substituer à la société scindée pour la réintégration des plus-values nettes dont l'imposition avait été différée chez cette dernière. Il s'agit, par exemple, des plus-values nettes à court terme consécutives à une expropriation ou à un sinistre et dont l'étalement est transféré aux sociétés issues de la scission. Toutefois, là encore, la scission emportant division de sociétés, il convient de répartir les plus-values nettes à étaler entre les différentes sociétés bénéficiaires des apports ;
– établir l'état du suivi des valeurs fiscales et le registre des plus-values en sursis d'imposition (CGI art. 54 septies-I et II)**. Sur ce point, on se reportera aux précisions données en matière de fusion ;**
– établir l'état prévu à l'article 54 septies III et relatif à la conservation des titres par les associés. L'article 54 septies III énonce en effet que, pour les scissions placées sous le régime prévu aux articles 210 A et 210 B, les sociétés bénéficiaires des apports doivent produire un état indiquant la situation de propriété, au cours de l'exercice, des titres représentatifs des apports que les associés de la société scindée se sont engagés à conserver pendant trois ans. Cet état, conforme au modèle fixé par l'administration, doit être joint à leur déclaration de résultats souscrite au titre de la période couverte par l'engagement de conservation des titres. Si l'état n'est pas produit au titre d'un exercice, ou si les renseignements qui y sont portés sont incomplets ou inexacts, il est prononcé une amende égale à 5 % des résultats de la société scindée non imposés en application des dispositions prévues aux articles 210 A et 210 B du CGI.

ÉTAT DE PROPRIÉTÉ DES TITRES : QUEL CONTENU ?

L'article 38 quindecies III de l'annexe III du CGI fixe le contenu de l'état spécial à souscrire en matière de scission. Il y a lieu de faire apparaître, pour chaque opération de scission :
– la dénomination et l'adresse de la société scindée ;
– la date de l'approbation de la scission par les assemblées générales ;
– et pour chaque associé :
  - son nom ou sa dénomination,
  - son adresse,
  - le nombre de titres grevés de l'engagement de conservation attribués à la suite de l'opération de scission, détenus sur toute la période couverte par l'exercice et, le cas échéant, cédés au cours de l'exercice.

Les droits reconnus aux sociétés bénéficiaires des apports

2447 En contrepartie des différents engagements dont les sociétés bénéficiaires ont la charge dans le cadre de l'opération de scission, les sociétés ont un certain nombre de droits. Elles peuvent :
– opérer le report de la moins-value nette dégagée par la société scindée sur les biens amortissables qui lui ont été apportés ;
– imputer éventuellement une quote-part du déficit de la société scindée dont le transfert aux sociétés bénéficiaires des apports a été autorisé par voie d'agrément. Naturellement, la technique même de la scission implique que le déficit de la société scindée soit réparti entre les sociétés bénéficiaires des apports. *A priori*, la répartition s'effectuera en fonction des branches d'activité transférées mais il est possible que d'autres méthodes soient retenues en vue d'une répartition forfaitaire du déficit selon des clés de répartition. En principe, le report déficitaire des sociétés bénéficiaires des apports n'est pas impacté par l'opération de scission, sauf à établir que l'opération de scission a modifié l'activité des sociétés bénéficiaires des apports ;
– calculer les amortissements et les plus-values ultérieures afférents aux éléments amortissables d'après la valeur qui leur a été attribuée lors de l'apport (CGI art. 210 A-3d, sous réserve, toutefois, que les dispositions comptables le permettent). Si les apports ont été effectués en valeurs comptables, on rappelle que la société bénéficiaire des apports ne pourra être que la continuatrice de la société scindée. Elle ne pourra donc que reprendre et terminer les plans d'amortissement initiés par la société scindée. En revanche, pour des apports en valeur réelle, les sociétés bénéficiaires des apports auront la possibilité de redéfinir les plans d'amortissement. En particulier, les sociétés bénéficiaires des apports pourront avoir recours à l'amortissement dégressif.

L'application du régime de droit commun

2448 Si l'une des conditions posées pour l'accès au régime spécial n'est pas respectée, la scission de société sera placée sous le régime de droit commun. Il en résultera :
– l'application du régime fiscal des dissolutions de sociétés pour la société scindée ;
– l'application du régime fiscal des augmentations de capital lorsque les sociétés bénéficiaires des apports auront des sociétés préexistantes, ou du régime fiscal des constitutions de sociétés lorsque la scission se fait au profit de sociétés nouvelles.

Les grandes lignes du régime de droit commun recouvrent ainsi celles étudiées dans le cadre du régime de droit commun des fusions *(voir §§ 1279 et s.)*.

2449 On se bornera ici à formuler quelques remarques spécifiques :
– comme en matière de fusion de sociétés, il convient de tenir compte de l'impact des modes de valorisation comptable des apports. Ainsi, même si la scission est effectuée sur la base des valeurs comptables, du point de vue fiscal, dans le cadre du régime de droit commun, les plus-values doivent être calculées sur la base des valeurs réelles à la date de la scission ;
– le traitement du déficit est identique à celui constaté dans le cadre du régime de droit commun des fusions. Il en résulte que les plus-values constatées chez la société scindée peuvent se compenser avec le déficit reportable de cette même société scindée ;
– de la même manière, chez les sociétés issues de la scission, pour le calcul des plus-values ultérieures de cession, il est possible de déterminer le prix de revient de l'immobilisation cédée en tenant compte de la valeur réelle des biens au moment de la scission, diminuée du montant des amortissements pratiqués depuis cette date par la société issue de la scission qui a reçu le bien. Le tempérament est donc exactement le même qu'en matière de fusion de sociétés. Sur ce point, on rappelle que s'agissant de titres de participation reçus par voie d'apport dans le cadre de la scission, l'application du taux « 0 » à la cession suppose que les titres aient la nature de titres de participation et soient détenus depuis au moins deux ans. À l'inverse du régime spécial, le délai de deux ans ne peut se décompter qu'à partir de la date de la scission.

Le régime des scissions au regard des droits d'enregistrement

2500 Au regard des droits d'enregistrement, les opérations de scission peuvent également bénéficier du régime fiscal spécial calqué, pour l'essentiel, sur le régime des fusions. À l'inverse, toutefois, de ce qui se passe en matière d'impôts directs, les conditions d'accès au régime spécial sont moins restrictives et, en particulier, les scissions n'ont pas à faire l'objet d'un agrément ministériel.

Enfin, les scissions qui ne peuvent être placées sous le régime spécial des fusions relèvent du régime de droit commun ; c'est également ce régime qui s'appliquera si les sociétés renoncent volontairement au régime spécial.

L'application du régime spécial

2501 Il convient d'envisager distinctement les conditions d'application du régime spécial des scissions et le contenu de ce régime au regard des droits d'enregistrement.

Les conditions d'application

2502 Le régime spécial des scissions en matière de droits d'enregistrement est susceptible de s'appliquer à l'opération par laquelle une société transfère, à compter de la même date, l'ensemble de son actif et de son passif à plusieurs sociétés qui relèvent du régime fiscal des sociétés de capitaux, que ces dernières soient des sociétés nouvelles en cours de constitution ou des sociétés préexistantes (CGI, ann. II, art. 301 D et 301 F). Il faut cependant que la société apporteuse soit dissoute et que les apports soient rémunérés par l'attribution de droits ou parts de capital des sociétés bénéficiaires.

2503 Cette définition très générale du champ d'application du régime spécial appelle quelques remarques ou précisions :
– à l'inverse de ce qui se passe souvent en matière d'impôt sur les sociétés, la scission n'a pas à bénéficier d'un agrément ministériel ;
– le régime spécial, comme en matière de fusion de sociétés, est étendu aux scissions dans lesquelles la société scindée est une société de personnes. Cette extension résulte des dispositions de l'article 816-A-II du CGI, la portée de cette disposition étant la même qu'en matière de fusion de sociétés (doc. adm. 7 H 3841-8 ; *voir §§ 1411 et s.*) ;
– les sociétés bénéficiaires des apports doivent, quant à elles, relever du régime fiscal des sociétés de capitaux. Il en résulte que le régime spécial n'est pas susceptible de s'appliquer dès lors qu'une société bénéficiaire des apports relève du régime des sociétés de personnes.

2504 C'est ainsi, par exemple, que ne peut bénéficier du régime spécial une scission de société dans laquelle les apports sont réalisés, pour partie, au profit d'une société qui revêt une forme commerciale et, pour partie, au profit d'une société civile immobilière à laquelle il est fait apport du patrimoine immobilier. Il n'en irait autrement que si la société civile relevait de l'impôt sur les sociétés (JO 19 février 1966, AN p. 258). À propos du statut fiscal des sociétés bénéficiaires des apports, l'administration a donné quelques précisions quant au régime des scissions avec apports faits au profit de sociétés immobilières de copropriété dites transparentes (CGI art. 1655 ter). Elle a notamment indiqué que de telles opérations de scission ne pouvaient être admises au régime spécial et relèvent en principe du régime de droit commun, cette règle étant toutefois susceptible de connaître certains tempéraments (doc. adm. 7 H 3841-11). De même, lorsque les apports résultant d'une scission sont effectués, pour partie, au profit de sociétés immobilières de copropriété et, pour partie, au profit de sociétés relevant de l'impôt sur les sociétés, il est admis, sous certaines conditions, que l'opération bénéficie du régime spécial en matière de droits d'enregistrement et à raison des seuls apports réalisés au profit de sociétés passibles de cet impôt.

Il est admis, en matière de droits d'enregistrement, que les apports soient rémunérés sous une autre forme que par des titres ou parts de capital des sociétés bénéficiaires des apports, dans la limite, toutefois, de 10 % de la valeur nominale des droits attribués (CGI, ann. II, art. 301 F). On retrouve, sur ce point, la même règle qu'en matière de fusion, mais qui appelle cependant une précision particulière quant à ses modalités d'application dans le cadre des scissions. En effet, dans la mesure où, par définition, les apports sont consentis au profit de plusieurs sociétés, il convient de s'interroger sur les modalités d'appréciation du plafond de 10 % et, plus précisément, sur le point de savoir si cette limite s'apprécie distinctement pour chaque société bénéficiaire des apports ou si, à l'inverse, le plafond s'apprécie globalement, pour l'ensemble de l'opération, ce qui autoriserait éventuellement les compensations entre sociétés.

2505 C'est la première solution qui prévaut ; le plafond doit s'apprécier par société. Il en résulte que si, lors d'une opération de scission, des apports réalisés au profit d'une société sont rémunérés dans une proportion supérieure à 10 % par des éléments autres que des titres ou droits sociaux, l'opération perdra son caractère de scission et cela, quand bien même globalement, toutes sociétés bénéficiaires confondues, le plafond de 10 % ne serait pas atteint (doc. adm. 7 H 3841-6).

Le contenu du régime spécial

2506 Le contenu du régime spécial en matière de scission présente de larges ressemblances avec le régime spécial tel qu'il existe en matière de fusion de sociétés. Cette transposition résulte des dispositions de l'article 817-I du CGI.

2507 Comme en matière de fusion, la scission de sociétés est passible du seul droit fixe de 375 ou 500 € selon que le capital de la société scindée est inférieur ou supérieur à 225 000 €. Peu importe, à cet égard, que la scission ait été agréée ou non ; dès lors que les sociétés qui participent à l'opération satisfont aux conditions posées par les articles 816-I et 817-I, le droit fixe trouve à s'appliquer.

L'application du régime de droit commun

2508 La scission peut être placée, au regard des droits d'enregistrement, sous le régime de droit commun. Ce sera le cas lorsque :
– l'opération sera exclue du régime spécial en raison soit du statut fiscal des sociétés qui participent à l'opération, soit de leur nationalité, et qu'il n'a pas été obtenu d'agrément ;
– l'opération aura été volontairement placée sous le régime de droit commun, les sociétés préférant renoncer à l'application du régime spécial.

2509 Dans cette situation, les droits d'enregistrement perçus correspondent :
– aux droits dus en cas de dissolution de société au titre de la dissolution de la société scindée ;
– aux droits dus en cas de constitution de société si des sociétés nouvelles figurent au nombre des sociétés bénéficiaires des apports ;
– aux droits dus au titre des augmentations de capital si une ou plusieurs sociétés bénéficiaires des apports sont des sociétés préexistantes.

Le régime des scissions au regard des associés

2550 L'opération de scission entraîne la dissolution de la société scindée et la remise, aux associés de cette société, de titres des sociétés bénéficiaires des apports. Comme en matière de fusion de sociétés, il convient d'analyser les conséquences fiscales de cette remise de titres aux associés en distinguant, là encore, la situation des associés personnes physiques de celle des associés entreprises.

La situation des associés personnes physiques

2551 Pour les personnes physiques, deux questions sont à distinguer : la remise des titres peut-elle être considérée comme une distribution ? La plus-value constatée lors de l'échange des titres est-elle imposable ? Les réponses à ces questions reprennent, nul n'en sera surpris, les solutions adoptées en matière de fusion de sociétés à propos de la situation fiscale des associés de la société absorbée.

2552 Compte tenu de la rédaction de l'article 115 du CGI, il apparaît que la répartition des titres des sociétés bénéficiaires des apports au profit des associés de la société scindée ne peut être considérée comme une distribution de revenus mobiliers et imposée en tant que telle. La distinction ancienne qui commandait d'envisager séparément les opérations de scission qui bénéficiaient du régime de faveur et celles qui étaient placées sous le régime de droit commun a été abandonnée. Cette simplification est heureuse, même si, déjà dans le passé, l'administration avait assoupli l'application du texte et admettait, sous certaines conditions, que l'exonération de l'attribution des titres puisse s'appliquer dès lors que les titres représentatifs de la scission étaient répartis entre les associés proportionnellement à leurs droits dans le capital (en ce sens, voir notamment instr. 26 mars 2001 : BOI 4 I-1-01).

2553 Pour bénéficier de cette mesure, la scission doit naturellement correspondre à la définition fiscale de la scission telle qu'elle résulte des dispositions de l'article 210-0 A du CGI. Il en résulte notamment que les scissions-partages, qui prévoient des modalités de répartition des titres des sociétés bénéficiaires des apports entre les associés de la sociétés scindée autres que proportionnelles, ne peuvent se prévaloir des dispositions de l'article 115-1. De la même façon, il ne faut pas perdre de vue que la définition fiscale des scissions dans un cadre international suppose que l'opération soit réalisée avec des entreprises implantées dans des États ayant conclu avec la France une convention d'assistance administrative destinée à lutter contre la fraude fiscale. À défaut, l'opération ne saurait être qualifiée de scission au sens fiscal du terme et les dispositions de l'article 115-1 ne pourraient s'appliquer.

2554 Au regard de la plus-value d'échange, pour les associés de la société scindée, la situation est tout à fait comparable à celle des associés de la société absorbée. Il en résulte que les associés de la société scindée vont bénéficier d'un sursis d'imposition au titre de la plus-value d'échange constatée. L'opération revêt pour eux un caractère totalement intercalaire, la plus-value ou moins-value d'échange n'ayant ni à être calculée ni à être déclarée.

2555 En contrepartie, naturellement, lorsque l'associé de la société scindée viendra à vendre les titres qu'il avait reçus lors de l'échange, la plus-value de cession devra être calculée en fonction de la valeur de souscription ou d'acquisition des titres de la société scindée. Cette plus-value de cession sera soumise au régime qui lui est propre à la date de la cession, en ayant, le cas échéant, pris soin de respecter le délai de conservation de trois ans susceptible de s'appliquer sur l'opération (la durée de trois ans est la durée prévue pour les opérations qui ne nécessitent pas d'agrément ; pour les opérations ayant bénéficié d'un agrément, la décision d'agrément peut fixer le délai de conservation des titres).

Comme en matière de fusion, l'existence potentielle d'une soulte lors de l'échange est totalement dépourvue d'impact sur l'application du régime du sursis d'imposition à la scission. De la même manière que pour les fusions, le régime du sursis n'est en vigueur que pour les opérations de restructuration postérieures au 1er janvier 2000. Pour la période antérieure, c'est un régime de report qui s'appliquait et qui ne s'est pas transformé rétrospectivement en sursis d'imposition. Les associés qui ont participé à ces opérations de restructuration conservent donc des plus-values en report.

La situation des entreprises associées

2556 Lorsque, parmi les associés de la société scindée, se trouvent des entreprises, la répartition des titres des sociétés bénéficiaires de l'apport est susceptible de faire apparaître une plus-value d'échange. Cette plus-value peut toutefois bénéficier d'un sursis d'imposition en vertu des dispositions de l'article 38-7 bis du CGI. Comme en matière de fusion, l'application du sursis d'imposition est facultative, l'option résultant de la rédaction même du texte. Mais cette option doit toutefois être globale. Au plan de la forme, les entreprises associées qui bénéficient d'un sursis d'imposition doivent en outre se conformer aux obligations de l'article 54 septies du CGI ; elles doivent ainsi servir l'état des plus-values en sursis d'imposition et le registre des plus-values en sursis.

2557 Si l'associé ne demande pas l'application du sursis, on sera en présence d'une plus-value sur titres dont le régime fiscal dépendra étroitement de la qualification fiscale des titres de la société scindée. Pour des titres de placement, l'échange aura pour effet, en cas de plus-value, de majorer la base d'imposition à 33,33 %. Si les titres avaient la nature de titres de participation détenus depuis plus de deux ans, la plus-value d'échange sera exonérée ; s'il s'agissait de titres de sociétés à prépondérance immobilière, il conviendra d'appliquer à la plus-value d'échange le taux de 19 % ou 33,33, % selon les cas.

2558 Pendant longtemps, le bénéfice du sursis d'imposition était lié au fait que la scission soit placée sous le régime de faveur des articles 210 A et suivants du CGI. La loi de finances pour 2002 a modifié la rédaction de l'article 38-7 bis en supprimant une telle restriction. Désormais, l'application du sursis d'imposition est indépendante du régime sous lequel est réalisée la scission. Le régime applicable aux opérations de scission est désormais directement comparable à celui applicable en matière de fusions de sociétés. On notera, par parenthèse, que la modification de l'article 38-7 bis a également été étendue aux titulaires de bénéfices non commerciaux. La loi de finances pour 2002 a modifié le texte de l'article 93 quater V du CGI dans cet esprit. Cette égalité de traitement des entreprises associées est une bonne chose (instr. 25 octobre 2002, § 113 ; BOI 4I-2-02).

2559 Par ailleurs, les dispositions de l'article 38-7 bis s'appliquent aux opérations qui répondent à la définition fiscale des scissions telle que contenue dans l'article 210 0 A. Comme pour les associés personnes physiques, il faut en tirer deux conclusions. D'une part, la scission donne lieu à une répartition proportionnelle des titres entre les associés de la société scindée. D'autre part, si la scission se déroule dans un contexte international, l'associé français d'une société scindée étrangère peut revendiquer l'application du sursis d'imposition, sous réserve, toutefois, que la société scindée ne soit pas implantée dans un État n'ayant pas conclu de convention d'assistance administrative avec la France. Les dispositions de l'article 38-7 bis s'appliquent également au profit ou à la perte réalisé par les membres des professions non commerciales lors de l'échange de droits sociaux résultant d'une scission de société (CGI art. 93 quater V).

2560 Au plan pratique, la mise en œuvre du sursis d'imposition commande, en cas de cession ultérieure des titres, de calculer le résultat de cession par référence à la valeur que les droits sociaux remis en échange avaient du point de vue fiscal. Précisément, en matière de scission de sociétés, il convient de ventiler la valeur globale des titres entre les titres de chaque société bénéficiaire de l'apport afin de pouvoir calculer les plus-values ultérieures de cession par référence à la valeur fiscale. En pratique, l'article 38-7 bis prévoit que la valeur fiscale des titres de chaque société bénéficiaire des apports reçus en contrepartie de ceux-ci est égale au produit de la valeur fiscale des titres de la société scindée par le rapport existant à la date de l'opération de scission entre la valeur réelle des titres de chaque société bénéficiaire dans le cadre de cette opération et celle des titres de la société scindée.

2561 Mais attention, la valeur fiscale des titres peut ne pas coïncider avec la valeur des titres en comptabilité. Il suffit de songer au cas où les titres de la société scindée proviennent d'une opération à laquelle était également attaché un sursis d'imposition, sursis non remis en cause du fait de la scission.

EXEMPLE

La société A est associée de la société S, société qui a été scindée au profit de trois sociétés S1, S2 et S3. Les titres de la société S ont été reçus par voie d'échange à la suite d'un apport partiel d'actif qui a bénéficié des dispositions de l'article 210 B du CGI.

Valeur fiscale des titres S		50 000	
Valeur en comptabilité des titres S		190 000	
Valeur des titres S à la date de la scission		200 000	
Contrepartie à la scission :	Titres S1	90 000	(nominal : 70 000) + soulte 7 000
	Titres S2	90 000	(nominal : 5 000)
	Titres S3	13 000	(nominal : 10 000)

Du fait de l'opération de scission, il faut substituer à la valeur fiscale des titres S une valeur fiscale pour les titres S1, S2 et S3. Cette valeur fiscale sera déterminée proportionnellement à la valeur réelle des titres S1, S2 et S3 par rapport à la valeur réelle des titres S.

$$S1 : 50\,000 \times \frac{97\,000}{200\,000} = 24\,250$$

$$S2 : 50\,000 \times \frac{90\,000}{200\,000} = 22\,500$$

$$S3 : 50\,000 \times \frac{13\,000}{200\,000} = 3\,250$$

Au moment de la scission, dans la mesure où l'opération s'effectue avec soulte, il faut vérifier les conditions posées par l'article 38-7 bis pour l'application du sursis. La soulte ne doit pas représenter plus de 10 % du nominal des titres. Ici, la soulte est de 7 000 et le nominal des titres S1 est de 70 000 ; la condition est satisfaite. Dans le cas contraire, c'est toute l'opération - plus exactement toute la plus-value d'échange - qui n'aurait pu bénéficier du régime de l'article 38-7 bis. De même, la soulte (7 000) n'excède pas le montant de la plus-value réalisée sur ces titres (plus-value sur S1 : 90 000 + 7 000 – 24 250 = 72 750). La plus-value d'échange constatée lors de la scission (200 000 – 50 000 = 150 000) est imposable à hauteur de la soulte (7 000) et peut bénéficier du sursis d'imposition à hauteur du reliquat (143 000).

Si on suppose que la société S revend ultérieurement les titres S1 pour 120 000, la plus-value sera calculée par référence à la valeur fiscale de ces mêmes titres, soit 24 250. La plus-value sera ainsi de 95 750.

(D'après instr. 3 août 2000 : BOI 4 I-2-00).

2562 La qualification fiscale du résultat de cession ultérieure des titres ne pose pas de problème particulier. La durée de détention des titres cédés s'apprécie à partir de la date de souscription ou d'acquisition des titres de la société scindée. Toutefois, si ces titres avaient été reçus par voie d'échange à l'occasion d'une opération qui avait déjà bénéficié d'un sursis d'imposition en raison de son caractère intercalaire, la date d'acquisition à retenir est la date d'acquisition ou de souscription d'origine.

2563 On précisera, enfin, que le droit fiscal applique aux cessions ultérieures de titres reçus en contrepartie d'une opération de scission et affectés par un engagement de conservation la même règle qu'en matière d'apports partiels d'actifs. Il en résulte que si l'entreprise dispose simultanément en portefeuille de titres d'une même société dont une partie est affectée d'un engagement de conservation et une partie ne l'est pas, ces titres doivent être réputés constituer deux catégories distinctes. Dès lors, en cas de cession, celle-ci est réputée porter en priorité sur les titres non affectés d'un engagement de conservation puis, ensuite, sur les titres affectés par l'engagement de conservation. Au terme du délai de conservation de trois ans, les deux catégories de titres sont automatiquement réunifiées (CGI art. 39 duodecies-6, 2e al.).

Soulte et moins-value d'échange

L'article 38-7 bis du CGI précise le sort de la soulte en cas de plus-value d'échange. Celle-ci étant représentative de plus-value, elle est imposée immédiatement. La question qui se pose symétriquement est de savoir ce que devient la soulte en cas de moins-value d'échange. Dans cette situation, deux hypothèses sont à envisager :

– l'entreprise associée ne demande pas le bénéfice de l'article 38-7 bis : dans ce cas de figure, qui est le plus probable, la moins-value d'échange pourra être déduite immédiatement ;

– l'entreprise associée décide d'opter pour le régime de l'article 38-7 bis : alors, la soulte vient en diminution de la valeur fiscale des titres reçus en échange. Ainsi, elle se trouvera comprise dans le montant du résultat de cession ultérieure des titres reçus en échange.

Soit une société A qui est associée d'une société scindée S. La scission s'opère au profit de deux sociétés S1 et S2, dans les conditions suivantes :

– valeur fiscale des titres de la société scindée			120 000
– valeur d'échange des titres de la société scindée			75 000
contrepartie :	titres reçus de S1	25 000	
	titres reçus de S2	49 000 + soulte 1 000	

La valeur fiscale des titres S1 est donc de : $120\,000 \times \frac{25\,000}{75\,000} = 40\,000$

La valeur fiscale des titres S2 est donc de : $120\,000 \times \frac{50\,000}{75\,000} = 80\,000$

En conséquence, lors de l'échange, il y a lieu de constater une moins-value de :
75 000 – 120 000 = – 45 000.

Si la société n'opte pas pour le régime de l'article 38-7 bis, la moins-value est déductible immédiatement. Si la société opte pour le régime de l'article 38-7 bis, la moins-value sera prise en compte lors de la cession des titres. Si les titres S1 sont cédés pour 50 000 et les titres S2 pour 15 000, les conséquences seront les suivantes :

– titres S1 : 50 000 – 40 000 = plus-value de 10 000.

– titres S2 : 15 000 – (80 000 – 1 000 = 79 000) = – 64 000 de moins-value. Dans ce dernier cas, la soulte vient en diminution de la valeur fiscale des titres.

On rappelle néanmoins que, pour les titres ayant la nature de titres de participation, les plus-values sont exonérées et, symétriquement, les moins-values ne sont pas imputables.

PARTIE 5

LES APPORTS PARTIELS D'ACTIF

L'apport partiel d'actif est une opération par laquelle une personne morale apporte une partie de son actif à une autre personne morale, laquelle rémunère cet apport par la remise de titres qu'elle émet. La notion d'apport partiel d'actif n'est pas définie par la loi sur les sociétés commerciales.

2600 Cette définition permet de mettre en évidence les différences qui existent par rapport aux opérations de fusion ou de scission. En effet, les opérations de fusion ou de scission entraînent disparition de la société absorbée ou de la société scindée. Dans un apport partiel d'actif, en revanche, la société qui réalise l'apport ne disparaît nullement du fait de l'opération.

2601 Une autre différence résulte du fait que les titres rémunérant l'apport réalisé reviennent à la société qui consent l'apport ; dans les opérations de scission ou de fusion, ce sont les associés de la société absorbée ou scindée qui ont vocation à recevoir ces titres.

On notera, enfin, que l'opération d'apport partiel d'actif n'entraîne soit aucune modification du nombre des sociétés en présence, soit une augmentation dans la mesure où l'apport partiel d'actif peut être consenti au profit d'une société nouvelle. Par parenthèse, on peut noter qu'une société peut procéder simultanément à plusieurs apports partiels réalisés au profit de différentes sociétés. Une succession d'apports partiels d'actif peut, dans les faits, aboutir à des conséquences identiques à celles d'une scission de sociétés.

2602 Juridiquement, le droit des sociétés n'accorde qu'une place résiduelle aux opérations d'apport partiel d'actif. En effet, les seules dispositions relatives aux apports partiels sont contenues dans deux textes, l'un relatif aux sociétés anonymes et l'autre aux sociétés à responsabilité limitée.

Chapitre 5-1
LE RÉGIME JURIDIQUE DES APPORTS PARTIELS D'ACTIF

2610 L'article L. 236-22 du code de commerce, relatif aux sociétés anonymes, prévoit que la société qui apporte une partie de son actif à une autre société et la société qui bénéficie de cet apport peuvent décider d'un commun accord de placer l'opération sous le régime des scissions de sociétés (Y. Guyon, Les apports partiels d'actifs, Mélanges M. Jeantin, Dalloz 1999, p. 237).

En matière de sociétés à responsabilité limitée, l'article L. 236-24 prévoit que « la société qui apporte une partie de son actif à une autre société et la société qui bénéficie de cet apport peuvent décider d'un commun accord de soumettre l'opération aux dispositions applicables en cas de scission par apports à des sociétés à responsabilité limitée existantes ».

2611 Ces deux textes appellent plusieurs remarques :

a) Ces dispositions ouvrent aux sociétés anonymes et aux sociétés à responsabilité limitée des options que celles-ci sont libres ou non d'exercer. Le régime des scissions est ainsi d'application facultative (pour un exemple d'apport partiel d'actif placé sous le régime des scissions et réalisé au profit d'une société étrangère : CA Versailles, 12e ch., 3 octobre 1996, Pier Import of Huston c/ Sté Esders : JCP 1997, éd. E, I, n° 676 ; Bull. Joly 1997, p. 116).

b) La doctrine estime très majoritairement que le fait de placer l'opération d'apport sous le régime des scissions ne peut jouer pour des apports isolés d'éléments mais uniquement pour des éléments constitutifs d'une branche complète d'activité. Cette seconde interprétation nous semble conforme à l'esprit du texte dans la mesure où le rapprochement avec le régime des scissions, et donc des fusions, est lié à l'idée de transmission universelle de patrimoine et dans le cas d'un apport partiel d'actif d'un segment de patrimoine, dans ses composantes actives et passives (M. Cozian, A. Viandier, F. Deboissy, Droit des sociétés, op. cité. Pour une application jurisprudentielle : cass. com. 5 mars 1991 : Bull. Joly 1991, p. 500, note M. Jeantin ; JCP 1991, éd. E, I, 61). Mais inversement, le fait de reprendre une branche d'activité n'équivaut pas, à lui seul, à la reprise de tous les droits et obligations attachés à cette branche d'activité dès lors que le support juridique de la reprise n'est pas une opération emportant transmission universelle du patrimoine (voir cass. com. fin. et éco., 30 mars 1993, SA Titan US c/ Pellissier : Bull. Joly 1993, p. 676, note A. Couret). La solution est en outre conforme à la situation observée en droit fiscal.

c) Ces textes concernent la société anonyme, y compris les sociétés en commandite par actions, ainsi que la société par actions simplifiées et la société à responsabilité limitée. L'apport partiel d'actif peut naturellement être réalisé au profit de sociétés unipersonnelles telles que l'EURL ou le SASU. Il en résulte *a priori* que les apports partiels d'actif réalisés par d'autres sociétés relèvent du régime des augmentations de capital par apport en nature ou du régime des constitutions de sociétés si l'apport est réalisé au profit de sociétés nouvelles. C'est également ce régime qui s'appliquera si des sociétés anonymes ou à responsabilité limitée ont renoncé à se prévaloir de l'option pour le régime des scissions. Certains auteurs estiment cependant qu'il peut y avoir apport partiel d'actif d'une société à une autre, quelle que soit leur forme respective, dès lors que l'opération est soumise au régime général de la scission.

d) Les textes précités présentent cependant une légère ambiguïté sur le point de savoir si les apports partiels d'actif peuvent être réalisés au profit de sociétés nouvelles ou simplement au profit de sociétés existantes. L'article L. 236-22 précité n'opère en effet aucune distinction, le silence du texte laissant ainsi penser qu'il a vocation à s'appliquer aux deux types de société. L'article L. 236-24 relatif aux sociétés à responsabilité limitée indique en revanche que la société qui apporte une partie de son actif à une autre société peut décider, en accord avec cette dernière, de soumettre l'opération aux dispositions applicables en cas de scission par apports à des sociétés à responsabilité limitée existantes. Cette précision du texte semble donc, *a contrario*, interdire l'option pour le régime des scissions en cas d'apport à une société à responsabilité limitée nouvelle, mais cette analyse est loin de faire l'unanimité (sur cette question : 30 avril 2003, n° 01-16997 : JCP éd. E, 2003, n° 1206, note J. Monnet).

2612 En pratique, l'option pour le régime des scissions suppose que les parties mentionnent, dans le traité d'apport, que l'opération est placée sous le régime juridique des scissions. Aucun texte n'en fait toutefois obligation ; il s'agit, en la matière, d'un usage. Il appartient au juge de rechercher si le traité d'apport a été placé dans le régime des scissions (cass. civ., 3e ch., 16 janvier 2008, n° 04-2218 ; RJDA 2008, n° 08-09, com. 218 ; Droit des sociétés, 2008, n° 5, note M.-L. Coquelet ; voir également cass. com. 26 mai 2009, n° 08-16.417 : Droit des sociétés 2010, n° 1, com. 2, note M.-L. Coquelet).

2613 Si l'option est exercée par des sociétés anonymes ou des sociétés à responsabilité limitée, ces sociétés sont tenues d'exécuter l'ensemble des formalités inhérentes aux scissions de sociétés. L'adoption du régime des scissions entraîne ainsi l'obligation de rédiger un projet d'apport partiel d'actif (c. com. art. R. 236-1 et 236-2). Ce projet devra être déposé au greffe du tribunal de commerce de chacune des sociétés qui participent à l'opération, faire l'objet d'une insertion dans un journal d'annonces légales et être mis à la disposition des actionnaires (c. com. art. R. 236-3).

2614 De la même manière, les sociétés doivent faire procéder à la désignation d'un commissaire à la scission chargé de présenter un rapport sur la rémunération des apports. Toutefois, comme en matière de scission, l'intervention du commissaire à la scission peut être écartée si tous les associés des sociétés qui participent à l'opération le décident à l'unanimité, ou encore dans l'hypothèse où l'apport partiel d'actif est réalisé au profit d'une société nouvelle et à la condition que les parts ou actions de cette société soient réparties entres les mains des associés de la société apporteuse. Les sociétés sont également dans l'obligation de consulter le comité d'entreprise de chacune des sociétés qui participent à l'opération.

2615 Le projet d'apport partiel d'actif doit être soumis à l'approbation des assemblées générales extraordinaires des sociétés qui participent à l'opération et qui statuent aux conditions de quorum et de majorité qui correspondent à la modification des statuts. Si l'apport partiel d'actif est réalisé au profit d'une société nouvelle constituée sans autres apports que ceux de la société apporteuse, seule la décision des associés ou actionnaires approuvant les statuts de la société nouvelle est requise sans obligation de réunir l'assemblée constitutive de la société nouvelle (c. com. art. L. 236-17).

2616 **L'adoption du régime des scissions n'est pas neutre au regard du droit des sociétés. Même si elle apparaît plus lourde qu'une procédure classique d'apport, elle permet généralement une meilleure protection des tiers et tout particulièrement des créanciers et des actionnaires** (voir toutefois H. Hovasse, S. Robineau, L'inadaptation des articles 385 et 386 de la loi du 24 juillet 1966 à la protection des créanciers dans une opération d'apport partiel d'actif : Bull. Joly 1998, p. 203).

Les créanciers bénéficient ainsi du droit d'opposition dans un délai de 30 jours. Passé ce délai, le transfert des créances au profit de la société bénéficiaire de l'apport ne peut plus être contesté (cass. com. 16 mai 2000, n° 97-19695 : RJDA 2000, n° 986, p. 782). **Le choix n'est pas neutre non plus dans d'autres domaines tels que l'expertise de gestion telle que mentionnée à l'article L. 225-232. En effet, si l'apport partiel d'actif est placé sous le régime des scissions, donc décidé par l'assemblée générale extraordinaire, il échappe au domaine d'application de l'article L. 225-231, n'étant plus qualifiable d'acte de gestion. En revanche, dans l'apport partiel classique, l'assemblée ne fait, au plus, que tirer les conséquences d'une opération qui, en l'espèce, a bien la nature d'acte de gestion** (cass. com. 12 janvier 1993, Comité d'entreprise Hôtel Georges V c/ Sté George V : JCP 1993, éd. E, II, 415 note A. Viandier. Voir également cass. com. 19 janvier 1991 : Bull. Joly 1992, p. 66, note P. Le Cannu : JCP 1992, éd. E, II, 259, note M. Jeantin).

2617 **Au plan pratique, que l'apport partiel d'actif soit placé ou non sous le régime des scissions, il paraît possible de lui appliquer une clause de rétroactivité. Évidente dans l'hypothèse où l'apport est placé sous le régime des scissions, la solution se justifie, dans le cas contraire, en vertu du principe de la liberté contractuelle des parties, admissible dès lors qu'elle ne porte pas atteinte aux droits des tiers** (CAA Nancy, 2e ch., 10 avril 2008, n° 06 NC 01480 : Droit fiscal 2008, n° 24, com. 372. Voir également : Bull. comptable et financier 1992, n° 54, p. 13 ; Droit des sociétés, octobre 1991, inf. 393 ; Bull. CNCC 1995, n° 97, p. 96).

On prendra garde, toutefois, à l'opération d'apport partiel d'actif placée sous le régime des scissions et consentie au profit d'une société nouvelle, spécialement constitué pour cette opération. Dans cette hypothèse, la jurisprudence ne semblait pas admettre la clause de rétroactivité par application de l'article L. 236-4 du code de commerce (CAA Nancy, 2e ch., 10 avril 2008, n° 06 NC 01480 : Droit fiscal 2008, com. 372. Droit des sociétés, 2008, n° 8-9, com. 196 : L'administration a la même position : BOI 4I-2-00, nos 95 et 96).

Mais, dans deux arrêts récents, le Conseil d'État a estimé que les dispositions du droit des sociétés ne sauraient faire obstacle à ce que les parties donnent à l'opération d'apport partiel d'actif un effet rétroactif antérieur à la date à laquelle la personnalité de la société nouvelle est acquise (CE 29 juin 2011, 3e et 8e s-sect., réq. 317234 et 317212 ; RJF 2011, n° 10, com. 1036).

2618 **Au regard de la date d'effet de l'opération, les développements relatifs à la fusion de sociétés ont évoqué la possibilité accordée par le droit des sociétés de conférer à l'opération de fusion un effet différé. Ces mêmes développements ont mis en évidence les réserves liées à l'insertion d'une clause d'effet différé dans les projets de fusion, en raison, notamment, de l'incertitude juridique qui entoure la période d'effet différé et de la disparition de la société absorbée. En matière d'apport partiel d'actif, lorsque l'opération est effectuée sous le régime des scissions, le renvoi à la réglementation sur les scissions, elle-même calquée sur la réglementation des fusions, ouvre ainsi la possibilité de recourir à une clause d'effet différé dans** les opérations d'apport partiel d'actif. Or, en la matière, le risque juridique qui entoure la clause d'effet différé paraît moindre dans la mesure où la société apporteuse survit à l'opération. En pratique, il ne sera donc pas rare de rencontrer des opérations d'apport partiel d'actif affectées d'une clause d'effet différé. Le traité d'apport comportera ainsi les modalités selon lesquelles la société apporteuse sera à même de garantir la réalité et la valeur des apports à la date d'effet différé. La date butoir, en matière d'effet différé, est constituée par la date de clôture de l'exercice de la société bénéficiaire des apports (c. com. art. L 236-4).

2619 Lorsque l'apport partiel d'actif est placé sous le régime des scissions, l'opération emporte transmission universelle du patrimoine.

NOTE : J.-P. Le Gall, Apport partiel d'actif et transmission universelle du patrimoine : Mélanges Jeantin, Dalloz 1999, p. 259. Cass. civ., 3e, 16 janvier 2008, n° 04-20218 : Droit des sociétés 2008, com. 92, note M.-L. Coquelet. Sur cette question, voir également, du même auteur : La transmission universelle de patrimoine en cas d'apport partiel d'actif commis au régime des scissions : Actes pratiques ing. sociétaire 2007, n° 95, p. 18.

Naturellement, il s'agit de la transmission universelle du patrimoine de la branche d'activité faisant l'objet de l'apport.

NOTE : cass. com. 16 février 1988, n° 86-19645 : Bull. Joly 1988, p. 271. Voir également cass. com. 30 mars 1993 : Bull. Joly 1996, p. 676, note A. Couret ; cass. civ., 3e, 30 avril 2003 : JCP, éd. E, 2003, p. 1343 à propos d'éléments non cités dans le traité d'apport mais qui font partie de la branche d'activité apportée ; cass. com. 4 février 2004, Bull. Joly 2004, p. 649 ; cass. com. 23 juin 2004 : JCP, éd. E, 2004, com. 1774, note A. Viandier ; cass. com. 7 octobre 2008, n° 07-17731 : Droit des sociétés 2008, n° 256, note H. Hovasse.

Cependant, la doctrine est partagée sur ce point : si, selon certains, la transmission universelle ne peut être constatée que lorsque l'apport ne porte que sur une branche complète et autonome d'activité (voir, en particulier, M. Cozian, A. Viandier et F. Deboissy, op. cit., n° 1394 et s), d'autres, en revanche, considèrent que le texte opère un renvoi de l'apport partiel d'actif au régime des scissions, sans faire de distinction quant au contenu de l'apport, et que la notion de transmission universelle ne saurait être écartée, même pour un apport isolé d'éléments d'actif (Lamy sociétés commerciales, 2004, n° 1839 ; Voir également : cass. civ., 2e, 12 juillet 2001, n° 98-10444, JCP éd. E, 2003, n° 6, p. 281, note J.-J. Daigre).

2620 La transmission universelle du patrimoine entraîne notamment transmission des créances.

NOTE : cass. civ., 2e ch., 12 juillet 2001 : Bull. civ. II, n° 137 ; si un apport partiel d'actif porte sur une branche complète d'activité et est soumis au régime des scissions, les formalités de l'article 1690 du code civil ne sont pas applicables aux créances transmises : cass. com. 18 mai 2005 : Droit des sociétés 2005, n° 10, com. 170, note H. Lecuyer ; sur le sort d'une promesse unilatérale d'achat en cas d'apport partiel d'actif soumis au régime des scissions : CA Paris, 25e ch., 24 mars 2006 : Droit des sociétés 2006, n° 6, com. 83, note H. Lecuyer ; en matière fiscale, sur la détermination du redevable légal de l'impôt en cas d'apport partiel d'actif soumis au régime des scissions : CE 4 août 2006, req. 260436 ; Droit fiscal 2007, n° 11, com. 285, note E. Meier ; Pour la détermination de la personne qui a qualité pour agir en cas d'apport partiel d'actif : CE 14 janvier 2008, 8e et 3e s.-sec., req. 273169 : Droit fiscal 2008, com. 284, note J.-L. Pierre ; sur le sort des contrats conclus *intuitu personae* dans les apports partiels d'actifs : cass. com. 3 juin 2008, n° 06-13761 : JCP éd. E, 2008, n° 2210, obs. H. Hovasse.

On observera que les créanciers peuvent obtenir le paiement de leur créance auprès de la société bénéficiaire de l'apport, mais également auprès de la société apporteuse qui est solidairement tenue au passif transmis.

NOTE : cass. com. 12 décembre 2006 : Rev. soc. 2007, p. 76 ; Droit des sociétés 2007, n° 3, com. 50, note J. Monnet et H. Hovasse ; voir également : cass. civ., 2ᵉ ch., 19 février 2009, n° 05-22044 : Bull. Joly, 2009, p. 578, obs. H. Le Nabasque, Droit des sociétés 2009, n° 5, com. 89, note M.-L. Coquelet ; cass. soc., 3ᵉ ch., 2 décembre 2009, n° 08-10.563 ; Droit des sociétés, 2010, n° 2, 24, note Havasse ; à propos de la transmission de passifs environnementaux, en particulier, les travaux de dépollution d'un terrain ; cass. civ., 3ᵉ ch., 2 décembre 2009, n° 08-16.563 : Droit des sociétés 2010, n° 2, com. 24, note H. Hovasse.

Cette solidarité peut être écartée par le traité d'apport (sur cette question : M. Cozian, A. Viandier et F. Deboissy, op. cité, n° 1396 ; voir également cass. com. 12 décembre 2006, n° 1428 : RJDA 2007, n° 3, com. 265 ; CA Paris 24 mars 2006, n° 04-23205 : RJDA 2006, n° 8-9, com. 907). **En ce qui concerne les cautionnements qui ont pu être donnés par les dirigeants de la société apporteuse, il convient de considérer que la caution est libérée pour l'avenir et ne reste uniquement tenue qu'au passif existant à la date de l'apport.**

NOTE : Paris, 3ᵉ ch. B, 24 septembre 1992, BPCA c/ Rousselle : Bull. Joly 1992, p. 1283, inf. 411, note P. Delebecque ; voir Droit des sociétés 1993, février 1993, inf. 40. ; CA Versailles, 12ᵉ ch., 17 septembre 1998 : JCP 1999, éd. E, n° 14. Sur le cautionnement, voir : CA Paris, 15ᵉ ch. B, 20 sept. 1990 : Droit des sociétés 1991, com. 31 ; CA Amiens, 17 février 2004 : Droit des sociétés 2004, n° 7, com. 129.

De même, en matière de bail, la société bénéficiaire de l'apport est substituée dans les droits et obligations découlant du bail.

NOTE : solution applicable si l'opération a été volontairement placée sous le régime des scissions : Versailles, 12ᵉ ch., 4 juin 1992, Époux Ledograd c/ SA Nord Est alimentation : Bull. Joly, octobre 1992, p. 1073, inf. 347, note J.-J. Daigre : voir également Droit des sociétés, février 1993, inf. 39. CA Paris, 16ᵉ ch. B, 16 juin 2000 : Bull. Joly 2001, p. 42, note J.-J. Daigre.

Il faut toutefois que la société bénéficiaire de l'apport soit immatriculée au registre du commerce et des sociétés.

NOTE : cass. civ., 3ᵉ ch., 7 novembre 2001, n° 1581 : RJDA 2002, n° 2, inf. 137 ; cass. civ., 3ᵉ ch., 28 janvier 2004, n° 71 : RJDA 2004, n° 5, com. 530 (sur la dispense de souscription de la déclaration d'intention d'aliéner pour des éléments compris dans l'apport d'une branche complète et autonome d'activité : TA Cergy, 10 avril 2008, n° 07-8561 : RJDA 2008, n° 11, com. 1126.

Dans le même esprit, la société qui a reçu une branche complète et autonome d'activité par voie d'apport partiel d'actif peut suivre, du fait de la transmission universelle du patrimoine, les procédures qui se rapportent à la branche apportée. Elle a notamment qualité pour faire appel.

NOTE : cass. civ. 25 octobre 1995 : RJDA 1996, n° 2, inf. 225. Réciproquement, la société apporteuse, qui était partie en première instance, n'a plus qualité pour agir en appel, les apports ayant été réalisés entretemps. Seules les sociétés bénéficiaires des apports ont qualité pour agir : CA Paris, 4ᵉ ch. B, 13 mai 2005 : Bull. Joly 2005, n° 12, com. 296, note J.-J. Daigre ; voir également cass. com. 3 avril 2007, n° 06-10481 : Bull. Joly 2007, com. 270 ; cass. civ., 2ᵉ ch., 7 janvier 2010, n° 08-18619 ; JCP éd. E, 2010, n° 06, chr. F. Deboissy et G. Wicler ; sur la transmission d'une hypothèque par voie d'apport partiel d'actif : cass. civ., 3ᵉ ch., 17 novembre 2010, n° 09-70452 : Droit des sociétés 2011, n° 2, com. 23, note M.-L. Coquelet).

2621 **Lorsque l'apport partiel d'actif est placé sous le régime des scissions, il en résulte que l'action en nullité de l'opération d'apport partiel d'actif se prescrit par 6 mois** (cass. com. 3 juin 2003, n° 99-18707 : Dalloz 2003, p. 1695 ; CA Paris, 2 juillet 1999 : Bull. Joly 1999, p. 1099, note Le Cannu ; cass. com. 30 novembre 2004 : Bull. Joly 2005, p. 241 ; JCP, éd. E,

2005, n° 2, com. 131). **Cette solution est établie par la jurisprudence, en l'absence de renvoi explicite aux dispositions de l'article L. 235-9 du code de commerce.**

La simulation par apport partiel d'actif

Une société avait fait apport d'une branche complète et autonome d'activité à une société nouvelle qui était sa filiale, par voie d'apport partiel d'actif placé sous le régime des scissions. Au plan pratique, cependant, les deux sociétés avaient le même lieu d'exploitation, le même siège, les mêmes numéros de télex et de téléphone, le même emblème sur papier commercial et avaient informé leur clientèle que si des changements étaient intervenus dans les structures, les interlocuteurs restaient les mêmes.

Un client avait assigné en réparation la société apporteuse pour des désordres survenus sur un matériel. La société s'opposa à la demande en indiquant qu'elle avait fait apport de la branche d'activité concernée, tant pour l'actif que pour le passif et que les deux sociétés étaient juridiquement distinctes. Les juges l'entendirent autrement et estimèrent que la société apporteuse avait laissé croire qu'elle participait aux activités de sa filiale, ce qui démontrait son absence d'autonomie et caractérisait la faute de la société apporteuse dans la réalisation du dommage (cass. com. 5 février 1991, M. L et Sté L c/ Sté L : Droit des sociétés, 1991, inf. 342).

La fraude dans l'apport partiel d'actif

Dans le cadre d'une opération d'apport partiel d'actif portant sur une branche complète d'activité, la responsabilité de la société apporteuse pour fraude est engagée lorsque cette dernière n'a pas fait part à la société bénéficiaire de l'apport de l'existence d'un litige en cours à la date de l'apport mais a, au contraire, indiqué dans l'acte d'apport l'absence de tout litige (cass. com. 18 octobre 1994, Sté Titan aviation c/ Sté Titan remorques et autres : Bull. Joly 1994, n° 12, p. 1300, note A. Couret).

La fraude pourrait également être caractérisée dans l'hypothèse de l'apport d'une activité au titre de laquelle la société apporteuse avait bénéficié de prêts sans intérêts de la part de l'ANVAR, alors que cette dernière n'a pas été informée de l'opération d'apport partiel d'actif portant sur cette activité (cass. com. 22 février 2005, n° 02-10405 : Bull Joly sociétés 2005, n° 7, com. 192, note P. Le Cannu. Voir toutefois l'arrêt CA Versailles, ch. com., 23 mai 2006, n° 05/02450, qui ne conclut pas à la fraude : Bull. Joly 2006, n° 12, com. 289, note P. Le Cannu).

L'apport partiel d'actif et l'abus de majorité

Une société fait apport à une société en commandite par actions d'un fonds de commerce de vins de champagne ainsi que d'une participation majoritaire dans une société d'exploitation de champagne. L'apport, placé sous le régime des scissions, est effectué au profit d'une société en commandite par actions. Quelques temps après l'opération, les actionnaires minoritaires de la société apporteuse constatent la chute du chiffre d'affaires, des bénéfices et de la valeur des titres de la société apporteuse. Lors de l'opération d'apport partiel d'actif, les associés majoritaires de la société apporteuse se sont faits désignés en qualité d'associés commandités de la société bénéficiaire de l'apport avec de confortables rémunérations. Simultanément, la société bénéficiaire de l'apport ne distribuait plus de dividendes. Un associé minoritaire a alors tenté d'invoquer l'abus de majorité pour obtenir la remise en cause de l'apport partiel d'actif. Au terme d'un contentieux marathon, la cour d'appel de Versailles, sur renvoi de la Cour de cassation, n'a finalement pas vu, dans l'opération, d'abus de majorité (CA Versailles, 20 juin 2006, RJDA 2007, n° 2 ; cass. com, 30 nov. 2004 : Bull. Joly 2005, p. 241. Sur cette affaire, voir les commentaires de M. Cozian, A. Viandier et F. Deboissy : op. cité, § 1400).

Chapitre 5-2

LE RÉGIME FISCAL DES APPORTS PARTIELS D'ACTIF

2670 Le régime fiscal des opérations d'apport partiel d'actif est en grande partie calqué sur le régime fiscal des fusions de sociétés, ce qui conduira, dans les développements qui suivent, à opérer différents renvois aux explications données dans le cadre des fusions.

Il convient néanmoins de tenir compte de certaines spécificités. Celles-ci apparaissent en matière d'impôts directs, de droits d'enregistrement et d'impôt de distribution.

2671 Le régime des apports partiels d'actif ne justifie pas de développements particuliers en matière de taxe sur la valeur ajoutée. En effet, les dispositions qui s'appliquent sont identiques à celles étudiées en matière de fusions de sociétés, exception faite de l'impossibilité de transmettre intégralement le crédit de taxe à la société bénéficiaire de l'apport *(voir §§ 1300 et s.)*.

On observera enfin qu'une attention particulière doit être portée à la possibilité de qualifier ou non une opération d'apport partiel d'actif. Il s'agit là de la principale source de difficulté en matière fiscale, difficulté qui se reflète dans la jurisprudence et qui est accentuée par le fait que la notion d'apport partiel d'actif diffère selon que l'on se situe en matière d'impôt sur les sociétés ou en matière de droits d'enregistrement.

Le régime des apports partiels d'actif au regard des impôts directs

2672 L'examen du régime des apports partiels d'actif au regard des impôts directs commande de distinguer entre le régime des apports partiels admis au régime des fusions et ceux non admis à ce régime et qui seront, par voie de conséquence, placés sous le régime de droit commun (J.-J. Daigre, H. Le Blanc et D. Geray, « Restructuration de sociétés : apport partiel d'actif ou apport en nature, que choisir ? », Droit des sociétés, Actes pratiques, n° 9, 1993). On notera, par ailleurs, l'existence du régime de l'article 238 quindecies du CGI qui trouve également à s'appliquer dans le domaine des cessions de branches complètes et autonomes d'activité. Dans la mesure où il s'agit d'une exonération, ce dispositif peut s'avérer plus avantageux que le régime classique des apports partiels d'actif car il n'est pas assorti d'engagements de conservation et, par ailleurs, la plus-value de cession ultérieure des titres pourra être calculée en fonction de la valeur réelle des titres à la date de l'apport *(v. infra, §§ 2746 et s.)*.

Conditions d'accès des apports partiels d'actif au régime spécial des fusions

2673 Toute opération d'apport partiel d'actif ne peut, par elle-même, bénéficier d'office du régime fiscal prévu pour les opérations de fusions. L'apport partiel d'actif doit en effet satisfaire à un certain nombre de conditions. Si ces conditions sont remplies, le régime des fusions s'appliquera, avec, toutefois, certaines particularités inhérentes aux spécificités de l'opération et en particulier au caractère partiel de l'apport et à la survie de la société apporteuse.

2674 Pour bénéficier du régime spécial des fusions, les apports partiels d'actif doivent satisfaire à des conditions générales, propres aux sociétés qui participent à l'opération, mais également à des conditions spécifiques liées à l'opération proprement dite d'apport.

Les conditions générales

2675 Pour que les dispositions générales relatives aux fusions soient susceptibles de s'appliquer aux apports partiels d'actif, il est nécessaire que les conditions générales d'application du régime spécial des fusions soient satisfaites.

Il en est ainsi, par exemple, au regard du statut fiscal des sociétés qui participent à l'opération. Les développements précédents ont montré que le régime spécial des fusions ne pouvait s'appliquer qu'entre sociétés soumises au régime des sociétés de capitaux ; il va de soi que la même condition doit être remplie au regard des apports partiels d'actif.

2676 De manière plus générale, l'ensemble des conditions posées par l'article 210 A du CGI pour bénéficier du régime spécial des fusions doit être satisfait. Ces conditions doivent ainsi être vérifiées avant même l'examen des conditions spécifiques à l'opération d'apport partiel d'actif.

Les conditions spécifiques

2677 Pour l'application du régime spécial des fusions aux opérations d'apport partiel d'actif, deux situations peuvent se présenter :
– l'application du régime spécial de plein droit ;
– l'application du régime spécial sur la base d'un agrément ministériel.

L'application du régime spécial de plein droit est envisageable si l'opération d'apport partiel d'actif répond à certaines caractéristiques qui tiennent, d'une part, à la nature des biens apportés (une branche complète et autonome d'activité ou un élément assimilé) et, d'autre part, aux engagements pris en contrepartie de l'apport (en particulier, celui de conserver les titres qui ont rémunéré l'apport et l'obligation de calculer les plus-values ultérieures sur ces mêmes titres selon des règles spécifiques).

L'application du régime spécial sur agrément, a contrario, se rencontrera soit lorsque l'apport ne porte pas sur une branche complète et autonome d'activité, soit lorsque l'apporteur ne souhaite pas prendre les engagements précédemment évoqués sur la durée de conservation des titres ou le calcul des plus-values.

Dans les deux cas, on notera que l'application du régime spécial au plan fiscal est totalement indépendante du régime juridique sous lequel est placée l'opération d'apport partiel d'actif. La circonstance que les parties aient choisi ou non de placer l'opération sous le régime juridique des scissions n'a aucune incidence sur le traitement fiscal de l'opération.

Les apports partiels d'actif admis sur agrément au régime spécial des fusions

2678 Le recours à la procédure de l'agrément ministériel est requis dès lors que les conditions posées pour l'application de plein droit du régime spécial des fusions ne sont pas satisfaites. Il en sera tout particulièrement ainsi lorsque :

– l'apport partiel d'actif ne porte pas sur une branche complète et autonome d'activité ou un élément assimilé à une branche complète et autonome d'activité (TA Lyon, 12 octobre 2010, n° 0802020 : Droit des sociétés 2011, n° 6, com. 122, note J.-L. Pierre) ;

– lorsque la société apporteuse n'est pas en mesure de souscrire l'engagement de conservation des titres reçus en contrepartie de l'apport pendant une durée de trois ans ;

– lorsqu'elle n'est pas non plus en mesure de souscrire l'engagement de calcul ultérieur des plus-values sur les titres reçus en contrepartie de l'apport.

2679 Selon l'administration, ces situations recouvrent notamment les cas dans lesquels l'apport va concerner des éléments isolés ou des groupes d'éléments mais qui ne constituent pas une véritable branche d'activité, ou encore des opérations dans lesquelles l'identification précise des éléments se rapportant à la branche apportée est délicate (élément de passif, par exemple...).

2680 L'agrément prévu en matière de scission et d'apports partiels d'actif est un agrément de droit dès lors que les conditions prévues pour la délivrance de cet agrément peuvent être considérées comme réunies. Il convient de s'arrêter sur les conditions qui sont posées pour le bénéfice de cet agrément, remarque étant faite qu'en matière de procédure, voire éventuellement de retrait ultérieur de l'agrément, les précisions données en matière de scission sont directement transposables aux opérations d'apports partiels d'actif *(voir §§ 2433 et s)*.

2681 On rappelle toutefois que la procédure d'agrément est préalable à l'opération (dossier à envoyer en trois exemplaires à : Direction générale des Finances Publiques (DGFP) – Bureau des agréments et rescrits (AGR) – Teledoc 957 – 139, rue de Bercy – 75574 Paris Cedex 12). Il est donc nécessaire que la demande soit transmise avant la dernière assemblée ayant à statuer sur l'opération d'apport partiel d'actif. La sanction est naturellement celle de la forclusion. S'agissant d'un agrément de droit, le refus de l'administration doit être motivé et préciser notamment la (ou les) condition(s) qui n'est (ne sont) pas satisfaites et la (ou les) raison(s) pour lesquelles l'administration considère que la raison n'est pas satisfaite. L'entreprise pourra éventuellement contester la décision de refus d'agrément sur la base d'un recours pour excès de pouvoir. Naturellement, si l'opération a bénéficié d'un agrément mais que, par la suite, l'entreprise ne respecte pas les conditions posées pour le bénéfice de l'agrément, la procédure de retrait est encourue. Tel sera le cas, par exemple, au sujet des engagements de conservation des titres reçus en rémunération de l'apport. Dans cette hypothèse, la procédure de retrait (qui est également assortie de garanties pour les sociétés en présence) pourra déboucher sur la déchéance rétrospective du régime spécial des fusions, l'opération étant replacée finalement sous le régime de droit commun.

2682 Les conditions posées pour l'octroi de l'agrément sont énumérées par l'article 210 B-3 du CGI qui prévoit que :
– l'opération doit être justifiée par un motif économique, se traduisant notamment par l'exercice par la société bénéficiaire de l'apport d'une activité autonome ou l'amélioration des structures, ainsi que par l'association entre les parties ;
– l'opération n'a pas comme objectif principal ou comme un de ses objectifs principaux la fraude ou l'évasion fiscales ;
– les modalités de l'opération permettent d'assurer l'imposition future des plus-values mises en sursis d'imposition.

Ces trois conditions appellent diverses précisions (sur cette question, voir M. Chadefaux, Agrément de l'article 210 B : critères de l'autonomie et autonomie des critères : Droit fiscal 2012, n° 3, com. 62).

L'existence d'un motif économique

2683 Sur ce point, l'administration a eu l'occasion de préciser que l'agrément doit être réservé aux opérations qui répondent à des motifs économiques réels et non simplement patrimoniaux. Elle considère que les opérations qui se traduisent par le regroupement d'une partie des activités de la société apporteuse avec les activités semblables ou connexes des sociétés bénéficiaires des apports ou par la rationalisation des conditions d'exploitation des activités commerciales ou industrielles des groupes pour leurs opérations de restructuration interne répondent au critère du motif économique (instr. 27 juin 2000, § 5 : BOI 13 D-1-00).

L'exercice par la société bénéficiaire de l'apport d'une activité autonome ou l'amélioration de ses structures

2684 L'apport d'une branche complète et autonome d'activité donne accès de plein droit au régime spécial des fusions. Ici, les éléments apportés ne constituent pas, par définition, une branche complète et autonome d'activité. Néanmoins, après l'apport, la société bénéficiaire de l'apport doit être en mesure d'exercer une activité autonome. Elle doit alors disposer de moyens suffisants pour permettre l'exploitation de l'activité reçue (instr. 27 juin 2000, § 8 : BOI 13 D-1-00). Au cours d'une conférence organisée par l'Institut des Avocats et Conseils fiscaux, le 18 mai 2000, les exemples suivants ont été donnés à propos des apports d'éléments d'actif isolés qui pourraient, le cas échéant, bénéficier d'un agrément (situation à examiner au cas par cas) : cas où l'élément apporté rejoint l'exploitation (immeuble d'exploitation apporté à la société qui l'utilise) ; l'élément isolé constitue à lui seul une activité (cas du fonds de commerce) ; l'élément apporté permet une amélioration des structures (cas de l'apport d'une participation minoritaire à une société qui détient déjà la majorité du capital).

2685 Ainsi, la branche complète et autonome d'activité donne accès de plein droit au régime spécial des fusions ; l'activité autonome y donne accès, mais uniquement sur agrément. La distinction risque, à l'usage, de ne pas apparaître très évidente d'autant que l'administration se contente de donner deux précisions sur l'appréciation de cette condition, l'une dans le sens de l'exclusion du dispositif, l'autre dans le sens de l'extension.

2686 Tout d'abord, en ce qui concerne le passif, l'administration rappelle que la prise en charge, par la société bénéficiaire de l'apport, d'un élément de passif qui n'est pas attaché à la branche d'activité en cause équivaut au paiement d'une soulte, ce qui est incompatible avec l'application du régime spécial de plein droit comme sur agrément. En clair, l'agrément ne peut être un moyen pour faire prendre en charge un passif qui ne se rapporte pas à la branche transmise. En revanche, l'administration indique, sur la question des apports isolés d'éléments d'actif, qu'ils pourront bénéficier de l'agrément dès lors que l'apport est de nature à permettre la création, l'extension d'une entreprise ou une réelle amélioration des structures (instr. 27 juin 2000, §§ 9 et 10 : BOI 13 D-1-00).

L'association entre les parties

2687 Aux termes de l'article **210 B-3**, l'agrément ne peut être délivré que si l'opération est caractérisée par une association entre les parties. La terminologie utilisée signifie en réalité que, dans l'esprit de l'administration, l'opération de restructuration ne doit pas être un prétexte pour se défaire d'une activité en utilisant la technique de l'apport partiel d'actif. En d'autres termes, l'entreprise apporteuse doit rester durablement intéressée dans la vie de la société bénéficiaire des apports. Lorsque le régime spécial des fusions s'applique de plein droit à une opération d'apport partiel d'actif, cette condition est vérifiée car la société apporteuse doit prendre l'engagement de conserver les titres reçus en contrepartie de l'apport pendant trois ans. L'agrément ne pourra donc être délivré pour éviter cet engagement. Il est dès lors possible d'en tirer deux conclusions : la première est que la décision d'agrément sera assortie le plus souvent d'un engagement de conservation des titres ; la deuxième est que si la société apporteuse n'est pas en mesure de souscrire elle-même cet engagement, car elle envisage de répartir les titres entre ses associés par exemple, alors l'engagement de conservation sera reporté sur les associés bénéficiaires de la répartition. L'agrément pourra, le cas échéant, accepter de désigner comme titulaire de l'engagement de conservation un autre que l'apporteur ; l'agrément ne peut en revanche supprimer cet engagement de conservation. L'administration résume sa position en indiquant que « l'ensemble de la chaîne de titres reliant les activités apportées et conservées sera alors grevé d'un engagement de conservation ».

2688 Cette nécessité de maintenir un lien entre les entreprises participant à l'opération va même plus loin et s'étend aux opérations de restructuration susceptibles d'intervenir ultérieurement. Si les titres qui sont affectés d'un engagement de conservation à la suite d'une décision d'agrément sont compris à nouveau dans une opération de fusion, scission ou apport partiel d'actif, le maintien du régime de faveur initial suppose une décision expresse de l'autorité ayant délivré l'agrément d'origine. Les dispositions qui figurent dans la doctrine administrative au **4 I 1242, § 98** sont rapportées. Il n'y a donc pas transfert automatique de l'engagement de conservation et, *a fortiori*, pas de suppression (instr. 27 juin 2000, §§ 11 et s. : BOI 13 D-1-00).

L'objectif de l'opération n'est pas la fraude ou l'évasion fiscales

2689 Sur ce point, la rédaction de l'article 210 B-3-b est quelque peu étonnante. Le texte indique que « l'opération n'a pas comme objectif principal ou comme un de ses objectifs principaux la fraude ou l'évasion fiscales ». Libellé ainsi, le texte appelle deux remarques : d'une part, on peut s'étonner de voir apparaître le qualificatif d'objectif « principal », ce qui, *a contrario*, laisserait sous-entendre que la fraude peut être l'objectif secondaire de l'opération ! D'autre part, le texte introduit la distinction entre fraude fiscale et évasion fiscale, distinction qui a donné lieu à de nombreux écrits et de nombreux débats (« Fraude fiscale, évasion fiscale et optimisation fiscale » ; Droit et patrimoine, 1995, n° 2, p. 3 ; C. Robez-Masson, La notion d'évasion fiscale en droit fiscal interne français, LGDJ, 1990) et que l'administration complique encore en l'espèce en précisant dans son instruction que « la notion d'objectif principal de fraude ou d'évasion fiscales de l'opération est plus large que la notion jurisprudentielle de motivation exclusivement fiscale dégagée pour l'application des dispositions de l'article L. 64 du LPF », c'est-à-dire la procédure de répression des abus de droit (instr. 27 juin 2000, § 16 : BOI 13 D-1-00). Si on laisse de côté les cas de fraude fiscale, l'administration semble donc s'attacher à une notion d'évasion fiscale qui serait plus étendue que l'abus de droit. L'administration ne tente-t-elle pas ainsi de se prémunir contre des montages qu'elle a eu du mal à combattre sur le terrain de l'abus de droit ?

Les modalités de l'opération permettent d'assurer l'imposition future des plus-values en sursis d'imposition

2690 On retrouve, sur ce point, le même esprit ou la même logique que pour les engagements de conservation. Lorsque le régime spécial des fusions est applicable de plein droit aux opérations d'apport partiel d'actif, les plus-values bénéficient d'un sursis d'imposition et la société apporteuse doit prendre l'engagement de calculer les plus-values ultérieures sur cession des titres par référence à la valeur fiscale que les biens apportés avaient dans les écritures de la société apporteuse. Dès lors, la procédure d'agrément ne doit pas conduire à réserver un sort meilleur aux sociétés qui participent à l'opération. En conséquence, les plus-values d'apport bénéficient d'un sursis et non d'une exonération définitive (instr. 27 juin 2009, § 1 : BOI 13 D-1-00. Selon l'administration, l'agrément ne saurait être délivré si l'opération envisagée est de nature à faire échec à l'imposition future des plus-values placées en sursis d'imposition). De la même façon, la société apporteuse doit prendre l'engagement de calculer les plus-values ultérieures par référence à la valeur fiscale des biens apportés, l'engagement étant pris soit dans l'acte d'apport, soit en annexe à la demande d'agrément. Cette obligation instaure un mécanisme de double imposition. Toutefois, en pratique, s'agissant de la cession des titres reçus en contrepartie de l'apport, la plus-value correspondante sera examinée au titre des cessions de titres de participation, exception faite de la quote-part de frais et charges.

Les apports partiels d'actif admis de plein droit au régime spécial des fusions

2691 Aux termes de l'article 210 B-1, les dispositions de l'article 210 A s'appliquent à l'apport partiel d'actif d'une branche complète d'activité ou d'éléments assimilés lorsque la société apporteuse prend l'engagement, dans l'acte d'apport :
– de conserver pendant trois ans les titres remis en contrepartie de l'apport ;
– de calculer ultérieurement les plus-values de cession afférentes à ces mêmes titres par référence à la valeur que les biens apportés avaient, du point de vue fiscal, dans ses propres écritures (rédaction résultant de la loi de finances pour 2000 : loi 99-1172 du 30 décembre 1999, art. 22-II-B).

2692 Contrairement au régime antérieur qui érigeait l'agrément ministériel en principe et l'apport d'une branche complète et autonome d'activité comme un tempérament à ce principe, la règle qui prévaut aujourd'hui est inverse et prévoit l'application de plein droit du régime spécial des fusions aux opérations d'apport partiel d'actif qui portent sur une branche complète et autonome d'activité *(voir § 2693)* ou des éléments assimilés *(voir § 2712)* moyennant la souscription d'engagements par la société apporteuse, engagements relatifs à la conservation des titres et au calcul ultérieur des plus-values.

La notion de branche complète d'activité

2693 La notion de branche complète et autonome d'activité a été définie dans le cadre de la directive communautaire du 23 juillet 1990 (définition reprise dans la directive 2009/133/CE du Conseil du 19 octobre 2009, art. 2, j). L'article 2 h) de la directive définit en effet la branche d'activité comme l'ensemble des éléments d'actif et de passif d'une division de société qui constitue, du point de vue de l'organisation, une exploitation autonome, c'est-à-dire un ensemble capable de fonctionner par ses propres moyens (instr. 11 août 1993 : BOI 4 I-93, § 40). Cette définition s'est substituée à la définition que retenait préalablement l'administration, à savoir « l'ensemble des éléments investis dans une division de société qui constitue du point de vue technique, une exploitation autonome, c'est-à-dire un ensemble capable de fonctionner par ses propres moyens » (doc. adm. 13 D 2213-4 et 4 I 221-3). Ces définitions avaient fait l'objet, au cours du temps, de précisions diverses et souvent ponctuelles. La modification de l'article 210 B du CGI a donné l'occasion à l'administration fiscale de redéfinir, dans son instruction du 3 août 2000, la notion de branche complète et autonome d'activité, définition applicable tant aux opérations d'apport partiel d'actif qu'aux opérations de scissions.

2694 Pour sa part, le Conseil d'État n'a été amené que tardivement à expliciter sa propre définition de la branche complète et autonome d'activité. S'appuyant également sur la définition donnée par la directive, il précise qu'un apport partiel d'actif ne porte sur une branche complète et autonome d'activité au sens de l'article 210 B que si cette branche peut faire l'objet d'une exploitation autonome chez la société apporteuse comme chez la société bénéficiaire de l'apport, sous réserve que cet apport opère un transfert complet des éléments essentiels de cette activité tels qu'ils existaient dans le patrimoine de la société apporteuse et dans des conditions permettant à la société bénéficiaire de l'apport de disposer durablement de tous ces éléments (CE 27 juillet 2005, n° 259052, 8° et 3° s.-sect. : RJF 2005, n° 11, com. 1170 ; BDCF 2005, n° 11, com. 127, concl. L. Olléon).

RÉGLEMENTATION COMPTABLE ET APPORT PARTIEL D'ACTIF : DE QUELLE BRANCHE PARLE-T-ON ?

Le traitement comptable des opérations de restructuration est régi par les dispositions contenues dans l'avis du CNC du 25 mars 2004. Cet avis a un champ d'application extrêmement large et couvre également les apports partiels d'actif dès lors qu'ils constituent une branche d'activité. Le CNC vise ainsi l'opération par laquelle une société apporte un ensemble d'actifs et de passifs constituant une branche autonome à une autre personne morale et reçoit en échange des titres remis par la société bénéficiaire des apports. L'avis précise encore que les apports de participation représentatifs du contrôle de cette participation sont assimilés à des apports partiels d'actif constituant une branche d'activité et entrent dans le champ d'application de l'avis du CNC.

On constate effectivement certaines analogies avec l'approche fiscale, même si l'administration retient l'appellation de branche complète et autonome. Les autorités comptables n'évoquent pas la notion de branche complète pour ne retenir que la notion de branche autonome, sans toutefois définir le qualificatif d'autonome. Il faut, *a priori*, en conclure que les apports qui remplissent les critères fiscaux de la branche complète et autonome d'activité doivent être soumis à la réglementation comptable issue de l'avis du 25 mars.

Si, au plan pratique, il y a bien une similitude d'esprit entre la définition comptable et la définition fiscale, la divergence de rédaction est cependant gênante. C'est la raison pour laquelle le Comité d'urgence du CNC a clarifié la situation, dans son avis du 5 juillet 2006, en décidant d'adopter, comme définition comptable de la branche complète et autonome, la définition fiscale.

2695 À titre de principe, l'administration reprend la définition de la branche complète et autonome d'activité qui figure dans la directive européenne du 23 juillet 1990 (instr. 3 août 2000 : BOI 4 I-2-00, § 48). Elle explicite ensuite tant le caractère d'exploitation autonome que celui de branche complète d'activité.

2696 Dans tous les cas de figure, cependant, la nature et l'importance de l'activité apportée sont indifférentes. En revanche, il doit s'agir d'une activité réellement exercée au moment de l'approbation de l'opération par les assemblées générales des sociétés apporteuse et bénéficiaire des apports ainsi qu'à la date d'effet convenue entre les parties si elle est différente (instr. 3 août 2000 : BOI 4 I-2-00, § 51). Le transfert porte non seulement sur les éléments d'actif et de passif qui se rapportent à l'activité apportée (CAA Bordeaux, 30 décembre 2010, 4e ch., n° 09-2218 : RJF 2011, n° 7, com. 793 ; Droit fiscal 2011, n° 17, com. 324, note C. Menard) mais également sur le personnel affecté à l'activité apportée.

2697 Par ailleurs, la notion de branche complète et autonome d'activité n'est pas *a priori* conciliable avec l'apport d'un ensemble d'éléments d'actif et de passif isolés. Sont en particulier exclus du dispositif :
– les apports d'immeubles non affectés à l'exploitation et/ou les immeubles utilisés pour l'exercice de l'activité de la société apporteuse ;
– les marques ou droits de propriété industrielle ;
– le matériel et les installations techniques.

L'exploitation autonome

2698 La notion d'exploitation autonome se définit à la fois par rapport aux autres activités de la société apporteuse mais également par rapport aux conditions de fonctionnement dans le secteur concerné. La branche complète d'activité représente une exploitation autonome du point de vue de l'organisation (instr. 3 août 2000 : BOI 4 I-2-00, § 54). L'administration précise néanmoins que l'ensemble des éléments d'actif et de passif de la société apporteuse ne constitue pas obligatoirement une ou plusieurs exploitations autonomes du point de vue de l'organisation. Elle cite en particulier le cas des sociétés patrimoniales (foncières, financières...) et fait, en pratique, la distinction entre une autonomie interne et une autonomie externe.

L'autonomie interne

2699 L'exploitation autonome doit pouvoir se caractériser par des installations, une clientèle et du personnel propres. Toutefois, une société bénéficiaire d'un apport partiel d'actif qui ne dispose pas de personnel propre pour exploiter une station-service exerce néanmoins une activité autonome dans la mesure où les contrats de mise à disposition de personnel lui ont été transférés dans l'opération d'apport partiel d'actif (TA Lyon 12 octobre 2010, req. 98-2020, 6e ch. : RJF 2011, n° 6, com. 687). Il doit donc s'agir d'une organisation distincte des autres divisions de la société apporteuse. Cet ensemble comprend notamment les services administratifs qui lui sont propres (service comptable d'une usine, service du personnel décentralisé...). S'agissant des services administratifs communs, ils sont considérés comme attachés à l'exploitation ; il s'agit des services administratifs tels que la comptabilité, le service du personnel, la direction juridique ou la direction générale qui rendent des prestations aux différentes branches d'activité de la société apporteuse (instr. 3 août 2000 : BOI 4 I-2-00, § 55). Chaque division ou chaque exploitation doit donc comprendre la quote-part des services administratifs communs qui lui est affectée. La notion de services communs ne doit pas être confondue avec la notion de patrimoine étranger à l'exploitation rencontrée en matière de scission.

L'autonomie externe

2700 La branche autonome d'activité doit constituer un ensemble capable de fonctionner par ses propres moyens dans des conditions pouvant être qualifiées de normales dans le secteur économique considéré. Cette autonomie doit s'apprécier au seul regard de la société apporteuse et non en fonction de l'organisation de la société bénéficiaire des apports (instr. 3 août 2000 : BOI 4 I-2-00, § 56). L'administration considère que le caractère autonome de la branche d'activité peut s'apprécier par tout moyen. Par exemple, elle indique qu'en ce qui concerne les activités réglementées (notamment financières), la circonstance que la branche apportée remplisse les conditions satisfaisant les ratios exigés par les réglementations en vigueur constitue un élément pour l'appréciation du caractère autonome de la branche.

2701 On le constate, les critères posés par l'administration pour la qualification de branche complète et autonome d'activité sont assez restrictifs. Quelques précisions ont été données sur l'appréciation du caractère autonome dans l'hypothèse des opérations de restructuration qui entraînent séparation entre les activités de production et de commercialisation. Sur ce point, il a été rappelé qu'une division de sociétés qui ne comprend pas d'éléments incorporels lui garantissant des débouchés commerciaux n'était pas une branche complète et autonome. De même, une division de société qui ne disposerait pas d'éléments nécessaires lui garantissant un approvisionnement pérenne ne peut être considérée comme autonome. Néanmoins, à titre de tempérament, l'administration accepte de considérer qu'une telle division sera considérée comme constituant une branche complète et autonome d'activité si, toutes les autres conditions étant remplies par ailleurs, des contrats conclus avec la société ou les sociétés qui assurent la commercialisation des produits qu'elle fabrique ou des prestations qu'elle réalise, ou la fabrication des produits qu'elle commercialise lui garantissent des débouchés ou un approvisionnement pour une durée au moins égale à cinq ans (instr. 26 mars 2001 : BOI 4 I-1-01 ; sur cette question, voir également CJCE 15 janvier 2002, C-43/00, Andersen og Jensen ApS c/ Skatteministeriet : Droit fiscal 2002, n° 27, pp. 991 et s., com. P. Dibout).

Les éléments d'actif et de passif de la branche complète d'activité

2702 Le principe est que l'opération d'apport partiel doit porter sur l'ensemble des éléments d'actif et de passif liés, directement ou indirectement, à la branche complète d'activité apportée, mais ce principe connaît quelques tempéraments (sur la notion de branche complète d'activité : P. Menival, Notion de branche complète d'activité : Bull. fiscal F. Lefebvre, 2011, n° 12, pp. 821-826).

2703 • *Le principe.* Les éléments d'actif et de passif qui se rapportent à la branche complète d'activité sont ceux qui sont inscrits au bilan de la société apporteuse à la date d'effet de l'opération sans considération de la nature des biens ou de leur montant.

L'administration évoque sans distinction la nature commerciale, industrielle, financière ou administrative des biens.

L'apport concerne tous les éléments, mais rien que les éléments se rapportant à la branche d'activité. Ne peuvent donc être compris les éléments qui se rapportent à d'autres branches d'activité de la société apporteuse ou des éléments qui se rapportent à la gestion patrimoniale de la société apporteuse. Dans ce dernier cas, les immeubles et placements financiers relèvent du patrimoine étranger à l'exploitation et ce, même s'ils ont été financés grâce au réinvestissement des bénéfices dégagés par l'exploitation (sur la notion de patrimoine étranger à l'exploitation en matière de scission, voir §§ 2410 et s.).

2704 En principe, la répartition des éléments d'actif et de passif communs à plusieurs branches s'opère selon l'administration en fonction des règles prévues en cas d'apports partiels d'actifs (ou, le cas échéant, de scission). En l'absence de règles déterminées, les éléments d'actif et de passif doivent être répartis selon une méthode cohérente pour déterminer la part de l'élément de l'actif ou de passif qui revient à la branche complète d'activité apportée sur la base de critères adaptés à la nature de chaque élément et représentatifs des différentes branches concernées. Cette répartition est effectuée sous la responsabilité de la société apporteuse (instr. 3 août 2000 : BOI 4 I-2-00, § 65). À titre d'exemple, l'administration mentionne, pour un immeuble, la répartition de son prix de revient et des amortissements correspondants en fonction de la superficie réellement occupée par chaque branche ; dans le cas d'une trésorerie centralisée, le critère peut être le besoin en fonds de roulement de chaque branche d'activité de la société apporteuse pour déterminer la part de trésorerie qui revient à la branche complète d'activité apportée.

2705 Sur les éléments à comprendre dans la branche complète et autonome d'activité, des précisions s'avèrent nécessaires sur deux éléments : d'une part, le passif se rapportant aux branches complètes et autonomes d'activité et, d'autre part, les services communs de l'entreprise apporteuse.

2706 • *S'agissant des éléments de passif,* il est clair que le passif qui se rapporte directement à l'activité de la branche complète et autonome d'activité doit être compris dans l'apport. À cet égard, la prise en charge d'un passif non attaché à la branche d'activité apportée fait obstacle à l'application du régime de faveur des fusions, quelle que soit, au demeurant, l'importance de ce passif (instr. 3 août 2000, § 64 : BOI 4 I-2-00). L'administration rappelle que l'apport d'éléments de passif non attachés à la branche d'activité, ou pour un montant anormalement élevé, équivaut au paiement d'une soulte par la société bénéficiaire des apports. Une telle situation est donc incompatible avec le régime de faveur qui instaure un sursis d'imposition sous réserve que l'opération ne dégage aucune liquidité pour la société apporteuse. Néanmoins, et à titre de tolérance, l'administration admet de ne pas remettre en cause l'application du régime de faveur lorsque le montant de la soulte sera inférieur à la valeur d'une action de la société bénéficiaire des apports (instr. 3 août 2000, § 64 : BOI 4 I-2-00 ; sur cette analyse, voir : D. Villemot, Le régime fiscal de faveur des fusions et apports partiels d'actif, Droit fiscal 1993, n° 46, p. 1883).

2707 La question du passif pose le problème du sort qu'il convient de réserver au passif commun aux différentes branches complètes et autonomes d'activité apportées. En principe, la logique voudrait que l'on transmette avec la branche complète et autonome d'activité une quote-part du passif global ou passif « commun » de la société apporteuse. La mise en œuvre de ce principe se heurtait à de sérieuses difficultés, en particulier depuis la publication d'une réponse ministérielle qui rappelait le principe selon lequel la société apporteuse devait comprendre dans la branche complète et autonome d'activité tout le passif qui s'y rapportait, et rien que ce passif (rép. Dubernard, JO 17 mars 1997, AN, p. 1347). Tout le passif incluait précisément une quote-part du passif commun de la société apporteuse, quote-part que la société apporteuse devait évaluer sous sa propre responsabilité. En d'autres termes, la réponse ministérielle créait un sentiment d'insécurité qui pouvait inciter les entreprises à solliciter un agrément pour valider l'opération (J.-P. Casimir, M. Chadefaux, Apport partiel d'actif et branche complète d'activité ou la difficulté d'obtenir un passeport pour la dispense d'agrément : RFC, n° 291, juillet-août 1997, pp. 31 et s.). L'instruction du 3 août 2000 revient sur cette question en indiquant qu'il est admis que les éléments de passif qui ne sont pas directement et exclusivement liés à l'exploitation autonome apportée peuvent être conservés par la société apporteuse sous réserve qu'il n'existe pas de justification économique ou juridique à leur transfert. La valorisation de l'apport doit tenir compte de l'absence éventuelle de ce transfert d'éléments du passif. Toujours selon l'administration, cette doctrine permet de préciser la réponse Dubernard précitée. On saluera l'optimisme de l'administration, les précisions paraissant de nature très limitées. Au contraire, que faut-il entendre par absence de justification économique ou juridique au transfert ? Entrent, semble-t-il, dans ce cadre les dettes financières d'ensemble de la société apporteuse qui ne se rattachent pas directement à la branche complète et autonome d'activité apportée ou à l'un de ses éléments d'actif comme, par exemple, les emprunts généraux ou les soldes créditeurs bancaires (instr. 3 août 2000, § 73 : BOI 4 I-2-00).

2708 • *En ce qui concerne les services administratifs communs,* ils sont en principe répartis entre les différentes branches d'activité en fonction de leur affectation. Néanmoins, afin de tenir compte du caractère général des prestations rendues, l'administration admet qu'ils ne soient pas répartis et transférés partiellement à la société bénéficiaire des apports (instr. 3 août 2000 : BOI 4 I-2-00, § 63). Dans ce cas, aucun élément d'actif et de passif afférent aux services administratifs communs n'est compris dans l'apport partiel d'actif (instr. 3 août 2000 : BOI 4 I-2-00, §§ 55, 63, 74 et 75). Ces mesures de tolérance sont largement inspirées par le fait que, dans l'opération d'apport partiel d'actif, la société apporteuse survit à l'opération. Elles ne sauraient être transposées aux opérations de scissions qui entraînent la disparition de la société scindée.

PATRIMOINE ÉTRANGER À L'EXPLOITATION ET SERVICES ADMINISTRATIFS COMMUNS : DEUX CHOSES DIFFÉRENTES...

La terminologie utilisée en fiscalité est parfois subtile. La notion de patrimoine étranger à l'exploitation se rencontre essentiellement en matière de scission de sociétés. Il correspond à l'ensemble des éléments d'actif et de passif qui ne sont pas affectés aux branches d'activité de la société scindée comme, par exemple, des actifs immobiliers ou financiers relevant d'une gestion patrimoniale.

Le patrimoine étranger à l'exploitation se distingue des services administratifs communs de l'entreprise tels que la comptabilité, la gestion du personnel, l'informatique, qui sont affectés aux branches d'activité comprises dans l'apport.

Les mesures de tolérance

2709 Conformément à la définition de la branche complète et autonome d'activité, tous les éléments qui la composent doivent en principe être transmis dans le cadre d'une opération d'apport partiel d'actif. Toutefois, certains assouplissements ont été introduits dans la mise en œuvre de ce principe. Ces mesures de tolérance concernent les immeubles d'exploitation et les marques.

2710 • *Pour les immeubles,* il est admis que la société apporteuse conserve la propriété des locaux nécessaires à l'exercice de l'activité de la branche apportée, qu'il s'agisse des locaux d'exploitation ou des locaux administratifs, dès lors qu'elle consent à la société bénéficiaire de l'apport l'usage de ces immeubles, lui permettant d'exploiter ainsi de manière autonome et pérenne la branche d'activité apportée. Pour les immeubles, l'administration continue d'appliquer une solution qu'elle avait déjà commentée à propos d'une jurisprudence de 1989.

> NOTE : cass. com. 30 octobre 1989, n° 87-19766 : BO 7 H-5-91 ; commentaire du 18 septembre 1991 : doc. adm. 7 H 3851 ; voir également JCP 1991, IV, 10426 ; voir également pour une jurisprudence antérieure à la position administrative exprimée dans l'instruction du 11 août 1993 et reprise dans l'instruction du 3 août 2000 : CAA Nantes, 1re ch., 8 décembre 1993, n° 92-205, SA Berry : RJF 1993, n° 2, inf. 126).

Dans une réponse ministérielle ancienne, l'administration considérait que l'apport d'immeubles hors exploitation constituait un apport d'élément d'actif isolé non assimilé à une branche complète et autonome d'activité (rép. Depic, JO 29 juin 1989, Sén., p. 997, n° 3735). Cette tolérance s'applique également dans l'hypothèse où la société apporteuse n'est pas propriétaire des locaux en question mais simplement titulaire d'un bail ou d'un contrat de crédit-bail ; elle porte alors sur les droits dont bénéficie la société apporteuse et qui lui confèrent la disposition des constructions.

2711 • *Pour les marques,* la transmission en pleine propriété des marques sous lesquelles sont commercialisés les produits de la société apporteuse n'est pas exigée lorsque ces marques ne sont pas utilisées exclusivement pour la branche apportée mais qu'elles sont conjointement utilisées par d'autres branches d'activité de la société apporteuse ou par d'autres sociétés (filiales ou non). Dans ce cas de figure, la société apporteuse doit concéder la ou les marques en cause à la société bénéficiaire de l'apport pour une durée suffisamment longue, au moins égale à 10 ans.

Cette position avait déjà été exprimée dans l'instruction du 11 août 1993 (BOI 4 I-1-93, n° 41).

NOTE : Avant de redéfinir de manière plus complète la notion de branche complète et autonome d'activité dans le cadre de l'instruction du 3 août 2000, l'administration avait donné, à l'occasion de différentes réponses ministérielles, des illustrations de branches complètes et autonomes d'activité. Ainsi, il avait été précisé que constitue une branche complète et autonome d'activité l'apport à une société nouvelle par une société préexistante de sa seule branche d'activité industrielle, à l'exception des immeubles, dans la mesure où les éléments apportés constituent, du point de vue technique, un ensemble capable de fonctionner par ses propres moyens dans des conditions pouvant être qualifiées de normales dans le secteur économique considéré (rép. Monichon, JO 3 octobre 1976, Sén., p. 2617). De même, en matière d'agence de voyages, il a été précisé que les sociétés exerçant l'activité d'agence de voyages ainsi que d'autres activités peuvent séparer leurs différents secteurs d'activité en faisant apport d'une ou de plusieurs branches complètes à une société nouvelle ou préexistante sans qu'il soit besoin de solliciter un agrément (rép. Labbé, JO 20 octobre 1980, AN, p. 4419) ; voir également d'autres réponses pour des apports de fonds de commerce exploités par une même société dans des établissements distincts : rép. Fosset, JO 28 septembre 1978, Sén., p. 2273, ou pour un laboratoire d'analyses médicales : rép. Coudert, JO 7 août 1975, Sén., p. 2498 ; voir également cass. com. 6 février 1990, n° 199 D, Naegelen Distribution : RJF 1990, n° 4, inf. 490 : Droit fiscal 1991, n° 7, com. 281 ; TA Poitiers, 2e ch., 29 juin 1998, n° 95-1795 : RJF 1998, n° 10, com. 1078 ; D. Villemot, Les aménagements apportés au régime des apports partiels d'actif et des scissions : des avancées incontestables qui doivent se poursuivre : Droit fiscal 2000, n° 36, p. 1117.

Lorsqu'un apport partiel d'actif ne porte pas sur les marques commerciales mais seulement sur un droit d'usage précaire du nom commercial, l'apport ne peut être regardé comme portant sur une branche complète d'activité.

NOTE : CE 27 juillet 2005, req. 259052, 8e et 9e s.-sect. : RJF 2005, n° 11, com. 1170 ; voir également cass. com. 10 janvier 2006, n° 02-17279 : Bull. Joly 2006, n° 7, com. 187, note A. Canet et B. Dondero ; Droit des sociétés 2006, n° 4, com. 69, note J.-L. Pierre ; voir également CAA Bordeaux, 30 décembre 2010, n° 09-2218 : RJF 2011, n° 7, com. 793 : dans cette décision, la marque est concédée sans aucune réserve mais sans délai stipulé.

BRANCHE COMPLÈTE ET AUTONOME D'ACTIVITÉ ET FONDS DE COMMERCE EN LOCATION-GÉRANCE

À propos de la définition de la branche complète et autonome d'activité, l'administration a précisé le sort qu'elle entendait réserver aux opérations données en location-gérance. Sur ce point, elle a rappelé que l'opération d'apport des éléments d'actif et de passif d'une activité donnée en location-gérance porte sur des éléments d'actif isolés et doit être considérée comme une opération patrimoniale de la société apporteuse.

De même, l'apport des éléments incorporels et corporels d'un fonds donné en location-gérance au profit de la société locataire-gérante n'est susceptible de bénéficier du régime spécial des fusions que sur agrément.

Enfin, dans l'hypothèse où le contrat de location-gérance serait conclu pendant la période de rétroactivité, il y aura lieu de considérer, en matière d'impôt sur les sociétés, que seule la date d'effet convenue entre les parties dans le traité d'apport pourra être retenue pour apprécier le caractère complet et autonome de la branche.

(Instr. 26 mars 2001 : BOI 4 I-1-01) – Ces solutions sont à rapprocher de : TA Poitiers, 2e ch, 29 juin 1998, req. 95-1795, Congrégation des Sœurs hospitalières et Institutrices de la Salle de Vihiers : Droit fiscal 1999, n° 15-16, inf. 318, note J.-L. Pierre.

La notion d'élément assimilé à une branche complète et autonome d'activité

2712 La notion d'élément assimilé à une branche complète et autonome d'activité est définie par l'article 210 B du CGI. Cette notion recouvre en réalité aujourd'hui trois situations différentes :
– les apports de participations portant sur plus de 50 % du capital de la société dont les titres sont apportés, sous réserve que la société apporteuse respecte les règles et conditions prévues par les troisième et quatrième alinéas de l'article 38-7 bis du CGI ;
– les apports de participations conférant à la société bénéficiaire des apports la détention directe de plus de 30 % des droits de vote de la société dont les titres sont apportés lorsque aucun autre associé ne détient, directement ou indirectement, une fraction des droits de vote supérieure ;
– les apports de participations conférant à la société bénéficiaire des apports, qui détient dores et déjà plus de 30 % des droits de vote de la société dont les titres sont apportés, la fraction des droits de vote la plus élevée dans la société.

La première situation est classique et assez ancienne dans le droit fiscal (loi de finances pour 1992). Les deux derniers cas, qui seront examinés ensemble, ont été introduits par la loi de finances pour 2002. On remarquera que, compte tenu de la fiscalité applicable aux plus-values sur participations, et en particulier l'exonération des plus-values constatées sur titres de participation (CGI art. 219-I-a quinquies), le recours à la notion d'élément assimilé à une branche complète et autonome d'activité devrait être désormais assez rare. L'apport de titres de participation peut en effet s'effectuer moyennant le paiement de l'IS sur la seule quote-part de frais et charges de 10 % en contrepartie, la société apporteuse n'a pas à souscrire d'engagements de conservation des titres reçus en rémunération de l'apport, et les modalités de calcul des plus-values ultérieures ne sont pas susceptibles d'entraîner une double imposition des plus-values.

APPORT DE TITRES DE SOCIÉTÉS À PRÉPONDÉRANCE IMMOBILIÈRE NON COTÉES : L'ATTRAIT DU RÉGIME SPÉCIAL

Si, pour les titres classiques, le régime fiscal actuel des plus-values sur titres de participation fait perdre de son intérêt au régime spécial des apports partiels d'actifs, en revanche, celui-ci conserve au contraire un intérêt certain pour les apports de titres de sociétés immobilières cotées ou non cotées. En effet, les titres de sociétés à prépondérance immobilière non cotées ont été exclus du régime des plus-values à long terme pour réintégrer le champ d'application de l'IS au taux de droit commun. Quand aux titres de sociétés immobilières cotées, la plus-value est taxable au taux réduit proportionnel de 19 %. Dans ces conditions, les opérations d'apport partiel d'actif qui portent sur des titres de ces sociétés ont, selon toute vraisemblance, intérêt à être réalisées sous le régime spécial des apports partiels d'actifs. La plus-value constatée lors de l'apport sera en effet exonérée. En contrepartie, la société apporteuse devra conserver les titres reçus en contrepartie pendant trois ans et s'engager à calculer la plus-value de cession ultérieure par référence à la valeur d'origine des titres.

Premier cas : Les apports de participations de plus de 50 %

2713 En la matière, l'administration a précisé que le seuil de 50 % devait s'apprécier en prenant en considération l'ensemble des apports de titres effectués de manière concomitante à une même société. En outre, il n'est nullement exigé que les différents apports pris en considération pour le décompte des 50 % soient tous admis au bénéfice de l'article 210 B du CGI. Cela signifie, en particulier, que pour l'appréciation de ce seuil de 50 %, on tiendra compte, le cas échéant des apports effectués par des particuliers, entreprises individuelles, sociétés de personnes et les sociétés étrangères qui ne sont pas imposables en France ainsi que les sociétés françaises soumises à l'impôt sur les sociétés qui ne demandent pas à bénéficier du régime de faveur prévu à l'article 210 B.

2714 On observera que les textes ne posent aucune condition quant au régime fiscal de la société dont les titres sont apportés. Il faut en conclure que les dispositions de l'article 210 B du CGI sont susceptibles de s'appliquer de la même façon pour l'apport de participations détenues dans le capital de sociétés qui relèvent de l'impôt sur le revenu ou de sociétés étrangères non imposables à l'impôt sur les sociétés en France.

2715 De la même manière, il est possible que l'opération d'apport concerne des titres qui ouvrent droit, chez l'apporteuse, au régime des sociétés mères et filiales mais qui sont grevés d'un engagement de conservation de deux ans. Or, si l'apport est réalisé à l'intérieur du délai de deux ans, la question se pose de savoir la société apporteuse encourt la perte du régime des sociétés mères et filiales et notamment de l'exonération dont ont pu bénéficier les dividendes reçus pendant cette période. Une réponse négative s'impose ; le bénéfice du régime des sociétés mères et filiales continue de s'appliquer dès lors que la société bénéficiaire de l'apport assure la poursuite de l'engagement de conservation jusqu'à son terme. Ce cas de figure est au demeurant expressément prévu par l'article 145-1-c) du code général des impôts.

2716 Cependant, l'apport de participations doit impérativement porter sur des parts de sociétés. Ainsi, l'apport de droits détenus dans un GIE ne saurait être considéré comme un élément assimilé à une branche complète d'activité. Les GIE ne sont pas des sociétés, n'ont pas nécessairement de capital social et ne peuvent pas émettre de titres négociables représentatifs des droits de leurs membres (rép. Dubernard, JO 25 novembre 1996, AN quest. p. 6159 : Droit fiscal 1997, n° 7, com. 161. Voir également : Y. de Givré, « La notion de branche complète d'activité dans les opérations d'apport partiel d'actif et de scission : vers un durcissement de la position administrative » : Droit fiscal 1997, n° 22, pp. 705 et s.).

2717 Il faut également noter que l'article 210 B exige que l'apport de participations satisfasse les conditions posées par l'article 38-7 bis, 2e et 3e alinéas. Ainsi, lorsque l'apport de participation prévoit une soulte, celle-ci ne peut dépasser 10 % de la valeur nominale des parts ou actions de la société bénéficiaire des apports attribuées à la société apporteuse ou ne peut dépasser le montant de la plus-value réalisée. Ces dispositions concernent, de la même façon, les soultes perçues « indirectement », c'est-à-dire par le biais de la prise en charge par la société bénéficiaire du passif incombant à la société apporteuse. Naturellement, l'existence d'une soulte implique son imposition immédiate.

Deuxième cas : l'apport de participations qui confère à la société bénéficiaire des apports la détention directe de plus de 30 % des droits de vote de la société dont les titres sont apportés lorsque aucun autre associé ne détient, directement ou indirectement, une fraction de droits de vote supérieure

2718 Ici, l'optique est différente. La condition ne porte pas sur une quotité de titres à apporter. Il s'agit de s'intéresser aux effets de l'opération d'apport pour savoir si elle peut être qualifiée d'élément assimilé à une branche complète et autonome d'activité. L'apport doit avoir pour effet de faire passer à la participation de la société bénéficiaire des apports la barre des 30 % de droits de vote et, condition supplémentaire, aucun autre associé n'a de fraction de droits de vote supérieure. Ainsi, après l'apport, l'associé a plus de 30 % des droits de vote et dispose de la fraction des droits de vote la plus élevée (instr. 25 octobre 2002 : BOI 4 I-2-02).

EXEMPLES

Éléments assimilés à une branche complète et autonome d'activité

1) Soit une société A1 détenue dans les conditions suivantes :

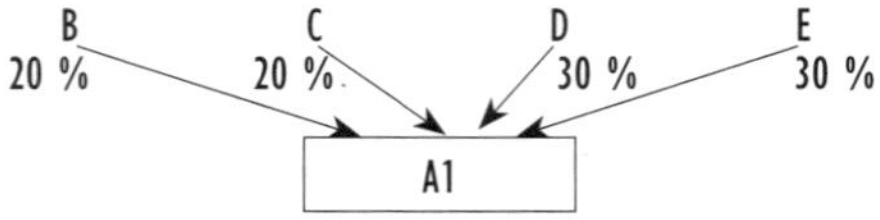

B envisage d'apporter sa participation à C. Après l'apport, la situation serait la suivante :

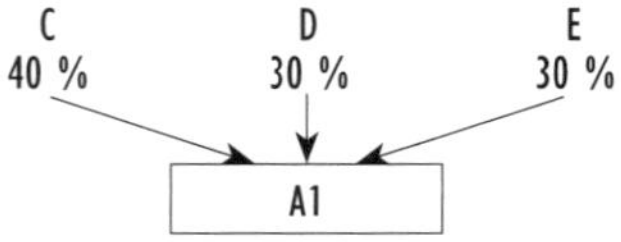

On constate qu'après l'apport, C détient plus de 30 % des droits de vote de la société A et est l'associé qui détient la fraction des droits de vote la plus élevée. L'opération d'apport peut bénéficier du régime de faveur.

2) Soit une société A2 détenue par deux associés F et G, chacun détenant 50 % des droits de A2. F décide d'apporter sa participation à une société H.

L'apport réalisé au profit de H est éligible au régime de faveur des opérations d'apport partiel d'actif dès lors que H détient plus de 50 % des droits de vote de A2 et qu'aucun autre associé ne détient, après l'opération, une fraction des droits de vote supérieure.

3) Soit une société A3 détenue par les sociétés I, J, K et L.

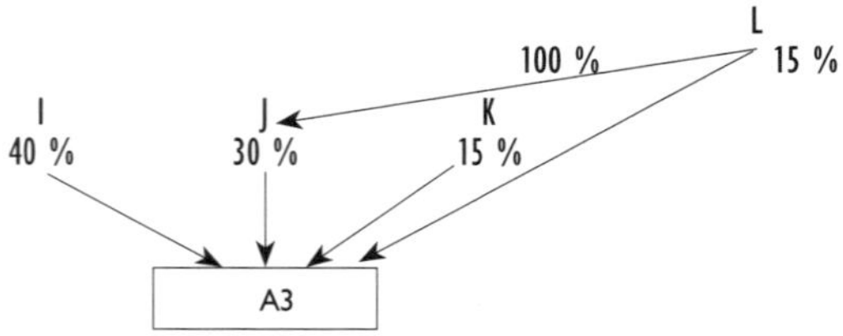

I apporte sa participation à une société M.

Après l'opération, la société M détient plus de 30 % des droits mais ne détient pas la fraction des droits de vote la plus élevée. En effet, L détient directement 15 % des droits et 30 % indirectement, soit, au total, 45 % des droits. Seul l'agrément est de nature à permettre à l'opération de bénéficier du régime de faveur des apports partiels d'actif.

Troisième cas : l'apport de participations confère à la société bénéficiaire, qui détient d'ores et déjà plus de 30 % des droits de vote de la société dont les titres sont apportés, la fraction des droits de vote la plus élevée dans la société

2719 **Par rapport au cas précédent, on retrouve les deux mêmes critères : 30 % des droits de vote et fraction des droits de vote la plus élevée. Ici, cependant, le seuil de 30 % des droits de vote est déjà franchi avant l'opération d'apport, mais l'opé-**

ration d'apport a pour effet de satisfaire l'autre critère, c'est-à-dire de permettre à la société bénéficiaire de disposer désormais de la fraction des droits de vote la plus élevée dans le capital de la société dont les titres sont apportés.

2720 Plusieurs remarques peuvent être formulées sur ces deux derniers cas. Tout d'abord, les effets de l'opération d'apport doivent être appréciés à la date de réalisation définitive de l'apport partiel, c'est-à-dire la dernière assemblée générale qui approuve l'opération. Les opérations visées aux deuxième et troisième cas sont celles réalisées depuis le 1er janvier 2002. C'est à cette date que l'on vérifiera la condition en droits de vote et la condition d'associé « dominant » en termes de droit de vote. Ensuite, les deux cas d'assimilation à une branche complète et autonome d'activité sont traités avec une certaine homogénéité par rapport au premier cas, qui est le plus ancien, de l'apport de participations majoritaires. Ainsi, il faut préciser que le seuil de 30 % s'apprécie, comme pour le seuil de 50 %, en tenant compte des apports de titres effectués de manière concomitante à une même société. Pour l'appréciation de ces seuils, il n'est au demeurant pas nécessaire que l'ensemble des apports effectués bénéficient du régime spécial de l'article 210 B. Peuvent ainsi être pris en compte les apports effectués par les particuliers, les entreprises individuelles, les sociétés de personnes et les sociétés étrangères qui ne sont pas imposables en France ainsi que les sociétés françaises soumises à l'impôt sur les sociétés et qui ne demandent pas à bénéficier du régime spécial de l'article 210 B. Il n'existe, de la même manière, aucune condition tenant au statut fiscal de la société dont les titres sont apportés. De même, les remarques formulées sur les opérations avec soulte sont directement transposables. D'une manière générale, en termes de conditions d'application, l'administration ne semble pas vouloir distinguer les opérations qui portent sur des participations majoritaires (seuil de 50 %) de celles concernant des participations dominantes (seuil de 30 %).

EXEMPLE

Apport concomitant de participations

Soit la société A détenue par 6 sociétés dans les conditions suivantes :

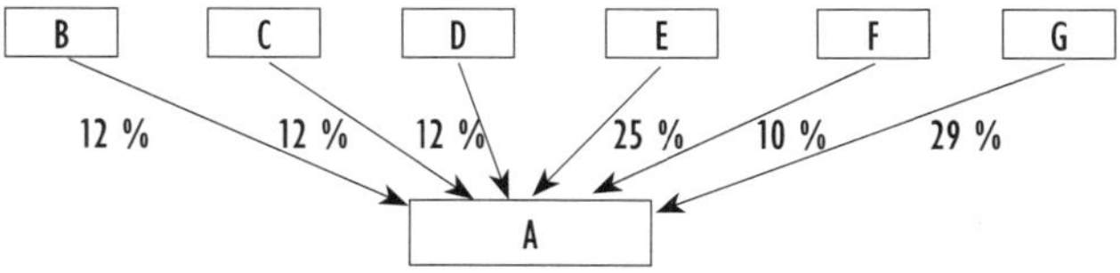

B, C et D font apport de leur participation à une société H qui n'avait jusque-là aucune participation dans A. Après l'opération, la répartition est la suivante :

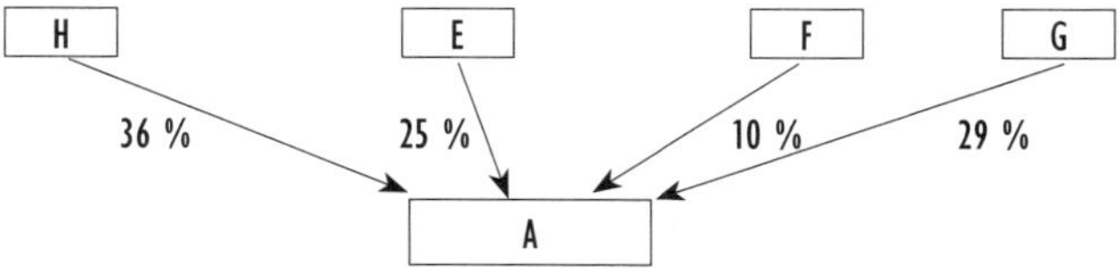

Dans ce cas de figure, l'apport peut bénéficier du régime de faveur des apports partiels d'actif. En effet, après l'opération, H détient une fraction de droits supérieure à 30 % et qui est la fraction la plus élevée. Il n'est pas obligatoire, au demeurant, que les apports de B, C et D soient placés tous les trois sous le régime de faveur.

2721 Enfin, ces deux opérations mettent la France en conformité avec les dispositions de la directive communautaire. En effet, l'article 2 d) de la directive évoque la notion de participation ayant pour effet de conférer la majorité des droits de vote d'une société. Les dispositions désormais introduites en droit interne pour compléter l'article 210 B sont plus souples en exigeant la détention de 30 % des droits de vote et la détention de la fraction des droits de vote la plus élevée. Il n'est pas fait référence à la notion de majorité. Pour une fois, la réglementation fiscale interne va au-delà des exigences communautaires…

Tableau de synthèse des 2ᵉ et 3ᵉ cas

Situation de la société bénéficiaire de l'apport dans le capital de la société dont les titres sont apportés				Apport assimilé à une branche complète et autonome d'activité	
Pourcentage des droits de vote		Fraction des droits de vote la plus élevée			
Avant l'apport	Après l'apport	Avant l'apport	Après l'apport		
< 30 %	< 30 %	non	non	NON	
< 30 %	< 30 %	non	oui	NON	
< 30 %	> 30 %	non	non	NON	
< 30 %	> 30 %	non	oui		OUI
< 30 %	> 30 %	oui	oui		OUI
> 30 %	> 30 %	non	non	NON	
> 30 %	> 30 %	non	oui		OUI
> 30 %	> 30 %	oui	oui	NON	

EXEMPLE

Assimilation ou non-assimilation à une branche complète et autonome d'activité

À l'appui de la proposition de modification de l'article 210 B du CGI, l'administration donne l'exemple suivant :

La société C est détenue par les associés A, B et D, respectivement à hauteur de 10 %, 40 % et 50 %. Les cas suivants sont envisagés :

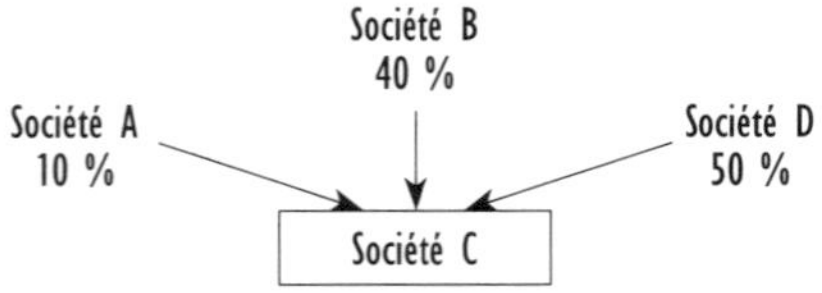

1) Apport par D à A de titres représentant 40 % de C

→ Après l'opération, A détient plus de 30 % des droits de vote et a la fraction de droits de vote la plus élevée. Le régime de faveur s'applique de plein droit.

2) Apport par D à B de titres représentant 40 % de C

Après l'opération, B, qui détenait déjà plus de 30 % des droits de vote, a la fraction de droits de vote la plus élevée dans la société. Le régime de faveur s'applique de plein droit.

3) Apport par D à B de titres représentant 3 % du capital de C

L'apport ne peut bénéficier de plein droit du régime de faveur car même si la condition relative aux droits de vote est satisfaite, en revanche, B ne dispose pas, après l'apport, de la fraction la plus élevée des droits de vote. La société D pourra, le cas échéant, déposer une demande d'agrément.

4) Apport par B à A de titres représentant 35 % de C

L'apport a pour effet de conférer à A la détention directe de plus de 30 % des droits de vote de la société C mais l'opération ne permet pas à la société A de disposer de la fraction des droits de vote la plus élevée. En conséquence, le régime de faveur n'est pas applicable.

ÉLÉMENTS ASSIMILÉS À UNE BRANCHE COMPLÈTE ET AUTONOME ET RÉGLEMENTATION COMPTABLE

La réglementation comptable applicable à la valorisation des apports dans les opérations de restructuration est susceptible de s'appliquer aux opérations d'apports partiels d'actif et en particulier aux opérations d'apports de participations. L'avis du CNC énonce en effet que ces apports, représentatifs du contrôle de cette participation, sont assimilés à des apports partiels d'actif constituant une branche complète d'activité et entrent dans le champ d'application de la réglementation comptable. La notion de contrôle est définie conformément au paragraphe 102 du règlement 99-02 du CRC relatif aux comptes consolidés des sociétés commerciales.

Le CNC rappelle, sur ce point, que le contrôle exclusif est le pouvoir de diriger les politiques financière et opérationnelle d'une entreprise afin de tirer avantage de ses activités. Il résulte soit de la détention directe ou indirecte de la majorité des droits de vote dans une autre entreprise, soit de la désignation, pendant deux exercices successifs de la majorité des membres des organes d'administration, de direction ou de surveillance d'une autre entreprise ; l'entreprise consolidante est présumée avoir effectué cette désignation lorsqu'elle a disposé, au cours de cette période, directement ou indirectement, d'une fraction supérieure à 40 % des droits de vote et qu'aucun autre associé ou actionnaire ne détenait, directement ou indirectement, une fraction supérieure à la sienne, ou du droit d'exercer une influence dominante sur une entreprise en vertu d'un contrat ou de clauses statutaires lorsque le droit applicable le permet.

Ainsi, à la lumière des dispositions fiscales qui viennent d'être décrites, il est possible d'en déduire que les apports de participation qui rentrent dans le champ d'application de la réglementation comptable pourront avoir, au niveau fiscal, la nature d'éléments assimilés à une branche complète et autonome d'activité pouvant bénéficier de plein droit du régime de faveur. Inversement, certains apports de participation qui portent notamment sur les cas 2 et 3 décrits ci-dessus vont pouvoir bénéficier du régime fiscal de faveur mais ne seront pas susceptibles d'être qualifiés d'apports partiels d'actif au plan de la réglementation comptable. Ainsi des apports de titres peuvent-ils relever de la réglementation fiscale des apports partiels d'actif et ne pas être soumis à la réglementation comptable de ces mêmes apports.

Les engagements nécessaires pour bénéficier de la dispense

2722 Qu'il porte sur une branche complète d'activité ou sur un élément assimilé, l'apport partiel ne pourra être placé sous le régime des fusions que si la société apporteuse s'engage :

– à conserver les titres reçus en contrepartie de l'apport pendant trois ans *(voir §§ 2723 à 2733)* ;

– à calculer ultérieurement les plus-values afférentes à la cession des titres reçus lors de l'apport par référence à la valeur que les biens apportés avaient du point de vue fiscal dans les écritures de la société apporteuse *(voir §§ 2734 à 2738)*.

La conservation des titres pendant trois ans

2723 En imposant une telle durée de détention, le législateur a voulu éviter que de véritables opérations de vente ne soient en apparence dissimulées sous l'appellation d'apports partiels. On rappelle, comme cela a déjà été précisé, que cet engagement de conservation peut être dissuasif par rapport au régime de droit commun des cessions de titres ayant la nature de titres de participation. On a ainsi cherché à pallier de possibles sources d'abus de droit. Cette durée de trois ans contraint au demeurant la société apporteuse à rester durablement intéressée à la branche d'activité dont elle s'est séparée. L'administration considère que l'engagement de conservation est respecté si la société apporteuse détient, à tout moment de la période de trois ans qui suit l'opération d'apport, un nombre de titres au moins égal à celui qui lui a été remis en rémunération de l'apport (instr. 11 août 1993 : BOI 4 I-1-93, n° 42). L'administration a rappelé que le régime spécial des fusions est destiné à encourager les restructurations d'entreprise qui présentent un motif économique et non pas les opérations à caractère patrimonial qui se traduisent par un désengagement des sociétés ou un partage des actifs entre associés (instr. 4 février 2000 : BOI 4 I-1-00).

ENGAGEMENT DE CONSERVATION : DE 5 À 3 ANS

C'est la loi de finances pour 2000 qui a ramené la durée de l'engagement de conservation des titres remis en contrepartie de l'apport de cinq à trois ans, ce délai s'appliquant soit à la société apporteuse dans le cas d'un apport partiel d'actif, soit aux associés de la société scindée en cas de scission.

La réduction du délai de conservation s'applique aux opérations d'apports partiels d'actif ou de scissions réalisées à compter du 15 septembre 1999. Elle s'applique également aux opérations pour lesquelles des engagements de conservation étaient en cours à cette date. La date à retenir est celle de la réalisation définitive de l'opération et non la date d'effet dont les parties sont convenues dans les traités d'apport.

Mais attention, la réduction du délai n'est en revanche pas automatique pour les engagements de conservation qui ont été pris dans le cadre d'une procédure d'agrément. Les entreprises qui, au 15 septembre 1999, étaient concernées ont pu toutefois demander à l'administration à bénéficier également de la réduction du délai.

Sur cette question : instr. 4 février 2000, 4I-1-00 ; instr. 27 juin 2000, 13 D-1-00

2724 L'appréciation de l'engagement de conservation des titres pendant trois ans appelle néanmoins trois précisions. Tout d'abord, le décompte de ce délai de trois ans doit s'effectuer en prenant comme point de départ la date de réalisation définitive de l'opération et non la date d'effet rétroactif de l'opération stipulée par les parties, la rétroactivité demeurant sans incidence sur le statut fiscal des associés (instr. 3 août 2000 : BOI 4 I-2-00, § 101).

L'engagement de conservation ne porte que sur les titres compris dans l'apport. Si la société apporteuse détenait déjà, avant l'opération, ou si, à l'inverse, elle acquiert postérieurement de nouveaux titres, ceux-ci ne sont pas visés par l'engagement de conservation et peuvent ainsi être cédés librement. Cependant, la cession de titres est susceptible de soulever une difficulté d'ordre pratique, en particulier pour la mise en œuvre des règles habituelles et notamment de la règle du premier entré/premier sorti qui peut conduire à réputer cédés les titres reçus en contrepartie de l'opération d'apport.

EXEMPLE

Une société A fait apport d'une participation à une société B, sous le régime des éléments assimilés à une branche complète d'activité. La société reçoit, à cette occasion, 1 200 actions B. Un an plus tard, la société A fait l'acquisition de 1 300 actions B. En N + 2, elle cède finalement 1 200 actions B.

L'application stricte de la règle FIFO conduit à considérer que ce sont les titres reçus à l'occasion de l'apport partiel qui sont cédés, entraînant ainsi la rupture de l'engagement de conservation pendant cinq ans. Et pourtant, après la cession, la société A aura toujours en portefeuille un nombre de titres au moins égal à celui reçu en contrepartie de l'apport.

2725 Pour éviter une telle conséquence, l'article 39 duodecies-6 du CGI prescrit de considérer que les titres reçus en contrepartie de l'apport et les titres acquis indépendamment de l'opération d'apport constituent deux catégories de titres distinctes jusqu'à l'expiration du délai de trois ans. Pendant cette période, les cessions de titres qui interviennent sont réputées porter en priorité sur les titres acquis ou souscrits indépendamment de l'opération d'apport. À l'expiration de ce délai, les titres reçus en contrepartie de l'apport et les autres titres seront réunifiés pour ne plus constituer qu'une seule et même catégorie de titres. Pour les cessions qui interviennent ultérieurement, la règle du premier entré/premier sorti s'applique dans les conditions de droit commun, la cession portant sur les titres les plus anciens restants, sans oublier naturellement, pour les titres reçus en contrepartie de l'apport, de calculer la plus-value en fonction de leur valeur fiscale.

2726 Il est possible, par ailleurs, qu'à l'intérieur du délai de trois ans, la société dont les titres ont été reçus en contrepartie de l'apport fasse l'objet d'une restructuration entraînant un regroupement ou une division des titres formant le capital. Dans cette hypothèse, le nombre de titres sur lequel porte l'engagement de conservation doit assez logiquement faire l'objet d'un ajustement. L'administration explicite cette obligation d'ajustement en indiquant que les titres conservés doivent présenter les mêmes caractéristiques économiques que ceux remis en rémunération de l'apport (instr. 11 août 1993 : BOI 4 I-1-93). Dans le même ordre d'idées, si la société bénéficiaire de l'apport procède à une augmentation de capital dans les trois ans, la cession par la société apporteuse de ses droits préférentiels de souscription équivaut à une rupture de l'engagement de conservation des titres dès lors que ces droits constituent un démembrement des actions en cause. Selon l'administration, l'engagement est rompu dès lors que le bénéficiaire tire des disponibilités financières de l'utilisation des titres (Comité fiscal de la Mission d'organisation administrative, réunion du 31 janvier 1994 : Droit fiscal 1995, n° 7, p. 334). La cession de droits préférentiels ne sera toutefois pas assimilée à une rupture de l'engagement de conservation des titres dans l'hypothèse où la société apporteuse affecte immédiatement un montant équivalant au produit de la cession des droits pour souscrire à l'augmentation de capital ou acquérir des actions de la société qui augmente son capital.

ENGAGEMENT DE CONSERVATION DES TITRES ET VALORISATION DES APPORTS

L'engagement de conservation porte sur les titres qui ont été reçus en contrepartie de l'apport et cela, sans considération du mode de valorisation des apports qui a été retenu. En d'autres termes, que l'opération d'apport soit faite sur la base des valeurs réelles ou sur celle des valeurs comptables, l'administration considère que l'engagement de conservation doit porter sur un nombre de titres représentatif du poids économique de la branche apportée. La circonstance que les parties aient entendu se prévaloir de la tolérance fiscale (applicable à la date de rédaction de l'instruction) qui autorise la transcription des apports sur la base des valeurs comptables est, à cet égard, sans incidence.

L'administration illustre son propos par l'exemple suivant. Une société réalise un apport partiel d'actif d'une branche complète et autonome d'activité dont la valeur réelle est de 15 000 000. Les sociétés décident de se prévaloir de la tolérance fiscale autorisant les apports sur la base des valeurs comptables, soit 3 000 000. Si la valeur d'un titre est estimée à 500, l'engagement doit porter sur un nombre de titres correspondant à la contrepartie de 15 000 000, c'est-à-dire 30 000 titres. Il ne saurait se limiter à un nombre de 3 000 000 : 500 = 6 000 titres, qui correspondrait à une rémunération calculée sur la base de l'actif net apporté. Si tel devait être le cas, le régime fiscal de faveur ne pourrait s'appliquer.

À titre de tempérament, toutefois, l'administration admet de ne pas remettre en cause l'application du régime de faveur des fusions dans l'hypothèse où la rémunération des apports a été déterminée sur la base de l'actif net comptable dès lors que :
– les titres reçus de la société apporteuse en contrepartie de son apport, sur lesquels porte l'engagement de conservation prévu à l'article 210 B précité, représentent au moins 99 % du capital de la société émettrice tel qu'il résulte de l'opération ;

– la participation détenue par la société apporteuse dans la société bénéficiaire des apports représente au moins 99,99 % du capital de cette même société après réalisation de l'opération d'apport ;
– tous les titres de la société bénéficiaire des apports présentent les mêmes caractéristiques.

Cette tolérance, qui conduit à retenir, au final, une parité calculée sur la base de la valeur de l'actif net comptable, était à l'origine limitée à une seule opération au regard d'une même société bénéficiaire des apports. Une telle restriction a été supprimée par l'instruction de 2005.

(instr. 3 août 2000 : BOI 4 I-2-00, § 82 ; voir également instr. 30 décembre 2005 : BOI 4 I-1-05, n° 16)

2727 Enfin, il est possible qu'à l'intérieur du délai de trois ans, certains événements affectent soit la société apporteuse, soit la société bénéficiaire des apports, soit, enfin, les titres sur lesquels porte l'engagement de conservation.

2728 • *L'absorption de la société apporteuse*. Si la société apporteuse est absorbée, la société absorbante doit continuer d'exécuter l'engagement de conservation des titres pendant la période restante pour atteindre le délai de trois ans. C'est la stricte application du régime intercalaire de la fusion ; la société absorbante ne fait que reprendre une obligation qui pesait sur l'absorbée.

Cette solution, logique dans son esprit, a reçu une consécration légale. En effet, l'article 210 B bis dispose que les titres représentatifs d'un apport partiel d'actif ou d'une scission (pour les opérations de restructuration intervenues depuis le 15 septembre 1999), grevés d'un engagement de conservation de trois ans mentionné à l'article 210 B peuvent être apportés, sans remise en cause du régime prévu à l'article 210 A, sous réserve que :
– les titres sont apportés dans le cadre d'une fusion, d'une scission ou d'un apport partiel d'actif placé, de plein droit ou sur agrément, sous le régime de l'article 210 A ;
– la société bénéficiaire de l'apport conserve les titres jusqu'à l'expiration du délai de conservation prévu à l'article 210 B.

L'engagement de conservation doit être souscrit dans l'acte d'apport par les sociétés apporteuses et bénéficiaires de l'apport. En cas d'apports successifs au cours du délai de conservation prévu à l'article 210 B, toutes les sociétés concernées doivent souscrire cet engagement dans le même acte pour chaque opération d'apport. Le non-respect d'une de ces dispositions entraîne la déchéance rétroactive du régime de faveur des fusions appliqué à l'opération initiale d'apport partiel d'actif ou de scission rémunérée par les titres grevés de l'engagement de conservation. Le dispositif de l'article 210 B bis n'envisage pas le cas particulier de la fusion entre société apporteuse et société bénéficiaire des apports. L'administration a toutefois estimé, dans une réponse ministérielle du 3 janvier 2000 rendue dans l'hypothèse de l'absorption de la société apporteuse par la société bénéficiaire des apports, que cette opération entraînait rupture de l'engagement de conservation et remise en cause du régime de faveur (rép. Dubernard, JO 3 janvier 2000, AN, p. 62, n° 32230).

2729 Pour l'application de ce dispositif, on prendra garde, toutefois, à deux précisions apportées par l'administration :
– l'article 210 B bis ne s'applique qu'aux opérations ultérieures qui affectent l'ensemble des titres reçus en contrepartie de l'apport initial et affectés par l'engagement de conservation de 3 ans ;

– le texte n'a pas, par ailleurs, vocation à s'appliquer aux engagements de conservation imposés en vertu d'une décision d'agrément. Seules les opérations d'apport partiel d'actif ou de scission placées de plein droit sous le régime spécial des fusions peuvent bénéficier des dispositions de l'article 210 B bis.

2730 • *L'absorption de la société bénéficiaire des apports.* Si la société qui a bénéficié de l'apport partiel d'actif fait l'objet par la suite d'une absorption, la société apporteuse, sur laquelle pèse l'engagement de conservation de trois ans, va recevoir des titres de la société absorbante en échange des titres qu'elle avait reçus initialement et qu'elle avait l'obligation de conserver pendant ce délai. Malgré l'opération de fusion, l'engagement de conservation des titres est maintenu. Le délai continue à courir mais porte désormais sur les titres reçus de la société absorbante. Lorsque ces titres seront cédés, on appliquera, pour le calcul des plus-values, les mêmes règles que si la fusion n'avait pas eu lieu. Ainsi, la plus-value sera calculée en fonction de la valeur que les biens ayant fait l'objet de l'apport partiel avaient dans les écritures de la société absorbée (rép. Gantier, JO 11 août 1979, AN, pp. 6630 et 6631 : BO 4 I-2-79).

2731 • *Les apports partiels successifs.* Si des titres grevés d'un engagement de conservation font l'objet d'un nouvel apport partiel d'actif, les dispositions de l'article 210 B bis sont applicables. Il en résulte que le régime spécial des fusions continue de s'appliquer dès lors que les différentes sociétés prennent les engagements de conservation successifs. La doctrine antérieure, qui prévoyait le maintien du régime de faveur uniquement dans l'hypothèse où la nouvelle opération bénéficiait d'un agrément, est rapportée (en particulier : doc. adm. 4 I-2212, n° 20).

2732 Si les engagements de conservation successifs visés à l'article 210 B bis du CGI et évoqués précédemment ne sont pas pris, repris ou respectés, le régime de faveur cesse de s'appliquer. Mais attention, dans ces conditions, il s'agit d'une déchéance rétroactive du régime spécial tel qu'il avait été appliqué à la société qui avait réalisé la première opération ayant donné lieu à l'application de l'article 210 B, c'est à dire en fait l'opération initiale de scission ou d'apport partiel d'actif. Le non-respect des dispositions de l'article 210 B bis ne remet pas en cause en revanche l'application du régime spécial aux opérations par lesquelles les titres grevés de l'engagement de conservation ont été apportés. Parmi les événements qui sont susceptibles d'entraîner la déchéance du régime de faveur, on peut citer l'apport ultérieur d'une partie seulement des titres grevés d'un engagement de conservation, l'apport ultérieur des titres non placé sous le régime de l'article 210 A, le non-respect du délai de trois ans par la société bénéficiaire de l'apport, ou encore la non-souscription de l'engagement de conservation dans l'acte d'apport.

2733 Dans les opérations de restructurations successives, on prendra garde à ce dispositif qui fait peser sur la société initiale un passif fiscal latent si les sociétés qui interviennent dans les opérations ultérieures ne respectent pas les conditions posées par l'article 210 B bis. En d'autres termes, cela revient à dire que la société apporteuse peut devoir supporter les conséquences fiscales de décisions qui lui échappent.

EXEMPLE

La société A réalise, le 1er mars N, un apport partiel d'actif au profit de la société B. L'opération est placée de plein droit sous le régime des fusions en application de l'article 210 B du CGI. La société A s'est donc engagée à conserver les titres B reçus jusqu'au 1er mars N + 3.

Les titres B sont apportés en août N + 1 à la société C et l'apport partiel d'actif est placé sous le régime spécial des fusions en application de l'article 210 B. Il en résulte que le maintien du régime spécial est subordonné à la reprise des engagements sur les titres B par la société C. La société C doit ainsi conserver les titres B jusqu'au 1er mars N + 3.

La société C apporte les titres B à une société D en février N + 2 et l'apport est placé sous le régime spécial des fusions. Dans ces conditions, les sociétés A, C et D doivent s'engager, dans l'acte d'apport, à ce que la société D conserve les titres B reçus jusqu'à l'expiration du délai initial, soit le 1er mars N + 3.

Mais si la société D procède à l'apport sous le régime spécial des fusions en juin N + 2 à une société E d'une partie seulement des titres B, la société D est considérée comme rompant l'engagement de conservation. L'application de l'article 210 B bis aurait en effet supposé un apport global. Dans ces conditions, la société A perd rétroactivement le bénéfice du régime de faveur appliqué à l'opération d'apport partiel d'actif réalisée le 1er mars N. Il en résulte que toutes les impositions dont la société A a été dispensée au titre de l'application du régime spécial des fusions en N de l'article 210 A deviennent exigibles avec application de l'intérêt de retard.

(D'après instr. 4 février 2000 : BOI 4 I-1-00)

Les conséquences du non-respect de l'engagement de conservation

L'administration a longtemps considéré que le non-respect de l'engagement de conservation pendant trois ans devait se traduire par la déchéance rétroactive du régime de faveur des fusions et l'application du régime de droit commun. La déchéance rétroactive a notamment pour effet, selon l'administration, de rendre les plus-values d'apport imposables en fonction des taux d'imposition en vigueur lors de l'apport (BOI 4 I-1-00).

Tel ne fut cependant pas l'avis du Conseil d'État qui a considéré, dans un arrêt du 13 juillet 2007, que le fait générateur de l'imposition des plus-values réside dans la rupture de l'engagement de conservation. Partant de là, il convient d'appliquer le taux d'imposition en vigueur lors de l'exercice au cours duquel est intervenue la rupture de l'engagement de conservation (CE 13 juillet 2007, n° 289658, 3° et 8° s.-sect. : RJF 2007, n° 11, com. 1218 ; Droit fiscal 2007, n° 42, com. 915, concl. F. Séners).

Au final, c'est l'article 210 B du CGI qui a été modifié et qui prévoit désormais que le rupture de l'engagement de conservation des titres remis en contrepartie de l'apport entraîne la déchéance rétroactive du régime spécial. Cette déchéance intervient et produit ses effets à la date de réalisation de l'apport. En clair, ce sont bien les taux en vigueur lors de la réalisation de l'apport qui devront s'appliquer.

L'application rétrospective du régime de droit commun entraîne également l'application de l'intérêt de retard.

Toujours, chez la société apporteuse, la déchéance du régime spécial et l'application du régime de droit commun commandent de prendre également en compte les interférences avec les règles comptables et le mode de valorisation des apports. En effet, si l'apport a été effectué en valeurs réelles, les plus-values constatées lors de l'apport et exonérées ou placées en sursis par application du régime spécial deviennent imposables du fait de la déchéance du régime de faveur. En revanche, si l'apport a été effectué sur la base des valeurs comptables, aucune plus-value n'a été constatée lors de l'apport dans le cadre du régime spécial ; mais, en cas d'application du régime de droit commun, les plus-values doivent être calculées du point de vue fiscal en fonction des valeurs réelles, même si les apports sont transcrits sur la base des valeurs comptables (on retrouve, sur ce point, la solution appliquée en matière de fusion de sociétés).

Chez la société bénéficiaire des apports, la rupture de l'engagement de conservation par la société apporteuse n'est naturellement pas sans conséquence. En effet, dans le cadre du régime spécial, elle a l'obligation de réintégrer dans son résultat les plus-values sur éléments amortissables sur une durée de 5 ou 15 ans. Or, si la société apporteuse vient à rompre son engagement de conservation des titres au cours des trois premières années qui suivent l'apport, la société bénéficiaire des apports aura déjà supporté l'impôt sur une partie des plus-values d'apport. Par voie de conséquence, si la société apporteuse encourt la déchéance du régime spécial et est replacée en régime de droit commun, il est légitime que la société bénéficiaire des apports puisse obtenir la restitution de l'impôt qu'elle a déjà acquittée au titre de la mise en œuvre du régime spécial. Elle pourra le faire par voie de réclamation. Naturellement, cette solution ne s'applique que dans l'hypothèse où l'apport a été effectué sur la base des valeurs réelles. Si les apports ont été transcrits sur la base des valeurs comptables, aucune plus-value n'a été constatée chez l'apporteuse et donc aucune plus-value n'était à réintégrer chez la société bénéficiaire des apports.

Les modalités particulières de calcul des plus-values à la cession des titres

2734 Outre l'engagement de conserver les titres reçus pendant 3 ans, la société apporteuse doit prendre l'engagement, lors de la cession de ces titres, de calculer les plus-values éventuelles par référence à la valeur que les biens apportés avaient, du point de vue fiscal, dans les écritures de la société apporteuse.

Cette règle de calcul semble justifiée, selon l'administration, par la volonté de ne pas conférer aux apports partiels d'actif des avantages fiscaux supérieurs à ceux qui existent en matière de fusion de sociétés.

2735 Au plan pratique, la détermination proprement dite de la plus-value appelle différentes remarques :

– dans la mesure où l'apport partiel a été dispensé d'agrément, cela signifie que la société apporteuse a pris l'engagement de conserver les titres pendant 3 ans. Il faut en déduire que la cession ne peut intervenir qu'au-delà de ce délai et que, nécessairement, la plus-value ou moins-value réalisée relèvera du régime fiscal des plus-values ou moins-values à long terme. Si, après ce délai, les titres sont apportés à une autre société dans le cadre d'un second apport partiel d'actif, la plus-value d'apport sera exonérée. La société apporteuse devra naturellement prendre l'engagement de conserver les titres pendant 3 ans. Quant à la plus-value sur la cession des titres reçus en échange lors de ce second apport, elle devra se calculer par rapport à la valeur initiale dans ses propres écritures des biens compris dans le premier apport. Cette solution résulte des deux engagements consécutifs (sur cette question : rép. Dubernard, JO 22 août 1994, AN, p. 4271 ; Bull. Joly, 1994, n° 7-8 ; doc. adm. 4 I-2212-17 à 19) ;

– pour le calcul de la plus-value ou de la moins-value, il convient de rapprocher le prix de vente de la valeur que les biens apportés avaient dans les écritures de la société apporteuse. Cependant, si le traité d'apport prévoit la prise en charge par la société bénéficiaire des apports du passif qui grève ces biens, la valeur des biens doit être diminuée du montant du passif pris en charge. En d'autres termes, c'est la valeur de l'actif net comptable apporté qu'il convient de prendre en considération comme valeur de référence à comparer au prix de cession des titres d'apport.

EXEMPLE

Calcul des plus-values de cession des titres reçus en rémunération d'un apport partiel

La société Lapport consent un apport partiel d'actif à la société Dactif dans les conditions suivantes :

	Valeur comptable	Valeur d'apport
Immobilisations :		
- valeur d'origine	600 000	
- amortissements	250 000	
	350 000	800 000

Titres de participation	300 000	450 000
Stocks	100 000	100 000
Réalisable et disponible	150 000	150 000
	900 000	1 500 000
Passif pris en charge	200 000	200 000
	700 000	1 300 000

La cession des titres intervient sept ans après l'apport partiel d'actif au prix de 1 800 000. D'un point de vue comptable, la valeur des titres reçus en rémunération de l'apport s'élève à 1 300 000. La plus-value de cession, quant à elle, sera déterminée par rapport à la valeur que les biens avaient dans les écritures de la société apporteuse, soit 700 000. Il en résulte une plus-value de :

$$1\,800\,000 - 700\,000 = 1\,100\,000$$

qui aura la nature de plus-value à long terme.

La qualification de plus-value à long terme peut surprendre dans la mesure où la valeur prise en référence tient compte d'amortissements. En réalité, il convient de ne pas perdre de vue que la cession porte sur des titres reçus en apport. Or, comme la cession intervient par définition plus de deux ans après l'entrée de ces titres dans le patrimoine de la société apporteuse, la plus-value réalisée est nécessairement à long terme. Son régime fiscal va dépendre de la nature des titres cédés.

2736 On peut toutefois s'interroger sur la validité de la règle posée. En effet, le mode de calcul prescrit conduit d'une part à mélanger deux types de plus-value pourtant de nature différente et, d'autre part, à imposer deux fois une même plus-value.

Schéma sur les conditions d'accès au régime spécial des fusions

Conditions générales relatives aux sociétés qui fusionnent

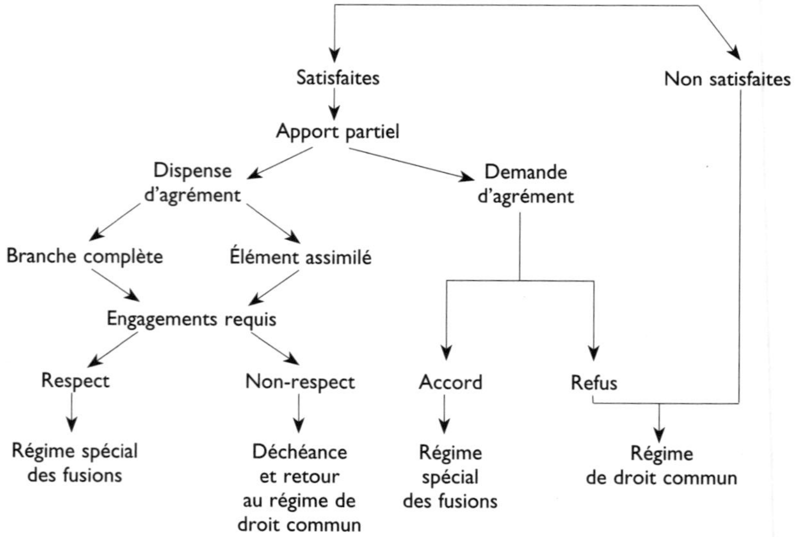

2737 En effet, la méthode de calcul préconisée introduit une confusion entre la plus-value sur les éléments d'actif apportés et celle réalisée sur les titres. En outre, la plus-value réalisée sur les éléments d'actif apportés est en principe exonérée au niveau de la société apporteuse et imposée au niveau de la société bénéficiaire de l'apport (pour la apports effectués en valeur réelle naturellement). Par la méthode de calcul prescrite, cette plus-value se trouve non seulement imposée chez la société bénéficiaire de l'apport mais également chez la société apporteuse lors de la cession des titres. Les conséquences de cette double imposition sont toutefois atténuées par le fait que, dans la majeure partie des cas, la cession portera sur des titres qui ont la nature de titres de participation et pour lesquels la plus-value de cession pourra bénéficier d'un dispositif d'exonération, exception faite de la quote-part de frais et charges. Les solutions seront différentes pour la cession de titres de société à prépondérance immobilière.

2738 Au regard de la directive du 23 juillet 1990 (refondue dans la directive du 19 octobre 2009), et sans en méconnaître le champ d'application, les choses semblent encore plus nettes, la méthode de calcul ne paraissant pas conforme au régime fiscal commun défini pour les apports partiels d'actif.

NOTE : sur cette question : P. Derouin et G. Ladreyt, « L'incomplète adaptation du régime fiscal des fusions de sociétés et opérations assimilées à la directive communautaire du 23 juillet 1990 », Droit fiscal 1993, n° 5, p. 224 ; voir également rép. Bockel, JO 10 août 1992, AN, p. 3671.

Le contenu du régime spécial des apports partiels d'actif

2739 Globalement, les apports partiels d'actif admis au régime spécial seront soumis à des dispositions identiques à celles étudiées en matière de fusion de sociétés et dont les grandes lignes sont tracées par l'article 210 A du CGI. Cependant, les règles prévues dans le cadre des fusions ne peuvent être transposées, à l'identique, aux apports partiels d'actif compte tenu des spécificités de ces opérations. Des différences sont ainsi susceptibles d'apparaître tant au niveau de la société apporteuse qu'au niveau de la société bénéficiaire des apports.

Les incidences au niveau de la société apporteuse

2740 On retrouve, au niveau de la société apporteuse, les mêmes solutions que pour la société absorbée dans le cadre d'une opération de fusion, à savoir (sur les règles de comptabilisation des titres reçus en contrepartie de l'apport, réglement CRC 2005-09, art. 5. Ces règles sont directement liées à la valorisation des apports) :

– l'exonération des plus-values réalisées sur les éléments amortissables, cette exonération ayant surtout une portée pour les apports qui sont réalisés sur la base des valeurs réelles ;

– l'exonération des provisions afférentes aux éléments compris dans l'apport et qui conservent leur objet dans l'opération d'apport ;

– l'imposition des résultats afférents à l'exploitation de la branche objet de l'apport. On notera toutefois une différence sensible par rapport à l'opération de fusion. Dans le cadre de cette dernière, dans la mesure où il y a cessation d'activité, l'imposition des résultats réalisés depuis le début de l'exercice jusqu'à la date de la fusion doit être effectuée immédiatement. En matière d'apport partiel d'actif, en revanche, l'opération d'apport n'entraîne pas cessation de l'activité de la société apporteuse. Par voie de conséquence, il est admis que la déclaration et l'imposition des résultats de la branche d'activité apportée se fassent en même temps que la déclaration et l'imposition des résultats de l'exercice au cours duquel a eu lieu l'apport (doc. adm. 4 I-222-2 et 3).

2741 On attirera toutefois l'attention sur une différence essentielle entre la fusion absorption et l'apport partiel d'actif, différence qui réside dans la survie de la société apporteuse. Il en résulte que la transmission d'un actif reste sans incidence sur le débiteur de l'impôt. Ainsi, dans une espèce, une société qui avait réalisé un apport partiel d'actif soutenait qu'elle n'était pas redevable de l'impôt consécutif à un redressement se rapportant à la branche apportée. La Cour administrative d'appel de Paris a rejeté cette thèse en invoquant notamment l'effet relatif des contrats, la différence d'effets entre une fusion-absorption et un apport partiel d'actif et enfin, le fait que la transmission conventionnelle d'une branche d'activité est sans incidence sur la détermination du redevable de l'IS si l'administration n'en décide pas autrement. En particulier, la cour considère que la jurisprudence de la Cour de cassation rendue en matière commerciale, qui pose le principe d'une transmission universelle de tous les droits, biens et obligations pour la branche d'activité faisant l'objet de l'apport, n'est pas transposable (CAA Paris, 5e ch., 11 février 1999, req. 97-879 : Droit fiscal 1999, n° 36, com. 637).

2742 En principe, les déficits subis antérieurement à l'opération d'apport partiel d'actif tant par la société apporteuse que par la société bénéficiaire des apports continuent d'être reportables dans les conditions propres au report déficitaire, sous réserve, toutefois, que l'opération d'apport partiel d'actif ne se soit pas traduite par un changement d'objet ou d'activité réelle pour l'une ou l'autre des sociétés qui participent à l'opération (pour une illustration : TA Dijon, 2e ch., 16 décembre 1997, n° 95-2226 : RJF 1998, n° 4, com. 388 ; voir également CE 30 juin 2010, req. 308531, 9e et 10e s.-sect : RJF 2010, com. 1001).

2743 Il convient de noter, cependant, que l'agrément ministériel peut autoriser le transfert chez la société bénéficiaire des apports d'une fraction de déficits en provenance de la société apporteuse. L'agrément est délivré dans les mêmes conditions et selon la même procédure qu'en matière de fusion de sociétés. La seule difficulté réside dans la détermination de la quote-part de déficit transférable à la société bénéficiaire des apports, quote-part déterminée en fonction d'éléments issus de sa comptabilité de gestion.

2744 Par ailleurs, l'opération entraîne, le cas échéant, la transmission d'une partie de la créance de carry-back de la société apporteuse à la société bénéficiaire des apports. La part de la créance ainsi transmise équivaut à la fraction de l'actif net réel apporté (CGI art. 220 quinquies II, dernier al.). Inversement, si la créance de carry-back est étrangère à l'activité apportée, il semble que la société apporteuse puisse ne pas la comprendre dans l'apport. Comme en matière de fusion de sociétés, l'article 220 quinquies w précise que l'option pour le carry-back ne peut être exercé au titre de l'exercice au cours duquel intervient l'apport partiel d'actif (le texte parle d'opération assimilée à une fusion).

Le sort des amortissements différés dans un apport partiel d'actif

Il est possible que la société apporteuse ait décidé, au cours des exercices qui précèdent l'apport partiel d'actif, de différer une partie des amortissements relatifs à un ou plusieurs biens qui sont ultérieurement compris dans l'apport.

Quel est le sort des amortissements ainsi différés ?

Pour la société apporteuse, ces amortissements ne peuvent être déduits postérieurement à la date de l'apport. En effet, pour pouvoir en effectuer la déduction, il serait nécessaire de comptabiliser les annuités différées. Or, il est matériellement impossible de pratiquer une dotation aux amortissements au titre de biens dont l'entreprise n'est plus propriétaire. Cette solution aurait, au demeurant, pour conséquence de remettre en cause le montant des plus-values d'apport qui ont été calculées sur la base des valeurs comptables des biens, c'est-à-dire des amortissements différés.

Pour la société bénéficiaire des apports, il ne saurait bien évidemment être question de déduire les amortissements ainsi différés sur les premiers exercices bénéficiaires qui le permettent. On rappellera, enfin, que, d'une façon plus générale, la pratique des amortissements différés est critiquable en ce sens qu'elle va à l'encontre de l'obligation édictée par le code de commerce de pratiquer les amortissements et provisions nécessaires.

Les incidences au niveau de la société bénéficiaire des apports

2745 Le régime spécial des apports partiels d'actif étant calqué sur celui des fusions, les incidences sur la société bénéficiaire des apports sont largement comparables aux incidences d'une opération de fusion sur la société absorbante. Ces incidences se traduisent par des obligations mais aussi, en guise de contrepartie, par un certain nombre de droits octroyés à la société bénéficiaire des apports.

Les obligations à la charge de la société bénéficiaire des apports

2746 Dans l'acte constatant l'apport partiel d'actif, la société bénéficiaire doit prendre différents engagements, et en particulier celui :

– de calculer les plus-values réalisées à l'occasion de la cession d'éléments non amortissables en fonction non de la valeur d'apport de ces biens, mais de celle que ces biens avaient dans les écritures de la société apporteuse. On retrouve le régime du sursis d'imposition applicable aux éléments non amortissables ;

– de réintégrer dans ses résultats, de façon échelonnée et sur une période maximale de cinq ou quinze ans, la plus-value réalisée sur éléments amortissables. Les règles sont :

- de reprendre au passif de son bilan les provisions constituées par la société apporteuse, relatives aux éléments compris dans l'apport et ayant conservé leur objet malgré l'opération d'apport ;
- de reprendre à sa charge les obligations qui incombaient normalement à la société apporteuse en matière de réintégration des plus-values dont l'imposition a été différée chez la société apporteuse.

2747 Parmi les autres obligations qui incombent à la société bénéficiaire des apports, il convient de réserver une place particulière au sort de la réserve spéciale des plus-values à long terme. En effet, et à la différence de ce qui se passe en matière de fusion de sociétés, la société bénéficiaire des apports n'a pas d'obligation de reprise de la réserve spéciale au passif de son bilan.

2748 Cette obligation, dans le cadre des fusions, trouvait notamment son fondement dans le fait que la société absorbée disparaissait après l'opération. Ici, la société apporteuse survit à l'apport partiel et l'obligation de reprise ne se justifie donc pas, l'absence d'obligation ne signifiant pas pour autant l'interdiction pour la société bénéficiaire des apports de reprendre la réserve spéciale des plus-values. La même solution est applicable à la réserve de fluctation des cours. Cependant, la reprise ne peut porter sur l'intégralité de la réserve spéciale des plus-values ; celle-ci est en effet limitée et la société bénéficiaire ne peut reconstituer à son passif qu'une fraction de la réserve spéciale de la société apporteuse plus que proportionnelle à la valeur nette des éléments d'actif apportés (doc. adm. 4 I-212-10). Ces dispositions revêtent aujourd'hui, en pratique, un caractère résiduel.

2749 Toujours par analogie avec le régime des fusions de sociétés, la société bénéficiaire des apports est soumise aux mêmes obligations déclaratives que celles qui incombent à la société absorbante (état de suivi des valeurs fiscales, registre des plus-values...).

Les droits de la société bénéficiaire des apports

2750 Les droits attribués à la société bénéficiaire sont comparables à ceux octroyés à la société absorbante dans le cadre d'une opération de fusion, et en particulier :
– le droit de calculer les amortissements à partir des valeurs d'apport. On rappelle, sur ce point, que si les apports sont effectués sur la base des valeurs réelles, la société bénéficiaire des apports pourra effectivement définir un nouveau plan d'amortissement calculé sur la base des valeurs d'apport. En revanche, si l'apport est réalisé en « valeurs comptables », la société bénéficiaire des apports a l'obligation de reconstituer à son bilan les valeurs éclatées des biens apportés et de poursuivre les plans d'amortissement initiés par la société apporteuse ;
– la possibilité d'imputer, dans la limite du délai propre au report déficitaire, la moins-value nette éventuellement dégagée par l'apport de biens amortissables (sauf si, naturellement, l'acte d'apport ne prévoit pas l'imputation de cette moins-value sur les résultats de la société apporteuse).

<table>
<tr><th colspan="5">Les apports partiels d'actif en présence de sociétés étrangères</th></tr>
<tr><th>Société apporteuse</th><th>Société bénéficiaire de l'apport</th><th>Activité apportée</th><th>Accès au régime spécial des fusions</th><th>Observations</th></tr>
<tr><td>Française</td><td rowspan="2">Étrangère</td><td rowspan="3">Branche complète et autonome d'activité</td><td>Agrément</td><td>L'agrément est requis dans ce cas de figure, l'opération étant faite au profit d'une société étrangère. L'opération va aboutir à faire de la branche d'activité apportée un établissement stable en France de la société étrangère bénéficiaire de l'apport.</td></tr>
<tr><td rowspan="2">Étrangère</td><td>Agrément</td><td>L'établissement stable français de la société apporteuse devient un établissement stable français de la société bénéficiaire de l'apport. L'opération est soumise à agrément. La seule difficulté réside dans l'engagement de la société apporteuse de conserver les titres pendant 3 ans.</td></tr>
<tr><td>Française</td><td>Plein droit ou agrément</td><td>L'opération sera soumise de plein droit au régime spécial des fusions si les conditions habituelles sont satisfaites et notamment le fait que l'imposition ultérieure des plus-values sur titres reçus en contrepartie de l'apport soit possible en France et selon les modalités particulières de calcul prévues en matière d'apports partiels d'actifs. Cela sera notamment possible si la convention internationale prévoit une imposition en France. À défaut, l'agrément est nécessaire. Celui-ci devrait être de pure forme dans le cadre communautaire et justifié par le souci d'éviter des opérations à caractère frauduleux (art. 11 de la directive).</td></tr>
</table>

2751 Dans l'hypothèse où la société apporteuse cesserait de respecter les engagements pris pour bénéficier du régime de l'article 210 B, il y aurait déchéance du régime fiscal spécial appliqué à l'opération. Dès lors, l'administration considère que la remise en cause du régime est globale et entraîne notamment la caducité des engagements pris par la société bénéficiaire des apports. Celle-ci pourra alors demander une régularisation de sa situation par voie contentieuse si elle a déjà réintégré dans ses résultats imposables tout ou partie des plus-values dégagées lors de l'apport de biens amortissables (rép. Dubernard, JO 27 janvier 1997, AN quest. p. 380).

Les apports partiels d'actif soumis au régime de droit commun

2752 Si l'opération ne peut bénéficier du régime spécial des fusions de sociétés, il y a lieu d'appliquer le régime fiscal de droit commun correspondant à la nature juridique de l'opération réalisée. Il ne saurait être ici question de dissolution, dans la mesure où la société apporteuse ne disparaît pas à l'issue de l'opération d'apport partiel. En revanche, l'opération s'analyse ni plus ni moins comme une cession d'éléments de l'actif. L'opération relève ainsi, pour l'essentiel, du régime des plus et moins-values professionnelles, quel que soit le mode de transcription comptable de l'opération d'apport partiel.

2753 Contrairement au régime de droit commun des fusions, il n'y a naturellement pas cessation d'activité de la société apporteuse. Il convient simplement de tirer au niveau du résultat de la société apporteuse les conséquences du transfert d'une activité au profit de la société apporteuse bénéficiaire des apports. Ainsi, par exemple, outre les plus-values d'apport, il pourra être nécessaire de rapporter au résultat les éventuelles provisions réglementées constituées chez la société apporteuse et qui se rapportent à l'activité transférée, de même, par exemple, que la quote-part de subvention d'investissement qui se rapporte à une immobilisation faisant partie de l'activité transférée, voire encore les éléments de fiscalité latente ou différée liée à des éléments d'actif transférés.

2754 Chez la société bénéficiaire de l'apport, l'opération n'entraîne pas de conséquence particulière. Pour les apports transcrits d'un point de vue comptable en valeurs réelles, ces valeurs serviront de base de calcul pour les plus-values ultérieures. En ce qui concerne les apports effectués à la valeur comptable, c'est la valeur comptable qui servira de base au calcul ultérieur des amortissements chez la société bénéficiaire des apports.

Les apports partiels d'actif avec engagement de cession (« apports-cessions »)

2755 Les opérations de restructuration dans lesquelles un apport partiel d'actif est suivi, dans un laps de temps rapproché, de la cession des titres reçus en contrepartie de l'apport font l'objet d'une attention particulière de la part du législateur, aussi bien sur le plan comptable que sur le plan fiscal, les deux étant en l'espèce étroitement liés. En pratique, sont visées, notamment, les opérations de filialisation d'une ou de plusieurs activités, suivies de la cession de la filiale.

Les traitements comptable et fiscal des apports-cessions

2756 Par dérogation aux principes généraux de valorisation des apports définis par le règlement CRC 2004-01, lorsqu'une opération d'apport partiel d'actif au profit d'une société placée sous contrôle commun est assortie d'un engagement de cession, dans un délai rapide, des titres reçus en contrepartie de l'apport, les apports doivent être effectués à valeur réelle. On fait ainsi prévaloir l'intention finale de l'opération, qui est de céder l'activité apportée, les deux opérations (apport et cession) n'étant pas dissociables. S'agissant d'une dérogation au principe général de valorisation des apports dans les opérations de restructuration, cette dérogation doit être mentionnée dans l'annexe.

2757 Pour que cette dérogation puisse être mise en œuvre, deux conditions doivent être satisfaites : d'une part, l'engagement de cession doit être préexistant à la réalisation de l'opération d'apport partiel d'actif et, d'autre part, l'engagement de cession doit être mentionné dans le traité d'apport. D'un point de vue comptable, le réglement 2005-09 énonce qu'en cas de filialisation d'une branche d'activité destinée à être cédée sous contrôle distinct, les apports étant évalués à la valeur réelle, la société doit mentionner le résultat de cession intra-groupe constaté en annexe, afin de prévenir la distribution anticipée du résultat avant la réalisation de la cession à l'extérieur du groupe.

2758 Au plan fiscal, la réalisation d'un apport-cession n'est guère compatible avec l'application du régime de faveur des fusions. En effet, l'application du régime de faveur suppose un engagement de conservation des titres reçus en apport pendant un délai de trois ans. Or, précisément, la finalité de l'opération pour la société apporteuse est inverse et réside dans la cession des titres. L'accès au régime de faveur ne semble donc pas envisageable et l'opération devra être réalisée en régime de droit commun.

2759 Naturellement, les choses vont se compliquer en pratique si la cession envisagée ne se réalise finalement pas. Comptablement, en effet, le règlement comptable préconise de retraiter l'opération d'apport en appliquant cette fois les valeurs comptables. Au plan fiscal, l'entreprise se trouve dans une situation où, n'ayant pas opté dès le départ pour l'application du régime de faveur (dont elle ne pouvait au demeurant pas bénéficier faute de pouvoir s'engager à conserver les titres), elle ne peut pas, *a priori*, en bénéficier au moment où, la cession ne se réalisant pas, elle remplit pourtant désormais les conditions posées. La situation se révèle donc potentiellement pénalisante. Consciente de cela, l'administration admet la possibilité, pour la société apporteuse, d'opter à titre conservatoire dans l'acte d'apport, pour le régime spécial des fusions de l'article 210 B du CGI, dans l'hypothèse où la cession ne serait pas réalisée.

2760 Pour que cette option soit valable, l'administration pose quatre conditions. Tout d'abord, l'engagement de cession doit comporter une date limite de réalisation, date qui n'est autre que celle de la clôture de l'exercice de la société apporteuse qui suit celui au cours duquel est intervenue la date de la dernière assemblée générale ayant approuvé l'opération d'apport. Cette date limite doit être mentionnée dans le traité d'apport. Ensuite, l'engagement de cession doit comporter l'identité du cessionnaire ou, si l'identité du cessionnaire ne figure pas dans l'engagement de cession, l'administration se réserve la possibilité de demander communication de l'identité du cessionnaire envisagé. De même, le traité d'apport doit comporter la valorisation des apports aussi bien aux valeurs comptables qu'aux valeurs réelles. Enfin, l'acte d'apport doit comporter l'option pour le régime spécial de l'article 210 B dans l'hypothèse où l'opération de cession ne se réaliserait pas, de même que l'engagement de conservation des titres pendant trois ans. La durée de trois ans commence à courir à compter de l'inscription des titres à l'actif du bilan de la société apporteuse. L'administration ajoute que l'entreprise doit s'engager à se soumettre aux obligations déclaratives prévues par l'article 54 septies et liées à l'application du régime de faveur (BOI 4 I-1-05, § 21).

Les conséquences de la non-réalisation de la cession

2761 Si l'opération de cession ne se réalise pas, le règlement comptable 2004-01 prévoit que les conditions de l'opération d'apport partiel d'actif doivent être revues et en particulier, que les valeurs d'apport doivent être modifiées. En clair, l'apport ayant été fait aux valeurs réelles compte tenu de l'objectif final de cession et par dérogation aux règles applicables aux opérations faites entre sociétés sous contrôle commun, il doit être, compte tenu de l'échec de la cession, recomptabilisé en fonction, cette fois, des valeurs comptables (avis du Comité d'urgence : 2005 C).

Au plan fiscal, la non-réalisation de la cession va conduire à replacer les entreprises apporteuse et bénéficiaire des apports dans la situation qui aurait été la leur si l'opération d'apport avait été réalisée sous le régime spécial prévu à l'article 210 B (BOI 4 I-1-05, § 23).

En pratique, l'application rétrospective dudit régime spécial va emporter des conséquences aussi bien chez la société apporteuse que chez la société bénéficiaire des apports.

2762 Chez la société apporteuse, la plus-value ou moins-value d'apport qui avait été constatée au titre de l'exercice de l'apport doit être déduite (ou rapportée au résultat en cas de moins-value) pour la détermination du résultat de l'exercice au cours duquel est intervenue la rupture ou la non-réalisation de l'engagement de cession. En outre, et toujours chez la société apporteuse, la détermination de la valeur fiscale des titres pour le calcul ultérieur de la plus-value de cession sera effectué en prenant en référence la valeur fiscale des biens apportés figurant dans les écritures de la société apporteuse au jour de l'opération d'apport.

2763 Chez la société bénéficiaire de l'apport, les biens apportés ont été enregistrés dans un premier temps sur la base des valeurs réelles. Ils doivent être désormais, compte tenu de la réglementation comptable, enregistrés sur la base des valeurs comptables. Naturellement, il convient de neutraliser les incidences des écarts d'évaluation sur les résultats des périodes écoulées entre l'apport et la fin ou l'abandon de l'engagement de cession. Or, sur les immobilisations apportées, les incidences peuvent être doubles :

– d'une part, des incidences éventuelles liées aux cessions d'immobilisations qui ont pu intervenir entre l'apport et l'abandon de l'engagement de cession ;

– d'autre part, un différentiel d'amortissement compte tenu de la modification de la base d'amortissement avec remplacement de la valeur réelle par la valeur comptable. Sur ce point, les régularisations devraient, en règle générale, prendre la forme d'une réintégration des excédents d'amortissements éventuellement déduits depuis l'apport. Le raisonnement doit être tenu à l'identique pour les dépréciations qui ont pu être constatées et déduites à hauteur de l'excédent de la valeur réelle sur la valeur comptable. Sur ce point, l'administration précise que si ces rectifications se traduisent par des rehaussements de la base d'imposition, les rectifications ne sont pas assorties de pénalités de retard si elles sont spontanément effectuées par l'entreprise dans le délai de déclaration du résultat de l'exercice au cours duquel ces rectifications sont opérées, c'est-à-dire le résultat de l'exercice au cours duquel l'engagement de cession a pris fin.

EXEMPLE

Apport partiel d'actif réalisé au profit d'une filiale avec engagement de cession à une société sous contrôle distinct d'une branche complète et autonome d'activité. Les exercices des sociétés en présence coïncident avec l'année civile. La branche complète d'activité se compose des éléments suivants *(données inspirées de l'instruction administrative du 30 décembre 2005)* :

Nature du bien	Valeur réelle	Valeur nette comptable portée à titre conservatoire dans le traité d'apport
Fonds de commerce	100 000	0
Terrain	560 000	100 000
Matériels	500 000	300 000
Stocks	240 000	100 000
	1 400 000	500 000

L'apport a été réalisé le 01.10.N. Les négociations pour la cession de la filiale devaient aboutir le 01.12. N + 1. Elles sont définitivement interrompues en juin N + 1.

La totalité des stocks a été vendue par la filiale au cours du dernier trimestre de l'année N.

À l'occasion du retraitement de l'apport en valeur nette comptable, la filiale qui amortissait le matériel selon un nouveau plan d'amortissement sur 10 ans a décidé de revenir à l'ancien plan d'amortissement de l'apporteuse avec une durée résiduelle de 8 ans.

Au cours de l'exercice N, la filiale a décidé de déprécier le terrain de 9 000 €.

→ **Chez la société apporteuse**

Lors de l'opération, les titres reçus en contrepartie de l'apport ont été enregistrés pour un montant de 1 400 000. La cession n'étant pas finalement intervenue, les titres doivent en réalité être enregistrés en comptabilité pour 500 000. En outre, la société apporteuse a constaté et fiscalisé au moment de l'apport un gain de 900 000 €, se décomposant en une plus-value sur éléments de l'actif immobilisé pour 760 000 et un gain sur stocks de 140 000. Le total (900 000) peut ainsi venir en déduction du résultat imposable de l'exercice N + 1, exercice au cours duquel l'engagement de cession a été définitivement rompu.

→ **Chez la société bénéficiaire de l'apport**

La société bénéficiaire des apports avait enregistré les éléments apportés pour leur valeur réelle. Ces biens doivent être désormais inscrits pour leur valeur comptable.

La société bénéficiaire des apports doit par ailleurs reprendre une fraction de la charge constatée à l'occasion de la variation des stocks, soit 240 000 - 100 000 = 140 000. La dépréciation constatée sur le terrain doit être reprise car la valeur du terrain demeure supérieure à la valeur comptable (soit une reprise de 9 000 €).

La société bénéficiaire doit également réintégrer l'excédent d'amortissement pratiqué sur le matériel pendant la période écoulée entre l'apport et la rupture de l'engagement de cession. L'annuité pratiquée au titre de N par la société bénéficiaire des apports est de :

$$500\,000 \times 1/10 \times 3/12 = 12\,500$$

L'annuité devant être pratiquée après retour à la valeur comptable :

$$300\,000 \times 1/8 \times 3/12 = 9\,375$$

La société doit reprendre la différence soit : 3 125

Au total, la société bénéficiaire des apports doit procéder à une réintégration de :

$$140\,000 + 9\,000 + 3\,125 = 152\,125.$$

L'exonération des cessions de branches complètes et autonomes d'activité

2764 En matière d'opérations portant sur les branches complètes et autonomes d'activité, il importe de ne pas négliger l'incidence éventuelle de l'article 238 quindecies du CGI. Adopté dans le cadre de la loi sur le soutien à la consommation en 2004, le dispositif était initialement d'application temporaire et limité aux transmissions à titre onéreux. Ce régime fut rapidement pérennisé et étendu à tout type de transmission, à titre onéreux comme à titre gratuit.

2765 Naturellement, l'économie générale du dispositif est différente d'une opération classique d'apport partiel d'actif. Il ne s'agit pas, en effet, ici, d'apport avec remise de titres en contrepartie mais de cession. Le régime n'est en revanche pas inintéressant dans la mesure où il permet de procéder à des cessions de branches d'activité en exonération d'impôt et sans engagement, notamment engagement de conservation, à souscrire en contrepartie. On peut concevoir que ce dispositif soit néanmoins utilisable pour des relocalisations de branches complètes d'activité dans les groupes de sociétés.

Le contenu du dispositif

2766 Le régime prévoit l'exonération des plus-values constatées lors de la transmission d'une branche complète d'activité ou d'éléments assimilés à une branche complète d'activité. L'exonération est complète lorsque la valeur des éléments transmis servant de base au calcul des droits d'enregistrement ne dépasse pas 300 000 €. L'exonération est partielle si la valeur de ces biens est comprise entre 300 000 et 500 000 €. En la matière, la notion de branche complète d'activité se définit par référence directe à la notion de branche complète d'activité dans le cadre des apports partiels d'actif.

2767 L'exonération porte sur l'ensemble des plus-values sur les éléments d'actif immobilisés, exception faite des plus-values immobilières qui demeurent taxables, avec néanmoins l'application éventuelle de l'abattement pour durée de détention.

2768 Pour l'application de ce dispositif, la notion d'élément assimilé à une branche complète et autonome d'activité correspond à l'intégralité des droits ou parts détenus par un contribuable qui exerce son activité professionnelle dans une société qui relève du régime des sociétés fiscalement transparentes et dont les titres détenus sont considérés comme des éléments d'actif affectés à l'exercice de son activité professionnelle.

Les conditions d'application du dispositif

2769 Pour que le régime d'exonération trouve à s'appliquer, il est nécessaire que l'activité transmise soit exploitée depuis au moins cinq ans. En outre, le cédant doit être une personne physique ou un associé qui exerce son activité professionnelle dans une société de personnes, un organisme sans but lucratif, une collectivité territoriale ou un établissement public. Le régime est également accessible aux cessions réalisées par des sociétés soumises à l'impôt sur les sociétés qui présentent les caractéristiques de PME au niveau communautaire, c'est-à-dire un effectif ne dépassant pas 250 salariés et soit un chiffre d'affaires inférieur à 50 millions d'euros, soit un total de bilan inférieur à 43 millions d'euros. En outre, le capital de cette société ne doit pas être détenu à plus de 25 % par d'autres entreprises ne répondant pas aux critères de la PME, condition s'appréciant de manière continue au cours de l'exercice. Les participations détenues par des sociétés de capital-risque, des sociétés de développement régional ou des sociétés financières d'innovation ne sont pas prises en compte pour l'appréciation de ce seuil.

2770 Par ailleurs, en cas de cession à titre onéreux, les associés de la société cédante qui détiennent au moins 50 % des droits de vote ou des droits à bénéfices sociaux, ou qui y exercent la direction effective, ne doivent pas exercer la direction de l'entreprise cessionnaire, ou détenir la majorité des droits de vote ou des droits à bénéfices de l'entreprise cessionnaire. En clair, il ne doit pas subsister, après l'opération, de lien entre l'entreprise cédante et l'entreprise cessionnaire. La situation inverse pourrait en effet aboutir à des situations de cessions à soi-même exonérées d'impôt.

2771 On observera cependant que lors de la cession de participations dans des sociétés de personnes, participations qualifiées, dans ce régime, d'élément assimilé à une branche complète et autonome d'activité, les restrictions sont encore plus drastiques dans la mesure où le cédant ne doit détenir aucun droit de vote ou aucun droit à bénéfices dans l'entreprise cessionnaire. Dans les deux cas, l'interdiction vaut pour un délai de pénitence de trois ans.

Le régime des apports partiels d'actif au regard des droits d'enregistrement

2800 Le régime des apports partiels d'actif au regard des droits d'enregistrement s'est également simplifié avec le temps. L'article 817-I pose en effet comme principe que les apports partiels d'actif sont soumis au même régime que les fusions au regard des droits d'enregistrement. Il en résulte que les apports partiels d'actif sont passibles du seul droit fixe de 375 € ou 500 €, les apports à titre onéreux résultant de la prise en charge du passif de la société apporteuse ne donnant ouverture à aucun droit. En revanche, et comme en matière de fusion, les apports à titre onéreux autres que la prise en charge du passif de la société apporteuse sont soumis aux droits de mutation dans les conditions habituelles. Le montant du droit fixe applicable dépend du point de savoir si le capital de la société bénéficiaire de l'apport est supérieur ou non à 225 000 € après l'opération.

2801 La seule difficulté pour la mise en œuvre de ces règles réside dans la détermination des apports partiels d'actif admis au régime des fusions et ceux exclus de ce régime.

Les apports partiels d'actif admis au régime des fusions

2802 En matière de droits d'enregistrement, les apports partiels d'actif qui portent sur une branche complète et autonome d'activité sont soumis au régime des fusions. La notion de branche complète d'activité correspond à la définition qui a été donnée en matière d'impôt sur les sociétés pour la mise en œuvre de l'article 210 B du CGI. En outre, et depuis le 1er janvier 2002, les opérations d'apports partiels d'actif qui ont bénéficié d'un agrément ministériel au sens de l'article 210 B du CGI sont également soumises au régime de faveur en matière de droits d'enregistrement (CGI art. 817 B ; voir également instr. 21 mai 2002 : BOI 7 H-3-02).

2803 S'agissant des apports de participations, les apports ne peuvent bénéficier du régime spécial que si ils ont été préalablement agréés et ce, au titre d'une opération postérieure au 1er janvier 2002. Cela étant, l'exclusion du régime de faveur n'est pas, au cas d'espèce, véritablement source de difficulté dans la mesure où l'application du régime de droit commun aboutira le plus souvent également à l'application du droit fixe.

2804 On notera que la possible répartition des titres dans le délai d'un an entre les associés de la société apporteuse n'est pas de nature à faire échec à l'application du droit fixe dès lors que l'associé attributaire de titres reprend l'engagement de conserver ceux-ci pendant trois ans (instr. 4 janvier 2007 : BOI 7 H-1-07).

Les apports partiels d'actif exclus du régime des fusions

2805 Les apports partiels d'actif qui ne portent pas sur une branche complète et autonome d'activité, et notamment les apports d'éléments d'actif isolés, sont soumis aux droits d'enregistrement dans les conditions habituelles et en fonction de la nature des éléments apportés (sauf si les apports ont été agréés). Il s'agira, en réalité, des droits d'enregistrement applicables aux apports en nature réalisés au profit de sociétés préexistantes ou nouvelles.

Tableau résumé

Opérations	Régime au regard des droits d'enregistrement
Apport partiel agréé Apport d'une branche complète et autonome d'activité Apport d'un élément assimilé à une branche complète – si agrément	Régime des fusions
– si pas d'agrément Apport d'un élément d'actif isolé	Régime de droit commun

Le régime des apports partiels d'actif au regard des impôts de distribution

2850 Le régime des apports partiels d'actif au regard des revenus distribués diffère selon que l'apport partiel d'actif est placé ou non sous le régime spécial. On notera toutefois que les conditions d'application du régime spécial sont plus restrictives qu'en matière de fusion ou de scission. Il en résulte que sa portée est plus étroite et que le régime de droit commun a, par voie de conséquence, vocation à s'appliquer plus largement.

L'application du régime spécial

2851 Aux termes de l'article 115 du CGI, lorsque l'apport partiel d'actif a été opéré avec le bénéfice du régime spécial en matière d'impôt sur les sociétés, l'attribution gratuite des titres représentatifs de l'apport aux membres de la société apporteuse n'est pas considérée comme une distribution de revenus mobiliers. Toutefois, pour que cette exonération trouve à s'appliquer, la répartition des titres doit avoir lieu dans le délai d'un an à compter de la réalisation de l'apport. Une telle opération d'apport partiel d'actif suivie de la répartition des titres entre les associés est visée directement par la directive fusions de 2005, mais sous l'appellation de « scission partielle ». Le texte ne prévoit cependant pas de procédure d'agrément.

2852 On constate que cette disposition se heurte directement à l'exigence du respect du délai de conservation des titres pendant trois ans prévu pour l'application du régime spécial des apports partiels d'actif avec dispense d'agrément. La seule possibilité pour bénéficier des dispositions de l'article 115-2 réside dans la nécessité d'obtenir un agrément administratif de nature à délier l'entreprise apporteuse de son engagement de conservation.

Jusqu'à l'entrée en vigueur de la loi de finances pour 2002, cet agrément était celui visé à l'article 210 B-3 du CGI. Depuis le 1er janvier 2002, une procédure d'agrément spécifique à l'article 115-2 a été instaurée, procédure indépendante de la procédure d'agrément prévue à l'article 210 B. Ainsi, le fait que l'apport soit réalisé au bénéfice du régime de faveur peut nécessiter l'obtention de l'agrément prévu à l'article 210 B ; la question de la répartition des titres peut, quant à elle, être envisagée distinctement dans le cadre d'une demande d'agrément spécifique instaurée par l'article 115-2.

2853 Le recours à la procédure de l'agrément est nécessaire, que l'apport soit réalisé par une société française ou par une société étrangère bénéficiant, dans l'État de sa résidence, d'un régime de faveur comparable. L'opération doit naturellement entrer dans le cadre de la définition de l'article 210-0 A du CGI. À cet égard, les mesures d'exclusion géographique à l'égard des sociétés implantées dans un État n'ayant pas conclu une convention fiscale contenant une clause d'assistance administrative en vue de lutter contre la fraude ou l'évasion fiscales s'appliquent aux sociétés apporteuses et bénéficiaires des apports qui participent à l'opération mais pas aux associés de la société apporteuse.

2854 La procédure mise en place fait de cet agrément un agrément de droit. Il est délivré aux opérations pour lesquelles :
– l'apport et l'attribution sont justifiés par un motif économique, se traduisant notamment par l'exercice par chacune des deux sociétés d'au moins une activité autonome ou l'amélioration de leurs structures, ainsi que par une association entre les parties ;
– l'apport est placé sous le régime de l'article 210 A du CGI ;
– l'apport et l'attribution n'ont pas comme objectif principal la fraude ou l'évasion fiscales.

2855 Les trois conditions posées sont classiques dans le cadre d'une procédure d'agrément sur les restructurations. L'agrément doit être délivré dans les conditions prévues à l'article 1649 nonies du CGI, qui est la référence usuelle en matière d'agrément. L'agrément est délivré par le ministre de l'Économie et des Finances, la demande devant intervenir préalablement à la réalisation de l'opération qui l'a motivée (D. Migaud, rapport général de la Commission des finances du projet de loi de finances pour 2002, p. 191). La demande d'agrément doit être signée par les représentants de la société distributrice. Elle est transmise en trois exemplaires, dont deux originaux signés, accompagnée des trois dernières liasses fiscales de la société distributrice (Direction générale des impôts – Service juridique – Bureau des agréments (AGR) – Teledoc 957 – 139 rue de Bercy – 75574 Paris Cedex 12). La décision est notifiée à la société par lettre recommandée avec accusé de réception. La société distributrice sera tenue d'informer ses associés de la décision d'agrément. En cas de refus, la décision pourra être contestée par le biais d'une requête déposée dans un délai de deux mois auprès du greffe du tribunal administratif.

2856 Sur les critères qui ont été retenus pour la délivrance de l'agrément, il est permis de formuler quelques observations.

La justification de l'opération par un motif économique

2857 Selon le texte, l'opération doit être justifiée par un motif économique se traduisant notamment par l'exercice, par chacune des deux sociétés, d'au moins une activité autonome ou l'amélioration de leurs structures, ainsi que par une association entre les parties. À propos de l'activité autonome, il s'agit d'apprécier, compte tenu des éléments apportés et conservés, si chaque société partie à l'opération est en mesure d'exercer ou non une activité autonome. Tel ne serait pas le cas, par exemple, selon l'administration, d'une société qui, ayant filialisé ses trois branches autonomes d'activité, ne détiendrait plus, après attribution gratuite aux associés des titres reçus en contrepartie de l'apport, que des participations non significatives ou des éléments d'actif isolés (instr. 2 juin 2003 : BOI 13 D-1-03).

Sur ce point, on retrouve l'un des critères déjà rencontrés dans le cadre de la procédure d'agrément prévue pour l'article 210 B-3. Une différence majeure apparaît toutefois dans la mesure où ici, la justification économique de l'opération doit être vérifiée au niveau de chacune des sociétés concernées par l'opération, qu'il s'agisse de la société apporteuse ou de celle bénéficiaire de l'apport. L'article 210 B, pour sa part, ne traite que de la situation de cette dernière. Le motif économique pourrait être considéré comme satisfait sur des opérations de regroupement d'activités (réalisation d'économies d'échelle, séparation d'activités compte tenu de leurs spécificités...) (sur ce point, voir les commentaires de la revue Droit fiscal, 2002, n° 1-2, pp. 23

et s.). L'administration considère que le motif économique est présent dans des opérations qui se traduisent par le regroupement d'une partie des activités de la société apporteuse avec les activités semblables ou connexes des sociétés bénéficiaires, ou par une simplification des structures ou une rationalisation des conditions d'exploitation au sein d'un groupe, et qui sont suivies d'une attribution des titres à un holding de tête ou un holding métier afin de réunir, sous un centre de décision unique, les activités concernées. Sont en revanche exclues les opérations de nature patrimoniale dans la mesure où ces opérations profitent davantage aux associés qu'aux sociétés concernées. Ainsi, l'administration considère, par exemple, que l'opération d'attribution gratuite de titres émis en rémunération d'un apport qui aboutirait à séparer les actifs patrimoniaux de l'activité opérationnelle ne pourrait être agréée. Les premiers commentaires apparus sur cette procédure d'agrément laissent à penser que l'administration devrait apprécier cette justification économique de manière assez souple. Il n'en irait autrement que si l'opération devait s'accompagner d'une cession massive de titres.

2858 De la même manière, l'administration précise que compte tenu des éléments apportés et conservés, chaque société partie à l'opération doit être en mesure d'exercer une activité autonome. Tel ne serait pas le cas, selon l'administration, d'une société qui, ayant filialisé des branches d'activité, ne détiendrait plus, du fait de l'attribution gratuite des titres à ses associés, que des participations non significatives ou d'autres actifs isolés.

L'opération placée sous le régime de faveur

2859 En pratique, cette condition doit être rapprochée de la procédure d'agrément visée par l'article 210 B du CGI. Les sociétés qui auront demandé l'agrément de l'article 210 B valideront la condition tenant au régime fiscal applicable à l'opération telle que prévue par l'article 115-2. Cette condition doit toutefois être replacée dans un contexte plus global et prendre en considération les dispositions de l'article 121-1, deuxième alinéa. L'article 121-1 du CGI concerne en effet les attributions de titres à des associés français de sociétés étrangères. L'article 121-1 prévoit la possibilité d'appliquer les dispositions de l'article 115-2 aux opérations d'apport partiel d'actif réalisées par une société apporteuse étrangère et placées sous un régime fiscal comparable au régime de l'article 210 A. Au plan pratique, la demande d'agrément doit être formulée par la société apporteuse étrangère, ce qui peut soulever quelques difficultés techniques. L'administration pourra peut-être introduire quelques assouplissements en la matière afin de faciliter le dépôt des demandes. L'ouverture est intéressante et améliore la situation des associés résidents de sociétés étrangères mais il appartiendra à l'administration fiscale française de vérifier que le régime fiscal sous lequel a été placée l'opération d'apport dans le pays de la société apporteuse est bien un régime qui, sans lui être naturellement identique, comporte des similitudes, au moins dans l'esprit, avec les dispositions de l'article 210 A. Comme l'a précisé le rapporteur général de la Commission des finances à l'Assemblée nationale, il « est clair que le caractère " comparable " ou non du système en vigueur à l'étranger (présence ou non d'un mécanisme de sursis ou de report d'imposition) suppose une appréciation au cas par cas selon des critères dont l'objectivité reste à préciser » (D. Migaud, rapport général de la Commission des finances du projet de loi de finances pour 2002, pp. 193-194). En principe, au sein de l'Union européenne, les pays dont la réglementation fiscale interne est conforme à la directive du 23 juillet 1990 ne peuvent être considérés que comme satisfaisant à cette condition.

2860 Sur l'extension des dispositions de l'article 115-2 aux résidents français de sociétés étrangères, il va de soi qu'il faut combiner ces dispositions avec la délimitation géographique des opérations admises au régime de faveur des fusions. Ainsi, si la société apporteuse étrangère est localisée dans un État n'ayant pas conclu avec la France une convention comportant une clause d'assistance administrative, les dispositions de l'article 115-2 sont inapplicables.

L'opération n'a pas pour but la fraude et l'évasion fiscales

2861 Là encore, on retrouve une condition qui est désormais usuelle dans les agréments sur opérations de restructuration. Cette condition a déjà été rencontrée dans le cadre de l'agrément de l'article 210 B-3, condition qui avait déjà été présentée comme étant d'un domaine d'application plus large que la procédure de répression des abus de droit. En l'espèce, cela signifie, dans l'esprit de l'administration fiscale, que les opérations de restructurations successives ne doivent pas avoir pour effet de priver le Trésor de « toute souveraineté sur les plus-values de cession ultérieures afférentes aux titres apportés et aux titres répartis, ou d'altérer l'assiette imposable de ces plus-values » (instr. 2 juin 2003 : BOI 13 D-1-03, § 14).

2862 Pour la mise en œuvre des dispositions de l'article 115-2, il est important de noter que le texte prévoit la répartition des titres entre les associés proportionnellement aux droits qu'ils détiennent dans le capital. Ainsi, les choses sont claires. L'agrément ne pourra être accordé à des opérations qui aboutiraient à la répartition des titres de la société bénéficiaire de l'apport entre certains associés seulement de la société apporteuse. Dans le même ordre d'idées, cette restriction prive les associés de la société apporteuse de la possibilité de n'être associés que de la seule société apporteuse. La règle n'est guère surprenante. La solution inverse aurait permis, par le biais des apports partiels d'actif suivis de la répartition des titres aux associés, d'aboutir, au plan économique, à un résultat qui a toujours été proscrit dans le cadre des scissions-partages.

2863 Naturellement, la répartition proportionnelle ne doit pas déboucher sur une impasse mathématique. Dans l'hypothèse où le nombre de titres remis à un associé n'est pas entier, il y a lieu de prévoir le versement par la société apporteuse d'une somme en espèces, somme qui n'aura comme seul objectif que d'attribuer à chaque associé le nombre de titres le plus proche de celui auquel il aurait pu prétendre.

2864 Dans le même ordre d'idées, il faut préciser que la répartition des titres au profit des associés de la société apporteuse s'accompagne de l'engagement de conservation des titres par ces associés. Il faut en effet se rappeler que l'opération doit traduire une association entre les parties. En clair, cela signifie que si la décision d'agrément libère la société apporteuse de l'engagement de conservation, elle transfère cet engagement sur les associés bénéficiaires de la répartition. En théorie, l'engagement de conservation a une durée de trois ans (durée minimale selon l'administration) à compter de la date de réalisation de l'apport et porte sur l'ensemble des associés. Néanmoins, l'administration n'exige pas cet engagement des associés qui n'ont pas pris une part active, ou ceux dont le pourcentage de participation est inférieur à 5 % des droits de vote, sauf s'ils exerçaient, au moment de l'apport, des fonctions de direction ou d'administration leur conférant un pouvoir de décision sur l'opération, ou ceux qui exerçaient au moment de l'apport des fonctions d'administration, à condition qu'ils ne détiennent, au jour de l'apport, que le nombre minimum d'actions requis par les statuts de la société pour exercer leur mandat. Ces assouplissements s'appliquent quel que soit le pourcentage de capital grevé d'un engagement de conservation (BOI 13 D-1-06 du 10 février 2006). En cas de décès d'un associé pendant le délai de trois ans, ses héritiers n'ont pas à reprendre et poursuivre l'engagement de conservation, sauf pour les héritiers qui exerçaient, avant le décès, des fonctions de direction. D'autres assouplissements ont été introduits sur l'engagement de conservation, en particulier des assouplissements en lien avec l'actionnariat salarié. Si les engagements de conservation sont affectés par des opérations ultérieures (fusions...), le maintien du régime de faveur ne pourra être accordé que sur décision expresse de l'autorité ayant accordé l'agrément d'origine.

Les conséquences du non-respect des engagements liés à l'agrément

Le non-respect des engagements liés à l'agrément prévu dans le cadre de l'article 115-2, et plus particulièrement concernant l'engagement de conservation, entraîne le retrait de l'agrément et la déchéance rétroactive du régime de faveur appliqué à la répartition gratuite des titres. En outre, la rupture de l'engagement de conservation va également entraîner la remise en cause du régime de faveur de l'article 210 B du CGI appliqué à l'opération initiale d'apport partiel d'actif.

Cette déchéance doit s'effectuer en respectant la procédure contradictoire de retrait des agréments. Elle ne peut être prononcée que par l'autorité qui l'avait accordé.

En pratique, les impôts dont les bénéficiaires de l'agrément ont été dispensés deviennent exigibles avec application de l'intérêt de retard (CGI art. 1727).

L'administration donne l'illustration suivante :

Une société A a apporté des titres C à une société B, opération ayant bénéficié de l'agrément de l'article 210 B. La société A a reçu, en contrepartie de cet apport, des titres B, qui ont été répartis au profit de l'unique associé de la société A dans le délai de un an moyennant obtention de l'agrément de l'article 115-2. L'unique associé de la société A est une société D.

Deux ans après l'opération, D cède les titres B, ce qui rompt l'engagement de conservation.

Il en résulte que :

– l'apport des titres C est rétroactivement soumis au régime de droit commun avec imposition de la plus-value d'apport ;

– la remise des titres de la société B à la société D est considérée comme une distribution de dividende en nature imposable. Pour la société A, cette distribution prend la nature d'un retrait d'actif. La plus-value constatée est imposable ;

– il y a lieu d'appliquer les conséquences classiques de la distribution chez la société A.

2865 Au plan pratique, la société apporteuse doit, dans un premier temps, enregistrer l'entrée des titres qui lui sont remis par la société bénéficiaire de l'apport en contrepartie de l'opération d'apport partiel d'actif, puis procéder à la répartition entre ses associés. Au plan comptable, le réglement 2005-09 prévoit (art. 5) que le coût d'entrée des titres reçus en contrepartie d'un apport partiel d'actif par la société apporteuse, doit être égal à la valeur des apports retenue dans le traité. Les titres reçus en rémunération sont comptabilisés à la valeur comptable si les apports ont été évalués à la valeur comptable dans le traité d'apport ; ils sont comptabilisés à la valeur réelle si les apports ont été évalués à la valeur réelle dans le traité d'apport.

Pour la répartition des titres entre les associés de la société apporteuse, l'administration estime que cette répartition pourra s'effectuer sur la base de la valeur réelle des titres, soit sur la base de la valeur comptable. Ainsi, lorsque les apports ont été transcrits sur la base des valeurs comptables chez la société bénéficiaire des apports, la distribution pourra être réalisée soit pour la valeur réelle des titres, soit pour leur valeur comptable. Lorsque les apports auront été transcrits sur la base des valeurs réelles, les titres seront ensuite répartis sur la base de leur valeur réelle. Toujours selon l'administration, dans le cas d'une attribution à la valeur réelle, la plus-value dégagée égale à la différence entre la valeur réelle d'attribution des titres répartis et la valeur d'inscription au bilan de la société distributrice, est exonérée.

2866 La distribution sous forme de répartition des titres aux associés de la société apporteuse s'effectue par imputation sur les capitaux propres de la société distributrice. Dans l'hypothèse où les capitaux propres seraient insuffisants, la répartition des titres pourra être réalisée sous forme d'acomptes sur dividendes, dans les conditions définies à l'article L. 232-12 du code de commerce. Il faut toutefois prendre garde au fait que, selon l'administration, la distribution de titres affectés d'un engagement de conservation du fait d'opérations d'apports partiels d'actif antérieures placées sous le régime de faveur a pour effet d'entraîner la rupture des engagements initialement souscrits et remettent en cause le régime de faveur dont avaient bénéficié ces opérations.

2867 Lorsque l'attribution des titres est effectuée au profit d'une personne physique, la valeur fiscale des titres attribués à cet associé personne physique est considérée comme nulle. Il faut ainsi en conclure que, lors de la revente ultérieure des titres par cet associé personne physique, la plus-value de cession sera égale au prix net de cession (instr. 2 juin 2003 : BOI 13 D-1-03, §§ 20 et s ; rép. min. Guillet, n° 11506, JO AN 27 mai 2008, p. 4470 : Droit fiscal 2008, n° 28, com. 173 ; voir également rép. min. Vampa, n° 36660, JO AN 21 juillet 2009, p. 7208 : Droit des sociétés 2009, n° 11, com. 215, note J.-L. Pierre).

2868 L'article 115-2 du CGI mérite cependant une attention particulière dans la mesure où il énonce les règles d'inscription des titres au bilan lorsque l'attribution gratuite est faite au profit d'une entreprise. Dans ce cas, en effet, les titres répartis doivent être inscrits au bilan pour une valeur égale au produit de la valeur comptable des titres de la société apporteuse et du rapport existant, à la date de l'opération d'apport, entre la valeur réelle des titres répartis et celle des titres de la société apporteuse. La valeur comptable des titres de la société apporteuse est réduite à due concurrence.

2869 Sous une formulation un peu obscure, l'article 115-2 du CGI ne fait que traduire les conséquences pratiques de l'attribution gratuite aux associés de la société apporteuse des titres reçus à la suite d'un apport partiel d'actif, dans le cas précis où ces associés sont des entreprises.

Si la société apporteuse décide de répartir gratuitement les titres reçus en contrepartie de l'apport entre ses associés, pour ces derniers, les titres ainsi reçus représentent une partie de la valeur de la participation détenue dans le capital de la société apporteuse. Or, si les associés de la société apporteuse sont des entreprises, il est nécessaire de valoriser au bilan les titres ainsi reçus. L'article 115-2 ne fait rien d'autre que de préciser les modalités d'évaluation de ces titres et d'individualisation au bilan de l'associé de la société apporteuse.

EXEMPLE

Une société Oméga détient une participation dans la société Alpha, inscrite à l'actif du bilan de Oméga pour 2 000 × 1 500 = 3 000 000. Alpha réalise un apport partiel d'actif au profit de la société Bêta, apport partiel d'actif placé sous le régime des articles 210 A et 210 B du CGI. En contrepartie de l'apport partiel d'actif, Alpha reçoit 1 500 × 800 = 1 200 000, cette somme représentant la valeur réelle des titres Bêta.

Alpha attribue à Oméga une fraction des titres Bêta : 1 000 × 800 = 800 000. On estime qu'à la date de l'apport, la participation de Oméga dans Alpha a une valeur de 2 000 × 4 000 = 8 000 000.

Il en résulte qu'à l'actif de la société Oméga, il y a lieu de faire apparaître les titres Bêta pour une valeur calculée selon les règles posées par l'article 115-2 du CGI.

Valeur d'inscription des titres Bêta :

Valeur comptable des titres Alpha × (Valeur réelle des titres répartis / Valeur réelle des titres de la société apporteuse)
3 000 000 × 800 000 / 8 000 000 = 300 000

Valeur comptable de la participation dans Alpha :
3 000 000 - 300 000 = 2 700 000

2870 **L'article 115-2 précise, de la même façon, les règles à appliquer en cas de cession des titres pour calculer la plus-value de cession dans l'hypothèse où la valeur fiscale des titres est différente de la valeur comptable. Dans ce cas de figure, la plus-value de cession des titres de la société apporteuse ou des titres attribués gratuitement doit naturellement être déterminée à partir de leur valeur fiscale, celle-ci étant déterminée selon les mêmes règles de répartition que ci-dessus.**

EXEMPLE

En reprenant les données de l'exemple précédent, on suppose que la société Oméga a acquis les titres Alpha dans le cadre d'une opération de fusion-absorption placée sous le régime spécial, Oméga s'étant engagée à calculer la plus-value sur les titres Alpha par rapport à leur valeur fiscale, supposée être de 2 000 titres × 1 000 = 2 000 000.

Dès lors, en cas de cession ultérieure des titres, il y aura lieu de prendre en référence, pour le calcul de la plus-value, les valeurs fiscales suivantes :

Titres Bêta : 2 000 000 × 800 000 / 8 000 000 = 200 000

Titres Alpha : 2 000 000 - 200 000 = 1 800 000

En supposant que Oméga cède 400 titres Bêta à 900 F, la plus-value de cession sera de :
(400 × 900 = 360 000) - (200 000 × 400 / 1 000) = 280 000.

2871 **Pour la qualification de la plus-value ou moins-value de cession, la computation du délai de deux ans doit s'opérer en considérant que les titres détenus dans le capital de la société apporteuse et ceux attribués gratuitement dans les conditions prévues à l'article 115-2 du CGI ont été acquis à la même date, c'est-à-dire soit à la date d'acquisition des titres de la société apporteuse, soit à celle à laquelle ils sont réputés avoir été acquis lorsqu'ils ont été reçus dans le cadre d'une opération elle-même soumise au régime des articles 210 A et 210 B du CGI.**

L'application du régime de droit commun

2872 **Dans le cadre du régime de droit commun, l'attribution gratuite des titres représentatifs de l'apport aux associés de la société apporteuse suit le régime fiscal des distributions de revenus mobiliers. Il n'en est autrement que si cette distribution présente le caractère d'un remboursement d'apports ou de sommes assimilées à des apports** (CGI art. 112-3°).

Dans le cas général, cependant, la répartition des titres en portefeuille est assimilable à une distribution de bénéfices. Elle ouvre droit, par voie de conséquence, à l'avoir fiscal, à charge, le cas échéant, pour la société distributrice, d'acquitter le précompte. La société distributrice devra, de la même façon, prendre en considération la situation particulière dans laquelle peuvent se trouver certains bénéficiaires de la répartition, en particulier lorsqu'il s'agit de résidents étrangers.

Enfin, si la répartition des titres s'accompagne d'une réduction de capital de la société apporteuse, l'imposition de la distribution entre les mains des associés ne se fera qu'à hauteur de la différence entre les sommes réparties et la fraction ayant le caractère de remboursement d'apport.

Annexes

Annexe 1 - Directives

Annexe 2 - Réglementation comptable

Annexe 3 - Instructions fiscales

Annexe 1

29.4.2011 FR Journal officiel de l'Union européenne L 110/1

I

(Actes législatifs)

DIRECTIVES

DIRECTIVE 2011/35/UE DU PARLEMENT EUROPÉEN ET DU CONSEIL

du 5 avril 2011

concernant les fusions des sociétés anonymes

(texte codifié)

(Texte présentant de l'intérêt pour l'EEE)

LE PARLEMENT EUROPÉEN ET LE CONSEIL DE L'UNION EUROPÉENNE,

vu le traité sur le fonctionnement de l'Union européenne, et notamment son article 50, paragraphe 2, point g),

vu la proposition de la Commission européenne,

après transmission du projet d'acte législatif aux parlements nationaux,

vu l'avis du Comité économique et social européen [1],

statuant conformément à la procédure législative ordinaire [2],

considérant ce qui suit:

(1) La troisième directive 78/855/CEE du Conseil du 9 octobre 1978 fondée sur l'article 54, paragraphe 3 sous g) du traité et concernant les fusions des sociétés anonymes [3] a été modifiée à plusieurs reprises et de façon substantielle [4]. Il convient, dans un souci de clarté et de rationalité, de procéder à la codification de ladite directive.

(2) La coordination prévue par l'article 50, paragraphe 2, point g), du traité et par le programme général pour la suppression des restrictions à la liberté d'établissement [5] a été commencée avec la première directive 68/151/CEE du Conseil du 9 mars 1968 tendant à coordonner, pour les rendre équivalentes, les garanties qui sont exigées, dans les États membres, des sociétés au sens de l'article 58, deuxième alinéa, du traité, pour protéger les intérêts tant des associés que des tiers [6].

(3) Cette coordination a été poursuivie, en ce qui concerne la constitution de la société anonyme ainsi que le maintien et les modifications de son capital, par la deuxième directive 77/91/CEE du Conseil du 13 décembre 1976 tendant à coordonner pour les rendre équivalentes les garanties qui sont exigées dans les États membres des sociétés au sens de l'article 58 deuxième alinéa du traité, en vue de la protection des intérêts tant des associés que des tiers, en ce qui concerne la constitution de la société anonyme ainsi que le maintien et les modifications de son capital [7] et, en ce qui concerne les comptes annuels de certaines formes de sociétés, par la quatrième directive 78/660/CEE du Conseil du 25 juillet 1978 fondée sur l'article 54, paragraphe 3 sous g) du traité et concernant les comptes annuels de certaines formes de sociétés [8].

(4) La protection des intérêts des associés et des tiers commande de coordonner les législations des États membres concernant les fusions de sociétés anonymes, et il convient d'introduire dans le droit de tous les États membres l'institution de la fusion.

(5) Dans le cadre de cette coordination, il est particulièrement important d'assurer une information adéquate et aussi objective que possible des actionnaires des sociétés qui fusionnent et de garantir une protection appropriée de leurs droits. Cependant, il n'y a pas de raison d'imposer qu'un expert indépendant examine le projet de fusion pour les actionnaires si l'ensemble des actionnaires convient qu'il n'est pas impératif.

[1] JO C 51 du 17.2.2011, p. 36.
[2] Position du Parlement européen du 18 janvier 2011 (non encore parue au Journal officiel) et décision du Conseil du 21 mars 2011.
[3] JO L 295 du 20.10.1978, p. 36.
[4] Voir annexe I, partie A.
[5] JO 2 du 15.1.1962, p. 36/62.
[6] JO L 65 du 14.3.1968, p. 8.
[7] JO L 26 du 31.1.1977, p. 1.
[8] JO L 222 du 14.8.1978, p. 11.

L 110/2 FR Journal officiel de l'Union européenne 29.4.2011

(6) La protection des droits des travailleurs en cas de transferts d'entreprises, d'établissements ou de parties d'entreprises ou d'établissements est actuellement organisée par la directive 2001/23/CE du Conseil du 12 mars 2001 concernant le rapprochement des législations des États membres relatives au maintien des droits des travailleurs en cas de transfert d'entreprises, d'établissements ou de parties d'entreprises ou d'établissements [1].

(7) Les créanciers, obligataires ou non, et les porteurs d'autres titres des sociétés qui fusionnent devraient être protégés afin que la réalisation de la fusion ne leur porte pas préjudice.

(8) La publicité assurée par la directive 2009/101/CE du Parlement européen et du Conseil du 16 septembre 2009 tendant à coordonner, pour les rendre équivalentes, les garanties qui sont exigées, dans les États membres, des sociétés au sens de l'article 48, deuxième alinéa du traité, pour protéger les intérêts tant des associés que des tiers [2] devrait être étendue aux opérations relatives à la fusion afin que les tiers en soient suffisamment informés.

(9) Il est nécessaire d'étendre les garanties assurées aux associés et aux tiers, dans le cadre de la procédure de fusion, à certaines opérations juridiques ayant, sur des points essentiels, des caractéristiques analogues à celles de la fusion afin que cette protection ne puisse être éludée.

(10) Il faut, en vue d'assurer la sécurité juridique dans les rapports tant entre les sociétés intéressées qu'entre celles-ci et les tiers ainsi qu'entre les actionnaires, limiter les cas de nullité et établir, d'une part, le principe de la régularisation chaque fois qu'elle est possible et, d'autre part, un délai bref pour invoquer la nullité.

(11) La présente directive ne doit pas porter atteinte aux obligations des États membres concernant les délais de transposition en droit national des directives indiquées à l'annexe I, partie B,

ONT ADOPTÉ LA PRÉSENTE DIRECTIVE:

CHAPITRE I

CHAMP D'APPLICATION

Article premier

1. Les mesures de coordination prescrites par la présente directive s'appliquent aux dispositions législatives, réglementaires et administratives des États membres relatives aux formes de sociétés suivantes:

— pour la Belgique:

  — la société anonyme/de naamloze vennootschap,

— pour la Bulgarie:

  — акционерно дружество,

— pour la République tchèque:

  — akciová společnost,

— pour le Danemark:

  — aktieselskaber,

— pour l'Allemagne:

  — die Aktiengesellschaft,

— pour l'Estonie:

  — aktsiaselts,

— pour l'Irlande:

  — public companies limited by shares, et public companies limited by guarantee having a share capital,

— pour la Grèce:

  — ανώνυμη εταιρία,

— pour l'Espagne:

  — la sociedad anónima,

— pour la France:

  — la société anonyme,

— pour l'Italie:

  — la società per azioni,

— pour Chypre:

  — Δημόσιες εταιρείες περιορισμένης ευθύνης με μετοχές, δημόσιες εταιρείες περιορισμένης ευθύνης με εγγύηση που διαθέτουν μετοχικό κεφάλαιο,

— pour la Lettonie:

  — akciju sabiedrība,

— pour la Lituanie:

  — akcinė bendrovė,

— pour le Luxembourg:

  — la société anonyme,

— pour la Hongrie:

  — részvénytársaság,

— pour Malte:

  — kumpannija pubblika/public limited liability company, kumpannija privata/private limited liability company,

— pour les Pays-Bas:

  — de naamloze vennootschap,

[1] JO L 82 du 22.3.2001, p. 16.
[2] JO L 258 du 1.10.2009, p. 11.

— pour l'Autriche:
  — die Aktiengesellschaft,
— pour la Pologne:
  — spółka akcyjna,
— pour le Portugal:
  — a sociedade anónima,
— pour la Roumanie:
  — societate pe acțiuni,
— pour la Slovénie:
  — delniška družba,
— pour la Slovaquie:
  — akciová spoločnosť,
— pour la Finlande:
  — julkinen osakeyhtiö/publikt aktiebolag,
— pour la Suède:
  — aktiebolag,
— pour le Royaume-Uni:
  — public companies limited by shares, et public companies limited by guarantee having a share capital.

2. Les États membres peuvent ne pas appliquer la présente directive aux sociétés coopératives constituées sous l'une des formes de sociétés indiquées au paragraphe 1. Dans la mesure où les législations des États membres font usage de cette faculté, elles imposent à ces sociétés de faire figurer le terme «coopérative» sur tous les documents indiqués à l'article 5 de la directive 2009/101/CE.

3. Les États membres peuvent ne pas appliquer la présente directive lorsqu'une ou plusieurs des sociétés qui sont absorbées ou qui disparaissent font l'objet d'une procédure de faillite, de concordat ou d'une autre procédure analogue.

CHAPITRE II

ORGANISATION DE LA FUSION PAR ABSORPTION D'UNE OU PLUSIEURS SOCIÉTÉS PAR UNE AUTRE SOCIÉTÉ ET DE LA FUSION PAR CONSTITUTION D'UNE NOUVELLE SOCIÉTÉ

Article 2

Les États membres organisent, pour les sociétés relevant de leur législation, la fusion par absorption d'une ou plusieurs sociétés par une autre société et la fusion par constitution d'une nouvelle société.

Article 3

1. Aux fins de la présente directive, est considérée comme «fusion par absorption» l'opération par laquelle une ou plusieurs sociétés transfèrent à une autre, par suite de leur dissolution sans liquidation, l'ensemble de leur patrimoine activement et passivement moyennant l'attribution aux actionnaires de la ou des sociétés absorbées d'actions de la société absorbante et, éventuellement, d'une soulte en espèces ne dépassant pas 10 % de la valeur nominale des actions attribuées ou, à défaut de valeur nominale, de leur pair comptable.

2. La législation d'un État membre peut prévoir que la fusion par absorption peut également avoir lieu lorsqu'une ou plusieurs des sociétés absorbées sont en liquidation, pourvu que cette possibilité ne soit donnée qu'aux sociétés qui n'ont pas encore commencé la répartition de leurs actifs entre leurs actionnaires.

Article 4

1. Aux fins de la présente directive, est considérée comme «fusion par constitution d'une nouvelle société» l'opération par laquelle plusieurs sociétés transfèrent à une société qu'elles constituent, par suite de leur dissolution sans liquidation, l'ensemble de leur patrimoine activement et passivement moyennant l'attribution à leurs actionnaires d'actions de la nouvelle société et, éventuellement, d'une soulte en espèces ne dépassant pas 10 % de la valeur nominale des actions attribuées ou, à défaut de valeur nominale, de leur pair comptable.

2. La législation d'un État membre peut prévoir que la fusion par constitution d'une nouvelle société peut également avoir lieu lorsqu'une ou plusieurs des sociétés qui disparaissent sont en liquidation, pourvu que cette possibilité ne soit donnée qu'aux sociétés qui n'ont pas encore commencé la répartition de leurs actifs entre leurs actionnaires.

CHAPITRE III

FUSION PAR ABSORPTION

Article 5

1. Les organes d'administration ou de direction des sociétés qui fusionnent établissent par écrit un projet de fusion.

2. Le projet de fusion mentionne au moins:

a) la forme, la dénomination et le siège social des sociétés qui fusionnent;

b) le rapport d'échange des actions et, le cas échéant, le montant de la soulte;

c) les modalités de remise des actions de la société absorbante;

d) la date à partir de laquelle ces actions donnent le droit de participer aux bénéfices ainsi que toute modalité particulière relative à ce droit;

e) la date à partir de laquelle les opérations de la société absorbée sont considérées du point de vue comptable comme accomplies pour le compte de la société absorbante;

f) les droits assurés par la société absorbante aux actionnaires ayant des droits spéciaux et aux porteurs de titres autres que des actions ou les mesures proposées à leur égard;

g) tous avantages particuliers attribués aux experts visés à l'article 10, paragraphe 1, ainsi qu'aux membres des organes d'administration, de direction, de surveillance ou de contrôle des sociétés qui fusionnent.

Article 6

Le projet de fusion doit faire l'objet d'une publicité effectuée selon les modes prévus par la législation de chaque État membre, conformément à l'article 3 de la directive 2009/101/CE, pour chacune des sociétés qui fusionnent, un mois au moins avant la date de la réunion de l'assemblée générale appelée à se prononcer sur le projet de fusion.

Une société qui fusionne est dispensée de l'obligation de publicité prévue par l'article 3 de la directive 2009/101/CE si, pendant une période continue commençant un mois au moins avant la date fixée pour l'assemblée générale appelée à se prononcer sur le projet de fusion et ne s'achevant pas avant la fin de cette assemblée, elle met gratuitement à la disposition du public ce projet de fusion sur son site internet. Les États membres ne soumettent pas cette dispense à d'autres exigences ou contraintes que celles qui sont nécessaires pour garantir la sécurité du site internet et l'authenticité des documents et ils ne peuvent imposer de telles exigences ou contraintes que dans la mesure où elles sont proportionnées à la réalisation de ces objectifs.

Par dérogation au deuxième alinéa du présent article, les États membres peuvent exiger que la publicité soit assurée au moyen de la plate-forme électronique centrale visée à l'article 3, paragraphe 5, de la directive 2009/101/CE. Les États membres peuvent, en tant que méthode de remplacement, demander que cette publicité soit effectuée sur un autre site internet désigné par eux à cet effet. Lorsqu'ils ont recours à l'une de ces possibilités, les États membres veillent à ce qu'il ne soit pas demandé aux sociétés d'acquitter des frais spécifiques pour cette publicité.

En cas d'utilisation d'un autre site internet que la plate-forme électronique centrale, une référence permettant d'accéder à ce site internet est publiée sur la plate-forme électronique centrale, au moins un mois avant la date fixée pour l'assemblée générale. Ladite référence inclut la date de publication du projet de fusion sur le site internet et est accessible gratuitement au public. Il n'est pas demandé aux sociétés d'acquitter des frais spécifiques pour cette publicité.

L'interdiction de demander aux sociétés d'acquitter des frais spécifiques pour la publicité, prévue aux troisième et quatrième alinéas, ne porte pas atteinte à la faculté qu'ont les États membres de répercuter sur les sociétés les coûts liés à la plate-forme électronique centrale.

Les États membres peuvent exiger des sociétés qu'elles maintiennent ces informations, pendant une certaine période après l'assemblée générale, sur leur site internet ou, le cas échéant, sur la plate-forme électronique centrale ou l'autre site internet désigné par l'État membre concerné. Les États membres peuvent déterminer les conséquences d'une interruption temporaire, pour des raisons techniques ou autres, de l'accès au site internet ou à la plate-forme électronique centrale.

Article 7

1. La fusion requiert au moins l'approbation de l'assemblée générale de chacune des sociétés qui fusionnent. Les législations des États membres disposent que cette décision d'approbation requiert au moins une majorité qui ne peut être inférieure aux deux tiers des voix afférentes soit aux titres représentés, soit au capital souscrit représenté.

Toutefois, la législation d'un État membre peut prévoir que, lorsque la moitié au moins du capital souscrit est représentée, une majorité simple des voix indiquées au premier alinéa est suffisante. En outre, le cas échéant, les règles relatives à la modification des statuts s'appliquent.

2. Lorsqu'il existe plusieurs catégories d'actions, la décision sur la fusion est subordonnée à un vote séparé au moins pour chaque catégorie d'actionnaires aux droits desquels l'opération porte atteinte.

3. La décision porte sur l'approbation du projet de fusion et, le cas échéant, sur les modifications des statuts que sa réalisation nécessite.

Article 8

La législation d'un État membre peut ne pas imposer l'approbation de la fusion par l'assemblée générale de la société absorbante si les conditions suivantes sont remplies:

a) la publicité prescrite à l'article 6 est faite, pour la société absorbante, un mois au moins avant la date de la réunion de l'assemblée générale de la ou des sociétés absorbées appelée à se prononcer sur le projet de fusion;

b) tous les actionnaires de la société absorbante ont le droit, un mois au moins avant la date indiquée au point a), de prendre connaissance, au siège social de cette société, des documents visés à l'article 11, paragraphe 1;

c) un ou plusieurs actionnaires de la société absorbante disposant d'actions pour un pourcentage minimal du capital souscrit doivent avoir le droit d'obtenir la convocation d'une assemblée générale de la société absorbante appelée à se prononcer sur l'approbation de la fusion; ce pourcentage minimal ne peut être fixé à plus de 5 %. Toutefois, les États membres peuvent prévoir que les actions sans droit de vote sont exclues du calcul de ce pourcentage.

Aux fins du premier alinéa, point b), l'article 11, paragraphes 2, 3 et 4, est applicable.

Article 9

1. Les organes d'administration ou de direction de chacune des sociétés qui fusionnent établissent un rapport écrit détaillé expliquant et justifiant du point de vue juridique et économique le projet de fusion et, en particulier, le rapport d'échange des actions.

Ce rapport indique, en outre, les difficultés particulières d'évaluation, s'il en existe.

2. Les organes d'administration ou de direction de chacune des sociétés concernées informent leur assemblée générale respective, ainsi que les organes d'administration ou de direction des autres sociétés concernées, pour qu'ils puissent informer leur assemblée générale respective, de toute modification importante de l'actif et du passif qui a eu lieu entre la date de l'établissement du projet de fusion et la date de réunion des assemblées générales appelées à se prononcer sur le projet de fusion.

3. Les États membres peuvent prévoir que le rapport visé au paragraphe 1 et/ou les informations visées au paragraphe 2 ne sont pas requis si tous les actionnaires et les porteurs des autres titres conférant un droit de vote de chacune des sociétés participant à la fusion en ont décidé ainsi.

Article 10

1. Pour chacune des sociétés qui fusionnent, un ou plusieurs experts indépendants de celles-ci, désignés ou agréés par une autorité judiciaire ou administrative, examinent le projet de fusion et établissent un rapport écrit destiné aux actionnaires. Toutefois, la législation d'un État membre peut prévoir la désignation d'un ou plusieurs experts indépendants pour toutes les sociétés qui fusionnent, si cette désignation, sur demande conjointe de ces sociétés, est faite par une autorité judiciaire ou administrative. Ces experts peuvent être, selon la législation de chaque État membre, des personnes physiques ou morales ou des sociétés.

2. Dans le rapport mentionné au paragraphe 1, les experts doivent en tout cas déclarer si, à leur avis, le rapport d'échange est ou non pertinent et raisonnable. Cette déclaration doit au moins:

a) indiquer la ou les méthodes suivies pour la détermination du rapport d'échange proposé;

b) indiquer si cette ou ces méthodes sont adéquates en l'espèce et mentionner les valeurs auxquelles chacune de ces méthodes conduit, un avis étant donné sur l'importance relative donnée à ces méthodes dans la détermination de la valeur retenue.

Le rapport indique, en outre, les difficultés particulières d'évaluation s'il en existe.

3. Chaque expert a le droit d'obtenir auprès des sociétés qui fusionnent tous les renseignements et documents utiles et de procéder à toutes les vérifications nécessaires.

4. Ni un examen du projet de fusion ni un rapport d'expert ne sont requis si tous les actionnaires et les porteurs des autres titres conférant un droit de vote de chacune des sociétés participant à la fusion en ont décidé ainsi.

Article 11

1. Tout actionnaire a le droit, un mois au moins avant la date de la réunion de l'assemblée générale appelée à se prononcer sur le projet de fusion, de prendre connaissance, au siège social, au moins des documents suivants:

a) le projet de fusion;

b) les comptes annuels, ainsi que les rapports de gestion des trois derniers exercices des sociétés qui fusionnent;

c) le cas échéant, un état comptable arrêté à une date qui ne doit pas être antérieure au premier jour du troisième mois précédant la date du projet de fusion au cas où les derniers comptes annuels se rapportent à un exercice dont la fin est antérieure de plus de six mois à cette date;

d) le cas échéant, les rapports des organes d'administration ou de direction des sociétés qui fusionnent, prévus à l'article 9;

e) le cas échéant, le rapport visé à l'article 10, paragraphe 1.

Aux fins du premier alinéa, point c), un état comptable n'est pas requis si la société publie un rapport financier semestriel, conformément à l'article 5 de la directive 2004/109/CE du Parlement européen et du Conseil du 15 décembre 2004 sur l'harmonisation des obligations de transparence concernant l'information sur les émetteurs dont les valeurs mobilières sont admises à la négociation sur un marché réglementé [1], et le met à la disposition des actionnaires conformément au présent paragraphe. En outre, les États membres peuvent prévoir qu'un état comptable n'est pas requis si tous les actionnaires et les porteurs des autres titres conférant un droit de vote de chacune des sociétés participant à la fusion en sont ainsi convenus.

(1) JO L 390 du 31.12.2004, p. 38.

2. L'état comptable prévu au paragraphe 1, premier alinéa, point c), est établi selon les mêmes méthodes et suivant la même présentation que le dernier bilan annuel.

Toutefois, la législation d'un État membre peut prévoir:

a) qu'il n'est pas nécessaire de procéder à un nouvel inventaire réel;

b) que les évaluations figurant au dernier bilan ne sont modifiées qu'en fonction des mouvements d'écriture; cependant, il sera tenu compte:

— des amortissements et provisions intérimaires,

— des changements importants de valeur réelle n'apparaissant pas dans les écritures.

3. Copie intégrale ou, s'il le désire, partielle des documents visés au paragraphe 1 peut être obtenue par tout actionnaire sans frais et sur simple demande.

Lorsqu'un actionnaire a consenti à l'utilisation, par la société, de moyens électroniques pour la communication des informations, les copies peuvent être fournies par courrier électronique.

4. Une société est dispensée de l'obligation de mettre à disposition les documents visés au paragraphe 1 à son siège social si, pendant une période continue commençant un mois au moins avant le jour fixé pour la réunion de l'assemblée générale appelée à se prononcer sur le projet de fusion et ne s'achevant pas avant la fin de cette assemblée, elle les met à disposition sur son site internet. Les États membres ne soumettent pas cette dispense à d'autres exigences ou contraintes que celles qui sont nécessaires pour garantir la sécurité du site internet et l'authenticité des documents et ils ne peuvent imposer de telles exigences ou contraintes que dans la mesure où elles sont proportionnées à la réalisation de ces objectifs.

Le paragraphe 3 ne s'applique pas si le site internet donne aux actionnaires, pendant toute la période visée au premier alinéa du présent paragraphe, la possibilité de télécharger et d'imprimer les documents visés au paragraphe 1. Toutefois, dans ce cas, les États membres peuvent prévoir que la société doit mettre à disposition ces documents à son siège social, où ils pourront être consultés par les actionnaires.

Les États membres peuvent exiger des sociétés qu'elles maintiennent ces informations sur leur site internet pendant une certaine période après l'assemblée générale. Les États membres peuvent déterminer les conséquences d'une interruption temporaire, pour des raisons techniques ou autres, de l'accès au site internet.

Article 12

La protection des droits des travailleurs de chacune des sociétés qui fusionnent est organisée conformément à la directive 2001/23/CE.

Article 13

1. Les législations des États membres doivent prévoir un système de protection adéquat des intérêts des créanciers des sociétés qui fusionnent pour les créances nées antérieurement à la publication du projet de fusion et non encore échues au moment de cette publication.

2. À cet effet, les législations des États membres prévoient, au moins, que ces créanciers ont le droit d'obtenir des garanties adéquates lorsque la situation financière des sociétés qui fusionnent rend cette protection nécessaire et que ces créanciers ne disposent pas déjà de telles garanties.

Les États membres fixent les conditions de la protection prévue au paragraphe 1 et au premier alinéa du présent paragraphe. En tout état de cause, les États membres veillent à ce que les créanciers puissent saisir l'autorité administrative ou judiciaire compétente pour obtenir des garanties adéquates, dès lors qu'ils peuvent démontrer, de manière crédible, que la fusion constitue un risque pour l'exercice de leurs droits et que la société ne leur a pas fourni de garanties adéquates.

3. La protection peut être différente pour les créanciers de la société absorbante et ceux de la société absorbée.

Article 14

Sans préjudice des règles relatives à l'exercice collectif de leurs droits, il est fait application de l'article 13 aux obligataires des sociétés qui fusionnent, sauf si la fusion a été approuvée par une assemblée des obligataires, lorsque la loi nationale prévoit une telle assemblée, ou par les obligataires individuellement.

Article 15

Les porteurs de titres, autres que des actions, auxquels sont attachés des droits spéciaux doivent jouir, au sein de la société absorbante, de droits au moins équivalents à ceux dont ils jouissaient dans la société absorbée, sauf si la modification de ces droits à été approuvée par une assemblée des porteurs de ces titres, lorsque la loi nationale prévoit une telle assemblée, ou par les porteurs de ces titres individuellement, ou encore si ces porteurs ont le droit d'obtenir le rachat de leurs titres par la société absorbante.

29.4.2011 FR Journal officiel de l'Union européenne L 110/7

Article 16

1. Si la législation d'un État membre ne prévoit pas pour les fusions un contrôle préventif judiciaire ou administratif de légalité, ou que ce contrôle ne porte pas sur tous les actes nécessaires à la fusion, les procès-verbaux des assemblées générales qui décident de la fusion et, le cas échéant, le contrat de fusion postérieur à ces assemblées générales sont établis par acte authentique. Dans les cas où la fusion ne doit pas être approuvée par les assemblées générales de toutes les sociétés qui fusionnent, le projet de fusion doit être établi par acte authentique.

2. Le notaire ou l'autorité compétente pour établir l'acte authentique doit vérifier et attester l'existence et la légalité des actes et formalités incombant à la société auprès de laquelle le notaire ou l'autorité compétente instrumente et du projet de fusion.

Article 17

Les législations des États membres déterminent la date à laquelle la fusion prend effet.

Article 18

1. La fusion doit faire l'objet d'une publicité effectuée selon les modes prévus par la législation de chaque État membre, conformément à l'article 3 de la directive 2009/101/CE, pour chacune des sociétés qui fusionnent.

2. La société absorbante peut procéder elle-même aux formalités de publicité concernant la ou les sociétés absorbées.

Article 19

1. La fusion entraîne ipso jure et simultanément les effets suivants:

a) la transmission universelle, tant entre la société absorbée et la société absorbante qu'à l'égard des tiers, de l'ensemble du patrimoine actif et passif de la société absorbée à la société absorbante;

b) les actionnaires de la société absorbée deviennent actionnaires de la société absorbante;

c) la société absorbée cesse d'exister.

2. Aucune action de la société absorbante n'est échangée contre les actions de la société absorbée détenues:

a) soit par la société absorbante elle-même ou par une personne agissant en son nom propre mais pour le compte de la société;

b) soit par la société absorbée elle-même ou par une personne agissant en son nom propre mais pour le compte de la société.

3. Ce qui précède ne porte pas atteinte aux législations des États membres qui requièrent des formalités particulières pour l'opposabilité aux tiers du transfert de certains biens, droits et obligations apportés par la société absorbée. La société absorbante peut procéder elle-même à ces formalités; toutefois, la législation des États membres peut permettre à la société absorbée de continuer à procéder à ces formalités pendant une période limitée qui ne peut être fixée, sauf cas exceptionnels, à plus de six mois après la date à laquelle la fusion prend effet.

Article 20

Les législations des États membres organisent au moins la responsabilité civile des membres des organes d'administration ou de direction de la société absorbée envers les actionnaires de cette société à raison des fautes commises par des membres de ces organes lors de la préparation et de la réalisation de la fusion.

Article 21

Les législations des États membres organisent au moins la responsabilité civile, envers les actionnaires de la société absorbée, des experts chargés d'établir pour cette société le rapport prévu à l'article 10, paragraphe 1, à raison des fautes commises par ces experts dans l'accomplissement de leur mission.

Article 22

1. Les législations des États membres ne peuvent organiser le régime des nullités de la fusion que dans les conditions suivantes:

a) la nullité doit être prononcée par décision judiciaire;

b) la nullité d'une fusion qui a pris effet au sens de l'article 17 ne peut être prononcée si ce n'est pour défaut soit de contrôle préventif judiciaire ou administratif de légalité, soit d'acte authentique, ou bien s'il est établi que la décision de l'assemblée générale est nulle ou annulable en vertu du droit national;

c) l'action en nullité ne peut plus être intentée après l'expiration d'un délai de six mois à compter de la date à laquelle la fusion est opposable à celui qui invoque la nullité, ou bien si la situation a été régularisée;

d) lorsqu'il est possible de porter remède à l'irrégularité susceptible d'entraîner la nullité de la fusion, le tribunal compétent accorde aux sociétés intéressées un délai pour régulariser la situation;

e) la décision prononçant la nullité de la fusion fait l'objet d'une publicité effectuée selon les modes prévus par la législation de chaque État membre, conformément à l'article 3 de la directive 2009/101/CE;

f) la tierce opposition, lorsque la législation d'un État membre la prévoit, n'est plus recevable après l'expiration d'un délai de six mois à compter de la publicité de la décision effectuée selon la directive 2009/101/CE;

g) la décision prononçant la nullité de la fusion ne porte pas atteinte par elle-même à la validité des obligations nées à la charge ou au profit de la société absorbante, antérieurement à la publicité de la décision et postérieurement à la date à laquelle la fusion prend effet;

h) les sociétés ayant participé à la fusion répondent solidairement des obligations de la société absorbante visées au point g).

2. Par dérogation au paragraphe 1, point a), la législation d'un État membre peut aussi faire prononcer la nullité de la fusion par une autorité administrative si un recours contre une telle décision peut être intenté devant une autorité judiciaire. Le paragraphe 1, points b) et d) à h), s'applique par analogie à l'autorité administrative. Cette procédure de nullité ne peut plus être engagée après l'expiration d'un délai de six mois à compter de la date à laquelle la fusion prend effet.

3. Il n'est pas porté atteinte aux législations des États membres relatives à la nullité d'une fusion prononcée à la suite d'un contrôle de celle-ci autre que le contrôle préventif judiciaire ou administratif de légalité.

CHAPITRE IV

FUSION PAR CONSTITUTION D'UNE NOUVELLE SOCIÉTÉ

Article 23

1. Les articles 5, 6 et 7 ainsi que les articles 9 à 22 de la présente directive sont applicables, sans préjudice des articles 12 et 13 de la directive 2009/101/CE, à la fusion par constitution d'une nouvelle société. Pour cette application, les expressions «sociétés qui fusionnent» ou «société absorbée» désignent les sociétés qui disparaissent et l'expression «société absorbante» désigne la nouvelle société.

L'article 5, paragraphe 2, point a), de la présente directive est également applicable à la nouvelle société.

2. Le projet de fusion et, s'ils font l'objet d'un acte séparé, l'acte constitutif ou le projet d'acte constitutif et les statuts ou le projet de statuts de la nouvelle société sont approuvés par l'assemblée générale de chacune des sociétés qui disparaissent.

CHAPITRE V

ABSORPTION D'UNE SOCIÉTÉ PAR UNE AUTRE POSSÉDANT 90 % OU PLUS DES ACTIONS DE LA PREMIÈRE

Article 24

Les États membres organisent pour les sociétés relevant de leur législation l'opération par laquelle une ou plusieurs sociétés se dissolvent sans liquidation et transfèrent l'ensemble de leur patrimoine activement et passivement à une autre société qui est titulaire de toutes leurs actions et des autres titres conférant un droit de vote dans l'assemblée générale. Cette opération est soumise aux dispositions du chapitre III. Toutefois, les États membres n'imposent pas les exigences énoncées à l'article 5, paragraphe 2, points b), c) et d), aux articles 9 et 10, à l'article 11, paragraphe 1, points d) et e), à l'article 19, paragraphe 1, point b), ainsi qu'aux articles 20 et 21.

Article 25

Les États membres n'appliquent pas l'article 7 à l'opération visée à l'article 24 si les conditions suivantes sont remplies:

a) la publicité prescrite à l'article 6 est faite pour chacune des sociétés participant à l'opération, un mois au moins avant que l'opération ne prenne effet;

b) tous les actionnaires de la société absorbante ont le droit, un mois au moins avant que l'opération ne prenne effet, de prendre connaissance, au siège social de cette société, des documents visés à l'article 11, paragraphe 1, points a), b) et c);

c) l'article 8, premier alinéa, point c), s'applique.

Aux fins du premier alinéa, point b), du présent article, l'article 11, paragraphes 2, 3 et 4, est applicable.

Article 26

Les États membres peuvent appliquer les articles 24 et 25 à des opérations par lesquelles une ou plusieurs sociétés se dissolvent sans liquidation et transfèrent l'ensemble de leur patrimoine activement et passivement à une autre société si toutes les actions et autres titres indiqués à l'article 24 de la ou des sociétés absorbées appartiennent à la société absorbante et/ou à des personnes qui détiennent ces actions et ces titres en leur nom propre, mais pour le compte de cette société.

Article 27

Lorsqu'une fusion par absorption est effectuée par une société qui détient au moins 90 %, mais pas la totalité, des actions et des autres titres conférant un droit de vote aux assemblées générales de la société ou des sociétés absorbées, les États membres n'imposent pas l'approbation de la fusion par l'assemblée générale de la société absorbante si les conditions suivantes sont remplies:

a) la publicité prescrite à l'article 6 est faite, pour la société absorbante, un mois au moins avant la date de la réunion de l'assemblée générale de la ou des sociétés absorbées appelée à se prononcer sur le projet de fusion;

b) tous les actionnaires de la société absorbante doivent avoir le droit, un mois au moins avant la date indiquée au point a), de prendre connaissance des documents mentionnés à l'article 11, paragraphe 1, points a) et b) et, le cas échéant, à l'article 11, paragraphe 1, points c), d) et e), au siège social de la société;

c) l'article 8, premier alinéa, point c), s'applique.

Aux fins du premier alinéa, point b), du présent article, l'article 11, paragraphes 2, 3 et 4, est applicable.

Article 28

Les États membres n'imposent pas les exigences énoncées aux articles 9, 10 et 11 en cas de fusion au sens de l'article 27 si les conditions suivantes sont remplies:

a) les actionnaires minoritaires de la société absorbée peuvent exercer le droit de faire acquérir leurs actions par la société absorbante;

b) dans ce cas, ils ont le droit d'obtenir une contrepartie correspondant à la valeur de leurs actions;

c) en cas de désaccord sur cette contrepartie, celle-ci doit pouvoir être déterminée par un tribunal ou par une autorité administrative désignée à cet effet par l'État membre.

Un État membre peut ne pas appliquer le premier alinéa si sa législation autorise la société absorbante, sans qu'il y ait eu préalablement d'offre publique d'achat, à exiger de tous les porteurs des titres restants de la société ou des sociétés à absorber qu'ils lui vendent ces titres avant la fusion à un prix équitable.

Article 29

Les États membres peuvent appliquer les articles 27 et 28 à des opérations par lesquelles une ou plusieurs sociétés se dissolvent sans liquidation et transfèrent l'ensemble de leur patrimoine activement et passivement à une autre société si 90 % ou plus, mais non la totalité, des actions et autres titres indiqués à l'article 27 de la ou des sociétés absorbées appartiennent à la société absorbante et/ou à des personnes qui détiennent ces actions et ces titres en leur nom propre, mais pour le compte de cette société.

CHAPITRE VI

AUTRES OPÉRATIONS ASSIMILÉES À LA FUSION

Article 30

Lorsque la législation d'un État membre permet, pour une des opérations visées à l'article 2, que la soulte en espèces dépasse le taux de 10 %, les chapitres III et IV ainsi que les articles 27, 28 et 29 sont applicables.

Article 31

Lorsque la législation d'un État membre permet une des opérations visées aux articles 2, 24 ou 30, sans que toutes les sociétés transférantes cessent d'exister, le chapitre III, à l'exception de l'article 19, paragraphe 1, point c), et les chapitres IV et V sont respectivement applicables.

CHAPITRE VII

DISPOSITIONS FINALES

Article 32

La directive 78/855/CEE, telle que modifiée par les actes visés à l'annexe I, partie A, est abrogée, sans préjudice des obligations des États membres en ce qui concerne les délais de transposition en droit national des directives indiqués à l'annexe I, partie B.

Les références à la directive abrogée s'entendent comme faites à la présente directive et sont à lire selon le tableau de correspondance figurant à l'annexe II.

Article 33

La présente directive entre en vigueur le 1er juillet 2011.

Article 34

Les États membres sont destinataires de la présente directive.

Fait à Strasbourg, le 5 avril 2011.

Par le Parlement européen	Par le Conseil
Le président	*La présidente*
J. BUZEK	GYŐRI E.

L 110/10 FR Journal officiel de l'Union européenne 29.4.2011

ANNEXE *I*

PARTIE A

Directive abrogée avec liste de ses modifications successives

(visées à l'article 32)

Directive 78/855/CEE du Conseil (JO L 295 du 20.10.1978, p. 36).	
Annexe I, point III.C, de l'acte d'adhésion de 1979 (JO L 291 du 19.11.1979, p. 89).	
Annexe I, point II.d), de l'acte d'adhésion de 1985 (JO L 302 du 15.11.1985, p. 157).	
Annexe I, point XI.A.3, de l'acte d'adhésion de 1994 (JO C 241 du 29.8.1994, p. 194).	
Annexe II, point 4.A.3, de l'acte d'adhésion de 2003 (JO L 236 du 23.9.2003, p. 338).	
Directive 2006/99/CE du Conseil (JO L 363 du 20.12.2006, p. 137).	Uniquement en ce qui concerne la référence à la directive 78/855/CEE à l'article 1er et à l'annexe, section A. 3.
Directive 2007/63/CE du Parlement européen et du Conseil (JO L 300 du 17.11.2007, p. 47).	Uniquement l'article 2
Directive 2009/109/CE du Parlement européen et du Conseil (JO L 259 du 2.10.2009, p. 14).	Uniquement l'article 2

PARTIE B

Délais de transposition en droit national

(visés à l'article 32)

Directive	Date limite de transposition
78/855/CEE	13 octobre 1981
2006/99/CE	1er janvier 2007
2007/63/CE	31 décembre 2008
2009/109/CE	30 juin 2011

29.4.2011 FR Journal officiel de l'Union européenne L 110/11

ANNEXE II

Tableau de correspondance

Directive 78/855/CEE	Présente directive
Article 1	Article 1
Articles 2 - 4	Articles 2 - 4
Articles 5 - 22	Articles 5 - 22
Article 23, paragraphe 1	Article 23, paragraphe 1, premier alinéa
Article 23, paragraphe 2	Article 23, paragraphe 1, second alinéa
Article 23, paragraphe 3	Article 23, paragraphe 2
Articles 24 - 29	Articles 24 - 29
Articles 30 - 31	Articles 30 - 31
Article 32	—
—	Article 32
—	Article 33
Article 33	Article 34
—	Annexe I
—	Annexe II

Directive 2009/133/CE du Conseil du 19 octobre 2009 concernant le régime fiscal commun applicable aux fusions, scissions, scissions partielles, apports d'actifs et échanges d'actions intéressant des sociétés d'États membres différents, ainsi qu'au transfert du siège statutaire d'une SE ou d'une SCE d'un État membre à un autre

LE CONSEIL DE L'UNION EUROPÉENNE,

vu le traité instituant la Communauté économique européenne, et notamment son article 94,

vu la proposition de la Commission,

vu l'avis du Parlement européen [1],

vu l'avis du Comité économique et social européen [2],

considérant ce qui suit :

(1) La directive 90/434/CEE du Conseil du 23 juillet 1990 concernant le régime fiscal commun applicable aux fusions, scissions, scissions partielles, apports d'actifs et échanges d'actions intéressant des sociétés d'États membres différents, ainsi qu'au transfert du siège statutaire d'une SE ou d'une SCE d'un État membre à un autre [3] a été modifiée à plusieurs reprises et de façon substantielle [4]. Il convient, dans un souci de clarté et de rationalité, de procéder à la codification de ladite directive.

(2) Les fusions, scissions, scissions partielles, apports d'actifs et échanges d'actions intéressant des sociétés d'États membres différents peuvent être nécessaires pour créer dans la Communauté des conditions analogues à celles d'un marché intérieur et pour assurer ainsi le bon fonctionnement d'un tel marché intérieur. Ces opérations ne devraient pas être entravées par des restrictions, des désavantages ou des distorsions particuliers découlant en particulier des dispositions fiscales des États membres. Il importe, par conséquent, de prévoir pour ces opérations des règles fiscales neutres au regard de la concurrence afin de permettre aux entreprises de s'adapter aux exigences du marché intérieur, d'accroître leur productivité et de renforcer leur position concurrentielle sur le plan international.

(3) Des dispositions d'ordre fiscal pénalisent actuellement ces opérations par rapport à celles qui intéressent des sociétés d'un même État membre. Il est nécessaire d'éliminer cette pénalisation.

(4) Il n'est pas possible d'atteindre cet objectif par une extension, au plan communautaire, des régimes internes en vigueur dans les États membres, les différences entre ces régimes étant susceptibles de provoquer des distorsions. Seul un régime fiscal commun peut constituer une solution satisfaisante à cet égard.

(5) Le régime fiscal commun devrait éviter une imposition à l'occasion d'une fusion, d'une scission, d'une scission partielle, d'un apport d'actifs ou d'un échange d'actions, tout en sauvegardant les intérêts financiers de l'État membre de la société apporteuse ou acquise.

(6) En ce qui concerne les fusions, les scissions et les apports d'actifs, ces opérations ont normalement pour résultat soit la transformation de la société apporteuse en établissement stable de la société bénéficiaire de l'apport, soit le rattachement des actifs à un établissement stable de cette dernière société.

(7) Le régime du report, jusqu'à leur réalisation effective, de l'imposition des plus-values afférentes aux biens apportés, appliqué à ceux de ces biens qui sont affectés à cet établissement stable, permet d'éviter l'imposition des plus-values correspondantes, tout en assurant leur imposition ultérieure par l'État membre de la société apporteuse, au moment de leur réalisation.

(8) Bien que les sociétés figurant sur la liste de l'annexe I, partie A, soient des sociétés assujetties dans l'État membre de leur résidence, certaines peuvent être considérées comme fiscalement transparentes par d'autres États membres. Pour préserver l'effectivité de la présente directive, les États membres qui considèrent des sociétés contribuables non résidentes comme fiscalement transparentes devraient leur accorder les avantages de la présente directive. Néanmoins, les États membres devraient pouvoir ne pas appliquer les dispositions pertinentes de la présente directive lorsqu'ils imposent un associé direct ou indirect de ces contribuables.

(9) Il convient également de définir le régime fiscal à appliquer à certaines provisions, réserves ou pertes de la société apporteuse et de régler les problèmes fiscaux qui se posent lorsqu'une des deux sociétés détient une participation dans le capital de l'autre.

(10) L'attribution aux associés de la société apporteuse de titres de la société bénéficiaire ou acquérante ne devrait, par elle-même, donner lieu à aucune imposition dans le chef de ces associés.

(11) La décision d'une SE ou d'une SCE de réorganiser ses activités en transférant son siège statutaire ne devrait pas être entravée par des règles fiscales discriminatoires ou par des restrictions, pénalisations ou distorsions découlant de législations fiscales nationales contraires au droit communautaire. Le transfert, ou un événement lié à ce transfert, peut donner lieu à une certaine forme d'imposition dans l'État membre duquel le siège est transféré. Lorsque les actifs de la SE ou de la SCE demeurent effectivement rattachés à un établissement stable situé dans l'État membre duquel le siège statutaire a été transféré, cet établissement stable devrait bénéficier d'avantages similaires à ceux prévus par les articles 4, 5 et 6. En outre, l'imposition des associés à l'occasion du transfert du siège statutaire devrait être exclue.

(12) La présente directive ne traite pas des pertes subies par un établissement stable dans un autre État membre qui sont comptabilisées dans l'État membre de résidence d'une SE ou d'une SCE. En particulier, lorsque le siège statutaire

d'une SE ou d'une SCE est transféré dans un autre État membre, ce transfert n'empêche pas l'ancien État membre de résidence de réintégrer en temps voulu les pertes de l'établissement stable.

(13) Il convient de prévoir la faculté, pour les États membres, de refuser le bénéfice de l'application de la présente directive lorsque l'opération de fusion, de scission, de scission partielle, d'apport d'actifs, d'échange d'actions ou de transfert du siège statutaire d'une SE ou d'une SCE a pour objectif la fraude ou l'évasion fiscales, ou a pour effet qu'une société, que celle-ci participe ou non à l'opération, ne remplit plus les conditions requises pour la représentation des travailleurs dans les organes de la société.

(14) L'un des objectifs de la présente directive est d'éliminer les entraves au fonctionnement du marché intérieur, telles que la double imposition. Dans la mesure où les dispositions de la présente directive ne permettent pas d'atteindre complètement cet objectif, les États membres devraient prendre les mesures nécessaires pour le réaliser.

(15) La présente directive ne doit pas porter atteinte aux obligations des États membres concernant les délais de transposition en droit national et d'application des directives indiqués à l'annexe II, partie B,

A ARRÊTÉ LA PRÉSENTE DIRECTIVE :

CHAPITRE I

DISPOSITIONS GÉNÉRALES

Article premier

Chaque État membre applique la présente directive aux opérations suivantes :

a) opérations de fusion, de scission, de scission partielle, d'apport d'actifs et d'échange d'actions qui concernent des sociétés de deux ou plusieurs États membres ;

b) transfert du siège statutaire, d'un État membre à un autre, d'une société européenne (Societas Europaea ou SE), créée par le règlement (CE) n° 2157/2001 du Conseil du 8 octobre 2001 relatif au statut de la société européenne (SE) [5] et d'une société coopérative européenne (SCE), créée par le règlement (CE) n° 1435/2003 du Conseil du 22 juillet 2003 relatif au statut de la société coopérative européenne (SEC) [6].

Article 2

Aux fins de l'application de la présente directive, on entend par :

a) « fusion », l'opération par laquelle :

i) une ou plusieurs sociétés transfèrent, par suite et au moment de leur dissolution sans liquidation, l'ensemble de leur patrimoine, activement et passivement, à une autre société préexistante, moyennant l'attribution à leurs associés de titres représentatifs du capital social de l'autre société et, éventuellement, d'une soulte en espèces ne dépassant pas 10 % de la valeur nominale ou, à défaut de valeur nominale, du pair comptable de ces titres ;

ii) deux ou plusieurs sociétés transfèrent, par suite et au moment de leur dissolution sans liquidation, l'ensemble de leur patrimoine, activement et passivement, à une société qu'elles constituent, moyennant l'attribution à leurs associés de titres représentatifs du capital social de la société nouvelle et, éventuellement, d'une soulte en espèces ne dépassant pas 10 % de la valeur nominale ou, à défaut de valeur nominale, du pair comptable de ces titres ;

iii) une société transfère, par suite et au moment de sa dissolution sans liquidation, l'ensemble de son patrimoine, activement et passivement, à la société qui détient la totalité des titres représentatifs de son capital social ;

b) « scission », l'opération par laquelle une société transfère, par suite et au moment de sa dissolution sans liquidation, l'ensemble de son patrimoine, activement et passivement, à deux ou plusieurs sociétés préexistantes ou nouvelles, moyennant l'attribution à ses associés, selon une règle proportionnelle, de titres représentatifs du capital social des sociétés bénéficiaires de l'apport et, éventuellement, d'une soulte en espèces ne dépassant pas 10 % de la valeur nominale ou, à défaut de valeur nominale, du pair comptable de ces titres ;

c) « scission partielle », l'opération par laquelle une société transfère, sans être dissoute, une ou plusieurs branches d'activité à une ou plusieurs sociétés préexistantes ou nouvelles, en laissant au moins une branche d'activité dans la société apporteuse, en échange de l'attribution à ses associés, au prorata, de titres représentatifs du capital social des sociétés qui bénéficient des éléments d'actif et de passif et, éventuellement, d'une soulte en espèces ne dépassant pas 10 % de la valeur nominale ou, à défaut de valeur nominale, du pair comptable de ces titres ;

d) « apport d'actifs », l'opération par laquelle une société apporte, sans être dissoute, l'ensemble ou une ou plusieurs branches de son activité à une autre société, moyennant la remise de titres représentatifs du capital social de la société bénéficiaire de l'apport ;

e) « échange d'actions », l'opération par laquelle une société acquiert, dans le capital social d'une autre société, une participation ayant pour effet de lui conférer la majorité des droits de vote de cette société, ou, si elle détient déjà une telle majorité, acquiert une nouvelle participation moyennant l'attribution aux associés de l'autre société, en échange de leurs titres, de titres représentatifs du capital social de la première société et, éventuellement, d'une soulte en espèces ne dépassant pas 10 % de la valeur nominale ou, à défaut de valeur nominale, du pair comptable des titres qui sont remis en échange ;

f) « société apporteuse », la société qui transfère son patrimoine, activement et passivement, ou qui apporte l'ensemble ou une ou plusieurs branches de son activité ;

g) « société bénéficiaire », la société qui reçoit le patrimoine, activement et passivement, ou l'ensemble ou une ou plusieurs branches d'activité de la société apporteuse ;

h) « société acquise », la société dans laquelle une autre société acquiert une participation, moyennant un échange de titres ;

i) « société acquérante », la société qui acquiert une participation, moyennant un échange de titres ;

j) « branche d'activité », l'ensemble des éléments d'actif et de passif d'une division d'une société qui constituent, du point de vue de l'organisation, une exploitation autonome, c'est-à-dire un ensemble capable de fonctionner par ses propres moyens ;

k) « transfert du siège statutaire », l'opération par laquelle, sans liquidation ou création d'une nouvelle personne morale, une SE ou une SCE transfère son siège statutaire d'un État membre à un autre.

Article 3

Aux fins de l'application de la présente directive, on entend par « société d'un État membre » toute société :

a) qui revêt une des formes énumérées à l'annexe I, partie A ;

b) qui, selon la législation fiscale d'un État membre, est considérée comme ayant dans cet État membre son domicile fiscal et, aux termes d'une convention en matière de double imposition conclue avec un pays tiers, n'est pas considérée comme ayant son domicile fiscal hors de la Communauté ; et

c) qui est assujettie, sans possibilité d'option et sans en être exonérée, à l'un des impôts figurant à l'annexe I, partie B, ou à tout autre impôt qui viendrait se substituer à l'un de ces impôts.

CHAPITRE II

RÈGLES APPLICABLES AUX FUSIONS, SCISSIONS, SCISSIONS PARTIELLES, À L'APPORT D'ACTIFS ET À L'ÉCHANGE D'ACTIONS

Article 4

1. La fusion, la scission ou la scission partielle n'entraîne aucune imposition des plus-values qui sont déterminées par la différence entre la valeur réelle des éléments d'actif et de passif transférés et leur valeur fiscale.

2. Aux fins du présent article, on entend par :

a) « valeur fiscale », la valeur qui aurait été retenue pour le calcul d'un profit ou d'une perte entrant en compte pour l'assiette de l'impôt frappant le revenu, les bénéfices ou les plus-values de la société apporteuse si ces éléments d'actif et de passif avaient été vendus lors de la fusion, de la scission ou de la scission partielle, mais indépendamment d'une telle opération ;

b) « éléments d'actif et de passif transférés », les éléments d'actif et de passif de la société apporteuse qui, par suite de la fusion, de la scission ou de la scission partielle, sont effectivement rattachés à un établissement stable de la société bénéficiaire situé dans l'État membre de la société apporteuse et qui concourent à la formation des profits ou des pertes pris en compte pour l'assiette des impôts.

3. Lorsque le paragraphe 1 s'applique et qu'un État membre considère une société apporteuse non résidente comme fiscalement transparente, sur la base de l'évaluation par cet État membre des caractéristiques juridiques de la société au titre de la législation en vertu de laquelle elle a été constituée, et qu'il impose, par conséquent, les associés au titre de leur part des bénéfices de la société apporteuse au moment où naissent ces bénéfices, l'État membre en question n'impose pas les revenus, les bénéfices ou les plus-values déterminés par la différence entre la valeur réelle des éléments d'actif et de passif transférés et leur valeur fiscale.

4. Les paragraphes 1 et 3 ne s'appliquent que si la société bénéficiaire calcule les nouveaux amortissements et les plus-values ou moins-values afférentes aux éléments d'actif et de passif transférés dans les mêmes conditions que l'auraient fait la ou les sociétés apporteuses si la fusion, la scission ou la scission partielle n'avait pas eu lieu.

5. Dans le cas où, selon la législation de l'État membre de la société apporteuse, la société bénéficiaire est admise à calculer les nouveaux amortissements ou les plus-values ou moins-values afférentes aux éléments d'actif et de passif transférés dans des conditions différentes de celles prévues au paragraphe 4, le paragraphe 1 ne s'applique pas aux éléments d'actif et de passif pour lesquels la société bénéficiaire a usé de cette faculté.

Article 5

Les États membres prennent les mesures nécessaires pour que les provisions ou réserves régulièrement constituées en franchise partielle ou totale d'impôt par la société apporteuse, sauf celles qui proviennent d'établissements stables à l'étranger, soient reprises, dans les mêmes conditions de franchise d'impôt, par les établissements stables de la société bénéficiaire situés dans l'État membre de la société apporteuse, la société bénéficiaire se substituant alors aux droits et obligations de la société apporteuse.

Article 6

Dans la mesure où les États membres appliquent, lorsque les opérations visées à l'article 1er, point a), interviennent entre sociétés de l'État membre de la société apporteuse, des dispositions permettant la reprise, par la société bénéficiaire, des pertes de la société apporteuse non encore amorties du point de vue fiscal, ils étendent le bénéfice de ces dispositions à la reprise, par les établissements stables de la société bénéficiaire situés sur leur territoire, des pertes de la société apporteuse non encore amorties du point de vue fiscal.

Article 7

1. Lorsque la société bénéficiaire détient une participation dans le capital de la société apporteuse, la plus-value obtenue par la société bénéficiaire à l'occasion de l'annulation de sa participation ne donne lieu à aucune imposition.

2. Les États membres ont la faculté de déroger au paragraphe 1 lorsque la participation détenue par la société bénéficiaire dans le capital de la société apporteuse est inférieure à 15 %.

À partir du 1er janvier 2009, le pourcentage minimal de participation est de 10 %.

Article 8

1. L'attribution, à l'occasion d'une fusion, d'une scission ou d'un échange d'actions, de titres représentatifs du capital social de la société bénéficiaire ou acquérante à un associé de la société apporteuse ou acquise, en échange de titres représentatifs du capital social de cette dernière société, ne doit, par elle-même, entraîner aucune imposition sur le revenu, les bénéfices ou les plus-values de cet associé.

2. L'attribution, à l'occasion d'une scission partielle, de titres représentatifs du capital social de la société bénéficiaire à un associé de la société apporteuse ne doit, par elle-même, entraîner aucune imposition sur le revenu, les bénéfices ou les plus-values de cet associé.

3. Lorsqu'un État membre considère un associé comme fiscalement transparent sur la base de l'évaluation par cet État membre des caractéristiques juridiques de l'associé au titre de la législation en vertu de laquelle il a été constitué, et qu'en conséquence, il impose les personnes ayant des intérêts dans l'associé au titre de leur part des bénéfices de l'associé au moment où naissent ces bénéfices, l'État membre en question n'impose pas ces personnes au titre des revenus, des bénéfices ou des plus-values résultant de l'attribution à l'associé de titres représentatifs du capital social de la société bénéficiaire ou acquérante.

4. Les paragraphes 1 et 3 ne s'appliquent que si l'associé n'attribue pas aux titres reçus en échange une valeur fiscale supérieure à la valeur que les titres échangés avaient immédiatement avant la fusion, la scission ou l'échange des actions.

5. Les paragraphes 2 et 3 ne s'appliquent que si l'associé n'attribue pas à la somme des titres reçus et des titres détenus dans le capital de la société apporteuse une valeur fiscale supérieure à la valeur que les titres détenus dans le capital de la société apporteuse avaient immédiatement avant la scission partielle.

6. L'application des paragraphes 1, 2 et 3 n'empêche pas les États membres d'imposer le profit résultant de la cession ultérieure des titres reçus de la même manière que le profit qui résulte de la cession des titres existant avant l'acquisition.

7. Aux fins du présent article, on entend par « valeur fiscale » la valeur qui servirait de base pour le calcul éventuel d'un profit ou d'une perte prise en compte pour déterminer l'assiette d'un impôt frappant les revenus, les bénéfices ou les plus-values de l'associé de la société.

8. Lorsqu'en vertu de la législation de l'État membre dont il est résident, un associé a la faculté d'opter pour un régime fiscal différent de celui défini aux paragraphes 4 et 5, les paragraphes 1, 2 et 3 ne s'appliquent pas aux titres pour lesquels cet associé aura exercé cette faculté.

9. Les paragraphes 1, 2 et 3 n'empêchent pas un État membre de prendre en compte, pour la taxation des associés, la soulte en espèces qui leur est éventuellement attribuée à l'occasion de la fusion, de la scission, de la scission partielle ou de l'échange d'actions.

Article 9

Les articles 4, 5 et 6 s'appliquent aux apports d'actifs.

CHAPITRE III

CAS PARTICULIER DE L'APPORT D'UN ÉTABLISSEMENT STABLE

Article 10

1. Lorsque parmi les biens apportés à l'occasion d'une fusion, d'une scission, d'une scission partielle ou d'un apport d'actifs figure un établissement stable de la société apporteuse situé dans un État membre autre que celui de cette société, l'État membre dans lequel se trouve la société apporteuse renonce à tout droit d'imposer cet établissement stable.

L'État membre de la société apporteuse peut réintégrer dans les bénéfices imposables de celle-ci les pertes antérieures de l'établissement stable qui ont éventuellement été déduites du bénéfice imposable de la société dans cet État membre et qui n'ont pas été compensées.

L'État membre dans lequel est situé l'établissement stable et l'État membre de la société bénéficiaire appliquent à cet apport les dispositions de la présente directive comme si l'État membre dans lequel se trouve l'établissement stable était celui de la société apporteuse.

Le présent paragraphe s'applique aussi dans le cas où l'établissement stable est situé dans le même État membre que celui dont la société bénéficiaire est résidente.

2. Par dérogation au paragraphe 1, lorsque l'État membre de la société apporteuse applique un régime d'imposition des bénéfices réalisés au niveau mondial, cet État membre a le droit d'imposer les bénéfices ou les plus-values réalisés par l'établissement stable à la suite de la fusion, de la scission, de la scission partielle ou de l'apport d'actif, à condition d'admettre la déduction de l'impôt, qui, n'étaient les dispositions de la présente directive, aurait été réclamé au titre de ces bénéfices ou de ces plus-values dans l'État membre où est situé l'établissement stable, de la même manière et pour le même montant que cela aurait été le cas si cet impôt avait véritablement été exigé et acquitté.

CHAPITRE IV

CAS PARTICULIER DES ENTITÉS TRANSPARENTES

Article 11

1. Lorsqu'un État membre considère une société apporteuse ou acquise non résidente comme fiscalement transparente, sur la base de l'évaluation par cet État membre des caractéristiques juridiques de la société au titre de la législation en vertu de laquelle elle a été constituée, il a le droit de ne pas appliquer les dispositions de la présente directive lorsqu'il impose un associé direct ou indirect de cette société en ce qui concerne le revenu, les bénéfices ou les plus-values de cette société.

2. Un État membre qui exerce le droit visé au paragraphe 1 admet la déduction de l'impôt qui, n'étaient les dispositions de la présente directive, aurait été réclamé à la société fiscalement transparente pour son revenu, ses bénéfices ou ses plus-values, de la même manière et pour le même montant que cet État membre l'aurait fait si cet impôt avait véritablement été exigé et acquitté.

3. Lorsqu'un État membre considère une société bénéficiaire ou acquérante non résidente comme fiscalement transparente, sur la base de l'évaluation par cet État membre des caractéristiques juridiques de la société au titre de la législation en vertu de laquelle elle a été constituée, il a le droit de ne pas appliquer l'article 8, paragraphes 1, 2 et 3.

4. Lorsqu'un État membre considère une société bénéficiaire non résidente comme fiscalement transparente, sur la base de l'évaluation par cet État membre des caractéristiques juridiques de la société au titre de la législation en vertu de laquelle elle a été constituée, cet État membre peut appliquer aux associés directs ou indirects le même traitement fiscal qu'il appliquerait si la société bénéficiaire était résidente dans cet État membre.

CHAPITRE V

RÈGLES APPLICABLES AU TRANSFERT DU SIÈGE STATUTAIRE D'UNE SE OU D'UNE SCE

Article 12

1. Lorsque :

a) une SE ou une SCE transfère son siège statutaire d'un État membre à un autre ; ou

b) à la suite du transfert de son siège statutaire d'un État membre à un autre État membre, une SE ou une SCE qui est résidente dans le premier État membre cesse d'être résidente dans cet État membre et devient résidente dans un autre État membre,

ce transfert du siège statutaire ou la cessation de résidence n'entraîne pas d'imposition des plus-values, calculées conformément à l'article 4, paragraphe 1, dans l'État membre duquel le siège statutaire a été transféré, résultant des éléments d'actif et de passif de la SE ou de la SCE qui, à la suite de ce transfert ou de cette cessation, restent effectivement rattachés à un établissement stable de la SE ou de la SCE dans l'État membre duquel le siège statutaire a été transféré et qui concourent à la formation des profits ou des pertes pris en compte aux fins de la fiscalité.

2. Le paragraphe 1 ne s'applique que si la SE ou la SCE calcule les nouveaux amortissements et les plus-values ou moins-values afférentes aux éléments d'actif et de passif qui restent effectivement rattachés à cet établissement stable dans les mêmes conditions que si le transfert du siège statutaire n'avait pas eu lieu ou que si la SE ou la SCE n'avait pas cessé d'être résidente fiscale.

3. Lorsque, en vertu de la législation de l'État membre duquel le siège statutaire a été transféré, la SE ou la SCE est autorisée à calculer les nouveaux amortissements et les plus-values ou moins-values afférentes aux éléments d'actif et de passif restant dans cet État membre dans des conditions différentes de celles visées au paragraphe 2, le paragraphe 1 ne s'applique pas aux éléments d'actif et de passif pour lesquels la SE ou la SCE a usé de cette faculté.

Article 13

1. Lorsque :

a) une SE ou une SCE transfère son siège statutaire d'un État membre à un autre ; ou

b) à la suite du transfert de son siège statutaire d'un État membre à un autre, une SE ou une SCE qui est résidente dans le premier État membre cesse d'être résidente dans cet État membre et devient résidente dans un autre État membre,

les États membres prennent les mesures nécessaires pour que, lorsque des provisions ou réserves dûment constituées par la SE ou la SCE avant le transfert du siège statutaire sont partiellement ou totalement exemptées de l'impôt et ne proviennent pas d'établissements stables à l'étranger, ces provisions ou réserves puissent être reportées, en bénéficiant de la même exonération d'impôt, par un établissement stable d'une SE ou d'une SCE qui est situé sur le territoire de l'État membre duquel le siège statutaire a été transféré.

2. Dans la mesure où une société qui transfère son siège statutaire sur le territoire d'un État membre serait autorisée à reporter les pertes non amorties du point de vue fiscal ou à les imputer à un exercice antérieur, cet État membre autorise l'établissement stable, situé sur son territoire, de la SE ou de la SCE qui transfère son siège statutaire à reprendre les pertes non amorties du point de vue fiscal de la SE ou de la SCE, pour autant que le report des pertes ou l'imputation de celles-ci à un exercice antérieur aurait été possible dans des circonstances comparables pour une société qui continue d'avoir son siège statutaire ou qui continue d'avoir sa résidence fiscale dans cet État membre.

Article 14

1. Le transfert du siège statutaire d'une SE ou d'une SCE n'entraîne pas en soi d'imposition des revenus, bénéfices ou plus-values des associés.

2. L'application du paragraphe 1 n'empêche pas les États membres d'imposer le profit résultant de la cession ultérieure des titres représentatifs du capital social de la SE ou de la SCE qui transfère son siège statutaire.

CHAPITRE VI

DISPOSITIONS FINALES

Article 15

1. Un État membre peut refuser d'appliquer tout ou partie des dispositions des articles 4 à 14 ou d'en retirer le bénéfice lorsqu'une des opérations visées à l'article 1er :

a) a comme objectif principal ou comme un de ses objectifs principaux la fraude ou l'évasion fiscales ; le fait que l'opération n'est pas effectuée pour des motifs économiques valables, tels que la restructuration ou la rationalisation des activités des sociétés participant à l'opération, peut constituer une présomption que cette opération a comme objectif principal ou comme un de ses objectifs principaux la fraude ou l'évasion fiscales ;

b) a pour effet qu'une société, que celle-ci participe ou non à l'opération, ne remplit plus les conditions requises pour la représentation des travailleurs dans les organes de la société selon les modalités applicables avant l'opération en question.

2. Le paragraphe 1, point b), s'applique aussi longtemps que et dans la mesure où aucune réglementation communautaire comportant des dispositions équivalentes en matière de représentation des travailleurs dans les organes de la société n'est applicable aux sociétés faisant l'objet de la présente directive.

Article 16

Les États membres communiquent à la Commission le texte des dispositions essentielles de droit interne qu'ils adoptent dans le domaine régi par la présente directive.

Article 17

La directive 90/434/CEE, telle que modifiée par les actes visés à l'annexe II, partie A, est abrogée, sans préjudice des obligations des États membres en ce qui concerne les délais de transposition en droit national et d'application des directives indiqués à l'annexe II, partie B.

Les références faites à la directive abrogée s'entendent comme faites à la présente directive et sont à lire selon le tableau de correspondance figurant à l'annexe III.

Article 18

La présente directive entre en vigueur le vingtième jour suivant celui de sa publication au Journal officiel de l'Union européenne.

Article 19

Les États membres sont destinataires de la présente directive.

Fait à Luxembourg, le 19 octobre 2009.

Par le Conseil

Le président

E. Erlandsson

[1] Avis du 13 janvier 2009 (non encore paru au Journal officiel).

[2] JO C 100 du 30.4.2009, p. 153.

[3] JO L 225 du 20.8.1990, p. 1.

[4] Voir annexe II, partie A.

[5] JO L 294 du 10.11.2001, p. 1.

[6] JO L 207 du 18.8.2003, p. 1.

Directive 2005/56/CE du parlement européen et du conseil du 26 octobre 2005 sur les fusions transfrontalières des sociétés de capitaux

Le parlement européen et le conseil de l'union européenne,

vu le traité instituant la Communauté européenne, et notamment son article 44,

vu la proposition de la Commission,

vu l'avis du Comité économique et social européen (JO C 117 du 30.4.2004, p. 43).

statuant conformément à la procédure visée à l'article 251 du traité (avis du Parlement européen du 10 mai 2005 [non encore paru au Journal officiel] et décision du Conseil du 19 septembre 2005).

considérant ce qui suit :

(1) Une coopération et un regroupement entre sociétés de capitaux d'États membres différents sont nécessaires.

Cependant, les sociétés de capitaux éprouvent de nombreuses difficultés, aux niveaux législatif et administratif au sein de la Communauté, à réaliser des fusions transfrontalières entre elles. Il est donc nécessaire, pour assurer l'achèvement et le fonctionnement du marché intérieur, de prévoir des dispositions communautaires en vue de faciliter la réalisation de fusions transfrontalières entre sociétés de capitaux de différents types relevant de législations d'États membres différents.

(2) La présente directive facilite la fusion transfrontalière des sociétés de capitaux telles qu'elles sont ici définies. La législation des États membres doit autoriser la fusion transfrontalière d'une société de capitaux nationale avec une société de capitaux d'un autre État membre si la législation nationale des États membres concernés permet les fusions entre ces types de sociétés.

(3) Afin de faciliter les opérations de fusion transfrontalière, il convient de prévoir que, à moins que la présente directive n'en dispose autrement, chaque société participant à une fusion transfrontalière, ainsi que chaque tiers concerné, reste soumis aux dispositions et aux formalités de la législation nationale qui serait applicable à une fusion nationale. Il convient qu'aucune des dispositions et formalités de la législation nationale auxquelles il est fait référence dans la présente directive n'introduise de restrictions à la liberté d'établissement ou à la libre circulation des capitaux, à moins que ces restrictions puissent être justifiées conformément à la jurisprudence de la Cour de justice des Communautés européennes, notamment par des exigences d'intérêt général, et qu'elles soient à la fois nécessaires pour satisfaire à de telles exigences impératives et proportionnelles à celles-ci.

(4) Le projet commun de fusion transfrontalière doit être, élaboré dans les mêmes termes pour chacune des sociétés concernées dans les différents États membres. Il y a lieu dès lors de préciser le contenu minimal de ce projet commun, les sociétés en cause restant libres de se mettre d'accord sur d'autres éléments du projet.

(5) Pour protéger les intérêts tant des associés que des tiers, il est opportun que, pour chacune des sociétés qui fusionnent, tant le projet de fusion transfrontalière que la réalisation de la fusion transfrontalière fassent l'objet d'une publicité via une inscription dans le registre public approprié.

(6) La législation de tous les États membres devrait prévoir l'élaboration, à l'échelon national, d'un rapport sur le projet de fusion transfrontalière par un ou plusieurs experts pour chacune des sociétés qui fusionnent. Pour limiter les frais d'expert dans le cadre d'une fusion transfrontalière, il convient de prévoir la possibilité d'un rapport unique destiné à l'ensemble des associés des sociétés qui participent à une opération de fusion transfrontalière. Le projet commun de fusion transfrontalière doit être approuvé par l'assemblée générale de chacune de ces sociétés.

(7) Pour faciliter les opérations de fusion transfrontalière, il convient de prévoir que le contrôle de l'achèvement et de la légalité du processus décisionnel au sein de chaque société qui fusionne devrait être effectué par l'autorité nationale compétente pour chacune de ces sociétés, alors que le contrôle de l'achèvement et de la légalité de la fusion transfrontalière devrait être effectué par l'autorité nationale compétente pour la société issue de la fusion transfrontalière. L'autorité nationale en question peut être un tribunal, un notaire ou toute autre autorité compétente désignée par l'État membre concerné. La législation nationale en vertu de laquelle la date de prise d'effet de la fusion transfrontalière est déterminée devrait également être précisée ; cette législation est celle dont relève la société issue de la fusion transfrontalière.

(8) Pour protéger les intérêts des associés et des tiers, il convient d'indiquer les effets juridiques de la fusion transfrontalière en établissant une distinction selon que la société issue de la fusion est une société absorbante ou une nouvelle société. Dans un souci de sécurité juridique, il convient d'interdire de prononcer la nullité d'une fusion transfrontalière après la date à laquelle la fusion transfrontalière a pris effet.

(9) La présente directive ne préjuge pas de l'application de la législation sur le contrôle des concentrations entre entreprises, tant au niveau communautaire, en vertu du règlement (CE) n° 139/2004 (Règlement (CE) n° 139/2004 du Conseil du 20 janvier 2004 relatif au contrôle des concentrations entre entreprises [« le règlement CE sur les concentrations »] [JO L 24 du 29.1.2004, p. 1]), qu'à l'échelon des États membres.

(10) La présente directive n'a pas d'incidence sur la législation communautaire régissant les intermédiaires de crédit et les autres établissements financiers ni sur les règles nationales élaborées ou instaurées en vertu de ladite législation.

(11) La présente directive s'applique sans préjudice des dispositions de la législation d'un État membre qui requièrent des informations relatives au lieu d'implantation de l'administration centrale ou du principal établissement envisagé pour la société issue de la fusion transfrontalière.

(12) Les droits des travailleurs autres que les droits de participation devraient rester organisés conformément aux dispositions nationales visées par la directive 98/59/CE du Conseil du 20 juillet 1998 relative aux licenciements collectifs (JO L 225 du 12.8.1998, p. 16), la directive 2001/23/CE du Conseil du 12 mars 2001 relative au maintien des droits des travailleurs en cas de transfert d'entreprises, d'établissements ou de parties d'entreprises ou d'établissements (JO L 82 du 22.3.2001, p. 16), la directive 2002/14/CE du Parlement européen et du Conseil du 11 mars 2002 établissant un cadre général relatif à l'information et à la consultation des travailleurs dans la Communauté européenne (JO L 80 du 23.3.2002, p. 29) ainsi que la directive 94/45/CE du Conseil du 22 septembre 1994 concernant l'institution d'un comité d'entreprise européen ou d'une procédure dans les entreprises de dimension communautaire et les groupes d'entreprises de dimension communautaire en vue d'informer et de consulter les travailleurs (JO L 254 du 30.9.1994, p. 64. Directive modifiée par la directive 97/74/CE, JO L 10 du 16.1.1998, p. 22).

(13) Si les travailleurs ont des droits de participation dans une des sociétés qui fusionnent, dans les conditions fixées par la présente directive, et si la législation nationale de l'État membre dans lequel la société issue de la fusion transfrontalière a son siège statutaire ne prévoit pas le même niveau de participation que celui qui s'applique aux sociétés concernées qui fusionnent, y compris au sein des comités du conseil de surveillance ayant des pouvoirs de décision, ou ne prévoit pas que les travailleurs des établissements issus de la fusion transfrontalière peuvent exercer les mêmes droits, la participation des travailleurs dans la société issue de la fusion transfrontalière et leur implication dans la définition de ces droits doivent être réglementées. À cette fin, les principes et modalités prévus dans le règlement (CE) n° 2157/2001 du Conseil du 8 octobre 2001 relatif au statut de la société européenne (SE) (JO L 294 du 10.11.2001, p. 1. Règlement modifié par le règlement (CE) n° 885/2004, JO L 168 du 1.5.2004, p. 1) et dans la directive 2001/86/CE du Conseil du 8 octobre 2001 complétant le statut de la société européenne pour ce qui concerne l'implication des travailleurs (JO L 294 du 10.11.2001, p. 22) doivent être pris comme base, sous réserve, toutefois, des modifications qui sont jugées nécessaires en raison du fait que la société issue de la fusion relèvera de la législation nationale de l'État membre où elle a son siège statutaire. Les États membres peuvent prendre des dispositions conformément à l'article 3, paragraphe 2, point b), de la directive 2001/ 86/CE en vue de l'ouverture rapide de négociations en vertu de l'article 16 de la présente directive afin d'éviter de retarder inutilement des fusions.

(14) Afin de déterminer le niveau de participation des travailleurs qui s'applique dans les sociétés concernées dans le cadre de la fusion, il convient de prendre également en compte la proportion des représentants des travailleurs parmi les membres du groupe de direction qui gère les unités chargées d'atteindre des objectifs en termes de profit (*profit units*) dans ces sociétés, à condition qu'il y ait une représentation des travailleurs.

(15) Étant donné que l'objectif de l'action envisagée, à savoir établir une réglementation comportant des éléments communs applicables au niveau transnational, ne peut pas être réalisé de manière suffisante par les États membres et peut donc, en raison des dimensions et des effets de l'action envisagée, être mieux réalisé au niveau communautaire, la Communauté peut prendre des mesures conformément au principe de subsidiarité consacré à l'article 5 du traité. Conformément au principe de proportionnalité tel qu'énoncé audit article, la présente directive n'excède pas ce qui est nécessaire pour atteindre cet objectif.

(16) Il convient que, conformément au point 34 de l'accord interinstitutionnel « Mieux légiférer » (JO C 321 du 31.12.2003, p. 1), les États membres soient encouragés à établir, pour eux-mêmes et dans l'intérêt de la Communauté, leurs propres tableaux, qui illustrent, dans la mesure du possible, la concordance entre la directive et les mesures de transposition et à les rendre publics.

ONT ARRÊTÉ LA PRÉSENTE DIRECTIVE :

Art. premier. Champ d'application. La présente directive s'applique aux fusions de sociétés de capitaux constituées en conformité avec la législation d'un État membre et ayant leur siège statutaire, leur administration centrale ou leur principal établissement à l'intérieur de la Communauté, si deux d'entre elles au moins relèvent de la législation d'États membres différents (fusions ci-après dénommées « fusions transfrontalières »).

Art. 2. Définitions. Aux fins de la présente directive, on entend par :

1. « société de capitaux », ci-après dénommée « société » :

a) une société telle que visée à l'article 1er de la directive 68/151/CEE (première directive 68/151/CEE du Conseil du 9 mars 1968 tendant à coordonner, pour les rendre équivalentes, les garanties qui sont exigées, dans les États membres, des sociétés au sens de l'article 58, deuxième alinéa, du traité, pour protéger les intérêts tant des associés que des tiers [JO L 65 du 14.3.1968, p. 8]. Directive modifiée en dernier lieu par l'acte d'adhésion de 2003), ou

b) une société avec un capital social, jouissant de la personnalité juridique, possédant un patrimoine séparé qui répond à lui seul des dettes de la société et soumise par sa législation nationale à des conditions de garanties telles qu'elles sont prévues par la directive 68/151/CEE, pour protéger les intérêts tant des associés que des tiers ;

2. « fusion », l'opération par laquelle :

a) une ou plusieurs sociétés transfèrent, par suite et au moment de leur dissolution sans liquidation, l'ensemble de leur patrimoine, activement et passivement, à une autre société préexistante — la société absorbante —, moyennant l'attribution à leurs associés de titres ou de parts représentatifs du capital social de l'autre société et éventuellement d'une soulte en espèces ne dépassant pas 10 % de la valeur nominale ou, à défaut de valeur nominale, du pair comptable de ces titres ou parts ; ou

b) deux ou plusieurs sociétés transfèrent, par suite et au moment de leur dissolution sans liquidation, l'ensemble de leur patrimoine, activement et passivement, à une société qu'elles constituent — la nouvelle société —, moyennant l'attribution à leurs associés de titres ou de parts représentatifs du capital social de cette nouvelle société et éventuellement d'une soulte en espèces ne dépassant pas 10 % de la valeur nominale ou, à défaut de valeur nominale, du pair comptable de ces titres ou parts ;

ou

c) une société transfère, par suite et au moment de sa dissolution sans liquidation, l'ensemble de son patrimoine, activement et passivement, à la société qui détient la totalité des titres ou des parts représentatifs de son capital social.

Art. 3. Autres dispositions concernant le champ d'application. 1. Nonobstant l'article 2, point 2), la présente directive s'applique également aux fusions transfrontalières lorsque la législation d'au moins un des États membres concernés permet que le versement de la soulte en espèces visée à l'article 2, point 2), a) et b), dépasse 10 % de la valeur nominale ou, à défaut de valeur nominale, du pair comptable de ces titres ou parts représentant le capital de la société issue de la fusion transfrontalière.

2. Les États membres peuvent décider de ne pas appliquer la présente directive aux fusions transfrontalières auxquelles participe une société coopérative, même dans les cas où cette dernière entre dans la définition de la « société de capitaux » énoncée à l'article 2, point 1).

3. La présente directive ne s'applique pas aux fusions transfrontalières auxquelles participe une société dont l'objet est le placement collectif des capitaux recueillis auprès du public, dont le fonctionnement est soumis au principe de la répartition des risques et dont les parts sont, à la demande des porteurs, rachetées ou remboursées, directement ou indirectement, à charge des actifs de cette société. Est assimilé à de tels rachats ou remboursements le fait pour une société d'agir afin que la valeur de ses parts en Bourse ne s'écarte pas sensiblement de leur valeur d'inventaire nette.

Art. 4. Conditions liées aux fusions transfrontalières. 1. Sauf disposition contraire de la présente directive,

a) les fusions transfrontalières ne sont possibles qu'entre types de sociétés qui peuvent fusionner en vertu de la législation nationale des États membres concernés ; et

b) une société participant à une fusion transfrontalière se conforme aux dispositions et aux formalités de la législation nationale dont elle relève. Lorsque la législation d'un État membre permet à ses autorités nationales de s'opposer, pour des raisons d'intérêt public, à une fusion au niveau national, cette législation s'applique également à une fusion transfrontalière lorsqu'au moins une des sociétés qui fusionnent relève de la législation de cet État membre. La présente disposition ne s'applique pas dans la mesure où l'article 21 du règlement (CE) n° 139/2004 est applicable.

2. Les dispositions et formalités visées au paragraphe 1, point b), concernent en particulier le processus décisionnel relatif à la fusion et, compte tenu de la nature transfrontalière de la fusion, la protection des créanciers des sociétés qui fusionnent, des obligataires et des porteurs de titres ou de parts, ainsi que des travailleurs pour ce qui est des droits autres que ceux régis par l'article 16. Un État membre peut adopter, pour les sociétés participant à une fusion transfrontalière et relevant de sa législation, des dispositions destinées à assurer une protection appropriée aux associés minoritaires qui se sont prononcés contre la fusion transfrontalière.

Art. 5. Projet commun de fusion transfrontalière. Les organes de direction ou d'administration de chacune des sociétés qui fusionnent établissent un projet commun de fusion transfrontalière qui comprend au moins :

a) la forme, la dénomination et le siège statutaire des sociétés qui fusionnent et ceux envisagés pour la société issue de la fusion transfrontalière ;

b) le rapport d'échange des titres ou des parts représentatifs du capital social et, le cas échéant, le montant de toute soulte en espèces ;

c) les modalités d'attribution des titres ou des parts représentatifs du capital social de la société issue de la fusion transfrontalière ;

d) les effets probables de la fusion transfrontalière sur l'emploi ;

e) la date à partir de laquelle ces titres ou parts représentatifs du capital social donnent le droit de participer aux bénéfices ainsi que toute modalité particulière relative à ce droit ;

f) la date à partir de laquelle les opérations des sociétés qui fusionnent sont considérées du point de vue comptable comme accomplies pour le compte de la société issue de la fusion transfrontalière ;

g) les droits assurés par la société issue de la fusion transfrontalière aux associés ayant des droits spéciaux et aux porteurs de titres autres que des actions ou des parts représentatifs du capital social ou les mesures proposées à leur égard ;

h) tous avantages particuliers attribués aux experts qui examinent le projet de fusion transfrontalière, ainsi qu'aux membres des organes d'administration, de direction, de surveillance ou de contrôle des sociétés qui fusionnent ;

i) les statuts de la société issue de la fusion transfrontalière ;

j) le cas échéant, des informations sur les procédures selon lesquelles sont fixées, conformément à l'article 16, les modalités relatives à l'implication des travailleurs dans la définition de leurs droits de participation dans la société issue de la fusion transfrontalière ;

k) des informations concernant l'évaluation du patrimoine actif et passif transféré à la société issue de la fusion transfrontalière ;

l) les dates des comptes des sociétés qui fusionnent utilisés pour définir les conditions de la fusion transfrontalière.

Art. 6. Publication. 1. Pour chacune des sociétés qui fusionnent, le projet commun de fusion transfrontalière est publié selon les modalités prévues par la législation de chaque État membre conformément à l'article 3 de la directive 68/151/CEE, un mois au moins avant la date de l'assemblée générale qui doit se prononcer à ce sujet.

2. Pour chacune des sociétés qui fusionnent et sous réserve des exigences supplémentaires imposées par l'État membre auxquelles la société concernée est soumise, les indications suivantes sont publiées dans le bulletin national de cet État membre :

a) la forme, la dénomination et le siège statutaire de chaque société qui fusionne ;

b) le registre auprès duquel les actes visés à l'article 3, paragraphe 2, de la directive 68/151/CEE ont été déposés pour chacune des sociétés qui fusionnent ainsi que le numéro d'inscription dans ce registre ;

c) une indication, pour chacune des sociétés qui fusionnent, des modalités d'exercice des droits des créanciers et, le cas échéant, des associés minoritaires des sociétés qui fusionnent ainsi que l'adresse à laquelle peut être obtenue, sans frais, une information exhaustive sur ces modalités.

Art. 7. Rapport de l'organe de direction ou d'administration. L'organe de direction ou d'administration de chacune des sociétés qui fusionnent établit un rapport à l'intention des associés expliquant et justifiant les aspects juridiques et économiques de la fusion transfrontalière et expliquant les conséquences de cette fusion transfrontalière pour les associés, les créanciers et les salariés.

Le rapport est mis à la disposition des associés et des représentants du personnel ou, s'il n'en existe pas, des salariés eux-mêmes au plus tard un mois avant la date de l'assemblée générale visée à l'article 9.

Si l'organe de direction ou d'administration de l'une ou de l'autre des sociétés qui fusionnent reçoit à temps un avis émis en vertu du droit national par les représentants de ses salariés, cet avis est annexé au rapport.

Art. 8. Rapport de l'expert indépendant. 1. Un rapport d'expert indépendant destiné aux associés et disponible un mois au moins avant la date de la réunion de l'assemblée générale visée à l'article 9 est établi pour chaque société qui fusionne. En fonction de la législation de chaque État membre, ces experts peuvent être des personnes physiques ou morales.

2. En lieu et place des experts agissant pour le compte de chacune des sociétés qui fusionnent, un ou plusieurs experts indépendants, désignés à cet effet sur demande conjointe de ces sociétés par une autorité judiciaire ou administrative de l'État membre dont relève l'une des sociétés qui fusionnent ou la société issue de la fusion transfrontalière, ou agréés par une telle autorité, peuvent examiner le projet de fusion transfrontalière et établir un rapport écrit unique destiné à l'ensemble des associés.

3. Le rapport d'expert contient au moins les mentions prévues à l'article 10, paragraphe 2, de la directive 78/855/CEE du Conseil du 9 octobre 1978 concernant les fusions des sociétés anonymes (JO L 295 du 20.10.1978, p. 36. Directive modifiée en dernier lieu par l'acte d'adhésion de 2003). Les experts sont habilités à demander à chacune des sociétés qui fusionnent toutes les informations qu'ils jugent nécessaires dans l'exécution de leurs fonctions.

4. Ni un examen du projet de fusion transfrontalière par des experts indépendants ni un rapport d'expert ne sont requis si tous les associés de chacune des sociétés participant à la fusion transfrontalière en ont ainsi décidé.

Art. 9. Approbation par l'assemblée générale. 1. Après avoir pris connaissance des rapports visés aux articles 7 et 8, l'assemblée générale de chacune des sociétés qui fusionnent se prononce sur l'approbation du projet commun de fusion transfrontalière.

2. L'assemblée générale de chacune des sociétés qui fusionnent peut subordonner la réalisation de la fusion transfrontalière à la condition qu'elle entérine expressément les modalités décidées pour la participation des travailleurs dans la société issue de la fusion transfrontalière.

3. La législation d'un État membre peut ne pas imposer l'approbation de la fusion par l'assemblée générale de la société absorbante si les conditions prévues à l'article 8 de la directive 78/855/CEE sont remplies.

Art. 10. Certificat préalable à la fusion. 1. Chaque État membre désigne le tribunal, le notaire ou toute autre autorité compétente pour contrôler la légalité de la fusion transfrontalière pour la partie de la procédure relative à chacune des sociétés qui fusionnent et qui relèvent de sa législation nationale.

2. Dans chaque État membre concerné, l'autorité visée au paragraphe 1 délivre sans délai à chaque société qui fusionne et qui relève de sa législation nationale un certificat attestant de façon incontestable l'accomplissement correct des actes et des formalités préalables à la fusion.

B.U. NICE ST JEAN

3. Si le droit d'un État membre dont relève une société qui fusionne prévoit une procédure permettant d'analyser et de modifier le rapport d'échange des titres ou des parts, ou une procédure visant à indemniser les associés minoritaires, sans empêcher l'immatriculation de la fusion transfrontalière, cette procédure ne s'applique que si les autres sociétés qui fusionnent et qui sont situées dans un État membre ne prévoyant pas ce type de procédure acceptent explicitement, lorsqu'elles approuvent le projet de fusion transfrontalière conformément à l'article 9, paragraphe 1, la possibilité offerte aux associés de cette société qui fusionne d'avoir recours auxdites procédures à engager auprès du tribunal compétent pour cette société qui fusionne. Dans ce cas, l'autorité visée au paragraphe 1 peut délivrer le certificat visé au paragraphe 2, même si une procédure de ce type est engagée. Le certificat doit cependant indiquer que la procédure est en cours. La décision prise à l'issue de la procédure lie la société issue de la fusion transfrontalière et l'ensemble de ses associés.

Art. 11. Contrôle de la légalité de la fusion transfrontalière. 1. Chaque État membre désigne le tribunal, le notaire ou toute autre autorité compétente pour contrôler la légalité de la fusion transfrontalière pour la partie de la procédure relative à la réalisation de la fusion transfrontalière et, le cas échéant, à la constitution d'une nouvelle société issue de la fusion transfrontalière lorsque la société issue de la fusion transfrontalière relève de sa législation nationale. L'autorité en question contrôle en particulier que les sociétés qui fusionnent ont approuvé le projet commun de fusion transfrontalière dans les mêmes termes et, le cas échéant, que les modalités relatives à la participation des travailleurs ont été fixées conformément à l'article 16.

2. À cette fin, chaque société qui fusionne remet à l'autorité visée au paragraphe 1 le certificat prévu à l'article 10, paragraphe 2, dans un délai de six mois à compter de sa délivrance, ainsi que le projet commun de fusion transfrontalière, approuvé par l'assemblée générale visée à l'article 9.

Art. 12. Prise d'effet de la fusion transfrontalière. La législation de l'État membre dont relève la société issue de la fusion transfrontalière détermine la date à laquelle la fusion transfrontalière prend effet. Cette date doit être postérieure à l'exécution des contrôles visés à l'article 11.

Art. 13. Immatriculation. La législation de chacun des États membres dont relevaient les sociétés qui ont fusionné détermine, en ce qui concerne son territoire, les modalités, conformément à l'article 3 de la directive 68/151/CEE, de la publicité de la réalisation de la fusion transfrontalière dans le registre public auprès duquel chacune de ces sociétés était tenue de procéder au dépôt des actes.

Le registre destiné à l'immatriculation de la société issue de la fusion transfrontalière notifie sans délai au registre auprès duquel chacune de ces sociétés était tenue de procéder au dépôt des actes que la fusion transfrontalière a pris effet. La radiation de l'ancienne immatriculation s'effectue, s'il y a lieu, dès réception de la notification, mais pas avant.

Art. 14. Effets de la fusion transfrontalière. 1. La fusion transfrontalière réalisée conformément à l'article 2, point 2), a) et c), entraîne, à partir de la date visée à l'article 12, les effets suivants :

a) l'ensemble du patrimoine actif et passif de la société absorbée est transféré à la société absorbante ;

b) les associés de la société absorbée deviennent associés de la société absorbante ;

c) la société absorbée cesse d'exister.

2. La fusion transfrontalière réalisée conformément à l'article 2, point 2) b), entraîne, à partir de la date visée à l'article 12, les effets suivants :

a) l'ensemble du patrimoine actif et passif des sociétés qui fusionnent est transféré à la nouvelle société ;

b) les associés des sociétés qui fusionnent deviennent associés de la nouvelle société ;

c) les sociétés qui fusionnent cessent d'exister.

3. Lorsque la législation des États membres requiert, en cas de fusion transfrontalière de sociétés visées par la présente directive, des formalités particulières pour l'opposabilité aux tiers du transfert de certains biens, droits et obligations apportés par les sociétés qui fusionnent, ces formalités sont accomplies par la société issue de la fusion transfrontalière.

4. Les droits et obligations des sociétés qui fusionnent résultant de contrats de travail ou de relations de travail et existant à la date à laquelle la fusion transfrontalière prend effet sont transmis, du fait de la prise d'effet de cette fusion transfrontalière, à la société issue de la fusion transfrontalière à la date de prise d'effet de la fusion transfrontalière.

5. Aucune part détenue dans la société absorbante ne peut être échangée contre des parts détenues dans la société absorbée :

a) soit par la société absorbante elle-même ou par l'intermédiaire d'une personne agissant en son nom propre mais pour le compte de la société ;

b) soit par la société absorbée elle-même ou par l'intermédiaire d'une personne agissant en son nom propre mais pour le compte de la société.

Art. 15. Formalités simplifiées. 1. Lorsqu'une fusion transfrontalière par absorption est réalisée par une société qui détient toutes les parts et tous les autres titres conférant un droit de vote aux assemblées générales de la société ou des sociétés absorbées :
– les dispositions de l'article 5, points b), c) et e), de l'article 8, et de l'article 14, paragraphe 1, point b), ne s'appliquent pas,
– les dispositions de l'article 9, paragraphe 1, ne s'appliquent pas à la société ou aux sociétés absorbées.

2. Lorsqu'une fusion transfrontalière par absorption est réalisée par une société qui détient 90 % ou plus, mais pas la totalité des parts et des autres titres conférant un droit de vote aux assemblées générales de la société ou des sociétés absorbées, les rapports d'un ou des experts indépendants et les documents nécessaires pour le contrôle sont exigés uniquement dans la mesure où ils sont requis par la législation nationale dont relève la société absorbante ou par la législation nationale dont relève la société absorbée.

Art. 16. Participation des travailleurs. 1. Sans préjudice du paragraphe 2, la société issue de la fusion transfrontalière est soumise aux règles éventuelles relatives à la participation des travailleurs qui sont en vigueur dans l'État membre où son siège statutaire est établi.

2. Toutefois, les règles éventuelles relatives à la participation des travailleurs qui sont en vigueur dans l'État membre où le siège statutaire de la société issue de la fusion est situé ne s'appliquent pas, si au moins une des sociétés qui fusionnent emploie, pendant la période de six mois précédant la publication du projet de fusion transfrontalière tel que visé à l'article 6, un nombre moyen de travailleurs supérieur à cinq cents et est gérée selon un régime de participation des travailleurs au sens de l'article 2, point k), de la directive 2001/86/CE, ou si la législation nationale applicable à la société issue de la fusion transfrontalière :

a) ne prévoit pas au moins le même niveau de participation des travailleurs que celui qui s'applique aux sociétés concernées dans le cadre de la fusion, mesuré en fonction de la proportion des représentants des travailleurs parmi les membres du conseil d'administration, du conseil de surveillance, de leurs comités ou du groupe de direction qui gère les unités chargées d'atteindre des objectifs en termes de profit dans ces sociétés, à condition qu'il y ait une représentation des travailleurs ; ou

b) ne prévoit pas que les travailleurs des établissements de la société issue de la fusion transfrontalière situés dans d'autres États membres peuvent exercer les mêmes droits de participation que ceux dont bénéficient les travailleurs employés dans l'État membre où le siège statutaire de la société issue de la fusion transfrontalière est établi.

3. Dans les cas visés au paragraphe 2, la participation des travailleurs dans la société issue de la fusion transfrontalière et leur implication dans la définition des droits y afférents sont réglementées par les États membres, mutatis mutandis et sous réserve des paragraphes 4 à 7, conformément aux principes et aux modalités prévus à l'article 12, paragraphes 2, 3 et 4, du règlement (CE) n° 2157/2001 et aux dispositions suivantes de la directive 2001/86/CE :

a) article 3, paragraphes 1, 2 et 3, paragraphe 4, premier alinéa, premier tiret, et deuxième alinéa, paragraphes 5 et 7 ;

b) article 4, paragraphe 1, paragraphe 2, points a), g) et h), et paragraphe 3 ;

c) article 5 ;

d) article 6 ;

e) article 7, paragraphe 1, paragraphe 2, premier alinéa, point b), et deuxième alinéa, et paragraphe 3. Toutefois, aux fins de la présente directive, les pourcentages requis au titre de l'article 7, paragraphe 2, premier alinéa, point b), de la directive 2001/86/CE pour l'application des dispositions de référence prévues dans la partie 3 de l'annexe de cette directive sont portés de 25 % à 33 1/3 % ;

f) articles 8, 10 et 12 ;

g) article 13, paragraphe 4 ;

h) annexe, partie 3, point b).

4. Lorsqu'ils réglementent les principes et les procédures visés au paragraphe 3, les États membres :

a) accordent aux organes compétents des sociétés participant à la fusion le droit de choisir sans négociation préalable d'être directement soumis aux dispositions de référence relatives à la participation visées au paragraphe 3, point h), telles que fixées par la législation de l'État membre dans lequel le siège statutaire de la société issue de la fusion transfrontalière sera établi, et de respecter ces dispositions à compter de la date d'immatriculation ;

b) accordent à l'organe spécial de négociation le droit de décider, à la majorité des deux tiers de ses membres représentant au moins deux tiers des travailleurs, y compris les voix des membres représentant les travailleurs dans au moins deux États membres différents, de ne pas ouvrir de négociations, ou de mettre fin aux négociations déjà engagées, et de se fonder sur les règles de participation qui sont en vigueur dans l'État membre où le siège statutaire de la société issue de la fusion transfrontalière sera établi ;

c) peuvent, lorsque, à la suite de négociations préalables, les dispositions de référence relatives à la participation s'appliquent et nonobstant ces dispositions, décider de limiter la proportion de représentants des travailleurs au sein du conseil d'administration de la société issue de la fusion transfrontalière. Toutefois, si, dans l'une des sociétés qui fusionnent, les représentants des travailleurs constituent au moins un tiers de membres du conseil d'administration ou de surveillance, cette limitation ne peut jamais avoir pour effet que la proportion de représentants des travailleurs au sein de l'organe d'administration soit inférieure à un tiers.

5. L'extension des droits de participation aux travailleurs de la société issue de la fusion transfrontalière employés dans d'autres États membres, visée au paragraphe 2, point b), n'entraîne aucune obligation pour les États membres qui ont fait ce choix de prendre ces travailleurs en compte dans le calcul des seuils d'effectifs qui donnent lieu aux droits de participation en vertu de la législation nationale.

6. Si au moins une des sociétés qui fusionnent est gérée selon un régime de participation des travailleurs et si la société issue de la fusion transfrontalière est régie par un tel système conformément aux règles visées au paragraphe 2, cette dernière prend obligatoirement une forme juridique permettant l'exercice des droits de participation.

7. Lorsque la société issue de la fusion transfrontalière est gérée selon un régime de participation des travailleurs, cette société est tenue de prendre des mesures pour faire en sorte que les droits en matière de participation des travailleurs soient protégés en cas de fusions nationales ultérieures pendant un délai de trois ans après que la fusion transfrontalière a pris effet, en appliquant mutatis mutandis les règles fixées dans le présent article.

Art. 17. Validité. La nullité d'une fusion transfrontalière ayant pris effet conformément à l'article 12 ne peut être prononcée.

Art. 18. Révision. Cinq ans après la date prévue à l'article 19, premier alinéa, la Commission révise la présente directive à la lumière de l'expérience acquise dans son application et, si nécessaire, propose sa modification.

Art. 19. Transposition. Les États membres mettent en vigueur les dispositions législatives, réglementaires et administratives nécessaires pour se conformer à la présente directive avant le 15 décembre 2007.

Lorsque les États membres adoptent ces dispositions, celles-ci contiennent une référence à la présente directive ou sont accompagnées d'une telle référence lors de leur publication officielle. Les modalités de cette référence sont arrêtées par les États membres.

Art. 20. Entrée en vigueur. La présente directive entre en vigueur le vingtième jour suivant celui de sa publication au Journal officiel de l'Union européenne.

Art. 21. Destinataires. Les États membres sont destinataires de la présente directive.

Fait à Strasbourg, le 26 octobre 2005.

Directive 90/434/CEE du 23 juillet 1990 sur le régime fiscal commun des fusions, scissions, apports partiels d'actifs et échanges d'actions intéressant des sociétés d'États membres différents

Le Conseil des Communautés européennes,

vu le traité instituant la Communauté économique européenne, et notamment son article 100,

vu la proposition de la Commission (JO n° C 39 du 22.3.1969, p. 1),

vu l'avis du Parlement européen (JO n° C 51 du 29.4.1970, p. 12),

vu l'avis du Comité économique et social (JO n° C 100 du 1.8.1969, p. 4),

Considérant que les fusions, scissions, apports d'actifs et échanges d'actions intéressant des sociétés d'États membres différents peuvent être nécessaires pour créer dans la Communauté des conditions analogues à celles d'un marché intérieur et pour assurer ainsi l'établissement et le bon fonctionnement du marché commun ; que ces opérations ne doivent pas être entravées par des restrictions, des désavantages ou des distorsions particuliers découlant des dispositions fiscales des États membres ; qu'il importe, par conséquent, d'instaurer pour ces opérations des règles fiscales neutres au regard de la concurrence afin de permettre aux entreprises de s'adapter aux exigences du marché commun, d'accroître leur productivité et de renforcer leur position concurrentielle sur le plan international ;

Considérant que des dispositions d'ordre fiscal pénalisent actuellement ces opérations par rapport à celles qui intéressent des sociétés d'un même État membre ; qu'il est nécessaire d'éliminer cette pénalisation ;

Considérant qu'il n'est pas possible d'atteindre cet objectif par une extension au plan communautaire des régimes internes en vigueur dans les États membres, les différences entre ces régimes étant susceptibles de provoquer des distorsions ; que seul un régime fiscal commun peut constituer une solution satisfaisante à cet égard ;

Considérant que le régime fiscal commun doit éviter une imposition à l'occasion d'une fusion, d'une scission, d'un apport d'actifs ou d'un échange d'actions, tout en sauvegardant les intérêts financiers de l'État de la société apporteuse ou acquise ;

Considérant que, en ce qui concerne les fusions, les scissions et les apports d'actifs, ces opérations ont normalement pour résultat soit la transformation de la société apporteuse en établissement stable de la société bénéficiaire de l'apport, soit le rattachement des actifs à un établissement stable de cette dernière société ;

Considérant que le régime du rapport, jusqu'à leur réalisation effective, de l'imposition des plus-values différentes aux biens apportés, appliqué à ceux de ces biens qui sont affectés à cet établissement stable, permet d'éviter l'imposition des plus-values correspondantes, tout en assurant leur imposition ultérieure par l'État de la société apporteuse, au moment de leur réalisation ;

Considérant qu'il convient également de définir le régime fiscal à appliquer à certaines provisions, réserves ou pertes de la société apporteuse et de régler les problèmes fiscaux qui se posent lorsqu'une des deux sociétés détient une participation dans le capital de l'autre ;

Considérant que l'attribution aux associés de la société apporteuse de titres de la société bénéficiaire ou acquérante ne doit, par elle-même, donner lieu à aucune imposition dans le chef de ces associés ;

Considérant qu'il convient de prévoir la faculté pour les États membres de refuser le bénéfice de l'application de la présente directive lorsque l'opération de fusion, de scission, d'apport d'actifs ou d'échange d'actions a pour objectif la fraude ou l'évasion fiscales ou a pour effet qu'une société, que celle-ci participe ou non à l'opération, ne remplit plus les conditions requises pour la représentation des travailleurs dans les organes de la société,

A ARRÊTÉ LA PRÉSENTE DIRECTIVE :

TITRE PREMIER

Dispositions générales

Art. premier. Chaque État membre applique la présente directive aux opérations de fusion, de scission, d'apport d'actifs et d'échange d'actions qui concernent des sociétés de deux ou de plusieurs États membres.

Art. 2. Aux fins de l'application de la présente directive, on entend par :

a) fusion : l'opération par laquelle :
– une ou plusieurs sociétés transfèrent, par suite et au moment de leur dissolution sans liquidation, l'ensemble de leur patrimoine, activement et passivement, à une autre société préexistante, moyennant l'attribution à leurs associés de titres représentatifs du capital social de l'autre société et, éventuellement, d'une soulte en espèces ne dépassant pas 10 % de la valeur nominale ou, à défaut de valeur nominale, du pair comptable de ces titres,
– deux ou plusieurs sociétés transfèrent par suite et, au moment de leur dissolution sans liquidation, l'ensemble de leur patrimoine, activement et passivement, à une autre société qu'elles constituent, moyennant l'attribution à leurs associés de titres représentatifs du capital social de la société nouvelle et, éventuellement, d'une soulte en espèces ne dépassant pas 10 % de la valeur nominale ou, à défaut de valeur nominale, du pair comptable de ces titres,
– une société transfère, par suite et au moment de sa dissolution sans liquidation, l'ensemble de son patrimoine, activement et passivement, à la société qui détient la totalité des titres représentatifs de son capital social ;

b) scission : l'opération par laquelle une société transfère, par suite et au moment de sa dissolution sans liquidation, l'ensemble de son patrimoine, activement et passivement, à deux ou plusieurs sociétés préexistantes ou nouvelles, moyennant l'attribution à ses associés, selon une règle proportionnelle, de titres représentatifs du capital social des sociétés bénéficiaires de l'apport et, éventuellement, d'une soulte en espèces ne dépassant pas 10 % de la valeur nominale ou, à défaut de valeur nominale, du pair comptable de ces titres ;

c) apport d'actifs : l'opération par laquelle une société apporte, sans être dissoute, l'ensemble ou une ou plusieurs branches de son activité à une autre société, moyennant la remise de titres représentatifs du capital social de la société bénéficiaire de l'apport ;

d) échange d'actions : l'opération par laquelle une société acquiert, dans le capital social d'une autre société, une participation ayant pour effet de lui conférer la majorité des droits de vote de cette société, moyennant l'attribution aux associés de l'autre société, en échange de leurs titres, de titres représentatifs du capital social de la première société et, éventuellement, d'une soulte en espèces ne dépassant pas 10 % de la valeur nominale ou, à défaut de valeur nominale, du pair comptable des titres qui sont remis en échange ;

e) société apporteuse : la société qui transfère son patrimoine, activement et passivement, ou qui apporte l'ensemble ou une ou plusieurs branches de son activité ;

f) société bénéficiaire : la société qui reçoit le patrimoine, activement et passivement, ou l'ensemble ou une ou plusieurs branches d'activité de la société apporteuse ;

g) société acquise : la société dans laquelle une autre société acquiert une participation, moyennant un échange de titres ;

h) société acquérante : la société qui acquiert une participation, moyennant un échange de titres ;

i) branche d'activité : l'ensemble des éléments d'actif et de passif d'une division d'une société qui constituent, du point de vue de l'organisation, une exploitation autonome, c'est-à-dire un ensemble capable de fonctionner par ses propres moyens.

Art. 3. Aux fins de l'application de la présente directive, les termes « société d'un État membre » désignent toute société :

a) qui revêt une des formes énumérées à l'annexe ;

b) qui, selon la législation fiscale d'un État membre, est considérée comme ayant dans cet état son domicile fiscal et, aux termes d'une convention en matière de double imposition conclue avec un État tiers, n'est pas considérée comme ayant son domicile fiscal hors de la Communauté ;

c) qui, en outre, est assujettie, sans possibilité d'option et sans en être exonérée, à l'un des impôts suivants :
- impôt des sociétés/ vennootschapsbelasting en Belgique,
- selskabsskat au Danemark,
- Körperschaftsteuer en république fédérale d'Allemagne,
- φοροζ εισοδηματοζ νομικων ποσωπων κερδοκοπικον χαρακτηρα en Grèce,
- impuesto sobre sociedades en Espagne,
- impôt sur les sociétés en France,
- corporation tax en Irlande,
- imposta sul reddito delle persone giuridiche en Italie,
- impôt sur le revenu des collectivités au Luxembourg,
- vennootschapsbelasting aux Pays-Bas,
- imposto sobre o rendimento das pessoas colectivas au Portugal,
- corporation tax au Royaume-Uni,

ou à tout autre impôt qui viendrait se substituer à l'un de ces impôts.

TITRE II

Règles applicables aux fusions, scissions et échanges d'actions

Art. 4. 1. La fusion ou la scission n'entraîne aucune imposition des plus-values qui sont déterminées par différence entre la valeur réelle des éléments d'actif et de passif transférés et leur valeur fiscale.

On entend par :
- valeur fiscale : la valeur qui aurait été retenue pour le calcul d'un profit ou d'une perte entrant en compte pour l'assiette d'un impôt frappant le revenu, les bénéfices ou les plus-values de la société apporteuse si ces éléments d'actif et de passif avaient été vendus lors de la fusion ou de la scission mais indépendamment d'une telle opération,
- éléments d'actif et de passif transférés : les éléments d'actif et de passif de la société apporteuse qui, par suite de la fusion ou de la scission, sont effectivement rattachés à l'établissement stable de la société bénéficiaire situé dans l'État membre de la société apporteuse et qui concourent à la formation des résultats pris en compte pour l'assiette des impôts.

2. Les États membres subordonnent l'application du paragraphe 1 à la condition que la société bénéficiaire calcule les nouveaux amortissements et les plus-values ou moins-values afférentes aux éléments d'actif et de passif transférés dans les mêmes conditions qu'auraient pu le faire la ou les sociétés apporteuses si la fusion ou la scission n'avait pas eu lieu.

3. Dans le cas où, selon la législation de l'État membre de la société apporteuse, la société bénéficiaire est admise à calculer les nouveaux amortissements et les plus-values ou moins-values afférentes aux éléments d'actif et de passif transféré dans des conditions différentes de celles prévues au paragraphe 2, le paragraphe 1 ne s'applique pas aux éléments d'actif et de passif pour lesquels la société bénéficiaire a usé de cette faculté.

Art. 5. Les États membres prennent les mesures nécessaires pour que les provisions ou réserves régulièrement constituées en franchise partielle ou totale d'impôt par la société apporteuse, sauf celles qui proviennent d'établissements stables à l'étranger, soient reprises, dans les mêmes conditions de franchise d'impôt, par les établissements stables de la société bénéficiaire situés dans l'État de la société apporteuse, la société bénéficiaire se substituant alors aux droits et obligations de la société apporteuse.

Art. 6. Dans la mesure où les États membres appliquent, lorsque les opérations visées à l'article 1er interviennent entre sociétés de l'État de la société apporteuse, des dispositions permettant la reprise, par la société bénéficiaire, des pertes de la société apporteuse non encore amorties du point de vue fiscal, ils étendent le bénéfice de ces dispositions à la reprise, par les établissements stables de la société bénéficiaire situés sur leur territoire, des pertes de la société apporteuse non encore amorties du point de vue fiscal.

Art. 7. 1. Lorsque la société bénéficiaire détient une participation dans le capital de la société apporteuse, la plus-value obtenue par la société bénéficiaire à l'occasion de l'annulation de sa participation ne donne lieu à aucune imposition.

2. Les États membres ont la faculté de déroger au paragraphe 1 lorsque la participation que détient la société bénéficiaire dans le capital de la société apporteuse n'excède pas 25 %.

Art. 8. 1. L'attribution, à l'occasion d'une fusion, d'une scission ou d'un échange d'actions, de titres représentatifs du capital social de la société bénéficiaire ou acquérante à un associé de la société apporteuse ou acquise, en échange de titres représentatifs du capital social de cette dernière société, ne doit, par elle-même, entraîner aucune imposition sur le revenu, les bénéfices ou les plus-values de cet associé.

2. Les États membres subordonnent l'application du paragraphe 1 à la condition que l'associé n'attribue pas aux titres reçus en échange une valeur fiscale plus élevée que celle que les titres échangés avaient immédiatement avant la fusion, la scission ou l'échange d'actions.

L'application du paragraphe 1 n'empêche pas les États membres d'imposer le profit résultant de la cession ultérieure des titres reçus de la même manière que le profit qui résulte de la cession des titres existant avant l'acquisition.

Par « valeur fiscale », on entend la valeur qui servirait de base pour le calcul éventuel d'un profit ou d'une perte entrant en compte pour l'assiette d'un impôt frappant le revenu, les bénéfices ou les plus-values de l'associé de la société.

3. Dans le cas où un associé est autorisé, conformément à la législation de l'État membre de sa résidence, à opter pour un traitement fiscal différent de celui défini au paragraphe 2, le paragraphe 1 ne s'applique pas aux titres représentatifs pour lesquels cet associé aura exercé son droit d'option.

4. Les paragraphes 1, 2 et 3 ne font pas obstacle à la prise en compte, pour la taxation de l'associé, de la soulte en espèces qui lui est éventuellement attribuée à l'occasion de la fusion, de la scission ou de l'échange d'actions.

TITRE III

Règles applicables aux apports d'actifs

Art. 9. Les articles 4, 5 et 6 s'appliquent aux apports d'actifs.

Titre IV

Cas particulier de l'apport d'un établissement stable

Art. 10. 1. Lorsque dans les biens apportés à l'occasion d'une fusion, d'une scission ou d'un apport d'actifs figure un établissement stable de la société apporteuse situé dans un État membre autre que celui de cette société, ce dernier renonce à tout droit d'imposer l'établissement stable. Toutefois, l'État de la société apporteuse peut réintégrer dans les bénéfices imposables de celle-ci les pertes antérieures de l'établissement stable qui ont été éventuellement déduites du bénéfice imposable de la société dans cet État et qui n'ont pas été compensées. L'État où est situé l'établissement stable et l'État de la société bénéficiaire appliquent à cet apport les dispositions de la présente directive comme si le premier État était celui de la société apporteuse.

2. Par dérogation au paragraphe 1, lorsque l'État membre de la société apporteuse applique un régime d'imposition du bénéfice mondial, cet État a le droit d'imposer les bénéfices ou les plus-values de l'établissement stable qui apparaissent à l'occasion de la fusion, de la scission ou de l'apport d'actifs, à condition qu'il admette la déduction de l'impôt qui, en l'absence des dispositions de la présente directive, aurait frappé ces bénéfices ou ces plus-values dans l'État où est situé l'établissement stable et qu'il admette cette déduction de la même manière et pour le même montant qu'il l'aurait fait si l'impôt avait été réellement établi et payé.

TITRE V

Dispositions finales

Art. 11. 1. Un État membre peut refuser d'appliquer tout ou partie des dispositions des titres II, III et IV ou en retirer le bénéfice lorsque l'opération de fusion, de scission, d'apport d'actifs ou d'échange d'actions :

a) a comme objectif principal ou comme un de ses objectifs principaux la fraude ou l'évasion fiscales ; le fait qu'une des opérations visées à l'article 1er n'est pas effectuée pour des motifs économiques valables, tels que la restructuration ou la rationalisation des activités des sociétés participant à l'opération, peut constituer une présomption que cette opération a comme objectif principal ou comme un de ses objectifs principaux la fraude ou l'évasion fiscales ;

b) a pour effet qu'une société, que celle-ci participe ou non à l'opération, ne remplit plus les conditions requises pour la représentation des travailleurs dans les organes de la société selon les modalités applicables avant l'opération en question.

2. Le paragraphe 1 point b) s'appliquera aussi longtemps que et dans la mesure où aucune réglementation communautaire comportant des dispositions équivalentes en manière de représentation des travailleurs dans les organes de la société ne sera applicable aux sociétés faisant l'objet de la présente directive.

Art. 12. 1. Les États membres mettent en vigueur les dispositions législatives, réglementaires et administratives nécessaires pour se conformer à la présente directive avant le 1er janvier 1992. Ils en informent immédiatement la Commission.

2. Par dérogation au paragraphe 1, la République portugaise peut reporter au 1er janvier 1993 la mise en application des dispositions relatives aux apports d'actifs et aux échanges d'actions.

3. Les États membres veillent à communiquer à la Commission le texte des dispositions essentielles de droit interne qu'ils adoptent dans le domaine régi par la présente directive.

Art. 13. Les États membres sont destinataires de la présente directive.

Fait à Bruxelles, le 23 juillet 1990

Annexe

Liste des sociétés visées à l'article 3 point a)

a) Les sociétés de droit belge dénommées « société anonyme » « naamloze vennootschap », « société en commandite par actions »/« commanditaire vennootschap op aandelen », « société privée à responsabilité limitée »/« besloten vennootschap met beperkte aansprakelijkheid », ainsi que les entités de droit public qui opèrent sous le régime du droit privé ;

b) les sociétés de droit danois dénommées « aktieselskab », « anpartsselskab » ;

c) les sociétés de droit allemand dénommées « Aktiengesellschaft », « Kommandit-gesellschaft auf Aktien », « Gesellschaft mit beschränkter Haftung », « bergrechtliche Gewerkschaft » ;

d) les sociétés de droit hellénique dénommées « anvnymh etairia » ;

e) les sociétés de droit espagnol dénommées « sociedad anónima », « sociedad comanditaria por acciones », « sociedad de responsabilidad limitada », ainsi que les entités de droit public qui opèrent sous le régime du droit privé ;

f) les sociétés de droit français dénommées « société anonyme », « société en commandite par actions », « société à responsabilité limitée », ainsi que les établissements et entreprises publics à caractère industriel et commercial ;

g) les sociétés de droit irlandais dénommées « public companies limited by shares or by guarantee », « private companies limited by shares or by guarantee », les établissements enregistrés sous le régime des « Industrial and Provident Societies Acts » ou les « building societies » enregistrées sous le régime des « Building Societies Acts » ;

h) les sociétés de droit italien dénommées « società per azioni », « società in accomandita per azioni », « società a responsabilità limitata », ainsi que les entités publiques et privées qui exercent des activités industrielles et commerciales ;

i) les sociétés de droit luxembourgeois dénommées « société anonyme », « société en commandite par actions », « société à responsabilité limitée » ;

j) les sociétés de droit néerlandais dénommées « naamloze vennootchap », « besloten vennootschap met beperkte aansprakelijkheid » ;

k) les sociétés commerciales ou sociétés civiles de forme commerciale, ainsi que d'autres personnes morales exerçant des activités commerciales ou industrielles, qui sont constituées conformément au droit portugais ;

l) les sociétés constituées conformément au droit du Royaume-Uni.

Directive 2005/19/CE du conseil du 17 février 2005 modifiant la directive 90/434/CEE concernant le régime fiscal commun applicable aux fusions, scissions, apports d'actifs et échanges d'actions intéressant des sociétés d'États membres différents

LE CONSEIL DE L'UNION EUROPÉENNE,

vu le traité instituant la Communauté européenne, et notamment son article 94),

vu la proposition de la Commission,

vu l'avis du Parlement européen (avis du 10 mars 2004 [non encore paru au Journal officiel]),

vu l'avis du Comité économique et social européen (JO C 110 du 30.4.2004, p. 30), considérant ce qui suit :

(1) La directive 90/434/CEE (JO L 225 du 20.8.1990, p. 1. Directive modifiée en dernier lieu par l'acte d'adhésion de 2003) instaure, pour les restructurations d'entreprises, des règles communes neutres au regard de la concurrence.

(2) L'objet de la directive 90/434/CEE est de faire en sorte que l'imposition des revenus, des bénéfices et des plusvalues résultant de réorganisations d'entreprises soit reportée et les prérogatives fiscales des États membres sauvegardées.

(3) L'un des objectifs de la directive 90/434/CEE est d'éliminer les entraves au fonctionnement du marché intérieur, tels que la double imposition. Dans la mesure où les dispositions de ladite directive ne permettent pas d'atteindre complètement cet objectif, les États membres devraient prendre les mesures nécessaires pour le réaliser.

(4) L'expérience acquise depuis la mise en oeuvre de la directive 90/434/CEE, en janvier 1992, a mis en évidence les améliorations susceptibles d'y être apportées et les moyens permettant d'étendre les avantages qu'offrent les règles communes adoptées en 1990.

(5) Le 8 octobre 2001, le Conseil a adopté le règlement (CE) n° 2157/2001 (JO L 294 du 10.11.2001, p. 1. Règlement modifié par le règlement) (CE) n° 885/2004 (JO L 168 du 1.5.2004, p. 1), relatif au statut de la société européenne (SE) et la directive 2001/86/CE (JO L 294 du 10.11.2001, p. 22), complétant le statut de la société européenne pour ce qui concerne l'implication des travailleurs. De même, le 22 juillet 2003, le Conseil a adopté le règlement (CE) n° 1435/2003 (JO L 207 du 18.8.2003, p. 1. Règlement modifié par la décision du Comité mixte de l'EEE n° 15/2004, JO L 116 du 22.4.2004, p. 68) relatif au statut de la société coopérative européenne (SCE) et la directive 2003/72/CE (JO L 207 du 18.8.2003, p. 25) complétant le statut de la société coopérative européenne pour ce qui concerne l'implication des travailleurs. Une des caractéristiques les plus importantes de ces instruments est que tant la SE que la SCE seront en mesure de transférer leurs sièges statutaires respectifs d'un État membre à un autre sans être ni dissoutes ni liquidées.

(6) Le transfert du siège statutaire constitue un moyen d'exercer la liberté d'établissement prévue par les articles 43 et 48 du traité. Aucun actif n'est transféré et la société et ses associés n'en tirent aucun revenu, bénéfice ou plus-value. La décision de la société de réorganiser ses activités en transférant son siège statutaire ne devrait pas être entravée par des règles fiscales discriminatoires ou par des restrictions, pénalisations ou distorsions découlant de législations fiscales nationales contraires au droit communautaire. Le transfert du siège statuaire d'une SE ou d'une SCE d'un État membre à un autre peut ne pas toujours avoir comme conséquence que cette SE ou cette SCE cesse d'être résidente dans le premier État membre. La résidence fiscale de la SE ou de la SCE continue d'être déterminée par la législation nationale et les conventions fiscales.

(7) Le transfert du siège statutaire d'une société, ou un événement lié à ce transfert, qui entraîne un changement de résidence fiscale, peut donner lieu à une certaine forme d'imposition dans l'État membre duquel le siège est transféré. L'imposition peut aussi intervenir lorsque le transfert du siège statutaire, ou l'événement lié à ce transfert, n'entraîne pas de changement de résidence fiscale. Afin de répondre à cette éventualité en ce qui concerne la SE ou la SCE, un certain nombre de nouvelles règles ont été introduites dans la directive 90/434/CEE. Si, au moment du transfert du siège statutaire, les actifs de la SE ou de la SCE demeurent effectivement rattachés à un établissement stable appartenant à la SE ou à la SCE et situé dans l'État membre duquel le siège statutaire a été transféré, cet établissement stable doit bénéficier d'avantages similaires à ceux prévus par les articles 4, 5 et 6 de la directive 90/434/CEE. Ces articles traitent des provisions et des réserves exonérées d'impôt et de la reprise des pertes. En outre, conformément aux principes énoncés dans le traité, l'imposition des associés à l'occasion du transfert du siège statutaire devrait être exclue. Compte tenu de l'obligation qui incombe aux États membres en vertu du traité de prendre toutes les mesures nécessaires pour supprimer la double imposition, il n'est pas nécessaire, au stade actuel, de fixer des règles communes régissant la résidence fiscale de la SE ou de la SCE.

(8) La directive 90/434/CEE ne traite pas des pertes subies par un établissement stable dans un autre État membre qui sont comptabilisées dans l'État membre de résidence d'une SE ou d'une SCE. En particulier, lorsque le siège statutaire d'une SE ou d'une SCE est transféré dans un autre État membre, ce transfert n'empêche pas l'ancien État membre de résidence de réintégrer en temps voulu les pertes de l'établissement stable.

(9) La directive 90/434/CEE ne couvre pas une forme de scission dans laquelle la société qui transfère des branches d'activité n'est pas dissoute. Le champ d'application de l'article 4 de ladite directive devrait, dès lors, être étendu pour couvrir ce cas.

(10) L'article 3 de la directive 90/434/CEE définit les sociétés entrant dans son champ d'application et son annexe énumère les formes de sociétés auxquelles ladite directive s'applique. Cependant, certaines formes de sociétés ne sont pas énumérées dans la liste de ladite annexe alors même qu'elles ont leur résidence fiscale dans un État membre et qu'elles y sont assujetties à l'impôt sur les sociétés. L'expérience montre qu'il s'agit d'une lacune injustifiable et que le champ d'application de la directive devrait par conséquent être étendu de façon à couvrir les entités qui peuvent exercer des activités transfrontalières à l'intérieur de la Communauté et qui remplissent toutes les conditions requises à cet égard.

(11) La SE et la SCE étant définies respectivement comme une société anonyme et une société coopérative et étant d'une nature similaire aux autres formes de sociétés déjà couvertes par la directive 90/434/CEE, elles devraient être ajoutées à la liste figurant à l'annexe de la directive 90/434/CEE.

(12) Les autres nouvelles sociétés figurant dans la liste de l'annexe de la présente directive sont des sociétés assujetties dans l'État membre de leur résidence, mais certaines sont considérées comme fiscalement transparentes par d'autres États membres. Pour que les avantages de la directive 90/434/CEE soient effectifs, les États membres qui considèrent des sociétés contribuables non résidentes comme fiscalement transparentes devraient leur accorder les avantages de la directive. Néanmoins, compte tenu des différences dans le traitement fiscal appliqué par les États membres à ces sociétés contribuables particulières, les États membres devraient pouvoir ne pas appliquer les dispositions pertinentes de la directive lorsqu'ils imposent un associé direct ou indirect de ces contribuables.

(13) Lorsque des associés de sociétés qui effectuent des opérations régies par la directive 90/434/CEE sont considérés comme fiscalement transparents, les personnes qui détiennent des intérêts dans l'actionnariat ne devraient pas être imposées à l'occasion d'opérations de restructuration.

(14) Certains doutes subsistent quant à l'application de la directive 90/434/CEE à la filialisation des succursales. Dans ces opérations, les actifs rattachés à un établissement stable qui constituent une « branche d'activité » au sens de l'article 2, point i), de la directive 90/434/CEE, sont transférés à une société nouvellement créée qui sera une filiale de la société apporteuse. Dans la mesure où ces opérations consistent en l'apport d'actifs d'une société d'un État membre, sous la forme d'un établissement stable situé dans un autre État membre, à une société de ce dernier État membre, il conviendrait de préciser qu'elles sont couvertes par le champ d'application de la directive.

(15) La définition actuelle de l'« échange d'actions », à l'article 2, point d), de la directive 90/434/CEE, ne précise pas si ce terme couvre les nouvelles acquisitions au-delà de celle conférant une majorité simple des droits de vote. Il n'est pas rare que les statuts et les règles de vote d'une société soient établis de telle manière que de nouvelles acquisitions sont requises avant que l'acquéreur puisse obtenir le contrôle total de la société visée. La définition d'« échange d'actions » devrait dès lors être modifiée afin de préciser que ce terme couvre toutes les nouvelles acquisitions de ce type.

(16) Lors de fusions et de scissions, la société bénéficiaire peut réaliser une plus-value égale à la différence de valeur entre les éléments d'actif et de passif reçus et les participations qu'elle est susceptible d'avoir détenues dans la société apporteuse et qui sont annulées à la suite de telles opérations. L'article 7 de la directive 90/434/CEE prévoit l'exonération de ces plus-values puisque ces bénéfices peuvent tout aussi aisément prendre la forme de bénéfices distribués de la société apporteuse qui auraient été exonérés en vertu de la directive 90/435/CEE du Conseil du 23 juillet 1990 concernant le régime fiscal commun applicable aux sociétés mères et filiales d'États membres différents (JO L 225 du 20.8.1990, p. 6. Directive modifiée en dernier lieu par la directive 2003/123/CE (JO L 7 du 13.1.2004, p. 41). Les directives 90/434/CEE et 90/435/CEE ont des objectifs convergents sur ce point particulier, mais les conditions requises diffèrent. Il conviendrait donc de modifier la directive 90/434/CEE afin d'aligner les conditions qu'elle prévoit sur celles de la directive 90/435/CEE et de tenir compte de l'abaissement du seuil de participation prévu dans ladite directive.

(17) Compte tenu de l'extension de la directive 90/434/CEE en vue de son application aux scissions partielles et au transfert du siège statutaire d'une SE ou d'une SCE, la portée des dispositions relatives à la lutte contre l'évasion et la fraude fiscales devraient être modifiées en conséquence.

(18) La directive 90/434/CEE devrait dès lors être modifiée en conséquence,

A ARRÊTÉ LA PRÉSENTE DIRECTIVE :

Art. premier. La directive 90/434/CEE est modifiée comme suit :

1) le titre est remplacé par le texte suivant :

« Directive 90/434/CEE du Conseil du 23 juillet 1990 concernant le régime fiscal commun applicable aux fusions, scissions, scissions partielles, apports d'actifs et échanges d'actions intéressant des sociétés d'États membres différents, ainsi qu'au transfert du siège statutaire d'une SE ou d'une SCE d'un État membre à un autre » ;

2) l'article 1er est remplacé par le texte suivant :

« Article premier

Chaque État membre applique la présente directive aux opérations suivantes :

a) opérations de fusion, de scission, de scission partielle, d'apport d'actifs et d'échange d'actions qui concernent des sociétés de deux ou plusieurs États membres ;

b) transfert du siège statutaire, d'un État membre à un autre, des sociétés européennes (Societas Europaea ou SE), créées par le règlement (CE) n° 2157/2001 du Conseil du 8 octobre 2001 relatif au statut de la société européenne (JO L 294 du 10.11.2001, p. 1. Règlement modifié par le règlement (CE) n° 885/2004 [JO L 168 du 1.5.2004, p. 1]) et des sociétés coopératives européennes (SCE), créées par le règlement (CE) n° 1435/2003 du Conseil du 22 juillet 2003 relatif au statut de la société coopérative européenne (SCE) (JO L 207 du 18.8.2003, p. 1. Règlement modifié par la décision du Comité mixte de l'EEE n° 15/2004 [JO L 116 du 22.4.2004, p. 68]).

3) l'article 2 est modifié comme suit :

a) le point suivant est ajouté :

« b) bis "scission partielle" : l'opération par laquelle une société transfère, sans être dissoute, une ou plusieurs branches d'activité à une ou plusieurs sociétés préexistantes ou nouvelles, en laissant au moins une branche d'activité dans la société apporteuse, en échange de l'attribution à ses associés, au prorata, de titres représentatifs du capital social des sociétés qui bénéficient des éléments d'actif et de passif et, éventuellement, d'une soulte en espèces ne dépassant pas 10 % de la valeur nominale ou, à défaut de valeur nominale, du pair comptable de ces titres ; »

b) le point d) est remplacé par le texte suivant :

« d) "échange d'actions" : l'opération par laquelle une société acquiert, dans le capital social d'une autre société, une participation ayant pour effet de lui conférer la majorité des droits de vote de cette société, ou, si elle détient déjà une telle majorité, acquiert une nouvelle participation moyennant l'attribution aux associés de l'autre société, en échange de leurs titres, de titres représentatifs du capital social de la première société et, éventuellement, d'une soulte en espèces ne dépassant pas 10 % de la valeur nominale ou, à défaut de valeur nominale, du pair comptable des titres qui sont remis en échange ; »

c) le point suivant est ajouté :

« j) "transfert du siège statutaire" : l'opération par laquelle, sans liquidation ou création d'une nouvelle personne morale, une SE ou une SCE transfère son siège statutaire d'un État membre à un autre. »

4) l'article 3, point c), huitième tiret, concernant l'Italie est remplacé par le texte suivant :

« — imposta sul reddito delle società en Italie, »

5) le titre du titre II est remplacé par le texte suivant :

« TITRE II. Règles applicables aux fusions, scissions, scissions partielles et échanges d'actions » ;

6) l'article 4 est remplacé par le texte suivant :

« Article 4

1. La fusion, la scission ou la scission partielle n'entraîne aucune imposition des plus-values qui sont déterminées par différence entre la valeur réelle des éléments d'actif et de passif transférés et leur valeur fiscale.

Aux fins du présent article, on entend par :

a) "valeur fiscale" : la valeur qui aurait été retenue pour le calcul d'un profit ou d'une perte entrant en compte pour l'assiette de l'impôt frappant le revenu, les bénéfices ou les plus-values de la société apporteuse si ces éléments d'actif et de passif avaient été vendus lors de la fusion, de la scission ou de la scission partielle, mais indépendamment d'une telle opération ;

b) "éléments d'actif et de passif transférés" : les éléments d'actif et de passif de la société apporteuse qui, par suite de la fusion, de la scission ou de la scission partielle, sont effectivement rattachés à un établissement stable de la société bénéficiaire situé dans l'État membre de la société apporteuse et qui concourent à la formation des profits ou des pertes pris en compte pour l'assiette des impôts.

2. Lorsque le paragraphe 1 s'applique et qu'un État membre considère une société apporteuse non résidente comme fiscalement transparente, sur la base de l'évaluation par cet État des caractéristiques juridiques de la société au titre de la législation en vertu de laquelle elle a été constituée, et qu'il impose, par conséquent, les associés au titre de leur part des bénéfices de la société apporteuse au moment où naissent ces bénéfices, l'État en question n'impose pas les revenus, les bénéfices ou les plus-values déterminés par différence entre la valeur réelle des éléments d'actif et de passif transférés et leur valeur fiscale.

3. Les paragraphes 1 et 2 ne s'appliquent que si la société bénéficiaire calcule les nouveaux amortissements et les plus-values ou moins-values afférentes aux éléments d'actif et de passif transférés dans les mêmes conditions que l'auraient fait la ou les sociétés apporteuses si la fusion, la scission ou la scission partielle n'avait pas eu lieu.

4. Dans le cas où, selon la législation de l'État membre de la société apporteuse, la société bénéficiaire est admise à calculer les nouveaux amortissements ou les plus-values ou moins-values afférentes aux éléments d'actif et de passif transférés dans des conditions différentes de celles prévues au paragraphe 3, le paragraphe 1 ne s'applique pas aux éléments d'actif et de passif pour lesquels la société bénéficiaire a usé de cette faculté. »

7) l'article 6 est remplacé par le texte suivant :

« Article 6

Dans la mesure où les États membres appliquent, lorsque les opérations visées à l'article 1er, point a), interviennent entre sociétés de l'État de la société apporteuse, des dispositions permettant la reprise, par la société bénéficiaire, des pertes de la société apporteuse non encore amorties du point de vue fiscal, ils étendent le bénéfice de ces dispositions à la reprise, par les établissements stables de la société bénéficiaire situés sur leur territoire, des pertes de la société apporteuse non encore amorties du point de vue fiscal. »

8) à l'article 7, le paragraphe 2 est remplacé par le texte suivant :

« 2. Les États membres ont la faculté de déroger au paragraphe 1 lorsque la participation détenue par la société bénéficiaire dans le capital de la société apporteuse est inférieure à 20 %.

À partir du 1er janvier 2007, le pourcentage minimal de participation sera de 15 %. À partir du 1er janvier 2009, le pourcentage minimal de participation sera de 10 %. »

9) l'article 8 est remplacé par le texte suivant :

« Article 8

1. L'attribution, à l'occasion d'une fusion, d'une scission ou d'un échange d'actions, de titres représentatifs du capital social de la société bénéficiaire ou acquérante à un associé de la société apporteuse ou acquise, en échange de titres représentatifs du capital social de cette dernière société, ne doit, par elle-même, entraîner aucune imposition sur le revenu, les bénéfices ou les plus-values de cet associé.

2. L'attribution, à l'occasion d'une scission partielle, de titres représentatifs du capital social de la société bénéficiaire à un associé de la société apporteuse ne doit, par elle-même, entraîner aucune imposition sur le revenu, les bénéfices ou les plus-values de cet associé.

3. Lorsqu'un État membre considère un associé comme fiscalement transparent sur la base de l'évaluation par cet État des caractéristiques juridiques de l'associé au titre de la législation en vertu de laquelle il a été constitué, et qu'en conséquence, il impose les personnes ayant des intérêts dans l'actionnariat au titre de leur part des bénéfices de l'associé au moment où naissent ces bénéfices, l'État en question n'impose pas ces personnes au titre des revenus, des bénéfices ou des plus-values résultant de l'attribution à l'associé de titres représentatifs du capital social de la société bénéficiaire ou acquérante.

4. Les paragraphes 1 et 3 ne s'appliquent que si l'associé n'attribue pas aux titres reçus en échange une valeur fiscale supérieure à la valeur que les titres échangés avaient immédiatement avant la fusion, la scission ou l'échange des actions.

5. Les paragraphe 2 et 3 ne s'appliquent que si l'associé n'attribue pas à la somme des titres reçus et des titres détenus dans le capital de la société apporteuse une valeur fiscale supérieure à la valeur que les titres détenus dans le capital de la société apporteuse avaient immédiatement avant la scission partielle.

6. L'application des paragraphes 1, 2 et 3 n'empêche pas les États membres d'imposer le profit résultant de la cession ultérieure des titres reçus de la même manière que le profit qui résulte de la cession des titres existant avant l'acquisition.

7. Aux fins du présent article, on entend par "valeur fiscale", la valeur qui servirait de base pour le calcul éventuel d'un profit ou d'une perte prise en compte pour déterminer l'assiette d'un impôt frappant les revenus, les bénéfices ou les plus-values de l'associé de la société.

8. Lorsqu'en vertu de la législation de l'État membre dont il est résident, un associé a la faculté d'opter pour un régime fiscal différent de celui défini aux paragraphes 4 et 5, les paragraphes 1, 2 et 3 ne s'appliquent pas aux titres pour lesquels cet associé aura exercé cette faculté.

9. Les paragraphes 1, 2 et 3 n'empêchent pas un État membre de prendre en compte, pour la taxation des associés, la soulte en espèces qui leur est éventuellement attribuée à l'occasion de la fusion, de la scission, de la scission partielle ou de l'échange d'actions. »

10) l'article 10 est remplacé par le texte suivant :

« Article 10

1. Lorsque parmi les biens apportés à l'occasion d'une fusion, d'une scission, d'une scission partielle ou d'un apport d'actifs figure un établissement stable de la société apporteuse situé dans un État membre autre que celui de cette société, l'État membre dans lequel se trouve la société apporteuse renonce à tout droit d'imposer ce dernier.

L'État membre de la société apporteuse peut réintégrer dans les bénéfices imposables de celle-ci les pertes antérieures de l'établissement stable qui ont éventuellement été déduites du bénéfice imposable de la société dans cet État et qui n'ont pas été compensées.

L'État membre dans lequel est situé l'établissement stable et l'État membre de la société bénéficiaire appliquent à cet apport les dispositions de la présente directive comme si l'État membre dans lequel se trouve l'établissement stable était celui de la société apporteuse.

Ces dispositions s'appliquent aussi dans le cas où l'établissement stable est situé dans le même État membre que celui dont la société bénéficiaire est résidente.

2. Par dérogation au paragraphe 1, lorsque l'État membre de la société apporteuse applique un régime d'imposition des bénéfices réalisés au niveau mondial, cet

État membre a le droit d'imposer les bénéfices ou les plusvalues réalisés par l'établissement stable à la suite de la fusion, de la scission, de la scission partielle ou de l'apport d'actif, à condition d'admettre la déduction de l'impôt, qui, n'étaient les dispositions de la présente directive, aurait été réclamé au titre de ces bénéfices ou de ces plus-values dans l'État membre où est situé l'établissement stable, de la même manière et pour le même montant que cela aurait été le cas si cet impôt avait véritablement été exigé et acquitté. »

11) le titre suivant est inséré :

« TITRE IV bis

Cas particulier des entités transparentes

Article 10 bis

1. Lorsqu'un État membre considère une société apporteuse ou acquise non résidente comme fiscalement transparente, sur la base de l'évaluation par cet État des caractéristiques juridiques de la société au titre de la législation en vertu de laquelle elle a été constituée, il a le droit de ne pas appliquer les dispositions de la présente directive lorsqu'il impose un associé direct ou indirect de cette société en ce qui concerne le revenu, les bénéfices ou les plus-values de cette société.

2. Un État membre qui exerce le droit visé au paragraphe 1 admet la déduction de l'impôt qui, n'étaient les dispositions de la présente directive, aurait été réclamé à la société fiscalement transparente pour son revenu, ses bénéfices ou ses plus-values, de la même manière et pour le même montant que cet État membre l'aurait fait si cet impôt avait véritablement été exigé et acquitté.

3. Lorsqu'un État membre considère une société bénéficiaire ou acquérante non résidente comme fiscalement transparente, sur la base de l'évaluation par cet État des caractéristiques juridiques de la société au titre de la législation en vertu de laquelle elle a été constituée, il a le droit de ne pas appliquer l'article 8, paragraphes 1, 2 et 3.

4. Lorsqu'un État membre considère une société bénéficiaire non résidente comme fiscalement transparente, sur la base de l'évaluation par cet État des caractéristiques juridiques de la société au titre de la législation en vertu de laquelle elle a été constituée, cet État membre peut appliquer aux associés directs ou indirects le même traitement fiscal qu'il appliquerait si la société bénéficiaire était résidente dans cet État membre. »

12) le titre suivant est inséré :

« TITRE IV ter

Règles applicables au transfert du siège statutaire d'une SE ou d'une SCE

Article 10 ter

1. Lorsque

a) une SE ou une SCE transfère son siège statutaire d'un État membre à un autre, ou

b) à la suite du transfert de son siège statutaire d'un État membre à autre État, une SE ou une SCE qui est résidente dans le premier État membre cesse d'être résidente dans cet État membre et devient résidente dans un autre État membre, ce transfert du siège statutaire ou la cessation de résidence n'entraîne pas d'imposition des plus-values, calculées conformément à l'article 4, paragraphe 1, dans l'État membre duquel le siège statutaire a été transféré, résultant des éléments d'actif et de passif de la SE ou de la SCE qui, à la suite de ce transfert ou de cette cessation, restent effectivement rattachés à un établissement stable de la SE ou de, la SCE dans l'État membre duquel le siège statutaire a été transféré et qui concourent à la formation des profits ou des pertes pris en compte aux fins de la fiscalité.

2. Le paragraphe 1 ne s'applique que si la SE ou la SCE calcule les nouveaux amortissements et les plus-values ou moins-values afférentes aux éléments d'actif et de passif qui restent effectivement rattachés à cet établissement stable dans les mêmes conditions que si le transfert du siège statutaire n'avait pas eu lieu ou que si la SE ou que si la SCE n'avait pas cessé d'être résidente fiscale.

3. Lorsque, en vertu de la législation de cet État membre, la SE ou la SCE est autorisée à calculer les nouveaux amortissements et les plus-values ou moins-values afférentes aux éléments d'actif et de passif restant dans cet État membre dans des conditions différentes de celles visées au paragraphe 2, le paragraphe 1 ne s'applique pas aux éléments d'actif et de passif pour lesquels la SE ou la SCE a usé de cette faculté.

Article 10 quater

1. Lorsque

a) une SE ou une SCE transfère son siège statutaire d'un État membre à un autre, ou

b) que, à la suite du transfert de son siège statutaire d'un État membre à un autre, une SE ou une SCE qui est résidente dans le premier État membre cesse d'être résidente dans cet État membre et devient résidente dans un autre État membre, les États membres prennent les mesures nécessaires pour que, lorsque des provisions ou réserves dûment constituées par la SE ou la SCE avant le transfert du siège statutaire sont partiellement ou totalement exemptées de l'impôt et ne proviennent pas d'établissements stables à l'étranger, ces provisions ou réserves puissent être reportées, en bénéficiant de la même exonération d'impôt, par un établissement stable d'une SE ou d'une SCE qui est situé sur le territoire de l'État membre duquel le siège statutaire a été transféré.

2. Dans la mesure où une société qui transfère son siège statutaire sur le territoire d'un État membre serait autorisée à reporter les pertes non amorties du point de vue fiscal ou à les imputer à un exercice antérieur, cet État membre autorise l'établissement stable, situé sur son territoire, de la SE ou de la SCE qui transfère son siège statutaire à reprendre les pertes non amorties du point de vue fiscal de la SE ou de la SCE, pour autant que le report des pertes ou l'imputation de celles-ci à un exercice antérieur aurait été possible dans des circonstances comparables pour une société qui continue d'avoir son siège statutaire ou qui continue d'avoir sa résidence fiscale dans cet État membre.

Article 10 quinquies

1. Le transfert du siège statutaire d'une SE ou d'une SCE n'entraîne pas en soi d'imposition des revenus, bénéfices ou plus-values des associés.

2. L'application du paragraphe 1 n'empêche pas les États membres d'imposer le profit résultant de la cession ultérieure des titres représentatifs du capital social de la SE ou de la SCE qui transfère son siège statutaire. »

13) à l'article 11, le paragraphe 1 est remplacé par le texte suivant :

« 1. Un État membre peut refuser d'appliquer tout ou partie des dispositions des titres II, III, IV et IV ter ou en retirer le bénéfice lorsque l'opération de fusion, de scission, de scission partielle, d'apport d'actifs, d'échange d'actions ou de transfert du siège statutaire d'une SE ou d'une SCE :

a) a comme objectif principal ou comme un de ses objectifs principaux la fraude ou l'évasion fiscales ; le fait qu'une des opérations visées à l'article 1er n'est pas effectuée pour des motifs économiques valables, tels que la restructuration ou la rationalisation des activités des sociétés participant à l'opération, peut constituer une présomption que cette opération a comme objectif principal ou comme un de ses objectifs principaux la fraude ou l'évasion fiscales ;

b) a pour effet qu'une société, que celle-ci participe ou non à l'opération, ne remplit plus les conditions requises pour la représentation des travailleurs dans les organes de la société selon les modalités applicables avant l'opération en question. »

14) l'annexe est remplacée par le texte figurant à l'annexe de la présente directive.

Art. 2. 1. Les États membres mettent en vigueur les dispositions législatives, réglementaires et administratives nécessaires pour se conformer aux dispositions relatives au transfert du siège statutaire d'une SE ou d'une SCE, ainsi qu'au point a) de l'annexe de la présente directive au plus tard le 1er janvier 2006. Les États membres communiquent immédiatement à la Commission le texte de ces dispositions ainsi qu'un tableau de correspondance entre ces dispositions et la présente directive.

Lorsque les États membres adoptent ces dispositions, celles-ci contiennent une référence à la présente directive ou sont accompagnées d'une telle référence lors de leur publication officielle.

Les modalités de cette référence sont arrêtées par les États membres.

2. Les États membres mettent en vigueur les dispositions législatives, réglementaires et administratives nécessaires pour se conformer à la présente directive, en ce qui concerne les dispositions autres que celles visées au paragraphe 1, au plus tard le 1er janvier 2007. Les États membres communiquent immédiatement à la Commission le texte de ces dispositions ainsi qu'un tableau de correspondance entre ces dispositions et la présente directive.

Lorsque les États membres adoptent ces dispositions, celles-ci contiennent une référence à la présente directive ou sont accompagnées d'une telle référence lors de leur publication officielle.

Les modalités de cette référence sont arrêtées par les États membres.

3. Les États membres communiquent à la Commission le texte des dispositions essentielles de droit interne qu'ils adoptent dans le domaine couvert par la présente directive.

Art. 3. Les États membres sont destinataires de la présente directive.

Fait à Bruxelles, le 17 février 2005.

Président

ANNEXE

LISTE DES SOCIÉTÉS VISÉES À L'ARTICLE 3, POINT a)

a) Les sociétés constituées conformément au règlement (CE) n° 2157/2001 du Conseil du 8 octobre 2001 relatif au statut de la société européenne (SE) et à la directive 2001/86/CE du Conseil du 8 octobre 2001 complétant le statut de la société européenne pour ce qui concerne l'implication des travailleurs et les sociétés coopératives constituées conformément au règlement (CE) n° 1435/2003 du Conseil du 22 juillet 2003 relatif au statut de la société coopérative européenne (SCE) et à la directive 2003/72/CE du Conseil du 22 juillet 2003 complétant le statut de la société coopérative européenne pour ce qui concerne l'implication des travailleurs ;

b) les sociétés de droit belge dénommées "société anonyme"/"naamloze vennootschap", "société en commandite par actions"/"commanditaire vennootschap op aandelen", "société privée à responsabilité limitée"/"besloten vennootschap met beperkte aansprakelijkheid", "société coopérative à responsabilité limitée"/"coöperatieve vennootschap met beperkte aansprakelijkheid", "société coopérative à responsabilité illimitée"/"coöperatieve vennootschap met onbeperkte aansprakelijkheid", "société en nom collectif"/"vennootschap onder firma", "société en commandite simple"/"gewone commanditaire vennootschap", les entités de droit public qui ont adopté une des formes juridiques mentionnées ci-dessus, ainsi que les autres sociétés constituées conformément au droit belge et assujetties à l'impôt sur les sociétés en Belgique ;

c) les sociétés de droit tchèque dénommées "akciová společnost", "spole čnost s ručením omezeným" ;

d) les sociétés de droit danois dénommées "aktieselskab" et "anpartsselskab" ; d'autres sociétés assujetties à l'impôt en vertu de la législation sur l'imposition des sociétés, à condition que leurs revenus imposables soient calculés et imposés conformément à la législation fiscale générale applicable aux "aktieselskaber" ;

e) les sociétés de droit allemand dénommées "Aktiengesellschaft", "Kommanditgesellschaft auf Aktien", "Gesellschaft mit beschränkter Haftung", "Versicherungsverein auf Gegenseitigkeit", "Erwerbs- und Wirtschaftsgenossenschaft", "Betriebe gewerblicher Art von juristischen Personen des öffentlichen Rechts", ainsi que les autres sociétés constituées conformément au droit allemand et assujetties à l'impôt sur les sociétés en Allemagne ;

f) les sociétés de droit estonien dénommées "täisühing", "usaldusühing", "osaühing", "aktsiaselts", "tulundusühistu" ;

g) les sociétés de droit grec dénommées "...ώνυμη εταιρεία", "εταιρεία εριωρισμένης ευθύνης (Ε.Π.Ε.)" ;

h) les sociétés de droit espagnol dénommées "sociedad anónima", "sociedad comanditaria por acciones", "sociedad de responsabilidad limitada", et les entités de droit public qui opèrent sous le régime du droit privé ;

i) les sociétés de droit français dénommées "société anonyme", "société en commandite par actions", "société à responsabilité limitée", "société par actions simplifiée", "société d'assurance mutuelle", "caisses d'épargne et de prévoyance", "sociétés civiles" assujetties de plein droit à l'impôt sur les sociétés, "coopératives" et "unions de coopératives", les établissements et entreprises publics à caractère industriel et commercial, ainsi que les autres sociétés constituées conformément au droit français et assujetties à l'impôt sur les sociétés en France ;

j) les sociétés de droit irlandais ou existant conformément au droit irlandais, les établissements enregistrés sous le régime des "Industrial and Provident Societies ACTS", les "building societies" enregistrées sous le régime des "Building Societies ACTS" et les "trustee savings banks" au sens du "Trustee Savings Banks Act" de 1989 ;

k) les sociétés de droit italien dénommées "società per azioni", "società in accomandita per azioni", "società a responsabilità limitata", "società cooperative", "società di mutua assicurazione", et les entités privées et publiques qui exercent exclusivement ou principalement des activités commerciales ;

l) les sociétés de droit chypriote telles qu'elles sont définies dans la législation concernant l'impôt sur le revenu ;

m) les sociétés de droit letton dénommées "akciju sabiedrība", "sabiedrība ar ierobežotu atbildību" ;

n) les sociétés constituées conformément au droit lituanien ;

o) les sociétés de droit luxembourgeois dénommées "société anonyme", "société en commandite par actions", "société à responsabilité limitée", "société coopérative", "société coopérative organisée comme une société anonyme", "association d'assurances mutuelles", "association d'épargne-pension", "entreprise de nature commerciale, industrielle ou minière de l'État, des communes, des syndicats de communes, des établissements publics et des autres personnes morales de droit public", ainsi que les autres sociétés constituées conformément au droit luxembourgeois et assujetties à l'impôt sur les sociétés au Luxembourg ;

p) les sociétés de droit hongrois dénommées "közkereseti társaság", "betéti társaság", "közös vállalat", "korlátolt felelősségű társaság", "részvénytársaság", "egyesülés", "közhasznú társaság", "szövetkezet" ;

q) les sociétés de droit maltais dénommées "Kumpaniji ta' Responsabilita' Limitata", "Soċjetajiet en commandite li lkapital tagħhom maqsum f'azzjonijiet" ;

r) les sociétés de droit néerlandais dénommées "naamloze vennnootschap", "besloten vennootschap met beperkte aansprakelijkheid", "open commanditaire vennootschap", "coöperatie", "onderlinge waarborgmaatschappij", "fonds voor gemene rekening", "vereniging op coöperatieve grondslag" et "vereniging welke op onderlinge grondslag als verzekeraar of kredietinstelling optreedt", ainsi que les autres sociétés constituées conformément au droit néerlandais et assujetties à l'impôt sur les sociétés aux Pays-Bas ;

s) les sociétés de droit autrichien dénommées "Aktiengesellschaft", "Gesellschaft mit beschränkter Haftung", "Erwerbs- und Wirtschaftsgenossenschaften" ;

t) les sociétés de droit polonais dénommées "spółka akcyjna", "spółka z ograniczoną odpowiedzialnością" ;

u) les sociétés commerciales ou sociétés civiles de forme commerciale, ainsi que d'autres personnes morales exerçant des activités commerciales ou industrielles qui sont constituées conformément au droit portugais ;

v) les sociétés de droit slovène dénommées "delniška družba", "komanditna družba", "družba z omejeno odgovornostjo" ;

w) les sociétés de droit slovaque dénommées "akciová spoločnosť ", "spoločnosť s ru čením obmedzeným", "komanditná spoločnosť " ;

x) les sociétés de droit finlandais dénommées "osakeyhtiö"/"aktiebolag", "osuuskunta"/"andelslag", "säästöpankki"/ "sparbank" et "vakuutusyhtiö"/"försäkringsbolag" ;

y) les sociétés de droit suédois dénommées "aktiebolag", "bankaktiebolag", "försäkringsaktiebolag", "ekonomiska föreningar", "sparbanker", "ömsesidiga försäkringsbolag" ;

z) les sociétés constituées conformément au droit du Royaume-Uni. »

Annexe 2

Règlement n° 2004-01 du 4 mai 2004 relatif au traitement comptable des fusions et opérations assimilées

Le Comité de la réglementation comptable,

Vu le code de commerce ;

Vu la loi n° 98-261 du 6 avril 1998 portant réforme de la réglementation comptable et adaptation du régime de la publication foncière ;

Vu le règlement n° 99-03 du 29 avril 1999 du Comité de la réglementation comptable relatif à la réécriture du plan comptable général modifié par les règlements n°s 99-08 et 99-09 du 24 novembre 1999, n° 2000-06 du 7 décembre 2000, n° 2002-10 du 12 décembre 2002 et n° 2003-07 du 12 décembre 2003 ;

Vu l'avis n° 2004-01 du 25 mars 2004 du Conseil national de la comptabilité relatif au traitement comptable des fusions et opérations assimilées ;

Décide

Article 1

Les opérations de fusions et opérations assimilées rémunérées par des titres et retracées dans un traité d'apport, y compris les confusions de patrimoine, sont comptabilisées et évaluées conformément aux dispositions du présent règlement et à son annexe.

Article 2

Titre III - Règles de comptabilisation et d'évaluation.

Chapitre II – Évaluation et mode de comptabilisation des actifs et passifs.

Section 1 – Évaluation des actifs à la date d'entrée.

L'article 321-2.1, (coût d'acquisition) du règlement n° 99-03 du CRC est modifié comme suit :

« Dans les cas ci-après, le prix d'achat s'entend :

b. « pour les biens et titres reçus à titre d'apports en nature par la société bénéficiaire, pour les valeurs figurant dans le traité d'apport, déterminées et évaluées selon les dispositions de l'annexe 1 au règlement (n° 99-03).

Les apports de biens et titres isolés, sont évalués comme des échanges à la valeur vénale. »

Article 3

Titre IV – Tenue, structure et fonctionnement des comptes.

Chapitre IV – Fonctionnement des comptes.

Compte 442 – section 1–20 – Immobilisation incorporelle.

Le dernier alinéa de l'article 441-20 compte 207 « Fonds commercial » est complété comme suit :

« Le compte 207 enregistre également le mali de fusion. »

Article 4

Titre V – Documents de synthèse.

Chapitre III – Modèles de comptes annuels. Annexe.

Section 1 – Contenu de l'annexe.

Article 531-2 – Compléments d'information relatifs au bilan et au compte de résultat.

Il est créé une rubrique 531-2/29 rédigée comme suit :

« Pour les opérations de fusion et opérations assimilées, la société doit mentionner les informations prévues dans l'annexe 1 au règlement (n° 99-03). »

Article 5

Le présent règlement s'applique aux opérations de fusion ou opérations assimilées, postérieures au 1er janvier 2005.

Toutefois les sociétés peuvent appliquer le présent règlement aux opérations postérieures à sa date de publication au journal officiel, c'est-à-dire aux opérations dont le traité d'apport aura fait l'objet des formalités de dépôt et de publicité prévues par l'article L 236-6 du code de commerce.

ANNEXE

Comptabilisation et évaluation des opérations de fusions et opérations assimilées, rémunérées par des titres et retracées dans un traité d'apport, y compris les confusions de patrimoine

Sommaire

1 - Champ d'application

Le règlement s'applique à la comptabilisation dans les comptes individuels, de toutes les opérations de fusions et opérations assimilées rémunérées par des titres et retracées dans un traité d'apport prévu à l'article L 236-6 du code de commerce.

• Fusion de sociétés : opération ainsi définie à l'article L 236-1 alinéa 1er du code de commerce « une ou plusieurs sociétés peuvent, par voie de fusion, transmettre leur patrimoine à une société existante ou à une nouvelle société qu'elles constituent. » **La fusion est une opération par laquelle une société disparaît, soit lors de son absorption par une autre société (fusion absorption), soit parce qu'elle participe avec d'autres personnes morales à la constitution d'une nouvelle société (fusion par constitution d'une nouvelle société).**

• Fusion simplifiée : opération correspondant à l'absorption par une société, d'une ou plusieurs de ses filiales détenues à 100 %.

• Apport partiel d'actifs constituant une branche d'activité : opération par laquelle une société apporte un ensemble d'actifs et de passifs constituant une branche autonome, à une autre personne morale et reçoit en échange des titres remis par la société bénéficiaire des apports.

Les apports de titres de participation représentatifs du contrôle (cf. § 4.1 *« analyse des situations de contrôle »*) de cette participation sont assimilés à des apports partiels d'actifs constituant une branche d'activité et entrent dans le champ d'application du présent règlement. Les autres apports de titres sont évalués à la valeur vénale.

Les apports d'actifs isolés exclus du champ d'application du présent règlement sont évalués comme des échanges à la valeur vénale.

• Scission de sociétés : opération définie à l'article L 236-1 alinéa 2 du code de commerce comme une transmission du patrimoine d'une société « à plusieurs sociétés ».

• Confusion de patrimoine : cette opération visée à l'article 1844-5 du code civil conduit à la dissolution d'une société dont toutes les parts sont réunies en une seule main et entraîne la transmission universelle de son patrimoine à l'associé unique, sans qu'il y ait lieu à liquidation. **Bien qu'un traité d'apport ne soit pas expressément prévu pour ces opérations, elles doivent suivre le même traitement comptable (cf. § 7).**

2 - Principe d'inscription des apports dans les comptes de la société bénéficiaire

Les apports sont inscrits dans les comptes de la société bénéficiaire pour les valeurs figurant dans le traité d'apport. Ces valeurs sont déterminées selon les modalités exposées aux §§ 4.3 et 4.4 du présent règlement.

3 - Définitions

- Société absorbante ou société bénéficiaire des apports : société qui reçoit les apports en vertu du traité d'apport et qui remet des titres en rémunération desdits apports.
- Société absorbée ou société apporteuse : société qui transfère à la société absorbante ou à la bénéficiaire des apports, les actifs et les passifs mentionnés dans le traité d'apport.
- Société initiatrice : société qui d'un point de vue économique prend l'initiative des opérations et prend le contrôle :
- **du capital d'une autre société ou renforce son contrôle sur celui-ci ;**
- **d'une branche d'activité apportée par une autre société.**
- Société cible : société (ou branche d'activité) qui d'un point de vue économique, passe sous le contrôle de la société initiatrice, ou dont le contrôle est renforcé.

4 - Méthodologie d'évaluation des apports

Le présent règlement concerne les modalités d'évaluation des apports et ne vise pas celles retenues pour le calcul de la parité.

Les apports sont évalués à la valeur comptable ou à la valeur réelle, selon la situation de contrôle au moment de l'opération et le sens de l'opération.

4.1 - Analyse de la situation de contrôle au moment de l'opération

Pour chaque opération (qui ne peut concerner que des personnes morales), il convient de déterminer s'il s'agit :

- d'opérations impliquant des sociétés sous contrôle commun, i.e. une des sociétés participant à l'opération contrôle préalablement l'autre ou les deux sociétés sont préalablement sous le contrôle d'une même société mère ;
- d'opérations impliquant des sociétés sous contrôle distinct, i.e. aucune des sociétés participant à l'opération ne contrôle préalablement l'autre ou ces sociétés ne sont pas préalablement sous le contrôle d'une même société mère.

En cas de filialisation d'une branche d'activité appelée à être cédée à une société sous contrôle distinct, la notion d'opération doit être analysée en tenant compte de l'objectif de cession qui préside à la filialisation. Cet objectif se matérialise par l'existence d'un engagement préalable de cession ou d'introduction en bourse en vigueur lors de la filialisation, conduisant à une perte de contrôle et mentionné explicitement dans le traité d'apport.

La notion de contrôle d'une société est définie au paragraphe 1002 du règlement n° 99-02 du CRC relatif aux comptes consolidés des sociétés commerciales et entreprises publiques modifié par le règlement n° 2004-03. **Ces règles sont reprises par le règlement n° 99-07 relatif aux règles de consolidation des entreprises relevant du Comité de la réglementation bancaire et financière modifié par le règlement n° 2004-04 et le règlement n° 2000-05 relatif aux règles de consolidation et de combinaison des entreprises régies par le code des assurances et des institutions de prévoyance régies par le code de la sécurité sociale ou par le code rural modifié par le règlement n° 2004-05.**

« Le contrôle exclusif est le pouvoir de diriger les politiques financière et opérationnelle d'une entreprise afin de tirer avantage de ses activités. Il résulte :

- *soit de la détention directe ou indirecte de la majorité des droits de vote dans une autre entreprise ;*
- *soit de la désignation, pendant deux exercices successifs de la majorité des membres des organes d'administration, de direction ou de surveillance d'une autre entreprise ; l'entreprise consolidante est présumée avoir effectué cette désignation lorsqu'elle a disposé, au cours de cette période, directement ou indirectement, d'une fraction supérieure à quarante pour cent des droits de vote et qu'aucun autre associé ou actionnaire ne détenait, directement ou indirectement, une fraction supérieure à la sienne ;*
- *soit du droit d'exercer une influence dominante sur une entreprise en vertu d'un contrat ou de clauses statutaires, lorsque le droit applicable le permet. L'influence dominante existe dès lors que, dans les conditions décrites ci-dessus, l'entreprise consolidante a la possibilité d'utiliser ou d'orienter l'utilisation des actifs de la même façon qu'elle contrôle ses propres actifs. »*

4.2 - Détermination du sens des opérations

4.2.1 - Opérations à l'endroit

Fusion à l'endroit : après la fusion, l'actionnaire principal de l'absorbante, bien que dilué (sauf dans les cas de fusion simplifiée), conserve son pouvoir de contrôle sur celle-ci :

- **la cible est la société absorbée ;**
- **l'initiatrice est la société absorbante ou l'une de ses filiales.**

Apport à l'endroit : après l'apport, l'actionnaire principal de la société bénéficiaire des apports, bien que dilué, conserve son pouvoir de contrôle sur celle-ci :

- **la cible est la société dont une branche d'activité est apportée ;**
- **l'initiatrice est la société bénéficiaire des apports ou l'une de ses filiales.**

4.2.2 - Opérations à l'envers

Fusion à l'envers : après la fusion, l'actionnaire principal de l'absorbée prend le contrôle de l'absorbante :

- **la cible est la société absorbante ;**
- **l'initiatrice est la société absorbée ou sa société mère.**

Apport à l'envers : après l'apport, la société apporteuse prend le contrôle de la société bénéficiaire des apports, ou renforce son contrôle sur celle-ci :

- **la cible est la société bénéficiaire des apports ;**
- **l'initiatrice est la société apporteuse ou sa société mère.**

4.3 - Principe de détermination de la valeur d'apport

Les apports sont évalués comme suit en fonction de la situation de la société absorbante ou de la bénéficiaire des apports et de l'existence ou non d'un contrôle commun entre les sociétés participant à l'opération :

- Apports évalués à la valeur comptable
- (1) et (2). Opérations à l'endroit ou à l'envers impliquant des sociétés sous contrôle commun. **Avant l'opération, la situation de contrôle est déjà établie entre la société initiatrice et la société cible. L'opération de regroupement correspond donc à un renforcement de contrôle ou à un maintien de contrôle (cas des fusions simplifiées et des opérations de transmission universelle de patrimoine) et, dans la logique des comptes consolidés, il convient de ne pas réévaluer l'ensemble des actifs et passifs apportés.**
- (3). Opérations à l'envers impliquant des sociétés sous contrôle distinct. **Compte tenu des contraintes légales, les actifs et passifs de la cible (correspondant à l'absorbante ou à la bénéficiaire des apports) ne peuvent pas être comptabilisés à leur valeur réelle parce qu'ils ne figurent pas dans le traité d'apport. En effet, les actifs et les passifs figurant dans le traité d'apport sont ceux de la société initiatrice ; ils n'ont pas à être réévalués.**
- Apports évalués à la valeur réelle

(4). Opérations à l'endroit impliquant des sociétés sous contrôle distinct. **Avant l'opération, la situation de contrôle n'est pas établie entre la société initiatrice et la société cible. L'opération de regroupement correspond donc à une prise de contrôle et dans la logique des comptes consolidés, il convient de traiter cette opération comme une acquisition à la valeur réelle. Cette analyse s'applique également aux opérations de filialisation suivies d'une cession à une société sous contrôle distinct (cf. § 4.1). Si la cession ne se réalise pas selon les modalités initialement prévues, la condition résolutoire mentionnée dans le traité d'apport s'applique. Il convient alors d'analyser à nouveau l'opération et de modifier les valeurs d'apport. Pour ces opérations, il est ainsi nécessaire de mentionner, dans le traité d'apport, à la fois les valeurs comptables et les valeurs réelles des actifs et passifs.**

Valorisation des apports **Notion de contrôle** **N**	**Valeur comptable**	**Valeur réelle**
Opérations impliquant des sociétés sous contrôle commun **Opérations à l'endroit (1)** **Opérations à l'envers (2)**	X X	
Opérations impliquant des sociétés sous contrôle distinct **Opérations à l'envers (3)** **Opérations à l'endroit (4)**	X	X

(1), (2), (3) et (4) voir ci-dessus

Par dérogation, lorsque les apports doivent être évalués à la valeur nette comptable en application des règles exposées ci-dessus et que l'actif net comptable apporté est insuffisant pour permettre la libération du capital, les valeurs réelles des éléments apportés doivent être retenues. Cette dérogation ne peut par définition s'appliquer ni aux opérations de dissolution par confusion de patrimoine ni aux fusions simplifiées.

4.4 - Détermination des valeurs individuelles des apports

- Lorsque les apports sont évalués à la valeur réelle, les valeurs individuelles des actifs et passifs apportés correspondent aux valeurs réelles attribuées à chacun des éléments inscrits dans le traité d'apport, figurant ou non à l'actif (par exemple les marques ou les impôts différés actifs) ou au passif (par exemple les provisions pour retraites ou les impôts différés passifs) du bilan de l'absorbée ou de la société apporteuse à la date de l'opération. **Ces valeurs s'apprécient en fonction du marché et de l'utilité du bien pour la société. Pour l'établissement de ces valeurs, la société utilise les références ou les techniques les mieux adaptées à la nature du bien, telles que les prix de marché, les indices spécifiques et des expertises indépendantes.**

La différence éventuelle entre la valeur globale des apports et la somme algébrique des valeurs réelles des actifs et passifs identifiés est également inscrite dans le traité d'apport ou autre document faisant foi sur une ligne « fonds commercial », reprise comme telle au bilan de la société bénéficiaire.

Le traitement ultérieur des éléments ne figurant pas dans les comptes de l'absorbée (par exemple provisions pour retraites, actifs et passifs d'impôts différés) est analogue à celui prévu au dernier alinéa du paragraphe 21123 « Suivi ultérieur des valeurs d'entrée » des règlements n° 99-02, n° 99-07 et n° 2000-05 du CRC.

• Lorsque les apports sont évalués à la valeur comptable, les valeurs comptables individuelles des actifs et passifs apportés correspondent aux valeurs de chaque actif et passif figurant dans les comptes de l'absorbée ou de la société apporteuse à la date d'effet de l'opération.

4.5 - Traitement du boni et du mali de fusion

Lorsque la société absorbante a acquis des titres de la société absorbée antérieurement à la date de l'opération de fusion, un boni ou mali peut apparaître lors de l'annulation de ces titres auxquels se substituent les actifs et passifs de la société absorbée.

4.5.1 - Traitement du boni de fusion

Le boni représente l'écart positif entre l'actif net reçu par la société absorbante à hauteur de sa participation détenue dans la société absorbée, et la valeur comptable de cette participation.

Le boni est comptabilisé dans le résultat financier à hauteur de la quote-part des résultats accumulés par la société absorbée depuis l'acquisition et non distribués et, dans les capitaux propres pour le montant résiduel ou si les résultats accumulés ne peuvent être déterminés de manière fiable.

4.5.2 - Traitement du mali pour les opérations évaluées à la valeur comptable

Le mali de fusion représente l'écart négatif entre l'actif net reçu par la société absorbante à hauteur de sa participation détenue dans la société absorbée et la valeur comptable de cette participation. **Le mali de fusion peut être décomposé en deux éléments :**

• un mali technique généralement constaté pour les fusions ou les opérations de transmission universelle de patrimoine évaluées à la valeur comptable lorsque la valeur nette des titres de la société absorbée figurant à l'actif de la société absorbante est supérieure à l'actif net comptable apporté. Cette composante du mali correspond, à hauteur de la participation antérieurement détenue aux plus-values latentes sur éléments d'actif comptabilisés ou non dans les comptes de l'absorbée déduction faite des passifs non comptabilisés en l'absence d'obligation comptable dans les comptes de la société absorbée (par exemple provisions pour retraites, impôts différés passifs).

• Au-delà du mali technique, le solde du mali, qui peut être représentatif d'un complément de dépréciation de la participation détenue dans la société absorbée, doit être comptabilisé dans le résultat financier de la société absorbante de l'exercice au cours duquel l'opération est réalisée.

La société absorbante ou bénéficiaire des apports inscrit la totalité du mali technique dans un sous compte intitulé « mali de fusion » du compte 207 « fonds commercial ».

À la date de l'opération, afin de suivre dans le temps la valeur du mali, les entreprises procèdent de manière extra-comptable, à l'affectation de ce mali aux différents actifs apportés par la société apporteuse dans la mesure où la plus-value latente constatée par actif est significative. **Cette affectation peut être faite selon les modalités suivantes :**

• détermination de la valeur réelle à la date de l'opération (et non à la date d'acquisition des titres), des actifs de la société absorbée y compris ceux ne figurant pas dans ses comptes ;

• calcul du montant des plus-values latentes par différence entre cette valeur et la valeur comptable sociale de chaque actif ;

• affectation extra-comptable du mali technique aux différents actifs au prorata des plus-values latentes et dans la limite de celles-ci.

Les modalités de calcul des plus-values latentes et de l'affectation du mali sont présentées à l'aide du tableau ci-après.

Identification du bien	Valeur comptable sociale	Valeur réelle	Plus value latente	Affectation du mali au prorata des plus values latentes et dans la limite de celles-ci
	(1)	(2)	(2) – (1)	(3)
Actifs figurant dans les comptes de l'absorbée				
Actif 1				
Actif 2				
Actifs ne figurant pas dans les comptes de l'absorbée				
Actif 3				
Actif 4				
Total				

Le mali n'est pas un élément amortissable car la durée de consommation de ses avantages économiques futurs ne peut être déterminée a priori de façon fiable. Cependant les éléments constitutifs du mali, tels que définis précédemment, doivent faire l'objet d'un test de dépréciation prévu à l'article 322-5 du règlement n° 99-03 du CRC (modifié par le règlement n°2002-10) et selon les modalités exposées ci-après.

Le mali subit une dépréciation lorsque la valeur actuelle d'un ou plusieurs actifs sous-jacents auxquels une quote-part de mali a été affectée devient inférieure à la valeur comptable du ou des actifs précités, majorée de la quote-part de mali affectée. La valeur actuelle correspond à la valeur la plus élevée de la valeur vénale ou de la valeur d'usage (cf. article 322-1 du règlement n° 99-03 du CRC modifié par le règlement n°2002-10).

En cas de sortie d'un actif auquel une quote-part de mali a été affectée, le mali doit être réduit à due concurrence. Ce traitement est analogue à celui retenu dans les comptes consolidés pour l'écart d'acquisition dans le cas d'une cession d'une branche d'activité (cf. paragraphe 23102 des règlements n° 99-02, n° 99-07 et n° 2000-05).

5 - Événements de la période intercalaire

5.1 - Traitement de la perte de rétroactivité

L'obligation de libération des apports doit être appréciée à la date de réalisation définitive de l'opération (AGE des sociétés participant à l'opération).

En cas d'effet rétroactif, lorsque la valeur des apports à la date d'effet risque de devenir, du fait d'une perte intercalaire, supérieure à la valeur réelle globale de la société à la date de réalisation de l'opération, une provision pour perte de rétroactivité est constatée au passif pris en charge dans le traité d'apport, réduisant d'autant le montant des apports pour répondre à l'obligation de libération du capital. La société absorbante l'inscrit dans un sous-compte de la prime de fusion, et non en provisions pour risques et charges. **En effet, elle ne doit pas reprendre en résultat une provision qui n'a jamais été dotée comptablement.**

Lors de l'affectation du résultat de l'absorbante, la perte de l'absorbée constatée durant la période intercalaire est imputée sur le sous-compte de la prime de fusion. Après cette imputation, le solde du sous compte de la prime de fusion est intégré à la prime de fusion.

Toutefois, l'existence d'une perte intercalaire ne conduit pas systématiquement à la constatation d'une provision, en effet :

• lorsque les apports sont évalués à la valeur réelle, la valeur d'utilité de chacun des apports est estimée en tenant compte des flux de trésorerie futurs. **Ces prévisions de trésorerie intègrent nécessairement les résultats prévisionnels des quelques mois entre la date d'effet de la fusion et sa date de réalisation. La perte de rétroactivité est par conséquent déjà intégrée dans l'évaluation des apports. Sauf événements significatifs non prévus durant la période intercalaire, qui remettraient en cause les évaluations faites, la provision pour perte ne se justifie pas dans le traité d'apport aux valeurs réelles.**

Les événements significatifs non prévus pouvant conduire à la constatation d'une provision pour perte de rétroactivité peuvent être les suivants :

- **constatation d'une perte intercalaire supérieure à la perte estimée ;**
- **perte exceptionnelle d'un actif ;**
- **remise en cause des hypothèses ayant servi à l'évaluation des flux de trésorerie : changement de taux d'actualisation, modification dans la détermination des flux de trésorerie.**

• lorsque les apports sont évalués à la valeur comptable, la valeur totale des apports inscrite dans le traité est en général inférieure à la valeur globale de la société absorbée.

5.2 - Traitement des opérations réciproques

Les opérations réciproques réalisées entre la société absorbée et la société absorbante ou correspondant à la branche d'activité apportée en cas d'apport partiel d'actif durant la période intercalaire, sont éliminées comptablement selon les modalités suivantes (règles identiques à celles prévues par les règlements CRC n° 99-02, 99-07 et 2000-05 relatifs aux règles de consolidation) et en fonction du caractère significatif des opérations.

5.2.1 - Opérations n'affectant pas le résultat

Les créances et dettes réciproques ainsi que les produits et charges réciproques sont éliminés en totalité. **Les incidences fiscales des opérations réciproques continuent cependant à être comptabilisées (TVA).**

Les effets à recevoir et les effets à payer s'éliminent réciproquement mais, lorsque l'effet à recevoir est remis à l'escompte, le concours bancaire consenti au groupe est substitué à l'effet à payer.

5.2.2 - Opérations affectant le résultat

• *Profits et pertes internes*

Les profits et les pertes ainsi que les plus-values et moins-values réciproques sont éliminés en totalité. En cas d'élimination de pertes, il convient de s'assurer que la valeur de l'élément de l'actif cédé n'est pas supérieure à la valeur réelle de cet élément.

L'élimination des incidences des opérations internes portant sur des actifs a pour conséquence de les maintenir à leur valeur d'apport dans le bilan de la société fusionnée.

- *Dividendes versés par la société absorbée*

Si la réalisation de l'opération intervient après l'assemblée générale ordinaire de la société absorbée ayant approuvé les comptes clos à la date d'effet, afin de répondre à l'obligation juridique de libération du capital, il convient d'inclure les dividendes dans le passif pris en charge. Dans les cas où l'absorbante détient une participation dans la société absorbée, les dividendes à verser comptabilisés dans le passif pris en charge incluent ceux revenant à l'absorbante.

Afin d'éviter que l'absorbante appréhende à la fois le résultat de l'absorbée (bénéficiaire) au titre de l'exercice de la fusion en application de la clause de rétroactivité, et les dividendes auxquels elle a droit au titre de l'exercice précédant la fusion, il convient d'annuler le produit correspondant à ces derniers par :

- le crédit du compte prime de fusion ;
- ou du compte report à nouveau si la société souhaite dans l'exercice de l'opération, distribuer un acompte sur dividendes comprenant ces dividendes reçus pendant la période intercalaire.

6 - Frais imputables sur la prime de fusion

Conformément à l'avis n° 2000-D du Comité d'urgence, seuls les coûts externes directement liés à l'opération, i.e. les dépenses qui n'auraient pas été engagées en l'absence de cette opération, constituent, sur le plan comptable, des frais d'émission de titres.

Les coûts externes considérés comme des frais d'émission peuvent être imputés sur la prime de fusion, comptabilisés en charges de l'exercice ou inscrits à l'actif en frais d'établissement.

7 - Cas particulier de l'opération de confusion de patrimoine

Les opérations de dissolution par confusion de patrimoine étant par définition toujours réalisées entre entreprises sous contrôle commun, les actifs et passifs de l'entreprise dissoute sont toujours transmis à leur valeur comptable telle que définie au § 4.4. du présent règlement.

Le traitement du mali et du boni pouvant apparaître lors de l'annulation dans les comptes de l'entreprise bénéficiaire de la transmission universelle de patrimoine suit les règles générales exposées au § 4.5.5 du présent règlement.

La rétroactivité des opérations de dissolution par confusion de patrimoine n'étant pas prévue par le code civil, le § 5 du présent règlement n'est pas applicable à ce type d'opérations.

Les écritures comptables sont reprises chez l'absorbante à l'issue du délai d'opposition des créanciers tel que prévu par l'article susvisé.

8 - Informations devant figurer dans l'annexe

Pour toutes les opérations entrant dans le champ d'application de ce règlement, la société absorbante ou bénéficiaire des apports doit mentionner les informations suivantes dans l'annexe de ses comptes annuels de l'exercice de l'opération.

- **Pour toute opération visée par le présent règlement, la société doit mentionner le contexte de l'opération, les modalités d'évaluation des apports retenues ainsi que l'adoption éventuelle de traitements dérogatoires prévus par le règlement (filialisation de branche d'activité et actif net comptable apporté insuffisant pour permettre la libération du capital).**
- **Lorsqu'une opération a conduit à la constatation d'un boni, la société doit mentionner le traitement retenu.**
- **Lorsqu'une opération a conduit à la constatation d'un mali, la société doit mentionner les éléments significatifs sur lequel le mali a été affecté. Elle doit aussi mentionner les modalités de dépréciation et sortie définitive du mali.**
- **Lorsqu'une perte intercalaire est enregistrée, la société doit mentionner le montant inscrit dans le sous compte de la prime de fusion.**

Avis 2006-B du 5 juillet 2006 du Comité d'urgence afférent aux modalités d'application du règlement 04-01 du CRC relatif au traitement comptable des fusions et opérations assimilées

ACU 06-B

Sur proposition de la Compagnie nationale des commissaires aux comptes, le président du Conseil national de la comptabilité a saisi le Comité d'urgence sur différentes questions, liées aux modalités d'application du règlement 04-01 du CRC relatif au traitement comptable des fusions et opérations assimilées [PCG, Annexe 1 ; fusions et opérations assimilées ; voir également ACU 05-C].

QUESTION 1 – CHAMP D'APPLICATION DU RÈGLEMENT 04-01 DU CRC

1.1 - Opérations de confusion de patrimoine

Le champ d'application est ainsi défini au § 1 du règlement 04-01 du CRC : « *Le règlement s'applique à la comptabilisation dans les comptes individuels, de toutes les opérations de fusions et opérations assimilées rémunérées par titres et retracées dans un traité d'apport prévu à l'article L. 236-6 du code de commerce.* »

Le règlement s'applique également aux confusions de patrimoine : « *cette opération visée à l'article 1844-5 du code civil conduit à la dissolution d'une société dont toutes les parts sont réunies en une seule main et entraîne la transmission universelle de son patrimoine à l'associé unique, sans qu'il y ait lieu à liquidation.* »

Le règlement précise que « *bien qu'un traité d'apport ne soit pas expressément prévu pour ces opérations, elles doivent suivre le même traitement comptable* ». Le code de commerce n'impose l'établissement d'un traité d'apport qu'aux sociétés commerciales. Le règlement n'indique pas expressément si le champ concerne toutes les opérations de confusion de patrimoine ou seulement celles intervenant entre sociétés commerciales.

Le Comité considère que le règlement 04-01 du CRC s'applique, sauf dispositions particulières, à toutes les opérations de confusion de patrimoine dès lors que l'entité confondante est une société commerciale ou une entité appliquant le règlement 99-03 du CRC relatif au PCG, quelle que soit la nature juridique de la société confondue.

1.2 - Opérations de fusion à l'intérieur d'un groupe entre des sociétés civiles et des sociétés commerciales

Il est rappelé que la situation de contrôle est appréciée au niveau de la société absorbante ou bénéficiaire. Dans l'avis 2005-C du 4 mai 2005 (question 9) [voir ACU 05-C], le Comité d'urgence a conclu qu'il convenait de prendre en compte la situation de la société absorbante ou bénéficiaire pour déterminer les règles de domiciliation en matière d'opérations transfrontalières.

Dès lors que la société absorbante est une société commerciale tenue à l'établissement d'un traité d'apport prévu à l'article L. 236-6 du code de commerce ou une société civile appliquant le règlement 99-03 du CRC, le règlement 04-01 du CRC s'applique, sauf dispositions particulières, quelle que soit la nature de la société absorbante ou absorbée.

Le Comité considère que le règlement 04-01 du CRC s'applique, sauf dispositions particulières, à toutes les fusions et opérations assimilées dès lors que la société absorbante est une société commerciale ou une société civile appliquant le règlement 99-03 du CRC, quelle que soit la nature juridique de la société absorbée.

QUESTION 2 – APPORTS PARTIELS D'ACTIFS CONSTITUANT UNE BRANCHE D'ACTIVITÉ : NOTION DE BRANCHE AUTONOME D'ACTIVITÉ

Selon les dispositions du § 1 relatif au champ d'application du règlement 04-01, l'apport partiel d'actif constituant une branche d'activité est défini comme « *l'opération par laquelle une société apporte un ensemble d'actifs et de passifs constituant une* ***branche autonome*** *d'activité à une autre personne morale et reçoit en échange des titres remis par la société bénéficiaire des apports* ».

Le Comité considère que la branche autonome d'activité se définit comme l'ensemble des éléments d'actifs et de passifs d'une division d'une société qui constituent, du point de vue de l'organisation, une exploitation autonome, c'est-à-dire un ensemble capable de fonctionner par ses propres moyens.

Les apports partiels d'actifs sont évalués à la valeur vénale ou comptable selon la situation de contrôle en application des dispositions du règlement 04-01. Les apports isolés d'actifs sont évalués à la valeur vénale en application des articles 321-2 et 321-3 du règlement 99-03.

QUESTION 3 – ÉCHANGES D'ACTIONS DANS LE CADRE D'OPÉRATIONS DE FUSION ENTRE ENTITÉS DÉTENUES À 100 %

Cette question concerne les modalités d'évaluation des actions échangées entre actionnaires, dans le cadre d'opérations de fusion intervenant entre sociétés détenues à 100 %.

Cette situation est décrite dans l'exemple suivant. La société (C) ayant absorbé la société (B), il convient de traiter l'opération de remise des actions émises par la société bénéficiaire de l'apport (C) à sa société mère (A), après annulation des actions de la société absorbée (B).

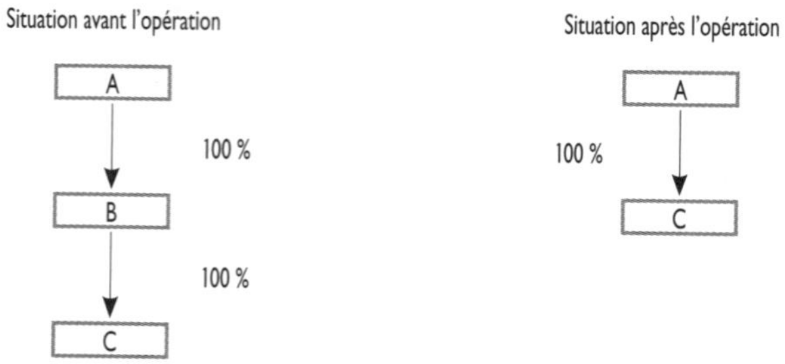

Les sociétés (B) et (C) étant détenues à 100 %, et donc sous contrôle commun au sens des dispositions du paragraphe 4.4 du règlement 04-01 du CRC, les apports de la société absorbée (B) à la société absorbante (C) sont évalués à la valeur comptable.

S'agissant de l'opération de remise des actions par la société bénéficiaire de l'apport, à sa société mère, après annulation des actions de la société absorbée, le Comité considère qu'au cas particulier d'opérations de fusion intervenant entre sociétés détenues à 100 %, pour lesquelles les apports sont évalués à leur valeur comptable, les actions de la société absorbante, remises en échange des actions de la société absorbée, sont évaluées à la valeur comptable de ces dernières.

Cette position est étendue aux opérations de fusion intervenant entre sociétés détenues à quasi 100 %, c'est-à-dire en présence du nombre minimal d'actionnaires minoritaires dans la société absorbée et la société absorbante pour répondre aux seules obligations légales de constitution des sociétés.

Avis 2007-D du 15 juin 2007 du Comité d'urgence afférent aux modalités d'application du règlement 04-01 du CRC relatif au traitement comptable des fusions et opérations assimilées

ACU 07-D

SOMMAIRE

Sur proposition du président de la Compagnie nationale des commissaires aux comptes, le président du Conseil national de la comptabilité a saisi le Comité d'urgence, sur deux questions afférentes aux modalités d'application du règlement 04-01 relatif au traitement comptable des opérations de fusions et assimilées.

QUESTION 1 - DÉTERMINATION DU MALI TECHNIQUE EN CAS D'ACTIF NET COMPTABLE NÉGATIF

En cas d'actif net comptable négatif dans la société absorbée, le mali technique de fusion, tel que défini au paragraphe 4.5.2 du règlement 04-01 du CRC, doit-il être limité au montant net des plus-values latentes ou au seul montant des titres comptabilisés par la société absorbante ?

1.1 - Rappel des textes

• Paragraphe 4.5.2 du règlement 04-01 du CRC relatif au traitement du mali pour les opérations évaluées à la valeur comptable.

« Le mali de fusion représente l'écart négatif entre l'actif net reçu par la société absorbante à hauteur de sa participation détenue dans la société absorbée, et la valeur comptable de cette participation. Le mali de fusion peut être décomposé en deux éléments :

– un mali technique généralement constaté pour les fusions ou les opérations de transmission universelle de patrimoine évaluées à la valeur comptable lorsque la valeur nette des titres de la société absorbée figurant à l'actif de la société absorbante est supérieure à l'actif net comptable apporté. Cette composante du mali correspond, à hauteur de la participation antérieurement détenue aux plus-values latentes sur éléments d'actif comptabilisés ou non dans les comptes de l'absorbée déduction faite des passifs non comptabilisés en l'absence d'obligation comptable dans les comptes de la société absorbée (par exemple provisions pour retraites, impôts différés passifs) ;

– au-delà du mali technique, le solde du mali qui peut être représentatif d'un complément de dépréciation de la participation détenue dans la société absorbée, doit être comptabilisé dans le résultat financier de la société absorbante de l'exercice au cours duquel l'opération est réalisée. »

• Paragraphe 7 du règlement susvisé relatif au cas particulier de l'opération de confusion de patrimoine.

« Les opérations de dissolution par confusion de patrimoine étant par définition toujours réalisées entre entreprises sous contrôle commun, les actifs et passifs de l'entreprise dissoute sont toujours transmis à leur valeur comptable telle que définie au § 4.4 du présent règlement.

Le traitement du mali et du boni pouvant apparaître lors de l'annulation dans les comptes de l'entreprise bénéficiaire de la transmission universelle de patrimoine suit les règles générales exposées au § 4.5.5 du présent règlement. »

1.2 - Détermination du mali technique

S'agissant d'une opération de fusion ou assimilée, dont les apports sont évalués à la valeur comptable, le règlement précité définit le mali technique comme *« les plus-values latentes sur éléments d'actifs comptabilisés ou non dans les comptes de l'absorbée, déduction faite des passifs non comptabilisés »*, mais sans préciser si ces dispositions s'appliquent également en cas d'actif net comptable négatif.

La définition du règlement ne limite pas le mali technique à la valeur des titres immobilisés chez la société absorbante.

Les plus-values latentes ont été prises en compte lors de l'acquisition des titres et ultérieurement, lors de l'évaluation à chaque clôture, des dépréciations et des provisions éventuelles.

Comme précisé au paragraphe 4 de la note de présentation de l'avis 04-01 du 25 mars 2004, il est rappelé qu' *« en retenant la valeur comptable lors des opérations de regroupement entre entités sous contrôle commun, l'objectif est d'assurer la neutralité des opérations au niveau du résultat de l'absorbante et de ses capitaux propres. C'est pourquoi l'assemblée plénière a confirmé la comptabilisation du mali de fusion non représentatif d'une dépréciation de titres dans un compte d'immobilisations incorporelles [afin] d'assurer ainsi un maintien de la valeur globale du patrimoine de la société absorbante. »*

Compte tenu de l'objectif de neutralité des opérations au niveau du résultat et des capitaux propres de la société absorbante ou confondante, le Comité considère que la définition générale du mali technique s'applique quel que soit l'actif net comptable de la société absorbée, sans qu'il y ait lieu de limiter le montant du mali technique au seul montant des titres comptabilisés par la société absorbante. Le calcul du mali technique n'est limité que par les montants des plus-values latentes nettes sur éléments d'actifs et de passifs comptabilisés ou non, dans la mesure où elles sont justifiées et documentées.

En conséquence, les modalités de détermination du mali technique sont identiques quel que soit l'actif net comptable de la société absorbée.

Le Comité rappelle toutefois que le calcul du mali technique lors de l'opération de fusion ou de transmission universelle de patrimoine (TUP), doit être déterminé à partir des mêmes hypothèses de plus-values latentes que celles qui ont présidé à la comptabilisation ou à la non-comptabilisation de la dépréciation des titres et des provisions pour risques éventuelles.

QUESTION 2

La différence positive entre le prix payé par une société, lors de l'acquisition des titres d'une société cible, et la valeur estimée des actifs et des passifs de cette dernière, compte tenu des plus-values nettes latentes et des passifs non comptabilisés, peut-elle être considérée comme un élément du mali technique lorsqu'elle a pour contrepartie les avantages que lui procure la prise de contrôle de la société absorbée ?

Cette différence relative à la quote-part du prix d'acquisition des titres payés par la société absorbante, qui correspond aux avantages que lui procure la prise de contrôle, se pose en pratique lorsque la fusion intervient à une date proche de l'acquisition. Elle est illustrée par un exemple repris dans la note de présentation.

Comme indiqué ci-dessus, cette quote-part peut, dans certains cas, être justifiée pour tout ou partie par les avantages futurs attendus de la prise de contrôle de la société absorbée. Dans ce cas, la société absorbante peut avoir accepté de payer un surprix parce qu'elle a pris en compte ces avantages attendus. Cette différence a donc constitué pour la société absorbante un élément de valorisation de la société absorbée.

Selon les dispositions du § 4.5.2 du règlement 04-01, le mali technique *« correspond, à hauteur de la participation antérieurement détenue, aux plus-values latentes sur éléments d'actif comptabilisés ou non dans les comptes de l'absorbée, déduction faite des passifs non comptabilisés en l'absence d'obligation comptable dans les comptes de la société absorbée ».*

Au moment de l'acquisition, cette différence payée par la société absorbante constitue un élément de l'écart d'acquisition dans les comptes consolidés tel que défini au paragraphe 211 du règlement 99-02 du CRC, i.e. *« la différence entre la valeur d'entrée dans le bilan consolidé et la valeur comptable du même élément dans le bilan de l'entreprise contrôlée ».*

Il est rappelé que dans la situation où les apports sont évalués à la valeur réelle, *« la différence éventuelle entre la valeur globale des apports et la somme algébrique des valeurs réelles des actifs et passifs identifiés est également inscrite dans le traité d'apport ou autre document faisant foi, sur une ligne "fonds commercial", reprise comme telle au bilan de la société bénéficiaire ».*

Le Comité considère que cette quote-part du prix d'acquisition fait partie du fonds commercial de la société absorbée et constitue, dans les comptes individuels, un élément du mali technique. Les règles de dépréciation du mali technique, telles que définies au paragraphe 4.5.2 du règlement 04-01 du CRC, s'appliquent.

Annexe 3

Instruction du 3 août 2000 (BOI 4 I-2-00)

L'article 26 de la loi de finances pour 1995 a aménagé le régime fiscal des scissions.

Il permet depuis 1995 à certaines scissions de bénéficier de plein droit du régime de faveur des fusions prévu à l'article 210 A du CGI.

Corrélativement, il a fixé la règle de détermination de la valeur fiscale des titres des sociétés bénéficiaires des apports reçus à l'échange par les associés de la société scindée.

La présente instruction commente ces dispositions et apporte, plus généralement, en ce qui concerne l'ensemble des opérations de restructuration (fusions, apports partiels d'actif et scissions) les précisions suivantes relatives à :
- la notion de branche complète d'activité ;
- la rémunération des apports ;
- la rétroactivité des actes d'apports ;
- l'application du sursis d'imposition prévu à l'article 38-7 bis du CGI.

INTRODUCTION

1. En principe, les fusions et opérations assimilées – apports partiels d'actif et scissions – entraînent pour les sociétés apporteuses, cession ou cessation d'entreprise, en totalité ou en partie, et donnent lieu à une imposition immédiate dans les conditions fixées par l'article 201 du CGI. Il en est ainsi aussi bien en matière d'impôt sur le revenu que d'impôt sur les sociétés (CGI, art. 221-2).

Dispositif prévu sur agrément ou de plein droit en faveur de certaines restructurations d'entreprises

2. Afin d'encourager les regroupements d'entreprises, le législateur a institué un régime de faveur d'exonération et de sursis d'imposition pour les fusions de sociétés passibles de l'impôt sur les sociétés. Ainsi, les plus-values et les provisions de la société absorbée ne sont pas, sous certaines conditions, soumises immédiatement à l'impôt sur les sociétés lors de l'opération.

Le régime fiscal de faveur des fusions prévu aux articles 210 A et 210 C du code déjà cité repose sur l'idée que la fusion est une opération intercalaire et que la société absorbante continue la société absorbée.

Le régime fiscal de faveur s'applique de plein droit aux opérations de fusions.

3. Le régime fiscal de faveur des fusions s'applique aux scissions et aux apports partiels d'actif de plein droit ou sur agrément du ministre de l'économie et des finances, conformément à l'article 210 B du code précité.

Le régime de faveur s'applique de plein droit à l'apport partiel d'actif d'une branche complète d'activité ou d'éléments assimilés lorsque la société apporteuse prend l'engagement dans l'acte d'apport :
- de conserver pendant trois ans les titres remis en contrepartie de l'apport ;
- de calculer ultérieurement les plus-values de cession afférentes à ces mêmes titres par référence à la valeur que les biens apportés avaient, du point de vue fiscal, dans ses propres écritures.

Les apports de participations sont assimilés, sous certaines conditions, à une branche complète d'activité.

4. Le paragraphe 1 de l'article 26 de la loi de finances pour 1995 a étendu l'application de plein droit du régime de faveur à certaines scissions.

Ainsi l'agrément est supprimé pour les opérations de scissions de sociétés comportant au moins deux branches complètes d'activité lorsque chacune des sociétés bénéficiaires des apports reçoit une ou plusieurs de ces branches et que les associés de la société scindée s'engagent, dans l'acte de scission, à conserver pendant trois ans les titres représentatifs de l'apport qui leur ont été répartis proportionnellement à leurs droits dans le capital.

Afin de donner une certaine souplesse à ce dispositif, l'obligation de conservation des titres n'est pas exigée des associés détenteurs de titres de placement représentant au total moins de 5 % du capital.

5. Les opérations d'apports partiels d'actif et de scissions qui ne remplissent pas les conditions prévues pour l'application de plein droit du régime fiscal de faveur des fusions peuvent faire l'objet d'une demande d'agrément déposée préalablement à leur réalisation.

Les demandes d'agrément sont à adresser à la Direction Générale des Impôts - Service Juridique - Bureau AGR - 139, rue de Bercy - Télédoc 957 - 75574 PARIS Cedex 12.

Opérations transfrontalières

6. Conformément au 1 de l'article 210 C du CGI, les dispositions des articles 210 A et 210 B s'appliquent aux opérations auxquelles participent exclusivement des personnes morales ou organismes passibles de l'impôt sur les sociétés.

7. Ces dispositions ne sont applicables aux apports faits à des personnes morales étrangères par des personnes morales françaises que si ces apports ont été préalablement agréés par le ministre de l'économie et des finances.

8. Le régime de faveur s'applique aux opérations transfrontalières régulières d'un point de vue juridique. La validité des opérations d'apports transfrontalières doit être appréciée au regard des règles du droit international privé.

Le régime de faveur ne s'applique par ailleurs qu'aux opérations juridiques qui sont considérées comme des fusions, des scissions et des apports partiels d'actif au sens de la législation des États concernés.

Dispositif prévu en faveur des associés des sociétés absorbées ou scindées

9. En ce qui concerne les associés de sociétés absorbées ou scindées, le profit (plus-value) ou la perte (moins-value) résultant éventuellement de l'échange de titres doit être pris en compte pour la détermination de leurs revenus imposables.

10. Toutefois, les entreprises peuvent bénéficier d'un sursis d'imposition conformément aux dispositions de l'article 38-7 bis du CGI. Ainsi, le profit ou la perte réalisé lors de l'échange de droits sociaux résultant d'une fusion de sociétés, ou d'une scission de société bénéficiant du régime prévu à l'article 210 B, peut être compris dans le résultat de l'exercice au cours duquel les droits sociaux reçus en échange sont cédés. Dans ce cas, le profit ou la perte résultant de la cession ultérieure de ces droits sociaux est déterminé par rapport à la valeur que les droits sociaux remis à l'échange avaient du point de vue fiscal.

11. Le paragraphe II de l'article 26 de la loi de finances pour 1995 fixe la règle de détermination de la valeur fiscale des titres reçus par les associés à l'occasion d'une scission. Cette valeur fiscale sert de référence pour le calcul des plus-values de cessions ultérieures de ces mêmes titres.

12. La situation fiscale des autres associés est étudiée dans la documentation administrative 5 G 4513 du 15 décembre 1995 et 5 B 625 du 10 septembre 1996.

PRÉCISIONS ET RAPPELS DIVERS

Les obligations déclaratives spécifiques

13. Le bénéfice des sursis d'imposition accordés aux entreprises apporteuses ou associées qui participent à des opérations de restructuration a, notamment, pour contrepartie l'accomplissement d'obligations déclaratives spécifiques.

Le respect de ces obligations est essentiel.

14. 1. Conformément aux dispositions combinées des articles 54 septies et 1734 ter du CGI, les entreprises placées sous l'un des régimes prévus au 7 bis de l'article 38 et aux articles 210 A et 210 B doivent joindre à leur déclaration de résultat un état conforme au modèle fourni par l'administration faisant apparaître, pour chaque nature d'élément, les renseignements nécessaires au calcul du résultat imposable de la cession ultérieure des éléments considérés.
– Pour les opérations réalisées avant le 1er janvier 2000 :

Le défaut de production de l'état au titre de l'exercice au cours duquel est réalisée l'opération entraîne l'imposition immédiate du profit. Dans ce cas, si l'opération a dégagé une perte, celle-ci ne peut être déduite que des résultats imposables de l'exercice au cours duquel les éléments considérés sont cédés.

Si l'état n'est pas produit au titre des exercices ultérieurs à celui au cours duquel est réalisée l'opération ou si les renseignements qui y sont portés sont inexacts ou incomplets, il est prononcé une amende égale à 1 % du montant des résultats omis.
– Pour les opérations réalisées à compter du 1er janvier 2000 :

Si l'état n'est pas produit au titre de l'exercice au cours duquel est réalisée l'opération ou au titre des exercices ultérieurs, ou si les renseignements qui sont portés sur ces états sont inexacts ou incomplets, il est prononcé une amende égale à 5 % des résultats omis.

15. 2. Par ailleurs, les plus-values dégagées sur des éléments d'actif non amortissables à l'occasion d'opérations d'échange, de fusion, d'apport ou de scission et dont l'imposition a été reportée, sont portées sur un registre tenu par l'entreprise qui a inscrit ces biens à l'actif de son bilan.

Lorsque les contribuables ne peuvent présenter le registre ou lorsque les renseignements portés sur ce registre sont incomplets ou inexacts, il est prononcé une amende égale à 1 % du montant des résultats omis sur le registre. Pour les opérations réalisées à compter du 1er janvier 2000, le taux de l'amende est porté à 5 %.

16. 3. Enfin, pour les scissions réalisées avant le 1er janvier 2000, le maintien du régime de faveur est subordonné à la production d'un état indiquant la situation de propriété, au cours de l'exercice, des titres représentatifs des apports que les associés de la société scindée se sont engagés à conserver pendant trois ans.

Pour les scissions réalisées à compter du 1er janvier 2000, si l'état de situation de propriété des titres n'est pas produit ou si les renseignements qui y sont portés sont inexacts ou incomplets, il est prononcé une amende égale à 5 % des résultats de la société scindée non imposés en application des dispositions prévues aux articles 210 A et 210 B.

Acquisition d'une société suivie de sa fusion

17. L'attention des services est appelée sur la nécessité d'examiner les conditions dans lesquelles l'acquisition d'une société est suivie de sa fusion avec la société qui l'acquiert.

Cette opération peut avoir pour but exclusif d'imputer fiscalement les frais d'acquisition sur les bénéfices de la société acquise ou constituer pour la société acquise puis fusionnée une opération déséquilibrée, sans contrepartie suffisante pour elle.

Ces opérations peuvent être remises en cause, selon le cas, conformément à la procédure de répression des abus de droit ou sur le fondement de l'acte anormal de gestion. La qualification fiscale de l'opération doit résulter de la prise en considération d'un faisceau d'indices cumulatifs ou alternatifs, parmi lesquels, le délai séparant l'acquisition de la fusion, le niveau de capitalisation de la société holding de reprise, l'importance des dettes d'acquisition subsistant au moment de la fusion par rapport au financement initial, l'exercice ou non par la société acquérante avant la fusion d'une activité autre que la détention des titres de la société acquise.

La circonstance que les deux entités aient formé ou auraient pu former un groupe fiscal au sens de l'article 223 A est à cet égard sans incidence. Ce régime permet, dans le cadre d'une option de plein droit, l'imputation fiscale des frais d'acquisition sur les bénéfices de la société acquise. Il n'est pas susceptible de modifier les intérêts patrimoniaux respectifs des associés et sociétés concernés dès lors qu'il est fondé sur le principe d'une somme algébrique de résultats fiscaux déterminés dans les conditions de droit commun.

La fusion des deux entités permet l'intégration fiscale des résultats en s'affranchissant des conditions fixées par la loi. Les parties, par la fusion, s'étant délibérément situées hors du régime légal, leur intérêt fiscal doit s'apprécier non par rapport aux effets du régime de groupe auquel elles ont renoncé, mais par rapport aux conséquences qui auraient résulté de l'autonomie fiscale des sociétés concernées.

Distribution des bénéfices de l a société absorbée sous le régime de faveur

18. L'application régulière du régime de faveur prévu à l'article 210 A du CGI confère, d'un point de vue fiscal, un caractère intercalaire à l'opération de fusion.

La société absorbante est donc admise à :

– distribuer en franchise de précompte les bénéfices de la société absorbée soumis à l'impôt sur les sociétés au taux de droit commun au titre d'exercices clos moins de cinq ans avant la date de la distribution ;

– diminuer le précompte dont elle est éventuellement redevable du montant des avoirs fiscaux et des crédits d'impôt attachés aux produits des participations encaissés par la société absorbée au cours d'exercices clos depuis cinq ans au plus et non utilisés par cette dernière.

Pour l'application de ces solutions, la société absorbante totalise sur la déclaration n° 2750 et sur le tableau annexe n° 2751, poste par poste, les résultats de la société absorbée et les siens.

19. Ces deux mesures de tolérance ne s'appliquent pas lorsque l'opération de fusion n'est pas régulièrement placée sous le régime spécial défini à l'article 210 A précité. Les dispositions prévues au paragraphe n° 4 de la documentation administrative 4 I 112 du 1er novembre 1995 sont rapportées.

CHAPITRE PREMIER

SITUATION FISCALE DES SOCIÉTÉS APPORTEUSE ET BÉNÉFICIAIRE DE L'APPORT

SECTION 1. – Régime fiscal de faveur des fusions, des scissions et des apports partiels d'actif

Sous-section 1 : Scissions – Régime fiscal de faveur de plein droit – Article 210 B du code général des impôts

A. Régime fiscal de faveur

20. Le régime fiscal de faveur des scissions en matière d'impôt sur les sociétés est défini à l'article 210 B du CGI.

Les dispositions de l'article 210 B du CGI permettent d'étendre l'application du régime de faveur des fusions prévu à l'article 210 A aux opérations de scission. Ainsi, les plus-values de scission et les provisions de la société scindée ne sont pas immédiatement imposées.

21. Le régime de faveur s'applique globalement à l'ensemble des apports constitutifs de la scission.

22. Les personnes morales bénéficiaires des apports sont soumises aux mêmes obligations que les sociétés absorbantes.

L'engagement qui doit figurer dans l'acte de scission comporte obligatoirement l'indication précise des obligations assumées par chaque personne morale bénéficiaire des apports.

La répartition de la réserve spéciale des plus-values nettes à long terme constituée par la personne morale scindée doit être opérée proportionnellement à la valeur nette réelle [y compris lorsque les éléments d'actif immobilisés apportés sont transcrits sur la base de leur valeur comptable conformément à la tolérance administrative (voir en ce sens la sous-section 3)] des apports reçus par chaque personne morale bénéficiaire des apports.

Il en est de même en ce qui concerne la réintégration des résultats non rattachables à un élément d'actif réalisés avant la scission par la société scindée et dont l'imposition a été différée (en ce qui concerne les modalités de répartition de la réserve spéciale des provisions pour fluctuation des cours, voir l'instruction BOI 4 E-2-98, n° 24).

Chaque personne morale bénéficiaire des apports doit réintégrer dans ses bénéfices imposables, la plus-value nette dégagée par la scission sur les biens amortissables reçus par elle.

23. Les personnes morales bénéficiaires des apports jouissent des mêmes droits que ceux reconnus aux sociétés absorbantes.

Ainsi, chacune d'elles est admise à distribuer en franchise de précompte la fraction des bénéfices de la société scindée soumis à l'impôt sur les sociétés au taux de droit commun au titre d'exercices clos moins de cinq ans avant la date de la distribution et qui correspond à sa quote-part dans l'actif net réel de la société scindée.

Au surplus, les sociétés bénéficiaires des apports sont autorisées à imputer sur le précompte dont elles sont éventuellement redevables, les avoirs fiscaux et les crédits d'impôt attachés aux produits des participations encaissés par la société scindée au cours d'exercices clos depuis cinq ans au plus et non utilisés par cette dernière. Pour l'application de cette solution, la fraction des avoirs fiscaux et crédits d'impôt transmis à chaque société bénéficiaire des apports correspond à sa quote-part dans l'actif net réel de la société scindée (les dispositions contraires prévues au deuxième alinéa du paragraphe n° 56 de la documentation administrative 4 H 6664 du 12 juillet 1997 sont donc rapportées).

Enfin, en cas de scission d'une société membre d'un groupe constitué dans les conditions prévues aux articles 223 A et suivants du CGI, chaque société bénéficiaire des apports, membre du même groupe, peut distribuer sans avoir fiscal et sans précompte à une autre société du groupe, pour une fraction correspondant à sa quote-part dans l'actif net réel de la société scindée, les bénéfices disponibles de la société scindée répondant aux conditions de l'article 223 H du CGI. Cette dernière solution s'applique quel que soit le régime fiscal sous lequel est placée la scission en matière d'impôt sur les sociétés.

Les solutions exposées aux trois alinéas précédents ne sont pas applicables aux opérations d'apports partiels d'actif.

B. Modalités d'application du régime fiscal de faveur

24. Aux termes de l'article 210 B du CGI, le régime fiscal de faveur des fusions prévu à l'article 210 A du même code s'applique de plein droit ou sur agrément aux scissions.

25. L'agrément n'est pas nécessaire aux scissions de sociétés comportant au moins deux branches complètes d'activité lorsque chacune des sociétés bénéficiaires des apports reçoit une ou plusieurs de ces branches et que les associés de la société scindée s'engagent, dans l'acte de scission, à conserver pendant trois ans les titres représentatifs de l'apport qui leur ont été répartis proportionnellement à leurs droits dans le capital.

Afin de donner une certaine souplesse à ce dispositif, l'obligation de conservation des titres n'est pas exigée des associés détenteurs de titres de placement représentant au total moins de 5 % du capital.

I. Les branches complètes d'activité apportées

1. La notion de branche complète d'activité

26. L'agrément n'est pas nécessaire en cas de scission de société comportant au moins deux branches complètes d'activité lorsque chacune des sociétés bénéficiaires des apports reçoit une ou plusieurs de ces branches.

Les branches complètes d'activité de la société apporteuse doivent être clairement identifiables et distinctes.

La notion de branche complète d'activité est définie ci-après à la sous-section 2.

Cependant, les précisions suivantes sont apportées :

27. 1. La réponse ministérielle du 18 décembre 1986, (réponse à la question écrite n° 3020 posée le 16 octobre 1986 par M. Louis Virapoullé, sénateur) qui admet, sous certaines conditions, que les immeubles affectés à l'activité de production constituent une branche complète d'activité, est exclusivement réservée aux scissions préparatoires à la transmission à titre gratuit d'entreprises agréées conformément à l'arrêté du 8 décembre 1980 ;

28. 2. Les mesures d'assouplissement prévues aux nos 68 à 75 en faveur des opérations d'apports partiels d'actif ne sont pas applicables aux scissions ;

29. 3. La loi ne prévoit pas l'application de plein droit du régime de faveur aux scissions portant sur des éléments assimilés à une branche complète d'activité. Les scissions qui emportent apport de titres, constitutifs ou non d'éléments assimilés à une branche complète d'activité sont, sauf agrément, imposées dans les conditions de droit commun.

Seuls les apports partiels d'actif de participations assimilées à une branche complète d'activité peuvent être placés de plein droit sous le régime fiscal de faveur des fusions.

2. L'apport d'une ou plusieurs branches complètes d'activité

30. Chacune des sociétés bénéficiaires des apports reçoit une ou plusieurs branches complètes d'activité.

31. La notion de branche complète d'activité fait obstacle à l'apport d'éléments d'actif ou de passif isolés.

Toutefois, il est admis que l'existence d'un patrimoine étranger à l'exploitation de la société scindée ne s'oppose pas, sous certaines conditions, à l'application de plein droit du régime de faveur.

Le patrimoine étranger à l'exploitation correspond à l'ensemble des éléments d'actif et de passif qui ne sont pas affectés aux branches d'activité de la société scindée (actifs immobiliers ou financiers relevant d'une gestion patrimoniale). Le patrimoine étranger à l'exploitation ne comprend pas les éléments d'actif et de passif afférents aux services administratifs communs de la société (comptabilité, gestion du personnel,...) dès lors qu'ils sont affectés aux branches d'activité apportées (voir ci-après n° 55).

Le bénéfice de cette tolérance est strictement soumis aux conditions suivantes appréciées à la date d'effet de l'opération (en ce qui concerne la date d'effet voir ci-après la section 2) :
– la valeur réelle du patrimoine étranger à l'exploitation est positive ;
– la valeur réelle du patrimoine étranger à l'exploitation n'excède pas 10 % de la valeur réelle de la société scindée ;
– le patrimoine étranger à l'exploitation de la société scindée doit pouvoir être réparti proportionnellement à la valeur réelle des branches complètes d'activité apportées. À cet égard, les éléments d'actif et de passif du patrimoine étranger à l'exploitation sont répartis en fonction de leur valeur réelle sans qu'il soit nécessaire de tenir compte de leur nature. Il n'est pas exigé de répartir chaque élément.

Exemple :

32. La société M comporte trois branches complètes d'activité BCA1, BCA2 et BCA 3 et un patrimoine étranger à l'exploitation (PEE) composé de deux immeubles et de placements financiers.

La société M est scindée le 24 décembre N au profit de deux sociétés S1 et S2. La société S1 reçoit les deux branches complètes d'activité BCA1 et BCA2. La société S2 reçoit la branche complète d'activité BCA3.

L'opération de scission est réalisée avec un effet rétroactif au 1er janvier N.

La valeur réelle de la société M qui s'élève à 64 000 000 F au 1er janvier N se décompose ainsi :
– actif net réel de la branche complète d'activité BCA1 : 5 000 000 F ;
– actif net réel de la branche complète d'activité BCA2 : 40 000 000 F ;
– actif net réel de la branche complète d'activité BCA3 : 15 000 000 F ;
– actif net réel du patrimoine étranger à l'exploitation PEE : 4 000 000 F (2 100 000 F et 850 000 F pour les deux immeubles et 1 050 000 F au titre des placements financiers).

SOCIÉTÉ M			
BCA 1 : 5 MF	BCA 2 : 40 MF	BCA 3 : 15 MF	PEE : 4 MF

La valeur réelle du patrimoine étranger à l'exploitation est positive et n'excède pas 10 % de la valeur réelle de la société scindée M au 1er janvier N (6 400 000 F [64 000 000 F × 10 %]).

Pour l'application de plein droit du régime fiscal de faveur, il est admis que le patrimoine étranger à l'exploitation de la société scindée puisse être réparti proportionnellement à la valeur réelle des branches complètes d'activité apportées.

La valeur réelle des branches complètes d'activité BCA1 et BCA2 apportées à la société S1 (45 000 000 F) représente 75 % de la valeur réelle totale des branches complètes d'activité apportées (60 000 000 F).

La valeur réelle de la branche complète d'activité BCA3 apportée à la société S2 (15 000 000 F) représente 25 % de la valeur réelle totale des branches complètes d'activité apportées (60 000 000 F).

• Répartition de la valeur réelle du patrimoine étranger à l'exploitation de 4 000 000 F :

– Société S2 : 1 000 000 F (4 000 000 F × 25 %)

APPORT RÉALISÉ AU PROFIT DE LA SOCIÉTÉ S2	
BCA 3 : 15 MF	PEE : 1 MF

– Société S1 : 3 000 000 F (4 000 000 F × 75 %)

APPORT RÉALISÉ AU PROFIT DE LA SOCIÉTÉ S1		
BCA 3 : 5 MF	BCA 2 : 40 MF	PEE : 3 MF

• Répartition des éléments d'actif du patrimoine étranger à l'exploitation selon leur valeur réelle :

– Hypothèse n° 1 :
– Éléments d'actif apportés à la société S1 avec les branches complètes d'activité BCA1 et BCA2 : Immeubles d'une valeur réelle totale de 2 950 000 F et placements financiers pour une valeur réelle de 50 000 F.
– Éléments d'actif apportés à la société S2 avec la branche complète d'activité BCA3 : Placements financiers pour une valeur réelle de 1 000 000 F.
– Hypothèse n° 2 :
– Éléments d'actif apportés à la société S1 avec les branches complètes d'activité BCA1 et BCA2 : Immeuble d'une valeur réelle de 2 100 000 F et placements financiers pour une valeur réelle de 900 000 F.
– Éléments d'actif apportés à la société S2 avec la branche complète d'activité BCA3 : Immeuble d'une valeur réelle de 850 000 F et placements financiers pour une valeur réelle de 150 000 F.

33. Le régime fiscal de faveur n'est pas applicable de plein droit lorsque la répartition envisagée des apports comporte :
– une ou plusieurs branches d'activité qui ne sont pas complètes ;
– un patrimoine étranger à l'exploitation d'une valeur réelle supérieure à 10 % de la valeur réelle de la société scindée ;
– un patrimoine étranger à l'exploitation d'une valeur négative, quel que soit son montant ;
– un patrimoine étranger à l'exploitation qui ne peut pas être réparti proportionnellement à la valeur réelle des branches complètes d'activité apportées.

II. Portée de l'engagement de conservation des titres répartis proportionnellement

34. Les deux obligations de répartition proportionnelle d'une part, et de conservation des titres représentatifs des apports d'autre part, ont pour but d'éviter les « scissions partage » et d'assurer l'association des associés de la société scindée avec l'ensemble des sociétés bénéficiaires des apports.

En effet, l'extension du régime fiscal de faveur des fusions prévu à l'article 210 A du code général des impôts aux scissions n'a pas pour objet d'organiser au niveau des associés le partage des actifs de la société scindée même si la recomposition de l'actionnariat peut s'inscrire à terme dans le prolongement de la réorganisation des activités.

1. Répartition proportionnelle des titres représentatifs des apports

35. Chaque associé reçoit des titres des sociétés bénéficiaires des apports proportionnellement à ses droits dans le capital de la société scindée.

Exemple : (reprise des données de l'exemple précédent : § 32)

36. Titres représentatifs des apports :

En rémunération des apports, les sociétés S1 et S2 procèdent aux augmentations de capital suivantes :
– La société S1 émet 50 000 titres d'une valeur nominale de 100 F.
– La société S2 émet 150 000 titres d'une valeur nominale de 100 F.

2. Portée de l'engagement de conservation des titres

Principe :

Répartition proportionnelle des titres représentatifs des apports

Actionnariat de la société M le 24 décembre N

Associés	Nb d'actions	Quote-part du capital de la société M scindée	Nb d'actions S1 réparties	Nb d'actions S2 réparties
Société Z	22500	45 %	22500	67500
M.T	15000	30%	15000	45000
MME G	10000	20 %	10000	30000
M.C	1000	2 %	1000	3000
Société V	1000	2 %	1000	3000
M.R	500	1 %	500	1500
Total	50000	100 %	50000	150000

37. Les associés de la société scindée s'engagent, dans l'acte de scission, à conserver pendant trois ans les titres représentatifs des apports.

38. L'engagement de conservation est respecté si l'associé détient à tout moment de la période de trois ans qui suit l'opération de scission un nombre de titres, apprécié au regard de chaque société bénéficiaire des apports, au moins égal à celui qu'il a reçu en échange des titres de la société scindée.

Mais le nombre de titres n'est pas en lui-même suffisant pour apprécier si l'associé a ou non respecté son engagement de conserver les titres pendant une durée de trois ans. En effet, les titres en cause peuvent faire l'objet d'une opération de regroupement ou de division. Dans ce cas, le nombre de titres sur lequel doit porter l'engagement de conservation doit être ajusté.

39. Autrement dit, les titres conservés doivent présenter les mêmes caractéristiques économiques que ceux reçus en échange. En effet, pour l'application de plein droit du régime de faveur, les titres représentatifs d'un apport correspondent à une rémunération fondée directement et exclusivement sur l'appréciation du poids réel économique de l'apport au regard de celui de la société bénéficiaire de l'apport.

La nature et la portée des droits attachés aux titres reçus en rémunération ne peuvent être altérées ni, au moment de l'apport, par la prise en compte d'éléments extérieurs à l'opération d'apport (parités déterminées au niveau mondial dans le cadre d'un rapprochement international par exemple) ni, ultérieurement, par notamment un aménagement particulier des statuts de la société bénéficiaire de l'apport.

40. Ce principe n'interdit pas à la société bénéficiaire de l'apport de procéder ultérieurement à des augmentations de capital. Dans ce cas, la réduction mécanique de l'importance relative de la participation grevée de l'engagement de conservation reste sans incidence sur le respect de cet engagement dès lors que les caractéristiques économiques des titres restent inchangées.

En revanche, il y a rupture de l'engagement de conservation lorsque la société bénéficiaire de l'apport réduit son capital sauf en cas d'imputation égalitaire de ses pertes.

La cession, au cours de la période de trois ans, des droits préférentiels de souscription à une augmentation de capital qui sont attachés aux actions soumises à l'obligation de conservation constitue une rupture de l'engagement. Ces droits constituent un démembrement des actions en cause.

Toutefois, une telle cession ne sera pas considérée comme une violation de l'engagement de conservation si un montant équivalant au prix de cession des droits de souscription est immédiatement utilisé pour souscrire à l'augmentation de capital ou acquérir des actions de la société qui procède à l'augmentation de capital. Ces titres sont également soumis à l'engagement de conservation de trois ans calculés à compter de l'opération d'apport.

41. Il n'est pas exigé que les associés de la société scindée soient Français.

42. Le respect de l'engagement de conservation des titres répartis proportionnellement aux droits des associés est une condition substantielle de l'application de plein droit du régime de faveur.

La rupture de l'engagement de conservation par un seul associé pendant le délai de trois ans entraîne la déchéance rétroactive et totale du régime de faveur appliqué à la scission.

Obligations déclaratives :

– Pour les scissions réalisées avant le 1er janvier 2000 :

43. Conformément au III. de l'article 54 septies du CGI, le maintien du régime prévu aux articles 210 A et 210 B est subordonné à la production d'un état indiquant la situation de propriété, au cours de l'exercice, des titres représentatifs des apports que les associés de la société scindée se sont engagés à conserver pendant trois ans.

Cet état, conforme au modèle fixé par l'administration (voir BOI 4 I-1-97 du 31 octobre 1997), est établi par les sociétés bénéficiaires des apports et doit être joint à leurs déclarations de résultats souscrites au titre de la période couverte par l'engagement de conservation des titres.

– Pour les scissions réalisées à compter du 1er janvier 2000 :

44. Si l'état de situation de propriété des titres n'est pas produit au titre d'un exercice ou si les renseignements qui y sont portés sont inexacts ou incomplets, il est prononcé une amende égale à 5 % des résultats de la société scindée non imposés en application des dispositions prévues aux articles 210 A et 210 B.

Tolérance légale :

45. L'obligation de conservation des titres n'est pas exigée des associés détenteurs de titres de placement représentant au total moins de 5 % du capital.

Les titres de placement se définissent, pour l'application de ces dispositions prévues à l'article 210 B, comme ceux acquis en vue de retirer un revenu direct ou une plus-value et non comme ceux détenus afin de gérer la société scindée ou exercer un contrôle.

Le seuil de 5 % s'apprécie par rapport au capital de la société scindée à la date d'approbation de l'opération de scission. La quote-part détenue par les associés dans le capital des sociétés bénéficiaires des apports n'est pas prise en considération.

Le seuil de 5 % s'apprécie globalement. Il concerne les associés qui détiennent ensemble moins de 5 % du capital de la société scindée.

Le seuil de 5 % s'analyse, notamment, en termes de droits de vote et de droits financiers. Ainsi, la dispense de l'obligation de conservation ne s'applique pas aux associés qui, bien que détenteurs de moins de 5 % des titres, pourraient contrôler ou exercer des droits supérieurs à 5 % dans la société scindée, notamment par un aménagement particulier des statuts.

Exemple : (reprise des données de l'exemple précédent § 32)

46. Les associés dispensés de l'obligation de conservation des titres S1 et S2 représentatifs des apports sont, dès lors qu'il s'agit de titres de placement :

Trois hypothèses sont envisageables

Hypothèse n° 1 :

M.C et M.R qui détiennent ensemble 3 % du capital de la société M scindée.

Hypothèse n° 2 :

M.C et la société V qui détiennent ensemble 4 % du capital de la société M scindée.

Hypothèse n° 3 :

M.R et la société V qui détiennent ensemble 3 % du capital de la société M scindée.

Sous-section 2 : Définition de la branche complète d'activité – Scissions – Apports partiels d'actif

47. Conformément à l'article 210 B du CGI les apports partiels d'actif et les scissions peuvent bénéficier de plein droit du régime fiscal de faveur des fusions prévu à l'article 210 A du même code dès lors que ces opérations portent sur des branches complètes d'activité.

48. La branche complète d'activité se définit comme l'ensemble des éléments d'actif et de passif d'une division d'une société qui constituent, du point de vue de l'organisation, une exploitation autonome, c'est-à-dire un ensemble capable de fonctionner par ses propres moyens.

49. La qualification d'une branche complète d'activité relève de l'appréciation des faits.

Les critères d'appréciation du caractère complet de la branche d'activité renvoient aux conditions d'exploitation de la société apporteuse et non, après réalisation de l'apport, à l'organisation de la société bénéficiaire de l'apport.

A. Une exploitation autonome

I. Une activité réellement exercée

50. La nature et l'importance de l'activité apportée sont indifférentes.

51. L'activité doit être réellement exercée au moment de l'approbation de l'opération par les assemblées générales des sociétés apporteuse et bénéficiaire des apports ainsi qu'à la date d'effet convenue par les parties si elle est différente.

52. La notion de branche complète d'activité ne recouvre pas un ensemble d'éléments d'actif ou de passif isolés.

Ne sont donc pas susceptibles de bénéficier du régime de faveur des fusions de plein droit les opérations d'apports qui portent notamment sur les éléments d'actif isolés suivants :
- immeubles non affectés à l'exploitation et/ou immeubles servant à l'exercice de l'activité de la société apporteuse (voir également ci-avant le n° 27) ;
- marques ou droits de propriété industrielle ;
- matériel ou installations techniques.

53. Le transfert des éléments d'actif et de passif de la branche doit être accompagné de celui du personnel affecté à l'activité apportée.

II. L'autonomie de l'exploitation

54. Une branche complète d'activité représente une exploitation autonome du point de vue de l'organisation.

Elle constitue :

1. Une organisation distincte des autres divisions de la société apporteuse (critère de l'autonomie interne).

55. Il s'agit d'une unité qui se caractérise notamment par une clientèle, du personnel, des installations propres. Cette unité d'exploitation comprend, le cas échéant, les services administratifs qui lui sont propres (service comptable d'une usine, service du personnel décentralisé,...).

Pour l'application des dispositions prévues à l'article 210 B, les services administratifs communs de la société apporteuse sont considérés comme attachés à l'exploitation. Les services administratifs communs s'entendent des services administratifs (comptabilité, gestion du personnel, direction juridique, direction générale,...) qui rendent des prestations aux différentes branches d'activité de la société apporteuse.

Ces services ne sont donc pas compris dans le patrimoine étranger à l'exploitation défini ci-avant au n° 31 pour l'application de plein droit du régime de faveur des scissions dans la mesure où ils sont affectés aux branches d'activité apportées. Chaque unité d'exploitation comprend donc la quote-part des services administratifs communs qui lui est affectée.

2. Un ensemble capable de fonctionner par ses propres moyens dans des conditions pouvant être qualifiées de normales dans le secteur économique considéré (critère de l'autonomie externe).

56. L'autonomie de l'exploitation apportée s'apprécie au regard de l'organisation de la société apporteuse et non de la société bénéficiaire des apports.

L'autonomie s'apprécie au moment de la réalisation définitive de l'opération d'apport et, le cas échéant, à la date d'effet convenue par les parties si elle est différente.

Le caractère autonome de la branche d'activité peut être justifié par tout moyen. Par exemple, en ce qui concerne les activités réglementées (financières,...), la circonstance que la branche apportée remplisse les conditions satisfaisant les ratios exigés par les réglementations en vigueur constitue un élément pour l'appréciation du caractère autonome de la branche.

Exemples :

Exemple n° 1 :

57. La société A exploite quatre établissements commerciaux E 1, E 2, E 3 et E 4 implantés dans quatre zones géographiquement distinctes. Ces succursales exploitées sous une enseigne unique vendent les mêmes marchandises.

La société A apporte séparément les établissements E 1, E 2, E 3 et E 4 au profit des filiales F-Nord, F-Sud, F-Ouest et F-Est.

Les établissements apportés qui sont notamment dotés d'une clientèle et d'un personnel propres, capables de fonctionner par leurs propres moyens dans des conditions normales, correspondent à des exploitations autonomes du point de vue de l'organisation.

Il n'est pas exigé, de façon générale, que la société apporteuse conserve une activité industrielle ou commerciale ou qu'elle transfère à une même société tous les établissements qui ont des objets analogues.

Exemple n° 2 :

58. La société B gère deux établissements commerciaux E 1 et E 2 situés dans la même zone géographique. Chaque succursale dispose d'une enseigne et d'une clientèle différentes. Les établissements E 1 et E 2 ne distribuent pas les mêmes produits.

La société B filialise son établissement E 1 au profit d'une société S.

Les deux établissements qui sont notamment dotés d'une clientèle et d'un personnel propres, capables de fonctionner par leurs propres moyens dans des conditions normales, représentent des exploitations autonomes du point de vue de l'organisation.

Exemple n° 3 :

59. La société R a réinvesti les bénéfices dégagés par ses activités industrielles et commerciales dans un parc immobilier qu'elle donne en location dans le cadre de sa gestion patrimoniale.

Elle filialise son patrimoine immobilier hors exploitation au sein de la société P.

Les actifs immobiliers ne constituent pas une exploitation autonome au sens de l'article 210 B du code général des impôts. La location des immeubles ne suffit pas à emporter, du point de vue de l'organisation, qualification des actifs apportés en branche complète d'activité.

L'apport des actifs immobiliers hors exploitation ne peut pas être placé de plein droit sous le régime fiscal de faveur des fusions.

Il en aurait été de même si l'apport avait porté sur les seuls actifs immobiliers d'exploitation.

Exemple n° 4 :

60. La société industrielle C fabrique ses produits dans trois usines U 1, U 2 et U 3.

La société C apporte l'ensemble de son activité industrielle développée au travers des trois usines U 1, U 2 et U 3 au profit d'une filiale codétenue avec un groupe industriel partenaire.

L'activité industrielle apportée qui est notamment dotée d'un savoir-faire, de droits de propriété industrielle, d'une clientèle, d'un personnel, et d'installations techniques propres, capable de fonctionner par ses propres moyens dans des conditions normales, correspond à une exploitation autonome du point de vue de l'organisation.

61. *Remarque :* L'ensemble des éléments d'actif et de passif de la société apporteuse ne constitue pas obligatoirement une ou plusieurs exploitations autonomes du point de vue de l'organisation.

Il en est notamment ainsi des sociétés patrimoniales (foncières, financières,...).

B. Les éléments d'actif et de passif de la branche complète d'activité

I. Les éléments d'actif et de passif compris dans la branche complète d'activité

62. La branche complète d'activité comprend tous les éléments d'actif et de passif liés directement ou indirectement à l'exploitation autonome apportée.

Les éléments d'actif et de passif compris dans la branche complète d'activité sont ceux inscrits au bilan de la société apporteuse à la date d'effet (la date d'effet de l'opération peut être rétroactive) de l'opération d'apport, quels que soient leur nature (commerciale, industrielle, financière, administrative,...) et leur montant.

63. La branche complète d'activité ne comprend :
– ni les éléments d'actif et de passif afférents aux autres branches d'activité de la société apporteuse ;
– ni les éléments d'actif et de passif relatifs à la gestion patrimoniale de la société apporteuse.

Constituent notamment le patrimoine étranger à l'exploitation les immeubles et les placements financiers sans lien avec l'exploitation même s'ils ont été financés par le réinvestissement des bénéfices de cette exploitation.

Les éléments d'actif et de passif qui relèvent des services administratifs communs de la société apporteuse (matériel de bureau, informatique...) (voir en ce sens ci-avant n° 55) ne constituent pas un patrimoine étranger à l'exploitation dès lors qu'ils sont affectés aux branches d'activité. Les éléments d'actif et de passif des services administratifs communs sont répartis entre les différentes branches d'activité en fonction de leur affectation.

Toutefois, afin de tenir compte du caractère général des prestations rendues, il est admis que les services administratifs communs restent dans la société apporteuse et ne soient pas répartis et transférés partiellement à l'occasion d'une opération d'apport partiel d'actif (voir n°s 74 et 75).

64. La prise en charge d'un passif non attaché à la branche d'activité apportée fait obstacle à l'application du régime de faveur des fusions et ce, quel que soit son montant.

L'apport d'éléments de passif non attachés à la branche d'activité ou pour un montant anormalement élevé, équivaut au paiement d'une soulte par la société bénéficiaire des apports.

Or, le régime fiscal de faveur qui prévoit notamment le sursis d'imposition des plus-values est réservé aux opérations d'apports qui ne dégagent aucune liquidité pour la société apporteuse.

Toutefois, l'application du régime de faveur ne sera pas refusée lorsque la soulte perçue par la société apporteuse sera inférieure à la valeur d'une seule action de la société bénéficiaire des apports.

65. La répartition des éléments d'actif et de passif communs à différentes branches d'activités est réalisée conformément aux règles qui sont prévues en cas d'apports partiels d'actif ou de scissions.

À défaut de règles déterminées, les éléments d'actif et de passif doivent être répartis selon une méthode cohérente pour déterminer la part de l'élément d'actif ou de passif qui revient à la branche complète d'activité apportée sur la base de critères adaptés à la nature de chaque élément et représentatifs des différentes branches concernées (chiffre d'affaires hors taxes annuel ou mensuel, masse salariale,...).

Exemple :

66. – Immeuble : Répartition de son prix de revient et des amortissements correspondants en fonction de la superficie réellement occupée par chaque branche d'activité ;

– Trésorerie d'exploitation centralisée : il est possible de prendre en compte le besoin en fonds de roulement de chaque branche d'activité de la société apporteuse pour déterminer la part de la trésorerie qui revient à la branche complète d'activité apportée.

67. L'affectation et, le cas échéant, la répartition des éléments d'actif et de passif entre les différentes branches d'activité sont réalisées sous la responsabilité de la société apporteuse.

II. Mesures d'assouplissement prévues en cas d'apports partiels d'actif

68. Dès lors que la société apporteuse ne disparaît pas à l'occasion de l'opération d'apport partiel d'actif, il est admis que la branche complète d'activité apportée ne comprenne pas certains éléments d'actif et de passif.

69. Ces mesures d'assouplissement ne s'appliquent pas aux opérations de scissions pour lesquelles la société apporteuse est dissoute.

1. Les immeubles et les marques nécessaires à l'exploitation autonome

70. En principe, l'ensemble des éléments nécessaires à l'activité de la branche d'activité apportée doivent être transférés en pleine propriété à la société bénéficiaire des apports.

71. Toutefois, la société apporteuse peut conserver la propriété des constructions (locaux d'exploitation ou administratifs) nécessaires à l'exercice de l'activité de la branche apportée lorsqu'elle consent à la société bénéficiaire de l'apport l'usage des immeubles en cause lui permettant ainsi d'exploiter de manière autonome et pérenne la branche d'activité apportée.

Au regard des constructions nécessaires à l'exercice de l'activité de la branche apportée mais que la société apporteuse ne détient pas en pleine propriété, la même tolérance s'applique dans les mêmes conditions aux droits dont elle bénéficie et qui lui confèrent la disposition de ces constructions (droits dont bénéficie la société apporteuse en vertu d'un bail ou d'un contrat de crédit-bail par exemple) sous réserve qu'il n'existe pas de justification économique ou juridique à leur transfert.

De même, la transmission de la pleine propriété des marques sous lesquelles sont commercialisés les produits de la branche apportée n'est pas exigée lorsque ces marques ne sont pas exclusivement utilisées par cette branche mais qu'elles le sont conjointement par d'autres branches d'activité de la société apporteuse ou par d'autres sociétés (filiales ou non).

Dans ce cas, la société apporteuse doit concéder la ou les marques en cause à la société bénéficiaire de l'apport pour une durée suffisamment longue, au moins égale à dix ans.

2. Le passif global de la société apporteuse

72. La définition de la branche complète d'activité implique que tout le passif afférent à celle-ci soit apporté.

73. Toutefois, il est admis que les éléments de passif qui ne sont pas directement et exclusivement liés à l'exploitation autonome apportée peuvent être conservés par la société apporteuse sous réserve qu'il n'existe pas de justification économique ou juridique à leur transfert. La valorisation de l'apport doit tenir compte de l'absence éventuelle de ce transfert d'éléments du passif.

Cette doctrine précise la réponse à la question écrite n° 40549 du 1er juillet 1996 de M. Jean-Michel Dubernard (JO AN Q du 17 mars 1997 p. 1347) qui indique que les opérations à l'occasion desquelles la société apporteuse conserve des éléments de passif normalement attachés à l'activité transférée ne peuvent éventuellement bénéficier du régime de faveur des fusions que par voie d'agrément.

Il s'agit notamment des dettes financières d'ensemble de la société apporteuse qui ne se rattachent pas directement à la branche complète d'activité apportée ou à un de ses éléments d'actif (emprunts généraux, soldes créditeurs bancaires,...).

3. Les services administratifs communs

74. En principe, les services administratifs communs de la société apporteuse sont considérés comme affectés à l'exploitation et doivent être répartis entre les différentes branches d'activité en fonction de leur affectation.

75. Toutefois, il est admis que les éléments d'actif et de passif qui relèvent des services administratifs communs de la société apporteuse ne soient pas répartis entre les différentes branches d'activité à l'occasion d'une opération d'apport partiel d'actif pour tenir compte du caractère général des prestations rendues.

Dans ce cas, aucun élément d'actif et de passif afférent aux services administratifs communs n'est compris dans l'apport partiel d'actif.

Sous-section 3 : Régime fiscal de faveur – Fusions, scissions, apports partiels d'actif – Évaluation de l'apport – Rémunération selon la valeur réelle de l'apport

A. La valeur des titres remis en rémunération constitue la contrepartie de l'apport

76. La rémunération d'une fusion, d'une scission ou d'un apport partiel d'actif est déterminée par la parité d'échange calculée sur la base de la valeur réelle des apports et de la société qui les reçoit (la valeur réelle de la société bénéficiaire des apports s'apprécie au moment de l'opération et non ultérieurement compte tenu des éléments apportés).

D'une manière générale, le régime de faveur défini à l'article 210 A ne saurait s'appliquer à des opérations à l'occasion desquelles des transferts de valeurs non représentatives des apports sont organisés entre associés et sociétés.

Ainsi, lorsque la valeur réelle des titres remis en rémunération est inférieure à la valeur réelle de l'apport, la société apporteuse doit constater, à concurrence de la différence, un produit taxable dans les conditions de droit commun qui correspond à la libéralité consentie.

77. En revanche, une opération de fusion, de scission ou d'apport partiel d'actif rémunérée sur la base de la valeur réelle du patrimoine transmis n'est pas constitutive de subvention même si les éléments d'actif immobilisé apportés sont transcrits sur la base de leur valeur comptable conformément à la doctrine administrative.

78. La constatation des primes d'apport tient compte des principes rappelés ci-dessus.

B. L'évaluation des éléments apportés dans le traité d'apport et leur inscription comptable ne peuvent altérer le principe d'une rémunération déterminée à partir de leur valeur réelle

79. Les règles de transcription comptable des apports sont fixées par le Comité de la réglementation comptable (CRC).

En principe, les éléments d'actif immobilisé apportés à la suite d'une opération de fusion, de scission ou d'apport partiel d'actif doivent être évalués à leur valeur réelle.

Les valeurs nettes comptables peuvent être représentatives des valeurs réelles. Tel peut être le cas pour les matériels et outillages industriels et commerciaux, les autres immobilisations corporelles figurant au compte n° 218.

80. Si l'ensemble de ces apports peut être transcrit en comptabilité sur la base de leur valeur comptable, ces mêmes valeurs sont admises du point de vue fiscal à la double condition :
– que les apports soient et demeurent soumis, au regard de l'impôt sur les sociétés, au régime de faveur prévu aux articles 210 A et 210 B du CGI ;
– que la société bénéficiaire des apports reprenne à son bilan les écritures comptables de la société apporteuse (valeur d'origine, amortissements, provisions pour dépréciation) et qu'elle continue de calculer les dotations aux amortissements à partir de la valeur d'origine qu'avaient les biens dans les écritures de la société apporteuse.

Dans l'hypothèse où la remise en cause du régime de faveur serait rétroactivement encourue du fait du non-respect des engagements prévus à ces mêmes articles, l'opération devrait être imposée dans les conditions de droit commun, c'est-à-dire en calculant les plus-values réalisées à l'occasion de l'apport à partir de la valeur vénale réelle des immobilisations apportées à la date d'effet de l'apport.

81. Cette tolérance fiscale a pour objet pratique de permettre la transcription (sous réserve des dispositions comptables fixées par le CRC), chez la société bénéficiaire des apports, des actifs immobilisés à la valeur nette comptable qu'ils avaient chez la société apporteuse.

En particulier, elle n'a aucune incidence sur les modalités de détermination du rapport d'échange en matière de fusion, scission et apport partiel d'actif.

Les engagements qui grèvent les titres représentatifs des apports, prévus à l'article 210 B du CGI, doivent porter sur un nombre de titres identique quelle que soit la valeur, réelle ou comptable, retenue pour la transcription des apports.

Exemple :

82. La société A apporte à la société B une branche complète d'activité sous le régime fiscal de faveur des fusions en application de l'article 210 B du CGI.

Les éléments d'actif immobilisé apportés peuvent être transcrits sur la base de leur valeur comptable admise dans les conditions prévues pour l'application de la tolérance fiscale définie au n° 80. La valeur comptable de l'actif net apporté ressort à 3 000 000 F.

Les engagements de conservation et de calcul des plus-values prévus à l'article 210 B portent sur les titres représentatifs de l'apport c'est-à-dire sur ceux qui correspondent au poids économique réel de la branche complète d'activité apportée. La valeur réelle de la branche complète d'activité apportée s'élève à 15 000 000 F.

La valeur réelle d'un titre de la société B est évaluée à 500 F.

La société A doit recevoir en contrepartie de son apport 30 000 titres B.

Le fait que les éléments d'actif immobilisé soient apportés sur la base de leur valeur comptable doit rester sans incidence sur la rémunération de l'apport et sur la portée des engagements prévus à l'article 210 B.

La rémunération de l'apport sur la base d'une valeur inférieure à sa valeur réelle ferait obstacle à l'application du régime de faveur.

Ainsi, la rémunération de la société A, en contrepartie de son apport, par 6 000 titres B qui correspondraient à une rémunération calculée sur la base de la valeur de l'actif net comptable apporté de 3 000 000 F, interdirait l'application du régime fiscal de faveur des fusions.

83. Toutefois, il ne sera pas tiré de conséquences fiscales en matière d'impôt sur les sociétés d'une rémunération calculée sur la base de la valeur de l'actif net comptable au regard des sociétés apporteuse et bénéficiaire des apports qui placent régulièrement leur opération d'apport sous le régime de l'article 210 A du CGI, sous réserve du respect de la triple condition suivante :
- les titres reçus par la société apporteuse en contrepartie de son apport sur lesquels porte l'engagement de conservation prévu à l'article 210 B précité, représentent au moins 99 % du capital de la société émettrice tel qu'il résulte de l'opération ;
- la participation détenue par la société apporteuse dans la société bénéficiaire des apports représente au moins 99,99 % du capital de cette dernière société après réalisation de l'opération d'apport ;
- tous les titres de la société bénéficiaire des apports présentent les mêmes caractéristiques.

Cette tolérance fiscale ne saurait être regardée comme emportant approbation de la validité, notamment comptable et juridique, des opérations d'apports qui seraient réalisées dans ces conditions.

Par ailleurs, la société apporteuse ne peut bénéficier de cette tolérance fiscale qu'une seule fois au regard d'une même société bénéficiaire des apports. Les opérations d'apports suivantes réalisées au profit de la même société bénéficiaire de l'apport qui ne pourront pas donner lieu à l'application de cette tolérance fiscale devront en conséquence être rémunérées sur la base de la valeur réelle des apports.

SECTION 2. – LA RÉTROACTIVITÉ DES ACTES D'APPORTS

84. Les sociétés peuvent décider de donner un effet rétroactif à leur opération de fusion, de scission ou d'apport partiel d'actif (opérations placées ou non sous le bénéfice du régime de faveur des fusions définis à l'article 210A du CGI). La clause de rétroactivité convenue par les parties ne se présume pas et doit être régulière du point de vue juridique.

À cet égard, il est rappelé que l'article 372-2 de la loi du 24 juillet 1966, modifiée, sur les sociétés commerciales prévoit que la fusion ou la scission prend effet :
- en cas de création d'une ou plusieurs sociétés nouvelles, à la date d'immatriculation au registre du commerce et des sociétés, de la nouvelle société ou de la dernière d'entre elles ;
- dans les autres cas, à la date de la dernière assemblée générale ayant approuvé l'opération sauf si le contrat prévoit que l'opération prend effet à une autre date, laquelle ne doit pas être antérieure à la date de clôture du dernier exercice clos de la ou des sociétés qui transmettent leur patrimoine.

85. L'article 387 de la même loi permet de soumettre les opérations d'apports partiels d'actif au régime juridique des scissions.

Sous-section 1 : La rétroactivité au regard de l'impôt sur les sociétés Régimes fiscaux de droit commun et de faveur

86. Comme l'ensemble des droits et obligations et des profits et charges nés des contrats passés par une société avec les tiers, les effets d'un apport doivent, à la clôture de l'exercice, être pris en considération tels qu'ils ont été stipulés par les parties, notamment avec une portée rétroactive.

Lorsqu'un effet rétroactif est attaché aux contrats de fusions, d'apports partiels d'actif et de scissions par la volonté des parties ou par la loi, les conséquences de cette rétroactivité affectent les résultats de la période au cours de laquelle ces contrats ont été effectivement conclus.

La portée d'une clause de rétroactivité est fiscalement opposable dans certaines limites.

A. La prise en compte obligatoire de la date d'effet rétroactif

87. Dès lors que les traités de fusion, de scission ou d'apport comportent expressément une clause de rétroactivité, cette obligation contractuelle s'impose aux parties comme à l'administration en matière d'impôt sur les sociétés dès lors que le fait générateur de l'imposition des résultats des exercices en cours n'est pas intervenu (date de clôture de l'exercice ou, à défaut, le 31 décembre). En revanche, l'effet rétroactif des actes de fusion, de scission ou d'apport n'est pas opposable à l'administration en matière de taxe professionnelle pour l'application des dispositions de l'article 1478 du CGI (BOI 6 E-3-85) (CE 24 mai 1989, req. nos 66816 et 68484, Sté Ford France, confirmé par CE, 17 mai 1995, req. n° 138648, SA Aciéries Aubert et Duval). La date de réalisation de changement d'exploitant est celle à laquelle l'accord a été approuvé par les assemblées générales extraordinaires des actionnaires des deux sociétés, sous réserve que ces assemblées n'aient pas prévu une date d'effet postérieure. L'arrêt rendu le 8 octobre 1998 par la Cour administrative d'appel de Paris (req. n° 96-119) fait l'objet d'un recours en cassation devant le conseil d'État.

Les clauses de rétroactivité ne sont pas non plus opposables à l'administration pour le calcul de la valeur ajoutée, que ce soit pour le plafonnement de la taxe professionnelle (cf. instruction 6 E-2-94 du 8 février 1994 et documentation administrative 6 E 4333 n° 24 et s.) ou pour déterminer l'assiette du supplément d'imposition dû au titre de la cotisation minimale assise sur la valeur ajoutée (art. 1647 E du CGI).

88. Les sociétés apporteuse et bénéficiaire des apports sont donc tenues de prendre en compte toutes les conséquences de la date d'effet pour la détermination de leurs résultats imposables.

Elles ne peuvent pas renoncer, même partiellement, aux conséquences de la date d'effet stipulée dans le traité d'apport.

Lorsqu'un effet rétroactif est attaché à un contrat d'apport et procède d'une gestion commerciale normale, les conséquences de cette rétroactivité affectent les résultats de l'exercice au cours duquel le contrat est définitivement conclu.

B. La portée de la date d'effet rétroactif

1. La date d'effet rétroactif est limitée à l'opération d'apport

89. La réalité économique et juridique des opérations réalisées par les sociétés apporteuse et bénéficiaire des apports pendant la période intercalaire n'est pas remise en cause du fait de la prise en compte de la date d'effet rétroactif de l'opération d'apport pour la détermination des résultats imposables de ces sociétés.

Les opérations effectuées pendant la période intercalaire ne sauraient être réputées inexistantes ou effectuées à un autre moment.

90. Toutefois, pour la détermination de leurs résultats imposables, la société bénéficiaire de l'apport se substitue à la société apporteuse au titre des activités apportées à compter de la date d'effet rétroactif.

91. L'annulation de la participation de la société absorbante dans la société absorbée est donc réputée intervenir, pour la détermination des résultats imposables, à la date d'effet rétroactif ou à la date d'acquisition des titres si elle est postérieure.

Exemple :

92. Soient deux sociétés A et B dont les exercices coïncident avec l'année civile.

La société A prend une participation dans la société B le 22 octobre N.

La société A absorbe la société B. La dernière assemblée générale qui a approuvé l'opération se tient le 20 novembre N. Les sociétés conviennent d'un effet rétroactif au 1er janvier N.

L'annulation de la participation de la société A dans la société B est réputée intervenir le 22 octobre N pour la détermination des résultats imposables de la société A.

La plus-value d'annulation est déterminée à cette date par différence entre le prix d'acquisition et la valeur de l'actif net réel reçu en apport à concurrence des droits représentés par les titres annulés au 22 octobre N.

II. La date d'effet rétroactif est limitée dans le temps

93. Les conséquences de la date d'effet rétroactif affectent les résultats de l'exercice au cours duquel l'opération est réalisée.

Le premier bilan dans lequel les conséquences d'une opération sont prises en compte est le bilan de clôture de l'exercice au cours duquel le traité d'apport est définitivement conclu.

94. En raison du principe de la spécialité des exercices, les clauses de rétroactivité ne peuvent pas conduire à rectifier les résultats de la période précédente.

Les effets de l'opération restent donc sans influence sur les résultats imposables dégagés par chacune des sociétés au cours des exercices qui précèdent celui au cours duquel l'apport est réalisé.

Exemple :

Soit l'opération d'apport partiel d'actif réalisée par la société A au profit de la société B le 17 novembre N.

L'exercice de la société A coïncide avec l'année civile.

La société B clôture son exercice de 12 mois le 31 juillet.

La période de rétroactivité opposable à l'administration est comprise entre le 1er août N et le 16 novembre N.

1. Création d'une ou plusieurs sociétés nouvelles

• Société A (apporteuse) :

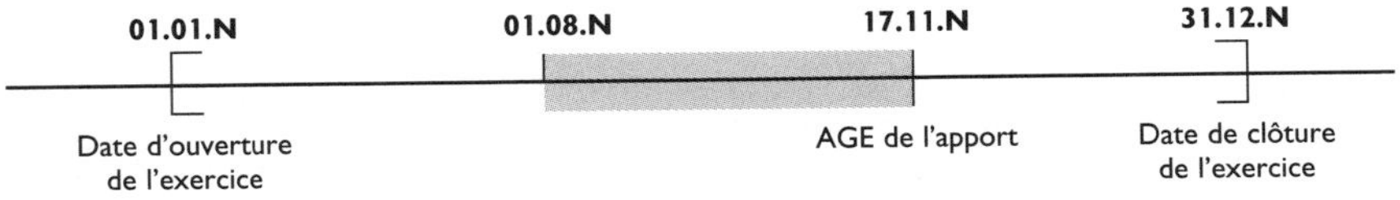

• Société B (bénéficiaire de l'apport) :

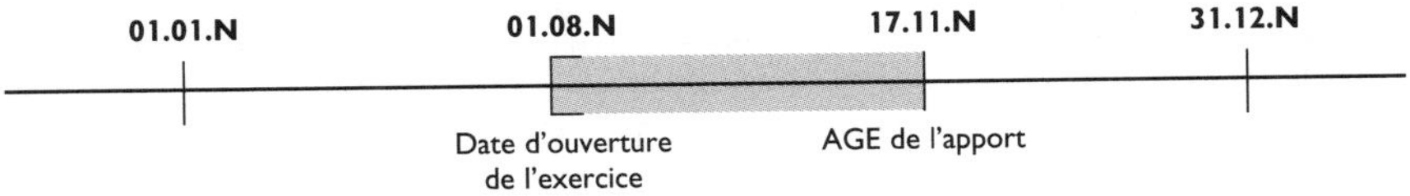

Période de rétroactivité opposable à l'administration

95. L'article 372-2 de la loi du 24 juillet 1966, modifiée, sur les sociétés commerciales prévoit qu'en cas de création d'une ou plusieurs sociétés nouvelles, la fusion ou la scission prend effet à la date d'immatriculation de la nouvelle société ou de la dernière d'entre elles au registre du commerce et des sociétés.

En conséquence, la date retenue sur le plan fiscal ne saurait être antérieure à celle prévue sur le plan juridique.

Exemple :

96. Soit deux sociétés A et B dont les exercices coïncident avec l'année civile.

La société nouvelle C absorbe les sociétés A et B. La société C est immatriculée au registre du commerce et des sociétés le 1er septembre N.

La date d'effet de la fusion est fixée par la loi au 1er septembre N. Il n'est donc pas possible de donner, sur le plan fiscal, un effet rétroactif à la fusion au 1er janvier N.

2. La société apporteuse n'a clos aucun exercice au cours de l'année civile précédant l'apport

97. Lorsque la société apporteuse n'a pas clos d'exercice au cours de l'année civile N – 1 précédant celle de l'apport, l'effet rétroactif donné à l'opération ne saurait dispenser la société apporteuse de déposer au titre de l'année N – 1 la déclaration provisoire de résultats conformément aux articles 37 (2e alinéa) et 209-1 du CGI.

L'effet rétroactif ne peut avoir pour conséquence de dispenser la société apporteuse du respect de ses obligations déclaratives au titre de l'année précédant l'opération d'apport.

98. L'effet rétroactif est donc opposable à l'administration dans la limite du 1er janvier de l'année au cours de laquelle l'opération est approuvée.

Exemple :

Soit la fusion-absorption de la société A par la société B. L'opération est approuvée le 9 octobre N.

Au moment de la réalisation de l'opération de fusion, la société absorbée A n'a clos d'exercice ni en N – 1 ni en N et la société B a clos son dernier exercice le 30 novembre N – 1.

La date d'effet rétroactif opposable à l'administration ne peut être antérieure au 1er janvier N même si l'exercice de la société absorbante B est ouvert au 1er décembre N – 1.

• **Société B (bénéficiaire de l'apport) :**

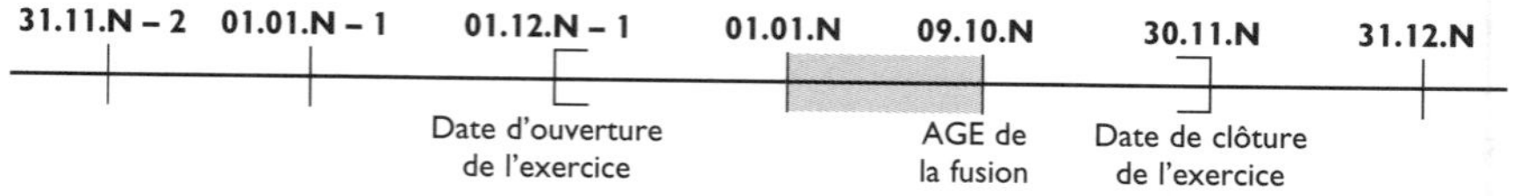

• **Société A (apporteuse) :**

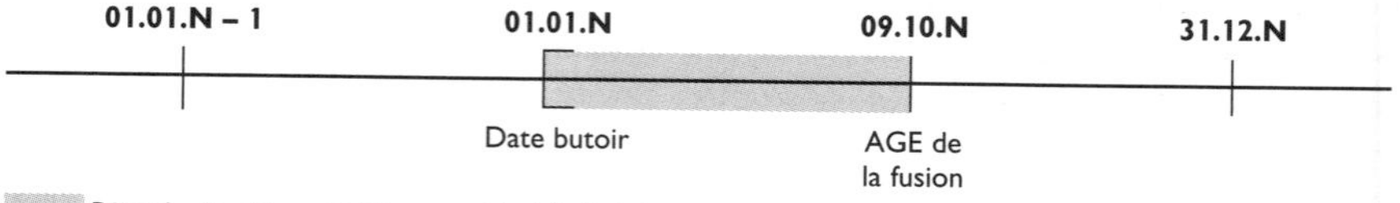

Période de rétroactivité opposable à l'administration

99. Toutefois, lorsque la société apporteuse a été créée au cours de l'année civile N – 1 et qu'elle est dispensée du dépôt d'une déclaration provisoire au titre de la première année civile d'activité, conformément aux dispositions prévues au deuxième alinéa du paragraphe I de l'article 209 du CGI, la date d'effet rétroactif prise en compte peut remonter jusqu'à la date de création de cette société.

3. La date d'effet rétroactif est antérieure à l'ouverture de l'exercice de la société bénéficiaire de l'apport

100. Lorsque la date d'effet rétroactif est antérieure à l'ouverture de l'exercice de la société bénéficiaire de l'apport au cours duquel l'opération d'apport est approuvée, les opérations réalisées par la société apporteuse entre la date d'effet conventionnelle et celle de l'ouverture de l'exercice de la société bénéficiaire de l'apport doivent être imposées au nom de la société apporteuse.

La date d'effet rétroactif reste sans influence sur le bilan de clôture de l'exercice précédent de la société bénéficiaire de l'apport.

III. La date d'effet est prise en compte pour la détermination des résultats imposables des sociétés qui sont convenues de la rétroactivité

101. La date d'effet rétroactif est sans incidence sur la détermination des résultats imposables des associés.

Les plus ou moins-values d'échange des titres résultant d'une fusion ou d'une scission sont appréciées à la date de réalisation définitive de l'opération quelle que soit la date d'effet convenue par les sociétés apporteuse et bénéficiaire des apports.

102. Les sociétés ne peuvent pas modifier conventionnellement le point de départ du délai de conservation des titres représentatifs des apports pendant trois ans prévu à l'article 210 B du CGI en cas d'apport partiel d'actif ou de scission placés de plein droit sous le régime fiscal de faveur des fusions.

Les délais de conservation des titres se calculent à compter de la date de réalisation définitive de l'opération.

De même, lorsque les titres qui ont été grevés d'un engagement de conservation viennent à être échangés dans le cadre d'une opération de fusion ou de scission, le respect du délai de trois ans initial s'observe par rapport à la date de réalisation définitive de la nouvelle opération.

Exemples :

Exemple n° 1 :

103. Soit l'opération d'apport partiel d'actif réalisée par la société A au profit de la société B le 23 décembre N-3 avec effet rétroactif au 1er janvier N-3. Cette opération est placée sous le régime de faveur des fusions prévu à l'article 210 A du CGI en application de l'article 210 B du même code.

La société A doit conserver pendant trois ans les titres B représentatifs de l'apport, soit jusqu'au 24 décembre N.

La société B est absorbée par la société C le 30 décembre N, avec un effet rétroactif au 1er juillet N.

L'opération de fusion des sociétés B et C ne remet pas en cause l'application du régime de faveur à l'opération d'apport réalisée en N-3 même si la date d'effet de la seconde opération de fusion intervient pendant la durée légale de conservation des titres B :

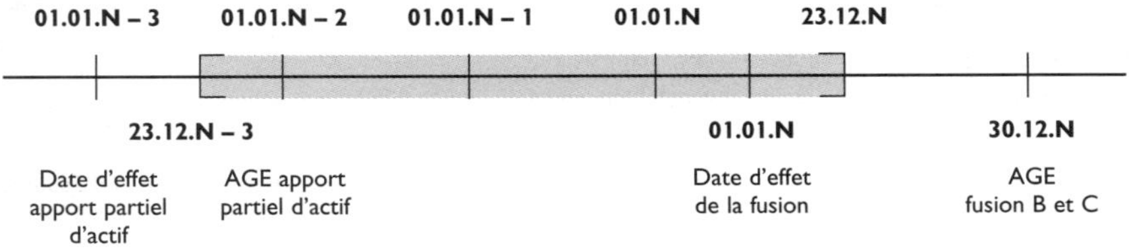

Délai légal de conservation des titres B représentatifs de l'apport

Exemple n° 2 :

104. Soit quatre sociétés A, B, C et D détenues par la société M.

Les exercices des sociétés A, B, C et D coïncident avec l'année civile. La société M clôture son exercice le 31 juillet de chaque année.

La société A est scindée au profit des sociétés B, C et D. La dernière assemblée générale qui a approuvé l'opération s'est tenue le 13 août N. La date d'effet rétroactif est fixée au 30 juin N.

La scission est placée de plein droit sous le régime fiscal de faveur prévu à l'article 210 B du CGI.

La société M détermine la plus-value d'échange des titres A contre les titres B, C et D à la date du 13 août N.

La société M doit conserver les titres B, C et D reçus en échange des titres A jusqu'au 14 août N+3 conformément aux dispositions de l'article 210 B du CGI.

C. Les conséquences fiscales de la date d'effet rétroactif

I. Détermination des résultats imposables de la société apporteuse au titre de l'exercice de l'apport

105. La société apporteuse prend en compte, pour la détermination de ses résultats imposables, les produits et les charges qui proviennent de l'exploitation des activités apportées pendant la période comprise entre la date d'ouverture de l'exercice au cours duquel l'opération est réalisée et la date d'effet fixée par les parties.

106. Les biens sont apportés pour leur valeur à la date d'effet rétroactif.

Les plus ou moins-values d'apports sont déterminées à la date d'effet stipulée dans le traité d'apport. Ces plus-values d'apports peuvent être placées en sursis d'imposition conformément aux dispositions prévues à l'article 210 A du CGI.

II. Détermination des résultats imposables de la société bénéficiaire des apports au titre de l'exercice de l'apport

107. Les biens sont inscrits au bilan de la société bénéficiaire des apports pour leur valeur d'apport.

La société bénéficiaire des apports peut déduire, au titre de l'exercice au cours duquel le traité est conclu, les amortissements calculés en fonction :
- de la valeur d'apport des biens transmis ;
- et de la date d'effet de l'opération d'apport.

108. La société bénéficiaire de l'apport prend en compte pour la détermination de ses résultats imposables ceux provenant des activités apportées à compter de la date d'effet.

La société bénéficiaire de l'apport rattache au résultat de l'exercice au cours duquel la convention est conclue l'ensemble des produits et des charges provenant de l'exploitation des activités apportées pendant la période intercalaire.

En particulier, la société bénéficiaire des apports prend en compte, dans le premier bilan établi après l'apport, les pertes provenant des opérations de la société apporteuse depuis la date d'effet de la rétroactivité fixée dans le contrat.

109. Les résultats des opérations réalisées par la société apporteuse pendant la période intercalaire qui sont pris en compte dans les résultats imposables de la société bénéficiaire des apports sont déterminés en fonction de la valeur fiscale des biens apportés.

La valeur fiscale des biens apportés diffère selon que l'opération d'apport est placée ou non sous le régime fiscal de faveur prévu à l'article 210 A du code déjà cité.

Cas particuliers :

• Les opérations réciproques :

110. Les opérations réalisées pendant la période intercalaire entre la société apporteuse et la société bénéficiaire de l'apport au titre des activités apportées ne sont pas prises en compte pour la détermination des résultats imposables de la société bénéficiaire de l'apport.

En revanche, les opérations réalisées pendant la période intercalaire entre la société apporteuse et la société bénéficiaire de l'apport (considérée séparément en cas de scission) qui ne relèvent pas de l'activité qui lui est apportée ne sont pas neutralisées pour la détermination des résultats imposables de ces sociétés. Elles restent prises en compte pour la détermination des résultats imposables des sociétés apporteuse et bénéficiaire de l'apport en cas d'apport partiel d'actif et, en cas de scission, sont prises en compte pour la détermination des résultats imposables des sociétés bénéficiaires des apports.

Distributions réalisées par la société absorbée au profit de la société absorbante (ou inversement) :

111. Le dividende est extourné du résultat de la société bénéficiaire de la distribution qui n'a donc pas à procéder, le cas échéant, à la défalcation d'une quote-part de frais et charges dans les conditions prévues à l'article 216 du code général des impôts.

112. En ce qui concerne le précompte, son fait générateur intervient dès la mise en paiement du dividende. Le précompte afférent à une distribution de la période intercalaire est dû par la société distributrice. En effet, la rétroactivité ne peut modifier ni le fait générateur de l'impôt ni son redevable légal. Le redevable légal du précompte est la société qui procède à la mise en paiement du dividende. La rétroactivité ne permet donc pas de liquider le précompte au niveau de la société absorbante. De même, elle ne peut conduire à l'annulation du précompte correspondant à la partie de la distribution attribuée à la société absorbante.

Le précompte correspond à un avoir fiscal qui peut être utilisé dans les conditions de droit commun par les associés qui ne sont pas parties à la fusion. En revanche lorsque la société absorbante est également associée de la société absorbée (ou inversement), la rétroactivité devrait, en principe, interdire l'utilisation de l'avoir fiscal. En effet, l'avoir fiscal ne peut être imputé sur l'impôt sur les sociétés dès lors que le dividende, neutralisé du fait de la rétroactivité, n'est pas compris dans le résultat imposable.

Toutefois, il est admis que le dividende neutralisé peut être assimilé à un produit de participation du régime des sociétés mères afin de permettre l'imputation de l'avoir fiscal sur le précompte dû en cas de redistribution dans les conditions prévues au 2 de l'article 146 du CGI. Le taux de cet avoir fiscal est égal à 50 % du montant du dividende net lorsque ce dividende aurait été reçu dans le cadre du régime des sociétés mères en l'absence d'effet rétroactif de la fusion. Dans le cas où le régime des sociétés mères n'aurait pas pu s'appliquer, l'avoir fiscal doit être calculé dans les conditions prévues au II de l'article 158 bis du code déjà cité.

• La réserve spéciale des plus-values à long terme :

113. Pour l'application des dispositions de l'article 209 quater du CGI (voir en ce sens la documentation administrative 4 H 213 et l'instruction BOI 4 E-2-98) la société absorbée ou scindée est réputée dissoute à la date d'effet de la fusion ou de la scission. Selon que la fusion ou la scission bénéficie ou non du régime fiscal de faveur prévu à l'article 210 A ou 210 B du code déjà cité, il en résulte les conséquences suivantes.

– Opération de fusion ou de scission soumise au régime fiscal de droit commun

114. Les prélèvements résultant de la dissolution de la société absorbée ou scindée du fait de la transmission universelle de son patrimoine au profit d'une ou plusieurs sociétés et la non-dotation à la réserve des plus-values en instance d'affectation, c'est-à-dire de la plus-value nette du dernier exercice clos et de la plus-value nette des deux exercices précédents lorsque les résultats comptables de ces exercices n'ont pas été suffisants, n'emportent pas d'imposition complémentaire au nom de la société dissoute au titre de son dernier exercice.

La ou les sociétés bénéficiaires des apports n'étant pas tenues à une obligation de reprise de la réserve spéciale des plus-values à long terme de la société absorbée ou scindée, les éventuelles décisions prises sur le plan juridique par la société absorbée ou scindée durant la période de rétroactivité et concernant la distribution de la réserve spéciale sont, pour l'application de l'imposition complémentaire prévue au 2 de l'article 209 quater du CGI, réputées concerner des réserves ordinaires ; elles n'emportent donc aucune imposition complémentaire au nom de la société absorbante ou des sociétés bénéficiaires des apports.

115. La distribution de dividendes prélevée sur la réserve spéciale des plus-values à long terme pendant la période intercalaire donne toujours lieu à un précompte exigible au nom de la société absorbée ou scindée et plafonné dans les conditions prévues au quatrième alinéa du 1 de l'article 223 sexies du CGI. En effet, une clause de rétroactivité ne peut modifier le fait générateur d'un impôt.

Ce précompte ne peut s'imputer ni sur l'impôt sur les sociétés dû par les sociétés absorbante ou bénéficiaires des apports ni sur l'impôt sur les sociétés éventuellement dû par la société absorbée ou scindée qui ne procède pas à la réintégration prévue au 2 de l'article 209 quater précité.

– Opération de fusion ou de scission soumise au régime fiscal de faveur

116. Aux termes du a du 3 de l'article 210 A du CGI, l'application du régime spécial des fusions est notamment subordonnée à la condition que les sociétés absorbante ou bénéficiaires des apports reprennent à leur passif la réserve spéciale où la société apporteuse a porté les plus-values à long terme soumises antérieurement au taux réduit. En cas de scission placée sous le régime fiscal de faveur prévu à l'article 210 B du même code, la répartition de la réserve spéciale des plus-values nettes à long terme constituée par la personne morale scindée doit être opérée proportionnellement à la valeur nette réelle des apports reçus par chaque personne morale bénéficiaire des apports.

117. L'application du régime fiscal de faveur confère aux fusions et aux scissions un caractère intercalaire. Dès lors, si la société absorbée ou scindée a opéré durant la période de rétroactivité des prélèvements sur la réserve spéciale, l'imposition complémentaire prévue au 2 de l'article 209 quater du CGI est due par la société absorbante ou les sociétés bénéficiaires des apports (les prélèvements sont répartis entre les sociétés bénéficiaires des apports selon la même clé de répartition que celle utilisée pour la répartition de la réserve spéciale des plus-values à long terme) au titre de l'exercice en cours à la date de réalisation de la fusion ou de la scission. Corrélativement, l'obligation de reprise de la réserve spéciale des plus-values à long terme, porte sur la réserve spéciale des plus-values à long terme de la société scindée ou absorbée existant à la date d'effet de la fusion ou de la scission, diminuée des prélèvements en cause (cette reprise doit s'effectuer dans les conditions prévues aux n°s 28 et suivants de la documentation administrative 4 I 1242).

118. La distribution de dividendes prélevée sur la réserve spéciale des plus-values à long terme pendant la période de rétroactivité donne obligatoirement lieu à un précompte plafonné exigible au nom de la société absorbée ou scindée (voir n° 115). Ce précompte peut s'imputer, dans les conditions prévues aux n°s 58 et suivants de la DB 4 J 1322 (il est rappelé que le précompte plafonné relatif à une distribution prélevée sur la réserve spéciale des plus-values à long terme est reçu en paiement de l'impôt sur les sociétés au taux normal, résultant de la réintégration visée au 2 de l'article 209 quater précité, dû au titre de l'exercice au cours duquel a été réalisée la distribution), sur l'impôt sur les sociétés dû par les sociétés absorbante ou bénéficiaires des apports au titre de l'exercice en cours à la date de la distribution.

119. Enfin, la société absorbante ou les sociétés bénéficiaires des apports sont tenues d'inscrire à leur réserve spéciale, les plus-values nettes long terme réalisées par la société absorbée ou scindée, qui étaient en instance d'affectation à la réserve à la date d'effet de la fusion ou de la scission (c'est-à-dire la plus-value nette de l'exercice de la fusion ou de la scission et la plus-value nette des deux exercices précédants lorsque les résultats comptables de ces exercices n'ont pas été suffisants). Cette inscription doit s'opérer dans les conditions prévues aux n°s 19 à 33 de la documentation administrative 4 H 2132.

Exemple :

120. Soient les sociétés A et B dont les exercices coïncident avec l'année civile.

La société A absorbe la société B. La dernière assemblée générale qui a approuvé l'opération s'est tenue le 10 novembre N. La date d'effet rétroactif est fixée au 1er juillet N.

La société absorbée B apporte principalement les éléments d'actif immobilisé suivants :
– Éléments incorporels (deux fonds de commerce F1 et F2) :

• Valeur fiscale des éléments incorporels au 1er juillet N : 100 000 F :
– 0 F pour F1 (création du fonds de commerce par la société B) ;
– 100 000 F pour F2.

• Valeur réelle des éléments incorporels au 1er juillet N : 2 500 000 F :
– 2 000 000 F pour les éléments incorporels du fonds de commerce F1 ;
– 500 000 F pour les éléments incorporels du fonds de commerce F2.

• Plus-values d'apports appréciées au 1er juillet N : 2 400 000 F :
– Plus-value sur les éléments incorporels du fonds de commerce F1 : 2 000 000 F ;
– Plus-value sur les éléments incorporels du fonds de commerce F2 : 400 000 F.
– Installations techniques (seules immobilisations amortissables apportées) :

• Valeur fiscale des installations techniques au 1er juillet N : 440 000 F ;

• Valeur réelle des installations techniques au 1er juillet N : 490 000 F ;

• Plus-value d'apport appréciée au 1er juillet N : 50 000 F.

La société absorbée B prend en compte, pour la détermination de ses résultats imposables à l'impôt sur les sociétés au titre de l'exercice clos en N, les résultats des activités exercées pendant la période comprise entre le 1er janvier N et le 30 juin N.

La société absorbante A inscrit à l'actif de son bilan les biens apportés pour leur valeur à la date d'effet soit :
– éléments incorporels des fonds de commerce : 2 500 000 F [2 000 000 F (F1) et 500 000 F (F2)] ;
– installations techniques : 490 000 F.

Par ailleurs, la société A rattache au résultat de l'exercice clos le 31 décembre N l'ensemble des produits et des charges provenant de l'exploitation des activités apportées à compter du 1er juillet N.

La société A pourra amortir les installations techniques sur la base de leur valeur d'apport soit 490 000 F. La date d'effet rétroactif constitue le point de départ de l'amortissement.

121. Cas n° 1 : La société B cède les éléments incorporels de son fonds de commerce F1 à une société C le 16 septembre N pour 2 100 000 F.

• Société A (absorbante) :

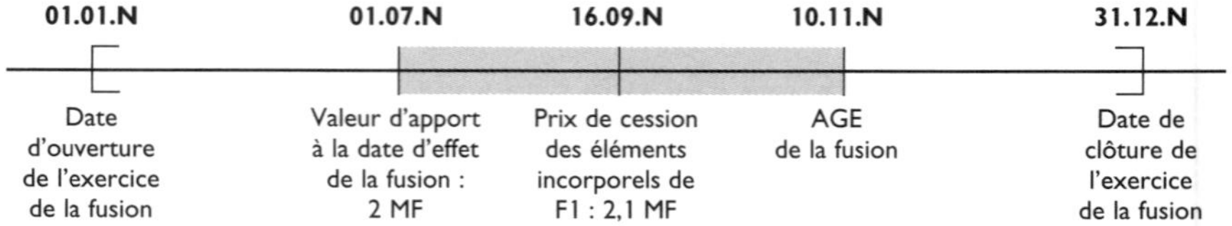

• Société B (absorbée) :

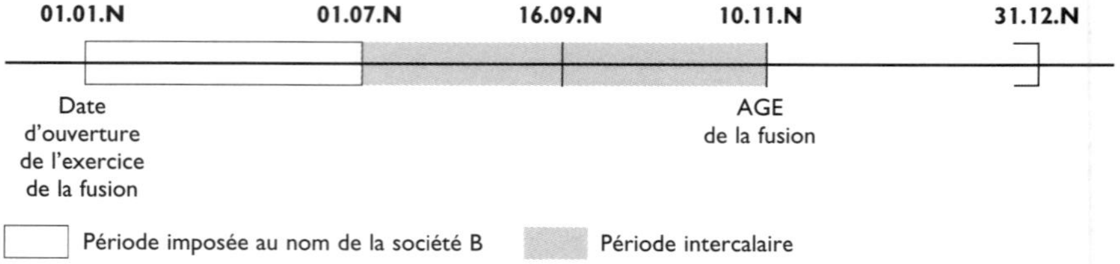

La société A est tenue de tirer toutes les conséquences de la date d'effet convenue avec la société B. La société A prend donc en compte, pour la détermination de ses résultats imposables en N, le résultat de la cession des éléments incorporels du fonds de commerce F, intervenue pendant la période intercalaire.

Le résultat de la cession diffère selon que la fusion est placée sous le régime de faveur prévu à l'article 210 A du CGI ou sous le régime fiscal de droit commun.

1) La fusion est placée sous le régime fiscal de droit commun :

La plus-value d'apport de 2 000 000 F est soumise à l'impôt sur les sociétés chez la société B (Dans l'hypothèse où la plus-value d'apport porte sur des titres susceptibles de bénéficier du régime des plus ou moins-values à long terme prévu au a quater de l'article 219 du CGI, le délai de détention de deux ans est arrêté à la date d'effet de l'opération d'apport. Corrélativement, cette date constitue le point de départ du délai de deux ans lors de la cession ultérieure des titres apportés).

Le résultat de la cession pris en compte par la société A s'élève à 100 000 F

[2 100 000 F (prix de cession) – 2 000 000 F (valeur d'apport)].

2) La fusion est placée sous le régime fiscal de faveur prévu à l'article 210 A du CGI :

La plus-value d'apport de 2 000 000 F est placée en sursis d'imposition.

La société absorbante A s'est engagée, dans l'acte de fusion, à calculer les plus-values de cessions ultérieures des éléments d'actif immobilisé non amortissables apportés d'après la valeur fiscale que ces biens avaient dans les écritures de la société absorbée B.

Le résultat de la cession pris en compte par la société A s'élève donc à 2 100 000 F [2 100 000 F (prix de cession) – 0 F (valeur fiscale des éléments incorporels du fonds de commerce F1 dans les écritures de la société absorbée B)].

122. Cas n° 2 : La société B vend ses installations techniques à la société A pour le prix de 500 000 F le 21 octobre N.

• Société A (absorbante) :

01.01.N	01.07.N	21.10.N	10.11.N	31.12.N
Date d'ouverture de l'exercice de la fusion	Valeur d'apport à la date d'effet de la fusion : 490 000 F	Prix de cession des installations techniques : 500 000 F	AGE de la fusion	Date de clôture de l'exercice de la fusion

La fusion est placée sous le régime fiscal de faveur prévu à l'article 210 A du code précité. Dès lors, la plus-value d'apport au 1er juillet N qui s'élève à 50 000 F (490 000 F – 440 000 F) n'est pas soumise à l'impôt sur les sociétés.

• Société B (absorbée) :

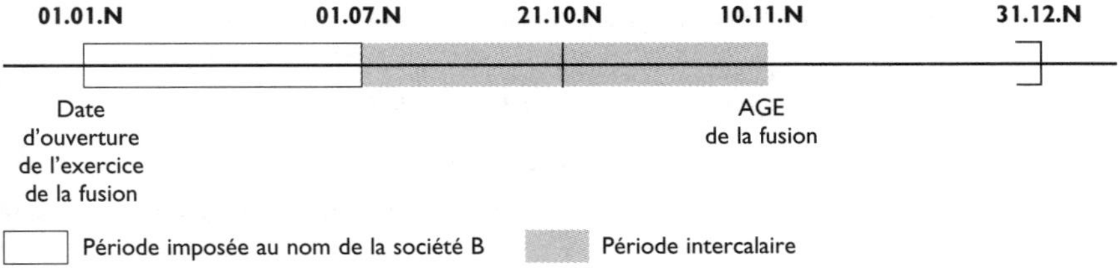

En contrepartie, la société A s'est engagée, dans l'acte de fusion, à réintégrer la plus-value d'apport dans ses bénéfices imposables par parts égales sur une période de cinq ans.

L'opération de cession entre les sociétés A et B n'est pas prise en compte pour la détermination des résultats imposables de la société A.

Les installations techniques sont inscrites au bilan de la société A pour la valeur d'apport de 490 000 F et non pas pour leur prix d'acquisition de 500 000 F. Elles sont amorties à compter du 1er juillet N, date d'effet de la fusion, et non à partir de la date de la cession.

III. Les acomptes d'impôt sur les sociétés dus au titre de l'exercice de la fusion ou de la scission (placée ou non sous le régime fiscal de faveur des fusions prévu à l'article 210 du CGI)
– Sort des acomptes payés par la société absorbée ou scindée

123. En application du 1 de l'article 1668, la société absorbée ou scindée acquitte les acomptes d'impôt sur les sociétés exigibles antérieurement à la date de réalisation définitive de la fusion ou de la scission, quelle que soit la date d'effet convenue par les parties.

124. Si le montant de ces acomptes excède l'impôt sur les sociétés dû à raison des résultats de la période comprise entre la date d'ouverture de l'exercice au cours duquel l'opération est réalisée et la date d'effet convenue par les parties, l'excédent est transmis aux sociétés absorbante ou bénéficiaires des apports (en cas de scission, les excédents sont répartis entre les sociétés bénéficiaires des apports proportionnellement à la valeur nette réelle des apports reçus par chacune de ces sociétés) (venant aux droits et aux obligations de la société absorbée ou scindée). Le montant de cet excédent doit être diminué du montant des moyens de paiement qui, bien que régulièrement utilisés par la société absorbée ou scindée, ne peuvent être transmis à la société absorbante ou bénéficiaire des apports (voir notamment n° 133 en ce qui concerne les IFA des années antérieures) ou qui ont été remboursés immédiatement à cette dernière (n° 130 en ce qui concerne l'IFA de l'année de la fusion ou de la scission).

La société absorbée ou scindée peut, sous sa responsabilité, réduire le montant des acomptes dus au titre de cet exercice dans les conditions mentionnées au 4 bis de l'article 1668.
– Acomptes dus par les sociétés absorbante ou bénéficiaires des apports

125. La fusion ou la scission ne modifient pas les modalités de calcul des acomptes dus par les sociétés absorbante ou bénéficiaires des apports.

Conformément aux dispositions de l'article 360 de l'annexe III, les acomptes continuent d'être calculés d'après les seuls résultats de leur plus récent exercice clos. Si la société bénéficiaire est une société nouvelle, elle bénéficie de la dispense du versement des acomptes dans les conditions mentionnées au 1 de l'article 1668.

126. L'excédent d'acomptes éventuellement transmis par la société absorbée ou scindée selon les modalités définies ci-dessus (n° 124), est pris en compte pour la détermination du solde de liquidation de l'impôt sur les sociétés dû par les sociétés absorbante ou bénéficiaires des apports au titre de l'exercice de la fusion ou de la scission. Sous leur responsabilité, les sociétés absorbante ou bénéficiaires des apports peuvent prendre en compte l'excédent pour réduire le montant des acomptes dus au titre de l'exercice de la fusion ou de la scission dans les conditions mentionnées au 4 bis de l'article 1668.

Sous-section 2
La rétroactivité au regard de l'imposition forfaitaire annuelle

127. Conformément à l'article 223 septies du CGI, l'imposition forfaitaire annuelle est due par les personnes morales passibles de l'impôt sur les sociétés qui existent au 1er janvier de l'année d'exigibilité de l'imposition.

128. La réalisation d'une fusion ou d'une scission avec un effet rétroactif n'entraîne pas la disparition rétroactive de la société absorbée ou scindée.

129. Toutefois, dès lors que les sociétés bénéficiaires des apports prennent en compte, pour la détermination de leurs résultats imposables, les résultats provenant des activités apportées à compter de la date d'effet de l'opération, il est admis que les sociétés absorbées ou scindées soient considérées comme n'étant plus passibles de l'impôt sur les sociétés, au sens de l'article 223 septies du code déjà cité, à compter de la date d'effet.

La date d'effet rétroactif est opposable à l'administration dans les limites prévues à la sous-section 1.

A. Imposition forfaitaire annuelle de l'année de la fusion ou de la scission

I. La date d'effet rétroactif est fixée au premier janvier ou à une date antérieure

130. Il est admis que l'imposition forfaitaire annuelle de l'année de la fusion ou de la scission n'est pas due par la société absorbée ou scindée.

Cette tolérance administrative ne s'applique pas aux opérations d'apports partiels d'actif.

131. L'imposition forfaitaire annuelle acquittée par la société absorbée ou scindée peut être restituée ou, à titre pratique, transférée à la société bénéficiaire des apports (venant aux droits et aux obligations de la société absorbée ou scindée).

En cas de scission, l'imposition forfaitaire annuelle peut être transférée indifféremment, selon la volonté des parties, à une des sociétés bénéficiaires des apports.

La société bénéficiaire des apports peut :
- imputer l'imposition forfaitaire annuelle transférée sur son impôt sur les sociétés dans les conditions prévues à l'article 220 A du CGI ;
- obtenir sa restitution.

Dans ce cas, la réclamation présentée par la société bénéficiaire des apports, qui vient aux droits et aux obligations de la société absorbée ou scindée, est instruite comme en matière d'impôts directs conformément à l'article 223 decies du CGI. La réclamation est notamment accompagnée de la pièce justifiant du versement de l'imposition forfaitaire annuelle. Ce document doit être un original.

II. La date d'effet rétroactif est fixée après le 1er janvier

132. L'imposition forfaitaire annuelle due au titre de l'année de la fusion ou de la scission n'est ni restituable ni transférable.

L'imposition forfaitaire annuelle due au titre de l'année de la fusion ou de la scission ne peut s'imputer que sur l'impôt sur les sociétés dû par la société absorbée ou scindée.

B. Impositions forfaitaires annuelles des années antérieures à celle de la fusion ou de la scission

133. Les impositions forfaitaires annuelles acquittées par la société absorbée ou scindée au titre des années antérieures à l'année de la fusion ou de la scission ne sont ni restituables ni transférables.

Les impositions forfaitaires annuelles des années antérieures à l'année de la fusion ou de la scission ne peuvent donc s'imputer que sur l'impôt sur les sociétés dû par la société absorbée ou scindée.

C. Incidence sur le chiffre d'affaires majoré des produits financiers à retenir pour l'application du barème

134. La rétroactivité (admise au regard des règles de l'impôt sur les sociétés) des opérations de fusions, de scissions et d'apports partiels d'actif est prise en compte pour la détermination du chiffre d'affaires majoré des produits financiers retenu pour l'application du barème de l'imposition forfaitaire annuelle.

135. Ainsi, le chiffre d'affaires majoré des produits financiers à retenir par la société bénéficiaire de l'apport pour la liquidation de l'imposition forfaitaire annuelle comprend celui des activités reçues à compter de la date d'effet de l'opération d'apport.

Corrélativement, le chiffre d'affaires majoré des produits financiers à retenir par la société apporteuse pour la liquidation de l'imposition forfaitaire annuelle ne tient plus compte de celui des activités apportées à compter de la date d'effet de l'opération d'apport.

Exemple :

136. Soit la fusion-absorption de la société 8 par la société A réalisée le 18 novembre N avec effet rétroactif au 1er janvier N.

Les sociétés A et B clôturent leurs exercices le 31 décembre de chaque année.

Il est admis que l'imposition forfaitaire annuelle acquittée en N par la société absorbée B soit restituée ou transférée à la société absorbante A.

L'opération de fusion reste sans incidence sur le chiffre d'affaires majoré des produits financiers N -1 retenu pour la liquidation de l'imposition forfaitaire annuelle due par la société A au titre de N.

En revanche, le chiffre d'affaires majoré des produits financiers N pris en compte pour la liquidation de l'imposition forfaitaire annuelle due par la société A au titre de N +1 comprend le chiffre d'affaires majoré des produits financiers réalisé par la société absorbée B du 1er janvier N au 18 novembre N.

Sous-section 3
La rétroactivité au regard de la participation des salariés

137. En cas de fusion, scission ou d'apport partiel d'actif, les salariés concernés bénéficient de l'accord de participation existant dans la nouvelle entreprise, à défaut, cette dernière dispose d'un délai de six mois pour engager la négociation d'un accord.

138. Les sommes affectées à la réserve spéciale de participation sont calculées, après la clôture de l'exercice, sur le bénéfice réalisé au cours de celui-ci.

139. En conséquence, la société bénéficiaire des apports est tenue de constituer une réserve de participation calculée sur l'ensemble des résultats pris en compte par elle du fait de l'apport, y compris ceux de l'activité apportée constatés à compter de la date d'effet de l'opération.

CHAPITRE SECOND

SITUATION FISCALE DES ASSOCIÉS

Échanges de droits sociaux résultant d'une fusion de sociétés ou d'une scission de société bénéficiant du régime de faveur prévu à l'article 210 B du CGI - Sursis d'imposition - Article 38-7 bis du CGI

140. En principe, tout échange d'éléments d'actif d'une entreprise contre d'autres éléments présente le caractère d'une opération de vente suivie d'un achat. Il s'ensuit que le profit (plus-value) ou la perte (moins-value) résultant éventuellement de cette opération doit être pris en compte pour la détermination des résultats imposables de l'exercice en cours à la date de l'échange.

141. Toutefois, conformément aux dispositions de l'article 38-7 bis du CGI, le profit ou la perte réalisé lors de l'échange de droits sociaux résultant d'une fusion de sociétés, ou d'une scission de société bénéficiant du régime prévu à l'article 210 B, peut être compris dans le résultat de l'exercice au cours duquel les droits sociaux reçus en échange sont cédés. Dans ce cas, le profit ou la perte résultant de la cession ultérieure de ces droits sociaux est déterminé par rapport à la valeur que les droits sociaux remis à l'échange avaient du point de vue fiscal.

142. Le paragraphe II de l'article 26 de la loi de finances pour 1995 fixe la règle de détermination de la valeur fiscale des titres reçus par les associés à l'occasion d'une scission. Cette valeur fiscale sert de référence pour le calcul des plus-values de cessions ultérieures de ces mêmes titres.

143. Rappel : Conformément au 1 de l'article 115 du CGI, en cas de fusion ou de scission placée sous le régime fiscal de faveur prévu à l'article 210 A du CGI, l'attribution gratuite des titres représentatifs de l'apport aux membres de la société apporteuse n'est pas considérée comme une distribution de revenus mobiliers.

Il est toutefois admis que cette disposition s'applique même si la fusion ou la scission qui est susceptible de bénéficier des dispositions prévues à l'article 210 A précité n'est pas effectivement placée sous le régime de faveur prévu à cet article.

SECTION 1
CHAMP D'APPLICATION DU SURSIS D'IMPOSITION

Sous-section 1
Échanges de droits sociaux résultant d'une fusion de sociétés

144. Le sursis d'imposition prévu au 7 bis de l'article 38 du CGI est applicable aux échanges de droits sociaux qui résultent d'une fusion de sociétés, que l'opération ait été ou non placée sous le régime fiscal de faveur prévu à l'article 210 A du même code.

Peuvent donc bénéficier des dispositions de l'article 38-7 bis du CGI, les échanges de droits sociaux résultant de fusions de sociétés étrangères et/ou de sociétés françaises (sociétés de capitaux ou de personnes), qui n'ont pas été placées sous le régime de faveur au regard de l'impôt sur les sociétés.

145. Par fusion, il convient d'entendre l'opération :
– réalisée dans les conditions prévues par la législation applicable en matière de fusion. Sont donc exclues du dispositif les opérations qui ne répondent pas à la définition juridique des fusions telle qu'elle résulte des textes en vigueur dans l'État ou le pays des sociétés concernées ;

Toutefois, la qualification juridique nécessaire de l'opération de fusion n'est pas suffisante.
– et par laquelle une ou plusieurs sociétés transfèrent, par suite et au moment de leur dissolution sans liquidation, l'ensemble de leur patrimoine, activement et passivement, à une autre société préexistante (ou à une société qu'elles constituent), moyennant l'attribution à leurs associés de titres représentatifs du capital social de l'autre société (ou de la société nouvelle) et, éventuellement, d'une soulte ne dépassant pas 10 % de la valeur nominale de ces titres.

L'associé qui souhaite bénéficier du sursis d'imposition doit être en mesure de démontrer que cette double condition est remplie.

Sous-section 2
Échanges de droits sociaux résultant d'une scission de société

146. Le sursis d'imposition prévu au 7 bis de l'article 38 du CGI ne peut s'appliquer qu'aux échanges de droits sociaux qui résultent d'une scission de société bénéficiant, de plein droit ou sur agrément, du régime de faveur prévu à l'article 210 B du même code.

En conséquence, les échanges de droits sociaux résultant de scissions de sociétés étrangères ou de sociétés françaises, qui ne bénéficient pas du régime de faveur prévu à l'article 210 B précité, sont exclus du dispositif de sursis d'imposition.

Sous-section 3
Bénéficiaires du sursis d'imposition

147. Toutes les entreprises soumises, de plein droit ou sur option, à l'impôt sur les sociétés ainsi que les entreprises imposables à l'impôt sur le revenu selon un régime réel d'imposition dans la catégorie des bénéfices industriels et commerciaux ou des bénéfices agricoles, peuvent bénéficier du sursis d'imposition prévu au 7 bis de l'article 38 du CGI.

SECTION 2
MODALITÉS D'APPLICATION DU SURSIS D'IMPOSITION

148. En cas de fusion ou de scission bénéficiant du régime prévu à l'article 210 B du CGI, les associés de la société absorbée ou de la société scindée ont la possibilité :
– soit de comprendre dans leur résultat le profit (plus-value) ou la perte (moins-value) réalisé lors de l'échange de leurs droits sociaux ;
– soit de comprendre ce profit (plus-value) ou cette perte (moins-value) dans les résultats de l'exercice au cours duquel les droits sociaux reçus en échange sont cédés. Toutefois, ce sursis d'imposition ne bénéficie pas à la soulte éventuellement perçue, laquelle est immédiatement imposable.

Sous-section 1
Conditions d'application du sursis d'imposition

149. Le sursis d'imposition prévu au 7 bis de l'article 38 du CGI ne revêt pas un caractère impératif. Chaque associé peut opter ou non pour le sursis d'imposition. L'option s'exerce séparément pour chaque opération de fusion ou de scission.

150. L'option est globale. L'associé ne peut donc se contenter de placer en sursis d'imposition une partie du profit ou de la perte résultant d'une même opération de fusion ou de scission, quel que soit le nombre de sociétés bénéficiaires des apports.

151. Le bénéfice du sursis d'imposition n'est pas subordonné au maintien de la valeur comptable des titres remis à l'échange. Les titres reçus sont donc inscrits pour leur valeur réelle à l'actif du bilan.

152. En cas d'échange avec soulte, le sursis d'imposition peut s'appliquer sous réserve d'une double condition :
– la soulte reçue ne doit pas dépasser 10 % de la valeur nominale des parts ou des actions attribuées (la valeur nominale est égale au capital divisé par le nombre de parts ou d'actions) ;
– la soulte reçue ne doit pas excéder la plus-value réalisée (il s'agit de la plus-value fiscale calculée par référence à la valeur fiscale des titres remis à l'échange qui peut être différentes de la valeur comptable lorsque ces titres ont été acquis précédemment par l'associé sous un régime de sursis d'impositions [210 A par ex]).

En cas de scission, cette double condition doit être remplie séparément au regard de la rémunération de chaque société bénéficiaire des apports (voir en ce sens l'exemple n° 158).

153. Dès lors que les deux conditions afférentes à l'importance de la soulte sont réunies, la plus-value réalisée peut être comprise dans le résultat de l'exercice au cours duquel les droits sociaux reçus en échange sont cédés.

Lorsque la soulte dépasse 10 % de la valeur nominale des parts ou des actions attribuées ou excède la plus-value réalisée, l'associé ne peut pas bénéficier du sursis d'imposition. Le profit ou la perte réalisé lors de l'échange ne peut qu'être compris dans le résultat de l'exercice au cours duquel l'opération de fusion ou de scission est réalisée.

Sous-section 2
Régime d'imposition

A. Imposition immédiate de la plus-value à concurrence du montant de la soulte reçue

154. En cas d'échange avec soulte, la plus-value réalisée est, à concurrence du montant de la soulte reçue, comprise dans le bénéfice de l'exercice au cours duquel intervient l'échange. L'imposition de la soulte relève du régime fiscal des plus-values. Seul le montant de la plus-value diminué du montant de la soulte peut être placé en sursis d'imposition.

Le montant imposable peut bénéficier du taux réduit du régime des plus-values à long terme prévu à l'article 39 duodecies, dans la limite de la plus-value réalisée sur les titres détenus depuis au moins deux ans.

Dans le cas où seule une partie des titres remis à l'échange a été détenue pendant deux ans, la soulte peut bénéficier du régime fiscal des plus-values à long terme dans la limite du montant de la plus-value à long terme réalisée et à concurrence de la part qu'elle représente par rapport à la plus-value globale dégagée.

Exemple : Soulte reçue : 25 000 F

Plus-value réalisée : 50 000 F dont 10 000 F à long terme et 40 000 F à court terme.

Le montant de la plus-value immédiatement imposable ne peut bénéficier du régime des plus-values à long terme au taux réduit qu'à hauteur de 5 000 F,[25 000 F 3 (10 000 F/50 000 F)]. Le surplus, soit 20 000 F (25 000 F – 5 000 F), est imposable dans les conditions de droit commun.

B. Cession ultérieure des titres reçus à l'échange

155. Sous réserve, le cas échéant, de l'imposition immédiate de la plus-value à concurrence de la soulte, le sursis d'imposition prévu au 7 bis de l'article 38 confère aux opérations qu'il vise un caractère intercalaire.

Le profit (plus-value) ou la perte (moins-value) résultant de la cession ultérieure des titres reçus à l'échange ainsi que le décompte du délai de détention des titres cédés doivent donc être déterminés par rapport à la situation des titres remis à l'échange.

I. Calcul du profit ou de la perte résultant de la cession ultérieure des titres reçus à l'échange.

156. Le montant du profit ou de la perte résultant de la cession ultérieure des titres reçus en échange est déterminé par référence à la valeur fiscale des titres remis à l'échange.

La valeur fiscale des titres remis à l'échange peut différer de leur valeur comptable. Tel est le cas, notamment, lorsque ces titres proviennent eux-mêmes d'une opération placée sous un régime de sursis d'imposition qui n'est pas remis en cause lors de l'opération d'échange.

157. Le paragraphe II de l'article 26 de la loi de finances pour 1995, codifié au deuxième alinéa du 7 bis de l'article 38, fixe les modalités de détermination de la valeur fiscale des titres reçus en échange en cas de scission.

La valeur fiscale des titres de chaque société bénéficiaire des apports reçus en contrepartie de ceux-ci est égale au produit de la valeur fiscale des titres de la société scindée par le rapport existant à la date de l'opération de scission entre la valeur réelle des titres de chaque société bénéficiaire dans le cadre de cette opération et la valeur réelle des titres de la société scindée.

Cette règle revient à répartir la valeur fiscale des titres de la société scindée entre les titres de chaque société bénéficiaire des apports reçus en échange. La valeur réelle des titres reçus en échange et émis par chaque société bénéficiaire des apports est fonction de la valeur réelle des biens apportés appréciée à la date de l'opération de scission. La valeur réelle des titres de la société scindée correspond au total des valeurs réelles des titres représentatifs des apports. Ces dernières comprendront donc, le cas échéant, le montant des soultes reçues correspondantes.

Exemple :

158. La société M détient des titres de la société F scindée au profit des sociétés F1, F2 et F3. Les titres de la société F sont détenus par la société M à la suite d'un apport partiel d'actif placé sous le régime de faveur prévu à l'article 210 B du CGI.

- Valeur fiscale des titres F remis à l'échange : 50 000 F
- Valeur comptable des titres F remis à l'échange (apport partiel d'actif antérieur réalisé à la valeur réelle) : 190 000 F
- Valeur d'échange des titres F remis à l'échange : 200 000 F

– Valeur d'échange des titres F1 attribués : 90 000 F
– Soulte reçue de la société F1 : 7 000 F
– Valeur d'échange des titres F2 attribués : 90 000 F
– Valeur d'échange des titres F3 attribués : 13 000 F
– Valeur nominale des titres F1 attribués : 70 000 F
– Valeur nominale des titres F2 attribués : 5 000 F
– Valeur nominale des titres F3 attribués : 10 000 F

• Détermination de la valeur fiscale des titres F1, F2 et F3 attribués :

À la date de l'opération de scission :
– Valeur réelle des titres F1 attribués + soulte reçue : 97 000 F
(90 000 F + 7 000 F)
– Valeur réelle des titres F2 attribués : 90 000 F
– Valeur réelle des titres F3 attribués : 13 000 F
– Valeur réelle des titres de la société scindée F : 200 000 F

La valeur fiscale des titres de la société scindée F de 50 000 F se répartit ainsi :

– La valeur fiscale des titres F1 reçus en échange :

$$50\ 000\ \text{F} \times \frac{97\ 000\ \text{F}}{200\ 000\ \text{F}} = 24\ 250\ \text{F}$$

– La valeur fiscale des titres F2 reçus en échange :

$$50\ 000\ \text{F} \times \frac{90\ 000\ \text{F}}{200\ 000\ \text{F}} = 22\ 500\ \text{F}$$

– La valeur fiscale des titres F3 reçus en échange :

$$50\ 000\ \text{F} \times \frac{13\ 000\ \text{F}}{200\ 000\ \text{F}} = 3\ 250\ \text{F}$$

• Appréciation des deux conditions afférentes à l'importance de la soulte :

La soulte reçue de la société F1 (7 000 F) :
– n'excède pas 10 % de la valeur nominale des titres F1 attribués (7 000 F = 10 % 70 000 F) ;
– n'excède pas la plus-value réalisée [(90 000 F + 7 000 F) – 24 250 F = 72 750 F].

Dans ces conditions, l'imposition de la plus-value d'échange des titres F de 150 000 F [(90 000 F + 7 000 F + 90 000 F + 13 000 F) – 50 000 F] peut bénéficier du sursis d'imposition à hauteur de 143 000 F. La plus-value fait l'objet d'une imposition immédiate à concurrence de la soulte reçue de 7 000 F.

• Cession ultérieure des titres F1 :

Les titres F1 reçus sont cédés ultérieurement pour un prix de 120 000 F.

La plus-value fiscale imposable s'élève à 120 000 F – 24 250 F = 95 750 F.

Nota : Si la soulte reçue de la société F1 était de 10 000 F (supérieure à 10 % de la valeur nominale des titres F1 reçus en échange), la plus-value d'échange des titres F 150 000 F ne pourrait pas être placée en sursis d'imposition et serait intégralement imposée au titre de l'exercice au cours duquel intervient l'échange.

159. Si en principe la perception d'une soulte lors de l'opération d'échange est sans incidence sur la valeur fiscale des titres remis, il n'en va pas de même dans l'hypothèse où l'associé ayant reçu la soulte a dégagé une moins-value d'échange. Dans cette situation, la valeur fiscale des titres remis à l'échange est diminuée de la soulte reçue.

Exemple :

160. La société A détient les titres de la société S scindée au profit des deux sociétés S1 et S2 bénéficiaires des apports.

À la date de l'opération de scission :
– Valeur fiscale des titres de la société S scindée : 120 000 F
– Valeur d'échange des titres de la société S scindée : 75 000 F
– Valeur d'échange des titres reçus de la société S1 bénéficiaire des apports : 25 000 F
– Valeur d'échange des titres reçus de la société S2 bénéficiaire des apports : 49 000 F
– Soulte reçue de la société S2 : 1 000 F

(cette soulte ne dépasse pas 10 % de la valeur nominale des titres S2 reçus).

La valeur fiscale des titres S1 et S2 reçus en échange s'élève respectivement à :

– Valeur fiscale des titres S1 reçus en échange :

$$40\ 000\ \text{F}\ (\frac{25\ 000\ \text{F}}{75\ 000\ \text{F}} \times 120\ 000\ \text{F})$$

– Valeur fiscale des titres S2 reçus en échange :

80 000 F ($\frac{50\ 000\ F}{75\ 000\ F} \times$ 120 000 F)

La moins-value fiscale s'élève à : – 45 000 F [(25 000 F + 49 000 F + 1 000 F) – 120 000 F].

La soulte d'un montant de 1 000 F n'est pas imposée du fait de la réalisation d'une moins-value. Toutefois, son montant diminue la valeur fiscale des titres S2 reçus en échange afin que la soulte soit prise en compte dans le résultat imposable de la cession ultérieure des titres S2.

Si la société A décide de ne pas opter pour le régime prévu à l'article 38.7 bis du code général des impôts, elle déduit immédiatement la moins-value d'échange qui s'élève à : – 45 000 F.

Si la société A décide de ne pas déduire immédiatement la moins-value subie à l'occasion de l'opération d'échange, dans le cas d'une cession ultérieure des titres S1 pour un montant de 50 000 F et des titres S2 pour un montant de 15 000 F :
– la cession des titres S1 reçus à l'échange se traduira par une plus-value fiscale de 10 000 F (50 000 F – 40 000 F) ;
– la cession des titres S2 reçus à l'échange se traduira par une moins-value fiscale de 64 000 F (15 000 F – (80 000 F – 1 000 F).

II. Régime fiscal du profit ou de la perte résultant de la cession ultérieure des titres reçus à l'échange

161. En ce qui concerne les titres relevant du régime des plus-values à long terme, le délai de détention est décompté à partir de la date d'acquisition ou de souscription des droits sociaux remis à l'échange pour la détermination de la nature à court terme ou à long terme de la plus-value ou moins-value de cession ultérieure des titres.

Toutefois, si les titres remis à l'échange proviennent d'une opération qui avait elle-même un caractère intercalaire non remise en cause du fait de l'opération d'échange, il convient de retenir la date d'acquisition ou de souscription originelle.

Sous-section 3
Précisions concernant les entreprises associées passibles de l'impôt sur les sociétés

162. Conformément aux dispositions du a ter du I de l'article 219 du CGI, les actions ou les parts détenues par les entreprises passibles de l'impôt sur les sociétés et susceptibles de bénéficier du régime des plus ou moins-values à long terme sont, pour les exercices ouverts à compter du 1er janvier 1995 :

– les actions ou les parts inscrites au compte « titres de participation » de l'entreprise, c'est-à-dire celles qui revêtent le caractère de titres de participation sur le plan comptable ;

– les actions ou les parts acquises en exécution d'une offre publique d'achat ou d'échange par l'entreprise qui en est l'initiatrice ainsi que des titres ouvrant droit au régime des sociétés mères si ces actions ou titres sont inscrits en comptabilité au compte titres de participation ou à une subdivision spéciale dénommée « titres relevant du régime des plus-values à long terme », ouverte au sein d'un autre compte du bilan correspondant à leur qualification comptable ;

– les actions de sociétés de capital-risque (SCR) qui remplissent les conditions de l'article 1er de la loi 85-695 du 11 juillet 1985 et qui sont détenues par l'entreprise depuis au moins cinq ans.

163. Les transferts, quel qu'en soit le sens, des parts ou actions entre, d'une part, le compte « titres de participation » et les autres comptes de bilan et, d'autre part, les subdivisions spéciales « titres relevant du régime des plus-values à long terme » et un compte du bilan autre que le compte « titres de participation », donnent lieu, selon le cas, à la constatation d'un profit ou d'une perte ou d'une plus ou moins-value dont la prise en compte dans les résultats imposables est reportée jusqu'à la cession effective des titres en cause.

164. Lorsque l'échange consécutif à une fusion ou à une scission porte sur des titres antérieurement transférés dans les conditions mentionnées à l'alinéa précédent, les dispositions suivantes sont applicables :

1. l'échange, qui est assimilé à une cession, entraîne la prise en compte du résultat de transfert au titre de l'exercice au cours duquel cet échange intervient. Il en est ainsi que l'échange de droits sociaux bénéficie ou non des dispositions du 7 bis de l'article 38 du code déjà cité ;

2. si l'échange bénéficie du sursis d'imposition prévu au 7 bis de l'article 38 précité, la valeur fiscale des titres à retenir pour la détermination du résultat de cession ultérieure des titres reçus à l'échange s'entend de la valeur réelle, à la date du transfert, des titres remis à l'échange ;

3. pour apprécier si le résultat de cession ultérieure des titres reçus à l'échange est soumis ou non au régime fiscal des plus ou moins-values à long terme, il convient de tenir compte de la qualification comptable des titres reçus en échange ou de leur éventuelle inscription à une subdivision spéciale « titres relevant du régime des plus-values à long terme », indépendamment du régime qui aurait normalement dû être appliqué aux titres remis à l'échange. Pour les titres susceptibles de relever du régime des plus ou moins-values à long terme, le délai de détention de deux ans est décompté de la date du transfert visé aux 5e et 6e alinéas du a ter du I de l'article 219 du CGI.

165. Il est précisé que les sursis d'imposition prévus aux articles 38.7 bis, 210 A et 210 B du CGI se combinent sous réserve du respect des conditions d'application propres à chacun de ces dispositifs.

Ainsi, pour l'application du sursis d'imposition prévu à l'article 38.7 bis, la valeur fiscale des titres remis à l'échange s'entend, lorsque ces titres ont été précédemment reçus en rémunération d'un apport placé sous le régime de plein droit prévu à l'article 210 B, de la valeur fiscale des biens apportés (b. du I de l'article 210 B).

De même, pour l'application du sursis d'imposition prévu au c du 3 de l'article 210 A, la valeur fiscale des titres apportés s'entend, lorsque ces titres ont été reçus par la société apporteuse à l'occasion d'une opération d'échange placée sous le régime de l'article 38.7 bis, de la valeur fiscale des titres de la société absorbée ou scindée remis à l'échange.

Instruction du 21 août 2002
Nouvelle procédure d'agrément (BOI 13 D-2-02)

PRÉSENTATION

L'article 85 de la loi de finances pour 2002 définit les caractéristiques des opérations ouvrant droit aux différents régimes spéciaux prévus en faveur des restructurations d'entreprises et aménage certains de ces régimes.

Le I du E de l'article 85 précité supprime la procédure d'agrément discrétionnaire autorisant le transfert des déficits (II de l'article 209) au profit d'une procédure d'agrément de droit.

L'agrément autorisant le transfert des déficits est délivré par le ministre dès lors que les trois conditions suivantes sont satisfaites :

1 – L'opération est placée sous le régime de l'article 210 A du CGI ;

2 – Elle est justifiée du point de vue économique et obéit à des motivations principales autres que fiscales ;

3 – L'activité à l'origine des déficits dont le transfert est demandé doit être poursuivie pendant un délai minimal de trois ans.

Les déficits sont transférés dans la limite de la plus importante des valeurs suivantes, appréciées à la date d'effet de l'opération :
- la valeur brute des éléments de l'actif immobilisé affectés à l'exploitation hors immobilisations financières ;
- la valeur d'apport de ces mêmes éléments.

Les mêmes dispositions s'appliquent en cas d'absorption ou de scission d'une société mère d'un groupe fiscal au sens des articles 223 A et suivants sous réserve de la délivrance de l'agrément introduit au 6 de l'article 223 I du CGI.

Ces nouvelles dispositions s'appliquent aux opérations réalisées à compter du 1er janvier 2002.

CHAPITRE 1

Champ d'application de la procédure d'agrément

Une fusion de sociétés entraîne en principe les conséquences fiscales d'une cessation totale d'entreprise et notamment la perte du droit au report des déficits subis par la société absorbée.

Toutefois, le II de l'article 209 prévoit qu'en cas de fusion, scission ou apport partiel d'actif placés sous le régime de l'article 210 A, les reports déficitaires de la société absorbée ou apporteuse peuvent être transférés à la société absorbante ou bénéficiaire des apports sur agrément préalable, délivré dans les conditions prévues à l'article 1649 nonies du CGI.

Le I-E de l'article 85 de la loi de finances pour 2002 modifie ces dispositions en ouvrant la possibilité de transfert des déficits aux opérations assimilées du point de vue fiscal à des fusions dès lors qu'elles bénéficient du régime de l'article 210 A du CGI, en fixant les conditions auxquelles est subordonnée la délivrance de l'agrément et en plafonnant les déficits transférés au montant de la valeur brute ou d'apport des actifs immobilisés d'exploitation transmis par la société apporteuse, scindée, absorbée ou confondue.

Des règles spécifiques sont prévues lorsque la demande porte sur un déficit d'ensemble à la suite de l'absorption ou de la scission d'une société mère d'un groupe fiscal.

Enfin, la possibilité ouverte à la société absorbante de solliciter un agrément visant à maintenir le droit au report de ses déficits subis antérieurement à la fusion est supprimée.

CHAPITRE 2 : CONDITIONS DE DÉLIVRANCE DE L'AGRÉMENT

Le II de l'article 209 du CGI prévoit que l'agrément est délivré lorsque les trois conditions suivantes sont réunies :
- l'opération est placée sous le régime de l'article 210 A du CGI ;
- elle est justifiée du point de vue économique et obéit à des motivations principales autres que fiscales ;
- l'activité à l'origine des déficits dont le transfert est demandé doit être poursuivie pendant un délai minimal de trois ans.

SECTION 1 : L'OPÉRATION DOIT ÊTRE PLACÉE SOUS LE RÉGIME FISCAL DE L'ARTICLE 210 A DU CGI

Conformément aux dispositions de l'article 210-0 A du CGI, les opérations susceptibles de bénéficier du régime spécial prévu à l'article 210 A du même code sont celles qui présentent les caractéristiques suivantes :

– une ou plusieurs sociétés absorbées transmettent, par suite et au moment de leur dissolution sans liquidation, l'ensemble de leur patrimoine à une autre société existante absorbante, moyennant l'attribution à leurs associés de titres de la société absorbante et, éventuellement, d'une soulte ne dépassant pas 10 % de la valeur nominale de ces titres ;

– deux ou plusieurs sociétés absorbées transmettent, par suite et au moment de leur dissolution sans liquidation, l'ensemble de leur patrimoine à une nouvelle société absorbante qu'elles constituent, moyennant l'attribution à leurs associés de titres de la société absorbante et, éventuellement, d'une soulte en espèces ne dépassant pas 10 % de la valeur nominale de ces titres ;

– une société scindée transmet, par suite et au moment de sa dissolution sans liquidation, l'ensemble de son patrimoine à deux ou plusieurs sociétés préexistantes ou nouvelles, moyennant l'attribution aux associés de la société scindée, proportionnellement à leurs droits dans le capital, de titres des sociétés bénéficiaires des apports et, éventuellement, d'une soulte ne dépassant pas 10 % de la valeur nominale de ces titres ;

– les opérations décrites ci-dessus pour lesquelles il n'est pas procédé à l'échange de titres de la société absorbante ou bénéficiaire de l'apport contre les titres de la société absorbée ou scindée lorsque ces titres sont détenus soit par la société absorbante ou bénéficiaire de l'apport soit par la société absorbée ou scindée.

Dès lors, outre les opérations régies par les dispositions de l'article 1844-4 du code civil, les opérations de dissolution sans liquidation relevant de l'article 1844-5 du même code ont vocation à ouvrir droit au régime prévu à l'article 210 A du CGI.

Il en va de même des opérations transfrontalières ou étrangères qui présentent les caractéristiques décrites ci-dessus.

Sous-section 1 – Dissolutions sans liquidation (article 1844-5 du code civil)

Dans l'attente de la position de la Chancellerie, les opérations de dissolution sans liquidation ne peuvent se voir conférer d'effet rétroactif. Dès lors, les déficits susceptibles d'être transférés comprennent non seulement les déficits des cinq exercices précédant l'exercice de réalisation de la confusion mais aussi le déficit subi le cas échéant par la société confondue durant la période précédant l'opération, attesté par la déclaration de résultats qui doit être produite dans les soixante jours de la cessation d'entreprise. Toutefois, le délai écoulé entre le 1er jour de l'exercice déficitaire et le dernier jour de l'exercice de report ne doit pas être supérieur à 6 ans (DB 4-H-2212 n°3 et suivants).

Pratiquement, la demande d'agrément devra donc être déposée avant la réalisation de l'opération de confusion, accompagnée de tous les documents requis(cf. annexe II) mais la décision autorisant le transfert ne pourra être délivrée qu'après dépôt de la déclaration de résultats attestant du déficit subi pendant la période précédant la confusion.

Sous-section 2 – Opérations transfrontalières ou étrangères

Lors de la fusion de deux sociétés étrangères, le patrimoine de la société absorbée transmis à la société absorbante est susceptible de comprendre un établissement stable en France. Si l'opération répond à l'une des définitions données par l'article 210-0 A, la société absorbante pourra solliciter l'agrément prévu au II de l'article 209 afin d'être autorisée à reporter les déficits antérieurement subis par l'établissement stable en France de la société absorbée sur les résultats de son propre établissement stable.

La même possibilité est ouverte à la société étrangère qui absorbe sa filiale française et la transforme en succursale à condition que l'opération présente les caractéristiques prévues à l'article 210-0 A et que la succursale revête, du point de vue conventionnel, la nature d'un établissement stable.

Enfin, l'agrément prévu au II de l'article 209 peut aussi être demandé à l'occasion de la filialisation par une société étrangère de son établissement stable en France.

Toutefois, le champ d'application du II de l'article 209 étant lié à celui de l'article 210 A, les dispositions de l'article 210-0 A lui sont applicables. En conséquence, les opérations auxquelles participe une société dont le siège est localisé dans un État ou territoire n'ayant pas conclu avec la France de convention fiscale contenant une clause d'assistance administrative en vue de lutter contre la fraude et l'évasion fiscales sont exclues du champ d'application de l'agrément du II de l'article 209.

Sous-section 3 – Précisions diverses

Il est précisé que si une opération de scission ou d'apport partiel d'actif donne lieu à une demande de transfert de déficits, il appartient à l'entreprise qui sollicite l'agrément de justifier, par tout moyen, l'affectation des déficits aux activités respectivement conservées et transférées.

Il est rappelé également que les amortissements réputés différés de la société absorbée ne peuvent être transférés que dans la limite du délai édicté au troisième alinéa du I de l'article 209 du CGI. En conséquence, les amortissements réputés différés de la société absorbée retrouvent, à la date de la fusion, leur caractère de déficit ordinaire, reportables dans un délai de 5 ans à compter de leur constatation, ceux constitués antérieurement étant définitivement perdus.

Enfin, sous réserve de l'absence de changement d'objet social ou d'activité réelle au sens de l'article 221-5 du CGI (cf. sur ce point documentation de base 4 A 6123, n° 23 et suivants), la société absorbante pourra continuer à reporter ses déficits subis jusqu'au jour de la fusion sur les bénéfices réalisés ultérieurement à cette opération, dans la limite du délai édicté au troisième alinéa du I de l'article 209.

S'agissant du maintien du caractère indéfiniment reportable de ses amortissements réputés différés, cf. documentation de base 4 H 2212, n° 11 et suivants.

SECTION 2 : L'OPÉRATION DOIT ÊTRE JUSTIFIÉE DU POINT DE VUE ÉCONOMIQUE

La procédure d'agrément permet de s'assurer de la réalité économique de la restructuration présentée et de ses motivations. Sans que cette liste soit limitative, le bénéfice de l'agrément sera refusé en présence des opérations suivantes :

– une société déficitaire qui s'est endettée de manière significative pour acquérir une société cible bénéficiaire est absorbée par celle-ci peu de temps après l'acquisition ;

– une opération non critiquable sur le plan juridique apparaît principalement motivée par la volonté de la société absorbante d'appréhender les déficits de la société absorbée et de les imputer sur ses bénéfices disponibles ;

– une demande visant à transférer des déficits générés par une activité qui n'est plus exercée au jour de la fusion, soit en raison d'une cession préalable, soit par arrêt, n'est pas suffisamment motivée sur le plan économique et ne satisfait pas en tout état de cause à la condition de maintien de l'activité, exigée par le II de l'article 209 (cf. section 4).

SECTION 3 : ELLE DOIT OBÉIR À DES MOTIVATIONS PRINCIPALES AUTRES QUE FISCALES

L'agrément ne sera pas délivré si les motivations principales de l'opération présentée sont la fraude ou l'évasion fiscales. À cet égard, la notion de motivation principale de fraude ou d'évasion fiscales de l'opération revêt un caractère plus étendu que celui de motivation exclusivement fiscale dégagée par la jurisprudence pour l'application des dispositions de l'article L. 64 du livre des procédures fiscales (procédure de répression des abus de droit).

SECTION 4 : LA SOCIÉTÉ ABSORBANTE DOIT S'ENGAGER À POURSUIVRE PENDANT UNE PÉRIODE MINIMALE DE TROIS ANS L'ACTIVITÉ DE LA SOCIÉTÉ ABSORBÉE À L'ORIGINE DES DÉFICITS

Le droit au report par l'entreprise absorbante des déficits qui lui sont transmis est subordonné à la condition que l'activité de la société absorbée à l'origine de ces déficits soit poursuivie pendant au moins trois ans.

La notion de maintien de l'activité de la société absorbée ne doit pas être confondue avec celle d'identité d'activité telle qu'elle est définie à l'article 221-5 du CGI, celle-ci pouvant faire obstacle le cas échéant à l'imputation des déficits propres de la société absorbante.

En effet, la poursuite de l'activité de la société absorbée suppose nécessairement que la société absorbante n'y apporte pas de changement profond de nature à caractériser une perte d'identité de l'activité reprise ; elle s'apprécie donc en fonction de critères objectifs fondés sur la nature et l'importance des éléments repris, dans le contexte économique propre de l'opération (lieux d'exploitation, actifs mis en œuvre, produits fabriqués ou services rendus, effectifs maintenus, zones géographiques desservies, clientèle, etc.).

CHAPITRE 3

PLAFONNEMENT DU DÉFICIT TRANSFÉRABLE

Le II de l'article 209 prévoit que les déficits sont transférés dans la limite de la plus importante des valeurs suivantes, appréciées à la date d'effet de l'opération :
– la valeur brute des éléments de l'actif immobilisé de la société apporteuse affectés à l'exploitation, hors immobilisations financières ;
– la valeur d'apport de ces mêmes éléments.

Le montant des déficits transférés ne pourra excéder la plus élevée de ces deux valeurs.

SECTION 1 : PRÉCISIONS RELATIVES À LA DATE D'EFFET À RETENIR

La date d'effet de l'opération s'entend de la date d'effet juridique de celle-ci, qui correspond, selon les cas :
– à la date d'effet rétroactif retenue par les parties,
– au jour de la réalisation de l'apport, en cas d'opération avec effet immédiat,
– ou à la date d'effet différé fixée par les parties.

En cas de dissolution sans liquidation, la date d'effet est nécessairement celle du terme du délai d'opposition qui marque l'appropriation des actifs et passifs de la société confondue par son associé unique.

La valeur d'apport et la valeur de l'actif brut immobilisé s'apprécient à la date d'effet déterminée ci-dessus.

SECTION 2 : APPRÉCIATION DU PLAFOND

La valeur brute de l'actif immobilisé s'entend du total formé par les lignes AB à AX du tableau n° 2050. Elle comprend donc l'ensemble des éléments d'actif affectés à l'exploitation (frais d'établissement, frais de recherche et développement, concessions et brevets, fonds de commerce, terrains, constructions, installations techniques, matériels et outillages, aménagements, immobilisations en cours...) à l'exception des immobilisations financières qui figurent aux lignes CS à BH du même tableau (participations, prêts, créances rattachées à des participations...).

La valeur d'apport correspond quant à elle à la valeur pour laquelle les biens énumérés ci-dessus, hors immobilisations financières, sont transcrits dans le traité d'apport. Le rapport du commissaire à la fusion ou aux apports, ou une expertise extérieure, permettra à l'entreprise de justifier de l'évaluation des actifs transmis.

Si la société absorbée dispose de biens affectés à l'exploitation pris en crédit-bail, ces éléments pourront être retenus afin d'augmenter le plafond de transfert, soit pour leur valeur d'origine dans les écritures du crédit-bailleur, soit en fonction de la valeur pour laquelle ils figurent dans le traité d'apport si la valeur d'apport de l'ensemble des éléments de l'actif immobilisé, hors immobilisations financières, est supérieure à leur valeur brute d'inscription à l'actif.

Exemple :

La société A, spécialisée dans le courtage en ligne, est absorbée par la société B. Les déficits de la société A, encore reportables à la date de l'opération, s'élèvent à :

Année N – 4 : 2 300 000 € ;

Année N – 3 : 7 860 000 € ;

Année N – 2 : 5 421 000 € ;

Soit un total de 15 581 000 €.

L'actif immobilisé de la société A se répartit comme suit à la date d'effet de l'opération :

En €	Valeur brute	Valeur nette comptable	Valeur réelle
Immobilisations incorporelles :			
– marques	800 000	800 000	2 500 000
– fonds de commerce			10 000 000
Immobilisations corporelles :			
– installations techniques	1 280 360	512 144	512 144
– autres immobilisations corporelles	4 300 000	2 690 000	2 690 000
Immobilisations financières :			
– titres de participation	750 000	750 000	1 200 000
Total hors immobilisations financières	6 380 360	4 002 144	15 702 144

Hypothèse n° 1 : la fusion est réalisée d'après la valeur nette comptable des éléments apportés.

Les déficits sont transférables dans la limite de la valeur brute de l'actif immobilisé, hors immobilisations financières, dès lors que cette valeur est supérieure à celle de l'apport.

Les déficits de A pourront donc être transférés à B à hauteur de l'actif brut immobilisé apporté, hors immobilisations financières, soit 6 380 360 € réputés provenir de l'exercice N – 2 pour 5 421 000 € et de l'exercice N – 3 pour 959 360 €.

Hypothèse n° 2 : la fusion est réalisée d'après la valeur réelle des éléments transférés.

Les déficits sont transférables dans la limite de la valeur d'apport des éléments de l'actif immobilisé apportés, hors immobilisations financières, dans la mesure où cette solution est plus favorable à B.

Le total des déficits, 15 581 000 €, étant inférieur à la valeur d'apport, 15 702 144 €, l'intégralité des déficits de A pourra être transférée à B.

La valeur plafond est affectée par ordre de priorité de l'exercice déficitaire le plus récent à l'exercice déficitaire le plus ancien.

CHAPITRE 4

APPLICATION DANS LE CADRE D'UN GROUPE FISCAL AU SENS DES ARTICLES 223 A ET SUIVANTS DU CGI

SECTION 1 : CHAMP D'APPLICATION DE L'AGRÉMENT PRÉVU AU II DE L'ARTICLE 209

Dans le cadre du régime fiscal des groupes, la procédure d'agrément prévu au II de l'article 209 peut s'appliquer, suivant les règles exposées ci-dessus, dans deux cas :

– en cas de fusion ou de scission de sociétés, membres d'un groupe fiscal, qui disposent de déficits propres antérieurs à l'intégration ; l'agrément ne peut concerner que ces déficits dès lors que les résultats réalisés pendant la période d'application du régime de l'intégration ont été transmis à la société mère pour la détermination du résultat fiscal d'ensemble ;

– en cas d'absorption ou de scission de la société mère lorsque la société absorbante ou les sociétés bénéficiaires de la scission n'optent pas pour la constitution d'un nouveau groupe fiscal dans les conditions prévues au c ou au e du 6 de l'article 223 L du CGI. Dans cette situation, le déficit d'ensemble du groupe dissous est attribué à l'ancienne société tête de groupe et devient un déficit propre de celle-ci. Il pourra être transmis sur agrément à la société absorbante en tant que déficit propre.

SECTION 2 : ÉCONOMIE DE L'AGRÉMENT PRÉVU AU 6 DE L'ARTICLE 223 I

Sous-section 1 – Champ d'application

En cas de fusion ou de scission d'une société mère d'un groupe fiscal suivie de la constitution d'un nouveau groupe fiscal par la société absorbante ou par les sociétés bénéficiaires de la scission dans les conditions prévues au c ou au e du 6 de l'article 223 L du CGI, la société mère du nouveau groupe fiscal peut demander l'agrément prévu au 6 de l'article 223 I du même code autorisant le transfert des déficits d'ensemble du groupe ayant cessé.

Sous-section 2 – Conditions de délivrance de l'agrément

L'AGRÉMENT PRÉVU AU 6 NOUVEAU DE L'ARTICLE 223 I DU CGI PERMET DE TRANSFÉRER À LA SOCIÉTÉ ABSORBANTE OU AUX SOCIÉTÉS BÉNÉFICIAIRES DE LA SCISSION, MÈRE(S) D'UN NOUVEAU GROUPE, LE DÉFICIT D'ENSEMBLE ENCORE REPORTABLE DU GROUPE DISSOUS, DÉTERMINÉ DANS LES CONDITIONS PRÉVUES À L'ARTICLE 223 S DU CGI.

L'agrément prévu au 6 de l'article 223 I du CGI est accordé sous les conditions suivantes.

a. l'opération est placée sous le régime prévu à l'article 210 A du code précité ;

b. elle est justifiée du point de vue économique et obéit à des motivations principales autres que fiscales ;

c. les déficits proviennent :
– de la société absorbée ou scindée dans la limite prévue aux cinquième à septième alinéas du II de l'article 209 du CGI et sous réserve du respect de la condition mentionnée au b du II du même article,
– ou des sociétés membres du groupe auquel il a été mis fin qui font partie du nouveau groupe et pour lesquelles le bénéfice des dispositions prévues au 5 de l'article 223 I précité est demandé.

Les deux premières conditions de l'agrément étant communes à celles requises dans le cadre de l'agrément prévu au II de l'article 209 du code déjà cité, il convient de se reporter aux commentaires figurant au chapitre 2 de la présente instruction.

En revanche, la troisième condition est propre à cet agrément et encadre le montant des déficits susceptibles d'être transférés en fonction de l'origine du déficit d'ensemble attribué à la société mère du groupe dissous.

Dans un premier temps, il convient de déterminer la fraction du déficit d'ensemble susceptible d'être imputée sur une base élargie. Cette fraction correspond à la contribution au déficit d'ensemble de la société absorbée ou scindée, ancienne société mère du groupe dissous, et des filiales de ce groupe qui font partie du nouveau groupe et pour lesquelles l'application des dispositions du 5 de l'article 223 I précité est demandée.

Il est rappelé en effet que la société mère du nouveau groupe a la faculté de choisir parmi les sociétés membres du groupe ayant cessé et faisant partie du nouveau groupe celles pour lesquelles elle demande à bénéficier de l'imputation du déficit de l'ancien groupe sur une base élargie (CGI, Ann. III, art. 46 quater–0 ZJ bis).

En pratique, pour chaque exercice clos ayant dégagé, pour le groupe dissous, un déficit d'ensemble, la partie de ce déficit qui peut faire l'objet de l'imputation spécifique prévue au 5 de l'article 223 I déjà cité résulte de l'application, à ce déficit d'ensemble, au titre de chacun de ces exercices, du rapport existant entre, d'une part la somme des déficits transférés au groupe dissous par les sociétés de ce groupe qui sont comprises dans le nouveau groupe et pour lesquelles l'application du dispositif est demandé et d'autre part la somme des déficits transférés au groupe dissous par l'ensemble des sociétés déficitaires de ce groupe. Ces montants sont répartis, exercice par exercice et au prorata de leur contribution, entre les sociétés ayant concouru à la formation du déficit (DB 4 H 6663, n° 70).

Dans un deuxième temps, la contribution au déficit d'ensemble provenant de la société mère absorbée ou scindée dont le transfert est demandé est assujettie aux conditions et limites prévues dans le cadre de l'agrément de droit commun (plafonnement du montant des déficits transférés et condition de maintien pendant trois ans de l'activité : cf. section 4 du chapitre 2 et chapitre 3 supra).

À cet égard, la valeur brute des éléments de l'actif immobilisé, hors immobilisations financières, s'entend de la valeur des éléments en cause inscrite à l'actif du bilan de la société mère absorbée ou scindée.

En revanche, la contribution au déficit d'ensemble des sociétés membres du groupe dissous, qui appartiennent au nouveau groupe formé et pour lesquelles le bénéfice du dispositif d'imputation sur une base élargie est demandé, peut être transférée sans limitation de montant et sans que soit exigée la poursuite de l'activité à l'origine des déficits.

Sous-section 3 – Sort des déficits susceptibles de bénéficier du dispositif

Les déficits transférés dans le cadre de l'agrément prévu au 6 de l'article 223 I du CGI au profit de la nouvelle société mère sont imputables sur les bénéfices ultérieurs, déterminés dans les conditions prévues au 4 du même article, de cette société mère et des sociétés membres de l'ancien groupe appartenant au nouveau groupe et prises en compte pour l'application du dispositif d'imputation sur une base élargie (DB 4 H 6663, n° 62).

Ces déficits sont reportables dans les conditions prévues au troisième alinéa du I de l'article 209 du code déjà cité, soit au plus tard jusqu'au cinquième exercice qui suit l'exercice au titre duquel ils ont été constatés.

Exemples :

Un groupe fiscal formé par une société mère H et ses filiales F1, F2, F3 et F4 cesse au 31/12/N, la société mère étant absorbée en N + 1 par une société M dans le cadre d'une fusion placée sous le régime de l'article 210 A.

Ce groupe a réalisé, au vu des imprimés 2058 ER déposés pour chacune de ces sociétés, les résultats suivants au cours des exercices N – 2, N – 1 et N :

Sociétés	N – 2	N – 1	N	Total
H	– 10 000	– 12 000	– 4 000	– 26 000
F1	+ 7 000	+ 9 000	+ 16 000	+ 32 000
F2	+ 3 000	– 5 000	– 2 000	– 4 000
F3	– 22 000	– 16 000	– 20 000	– 58 000
F4	– 8 000	+ 1 000	– 12 000	– 19 000
Total	**– 30 000**	**– 23 000**	**– 22 000**	**– 75 000**

Au 31/12/N, le groupe formé par H dispose ainsi d'un déficit d'ensemble reportable se décomposant comme suit :

Année d'origine	Déficit d'ensemble reportable (en €)
N – 2	30 000
N – 1	23 000
N	22 000
Total	**75 000**

Les réintégrations consécutives à la cessation du groupe formé par la société H (soit 7 000 €) s'imputent sur le déficit d'ensemble reportable le plus ancien.

Le déficit susceptible d'être transféré à la société M est donc le suivant :

Année d'origine	Déficit d'ensemble (en €)
N – 2	30 000 – 7 000 = 23 000
N – 1	23 000
N	22 000
Total	**68 000**

Hypothèse n° 1 : M n'opte pas pour la constitution d'un nouveau groupe dans les conditions prévues au c du 6 de l'article 223 L et sollicite l'agrément prévu au II de l'article 209 afin d'obtenir le transfert à son profit du déficit de H (déficit d'ensemble du groupe dissous devenu déficit propre de la société mère de ce groupe).

La fusion est réalisée à la valeur nette comptable. Le montant brut de l'actif immobilisé tel qu'il ressort des lignes AB à AX du tableau 2050 de la société H est égal à 30 000 €.

Le transfert de ce déficit est accordé à M, qui ne peut l'imputer que sur ses propres bénéfices, sous les deux conditions suivantes :
– l'opération est justifiée du point de vue économique et obéit à des motivations autres que fiscales ;
– M s'engage à poursuivre l'activité de H pendant 3 ans.

Le montant du déficit effectivement transféré est plafonné à la plus importante des valeurs mentionnées au troisième alinéa du II de l'article 209, soit en l'espèce la valeur brute des éléments de l'actif immobilisé affectés à l'exploitation, hors immobilisations financières (30 000 €).

Hypothèse n° 2 : les données sont identiques mais la société M constitue, dans les conditions visées au c du 6 de l'article 223 L, un groupe fiscal comprenant les sociétés membres du groupe dissous formé par H (soit F1, F2, F3 et F4).

La société M demande l'imputation sur une base élargie du déficit d'ensemble de ce groupe dissous sur les résultats propres des société F1, F3 et F4 et obtient l'agrément prévu au 6 de l'article 223 I.

La fraction du déficit susceptible d'être transférée à M et de s'imputer sur une base élargie aux résultats propres des sociétés F1, F3 et F4 peut être déterminée en fonction des éléments figurant dans le tableau ci-après :

Sociétés membres du groupe	Année d'origine	Déficits des sociétés du groupe dissous formé par H (en €)				
		Subis par l'ancienne société mère H et par les sociétés restant dans le nouveau groupe (formé par M)				Subis par l'ensemble des sociétés déficitaires du groupe dissous
		F1	F3	F4	H	
H F1 F2 F3 F4	N – 2	–	22 000	8 000	10 000	40 000
H F1 F2 F3 F4	N – 2	–	16 000	–	12 000	33 000
H F1 F2 F3 F4	N	–	20 000	12 000	4 000	38 000

N – 2

Part du déficit de N-2 correspondant à F1 : néant

Part du déficit correspondant à F3 : 23 000 3 22 000/40 000 = 12 650

Part du déficit correspondant à F4 : 23 000 3 8 000/40 000 = 4 600

Part du déficit correspondant à H : 23 000 3 10 000/40 000 = 5 750

Total : **23 000**

N-1

Part du déficit de N-1 correspondant à F1 : néant

Part du déficit correspondant à F3 : 23 000 3 16 000/33 000 = 11 151,51

Part du déficit correspondant à F4 : néant

Part du déficit correspondant à H : 23 000 3 12 000/33 000 = 8 363,63

Total : **19 515,14**

N

Part du déficit de N correspondant à F1 : néant

Part du déficit correspondant à F3 : 22 000 3 20 000/38 000 = 11 578,95

Part du déficit correspondant à F4 : 22 000 3 12 000/38 000 = 6 947,37

Part du déficit correspondant à H : 22 000 3 4 000/38 000 = 2 315,79

Total : **20 842,11**

Déficits susceptibles d'être transférés et d'être imputés sur une base élargie par la société M :

Les déficits susceptibles d'être transférés sur agrément à la société M (sous réserve de satisfaire aux conditions posées par l'agrément) et de s'imputer sur les résultats propres de M et, en cas d'insuffisance, sur les bénéfices réalisés par F1, F3 et F4 calculés dans les conditions mentionnées au 4 de l'article 223 I, sont les suivants :

Année d'origine	Déficits transférés à M et imputables sur une base élargie (en €)	Dont contribution de la société mère
N – 2	23 000	5 750
N – 1	19 515,14	8 363,63
N	20 842,11	2 315,79
Total	**63 357,35**	**16 429,42 (1)**

CHAPITRE 5

PORTÉE DE L'AGRÉMENT

La décision d'agrément fixe le principe du droit au report des déficits de la société absorbée à la société bénéficiaire des apports et arrête, en fonction du contenu de la demande, le montant des déficits transférés. En conséquence, cette décision n'emporte pas approbation :

– des valeurs attribuées aux éléments apportés ;
– du montant des déficits déclarés ;
– des évaluations faites des activités transférées et conservées.

Elle ne saurait en conséquence être regardée comme fixant un montant intangible de déficits reportables, celui-ci demeurant soumis au droit de contrôle de l'administration, dans les conditions de droit commun.

CHAPITRE 6

PROCÉDURE D'AGRÉMENT

SECTION 1 : FORME DES DEMANDES

Les demandes d'agrément doivent être rédigées selon le modèle reproduit en annexe.

Les sociétés qui désirent obtenir à la fois l'agrément prévu au II de l'article 209 et l'agrément prévu à l'article 210-B 3 du code général des impôts (en cas de scissions ou apports partiels d'actif n'entrant pas dans les prévisions de l'article 210 B-1, 2e al.), doivent solliciter deux agréments distincts, même si, pour des raisons pratiques, une seule demande peut être déposée.

SECTION 2 : AUTORITÉ COMPÉTENTE

Conformément à l'article 1649 nonies du CGI, l'agrément est délivré par le ministre du Budget.

Toutefois, l'article 170 sexies de l'annexe IV au code général des impôts prévoit une procédure déconcentrée pour statuer sur certaines demandes.

Il est statué sur les demandes d'agrément présentées pour l'application du II de l'article 209 :

a) Par le ministre chargé du budget après avis du comité des investissements à caractère économique et social :

1° Lorsque la demande est présentée par une société tête de groupe au sens de l'article 223 A du code général des impôts, à raison d'un déficit d'ensemble au sens de l'article 223 C, quel que soit son montant ;

2° Ou lorsque la demande est présentée par une entreprise réalisant un chiffre d'affaires supérieur à 150 millions d'euros ou qui est détenue à plus de 50 % par une entreprise réalisant elle-même un tel chiffre d'affaires ;

Pour l'application de cette disposition, le chiffre d'affaires à prendre en compte s'entend du chiffre d'affaires HT réalisé par la société requérante au cours du dernier exercice clos à la date de l'opération.

Dans l'hypothèse où la durée de cet exercice ne serait pas d'un an, il conviendrait de rapporter le montant du chiffre d'affaires réalisé à une durée annuelle.

La détention de 50 % du capital d'une société s'entend de la détention en pleine propriété de ses droits de vote et des droits financiers.

3° Ou lorsque la demande porte, pour une même opération, sur des déficits dont le montant global est supérieur à 1,5 millions d'euros ;

Pour l'application de ce critère, il convient de prendre en considération la totalité des déficits (déficits ordinaires, amortissements réputés différés) qui font l'objet de la demande d'agrément.

4° Ou lorsque l'opération présente des difficultés particulières ou est évoquée par le Ministre ;

Au titre des difficultés particulières motivant une transmission de la demande à l'administration centrale, est notamment visé le cas où la demande d'agrément mentionnée au présent arrêté de déconcentration s'accompagne, quel que soit le montant des déficits en cause, d'une demande d'agrément présentée sur le fondement de l'article 210 B 3 du code général des impôts.

b) Dans les autres cas, par le directeur des services fiscaux du département au chef-lieu duquel est localisée la direction de contrôle fiscal dans le ressort de laquelle l'entreprise a son siège (cf. annexe III).

SECTION 3 : DÉPÔT DES DEMANDES

Les demandes d'agrément doivent être déposées en neuf exemplaires dont un original signé auprès de l'autorité compétente pour statuer.

La demande établie par la société bénéficiaire des apports doit, sous peine de rejet, être contresignée par le représentant légal de la société apporteuse. En outre, en cas d'apport partiel d'actif, le représentant de la société apporteuse est tenu de renoncer expressément à la déduction des déficits dans la mesure où la décision d'agrément en autorise le transfert à la société bénéficiaire des apports.

Lorsque l'opération intervient entre une société apporteuse et plusieurs sociétés bénéficiaires, des demandes distinctes doivent être établies par chaque société bénéficiaire. En revanche, lorsque l'opération intervient entre plusieurs sociétés apporteuses et une seule société bénéficiaire, un dossier unique peut être présenté.

Exemple :

– La société A est scindée en deux sociétés B et C. Des demandes distinctes doivent être établies simultanément par les sociétés B et C ;

– La société A absorbe les sociétés B et C. La société A peut se borner à constituer un seul dossier.

Les demandes doivent être déposées aux adresses suivantes :

1° Demandes relevant de la compétence du ministre : Direction générale des impôts, service juridique, Bureau AGR, télédoc 957, 139, rue de Bercy, 75574 Paris Cedex 12.

2° Demandes relevant de la compétence du Directeur des services fiscaux du département au chef-lieu duquel est localisée la direction de contrôle fiscal dans le ressort de laquelle l'entreprise a son siège (cf. annexe III).

SECTION 4 : FORCLUSION

En application de l'article 1649 nonies, la demande d'agrément doit être préalable à l'opération qui la motive. À défaut, la forclusion sera opposée à la demande. Toutefois, si la société n'est pas en mesure de fournir la totalité des éléments demandés dans le formulaire (cf. annexe I) lors du dépôt de la demande, ceux-ci seront adressés en cours d'instruction à l'autorité compétente, sans que la demande initiale incomplète soit frappée de forclusion.

SECTION 5 : NOTIFICATION DE LA DÉCISION

La délivrance de l'agrément prévu au II de l'article 209 constitue un droit pour la société qui remplit les conditions fixées par la loi. Dès lors, l'agrément sera délivré lorsque toutes les conditions prévues pour son obtention sont remplies.

La décision prise par le ministre chargé du Budget ou par l'autorité compétente à laquelle le pouvoir de décision a été délégué est notifiée directement à la société bénéficiaire. Des copies en sont adressées au directeur des services fiscaux compétent ou au délégué chargé de la direction des grandes entreprises.

Les décisions de refus sont motivées.

La décision d'agrément ou de refus est notifiée au(x) demandeur(s) par lettre recommandée avec accusé de réception. Si les sociétés intéressées entendent contester la légalité de la décision devant la juridiction administrative, il leur appartient d'adresser au greffe du Tribunal administratif compétent, dans un délai de deux mois à compter de sa réception, une requête motivée, établie sur papier libre, accompagnée de trois copies de la décision contestée (application de l'article 9 du décret n° 83-1025 du 28 novembre 1983, JO du 3 décembre 1983, p. 3492 et suivantes). En application de l'article 1089 B du code général des impôts elles devront apposer, sur l'original de la demande adressée au Tribunal administratif, un timbre fiscal de 15 euros.

SECTION 6 : ENTRÉE EN VIGUEUR

Ces nouvelles dispositions sont applicables aux opérations réalisées à compter du 1er janvier 2002.

MODÈLE (instruction, annexe II)

MINISTÈRE DE L'ÉCONOMIE, DES FINANCES ET DE L'INDUSTRIE DIRECTION GÉNÉRALE DES IMPÔTS

Demande à remplir en vue de l'obtention de l'agrément prévu au II
de l'article 209 du CGI

I - NATURE DE L'OPÉRATION ENVISAGÉE

Joindre obligatoirement les projets d'actes d'apport partiel d'actif, de fusion ou, pour la confusion de patrimoine, la décision de l'associé sous forme de procès-verbal ou de résolution intégrant les engagements prévus à l'article 210 A du CGI ainsi que la copie de l'acte de dissolution enregistré auprès du RCS et un exemplaire de la publicité légale formalisant la dissolution et la radiation de la société confondue.

II - ORGANIGRAMME

Joindre un organigramme avant et après opération, avec les pourcentages de détention des capitaux des sociétés.

III - RENSEIGNEMENTS SUR LA SOCIÉTÉ APPORTEUSE

Dans la mesure où l'opération intéresse plusieurs sociétés apporteuses, il convient de fournir pour chacune d'elles les renseignements appropriés.

A – Raison sociale, forme juridique, siège et numéro de téléphone de cette société :

B – N° d'identification SIRET (code APE) :

|_|_|_|_|_|_|_|_|_|_|_|_|_|_|

C – Capital social :

Capitaux propres :

Répartition du capital entre les associés avant l'opération :

D – Activité actuelle :

E – Coordonnées de la personne chargée de suivre la demande d'agrément (nom, qualité, n° de téléphone) :

Adresse des différents établissements	Date de création ou d'acquisition	Nature des productions ou des ventes	Effectif du personnel

F – Résultats des cinq derniers exercices et de l'exercice en cours :

Exercice	Chiffre d'affaires (hors taxes)	Amortissements pratiqués	Amortissements réputés différés	Résultat fiscal après imputations
– du au				
– du au				
– du au				
– du au				
– du au				
– exercice en cours (estimation jusqu'à la date prévue pour la réalisation de l'opération)				

G – Importance des activités respectivement apportées et conservées :

	CA (HT)	Effectif des salariés	Actif immobilisé	
			brut	net
I - Activité transférée				
II - Activité totale				
I/II en-%				

H – La société a-t-elle opté pour le régime de groupe prévu à l'article 223 A du code général des impôts ? Si oui, fournir le nom et l'adresse de la société tête de groupe ainsi que la date d'entrée dans le groupe.

III – RENSEIGNEMENTS SUR LA SOCIÉTÉ BÉNÉFICIAIRE DES APPORTS

Dans la mesure où l'opération intéresse plusieurs sociétés apporteuses, il convient de fournir pour chacune d'elles les renseignements appropriés.

A – Raison sociale, forme juridique, siège et numéro de téléphone de cette société :

B – N° d'identification SIRET (code APE) :

|_|_|_|_|_|_|_|_|_|_|_|_|_|_|

C – Capital social :

Capitaux propres :

Répartition du capital entre les associés avant et après l'opération :

D – Activité actuelle :

E – Coordonnées de la personne chargée de suivre la demande d'agrément (nom, qualité, n° de téléphone) :

Adresse des différents établissements	Date de création ou d'acquisition	Nature des productions ou des ventes	Effectif du personnel

F – Résultats des cinq derniers exercices et de l'exercice en cours :

Exercice	Chiffre d'affaires (hors taxes)	Amortissements pratiqués	Amortissements réputés différés	Résultat fiscal après imputations
– du au				
– du au				
– du au				
– du au				
– du au				
– exercice en cours (estimation jusqu'à la date prévue pour la réalisation de l'opération)				

G – La société a-t-elle opté pour le régime de groupe prévu à l'article 223 A du code général des impôts ? Si oui, fournir le nom et l'adresse de la société tête de groupe ainsi que la date d'entrée dans le groupe :

IV – NATURE ET VALEUR DES APPORTS

Désignation des biens détenus en pleine propriété	Valeur comptable brute	Amortissements ou provisions pour dépréciation	Valeur comptable nette	Valeur d'apport
Immobilisations incorporelles				
Immobilisations corporelles				
Immobilisations financières				
TOTAL				

Pour les immobilisations prises en crédit-bail, indiquer leur nature, leur valeur brute et leur valeur d'apport, le cas échéant.

V – MODE DE RÉMUNÉRATION DES APPORTS

A – Remise d'actions ou de parts (nombre et valeur nominale)

correspondant à un capital de :

B – Prime :

C – Passif pris en charge (avec indication de sa nature) :

TOTAL

Préciser les modalités de calcul de la parité et du nombre de titres remis en rémunération des apports (indiquer la valeur nette comptable de l'apport, la valeur réelle de l'apport et de la société bénéficiaire, le nombre de titres composant le capital de la société bénéficiaire avant l'apport ainsi que la valeur nominale du titre).

VI – RAISONS DE L'OPÉRATION – RÉSULTATS ESCOMPTÉS ET INVESTISSEMENTS ENVISAGÉS AU COURS DES TROIS ANNÉES À VENIR

A – Exposé détaillé des raisons de l'opération :

(En cas d'apport partiel d'actif, donner des indications précises sur les activités qui seront prises en charge par la société bénéficiaire des apports et sur celles qui seront conservées par la société apporteuse.)

B – Prévisions relatives à l'évolution des effectifs et de l'activité (indiquer les conditions de poursuite de l'activité à l'origine des déficits transférés).

C – Engagement de maintenir l'activité apportée. Conditions dans lesquelles cette activité sera maintenue.

VII – DATE PRÉVUE POUR LA RÉALISATION DE L'OPÉRATION ET DATE D'EFFET

IX – RÉGIME FISCAL DEMANDÉ

• Préciser le régime fiscal choisi en ce qui concerne l'impôt sur les sociétés (régime fiscal prévu à l'article 210 A, 210 B-I, 210 C du CGI).

• Préciser, en cas d'apport partiel d'actif, le sort des titres remis en rémunération : attribution aux actionnaires dans le délai d'un an, conservation par la société apporteuse, etc.

X – BUREAU D'ENREGISTREMENT AUQUEL L'ACTE CONSTATANT L'OPÉRATION SERA PRÉSENTÉÀ LA FORMALITÉ

La demande doit être datée et signée par les représentants des sociétés intéressées qui feront précéder leurs signatures de la mention suivante :

Les soussignés s'engagent formellement, en cas d'agrément, à réaliser l'opération dans les conditions et délais prévus à la présente demande.

Date et signature avec indication de la qualité du signataire (société apporteuse ou cédante)	Date et signature avec indication de la qualité du signataire (société bénéficiaire des apports ou cessionnaire)

Joindre au dossier :
– les trois dernières liasses fiscales complètes de chaque société en cause en un seul exemplaire ;
– pour les fusions ou apport partiel d'actifs :
un exemplaire des projets d'actes d'apports partiels d'actifs ou de fusion.
– pour la confusion de patrimoine :

la décision de l'associé sous forme de procès-verbal ou de résolution (faisant apparaître les engagements de l'article 210 A), la copie de l'acte de dissolution enregistré auprès du RCS et un exemplaire de la publicité légale formalisant la dissolution et la radiation de la société confondue ainsi que la déclaration de résultats déposée dans les 60 jours de la cessation;
– le bilan proforma de la société apporteuse après apport partiel d'actif ;
– périmètre du ou des groupes fiscaux (art.223 A et suivants du CGI) éventuellement concernés, et dernière déclaration d'ensemble de la société tête du groupe fiscal.

Demande à adresser en :
– trois exemplaires dont un original signé pour les demandes adressées auprès de la DGE ou de la DSF
– neuf exemplaires dont un original signé pour les demandes adressées auprès du ministre chargé du Budget

ANNEXE III

Direction des Services Fiscaux compétente	Adresse	Départements rattachés
LILLE	DSF de Nord-Lille 163, boulevard de la Liberté BP 687 59033 LILLE CEDEX Tél. : 03-20-15-54-54/ Télécopie-: 03-20-42-07-87	Nord-Lille/ Pas-de-Calais/ Seine-Maritime/ Eure/ Somme/ Aisne/ Oise
PARIS	Direction spécialisée des impôts pour la Région Île-de-France 25, place de la Madeleine 75380 PARIS CEDEX 08 Tél. : 01-44-56-13-00/Télécopie : 01-49-24-06-95	Paris/ Seine-et-Marne/ Yvelines Essonne/ Hauts-de-Seine/ Seine-st-Denis Val-de-Marne/ Val-d'Oise
NANCY	DSF de la Meurthe-et-Moselle Rue Jacques Bellange Case officielle 42 54036 NANCY CEDEX Tél. : 03-83-91-33-00/Télécopie : 03-83-27-97-14	Ardennes/ Marne/ Aube/ Haute-Marne/ Meuse/ Moselle/ Meurthe-et-Moselle/ Vosges Bas-Rhin/ Haut-Rhin/Haute-Saône/ Doubs Jura
RENNES	DSF d'Ille-et-Vilaine Boulevard de la Liberté - BP 62-101 35021 RENNES CEDEX Tél. : 02-99-29-35-00/Télécopie : 02-99-29-35-99	Finistère/ Côtes-d'Armor/ Mayenne Ille-et-Vilaine/ Morbihan/ Loire-Atlantique Sarthe/ Maine-et-Loire/ Vendée/ Manche Calvados/ Orne
BORDEAUX	DSF de la Gironde 9, place du Champ de Mars - BP 906 33061 BORDEAUX CEDEX Tél. : 05-56-01-67-67/Télécopie : 05-56-01-67-68	Landes/ Vienne/ Pyrénées-Atlantiques Dordogne/ Charente-Maritime Creuse/ Deux-Sèvres/ Lot-et-Garonne Charente/ Haute-Vienne/ Gironde/ Corrèze
TOULOUSE	DSF de la Haute-Garonne 1, rue de l'Esquile – BP 999 31066 TOULOUSE CEDEX Tél. : 05-61-10-67-00/Télécopie : 05-61-21-99-51	Haute-Garonne/ Ariège/ Aveyron Hautes-Pyrénées/ Pyrénées-Orientales Gers/ Tarn/ Gard/ Hérault/ Aude Tarn-et-Garonne/ Lot/ Lozère
MARSEILLE	DSF des Bouches-du-Rhône-Marseille 3, place Sadi Carnot 13224 MARSEILLE CEDEX 1 Tél. : 04-91-99-12-00/Télécopie : 04-91-56-23-26	Bouches-du-Rhône/ Vaucluse/ Hautes-Alpes/ Alpes-de-Haute-Provence Alpes-Maritimes/ Var/ Haute-Corse/ Corse du Sud
LYON	DSF du Rhône 6, rue Charles Biennier - BP 100 69294 LYON CEDEX 02 Tél. : 04-72-77-22-69/Télécopie : 04-72-77-22-04	Rhône/ Ain/ Savoie/ Haute-Savoie/ Isère Drôme/ Ardèche/ Loire/ Saône-et-Loire Nièvre/ Côte-d'or/ Yonne
ORLÉANS	DSF du Loiret 4, rue des Maltôtiers 45044 ORLÉANS CEDEX 01 Tél. : 02-38-79-37-37/Télécopie : 02-38-62-69-87	Loiret/ Loir-et-Cher/ Eure-et-Loir Indre-et-Loire/ Cher/ Indre/ Allier Puy-de-Dôme/ Haute-Loire/ Cantal
MARTINIQUE	DSF de la Martinique Hôtel des Finances Route de Cluny-Schœlcher - BP 605 97261 FORT-DE-FRANCE CEDEX Tél. : 05-96-59-55-00/Télécopie : 05-96-63-00-66	Martinique

GUADELOUPE	DSF de la Guadeloupe Parc de la Préfecture 97109 BASSE-TERRE Tél. : 05-90-99-14-14/Télécopie : 05-90-81-81-74	Guadeloupe
GUYANE	DSF de la Guyane Rue Carlos Fineley BP 6027 97306 CAYENNE CEDEX Tél. : 05-94-28-99-02/Télécopie : 05-94-39-76-73	Guyane
RÉUNION	DSF de La Réunion 4, rue Amiral Lacaze BP 7011 97701 SAINT-DENIS MESSAGERIE CEDEX 9 Tél. : 02-62-90-02-00/Télécopie : 02-62-21-80-61	Réunion

Instruction du 25 octobre 2002 (BOI 4 I-2-02)

ÉCONOMIE GÉNÉRALE DE LA MESURE

L'article 85 de la loi de finances pour 2002 (n° 2001-1275 du 28 décembre 2001) aménage le dispositif fiscal relatif au régime de faveur des fusions, scissions et apports partiels d'actif, ainsi que celui applicable aux opérations d'échange de titres.

La présente instruction commente ces nouvelles dispositions et apporte, plus généralement, en ce qui concerne l'ensemble des opérations de restructuration des précisions relatives à la reprise par la société absorbante de la réserve spéciale des plus-values nettes à long terme de la société absorbée.

INTRODUCTION

1. L'article 85 de la loi de finances pour 2002 (n° 2001-1275 du 28 décembre 2001) apporte des aménagements substantiels aux dispositions fiscales relatives aux opérations de restructuration des entreprises et notamment aux régimes de faveur des fusions et opérations assimilées.

Ainsi, le F de l'article 85-I introduit dans le code général des impôts un nouvel article 210-0 A qui encadre les conditions d'application de plein droit des principaux régimes de faveur prévus à l'égard des restructurations d'entreprises applicables en matière d'impôt sur les sociétés, en précisant d'une part la définition fiscale des opérations de fusion et de scission de sociétés éligibles au régime de faveur et d'autre part leur champ d'application géographique (Titre 1).

Le G de l'article 85-I étend, sous réserve du respect de certaines conditions, le régime de faveur de plein droit des apports partiels d'actif prévu à l'article 210 B du code général des impôts aux opérations d'apport de participations qui confèrent le contrôle de la société dont les titres sont apportés à la société bénéficiaire des apports (Titre 2).

Les G et H de l'article 85-I assouplissent les conditions d'application de plein droit du régime des scissions prévu à l'article 210 B précité et limitent les conséquences du défaut de souscription de l'engagement de conservation et du non-respect de l'obligation de conservation des titres grevés de l'engagement de conservation par la société bénéficiaire de l'apport conformément à l'article 210 B bis du code général des impôts, lorsqu'ils sont représentatifs d'une scission (Titre 3).

Enfin, le A de l'article 85-I étend l'application du sursis d'imposition prévu à l'article 38-7 bis du code général des impôts aux échanges de titres résultant de scissions non soumises au régime de faveur (Titre 4, Chapitre 1).

En outre, des précisions sont apportées dans la présente instruction sur les modalités de reprise par la société absorbante de la réserve spéciale des plus-values nettes à long terme de la société absorbée (Titre 4, Chapitre 2).

TITRE 1

NOUVELLE DÉFINITION DES OPÉRATIONS ÉLIGIBLES AUX RÉGIMES DE FAVEUR DES FUSIONS

2. L'application du régime spécial des fusions prévu à l'article 210 A du code général des impôts était jusqu'à l'entrée en vigueur de la loi de finances pour 2002 (n° 2001-1275 du 28 décembre 2001) réservée aux opérations juridiques de fusion ou de scission.

Ce dispositif excluait du bénéfice du régime spécial des fusions certaines opérations de droit français telles que les opérations de dissolution de sociétés prévues à l'article 1844-5 du code civil, ainsi que certaines opérations transfrontalières et étrangères pour lesquelles la qualification de fusion et de scission n'était pas retenue par les États concernés même si ces opérations présentaient les caractéristiques des fusions et des scissions.

Le F du I de l'article 85 de la loi de finances pour 2002 modifie ce dispositif en introduisant une définition fiscale des opérations de fusion et de scission éligibles à certains régimes de faveur.

Cette définition fiscale des opérations de fusion et de scission est codifiée à l'article 210-0 A du code général des impôts.

Corrélativement, la loi introduit une limitation du champ d'application géographique des régimes de faveur précités.

Chapitre I : Opération de fusion et de scission éligibles au régime de faveur – Définition fiscale

SECTION 1 : DÉFINITION DES OPÉRATIONS DE FUSION ÉLIGIBLES AU RÉGIME DE FAVEUR

3. Aux termes de l'article 210-0 A du code général des impôts sont considérées comme des fusions ouvrant droit aux régimes de faveur mentionnés au n° 15 de la présente instruction les opérations par lesquelles :
– une ou plusieurs sociétés absorbées transmettent, par suite et au moment de leur dissolution sans liquidation, l'ensemble de leur patrimoine à une autre société préexistante absorbante, moyennant l'attribution à leurs associés de titres de la société absorbante et, éventuellement, d'une soulte ne dépassant pas 10 % de la valeur nominale de ces titres ;
– deux ou plusieurs sociétés absorbées transmettent, par suite et au moment de leur dissolution sans liquidation, l'ensemble de leur patrimoine à une société absorbante qu'elles constituent, moyennant l'attribution à leurs associés de titres de la société absorbante et, éventuellement, d'une soulte ne dépassant pas 10 % de la valeur nominale de ces titres.

4. Sont aussi concernées les opérations pour lesquelles il n'est pas procédé à l'échange de titres de la société absorbante contre les titres de la société absorbée lorsque ces titres sont détenus soit par la société absorbante soit par la société absorbée. En effet, au plan juridique, dans ces situations, la société absorbante n'est pas tenue de remettre des titres en contrepartie de l'apport.

5. Ainsi, sont des fusions au sens fiscal les opérations, réalisées en France comme à l'étranger, qui présentent toutes les caractéristiques suivantes :

1° la dissolution sans liquidation de la société absorbée,

2° la transmission universelle du patrimoine de la société absorbée,

3° l'attribution de titres de la société absorbante aux associés de la société absorbée (cette disposition ne trouve pas à s'appliquer aux titres auto-détenus parla société absorbée ou détenus par la société absorbante),

4° absence de soulte ou attribution d'une soulte ne dépassant pas 10 % de la valeur nominale des titres de la société absorbante attribués.

6. La mention visée au n° 8 de l'instruction 4 I-2-00 du 3 août 2000 est donc rapportée, dès lors qu'il n'est plus nécessaire et suffisant que l'opération soit considérée comme une fusion au sens de la législation des États concernés, si elle présente les caractéristiques décrites à l'article 210-0 A du code général des impôts.

SECTION 2 : DÉFINITION DES OPÉRATIONS DE SCISSION ÉLIGIBLES AU RÉGIME DE FAVEUR

7. Sont considérées comme des scissions ouvrant droit aux régimes de faveur exposés au n° 15, les opérations par lesquelles la société scindée transmet, par suite et au moment de sa dissolution sans liquidation, l'ensemble de son patrimoine à deux ou plusieurs sociétés préexistantes ou nouvelles, moyennant l'attribution aux associés de la société scindée, proportionnellement à leurs droits dans le capital, de titres des sociétés bénéficiaires des apports et, éventuellement, d'une soulte ne dépassant pas 10 % de la valeur nominale de ces titres.

8. Sont aussi concernées les opérations pour lesquelles il n'est pas procédé à l'échange de titres de chacune des sociétés bénéficiaires de l'apport contre les titres de la société scindée lorsque ces titres sont détenus soit par la société bénéficiaire de l'apport soit par la société scindée.

9. Ainsi, sont des scissions au sens fiscal les opérations, réalisées en France comme à l'étranger, qui présentent toutes les caractéristiques suivantes :

1° la dissolution sans liquidation de la société scindée,

2° la transmission universelle du patrimoine de la société scindée,

3° l'attribution proportionnelle des titres des sociétés bénéficiaires des apports aux associés de la société scindée,

4° absence de soulte ou attribution d'une soulte ne dépassant pas 10 % de la valeur nominale des titres des sociétés bénéficiaires des apports attribués.

10. La mention visée au n° 8 de l'instruction 4 I-2-00 du 3 août 2000 est donc rapportée, dès lors qu'il n'est plus nécessaire et suffisant que l'opération soit considérée comme une scission au sens des textes en vigueur dans l'État ou le pays des sociétés concernées, si elle présente les caractéristiques décrites à l'article 210-0 A du code général des impôts.

11. L'opération de scission doit, en outre, entraîner entre les associés de la société scindée une répartition proportionnelle des titres des sociétés bénéficiaires des apports. Cette disposition ne trouve pas à s'appliquer aux titres auto-détenus par la société scindée ou détenus par l'une des sociétés bénéficiaires de l'apport.

12. À l'inverse, sont expressément exclues les opérations de scissions-partages qui aboutissent au partage entre les associés de l'actif de la société scindée et s'apparentent de ce fait à de véritables opérations patrimoniales (voir ci-après n° 98 pour l'application du principe).

SECTION 3 : OPÉRATIONS DE DISSOLUTION-CONFUSION DES PATRIMOINES VISÉES À L'ARTICLE 1844-5 DU CODE CIVIL

13. Les opérations de dissolution-confusion visées à l'article 1844-5 du code civil répondent à la définition de la fusion de l'article 210-0 A du code général des impôts. Elles sont donc éligibles aux différents régimes de faveur applicables aux opérations de fusion.

14. Une instruction séparée précisera les modalités particulières de l'application du régime spécial des fusions, prévu à l'article 210 A du code précité, à ces opérations.

SECTION 4 : RÉGIMES CONCERNÉS

15. Cette définition fiscale des opérations de fusion et de scission s'applique aux opérations qui sont mentionnées dans le cadre des régimes fiscaux prévus aux articles suivants du code général des impôts :

• Régimes concernant les associés des sociétés apporteuses et bénéficiaires des apports :
– article 38-7 bis : Échange de titres résultant d'une opération de fusion ou de scission réalisée par des entreprises – Sursis d'imposition du profit ou de la perte ;
– article 93 quater, V : Échange de titres résultant d'une opération de fusion ou de scission réalisée par des professionnels relevant de la catégorie des Bénéfices non commerciaux – Sursis d'imposition du profit ou de la perte ;
– article 115 : Attribution des titres représentatifs de l'apport aux membres de la société apporteuse en cas de fusion ou de scission de sociétés ;
– articles 112, 120 et 121 : Remboursement des sommes incorporées au capital ou aux réserves (primes de fusion ou de scission) à l'occasion d'une fusion ou d'une scission de sociétés.

• Régimes concernant les sociétés apporteuses ou bénéficiaires des apports :

– article 151 octies A : Opération de fusion ou de scission d'une société civile professionnelle – report d'imposition des plus-values d'apport ;

– article 209-II : Transfert de déficit sur agrément ;
– articles 210 A à 210 C : Régime de faveur des fusions et des scissions applicable en matière d'impôt sur les sociétés – Report et sursis d'imposition des profits et plus-values d'apport ;

– article 220 quinquies II, deuxième à quatrième alinéas : Transfert de la créance de report en arrière des déficits dans le cadre des opérations de fusions, de scission et d'apport partiel d'actif ;

– articles 223 A à 223 U : Dispositions particulières concernant le régime fiscal des groupes de sociétés.

SECTION 5 : PRÉCISIONS CONCERNANT LES CONDITIONS D'APPLICATION DES RÉGIMES DE FAVEUR PRÉVU AUX ARTICLES 210 A ET 210 B DU CODE GÉNÉRAL DES IMPÔTS

16. Il ressort de l'article 210-0 A du code général des impôts que pour l'application des régimes de faveur prévus aux articles 210 A et 210 B du code général des impôts, les titres de la société absorbante ou bénéficiaire de l'apport attribués aux associés de la société scindée ou absorbée peuvent provenir :
– soit d'une augmentation de capital de la société absorbante ou bénéficiaire de l'apport ;
– soit de la distribution d'actions auto-détenues par la société absorbante ou bénéficiaire de l'apport.

17. Ces titres doivent être représentatifs du capital social de la société absorbante ou de la société bénéficiaire de l'apport, à l'exclusion notamment de titres représentatifs d'une créance, d'obligations convertibles, d'obligations remboursables en actions, de bons de souscription d'actions, etc.

En cas d'attribution de titres autre que ceux représentatifs du capital, celle-ci constitue un élément de la soulte à prendre en compte pour la détermination du seuil de 10 % visé aux nos 3, 5, 7 et 9 de la présente instruction.

18. Précision : Dans le cas où la rémunération comprendrait des titres auto-détenus, le résultat consécutif à la sortie des titres du patrimoine de la société bénéficiaire de l'apport est imposable dans les conditions de droit commun. Ce résultat peut le cas échéant bénéficier du régime de neutralisation prévu à l'article 223 F du code général des impôts.

Chapitre 2 : Limitation du champ d'application géographique des opérations éligibles aux régimes de faveur

19. La loi instaure une limitation géographique à l'application des régimes de faveur existants aux opérations de fusions, de scissions, d'apport partiel d'actif ou d'échange de titres.

20. Sont dorénavant exclues du champ d'application des régimes de faveur mentionnés ci-après (cf. n° 25) les opérations de fusions, scissions, apports partiel d'actif et échanges de titres lorsqu'elles sont opérées par une société, apporteuse ou bénéficiaire d'un apport, ayant son siège dans un État ou territoire n'ayant pas conclu avec la France une convention fiscale contenant une clause d'assistance administrative en vue de lutter contre la fraude et l'évasion fiscales.

21. La liste des États ou territoires ayant conclu à la date de la publication de la présente instruction avec la France une convention fiscale contenant une clause d'assistance administrative en vue de lutter contre la fraude et l'évasion fiscales figure en annexe I.

22. La liste des États ou territoires ayant conclu à la date de la publication de la présente instruction avec la France une convention fiscale ne contenant pas une clause d'assistance administrative en vue de lutter contre la fraude et l'évasion fiscalesfigure en annexe II.

23. Ainsi, sont éligibles au régime de faveur les opérations de fusion, de scission, d'apport partiel d'actif ou d'échange de titres suivantes :
– les opérations réalisées par des sociétés françaises,
– les opérations réalisées par les sociétés d'un ou plusieurs États membres de l'Union européenne,
– les opérations réalisées par des sociétés ayant leur siège dans un État ou territoire ayant conclu avec la France une convention fiscale contenant une clause d'assistance administrative en vue de lutter contre la fraude et l'évasion fiscales.

24. Restent cependant éligibles au régime de faveur les opérations qui entrent dans le champ d'application de la directive communautaire n° 90-434 du 23 juillet 1990 concernant le régime commun applicable aux fusions, scissions, apports d'actifs et échanges d'actions intéressant des sociétés d'États membres différents.

25. Les régimes de faveur concernés par cette limitation géographique sont mentionnés aux articles suivants du code général des impôts :

• Régimes concernant les associés des sociétés apporteuses ou bénéficiaires des apports :
– article 38-7 bis : Échange de titres résultant d'une opération de fusion ou de scission réalisée par des entreprises – Sursis d'imposition du profit ou de la perte ;
– article 93 quater, V : Échange de titres résultant d'une opération de fusion ou de scission réalisée par des professionnels relevant de la catégorie des Bénéfices non commerciaux – Sursis d'imposition du profit ou de la perte ;
– article 115 : Attribution des titres représentatifs de l'apport aux membres de la société apporteuse en cas de fusion ou de scission de sociétés.

Nota : L'exclusion géographique ne vise que les sociétés apporteuses et bénéficiaires et non les sociétés ou personnes physiques actionnaires de la société apporteuse, qui résideraient dans un des États ou territoires exclus. Il est précisé que lorsqu'une opération est exclue du champ d'application de certains régimes de faveur mentionnés à l'article 210-0 A du code général des impôts, les régimes énoncés ci-dessus ne peuvent s'appliquer même aux résidents d'autres États ou territoires.

• Régimes concernant les sociétés apporteuses ou bénéficiaires des apports :
– article 151 octies A : Opération de fusion ou de scission d'une société civile professionnelle – Report d'imposition des plus-values d'apport ;
– article 209-II : Transfert de déficit sur agrément ;
– articles 210 A à 210 C : Régime de faveur des fusions, scissions et apports partiels d'actif applicable en matière d'impôt sur les sociétés – Report et sursis d'imposition des profits et plus-values d'apport ;
– article 220 quinquies II, deuxième à quatrième alinéas : Transfert de la créance de report en arrière des déficits dans le cadre des opérations de fusions, de scissions et d'apport partiel d'actif.

CHAPITRE 3 : PRÉCISIONS CONCERNANT CERTAINS ORGANISMES

SECTION 1 : SITUATION PARTICULIÈRE DES MUTUELLES RÉGIES PAR LE CODE DE LA MUTUALITÉ

26. La fusion de plusieurs mutuelles, de plusieurs unions ou de plusieurs fédérations régies par le code de la mutualité est prévue aux articles L.113-2, L.114-12, L. 212-12 et L. 212-13 du code de la mutualité.

27. La scission d'une mutuelle, union ou fédération régies par le code de la mutualité est prévue aux articles L.113-3, L. 114-12, L. 212-12 et L. 212-13 du code de la mutualité.

28. Malgré l'absence de rémunération sous forme de titres, il existe une réelle contrepartie des apports constituée par le transfert des engagements pris envers les membres participants de l'organisme résultant de la fusion ou bénéficiaire de l'apport qui garantit la protection de leurs droits.

29. En outre, le groupement absorbant qui reçoit l'actif est tenu d'acquitter le passif du groupement absorbé.

30. En conséquence, dès lors que le groupement absorbant ou bénéficiaire est tenu en vertu des textes précités de reprendre les engagements du groupement absorbé ou apporteur et que les parties à l'opération sont soumises à l'impôt sur les sociétés, les opérations visées aux nos 26 et 27 peuvent être assimilées à des opérations de fusion ou de scission au sens de l'article 210-0 A du code général des impôts pour l'application à ces opérations des dispositions prévues aux articles 209-II, 210 A à 210 C, 220 quinquies II et 223 A à 223 U du même code.

31. Toutefois, l'application du régime spécial des fusions prévu à l'article 210 A précité est subordonnée à la transcription comptable de l'ensemble des apports à la valeur nette comptable.

32. Lorsque l'apport envisagé dans le cadre d'une opération de scission ou d'apport partiel d'actif ne porte pas sur une branche complète d'activité, telle que définie par la doctrine administrative (BOI 4 I-2-00 du 3 août 2000) le recours à la procédure de l'agrément prévue à l'article 210 B du code précité est nécessaire.

SECTION 2 : SITUATION PARTICULIÈRE DES SOCIÉTÉS D'ASSURANCE MUTUELLES RÉGIES PAR LE CODE DES ASSURANCES

33. Les opérations de fusions, scissions et apport partiel d'actif de sociétés d'assurance mutuelles ou de leurs unions, et de sociétés de groupe d'assurance régies par le code des assurances (articles L. 322-26-1, L. 322-26-3, L. 322-26-4, L. 322-26-5 ou L. 322-1-3), sont prévues aux articles L. 324-1, L. 324-2 et L. 324-3 du même code.

34. Les opérations de fusion, de scission ou d'apport partiel d'actif comportant ou non des transferts de portefeuille de contrats ne peuvent être réalisées qu'en l'absence d'opposition du ministre de l'Économie et des finances.

35. Malgré l'absence de rémunération des apports par l'attribution de droits représentatifs du capital de l'organisme bénéficiaire, il existe une réelle contrepartie des apports constituée par la garantie du respect de l'intérêt des assurés de l'organisme scindé, absorbé ou apporteur.

36. En conséquence, dès lors que les organismes parties à l'opération sont soumis à l'impôt sur les sociétés, les opérations susvisées (cf. n° 33) peuvent être assimilées à des opérations de fusion ou de scission au sens de l'article 210-0 A du code général des impôts pour l'application à ces opérations des dispositions prévues aux articles 209-II, 210 A à 210 C, 220 quinquies II et 223 A à 223 U du même code.

37. Toutefois, l'application du régime spécial des fusions prévu à l'article 210 A du code général des impôts est subordonnée à la transcription comptable de l'ensemble des apports à la valeur nette comptable.

38. Lorsque l'apport envisagé dans le cadre d'une opération de scission ou d'apport partiel d'actif ne porte pas sur une branche complète d'activité, telle que définie par la doctrine administrative (BOI 4 I-2-00 du 3 août 2000), le recours à la procédure de l'agrément prévue à l'article 210 B du code précité est nécessaire.

CHAPITRE 4 : ENTRÉE EN VIGUEUR

39. Le dispositif prévu à l'article 210-0 A du code général des impôts s'applique aux opérations réalisées à compter du 1er janvier 2002.

TITRE 2

APPORTS PARTIELS D'ACTIF DISPENSÉS D'AGRÉMENT – CONDITIONS D'APPLICATION

40. Le régime fiscal de faveur des apports partiels d'actif en matière d'impôt sur les sociétés est défini à l'article 210 B du code général des impôts.

Ce régime s'applique de plein droit aux apports partiels d'actif qui portent sur une branche complète d'activité ou des éléments assimilés lorsque la société apporteuse prend l'engagement dans l'acte d'apport de conserver pendant au moins trois ans les titres remis en contrepartie de l'apport et de calculer ultérieurement les plus-values de cession afférentes à ces mêmes titres par référence à la valeur que les biens apportés avaient du point de vue fiscal dans ses propres écritures.

Ce même article assimile à une branche complète d'activité, les apports de participations portant sur plus de 50 % du capital de la société dont les titres sont apportés sous réserve que la société apporteuse respecte les règles et conditions prévues aux troisième et quatrième alinéas du 7 bis de l'article 38 (article 210 B-1).

La loi de finances pour 2002 (article 85-I, G) complète ce dispositif en ouvrant le régime de faveur de plein droit, sous réserve du respect de certaines conditions, à certaines opérations d'apports de titres qui confèrent le contrôle de la société dont les titres sont apportés à la société bénéficiaire de l'apport.

Ainsi, est également désormais assimilé à l'apport d'une branche complète d'activité, sous réserve du respect de certaines conditions :
– l'apport de participation conférant à la société bénéficiaire des apports la détention directe de plus de 30 % des droits de vote de la société lorsqu'aucun autre associé ne détient directement ou indirectement une fraction des droits de vote supérieure ;
– l'apport de participation conférant à la société bénéficiaire la fraction des droits de vote la plus élevée lorsque la société bénéficiaire des apports détient déjà plus de 30 % des droits de vote.

Ces nouvelles dispositions sont applicables aux apports de participations réalisés à compter du 1er janvier 2002.

La doctrine administrative qui assimilait à une branche complète d'activité les apports de participation portant sur plus de 30 % du capital de la société dont les titres sont apportés lorsque ces titres sont inscrits à la cote officielle est rapportée à compter de la date de publication de la présente instruction (cf. DB 4 I 2211, n° 16).

CHAPITRE 1 : APPORTS DE PARTICIPATION ASSIMILÉS À UNE BRANCHE COMPLÈTE D'ACTIVITÉ

SECTION 1 : APPORTS REPRÉSENTANT PLUS DE 50 % DU CAPITAL DE LA SOCIÉTÉ DONT LES TITRES SONT APPORTÉS

41. Le 1 de l'article 210 B du code général des impôts assimile à des apports de branches complètes d'activité les apports de participation qui portent sur plus de 50 % du capital de la société dont les titres sont apportés.

SECTION 2 : APPORTS DE PARTICIPATION CONFÉRANT À LA SOCIÉTÉ BÉNÉFICIAIRE DES APPORTS LA DÉTENTION DIRECTE DE PLUS DE 30 % DES DROITS DE VOTE

42. Sont assimilés à une branche complète d'activités et peuvent dès lors être placés de plein droit sous le régime de faveur des fusions prévu à l'article 210 A du code général des impôts, les apports de participations qui confèrent à la société bénéficiaire des apports la détention directe de plus de 30 % des droits de vote de la société dont les titres sont apportés lorsque aucun autre associé ne détient, directement ou indirectement, une fraction des droits de vote supérieure.

43. Pour l'application de cette mesure, les seuils s'apprécient à la date de réalisation définitive de l'opération d'apport partiel d'actif, c'est-à-dire à la date de la dernière assemblée générale qui décide de l'opération.

44. Par ailleurs, il n'est pas exigé que l'apport porte sur une quotité minimale de titres. En effet, pour l'appréciation du pourcentage de 30 % il est tenu compte des titres déjà en possession.

Entrent ainsi dans cette catégorie les apports de titres ayant pour effet de porter au-delà de 30 % le niveau de participation de la société bénéficiaire dans la mesure où cette dernière devient le plus important actionnaire de la société dont les titres sont apportés, qu'elle soit ou non majoritaire.

45. Exemple 1

Soit une société A détenue par les sociétés suivantes :

B : 20 % D : 30 %

C : 20 % E : 30 %

La société B envisage d'apporter sa participation dans la société A à la société C.

À l'issue de l'opération, la répartition du capital de la société A serait la suivante :

C : 40 %

D : 30 %

E : 30 %

La société C, bénéficiaire de l'apport, détiendra alors directement plus de 30 % des droits de vote de la société A (soit 40 %).

Aucun autre actionnaire ne détiendrait, directement ou indirectement, une fraction des droits de vote supérieure.

L'opération serait donc éligible au régime de faveur de plein droit dès lors qu'elle permet de conférer à la société C :
- la détention directe de plus de 30 % des doits de vote de la société A ;
- le contrôle de la société A, même si la société C ne détient pas la majorité absolue.

46. Exemple 2

Soit une société A détenue par les sociétés suivantes :

B : 30 % D : 50 %

C : 15 % E : 5 %

La société D envisage d'apporter sa participation dans la société A à la société E.

À l'issue de l'opération, la répartition du capital de la société A serait la suivante :

B : 30 %

C : 15 %

E : 55 %

La société E, bénéficiaire de l'apport, détiendrait alors directement plus de 30 % des droits de vote de la société A (soit 55 %).

Aucun autre actionnaire ne détiendrait, directement ou indirectement, une fraction des droits de vote supérieure.

L'opération serait donc éligible au régime de faveur de plein droit dès lors qu'elle permet de conférer à la société E :
- la détention directe de plus de 30 % des doits de vote de la société A ;
- le contrôle de la société A.

Il est précisé que, dans le même cas de figure, si la société D apportait sa participation à une société X non associée de la société A, le régime de faveur s'appliquerait également de plein droit.

47. Exemple 3

Soit une société A détenue par les sociétés suivantes :

B : 50 % D : 50 %

La société B envisage d'apporter sa participation dans la société A à la société F.

À l'issue de l'opération, la répartition du capital de la société A serait la suivante :

F : 50 % D : 50 %

L'apport de participation opéré au bénéfice de la société F, soit 50 %, serait éligible au régime de faveur de plein droit dès lors qu'elle permet à la société F de se voir conférer plus de 30 % des droits de vote de la société A et qu'aucun autre associé ne détient, directement ou indirectement, une fraction des droits de vote supérieure. En effet, la participation de la société D est égale à celle de la société F sans lui être supérieure.

48. Exemple 4

Soit une société A détenue par les sociétés suivantes :

B : 33 % D : 33 %

C : 29 % E : 5 %

La société E envisage d'apporter sa participation dans la société A à la société C.

À l'issue de l'opération, la répartition du capital de la société A serait la suivante :

B : 33 %

C : 34 %

D : 33 %

Dans ce cas, l'apport de participation opéré au bénéfice de la société C, soit 5 %, serait assimilé à une branche complète d'activité et éligible au régime de faveur de plein droit. Dans ce cas, il permet à C de se voir conférer plus de 30 % des droits de vote de A et lui donne la plus forte quotité au sein du capital de A.

49. Pour l'appréciation de la détention de la quote-part la plus élevée, il n'est pas tenu compte de la détention indirecte de la société cible par la société ayant réalisé l'apport.

50. Exemple

Soit une société A détenue par les sociétés suivantes :

M : 40 %

B : 30 %

C : 30 %

La société M apporte, à une société nouvelle F qu'elle détient à 100 %, l'ensemble de ses titres de la société A moins quelques actions.

À l'issue de l'opération, la répartition du capital de la société A serait la suivante :

F : 39,99 % M : 0,01 %

B : 30 % C : 30 %

Dans ce cas, l'apport de participation opéré au bénéfice de la société F, soit 39,99 %, serait assimilé à une branche complète d'activité et éligible au régime de faveur de plein droit. Il permet, en effet, à la société F de se voir conférer plus de 30 % des droits de vote de la société A et lui donne la plus forte quotité au sein du capital de la société A.

Pour l'appréciation du contrôle indirect, il n'est pas tenu compte des actions que la société M a reçu en contrepartie de son apport à la société F : la quotité détenue indirectement par la société M dans la société A par l'intermédiaire de la société F n'est pas prise en compte.

51. En revanche, ne peuvent bénéficier du régime de faveur de plein droit au titre de cette disposition :
– les apports de participation conférant au bénéficiaire le niveau de droit de vote le plus élevé dès lors que ce dernier détient, à l'issue de l'opération d'apport partiel d'actif, moins de 30 % des droits de vote de la société dont les titres sont apportés ;
– les apports de titres conférant au bénéficiaire plus de 30 % des droits de vote dans la société dont les titres sont apportés, mais pas la quotité de droit de vote la plus élevée ;
– les apports de participation ne conférant ni le niveau de droit de vote le plus élevé, ni la détention de plus de 30 % des droits de vote de la société dont les titres sont apportés.

Dans cette hypothèse, seul le recours à la procédure d'agrément prévue à l'article 210 B-3 du code général des impôts sera susceptible, le cas échéant, de placer l'opération d'apport partiel d'actif envisagée sous le régime de faveur.

Nota : La tolérance prévue par la doctrine administrative 4 I 2211 nos 15 et 16 est rapportée.

52. Exemple 1

Soit une société A détenue par les sociétés suivantes :

M : 40 % B : 30 %

C : 15 % D : 15 %

La société B est détenue à 100 % par la société D.

La société M apporte 40 % des titres de la société A à une société nouvelle F.

A l'issue de l'opération, la répartition du capital de la société A serait la suivante :

F : 40 %   B : 30 %

C : 15 %   D : 15 %

Dans ce cas, la société F se voit conférer plus de 30 % des droits de vote de la société A. Cependant, la société D détiendrait une fraction des droits de vote supérieure à celle détenue par la société F. En effet, la société D détient 45 % de la société A (30 % indirectement et 15 % directement). Cette opération n'est donc pas éligible au régime de faveur. Cependant, la société M pourra déposer dans le cadre de la procédure d'agrément, une demande afin d'obtenir, le cas échéant, le bénéfice du régime de faveur.

53. Exemple 2

Soit une société A détenue par les sociétés suivantes :

B : 10 %   E : 20 %

C : 15 %   F : 15 %

D : 20 %   G : 20 %

La société B envisage d'apporter sa participation dans la société A à la société C.

À l'issue de l'opération, la répartition du capital de la société A serait la suivante :

C : 25 %   F : 15 %

D : 20 %   G : 20 %

E : 20 %

La société C, bénéficiaire de l'apport, détiendra alors 25 %, soit moins de 30 % des droits de vote de la société A.

L'opération n'est donc pas éligible au régime de faveur, même si aucun autre associé ne détient, directement ou indirectement une fraction des droits de vote supérieure à celle détenue par la société C. Cependant, dans ce cas, la société B pourra déposer, préalablement à la réalisation de l'opération d'apport, une demande d'agrément afin d'obtenir, le cas échéant, le bénéfice du régime de faveur.

54. Exemple 3 :

Soit une société A détenue par les sociétés suivantes :

B : 30 %   D : 29 %

C : 16 %   E : 25 %

La société B envisage d'apporter sa participation dans la société A à la société C (20 %) et à la société D (10 %).

À l'issue de l'opération, la répartition du capital de la société A sera la suivante :

C : 36 %

D : 39 %

E : 25 %

La société C, bénéficiaire de l'un des apports, détiendrait alors plus de 30 %, mais la société D détiendrait une fraction des droits de vote supérieure à celle détenue par la société C.

Cette partie de l'opération n'est donc pas éligible au régime de faveur. Cependant, la société B pourra déposer dans le cadre de la procédure d'agrément, une demande afin d'obtenir, le cas échéant, le bénéfice du régime de faveur.

En revanche, la société D venant à posséder plus de 30 % et la quote-part la plus élevée, l'apport des titres B à D sera assimilé à une branche complète d'activités et pourra bénéficier du régime de faveur.

SECTION 3 : APPORTS DE PARTICIPATION CONFÉRANT À LA SOCIÉTÉ BÉNÉFICIAIRE DES APPORTS LA FRACTION DES DROITS DE VOTE LA PLUS ÉLEVÉE

55. Sont assimilés à une branche complète d'activités et peuvent dès lors être placés de plein droit sous le régime de faveur des fusions, les apports de participation conférant à la société bénéficiaire des apports, qui détient d'ores et déjà plus de 30 % des droits de vote de la société dont les titres sont apportés, la fraction des droits de vote la plus élevée dans la société.

56. Pour l'application de cette mesure, les seuils s'apprécient à la date de réalisation de l'opération d'apport partiel d'actif.

57. Par ailleurs, il n'est pas exigé que l'apport ainsi défini porte sur une quotité minimale de titres.

Entrent ainsi dans cette catégorie les apports réalisés au profit d'un actionnaire déjà porteur d'une participation représentant plus de 30 % des droits de vote ayant pour effet de le placer en position prédominante, que ce dernier détienne ou non la majorité absolue.

58. Exemple 1

Soit une société A détenue par les sociétés suivantes :

B : 35 % D : 10 %

C : 20 % E : 35 %

La société D envisage d'apporter sa participation dans la société A à la société B.

À l'issue de l'opération, la répartition du capital de la société A sera la suivante :

B : 45 %

C : 20 %

E : 35 %

La société B détenait déjà 35 % des droits de vote de la société A, soit plus de 30 %.

A l'issue de l'opération, la société B, bénéficiaire de l'apport, détient la fraction des droits de vote la plus élevée dans la société A (soit 45 %).

L'opération pourra donc bénéficier de l'application du régime fiscal de faveur. Au cas présent la société B n'est pas majoritaire.

59. En revanche, ne peuvent bénéficier du régime de faveur de plein droit les apports consentis à un associé qui détient d'ores et déjà la majorité des droits de vote (relative ou absolue), même s'ils représentent au moins 30 % des droits de vote de la société dont les titres sont apportés.

Dans cette hypothèse, seul le recours à la procédure d'agrément prévue à l'article 210 B-3 du code général des impôts sera susceptible, le cas échéant, de placer l'opération d'apport partiel d'actif envisagée sous le régime de faveur.

60. Exemple

Soit une société A détenue par les sociétés suivantes :

B : 10 % D : 11 %

C : 51 % E : 28 %

La société D envisage d'apporter sa participation dans la société A à la société C.

À l'issue de l'opération, la répartition du capital de la société A sera la suivante :

B : 10 %

C : 62 %

E : 28 %

La société C, bénéficiaire de l'apport, détenait – avant apport – la majorité de la société A, soit 51 %.

Dans cette hypothèse, seul le recours à la procédure d'agrément prévue à l'article 210 B-3 du code général des impôts sera susceptible, le cas échéant, de placer l'opération d'apport partiel d'actif envisagée sous le régime de faveur.

CHAPITRE 2 : MODALITÉS D'APPLICATION

SECTION 1 : PRÉCISIONS RELATIVES À L'APPORT

61. Les seuils visés ci-dessus (chapitre 1) s'apprécient en prenant en compte l'ensemble des apports de titres effectués de manière concomitante à une même société.

62. Exemple :

Soit une société A détenue par les sociétés suivantes :

B : 12 % D : 12 % F : 10 %

C : 12 % E : 25 % G : 29 %

Les sociétés B, C et D envisagent d'apporter leur participation dans la société A (qui est inférieure au seuil de 50 %) à la société H qui ne détenait jusqu'alors aucune participation dans cette dernière. Soit un apport de 36 %.

A l'issue de l'opération, la répartition du capital de la société A sera la suivante :

H : 36 % F : 10 %

E : 25 % G : 29 %

Dans ce cas, l'apport de participation opéré au bénéfice de la société H, soit 12 % + 12 % + 12 % = 36 %, serait assimilé à une branche complète d'activité car il permet à H de se voir conférer plus de 30 % des droits de vote de A et lui donne la plus forte quotité au sein du capital de A. L'opération d'apport est éligible de plein droit au régime de faveur.

63. Il est précisé qu'il n'est pas nécessaire, pour la détermination des seuils visés ci-dessus (chapitre 1), que l'ensemble des apports effectués bénéficie du régime spécial prévu à l'article 210 B du code général des impôts.

Sont donc également pris en compte, pour l'appréciation de ces seuils, les apports effectués par les particuliers, les entreprises individuelles, les sociétés de personnes et les sociétés étrangères qui ne sont pas imposables en France ainsi que les sociétés françaises soumises à l'impôt sur les sociétés qui ne demandent pas à bénéficier du régime spécial prévu à l'article 210 B précité.

64. Aucune condition relative au statut fiscal de la société dont les titres sont apportés n'étant exigée, les apports remplissant les conditions exposées ci-dessus (chapitre 1) des titres de sociétés de personnes ou de sociétés étrangères non imposables à l'impôt sur les sociétés en France peuvent, le cas échéant, être assimilés à des apports de branches complètes d'activité pour l'application des dispositions de l'article 210 B du code général des impôts.

SECTION 2 : LA SOULTE ÉVENTUELLEMENT REÇUE NE DOIT PAS EXCÉDER 10 % DU NOMINAL DES TITRES ATTRIBUÉS EN CONTREPARTIE DE L'APPORT

65. Les apports de titres ne sont assimilés à une branche complète d'activité que pour autant que la société apporteuse respecte les règles et conditions prévues aux deuxième et troisième alinéas de l'article 38-7° bis du code général des impôts.

66. Dès lors, la société apporteuse ne doit pas recevoir une soulte qui dépasse 10 % de la valeur nominale des parts ou actions attribuées.

En effet, le régime de faveur prévu à l'article 210 B du code général des impôts n'est pas applicable si la société apporteuse est rémunérée par une soulte qui excède 10 % de la valeur nominale des actions ou parts de la société bénéficiaire des apports qui lui sont attribuées (voir documentation administrative 4 I 122, n° 11).

Sont seules admises les soultes perçues en espèces par la société apporteuse, à l'exclusion donc de celles qui prendraient la forme d'une prise en charge isolée, directe ou indirecte, d'un passif de l'apporteuse par la bénéficiaire.

Lorsqu'une soulte est perçue, cette soulte est imposable selon les modalités prévues au 3e alinéa de l'article 38-7° bis du code général des impôts.

67. Remarque : la notion d'apport d'élément assimilé à un apport de branche complète d'activité est propre à l'impôt sur les sociétés ; en ce qui concerne les droits d'enregistrement, cf. 13 D 2213, n° 4.

TITRE 3

CONDITIONS D'APPLICATION DE PLEIN DROIT DU RÉGIME DES SCISSIONS PRÉVUES À L'ARTICLE 210 B DU CODE GÉNÉRAL DES IMPÔTS

CHAPITRE 1 : LIMITATION DES CONSÉQUENCES DU DÉFAUT DE SOUSCRIPTION DE L'ENGAGEMENT DE CONSERVATION ET DU NON-RESPECT DE L'OBLIGATION DE CONSERVATION DES TITRES DES SOCIÉTÉS APPORTEUSES ET BÉNÉFICIAIRES DE L'APPORT

68. Le régime fiscal de faveur des scissions en matière d'impôt sur les sociétés est défini à l'article 210 B du code général des impôts.

Les dispositions de cet article permettent d'étendre l'application du régime de faveur des fusions prévu à l'article 210 A du même code aux opérations de scissions notamment. Ainsi, les plus-values de scission et les provisions de la société scindée ne sont pas immédiatement imposées.

Le bénéfice de ce régime de faveur est subordonné, notamment, à l'engagement de conservation et au respect de cet engagement, par les associés de la société scindée, des titres représentatifs de l'apport qui leur ont été répartis proportionnellement à leurs droits dans le capital. En cas de non-respect de cette condition, le régime de faveur était remis en cause.

L'obligation de conservation des titres n'est désormais exigée que des associés qui, par l'importance de leur participation ou des fonctions qu'ils exercent au sein de la société ou de ses organes sociaux, sont réputés avoir tenu un rôle dans la décision de réaliser la scission.

En outre, l'application du régime de faveur à une opération de scission n'est plus subordonnée au respect, par les actionnaires de la société scindée, de la condition d'engagement de détention des titres reçus en rémunération de la scission. En effet, désormais, en cas de défaut de souscription de l'engagement de conservation des titres ou de son non-respect, il est substitué à la déchéance du régime fiscal de faveur l'application d'une amende à l'égard de l'associé concerné.

69. Dans les situations d'apport visées au I de l'article 210 B bis du code général des impôts (réapports de titres grevés d'un engagement de conservation), le défaut de souscription de l'engagement de conservation et le non-respect de l'obligation de conservation des titres grevés de l'engagement de conservation de trois ans par la société bénéficiaire de l'apport conformément à cet article, n'entraînent plus – lorsqu'ils sont représentatifs d'une scission – la déchéance rétroactive du régime de faveur appliqué à l'opération initiale de scission, mais donnent lieu à l'application d'une amende.

Il est instauré une solidarité de paiement de cette amende :
– entre l'associé tenu à l'engagement de conservation qui n'aurait pas respecté et les sociétés bénéficiaires des apports à la suite d'une opération de scission ;
– entre la ou les sociétés bénéficiaires d'un apport de titres grevés de l'engagement de conservation et la ou les sociétés apporteuses en cas d'apports successifs.

SECTION 1 : LIMITATION DE L'ENGAGEMENT DE CONSERVATION DES TITRES REPRÉSENTATIFS DE L'APPORT À CERTAINS ASSOCIÉS DE LA SOCIÉTÉ SCINDÉE

Sous-section 1 : Exposé de la mesure

70. La loi de finances pour 2002 supprime, pour l'application du régime de faveur de plein droit des scissions prévu à l'article 210 B du code général des impôts, l'engagement de conservation des titres représentatifs de l'apport pendant au moins trois ans pour certains associés minoritaires. Ainsi, l'obligation de conservation des titres par les associés de la société n'est exigée que des associés qui sont présumés avoir pris une part active à la décision de l'opération de scission.

71. Ces associés sont définis par la loi, il s'agit de ceux :
– qui détiennent dans la société scindée à la date de l'assemblée générale ayant définitivement approuvé la scission 5 % au moins des droits de vote ;
– ou qui y exercent ou y ont exercé dans les six mois précédant cette date, directement ou par l'intermédiaire de leurs mandataires sociaux ou préposés, des fonctions de direction, d'administration ou de surveillance et détiennent au moins 0,1 % des droits de vote dans la société.

Entrent ainsi dans cette catégorie :
– les actionnaires ou associés titulaires d'un pouvoir de décision au sein de la société scindée : administrateur au conseil d'administration, membres du directoire ou du conseil de surveillance ;
– toutes les personnes exerçant des fonctions de direction au sein de la société scindée telles que, par exemple, dans les sociétés anonymes, le directeur général ou les directeurs généraux délégués.

Il importe peu que la fonction soit exercée directement ou par l'intermédiaire d'un mandataire, notamment lorsque l'associé est une personne morale (exemple : président de la société associée).

Il convient de prendre en compte :
– l'ensemble des dirigeants à la date de l'opération de scission ;
– tous ceux qui ont tenu une telle fonction dans les six mois précédant l'opération de scission et qui ont conservé, à la date de la décision définitive, une participation supérieure ou égale à 0,1 % des droits de vote de la société scindée.

72. En outre, les droits de vote détenus par les associés ainsi soumis à l'obligation de conservation doivent représenter ensemble, à la date de l'approbation de la scission, 20 % au moins de l'ensemble des droits de vote de la société scindée (que ces associés prennent l'engagement ou non ; en ce qui concerne les conséquences de l'absence d'engagement par un de ces associés, voir nos 102 et suivants).

73. Exemple :

Soit la société S scindée au 1er juin 2002, au profit de deux sociétés nouvelles S1 et S2.

À la date de réalisation de la scission, le capital de la société S est réparti de la façon suivante :

Associés	% des droits de vote	Fonction de direction, d'administration ou de surveillance
Sté X	25 %	
Sté Y	25 %	
Mme G	20 %	
M. B	10 %	P-DG
M. C	7 %	DG
Sté Z	5 %	

Mme A	4 %	Administratrice
Mlle H	3 %	
M. F	0,9 %	
Mme D	0,08 %	Administratrice
M. E	0,02 %	Administrateur
Total	100 %	

• Sont tenus de souscrire l'engagement de conservation pendant au moins trois ans des titres des sociétés S1 et S2 reçus en rémunération de l'apport :

– les associés, quelle que soit leur fonction, qui détiennent 5 % au moins des droits de vote, soit :

la société X (25 %), la société Y (25 %), Mme G (20 %), M. B (10 %), M. C (7 %) et la société Z (5 %) = 92 % ;

– les autres associés qui détiennent 0,1 % au moins des droits de vote et exercent des fonctions de direction, d'administration ou de surveillance, soit : Mme A (4 %, administratrice).

Les droits de vote détenus par les associés susvisés représentent ensemble 96 % (92 % + 4 %), soit plus de 20 % du capital de la société scindée.

• Sont, en revanche, dispensés d'obligation les associés suivants : Mlle H (3 %), M. F (0,9 %), Mme D (0,08 %, administratrice) et Mme E (0,02 %, administratrice).

74. Si le quorum de 20 % mentionné au n° 72 n'est pas atteint, l'opération de scission ne pourra bénéficier de l'application du régime de faveur de plein droit.

Dans cette hypothèse, seul le recours à la procédure d'agrément prévue à l'article 210 B-3 du code général des impôts sera susceptible, le cas échéant, de placer l'opération de scission envisagée sous le régime de faveur.

75. Exemple :

La répartition du capital de la société S est la suivante :

Associés	% des droits de vote	Fonction de direction, d'administration ou de surveillance
Sté A	6 %	Administrateur
Sté B	6 %	PDG et Administrateur
M.C	5 %	
Sté D	4,9 %	DG
M. E	3 %	
M. F	3 %	
M. G	1,01 %	Administrateur
Mlle H	0,2 %	Administratrice
M. I	0,2 %	Administrateur
Mme J	0,09 %	Administratrice

Les autres titres sont répartis dans le public. Aucun autre actionnaire ne possède plus de 0,1 % du capital.

Les associés qui détiennent au moins 5 % des droits de vote sont les suivants : la société A (6 %), la société B (6 %) et M. C (5 %). Soit 17 %.

Les autres associés qui détiennent 0,1 % au moins des droits de vote et exercent les fonctions de direction ou d'administration sont les suivants : M. G (1,01 %), Mme H (0,2 %), et M. I (0,2 %). Soit 1,41 %.

Soit un total de 17 % + 1,41 % = 18,41 %.

Il apparaît ainsi que les droits de vote détenus par les associés susvisés ne représentent pas 20 % au moins du capital de la société scindée.

L'opération de scission ne pourra donc être placée de plein droit sous le régime de faveur. Cependant, elle pourra faire l'objet d'une demande d'agrément conformément à l'article 210 B-3 du code général des impôts.

76. Ces dispositions sont applicables aux opérations de scission réalisées à compter du 1er janvier 2002.

Sous-section 2 : Obligations déclaratives

77. Les modalités de production de l'état de situation de propriété des titres grevés d'un engagement de conservation de trois ans à la suite d'une scission prévu au III de l'article 54 septies du code général des impôts sont exposées dans l'instruction 4 I-1-02 du 17 janvier 2002, nos 62 et suivants.

78. Toutefois, compte tenu des modifications apportées, il est précisé que cet état de situation qui est établi sur papier libre ne concerne désormais que les associés de la société scindée qui sont tenus de prendre l'engagement de conserver pendant au moins trois ans les titres représentatifs des apports qu'ils ont reçus en échange des titres de la société scindée dissoute, du fait de l'application du régime de faveur prévu à l'article 210 B du code général des impôts. Les associés concernés sont ceux qui détiennent dans la société scindée au moment de la scission :
– 5 % au moins des droits de vote ;
– 0,1 % au moins des droits de vote et qui y exercent ou y ont exercé dans les six mois précédant cette date, directement ou par l'intermédiaire de leurs mandataires sociaux ou préposés, des fonctions de direction, d'administration ou de surveillance.

79. Le défaut de production de cet état au titre d'un exercice ou la production de renseignements inexacts ou incomplets sont sanctionnés dans les conditions exposées dans l'instruction 4 I-1-02 du 17 janvier 2002, nos 65 et suivants.

SECTION 2 : LIMITATION DES CONSÉQUENCES DU DÉFAUT DE SOUSCRIPTION DE L'ENGAGEMENT DE CONSERVATION ET DU NON-RESPECT DE L'OBLIGATION DE CONSERVATION DES TITRES PAR LES ASSOCIÉS D'UNE SOCIÉTÉ SCINDÉE – AMÉNAGEMENT DES SANCTIONS

80. Le non-respect de l'obligation de conservation des titres remis en contrepartie de l'apport par un associé d'une société scindée n'entraîne plus la déchéance rétroactive du régime de faveur prévu à l'article 210 A du code général des impôts, mais l'application de l'amende prévue à l'article 1734 ter A nouveau du même code. Seul l'associé concerné est sanctionné.

81. Cette sanction s'applique également aux associés n'ayant pas souscrit l'engagement de conservation dans l'acte d'apport alors qu'ils y étaient tenus en vertu des dispositions de l'article 210 B du code général des impôts, quand bien même ces associés n'auraient pas approuvé et voté l'opération de scission.

82. Ainsi, l'associé qui ne souscrit pas l'engagement de conservation et/ou ne respecte pas, totalement ou partiellement, l'obligation de conservation des titres des sociétés bénéficiaires des apports auxquels il est soumis pour l'application des dispositions prévues à l'article 210 B précité, est redevable d'une amende dont le montant est égal à :
– 1 % de la valeur réelle des titres attribués, estimée au moment de la scission, et pour lesquels l'engagement de conservation n'a pas été souscrit ;
– 25 % de la valeur réelle des titres attribués, estimée au moment de la scission, et pour lesquels l'obligation de conservation n'a pas été respectée.

83. Le montant de l'amende de 25 % susvisée est plafonné au produit d'une somme égale à 30 % des résultats de la société scindée (plus-values et provisions) non imposés en application du régime de faveur prévu aux articles 210 A et 210 B du code général des impôts, par la proportion des titres de la société bénéficiaire des apports cédés par l'associé sur l'ensemble des titres qu'il détenait à la suite de l'opération de scission, et par le pourcentage de sa participation au capital de la société scindée au moment de la scission.

Le redevable de l'amende doit – afin de bénéficier du plafonnement susvisé – attester, sous le contrôle de l'administration, du montant des résultats non imposés.

84. Ainsi, les amendes de 1 % et de 25 % sont cumulables dès lors qu'un même associé n'a ni souscrit l'engagement de conservation, ni respecté l'obligation de conservation des titres.

85. ***Exemple 1 :***

Soit la société S scindée au 1er juin 2002 au profit de deux sociétés S1 et S2.

Le résultat et les plus-values placés en sursis d'imposition du fait de l'application du régime de faveur s'élèvent à 20 M€.

La valeur réelle des titres au moment de la scission est de 39 M€. Les actions S1 reçues ont une valeur de 25 M€ et les actions S2 une valeur de 14 M€.

L'associé A1 détenteur de 10 % du capital de S, reçoit 10 % des actions émises par S1 et S2 en contrepartie des apports que ces dernières ont reçus.

Ainsi, la valeur réelle des titres S1 attribués à A1 est de 2,5 M€ et la valeur des titres S2 attribués à A1 est de 1,4 M€.

L'associé A1 cède au cours de l'année 2004 la totalité de ses actions S1.

Il s'avère par ailleurs que A1, qui détenait plus de 5 % de S à la date de la scission, n'a pas pris l'engagement de conservation des titres S1 et S2 dans l'acte de scission.

A défaut d'engagement de conservation, A1 encourt une amende égale à 1 % de la valeur des titres S1 et S2 reçus lors de la scission :

• Assiette de l'amende :
– Valeur réelle des titres S1 attribués à A1 au moment de la scission : 2,5 M€
– Valeur réelle des titres S2 attribués à A1 au moment de la scission : 1,4 M€

• Montant de l'amende : (2,5 M€ + 1,4 M€) x 1 % = 39 000 €

En outre, dès lors qu'il n'a pas conservé les titres S1, A1 encourt une amende de 25 % de la valeur des titres cédés.

• Assiette de l'amende :
– Valeur des titres S1 au moment de la scission cédés par A1 : 2,5 M€
– Montant de l'amende : 2,5 M€ x 25 % = 625 000 €

L'associé A1 peut demander le plafonnement de l'amende en fonction du résultat non soumis à l'impôt, dans la proportion des titres non conservés.

• Mise en œuvre du plafonnement :
– Montant des résultats non soumis à l'impôt : 20 M€ ;
– Pourcentage des titres S1 cédés : 100 % ;
– Pourcentage de la participation de A1 au capital de S au moment de la scission : 10 % ;
– Répartition entre les titres S1 et S2 : 25 / 39 = 64,10 % ;
– Taux de l'amende plafonnée : 30 %.

• Plafond de l'amende : 30 % x 20 M€ x 100 % x 10 % x 64,10 % = 384 600 €.

Soit une amende totale de 39 000 € + 384 600 € = 423 600 €.

86. *Exemple 2 :*

Les données de l'exemple 1 (cf. n° 85) sont reprises à l'exception des éléments suivants :
– le résultat et les plus-values en sursis d'imposition s'élèvent à 40 M€ ;
– l'associé A2 détenteur de 8 % du capital de S, reçoit 8 % des actions émises par S1 et S2 en contrepartie des apports que ces dernières ont reçus ;
– l'associé A2 qui a pris dans l'acte de scission l'engagement de conservation pendant au moins trois ans des titres S1 et S2 cède au cours de l'année 2003 la totalité de ses actions S2.

Dès lors qu'il n'a pas conservé les titres S2, A2 encourt une amende de 25 % de la valeur des titres cédés :

• Assiette de l'amende :
– Valeur des titres S2 au moment de la scission : 14 M€ x 8 % = 1,12 M€.
– Montant de l'amende : 1,12 M€ x 25 % = 280 000 €.

L'associé A2 peut demander le plafonnement de l'amende en fonction du résultat non soumis à l'impôt, dans la proportion des titres non conservés.

• Mise en œuvre du plafonnement :
– Montant des résultats non soumis à l'impôt : 40 M€ ;
– Pourcentage des titres S2 cédés : 100 % ;
– Pourcentage de la participation de A2 au capital de S au moment de la scission : 8 % ;
– Répartition entre les titres S2 et S1 : 14 / 39 = 35,90 % ;
– Taux de l'amende plafonnée : 30 %.

• Plafond de l'amende : 30 % x 40 M€ x 100 % x 8 % x 35,90 % = 344 640 €.

L'amende de 25 % n'est donc pas plafonnée et s'élève, de ce fait, à 280 000 €.

87. De même, l'amende de 1 % s'applique alors même que l'associé a respecté, dans les faits, le délai de conservation de trois ans des titres, dès lors que l'engagement de conservation des titres concernés n'a pas été souscrit dans l'acte d'apport par ce dernier.

88. *Exemple 1 :*

Soit la société S scindée au 1er décembre 2002 au profit de trois sociétés bénéficiaires S1 et S2 et S3.

Le résultat et les plus-values placés en sursis d'imposition du fait de l'application du régime de faveur s'élèvent à 5,2 M€.

La valeur réelle des titres au moment de la scission est de 8 M€. Les actions S1 reçues ont une valeur de 4 M€, les actions S2 une valeur de 2 M€, les actions S3 une valeur de 2 M€.

L'associé A2 détenteur de 6 % du capital de S, reçoit 6 % des actions émises par S1, S2 et S3 en contrepartie des apports que ces dernières ont reçus.

Il s'avère que l'associé A2, qui détient au moins 5 % du capital de la société scindée au moment de la scission :
– n'a pas souscrit l'engagement de conservation des titres S1, S2 et S3 dans l'acte de scission ;
– a, dans les faits, conservé les titres S1, S2 et S3.

Du fait du seul défaut d'engagement de conservation, A2 encourt une amende égale à 1 % de la valeur des titres S1, S2 et S3 reçus lors de la scission :

• Assiette de l'amende :
– Valeur réelle des titres S1 attribués à A2 : 4 M€ x 6 % = 240 000 € ;
– Valeur réelle des titres S2 attribués à A2 : 2 M€ x 6 % = 120 000 € ;
– Valeur réelle des titres S3 attribués à A2 : 2 M€ x 6 % = 120 000 €.

• Montant de l'amende : (240 000 € + 120 000 € + 120 000 €) x 1 % = 4 800 €.

89. ***Exemple 2 :***

Soit la société S scindée au 1er mars 2002 au profit de trois sociétés bénéficiaires S1 et S2 et S3.

Le résultat et les plus-values placés en sursis d'imposition du fait de l'application du régime de faveur s'élèvent à 860 M€.

La valeur réelle des titres au moment de la scission est de 1,6 Md €. Les actions S1 reçues ont une valeur de 400 M€, les actions S2 une valeur de 400 M€, les actions S3 une valeur de 800 M€.

L'associé A2 détenteur de 5 % du capital de S, reçoit 5 % des actions émises par S1, S2 et S3 en contrepartie des apports que ces dernières ont reçus.

Il s'avère que l'associé A2, qui détient au moins 5 % du capital de la société scindée au moment de la scission :
- n'a pas souscrit l'engagement de conservation des titres S1, S2 et S3 dans l'acte de scission ;
- a, dans les faits, conservé les titres S1, S2 et S3.

Du fait du seul défaut d'engagement de conservation, A2 encourt une amende égale à 1 % de la valeur des titres S1, S2 et S3 reçus lors de la scission :

• Assiette de l'amende :
- Valeur réelle des titres S1 attribués à A2 au moment de la scission : 400 M€ 3 5 % = 20 M€
- Valeur réelle des titres S2 attribués à A2 au moment de la scission : 400 M€ 3 5 % = 20 M€
- Valeur réelle des titres S3 attribués à A2 au moment de la scission : 800 M€ 3 5 % = 40 M€

• Montant de l'amende : (20 M€ +20 M€ + 40 M€) x 1 % = 800 000 €.

90. Ainsi, en cas de défaut de souscription de l'engagement de conservation ou de non-respect de l'obligation de conservation des titres, les sociétés scindées et bénéficiaires des apports continueront à bénéficier du régime de faveur.

91. Conformément aux dispositions de l'article L. 80 D du livre des procédures fiscales, l'administration informe la ou les personnes concernées :
- de son intention d'appliquer les amendes de 1 % et de 25 %,
- des motifs de celles-ci,
- de la possibilité dont ces personnes disposent de présenter leurs observations dans un délai de trente jours,
- de la possibilité de demander le plafonnement prévu au n° 83.

92. Le contentieux est assuré et l'amende est mise en recouvrement suivant les règles applicables en matière de taxes sur le chiffre d'affaires.

93. Chaque société bénéficiaire des apports à la suite de l'opération de scission est solidairement responsable du paiement de l'amende dans la proportion des titres qu'elle a émis. En cas d'apports successifs, la société apporteuse ou les sociétés apporteuses sont également solidairement responsables du paiement de l'amende.

94. Ces dispositions sont applicables aux engagements et aux obligations de conservation des titres représentatifs de scissions réalisées à compter du 1er janvier 2002.

CHAPITRE 2 : APPORT DE TITRES GREVÉS DE L'ENGAGEMENT DE CONSERVATION – TITRES REPRÉSENTATIFS D'UNE SCISSION – LIMITATION DES CONSÉQUENCES DU DÉFAUT DE SOUSCRIPTION DE L'ENGAGEMENT DE CONSERVATION ET DU NON-RESPECT DE L'OBLIGATION DE CONSERVATION DES TITRES DES SOCIÉTÉS APPORTEUSES ET BÉNÉFICIAIRES DE L'APPORT

SECTION 1 : APPORT DE TITRES GREVÉS DE L'ENGAGEMENT DE CONSERVATION. RÉGIME GÉNÉRAL

95. L'article 210 B bis du code général des impôts autorise de plein droit l'apport de titres (voir toutefois la précision rappelée au n° 97) représentatifs d'un apport partiel d'actif ou d'une scission grevés de l'engagement de conservation de trois ans mentionné à l'article 210 B du même code, sous réserve du respect des conditions suivantes :
- les titres sont apportés dans le cadre d'une fusion, d'une scission ou d'un apport partiel d'actif placé, de plein droit ou sur agrément, sous le régime de l'article 210 A du code précité ;
- la société bénéficiaire de l'apport conserve les titres reçus jusqu'à l'expiration du délai de conservation prévu à l'article 210 B déjà cité ;
- l'engagement de conservation doit être souscrit dans l'acte d'apport par les sociétés apporteuse et bénéficiaire de l'apport.

96. Les modalités d'application de ce dispositif sont exposées dans l'instruction 4 I-1-00 du 4 février 2000, nos 11 à 19.

97. Il est rappelé que ce dispositif n'autorise pas l'apport de titres grevés d'un engagement de conservation en vertu d'une décision d'agrément prévu à l'article 210 B déjà cité. Il ne porte que sur les titres représentatifs d'opérations d'apports partiels d'actif ou de scissions placées de plein droit sous le régime spécial des fusions.

En cas de réapport de titres grevés d'un engagement de conservation en vertu d'une décision d'agrément, il convient de se rapprocher de l'autorité administrative ayant délivré l'agrément.

98. Il est également précisé que ce dispositif vise l'ensemble des titres reçus en rémunération des apports par la société apporteuse ou les associés de la société scindée qui sont grevés de l'engagement de conservation de trois ans susvisé. Il n'autorise pas l'apport d'une fraction seulement des titres concernés.

Notamment, l'apport prévu à l'article 210 B bis du code général des impôts ne peut avoir pour objet de permettre la réalisation d'opérations de scissions partages expressément exclues des régimes de faveur en application de l'article 210-0 A nouveau du code précité (cf. n° 12).

99. *Exemple :*

Soit la société S scindée au 1er mars 2002 au profit de deux sociétés S1 et S2.

La société A détenteur de 30 % du capital de la société S, reçoit 30 % des actions émises par S1 et S2 en contrepartie des apports que ces dernières ont reçus. L'opération de scission est placée sous le régime de faveur prévu à l'article 210 B du code général des impôts. La société A prend l'engagement dans l'acte de scission de conserver les titres S1 et S2 pendant au moins trois ans.

Le 1er septembre 2003, la société A apporte, dans le cadre d'un apport partiel d'actif, les titres S1 qu'elle détient à une société B.

L'apport des titres S1 grevés de l'engagement de conservation de trois ans ne peut être placé sous le régime de l'article 210 B bis du code précité, les titres représentatifs de la scission du 1er mars 2002 apportés initialement à la société A étant les titres S1 et les titres S2 (les sanctions applicables en présence d'une telle opération sont exposées ci-dessus, n°s 80 et suivants).

100. Le non-respect de l'une des conditions d'application du dispositif prévu à l'article 210 B bis précité entraîne la déchéance rétroactive du régime de faveur appliqué à l'opération initiale d'apport partiel d'actif rémunéré par les titres grevés de l'engagement de conservation (cf. instruction 4 I-1-00 du 4 février 2000, nos 20 à 23).

101. Les conséquences du non-respect des dispositions prévues par l'article 210 B bis précité s'agissant d'apport de titres représentatifs d'une scission sont exposées ci-après, section 2.

SECTION 2 : APPORT DE TITRES REPRÉSENTATIFS D'UNE SCISSION GREVÉS DE L'ENGAGEMENT DE CONSERVATION. DÉFAUT DE SOUSCRIPTION DE L'ENGAGEMENT DE CONSERVATION ET NON-RESPECT DE L'OBLIGATION DE CONSERVATION DES TITRES. AMÉNAGEMENT DES SANCTIONS

102. Désormais, le défaut de souscription de l'engagement de conservation ou le non-respect de l'obligation de conservation des titres grevés de l'engagement de conservation de trois ans à la suite d'une scission placée sous le régime de faveur de plein droit, par la société bénéficiaire de ces titres dans le cadre d'un apport opéré en application de l'article 210 B bis du code général des impôts, n'entraîne plus la déchéance rétroactive du régime de faveur appliqué à l'opération initiale de scission, mais donne lieu à l'application de l'amende prévue à l'article 1734 ter A nouveau du même code.

103. En cas d'apports successifs au cours du délai de trois ans prévu à l'article 210 B précité, l'engagement de conservation doit être souscrit dans l'acte d'apport par toutes les sociétés apporteuses et bénéficiaires des apports.

104. La société bénéficiaire de l'apport de titres qui ne souscrit pas l'engagement de conservation ou ne respecte pas, totalement ou partiellement, l'obligation de conservation des titres représentatifs d'une scission est seule redevable de l'amende prévue à l'article 1734 ter A du code général des impôts (cf. n°s 80 à 83).

105. Les modalités de mise en œuvre de l'amende prévue à l'article 1734 ter A précité sont exposées ci-dessus, aux n°s 91 et suivants.

106. Exemple 1 :

Soit la société S scindée au 1er février 2002 au profit de deux sociétés S1 et S2.

La valeur réelle des titres au moment de la scission est de 25 M€. Les actions S1 reçues ont une valeur de 15 M€ et les actions S2 une valeur de 10 M€.

La société A détentrice de 20 % du capital de la société S, reçoit 20 % des actions émises par S1 et S2 en contrepartie des apports que ces dernières ont reçus. L'opération de scission est placée sous le régime de faveur prévu à l'article 210 B du code général des impôts. La société A prend l'engagement dans l'acte de scission de conserver les titres S1 et S2 pendant au moins trois ans.

Ainsi, la valeur réelle des titres S1 attribués à la société A est de 3 M€ et la valeur des titres S2 attribués à la société A est de 2 M€.

Le résultat et les plus-values placés en sursis d'imposition du fait de l'application du régime de faveur s'élèvent à 16 M€.

Le 1er juillet 2002, la société A apporte ses titres S1 et S2 à la société B dans le cadre d'une opération d'apport partiel d'actif placée sous le régime de faveur prévu à l'article 210 B du même code. L'apport des titres représentatifs de la scission du 1er février 2002 grevés de l'engagement de conservation de trois ans est placé sous le régime de l'article 210 B bis du code précité.

Les sociétés A (apporteuse) et B (bénéficiaire) doivent prendre, dans l'acte d'apport partiel d'actif, l'engagement de conservation des titres apportés.

Il s'avère que la société B n'a pas pris l'engagement de conservation des titres S1 et S2 dans l'acte d'apport partiel d'actif. L'application du régime de faveur à l'opération initiale de scission du 1er février 2002 n'est pas remise en cause.

Cependant, à défaut d'engagement de conservation, la société B encourt une amende égale à 1 % de la valeur des titres S1 et S2 reçus lors de la scission (cf. n° 82) :

• Assiette de l'amende :
– Valeur réelle des titres S1 attribués à la société A au moment de la scission : 3 M€ ;
– Valeur réelle des titres S2 attribués à la société A au moment de la scission : 2 M€ ;

• Montant de l'amende : (3 M€ + 2 M€) × 1 % = 50 000 €.

107. *Exemple 2 :*

Les données de l'exemple 1 (cf. n° 106) sont reprises à l'exception des éléments suivants :

La société B cède au cours de l'année 2003 la totalité de ses actions S2.

Le montant de l'amende de 1 % est inchangé : 50 000 € (défaut d'engagement de conservation).

En outre, dès lors qu'elle n'a pas conservé les titres S2, la société B encourt une amende de 25 % de la valeur des titres cédés (cf. n° 82) :

• Assiette de l'amende :

– Valeur des titres S2 au moment de la scission attribués à la société A : 2 M€.

• Montant de l'amende : 2 M€ x 25 % = 500 000 €.

La société B, redevable de l'amende, peut demander le plafonnement de celle-ci en fonction du résultat non soumis à l'impôt, dans la proportion des titres non conservés, dès lors qu'elle atteste du montant des résultats non imposés chez la société S scindée (cf. n° 83).

108. *Exemple 3 :*

Les données de l'exemple 2 (cf. n° 107) sont reprises à l'exception des éléments suivants :

Les sociétés A et B ont pris dans l'acte d'apport partiel d'actif du 1er juillet 2002 l'engagement de conservation des titres apportés S1 et S2.

Dans ce cas de figure, la société B sera redevable de la seule amende de 25 %.

109. La ou les sociétés apporteuses en cas d'apports successifs, sont solidairement responsables du paiement de l'amende prévue à l'article 1734 ter A du code général des impôts, due le cas échéant par la société bénéficiaire.

110. *Exemple 4 :*

Les données de l'exemple 3 (cf. n° 108) sont reprises à l'exception de l'élément suivant :

La société B redevable de l'amende de 50 000 € et de 384 000 € (soit au total 434 000 €) est défaillante.

Sont solidairement responsables du paiement de cette amende :
– la société S2 (société issue de la scission de la société S, dont les titres sont cédés avant l'expiration du délai de trois ans),
– la société A (société apporteuse, associée de la société scindée S).

111. Ces dispositions sont applicables aux engagements et aux obligations de conservation des titres représentatifs de scissions réalisées à compter du 1er janvier 2002.

TITRE 4

PRÉCISIONS DIVERSES

CHAPITRE 1 : ÉCHANGES DE DROITS SOCIAUX – APPLICATION DU RÉGIME DE FAVEUR PRÉVU À L'ARTICLE 38-7 BIS DU CODE GÉNÉRAL DES IMPÔTS – CHAMP D'APPLICATION

112. L'application du sursis d'imposition prévu à l'article 38-7 bis du code général des impôts aux échanges de droits sociaux résultant de scissions n'est plus subordonnée à la condition que l'opération ait été placée sous le régime de faveur prévu à l'article 210 B du même code.

SECTION 1 : MODIFICATION DU CHAMP D'APPLICATION

Sous-section 1 : Échanges de droits sociaux résultant d'une scission de société – Extension du sursis d'imposition prévu à l'article 38-7 bis

113. Conformément aux dispositions de l'article 38-7 bis du code général des impôts, le profit ou la perte réalisée lors de l'échange de droits sociaux résultant d'une fusion de sociétés ou d'une scission de société peut être compris dans le résultat de l'exercice au cours duquel les droits sociaux reçus en échange sont cédés. Dans ce cas, le profit ou la perte résultant de la cession ultérieure de ces droits sociaux est déterminé par rapport à la valeur que les droits sociaux remis à l'échange avaient du point de vue fiscal.

Jusqu'à l'adoption du A du I de l'article 85 de la loi de finances pour 2002 (n° 2001-1275 du 28 décembre 2001), seules les opérations de scissions bénéficiant du régime prévu à l'article 210 B du code précité pouvaient bénéficier de ce dispositif.

114. Désormais, le sursis d'imposition prévu au 7 bis de l'article 38 du code des impôts est applicable aux échanges de droits sociaux qui résultent d'une scission de sociétés, que l'opération ait été ou non placée sous le régime fiscal de faveur prévu à l'article 210 B du même code.

115. En conséquence, le dispositif visé à l'article 38-7 bis précité s'applique aux échanges de droits sociaux résultant de scissions de sociétés étrangères ou de sociétés françaises, qui ne bénéficient pas du régime de faveur prévu à l'article 210 B déjà cité.

116. Pour bénéficier du dispositif ainsi mis en place, l'opération de scission doit répondre à la définition fiscale des scissions prévue à l'article 210-0 A du code précité, elle doit notamment entraîner une répartition proportionnelle des titres des sociétés bénéficiaires des apports (cf. n° 9).

117. En outre, sont exclus de ce dispositif les échanges de titres résultant d'opérations de scission n'entrant pas dans le champ d'application de la directive du Conseil des Communautés européennes n° 90-434 du 23 juillet 1990 lorsqu'une société scindée ou bénéficiaire d'un apport a son siège dans un Etat ou territoire n'ayant pas conclu avec la France une convention fiscale contenant une clause d'assistance administrative en vue de lutter contre la fraude et l'évasion fiscale (cf. n° 20).

Sous-section 2 : Échanges de droits sociaux résultant d'une fusion de sociétés

118. L'exclusion visée ci-dessus (cf. n° 117) s'applique également aux échanges de titres résultant d'une opération de fusion (cf. n° 113).

SECTION 2 : PRÉCISIONS CONCERNANT LES MODALITÉS D'APPLICATION DU DISPOSITIF

119. En cas d'échange avec soulte, le sursis d'imposition prévu à l'article 38-7 bis du code précité n'est susceptible de s'appliquer que si la soulte reçue ne dépasse pas 10 % de la valeur nominale des parts ou des actions attribuées.

120. En cas d'attribution de titres autres que ceux représentatifs du capital, celle-ci constitue un élément de la soulte à prendre en compte pour la détermination du seuil de 10 % susvisé.

121. Les autres modalités d'application du sursis d'imposition prévu à l'article 38-7 bis précité sont exposées dans l'instruction 4 I-2-00 du 3 août 2000, nos 148 et suivants.

SECTION 3 : ENTRÉE EN VIGUEUR

122. Les nouvelles dispositions prévues à l'article 38-7 bis s'appliquent aux opérations de fusion et de scission réalisées à compter du 1er janvier 2002.

CHAPITRE 2 : FUSIONS ET OPÉRATIONS ASSIMILÉES – SITUATION DE LA SOCIÉTÉ ABSORBANTE – REPRISE DE LA RÉSERVE SPÉCIALE DES PLUS-VALUES À LONG TERME

123. Par un arrêt récent (CE 5 février 2001, n° 211266, Ministre de l'économie, des finances et de l'industrie c/ SA Atlantique Automobile), le Conseil d'Etat a jugé que, dans le cas où les bénéfices comptables sont insuffisants pour permettre la constitution de la réserve spéciale des plus-values à long terme, celle-ci peut, à concurrence de l'insuffisance constatée, être dotée par le débit d'un compte report à nouveau débiteur sans que le bénéfice de la taxation réduite des plus-values à long terme puisse être remis en cause.

Cet arrêt qui infirme la doctrine administrative en la matière a été commenté dans l'instruction 4 H-3-01 du 18 juillet 2001, en ce qui concerne les règles de droit commun.

La doctrine administrative correspondante applicable en matière de fusion est également rapportée (cf. documentation administrative 4 I 1242, n° 34) et est remplacée par les dispositions suivantes.

SECTION 1 : OPÉRATIONS DE FUSION SOUMISES AU RÉGIME FISCAL DE FAVEUR

Sous-section 1 : Reprise par la société absorbante de la réserve spéciale des plus-values nettes à long terme de la société absorbée

124. Conformément aux dispositions du a du 3 de l'article 210 A du code général des impôts, la société absorbante doit reprendre à son passif la réserve spéciale où la société absorbée a porté les plus-values à long terme soumises à un taux réduit de l'impôt sur les sociétés et réalisées avant l'opération de fusion. En effet, l'avantage fiscal que constitue la taxation au taux réduit des plus-values à long terme réalisées par les personnes morales relevant de l'impôt sur les sociétés n'est accordé que si les plus-values en cause diminuées de l'impôt les ayant frappées, restent inscrites à un compte de réserve spécial ouvert au passif du bilan de la société (cf. documentation de base 4 H 2132).

L'obligation ainsi mise à la charge de la société absorbante implique – et permet de s'assurer – que les plus-values demeurent investies dans l'entreprise absorbante, continuatrice de la société absorbée.

125. La société absorbante a la faculté de doter la réserve spéciale des plus-values à long terme par le débit d'un compte de report à nouveau débiteur si elle a épuisé toutes les autres possibilités d'imputation indiquées dans la documentation de base 4 I 1242, n°s 28 à 31.

Cette dotation doit intervenir dès la clôture de l'exercice de réalisation de la fusion.

126. La solution administrative qui admet, en cas d'impossibilité de doter totalement ou partiellement la réserve, que l'imposition complémentaire au titre de l'exercice suivant celui de la réalisation de la plus-value n'est pas exigée si la réserve est dotée au cours de l'exercice clos la deuxième année ou, en cas d'impossibilité, la troisième année suivant celle de la réalisation de la plus-value, est donc rapportée.

127. Les procédures en cours seront traitées conformément aux principes exposés dans l'instruction 4 H-3-01 du 18 juillet 2001, n° 6.

Sous-section 2 : Dotation de la réserve spéciale des plus-values nettes à long terme en instance d'affectation réalisées par la société absorbée

128. La société absorbante est tenue d'inscrire à sa réserve spéciale les plus-values nettes à long terme réalisées par la société absorbée, qui étaient en instance d'affectation à la réserve à la date d'effet de la fusion. Il s'agit (les précisions contraires mentionnées en renvoi [5] du paragraphe 119 de l'instruction du 3 août 2000 [BOI 4 I-2-00] sont également rapportées) :
- de la plus-value nette de l'exercice de la fusion, réalisée antérieurement à la date d'effet de la fusion ;
- de la plus-value nette de l'exercice précédant la fusion (cf. CE 23 novembre 2001, n° 205001).

Cette inscription doit intervenir dès la clôture de l'exercice de réalisation de la fusion dans les conditions exposées aux nos 19 à 23 de la documentation administrative 4 H 2132 ou, après épuisement des possibilités ainsi prévues, par le débit d'un compte de report à nouveau débiteur (cf. n° 125).

Sous-section 3 : Mesures transitoires d'assouplissement

129. Afin de ne pas sanctionner les contribuables qui ont utilisé la faculté offerte par la solution administrative mentionnée au n° 126 et désormais rapportée, les plus-values nettes à long terme réalisées par la société absorbée au titre de l'exercice clos en 1999 et qui n'ont pas fait l'objet d'une dotation à la réserve spéciale par la société absorbante, en raison, précisément, de l'exercice de cette faculté, devront être inscrites dans ce compte de réserve, par le débit du compte de report à nouveau débiteur, à la clôture du premier exercice clos à compter de la date de publication de la présente instruction.

SECTION 2 : OPÉRATIONS ASSIMILÉES AUX FUSIONS SOUMISES AU RÉGIME FISCAL DE FAVEUR. SCISSIONS ET APPORTS PARTIELS D'ACTIF

Sous-section 1 : Scissions de sociétés soumises au régime fiscal de faveur

130. Les principes mentionnés à la section 1 s'appliquent aux opérations de scissions placées sous le régime de faveur, sous réserve que la répartition de la réserve spéciale des plus-values nettes à long terme constituée par la personne morale scindée soit opérée proportionnellement à la valeur nette réelle des apports reçus par chaque personne morale bénéficiaire des apports (cf. documentation administrative 4 I 212, n° 3).

Il en est ainsi, notamment, en ce qui concerne la dotation de la réserve spéciale des plus-values à long terme par le débit d'un compte de report à nouveau débiteur.

Sous-section 2 : Apports partiels d'actif placés sous le régime fiscal de faveur

131. S'agissant des opérations d'apports partiels d'actif placées sous le régime de faveur, la société bénéficiaire des apports n'est pas tenue de reprendre à son passif la réserve spéciale où la société apporteuse a inscrit les plus-values à long terme soumises antérieurement aux taux réduits.

Toutefois et en tout état de cause, elle ne saurait être admise à inscrire à son passif une fraction de cette réserve spéciale plus que proportionnelle à la valeur des éléments d'actif apportés (cf. documentation administrative 4 I 222, n° 10).

Il en est de même en ce qui concerne la dotation de la réserve spéciale des plus-values à long terme par le débit d'un compte de report à nouveau débiteur mentionnée au n° 125.

La précision figurant à la dernière phrase du deuxième paragraphe du n° 1 de l'instruction 4 I-1-01 du 26 mars 2001 est donc rapportée.

SECTION 3 : OPÉRATIONS DE FUSION OU DE SCISSION SOUMISES AU RÉGIME FISCAL DE DROIT COMMUN. RAPPEL

132. En ce qui concerne les opérations de fusion ou de scission soumises au régime fiscal de droit commun, la ou les sociétés bénéficiaires des apports ne sont pas tenues à une obligation de reprise de la réserve spéciale des plus-values à long terme de la société absorbée ou scindée (cf. instruction 4 I-2-00 du 3 août 2000, nos 113 à 115).

Annexes

Liste des États ou territoires ayant conclu avec la France
une convention fiscale contenant une clause d'assistance administrative
en vue de lutter contre la fraude et l'évasion fiscales
(liste à jour au 1er septembre 2001)

Afrique du Sud
Algérie
Allemagne
Argentine
Arménie
Australie
Autriche
Bangladesh
Belgique
Bénin
Brésil
Bulgarie
Burkina-Faso
Cameroun
Canada
Centrafricaine (Rép.)
Chine (1)
Chypre
Congo
Corée du Sud
Côte-d'Ivoire
Danemark
Égypte
Émirats arabes unis
Équateur
Espagne
Estonie
États-Unis
Finlande
Gabon
Ghana
Grèce
Hongrie
Île Maurice
Inde
Indonésie
Iran
Irlande
Islande
Israël
Italie
Jamaïque
Japon
Jordanie
Kazakhstan
Koweït
Lettonie
Liban
Lituanie
Luxembourg (2)
Madagascar
Malaisie
Malawi
Mali
Malte
Maroc
Mauritanie
Mayotte (3)
Mexique
Monaco
Mongolie
Namibie
Niger
Nigeria
Norvège
Nouvelle-Calédonie
Nouvelle-Zélande
Pakistan
Pays-Bas (4)
Philippines
Pologne
Portugal
Roumanie
Royaume-Uni (5)
Russie
Saint-Pierre-et-Miquelon
Sénégal
Singapour
Slovaquie
Sri-Lanka
Suède
Tchèque (république)
Thaïlande
Togo
Trinité et Tobago
Tunisie
Turquie
Ukraine
Venezuela
Vietnam
Ex-Yougoslavie (6)
Zambie
Zimbabwe

(1) La convention fiscale franco-chinoise du 30 mai 1984 ne couvre pas Hong-Kong et Macao.

(2) Par échange de lettres du 8 septembre 1970, la France et le Luxembourg ont exclu les sociétés holding luxembourgeoises du champ d'application de la convention fiscale du 1er avril 1958. La clause d'assistance administrative qui figure à l'article 22 de la convention est dès lors inopérante à l'égard de ces sociétés.

(3) Ancienne convention fiscale avec les Comores.
(4) La convention fiscale franco-néerlandaise du 16 mars 1973 ne couvre pas les Antilles néerlandaises.
(5) La convention fiscale franco-britannique du 22 mars 1968 ne couvre pas Gibraltar, les îles anglo-normandes et l'île de Man.
(6) En l'absence d'une dénonciation expresse émanant des États issus de l'ancienne République socialiste fédérative de Yougoslavie, le gouvernement français considère que la convention fiscale du 28 mars 1974 est toujours en vigueur dans ses relations avec ces différents États. Ce point a fait l'objet d'une confirmation officielle avec la Croatie, la Macédoine et la Slovénie.

Liste des États ou territoires ayant conclu avec la France
une convention fiscale ne contenant pas une clause d'assistance
administrative en vue de lutter contre la fraude et l'évasion fiscales
(liste à jour au 1er septembre 2001)

- Arabie Saoudite
- Bahrein
- Bolivie
- Oman
- Qatar
- Suisse
- États membres de l'Ex-URSS liés à la France par la convention fiscale franco-soviétique du 4 octobre 1985.

Instruction du 30 décembre 2005 (BOI 4 I-1-05)

Les dispositions des A à D du I de l'article 42 de la loi de finances rectificative pour 2004 n° 2004-1485 du 30 décembre 2004 précisent et aménagent le dispositif fiscal des fusions, scissions, apports partiels d'actif et opérations de dissolution sans liquidation visées à l'article 1844-5 du code civil.

Ainsi, pour les opérations de fusion, scission, apport partiel d'actif, ou transmission universelle de patrimoine à un associé unique, réalisées à compter du 1er janvier 2005 et qui bénéficient des dispositions de l'article 210 A du code général des impôts, les plafonds au transfert des déficits prévus dans le cadre de l'agrément codifié à l'article 209 II du même code sont supprimés, y compris lorsque l'opération d'absorption ou de scission vise une société mère d'un groupe fiscal.

Par ailleurs, qu'elles relèvent ou non du régime spécial prévu à l'article 210 A déjà cité, les opérations de fusion ou de transmission universelle de patrimoine visées au 3° de l'article 210-0-A du code général des impôts, dans lesquelles il n'est procédé à aucun échange de titres, ne peuvent donner lieu, en cas de transmission d'une situation nette réelle négative, à la constatation d'aucune charge déductible à concurrence de ce montant.

Enfin, lorsqu'à l'occasion des opérations visées au I de l'article 210-0-A précité, l'entreprise bénéficiaire de l'apport est conduite à inscrire à l'actif un mali technique de fusion, aucune déduction liée à la constatation d'une dépréciation de ce mali ou à sa sortie de l'actif n'est admise sur le plan fiscal, dès lors que l'opération a été placée sous le régime spécial prévu à l'article 210 A déjà cité.

La présente instruction précise également les conséquences fiscales des dispositions incluses dans le règlement comptable n° 2004-01 du 4 mai 2004 relatif au traitement comptable des fusions et opérations assimilées.

INTRODUCTION

1. Afin de faciliter les restructurations d'entreprises et d'adapter les modalités de transfert des déficits en régime spécial des fusions à la nouvelle situation comptable, les A et D du I de l'article 42 de la loi de finances rectificative pour 2004 (loi n° 2004-1485 du 30 décembre 2004) ont organisé, y compris lorsque la société absorbée ou scindée est une société mère d'un groupe fiscal, la suppression des plafonds exprimés en valeur brute ou en valeur d'apport des immobilisations, sous réserve, en cas d'apport partiel d'actif ou de scission, que ces déficits trouvent leur origine dans l'activité transférée (cf. II de l'art. 209 du code général des impôts).

Par ailleurs, la charge représentative d'une situation nette réelle négative constatée à l'occasion d'une opération mentionnée au 3° du I de l'article 210-0 A du code général des impôts n'est pas déductible, que l'opération soit ou non placée sous le régime spécial des fusions (cf. art. 209 II bis du même code).

Enfin, l'entrée en vigueur du règlement du Comité de la réglementation comptable (CRC) n° 2004-01 sur les fusions et opérations assimilées (cf. annexe 2) conduit à préciser les conséquences fiscales des nouvelles méthodes de valorisation des apports et le traitement fiscal des vrais et faux malis (ou malis techniques) de fusion.

Ainsi, pour tenir compte à la fois de sa nature et de l'absence d'imposition des plus-values latentes existant chez la société absorbée, en cas d'apport réalisé à la valeur nette comptable sous le régime spécial des fusions, le mali technique, qui doit être constaté lorsque la valeur nette des titres de la société absorbée figurant à l'actif de la société absorbante est supérieure à l'actif net comptable apporté (cf. 2e alinéa du § 4.5.2 du règlement du CRC précité), ne peut donner lieu fiscalement à aucune charge déductible tant à l'occasion de sa dépréciation que lors de sa sortie du bilan de l'entreprise.

Sauf précision contraire, les articles mentionnés dans la présente instruction sont ceux du code général des impôts. Par ailleurs, la référence ultérieure au règlement n° 2004-01 (cf. annexe 2) renvoie au texte adopté le 4 mai 2004 par le Comité de la réglementation comptable homologué par l'arrêté du 7 juin 2004 publié au Journal officiel du 8 juin 2004 p. 10115 et s. (NB : la mention des paragraphes et non des articles du règlement indique qu'il est fait référence à son annexe). L'avis du Comité d'urgence du Conseil national de la comptabilité n° 2005-C du 4 mai 2005 (libellé ci-après avis n° 2005-C), cité dans la présente instruction, est consultable sur le site http : //www.finances.gouv.fr/CNCompta/ index.html.

OBSERVATIONS LIMINAIRES : DATE D'ENTRÉE EN VIGUEUR DE L'ARTICLE 42 DE LA LOI DE FINANCES RECTIFICATIVE POUR 2004

2. Les dispositions issues de l'article 42 de la loi de finances rectificative pour 2004 modifiant le régime des opérations de fusions et assimilées (articles 209, 210 A, 54 septies, 223 I) s'appliquent aux opérations réalisées à compter du 1er janvier 2005. La date à retenir pour déterminer si une opération est intervenue avant ou à compter du 1er janvier est celle de la réalisation définitive des opérations et non la date d'effet rétroactif ou différé dont les parties ont, le cas échéant, convenu dans le traité d'apport ; il en va de même en cas de décision d'opération de transmission universelle de patrimoine comportant un effet rétroactif ou différé.

Dans ces conditions, pour les opérations de fusion ou de scission en cours au 1er janvier 2005, il y a lieu, au regard des dispositions de l'article L.236-4 du code de commerce, de retenir :

• en cas de création d'une ou plusieurs sociétés nouvelles, la date d'immatriculation au registre du commerce et des sociétés de la nouvelle société ou de la dernière d'entre elles,

• et dans les autres cas, la date de la dernière assemblée générale ayant approuvé l'opération.

Pour les opérations de transmission universelle de patrimoine, il convient de retenir la date de la décision de transmission du patrimoine.

Remarque :

S'agissant des modifications apportées par le règlement n° 2004-01 (principe de comptabilisation et d'évaluation des fusions et opérations assimilées) les dates à retenir pour l'entrée en vigueur de ces modifications pour les opérations en cours au 1er janvier 2005 sont (avis n° 2005-C question n° 1) :
– s'agissant des fusions et des scissions, la date de réalisation de l'ensemble des formalités de dépôt et de publicité obligatoires dans un journal d'annonces légales, prévues à l'article L. 236.6 du code de commerce,
– pour les opérations de dissolution par confusion de patrimoine visées à l'article 1844-5 du code civil, la date de publication de la décision de dissolution dans un journal d'annonces légales (article 8 du décret n° 78 704 du 3 juillet 1978).

CHAPITRE I : TRANSFERT DE DEFICIT EN CAS D'OPERATIONS PLACEES SOUS LE REGIME SPECIAL PREVU A L'ARTICLE 210 A

A. RAPPEL DU DISPOSITIF ANTERIEUR

3. En cas de fusion ou d'opération assimilée placée sous le régime spécial, les déficits antérieurs non encore déduits par la société absorbée ou apporteuse étaient transférés, sous réserve d'un agrément délivré dans les conditions prévues à l'article 1649 nonies, à la ou aux sociétés bénéficiaires des apports.

L'agrément était délivré lorsque les deux conditions suivantes étaient cumulativement réunies :
– l'opération était justifiée du point de vue économique et obéissait à des motivations principales autres que fiscales ;
– la ou les sociétés bénéficiaires des apports poursuivaient pendant un délai minimum de trois ans l'activité à l'origine des déficits dont le transfert était demandé.

À ces conditions, s'ajoutait une restriction quantitative au transfert ; en effet, les déficits étaient transmis dans la limite de la plus importante des valeurs suivantes appréciées à la date d'effet de l'opération :
– la valeur brute des éléments de l'actif immobilisé affectés à l'exploitation hors immobilisations financières ;
– la valeur d'apport de ces mêmes éléments.

Par ailleurs, en cas d'apport partiel d'actif d'une branche complète d'activité ou d'éléments assimilés, l'article 209 II permettait à la société apporteuse de transférer sur agrément à la société bénéficiaire des apports les déficits afférents à la branche transmise. Si elle ne souhaitait pas exercer cette faculté, la société apporteuse pouvait imputer sur ses exercices bénéficiaires ultérieurs l'intégralité des déficits, sous la réserve qu'à la suite de l'opération d'apport, elle n'ait pas changé d'activité.

Dans le cas d'une fusion comme dans celui d'une scission ou d'un apport partiel d'actif, les moins-values à long terme existant chez la société apporteuse ne pouvaient être transférées.

B. ÉCONOMIE DU NOUVEAU DISPOSITIF

4. Pour les opérations réalisées à compter du 1er janvier 2005, en cas de fusion ou d'opération assimilée placée sous le régime de l'article 210 A, les déficits antérieurs non encore déduits par la société absorbée ou apporteuse sont transférés, sous réserve d'un agrément délivré dans les conditions prévues à l'article 1649 nonies, à la ou aux sociétés bénéficiaires des apports, et imputables sur ses ou leurs bénéfices ultérieurs. En cas de scission ou d'apport partiel d'actif, les déficits transférés sont ceux afférents à la branche d'activité apportée.

L'agrément est délivré lorsque :

a) l'opération est justifiée du point de vue économique et obéit à des motivations principales autres que fiscales ;

b) l'activité à l'origine des déficits dont le transfert est demandé est poursuivie par la ou les sociétés bénéficiaires des apports pendant un délai minimum de trois ans.

En conséquence, le plafonnement en fonction de la valeur brute des éléments de l'actif immobilisé affectés à l'exploitation, hors immobilisations financières, ou de la valeur d'apport de ces mêmes éléments est supprimé.

5. Par ailleurs, le II de l'article 209 précise désormais qu'en cas de scission ou d'apport partiel d'actif, les déficits transférés sont ceux afférents à la branche d'activité apportée. Il convient donc, dans le cadre de la demande d'agrément, et conformément à la pratique antérieure, de déterminer l'origine des déficits transférables au moyen de la comptabilité analytique de l'entreprise. Il est rappelé qu'en cas d'apport partiel d'actif, l'entreprise apporteuse garde la faculté de conserver les déficits fiscaux liés à la branche d'activité transférée et de les imputer sur ses bénéfices ultérieurs (sous réserve de l'application éventuelle des dispositions du 5 de l'article 221) et, donc, de ne pas solliciter l'agrément.

6. À l'identique, par application du c modifié du 6 de l'article 223 I, les déficits, déterminés conformément aux dispositions de l'article 223 S, ne sont plus soumis au plafonnement en fonction de la valeur des éléments de l'actif immobilisé transférés, dans les situations où, en régime de groupe, une société soumise à l'impôt sur les sociétés devient société mère au sens du 1er alinéa de l'article 223 A après avoir absorbé la société mère d'un groupe préexistant (cf. c du 6 de l'article 223 L) ou lorsqu'une société mère d'un groupe fait l'objet d'une scission dans les conditions prévues à l'article 210 B (cf. e du 6 de l'article 223 L).

Désormais, l'agrément est délivré lorsque :

a) l'opération est placée sous le régime prévu à l'article 210 A ;

b) elle est justifiée du point de vue économique et obéit à des motivations principales autres que fiscales ;

c) les déficits proviennent :
– de la société absorbée ou scindée sous réserve du respect de la condition mentionnée au b du II de l'article 209 ;
– ou des sociétés membres du groupe auquel il a été mis fin qui font partie du nouveau groupe et pour lesquelles le bénéfice des dispositions prévues au 5 de l'article 223 I est demandé.

Les déficits transférés sont imputables sur les bénéfices ultérieurs dans les conditions prévues au troisième alinéa du I de l'article 209.

7. Ces dispositions sont applicables aux opérations réalisées à compter du 1er janvier 2005.

CHAPITRE II : VALORISATION DES APPORTS

SECTION 1 : LES NOUVELLES RÈGLES COMPTABLES

Sous-section 1 : Les principes

8. Les développements synthétisés dans le tableau ci-après n'ont pas vocation à se substituer ou à commenter le règlement n° 2004-01 précité, le Comité de la Réglementation Comptable étant seul habilité à effectuer cette démarche, mais uniquement à récapituler les différents traitements comptables proposés dans ce règlement et les précisions apportées lors de recommandations ultérieures (Avis n° 2005-C), pour en analyser les conséquences fiscales au regard du régime des fusions et des opérations assimilées.

Valorisation des apports / Notion de contrôle	Valeur comptable	Valeur réelle	Exceptions aux principes comptables
Opérations impliquant des sociétés sous contrôle commun			En cas de filialisation comportant un engagement d'introduction en bourse ou de cession à une société sous contrôle distinct, les apports sont évalués à la valeur réelle. Si l'engagement d'introduction en bourse ou de cession matérialisé dans le traité d'apport ne se réalise pas selon les modalités initialement prévues, il convient de modifier les valeurs d'apport.
Opérations à l'endroit (1)	X		
Opérations à l'envers (2)	X		
Opérations impliquant des sociétés sous contrôle distinct			Lorsque les apports doivent être évalués à la valeur nette comptable mais que l'actif net comptable apporté à une société ayant une activité préexistante est insuffisant pour permettre la libération du capital, les valeurs réelles des éléments apportés doivent être retenues (cf. question n° 22 de l'Avis n° 2005-C).
Opérations à l'envers (3)	X		
Opérations à l'endroit (4)	X		

(1) et (2) Avant l'opération, la situation de contrôle est déjà établie entre la société initiatrice et la société cible. Dans la situation (2), ce sont les associés de la société absorbée qui, à l'issue de l'opération, prennent le contrôle de la société absorbante.
(3) Les actifs et passifs de la société cible (correspondant à l'absorbante ou à la bénéficiaire des apports) ne peuvent être comptabilisés à leur valeur réelle parce qu'ils ne figurent pas dans le traité d'apport. En effet, les actifs et passifs figurant dans le traité d'apport sont ceux de la société iniatrice ; ils n'ont pas à être réévalués.
(4) Avant l'opération, la situation de contrôle n'est pas établie entre la société initiatrice et la société cible, l'opération de regroupement correspond donc à une prise de contrôle.

Pour la notion de contrôle d'une société : il convient de se reporter aux précisions données au § 4.1 de l'annexe au règlement n° 2004-01.

À cet égard, (cf. avis n° 2005-C question n° 2) le règlement n° 2004-01 ne s'applique pas à l'opération de fusion concernant des sociétés contrôlées par une personne physique, mais uniquement à des sociétés contrôlées par d'autres sociétés (cf. § 4.1 du règlement n° 2004 -01 renvoyant à la définition du contrôle : § 1002 du règlement n° 99-02 du CRC).

Sous-section 2 : Précisions concernant certaines situations particulières

A. EXCEPTION AU PRINCIPE D'INSCRIPTION DES APPORTS A LA VALEUR COMPTABLE EN CAS D'OPERATION DE FILIALISATION COMPORTANT UN ENGAGEMENT DE CESSION A UNE SOCIETE SOUS CONTROLE DISTINCT

9. Par exception au principe d'inscription des apports à la valeur comptable en cas d'opérations réalisées entre sociétés sous contrôle commun (cf. n° 8), le 4e alinéa du § 4.1 et le point (4) du § 4.3 du règlement n° 2004-01 précisent que la filialisation par une société d'une branche d'activité appelée à être cédée à une société sous contrôle distinct s'analyse comme une opération réalisée entre sociétés sous contrôle distinct, les apports devant donc être effectués à la valeur réelle.

Cette exception ne peut cependant être mise en œuvre que s'il existe, préalablement à l'opération de filialisation, un engagement de cession ou d'introduction en bourse conduisant à une perte de contrôle et mentionné explicitement dans le traité d'apport.

10. Si la cession ne se réalise pas, l'avis n° 2005-C précise, à la réponse à la question n° 17, que les écritures d'apport initiales aux valeurs réelles devraient être contre-passées pour enregistrer les apports aux valeurs comptables tant chez la société bénéficiaire des apports que chez la société apporteuse.

Au niveau de la société bénéficiaire, les valeurs comptables d'apport devraient être substituées aux valeurs réelles, avec réduction de la prime d'apport et retraitement des amortissements, provisions et des plus ou moins-values.

Au niveau de la société apporteuse, il conviendrait de réduire la plus-value d'apport à concurrence du résultat de cession anticipé.

B. CHAMP D'APPLICATION TERRITORIAL DU REGLEMENT (AVIS N° 2005-C QUESTION N° 9)

11. Le règlement n° 2004-01 s'applique lorsque la société bénéficiaire ou absorbante est domiciliée en France et établit et publie ses comptes selon les règles comptables françaises. Dans ces conditions, le règlement ne s'applique pas dans le cas où une société française fait un apport à une société étrangère ou est absorbée par une société étrangère non soumise aux règles comptables françaises.

La société française doit toutefois, au plan juridique, déposer un traité d'apport selon les formalités prévues.

12. Les établissements stables des entreprises étrangères sont juridiquement des entreprises étrangères. De ce fait, ils ne sont pas soumis aux règles comptables françaises, ni au règlement n° 2004-01. En conséquence, si une société française fait un apport ou est absorbée par l'établissement stable d'une société étrangère, elle est considérée comptablement comme faisant un apport à une société étrangère ou étant absorbée par une société étrangère, et n'est donc pas soumise aux règles comptables françaises et au règlement n° 2004-01 du CRC au cas d'espèce.

Section 2 : Conséquences fiscales : distinction entre transcription et rémunération des apports

Sous-section 1 : La transcription des apports

13. Les règles de transcription comptable des apports sont fixées par le Comité de la réglementation comptable et aucune disposition fiscale ne permet d'y déroger. Il convient donc de se conformer à ces règles qui doivent être appliquées par les entreprises qui y sont soumises.

14. Il est toutefois rappelé que sur le plan fiscal, une fusion, une scission ou un apport partiel est assimilé à une cessation d'entreprise (cessation partielle pour un apport) et qu'en conséquence, les éléments d'actif et de passif devraient être évalués à leur valeur réelle à la date de l'opération.

Cependant, si l'ensemble de ces apports doit être transcrit en comptabilité sur la base de leur valeur comptable, ces mêmes valeurs sont admises du point de vue fiscal à la double condition :
– que les apports soient et demeurent soumis, au regard de l'impôt sur les sociétés, au régime de faveur prévu aux articles 210 A et 210 B du code général des impôts ;
– que la société bénéficiaire des apports reprenne à son bilan les écritures comptables de la société apporteuse (valeur d'origine, amortissements, dépréciations) et qu'elle continue de calculer les dotations aux amortissements à partir de la valeur d'origine qu'avaient les biens dans les écritures de la société apporteuse.

Par ailleurs, il est rappelé que, conformément à la position exprimée lors du Comité fiscal de la mission d'organisation administrative du 31 janvier 1994, le produit lié à la reprise chez l'absorbée d'une provision pour amortissements dérogatoires peut être déduit extra-comptablement, en cas de fusion aux valeurs comptables placée sous le régime spécial de l'article 210 A, lorsque, reconstitués chez l'absorbante ces amortissements sont réintégrés dans l'assiette imposable dans les mêmes conditions que l'aurait fait la société absorbée.

Sous-section 2 : La rémunération des apports - La rémunération d'une fusion, d'une scission ou d'un apport partiel d'actif est déterminée par la parité d'échange calculée sur la base de la valeur réelle des apports et de la société qui les reçoit

La valeur réelle de la société bénéficiaire des apports s'apprécie au moment de l'opération et non ultérieurement compte tenu des éléments apportés.

15. D'une manière générale, le régime de faveur défini à l'article 210 A ne saurait s'appliquer à des opérations à l'occasion desquelles des transferts de valeurs non représentatives des apports sont organisés entre associés et sociétés.

Ainsi, lorsque la valeur réelle des titres remis en rémunération est inférieure à la valeur réelle de l'apport, la société apporteuse doit constater, à concurrence de la différence, un produit taxable dans les conditions de droit commun qui correspond à la libéralité consentie.

À cet égard, les nouvelles règles comptables ne modifient pas cette approche.

16. Cela étant, comme il a été indiqué au point n° 83 de l'instruction 4 I-2-00 du 18 août 2000, il ne sera pas tiré de conséquences fiscales en matière d'impôt sur les sociétés d'une rémunération calculée sur la base de la valeur de l'actif net comptable au regard des sociétés apporteuses et bénéficiaires des apports qui placent régulièrement leur opération d'apport partiel d'actif sous le régime de l'article 210 A, sous réserve du respect de la triple condition suivante :
– les titres reçus par la société apporteuse en contrepartie de son apport sur lesquels porte l'engagement de conservation prévu à l'article 210 B précité, représentent au moins 99 % du capital de la société émettrice tel qu'il résulte de l'opération ;
– la participation détenue par la société apporteuse dans la société bénéficiaire des apports représente au moins 99,99 % du capital de cette dernière société après réalisation de l'opération d'apport ;
– tous les titres de la société bénéficiaire des apports présentent les mêmes caractéristiques.

Cette tolérance fiscale ne saurait être regardée comme emportant approbation de la validité, notamment comptable et juridique, des opérations d'apport qui seraient réalisées dans ces conditions.

La restriction de cette tolérance fiscale à une seule opération au regard d'une même société bénéficiaire des apports, prévue par le dernier alinéa du point n° 83 de l'instruction 4 I-2-00 précitée, est supprimée.

Sous-section 3 : Conséquences fiscales liées aux méthodes de valorisation imposées par la réglementation comptable

A. OPÉRATIONS PLACÉES SOUS LE RÉGIME SPÉCIAL ET POUR LESQUELLES LES APPORTS SONT TRANSCRITS À LA VALEUR RÉELLE. CONSÉQUENCES SUR LES ÉLÉMENTS DE L'ACTIF CIRCULANT

17. Dans la mesure où l'application du règlement n° 2004-01 n'autorise pas, en principe, la société absorbante ou bénéficiaire des apports à choisir la valeur d'inscription des actifs reçus, mais lui impose en principe de procéder à l'inscription des biens pour leur valeur réelle chaque fois que l'opération s'effectue entre sociétés non liées, (cf. n° 8), il y aura lieu pour cette société absorbante ou bénéficiaire des apports, qui inscrit ces biens à leur valeur réelle, laquelle diffère de la valeur qu'ils avaient du point de vue fiscal dans les écritures de la société absorbée ou apporteuse, d'inclure dans ses résultats de l'exercice le profit tel que décrit à l'alinéa précédent.

18. Conformément au e du 3 de l'article 210 A, la neutralisation des profits sur éléments de l'actif non immobilisé (actif circulant) est subordonnée à la condition que la société absorbante inscrive à son bilan ces éléments pour la valeur qu'ils avaient, du point de vue fiscal, dans les écritures de la société absorbée.

À défaut de se conformer à cette règle, la société absorbante n'est pas déchue du régime de faveur, mais elle doit comprendre dans ses résultats de l'exercice au cours duquel intervient l'opération le profit correspondant à la différence entre la nouvelle valeur de ces éléments et la valeur qu'ils avaient, du point de vue fiscal, dans les écritures de la société absorbée.

B. APPLICATION DU RÉGIME SPÉCIAL DES FUSIONS EN L'ABSENCE DE RÉALISATION DE LA CESSION LORS D'UNE OPÉRATION DE FILIALISATION-CESSION (4e ALINÉA DU § 4.1 DU RÈGLEMENT CRC N° 04-01)

I. Conditions d'application du régime spécial des fusions

19. Lors de l'opération initiale d'apport, la présence d'un engagement de cession de la branche d'activité filialisée écarte la possibilité de placer l'opération sous les dispositions de l'article 210 B, dès lors que l'obligation fiscale pour la société auteur de la filialisation de conserver pendant trois ans les titres remis en contrepartie de l'apport (cf. a du 1 de l'article 210 B) ne peut être respectée.

20. Toutefois, à condition que l'engagement de cession, ou d'introduction en bourse conduisant à une perte de contrôle, comporte une date limite pour réaliser l'opération et que celle-ci n'excède pas la date de clôture de l'exercice de la société apporteuse qui suit celui au cours duquel est intervenue la date de la dernière assemblée générale ayant approuvé l'opération d'apport, il sera admis, dans l'hypothèse où la cession de la filiale envisagée aux points nos 9 et 10 ne se réaliserait pas, que les sociétés parties à l'opération puissent se placer sous le régime de faveur de l'article 210 B en matière d'impôt sur les sociétés.

Si l'engagement de cession ne comporte pas l'identité du cessionnaire envisagé (ou de son groupe) l'administration se réserve la possibilité, en cas de non-résiliation de l'opération dans le délai prévu ci-avant, de demander communication de l'identité du (ou des) cessionnaires envisagés.

21. Pour bénéficier de cette tolérance, le traité d'apport doit comporter :
- la date limite mentionnée à l'alinéa précédent ;
- les valeurs comptables et réelles des actifs et passifs transmis ;
- l'option, si l'opération projetée ne se réalise pas, des sociétés apporteuse et bénéficiaire de l'apport de se placer sous le bénéfice du régime spécial ;
- l'engagement de remplir les conditions prévues aux articles 210 A et 210 B (notamment et expressément de « conserver pendant trois ans les titres remis en contrepartie de l'apport [pour que l'engagement de conservation des titres soit valablement exécuté, les caractéristiques économiques de ces derniers devront demeurées identiques durant toute la période prévue au a du 1 de l'article 210 B – cf. sur ce point DB I 2212 n° 4 2e et 3e alinéa, 5 et 6] et de se soumettre, pour l'ensemble des exercices pour lesquels le régime de faveur produit ses effets, aux obligations déclaratives prévues à l'article 54 septies »).

22. Pour apprécier le point de départ du délai de détention triennal, il y a lieu de prendre en compte la date d'inscription à l'actif de la société apporteuse des titres de la filiale.

II. Conséquences de l'application du régime spécial des fusions

23. Le § 4.3 du règlement du CRC n° 04-01 prévoit que si l'opération de filialisation d'une branche d'activité suivie d'une cession à une société sous contrôle distinct n'aboutit pas à une cession effective, la condition résolutoire mentionnée dans le traité d'apport s'applique : dans ces conditions, il convient d'analyser à nouveau l'opération et de modifier les valeurs d'apport.

Sur le plan fiscal, la réalisation de cette condition résolutoire, sous réserve que les entreprises apporteuse et bénéficiaire des apports en tirent simultanément les conséquences au plan comptable et que le délai mentionné au point n° 21 ne soit pas expiré, conduit à replacer chacune des entreprises, au titre de leur exercice en cours à la date où est intervenu l'événement ayant donné lieu à l'abandon du projet de cession de la filiale, dans la situation qui aurait été la leur si l'opération d'apport avait été réalisée sous le régime spécial prévu à l'article 210 B.

1. Cas général : la valeur comptable des biens apportés est substituée à leur valeur réelle

a) Conséquences pour l'entreprise apporteuse

24. La plus ou moins-value d'apport éventuellement dégagée doit être respectivement déduite ou rapportée pour la détermination du résultat déclaré au titre de l'exercice en cours lors de la survenance de l'événement ayant motivé l'abandon du projet de cession.

Par ailleurs, pour l'application du b du 1 de l'article 210 B, il y a lieu de retenir comme nouvelle valeur de référence des titres reçus en contrepartie de l'apport, la valeur fiscale des biens apportés figurant dans les écritures de l'apporteuse au jour de l'opération d'apport.

b) Conséquences pour l'entreprise bénéficiaire des apports

25. La valeur nette comptable des biens chez l'entreprise apporteuse à la date de réalisation de l'opération d'apport devrait être substituée à leur valeur réelle.

Par conséquent, si un exercice ou une période d'imposition a été clos entre la date de la dernière assemblée générale approuvant l'opération de cession de la filiale et l'événement motivant l'abandon de cette cession, il convient de retraiter au titre de l'exercice en cours lors de la survenance de l'événement ayant motivé cet abandon du projet de cession :
– les résultats des cessions éventuellement effectuées portant sur les biens transmis par la société apporteuse, pour tenir compte de la modification de la valeur d'apport de ces biens ;
– pour les immobilisations amortissables, la base fiscale amortissable du fait de la substitution à l'actif du bilan de la valeur comptable à la valeur réelle : par conséquent, il convient de réintégrer l'excédent éventuel d'amortissements déduits antérieurement ; il en est de même pour les dépréciations déduites à hauteur de l'excédent de la valeur réelle sur la valeur nette comptable.

26. Si elles se traduisent par un rehaussement des bases imposables, les rectifications ainsi apportées ne seront pas assorties d'intérêts de retard si elles sont spontanément effectuées par l'entreprise dans le délai imparti pour le dépôt de la déclaration de résultat de l'exercice en cours à la date de l'événement ayant entraîné l'abandon du projet de cession.

Exemple :

Soit une société mère M dont l'exercice coïncide avec l'année civile et qui apporte à sa filiale F dont elle prévoit la cession à une société sous contrôle distinct, et dont l'exercice coïncide également avec l'année civile, des biens constitutifs d'une branche complète d'activité pour les montants suivants (en euros) :

Nature du bien	Valeur réelle	Pour information : valeur nette comptable inscrite à titre conservatoire dans le traité d'apport
Fonds de commerce	100 000	0 (création par M)
Terrain	560 000	100 000
Matériels	500 000	300 000
Stocks	240 000	100 000
Total	**1 400 000**	**500 000**

L'opération d'apport a été réalisée le 1er octobre N et les négociations en vue de la cession de la filiale F, dont l'issue était prévue le 1er décembre N + 1, se sont définitivement interrompues en juin N + 1.

La totalité des stocks a été vendue par F au cours du dernier trimestre N.

À l'occasion du retraitement de l'apport à la VNC, la filiale F qui amortissait le matériel selon un nouveau plan d'amortissement de 10 ans, a décidé de revenir à l'ancien plan d'amortissement de M dont la durée résiduelle était de 8 ans.

Par ailleurs, au cours de l'exercice N, la filiale F a déprécié le terrain pour une valeur de 9 000 €.

Conséquences pour la société mère M :

La valeur des titres F se trouve ramenée à l'actif de M de 1 400 000 € à 500 000 €. Lors de son apport le 1er octobre N, la société M, qui n'a pas pu opter pour le régime spécial, a dégagé une plus-value d'un montant de 1 400 000 – 500 000 = 900 000 € qui a été imposée (l'exercice N étant fiscalement bénéficiaire). La société M pourra déduire, au titre de son résultat imposable de N + 1, une charge de 900 000 € correspondant au montant de la plus-value sur les immobilisations (760 000 €) et des profits sur stocks (140 000 €) imposés en N.

Conséquences pour la filiale F :

Reprise d'une fraction de la charge constatée à l'occasion de la variation des stocks
= 240 000 – 100 000 = 140 000 €.

Reprise intégrale de la dépréciation constatée sur le terrain (dès lors que la valeur réelle du terrain est supérieure à sa valeur comptable) = + 9 000 €.

Réintégration de l'excédent d'amortissements lié à la modification de base amortissable (en l'espèce, les amortissements visés sont ceux déduits entre le 1er octobre N [date d'apport] et le 31 décembre N [clôture de l'exercice d'apport] = [(500 000/10) – (300 000/8)] × (3/12) = + 3 125 €.

Total des réintégrations à effectuer par F au titre de N +1 = 140 000 + 9 000 + 3 125 = 152 125 €

2. Cas particulier : La valeur réelle des biens apportés est maintenue

27. Si l'exception prévue en cas d'insuffisance d'actif par le dernier alinéa du (4) du § 4.3 de l'annexe au règlement n° 2004-01 (cf. n° 8 tableau) s'applique à l'opération de filialisation dont l'engagement de cession n'a pas abouti, l'enregistrement aux valeurs réelles, adopté lors de l'opération de filialisation avec engagement de cession, n'est pas modifié. En pratique, il s'agit des situations où la société qui souhaite filialiser une branche d'activité destinée à être cédée, utilise à cette fin une société qu'elle contrôle, qui exerce une activité préexistente et dont elle souhaite également se séparer, lorsque le montant de l'actif net apporté à la filiale à l'occasion de l'apport de la branche d'activité est insuffisant pour permettre la libération du capital.

a) Conséquences pour l'entreprise apporteuse

28. La plus ou moins-value d'apport éventuellement dégagée doit être respectivement déduite ou rapportée pour la détermination du résultat déclaré au titre de l'exercice en cours lors de la survenance de l'événement ayant motivé l'abandon du projet de cession.

Par ailleurs, pour l'application du b du 1 de l'article 210 B, il y aura lieu de retenir comme nouvelle valeur de référence des titres reçus en contrepartie de l'apport, la valeur fiscale des biens apportés figurant dans les écritures de l'apporteuse au jour de l'opération d'apport.

b) Conséquences pour l'entreprise bénéficiaire des apports

29. L'opération étant replacée sous le régime de faveur des fusions au titre de l'exercice d'abandon du projet de cession et sous réserve du délai fixé au n° 20, l'entreprise bénéficiaire des apports doit ajouter au résultat imposable de cet exercice les plus-values dégagées lors de l'apport sur les biens amortissables qui auraient dû être réintégrées en vertu des dispositions du d du 3 de l'article 210 A.

Pour les biens non amortissables, la plus-value calculée lors de leur cession ultérieure par la société bénéficiaire des apports devra être calculée conformément aux dispositions du c du 3 de l'article 210 A, c'est-à-dire à partir de la valeur fiscale de ces biens dans les écritures de la société ayant réalisé l'apport. Si des cessions sur de tels biens sont intervenues durant la période comprise entre la filialisation et l'obtention du régime spécial, elles devront être retraitées, pour tenir compte de leur valeur fiscale dans les écritures de la société ayant réalisé l'apport.

À l'identique, il convient de réintégrer l'excédent éventuel des dépréciations déduites par la société bénéficiaire de l'apport à hauteur de l'excédent de la valeur d'apport sur la valeur fiscale des biens non amortissables apportés, et ce conformément aux dispositions du 24e alinéa du 5° du 1 de l'article 39.

Enfin, la société bénéficiaire devra réintégrer les profits sur les éléments de l'actif circulant et correspondant à la différence entre leur valeur d'apport et leur valeur fiscale dans les écritures de la société apporteuse.

III. Conséquences du non-respect du délai fiscal de cession : Maintien du régime de droit commun des fusions

30. Si l'engagement de cession n'est pas réalisé après la clôture de l'exercice qui suit celui au cours duquel est intervenue la dernière assemblée générale ayant approuvé l'opération d'apport, le régime spécial de l'article

210 A n'est pas applicable. En conséquence, si les apports sont replacés à la valeur comptable, seule pourra être invoquée, lors de leur cession ultérieure, la tolérance prévue au 2ème alinéa du point n° 31 ci-dessous.

C. OPÉRATIONS PLACÉES SOUS LE RÉGIME FISCAL DE DROIT COMMUN DES CESSATIONS ET POUR LESQUELLES LES APPORTS SONT TRANSCRITS À LA VALEUR NETTE COMPTABLE

31. Dans cette situation, l'application des dispositions du 2 de l'article 221 conduit à déterminer la plus-value fiscalement imposable en tenant compte de la valeur réelle des biens apportés.

La valeur fiscale des biens transmis lors de l'apport (qui correspond à la valeur réelle retenue pour le calcul fiscal de la plus-value d'apport) peut différer de leur valeur nette comptable inscrite à l'actif de la société bénéficiaire de l'apport. Il sera admis qu'en cas de cession ultérieure des biens apportés, le résultat de cession soit calculé en tenant compte de la valeur réelle retenue pour la détermination de la plus-value d'apport fiscalement imposable, diminuée d'une part des amortissements pratiqués depuis lors sur le bien en comptabilité, et d'autre part, de la quote-part de la plus-value latente prise en compte pour la détermination du mali technique (cf. point n° 62 ci-dessous). Les dispositions de l'article 39 B ne seront pas applicables à l'excédent de la valeur fiscale par rapport à la valeur comptable.

32. L'entreprise bénéficiaire des apports devra toutefois justifier que cette valeur fiscale a été incluse dans l'assiette imposable de l'entreprise apporteuse au titre de son exercice de cessation totale ou partielle, que cette incorporation ait ou non abouti à une taxation effective.

33. Cette mesure de tempérament ne saurait en aucun cas autoriser, même à titre dérogatoire, un quelconque supplément de déduction fiscale au titre des amortissements ou des dépréciations fondé sur l'existence d'une valeur fiscale excédant la valeur comptable, dès lors que, pour être admis en déduction et conformément aux dispositions du 2° du 1 de l'article 39 et du 5° du 1 du même article, un amortissement ou une dépréciation doit être régulièrement comptabilisé.

34. Dans le cas particulier d'une opération d'apport partiel d'actif interne à un groupe fiscal (la société apporteuse et la (les) société(s) bénéficiaire(s) des apports appartiennent toutes au même groupe fiscal et demeurent dans celui-ci à l'issue de l'opération), les biens apportés étant valorisés à la valeur nette comptable, et dès lors que la rémunération des apports aura bien été calculée sur la base des valeurs réelles (sauf application de la tolérance prévue au point n° 16), la doctrine mentionnée dans la documentation administrative (série 4 H 6623 point n° 27) qui précise qu'est constitutive d'une subvention indirecte, au regard des dispositions de l'article 223 R, la remise de biens composant l'actif immobilisé pour un prix différent de leur valeur réelle, est écartée au profit de l'application des règles prévues à l'article 223 B.

En conséquence, aucune subvention ne doit être constatée dans ce cas et les plus et moins-values calculées par rapport à la valeur réelle des biens sont neutralisées pour la détermination du résultat d'ensemble conformément à l'article 223 F. En cas de sortie du bien du groupe ou de la société apporteuse ou d'une société bénéficiaire des apports, les plus et moins-values ainsi constatées sur le plan fiscal seront réintégrées au résultat d'ensemble conformément aux dispositions du 2e alinéa de l'article 223 F. En revanche, la doctrine précitée conserve toute sa portée lorsque la valeur réelle des titres remis en rémunération de l'apport est inférieure à la valeur réelle des biens transmis (cf. BOI 4-I-2-00 point n° 76).

D. OPÉRATIONS PLACÉES SOUS LE RÉGIME FISCAL DE DROIT COMMUN DES CESSATIONS ET POUR LESQUELLES LES APPORTS SONT TRANSCRITS À LA VALEUR RÉELLE

35. Le § 4.4 de l'annexe au règlement n° 2004-01 précise que lorsque les apports sont évaluées à la valeur réelle, les valeurs individuelles des actifs et passifs apportés correspondent aux valeurs réelles attribuées à chacun des éléments inscrit dans le traité d'apport, figurant ou non à l'actif (ex. : marques ou impôts différés actifs) ou au passif (ex. : provisions pour retraite ou impôts différés passifs) du bilan de la société absorbée ou de la société apporteuse à la date de l'opération.

S'agissant des éléments d'actif et de passif qui n'étaient pas comptabilisés antérieurement par la société apporteuse, l'avis n° 2005-C (question n° 4) estime qu'il est préférable de ventiler le prix de cession, sur le plan comptable, afin d'avoir une correspondance entre ses écritures, le traité d'apport, et la reprise des éléments transmis dans la comptabilité de la société bénéficiaire de l'apport.

36. Sur le plan fiscal, et dans la mesure où l'opération de restructuration n'est pas placée sous le régime spécial prévu à l'article 210 A, la plus-value d'apport est déterminée d'après la valeur réelle des biens transmis par la société apporteuse et imposable dans les conditions de droit commun.

Dans le cas particulier où les actifs et ou passifs non comptabilisés par la société apporteuse sont valorisés lors de l'apport et repris dans les écritures de la société bénéficiaire de l'apport, il convient d'analyser de manière individuelle le traitement fiscal des produits et charges générés par cette valorisation.

37. Ainsi, lorsqu'un engagement de retraite, non comptabilisé mais valorisé lors de l'apport, a été pris en compte pour la détermination du montant de la plus ou moins-value d'apport, la charge afférente à cet engagement n'est pas prise en compte pour calculer le résultat fiscal de cessation en application du 1er alinéa du 5° du 1 de l'article 39 ; ce qui a pour effet de placer dans une situation fiscale identique, au regard du résultat de cessation, l'entreprise qui a comptabilisé ces engagements et celle qui les a seulement fait figurer en annexe de ses comptes. Par la suite, lorsque postérieurement à l'apport réalisé à la valeur réelle, la société bénéficiaire de l'apport reprend en résultat la provision comptable inscrite à son passif, cette reprise est déduite de manière extra-comptable du résultat fiscal.

38. A contrario, lorsqu'un impôt différé actif (correspondant à un gain futur d'impôt sur les sociétés) non comptabilisé, mais valorisé lors de l'apport, est venu augmenter le montant de la plus-value ou diminuer le montant de la moins-value d'apport, le produit y afférent n'est pas pris en compte pour calculer le résultat fiscal de cessation. Par la suite, la charge correspondant à la sortie d'actif chez la société bénéficiaire de l'apport de cet impôt différé n'est pas déductible du résultat imposable.

39. Cette solution aboutit à traiter de manière identique la situation dans laquelle les actifs et passifs considérés ont été effectivement comptabilisés par la société apporteuse avant l'apport et celle où lesdits actifs et passifs sont valorisés uniquement lors de l'apport et repris dans la comptabilité de la société bénéficiaire des apports.

CHAPITRE III : LE TRAITEMENT FISCAL DU BONI ET DU MALI DE FUSION

SECTION 1 : LES NOUVELLES RÈGLES COMPTABLES

Sous-section 1 : Le boni de fusion

40. Le boni de fusion représente l'écart positif entre l'actif net reçu par la société absorbante à hauteur de sa participation détenue dans la société absorbée et la valeur comptable de cette participation.

Le boni est comptabilisé dans le résultat financier à hauteur de la quote-part des résultats accumulés par la société absorbée depuis l'acquisition et non distribués et, dans les capitaux propres pour le montant résiduel ou si les résultats accumulés ne peuvent être déterminés de manière fiable.

Sous-section 2 : Le mali de fusion

A. DÉFINITION

41. Le mali de fusion représente l'écart négatif entre l'actif net reçu par la société absorbante à hauteur de sa participation détenue dans la société absorbée, et la valeur comptable de cette participation. Le mali de fusion peut être décomposé en deux éléments :

• un mali technique généralement constaté pour les fusions ou les opérations de transmission universelle de patrimoine évaluées à la valeur comptable lorsque la valeur nette des titres de la société absorbée figurant à l'actif de la société absorbante est supérieure à l'actif net comptable apporté. Cette composante du mali correspond, à hauteur de la participation antérieurement détenue, aux plus-values latentes sur éléments d'actif comptabilisés ou non dans les comptes de l'absorbée, déduction faite des passifs non comptabilisés en l'absence d'obligation comptable dans les comptes de la société absorbée (par exemple provisions pour retraites, impôts différés passifs) ;

• au-delà du mali technique, le solde du mali qui peut être représentatif d'un complément de dépréciation de la participation détenue dans la société absorbée, doit être comptabilisé dans le résultat au cours duquel l'opération est réalisée.

La société absorbante ou bénéficiaire des apports inscrit la totalité du mali technique dans un sous compte intitulé « mali de fusion « du compte 207 « fonds commercial ».

B. SUIVI DU MALI TECHNIQUE

42. À la date de l'opération, afin de suivre dans le temps la valeur du mali, les entreprises procèdent de manière extra-comptable, à l'affectation de ce mali aux différents actifs apportés par la société apporteuse dans la mesure où la plus-value latente constatée par actif est significative. Cette affectation peut être faite selon les modalités suivantes :

• détermination de la valeur réelle à la date de l'opération (et non à la date d'acquisition des titres), des actifs de la société absorbée y compris ceux ne figurant pas dans ses comptes ;

• calcul du montant des plus-values latentes par différence entre cette valeur et la valeur comptable sociale de chaque actif ;

• affectation extra-comptable du mali technique aux différents actifs au prorata des plus-values latentes et dans la limite de celles-ci.

L'entreprise doit mentionner dans l'annexe à ses comptes annuels de l'exercice de l'opération les éléments significatifs sur lesquels le mali a été affecté.

Le mali n'est pas un élément amortissable car la durée de consommation de ses avantages économiques futurs ne peut être déterminée à priori de façon fiable.

Le mali subit une dépréciation lorsque la valeur actuelle d'un ou plusieurs actifs sous-jacents auxquels une quote-part de mali a été affectée devient inférieure à la valeur comptable du ou des actifs précités, majorée de la quote-part de mali affectée.

En cas de sortie d'un actif auquel une quote-part de mali a été affectée, le mali doit être réduit à due concurrence.

SECTION 2 : LE TRAITEMENT FISCAL

Sous-section 1 : Le boni de fusion

A. EN CAS D'APPLICATION DU RÉGIME SPECIAL

43. La mise en œuvre du deuxième alinéa du 1 de l'article 210 A conduit à exonérer la plus-value éventuellement dégagée par la société absorbante lors de l'annulation des actions ou parts qui correspondent à ses droits dans la société absorbée.

En conséquence, la quote-part de la plus-value exonérée comptabilisée dans le résultat financier en application du règlement n° 2004-01 § 4.5.1 (cf. n° 40) doit faire l'objet d'une déduction extra-comptable au tableau 2058-A.

B. LORSQUE L'OPERATION N'EST PAS PLACEE SOUS LE REGIME SPECIAL

44. La plus-value éventuellement dégagée par la société absorbante lors de l'annulation des actions ou parts qui correspondent à ses droits dans la société absorbée est imposable, dans les conditions prévues au 2e alinéa du a du I de l'article 219 et au a quinquies du I du même article, si les titres annulés sont des titres de participation détenus depuis au moins deux ans, et au taux de droit commun dans les autres cas.

Pour déterminer le montant de la plus-value fiscale imposable, il y a lieu de faire la différence entre la valeur d'apport de la fraction d'actif net de la société absorbée qui correspond aux droits de la société absorbante et la valeur fiscale des titres de l'absorbée détenus par l'absorbante (cf. DB 4 I 1244 n° 1).

Dans l'hypothèse où la plus-value fiscale excède la quote-part du boni de fusion enregistrée en résultat financier en application des dispositions comptables, il y a lieu de procéder à l'imposition de l'écart ainsi constaté conformément au régime fiscal applicable aux titres annulés.

45. Exemple :

Soit une société A qui acquiert le 5 janvier N 60 % des titres d'une société B pour une valeur de 12 000 €. À cette date, le bilan de la société B se présente comme suit :

Actif		Passif	
Total des actifs (immobilisés et circulants)	50 000	Capital social	15 000
		Réserve légale	550
		Autres réserves	5 450
		Emprunts et dettes	29 000

Le 1er janvier N + 4, la société A absorbe sous le régime de droit commun la société B dont le bilan est alors de :

Actif		Passif	
Total des actifs (immobilisés et circulants)	65 000	Capital social	15 000
		Réserve légale	750
		Autres réserves	11 000
		Report à nouveau	29 000
		Emprunts et dettes	37 000

Calcul du boni de fusion :

= [(15 000 + 750 + 11 000 + 1 250) × 60 %] – 12 000 = 4 800 €.

Calcul de la quote-part des résultats de B mis en réserve et revenant à A

= [(15 000 + 750 + 11 000 + 1 250) – (15 000 + 550 + 5 450)] × 60 % = 4 200 €.

En application des principes comptables décrits dans le § 4.5.2 du règlement CRC sur les fusions, il y a lieu :
- de comptabiliser 4 200 € en produits financiers,
- de comptabiliser le reliquat soit : 4 800 – 4 200 = 600 € en capitaux propres.

Sur le plan fiscal, l'opération n'étant pas placée sous le régime spécial, il y aura lieu de soumettre la totalité des 4 800 € à l'impôt sur les sociétés, et au cas d'espèce au régime des plus-values à long terme sur titres de participation dans la mesure où les titres sont détenus par A depuis au moins deux ans. Sous réserve de l'exonération des plus-values à long terme sur titres de participation prévue par l'article 39 de la loi n° 2004-1485 du 30 décembre 2004 applicable aux exercices ouverts à compter du 1er janvier 2007.

Sous-section 2 : Le mali de fusion

A. LE VRAI MALI

I. Absorption d'une société présentant un actif net réel positif

46. Dans cette situation, le vrai mali est en principe constitutif d'une moins-value admissible au régime du long terme prévu à l'article 39 duodecies si les titres ainsi annulés sont des titres de participation (au sens du troisième alinéa du a ter du I de l'article 219) détenus depuis au moins deux ans. Dans le cas où les titres seraient détenus depuis moins de deux ans, la charge représentative du vrai mali est déductible du résultat au taux de droit commun.

Dans cette dernière hypothèse, et dans le cas où les titres ont fait l'objet, avant la fusion, d'une provision pour dépréciation, le vrai mali étant, sur le plan comptable, calculé à partir de la valeur nette comptable des titres, la provision pour dépréciation n'est pas reprise. Par conséquent, il convient de procéder à un retraitement extra- comptable lié à la différence de traitement fiscal entre la provision pour dépréciation et la moins-value sur les titres : l'annulation de la provision pour dépréciation doit être soumise au régime des plus-values à long terme

(cf. 2e alinéa du a de l'article 219 et a quinquies du I du même régime) et le mali doit être déduit du résultat fiscal soumis au taux normal.

47. Il est rappelé qu'il appartient à l'entreprise absorbante de démontrer la réalité de la perte liée au vrai mali et qu'elle ne peut être admise que si les titres ont été acquis dans des conditions normales et que l'actif net réel reçu est inférieur au prix d'acquisition desdits titres.

A cet égard, dans l'hypothèse où la constatation d'un vrai mali devait intervenir, alors même que l'administration est en mesure de démontrer que tout ou partie dudit mali résulte du prix d'acquisition des titres par l'absorbante qui intègre les avantages économiques que lui procure la prise de contrôle de l'absorbée, cette fraction de la charge doit demeurer non déductible.

II. Absorption d'une société présentant un actif net réel négatif

1. Opérations réalisées à compter du 1er janvier 2005

48. La perte sur les titres est admise dans les conditions précédemment décrites.

En revanche, et s'agissant des opérations de fusion ou de transmission universelle de patrimoine visées à l'article 1844-5 du code civil, réalisées à compter du 1er janvier 2005, lorsque l'opération se traduit par la transmission d'un actif net négatif (cas où le passif est supérieur à la valeur réelle des actifs), le II bis de l'article 209 dispose que la charge correspondante n'est pas déductible de l'assiette de l'impôt. Cette non-déductibilité vaut que l'opération soit ou non placée sous le régime spécial des fusions.

49. Exemple :

La société R, filiale à 100 % de M, est absorbée le 1er janvier N par son associé unique, toutes deux ayant des exercices comptables coïncidant avec l'année civile.

Par hypothèse, les titres de R souscrits lors de la création de sa filiale par M en N – 4 pour 100 000 € étaient dépréciés à la clôture de l'exercice N – 1 pour 85 000 €.

Le patrimoine de R à la clôture de l'exercice N – 1 se présente comme suit :

Actif	(VNC)	Passif	
Fonds commercial	0	Capital social	100 000
Immeubles	100 000	Résultat de l'exercice	- 95 000
Stocks	30 000	Report à nouveau	- 85 000
Clients	70 000	Dettes	280 000
Total actif	200 000	Total passif	200 000

Par ailleurs, aucune plus-value latente n'est susceptible d'être constatée sur l'un des éléments d'actif.

Dans ces conditions, le complément de perte déductible chez M correspond à la valeur nette comptable des titres soit : 100 000 – 85 000 = 15 000 € et est admissible au régime des moins-values à long terme, cette dernière étant imputable dans les conditions prévues au a et a quinquies du I de l'article 219.

En revanche, la charge comptable correspondant à la situation nette négative constatée par M à l'occasion du transfert du patrimoine de R, soit 80 000 €, ne peut faire l'objet d'aucune déduction fiscale.

2. Opérations réalisées avant le 1er janvier 2005

50. Des hésitations ayant pu apparaître sur le traitement fiscal de cette charge, le raisonnement suivant doit être tenu :

51. Lorsque les biens de la société dissoute sans liquidation étaient transmis à leur valeur comptable, l'actif de celle-ci pouvait receler des plus-values latentes sur des éléments incorporels ou corporels.

Parce qu'elles conduisent à majorer l'actif net réel reçu, ces plus-values privent de déductibilité au sens du 1 de l'article 39 les éventuelles charges constatées comptablement du fait de l'inscription à la valeur comptable des biens transmis lors de l'opération de transmission universelle de patrimoine ou de fusion simplifiée : en effet, dès lors que ces charges ne correspondent pas à une diminution effective de l'actif net de l'entreprise.

Ces plus-values viennent donc minorer, en premier lieu, la situation nette négative telle qu'elle résulte de la reprise des écritures comptables de la société dissoute sans liquidation puis éventuellement, en second lieu, la moins-value constatée à l'occasion de l'annulation des titres de la société dissoute du fait du transfert de son patrimoine pour sa valeur comptable.

Ce sera notamment le cas où l'associé vient d'acquérir les titres de la société dissoute pour une valeur supérieure à la situation nette comptable, la différence entre le prix d'achat et la valeur de l'actif net transféré correspondant le plus souvent à l'avantage résultant de la maîtrise de la société dissoute (gain de clientèle).

52. À défaut de plus-values latentes ou si celles-ci sont insuffisantes pour résorber la situation nette réelle négative, il convient de distinguer deux situations :
– la situation nette réelle négative de la filiale est inférieure ou égale aux dettes qu'elle a contractées à l'égard de la mère.

Dans ce cas, à l'instar des règles qui prévalent en matière d'abandon de créances, la charge représentative de cette situation nette est admise en déduction lorsque la reprise du passif de la société confondue se justifie par la volonté de préserver le renom de la société (voir en ce sens CE 17 décembre 1984 n° 52341 RJF 2/85 n° 205).
– la situation nette négative de la filiale est supérieure aux dettes contractées vis-à-vis de la mère.

Dans ce cas la transmission universelle de patrimoine permet de reprendre, en plus des sommes avancées par la mère, une fraction du mali provenant de dettes issues de tiers. Dans cette hypothèse, il y aurait lieu, en principe, de considérer qu'en reprenant le passif correspondant aux dettes contractées par une société qui lui est juridiquement étrangère, la société absorbante, associé unique, est susceptible d'effectuer un acte incompatible avec une gestion normale de ses intérêts (cf. réponse Lemasle JOAN du 16/02/1998 QE n° 7122), notamment si elle reprend dans ce cadre des engagements qui ne peuvent être source que de charges futures en raison de leur nature (engagements de caution par exemple). Toutefois, si la société associée démontre un véritable intérêt financier (préservation du renom) ou commercial (ex. : reprises de marchés) à agir de la sorte, il conviendra de ne pas remettre en cause la charge correspondante.

B. LE MALI TECHNIQUE

Pour le cas particulier d'un mali technique constaté à l'occasion de l'annulation de titres détenus depuis moins de deux ans ayant fait l'objet d'une dépréciation : se reporter à la précision apporté au point n° 46.

I. Dans le cadre du régime spécial des fusions prévu à l'article 210 A

1. La constatation d'un mali technique n'est pas constitutive d'une valeur intermédiaire pour l'application du régime spécial

53. Pour l'application du régime spécial, les éléments d'actif immobilisé apportés à la suite d'une opération de fusion, de scission ou d'apport partiel d'actif doivent être évalués à leur valeur réelle. Cependant, si les apports peuvent être transcrits en comptabilité sur la base de leur valeur comptable (voir n° 80 de l'instruction 4 I-2-00 du 18 août 2000), ces mêmes valeurs sont admises du point de vue fiscal.

À cet égard, l'enregistrement chez la société absorbante d'un mali technique dans une sous-rubrique du compte 207 « fonds commercial » (cf. § 4.5.2 du règlement CRC n° 04-01), n'est pas constitutive d'une valeur intermédiaire susceptible d'écarter l'application de l'article 210 A et d'augmenter l'actif net imposable par application du 2 de l'article 38.

2. Le mali technique constaté ne peut donner lieu à aucune charge déductible en cas de dépréciation ou lors de sa sortie

54. Le 3e alinéa nouveau du 1 de l'article 210 A précise que l'inscription à l'actif de la société absorbante du mali technique de fusion consécutif à l'annulation des titres de la société absorbée ne peut donner lieu à aucune déduction fiscale ultérieure.

La constatation d'une dépréciation sur le mali ou d'une charge correspondant à tout ou partie de la quote-part de mali affectée à un sous-jacent lors de la cession de cet actif sous-jacent ne doit entraîner par conséquent aucune diminution du résultat imposable.

Cette non-déductibilité se justifie par le fait que ce mali technique est représentatif de tout ou partie des plus-values et profits latents existant chez la société absorbée, lesquels ne font pas l'objet d'une imposition lors de l'apport en application du 1er alinéa du 1 de l'article 210 A.

55. Bien que le règlement n° 2004-01 prévoit à son article 5 qu'il s'applique aux opérations de fusion ou assimilées postérieures au 1er janvier 2005, il est ensuite précisé que les sociétés peuvent appliquer celui-ci aux opérations postérieures à sa date de publication au journal officiel, c'est-à-dire aux opérations dont le traité d'apport aura fait l'objet des formalités de dépôt et de publicité prévues par l'article L. 236-6 du code du commerce après le 8 juin 2004 ou aux opérations de dissolution par voie de confusion de patrimoine dont la publication de la décision de dissolution dans un journal d'annonces légales est intervenue après cette date.

La comptabilisation à l'actif d'un mali technique peut donc être effectuée, en application des nouvelles règles comptables, pour des opérations de fusions ou assimilées réalisées avant le 1er janvier 2005 (cf. également en ce sens avis CNC n° 2005-C, question n° 15).

56. Le traitement fiscal du mali constaté dans ces situations doit être identique à celui retenu pour les opérations réalisées à compter du 1er janvier 2005 : d'une part, il ne doit pas être considéré comme constitutif d'une augmentation de l'actif net de la société absorbante, et n'est donc pas imposable, d'autre part, les dépréciations et charges constatées ultérieurement ne peuvent faire l'objet d'aucune déduction fiscale.

En effet, s'agissant en particulier de ce dernier point, une dépréciation ou une perte ne peut être admise en déduction du résultat imposable que si elle porte sur un élément qui répond à la définition d'un actif. Or, sur le plan fiscal (cf. en ce sens arrêt du CE du 21/08/1996, SA Sife, n° 154488), le mali technique n'est pas constitutif d'un élément d'actif incorporel dès lors qu'il n'est ni représentatif d'une source régulière de profit ni susceptible de faire l'objet d'une cession.

3. Le suivi du mali technique

57. Le I de l'article 54 septies a été modifié pour tenir compte de l'obligation comptable d'inscription à l'actif du mali technique.

Dorénavant, en cas de constatation d'un mali technique lors d'une opération de fusion ou assimilée placée sous le régime spécial de l'article 210 A, la société absorbante ou l'associé unique devront mentionner sur l'état prévu à l'article 38 quindecies de l'annexe III la valeur comptable du mali technique et sa valeur fiscale, cette dernière étant en pratique toujours égale à 0.

Bien entendu, au fur et à mesure de la cession des actifs sous-jacents, la valeur comptable du mali technique figurant sur cet état sera diminuée de la quote-part se rapportant auxdits actifs cédés.

58. En l'absence de plus-values en sursis d'imposition antérieures chez la société absorbée ou dissoute sans liquidation, et dès lors que les apports doivent être réalisés à la valeur nette comptable, l'état mentionné au I de l'article 54 septies ne comportera que les valeurs comptable et fiscale du mali technique (et éventuellement les malis techniques inscrits auparavant à l'actif de la société absorbée).

Conformément aux dispositions du 2e alinéa de l'article 1734 ter du CGI, il sera appliqué une amende de 5 % du montant de la valeur comptable du mali qui aura été omise sur l'état de suivi.

II - Dans le cadre du régime de droit commun des fusions

59. Lorsqu'une fusion ou une transmission universelle de patrimoine est placée sous le régime de droit commun, la société absorbée ou confondue doit être imposée sur les plus-values et profits latents existant à la date de l'opération, et ce conformément au 2 de l'article 221.

Dans ces conditions, et dès lors que le mali technique est représentatif de tout ou partie de ces plus-values ou profits latents, il convient d'admettre les charges constatées sous forme de dépréciation du mali ou lors de sa sortie du bilan, en déduction du résultat imposable.

60. Toutefois, et à l'instar de la connexité qui existe au plan comptable entre le mali et ses composantes, le traitement fiscal du mali suit, le régime des sous-jacents qui le composent. En conséquence, la déductibilité fiscale de la charge affectée au mali, liée à la dépréciation ou à la sortie d'un sous-jacent, est écartée pour la détermination de l'assiette soumise au taux de droit commun, par exemple dans les cas suivants : lorsque que ce sous-jacent relève d'un régime de plus ou moins-value à long terme (provisions pour dépréciation des titres de participation), lorsqu'il relève d'un régime de neutralité fiscale qui s'attache à la constatation de certains éléments (impôts différés actifs), ou lorsque ce sous-jacent fait parti des biens dont les charges sont visées par des exclusions expresses de déductibilité fiscale (cf. 4 de l'article 39).

61. Exemple :

Absorption, le 1er janvier 2005, en régime de droit commun, par une société A d'une société B dont le bilan se décompose comme suit :

Actif	Valeur nette comptable	Passif	
Terrain	20 000 €	Capitaux propres	55 000 €
Immeubles (dont résidence d'agrément 25 000 €)	60 000 €	Emprunts	
Titres de participation	10 000 €	Autres dettes	15 000 €
Stocks	5 000 €		
clients	3 000 €		
Disponibilités	2 000 €		
Total	100 000 €		100 000 €

Par ailleurs, la société B a créé un fonds commercial, qui est valorisé à 100 000 € dans le traité d'apport. Par hypothèse, la valeur réelle des autres éléments d'actif recelant des plus-values a été chiffrée à :

Terrain : 60 000 € ;

Constructions : 100 000 € (dont résidence d'agrément 40 000 €) ;

Titres de participation : 30 000 €.

Pour les autres éléments d'actif, la valeur réelle correspond à leur valeur nette comptable ; par ailleurs, aucun autre passif n'a été constaté lors de l'apport.

L'intégralité des titres de B avaient été acquis par A pour une valeur de 85 000 €.

- Montant des plus-values latentes = 100 000 (fonds de commerce) + 40 000 (terrain) + 40 000 (immeubles [dont résidence d'agrément 15 000]) + 20 000 (titres) = 200 000 €.

B.U. NICE ST JEAN

• Montant du mali = 85 000 – 55 000 (capitaux propres) = 30 000, lequel est intégralement technique car 30 000 < au montant des plus-values latentes.

Affectation extra-comptable du mali entre les sous-jacents à proportion des plus-values latentes :
– sous-jacent fonds de commerce : 30 000 × (100 000/200 000) = 15 000 €,
– sous-jacent terrain : 30 000 × (40 000/200 000) = 6 000 €,
– sous-jacent immeubles : 30 000 × (40 000/200 000) = 6 000 € [dont sous-jacent résidence d'agrément = 30 000 × (15 000/200 000) = 2 250 €],
– sous-jacent titres de participation : 30 000 × (20 000/200 000) = 3 000 €.

Au 31/12/2005, la situation des biens de l'absorbée repris par l'absorbante se décompose comme suit :

Biens	Valeur réelle au 31/12/05	Quote-part de mali affectée au 01/01/2005	VNC au 31/12/2005 01/01/2005	VNC augmentée du mali	Dépréciation du mali
Fonds de commerce	18 000	15 000	0	15 000	/
Terrain	20 000	6 000	20 000	26 000	6 000
Immeubles	62 000	6 000	58 500	64 500	2 500
dont résidence d'agrément	26 000	2 250	24 400	26 650	650
Titres de participation	10 500	3 000	10 000	13 000	2 500

Fiscalement, la dépréciation du mali technique affecté au terrain est, compte tenu de sa nature, intégralement déductible, la dépréciation sur les immeubles est déductible dans la limite de sa quote-part non affectée à la résidence d'agrément soit : 2 500 – 650 = 1 850.

Les titres de participation étant pour leur part soumis à un régime particulier d'imposition (cf. deuxième alinéa du a du I de l'article 219 pour les exercices ouverts à compter du 1er janvier 2005 et a quinquies du I du même article pour les exercices ouverts à compter du 1er janvier 2006), la dépréciation du mali technique qui leur est affectable s'impute si elle est réalisée au cours d'un exercice ouvert à compter du 1er janvier 2005 sur les autres plus-values à long terme et, si elle est réalisée au cours d'un exercice ouvert à compter du 1er janvier 2006 sur les plus-values faisant l'objet d'une imposition séparée au taux de 8 % conformément au 1er alinéa du a quinquies du I de l'article 219. Au-delà, pour les exercices ouverts à compter du 1er janvier 2007, la dépréciation du mali technique liée à la dépréciation de titres de participation ne produit plus d'effets fiscaux.

Soit un total de dépréciation du mali imputable sur l'assiette de l'impôt au taux normal de : 6 000 + 1 850 = 7 850 et au taux réduit de 15 % de 2 500.

Rappel : si l'opération avait été placée sous le régime spécial prévu à l'article 210 A, la dépréciation du faux mali n'aurait pas été déductible.

Traitement combiné de la quote-part de plus-value affectée à un mali technique et de la prise en compte du prix de revient fiscal d'un bien lors de la cession de ce dernier (cf. points 31 et 32 ci-avant)

62. Lorsqu'une fraction de la plus-value latente d'un élément d'actif est entrée dans le calcul du mali technique, la cession de cet actif entraîne corrélativement la sortie de ce mali en charge déductible ou non de l'assiette de l'impôt sur les sociétés au taux normal selon le régime fiscal propre du bien cédé.

Dans ces conditions, seule la fraction de la plus-value fiscale du bien apporté non intégrée dans le calcul du mali technique vient majorer la valeur nette comptable de ce bien prise en compte pour déterminer son coût de revient fiscal lors de sa cession ultérieure par la société bénéficiaire de l'apport (cf n° 31).

Exemple :

VNC d'un bien amortissable à l'occasion d'une opération de fusion : 100 ;

Valeur réelle lors de la fusion : 140 ;

Taxation de la plus-value latente en régime de droit commun = + 40 ;

Quote-part de la plus-value affectée à la constatation d'un mali technique : 15 ;

Cession du bien par la société bénéficiaire de l'apport : 130 ;

Lors de la cession, les dotations aux amortissements pratiquées en propre sur le bien par la société absorbante s'élèvent à : 20 ;

Résultat fiscal de cession = 130 – [(100 –20) + (40-15)] = + 25 ;

Charge déductible liée à la sortie du mali = – 15 ;

Plus-value fiscale globale = + 25 –15 = + 10.

CHAPITRE IV : PRÉCISIONS CONCERNANT LES OPÉRATIONS DE DISSOLUTION SANS LIQUIDATION VISÉES À L'ARTICLE 1844-5 DU CODE CIVIL

63. Le règlement comptable n° 2004-01 précise que, dès lors que la rétroactivité des opérations de dissolution par confusion de patrimoine n'est pas prévue par le code civil, les écritures comptables sont reprises chez l'associé unique à l'issue du délai d'opposition des créanciers.

64. Au regard des commentaires portés dans l'instruction administrative 4 I-1-03 du 7 juillet 2003 n°s 15 et s., et en particulier de la possibilité de donner un effet rétroactif à l'opération, la précision apportée par le règlement comptable n'a pas de portée pratique.

En revanche, il est apparu nécessaire de clarifier certaines situations.

65. Ainsi, il convient désormais d'entendre sur le plan fiscal par date de réalisation de l'opération de dissolution sans liquidation, non plus la date de décision de la dissolution mais la date de transmission du patrimoine, c'est-à-dire 30 jours à compter de la publication de celle-ci dans un journal d'annonces légales ou, dans le cas où une opposition a été valablement formée (par opposition valablement formée, il convient d'entendre l'opposition effectuée dans le délai et dans les formes requises par une personne ayant qualité pour agir, nonobstant le bien fondé des prétentions de son auteur), à la date où cette opposition a été rejetée en première instance ou à la date à laquelle le remboursement des créances a été effectué ou les garanties constituées. Dans ces conditions, aucun effet différé ne peut plus désormais être donné par l'associé unique à l'opération de dissolution sans liquidation.

Les indications figurant au point n° 25 du BOI 4 I-1-03 précité sont donc rapportées à compter de la date de publication de la présente instruction au bulletin officiel des impôts. En d'autres termes, pour les opérations pour lesquelles la date de parution de la décision de dissolution dans un journal d'annonces légales est antérieure à la date de publication de la présente instruction, la date de réalisation de l'opération s'entend toujours de la date de décision de dissolution.

66. Dans le cas où la décision de dissolution est publiée au cours du dernier mois de l'exercice en cours de la société absorbante, l'application stricte du principe selon lequel la date d'effet rétroactif ne peut être antérieure, pour produire ses pleins effets fiscaux, à l'ouverture de l'exercice de la société bénéficiaire de l'apport au cours duquel l'opération est réalisée (ou à l'exercice de la société confondue si sa date d'ouverture est postérieure), a pour conséquence de ne pas autoriser l'associé unique à prendre en compte dans ses résultats de l'exercice de décision de la dissolution les résultats de la société dissoute réalisés pendant cet exercice.

Toutefois il sera admis que l'effet rétroactif à caractère uniquement fiscal puisse être donné à l'opération de dissolution-confusion (la décision de donner un effet rétroactif à la transmission universelle de patrimoine doit être expressément prévue dans la décision de dissolution sans liquidation avec mention de son point de départ), à compter de l'ouverture de l'exercice en cours chez l'associé unique à la date de survenance de la décision de dissolution, sans pouvoir remonter au-delà de la date d'ouverture de l'exercice en cours de la société dissoute à la date de décision de dissolution.

Cette dernière tolérance est accordée sous réserve qu'il soit tiré toutes les conséquences fiscales de cette rétroactivité et plus particulièrement :

- si la société dissoute est membre d'un groupe fiscal au sens de l'article 223 A, qu'il soit fait application des dispositions des articles 223 F et 223 R prévues en cas de sortie du groupe au titre de l'exercice de décision de la dissolution,
- que les résultats de la société dissoute soient pris en compte par l'associé unique exercice par exercice. Pour être valable, cette option devra être expressément prévue par une clause de la décision de dissolution précisant son point de départ.

67. Exemple :

Soient une société A et une société B dont les exercices coïncident avec l'année civile. A est l'associé unique de B depuis sa création en N – 3.

La décision de dissolution de la société B est constatée dans le procès-verbal du conseil d'administration de l'associé unique A le 23 décembre N et publiée au journal d'annonces légales le 27 décembre N.

La transmission du patrimoine de la société B à la société A a lieu le 27 janvier N + 1, à l'issue du délai d'opposition de 30 jours.

1re possibilité : La décision ne comporte aucune option fiscale pour une quelconque rétroactivité. Dans ce cas, l'opération produit ses effets au 27 janvier N + 1.

2e possibilité : La décision comporte expressément une option fiscale pour une rétroactivité au 1er janvier N +1. La période de rétroactivité opposable à l'administration part du premier jour de l'exercice en cours à la date du terme du délai d'opposition des créanciers, soit le 1er janvier N +1.

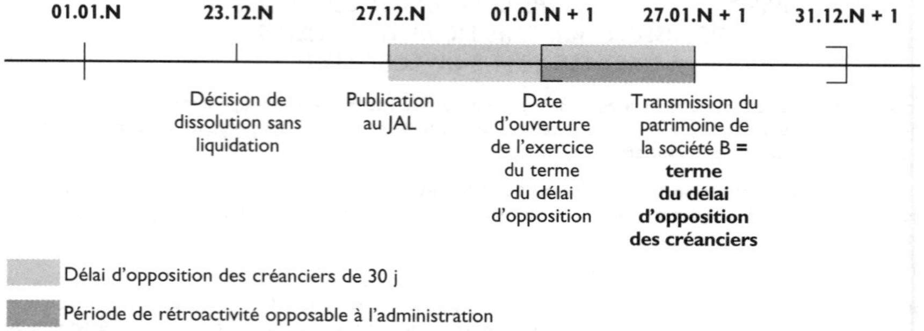

3e possibilité : la décision comporte expressément une option fiscale pour une rétroactivité au 1er janvier N.

La période de rétroactivité opposable à l'administration part du 1er jour de l'exercice en cours à la date de la décision de l'opération de dissolution, soit le 1er janvier N.

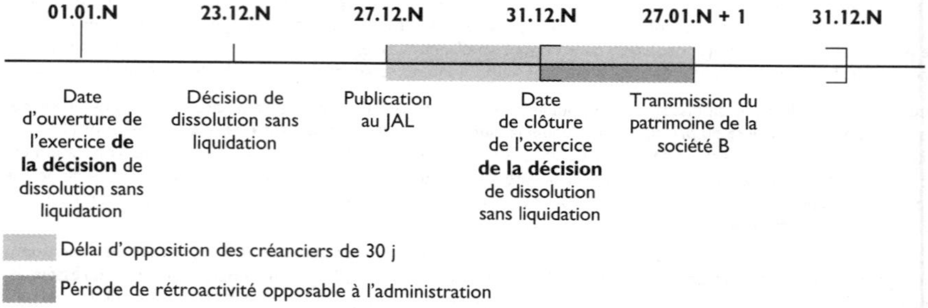

Par hypothèse, les résultats de la société dissoute pour chaque période sont les suivants :
- du 1er janvier au 23 décembre N : + 100 000 € ;
- du 24 au 31 décembre N : – 1 000 € ;
- du 1er au 26 janvier N +1 : – 3 000 €.

Chez l'associé unique, les résultats de B seront pris en compte :

– dans la deuxième hypothèse (rétroactivité limitée au 1er janvier N + 1) pour un montant de :

- – 3 000 € au titre de l'exercice N + 1.

– dans la troisième hypothèse (rétroactivité étendue au 1er janvier N) pour un montant de :

- + 99 000 € (= 100 000 € – 1 000 €) au titre de l'exercice N,
- – 3 000 € au titre de l'exercice N + 1.

DB liée : série 4 I , BOI liés : 4 I-1-00, 4 I-2-00, 4 I-1-01, 4 I-1-02, 4 I-2-02, 4 I-1-03, sauf BOI 4 I-1-03 n°s 25 à 27, 29, 31 et 32 supprimés.

La Directrice de la législation fiscale
Marie-Christine LEPETIT

Annexe 1

Loi n° 2004-1485 du 30 décembre 2004 de finances rectificative pour 2004

Article 42

I. - Le code général des impôts est ainsi modifié :

A. - L'article 209 est ainsi modifié :

1° Le II est ainsi modifié :

a) Les cinquième, sixième et septième alinéas sont supprimés ;

b) Après le premier alinéa, il est inséré un alinéa ainsi rédigé :

« En cas de scission ou d'apport partiel d'actif, les déficits transférés sont ceux afférents à la branche d'activité apportée. » ;

2° Après le II, il est inséré un II bis ainsi rédigé :

« II bis. - En cas de reprise d'un passif excédant la valeur réelle de l'actif qui est transféré à l'occasion d'une opération mentionnée au 3° du I de l'article 210-0 A, la charge correspondant à cet excédent ne peut être déduite. »

B. - Le 1 de l'article 210 A est complété par un alinéa ainsi rédigé :

« L'inscription à l'actif de la société absorbante du mali technique de fusion consécutif à l'annulation des titres de la société absorbée ne peut donner lieu à aucune déduction ultérieure. »

C. - La première phrase du I de l'article 54 septies est complétée par les mots : « , et la valeur du mali technique de fusion mentionné au troisième alinéa du 1 de l'article 210 A ».

D. - Au deuxième alinéa du c du 6 de l'article 223 I, les mots : « dans la limite prévue aux cinquième à septième alinéas du II de l'article 209 » sont supprimés, et les mots : « du même article » sont remplacés par les mots : « de l'article 209 ».

E. - Après l'article 237 sexies, il est inséré un article 237 septies ainsi rédigé :

« Art. 237 septies. - I. - La majoration ou la minoration du bénéfice imposable du premier exercice ouvert à compter du 1er janvier 2005 résultant de l'application aux immobilisations de la méthode par composants est répartie, par parts égales, sur cet exercice et les quatre exercices ou périodes d'imposition suivants.

Toutefois, lorsque le montant de la majoration ou minoration mentionnée à l'alinéa précédent n'excède pas 150 000 €, l'entreprise peut renoncer à l'étalement prévu à ce même alinéa.

II. - Le montant des charges à répartir, à l'exception des droits de mutation, honoraires ou commissions et frais d'actes, transféré dans un compte d'immobilisation au titre des exercices ouverts à compter du 1er janvier 2004, ne peut être amorti ou déprécié.

Pour l'application des dispositions de l'article 39 duodecies, les plus ou moins-values sont respectivement majorées ou minorées du montant des charges à répartir mentionnées au premier alinéa diminué des amortissements exclus des charges déductibles en application du même alinéa.

III. - Un décret en Conseil d'Etat précise les conditions d'application du I. »

II. - Les dispositions des A à D du I sont applicables aux opérations de fusions et assimilées réalisées à compter du 1er janvier 2005.

Annexe 2

Comité de réglementation comptable

Règlement n° 2004-01 du 4 mai 2004 relatif au traitement comptable des fusions et opérations assimilées

Le Comité de la réglementation comptable,

Vu le code de commerce ;

Vu la loi n° 98-261 du 6 avril 1998 portant réforme de la réglementation comptable et adaptation du régime de la publication foncière ;

Vu le règlement n° 99-03 du 29 avril 1999 du Comité de la réglementation comptable relatif à la réécriture du plan comptable général modifié par les règlements n° 99-08 et 99-09 du 24 novembre 1999, n° 2000-06 du 7 décembre 2000, n° 2002-10 du 12 décembre 2002 et n° 2003-07 du 12 décembre 2003 ;

Vu l'avis n° 2004-01 du 25 mars 2004 du Conseil national de la comptabilité relatif au traitement comptable des fusions et opérations assimilées ;

Décide

Article 1

Les opérations de fusions et opérations assimilées rémunérées par des titres et retracées dans un traité d'apport, y compris les confusions de patrimoine, sont comptabilisées et évaluées conformément aux dispositions du présent règlement et à son annexe.

Article 2

Titre III - Règles de comptabilisation et d'évaluation.

Chapitre II – Évaluation et mode de comptabilisation des actifs et passifs.

Section 1 – Évaluation des actifs à la date d'entrée.

L'article 321-2.1, (coût d'acquisition) du règlement n° 99.03 du CRC est modifié comme suit :

« Dans les cas ci-après, le prix d'achat s'entend :

....

b. « pour les biens et titres reçus à titre d'apports en nature par la société bénéficiaire, pour les valeurs figurant dans le traité d'apport, déterminées et évaluées selon les dispositions de l'annexe 1 au règlement (n° 99.03).

Les apports de biens et titres isolés, sont évalués comme des échanges à la valeur vénale »

....

Article 3

Titre IV – Tenue, structure et fonctionnement des comptes.

Chapitre IV – Fonctionnement des comptes.

Compte 442 – section 1-20 – Immobilisation incorporelle.

Le dernier alinéa de l'article 441-20 compte 207 « Fonds commercial » est complété comme suit :

« Le compte 207 enregistre également le mali de fusion ».

Article 4

Titre V – Documents de synthèse.

Chapitre III – Modèles de comptes annuels. Annexe.

Section 1 – Contenu de l'annexe.

Article 531-2 – Compléments d'information relatifs au bilan et au compte de résultat. Il est créé une rubrique 531-2/29 rédigée comme suit :

« Pour les opérations de fusion et opérations assimilées, la société doit mentionner les informations prévues dans l'annexe 1 au règlement (n °99-03) ».

Article 5

Le présent règlement s'applique aux opérations de fusion ou opérations assimilées, postérieures au 1er janvier 2005.

Toutefois les sociétés peuvent appliquer le présent règlement aux opérations postérieures à sa date de publication au journal officiel, c'est-à-dire aux opérations dont le traité d'apport aura fait l'objet des formalités de dépôt et de publicité prévues par l'article L 236-6 du code de commerce.

Annexe (au règlement n° 2004-01)

Comptabilisation et évaluation des opérations de fusions et opérations assimilées, rémunérées par des titres et retracées dans un traité d'apport, y compris les confusions de patrimoine

1 - Champ d'application

Le règlement s'applique à la comptabilisation dans les comptes individuels, de toutes les opérations de fusions et opérations assimilées rémunérées par des titres et retracées dans un traité d'apport prévu à l'article L 236-6 du code de commerce.

• **Fusion de sociétés : opération ainsi définie à l'article L 236-1 alinéa 1er du code de commerce « une ou plusieurs sociétés peuvent, par voie de fusion, transmettre leur patrimoine à une société existante ou à une nouvelle société qu'elles constituent ».** La fusion est une opération par laquelle une société disparaît, soit lors de son absorption par une autre société (fusion absorption), soit parce qu'elle participe avec d'autres personnes morales à la constitution d'une nouvelle société (fusion par constitution d'une nouvelle société).

• **Fusion simplifiée : opération correspondant à l'absorption par une société, d'une ou plusieurs de ses filiales détenues à 100 %.**

• **Apport partiel d'actifs constituant une branche d'activité : opération par laquelle une société apporte un ensemble d'actifs et de passifs constituant une branche autonome, à une autre personne morale et reçoit en échange des titres remis par la société bénéficiaire des apports.**

Les apports de titres de participation représentatifs du contrôle (cf. § 4.1 « analyse des situations de contrôle ») de cette participation sont assimilés à des apports partiels d'actifs constituant une branche d'activité et entrent dans le champ d'application du présent règlement. Les autres apports de titres sont évalués à la valeur vénale.

Les apports d'actifs isolés exclus du champ d'application du présent règlement sont évalués comme des échanges à la valeur vénale.

• **Scission de sociétés : opération définie à l'article L 236-1 alinéa 2 du code de commerce comme une transmission du patrimoine d'une société « à plusieurs sociétés ».**

• **Confusion de patrimoine : cette opération visée à l'article 1844-5 du code civil conduit à la dissolution d'une société dont toutes les parts sont réunies en une seule main et entraîne la transmission universelle de son patrimoine à l'associé unique, sans qu'il y ait lieu à liquidation.** Bien qu'un traité d'apport ne soit pas expressément prévu pour ces opérations, elles doivent suivre le même traitement comptable (cf. § 7).

2 - Principe d'inscription des apports dans les comptes de la société bénéficiaire

Les apports sont inscrits dans les comptes de la société bénéficiaire pour les valeurs figurant dans le traité d'apport. **Ces valeurs sont déterminées selon les modalités exposées aux §§ 4.3 et 4.4 du présent règlement.**

3 - Définitions

• **Société absorbante ou société bénéficiaire des apports : société qui reçoit les apports en vertu du traité d'apport et qui remet des titres en rémunération desdits apports.**

• **Société absorbée ou société apporteuse : société qui transfère à la société absorbante ou à la bénéficiaire des apports, les actifs et les passifs mentionnés dans le traité d'apport.**

• **Société initiatrice : société qui d'un point de vue économique prend l'initiative des opérations et prend le contrôle :**

• du capital d'une autre société ou renforce son contrôle sur celui-ci ;

• d'une branche d'activité apportée par une autre société.

Société cible : société (ou branche d'activité) qui d'un point de vue économique, passe sous le contrôle de la société initiatrice, ou dont le contrôle est renforcé.

4 - Méthodologie d'évaluation des apports

Le présent règlement concerne les modalités d'évaluation des apports et ne vise pas celles retenues pour le calcul de la parité.

Les apports sont évalués à la valeur comptable ou à la valeur réelle, selon la situation de contrôle au moment de l'opération et le sens de l'opération.

4.1 - Analyse de la situation de contrôle au moment de l'opération

Pour chaque opération (qui ne peut concerner que des personnes morales), il convient de déterminer s'il s'agit :

• **d'opérations impliquant des sociétés sous contrôle commun, i.e. une des sociétés participant à l'opération contrôle préalablement l'autre ou les deux sociétés sont préalablement sous le contrôle d'une même société mère ;**

• **d'opérations impliquant des sociétés sous contrôle distinct, i.e. aucune des sociétés participant à l'opération ne contrôle préalablement l'autre ou ces sociétés ne sont pas préalablement sous le contrôle d'une même société mère.**

En cas de filialisation d'une branche d'activité appelée à être cédée à une société sous contrôle distinct, la notion d'opération doit être analysée en tenant compte de l'objectif de cession qui préside à la filialisation. Cet objectif se matérialise par l'existence d'un engagement préalable de cession ou d'introduction en bourse en vigueur lors de la filialisation, conduisant à une perte de contrôle et mentionné explicitement dans le traité d'apport.

La notion de contrôle d'une société est définie au paragraphe 1002 du règlement n° 99-02 du CRC relatif aux comptes consolidés des sociétés commerciales et entreprises publiques modifié par le règlement n° 2004-03. Ces règles sont reprises par le règlement n° 99-07 relatif aux règles de consolidation des entreprises relevant du Comité de la réglementation bancaire et financière modifié par le règlement n° 2004-04 et le règlement n° 2000-05 relatif aux règles de consolidation et de combinaison des entreprises régies par le code des assurances et des institutions de prévoyance régies par le code de la sécurité sociale ou par le code rural modifié par le règlement n° 2004-05.

« Le contrôle exclusif est le pouvoir de diriger les politiques financière et opérationnelle d'une entreprise afin de tirer avantage de ses activités. Il résulte :

• soit de la détention directe ou indirecte de la majorité des droits de vote dans une autre entreprise ;

• soit de la désignation, pendant deux exercices successifs de la majorité des membres des organes d'administration, de direction ou de surveillance d'une autre entreprise ; l'entreprise consolidante est présumée avoir effectué cette désignation lorsqu'elle a disposé, au cours de cette période, directement ou indirectement, d'une fraction supérieure à quarante pour cent des droits de vote et qu'aucun autre associé ou actionnaire ne détenait, directement ou indirectement, une fraction supérieure à la sienne ;

• soit du droit d'exercer une influence dominante sur une entreprise en vertu d'un contrat ou de clauses statutaires, lorsque le droit applicable le permet. L'influence dominante existe dès lors que, dans les conditions décrites ci-dessus, l'entreprise consolidante a la possibilité d'utiliser ou d'orienter l'utilisation des actifs de la même façon qu'elle contrôle ses propres actifs ».

4.2 - Détermination du sens des opérations

4.2.1 - Opérations à l'endroit

Fusion à l'endroit : après la fusion, l'actionnaire principal de l'absorbante, bien que dilué (sauf dans les cas de fusion simplifiée), conserve son pouvoir de contrôle sur celle-ci :

• la cible est la société absorbée ;

• l'initiatrice est la société absorbante ou l'une de ses filiales.

Apport à l'endroit : après l'apport, l'actionnaire principal de la société bénéficiaire des apports, bien que dilué, conserve son pouvoir de contrôle sur celle-ci :

• la cible est la société dont une branche d'activité est apportée ;

• l'initiatrice est la société bénéficiaire des apports ou l'une de ses filiales.

4.2.2 - Opérations à l'envers

Fusion à l'envers : après la fusion, l'actionnaire principal de l'absorbée prend le contrôle de l'absorbante :

• la cible est la société absorbante ;

• l'initiatrice est la société absorbée ou sa société mère.

Apport à l'envers : après l'apport, la société apporteuse prend le contrôle de la société bénéficiaire des apports, ou renforce son contrôle sur celle-ci :

• la cible est la société bénéficiaire des apports ;

• l'initiatrice est la société apporteuse ou sa société mère.

4.3 - Principe de détermination de la valeur d'apport

Les apports sont évalués comme suit en fonction de la situation de la société absorbante ou de la bénéficiaire des apports et de l'existence ou non d'un contrôle commun entre les sociétés participant à l'opération :

• Apports évalués à la valeur comptable

• (1) et (2). Opérations à l'endroit ou à l'envers impliquant des sociétés sous contrôle commun. Avant l'opération, la situation de contrôle est déjà établie entre la société initiatrice et la société cible. L'opération de regroupement correspond donc à un renforcement de contrôle ou à un maintien de contrôle (cas des fusions simplifiées et des opérations de transmission universelle de patrimoine) et, dans la logique des comptes consolidés, il convient de ne pas réévaluer l'ensemble des actifs et passifs apportés.

• **(3). Opérations à l'envers impliquant des sociétés sous contrôle distinct.** Compte tenu des contraintes légales, les actifs et passifs de la cible (correspondant à l'absorbante ou à la bénéficiaire des apports) ne peuvent pas être comptabilisés à leur valeur réelle parce qu'ils ne figurent pas dans le traité d'apport. En effet, les actifs et les passifs figurant dans le traité d'apport sont ceux de la société initiatrice ; ils n'ont pas à être réévalués.

• **Apports évalués à la valeur réelle**

(4). Opérations à l'endroit impliquant des sociétés sous contrôle distinct. Avant l'opération, la situation de contrôle n'est pas établie entre la société initiatrice et la société cible. L'opération de regroupement correspond donc à une prise de contrôle et dans la logique des comptes consolidés, il convient de traiter cette opération comme une acquisition à la valeur réelle. Cette analyse s'applique également aux opérations de filialisation suivies d'une cession à une société sous contrôle distinct (cf. § 4.1). Si la cession ne se réalise pas selon les modalités initialement prévues, la condition résolutoire mentionnée dans le traité d'apport s'applique. Il convient alors d'analyser à nouveau l'opération et de modifier les valeurs d'apport. Pour ces opérations, il est ainsi nécessaire de mentionner, dans le traité d'apport, à la fois les valeurs comptables et les valeurs réelles des actifs et passifs.

Valorisation des apports Notion de contrôle N	Valeur comptable	Valeur réelle
Opérations impliquant des sociétés	X	
sous contrôle commun	X	
Opérations à l'endroit (1) Opérations à l'envers (2)		
Opérations impliquant des sociétés sous contrôle distinct	X	X
Opérations à l'envers (3) Opérations à l'endroit (4)		

(1), (2), (3) et (4) voir ci-dessus

Par dérogation, lorsque les apports doivent être évalués à la valeur nette comptable en application des règles exposées ci-dessus et que l'actif net comptable apporté est insuffisant pour permettre la libération du capital, les valeurs réelles des éléments apportés doivent être retenues. Cette dérogation ne peut par définition s'appliquer ni aux opérations de dissolution par confusion de patrimoine ni aux fusions simplifiées.

4.4 - Détermination des valeurs individuelles des apports

• **Lorsque les apports sont évalués à la valeur réelle, les valeurs individuelles des actifs et passifs apportés correspondent aux valeurs réelles attribuées à chacun des éléments inscrits dans le traité d'apport, figurant ou non à l'actif (par exemple les marques ou les impôts différés actifs) ou au passif (par exemple les provisions pour retraites ou les impôts différés passifs) du bilan de l'absorbée ou de la société apporteuse à la date de l'opération.** Ces valeurs s'apprécient en fonction du marché et de l'utilité du bien pour la société. Pour l'établissement de ces valeurs, la société utilise les références ou les techniques les mieux adaptées à la nature du bien, telles que les prix de marché, les indices spécifiques et des expertises indépendantes.

La différence éventuelle entre la valeur globale des apports et la somme algébrique des valeurs réelles des actifs et passifs identifiés, est également inscrite dans le traité d'apport ou autre document faisant foi, sur une ligne « fonds commercial », reprise comme telle au bilan de la société bénéficiaire.

Le traitement ultérieur des éléments ne figurant pas dans les comptes de l'absorbée (par exemple provisions pour retraites, actifs et passifs d'impôts différés) est analogue à celui prévu au dernier alinéa du paragraphe 21123 « Suivi ultérieur des valeurs d'entrée » des règlements n° 99-02, n° 99-07 et n° 2000-05 du CRC.

• **Lorsque les apports sont évalués à la valeur comptable, les valeurs comptables individuelles des actifs et passifs apportés correspondent aux valeurs de chaque actif et passif figurant dans les comptes de l'absorbée ou de la société apporteuse à la date d'effet de l'opération.**

4.5 - Traitement du boni et du mali de fusion

Lorsque la société absorbante a acquis des titres de la société absorbée antérieurement à la date de l'opération de fusion, un boni ou mali peut apparaître lors de l'annulation de ces titres auxquels se substituent les actifs et passifs de la société absorbée.

4.5.1 - Traitement du boni de fusion

Le boni représente l'écart positif entre l'actif net reçu par la société absorbante à hauteur de sa participation détenue dans la société absorbée, et la valeur comptable de cette participation.

Le boni est comptabilisé dans le résultat financier à hauteur de la quote part des résultats accumulés par la société absorbée depuis l'acquisition et non distribués et, dans les capitaux propres pour le montant résiduel ou si les résultats accumulés ne peuvent être déterminés de manière fiable.

4.5.2 - Traitement du mali pour les opérations évaluées à la valeur comptable

Le mali de fusion représente l'écart négatif entre l'actif net reçu par la société absorbante à hauteur de sa participation détenue dans la société absorbée, et la valeur comptable de cette participation. Le mali de fusion peut être décomposé en deux éléments :

- **un mali technique généralement constaté pour les fusions ou les opérations de transmission universelle de patrimoine évaluées à la valeur comptable lorsque la valeur nette des titres de la société absorbée figurant à l'actif de la société absorbante est supérieure à l'actif net comptable apporté. Cette composante du mali correspond, à hauteur de la participation antérieurement détenue aux plus-values latentes sur éléments d'actif comptabilisés ou non dans les comptes de l'absorbée déduction faite des passifs non comptabilisés en l'absence d'obligation comptable dans les comptes de la société absorbée (par exemple provisions pour retraites, impôts différés passifs).**
- **Au-delà du mali technique, le solde du mali qui peut être représentatif d'un complément de dépréciation de la participation détenue dans la société absorbée, doit être comptabilisé dans le résultat financier de la société absorbante de l'exercice au cours duquel l'opération est réalisée.**

La société absorbante ou bénéficiaire des apports inscrit la totalité du mali technique dans un sous compte intitulé « mali de fusion » du compte 207 « fonds commercial ».

À la date de l'opération, afin de suivre dans le temps la valeur du mali, les entreprises procèdent de manière extra-comptable, à l'affectation de ce mali aux différents actifs apportés par la société apporteuse dans la mesure où la plus-value latente constatée par actif est significative. Cette affectation peut être faite selon les modalités suivantes :

- détermination de la valeur réelle à la date de l'opération (et non à la date d'acquisition des titres), des actifs de la société absorbée y compris ceux ne figurant pas dans ses comptes ;
- calcul du montant des plus-values latentes par différence entre cette valeur et la valeur comptable sociale de chaque actif ;
- affectation extra-comptable du mali technique aux différents actifs au prorata des plus-values latentes et dans la limite de celles-ci.

Les modalités de calcul des plus-values latentes et de l'affectation du mali sont présentées à l'aide du tableau ci-après.

Identification du bien (1)	Valeur comptable sociale (2)	Valeur réelle latente (2) - (1)	Plus value des plus values latentes et dans la limite de celles-ci (3)	Affectation du mali au prorata
Actifs figurant dans les comptes de l'absorbée				
Actif 1				
Actif 2				
Actifs ne figurant pas dans les comptes de l'absorbée				
Actif 3				
Actif 4				
Total				

Le mali n'est pas un élément amortissable car la durée de consommation de ses avantages économiques futurs ne peut être déterminée a priori de façon fiable. Cependant les éléments constitutifs du mali, tels que définis précédemment, doivent faire l'objet d'un test de dépréciation prévu à l'article 322-5 du règlement n° 99-03 du CRC (modifié par le règlement n° 2002-10) et selon les modalités exposées ci-après.

Le mali subit une dépréciation lorsque la valeur actuelle d'un ou plusieurs actifs sous-jacents auxquels une quote-part de mali a été affectée devient inférieure à la valeur comptable du ou des actifs précités, majorée de la quote-part de mali affectée. La valeur actuelle correspond à la valeur la plus élevée de la valeur vénale ou de la valeur d'usage (cf. article 322-1 du règlement n° 99-03 du CRC modifié par le règlement n° 2002-10).

En cas de sortie d'un actif auquel une quote-part de mali a été affectée, le mali doit être réduit à due concurrence. Ce traitement est analogue à celui retenu dans les comptes consolidés pour l'écart d'acquisition dans le cas d'une cession d'une branche d'activité (cf. paragraphe 23102 des règlements n° 99-02, n° 99-07 et n° 2000-05).

5 - Évènements de la période intercalaire

5.1 - Traitement de la perte de rétroactivité

L'obligation de libération des apports doit être appréciée à la date de réalisation définitive de l'opération (AGE des sociétés participant à l'opération).

En cas d'effet rétroactif, lorsque la valeur des apports à la date d'effet risque de devenir, du fait d'une perte intercalaire, supérieure à la valeur réelle globale de la société à la date de réalisation de l'opération, une provision pour perte de rétroactivité est constatée au passif pris en charge dans le traité d'ap-

port, réduisant d'autant le montant des apports pour répondre à l'obligation de libération du capital. La société absorbante l'inscrit dans un sous-compte de la prime de fusion, et non en provisions pour risques et charges. En effet, elle ne doit pas reprendre en résultat une provision qui n'a jamais été dotée comptablement. Lors de l'affectation du résultat de l'absorbante, la perte de l'absorbée constatée durant la période intercalaire est imputée sur le sous-compte de la prime de fusion. Après cette imputation, le solde du sous compte de la prime de fusion est intégré à la prime de fusion.

Toutefois, l'existence d'une perte intercalaire ne conduit pas systématiquement à la constatation d'une provision, en effet :

• **lorsque les apports sont évalués à la valeur réelle, la valeur d'utilité de chacun des apports est estimée en tenant compte des flux de trésorerie futurs.** Ces prévisions de trésorerie intègrent nécessairement les résultats prévisionnels des quelques mois entre la date d'effet de la fusion et sa date de réalisation. La perte de rétroactivité est par conséquent déjà intégrée dans l'évaluation des apports. Sauf événements significatifs non prévus durant la période intercalaire, qui remettraient en cause les évaluations faites, la provision pour perte ne se justifie pas dans le traité d'apport aux valeurs réelles.

Les événements significatifs non prévus pouvant conduire à la constatation d'une provision pour perte de rétroactivité peuvent être les suivants :

• constatation d'une perte intercalaire supérieure à la perte estimée ;

• perte exceptionnelle d'un actif ;

• remise en cause des hypothèses ayant servi à l'évaluation des flux de trésorerie : changement de taux d'actualisation, modification dans la détermination des flux de trésorerie.

• **lorsque les apports sont évalués à la valeur comptable, la valeur totale des apports inscrite dans le traité est en général inférieure à la valeur globale de la société absorbée.**

5.2 - Traitement des opérations réciproques

Les opérations réciproques réalisées entre la société absorbée et la société absorbante ou correspondant à la branche d'activité apportée en cas d'apport partiel d'actif durant la période intercalaire, sont éliminées comptablement selon les modalités suivantes (règles identiques à celles prévues par les règlements CRC n° 99-02, 99-07 et 2000-05 relatifs aux règles de consolidation) et en fonction du caractère significatif des opérations.

5.2.1 - Opérations n'affectant pas le résultat

Les créances et dettes réciproques ainsi que les produits et charges réciproques sont éliminés en totalité. Les incidences fiscales des opérations réciproques continuent cependant à être comptabilisées (TVA). Les effets à recevoir et les effets à payer s'éliminent réciproquement mais, lorsque l'effet à recevoir est remis à l'escompte, le concours bancaire consenti au groupe est substitué à l'effet à payer.

5.2.2 - Opérations affectant le résultat

④ *Profits et pertes internes*

Les profits et les pertes ainsi que les plus-values et moins-values réciproques sont éliminés en totalité. En cas d'élimination de pertes, il convient de s'assurer que la valeur de l'élément de l'actif cédé n'est pas supérieure à la valeur réelle de cet élément. L'élimination des incidences des opérations internes portant sur des actifs a pour conséquence de les maintenir à leur valeur d'apport dans le bilan de la société fusionnée.

④ *Dividendes versés par la société absorbée*

Si la réalisation de l'opération intervient après l'assemblée générale ordinaire de la société absorbée ayant approuvé les comptes clos à la date d'effet, afin de répondre à l'obligation juridique de libération du capital, il convient d'inclure les dividendes dans le passif pris en charge. **Dans les cas où l'absorbante détient une participation dans la société absorbée, les dividendes à verser comptabilisés dans le passif pris en charge incluent ceux revenant à l'absorbante.**

Afin d'éviter que l'absorbante appréhende à la fois le résultat de l'absorbée (bénéficiaire) au titre de l'exercice de la fusion en application de la clause de rétroactivité, et les dividendes auxquels elle a droit au titre de l'exercice précédant la fusion, il convient d'annuler le produit correspondant à ces derniers par :

• **le crédit du compte prime de fusion ;**

• **ou du compte report à nouveau si la société souhaite dans l'exercice de l'opération, distribuer un acompte sur dividendes comprenant ces dividendes reçus pendant la période intercalaire.**

6 - Frais imputables sur la prime de fusion

Conformément à l'avis n° 2000-D du Comité d'urgence, seuls les coûts externes directement liés à l'opération, i.e. les dépenses qui n'auraient pas été engagées en l'absence de cette opération, constituent, sur le plan comptable, des frais d'émission de titres.

Les coûts externes considérés comme des frais d'émission peuvent être imputés sur la prime de fusion, comptabilisés en charges de l'exercice ou inscrits à l'actif en frais d'établissement.

7 - Cas particulier de l'opération de confusion de patrimoine

Les opérations de dissolution par confusion de patrimoine étant par définition toujours réalisées entre entreprises sous contrôle commun, les actifs et passifs de l'entreprise dissoute sont toujours transmis à leur valeur comptable telle que définie au § 4.4. du présent règlement.

Le traitement du mali et du boni pouvant apparaître lors de l'annulation dans les comptes de l'entreprise bénéficiaire de la transmission universelle de patrimoine suit les règles générales exposées au § 4.5.5 du présent règlement.

La rétroactivité des opérations de dissolution par confusion de patrimoine n'étant pas prévue par le code civil, le § 5 du présent règlement n'est pas applicable à ce type d'opérations.

Les écritures comptables sont reprises chez l'absorbante à l'issue du délai d'opposition des créanciers tel que prévu par l'article susvisé.

8 - Informations devant figurer dans l'annexe

Pour toutes les opérations entrant dans le champ d'application de ce règlement, la société absorbante ou bénéficiaire des apports doit mentionner les informations suivantes dans l'annexe de ses comptes annuels de l'exercice de l'opération.

• Pour toute opération visée par le présent règlement, la société doit mentionner le contexte de l'opération, les modalités d'évaluation des apports retenues ainsi que l'adoption éventuelle de traitements dérogatoires prévus par le règlement (filialisation de branche d'activité et actif net comptable apporté insuffisant pour permettre la libération du capital).

• Lorsqu'une opération a conduit à la constatation d'un boni, la société doit mentionner le traitement retenu.

• Lorsqu'une opération a conduit à la constatation d'un mali, la société doit mentionner les éléments significatifs sur lequel le mali a été affecté. Elle doit aussi mentionner les modalités de dépréciation et sortie définitive du mali.

• Lorsqu'une perte intercalaire est enregistrée, la société doit mentionner le montant inscrit dans le sous-compte de la prime de fusion.

Instruction du 20 mars 2006 (BOI 3 A-6-06)

L'article 89 de la loi de finances rectificative pour 2005 (n° 2005-1720 du 30 décembre 2005) transpose en droit interne la faculté prévue à l'article 5 paragraphe 8 de la sixième directive TVA n° 77/388CEE du 17 mai 1977.

L'article 257 bis du code général des impôts (CGI) prévoit désormais que les livraisons ou prestations intervenues dans le cadre des transmissions d'universalités totales ou partielles de biens sont dispensées de TVA.

1. L'article 5, paragraphe 8, et l'article 6, paragraphe 5, de la sixième directive TVA permettent aux États membres de ne pas exiger l'imposition à la TVA des cessions de biens et des prestations de services réalisées dans le cadre de la transmission à titre onéreux ou à titre gratuit ou sous forme d'apport à une société d'une universalité totale ou partielle de biens dès lors que le bénéficiaire continue la personne du cédant, tout en les autorisant à prendre, le cas échéant, les dispositions nécessaires pour éviter des distorsions de concurrence dans le cas où le bénéficiaire n'est pas un assujetti total.

2. L'article 89 de la loi de finances rectificative pour 2005 transpose cette faculté, notamment par la création au code général des impôts d'un article 257 bis dispensant de TVA les livraisons, les prestations de services et les opérations mentionnées aux 6° et 7° de l'article 257 du même code lorsqu'elles sont réalisées entre redevables de la taxe à l'occasion de la transmission à titre onéreux ou à titre gratuit ou sous forme d'apport à une société, d'une universalité totale ou partielle de biens.

I. Transmission d'universalité totale ou partielle de biens. Définition.

3. La notion de « transmission à titre onéreux ou à titre gratuit ou sous forme d'apport à une société, d'une universalité totale ou partielle de biens » doit être interprétée à la lumière de la jurisprudence de la Cour de justice des Communautés européennes (CJCE) (Cf. arrêt rendu le 27 novembre 2003 dans l'affaire C-497/01 « Zita Modes ») . Elle concerne « le transfert d'un fonds de commerce ou d'une partie autonome d'une entreprise, comprenant des éléments corporels et, le cas échéant, incorporels qui, ensemble, constituent une entreprise ou une partie d'une entreprise susceptible de poursuivre une activité économique autonome. »

4. Cette notion ne couvre pas les transferts de biens et de services réalisés au profit d'une personne qui n'entend pas exploiter l'universalité ainsi transmise mais simplement liquider immédiatement l'activité concernée. Il en est ainsi de la simple cession de biens, telle que la vente d'un stock de produits ou de la vente isolée d'un bien immobilisé en dehors de toute opération de transmission d'entreprise ou de restructuration.

5. Le bénéficiaire de la transmission est réputé continuer la personne du cédant en poursuivant l'exploitation de l'universalité transmise sous une forme ou une autre. Il n'est toutefois pas exigé qu'il ait préalablement exercé la même activité que le cédant ou qu'il poursuive strictement la même activité que celle précédemment exercée par le cédant.

6. Conformément à ces principes, sont notamment regardés comme la transmission d'une universalité totale ou partielle de biens :
– les apports globaux, effectués dans le cadre d'une opération de fusion, d'absorption ou de scissions et les apports partiels d'actifs constatés à l'occasion, par exemple, de la restructuration d'un groupe (apport 2 d'une branche complète d'activité) ;
– les mutations à titre onéreux et apports de fonds de commerce ou d'exploitations agricoles, commerciales ou professionnelles. Il en est ainsi notamment des apports de fonds de commerce donnés en location-gérance qui permettent la poursuite d'une activité économique autonome, la location-gérance ne constituant qu'un simple mode d'exploitation du fonds ;
– la transmission d'une exploitation agricole même en cas de conservation par l'exploitant agricole qui cède ou apporte son exploitation de la parcelle de subsistance prévue à l'article L. 353-1 du code rural ou de stocks et les mutations partielles d'exploitation agricoles réalisées dans le cadre de plans de transmission si elles portent sur des branches complètes d'activité (notamment une branche complète d'activité constituée par l'ensemble des éléments investis dans une division de société qui constitue au point de vue technique une exploitation autonome, c'est-à-dire un ensemble capable de fonctionner par ses propres moyens dans des conditions pouvant être qualifiées de normales dans le secteur considéré (Documentation administrative 4 I-221 et 7 H-3851)) ;
– la transmission d'une exploitation agricole à la suite de la dissolution de la communauté conjugale par divorce ou par le décès d'un conjoint commun en biens, à l'un des membres de ladite communauté qui vient immédiatement continuer l'activité de celle-ci ;
– la transmission d'une entreprise à la suite d'une procédure d'apurement collectif du passif ;
– la transmission universelle du patrimoine réalisée dans le cadre d'une opération de dissolution sans liquidation par confusion de patrimoine (article 1844-5 du code civil) ;
– les transferts de compétence réalisés entre collectivités locales et établissements publics de coopération intercommunale en application des articles L. 1321-1 et suivants du code général des collectivités territoriales (cf. BOI 3 D-2-02 du 17 mai 2002) ;
– les transferts de biens opérés lors de changements de mode d'exploitation des services publics.

II. Nature du cédant et du bénéficiaire

7. L'application de la dispense de taxation aux transmissions d'une universalité totale ou partielle de biens est subordonnée à ce qu'elles interviennent entre deux assujettis redevables de la TVA au titre de l'universalité transmise. La dispense de taxation ne s'applique donc pas lorsque la transmission est réalisée par un assujetti redevable de la taxe au bénéfice d'un assujetti non redevable.

8. En revanche, la dispense est autorisée lorsque la transmission est réalisée entre deux personnes ayant toutes deux ou pour l'une seulement d'entre elles la qualité de redevable partiel au titre de l'universalité transmise. Dans ces hypothèses, le bénéficiaire de la transmission, qui est réputé continuer la personne du cédant, est, le cas échéant, tenu d'opérer, au titre des biens d'investissements transmis dans le délai de régularisation, les régularisations du droit à déduction exigibles (article 215 de l'annexe II au CGI).

III. Biens et services concernés

9. La dispense de taxation s'applique à l'ensemble des biens et des services qui appartiennent à l'universalité transmise, et ce, quelle que soit leur nature, à savoir :
– aux transferts de marchandises neuves et d'autres biens détenus en stocks ;
– aux transferts de biens mobiliers corporels d'investissement qui ont ouvert droit à déduction complète ou partielle de la TVA lors de leur achat, acquisition intracommunautaire, importation ou livraison à soi-même ;
– aux transferts de biens mobiliers incorporels d'investissement ;
– et aux transferts d'immeubles et de terrains à bâtir. Lorsque a cession de l'immeuble entre dans le champ d'application des dispositions du 7° de l'article 257 du CGI, elle n'est pas prise en compte pour l'application du 2 de ce même article.

IV. Régularisations

10. Les transferts de biens d'investissement réalisés dans le cadre de la transmission d'une universalité totale ou partielle de biens, dans le délai de régularisation prévu à l'article 210 de l'annexe II au CGI, ne donnent pas lieu, chez le cédant, aux régularisations du droit à déduction prévues à cet article.

11. Le bénéficiaire de la transmission est réputé continuer la personne du cédant. Il est donc tenu, s'il y a lieu, d'opérer les régularisations du droit à déduction et les taxations de cessions ou de livraisons à soi-même qui deviendraient exigibles postérieurement à la transmission d'universalité et qui auraient en principe incombé au cédant si ce dernier avait continué à exploiter lui-même l'universalité. La transmission n'entraîne pas une remise à zéro des délais de régularisation.

V. Transmission d'universalité et régimes de la marge

12. Si le bénéficiaire de la transmission d'universalité réalise des opérations dont la base d'imposition est assise sur la marge, il doit la calculer en retenant au deuxième terme de la différence, le montant qui aurait été celui retenu par le cédant si celui-ci avait réalisé l'opération.

VI. Modalités déclaratives

13. Le cédant et le bénéficiaire de la transmission d'universalité doivent mentionner le montant total hors taxe de la transmission sur la déclaration de TVA souscrite au titre de la période au cours de laquelle elle est réalisée. Ce montant sera mentionné sur la ligne « Autres opérations non-imposables ».

VII. Entrée en vigueur

14. Les dispositions décrites ci-dessus sont entrées en vigueur au 1er janvier 2006.

La Directrice de la législation fiscale
Marie-Christine LEPETIT

Instruction du 10 février 2006 (BOI 13-D-1-06)

INTRODUCTION

1. L'article 85 de la loi de finances pour 2002 a institué un agrément spécifique, codifié au 2 de l'article 115 du code général des impôts, qui prévoit la possibilité d'attribuer aux associés de la société apporteuse les titres reçus en contrepartie d'une opération d'apport partiel d'actif.

Cet agrément permet de ne pas considérer l'attribution de titres représentatifs d'un apport partiel d'actif placé sous le régime de l'article 210 A aux associés de la société apporteuse comme une distribution de revenus mobiliers, lorsque cette attribution, proportionnelle aux droits des associés dans le capital, a lieu dans le délai d'un an à compter de la réalisation de l'apport. L'agrément du 2 de l'article 115 est notamment subordonné à la condition que l'apport et l'attribution se traduisent par une association entre les parties.

Cette exigence s'apprécie à un double niveau :

- la proportionnalité ;
- l'engagement de conservation des titres.

2. Sur ce second point, l'instruction du 2 juin 2003 a rappelé que l'agrément avait vocation à être délivré aux opérations qui maintiennent, à travers leurs actionnaires communs, des liens entre les sociétés parties à l'opération.

Il s'ensuit qu'en principe, tous les actionnaires de la société apporteuse doivent s'engager, pour une durée minimale de trois ans décomptée à partir de la date de réalisation de l'apport, à conserver les titres de cette société détenus au jour de l'apport ainsi que les titres de la société bénéficiaire qui leur sont répartis.

L'instruction du 2 juin 2003 invitait les actionnaires de la société apporteuse à se rapprocher du bureau des agréments en cas de difficultés liées à la souscription ou au respect de cet engagement (n° 11, dernier alinéa).

La présente instruction a pour objet de préciser, de manière non exhaustive, certaines des difficultés susceptibles d'être évoquées.

PRÉCISIONS DIVERSES RELATIVES A L'ENGAGEMENT DE CONSERVATION

3. L'instruction du 2 juin 2003 admet déjà de prendre en compte la situation particulière de certains actionnaires de la société apporteuse en précisant que l'engagement de conservation pourrait ne pas être exigé des associés :

- ne prenant pas une part active à la gestion, au contrôle ou à l'administration de la société apporteuse ;

- ou dont le pourcentage de participation est inférieur à 5 % des droits de vote, sauf s'ils exerçaient au moment de l'apport des fonctions de direction ou d'administration leur conférant un pouvoir de décision sur l'opération ;

- ou exerçant au moment de l'apport des fonctions d'administration à condition qu'ils ne détiennent au jour de l'apport que le nombre minimum d'actions requis par les statuts de la société pour exercer leur mandat.

Toutefois, cet assouplissement ne trouvait à s'appliquer que si une fraction au moins égale à 20 % du capital de la société apporteuse était par ailleurs placée sous engagement de conservation. Cette restriction est rapportée.

Dès lors, quel que soit le pourcentage de capital grevé d'un engagement de conservation, les actionnaires entrant dans l'un des cas de figure évoqués ci-dessus pourront être dispensés de l'obligation de détention conjointe des titres de la société apporteuse et de la société bénéficiaire.

4. Par ailleurs, certains cas particuliers peuvent également conduire à limiter le périmètre des actionnaires tenus de souscrire l'engagement de conservation.

Parmi ceux-ci seront évoquées successivement les situations suivantes :

- décès d'un actionnaire ayant souscrit l'engagement ;

- présence d'actionnariat salarié lié à la participation des salariés aux résultats de l'entreprise et à des plans d'épargne salariale ;

- émiettement du capital et disproportion marquée entre la valeur économique de la société apporteuse et de la société bénéficiaire.

1. Décès d'un actionnaire ayant souscrit l'engagement de conservation

5. En cas de décès pendant le délai de trois ans d'un associé tenu à l'engagement de conservation, il est admis que ses héritiers ne soient pas dans l'obligation de reprendre le dit engagement à leur compte, sauf pour ceux qui exerçaient avant le décès une fonction de direction ou d'administration les ayant conduit à souscrire en leur nom l'engagement de conservation.

Exemple :

En N, la société A réalise un apport partiel d'actif placé sous le régime de l'article 210 A au profit de la société B et obtient l'agrément prévu au 2 de l'article 115 afin de répartir à ses actionnaires les titres de la société B.

Le capital de la société A est ainsi réparti au jour de l'apport :

M. C : 21 %

Société G : 60 %

M. D : 16 %

Enfants de M. C :

M. C1 : 1 % (directeur général)

Melle C2 : 1 %

Mme C3 : 1 %

En N+2, M. C décède. Melle C2 et Mme C3, qui reçoivent chacune 7 % des titres de la société A et de la société B, ne sont pas tenues de reprendre l'engagement souscrit initialement par M. C dès lors qu'elles détenaient elles-mêmes moins de 5 % du capital de A et n'y exerçaient aucune fonction de direction ou d'administration. En revanche, M. C1, directeur général, devra s'engager à conserver les titres des sociétés A et B dont il hérite de son père.

2. Actionnariat salarié constitué dans le cadre des dispositifs d'épargne salariale

6. Nonobstant les indications fournies au n° 3 ci-dessus, eu égard à leur nature juridique de copropriété de valeurs mobilières dépourvues de la personnalité morale, les fonds communs de placement d'entreprise (FCPE) qui, régis par les articles L. 214-39 et L. 214-40 du code monétaire et financier, sont constitués en vue de gérer l'épargne constituée dans le cadre de la participation des salariés aux résultats de l'entreprise et des plans d'épargne salariale, sont dispensés du double engagement de conservation des titres de la société apporteuse et de la société bénéficiaire.

3. Emiettement du capital et disproportion marquée entre les valeurs économiques des sociétés à l'issue de l'opération

7. L'engagement de conservation des titres de la société apporteuse et de la société bénéficiaire vise à garantir une association entre les parties participant à l'opération d'apport – attribution.

La condition d'association entre les parties suppose en conséquence que deux éléments cumulatifs soient réunis :

- d'une part, un pourcentage de titres sous engagement de conservation suffisamment important pour matérialiser en pratique une véritable « association » ;

- d'autre part, un rapport d'équivalence entre les sociétés apporteuse et bénéficiaire après réalisation de l'apport – attribution afin que le double engagement grevant le capital de la société apporteuse et de la société bénéficiaire présente une cohérence sur le plan économique.

8. L'attribution des titres de la société bénéficiaire au profit des actionnaires de la société apporteuse est le plus souvent motivée par le souci de maintenir un organigramme cohérent au sein d'un groupe, la société tête de groupe ayant vocation à porter les participations détenues dans toutes les sociétés opérationnelles. Dans cette situation, le capital de la société apporteuse est en règle générale détenu en totalité, moins, le cas échéant, les parts des administrateurs, par une seule et même société. La souscription de l'engagement de conservation ne soulève donc pas de difficultés

9. Cela étant, dès lors que l'apport est réalisé non par une filiale opérationnelle mais par une société holding dont le capital est émietté et que les sociétés participant à l'opération d'apport – attribution ont une valeur réelle fortement dissemblable, **l'engagement portant sur les titres desdites sociétés** peut représenter une contrainte juridique disproportionnée par rapport à l'assiette fiscale que cet engagement a pour objet de préserver.

Exemple :

Répartition du capital et des droits de vote de la société Z :

	Capital	Droits de vote
Auto-contrôle	3 %	0,00 %
Auto détention	2 %	0,00 %
Investisseur institutionnel 1	5 %	5 %
Investisseur institutionnel 2	1 %	1,50 %
Public et autres	87 %	90 %
Fonds commun de placement d'entreprise	2 %	3,50 %

La société Z est le holding de tête d'un groupe qui intervient dans deux domaines d'activité : la conception, la fabrication, la commercialisation et la distribution de logiciels d'une part ; les prestations de service en matière informatique d'autre part.

Le groupe Z considère que ses deux activités nécessitent des moyens financiers et matériels différents et répondent à un modèle de développement économique distinct. En conséquence, la société Z envisage d'apporter les titres de ses filiales prestataires à une société nouvellement constituée, la société Y, puis d'attribuer sur le fondement du 2 de l'article 115 les titres de la société bénéficiaire à ses actionnaires.

Au terme de cette opération, la société Z serait la société de tête des filiales de conception, fabrication, commercialisation et distribution de logiciels tandis que la société Y serait la société de tête du pôle « prestations de services informatiques ».

La branche d'activité, fabrication, conception, commercialisation et distribution de logiciels est réputée avoir une valeur économique de 10 et la branche d'activité prestations de services informatiques, une valeur économique de 1 000.

Sous réserve qu'il prenne une part active à la gestion, à l'administration ou au contrôle de la société Z, l'investisseur institutionnel 1 serait en principe le seul actionnaire de Z, hors les administrateurs détenant au jour de l'apport plus que le nombre minimum d'actions requis par les statuts de la société pour exercer leur mandat, tenu de souscrire l'engagement de conservation des titres Z et Y compte tenu de l'émiettement du capital de Z. Toutefois, l'engagement de conservation grevant les titres **des sociétés issues de l'apport - attribution apparaîtrait disproportionné par rapport à l'incidence économique de l'opération sur la situation antérieure de l'investisseur institutionnel 1**

Dans cette situation, il sera donc admis que l'investisseur institutionnel 1 soit délié de l'engagement de conservation des titres de Z et de Y dans la mesure où :

- le capital de la société apporteuse est fortement émietté ;

- les poids économiques des sociétés résultant de l'apport - attribution sont totalement dissemblables.

Annoter BOI 13 D-1-03

Le Chef de Service,

Jean-Pierre LIEB

Bibliographie

1. Ouvrages

Barret O. *À propos de la transmission universelle du patrimoine d'une société* : Mélanges M. Jeantin, Dalloz 1999, p. 109

Bergeres M.-C. *Le mali de fusion*, Droit fiscal 2002, n° 14, p. 576

Cathiard C. *Le régime des fusions transfrontalières depuis la loi du 3 janvier 2008* : Droit des sociétés, 2008, n° 10, com. 8

Chadefaux M. *Le sort des moins-values dans les fusions de sociétés*, Droit fiscal, 2012, n° 12, pp. 26-28

Chadefaux M. *L'application sur agrément du régime fiscal des fusions aux apports partiels d'actifs : critères de l'autonomie et autonomie des critères. À propos de la réorganisation de la distribution de carburants au sein du groupe Casino,* Droit fiscal, 2012, n° 3, pp. 23-28

Chadefaux M. *La régularité fiscale d'une opération de LBO suivie de l'absorption rapide de la cible par la société holding,* Droit fiscal, 1993, n° 8, pp. 377 et s.

Chadefaux M., Degos J.-G. *L'optimisation fusion-confusion : une synthèse privilégiée du droit et du chiffre,* La Revue du Financier, n° 187, pp. 4-14, février 2011

Chadefaux M., Casimir J.-P. *Le régime fiscal des fusions de SCP : un régime fiscal hybride,* Revue française de comptabilité, mai 2002

Chadefaux M., Casimir J.-P. *Apport partiel d'actif et branche complète d'activité,* Revue française de comptabilité, juillet-aout 1997, n° 291, pp. 31 et s.

Chadefaux M., Desbrières Ph. *Problématiques fiscales et financières des fusions dans le cadre des LBO,* La Revue du Financier, 2004, n° 147, pp. 55-62

CNCC *Avis technique sur la mission de commissaire à la fusion,* décembre 2010

Coquelet M.-L. *Le sort des actions en justice en cas de transmission universelle du patrimoine* : Bull. Joly Sociétés, 2007, pp. 783 et s.

Coquelet M.-L. *La transmission universelle du patrimoine,* Dict. Joly soc. 2001, spéc.

Daigre J.-J., Le Blanc H., Gaveau D., PilpreY. *Une alternative à la fusion simplifiée : la dissolution d'une filiale à 100 % par confusion des patrimoines,* Droit des sociétés, Actes pratiques, 1992

Desmorieux E. *La carte grise des véhicules apportés dans les fusions,* Droit fiscal 2007, n° 20, com. 514

Duberret M. *L'intuitu personae dans les fusions,* Revue Sociétés, 2006, p. 721

Gallois A. *La responsabilité pénale de la société absorbante en cas de fusion-absorption frauduleuse,* Droit des sociétés, 2010, n° 4

Gilardi J. *Rétroactivité des fusions,* RJF 1993, n° 1, p. 13

Givré (de) Y. *Fusions en valeur nette comptable : la hiérarchie des textes doit être respectée :* RJF 2005, n° 4, pp. 217 et s.

Givré (de) Y. *La notion de branche complète d'activité dans les opérations d'apport partiel d'actif et de scission : vers un durcissement de la position administrative :* Droit fiscal 1997, n° 22, pp. 705 et s.

Goulard G. *Rétroactivité fiscale des fusions,* RJF 1993, n° 7, pp. 546 et s.

Guyon Y. *Les apports partiels d'actifs,* Mélanges M. Jeantin, Dalloz 1999, p. 237

Le Nabasque H. *Les fusions transfrontalières après la loi n° 2008-649 du juillet 2008 :* Rev. Sociétés, 2009, p. 483

Lencou D., Menjucq M. *Les fusions transfrontalières de sociétés de capitaux : enfin une réalité mais des difficultés persistantes :* Dalloz, 2009, p. 886

Maintenant (de) L. *Faut-il s'inquiéter des menaces qui pèsent sur les fusions rapides ?* Bull. fiscal, 2002, n° 12, pp. 825 et s.

Paillusseau J. *La rétroactivité des opérations de fusion : d'une conception juridique light à une conception fiscale lourde,* JCP, éd. E, 2000, n° 40, p. 1557

Renault O. *Les fusions rapides sont-elles condamnables au regard de la doctrine administrative la plus récente ?* JCP éd. E, 2001, n° 37, pp. 1420 et s.

Rolland B. *Dissolution des sociétés unipersonnelles et transmission universelle du patrimoine,* JCP éd. 2000, p. 406

Trousset J.-L. *La location-gérance : une solution pour anticiper les effets d'une fusion en cours de réalisation,* JCP 1999, éd. E, n° 44-45, p. 1730

Turot J. *Rétroactivité fiscale des fusions,* RJF 1991, n° 11, pp. 847 et s.

Vichy Llado D. *La responsabilité pénale des personnes morales en cas de fusion,* JCP, éd. E, 2001, nos 20-21, p. 838

Villemot D. *Les aménagements apportés au régime des apports partiels d'actifs et des scissions : des avancées incontestables qui doivent se poursuivre :* Droit fiscal 2000, n° 36, pp. 1117 et s.

Villemot D. *La rétroactivité des fusions, scissions et apports partiels d'actifs,* Droit fiscal 1999, n° 19, pp. 702 et s.

Villemot D., Bordet W. *La valorisation des apports,* Droit fiscal 2004, n° 25, pp. 1016 et s.

Index alphabétique

Les numéros renvoient aux paragraphes
La lettre « E » suivie d'un numéro renvoie à un encadré
(Exemple : E 820 renvoie à l'encadré qui suit le paragraphe 820)

DIQUE
CAL
RIMOINE
IAL
E
IPTABLE
ISEILS-ENTREPRISES
TICULIERS

Découvrez
a collection fiscal
ww.revuefiduciaire.com

Groupe
Revue Fiduciaire

PRESSE | INTERNET | ÉDITION | FORMATION | LOGICIELS

pilon - bon pour don/revente solidaire